ÍNDICE

CONTENTS

INTRODUCCIÓN

Estamos muy satisfechos de que hayas decidido comprar
este diccionario y esperamos que lo disfrutes y que te sirva
de gran ayuda ya sea en el colegio, en el trabajo, en tus
vacaciones o en casa.

Esta introducción pretende darte algunas indicaciones
para ayudarte a sacar el mayor provecho de este diccionario;
no solo de su extenso vocabulario, sino de toda la información
que te proporciona cada entrada. Esta te ayudará a leer y
comprender – y también a comunicarte y a expresarte –
en inglés moderno. Este diccionario comienza con una lista
de abreviaturas utilizadas en el texto y con una ilustración
de los sonidos representados por los símbolos fonéticos.

EL MANEJO DE TU DICCIONARIO

La amplia información que te ofrece este diccionario
aparece presentada en distintas tipografías, con caracteres
de diversos tamaños y con distintos símbolos, abreviaturas
y paréntesis. Los apartados siguientes explican las reglas y
símbolos utilizados.

ENTRADAS

Las palabras que consultas en el diccionario – las entradas
– aparecen ordenadas alfabéticamente y en color para una
identificación más rápida. La palabra que aparece en la
parte superior de cada página es la primera entrada
(si aparece en la página izquierda) y la última entrada
(si aparece en la página derecha) de la página en cuestión.
La información sobre el uso o la forma de determinadas
entradas aparece entre paréntesis, detrás de la transcripción
fonética, y generalmente en forma abreviada y en cursiva

(p. ej.: (fam), (Com)). En algunos casos se ha considerado oportuno agrupar palabras de una misma familia (**nación**, **nacionalismo**; **accept**, **acceptance**) bajo una misma entrada que aparece en color.

Las expresiones de uso corriente en las que aparece una entrada se dan en negrita (p. ej.: **hurry:** [...] **to be in a ~**).

SÍMBOLOS FONÉTICOS

La transcripción fonética de cada entrada inglesa (que indica su pronunciación) aparece entre corchetes, inmediatamente después de la entrada (p. ej. **knife** [naif]). En las páginas xv-xviii encontrarás una lista de los símbolos fonéticos utilizados en este diccionario.

TRADUCCIONES

Las traducciones de las entradas aparecen en caracteres normales, y en los casos en los que existen significados o usos diferentes, estos aparecen separados mediante un punto y coma. A menudo encontrarás también otras palabras en cursiva y entre paréntesis antes de las traducciones. Estas sugieren contextos en los que la entrada podría aparecer (p. ej.: **alto** (*persona*) o (*sonido*)) o proporcionan sinónimos (p. ej.: **mismo** (*semejante*)).

PALABRAS CLAVE

Particular relevancia reciben ciertas palabras inglesas y españolas que han sido consideradas palabras 'clave' en cada lengua. Estas pueden, por ejemplo, ser de utilización muy corriente o tener distintos usos (**de**, **haber**; **get**, **that**). La combinación de triángulos y números te permitirá distinguir las diferentes categorías gramaticales y los diferentes significados. Las indicaciones en cursiva y entre paréntesis proporcionan además importante información adicional.

FALSOS AMIGOS

Las palabras que se prestan a confusión al traducir han sido identificadas. En tales entradas existen unas notas que te ayudaran a evitar errores.

INFORMACIÓN GRAMATICAL

Las categorías gramaticales aparecen en forma abreviada y en cursiva después de la transcripción fonética de cada entrada (*vt, adv, conj*). También se indican la forma femenina y los plurales irregulares de los sustantivos del inglés (**child, -ren**).

We are delighted that you have decided to buy this Spanish dictionary and hope you will enjoy and benefit from using it at school, at home, on holiday or at work.

This introduction gives you a few tips on how to get the most out of your dictionary – not simply from its comprehensive wordlist but also from the information provided in each entry. This will help you to read and understand modern Spanish, as well as communicate and express yourself in the language. This dictionary begins by listing the abbreviations used in the text and illustrating the sounds shown by the phonetic symbols.

USING YOUR DICTIONARY

A wealth of information is presented in the dictionary, using various typefaces, sizes of type, symbols, abbreviations and brackets. The various conventions and symbols used are explained in the following sections.

HEADWORDS

The words you look up in a dictionary – 'headwords' – are listed alphabetically. They are printed in colour for rapid identification. The headwords appearing at the top of each page indicate the first (if it appears on a left-hand page) and last word (if it appears on a right-hand page) dealt with on the page in question.

Information about the usage or form of certain headwords is given in brackets after the phonetic spelling. This usually appears in abbreviated form and in italics (e.g. *(fam)*, *(Com)*).

Where appropriate, words related to headwords are grouped in the same entry (**nación, nacionalismo**; **accept, acceptance**) and are also in colour. Common expressions in which the headword appears are shown in a different bold roman type (e.g. **cola**: [...] **hacer ~**).

PHONETIC SPELLINGS

The phonetic spelling of each headword (indicating its pronunciation) is given in square brackets immediately after the headword (e.g. **cohete** [ko'ete]). A list of these symbols is given on pages xv–xviii.

TRANSLATIONS

Headword translations are given in ordinary type and, where more than one meaning or usage exists, these are separated by a semi-colon. You will often find other words in italics in brackets before the translations. These offer suggested contexts in which the headword might appear (e.g. **fare** (*on trains, buses*) or provide synonyms (e.g. **litter** (*rubbish*) o (*young animals*)). The gender of the Spanish translation also appears in italics immediately following the key element of the translation, except where this is a regular masculine singular noun ending in 'o', or a regular feminine noun ending in 'a'.

KEY WORDS

Special status is given to certain Spanish and English words which are considered as 'key' words in each language. They may, for example, occur very frequently or have several types of usage (e.g. **de, haber**; **get, that**). A combination of triangles and numbers helps you to distinguish different parts of speech and different meanings. Further helpful information is provided in brackets and italics.

FALSE FRIENDS
Words which can be easily confused have been identified in the dictionary. Notes at such entries will help you to avoid these common translation pitfalls.

GRAMMATICAL INFORMATION
Parts of speech are given in abbreviated form in italics after the phonetic spellings of headwords (e.g. *vt, adv, conj*). Genders of Spanish nouns are indicated as follows: *nm* for a masculine and *nf* for a feminine noun. Feminine and irregular plural forms of nouns are also shown (**irlandés, esa; luz** (*pl* **luces**)).

ABREVIATURAS

ABBREVIATIONS

abreviatura	*ab(b)r*	abbreviation
adjetivo, locución adjetiva	*adj*	adjective, adjectival phrase
administración	*Admin*	administration
adverbio, locución adverbial	*adv*	adverb, adverbial phrase
agricultura	*Agr*	agriculture
anatomía	*Anat*	anatomy
Argentina	*Arg*	Argentina
arquitectura	*Arq, Arch*	architecture
Australia	*Aust*	Australia
el automóvil	*Aut(o)*	the motor car and motoring
aviación, viajes aéreos	*Aviac, Aviat*	flying, air travel
biología	*Bio(l)*	biology
botánica, flores	*Bot*	botany
inglés británico	BRIT	British English
Centroamérica	CAM	Central America
química	*Chem*	chemistry
comercio, finanzas, banca	*Com(m)*	commerce, finance, banking
informática	*Comput*	computing
conjunción	*conj*	conjunction
construcción	*Constr*	building
compuesto	*cpd*	compound element
Cono Sur	CS	Southern Cone
cocina	*Culin*	cookery
economía	*Econ*	economics
eletricidad, electrónica	*Elec*	electricity, electronics
enseñanza, sistema escolar y universitario	*Escol*	schooling, schools and universities
España	ESP	Spain
especialmente	*esp*	especially
exclamación, interjección	*excl*	exclamation, interjection
femenino	*f*	feminine
lengua familiar (! vulgar)	*fam(!)*	colloquial usage (! particularly offensive)
ferrocarril	*Ferro*	railways
uso figurado	*fig*	figurative use
fotografía	*Foto*	photography
(verbo inglés) del cual la partícula es inseparable	*fus*	(phrasal verb) where the particle is inseparable
generalmente	*gen*	generally
geografía, geología	*Geo*	geography, geology

ABREVIATURAS

ABBREVIATIONS

geometría	*Geom*	geometry
historia	*Hist*	history
uso familiar (! vulgar)	*inf(!)*	colloquial usage (! particularly offensive)
infinitivo	*infin*	infinitive
informática	*Inform*	computing
invariable	*inv*	invariable
irregular	*irreg*	irregular
lo jurídico	*Jur*	law
América Latina	*LAm*	Latin America
gramática, lingüística	*Ling*	grammar, linguistics
masculino	*m*	masculine
matemáticas	*Mat(h)*	mathematics
masculino/femenino	*m/f*	masculine/feminine
medicina	*Med*	medicine
México	*MÉX, MEX*	Mexico
lo militar, ejército	*Mil*	military matters
música	*Mús, Mus*	music
sustantivo, nombre	*n*	noun
navegación, náutica	*Náut, Naut*	sailing, navigation
sustantivo numérico	*num*	numeral noun
Nueva Zelanda	*NZ*	New Zealand
complemento	*obj*	(grammatical) object
	o.s.	oneself
peyorativo	*pey, pej*	derogatory, pejorative
fotografía	*Phot*	photography
fisiología	*Physiol*	physiology
plural	*pl*	plural
política	*Pol*	politics
participio de pasado	*pp*	past participle
preposición	*prep*	preposition
pronombre	*pron*	pronoun
psicología, psiquiatría	*Psico, Psych*	psychology, psychiatry
tiempo pasado	*pt*	past tense
química	*Quím*	chemistry
ferrocarril	*Rail*	railways
religión	*Rel*	religion
Río de la Plata	*RPL*	River Plate
	sb	somebody
Cono Sur	*sc*	Southern Cone
enseñanza, sistema escolar y universitario	*Scol*	schooling, schools and universities
singular	*sg*	singular

ABREVIATURAS		ABBREVIATIONS
España	*SP*	Spain
	sth	something
sujeto	*su(b)j*	(grammatical) subject
subjuntivo	*subjun*	subjunctive
tauromaquia	*Taur*	bullfighting
también	*tb*	also
técnica, tecnología	*Tec(h)*	technical term, technology
telecomunicaciones	*Telec, Tel*	telecommunications
imprenta, tipografía	*Tip, Typ*	typography, printing
televisión	*TV*	television
universidad	*Univ*	university
inglés norteamericano	*US*	American English
verbo	*vb*	verb
verbo intransitivo	*vi*	intransitive verb
verbo pronominal	*vr*	reflexive verb
verbo transitivo	*vt*	transitive verb
zoología	*Zool*	zoology
marca registrada	®	registered trademark
indica un equivalente cultural	≈	introduces a cultural equivalent

SPANISH PRONUNCIATION

VOWELS

a	[a]	pata	not as long as *a* in far. When followed by a consonant in the same syllable (i.e. in a closed syllable), as in *a*mante, the *a* is short, as in *b*at
e	[e]	me	like *e* in they. In a closed syllable, as in *g*ente, the *e* is short as in *p*et
i	[i]	pino	as in mean or machine
o	[o]	lo	as in local. In a closed syllable, as in *c*ontrol, the *o* is short as in *c*ot
u	[u]	lunes	as in rule. It is silent after q, and in *gue*, *gui*, unless marked *güe*, *güi* e.g. antigüedad, when it is pronounced like *w* in wolf

SEMIVOWELS

i, y	[j]	bien hielo yunta	pronounced like *y* in yes
u	[w]	huevo fuente antigüedad	unstressed *u* between consonant and vowel is pronounced like *w* in well. See notes on *u* above.

DIPHTHONGS

ai, ay	[ai]	baile	as *i* in ride
au	[au]	auto	as *ou* in shout
ei, ey	[ei]	buey	as *ey* in grey
eu	[eu]	deuda	both elements pronounced independently [e] + [u]
oi, oy	[oi]	hoy	as *oy* in toy

CONSONANTS

b	[b, β]	boda bomba labor	see notes on *v* below
c	[k]	caja	*c* before *a*, *o*, *u* is pronounced as in cat
ce, ci	[θe, θi]	cero cielo	*c* before *e* or *i* is pronounced as in thin
ch	[tʃ]	chiste	*ch* is pronounced as *ch* in chair
d	[d, ð]	danés ciudad	at the beginning of a phrase or after *l* or *n*, *d* is pronounced as in English. In any other position it is pronounced like *th* in the

g	[g, ɣ]	gafas paga	g before *a*, *o* or *u* is pronounced as in *gap*, if at the beginning of a phrase or after *n*. In other positions the sound is softened
ge, gi	[xe, xi]	gente girar	g before *e* or *i* is pronounced similar to *ch* in Scottish *loch*
h		haber	h is always silent in Spanish
j	[x]	jugar	j is pronounced similar to *ch* in Scottish *loch*
ll	[ʎ]	talle	ll is pronounced like the *y* in *yet* or the *lli* in *million*
ñ	[ʃ]	niño	ñ is pronounced like the *ni* in *onion*
q	[k]	que	q is pronounced as *k* in *king*
r, rr	[r, rr]	quitar garra	r is always pronounced in Spanish, unlike the silent *r* in *dancer*. rr is trilled, like a Scottish *r*
s	[s]	quizás isla	s is usually pronounced as in *pass*, but before *b*, *d*, *g*, *l*, *m* or *n* it is pronounced as in *rose*
v	[b, β]	vía	v is pronounced something like *b*. At the beginning of a phrase or after *m* or *n* it is pronounced as *b* in *boy*. In any other position the sound is softened
z	[θ]	tenaz	z is pronounced as *th* in *thin*

f, k, l, m, n, p, t and *x* are pronounced as in English.

STRESS

The rules of stress in Spanish are as follows:

(a) when a word ends in a vowel or in *n* or *s*, the second last syllable is stressed:
patata, pat*a*tas; come, comen
(b) when a word ends in a consonant other than *n* or *s*, the stress falls on the last syllable:
par*e*d, habl*a*r
(c) when the rules set out in (a) and (b) are not applied, an acute accent appears over the stressed vowel:
com*ú*n, geograf*í*a, ingl*é*s

In the phonetic transcription, the symbol ['] precedes the syllable on which the stress falls.

LA PRONUNCIACIÓN INGLESA

VOCALES

	Ejemplo inglés	Explicación
[ɑː]	father	Entre a de padre y o de noche
[ʌ]	but, come	a muy breve
[æ]	man, cat	Con los labios en la posición de e en pena y luego se pronuncia el sonido a parecido a la a de carro
[ə]	father, ago	Vocal neutra parecida a una e u o casi muda
[əː]	bird, heard	Entre e abierta y o cerrada, sonido alargado
[ɛ]	get, bed	Como en perro
[ɪ]	it, big	Más breve que en sí
[iː]	tea, see	Como en fino
[ɔ]	hot, wash	Como en torre
[ɔː]	saw, all	Como en por
[u]	put, book	Sonido breve, más cerrado que burro
[uː]	too, you	Sonido largo, como en uno

DIPTONGOS

	Ejemplo inglés	Explicación
[aɪ]	fly, high	Como en fraile
[au]	how, house	Como en pausa
[ɛə]	there, bear	Casi como en vea, pero el sonido a se mezcla con el indistinto [ə]
[eɪ]	day, obey	e cerrada seguida por una i débil
[ɪə]	here, hear	Como en manía, mezclándose el sonido a con el indistinto [ə]
[əu]	go, note	[ə] seguido por una breve u
[ɔɪ]	boy, oil	Como en voy
[uə]	poor, sure	u bastante larga más el sonido indistinto [ə]

CONSONANTES

		Ejemplo inglés	Explicación
[b]		big, lobby	Como en tumban
[d]		mended	Como en conde, andar
[g]		go, get, big	Como en grande, gol
[dʒ]		gin, judge	Como en la *ll* andaluza y en Generalitat (*catalán*)
[ŋ]		sing	Como en vínculo
[h]		house, he	Como la jota hispanoamericana
[j]		young, yes	Como en ya
[k]		come, mock	Como en caña, Escocia
[r]		red, tread	Se pronuncia con la punta de la lengua hacia atrás y sin hacerla vibrar
[s]		sand, yes	Como en casa, sesión
[z]		rose, zebra	Como en desde, mismo
[ʃ]		she, machine	Como en *chambre* (*francés*), roxo (*portugués*)
[tʃ]		chin, rich	Como en chocolate
[v]		valley	Como *f*, pero se retiran los dientes superiores vibrándolos contra el labio inferior
[w]		water, which	Como la *u* de huevo, puede
[ʒ]		vision	Como en journal (*francés*)
[θ]		think, myth	Como en receta, zapato
[ð]		this, the	Como en hablado, verdad

f, l, m, n, p, t y x iguales que en español.

El signo [°] indica que la r final escrita apenas se pronuncia en inglés británico cuando la palabra siguiente empieza con vocal.
El signo ['] indica la sílaba acentuada.

SPANISH VERB TABLES

1 Gerund **2** Imperative **3** Present **4** Preterite **5** Future **6** Present subjunctive **7** Imperfect subjunctive **8** Past participle **9** Imperfect

Etc indicates that the irregular root is used for all persons of the tense, e.g. oír: **6** oiga, oigas, oigamos, oigáis, oigan

1a HABLAR **1** hablando **2** habla, hablad **3** hablo, hablas, habla, hablamos, habláis, hablan **4** hablé, hablaste, habló, hablamos, hablasteis, hablaron **5** hablaré, hablarás, hablará, hablaremos, hablaréis, hablarán **6** hable, hables, hable, hablemos, habléis, hablen **7** hablara, hablaras, habláramos, hablarais, hablaran **8** hablado **9** hablaba, hablabas, hablaba, hablábamos, hablabais, hablaban

1b cambiar **2** cambia **3** cambio *etc* **6** cambie *etc*

1c enviar **2** envía **3** envío, envías, envía, envíen **6** envíe, envíes, envíe, envíen

1d evacuar **2** evacua **3** evacuo *etc* **6** evacue *etc*

1e situar **2** sitúa **3** sitúo, sitúas, sitúa, sitúen **6** sitúe, sitúes, sitúe, sitúen

1f cruzar **4** crucé **6** cruce *etc*

1g picar **4** piqué **6** pique *etc*

1h pagar **4** pagué **6** pague *etc*

1i averiguar **4** averigüé **6** averigüe *etc*

1j cerrar **2** cierra **3** cierro, cierras, cierra, cierran **6** cierre, cierres, cierre, cierren

1k errar **2** yerra **3** yerro, yerras, yerra, yerran **6** yerre, yerres, yerre, yerren

1l contar **2** cuenta **3** cuento, cuentas, cuenta, cuentan

6 cuente, cuentes, cuente, cuenten

1m degollar **2** degüella **3** degüello, degüellas, degüella, degüellan **6** degüelle, degüelles, degüelle, degüellen

1n jugar **2** juega **3** juego, juegas, juega, juegan **6** juegue, juegues, juegue, jueguen

10 ESTAR **2** está **3** estoy, estás, está, están **4** estuve, estuviste, estuvo, estuvimos, estuvisteis, estuvieron **6** esté, estés, esté, estén **7** estuviera *etc*

1p andar **4** anduve *etc* **7** anduviera *etc*

1q dar **3** doy **4** di, diste, dio, dimos, disteis, dieron **7** diera *etc*

2a COMER **1** comiendo **2** come, comed **3** como, comes, come, comemos, coméis, comen **4** comí, comiste, comió, comimos, comisteis, comieron **5** comeré, comerás, comerá, comeremos, comeréis, comerán **6** coma, comas, coma, comamos, comáis, coman **7** comiera, comieras, comiera, comiéramos, comierais, comieran **8** comido **9** comía, comías, comía, comíamos, comíais, comían

2b vencer **3** venzo **6** venza *etc*

2c coger **3** cojo **6** coja *etc*

2d parecer **3** parezco **6** parezca *etc*

2e leer **1** leyendo **4** leyó, leyeron **7** leyera *etc*

2f tañer **1** tañendo **4** tañó, tañeron

xix

2g perder 2 pierde 3 pierdo, pierdes, pierde, pierden 6 pierda, pierdas, pierda, pierdan

2h mover 2 mueve 3 muevo, mueves, mueve, mueven 6 mueva, muevas, mueva, muevan

2i oler 2 huele 3 huelo, hueles, huele, huelen 6 huela, huelas, huela, huelan

2j HABER 3 he, has, ha, hemos, han 4 hube, hubiste, hubo, hubimos, hubisteis, hubieron 5 habré etc 6 haya etc 7 hubiera etc

2k tener 2 ten 3 tengo, tienes, tiene, tienen 4 tuve, tuviste, tuvo, tuvimos, tuvisteis, tuvieron 5 tendré etc 6 tenga etc 7 tuviera etc

2l caber 3 quepo 4 cupe, cupiste, cupo, cupimos, cupisteis, cupieron 5 cabré etc 6 quepa etc 7 cupiera etc

2m saber 3 sé 4 supe, supiste, supo, supimos, supisteis, supieron 5 sabré etc 6 sepa etc 7 supiera etc

2n caer 1 cayendo 3 caigo 4 cayó, cayeron 6 caiga etc 7 cayera etc

2o traer 1 trayendo 3 traigo 4 traje, trajiste, trajo, trajimos, trajisteis, trajeron 6 traiga etc 7 trajera etc

2p valer 2 vale 3 valgo 5 valdré etc 6 valga etc

2q poner 2 pon 3 pongo 4 puse, pusiste, puso, pusimos, pusisteis, pusieron 5 pondré etc 6 ponga etc 7 pusiera etc 8 puesto

2r hacer 2 haz 3 hago 4 hice, hiciste, hizo, hicimos, hicisteis, hicieron 5 haré etc 6 haga etc 7 hiciera etc 8 hecho

2s poder 1 pudiendo 2 puede 3 puedo, puedes, puede, pueden 4 pude, pudiste, pudo, pudimos, pudisteis, pudieron 5 podré etc 6 pueda, puedas, pueda, puedan 7 pudiera etc

2t querer 2 quiere 3 quiero, quieres, quiere, quieren 4 quise, quisiste, quiso, quisimos, quisisteis, quisieron 5 querré etc 6 quiera, quieras, quiera, quieran 7 quisiera etc

2u ver 3 veo 6 vea etc 8 visto 9 veía etc

2v SER 2 sé 3 soy, eres, es, somos, sois, son 4 fui, fuiste, fue, fuimos, fuisteis, fueron 6 sea etc 7 fuera etc 9 era, eras, era, éramos, erais, eran

2w placer 3 plazco 6 plazca etc

2x yacer 3 yace or yaz 3 yazco or yazgo 6 yazca or yazga etc

2y roer 1 royendo 3 roo or roigo 4 royó, royeron, 6 roa or roiga etc 7 royera etc

3a VIVIR 1 viviendo 2 vive, vivid 3 vivo, vives, vive, vivimos, vivís, viven 4 viví, viviste, vivió, vivimos, vivisteis, vivieron 5 viviré, vivirás, vivirá, viviremos, viviréis, vivirán 6 viva, vivas, viva, vivamos, viváis, vivan 7 viviera, vivieras, viviera, viviéramos, vivierais, vivieran 8 vivido 9 vivía, vivías, vivía, vivíamos, vivías, vivían

3b esparcir 3 esparzo 6 esparza etc

3c dirigir 3 dirijo 6 dirija etc

3d distinguir 3 distingo 6 distinga etc

3e delinquir 3 delinco 6 delinca etc

3f lucir 3 luzco 6 luzca etc

3g instruir 1 instruyendo 2 instruye 3 instruyo, instruyes, instruye, instruyen **4** instruyó, instruyeron **6** instruya *etc* **7** instruyera *etc*

3h gruñir **1** gruñendo **4** gruñó, gruñeron

3i sentir **1** sintiendo **2** siente **3** siento, sientes, siente, sienten **4** sintió, sintieron **6** sienta, sientas, sienta, sintamos, sintáis, sientan **7** sintiera *etc*

3j dormir **1** durmiendo **2** duerme **3** duermo, duermes, duerme, duermen **4** durmió, durmieron **6** duerma, duermas, duerma, durmamos, durmáis, duerman **7** durmiera *etc*

3k pedir **1** pidiendo **2** pide **3** pido, pides, pide, piden **4** pidió, pidieron **6** pida *etc* **7** pidiera *etc*

3l reír **2** ríe **3** río, ríes, ríe, ríen **4** reí, rieron **6** ría, rías, ría, riamos, riáis, rían **7** riera *etc*

3m erguir **1** irguiendo **2** yergue **3** yergo, yergues, yergue, yerguen

4 irguió, irguieron **7** irguiera *etc*

3n reducir **3** reduzco **5** reduje *etc* **6** reduzca *etc* **7** redujera *etc*

3o decir **2** di **3** digo **4** dije, dijiste, dijo, dijimos, dijisteis, dijeron **5** diré *etc* **6** diga *etc* **7** dijera *etc* **8** dicho

3p oír **1** oyendo **2** oye **3** oigo, oyes, oye, oyen **4** oyó, oyeron **6** oiga *etc* **7** oyera *etc*

3q salir **2** sal **3** salgo **5** saldré *etc* **6** salga *etc*

3r venir **2** ven **3** vengo, vienes, viene, vienen **4** vine, viniste, vino, vinimos, vinisteis, vinieron **5** vendré *etc* **6** venga *etc* **7** viniera *etc*

3s ir **1** yendo **2** ve **3** voy, vas, va, vamos, vais, van **4** fui, fuiste, fue, fuimos, fuisteis, fueron **6** vaya, vayas, vaya, vayamos, vayáis, vayan **7** fuera *etc* **9** iba, ibas, iba, íbamos, ibais, iban

VERBOS IRREGULARES EN INGLÉS

PRESENTE	PASADO	PARTICIPIO	PRESENTE	PASADO	PARTICIPIO
arise	arose	arisen	draw	drew	drawn
awake	awoke	awoken	dream	dreamed,	dreamed,
be (am, is,	was, were	been		dreamt	dreamt
are; being)			drink	drank	drunk
bear	bore	born(e)	drive	drove	driven
beat	beat	beaten	dwell	dwelt	dwelt
become	became	become	eat	ate	eaten
begin	began	begun	fall	fell	fallen
bend	bent	bent	feed	fed	fed
bet	bet,	bet,	feel	felt	felt
	betted	betted	fight	fought	fought
bid (at auction,	bid	bid	find	found	found
cards)			flee	fled	fled
bid (say)	bade	bidden	fling	flung	flung
bind	bound	bound	fly	flew	flown
bite	bit	bitten	forbid	forbad(e)	forbidden
bleed	bled	bled	forecast	forecast	forecast
blow	blew	blown	forget	forgot	forgotten
break	broke	broken	forgive	forgave	forgiven
breed	bred	bred	forsake	forsook	forsaken
bring	brought	brought	freeze	froze	frozen
build	built	built	get	got	got,
burn	burnt,	burnt,			(us) gotten
	burned	burned	give	gave	given
burst	burst	burst	go (goes)	went	gone
buy	bought	bought	grind	ground	ground
can	could	(been able)	grow	grew	grown
cast	cast	cast	hang	hung	hung
catch	caught	caught	hang (execute)	hanged	hanged
choose	chose	chosen	have	had	had
cling	clung	clung	hear	heard	heard
come	came	come	hide	hid	hidden
cost (be	cost	cost	hit	hit	hit
valued at)			hold	held	held
cost (work	costed	costed	hurt	hurt	hurt
out price of)			keep	kept	kept
creep	crept	crept	kneel	knelt,	knelt,
cut	cut	cut		kneeled	kneeled
deal	dealt	dealt	know	knew	known
dig	dug	dug	lay	laid	laid
do (does)	did	done	lead	led	led

PRESENTE	PASADO	PARTICIPIO	PRESENTE	PASADO	PARTICIPIO
lean	leant, leaned	leant, leaned	shear	sheared	shorn, sheared
leap	leapt, leaped	leapt, leaped	shed	shed	shed
			shine	shone	shone
learn	learnt, learned	learnt, learned	shoot	shot	shot
			show	showed	shown
leave	left	left	shrink	shrank	shrunk
lend	lent	lent	shut	shut	shut
let	let	let	sing	sang	sung
lie (lying)	lay	lain	sink	sank	sunk
light	lit, lighted	lit, lighted	sit	sat	sat
			slay	slew	slain
lose	lost	lost	sleep	slept	slept
make	made	made	slide	slid	slid
may	might	–	sling	slung	slung
mean	meant	meant	slit	slit	slit
meet	met	met	smell	smelt, smelled	smelt, smelled
mistake	mistook	mistaken			
mow	mowed	mown, mowed	sow	sowed	sown, sowed
must	(had to)	(had to)	speak	spoke	spoken
pay	paid	paid	speed	sped, speeded	sped, speeded
put	put	put			
quit	quit, quitted	quit, quitted	spell	spelt, spelled	spelt, spelled
read	read	read	spend	spent	spent
rid	rid	rid	spill	spilt, spilled	spilt, spilled
ride	rode	ridden			
ring	rang	rung	spin	spun	spun
rise	rose	risen	spit	spat	spat
run	ran	run	spoil	spoiled, spoilt	spoiled, spoilt
saw	sawed	sawed, sawn	spread	spread	spread
say	said	said	spring	sprang	sprung
see	saw	seen	stand	stood	stood
seek	sought	sought	steal	stole	stolen
sell	sold	sold	stick	stuck	stuck
send	sent	sent	sting	stung	stung
set	set	set	stink	stank	stunk
sew	sewed	sewn	stride	strode	stridden
shake	shook	shaken	strike	struck	struck

PRESENTE	PASADO	PARTICIPIO	PRESENTE	PASADO	PARTICIPIO
strive	strove	striven	tread	trod	trodden
swear	swore	sworn	wake	woke,	woken,
sweep	swept	swept			waked	waked
swell	swelled	swollen,	wear	wore	worn
		swelled	weave	wove	woven
swim	swam	swum	(on loom)		
swing	swung	swung	weave (wind)	weaved	weaved
take	took	taken	wed	wedded,	wedded,
teach	taught	taught		wed	wed
tear	tore	torn	weep	wept	wept
tell	told	told	win	won	won
think	thought	thought	wind	wound	wound
throw	threw	thrown	wring	wrung	wrung
thrust	thrust	thrust	write	wrote	written

a

PALABRA CLAVE

a [a] *prep* **1** *(dirección)* to; **fueron a Madrid/Grecia** they went to Madrid/Greece; **me voy a casa** I'm going home

2 *(distancia)*: **está a 15 km de aquí** it's 15 km from here

3 *(posición)*: **estar a la mesa** to be at table; **al lado de** next to, beside; V *tb* **puerta**

4 *(tiempo)*: **a las 10/a medianoche** at 10/midnight; **a la mañana siguiente** the following morning; **a los pocos días** after a few days; **estamos a 9 de julio** it's the 9th of July; **a los 24 años** at the age of 24; **al año/a la semana** a year/week later

5 *(manera)*: **a la francesa** the French way; **a caballo** on horseback; **a oscuras** in the dark

6 *(medio, instrumento)*: **a lápiz** in pencil; **a mano** by hand; **cocina a gas** gas stove

7 *(razón)*: **a dos euros el kilo** at two euros a kilo; **a más de 50 km por hora** at more than 50 km per hour

8 *(dativo)*: **se lo di a él** I gave it to him; **se lo compré a él** I bought it from him

9 *(complemento directo)*: **vi al policía** I saw the policeman

10 *(tras ciertos verbos)*: **voy a verle** I'm going to see him; **empezó a trabajar** he started working o to work

11 *(+ infin)*: **al verle, le reconocí inmediatamente** when I saw him I recognized him at once; **el camino a recorrer** the distance we *etc* have to travel; **¡a callar!** keep quiet!; **¡a comer!** let's eat!

abad, esa [a'βað, 'ðesa] *nm/f* abbot/abbess; **abadía** *nf* abbey

abajo [a'βaxo] *adv (situación)* (down) below, underneath; *(en edificio)* downstairs; *(dirección)* down, downwards; **el piso de ~** the downstairs flat; **la parte de ~** the lower part; **¡~ el gobierno!** down with the government!; **cuesta/río ~** downhill/downstream; **de arriba ~** from top to bottom; **el ~ firmante** the undersigned; **más ~** lower o further down

abalanzarse [aβalan'θarse] */tf; vr:* **~ sobre** o **contra** to throw o.s. at

abanderado, -a [aβande'raðo, a] *nm/f (portaestandarte)* standard bearer; *(de un movimiento)* champion, leader; *(um: linier)* linesman, assistant referee

abandonado, -a [aβando'naðo, a] *adj* derelict; *(desatendido)* abandoned; *(desierto)* deserted; *(descuidado)* neglected

abandonar [aβando'nar] */1a/ vt* to leave; *(persona)* to abandon, desert; *(cosa)* to abandon, leave behind; *(descuidar)* to neglect; *(renunciar a)* to give up; *(Inform)* to quit; **abandonarse**

vr: **~se a** to abandon o.s. to; **abandono** *nm (acto)* desertion, abandonment; *(estado)* abandon, neglect; *(renuncia)* withdrawal, retirement; **ganar por abandono** to win by default

abanico [aβa'niko] *nm* fan; *(Naut)* derrick

abarcar [aβar'kar] /1g/ *vt* to include, embrace; *(LAM)* to monopolize

abarrotado, -a [aβarro'taðo, a] *adj* packed

abarrotar [aβarro'tar] /1a/ *vt (local, estadio, teatro)* to fill, pack

abarrote [aβa'rrote] *nm* packing; **abarrotes** *nmpl (LAM)* groceries; **tienda de ~s** *(LAM)* grocery store

abarrotero, -a [aβarro'tero, a] *nm/f (LAM)* grocer

abastecer [aβaste'θer] /2d/ *vt:* **~ (de)** to supply (with); **abastecimiento** *nm* supply

abasto [a'βasto] *nm* supply; **no dar ~ a algo** not to be able to cope with sth

abatible [aβa'tiβle] *adj:* **asiento ~** tip-up seat; *(Auto)* reclining seat

abatido, -a [aβa'tiðo, a] *adj* dejected, downcast

abatir [aβa'tir] /3a/ *vt (muro)* to demolish; *(pájaro)* to shoot o bring down; *(fig)* to depress

abdicar [aβði'kar] /1g/ *vi* to abdicate

abdomen [aβ'ðomen] *nm* abdomen

abdominal [aβðomi'nal] *nm:* **~es** abdominals; *(Deporte: tb:* **ejercicios ~es***)* sit-ups

abecedario [aβeθe'ðarjo] *nm* alphabet

abedul [aβe'ðul] *nm* birch

abeja [a'βexa] *nf* bee

abejorro [aβe'xorro] *nm* bumblebee

abertura [aβer'tura] *nf* = **apertura**

abeto [a'βeto] *nm* fir

abierto, -a [a'βjerto, a] *pp de* **abrir**
▷ *adj* open

abismal [aβis'mal] *adj (fig)* vast, enormous

abismo [a'βismo] *nm* abyss

ablandar [aβlan'dar] /1a/ *vt* to soften
▷ **ablandarse** *vr* to get softer

abocado, -a [aβo'kaðo, a] *adj:* **verse ~ al desastre** to be heading for disaster

abochornar [aβotʃor'nar] /1a/ *vt* to embarrass; **abochornarse** *vr* to get flustered; *(Bot)* to wilt; **~se de** to get embarrassed about

abofetear [aβofete'ar] /1a/ *vt* to slap (in the face)

abogado, -a [aβo'ɣaðo, a] *nm/f* lawyer; *(notario)* solicitor; *(en tribunal)* barrister, advocate, attorney *(us)*; **~ defensor** defence lawyer *(BRIT)*, defense attorney *(US)*

abogar [aβo'ɣar] /1h/ *vi:* **~ por** to plead for; *(fig)* to advocate

abolir [aβo'lir] *vt* to abolish; *(cancelar)* to cancel

abolladura [aβoʎa'ðura] *nf* dent

abollar [aβo'ʎar] /1a/ *vt* to dent

abombarse [aβom'barse] /1a/ *(LAM)* *vr* to go bad

abominable [aβomi'naβle] *adj* abominable

abonado, -a [aβo'naðo, a] *adj (deuda)* paid(-up) ▷ *nm/f* subscriber

abonar [aβo'nar] /1a/ *vt (deuda)* to settle; *(terreno)* to fertilize; *(idea)* to endorse; **abonarse** *vr* to subscribe; **abono** *nm* payment; fertilizer; subscription

abordar [aβor'ðar] /1a/ *vt (barco)* to board; *(asunto)* to broach

aborigen [aβo'rixen] *nmf* aborigine

aborrecer [aβorre'θer] /2d/ *vt* to hate, loathe

abortar [aβor'tar] /1a/ *vi (malparir)* to have a miscarriage; *(deliberadamente)* to have an abortion; **aborto** *nm* miscarriage; abortion

abovedado, -a [aβoβe'ðaðo, a] *adj* vaulted, domed

abrasar [aβra'sar] /1a/ *vt* to burn (up); *(Agr)* to dry up, parch

abrazar [aβra'θar] /1f/ *vt* to embrace, hug

abrazo [a'βraθo] nm embrace, hug;
un ~ (en carta) with best wishes

abrebotellas [aβreβo'teλas] nm inv
bottle opener

abrecartas [aβre'kartas] nm inv
letter opener

abrelatas [aβre'latas] nm inv tin
(BRIT) o can (US) opener

abreviatura [aβreβja'tura] nf
abbreviation

abridor [aβri'ðor] nm bottle opener;
(de latas) tin (BRIT) o can (US) opener

abrigador, a [aβriɣa'ðor, a] adj
(LAM) warm

abrigar [aβri'ɣar] /1h/ vt (proteger)
to shelter; (ropa) to keep warm; (fig)
to cherish

abrigo [a'βriɣo] nm (prenda) coat,
overcoat; (lugar protegido) shelter

abril [a'βril] nm April; V tb **julio**

abrillantador [aβriλanta'ðor]
nm polish

abrillantar [aβriλan'tar] /1a/ vt
(pulir) to polish

abrir [a'βrir] /3a/ vt to open (up)
▷ vi to open; **abrirse** vr to open up;
(extenderse) to open out; (cielo) to clear;
~se paso to find o force a way through

abrochar [aβro'tʃar] /1a/ vt (con
botones) to button (up); (zapato, con
broche) to do up

abrupto, -a [a'βrupto, a] adj abrupt;
(empinado) steep

absoluto, -a [aβso'luto, a] adj
absolute; **en ~** adv not at all

absolver [aβsol'βer] /2h/ vt to
absolve; (Jur) to pardon; (: acusado)
to acquit

absorbente [aβsor'βente] adj
absorbent; (interesante) absorbing

absorber [aβsor'βer] /2a/ vt to
absorb; (embeber) to soak up

absorción [aβsor'θjon] nf
absorption; (Com) takeover

abstemio, -a [aβs'temjo, a] adj
teetotal

abstención [aβsten'θjon] nf
abstention

abstenerse [aβste'nerse] /2k/ vr: **~
(de)** to abstain o refrain (from)

abstinencia [aβsti'nenθja] nf
abstinence; (ayuno) fasting

abstracto, -a [aβ'strakto, a] adj
abstract

abstraer [aβstra'er] /2o/ vt to
abstract; **abstraerse** vr to be o
become absorbed

abstraído, -a [aβstra'iðo, a] adj
absent-minded

absuelto [aβ'swelto] pp de **absolver**

absurdo, -a [aβ'surðo, a] adj absurd

abuchear [aβutʃe'ar] /1a/ vt to boo

abuela [a'βwela] nf grandmother

abuelo [a'βwelo] nm grandfather;
abuelos nmpl grandparents

abultado, -a [aβul'taðo, a] adj bulky

abultar [aβul'tar] /1a/ vi to be bulky

abundancia [aβun'danθja] nf:
una ~ de plenty of; **abundante** adj
abundant, plentiful

abundar [aβun'dar] /1a/ vi to
abound, be plentiful

aburrido, -a [aβu'rriðo, a] adj
(hastiado) bored; (que aburre) boring;
aburrimiento nm boredom, tedium

aburrir [aβu'rrir] /3a/ vt to bore;
aburrirse vr to be bored, get bored

abusado, -a [aβu'saðo, a] adj (LAM
fam: astuto) sharp, cunning ▷ excl: **¡~!**
(inv) look out!, careful!

abusar [aβu'sar] /1a/ vi to go too far;
~ de to abuse

abusivo, -a [aβu'siβo, a] adj (precio)
exorbitant

abuso [a'βuso] nm abuse

acá [a'ka] adv (lugar) here

acabado, -a [aka'βaðo, a] adj
finished, complete; (perfecto) perfect;
(agotado) worn out; (fig) masterly
▷ nm finish

acabar [aka'βar] /1a/ vt (llevar a su
fin) to finish, complete; (consumir)
to use up; (rematar) to finish off ▷ vi
to finish, end; **acabarse** vr to be over;
(terminarse) to be over; (agotarse)
to run out; **~ con** to put an end to;

~ de llegar to have just arrived; **~ haciendo** o **por hacer algo** to end up (by) doing sth; **¡se acabó!** (*¡basta!*) that's enough!; (*se terminó*) it's all over!

acabose [aka'βose] nm: **esto es el ~** this is the last straw

academia [aka'ðemja] nf academy; **~ de idiomas** language school; V tb **colegio**; **académico, -a** adj academic

acalorado, -a [akalo'raðo, a] adj (*discusión*) heated

acampar [akam'par] /1a/ vi to camp

acantilado [akanti'laðo] nm cliff

acaparar [akapa'rar] /1a/ vt to monopolize; (*acumular*) to hoard

acariciar [akari'θjar] /1b/ vt to caress; (*esperanza*) to cherish

acarrear [akarre'ar] /1a/ vt to transport; (*fig*) to cause, result in

acaso [a'kaso] adv perhaps, maybe; **(por) si ~** (just) in case

acatar [aka'tar] /1a/ vt to respect; (*ley*) to obey, observe

acatarrarse [akata'rrarse] /1a/ vr to catch a cold

acceder [akθe'ðer] /2a/ vi to accede, agree; **~ a** (*petición etc*) to agree to; (*tener acceso a*) to have access to; (*Inform*) to access

accesible [akθe'siβle] adj accessible

acceso [ak'θeso] nm access, entry; (*camino*) access road; (*Med*) attack, fit

accesorio, -a [akθe'sorjo, a] adj accessory ⊳ nm accessory

accidentado, -a [akθiðen'taðo, a] adj uneven; (*montañoso*) hilly; (*azaroso*) eventful ⊳ nm/f accident victim

accidental [akθiðen'tal] adj accidental

accidente [akθi'ðente] nm accident; **accidentes** nmpl (*de terreno*) unevenness sg; **~ laboral** o **de trabajo/de tráfico** industrial/road o traffic accident

acción [ak'θjon] nf action; (*acto*) action, act; (*Com*) share; (*Jur*) action, lawsuit; **accionar** /1a/ vt to work, operate; (*ejecutar*) to activate

accionista [akθjo'nista] nmf shareholder

acebo [a'θeβo] nm holly; (*árbol*) holly tree

acechar [aθe'tʃar] /1a/ vt to spy on; (*aguardar*) to lie in wait for; **acecho** nm: **estar al acecho (de)** to lie in wait (for)

aceite [a'θeite] nm oil; **~ de girasol/ oliva** olive/sunflower oil; **aceitera** nf oilcan; **aceitoso, -a** adj oily

aceituna [aθei'tuna] nf olive; **~ rellena** stuffed olive

acelerador [aθelera'ðor] nm accelerator

acelerar [aθele'rar] /1a/ vt to accelerate

acelga [a'θelɣa] nf chard, beet

acento [a'θento] nm accent; (*acentuación*) stress

acentuar [aθen'twar] /1e/ vt to accent; to stress; (*fig*) to accentuate

acepción [aθep'θjon] nf meaning

aceptable [aθep'taβle] adj acceptable

aceptación [aθepta'θjon] nf acceptance; (*aprobación*) approval

aceptar [aθep'tar] /1a/ vt to accept; (*aprobar*) to approve; **~ hacer algo** to agree to do sth

acequia [a'θekja] nf irrigation ditch

acera [a'θera] nf pavement (BRIT), sidewalk (US)

acerca [a'θerka]: **~ de** prep about, concerning

acercar [aθer'kar] /1g/ vt to bring o move nearer; **acercarse** vr to approach, come near

acero [a'θero] nm steel

acérrimo, -a [a'θerrimo, a] adj (*partidario*) staunch; (*enemigo*) bitter

acertado, -a [aθer'taðo, a] adj correct; (*apropiado*) apt; (*sensato*) sensible

acertar [aθer'tar] /1j/ vt (*blanco*) to hit; (*solución*) to get right; (*adivinar*) to guess ⊳ vi to get it right, be right; **~ a** to manage to; **~ con** to happen o hit on

acertijo [aθer'tixo] nm riddle, puzzle

achacar [atʃa'kar] /1g/ vt to attribute

achacoso, -a [atʃa'koso, a] adj sickly

achicar [atʃi'kar] /1g/ vt to reduce; (Naut) to bale out

achicharrar [atʃitʃa'rrar] /1a/ vt to scorch, burn

achichincle [atʃi'tʃinkle] nmf (LAM fam) minion

achicoria [atʃi'korja] nf chicory

achuras [a'tʃuras] nf (LAM Culin) offal

acicate [aθi'kate] nm spur

acidez [aθi'δeθ] nf acidity

ácido, -a ['aθiδo, a] adj sour, acid
▷ nm acid

acierto etc [a'θjerto] vb V **acertar**
▷ nm success; (buen paso) wise move; (solución) solution; (habilidad) skill, ability

acitronar [aθitro'nar] /1a/ (LAM) vt (fam) to brown

aclamar [akla'mar] /1a/ vt to acclaim; (aplaudir) to applaud

aclaración [aklara'θjon] nf clarification, explanation

aclarar [akla'rar] /1a/ vt to clarify, explain; (ropa) to rinse ▷ vi to clear up; **aclararse** vr (explicarse) to understand; **~se la garganta** to clear one's throat

aclimatación [aklimata'θjon] nf acclimatization

aclimatar [aklima'tar] /1a/ vt to acclimatize; **aclimatarse** vr to become o get acclimatized

acné [ak'ne] nf acne

acobardar [akoβar'δar] /1a/ vt to daunt, intimidate

acogedor, a [akoxe'δor, a] adj welcoming; (hospitalario) hospitable

acoger [ako'xer] /2c/ vt to welcome; (abrigar) to shelter

acogida [ako'xiδa] nf reception; refuge

acomedido, -a [akome'δiδo, a] (LAM) adj helpful, obliging

acometer [akome'ter] /2a/ vt to attack; (emprender) to undertake; **acometida** nf attack, assault

acomodado, -a [akomo'δaδo, a] adj (persona) well-to-do

acomodador, a [akomoδa'δor, a] nm/f usher(ette)

acomodar [akomo'δar] /1a/ vt to adjust; (alojar) to accommodate; **acomodarse** vr to conform; (instalarse) to install o.s.; (adaptarse) to adapt o.s.; **-se (a)** to adapt (to)

acompañar [akompa'ɲar] /1a/ vt to accompany; (documentos) to enclose

acondicionar [akondiθjo'nar] /1a/ vt to get ready, prepare; (pelo) to condition

aconsejar [akonse'xar] /1a/ vt to advise, counsel; **~ a algn hacer** o **que haga algo** to advise sb to do sth

acontecer [akonte'θer] /2d/ vi to happen, occur; **acontecimiento** nm event

acopio [a'kopjo] nm store, stock

acoplar [ako'plar] /1a/ vt to fit; (Elec) to connect; (vagones) to couple

acorazado, -a [akora'θaδo, a] adj armour-plated, armoured ▷ nm battleship

acordar [akor'δar] /1l/ vt (resolver) to agree, resolve; (recordar) to remind; **acordarse** vr to agree; **~ hacer algo** to agree to do sth; **~se (de algo)** to remember (sth); **acorde** adj (Mus) harmonious ▷ nm chord; **acorde con** (medidas etc) in keeping with

acordeón [akorδe'on] nm accordion

acordonado, -a [akorδo'naδo, a] adj (calle) cordoned-off

acorralar [akorra'lar] /1a/ vt to round up, corral

acortar [akor'tar] /1a/ vt to shorten; (duración) to cut short; (cantidad) to reduce; **acortarse** vr to become shorter

acosar [ako'sar] /1a/ vt to pursue relentlessly; (fig) to hound, pester; **acoso** nm harassment; **acoso escolar** bullying; **acoso sexual** sexual harassment

acostar [akos'tar] /1l/ vt (en cama) to put to bed; (en suelo) to lay down;

acostarse vr to go to bed; to lie down; **~se con algn** to sleep with sb

acostumbrado, -a [akostum'braðo, a] adj usual; **estar ~ a (hacer) algo** to be used to (doing) sth

acostumbrar [akostum'brar] /1a/ vt: **~ a algn a algo** to get sb used to sth ▷ vi: **~ (a hacer algo)** to be in the habit (of doing) sth; **acostumbrarse** vr: **~se a** to get used to

acotación [akota'θjon] nf marginal note; (Geo) elevation mark; (de límite) boundary mark; (Teat) stage direction

acotamiento [akota'mjento] nm hard shoulder (BRIT), berm (US)

acre ['akre] adj (olor) acrid; (fig) biting ▷ nm acre

acreditar [akreði'tar] /1a/ vt (garantizar) to vouch for, guarantee; (autorizar) to authorize; (dar prueba de) to prove; (Com: abonar) to credit; (embajador) to accredit

acreedor, a [akree'ðor, a] nm/f creditor

acribillar [akriβi'ʎar] /1a/ vt: **~ a balazos** to riddle with bullets

acróbata [a'kroβata] nmf acrobat

acta ['akta] nf certificate; (de comisión) minutes pl, record; **~ de nacimiento/ de matrimonio** birth/marriage certificate; **~ notarial** affidavit

actitud [akti'tuð] nf attitude; (postura) posture

activar [akti'βar] /1a/ vt to activate; (acelerar) to speed up

actividad [aktiβi'ðað] nf activity

activo, -a [ak'tiβo, a] adj active; (vivo) lively ▷ nm (Com) assets pl

acto ['akto] nm act, action; (ceremonia) ceremony; (Teat) act; **en el ~** immediately

actor [ak'tor] nm actor; (Jur) plaintiff ▷ adj: **parte ~a** prosecution

actriz [ak'triθ] nf actress

actuación [aktwa'θjon] nf action; (comportamiento) conduct, behaviour; (Jur) proceedings pl; (desempeño) performance

actual [ak'twal] adj present(-day), current; **actualidad** nf present; **en la actualidad** at present; (hoy día) nowadays; **actualizar** /1f/ vt to update, modernize; **actualmente** adv at present; (hoy día) nowadays

No confundir actual con la palabra inglesa actual.

No confundir actualmente con la palabra inglesa actually.

actuar [ak'twar] /1e/ vi (obrar) to work, operate; (actor) to act, perform ▷ vt to work, operate; **~ de** to act as

acuarela [akwa'rela] nf watercolour

acuario [a'kwarjo] nm aquarium; **A~** (Astro) Aquarius

acuático, -a [a'kwatiko, a] adj aquatic

acudir [aku'ðir] /3a/ vi to attend, turn up; (ir) to go; **~ a** to turn to; **~ en ayuda de** to go to the aid of; **~ a una cita** to keep an appointment

acuerdo etc [a'kwerðo] vb V **acordar** ▷ nm agreement; **¡de ~!** agreed!; **de ~ con** (persona) in agreement with; (acción, documento) in accordance with; **estar de ~** (persona) to agree

acumular [akumu'lar] /1a/ vt to accumulate, collect

acuñar [aku'ɲar] /1a/ vt (moneda) to mint; (frase) to coin

acupuntura [akupun'tura] nf acupuncture

acurrucarse [akurru'karse] /1g/ vr to crouch; (ovillarse) to curl up

acusación [akusa'θjon] nf accusation

acusar [aku'sar] /1a/ vt to accuse; (revelar) to reveal; (denunciar) to denounce

acuse [a'kuse] nm: **~ de recibo** acknowledgement of receipt

acústico, -a [a'kustiko, a] adj acoustic ▷ nf acoustics pl

adaptación [aðapta'θjon] nf adaptation

adaptador [aðapta'ðor] *nm* (Elec) adapter; **~ universal** universal adapter

adaptar [aðap'tar] /1a/ *vt* to adapt; (acomodar) to fit

adecuado, -a [aðe'kwaðo, a] *adj* (apto) suitable; (oportuno) appropriate

a. de J.C. *abr* (= antes de Jesucristo) B.C.

adelantado, -a [aðelan'taðo, a] *adj* advanced; (reloj) fast; **pagar por ~ to** pay in advance

adelantamiento [aðelanta'mjento] *nm* (Auto) overtaking

adelantar [aðelan'tar] /1a/ *vt* to move forward; (avanzar) to advance; (acelerar) to speed up; (Auto) to overtake ▷ *vi* (ir delante) to go ahead; (progresar) to improve; **adelantarse** *vr* to move forward

adelante [aðe'lante] *adv* forward(s), ahead ▷ *excl* come in!; **de hoy en ~** from now on; **más ~** later on; (más allá) further on

adelanto [aðe'lanto] *nm* advance; (mejora) improvement; (progreso) progress

adelgazar [aðelɣa'θar] /1f/ *vt* to thin (down) ▷ *vi* to get thin; (con régimen) to slim down, lose weight

ademán [aðe'man] *nm* gesture; **ademanes** *nmpl* manners

además [aðe'mas] *adv* besides; (por otra parte) moreover; (también) also; **~ de** besides, in addition to

adentrarse [aðen'trarse] /1a/ *vr*: **~ en** to go into, get inside; (penetrar) to penetrate (into)

adentro [a'ðentro] *adv* inside, in; **mar ~** out at sea; **tierra ~** inland

adepto, -a [a'ðepto, a] *nm/f* supporter

aderezar [aðere'θar] /1f/ *vt* (ensalada) to dress; (comida) to season; **aderezo** *nm* dressing; seasoning

adeudar [aðeu'ðar] /1a/ *vt* to owe

adherirse [aðe'rirse] /3i/ *vr*: **~ a** to adhere to; (partido) to join

adhesión [aðe'sjon] *nf* adhesion; (fig) adherence

adicción [aðik'θjon] *nf* addiction

adición [aði'θjon] *nf* addition

adicto, -a [a'ðikto, a] *adj*: **~ a** addicted to; (dedicado) devoted to ▷ *nm/f* supporter, follower; (toxicómano etc) addict

adiestrar [aðjes'trar] /1a/ *vt* to train, teach; (conducir) to guide, lead

adinerado, -a [aðine'raðo, a] *adj* wealthy

adiós [a'ðjos] *excl* (para despedirse) goodbye!, cheerio!; (al pasar) hello!

aditivo [aði'tiβo] *nm* additive

adivinanza [aðiβi'nanθa] *nf* riddle

adivinar [aðiβi'nar] /1a/ *vt* to prophesy; (conjeturar) to guess; **adivino, -a** *nm/f* fortune-teller

adj *abr* (= adjunto) encl

adjetivo [aðxe'tiβo] *nm* adjective

adjudicar [aðxuði'kar] /1g/ *vt* to award; **adjudicarse** *vr*: **~se algo** to appropriate sth

adjuntar [aðxun'tar] /1a/ *vt* to attach, enclose; **adjunto, -a** *adj* attached, enclosed ▷ *nm/f* assistant

administración [aðministra'θjon] *nf* administration; (dirección) management; **administrador, a** *nm/f* administrator; manager(ess)

administrar [aðminis'trar] /1a/ *vt* to administer; **administrativo, -a** *adj* administrative

admirable [aðmi'raβle] *adj* admirable

admiración [aðmira'θjon] *nf* admiration; (asombro) wonder; (Ling) exclamation mark

admirar [aðmi'rar] /1a/ *vt* to admire; (extrañar) to surprise

admisible [aðmi'siβle] *adj* admissible

admisión [aðmi'sjon] *nf* admission; (reconocimiento) acceptance

admitir [aðmi'tir] /3a/ *vt* to admit; (aceptar) to accept

adobar [aðo'βar] /1a/ *vt* (cocinar) to season

adobe [a'ðoβe] *nm* adobe, sun-dried brick

adolecer [aðole'θer] /2d/ *vi*: ~ **de** to suffer from

adolescente [aðoles'θente] *nmf* adolescent, teenager

adonde *conj* (to) where

adónde [a'ðonde] *adv* = **dónde**

adopción [aðop'θjon] *nf* adoption

adoptar [aðop'tar] /1a/ *vt* to adopt

adoptivo, -a [aðop'tiβo, a] *adj* (*padres*) adoptive; (*hijo*) adopted

adoquín [aðo'kin] *nm* paving stone

adorar [aðo'rar] /1a/ *vt* to adore

adornar [aðor'nar] /1a/ *vt* to adorn

adorno [a'ðorno] *nm* (*objeto*) ornament; (*decoración*) decoration

adosado [aðo'saðo, a] *adj* (*casa*) semidetached

adosar [aðo'sar] /1a/ (*ʌm*) *vt* (*adjuntar*) to attach, enclose (*with a letter*)

adquiera *etc vb* V **adquirir**

adquirir [aðki'rir] /3i/ *vt* to acquire, obtain

adquisición [aðkisi'θjon] *nf* acquisition

adrede [a'ðreðe] *adv* on purpose

ADSL *nm abr* ADSL

aduana [a'ðwana] *nf* customs *pl*

aduanero, -a [aðwa'nero, a] *adj* customs *cpd* ▷ *nm/f* customs officer

adueñarse [aðwe'narse] /1a/ *vr*: ~ **de** to take possession of

adular [aðu'lar] /1a/ *vt* to flatter

adulterar [aðulte'rar] /1a/ *vt* to adulterate

adulterio [aðul'terjo] *nm* adultery

adúltero, -a [a'ðultero, a] *adj* adulterous ▷ *nm/f* adulterer/ adulteress

adulto, -a [a'ðulto, a] *adj, nm/f* adult

adverbio [að'βerβjo] *nm* adverb

adversario, -a [aðβer'sarjo, a] *nm/f* adversary

adversidad [aðβersi'ðað] *nf* adversity; (*contratiempo*) setback

adverso, -a [að'βerso, a] *adj* adverse

advertencia [aðβer'tenθja] *nf* warning; (*prefacio*) preface, foreword

advertir [aðβer'tir] /3i/ *vt* to notice; (*avisar*): ~ **a algn de** to warn sb about o of

Adviento [að'βjento] *nm* Advent

advierta *etc vb* V **advertir**

aéreo, -a [a'ereo, a] *adj* aerial

aerobic [ae'roβik] *nm*, (*ʌm*) **aerobics** [ae'roβiks] *nmpl* aerobics *sg*

aerodeslizador [aeroðesliθa'ðor] *nm* hovercraft

aeromozo, -a [aero'moθo, a] *nm/f* (*ʌm*) air steward(ess)

aeronáutica [aero'nautika] *nf* aeronautics *sg*

aeronave [aero'naβe] *nm* spaceship

aeroplano [aero'plano] *nm* aeroplane

aeropuerto [aero'pwerto] *nm* airport

aerosol [aero'sol] *nm* aerosol

afamado, -a [afa'maðo, a] *adj* famous

afán [a'fan] *nm* hard work; (*deseo*) desire

afanador, -a [afana'ðor, a] (*ʌm*) *nm/f* (*de limpieza*) cleaner

afanar [afa'nar] /1a/ *vt* to harass; (*fam*) to pinch; **afanarse** *vr*: ~ **se por** to strive to

afear [afe'ar] /1a/ *vt* to disfigure

afección [afek'θjon] *nf* (*Med*) disease

afectado, -a [afek'taðo, a] *adj* affected

afectar [afek'tar] /1a/ *vt* to affect

afectísimo, -a [afek'tisimo, a] *adj* affectionate; **suyo** ~ yours truly

afectivo, -a [afek'tiβo, a] *adj* (*problema etc*) emotional

afecto [a'fekto] *nm* affection; **tenerle** ~ **a algn** to be fond of sb

afectuoso, -a [afek'twoso, a] *adj* affectionate

afeitar [afei'tar] /1a/ *vt* to shave; **afeitarse** *vr* to shave

afeminado, -a [afemi'naðo, a] *adj* effeminate

Afganistán [afɣanisˈtan] nm
Afghanistan

afianzar [afjanˈθar] /1f/ vt to
strengthen, secure; **afianzarse** vr to
become established

afiche [aˈfitʃe] nm (LAM) poster

afición [afiˈθjon] nf: **~ a** a fondness o
liking for; **la ~** the fans pl; **pinto por
~** I paint as a hobby; **aficionado, -a**
adj keen, enthusiastic; (no profesional)
amateur ▷ nm/f enthusiast, fan;
amateur; **ser aficionado a algo** to be
very keen on o fond of sth

aficionar [afiθjoˈnar] /1a/ vt: **~ a algn
a algo** to make sb like sth; **aficionarse**
vr: **~se a algo** to grow fond of sth

afilado, -a [afiˈlaðo, a] adj sharp

afilar [afiˈlar] /1a/ vt to sharpen

afiliarse [afiˈljarse] /1b/ vr to affiliate

afín [aˈfin] adj (parecido) similar;
(conexo) related

afinar [afiˈnar] /1a/ vt (Tec) to refine;
(Mus) to tune ▷ vi (tocar) to play in
tune; (cantar) to sing in tune

afincarse [afinˈkarse] /1g/ vr to
settle

afinidad [afiniˈðað] nf affinity;
(parentesco) relationship; **por ~** by
marriage

afirmación [afirmaˈθjon] nf
affirmation

afirmar [afirˈmar] /1a/ vt to affirm,
state; **afirmativo, -a** adj affirmative

afligir [afliˈxir] /3c/ vt to afflict;
(apenar) to distress

aflojar [afloˈxar] /1a/ vt to slacken;
(desatar) to loosen, undo; (relajar) to
relax ▷ vi to drop; (bajar) to go down;
aflojarse vr to relax

afluente [afluˈente] adj flowing ▷ nm
(Geo) tributary

afmo., -a. abr (= afectísimo/a suyo/a)
Yours

afónico, -a [aˈfoniko, a] adj: **estar
~** to have a sore throat; to have lost
one's voice

aforo [aˈforo] nm (de teatro etc)
capacity

afortunado, -a [afortuˈnaðo, a] adj
fortunate, lucky

África [ˈafrika] nf Africa; **~ del Sur**
South Africa; **africano, -a** adj, nm/f
African

afrontar [afronˈtar] /1a/ vt to
confront; (poner cara a cara) to bring
face to face

afrutado, -a [afruˈtaðo, a] adj fruity

after [ˈafter] nm, **afterhours**
[ˈafterauars] nm inv after-hours club

afuera [aˈfwera] adv out, outside;
afueras nfpl outskirts

agachar [aɣaˈtʃar] /1a/ vt to bend,
bow; **agacharse** vr to stoop, bend

agalla [aˈɣaʎa] nf (Zool) gill; **tener ~s**
(fam) to have guts

agarradera [aɣarraˈðera] nf (LAM),
agarradero [aɣarraˈðero] nm
handle

agarrado, -a [aɣaˈrraðo, a] adj
mean, stingy

agarrar [aɣaˈrrar] /1a/ vt to grasp,
grab; (LAM: tomar) to take, catch;
(recoger) to pick up ▷ vi (planta) to take
root; **agarrarse** vr to hold on (tightly)

agencia [aˈxenθja] nf agency; **~
de créditos/publicidad/viajes**
credit/advertising/travel agency; **~
inmobiliaria** estate agent's (office)
(BRIT), real estate office (US)

agenciar [axenˈθjar] /1b/ vt to bring
about; **agenciarse** vr to look after
o.s.; **~se algo** to get hold of sth

agenda [aˈxenda] nf diary; **~
electrónica** PDA

> No confundir **agenda** con la
> palabra inglesa **agenda**.

agente [aˈxente] nmf agent; (tb: **~ de
policía**) policeman/policewoman;
~ de seguros insurance broker;
~ de tránsito (LAM) traffic cop; **~
inmobiliario** estate agent (BRIT),
realtor (US)

ágil [ˈaxil] adj agile, nimble; **agilidad**
nf agility, nimbleness

agilizar [axiliˈθar] /1f/ vt (trámites)
to speed up

agiotista [axjo'tista] (LAM) nmf
(usurero) usurer

agitación [axita'θjon] nf (de mano
etc) shaking, waving; (de líquido etc)
stirring; agitation

agitado, -a [axi'aðo, a] adj hectic;
(viaje) bumpy

agitar [axi'tar] /1a/ vt to wave, shake;
(líquido) to stir; (fig) to stir up, excite;
agitarse vr to get excited; (inquietarse)
to get worried o upset

aglomeración [aɣlomeɾa'θjon] nf:
~ **de tráfico/gente** traffic jam/mass
of people

agnóstico, -a [aɣ'nostiko, a] adj,
nm/f agnostic

agobiar [aɣo'βjar] /1b/ vt to weigh
down; (oprimir) to oppress; (cargar)
to burden

agolparse [aɣol'parse] /1a/ vr to
crowd together

agonía [aɣo'nia] nf death throes pl;
(fig) agony, anguish

agonizante [aɣoni'θante] adj dying

agonizar [aɣoni'θar] /1f/ vi to be
dying

agosto [a'ɣosto] nm August

agotado, -a [aɣo'taðo, a] adj
(persona) exhausted; (acabado)
finished; (Com) sold out; (: libros) out of
print; **agotador, a** adj exhausting

agotamiento [aɣota'mjento] nm
exhaustion

agotar [aɣo'tar] /1a/ vt to exhaust;
(consumir) to drain; (recursos) to use up,
deplete; **agotarse** vr to be exhausted;
(acabarse) to run out; (libro) to go
out of print

agraciado, -a [aɣra'θjaðo, a] adj
(atractivo) attractive; (en sorteo etc)
lucky

agradable [aɣra'ðaβle] adj pleasant,
nice

agradar [aɣra'ðar] /1a/ vt, vi to
please; **él me agrada** I like him

agradecer [aɣraðe'θer] /2d/ vt
to thank; (favor etc) to be grateful
for; **agradecido, -a** adj grateful;

¡muy agradecido! thanks a lot!;
agradecimiento nm thanks pl;
gratitude

agradezca etc [aɣra'ðeθka] vb V
agradecer

agrado [a'ɣraðo] nm: **ser de tu** etc ~
to be to your etc liking

agrandar [aɣran'dar] /1a/ vt
to enlarge; (fig) to exaggerate;
agrandarse vr to get bigger

agrario, -a [a'ɣrarjo, a] adj agrarian,
land cpd; (política) agricultural,
farming cpd

agravante [aɣra'βante] adj
aggravating ▷ nm o f: **con el** o **la ~
de que ...** with the further difficulty
that ...

agravar [aɣra'βar] /1a/ vt (pesar sobre)
to make heavier; (irritar) to aggravate;
agravarse vr to worsen, get worse

agraviar [aɣra'βjar] /1b/ vt to offend;
(ser injusto con) to wrong

agredir [aɣre'ðir] /3a/ vt to attack

agregado [aɣre'ɣaðo] nm aggregate;
(persona) attaché; **A~** = teacher (who is
not head of department)

agregar [aɣre'ɣar] /1h/ vt to gather;
(añadir) to add; (persona) to appoint

agresión [aɣre'sjon] nf aggression

agresivo, -a [aɣre'siβo, a] adj
aggressive

agriar [a'ɣrjar] vt to (turn) sour

agrícola [a'ɣrikola] adj farming cpd,
agricultural

agricultor, a [aɣrikul'tor, a] nm/f
farmer

agricultura [aɣrikul'tura] nf
agriculture, farming

agridulce [aɣri'ðulθe] adj
bittersweet; (Culin) sweet and sour

agrietarse [aɣrje'tarse] /1a/ vr to
crack; (la piel) to chap

agrio, -a [a'ɣrjo, a] adj bitter

agrupación [aɣrupa'θjon] nf group;
(acto) grouping

agrupar [aɣru'par] /1a/ vt to group

agua ['aɣwa] nf water; (Naut)
wake; (Arq) slope of a roof;

aguas nfpl (Med) water sg, urine sg; (Naut) waters; **~s abajo/ arriba** downstream/upstream; **~ bendita/destilada/potable** holy/distilled/drinking water; **~ caliente** hot water; **~ corriente** running water; **~ de colonia** eau de cologne; **~ mineral (con/sin gas)** (fizzy/non-fizzy) mineral water; **~ oxigenada** hydrogen peroxide; **~s jurisdiccionales** territorial waters

aguacate [aɣwaˈkate] nm avocado (pear)

aguacero [aɣwaˈθero] nm (heavy) shower, downpour

aguado, -a [aˈɣwaðo, a] adj watery, watered down

aguafiestas [aɣwaˈfjestas] nm inv, nf inv spoilsport

aguamiel [aɣwaˈmjel] (LAm) nf fermented maguey o agave juice

aguanieve [aɣwaˈnjeβe] nf sleet

aguantar [aɣwanˈtar] /1a/ vt to bear, put up with; (sostener) to hold up ▷ vi to last; **aguantarse** vr to restrain o.s.; **aguante** nm (paciencia) patience; (resistencia) endurance

aguar [aˈɣwar] /1i/ vt to water down

aguardar [aɣwarˈðar] /1a/ vt to wait for

aguardiente [aɣwarˈðjente] nm brandy, liquor

aguarrás [aɣwaˈrras] nm turpentine

aguaviva [aɣwaˈβiβa] (RPL) nf jellyfish

agudeza [aɣuˈðeθa] nf sharpness; (ingenio) wit

agudo, -a [aˈɣuðo, a] adj sharp; (voz) high-pitched, piercing; (dolor, enfermedad) acute

agüero [aˈɣwero] nm: **buen/mal ~** good/bad omen

aguijón [aɣiˈxon] nm sting; (fig) spur

águila [ˈaɣila] nf eagle; (fig) genius

aguileño, -a [aɣiˈleɲo, a] adj (nariz) aquiline; (rostro) sharp-featured

aguinaldo [aɣiˈnaldo] nm Christmas box

aguja [aˈɣuxa] nf needle; (de reloj) hand; (Arq) spire; (Tec) firing-pin; **agujas** nfpl (Zool) ribs; (Ferro) points

agujerear [aɣuxereˈar] /1a/ vt to make holes in

agujero [aɣuˈxero] nm hole

agujetas [aɣuˈxetas] nfpl stitch sg; (rigidez) stiffness sg

ahí [aˈi] adv there; (allá) over there; **de ~ que** so that, with the result that; **~ llega** here he comes; **por ~** that way; **200 o por ~** 200 or so

ahijado, -a [aiˈxaðo, a] nm/f godson/ daughter

ahogar [aoˈɣar] /1h/ vt to drown; (asfixiar) to suffocate, smother; (fuego) to put out; **ahogarse** vr (en agua) to drown; (por asfixia) to suffocate

ahogo [aˈoɣo] nm breathlessness; (económico) financial difficulty

ahondar [aonˈdar] /1a/ vt to deepen, make deeper; (fig) to study thoroughly ▷ vi: **~ en** to study thoroughly

ahora [aˈora] adv now; (hace poco) a moment ago, just now; (dentro de poco) in a moment; **~ voy** I'm coming; **~ mismo** right now; **~ bien** now then; **por ~** for the present

ahorcar [aorˈkar] /1g/ vt to hang

ahorita [aoˈrita] adv (esp LAm fam: en este momento) right now; (hace poco) just now; (dentro de poco) in a minute

ahorrar [aoˈrrar] /1a/ vt (dinero) to save; (esfuerzos) to save, avoid; **ahorro** nm (acto) saving; **ahorros** nmpl (dinero) savings

ahuecar [aweˈkar] /1g/ vt to hollow (out); (voz) to deepen; **ahuecarse** vr to give o.s. airs

ahumar [auˈmar] /1a/ vt to smoke, cure; (llenar de humo) to fill with smoke ▷ vi to smoke; **ahumarse** vr to fill with smoke

ahuyentar [aujenˈtar] /1a/ vt to drive off, frighten off; (fig) to dispel

aire [ˈaire] nm air; (viento) wind; (corriente) draught; (Mus) tune; **al ~ libre** in the open air; **~ aclimatizado**

o **aconcicionado** air conditioning;

airear /1a/ vt to air; **airearse** vr to get some fresh air; **airoso, -a** adj windy; draughty; (fig) graceful

aislado, -a [ais'laðo, a] adj isolated; (incomunicado) cut off; (Elec) insulated

aislar [ais'lar] /1a/ vt to isolate; (Elec) to insulate

ajardinado, -a [axarði'naðo, a] adj landscaped

ajedrez [axe'ðreθ] nm chess

ajeno, -a [a'xeno, a] adj (que pertenece a otro) somebody else's; **~ a** foreign to

ajetreado, -a [axetre'aðo, a] adj busy

ajetreo [axe'treo] nm bustle

ají [a'xi] nm chil(l)i, red pepper; (salsa) chil(l)i sauce

ajillo [a'xiʎo] nm: **gambas al ~** garlic prawns

ajo ['axo] nm garlic

ajuar [a'xwar] nm household furnishings pl; (de novia) trousseau; (de niño) layette

ajustado, -a [axus'taðo, a] adj (tornillo) tight; (cálculo) right; (ropa) tight(-fitting); (resultado) close

ajustar [axus'tar] /1a/ vt (adaptar) to adjust; (encajar) to fit; (Tec) to engage; (concertar) to agree (on); (reconciliar) to reconcile; (cuenta, deudas) to settle ▷ vi to fit; **ajustarse** vr: **~se a** (precio etc) to be in keeping with, fit in with; **~ las cuentas a algn** to get even with sb

ajuste [a'xuste] nm adjustment; (Costura) fitting; (acuerdo) compromise; (de cuenta) settlement

al [al] = **a + el**; V **a**

ala ['ala] nf wing; (de sombrero) brim; (futbolista) winger; **~ delta** hang-glider

alabanza [ala'βanθa] nf praise

alabar [ala'βar] /1a/ vt to praise

alacena [ala'θena] nf cupboard (BRIT), closet (US)

alacrán [ala'kran] nm scorpion

alambrada [alam'braða] nm wire fence; (red) wire netting

alambre [a'lambre] nm wire; **~ de púas** barbed wire

alameda [ala'meða] nf (plantío) poplar grove; (lugar de paseo) avenue, boulevard

álamo ['alamo] nm poplar

alarde [a'larðe] nm show, display; **hacer ~ de** to boast of

alargador [alarɣa'ðor] nm extension cable o lead

alargar [alar'ɣar] /1h/ vt to lengthen, extend; (paso) to hasten; (brazo) to stretch out; (cuerda) to pay out; (conversación) to spin out; **alargarse** vr to get longer

alarma [a'larma] nf alarm; **~ de incendios** fire alarm; **alarmante** adj alarming; **alarmar** /1a/ vt to alarm; **alarmarse** vr to get alarmed

alba ['alβa] nf dawn

albahaca [al'βaka] nf (Bot) basil

Albania [al'βanja] nf Albania

albañil [alβa'ɲil] nm bricklayer; (cantero) mason

albarán [alβa'ran] nm (Com) delivery note, invoice

albaricoque [alβari'koke] nm apricot

albedrío [alβe'ðrio] nm: **libre ~** free will

alberca [al'βerka] nf reservoir; (LAM) swimming pool

albergar [alβer'ɣar] /1h/ vt to shelter; **albergarse** vr to shelter

albergue [al'βerɣe] vb V **albergar** ▷ nm shelter, refuge; **~ juvenil** youth hostel

albóndiga [al'βondiɣa] nf meatball

albornoz [alβor'noθ] nm (de los drabes) burnous; (para el baño) bathrobe

alborotar [alβoro'tar] /1a/ vi to make a row ▷ vt to agitate, stir up; **alborotarse** vr to get excited; (mar) to get rough; **alboroto** nm row, uproar

álbum ['alβum] (pl **álbums** o **álbumes**) nm album; **~ de recortes** scrapbook

albur [al'βur] (LAM) nm (juego de palabras) pun; (doble sentido) double entendre

alcachofa [alka'tʃofa] nf (globe) artichoke

alcalde, -esa [al'kalde, alkal'desa] nm/f mayor(ess)

alcaldía [alkal'dia] nf mayoralty; (lugar) mayor's office

alcance [al'kanθe] vb V **alcanzar** ▷ nm (Mil, Radio) range; (fig) scope; (Com) adverse balance; **estar al/ fuera del ~ de algn** to be within/ beyond sb's reach

alcancía [alkan'θia] (LAM) nf (para ahorrar) money box; (para colectas) collection box

alcantarilla [alkanta'riʎa] nf (de aguas cloacales) sewer; (en la calle) gutter

alcanzar [alkan'θar] /1f/ vt (algo: con la mano, el pie) to reach; (alguien: en el camino etc) to catch up (with); (autobús) to catch; (bala) to hit, strike ▷ vi (ser suficiente) to be enough; **~ a hacer** to manage to do

alcaparra [alka'parra] nf (Bot) caper

alcayata [alka'jata] nf hook

alcázar [al'kaθar] nm fortress; (Naut) quarter-deck

alcoba [al'koβa] nf bedroom

alcohol [al'kol] nm alcohol; **~ metílico** methylated spirits pl (BRIT), wood alcohol (US); **alcohólico, -a** adj, nm/f alcoholic; **alcoholímetro** nm Breathalyser®, drunkometer (US); **alcoholismo** nm alcoholism

alcornoque [alkor'noke] nm cork tree; (fam) idiot

aldea [al'dea] nf village; **aldeano, -a** adj village cpd ▷ nm/f villager

aleación [alea'θjon] nf alloy

aleatorio, -a [alea'torjo, a] adj random

aleccionar [alekθjo'nar] /1a/ vt to instruct; (adiestrar) to train

alegar [ale'ɣar] /1h/ vt (dificultad etc) to plead; (Jur) to allege ▷ vi (LAM) to argue

alegoría [aleɣo'ria] nf allegory

alegrar [ale'ɣrar] /1a/ vt (causar alegría) to cheer (up); (fuego) to poke;

(fiesta) to liven up; **alegrarse** vr (fam) to get merry o tight; **~se de** to be glad about

alegre [a'leɣre] adj happy, cheerful; (fam) merry, tight; (chiste) risqué, blue; **alegría** nf happiness; merriment

alejar [ale'xar] /1a/ vt to move away, remove; (fig) to estrange; **alejarse** vr to move away

alemán, -ana [ale'man, ana] adj, nm/f German ▷ nm (lengua) German

Alemania [ale'manja] nf Germany

alentador, a [alenta'ðor, a] adj encouraging

alentar [alen'tar] /1j/ vt to encourage

alergia [a'lerxja] nf allergy

alero [a'lero] nm (de tejado) eaves pl; (Auto) mudguard

alerta [a'lerta] adj inv, nm alert

aleta [a'leta] nf (de pez) fin; (de ave) wing; (de foca, Deporte) flipper; (de coche) mudguard

aletear [alete'ar] /1a/ vi to flutter

alevín [ale'βin] nm fry, young fish

alevosía [aleβo'sia] nf treachery

alfabeto [alfa'βeto] nm alphabet

alfalfa [al'falfa] nf alfalfa, lucerne

alfarería [alfare'ria] nf pottery; (tienda) pottery shop; **alfarero, -a** nm/f potter

alféizar [al'feiθar] nm window-sill

alférez [al'fereθ] nm (Mil) second lieutenant; (Naut) ensign

alfil [al'fil] nm (Ajedrez) bishop

alfiler [alfi'ler] nm pin; (broche) clip

alfombra [al'fombra] nf carpet; (más pequeña) rug; **alfombrilla** nf rug, mat; (Inform) mouse mat o pad

alforja [al'forxa] nf saddlebag

algas ['alɣas] nfpl seaweed sg

álgebra ['alxeβra] nf algebra

algo ['alɣo] pron something; (en frases interrogativas) anything ▷ adv somewhat, rather; **¿~ más?** anything else?; (en tienda) is that all?; **por ~ será** there must be some reason for it

algodón [alɣo'ðon] nm cotton; (planta) cotton plant; **~ de azúcar**

candy floss (BRIT), cotton candy (US); **~ hidrófilo** cotton wool (BRIT), absorbent cotton (US)

alguien ['alɣjen] pron someone, somebody; (en frases interrogativas) anyone, anybody

alguno, -a [al'ɣuno, a] adj some; (después de n): **no tiene talento ~** he has no talent, he doesn't have any talent ▷ pron (alguien) someone, somebody; **algún que otro libro** some book or other; **algún día iré** I'll go one o some day; **sin interés ~ que** without the slightest interest; **~ que otro** an occasional one; **~s piensan** some (people) think

alhaja [a'laxa] nf jewel; (tesoro) precious object, treasure

alhelí [ale'li] nm wallflower, stock

aliado, -a [a'ljaðo, a] adj allied

alianza [a'ljanθa] nf alliance; (anillo) wedding ring

aliar [a'ljar] /1c/ vt to ally; **aliarse** vr to form an alliance

alias ['aljas] adv alias

alicatado [alika'taðo] (ESP) nm tiling

alicate [ali'kate] nm, **alicates** [ali'kates] nmpl pliers pl

aliciente [ali'θjente] nm incentive; (atracción) attraction

alienación [aljena'θjon] nf alienation

aliento [a'ljento] nm breath; (respiración) breathing; **sin ~** breathless

aligerar [alixe'rar] /1a/ vt to lighten; (reducir) to shorten; (aliviar) to alleviate; (mitigar) to ease; (paso) to quicken

alijo [a'lixo] nm (Naut: descarga) unloading

alimaña [ali'maɲa] nf pest

alimentación [alimenta'θjon] nf (comida) food; (acción) feeding; (tienda) grocer's (shop)

alimentar [alimen'tar] /1a/ vt to feed; (nutrir) to nourish; **alimentarse** vr: **~se (de)** to feed (on)

alimenticio, -a [alimen'tiθjo, a] adj food cpd; (nutritivo) nourishing, nutritious

alimento [ali'mento] nm food; (nutrición) nourishment

alineación [alinea'θjon] nf alignment; (Deporte) line-up

alinear [aline'ar] /1a/ vt to align; (Deporte) to select, pick; **alinearse** vr

aliñar [ali'ɲar] /1a/ vt (Culin) to dress; **aliño** nm (Culin) dressing

alioli [ali'oli] nm garlic mayonnaise

alisar [ali'sar] /1a/ vt to smooth

alistar [alis'tar] /1a/ vt to recruit; **alistarse** vr to enlist; (inscribirse) to enrol

aliviar [ali'βjar] /1b/ vt (carga) to lighten; (persona) to relieve; (dolor) to relieve, alleviate

alivio [a'liβjo] nm alleviation, relief

aljibe [al'xiβe] nm cistern

allá [a'ʎa] adv (lugar) there; (por ahí) over there; (tiempo) then; **~ abajo** down there; **más ~** further on; **más ~ de** beyond; **¡~ tú!** that's your problem!

allanamiento [aʎana'mjento] nm (LAM Policía) raid, search; **~ de morada** breaking and entering

allanar [aʎa'nar] /1a/ vt to flatten, level (out); (igualar) to smooth (out); (fig) to subdue; (Jur) to burgle, break into

allegado, -a [aʎe'ɣaðo, a] adj near, close ▷ nm/f relation

allí [a'ʎi] adv there; **~ mismo** right there; **por ~** over there; (por ese camino) that way

alma ['alma] nf soul; (persona) person

almacén [alma'θen] nm (depósito) warehouse, store; (Mil) magazine; (LAM) store, food store, grocery store (US); **(grandes) almacenes** nmpl department store sg; **almacenaje** nm storage

almacenar [almaθe'nar] /1a/ vt to store, put in storage; (proveerse) to stock up with

almanaque [alma'nake] nm almanac

almeja [al'mexa] *nf* clam

almendra [al'mendra] *nf* almond;
almendro *nm* almond tree

almíbar [al'miβar] *nm* syrup

almidón [almi'ðon] *nm* starch

almirante [almi'rante] *nm* admiral

almohada [almo'aða] *nf* pillow;
(*funda*) pillowcase; **almohadilla** *nf*
cushion; (*Tec*) pad; (*Lᴀᴍ*) pincushion

almohadón [almoa'ðon] *nm* large
pillow

almorranas [almo'rranas] *nfpl* piles,
haemorrhoids (*ʙʀɪᴛ*), hemorrhoids
(*us*)

almorzar [almor'θar] /1f, 1l/ *vt*: ~
una tortilla to have an omelette for
lunch ▷ *vi* to (have) lunch

almuerzo [al'mwerθo] *vb* V
almorzar ▷ *nm* lunch

alocado, -a [alo'kaðo, a] *adj* crazy

alojamiento [aloxa'mjento] *nm*
lodging(s) (*pl*); (*viviendas*) housing

alojar [alo'xar] /1a/ *vt* to lodge;
alojarse *vr*: **~se en** to stay at; (*bala*)
to lodge in

alondra [a'londra] *nf* lark, skylark

alpargata [alpar'ɣata] *nf* rope-soled
shoe, espadrille

Alpes ['alpes] *nmpl*: **los ~** the Alps

alpinismo [alpi'nismo] *nm*
mountaineering, climbing; **alpinista**
nmf mountaineer, climber

alpiste [al'piste] *nm* birdseed

alquilar [alki'lar] /1a/ *vt* (*propietario,
inmuebles*) to let, rent (out); (*coche*) to
hire out; (*TV*) to rent (out); (*alquilador,
inmuebles, TV*) to rent; (*coche*) to hire;
"se alquila casa" "house to let (*ʙʀɪᴛ*)
o for rent (*us*)"

alquiler [alki'ler] *nm* renting; letting;
hiring; (*arriendo*) rent; hire charge; **de
~** for hire; **~ de automóviles** car hire

alquimia [al'kimja] *nf* alchemy

alquitrán [alki'tran] *nm* tar

alrededor [alreðe'ðor] *adv*
around, about; **alrededores** *nmpl*
surroundings; **~ de** around, about;
mirar a su ~ to look (round) about one

alta ['alta] *nf* (certificate of) discharge

altar [al'tar] *nm* altar

altavoz [alta'βoθ] *nm* loudspeaker;
(*amplificador*) amplifier

alteración [altera'θjon] *nf*
alteration; (*alboroto*) disturbance

alterar [alte'rar] /1a/ *vt* to alter;
to disturb; **alterarse** *vr* (*persona*) to
get upset

altercado [alter'kaðo] *nm* argument

alternar [alter'nar] /1a/ *vt* to
alternate ▷ *vi* to alternate; (*turnar*) to
take turns; **alternarse** *vr* to alternate
(*turnar*) to take turns; **~ con** to mix
with; **alternativo, -a** *adj* alternative;
(*alterno*) alternating ▷ *nf* alternative;
(*elección*) choice; **alterno, -a** *adj*
alternate; (*Elec*) alternating

Alteza [al'teθa] *nf* (*tratamiento*)
Highness

altibajos [alti'βaxos] *nmpl* ups and
downs

altiplanicie [altipla'niθje] *nf*,
altiplano [alti'plano] *nm* high
plateau

altisonante [altiso'nante] *adj* high-
flown, high-sounding

altitud [alti'tuð] *nf* height; (*Aviat,
Geo*) altitude

altivo, -a [al'tiβo, a] *adj* haughty,
arrogant

alto, -a ['alto, a] *adj* high; (*persona*)
tall; (*sonido*) high, sharp; (*noble*) high,
lofty ▷ *nm* halt; (*Mus*) alto; (*Geo*)
hill ▷ *adv* (*estar*) high; (*hablar*) loud,
loudly ▷ *excl* halt!; **la pared tiene dos
metros de ~** the wall is two metres
high; **en alta mar** on the high seas;
en voz alta in a loud voice; **las altas
horas de la noche** the small (*ʙʀɪᴛ*)
o wee (*us*) hours; **en lo ~ de** at the
top of; **pasar por ~** to overlook;
altoparlante *nm* (*Lᴀᴍ*) loudspeaker

altura [al'tura] *nf* height; (*Naut*)
depth; (*Geo*) latitude; **la pared tiene
1.80 de ~** the wall is 1 metre 80 (cm)
high; **a estas ~s** at this stage; **a esta
~ del año** at this time of the year

alubia [a'luβja] nf bean; (judía verde)
French bean; (judía blanca) cannellini
bean

alucinación [aluθina'θjon] nf
hallucination

alucinar [aluθi'nar] /1a/ vi to
hallucinate ▷ vt to deceive; (fascinar)
to fascinate

alud [a'luð] nm avalanche; (fig) flood

aludir [alu'ðir] /3a/ vi: **~ a** to allude
to; **darse por aludido** to take the hint

alumbrado [alum'braðo] nm
lighting

alumbrar [alum'brar] /1a/ vt to light
(up) ▷ vi (Med) to give birth

aluminio [alu'minjo] nm aluminium
(BRIT), aluminum (US)

alumno, -a [a'lumno, a] nm/f pupil,
student

alusión [alu'sjon] nf allusion

alusivo, -a [alu'siβo, a] adj allusive

aluvión [alu'βjon] nm (Geo) alluvium;
(fig) flood

alverja [al'βerxa] (LAM) nf pea

alza ['alθa] nf rise; (Mil) sight

alzamiento [alθa'mjento] nm
(rebelión) rising

alzar [al'θar] /1f/ vt to lift (up); (precio,
muro) to raise; (cuello de abrigo) to turn
up; (Agr) to gather in; (Tip) to gather;
alzarse vr to get up, rise; (rebelarse)
to revolt; (Com) to go fraudulently
bankrupt; (Jur) to appeal

ama ['ama] nf lady of the house;
(dueña) owner; (institutriz) governess;
(madre adoptiva) foster mother;
~ de casa housewife; **~ de llaves**
housekeeper

amabilidad [amaβili'ðað] nf
kindness; (simpatía) niceness; **amable**
adj kind; nice; **es usted muy amable**
that's very kind of you

amaestrado, -a [amaes'traðo, a]
adj (en circo etc) performing

amaestrar [amaes'trar] /1a/ vt
to train

amago [a'mayo] nm threat; (gesto)
threatening gesture; (Med) symptom

amainar [amai'nar] /1a/ vi (viento)
to die down

amamantar [amaman'tar] /1a/ vt
to suckle, nurse

amanecer [amane'θer] /2d/ vi to
dawn ▷ nm dawn; **~ afiebrado** to
wake up with a fever

amanerado, -a [amane'raðo, a]
adj affected

amante [a'mante] adj: **~ de** fond of
▷ nmf lover

amapola [ama'pola] nf poppy

amar [a'mar] /1a/ vt to love

amargado, -a [amar'yaðo, a] adj
bitter

amargar [amar'yar] /1h/ vt to make
bitter; (fig) to embitter; **amargarse** vr
to become embittered

amargo, -a [a'maryo, a] adj bitter

amarillento, -a [amari'ʎento, a] adj
yellowish; (tez) sallow

amarillo, -a [ama'riʎo, a] adj, nm
yellow

amarra [a'marra] nf (Naut) mooring
line; **amarras** nfpl: **soltar ~s** (Naut)
to set sail

amarrado, -a [ama'rraðo, a] (LAM)
adj (fam) mean, stingy

amarrar [ama'rrar] /1a/ vt to moor;
(sujetar) to tie up

amasar [ama'sar] /1a/ vt (masa)
to knead; (mezclar) to mix, prepare;
(confeccionar) to concoct

amateur [ama'tur] nmf amateur

amazona [ama'θona] nf
horsewoman; **Amazonas** nm: **el (río)
Amazonas** the Amazon

ámbar ['ambar] nm amber

ambición [ambi'θjon] nf ambition;
ambicionar /1a/ vt to aspire to;
ambicioso, -a adj ambitious

ambidextro, -a [ambi'ðekstro, a]
adj ambidextrous

ambientación [ambjenta'θjon] nf
(Cine, Lit etc) setting; (Radio etc) sound
effects pl

ambiente [am'bjente] nm
atmosphere; (medio) environment

ambigüedad [ambiɣwe'ðað] nf ambiguity; **ambiguo, -a** adj ambiguous

ámbito ['ambito] nm (campo) field; (fig) scope

ambos, -as ['ambos, as] adj pl, pron pl both

ambulancia [ambu'lanθja] nf ambulance

ambulante [ambu'lante] adj travelling, itinerant

ambulatorio [ambula'torjo] nm state health-service clinic

amén [a'men] excl amen; **~ de** besides

amenaza [ame'naθa] nf threat; **amenazar** /1f/ vt to threaten ▷ vi: **amenazar con hacer** to threaten to do

ameno, -a [a'meno, a] adj pleasant

América [a'merika] nf America; **~ del Norte/del Sur** North/South America; **~ Central/Latina** Central/Latin America; **americano, -a** adj, nm/f American; Latin o South American

ametralladora [ametraʎa'ðora] nf machine gun

amigable [ami'ɣaβle] adj friendly

amígdala [a'miɣðala] nf tonsil; **amigdalitis** nf tonsillitis

amigo, -a [a'miɣo, a] adj friendly ▷ nm/f friend; (amante) lover; **ser ~ de** to like, be fond of

aminorar [amino'rar] /1a/ vt to diminish; (reducir) to reduce; **~ la marcha** to slow down

amistad [amis'tað] nf friendship; **amistades** nfpl (amigos) friends; **amistoso, -a** adj friendly

amnesia [am'nesja] nf amnesia

amnistía [amnis'tia] nf amnesty

amo ['amo] nm owner; (jefe) boss

amolar [amo'lar] /1l/ vt to annoy; (MÉX fam) to ruin, damage

amoldar [amol'dar] /1a/ vt to mould; (adaptar) to adapt

amonestación [amonesta'θjon] nf warning; **amonestaciones** nfpl marriage banns

amonestar [amone'star] /1a/ vt to warn; (Rel) to publish the banns

amontonar [amonto'nar] /1a/ vt to collect, pile up; **amontonarse** vr to crowd together; (acumularse) to pile up

amor [a'mor] nm love; (amante) lover; **hacer el ~** to make love; **~ propio** self-respect

amoratado, -a [amora'taðo, a] adj purple

amordazar [amorða'θar] /1f/ vt to muzzle; (fig) to gag

amorfo, -a [a'morfo, a] adj amorphous, shapeless

amoroso, -a [amo'roso, a] adj affectionate, loving

amortiguador [amortiɣwa'ðor] nm shock absorber; (parachoques) bumper; **amortiguadores** nmpl (Auto) suspension sg

amortiguar [amorti'ɣwar] /1i/ vt to deaden; (ruido) to muffle; (color) to soften

amotinar [amoti'nar] /1a/ vt to stir up, incite (to riot); **amotinarse** vr to mutiny

amparar [ampa'rar] /1a/ vt to protect; **ampararse** vr to seek protection; (de la lluvia etc) to shelter; **amparo** nm help, protection; **al amparo de** under the protection of

amperio [am'perjo] nm ampere, amp

ampliación [amplja'θjon] nf enlargement; (extensión) extension

ampliar [am'pljar] /1c/ vt to enlarge; to extend

amplificador [amplifika'ðor] nm amplifier

amplificar [amplifi'kar] /1g/ vt to amplify

amplio, -a ['ampljo, a] adj spacious; (falda etc) full; (extenso) extensive; (ancho) wide; **amplitud** nf spaciousness; extent; (fig) amplitude

ampolla [am'poʎa] nf blister; (Med) ampoule

amputar [ampu'tar] /1a/ vt to cut off, amputate

amueblar [amwe'βlar] /1a/ vt to furnish

anales [a'nales] nmpl annals

analfabetismo [analfaβe'tismo] nm illiteracy; **analfabeto, -a** adj, nm/f illiterate

analgésico [anal'xesiko] nm painkiller, analgesic

análisis [a'nalisis] nm inv analysis

analista [ana'lista] nmf (gen) analyst

analizar [anali'θar] /1f/ vt to analyse

analógico, -a [ana'loxiko, a] adj (Inform) analog; (reloj) analogue (BRIT), analog (US)

análogo, -a [a'naloyo, a] adj analogous, similar

ananá [ana'na] nm pineapple

anarquía [anar'kia] nf anarchy; **anarquista** nmf anarchist

anatomía [anato'mia] nf anatomy

anca ['anka] nf rump, haunch; **ancas** nfpl (fam) behind sg

ancho, -a ['antʃo, a] adj wide; (falda) full; (fig) liberal ▷ nm width; (Ferro) gauge; **le viene muy ~ el cargo** (fig) the job is too much for him; **ponerse ~** to go on as if nothing had happened; **quedarse tan ~** to be conceited; **estar a sus anchas** to be at one's ease

anchoa [an'tʃoa] nf anchovy

anchura [an'tʃura] nf width; (amplitud) wideness

anciano, -a [an'θjano, a] adj old, aged ▷ nm/f old man/woman ▷ nm elder

ancla ['ankla] nf anchor

Andalucía [andalu'θia] nf Andalusia; **andaluz, -a** adj, nm/f Andalusian

andamiaje [anda'mjaxe] nm scaffolding

andamio [an'damjo] nm scaffold(ing)

andar [an'dar] /1p/ vt to go, cover, travel ▷ vi to go, walk, travel; (funcionar) to go, work; (estar) to be ▷ nm walk, gait, pace; (irse) to go away o off; **~ a pie/a caballo/en bicicleta** to go on foot/ on horseback/by bicycle; **¡anda!**

(sorpresa) go on!; **anda en o por los 40** he's about 40; **~ haciendo algo** to be doing sth

andén [an'den] nm (Ferro) platform; (Naut) quayside; (LAM: acera) pavement (BRIT), sidewalk (US)

Andes ['andes] nmpl: **los ~** the Andes

andinismo [andi'nismo] nm (LAM) mountaineering, climbing

Andorra [an'dorra] nf Andorra

andrajoso, -a [andra'xoso, a] adj ragged

anduve [an'duβe] vb V **andar**

anécdota [a'nekðota] nf anecdote, story

anegar [ane'yar] /1h/ vt to flood; (ahogar) to drown

anemia [a'nemja] nf anaemia

anestesia [anes'tesja] nf anaesthetic; **~ general/local** general/local anaesthetic

anexar [anek'sar] /1a/ vt to annex; (documento) to attach; **anexión** [anek'sjon] nf annexation; **anexo, -a** adj attached ▷ nm annexe

anfibio, -a [an'fiβjo, a] adj amphibious ▷ nm amphibian

anfiteatro [anfite'atro] nm amphitheatre; (Teat) dress circle

anfitrión, -ona [anfi'trjon, ona] nm/f host(ess)

ánfora ['anfora] nf (cántaro) amphora; (LAM Pol) ballot box

ángel ['anxel] nm angel; **~ de la guarda** guardian angel

angina [an'xina] nf (Med) inflammation of the throat; **~ de pecho** angina; **tener ~s** to have tonsillitis, have a sore throat

anglicano, -a [angli'kano, a] adj, nm/f Anglican

anglosajón, -ona [anglosa'xon, 'xona] adj Anglo-Saxon

anguila [an'gila] nf eel

angula [an'gula] nf elver, baby eel

ángulo ['angulo] nm angle; (esquina) corner; (curva) bend

angustia [an'gustja] nf anguish

anhelar [ane'lar] /1a/ vt to be eager for; (*desear*) to long for, desire ▷ vi to pant, gasp; **anhelo** nm eagerness; desire

anidar [ani'ðar] /1a/ vi to nest

anillo [a'niʎo] nm ring; **~ de boda** wedding ring; **~ de compromiso** engagement ring

animación [anima'θjon] nf liveliness; (*vitalidad*) life; (*actividad*) bustle

animado, -a [ani'maðo, a] adj lively; (*vivaz*) animated; **animador, a** nm/f (TV) host(ess), compère ▷ nf (*Deporte*) cheerleader

animal [ani'mal] adj animal; (*fig*) stupid ▷ nm animal; (*fig*) fool; (*bestia*) brute

animar [ani'mar] /1a/ vt (*Bio*) to animate, give life to; (*fig*) to liven up, brighten up, cheer up; (*estimular*) to stimulate; **animarse** vr to cheer up, feel encouraged; (*decidirse*) to make up one's mind

ánimo ['animo] nm (*alma*) soul; (*mente*) mind; (*valentía*) courage ▷ excl cheer up!

animoso, -a [ani'moso, a] adj brave; (*vivo*) lively

aniquilar [aniki'lar] /1a/ vt to annihilate, destroy

anís [a'nis] nm aniseed; (*licor*) anisette

aniversario [aniβer'sarjo] nm anniversary

anoche [a'notʃe] adv last night; **antes de ~** the night before last

anochecer [anotʃe'θer] /2d/ vi to get dark ▷ nm nightfall, dusk; **al ~** at nightfall

anodino, -a [ano'ðino, a] adj dull, anodyne

anomalía [anoma'lia] nf anomaly

anonadado, -a [anona'ðaðo, a] adj: **estar ~** to be stunned

anonimato [anoni'mato] nm anonymity

anónimo, -a [a'nonimo, a] adj anonymous; (*Com*) limited ▷ nm (*carta*) anonymous letter; (*: maliciosa*) poison-pen letter

anormal [anor'mal] adj abnormal

anotación [anota'θjon] nf note; annotation

anotar [ano'tar] /1a/ vt to note down; (*comentar*) to annotate

ansia ['ansja] nf anxiety; (*añoranza*) yearning; **ansiar** /1b/ vt to long for

ansiedad [ansje'ðað] nf anxiety

ansioso, -a [an'sjoso, a] adj anxious; (*anhelante*) eager; **~ de** o **por algo** greedy for sth

antaño [an'tapo] adv in years gone by, long ago

Antártico [an'tartiko] nm: **el (océano) ~** the Antarctic (Ocean)

ante ['ante] prep before, in the presence of; (*encarado con*) faced with ▷ nm (*piel*) suede; **~ todo** above all

anteanoche [antea'notʃe] adv the night before last

anteayer [antea'jer] adv the day before yesterday

antebrazo [ante'βraθo] nm forearm

antecedente [anteθe'ðente] adj previous ▷ nm antecedent; **antecedentes** nmpl (*profesionales*) background sg; **~s penales** criminal record

anteceder [anteθe'ðer] /2a/ vt to precede, go before

antecesor, a [anteθe'sor, a] nm/f predecessor

antelación [antela'θjon] nf: **con ~** in advance

antemano [ante'mano]: **de ~** adv beforehand, in advance

antena [an'tena] nf antenna; (*de televisión etc*) aerial; **~ parabólica** satellite dish

antenoche [ante'notʃe] (*LAM*) adv the night before last

anteojo [ante'oxo] nm eyeglass; **anteojos** nmpl (*esp LAM*) glasses, spectacles

antepasados [antepa'saðos] nmpl ancestors

anteponer [antepo'ner] /2q/ vt to place in front; (fig) to prefer

anterior [ante'rjor] adj preceding, previous; **anterioridad** nf: **con anterioridad a** prior to, before

antes ['antes] adv (con anterioridad) before ▷ prep: **~ de** before ▷ conj: **~ (de) que** before; **~ bien** (but) rather; **dos días ~** two days before o previously; **no quiso venir ~** she didn't want to come any earlier; **tomo el avión ~ que el barco** I take the plane rather than the boat; **~ de o que nada** (en el tiempo) first of all; (indicando preferencia) above all; **~ que yo** before me; **lo ~ posible** as soon as possible; **cuanto ~ mejor** the sooner the better

antibalas [anti'βalas] adj inv: **chaleco ~** bulletproof jacket

antibiótico [anti'βjotiko] nm antibiotic

anticaspa [anti'kaspa] adj inv anti-dandruff cpd

anticipación [antiθipa'θjon] nf anticipation; **con 10 minutos de ~** 10 minutes early

anticipado, -a [antiθi'paðo, a] adj (in) advance; **por ~** in advance

anticipar [antiθi'par] /1a/ vt to anticipate; (adelantar) to bring forward; (Com) to advance; **anticiparse** vr: **~se a su época** to be ahead of one's time

anticipo [anti'θipo] nm (Com) advance

anticonceptivo, -a [antikonθep'tiβo, a] adj, nm contraceptive

anticongelante [antikonxe'lante] nm antifreeze

anticuado, -a [anti'kwaðo, a] adj out-of-date, old-fashioned; (desusado) obsolete

anticuario [anti'kwarjo] nm antique dealer

anticuerpo [anti'kwerpo] nm (Med) antibody

antidepresivo [antiðepre'siβo] nm antidepressant

antidoping [anti'ðopin] adj inv: **control ~** drugs test

antídoto [an'tiðoto] nm antidote

antiestético, -a [anties'tetiko, a] adj unsightly

antifaz [anti'faθ] nm mask; (velo) veil

antiglobalización [antiɣlobaliθa'θjon] nf anti-globalization; **antiglobalizador, a** adj anti-globalization cpd

antiguamente [antiɣwa'mente] adv formerly; (hace mucho tiempo) long ago

antigüedad [antiɣwe'ðað] nf antiquity; (artículo) antique; (rango) seniority

antiguo, -a [an'tiɣwo, a] adj old, ancient; (que fue) former

Antillas [an'tiʎas] nfpl: **las ~** the West Indies

antílope [an'tilope] nm antelope

antinatural [antinatu'ral] adj unnatural

antipatía [antipa'tia] nf antipathy, dislike; **antipático, -a** adj disagreeable, unpleasant

antirrobo [anti'rroβo] adj inv (alarma etc) anti-theft

antisemita [antise'mita] adj anti-Semitic ▷ nmf anti-Semite

antiséptico, -a [anti'septiko, a] adj antiseptic ▷ nm antiseptic

antisistema [antisis'tema] adj inv anticapitalist

antivirus [anti'birus] nm inv (Inform) antivirus program

antojarse [anto'xarse] /1a/ vr (desear): **se me antoja comprarlo** I have a mind to buy it; (pensar): **se me antoja que ...** I have a feeling that ...

antojo [an'toxo] nm caprice, whim; (rosa) birthmark; (lunar) mole

antología [antolo'xia] nf anthology

antorcha [an'tortʃa] nf torch

antro ['antro] nm cavern

antropología [antropolo'xia] *nf* anthropology

anual [a'nwal] *adj* annual

anuario [a'nwarjo] *nm* yearbook

anublado, -a *adj* overcast

anulación [anula'θjon] *nf (de un matrimonio)* annulment; *(cancelación)* cancellation

anular [anu'lar] /1a/ *vt (contrato)* to annul, cancel; *(suscripción)* to cancel; *(ley)* to repeal ▷ *nm* ring finger

anunciar [anun'θjar] /1b/ *vt* to announce; *(proclamar)* to proclaim; *(Com)* to advertise

anuncio [a'nunθjo] *nm* announcement; *(señal)* sign; *(Com)* advertisement; *(cartel)* poster

anzuelo [an'θwelo] *nm* hook; *(para pescar)* fish hook

añadidura [anaði'ðura] *nf* addition, extra; **por ~** besides, in addition

añadir [ana'ðir] /3a/ *vt* to add

añejo, -a [a'nexo, a] *adj* old; *(vino)* mature

añicos [a'nikos] *nmpl*: **hacer ~** to smash, shatter

año [a'no] *nm* year; **¡Feliz A~ Nuevo!** Happy New Year!; **tener 15 ~s** to be 15 (years old); **los ~s 80** the eighties; **~ bisiesto/escolar/fiscal/sabático** leap/school/tax/sabbatical year; **el ~ que viene** next year

añoranza [ano'ranθa] *nf* nostalgia; *(anhelo)* longing

apa ['apa] *excl (LAm)* goodness me!, good gracious!

apabullar [apaβu'ʎar] /1a/ *vt* to crush

apacible [apa'θiβle] *adj* gentle, mild

apaciguar [apaθi'ɣwar] /1i/ *vt* to pacify, calm (down)

apadrinar [apaðri'nar] /1a/ *vt* to sponsor, support; *(Rel: niño)* to be godfather to

apagado, -a [apa'ɣaðo, a] *adj (volcán)* extinct; *(color)* dull; *(voz)* quiet; *(sonido)* muted, muffled; *(persona: apático)* listless; **estar ~** *(fuego, luz)* to be out; *(radio, TV etc)* to be off

apagar [apa'ɣar] /1h/ *vt* to put out; *(sonido)* to silence, muffle; *(sed)* to quench; *(Elec, Radio, TV)* to turn off; *(Inform)* to toggle off

apagón [apa'ɣon] *nm* blackout, power cut

apalabrar [apala'βrar] /1a/ *vt* to agree to; *(obrero)* to engage

apalear [apale'ar] /1a/ *vt* to beat, thrash

apantallar [apanta'ʎar] /1a/ *vt (LAm)* to impress

apañar [apa'nar] /1a/ *vt* to pick up; *(asir)* to take hold of, grasp; *(reparar)* to mend, patch up; **apañarse** *vr* to manage, get along

apapachar [apapa'tʃar] /1a/ *vt (LAm fam)* to cuddle, hug

aparador [apara'ðor] *nm* sideboard; *(LAm: escaparate)* shop window

aparato [apa'rato] *nm* apparatus; *(máquina)* machine; *(doméstico)* appliance; *(boato)* ostentation; **al ~** *(Telec)* speaking; **~ digestivo** digestive system; **aparatoso, -a** *adj* showy, ostentatious

aparcamiento [aparka'mjento] *nm* car park *(BRIT)*, parking lot *(US)*

aparcar [apar'kar] /1g/ *vt, vi* to park

aparear [apare'ar] /1a/ *vt (objetos)* to pair, match; *(animales)* to mate; **aparearse** *vr* to form a pair; to mate

aparecer [apare'θer] /2d/ *vi* to appear; **aparecerse** *vr* to appear

aparejador, a [aparexa'ðor, a] *nm/f (Arq)* quantity surveyor

aparejo [apa'rexo] *nm* harness; *(Naut)* rigging; *(de poleas)* block and tackle

aparentar [aparen'tar] /1a/ *vt (edad)* to look; *(fingir)*: **~ tristeza** to pretend to be sad

aparente [apa'rente] *adj* apparent; *(adecuado)* suitable

aparezca *etc vb V* **aparecer**

aparición [apari'θjon] *nf* appearance; *(de libro)* publication; *(de fantasma)* apparition

apariencia [apa'rjenθja] nf (outward) appearance; **en ~** outwardly, seemingly

apartado, -a [apar'taðo, a] adj separate; (lejano) remote ▷ nm (tipográfico) paragraph; **~ de correos** (ESP), **~ postal** (LAM) post office box

apartamento [aparta'mento] nm apartment, flat (BRIT)

apartar [apar'tar] /1a/ vt to separate; (quitar) to remove; **apartarse** vr to separate, part; (irse) to move away; (mantenerse aparte) to keep away

aparte [a'parte] adv (separadamente) separately; (además) besides ▷ nm aside; (tipográfico) new paragraph

aparthotel [aparto'tel] nm serviced apartments

apasionado, -a [apasjo'naðo, a] adj passionate

apasionar [apasjo'nar] /1a/ vt to excite; **apasionarse** vr to get excited; **le apasiona el fútbol** she's crazy about football

apatía [apa'tia] nf apathy

apático, -a [a'patiko, a] adj apathetic

Apdo. nm abr (= Apartado (de Correos)) P.O. Box

apeadero [apea'ðero] nm halt, stopping place

apearse [ape'arse] /1a/ vr (jinete) to dismount; (bajarse) to get down o out; (de coche) to get out

apechugar [apetʃu'ɣar] /1h/ vi: **~ con algo** to face up to sth

apegarse [ape'ɣarse] /1h/ vr: **~ a** to become attached to; **apego** nm attachment, devotion

apelar [ape'lar] /1a/ vi to appeal; **~ a** (fig) to resort to

apellidar [apeʎi'ðar] /1a/ vt to call, name; **apellidarse** vr: **se apellida Pérez** his/her name's Pérez

apellido [ape'ʎiðo] nm surname

apenar [ape'nar] /1a/ vt to grieve, trouble; (LAM: avergonzar) to embarrass; **apenarse** vr to grieve; (LAM: avergonzarse) to be embarrassed

apenas [a'penas] adv scarcely, hardly ▷ conj as soon as, no sooner

apéndice [a'pendiθe] nm appendix; **apendicitis** nf appendicitis

aperitivo [aperi'tiβo] nm (bebida) aperitif; (comida) appetizer

apertura [aper'tura] nf opening; (Pol) liberalization

apestar [apes'tar] /1a/ vt to infect ▷ vi: **~ (a)** to stink (of)

apetecer [apete'θer] /2d/ vt: **¿te apetece una tortilla?** do you fancy an omelette?; (comida) appetizing; **apetecible** adj desirable; (comida) appetizing

apetito [ape'tito] nm appetite; **apetitoso, -a** adj appetizing; (fig) tempting

apiadarse [apja'ðarse] /1a/ vr: **~ de** to take pity on

ápice [a'piθe] nm whit, iota

apilar [api'lar] /1a/ vt to pile o heap up

apiñar [api'ɲar] /1a/ vt to crowd; **apiñarse** vr to crowd o press together

apio [a'pjo] nm celery

apisonadora [apisona'ðora] nf steamroller

aplacar [apla'kar] /1g/ vt to placate

aplastante [aplas'tante] adj overwhelming; (lógica) compelling

aplastar [aplas'tar] /1a/ vt to squash (flat); (fig) to crush

aplaudir [aplau'ðir] /3a/ vt to applaud

aplauso [a'plauso] nm applause; (fig) approval, acclaim

aplazamiento [aplaθa'mjento] nm postponement

aplazar [apla'θar] /1f/ vt to postpone, defer

aplicación [aplika'θjon] nf application; (para móvil, internet) app; (esfuerzo) effort

aplicado, -a [apli'kaðo, a] adj diligent, hard-working

aplicar [apli'kar] /1g/ vt (ejecutar) to apply; **aplicarse** vr to apply o.s.

aplique etc [a'plike] vb V **aplicar** ▷ nm wall light o lamp

aplomo [a'plomo] nm aplomb, self-assurance

apodar [apo'ðar] /1a/ vt to nickname

apoderado [apoðe'raðo] nm agent, representative

apoderar [apoðe'rar] /1a/ vt to authorize; **apoderarse** vr: **-se de** to take possession of

apodo [a'poðo] nm nickname

apogeo [apo'xeo] nm peak, summit

apoquinar [apoki'nar] /1a/ vt (fam) to cough up, fork out

aporrear [aporre'ar] /1a/ vt to beat (up)

aportar [apor'tar] /1a/ vt to contribute ▷ vi to reach port; **aportarse** vr (ʌм: llegar) to arrive, come

aposta [a'posta] adv deliberately, on purpose

apostar [apos'tar] /1a, 1l/ vt to bet, stake; (tropas etc) to station, post ▷ vi to bet

apóstol [a'postol] nm apostle

apóstrofo [a'postrofo] nm apostrophe

apoyar [apo'jar] /1a/ vt to lean, rest; (fig) to support, back; **apoyarse** vr: **-se en** to lean on; **apoyo** nm support, backing

apreciable [apre'θjaβle] adj considerable, (fig) esteemed

apreciar [apre'θjar] /1b/ vt to evaluate, assess; (Com) to appreciate, value; (persona) to respect; (tamaño) to gauge, assess; (detalles) to notice

aprecio [a'preθjo] nm valuation, estimate; (fig) appreciation

aprehender [apreen'der] /2a/ vt to apprehend, detain

apremio [a'premjo] nm urgency

aprender [apren'der] /2a/ vt, vi to learn; **aprenderse** vr: **-se algo de memoria** to learn sth (off) by heart

aprendiz, a [apren'diθ, a] nm/f apprentice; (principiante) learner; **aprendizaje** nm apprenticeship

aprensión [apren'sjon] nm apprehension, fear; **aprensivo, -a** adj apprehensive

apresar [apre'sar] /1a/ vt to seize; (capturar) to capture

apresurado, -a [apresu'raðo, a] adj hurried, hasty

apresurar [apresu'rar] /1a/ vt to hurry, accelerate; **apresurarse** vr to hurry, make haste

apretado, -a [apre'taðo, a] adj tight; (escritura) cramped

apretar [apre'tar] /1j/ vt to squeeze; (Tec) to tighten; (presionar) to press together, pack ▷ vi to be too tight

apretón [apre'ton] nm squeeze; **~ de manos** handshake

aprieto [a'prjeto] nm (dificultad) difficulty; **estar en un ~** to be in a fix

aprisa [a'prisa] adv quickly, hurriedly

aprisionar [aprisjo'nar] /1a/ vt to imprison

aprobación [aproβa'θjon] nf approval

aprobar [apro'βar] /1l/ vt to approve (of); (examen, materia) to pass ▷ vi to pass

apropiado, -a [apro'pjaðo, a] adj appropriate, suitable

apropiarse [apro'pjarse] /1b/ vr: **-de** to appropriate

aprovechado, -a [aproβe'tʃaðo, a] adj industrious, hardworking; (económico) thrifty; (pey) unscrupulous

aprovechar [aproβe'tʃar] /1a/ vt to use; (explotar) to exploit; (experiencia) to profit from; (oferta, oportunidad) to take advantage of ▷ vi to progress, improve; **aprovecharse** vr: **-se de** to make use of; (pey) to take advantage of; **¡que aproveche!** enjoy your meal!

aproximación [aproksima'θjon] nf approximation; (de lotería) consolation prize

aproximadamente [aproksimaða'mente] adv approximately

aproximar [aproksi'mar] /1a/ vt to bring nearer; **aproximarse** vr to come near, approach

apruebe etc vb V **aprobar**

aptitud [apti'tuð] nf aptitude

apto, -a ['apto, a] adj: **~ (para)** suitable (for)

apuesto, -a [a'pwesto, a] adj neat, elegant ▷ nf bet, wager

apuntar [apun'tar] /1a/ vt (con arma) to aim at; (con dedo) to point at o to; (anotar) to note (down); (Teat) to prompt; **apuntarse** vr (Deporte: tanto, victoria) to score; (Escol) to enrol

⬛ No confundir apuntar con la palabra inglesa appoint.

apunte [a'punte] nm note

apuñalar [apuɲa'lar] /1a/ vt to stab

apurado, -a [apu'raðo, a] adj needy; (difícil) difficult; (peligroso) dangerous; (ʟᴀᴍ: con prisa) hurried, rushed

apurar [apu'rar] /1a/ vt (agotar) to drain; (recursos) to use up; (molestar) to annoy; **apurarse** vr (preocuparse) to worry; (esp ʟᴀᴍ: darse prisa) to hurry

apuro [a'puro] nm (aprieto) fix, jam; (escasez) want, hardship; (vergüenza) embarrassment; (ʟᴀᴍ: prisa) haste, urgency

aquejado, -a [ake'xaðo, a] adj: **~ de** (Med) afflicted by

aquel, aquella, aquellos, -as [a'kel, a'keʎa, a'keʎos, -as] adj that, those pl ▷ pron that (one), those (ones) pl

aquél, aquélla, aquéllos, -as [a'kel, a'keʎa, a'keʎos, -as] pron that (one), those (ones) pl

aquello [a'keʎo] pron that, that business

aquí [a'ki] adv (lugar) here; (tiempo) now; **~ arriba** up here; **~ mismo** right here; **~ yace** here lies; **de ~ a siete días** a week from now

ara ['ara] nf: **en ~s de** for the sake of

árabe ['araβe] adj Arab ▷ nmf Arab ▷ nm (Ling) Arabic

Arabia [a'raβja] nf Arabia; **~ Saudí** o **Saudita** Saudi Arabia

arado [a'raðo] nm plough

Aragón [ara'ɣon] nm Aragon; **aragonés, -esa** adj, nm/f Aragonese

arancel [aran'θel] nm tariff, duty

arandela [aran'dela] nf (Tec) washer

araña [a'raɲa] nf (Zool) spider; (lámpara) chandelier

arañar [ara'ɲar] /1a/ vt to scratch

arañazo [ara'ɲaθo] nm scratch

arbitrar [arβi'trar] /1a/ vt to arbitrate in; (Deporte) to referee ▷ vi to arbitrate

arbitrario, -a [arβi'trarjo, a] adj arbitrary

árbitro ['arβitro] nm arbitrator; (Deporte) referee; (Tenis) umpire

árbol ['arβol] nm (Bot) tree; (Naut) mast; (Tec) axle, shaft; **~ de Navidad** Christmas tree

arboleda [arβo'leða] nf grove, plantation

arbusto [ar'βusto] nm bush, shrub

arca ['arka] nf chest, box

arcada [ar'kaða] nf arcade; (de puente) arch, span; **arcadas** nfpl (náuseas) retching sg

arcaico, -a [ar'kaiko, a] adj archaic

arce ['arθe] nm maple tree

arcén [ar'θen] nm (de autopista) hard shoulder; (de carretera) verge

archipiélago [artʃi'pjelaɣo] nm archipelago

archivador [artʃiβa'ðor] nm filing cabinet

archivar [artʃi'βar] /1a/ vt to file (away); **archivo** nm archive(s) (pl); (Inform) file; **archivo adjunto** (Inform) attachment; **archivo de seguridad** (Inform) backup file

arcilla [ar'θiʎa] nf clay

arco ['arko] nm arch; (Mat) arc; (Mil, Mus) bow; **~ iris** rainbow

arder [ar'ðer] /2a/ vt, vi to burn; **estar que arde** (persona) to fume

ardid [ar'ðið] nm ploy, trick

ardiente [ar'ðjente] adj ardent

ardilla [ar'ðiʎa] nf squirrel

ardor [ar'ðor] nm (calor) heat; (fig) ardour; **~ de estómago** heartburn

arduo, -a ['arðwo, a] *adj* arduous

área ['area] *nf* area; *(Deporte)* penalty area

arena [a'rena] *nf* sand; *(de una lucha)* arena; **arenal** *nm (terreno arenoso)* sandy area

arenisca [are'niska] *nf* sandstone; *(cascajo)* grit

arenoso, -a [are'noso, a] *adj* sandy

arenque [a'renke] *nm* herring

arete [a'rete] *nm (LAM)* earring

Argel [ar'xel] *n* Algiers

Argelia [ar'xelja] *nf* Algeria; **argelino, -a** *adj, nm/f* Algerian

Argentina [arxen'tina] *nf*: **(la) ~** Argentina

argentino, -a [arxen'tino, a] *adj* Argentinian; *(de plata)* silvery ▷ *nm/f* Argentinian

argolla [ar'goʎa] *nf (large)* ring

argot [ar'yo] *nm* slang

argucia [ar'yuθja] *nf* subtlety, sophistry

argumentar [aryumen'tar] */ıa/ vt, vi* to argue

argumento [aryu'mento] *nm* argument; *(razonamiento)* reasoning; *(de novela etc)* plot; *(Cine, TV)* storyline

aria ['arja] *nf* aria

aridez [ari'ðeθ] *nf* aridity, dryness

árido, -a ['ariðo, a] *adj* arid, dry

Aries ['arjes] *nm* Aries

arisco, -a [a'risko, a] *adj* surly; *(insociable)* unsociable

aristócrata [aris'tokrata] *nmf* aristocrat

arma ['arma] *nf* arm; **armas** *nfpl* arms; **~ blanca** blade, knife; **~ de doble filo** double-edged sword; **~ de fuego** firearm; **~s de destrucción masiva** weapons of mass destruction

armada [ar'maða] *nf* armada; *(flota)* fleet

armadillo [arma'ðiʎo] *nm* armadillo

armado, -a [ar'maðo, a] *adj* armed; *(Tec)* reinforced

armadura [arma'ðura] *nf (Mil)* armour; *(Tec)* framework; *(Zool)* skeleton; *(Física)* armature

armamento [arma'mento] *nm* armament; *(Naut)* fitting-out

armar [ar'mar] */ıa/ vt (soldado)* to arm; *(máquina)* to assemble; *(navío)* to fit out; **~la, ~ un lío** to start a row, kick up a fuss

armario [ar'marjo] *nm* wardrobe; *(de cocina, baño)* cupboard; **~ empotrado** built-in cupboard

armatoste [arma'toste] *nm (mueble)* monstrosity; *(máquina)* contraption

armazón [arma'θon] *nm o nf* body, chassis; *(de mueble etc)* frame; *(Arq)* skeleton

armiño [ar'mino] *nm* stoat; *(piel)* ermine

armisticio [armis'tiθjo] *nm* armistice

armonía [armo'nia] *nf* harmony

armónica [ar'monika] *nf* harmonica

armonizar [armoni'θar] */ıf/ vt* to harmonize; *(diferencias)* to reconcile

aro ['aro] *nm* ring; *(tejo)* quoit; *(LAM: pendiente)* earring

aroma [a'roma] *nm* aroma;
aromaterapia *nf* aromatherapy;
aromático, -a *adj* aromatic

arpa ['arpa] *nf* harp

arpía [ar'pia] *nf* shrew

arpón [ar'pon] *nm* harpoon

arqueología [arkeolo'xia] *nf* archaeology; **arqueólogo, -a** *nm/f* archaeologist

arquetipo [arke'tipo] *nm* archetype

arquitecto, -a *nm/f* architect; **arquitectura** *nf* architecture

arrabal [arra'βal] *nm* suburb; *(LAM)* slum; **arrabales** *nmpl (afueras)* outskirts

arraigar [arrai'yar] */ıh/ vi* to take root

arrancar [arran'kar] */ıg/ vt (sacar)* to extract, pull out; *(arrebatar)* to snatch (away); *(Inform)* to boot; *(fig)* to extract ▷ *vi (Auto, máquina)* to start; *(ponerse en marcha)* to get going; **~ de** to stem from

arranque *etc* [a'rranke] *vb V* **arrancar** ▷ *nm* sudden start; *(Auto)* start; *(fig)* fit, outburst

arrasar [arra'sar] /1a/ vt (*aplanar*) to level, flatten; (*destruir*) to demolish

arrastrar [arras'trar] /1a/ vt to drag (along); (*fig*) to drag down, degrade; (*agua, viento*) to carry away ▷ vi to drag, trail on the ground; **arrastrarse** vr to crawl; (*fig*) to grovel; **llevar algo arrastrado** to drag sth along

arrear [arre'ar] /1a/ vt to drive on, urge on ▷ vi to hurry along

arrebatar [arreβa'tar] /1a/ vt to snatch (away), seize; (*fig*) to captivate

arrebato [arre'βato] nm fit of rage, fury; (*éxtasis*) rapture

arrecife [arre'θife] nm reef

arreglado, -a [arre'ɣlaðo, a] adj (*ordenado*) neat, orderly; (*moderado*) moderate, reasonable

arreglar [arre'ɣlar] /1a/ vt (*poner orden*) to tidy up; (*algo roto*) to fix, repair; (*problema*) to solve; **arreglarse** vr to reach an understanding; **arreglárselas** (*fam*) to get by, manage

arreglo [a'rreɣlo] nm settlement; (*orden*) order; (*acuerdo*) agreement; (*Mus*) arrangement, setting

arremangar [arreman'gar] /1h/ vt to roll up, turn up; **arremangarse** vr to roll up one's sleeves

arremeter [arreme'ter] /2a/ vi: ~ **contra algn** to attack sb

arrendamiento [arrenda'mjento] nm letting; (*el alquiler*) hiring; (*contrato*) lease; (*alquiler*) rent; **arrendar** /1j/ vt to let; to lease; to rent; **arrendatario, -a** nm/f tenant

arreos [a'rreos] nmpl (*de caballo*) harness sg, trappings

arrepentimiento [arrepenti'mjento] nm regret, repentance

arrepentirse [arrepen'tirse] /3i/ vr to repent; ~ **de (haber hecho) algo** to regret (doing) sth

arresto [a'rresto] nm arrest; (*Mil*) detention; (*audacia*) boldness, daring; ~ **domiciliario** house arrest

arriar [a'rrjar] /1c/ vt (*velas*) to haul down; (*bandera*) to lower, strike; (*un cable*) to pay out

🔵 **PALABRA CLAVE**

arriba [a'rriβa] adv **1** (*posición*) above; **desde arriba** from above; **arriba del todo** at the very top, right on top; **Juan está arriba** Juan is upstairs; **lo arriba mencionado** the aforementioned

2 (*dirección*) **calle arriba** up the street

3: **de arriba abajo** from top to bottom; **mirar a algn de arriba abajo** to look sb up and down

4: **para arriba: de 50 euros para arriba** from 50 euros up(wards)

▷ adj: **de arriba: el piso de arriba** the upstairs flat (BRIT) or apartment; **la parte de arriba** the top or upper part

▷ prep: **arriba de** (ʌm: *por encima de*) above; **arriba de 200 dólares** more than 200 dollars

▷ excl: **¡arriba!** up!; **¡manos arriba!** hands up!; **¡arriba España!** long live Spain!

arribar [arri'βar] /1a/ vi to put into port; (*llegar*) to arrive

arriendo etc [a'rrjendo] vb V **arrendar** ▷ nm = **arrendamiento**

arriesgado, -a [arrjes'ɣaðo, a] adj (*peligroso*) risky; (*audaz*) bold, daring

arriesgar [arrjes'ɣar] /1h/ vt to risk; (*poner en peligro*) to endanger; **arriesgarse** vr to take a risk

arrimar [arri'mar] /1a/ vt (*acercar*) to bring closer; (*poner de lado*) to set aside; **arrimarse** vr to come close or closer; **~se a** to lean on

arrinconar [arrinko'nar] /1a/ vt (*colocar*) to put in a corner; (*enemigo*) to corner; (*fig*) to put on one side; (*abandonar*) to push aside

arroba [a'rroβa] nf (*en dirección electrónica*) at sign, @

arrodillarse [arroði'ʎarse] /1a/ vr to kneel (down)

arrogante [arro'yante] *adj* arrogant

arrojar [arro'xar] /1a/ *vt* to throw, hurl; (*humo*) to emit, give out; (*Com*) to yield, produce; **arrojarse** *vr* to throw o hurl o.s.

arrojo [a'rroxo] *nm* daring

arrollador, a [arroʎa'ðor, a] *adj* overwhelming

arrollar [arro'ʎar] /1a/ *vt* (*Auto*) to run over; (*Deporte*) to crush

arropar [arro'par] /1a/ *vt* to cover (up), wrap up; **arroparse** *vr* to wrap o.s. up

arroyo [a'rrojo] *nm* stream; (*de la calle*) gutter

arroz [a'rroθ] *nm* rice; **~ con leche** rice pudding

arruga [a'rruɣa] *nf* (*de cara*) wrinkle; (*de vestido*) crease; **arrugar** /1h/ *vt* to wrinkle; to crease; **arrugarse** *vr* to get creased

arruinar [arrwi'nar] /1a/ *vt* to ruin, wreck; **arruinarse** *vr* to be ruined

arsenal [arse'nal] *nm* naval dockyard; (*Mil*) arsenal

arte [ˈarte] *nm* (*gen en sg, fen pl*) art; (*maña*) skill, guile; **artes** *nfpl* arts; **Bellas A~s** Fine Art *sg*

artefacto [arte'fakto] *nm* appliance

arteria [ar'terja] *nf* artery

artesanía [artesa'nia] *nf* craftsmanship; (*artículos*) handicrafts *pl*; **artesano, -a** *nm/f* artisan, craftsman/woman

ártico, -a [ˈartiko, a] *adj* Arctic ▷ *nm*: **el (océano) Á~** the Arctic (Ocean)

articulación [artikula'θjon] *nf* articulation; (*Med, Tec*) joint

artículo [ar'tikulo] *nm* article; (*cosa*) thing, article; **artículos** *nmpl* goods; **~s de escritorio** stationery

artífice [ar'tifiθe] *nmf* (*fig*) architect

artificial [artifi'θjal] *adj* artificial

artillería [artiʎe'ria] *nf* artillery

artilugio [arti'luxjo] *nm* gadget

artimaña [arti'maɲa] *nf* trap, snare; (*astucia*) cunning

artista [ar'tista] *nmf* (*pintor*) artist, painter; (*Teat*) artist, artiste; **~ de cine** film actor/actress; **artístico, -a** *adj* artistic

artritis [ar'tritis] *nf* arthritis

arveja [ar'βexa] *nf* (*LAM*) pea

arzobispo [arθo'βispo] *nm* archbishop

as [as] *nm* ace

asa [ˈasa] *nf* handle; (*fig*) lever

asado [a'saðo] *nm* roast (meat); (*LAM*: *barbacoa*) barbecue

※ **ASADO**

◇ Traditional Latin American
◇ barbecues, especially in the River
◇ Plate area, are celebrated in the
◇ open air around a large grill which is
◇ used to grill mainly beef and various
◇ kinds of spicy pork sausage. They
◇ are usually very common during
◇ the summer and can go on for
◇ several days.

asador [asa'ðor] *nm* spit

asadura, asaduras [asa'ðura(s)] *nf, nfpl* entrails *pl*, offal *sg*

asalariado, -a [asala'rjaðo, a] *adj* paid, salaried ▷ *nm/f* wage earner

asaltar [asal'tar] /1a/ *vt* to attack, assault; (*fig*) to assail; **asalto** *nm* attack, assault; (*Deporte*) round

asamblea [asam'blea] *nf* assembly; (*reunión*) meeting

asar [a'sar] /1a/ *vt* to roast

ascendencia [asθen'denθja] *nf* ancestry; (*LAM*: *influencia*) ascendancy; **de ~ francesa** of French origin

ascender [asθen'der] /2g/ *vi* (*subir*) to ascend, rise; (*ser promovido*) to gain promotion ▷ *vt* to promote; **~ a** to amount to; **ascendiente** *nm* influence ▷ *nmf* ancestor

ascensión [asθen'sjon] *nf* ascent; **la A~** the Ascension

ascenso [as'θenso] *nm* ascent; (*promoción*) promotion

ascensor [asθen'sor] *nm* lift (BRIT), elevator (US)

asco ['asko] *nm*: **el ajo me da ~** I hate o loathe garlic; **estar hecho un ~** to be filthy; **¡qué ~!** how revolting o disgusting!

ascua ['askwa] *nf* ember

aseado, -a [ase'aðo, a] *adj* clean; (arreglado) tidy; (pulcro) smart

asear [ase'ar] /1a/ *vt* (lavar) to wash; (ordenar) to tidy (up)

asediar [ase'ðjar] /1b/ *vt* (Mil) to besiege, lay siege to; (fig) to chase, pester; **asedio** *nm* siege; (Com) run

asegurado, -a [aseɣu'raðo, a] *adj* insured

asegurador, -a [aseɣura'ðor, a] *nm/f* insurer

asegurar [aseɣu'rar] /1a/ *vt* (consolidar) to secure, fasten; (dar garantía de) to guarantee; (preservar) to safeguard; (afirmar, dar por cierto) to assure, affirm; (tranquilizar) to reassure; (hacer un seguro) to insure; **asegurarse** *vr* to assure o.s., make sure

asemejarse [aseme'xarse] /1a/ *vr* to be alike; **~ a** to be like, resemble

asentado, -a [asen'taðo, a] *adj* established, settled

asentar [asen'tar] /1j/ *vt* (sentar) to seat, sit down; (poner) to place, establish; (alisar) to level, smooth down o out; (anotar) to note down ▷ *vi* to be suitable, suit

asentir [asen'tir] /3i/ *vi* to assent, agree; **~ con la cabeza** to nod (one's head)

aseo [a'seo] *nm* cleanliness; **aseos** *nmpl* toilet *sg* (BRIT), cloakroom *sg* (BRIT), restroom *sg* (US)

aséptico, -a [a'septiko, a] *adj* germ-free, free from infection

asequible [ase'kiβle] *adj* (precio) reasonable; (meta) attainable; (persona) approachable

asesinar [asesi'nar] /1a/ *vt* to murder; (Pol) to assassinate; **asesinato** *nm* murder; assassination

asesino, -a [ase'sino, a] *nm/f* murderer, killer; (Pol) assassin

asesor, a [ase'sor, a] *nm/f* adviser, consultant; **asesorar** /1a/ *vt* (Jur) to advise, give legal advice to; (Com) to act as consultant to; **asesorarse** *vr*: **asesorarse con o de** to take advice from, consult; **asesoría** *nf* (cargo) consultancy; (oficina) consultant's office

asestar [ases'tar] /1a/ *vt* (golpe) to deal

asfalto [as'falto] *nm* asphalt

asfixia [as'fiksja] *nf* asphyxia, suffocation; **asfixiar** /1b/ *vt* to asphyxiate, suffocate; **asfixiarse** *vr* to be asphyxiated, suffocate

así [a'si] *adv* (de esta manera) in this way, like this, thus; (aunque) although; (tan pronto como) as soon as; **~ que** so; **~ como** as well as; **~ y todo** even so; **¿no es ~?** isn't it?, didn't you? *etc*; **~ de grande** this big

Asia ['asja] *nf* Asia; **asiático, -a** *adj, nm/f* Asian, Asiatic

asiduo, -a [a'siðwo, a] *adj* assiduous; (frecuente) frequent ▷ *nm/f* regular (customer)

asiento [a'sjento] *nm* (mueble) seat, chair; (de coche, en tribunal etc) seat; (localidad) seat, place; (fundamento) site; **~ delantero/trasero** front/back seat

asignación [asiɣna'θjon] *nf* (atribución) assignment; (reparto) allocation; (sueldo) salary; (Com) allowance; **~ (semanal)** (weekly) pocket money

asignar [asiɣ'nar] /1a/ *vt* to assign, allocate

asignatura [asiɣna'tura] *nf* subject; (curso) course

asilo [a'silo] *nm* (refugio) asylum, refuge; (establecimiento) home, institution; **~ político** political asylum

asimilar [asimi'lar] /1a/ *vt* to assimilate

asimismo [asi'mismo] *adv* in the same way, likewise

asistencia [asis'tenθja] *nf* audience; (*Med*) attendance; (*ayuda*) assistance; **~ en carretera** roadside assistance; **asistente**, **-a** *nm/f* assistant; **los asistentes** those present; **asistente social** social worker

asistido, -a [asis'tiðo, a] *adj*: **~ por ordenador** computer-assisted

asistir [asis'tir] /3a/ *vt* to assist, help ▷ *vi*: **~ a** to attend, be present at

asma ['asma] *nf* asthma

asno ['asno] *nm* donkey; (*fig*) ass

asociación [asoθja'θjon] *nf* association; (*Com*) partnership; **asociado, -a** *adj* associate ▷ *nm/f* associate; (*Com*) partner

asociar [aso'θjar] /1b/ *vt* to associate

asomar [aso'mar] /1a/ *vt* to show, stick out ▷ *vi* to appear; **asomarse** *vr* to appear, show up; **~ la cabeza por la ventana** to put one's head out of the window

asombrar [asom'brar] /1a/ *vt* to amaze, astonish; **asombrarse** *vr*: **~se (de)** (*sorprenderse*) to be amazed (at); (*asustarse*) to be frightened (at); **asombro** *nm* amazement, astonishment; (*susto*) fright; **asombroso, -a** *adj* amazing

asomo [a'somo] *nm* hint, sign

aspa ['aspa] *nf* (*cruz*) cross; (*de molino*) sail; **en ~** X-shaped

aspaviento [aspa'βjento] *nm* exaggerated display of feeling; (*fam*) fuss

aspecto [as'pekto] *nm* (*apariencia*) look, appearance; (*fig*) aspect

áspero, -a ['aspero, a] *adj* (*al tacto*) rough; (*al gusto*) sharp, sour; (*voz*) harsh

aspersión [asper'sjon] *nf* sprinkling

aspiración [aspira'θjon] *nf* breath, inhalation; (*Mus*) short pause; **aspiraciones** *nfpl* (*ambiciones*) aspirations

aspirador [aspira'ðor] *nm* = **aspiradora**

aspiradora [aspira'ðora] *nf* vacuum cleaner, Hoover®

aspirante [aspi'rante] *nmf* (*candidato*) candidate; (*Deporte*) contender

aspirar [aspi'rar] /1a/ *vt* to breathe in ▷ *vi*: **~ a** to aspire to

aspirina [aspi'rina] *nf* aspirin

asqueroso, -a [aske'roso, a] *adj* disgusting, sickening

asta ['asta] *nf* lance; (*arpón*) spear; (*mango*) shaft, handle; (*Zool*) horn; **a media ~** at half mast

asterisco [aste'risko] *nm* asterisk

astilla [as'tiʎa] *nf* splinter; (*pedacito*) chip; **astillas** *nfpl* (*leña*) firewood *sg*

astillero [asti'ʎero] *nm* shipyard

astro ['astro] *nm* star

astrología [astrolo'xia] *nf* astrology; **astrólogo, -a** *nm/f* astrologer

astronauta [astro'nauta] *nmf* astronaut

astronomía [astrono'mia] *nf* astronomy

astucia [as'tuθja] *nf* astuteness; (*destreza*) clever trick

asturiano, -a [astu'rjano, a] *adj*, *nm/f* Asturian

astuto, -a [as'tuto, a] *adj* astute; (*taimado*) cunning

asumir [asu'mir] /3a/ *vt* to assume

asunción [asun'θjon] *nf* assumption; (*Rel*) **A~** Assumption

asunto [a'sunto] *nm* (*tema*) matter, subject; (*negocio*) business

asustar [asus'tar] /1a/ *vt* to frighten; **asustarse** *vr* to be/become frightened

atacar [ata'kar] /1g/ *vt* to attack

atadura [ata'ðura] *nf* bond, tie

atajar [ata'xar] /1a/ *vt* (*enfermedad, mal*) to stop ▷ *vi* (*persona*) to take a short cut

atajo [a'taxo] *nm* short cut

atañer [ata'ɲer] /vt: **~ a** to concern

ataque *etc* [a'take] *vb* **V atacar** ▷ *nm* attack; **~ cardíaco** heart attack

atar [a'tar] /1a/ *vt* to tie, tie up

atarantado, -a [ataran'taðo, a] *adj* (Lam: *aturdido*) dazed

atardecer [atarðe'θer] /2d/ *vi* to get dark ▷ *nm* evening; (*crepúsculo*) dusk

atareado, -a [atare'aðo, a] *adj* busy

atascar [atas'kar] /1g/ *vt* to clog up; (*obstruir*) to jam; (*fig*) to hinder; **atascarse** *vr* to stall; (*cañería*) to get blocked up; **atasco** *nm* obstruction; (*Auto*) traffic jam

ataúd [ata'uð] *nm* coffin

ataviar [ata'βjar] /1c/ *vt* to deck, array

atemorizar [atemori'θar] /1f/ *vt* to frighten, scare

Atenas [a'tenas] *nf* Athens

atención [aten'θjon] *nf* attention; (*bondad*) kindness ▷ *excl* (be) careful!, look out!; **en ~ a esto** in view of this

atender [aten'der] /2g/ *vt* to attend to, look after; (*Telec*) to answer ▷ *vi* to pay attention

atenerse [ate'nerse] /2k/ *vr*: **~ a** to abide by, adhere to

atentado [aten'taðo] *nm* crime, illegal act; (*asalto*) assault; (tb: **~ terrorista**) terrorist attack; **~ contra la vida de algn** attempt on sb's life; **~ suicida** suicide bombing

atentamente [atenta'mente] *adv*: **Le saluda ~** Yours faithfully

atentar [aten'tar] /1a/ *vi*: **~ a o contra** to commit an outrage against

atento, -a [a'tento, a] *adj* attentive, observant; (*cortés*) polite, thoughtful; **estar ~ a** (*explicación*) to pay attention to

atenuar [ate'nwar] /1e/ *vt* (*disminuir*) to lessen, minimize

ateo, -a [a'teo, a] *adj* atheistic ▷ *nm/f* atheist

aterrador, a [aterra'ðor, a] *adj* frightening

aterrizaje [aterri'θaxe] *nm* landing; **~ forzoso** emergency o forced landing

aterrizar [aterri'θar] /1f/ *vi* to land

aterrorizar [aterrori'θar] /1f/ *vt* to terrify

atesorar [ateso'rar] /1a/ *vt* to hoard

atestar [ates'tar] /1a, 1j/ *vt* to pack, stuff; (*Jur*) to attest, testify to

atestiguar [atesti'ɣwar] /1i/ *vt* to testify to, bear witness to

atiborrar [atiβo'rrar] /1a/ *vt* to fill, stuff; **atiborrarse** *vr* to stuff o.s.

ático [a'tiko] *nm* (*desván*) attic; **~ de lujo** penthouse flat

atinado, -a [ati'naðo, a] *adj* correct; (*sensato*) wise, sensible

atinar [ati'nar] /1a/ *vi* (*acertar*) to be right; **~ al blanco** to hit the target; (*fig*) to be right

atizar [ati'θar] /1f/ *vt* to poke; (*horno etc*) to stoke; (*fig*) to stir up, rouse

atlántico, -a [at'lantiko, a] *adj* Atlantic ▷ *nm*: **el (océano) A~** the Atlantic (Ocean)

atlas ['atlas] *nm inv* atlas

atleta [at'leta] *nmf* athlete; **atlético, -a** *adj* athletic; **atletismo** *nm* athletics *sg*

atmósfera [at'mosfera] *nf* atmosphere

atolladero [atoʎa'ðero] *nm*: **estar en un ~** to be in a jam

atómico, -a [a'tomiko, a] *adj* atomic

átomo ['atomo] *nm* atom

atónito, -a [a'tonito, a] *adj* astonished, amazed

atontado, -a [aton'taðo, a] *adj* stunned; (*bobo*) silly, daft

atormentar [atormen'tar] /1a/ *vt* to torture; (*molestar*) to torment; (*acosar*) to plague, harass

atornillar [atorni'ʎar] /1a/ *vt* to screw on o down

atosigar [atosi'ɣar] /1h/ *vt* to harass, pester

atracador, a [atraka'ðor, a] *nm/f* robber

atracar [atra'kar] /1g/ *vt* (*Naut*) to moor; (*robar*) to hold up, rob ▷ *vi* to moor; **atracarse** *vr*: **~se (de)** to stuff o.s. (with)

atracción [atrak'θjon] *nf* attraction

atraco [a'trako] *nm* holdup, robbery

atracón [atra'kon] *nm*: **darse** *o* **pegarse un ~ (de)** *(fam)* to stuff o.s. (with)

atractivo, -a [atrak'tiβo, a] *adj* attractive ▷ *nm* appeal

atraer [atra'er] /2o/ *vt* to attract

atragantarse [atraɣan'tarse] /1a/ *vr*: **~ (con algo)** to choke (on sth); **se me ha atragantado el chico ese/el inglés** I can't stand that boy/English

atrancar [atraŋ'kar] /1g/ *vt (con tranca, barra)* to bar, bolt

atrapar [atra'par] /1a/ *vt* to trap; *(resfriado etc)* to catch

atrás [a'tras] *adv (movimiento)* back(wards); *(lugar)* behind; *(tiempo)* previously; **ir hacia ~** to go back(wards), to go to the rear; **estar ~** to be behind *o* at the back

atrasado, -a [atra'saðo, a] *adj* slow; *(pago)* overdue, late; *(país)* backward

atrasar [atra'sar] /1a/ *vi* to be slow; **atrasarse** *vr* to stay behind; *(tren)* to be *o* run late; *(llegar tarde)* to be late; **atraso** *nm* slowness; lateness, delay; *(de país)* backwardness; **atrasos** *nmpl (Com)* arrears

atravesar [atraβe'sar] /1j/ *vt (cruzar)* to cross (over); *(traspasar)* to pierce; *(período)* to go through; *(poner al través)* to lay *o* put across; **atravesarse** *vr* to come in between; *(intervenir)* to interfere

atraviese *etc*, **atravieso** *etc vb V* **atravesar**

atreverse [atre'βerse] /2a/ *vr* to dare; *(insolentarse)* to be insolent; **atrevido, -a** *adj* daring; insolent; **atrevimiento** *nm* daring; insolence

atribución [atriβu'θjon] *nf* attribution; **atribuciones** *nfpl (Pol)* powers, functions; *(Admin)* responsibilities

atribuir [atriβu'ir] /3g/ *vt* to attribute; *(funciones)* to confer

atributo [atri'βuto] *nm* attribute

atril [a'tril] *nm (para libro)* lectern; *(Mus)* music stand

atropellar [atrope'ʎar] /1a/ *vt (derribar)* to knock over *o* down; *(empujar)* to push (aside); *(Auto)* to run over *o* down; *(agraviar)* to insult; **atropello** *nm (Auto)* accident; *(empujón)* push; *(agravio)* wrong; *(atrocidad)* outrage

atroz [a'troθ] *adj* atrocious, awful

A.T.S. *nm abr, nf abr = Ayudante Técnico Sanitario)* nurse

atuendo [a'twendo] *nm* attire

atún [a'tun] *nm* tuna, tunny

aturdir [atur'ðir] /3a/ *vt* to stun; *(ruido)* to deafen; *(fig)* to dumbfound, bewilder

audacia [au'ðaθja] *nf* boldness, audacity; **audaz** *adj* bold, audacious

audición [auði'θjon] *nf* hearing; *(Teat)* audition

audiencia [au'ðjenθja] *nf* audience; *(Jur)* high court

audífono [au'ðifono] *nm (para sordos)* hearing aid

auditor [auði'tor] *nm (Jur)* judge advocate; *(Com)* auditor

auditorio [auði'torjo] *nm* audience; *(sala)* auditorium

auge ['auxe] *nm* boom; *(clímax)* climax

augurar [auɣu'rar] /1a/ *vt* to predict; *(presagiar)* to portend

augurio [au'ɣurjo] *nm* omen

aula ['aula] *nf* classroom; *(en universidad etc)* lecture room

aullar [au'ʎar] /1a/ *vi* to howl, yell

aullido [au'ʎiðo] *nm* howl, yell

aumentar [aumen'tar] /1a/ *vt* to increase; *(precios)* to put up; *(producción)* to step up; *(con microscopio, anteojos)* to magnify ▷ *vi* to increase, be on the increase; **aumento** *nm* increase; rise

aun [a'un] *adv* even; **~ así** even so; **~ más** even *o* yet more

aún [a'un] *adv* still, yet; **~ está aquí** he's still here; **~ no lo sabemos** we don't know yet; **¿no ha venido ~?** hasn't she come yet?

aunque [a'unke] *conj* though, although, even though

aúpa [a'upa] *excl* come on!

auricular [auriku'lar] nm (Telec) earpiece; **auriculares** nmpl (cascos) headphones

aurora [au'rora] nf dawn

ausencia [au'senθja] nf absence

ausentarse [ausen'tarse] /1a/ vr to go away; (por poco tiempo) to go out

ausente [au'sente] adj absent

austero, -a [aus'tero, a] adj austere

austral [aus'tral] adj southern ▷ nm monetary unit of Argentina (1985-1991)

Australia [aus'tralja] nf Australia; **australiano, -a** adj, nm/f Australian

Austria ['austrja] nf Austria

austriaco, -a, austríaco, -a [aus'triako, a] adj Austrian ▷ nm/f Austrian

auténtico, -a [au'tentiko, a] adj authentic

auto ['auto] nm (Jur) edict, decree; (: orden) writ; **autos** nmpl (Jur) proceedings; (: acta) court record sg

autoadhesivo, -a [autoaðe'siβo, a] adj self-adhesive; (sobre) self-sealing

autobiografía [autoβjoɣra'fia] nf autobiography

autobomba [auto'bomba] nm (RPL) fire engine

autobronceador, a [autoβronθea'ðor, a] adj (self-)tanning

autobús [auto'βus] nm bus; **~ de línea** long-distance coach

autocar [auto'kar] nm coach (BRIT), (passenger) bus (US); **~ de línea** intercity coach or bus

autóctono, -a [au'toktono, a] adj native, indigenous

autodefensa [autoðe'fensa] nf self-defence

autodidacta [autoði'ðakta] adj self-taught

autoescuela [autoes'kwela] nf (ESP) driving school

autofoto [auto'foto] nf selfie

autógrafo [au'toɣrafo] nm autograph

autolesionarse [auto'lesjonarsi] vt to self-harm

autómata [au'tomata] nm automaton

automático, -a [auto'matiko, a] adj automatic ▷ nm press stud

automóvil [auto'moβil] nm (motor) car (BRIT), automobile (US); **automovilismo** nm (actividad) motoring; (Deporte) motor racing; **automovilista** nmf motorist, driver

autonomía [autono'mia] nf autonomy; **autónomo, -a,** (ESP) **autonómico** adj autonomous

autopista [auto'pista] nf motorway (BRIT), freeway (US); **~ de cuota** (LAM) o **peaje** (ESP) toll (BRIT) o turnpike (US) road

autopsia [au'topsja] nf post-mortem, autopsy

autor, a [au'tor, a] nm/f author

autoridad [autori'ðað] nf authority; **autoritario, -a** adj authoritarian

autorización [autoriθa'θjon] nf authorization; **autorizado, -a** adj authorized; (aprobado) approved

autorizar [autori'θar] /1f/ vt to authorize; to approve

autoservicio [autoser'βiθjo] nm (tienda) self-service shop o store; (restaurante) self-service restaurant

autostop [autos'top] nm hitchhiking; **hacer ~** to hitch-hike; **autostopista** nmf hitch-hiker

autovía [auto'βia] nf ≈ dual carriageway (BRIT), ≈ divided highway (US)

auxiliar [auksi'ljar] /1b/ vt to help ▷ nmf assistant; **auxilio** nm assistance, help; **primeros auxilios** first aid sg

Av abr (= Avenida) Av(e)

aval [a'βal] nm guarantee; (persona) guarantor

avalancha [aβa'lantʃa] nf avalanche

avance [a'βanθe] nm advance; (pago) advance payment; (Cine) trailer

avanzar [aβan'θar] /1f/ vt, vi to advance

avaricia [aβa'riθja] nf avarice, greed; **avaricioso, -a** adj avaricious, greedy

avaro, -a [a'βaro, a] adj miserly, mean ▷ nm/f miser

Avda abr (= Avenida) Av(e)

AVE [ˈaβe] nm abr (= Alta Velocidad Española) = bullet train

ave [ˈaβe] nf bird; **~ de rapiña** bird of prey

avecinarse [aβeθiˈnarse] /1a/ vr (tormenta, fig) be on the way

avellana [aβeˈʎana] nf hazelnut; **avellano** nm hazel tree

avemaría [aβemaˈria] nm Hail Mary, Ave María

avena [aˈβena] nf oats pl

avenida [aβeˈniða] nf (calle) avenue

aventajar [aβentaˈxar] /1a/ vt (sobrepasar) to surpass, outstrip

aventón [aβenˈton] nm (LAM) push; **pedir ~** to hitch a lift, hitch a ride (US)

aventura [aβenˈtura] nf adventure; **aventurero, -a** adj adventurous

avergonzar [aβerɣonˈθar] /1f, 1l/ vt to shame; (desconcertar) to embarrass; **avergonzarse** vr to be ashamed; to be embarrassed

avería [aβeˈria] nf (Tec) breakdown, fault

averiado, -a [aβeˈrjaðo, a] adj broken-down; **"~"** "out of order"

averiar [aβeˈrjar] /1c/ vt to break; **averiarse** vr to break down

averiguar [aβeriˈɣwar] /1i/ vt to investigate; (descubrir) to find out, ascertain

avestruz [aβesˈtruθ] nm ostrich

aviación [aβjaˈθjon] nf aviation; (fuerzas aéreas) air force

aviador, a [aβjaˈðor, a] nm/f aviator, airman/woman

ávido, -a [ˈaβiðo, a] adj avid, eager

avinagrado, -a [aβinaˈɣraðo, a] adj sour, acid

avión [aˈβjon] nm aeroplane; (ave) martin; **~ de reacción** jet (plane)

avioneta [aβjoˈneta] nf light aircraft

avisar [aβiˈsar] /1a/ vt (advertir) to warn, notify; (informar) to tell; (aconsejar) to advise, counsel; **aviso** nm warning; (noticia) notice

avispa [aˈβispa] nf wasp

avispado, -a [aβisˈpaðo, a] adj sharp, clever

avivar [aβiˈβar] /1a/ vt to strengthen, intensify

axila [akˈsila] nf armpit

ay [ai] excl (dolor) owl, ouch!; (aflicción) oh!, oh dear!; **¡ay de mí!** poor me!

ayer [aˈjer] adv, nm yesterday; **antes de ~** the day before yesterday; **~ por la tarde** yesterday afternoon/evening; **~ mismo** only yesterday

ayote [aˈjote] nm (LAM) pumpkin

ayuda [aˈjuða] nf help, assistance ▷ nm page; **ayudante, a** nm/f assistant, helper; (Escol) assistant; (Mil) adjutant

ayudar [ajuˈðar] /1a/ vt to help, assist

ayunar [ajuˈnar] /1a/ vi to fast; **ayunas** nfpl: **estar en ayunas** to be fasting; **ayuno** nm fast; fasting

ayuntamiento [ajuntaˈmjento] nm (consejo) town/city council; (edificio) town/city hall

azafata [aθaˈfata] nf air hostess (BRIT) or stewardess

azafrán [aθaˈfran] nm saffron

azahar [aθaˈar] nm orange/lemon blossom

azar [aˈθar] nm (casualidad) chance, fate; (desgracia) misfortune, accident; **por ~** by chance; **al ~** at random

Azores [aˈθores] nfpl: **las (Islas) ~** the Azores

azotar [aθoˈtar] /1a/ vt to whip, beat; (pegar) to spank; **azote** nm (látigo) whip; (latigazo) lash, stroke; (en las nalgas) spank; (calamidad) calamity

azotea [aθoˈtea] nf (flat) roof

azteca [aθˈteka] adj, nm/f Aztec

azúcar [aˈθukar] nm sugar; **azucarado, -a** adj sugary, sweet

azucarero, -a [aθukaˈrero, a] adj sugar cpd ▷ nm sugar bowl

azucena [aθuˈθena] nf white lily

azufre [aˈθufre] nm sulphur

azul [aˈθul] adj nm blue; **~ celeste/marino** sky/navy blue

azulejo [aθuˈlexo] nm tile

azuzar [aθuˈθar] /1f/ vt to incite, egg on

b

baba ['baβa] *nf* spittle, saliva; **babear** /1a/ *vi* to drool, slaver
babero [ba'βero] *nm* bib
babor [ba'βor] *nm* port (side)
babosada [baβo'saða] *nf*: **decir ~s** (LAM fam) to talk rubbish; **baboso, -a** *adj* (LAM) silly
baca ['baka] *nf* (Auto) luggage *o* roof rack
bacalao [baka'lao] *nm* cod(fish)
bache ['batʃe] *nm* pothole, rut; (fig) bad patch
bachillerato [batʃiʎe'rato] *nm* two-year advanced secondary school course
bacinica [baθi'nika] *nf* potty
bacteria [bak'terja] *nf* bacterium, germ
Bahama [ba'ama]: **las (Islas) ~, las ~s** *nfpl* the Bahamas
bahía [ba'ia] *nf* bay
bailar [bai'lar] /1a/ *vt*, *vi* to dance; **bailarín, -ina** *nm/f* dancer; (de ballet) ballet dancer; **baile** *nm* dance; (formal) ball
baja ['baxa] *nf* drop, fall; (Mil) casualty; **dar de ~** (soldado) to discharge; (empleado) to dismiss
bajada [ba'xaða] *nf* descent; (camino) slope; (de aguas) ebb
bajar [ba'xar] /1a/ *vi* to go *o* come down; (temperatura, precios) to drop, fall ▷ *vt* (cabeza) to bow; (escalera) to go *o* come down; (precio, voz) to lower; (llevar abajo) to take down; **bajarse** *vr* (de vehículo) to get out; (de autobús) to get off; **~ de** (coche) to get out of; (autobús) to get off; **~se algo de internet** to download sth from the internet
bajío [ba'xio] *nm* (LAM) lowlands *pl*
bajo, -a ['baxo, a] *adj* (mueble, número, precio) low; (piso) ground *cpd*; (de estatura) small, short; (color) pale; (sonido) faint, soft, low; (voz, tono) deep; (metal) base; (humilde) low, humble ▷ *adv* (hablar) softly, quietly; (volar) low ▷ *prep* under, below, underneath ▷ *nm* (Mus) bass; **~ la lluvia** in the rain
bajón [ba'xon] *nm* fall, drop
bakalao [baka'lao] *nm* (Mus) rave music
bala ['bala] *nf* bullet
balacear [balaθe'ar] /1a/ *vt* (LAM, CAM) to shoot
balance [ba'lanθe] *nm* (Com) balance; (: libro) balance sheet; (: cuenta general) stocktaking
balancear [balanθe'ar] /1a/ *vt* to balance ▷ *vi* to swing (to and fro); (vacilar) to hesitate; **balancearse** *vr* to swing (to and fro); (vacilar) to hesitate
balanza [ba'lanθa] *nf* scales *pl*, balance; **~ comercial** balance of trade; **~ de pagos/de poder(es)** balance of payments/of power
balaustrada [balaus'traða] *nf* balustrade; (pasamanos) banister
balazo [ba'laθo] *nm* (tiro) shot; (herida) bullet wound

B.A. *abr* (= Buenos Aires) B.A.

balbucear [balβuθe'ar] /1a/ *vi, vt* to stammer, stutter

balcón [bal'kon] *nm* balcony

balde ['balde] *nm* bucket, pail; **de ~** (for) free, for nothing; **en ~** in vain

baldosa [bal'dosa] *nf (azulejo)* floor tile; *(grande)* flagstone; **baldosín** *nm* tile

Baleares [bale'ares] *nfpl*: **las (Islas) ~** the Balearic Islands

balero [ba'lero] *nm (LAM: juguete)* cup-and-ball toy

baliza [ba'liθa] *nf (Aviat)* beacon; *(Naut)* buoy

ballena [ba'ʎena] *nf* whale

ballet *(pl* **ballets**) [ba'le] *nm* ballet

balneario, -a [balne'arjo, a] *adj* ▷ *nm* spa; *(LAM: en la costa)* seaside resort

balón [ba'lon] *nm* ball

baloncesto [balon'θesto] *nm* basketball

balonmano [balon'mano] *nm* handball

balonred [balon'reð] *nm* netball

balsa ['balsa] *nf* raft; *(Bot)* balsa wood

bálsamo ['balsamo] *nm* balsam, balm

baluarte [ba'lwarte] *nm* bastion, bulwark

bambú [bam'bu] *nm* bamboo

banana [ba'nana] *nf (LAM)* banana; **banano** *nm (LAM)* banana tree; *(fruta)* banana

banca ['banka] *nf (Com)* banking

bancario, -a [ban'karjo, a] *adj* banking *cpd*, bank *cpd*

bancarrota [banka'rrota] *nf* bankruptcy; **declararse** *en o* **hacer ~** to go bankrupt

banco ['banko] *nm* bench; *(Escol)* desk; *(Com)* bank; *(Geo)* stratum; **~ de crédito/de ahorros** credit/savings bank; **~ de arena** sandbank; **~ de datos** *(Inform)* data bank

banda ['banda] *nf* band; *(pandilla)* gang; *(Naut)* side, edge; **la B~ Oriental** Uruguay; **~ sonora** soundtrack

bandada [ban'daða] *nf (de pájaros)* flock; *(de peces)* shoal

bandazo [ban'daθo] *nm*: **dar ~s** to veer from side to side

bandeja [ban'dexa] *nf* tray; **~ de entrada/salida** in-tray/out-tray

bandera [ban'dera] *nf* flag

banderilla [bande'riʎa] *nf* banderilla

bandido [ban'diðo] *nm* bandit

bando ['bando] *nm (edicto)* edict, proclamation; *(facción)* faction; **los ~s** *(Rel)* the banns

bandolera [bando'lera] *nf*: **llevar en ~** to wear across one's chest

banquero [ban'kero] *nm* banker

banqueta [ban'keta] *nf* stool; *(LAM: acera)* pavement *(BRIT)*, sidewalk *(US)*

banquete [ban'kete] *nm* banquet; *(para convidados)* formal dinner; **~ de boda** wedding reception

banquillo [ban'kiʎo] *nm (Jur)* dock, prisoner's bench; *(banco)* bench; *(para los pies)* footstool

banquina [ban'kina] *nf (RPL)* hard shoulder *(BRIT)*, berm *(US)*

bañadera [baɲa'ðera] *nf (LAM)* bath(tub)

bañador [baɲa'ðor] *nm* swimming costume *(BRIT)*, bathing suit *(US)*

bañar [ba'ɲar] /1a/ *vt* to bath, bathe; *(objeto)* to dip; *(de barniz)* to coat; **bañarse** *vr (en el mar)* to bathe, swim; *(en la bañera)* to have a bath

bañera [ba'ɲera] *nf (ESP)* bath(tub)

bañero, -a [ba'ɲero, a] *nm/f* lifeguard

bañista [ba'ɲista] *nmf* bather

baño ['baɲo] *nm (en bañera)* bath; *(en río, mar)* dip, swim; *(cuarto)* bathroom; *(bañera)* bath(tub); *(capa)* coating; **darse** *o* **tomar un ~** *(en bañera)* to have a bath; *(en mar, piscina)* to have a swim; **~ María** bain-marie

bar [bar] *nm* bar

barahúnda [bara'unda] *nf* uproar, hubbub

baraja [ba'raxa] *nf* pack (of cards); **barajar** /1a/ *vt (naipes)* to shuffle; *(fig)* to jumble up

baranda [ba'randa] nf rail, railing; **barandilla** [baran'diʎa] nf rail, railing

barata [ba'rata] nf (ʌм) (bargain) sale

baratillo [bara'tiʎo] nm (tienda) junk shop; (subasta) bargain sale; (conjunto de cosas) second-hand goods pl

barato, -a [ba'rato, a] adj cheap ▷ adv cheap, cheaply

barba ['barβa] nf (mentón) chin; (pelo) beard

barbacoa [barβa'koa] nf (parrilla) barbecue; (carne) barbecued meat

barbaridad [barβari'ðað] nf barbarity; (acto) barbarism; (atrocidad) outrage; **una ~ de** (fam) loads of; **¡qué ~!** how awful!

barbarie [bar'βarje] nm barbarism; (crueldad) barbarity

bárbaro, -a ['barβaro, a] adj barbarous, cruel; (grosero) rough, uncouth ▷ nm/f barbarian; **lo pasamos ~** (fam) we had a great time; **¡qué ~!** (fam) how marvellous!; **un éxito ~** (fam) a terrific success; **es un tipo ~** (fam) he's a great bloke

barbero [bar'βero] nm barber, hairdresser

barbilla [bar'βiʎa] nf chin, tip of the chin

barbudo, -a [bar'βuðo, a] adj bearded

barca ['barka] nf (small) boat; **barcaza** nf barge

Barcelona [barθe'lona] nf Barcelona

barco ['barko] nm boat; (buque) ship; **~ de carga** cargo boat; **~ de vela** sailing ship

barda ['barða] nf (ʌм: de madera) fence

baremo [ba'remo] nm scale

barítono [ba'ritono] nm baritone

barman ['barman] nm barman

barniz [bar'niθ] nm varnish; (en la loza) glaze; (fig) veneer; **barnizar** /1f/ vt to varnish; (loza) to glaze

barómetro [ba'rometro] nm barometer

barquillo [bar'kiʎo] nm cone, cornet

barra ['barra] nf bar, rod; (de un bar, café) bar; (de pan) French loaf; (palanca) lever; **~ de carmín** o **de labios** lipstick; **~ libre** free bar

barraca [ba'rraka] nf hut, cabin

barranco [ba'rranko] nm ravine; (fig) difficulty

barrena [ba'rrena] nf drill

barrer [ba'rrer] /2a/ vt to sweep; (quitar) to sweep away

barrera [ba'rrera] nf barrier

barriada [ba'rrjaða] nf quarter, district

barricada [barri'kaða] nf barricade

barrida [ba'rriða] nm sweep, sweeping

barriga [ba'rriɣa] nf belly; (panza) paunch; **barrigón, -ona, barrigudo, -a** adj potbellied

barril [ba'rril] nm barrel, cask

barrio ['barrjo] nm (vecindad) area, neighborhood (us); (en las afueras) suburb; **~ chino** red-light district

barro ['barro] nm (lodo) mud; (objetos) earthenware; (Med) pimple

barroco, -a [ba'rroko, a] adj, nm Baroque

barrote [ba'rrote] nm (de ventana etc) bar

bartola [bar'tola] nf: **tirarse a la ~** to take it easy, be lazy

bártulos ['bartulos] nmpl things, belongings

barullo [ba'ruʎo] nm row, uproar

basar [ba'sar] /1a/ vt to base; **basarse** vr: **~se en** to be based on

báscula [ba'skula] nf (platform) scales pl

base ['base] nf base; **a ~ de** on the basis of; (mediante) by means of; **~ de datos** database

básico, -a ['basiko, a] adj basic

basílica [ba'silika] nf basilica

básquetbol ['basketbol] nm (ʌм) basketball

PALABRA CLAVE

bastante [bas'tante] adj 1 (suficiente) enough; **bastante dinero** enough o sufficient money; **bastantes libros** enough books

2 (*valor intensivo*): **bastante gente** quite a lot of people; **tener bastante calor** to be rather hot

▶ *adv*: **bastante bueno/malo** quite good/rather bad; **bastante rico** pretty rich; **bastante inteligente (como) para hacer algo** clever enough o sufficiently clever to do sth

bastar [bas'tar] /1a/ *vi* to be enough o sufficient; **bastarse** *vr* to be self-sufficient; **~ para** to be enough to; **¡basta!** (that's) enough!

bastardo, -a [bas'tarðo, a] *adj, nm/f* bastard

bastidor [basti'ðor] *nm* frame; (*de coche*) chassis; (*Teat*) wing; **entre ~es** behind the scenes

basto, -a ['basto, a] *adj* coarse, rough ▷ *nmpl*: **~s** (*Naipes*) one of the suits in the Spanish card deck

bastón [bas'ton] *nm* stick, staff; (*para pasear*) walking stick

bastoncillo [baston'θiʎo] *nm* cotton bud

basura [ba'sura] *nf* rubbish, refuse (*BRIT*), garbage (*US*) ▷ *adj*: **comida/ televisión ~** junk food/TV

basurero [basu'rero] *nm* (*hombre*) dustman (*BRIT*), garbage collector o man (*US*); (*lugar*) rubbish dump; (*cubo*) (rubbish) bin (*BRIT*), trash can (*US*)

bata ['bata] *nf* (*gen*) dressing gown; (*cubretodo*) smock, overall; (*Med, Tec etc*) lab(oratory) coat

batalla [ba'taʎa] *nf* battle; **de ~** for everyday use; **~ campal** pitched battle

batallón [bata'ʎon] *nm* battalion

batata [ba'tata] *nf* sweet potato

batería [bate'ria] *nf* battery; (*Mus*) drums *pl*; **~ de cocina** kitchen utensils *pl*

batido, -a [ba'tiðo, a] *adj* (*camino*) beaten, well-trodden ▷ *nm* (*Culin*) batter; **~ (de leche)** milk shake

batidora [bati'ðora] *nf* beater, mixer; **~ eléctrica** food mixer, blender

batir [ba'tir] /3a/ *vt* to beat, strike; (*vencer*) to beat, defeat; (*revolver*) to beat, mix; **batirse** *vr* to fight; **~ palmas** to clap, applaud

batuta [ba'tuta] *nf* baton; **llevar la ~** (*fig*) to be the boss

baúl [ba'ul] *nm* trunk; (*LAM Auto*) boot (*BRIT*), trunk (*US*)

bautismo [bau'tismo] *nm* baptism, christening

bautizar [bauti'θar] /1f/ *vt* to baptize, christen; (*fam: diluir*) to water down; **bautizo** *nm* baptism, christening

bayeta [ba'jeta] *nf* floor cloth

baza ['baθa] *nf* trick; **meter ~** to butt in

bazar [ba'θar] *nm* bazaar

bazofia [ba'θofja] *nf* trash

be [be] *nf* name of the letter B; **be chica/ grande** (*LAM*) V/B; **be larga** (*LAM*) B

beato, -a [be'ato, a] *adj* blessed; (*piadoso*) pious

bebé [be'βe] (*pl* **bebés**) *nm* baby

bebedero [beβe'ðero] *nm* (*para animales*) drinking trough

bebedor, a [beβe'ðor, a] *adj* hard-drinking

beber [be'βer] /2a/ *vt, vi* to drink

bebido, -a [be'βiðo, a] *adj* drunk ▷ *nf* drink

beca ['beka] *nf* grant, scholarship; **becario, -a** [be'karjo, a] *nm/f* scholarship holder, grant holder; (*en prácticas laborales*) intern

bedel [be'ðel] *nm* porter, janitor; (*Univ*) porter

béisbol ['beisβol] *nm* baseball

Belén [be'len] *nm* Bethlehem; **belén** (*de Navidad*) nativity scene, crib

belga ['belɣa] *adj, nmf* Belgian

Bélgica ['belxika] *nf* Belgium

bélico, -a ['beliko, a] *adj* (*actitud*) warlike

belleza [be'ʎeθa] *nf* beauty

bello, -a ['beʎo, a] *adj* beautiful, lovely; **Bellas Artes** Fine Art *sg*

bellota [be'ʎota] nf acorn

bemol [be'mol] nm (Mus) flat; **esto tiene -es** (fam) this is a tough one

bencina [ben'sina] nf (LAM: gasolina) petrol (BRIT), gas (US)

bendecir [bende'θir] /3o/ vt to bless

bendición [bendi'θjon] nf blessing

bendito, -a [ben'dito, a] pp de **bendecir** ▷ adj holy; (afortunado) lucky; (feliz) happy; (sencillo) simple ▷ nm/f simple soul

beneficencia [benefi'θenθja] nf charity

beneficiario, -a [benefi'θjarjo, a] nm/f beneficiary

beneficio [bene'fiθjo] nm (bien) benefit, advantage; (Com) profit, gain; **a - de** for the benefit of; **beneficioso, -a** adj beneficial

benéfico, -a [be'nefiko, a] adj charitable

beneplácito [bene'plaθito] nm approval, consent

benévolo, -a [be'neβolo, a] adj benevolent, kind

benigno, -a [be'niɣno, a] adj kind; (suave) mild; (Med: tumor) benign, non-malignant

berberecho [berβe'retʃo] nm cockle

berenjena [beren'xena] nf aubergine (BRIT), eggplant (US)

Berlín [ber'lin] nm Berlin

berlinesa [berli'nesa] nf (LAM) doughnut, donut (US)

bermudas [ber'muðas] nfpl Bermuda shorts

berrido [be'rriðo] nm bellow(ing)

berrinche [be'rrintʃe] nm (fam) temper, tantrum

berro ['berro] nm watercress

berza ['berθa] nf cabbage

besamel [besa'mel] nf (Culin) white sauce, bechamel sauce

besar [be'sar] /1a/ vt to kiss; (fig: tocar) to graze; **besarse** vr to kiss (one another); **beso** nm kiss

bestia ['bestja] nf beast, animal; (fig) idiot; **~ de carga** beast of burden;

bestial adj bestial; (fam) terrific; **bestialidad** nf bestiality; (fam) stupidity

besugo [be'suɣo] nm sea bream; (fam) idiot

besuquear [besuke'ar] /1a/ vt to cover with kisses; **besuquearse** vr to kiss and cuddle

betabel [beta'bel] nm (LAM) beetroot (BRIT), beet (US)

betún [be'tun] nm shoe polish; (Química) bitumen

biberón [biβe'ron] nm feeding bottle

Biblia ['biβlja] nf Bible

bibliografía [biβljoɣra'fia] nf bibliography

biblioteca [biβljo'teka] nf library; (estantes) bookshelves pl; **~ de consulta** reference library; **bibliotecario, -a** nm/f librarian

bicarbonato [bikarβo'nato] nm bicarbonate

bicho ['bitʃo] nm (animal) small animal; (sabandija) bug, insect; (Taur) bull

bici ['biθi] nf (fam) bike

bicicleta [biθi'kleta] nf bicycle, cycle; **ir en ~** to cycle

bidé [bi'ðe] nm bidet

bidón [bi'ðon] nm (grande) drum; (pequeño) can

PALABRA CLAVE

bien [bjen] nm 1 (bienestar) good; **te lo digo por tu bien** I'm telling you for your own good; **el bien y el mal** good and evil

2 (posesión): **bienes** goods; **bienes de consumo/equipo** consumer/capital goods; **bienes inmuebles** o **raíces/bienes muebles** real estate sg/personal property sg

▷ adv 1 (de manera satisfactoria, correcta etc) well; **trabaja/come bien** she works/eats well; **contestó bien** he answered correctly; **me siento bien** I feel fine; **no me siento bien** I don't feel very well; **se está bien aquí** it's nice here

2: **hiciste bien en llamarme** you were right to call me

3 (*valor intensivo*) very; **un cuarto bien caliente** a nice warm room; **bien se ve que ...** it's quite clear that ...

4: **estar bien: estoy muy bien aquí** I feel very happy here; **está bien que vengan** it's all right for them to come; **¡está bien! lo haré** all right, I'll do it

5 (*de buena gana*): **yo bien que iría pero ...** I'd gladly go but ...

▸ *excl*: **¡bien!** (*aprobación*) OK!; **¡muy bien!** well done!

▸ *adj inv*: **gente bien** posh people

▸ *conj* **1**: **bien ... bien: bien en coche bien en tren** either by car or by train

2: **no bien** (*esp LAM*): **no bien llegue te llamaré** as soon as I arrive I'll call you

3: **si bien** even though; V tb **más**

bienal [bje'nal] *adj* biennial

bienestar [bjenes'tar] *nm* well-being

bienvenido, -a [bjembe'niðo, a] *excl* welcome! ▸ *nf* welcome; **dar la bienvenida a algn** to welcome sb

bife ['bife] *nm* (*LAM*) steak

bifurcación [bifurka'θjon] *nf* fork

bígamo, -a ['biɣamo, a] *adj* bigamous ▸ *nm/f* bigamist

bigote [bi'ɣote] *nm* moustache; **bigotudo, -a** *adj* with a big moustache

bikini [bi'kini] *nm* bikini; (*Culin*) toasted cheese and ham sandwich

bilingüe [bi'liŋɡwe] *adj* bilingual

billar [bi'ʎar] *nm* billiards *sg*; **billares** *nmpl* (*lugar*) billiard hall; (*galería de atracciones*) amusement arcade; **~ americano** pool

billete [bi'ʎete] *nm* ticket; (*de banco*) banknote (*BRIT*), bill (*US*); (*carta*) note; **~ de ida o sencillo** single (*BRIT*) o one-way (*US*) ticket; **~ de ida y vuelta** return (*BRIT*) o round-trip (*US*) ticket; **~ electrónico** e-ticket; **sacar (un) ~**

to get a ticket; **un ~ de cinco libras** a five-pound note

billetera [biʎe'tera] *nm* wallet

billón [bi'ʎon] *nm* billion

bimensual [bimen'swal] *adj* twice monthly

bingo ['bingo] *nm* bingo

biocarburante [biokarβu'rante], **biocombustible**, **biokombus'tiβle** *nm* biofuel

biodegradable [bioðeɣra'ðaβle] *adj* biodegradable

biografía [bioɣra'fia] *nf* biography

biología [biolo'xia] *nf* biology; **biológico, -a** *adj* biological; (*cultivo, producto*) organic; **biólogo, -a** *nm/f* biologist

biombo ['bjombo] *nm* (folding) screen

bioterrorismo [biotero'rismo] *nm* bioterrorism

bipolar [bi'polar] *adj* (*Med*) bipolar

biquini [bi'kini] *nm* = **bikini**

birlar [bir'lar] /1a/ *vt* (*fam*) to pinch

Birmania [bir'manja] *nf* Burma

birome [bi'rome] *nf* (*LAM*) ballpoint (pen)

birria ['birrja] *nf* (*fam*): **ser una ~** (*película, libro*) to be rubbish

bis [bis] *excl* encore!

bisabuelo, -a [bisa'βwelo, a] *nm/f* great-grandfather/mother

bisagra [bi'saɣra] *nf* hinge

bisiesto [bi'sjesto] *adj*: **año ~** leap year

bisnieto, -a [bis'njeto, a] *nm/f* great-grandson/daughter

bisonte [bi'sonte] *nm* bison

bistec [bis'tek], **bisté** [bis'te] *nm* steak

bisturí [bistu'ri] *nm* scalpel

bisutería [bisute'ria] *nf* imitation o costume jewellery

bit [bit] *nm* (*Inform*) bit

bizco, -a ['biθko, a] *adj* cross-eyed

bizcocho [biθ'kotʃo] *nm* (*Culin*) sponge cake

blanco, -a ['blaŋko, a] *adj* white ▸ *nm/f* white man/woman, white ▸ *nm* (*color*) white; (*en texto*) blank;

(Mil, fig) target; **en ~** blank; **noche en ~** sleepless night; **estar sin blanca** to be broke

blandir [blan'dir] *vt* to brandish

blando, -a ['blando, a] *adj* soft; *(tierno)* tender, gentle; *(carácter)* mild; *(fam)* cowardly

blanqueador [blankea'ðor] *nm* *(LAM)* bleach

blanquear [blanke'ar] /1a/ *vt* to whiten; *(fachada)* to whitewash; *(paño)* to bleach; *(dinero)* to launder ▷ *vi* to turn white

blanquillo [blan'kiʎo] *nm (LAM, CAM)* egg

blasfemar [blasfe'mar] /1a/ *vi* to blaspheme; *(fig)* to curse

bledo ['bleðo] *nm*: **(no) me importa un ~** I couldn't care less

blindado, -a [blin'daðo, a] *adj (Mil)* armour-plated; *(antibalas)* bulletproof; **coche o** *(LAM)* **carro ~** armoured car

bloc [blok] *(pl* **blocs)** *nm* writing pad

blof [blof] *nm (LAM)* bluff; **blofear** /1a/ *vi (LAM)* to bluff

blog [bloʝ] *(pl* **blogs)** *nm* blog

blogosfera [bloʝos'fera] *nf* blogosphere

bloguero, -a [blo'ɣero, a] *nm/f* blogger

bloque ['bloke] *nm* block; *(Pol)* bloc

bloquear [bloke'ar] /1a/ *vt* to blockade; **bloqueo** *nm* blockade; *(Com)* freezing, blocking; **bloqueo mental** mental block

blusa ['blusa] *nf* blouse

bobada [bo'βaða] *nf* foolish action o statement; **decir ~s** to talk nonsense

bobina [bo'βina] *nf (Tec)* bobbin; *(Foto)* spool; *(Elec)* coil

bobo, -a ['boβo, a] *adj (tonto)* daft, silly; *(cándido)* naive ▷ *nm/f* fool, idiot ▷ *nm (Teat)* clown, funny man

boca ['boka] *nf* mouth; *(de crustáceo)* pincer; *(de cañón)* muzzle; *(entrada)* mouth, entrance; **bocas** *nfpl (de río)* mouth sg; **~ abajo/arriba** face down/up; **se me hace la ~ agua** my mouth is watering; **~ de incendios** hydrant;

~ del estómago pit of the stomach; **~ de metro** entrance *(BRIT)* o subway *(US)* entrance

bocacalle [boka'kaʎe] *nf* side street; **la primera ~** the first turning o street

bocadillo [boka'ðiʎo] *nm* sandwich

bocado [bo'kaðo] *nm* mouthful, bite; *(de caballo)* bridle

bocajarro [boka'xarro]: **a ~** *adv (Mil)* at point-blank range

bocanada [boka'naða] *nf (de vino)* mouthful, swallow; *(de aire)* gust, puff

bocata [bo'kata] *nm (fam)* sandwich

bocazas [bo'kaθas] *nm inv, nf inv (fam)* bigmouth

boceto [bo'θeto] *nm* sketch, outline

bochorno [bo'tʃorno] *nm (vergüenza)* embarrassment; *(color)*: **hace ~** it's very muggy

bocina [bo'θina] *nf (Mus)* trumpet; *(Auto)* horn; *(para hablar)* megaphone

boda ['boða] *nf (tb: ~s)* wedding, marriage; *(fiesta)* wedding reception; **~s de plata/de oro** silver/golden wedding sg

bodega [bo'ðeʝa] *nf (de vino)* (wine) cellar; *(depósito)* storeroom; *(de barco)* hold

bodegón [boðe'ɣon] *nm (Arte)* still life

bofetada [bofe'taða] *nf* slap (in the face)

boga [bo'ɣa] *nf*: **en ~** in vogue

Bogotá [boɣo'ta] *n* Bogota

bohemio, -a [bo'emjo, a] *adj, nm/f* Bohemian

bohío [bo'io] *nm (LAM)* shack, hut

boicot [boi'kot] *(pl* **boicots)** *nm* boycott; **boicotear** /1a/ *vt* to boycott

bóiler ['boiler] *nm (LAM)* boiler

boina ['boina] *nf* beret

bola ['bola] *nf* ball; *(canica)* marble; *(Naipes)* (grand) slam; *(betún)* shoe polish; *(mentira)* tale, story; **bolas** *nfpl (LAM)* balls; **~ de billar** billiard ball; **~ de nieve** snowball

boleadoras [bolea'ðoras] *nfpl* bolas sg

bolear [bole'ar] /1a/ *vt (zapatos)* to polish, shine

bolera [bo'lera] nf skittle o bowling alley

bolero, -a [bo'lero, a] nm bolero ▷ nm/f (LAM: limpiabotas) shoeshine boy/girl

boleta [bo'leta] nf (LAM: permiso) pass, permit; (de rifa) ticket; (recibo) receipt; (para votar) ballot; ~ **de calificaciones** report card

boletería [bolete'ria] nf (LAM) ticket office

boletín [bole'tin] nm bulletin; (periódico) journal, review; ~ **de noticias** news bulletin

boleto [bo'leto] nm (esp LAM) ticket; ~ **de apuestas** betting slip; ~ **de ida y vuelta** (LAM) round-trip ticket; ~ **electrónico** e-ticket; ~ **redondo** (LAM) round-trip ticket

boli ['boli] nm Biro®

bolígrafo [bo'liɣrafo] nm ball-point pen, Biro®

bolilla [bo'liʎa] nf (LAM) topic

bolillo [bo'liʎo] nm (LAM) (bread) roll

bolita [bo'lita] nf (LAM) marble

bolívar [bo'liβar] nm monetary unit of Venezuela

Bolivia [bo'liβja] nf Bolivia

boliviano, -a adj, nm/f Bolivian

bollería [boʎe'ria] nf cakes pl and pastries pl

bollo ['boʎo] nm (de pan) roll; (chichón) bump, lump; (abolladura) dent

bolo ['bolo] nm skittle; (píldora) (large) pill; (**juego de**) ~**s** skittles sg

bolsa ['bolsa] nf (=saco) bag; (LAM) pocket; (de mujer) handbag; (Anat) cavity, sac; (Com) stock exchange; (Minería) pocket; ~ **de agua caliente** hot water bottle; ~ **de aire** air pocket; ~ **de dormir** (LAM) sleeping bag; ~ **de papel** paper bag; ~ **de plástico** plastic (o carrier) bag; ~ **de la compra** shopping bag

bolsillo [bol'siʎo] nm pocket; (cartera) purse; **de** ~ pocket

bolso ['bolso] nm (bolsa) bag; (de mujer) handbag

bomba ['bomba] nf (Mil) bomb; (Tec) pump ▷ adj (fam): **noticia** ~ bombshell ▷ adv (fam): **pasarlo** ~ to have a great time; ~ **atómica/de humo/de retardo** atomic/smoke/time bomb

bombacha [bom'batʃa] nf (LAM) panties pl

bombardear [bombarðe'ar] /1a/ vt to bombard; (Mil) to bomb; **bombardeo** nm bombardment; bombing

bombazo [bom'baθo] nm (LAM: explosión) explosion; (fam: notición) bombshell; (éxito) smash hit

bombear [bombe'ar] /1a/ vt (agua) to pump (out o up)

bombero [bom'bero] nm fireman

bombilla [bom'biʎa] (ESP), **bombita** [bom'bita] (LAM) nf (light) bulb

bombo ['bombo] nm (Mus) bass drum; (Tec) drum

bombón [bom'bon] nm chocolate; (LAM: de caramelo) marshmallow

bombona [bom'bona] nf: ~ **de butano** gas cylinder

bonachón, -ona [bona'tʃon, ona] adj good-natured

bonanza [bo'nanθa] nf (Naut) fair weather; (fig) bonanza; (Minería) rich pocket o vein

bondad [bon'dað] nf goodness, kindness; **tenga la** ~ **de** (please) be good enough to

bonito, -a [bo'nito, a] adj pretty; (agradable) nice ▷ nm (atún) tuna (fish)

bono ['bono] nm voucher; (Finanzas) bond

bonobús [bono'βus] nm (ESP) bus pass

Bono Loto, bonoloto [bono'loto] nm o f (ESP) state-run weekly lottery; V tb **lotería**

boquerón [boke'ron] nm (pez) (kind of) anchovy; (agujero) large hole

boquete [bo'kete] nm gap, hole

boquiabierto, -a [a bokia'βjerto, a] adj open-mouthed (in astonishment); **quedarse** ~ to be amazed o flabbergasted

boquilla [bo'kiʎa] nf (de riego) nozzle; (de cigarro) cigarette holder; (Mus) mouthpiece

borbotón [borβo'ton] nm: **salir a borbotones** to gush out

borda ['borða] nf (Naut) gunwale, rail; **echar** o **tirar algo por la ~** to throw sth overboard

bordado [bor'ðaðo] nm embroidery

bordar [bor'ðar] /1a/ vt to embroider

borde ['borðe] nm edge, border; (de camino etc) side; (en la costura) hem; **al ~ de** (fig) on the verge o brink of ▷ adj: **ser ~** (ESP fam) to be rude; **bordear** /1a/ vt to border

bordillo [bor'ðiʎo] nm kerb (BRIT), curb (US)

bordo ['borðo] nm (Naut) side; **a ~** on board

borlote [bor'lote] nm (LAM) row, uproar

borrachera [borra'tʃera] nf (ebriedad) drunkenness; (orgía) spree, binge

borracho, -a [bo'rratʃo, a] adj drunk ▷ nm/f (que bebe mucho) drunkard, drunk; (temporalmente) drunk, drunk man/woman

borrador [borra'ðor] nm (escritura) first draft, rough sketch; (goma) rubber (BRIT), eraser

borrar [bo'rrar] /1a/ vt to erase, rub out

borrasca [bo'rraska] nf storm

borrego, -a [bo'rreɣo, a] nm/f lamb; (oveja) sheep; (fig) simpleton ▷ nm (LAM fam) false rumour

borrico, -a [bo'rriko, a] nm donkey; (fig) stupid man ▷ nf she-donkey; (fig) stupid woman

borrón [bo'rron] nm (mancha) stain

borroso, -a [bo'rroso, a] adj vague, unclear; (escritura) illegible

bosque ['boske] nm wood; (grande) forest

bostezar [boste'θar] /1f/ vi to yawn; **bostezo** nm yawn

bota ['bota] nf (calzado) boot; (de vino) leather wine bottle; **~s de agua** o **goma** Wellingtons

botánico, -a [bo'taniko, a] adj botanical ▷ nm/f botanist

botar [bo'tar] /1a/ vt to throw, hurl; (Naut) to launch; (esp LAM fam) to throw out ▷ vi to bounce

bote ['bote] nm (salto) bounce; (golpe) thrust; (vasija) tin, can; (embarcación) boat; (LAM pey: cárcel) jail; **de ~ en ~** packed, jammed full; **~ salvavidas** lifeboat; **~ de la basura** (LAM) dustbin (BRIT), trash can (US)

botella [bo'teʎa] nf bottle; **botellín** nm small bottle; **botellón** nm (ESP fam) outdoor drinking session (involving groups of young people)

botijo [bo'tixo] nm (earthenware) jug

botín [bo'tin] nm (calzado) half boot; (polaina) spat; (Mil) booty

botiquín [boti'kin] nm (armario) medicine chest; (portátil) first-aid kit

botón [bo'ton] nm button; (Bot) bud

botones [bo'tones] nm inv bellboy, bellhop (US)

bóveda ['boβeða] nf (Arq) vault

boxeador [boksea'ðor] nm boxer

boxeo [bok'seo] nm boxing

boya ['boja] nf (Naut) buoy; (flotador) float

boyante [bo'jante] adj prosperous

bozal [bo'θal] nm (de caballo) halter; (de perro) muzzle

braga ['braɣa] nf (de bebé) nappy, diaper (US); **bragas** nfpl (de mujer) panties

bragueta [bra'ɣeta] nf fly (BRIT), flies pl (BRIT), zipper (US)

braille [breil] nm braille

brasa ['brasa] nf live o hot coal

brasero [bra'sero] nm brazier

brasier [bra'sjer] nm (LAM) bra

Brasil [bra'sil] nm: **(el) ~** Brazil; **brasileño, -a** adj, nm/f Brazilian

brassier [bra'sjer] nm (LAM) V **brasier**

bravo, -a ['braβo, a] adj (valiente) brave; (feroz) ferocious; (salvaje) wild; (mar etc) rough, stormy ▷ excl bravo!; **bravura** nf bravery; ferocity

braza ['braθa] nf fathom; **nadar a la ~** to swim (the) breast-stroke

brazalete [braθa'lete] *nm* (*pulsera*) bracelet; (*banda*) armband

brazo ['braθo] *nm* arm; (*Zool*) foreleg; (*Bot*) limb, branch; **cogidos** etc **del ~** arm in arm

brebaje [bre'βaxe] *nm* potion

brecha ['bretʃa] *nf* (*hoyo, vacío*) gap, opening; (*Mil, fig*) breach

brega ['breɣa] *nf* (*lucha*) struggle; (*trabajo*) hard work

breva ['breβa] *nf* (*Bot*) early fig

breve ['breβe] *adj* short, brief; **en ~** (*pronto*) shortly ▷ *nf* (*Mus*) breve; **brevedad** *nf* brevity, shortness

bribón, -ona [bri'βon, ona] *adj* idle, lazy ▷ *nm/f* (*pícaro*) rascal, rogue

bricolaje [briko'laxe] *nm* do-it-yourself, DIY

brida ['briða] *nf* bridle, rein; (*Tec*) clamp

bridge [britʃ] *nm* bridge

brigada [bri'ɣaða] *nf* (*unidad*) brigade; (*trabajadores*) squad, gang ▷ *nm* = sergeant major

brillante [bri'ʎante] *adj* brilliant ▷ *nm* diamond

brillar [bri'ʎar] /1a/ *vi* to shine; (*joyas*) to sparkle

brillo ['briʎo] *nm* shine; (*brillantez*) brilliance; (*fig*) splendour; **sacar ~ a** to polish

brincar [brin'kar] /1g/ *vi* to skip about, hop about, jump about

brinco ['brinko] *nm* jump, leap

brindar [brin'dar] /1a/ *vi*: **~ a o por** to drink (a toast) to ▷ *vt* to offer, present

brindis ['brindis] *nm inv* toast

brío ['brio] *nm* spirit, dash

brisa ['brisa] *nf* breeze

británico, -a [bri'taniko, a] *adj* British ▷ *nm/f* Briton, British person

brizna ['briθna] *nf* (*de hierba*) blade; (*de tabaco*) leaf

broca ['broka] *nf* (*Tec*) drill bit

brocha ['brotʃa] *nf* (*large*) paintbrush; **~ de afeitar** shaving brush

broche ['brotʃe] *nm* brooch

broma ['broma] *nf* joke; **en ~** in fun, as a joke; **~ pesada** practical joke; **bromear** /1a/ *vi* to joke

bromista [bro'mista] *adj* fond of joking ▷ *nm/f* joker, wag

bronca ['bronka] *nf* row; **echar una ~ a algn** to tell sb off

bronce ['bronθe] *nm* bronze; **bronceado, -a** *adj* bronze *cpd*; (*por el sol*) tanned ▷ *nm* (*sun*)tan; (*Tec*) bronzing

bronceador [bronθea'ðor] *nm* suntan lotion

broncearse [bronθe'arse] /1a/ *vr* to get a suntan

bronquios ['bronkjos] *nmpl* bronchial tubes

bronquitis [bron'kitis] *nf inv* bronchitis

brotar [bro'tar] /1a/ *vi* (*Bot*) to sprout; (*aguas*) to gush (forth); (*Med*) to break out

brote ['brote] *nm* (*Bot*) shoot; (*Med, fig*) outbreak

bruces ['bruθes]: **de ~** *adv*, **caer** o **dar de ~** to fall headlong, fall flat

bruja ['bruxa] *nf* witch; **brujería** *nf* witchcraft

brujo ['bruxo] *nm* wizard, magician

brújula ['bruxula] *nf* compass

bruma ['bruma] *nf* mist

brusco, -a ['brusko, a] *adj* (*súbito*) sudden; (*áspero*) brusque

Bruselas [bru'selas] *nf* Brussels

brutal [bru'tal] *adj* brutal; **brutalidad** *nf* brutality

bruto, -a ['bruto, a] *adj* (*idiota*) stupid; (*bestial*) brutish; (*peso*) gross; **en ~** raw, unworked

Bs.As. *abr* = **Buenos Aires**

bucal [bu'kal] *adj* oral; **por vía ~** orally

bucear [buθe'ar] /1a/ *vi* to dive ▷ *vt* to explore; **buceo** *nm* diving

bucle ['bukle] *nm* curl

budismo [bu'ðismo] *nm* Buddhism

buen [bwen] *adj* V **bueno**

buenamente [bwena'mente] *adv* (*fácilmente*) easily; (*voluntariamente*) willingly

buenaventura [bwenaβen'tura]
nf (*suerte*) good luck; (*adivinación*)
fortune

buenmozo [bwen'moθo] *adj* (LAM)
handsome

 PALABRA CLAVE

bueno, -a, *antes de nmsg* **buen**
['bweno, a] *adj* **1** (*excelente etc*) good;
es un libro bueno, es un buen libro
it's a good book; **hace bueno, hace
buen tiempo** the weather is fine, it is
fine; **el bueno de Paco** good old Paco;
fue muy bueno conmigo he was very
nice o kind to me
2 (*apropiado*): **ser bueno para** to be
good for; **creo que vamos por buen
camino** I think we're on the right track
3 (*irónico*): **le di un buen rapapolvo**
I gave him a good o real ticking off;
¡buen conductor estás hecho!
some driver o a fine driver you are!;
¡estaría bueno que …! a fine thing it
would be if …!
4 (*atractivo, sabroso*): **está bueno este
bizcocho** this sponge is delicious;
Julio está muy bueno (*fam*) Julio's
gorgeous
5 (*saludos*): **¡buen día!** (LAM), **¡buenos
días!** (good) morning!; **¡buenas
(tardes)!** good afternoon!; (*más tarde*)
good evening!; **¡buenas noches!**
good night!
6 (*otras locuciones*): **estar de buenas**
to be in a good mood; **por las buenas
o por las malas** by hook or by crook;
de buenas a primeras all of a sudden
▶ *excl*: **¡bueno!** all right!; **bueno, ¿y
qué?** well, so what?

Buenos Aires [bweno'saires] *nm*
Buenos Aires

buey [bwei] *nm* ox

búfalo ['bufalo] *nm* buffalo

bufanda [bu'fanda] *nf* scarf

bufete [bu'fete] *nm* (*despacho de
abogado*) lawyer's office

bufón [bu'fon] *nm* clown

buhardilla [buar'ðiʎa] *nf* attic

búho ['buo] *nm* owl; (*fig*) hermit, recluse

buitre ['bwitre] *nm* vulture

bujía [bu'xia] *nf* (*vela*) candle; (Elec)
candle (power); (Auto) spark plug

bula ['bula] *nf* (*papal*) bull

bulbo ['bulβo] *nm* (Bot) bulb

bulevar [bule'βar] *nm* boulevard

Bulgaria [bul'γarja] *nf* Bulgaria;
búlgaro, -a *adj, nm/f* Bulgarian

bulla ['buʎa] *nf* (*ruido*) uproar; (*de
gente*) crowd

bullicio [bu'ʎiθjo] *nm* (*ruido*) uproar;
(*movimiento*) bustle

bulto ['bulto] *nm* (*paquete*) package;
(*fardo*) bundle; (*tamaño*) size,
bulkiness; (Med) swelling, lump;
(*silueta*) vague shape

buñuelo [bu'nwelo] *nm* ≈ doughnut,
≈ donut (US); (*fruta de sartén*) fritter

buque ['buke] *nm* ship, vessel; **~ de
guerra** warship

burbuja [bur'βuxa] *nf* bubble

burdel [bur'ðel] *nm* brothel

burgués, -esa [bur'γes, esa] *adj*
middle-class, bourgeois; **burguesía**
nf middle class, bourgeoisie

burla ['burla] *nf* (*mofa*) gibe; (*broma*)
joke; (*engaño*) trick; **burlar** /1a/ *vt*
(*engañar*) to deceive ▷ *vi* to joke;
burlarse *vr* to joke; **burlarse de** to
make fun of

burlón, -ona [bur'lon, ona] *adj*
mocking

buró [bu'ro] *nm* bureau

burocracia [buro'kraθja] *nf*
bureaucracy

burrada [bu'rraða] *nf*: **decir ~s** to
talk nonsense; **hacer ~s** to act stupid;
una ~ (ESP: *mucho*) a (hell of a) lot

burro, -a ['burro, a] *nm/f* (Zool)
donkey; (*fig*) ass, idiot

bursátil [bur'satil] *adj* stock-
exchange *cpd*

bus [bus] *nm* bus

busca ['buska] *nf* search, hunt ▷ *nm*
bleeper; **en ~ de** in search of

buscador [buska'ðor] *nm* (*Internet*) search engine

buscar [bus'kar] /1g/ *vt* to look for; (*Inform*) to search ▷ *vi* to look, search, seek; **se busca secretaria** secretary wanted

busque *etc* ['buske] *vb* V **buscar**

búsqueda ['buskeða] *nf* = **busca**

busto ['busto] *nm* (*Anat, Arte*) bust

butaca [bu'taka] *nf* armchair; (*de cine, teatro*) stall, seat

butano [bu'tano] *nm* butane (gas)

buzo ['buθo] *nm* diver

buzón [bu'θon] *nm* (*gen*) letter box; (*en la calle*) pillar box (*BRIT*)

C, c abr (= centígrado) C.; (= compañía) Co

C/ abr (= calle) St

cabal [ka'βal] *adj* (*exacto*) exact; (*correcto*) right, proper; (*acabado*) finished, complete; **cabales** *nmpl*: **estar en sus ~es** to be in one's right mind

cabalgar [kaβal'yar] /1h/ *vt*, *vi* to ride

cabalgata [kaβal'yata] *nf* procession

caballa [ka'βaʎa] *nf* mackerel

caballería [kaβaʎe'ria] *nf* mount; (*Mil*) cavalry

caballero [kaβa'ʎero] *nm* gentleman; (*de la orden de caballería*) knight; (*trato directo*) sir

caballete [kaβa'ʎete] *nm* (*Arte*) easel; (*Tec*) trestle

caballito [kaβa'ʎito] *nm* (*caballo pequeño*) small horse, pony; **caballitos** *nmpl* merry-go-round *sg*

caballo [ka'βaʎo] *nm* horse; (*Ajedrez*) knight; (*Naipes*) ≈ queen; **ir en ~** to ride; **~ de carreras** racehorse; **~ de vapor** *o* **de fuerza** horsepower

cabaña [ka'βaɲa] nf (casita) hut, cabin

cabecear [kaβeθe'ar] /1a/ vt, vi to nod

cabecera [kaβe'θera] nf head; (Imprenta) headline

cabecilla [kaβe'θiʎa] nm ringleader

cabellera [kaβe'ʎera] nf (head of) hair; (de cometa) tail

cabello [ka'βeʎo] nm (tb: ~s) hair sg; **~ de ángel** confectionery and pastry filling made of pumpkin and syrup

caber [ka'βer] /2l/ vi (entrar) to fit, go; **caben tres más** there's room for three more

cabestrillo [kaβes'triʎo] nm sling

cabeza [ka'βeθa] nf head; (Pol) chief, leader; **~ de ajo** bulb of garlic; **~ de familia** head of the household; **~ rapada** skinhead; **cabezada** nf (golpe) butt; **dar una cabezada** to nod off; **cabezón, -ona** adj with a big head; (vino) heady; (obstinado) pigheaded

cabida [ka'βiða] nf space

cabina [ka'βina] nf cabin; (de avión) cockpit; (de camión) cab; **~ telefónica** (tele)phone box (BRIT) o booth

cabizbajo, -a [kaβiθ'βaxo, a] adj crestfallen, dejected

cable ['kaβle] nm cable

cabo ['kaβo] nm (de objeto) end, extremity; (Mil) corporal; (Naut) rope, cable; (Geo) cape; **al ~ de tres días** after three days; **llevar a ~** to carry out

cabra ['kaβra] nf goat

cabré etc vb ver **caber**

cabrear [kaβre'ar] /1a/ vt to annoy; **cabrearse** vr (enfadarse) to fly off the handle

cabrito [ka'βrito] nm kid

cabrón [ka'βron] nm cuckold; (fam!) bastard (!)

caca ['kaka] nf pooh

cacahuete [kaka'wete] nm (ESP) peanut

cacao [ka'kao] nm cocoa; (Bot) cacao

cacarear [kakare'ar] /1a/ vi (persona) to boast; (gallo) to crow

cacarizo, -a [kaka'riθo, a] adj (LAM) pockmarked

cacería [kaθe'ria] nf hunt

cacerola [kaθe'rola] nf pan, saucepan

cachalote [katʃa'lote] nm sperm whale

cacharro [ka'tʃarro] nm (cerámica) piece of pottery; **cacharros** nmpl pots and pans

cachear [katʃe'ar] /1a/ vt to search, frisk

cachemir [katʃe'mir] nm cashmere

cachetada [katʃe'taða] nf (LAM fam: bofetada) slap

cachete [ka'tʃete] nm (Anat) cheek; (bofetada) slap (in the face)

cachivache [katʃi'βatʃe] nm piece of junk; **cachivaches** nmpl junk sg

cacho [ka'tʃo] nm (small) bit; (LAM: cuerno) horn

cachondeo [katʃon'deo] nm (ESP fam) farce, joke

cachondo, -a [ka'tʃondo, a] adj (Zool) on heat; (caliente) randy, sexy; (gracioso) funny

cachorro, -a [ka'tʃorro, a] nm/f (de perro) pup, puppy; (de león) cub

cachucha [ka'tʃutʃa] (MÉX fam) nf cap

cacique [ka'θike] nm chief, local ruler; (Pol) local party boss

cacto ['kakto] nm, **cactus** ['kaktus] nm inv cactus

cada ['kaða] adj inv each; (antes de número) every; **~ día** each day, every day; **~ dos días** every other day; **~ uno/a** each one, every one; **~ vez más/menos** more and more/less and less; **~ vez que ...** whenever, every time (that) ...; **uno ~ diez** one out of every ten

cadáver [ka'ðaβer] nm (dead) body, corpse

cadena [ka'ðena] nf chain; (TV) channel; **trabajo en ~** assembly line work; **~ montañosa** mountain range; **~ perpetua** (Jur) life imprisonment; **~ de caracteres** (Inform) character string

cadera [ka'ðera] nf hip

cadete [ka'ðete] nm cadet

caducar [kaðu'kar] /1g/ vi to expire; **caduco, -a** adj (idea etc) outdated, outmoded; **de hoja caduca** deciduous

caer [ka'er] /2n/ vi to fall; **caerse** vr to fall (down); **su cumpleaños cae en viernes** her birthday falls on a Friday

café [ka'fe] (pl **cafés**) nm (bebida, planta) coffee; (lugar) café ▷ adj (color) brown; **~ con leche** white coffee; **~ solo, ~ negro** (LAM) (small) black coffee

cafetera [kafe'tera] nf V **cafetero**

cafetería [kafete'ria] nf cafe

cafetero, -a [kafe'tero, a] adj coffee cpd ▷ nf (de café) coffee pot; **ser muy ~** to be a coffee addict

cagar [ka'ɣar] /1h/ (fam!) vt to bungle, mess up ▷ vi to have a shit (!)

caído, -a [ka'iðo, a] adj fallen ▷ nf fall; (declive) slope; (disminución) fall, drop

caiga etc [kaiɣa] vb V **caer**

caimán [kai'man] nm alligator

caja ['kaxa] nf box; (para reloj) case; (de ascensor) shaft; (Com) cash box; (donde se hacen los pagos) cashdesk; (en supermercado) checkout, till; **~ de ahorros** savings bank; **~ de cambios** gearbox; **~ de fusibles** fuse box; **~ fuerte** o **de caudales** safe, strongbox

cajero, -a [ka'xero, a] nm/f cashier ▷ nm: **~ automático** cash dispenser

cajetilla [kaxe'tiʎa] nf (de cigarrillos) packet

cajón [ka'xon] nm big box; (de mueble) drawer

cajuela [kax'wela] nf (MÉX: Auto) boot (BRIT), trunk (US)

cal [kal] nf lime

cala ['kala] nf (Geo) cove, inlet; (de barco) hold

calabacín [kalaβa'θin] nm (Bot) baby marrow; (: más pequeño) courgette (BRIT), zucchini (US)

calabacita [kalaβa'θita] (LAM) nf courgette (BRIT), zucchini (US)

calabaza [kala'βaθa] nf (Bot) pumpkin

calabozo [kala'βoθo] nm (cárcel) prison; (celda) cell

calado, -a [ka'laðo, a] adj (prenda) lace cpd ▷ nm (Naut) draught ▷ nf (de cigarrillo) puff; **estar ~ (hasta los huesos)** to be soaked (to the skin)

calamar [kala'mar] nm squid

calambre [ka'lambre] nm (Elec) shock

calar [ka'lar] /1a/ vt to soak, drench; (penetrar) to pierce, penetrate; (comprender) to see through; (vela, red) to lower; **calarse** vr (Auto) to stall; **~se las gafas** to stick one's glasses on

calavera [kala'βera] nf skull

calcar [kal'kar] /1g/ vt (reproducir) to trace; (imitar) to copy

calcetín [kalθe'tin] nm sock

calcio [kal'θjo] nm calcium

calcomanía [kalkoma'nia] nf transfer

calculador, a [kalkula'ðor, a] adj calculating ▷ nf calculator

calcular [kalku'lar] /1a/ vt (Mat) to calculate, compute; **~ que ...** to reckon that ...

cálculo ['kalkulo] nm calculation

caldera [kal'ðera] nf boiler

calderilla [kalde'riʎa] nf (moneda) small change

caldo ['kaldo] nm stock; (consomé) consommé

calefacción [kalefak'θjon] nf heating; **~ central** central heating

calefón [kale'fon] nm (RPL) boiler

calendario [kalen'darjo] nm calendar

calentador [kalenta'ðor] nm heater

calentamiento [kalenta'mjento] nm (Deporte) warm-up; **~ global** global warming

calentar [kalen'tar] /1j/ vt to heat (up); **calentarse** vr to heat up, warm up; (fig: discusión etc) to get heated

calentón, -ona [kalen'ton, ona] (RPL fam) adj (sexualmente) horny, randy (BRIT)

calentura [kalen'tura] nf (Med) fever, (high) temperature

calesita [kale'sita] nf (LAM) merry-go-round, carousel

calibre [ka'liβre] nm (de cañón) calibre, bore; (diámetro) diameter; (fig) calibre

calidad [kali'ðað] nf quality; **de ~** quality cpd; **en ~ de** in the capacity of

cálido, -a [ka'liðo, a] adj hot; (fig) warm

caliente [ka'ljente] vb V **calentar**
▷ adj hot; (fig) fiery; (disputa) heated; (fam: cachondo) randy

calificación [kalifika'θjon] nf qualification; (de alumno) grade, mark

calificado, -a [kalifi'kaðo, a] adj (LAM: competente) qualified; (obrero) skilled

calificar [kalifi'kar] /1g/ vt to qualify; (alumno) to grade, mark; **~ de** to describe as

calima [ka'lima] nf (cerca del mar) mist

cáliz [ka'liθ] nm chalice

caliza [ka'liθa] nf limestone

callado, -a [ka'ʎaðo, a] adj quiet

callar [ka'ʎar] /1a/ vt (asunto delicado) to keep quiet about, say nothing about; (persona, oposición) to silence ▷ vi to keep quiet, be silent; (dejar de hablar) to stop talking; **callarse** vr to keep quiet, be silent; **¡calla!** be quiet!

calle [ka'ʎe] nf street; (Deporte) lane; **~ arriba/abajo** up/down the street; **~ de sentido único** one-way street; **~ mayor** (ESP) high (BRIT) o main (US) street; **~ peatonal** pedestrianized o pedestrian street; **~ principal** (LAM) high (BRIT) o main (US) street; **poner a algn (de patitas) en la ~** to kick sb out; **callejear** /1a/ vi to wander (about) the streets; **callejero, -a** adj street cpd ▷ nm street map; **callejón** nm alley, passage; **callejón sin salida** cul-de-sac; **callejuela** nf side-street, alley

callista [ka'ʎista] nmf chiropodist

callo [ka'ʎo] nm callus; (en el pie) corn; **callos** nmpl (Culin) tripe sg

calma [ka'lma] nf calm

calmante [kal'mante] nm sedative, tranquillizer

calmar [kal'mar] /1a/ vt to calm, calm down; **calmarse** vr (tempestad) to abate; (mente etc) to become calm

calor [ka'lor] nm heat; (calor agradable) warmth; **tener ~** to be o feel hot

caloría [kalo'ria] nf calorie

calumnia [ka'lumnja] nf slander

caluroso, -a [kalu'roso, a] adj hot; (sin exceso) warm; (fig) enthusiastic

calva [ka'lβa] nf bald patch; (en bosque) clearing

calvario [kal'βarjo] nm stations pl of the cross

calvicie [kal'βiθje] nf baldness

calvo, -a [ka'lβo, a] adj bald; (terreno) bare, barren; (tejido) threadbare

calza [ka'lθa] nf wedge, chock

calzado, -a [kal'θaðo, a] adj shod ▷ nm footwear ▷ nf roadway, highway

calzador [kalθa'ðor] nm shoehorn

calzar [kal'θar] /1f/ vt (zapatos etc) to wear; (un mueble) to put a wedge under; **calzarse** vr: **~se los zapatos** to put on one's shoes; **¿qué (número) calza?** what size do you take?

calzón [kal'θon] nm (tb: **calzones** shorts pl; (LAM: de hombre) pants pl; (: de mujer) panties pl

calzoncillos [kalθon'θiʎos] nmpl underpants

cama [ka'ma] nf bed; **~ individual/de matrimonio** single/double bed; **hacer la ~** to make the bed

camaleón [kamale'on] nm chameleon

cámara [ka'mara] nf chamber; (habitación) room; (sala) hall; (Cine) cine camera; (fotográfica) camera; **~ de aire** inner tube; **~ de comercio** chamber of commerce; **~ digital** digital camera; **~ de gas** gas chamber; **~ frigorífica** cold-storage room

camarada [kama'raða] *nm* comrade, companion

camarero, -a [kama'rero, a] *nm* waiter ▷ *nf* (*en restaurante*) waitress; (*en casa, hotel*) maid

camarógrafo, -a [kama'roɣrafo, a] *nm/f* (*AM*) cameraman/ camerawoman

camarón [kama'ron] *nm* shrimp

camarote [kama'rote] *nm* cabin

cambiable [kam'bjaβle] *adj* (*variable*) changeable, variable; (*intercambiable*) interchangeable

cambiante [kam'bjante] *adj* variable

cambiar [kam'bjar] /1b/ *vt* to change; (*trocar*) to exchange ▷ *vi* to change; **cambiarse** *vr* (*mudarse*) to move; (*de ropa*) to change; **~ de idea** u **opinión** to change one's mind; **~se de ropa** to change (one's clothes)

cambio ['kambjo] *nm* change; (*trueque*) exchange; (*Com*) rate of exchange; (*oficina*) bureau de change; (*dinero menudo*) small change; **a ~ de** in return o exchange for; **en ~** on the other hand; (*en lugar de eso*) instead; **~ climático** climate change; **~ de divisas** (*Com*) foreign exchange; **~ de velocidades** gear lever

camelar [kame'lar] /1a/ *vt* (*persuadir*) to sweet-talk

camello [ka'meʎo] *nm* camel; (*fam: traficante*) pusher

camerino [kame'rino] *nm* dressing room

camilla [ka'miʎa] *nf* (*Med*) stretcher

caminar [kami'nar] /1a/ *vi* (*marchar*) to walk, go ▷ *vt* (*recorrer*) to cover, travel

caminata [kami'nata] *nf* long walk; (*por el campo*) hike

camino [ka'mino] *nm* way, road; (*sendero*) track; **a medio ~** halfway (there); **en el ~** on the way, en route; **~ de** on the way to; **~ particular** private road; **C~ de Santiago** Way of St James; *see note* **"Camino de Santiago"**

○ **CAMINO DE SANTIAGO**
○
○ The *Camino de Santiago* is
○ a medieval pilgrim route
○ stretching from the Pyrenees to
○ Santiago de Compostela in north-
○ west Spain, where tradition has
○ it the body of the Apostle James is
○ buried. Nowadays it is a popular
○ tourist route as well as a religious
○ one. The *concha* (cockleshell) is a
○ symbol of the *Camino de Santiago*,
○ because it is said that when St
○ James' body was found it was
○ covered in shells.

camión [ka'mjon] *nm* lorry, truck (*US*); (*AM: autobús*) bus; **~ cisterna** tanker; **~ de la basura** dustcart, refuse lorry; **~ de mudanzas** removal (*BRIT*) o moving (*US*) van; **camionero** *nm* lorry o truck (*US*) driver, trucker (*esp US*); **camioneta** [kamjo'neta] *nf* van, small truck; **camionista** *nmf* (*AM*) lorry o truck driver

camisa [ka'misa] *nf* shirt; (*Bot*) skin; **~ de fuerza** straitjacket

camiseta [kami'seta] *nf* tee-shirt; (*ropa interior*) vest; (*de deportista*) top

camisón [kami'son] *nm* nightdress, nightgown

camorra [ka'morra] *nf*: **buscar ~** to look for trouble

camote [ka'mote] *nm* (*LAM*) sweet potato; (*bulbo*) tuber, bulb; (*fam: enamoramiento*) crush

campamento [kampa'mento] *nm* camp

campana [kam'pana] *nf* bell; **campanada** *nf* peal; **campanario** *nm* belfry

campanilla [kampa'niʎa] *nf* small bell

campaña [kam'paɲa] *nf* (*Mil, Pol*) campaign; **~ electoral** election campaign

campechano, -a [kampe'tʃano, a] *adj* (*franco*) open

campeón, -ona [kampe'on, ona] *nm/f* champion; **campeonato** *nm* championship

cámper ['kamper] *nm o f* (LAM) caravan (BRIT), trailer (US)

campera [kam'pera] *nf* (RPL) anorak

campesino, -a [kampe'sino, a] *adj* country *cpd*, rural; (*gente*) peasant *cpd* ▷ *nm/f* countryman/woman; (*agricultor*) farmer

campestre [kam'pestre] *adj* country *cpd*, rural

camping ['kampin] *nm* camping; (*lugar*) campsite; **ir de** o **hacer ~** to go camping

campista [kam'pista] *nmf* camper

campo ['kampo] *nm* (*fuera de la ciudad*) country, countryside; (*Agr, Elec, Inform*) field; (*de fútbol*) pitch; (*de golf*) course; (*Mil*) camp; **~ de batalla** battlefield; **~ de minas** minefield; **~ petrolífero** oilfield; **~ visual** field of vision; **~ de concentración/ de internación/de trabajo** concentration/internment/labour camp; **~ de deportes** sports ground, playing field

camuflaje [kamu'flaxe] *nm* camouflage

cana ['kana] *nf* V **cano**

Canadá [kana'ða] *nm* Canada; **canadiense** *adj, nmf* Canadian ▷ *nf* fur-lined jacket

canal [ka'nal] *nm* canal; (*Geo*) channel, strait; (*de televisión*) channel; (*de tejado*) gutter; **C~ de la Mancha** English Channel; **C~ de Panamá** Panama Canal

canaleta [kana'leta] *nf* (LAM: *de tejado*) gutter

canalizar [kanali'θar] /1f/ *vt* to channel

canalla [ka'naʎa] *nf* rabble, mob ▷ *nm* swine

canapé [kana'pe] (*pl* **canapés**) *nm* sofa, settee; (*Culin*) canapé

Canarias [ka'narjas] *nfpl*: **las (Islas) ~** the Canaries

canario, -a [ka'narjo, a] *adj* of o from the Canary Isles ▷ *nm/f* native o inhabitant of the Canary Isles ▷ *nm* (*Zool*) canary

canasta [ka'nasta] *nf* (*round*) basket

canasto [ka'nasto] *nm* large basket

cancela [kan'θela] *nf* (*wrought-iron*) gate

cancelación [kanθela'θjon] *nf* cancellation

cancelar [kanθe'lar] /1a/ *vt* to cancel; (*una deuda*) to write off

cáncer ['kanθer] *nm* (*Med*) cancer; **C~** (*Astro*) Cancer

cancha ['kantʃa] *nf* (*de baloncesto, tenis etc*) court; (LAM: *de fútbol etc*) pitch; **~ de tenis** (LAM) tennis court

canciller [kanθi'ʎer] *nm* chancellor

canción [kan'θjon] *nf* song; **~ de cuna** lullaby

candado [kan'daðo] *nm* padlock

candente [kan'dente] *adj* red-hot; (*tema*) burning

candidato, -a [kandi'ðato, a] *nm/f* candidate

cándido, -a ['kandiðo, a] *adj* simple; naive

> No confundir *cándido* con la palabra inglesa *candid*.

candil [kan'dil] *nm* oil lamp; **candilejas** *nfpl* (*Teat*) footlights

canela [ka'nela] *nf* cinnamon

canelones [kane'lones] *nmpl* cannelloni

cangrejo [kan'grexo] *nm* crab

canguro [kan'guro] *nm* kangaroo; **hacer de ~** to baby-sit

caníbal [ka'niβal] *adj, nmf* cannibal

canica [ka'nika] *nf* marble

canijo, -a [ka'nixo, a] *adj* frail, sickly

canilla [ka'niʎa] *nf* (LAM) tap (BRIT), faucet (US)

canjear [kanxe'ar] /1a/ *vt* to exchange

cano, -a ['kano, a] *adj* grey-haired, white-haired ▷ *nf* (*tb*: **canas**) white o grey hair; **tener canas** to be going grey

canoa [ka'noa] nf canoe

canon ['kanon] nm canon; (pensión) rent; (Com) tax

canonizar [kanoni'θar] /1f/ vt to canonize

canoso, -a [ka'noso, a] adj grey-haired

cansado, -a [kan'saðo, a] adj tired, weary; (tedioso) tedious, boring

cansancio [kan'sanθjo] nm tiredness, fatigue

cansar [kan'sar] /1a/ vt (fatigar) to tire, tire out; (aburrir) to bore; (fastidiar) to bother; **cansarse** vr to tire, get tired; (aburrirse) to get bored

cantábrico, -a [kan'taβriko, a] adj Cantabrian

cantante [kan'tante] adj singing ▷ nmf singer

cantar [kan'tar] /1a/ vt to sing ▷ vi to sing; (insecto) to chirp ▷ nm (acción) singing; (canción) song; (poema) poem

cántaro ['kantaro] nm pitcher, jug; **llover a ~s** to rain cats and dogs

cante ['kante] nm Andalusian folk song; **~ jondo** flamenco singing

cantera [kan'tera] nf quarry

cantero [kan'tero] nm (LAM: arriate) border

cantidad [kanti'ðað] nf quantity, amount; **~ de** lots of

cantimplora [kantim'plora] nf water bottle, canteen

cantina [kan'tina] nf canteen; (de estación) buffet; (esp LAM) bar

cantinero, -a [kanti'nero, a] nm/f (LAM) barman/barmaid, bartender (US)

canto ['kanto] nm singing; (canción) song; (borde) edge, rim; (de un cuchillo) back; **~ rodado** boulder

cantor, a [kan'tor, a] nm/f singer

canturrear [kanturre'ar] /1a/ vi to sing softly

canuto [ka'nuto] nm (tubo) small tube; (fam: porro) joint

caña [ka'ɲa] nf (Bot: tallo) stem, stalk; (: carrizo) reed; (de cerveza) glass of

beer; (Anat) shinbone; **~ de azúcar** sugar cane; **~ de pescar** fishing rod

cañada [ka'ɲaða] nf (entre dos montañas) gully, ravine; (camino) cattle track

cáñamo ['kaɲamo] nm hemp

cañería [kaɲe'ria] nf (tubo) pipe

caño ['kaɲo] nm (tubo) tube, pipe; (de aguas servidas) sewer; (Mus) pipe; (de fuente) jet

cañón [ka'ɲon] nm (Mil) cannon; (de fusil) barrel; (Geo) canyon, gorge

caoba [ka'oβa] nf mahogany

caos ['kaos] nm chaos

capa ['kapa] nf cloak, cape; (Geo) layer, stratum; **~ de ozono** ozone layer

capacidad [kapaθi'ðað] nf (medida) capacity; (aptitud) capacity, ability

capacitar [kapaθi'tar] /1a/ vt: **~ algn para algo** to enable sb for sth; **capacitarse** vr: **~se para algo** to qualify for sth

caparazón [kapara'θon] nm shell

capataz [kapa'taθ] nm foreman

capaz [ka'paθ] adj able, capable; (amplio) capacious, roomy

capellán [kape'ʎan] nm chaplain; (sacerdote) priest

capicúa [kapi'kua] adj inv (número, fecha) reversible

capilla [ka'piʎa] nf chapel

capital [kapi'tal] adj capital ▷ nm (Com) capital ▷ nf (de nación) capital (city); **~ social** equity o share capital

capitalismo [kapita'lismo] nm capitalism; **capitalista** adj, nmf capitalist

capitán [kapi'tan] nm captain

capítulo [ka'pitulo] nm chapter

capó [ka'po] nm (Auto) bonnet (BRIT), hood (US)

capón [ka'pon] nm (gallo) capon

capota [ka'pota] nf (de mujer) bonnet; (Auto) hood (BRIT), top (US)

capote [ka'pote] nm (abrigo: de militar) greatcoat; (: de torero) cloak

capricho [ka'pritʃo] nm whim, caprice; **caprichoso, -a** adj capricious

Capricornio [kapri'kornjo] *nm*
Capricorn

cápsula ['kapsula] *nf* capsule

captar [kap'tar] /1a/ *vt (comprender)*
to understand; *(Radio)* to pick up;
(atención, apoyo) to attract

captura [kap'tura] *nf* capture;
(Jur) arrest; **~ de pantalla** *(Inform)*
screenshot; **capturar** /1a/ *vt* to
capture; *(Jur)* to arrest

capucha [ka'putʃa] *nf* hood, cowl

capuchón [kapu'tʃon] *nm (ESP: de
bolígrafo)* cap

capullo [ka'puʎo] *nm (Zool)* cocoon;
(Bot) bud; *(fam!)* idiot

caqui ['kaki] *nm* khaki

cara ['kara] *nf (Anat, de moneda)* face;
(de disco) side; *(fig)* boldness ▷ *prep*: **~ a**
facing; **de ~ a** opposite, facing; **dar la
~ to** face the consequences; **¿~ o cruz?**
heads or tails?; **¡qué ~ más dura!**
what a nerve!

Caracas [ka'rakas] *nf* Caracas

caracol [kara'kol] *nm (Zool)* snail;
(concha) shell

carácter *(pl* **caracteres)** [ka'rakter,
karak'teres] *nm* character; **tener
buen/mal ~ to** be good-natured/bad
tempered

característico, -a [karakte'ristiko,
a] *adj* characteristic ▷ *nf*
characteristic

caracterizar [karakteri'θar] /1f/ *vt*
to characterize, typify

caradura [kara'ðura] *nmf*: **es un ~**
he's got a nerve

carajillo [kara'xiʎo] *nm* black coffee
with brandy

carajo [ka'raxo] *nm (fam!)*: **¡~!** shit! *(!)*

caramba [ka'ramba] *excl* good
gracious!

caramelo [kara'melo] *nm (dulce)*
sweet; *(azúcar fundido)* caramel

caravana [kara'βana] *nf* caravan;
(fig) group; *(de autos)* tailback

carbón [kar'βon] *nm* coal; **papel ~**
carbon paper

carbono [kar'βono] *nm* carbon

carburador [karβura'ðor] *nm*
carburettor

carburante [karβu'rante] *nm* fuel

carcajada [karka'xaða] *nf* (loud)
laugh, guffaw

cárcel [kar'θel] *nf* prison, jail; *(Tec)* clamp

carcoma [kar'koma] *nf* woodworm

cardar [kar'ðar] /1a/ *vt (Tec)* to card,
comb; *(pelo)* to backcomb

cardenal [karðe'nal] *nm (Rel)*
cardinal; *(Med)* bruise

cardiaco, -a [kar'ðjako, a],
cardíaco, -a [kar'ðiako, a] *adj*
cardiac; *(ataque)* heart *cpd*

cardinal [karði'nal] *adj* cardinal

cardo [kar'ðo] *nm* thistle

carecer [kare'θer] /2d/ *vi*: **~ de** to
lack, be in need of

carencia [ka'renθja] *nf* lack; *(escasez)*
shortage; *(Med)* deficiency

careta [ka'reta] *nf* mask

carga ['karɣa] *nf (peso, Elec)* load; *(de
barco)* cargo, freight; *(Mil)* charge;
(obligación, responsabilidad) duty,
obligation

cargado, -a [kar'ɣaðo, a] *adj* loaded;
(Elec) live; *(café, té)* strong; *(cielo)*
overcast

cargamento [karɣa'mento] *nm
(acción)* loading; *(mercancías)* load, cargo

cargar [kar'ɣar] /1h/ *vt (barco, arma)*
to load; *(Elec)* to charge; *(Com: algo
en cuenta)* to charge, debit; *(Mil)* to
charge; *(Inform)* to load ▷ *vi (Auto)* to
load (up); **~ con** to pick up, carry away;
(peso: fig) to shoulder, bear; **cargarse**
vr (fam: estropear) to break; *(: matar)*
to bump off

cargo ['karɣo] *nm (puesto)* post, office;
(responsabilidad) duty, obligation; *(Jur)*
charge; **hacerse ~ de** to take charge
of o responsibility

carguero [kar'ɣero] *nm* freighter,
cargo boat; *(avión)* freight plane

Caribe [ka'riβe] *nm*: **el ~** the
Caribbean; **del ~** Caribbean

caribeño, -a *adj* Caribbean

caricatura [karika'tura] *nf* caricature

caricia [ka'riθja] nf caress

caridad [kari'ðað] nf charity

caries ['karjes] nf inv tooth decay

cariño [ka'riɲo] nm affection; love; (caricia) caress; (en carta) love …; **tener ~ a** to be fond of; **cariñoso, -a** adj affectionate

carisma [ka'risma] nm charisma

caritativo, -a [karita'tiβo, a] adj charitable

cariz [ka'riθ] nm: **tener o tomar buen/mal ~** to look good/bad

carmín [kar'min] nm (tb: **~ de labios**) lipstick

carnal [kar'nal] adj carnal; **primo ~** first cousin

carnaval [karna'βal] nm carnival

◆ **CARNAVAL**

⬥ The 3 days before **miércoles de ceniza**
⬥ (Ash Wednesday), when fasting
⬥ traditionally starts, are the time for
⬥ *carnaval*, an exuberant celebration
⬥ which dates back to pre-Christian
⬥ times. Although in decline during
⬥ the Franco years, the *carnaval* has
⬥ grown in popularity recently in
⬥ Spain, Cádiz and Tenerife being
⬥ particularly well-known for their
⬥ celebrations. El martes de carnaval
⬥ (Shrove Tuesday) is the biggest day,
⬥ with colourful street parades, fancy
⬥ dress, fireworks and a general party
⬥ atmosphere.

carne ['karne] nf flesh; (Culin) meat; **se me pone la ~ de gallina sólo verlo** I get the creeps just seeing it; **~ de cerdo/de cordero/de ternera/de vaca** pork/lamb/veal/beef; **~ molida** (LAM), **~ picada** (ESP) mince (BRIT), ground meat (US); **~ de gallina** (fig) gooseflesh

carné [kar'ne] (pl **carnés**) (ESP) nm: **~ de conducir** driving licence (BRIT), driver's license (US); **~ de identidad** identity card; **~ de socio** membership card

carnero [kar'nero] nm sheep, ram; (carne) mutton

carnet [kar'ne] (pl **carnets**) nm (ESP) = **carné**

carnicería [karniθe'ria] nf butcher's (shop); (fig: matanza) carnage, slaughter

carnicero, -a [karni'θero, a] adj carnivorous ▷ nm/f (tb fig) butcher ▷ nm carnivore

carnívoro, -a [kar'niβoro, a] adj carnivorous

caro, -a ['karo, a] adj dear; (Com) dear, expensive ▷ adv dear, dearly

carpa ['karpa] nf (pez) carp; (de circo) big top; (LAM: de camping) tent

carpeta [kar'peta] nf folder, file

carpintería [karpinte'ria] nf carpentry, joinery; **carpintero** nm carpenter

carraspear [karraspe'ar] /1a/ vi to clear one's throat

carraspera [karras'pera] nf hoarseness

carrera [ka'rrera] nf (acción) run(ning); (espacio recorrido) run; (certamen) race; (trayecto) course; (profesión) career; **a la ~** at (full) speed; **~ de obstáculos** (Deporte) steeplechase

carrete [ka'rrete] nm reel, spool; (Tec) coil

carretera [karre'tera] nf (main) road, highway; **~ nacional** A road (BRIT), ≈ state highway (US); **~ de circunvalación** ring road

carretilla [karre'tiʎa] nf trolley; (Agr) (wheel)barrow

carril [ka'rril] nm furrow; (de autopista) lane; (Ferro) rail

carril bici [karil'βiθi] nm cycle lane, bikeway (US)

carrito [ka'rrito] nm trolley

carro ['karro] nm cart, wagon; (Mil) tank; (LAM: coche) car; **~ patrulla** (LAM) patrol o panda (BRIT) car

carrocería [karroθe'ria] nf bodywork no pl (BRIT)

carroña [ka'rroɲa] nf carrion no pl

carroza [ka'rroθa] nf (vehículo) coach

carrusel [karru'sel] nm merry-go-round, roundabout (BRIT)

carta ['karta] nf letter; (Culin) menu; (naipe) card; (mapa) map; (Jur) document; **~ certificada/urgente** registered/special delivery letter

cartabón [karta'βon] nm set square

cartearse [karte'arse] /1a/ vr to correspond

cartel [kar'tel] nm (anuncio) poster, placard; (Escol) wall chart; (Com) cartel; **cartelera** nf hoarding, billboard; (en periódico etc) entertainments guide; **"en cartelera"** "showing"

cartera [kar'tera] nf (de bolsillo) wallet; (de colegial, cobrador) satchel; (de señora) handbag (BRIT), purse (US); (para documentos) briefcase; (Com) portfolio; **ocupa la ~ de Agricultura** he is Minister of Agriculture

carterista [karte'rista] nmf pickpocket

cartero [kar'tero] nm postman

cartilla [kar'tiʎa] nf primer, first reading book; **~ de ahorros** savings book

cartón [kar'ton] nm cardboard; **~ piedra** papier-mâché

cartucho [kar'tutʃo] nm (Mil) cartridge

cartulina [kartu'lina] nf card

casa ['kasa] nf house; (hogar) home; (Com) firm, company; **~ consistorial** town hall; **~ de huéspedes** boarding house; **~ de socorro** first aid post; **~ independiente** detached house; **~ rodante** (cs) caravan (BRIT), trailer (US); **en ~** at home

casado, -a [ka'saðo, a] adj married ▷ nm/f married man/woman

casar [ka'sar] /1a/ vt to marry; (Jur) to quash, annul; **casarse** vr to marry, get married

cascabel [kaska'βel] nm (small) bell

cascada [kas'kaða] nf waterfall

cascanueces [kaska'nweθes] nm inv (a pair of) nutcrackers, nutcracker

cascar [kas'kar] /1g/ vt to split; (nuez) to crack; **cascarse** vr to crack, split, break (open)

cáscara ['kaskara] nf (de huevo, fruta seca) shell; (de fruta) skin; (de limón) peel

casco ['kasko] nm (de bombero, soldado) helmet; (Naut: de barco) hull; (Zool: de caballo) hoof; (botella) empty bottle; (de ciudad): **el ~ antiguo** the old part; **el ~ urbano** the town centre; **los ~s azules** the UN peace-keeping force, the blue helmets

cascote [kas'kote] nm piece of rubble; **cascotes** nmpl rubble sg

caserío [kase'rio] nm hamlet, group of houses; (casa) farmhouse

casero, -a [ka'sero, a] adj (pan etc) home-made; (persona): **ser muy ~** to be home-loving ▷ nm/f (propietario) landlord/lady; **"comida casera"** "home cooking"

caseta [ka'seta] nf hut; (para bañista) cubicle; (de feria) stall

casete [ka'sete] nm o f cassette

casi ['kasi] adv almost; **~ nunca** hardly ever, almost never; **~ nada** next to nothing; **~ te caes** you almost o nearly fell

casilla [ka'siʎa] nf (casita) hut, cabin; (para cartas) pigeonhole; (Ajedrez) square; **C~ postal** o **de Correo(s)** (LAM) P.O. Box; **casillero** nm (para cartas) pigeonholes pl

casino [ka'sino] nm club; (de juego) casino

caso ['kaso] nm case; **en ~ de ...** in case of ...; **el ~ es que** the fact is that; **en ese ~** in that case; **en todo ~** in any case; **hacer ~ a** to pay attention to; **hacer o venir al ~** to be relevant

caspa ['kaspa] nf dandruff

cassette [ka'set] nm o f = **casete**

castaña [kas'taɲa] nf V **castaño**

castaño, -a [kas'taɲo, a] adj chestnut(-coloured), brown ▷ nm chestnut tree ▷ nf chestnut

castañuelas [kasta'ɲwelas] nfpl castanets

castellano, -a [kaste'ʎano, a] adj Castilian ▷ nm/f Castilian ▷ nm (Ling) Castilian, Spanish

castigar [kasti'ɣar] /1h/ vt to punish; (Deporte) to penalize; **castigo** nm punishment; (Deporte) penalty

Castilla [kas'tiʎa] nf Castile

castillo [kas'tiʎo] nm castle

castizo, -a [kas'tiθo, a] adj (Ling) pure

casto, -a ['kasto, a] adj chaste, pure

castor [kas'tor] nm beaver

castrar [kas'trar] /1a/ vt to castrate

casual [ka'swal] adj chance, accidental; **casualidad** nf chance, accident; (combinación de circunstancias) coincidence; **da la casualidad de que ...** it (just) so happens that ...; **¡qué casualidad!** what a coincidence!

> No confundir casual con la palabra inglesa casual.

cataclismo [kata'klismo] nm cataclysm

catador [kata'ðor] nm taster

catalán, -ana [kata'lan, ana] adj, nm/f Catalan ▷ nm (Ling) Catalan

catalizador [kataliθa'ðor] nm catalyst; (Auto) catalytic converter

catalogar [katalo'ɣar] /1h/ vt to catalogue; **~ (de)** (fig) to classify as

catálogo [ka'taloɣo] nm catalogue

Cataluña [kata'luɲa] nf Catalonia

catar [ka'tar] /1a/ vt to taste, sample

catarata [kata'rata] nf (Geo) (water) fall; (Med) cataract

catarro [ka'tarro] nm catarrh; (constipado) cold

catástrofe [ka'tastrofe] nf catastrophe

catear [kate'ar] /1a/ vt (fam: examen, alumno) to fail

cátedra ['kateðra] nf (Univ) chair, professorship

catedral [kate'ðral] nf cathedral

catedrático, -a [kate'ðratiko, a] nm/f professor

categoría [kateɣo'ria] nf category; (rango) rank, standing; (calidad) quality; **de ~** (hotel) top-class

cateto, -a [ka'teto, a] nm/f yokel

catolicismo [katoli'θismo] nm Catholicism

católico, -a [ka'toliko, a] adj, nm/f Catholic

catorce [ka'torθe] num fourteen

cauce ['kauθe] nm (de río) riverbed; (fig) channel

caucho ['kautʃo] nm rubber

caudal [kau'ðal] nm (de río) volume, flow; (fortuna) wealth; (abundancia) abundance

caudillo [kau'ðiʎo] nm leader, chief

causa ['kausa] nf cause; (razón) reason; (Jur) lawsuit, case; **a o por ~ de** because of; **causar** /1a/ vt to cause

cautela [kau'tela] nf caution, cautiousness; **cauteloso, -a** adj cautious, wary

cautivar [kauti'βar] /1a/ vt to capture; (fig) to captivate

cautiverio [kauti'βerjo] nm, **cautividad** [kautiβi'ðað] nf captivity

cautivo, -a [kau'tiβo, a] adj, nm/f captive

cauto, -a ['kauto, a] adj cautious, careful

cava ['kaβa] nm champagne-type wine

cavar [ka'βar] /1a/ vt to dig

caverna [ka'βerna] nf cave, cavern

cavidad [kaβi'ðað] nf cavity

cavilar [kaβi'lar] /1a/ vt to ponder

cayendo etc [ka'jendo] vb V **caer**

caza ['kaθa] nf (acción: gen) hunting; (: con fusil) shooting; (una caza) hunt, chase; (animales) game ▷ nm (Aviat) fighter; **ir de ~** to go hunting; **~ mayor** game hunting; **cazador, a** nm/f hunter/huntress ▷ nf jacket; **cazar** /1f/ vt to hunt; (perseguir) to chase; (prender) to catch

cazo ['kaθo] *nm* saucepan

cazuela [ka'θwela] *nf* (*vasija*) pan; (*guisado*) casserole

CD *nm abr* (= *compact disc*) CD

CD-ROM [θeðe'rom] *nm abr* CD-ROM

CE *nm abr* (= *Consejo de Europa*) Council of Europe

cebada [θe'βaða] *nf* barley

cebar [θe'βar] /1a/ *vt* (*animal*) to fatten (up); (*anzuelo*) to bait; (*Mil*, *Tec*) to prime

cebo ['θeβo] *nm* (*para animales*) feed, food; (*para peces*, *fig*) bait; (*de arma*) charge

cebolla [θe'βoʎa] *nf* onion; **cebolleta** *nf* spring onion

cebra ['θeβra] *nf* zebra

cecear [θeθe'ar] /1a/ *vi* to lisp

ceder [θe'ðer] /2a/ *vt* to hand over; (*renunciar a*) to give up, part with ▷ *vi* (*renunciar*) to give in, yield; (*disminuir*) to diminish, decline; (*romperse*) to give way

cederom [θeðe'rom] *nm* CD-ROM

cedro ['θeðro] *nm* cedar

cédula ['θeðula] *nf* certificate, document; **~ de identidad** (*LAM*) identity card; **~ electoral** (*LAM*) ballot

cegar [θe'ɣar] /1h, 1j/ *vt* to blind; (*tubería etc*) to block up, stop up ▷ *vi* to go blind; **cegarse** *vr*: **~se (de)** to be blinded (by)

ceguera [θe'ɣera] *nf* blindness

ceja ['θexa] *nf* eyebrow

cejar [θe'xar] /1a/ *vi* (*fig*) to back down

celador, a [θela'ðor, a] *nm/f* (*de edificio*) watchman; (*de museo etc*) attendant

celda ['θelda] *nf* cell

celebración [θeleβra'θjon] *nf* celebration

celebrar [θele'βrar] /1a/ *vt* to celebrate; (*alabar*) to praise ▷ *vi* to be glad; **celebrarse** *vr* to occur, take place

célebre [θe'leβre] *adj* famous

celebridad [θeleβri'ðað] *nf* fame; (*persona*) celebrity

celeste [θe'leste] *adj* sky-blue

celestial [θeles'tjal] *adj* celestial, heavenly

celo[1] ['θelo] *nm* zeal; (*Rel*) fervour; **celos** *nmpl* jealousy *sg*; **dar ~s a algn** to make sb jealous; **tener ~s de algn** to be jealous of sb; **en ~** (*animales*) on heat

celo[2]® ['θelo] *nm* Sellotape®

celofán [θelo'fan] *nm* Cellophane®

celoso, -a [θe'loso, a] *adj* jealous; (*trabajador*) zealous

celta ['θelta] *adj* Celtic ▷ *nmf* Celt

célula ['θelula] *nf* cell

celulitis [θelu'litis] *nf* cellulite

cementerio [θemen'terjo] *nm* cemetery, graveyard

cemento [θe'mento] *nm* cement; (*hormigón*) concrete; (*LAM*: *cola*) glue

cena ['θena] *nf* evening meal, dinner; **cenar** /1a/ *vt* to have for dinner ▷ *vi* to have dinner

cenicero [θeni'θero] *nm* ashtray

ceniza [θe'niθa] *nf* ash, ashes *pl*

censo ['θenso] *nm* census; **~ electoral** electoral roll

censura [θen'sura] *nf* (*Pol*) censorship; **censurar** /1a/ *vt* (*idea*) to censure; (*cortar*: *película*) to censor

centella [θen'teʎa] *nf* spark

centenar [θente'nar] *nm* hundred

centenario, -a [θente'narjo, a] *adj* hundred-year-old ▷ *nm* centenary; **ser ~** to be one hundred years old

centeno [θen'teno] *nm* rye

centésimo, -a [θen'tesimo, a] *adj* hundredth

centígrado [θen'tiɣraðo] *adj* centigrade

centímetro [θen'timetro] *nm* centimetre (*BRIT*), centimeter (*US*)

céntimo ['θentimo] *nm* cent

centinela [θenti'nela] *nm* sentry, guard

centollo, -a [θen'toʎo, a] *nm/f* large (*o spider*) crab

central [θen'tral] *adj* central ▷ *nf* head office; (*Tec*) plant; (*Telec*) exchange; **~ eléctrica** power station; **~ nuclear** nuclear power station; **~ telefónica** telephone exchange

centralita [θentra'lita] nf switchboard

centralizar [θentrali'θar] /1f/ vt to centralize

centrar [θen'trar] /1a/ vt to centre

céntrico, -a ['θentriko, a] adj central

centrifugar [θentrifu'ɣar] /1h/ vt to spin-dry

centro ['θentro] nm centre; **~ comercial** shopping centre; **~ de atención al cliente** call centre; **~ de salud** health centre; **~ escolar** school; **~ juvenil** youth club; **~ social** community centre; **~ turístico** (lugar muy visitado) tourist centre; **~ urbano** urban area, city

centroamericano, -a [θentroameri'kano, a] adj, nm/f Central American

ceñido, -a [θe'niðo, a] adj tight

ceñir [θe'nir] vt (rodear) to encircle, surround; (ajustar) to fit (tightly)

ceño ['θeɲo] nm frown, scowl; **fruncir el ~** to frown, knit one's brow

cepillar [θepi'ʎar] /1a/ vt to brush; (madera) to plane (down)

cepillo [θe'piʎo] nm brush; (para madera) plane; **~ de dientes** toothbrush

cera ['θera] nf wax

cerámica [θe'ramika] nf pottery; (arte) ceramics sg

cerca ['θerka] nf fence ▷ adv near, nearby, close ▷ prep: **~ de** near, close to

cercanía [θerka'nia] nf closeness; **cercanías** nfpl outskirts, suburbs

cercano, -a [θer'kano, a] adj close, near

cercar [θer'kar] /1g/ vt to fence in; (rodear) to surround

cerco ['θerko] nm (Agr) enclosure; (lam) fence; (Mil) siege

cerdo ['θerðo] nm pig; **carne de ~** pork

cereal [θere'al] nm cereal; **cereales** nmpl cereals, grain sg

cerebro [θe'reβro] nm brain; (fig) brains pl

ceremonia [θere'monja] nf ceremony; **ceremonioso, -a** adj ceremonious

cereza [θe'reθa] nf cherry

cerilla [θe'riʎa] nf, **cerillo** [se'riʎo] nm (lam) match

cero ['θero] nm nothing, zero

cerquillo [θer'kiʎo] nm (lam) fringe (brit), bangs pl (us)

cerrado, -a [θe'rraðo, a] adj closed, shut; (con llave) locked; (tiempo) cloudy, overcast; (curva) sharp; (acento) thick, broad

cerradura [θerra'ðura] nf (acción) closing; (mecanismo) lock

cerrajero, -a [θerra'xero, a] nm/f locksmith

cerrar [θe'rrar] /1j/ vt to close, shut; (paso, carretera) to close; (grifo) to turn off; (trato, cuenta, negocio) to close ▷ vi to close, shut; (la noche) to come down; **cerrarse** vr to close, shut; **~ con llave** to lock; **~ un trato** to strike a bargain

cerro ['θerro] nm hill

cerrojo [θe'rroxo] nm (herramienta) bolt; (de puerta) latch

certamen [θer'tamen] nm competition, contest

certero, -a [θer'tero, a] adj accurate

certeza [θer'teθa] nf certainty

certidumbre [θerti'ðumbre] nf = **certeza**

certificado, -a [θertifi'kaðo, a] adj certified; (Correos) registered ▷ nm certificate; **~ médico** medical certificate

certificar [θertifi'kar] /1g/ vt (asegurar, atestar) to certify

cervatillo [θerβa'tiʎo] nm fawn

cervecería [θerβeθe'ria] nf (fábrica) brewery; (taberna) public house, pub

cerveza [θer'βeθa] nf beer

cesar [θe'sar] /1a/ vi to cease, stop
▷ vt to remove from office

cesárea [θe'sarea] nf Caesarean (section)

cese ['θese] nm (de trabajo) dismissal; (de pago) suspension

césped ['θespeð] nm grass, lawn

cesta ['θesta] nf basket

cesto ['θesto] nm (large) basket; hamper

cfr abr (= confróntese, compárese) cf

chabacano, -a [tʃaβa'kano, a] adj vulgar, coarse

chabola [tʃa'βola] nf shack; **barriada** or **barrio de ~s** shanty town

chacal [tʃa'kal] nm jackal

chacha ['tʃatʃa] nf (fam) maid

cháchara ['tʃatʃara] nf chatter; **estar de ~** to chatter away

chacra ['tʃakra] nf (LAM) smallholding

chafa ['tʃafa] adj (LAM fam) useless, dud

chafar [tʃa'far] /1a/ vt (aplastar) to crush; (arruinar) to ruin

chal [tʃal] nm shawl

chalado, -a [tʃa'laðo, a] adj (fam) crazy

chalé [tʃa'le] (pl **chalés**) nm = **chalet**

chaleco [tʃa'leko] nm waistcoat, vest (US); **~ salvavidas** life jacket; **~ de seguridad, ~ reflectante** (Auto) high-visibility vest

chalet (pl **chalets**) [tʃa'le, tʃa'les] nm villa, ≈ detached house

chamaco, -a [tʃa'mako, a] nm/f (LAM) kid

champán [tʃam'pan] nm champagne

champiñón [tʃampi'ɲon] nm mushroom

champú [tʃam'pu] (pl **champús** o **champúes**) nm shampoo

chamuscar [tʃamus'kar] /1g/ vt to scorch, singe

chance ['tʃanθe] nm o f (LAM) chance, opportunity

chancho, -a [tʃan'tʃo, a] nm/f (LAM) pig

chanchullo [tʃan'tʃuʎo] nm (fam) fiddle

chandal [tʃan'dal] nm tracksuit

chantaje [tʃan'taxe] nm blackmail

chapa ['tʃapa] nf (de metal) plate, sheet; (de madera) board, panel; (LAM Auto) number (BRIT) o license (US) plate; **chapado, -a** adj: **chapado en oro** gold-plated

chaparrón [tʃapa'rron] nm downpour, cloudburst

chaperón [tʃape'ron] nm (LAM): **hacer de ~** to play gooseberry; **chaperona** nf (LAM): **hacer de chaperona** to play gooseberry

chapulín [tʃapu'lin] nm (LAM) grasshopper

chapurrar [tʃapurr'ar] /1a/, **chapurrear** [tʃapurre'ar] /1a/ vt (idioma) to speak badly

chapuza [tʃa'puθa] nf botched job

chapuzón [tʃapu'θon] nm: **darse un ~** to go for a dip

chaqueta [tʃa'keta] nf jacket

chaquetón nm (three-quarter-length) coat

charca ['tʃarka] nf pond, pool

charco ['tʃarko] nm pool, puddle

charcutería [tʃarkute'ria] nf (tienda) shop selling chiefly pork meat products; (productos) cooked pork meats pl

charla ['tʃarla] nf talk, chat; (conferencia) lecture; **charlar** /1a/ vi to talk, chat; **charlatán, -ana** nm/f chatterbox; (estafador) trickster

charol¹ [tʃa'rol] nm varnish; (cuero) patent leather

charol² [tʃa'rol] nm, **charola** [tʃa'rola] nf (LAM) tray

charro [tʃarro] (vaquero) typical Mexican

chasco ['tʃasko] nm (desengaño) disappointment

chasis ['tʃasis] nm inv chassis

chasquido [tʃas'kiðo] nm (de lengua) click; (de látigo) crack

chat [tʃat] nm (Internet) chat room

chatarra [tʃa'tarra] nf scrap (metal)

chatear [tʃate'ar] /1a/ vi (Internet) to chat

chato, -a ['tʃato, a] *adj* flat; (*nariz*) snub

chaucha ['tʃautʃa] (*LAM*) *nf* runner (*BRIT*) o pole (*US*) bean

chaval, -a [tʃa'βal, a] *nm/f* kid (*fam*), lad/lass

chavo, -a ['tʃaβo, a] *nm/f* (*LAM fam*) guy/girl

checar [tʃe'kar] /1g/ *vt* (*LAM*): **~ tarjeta** (*al entrar*) to clock in o on; (*al salir*) to clock off o out

checo, -a [tʃeko, a] *adj*, *nm/f* Czech ▷ *nm* (*Ling*) Czech

checo(e)slovaco, -a [tʃeko(e)slo'βako, a] *adj*, *nm/f* Czech, Czechoslovak

checo(e)slovaquia [tʃeko(e)slo'βakja] *nf* Czechoslovakia

cheque ['tʃeke] *nm* cheque (*BRIT*), check (*US*); **cobrar un ~** to cash a cheque; **~ abierto/en blanco/cruzado** open/blank/crossed cheque; **~ al portador** cheque payable to bearer; **~ de viajero** traveller's cheque

chequeo [tʃe'keo] *nm* (*Med*) check-up; (*Auto*) service

chequera [tʃe'kera] *nf* (*LAM*) chequebook (*BRIT*), checkbook (*US*)

chévere ['tʃeβere] *adj* (*LAM*) great

chícharo ['tʃitʃaro] *nm* (*LAM*) pea

chichón [tʃi'tʃon] *nm* bump, lump

chicle ['tʃikle] *nm* chewing gum

chico, -a ['tʃiko, a] *adj* small, little ▷ *nm/f* child; (*muchacho*) boy; (*muchacha*) girl

chiflado, -a [tʃi'flaðo, a] *adj* crazy

chiflar [tʃi'flar] /1a/ *vt* to hiss, boo ▷ *vi* (*esp LAM*) to whistle

chilango, -a [tʃi'lango, a] *adj* (*LAM*) of o from Mexico City

Chile ['tʃile] *nm* Chile

chile ['tʃile] *nm* chilli pepper

chileno, -a *adj*, *nm/f* Chilean

chillar [tʃi'ʎar] /1a/ *vi* (*persona*) to yell, scream; (*animal salvaje*) to howl; (*cerdo*) to squeal

chillido [tʃi'ʎiðo] *nm* (*de persona*) yell, scream; (*de animal*) howl

chimenea [tʃime'nea] *nf* chimney; (*hogar*) fireplace

China ['tʃina] *nf*: **(la) ~** China

chinche ['tʃintʃe] *nf* bug; (*Tec*) drawing pin (*BRIT*), thumbtack (*US*) ▷ *nmf* nuisance, pest

chincheta [tʃin'tʃeta] *nf* drawing pin (*BRIT*), thumbtack (*US*)

chingado, -a [tʃin'gaðo, a] *adj* (*esp LAM fam*) lousy; **hijo de la chingada** bastard (!)

chino, -a ['tʃino, a] *adj*, *nm/f* Chinese ▷ *nm* (*Ling*) Chinese

chipirón [tʃipi'ron] *nm* squid

Chipre ['tʃipre] *nf* Cyprus; **chipriota** *adj* Cypriot ▷ *nmf* Cypriot

chiquillo, -a [tʃi'kiʎo, a] *nm/f* kid (*fam*)

chirimoya [tʃiri'moja] *nf* custard apple

chiringuito [tʃirin'gito] *nm* small open-air bar

chiripa [tʃi'ripa] *nf* fluke

chirriar [tʃi'rrjar] /1b/ *vi* to creak, squeak

chirrido [tʃi'rriðo] *nm* creak(ing), squeak(ing)

chisme ['tʃisme] *nm* (*habladurías*) piece of gossip; (*fam: objeto*) thingummyjig

chismoso, -a [tʃis'moso, a] *adj* gossiping ▷ *nm/f* gossip

chispa ['tʃispa] *nf* spark; (*fig*) sparkle; (*ingenio*) wit; (*fam*) drunkenness

chispear [tʃispe'ar] /1a/ *vi* (*lloviznar*) to drizzle

chiste ['tʃiste] *nm* joke, funny story

chistoso, -a [tʃis'toso, a] *adj* funny, amusing

chivo, -a ['tʃiβo, a] *nm/f* (billy/nanny-) goat; **~ expiatorio** scapegoat

chocante [tʃo'kante] *adj* startling; (*extraño*) odd; (*ofensivo*) shocking

chocar [tʃo'kar] /1g/ *vi* (*coches etc*) to collide, crash ▷ *vt* to shock; (*sorprender*) to startle; **~ con** to collide with; (*fig*) to run into, run up against; **¡chócala!** (*fam*) put it there!

chochear [tʃotʃe'ar] /1a/ vi to dodder, be senile

chocho, -a ['tʃotʃo, a] adj doddering, senile; (fig) soft, doting

choclo ['tʃoklo] (LAM) nm (grano) sweetcorn; (mazorca) corn on the cob

chocolate [tʃoko'late] adj chocolate ▷ nm chocolate; **chocolatina** nf chocolate

chófer ['tʃofer] nm driver

chollo ['tʃoʎo] nm (fam) bargain, snip

choque ['tʃoke] vb V **chocar** ▷ nm (impacto) impact; (golpe) jolt; (Auto) crash; (fig) conflict; **~ frontal** head-on collision

chorizo [tʃo'riθo] nm hard pork sausage (type of salami)

chorrada [tʃo'rraða] nf (fam): **¡es una ~!** that's crap! (!); **decir ~s** to talk crap (!)

chorrear [tʃorre'ar] /1a/ vi to gush (out), spout (out); (gotear) to drip, trickle

chorro ['tʃorro] nm jet; (fig) stream

choza ['tʃoθa] nf hut, shack

chubasco [tʃu'βasko] nm squall

chubasquero [tʃuβas'kero] nm cagoule, raincoat

chuche ['tʃutʃe] nf (fam) sweetie (BRIT fam), candy (US)

chuchería [tʃutʃe'ria] nf trinket

chuleta [tʃu'leta] nf chop, cutlet

chulo, -a ['tʃulo, a] adj (encantador) charming; (fam: estupendo) great, fantastic ▷ nm (tb: **~ de putas**) pimp

chupaleta [tʃupa'leta] nf (LAM) lollipop

chupar [tʃu'par] /1a/ vt to suck; (absorber) to absorb; **chuparse** vr to grow thin

chupete [tʃu'pete] nm dummy (BRIT), pacifier (US)

chupetín [tʃupe'tin] nf (LAM) lollipop

chupito [tʃu'pito] nm (fam) shot

chupón [tʃu'pon] nm (piruleta) lollipop; (LAM: chupete) dummy (BRIT), pacifier (US)

churrería [tʃurre'ria] nf stall or shop which sells "churros"

churro ['tʃurro] nm (type of) fritter

chusma ['tʃusma] nf rabble, mob

chutar [tʃu'tar] /1a/ vi to shoot (at goal)

Cía abr (= compañía) Co.

cianuro [θja'nuro] nm cyanide

ciberacoso [θiβera'koso] nm cyberbullying

ciberataque [θiβera'take] nm cyber attack

cibercafé [θiβerka'fe] nm cybercafé

cibernauta [θiβer'nauta] nmf cybernaut

ciberterrorista [θiβerterro'rista] nmf cyberterrorist

cicatriz [θika'triθ] nf scar

cicatrizar [θikatri'θar] /1f/ vt to heal; **cicatrizarse** vr to heal (up), form a scar

ciclismo [θi'klismo] nm cycling

ciclista [θi'klista] adj cycle cpd ▷ nmf cyclist

ciclo ['θiklo] nm cycle

ciclón [θi'klon] nm cyclone

cicloturismo [θiklotu'rismo] nm touring by bicycle

ciego, -a ['θjeɣo, a] adj blind ▷ nm/f blind man/woman

cielo ['θjelo] nm sky; (Rel) heaven; **¡~s!** good heavens!

ciempiés [θjem'pjes] nm inv centipede

cien [θjen] num V **ciento**

ciencia ['θjenθja] nf science; **ciencias** nfpl science sg; **ciencia-ficción** nf science fiction

científico, -a [θjen'tifiko, a] adj scientific ▷ nm/f scientist

ciento ['θjento] num hundred; **pagar al 10 por ~** to pay at 10 per cent

cierre etc ['θjerre] vb V **cerrar** ▷ nm closing, shutting; (con llave) locking; **~ de cremallera** zip (fastener)

cierro etc vb V **cerrar**

cierto, -a ['θjerto, a] adj sure, certain; (un tal) a certain; (correcto) right, correct; **~ hombre** a certain man; **ciertas personas** certain or some people; **sí, es** = yes, that's correct; **por ~** by the way

ciervo ['θjerβo] nm deer; (macho) stag

cifra ['θifra] nf number; (secreta) code; **cifrar** /1a/ vt to code, write in code

cigala [θi'ɣala] nf Norway lobster

cigarra [θi'ɣarra] nf cicada

cigarrillo [θiɣa'rriʎo] nm cigarette; **~ electrónico** e-cigarette

cigarro [θi'ɣarro] nm cigarette; (puro) cigar

cigüeña [θi'ɣweɲa] nf stork

cilíndrico, -a [θi'lindriko, a] adj cylindrical

cilindro [θi'lindro] nm cylinder

cima ['θima] nf (de montaña) top, peak; (de árbol) top; (fig) height

cimentar [θimen'tar] /1j/ vt to lay the foundations of; (fig: fundar) to found

cimiento [θi'mjento] nm foundation

cincel [θin'θel] nm chisel

cinco ['θinko] num five

cincuenta [θin'kwenta] num fifty

cine ['θine] nm cinema; **cinematográfico, -a** adj cine-, film cpd

cínico, -a ['θiniko, a] adj cynical ▷ nm/f cynic

cinismo [θi'nismo] nm cynicism

cinta ['θinta] nf band, strip; (de tela) ribbon; (película) reel; (de máquina de escribir) ribbon; (magnetofónica) tape; **~ adhesiva** sticky tape; **~ aislante** insulating tape; **~ de vídeo** videotape; **~ métrica** tape measure

cintura [θin'tura] nf waist

cinturón [θintu'ron] nm belt; **~ de seguridad** safety belt

ciprés [θi'pres] nm cypress (tree)

circo ['θirko] nm circus

circuito [θir'kwito] nm circuit

circulación [θirkula'θjon] nf circulation; (Auto) traffic

circular [θirku'lar] /1a/ adj, nf circular ▷ vt to circulate ▷ vi (Auto) to drive;

"circule por la derecha" "keep (to the) right"

círculo ['θirkulo] nm circle; **~ vicioso** vicious circle

circunferencia [θirkunfe'renθja] nf circumference

circunstancia [θirkuns'tanθja] nf circumstance

cirio ['θirjo] nm (wax) candle

ciruela [θi'rwela] nf plum; **~ pasa** prune

cirugía [θiru'xia] nf surgery; **~ estética** o **plástica** plastic surgery

cirujano, -a [θiru'xano] nm surgeon

cisne ['θisne] nm swan

cisterna [θis'terna] nf cistern, tank

cita ['θita] nf appointment, meeting; (de novios) date; (referencia) quotation

citación [θita'θjon] nf (Jur) summons sg

citar [θi'tar] /1a/ vt to make an appointment with; (Jur) to summons; (un autor, texto) to quote; **citarse** vr: **se ~on en el cine** they arranged to meet at the cinema

cítrico, -a ['θitriko, a] adj citric ▷ nm: **~s** citrus fruits

ciudad [θju'ðað] nf town; (capital de país etc) city; **ciudadano, -a** nm/f citizen

cívico, -a ['θiβiko, a] adj civic

civil [θi'βil] adj civil ▷ nm (guardia) policeman; **civilización** nf civilization; **civilizar** /1f/ vt to civilize

cizaña [θi'θaɲa] nf (fig) discord

cl abr (= centilitro) cl

clamor [kla'mor] nm clamour, protest

clandestino, -a [klandes'tino, a] adj clandestine; (Pol) underground

clara ['klara] nf (de huevo) egg white

claraboya [klara'βoja] nf skylight

clarear [klare'ar] /1a/ vi (el día) to dawn; (el cielo) to clear up, brighten up; **clarearse** vr to be transparent

claridad [klari'ðað] nf (del día) brightness; (de estilo) clarity

clarificar [klarifi'kar] /1g/ vt to clarify

clarinete [klari'nete] *nm* clarinet

claro, -a ['klaro, a] *adj* clear; (*luminoso*) bright; (*color*) light; (*evidente*) clear, evident; (*poco espeso*) thin ▷ *nm* (*en bosque*) clearing ▷ *adv* clearly ▷ *excl*: **¡~ que sí!** of course!; **¡~ que no!** of course not!

clase ['klase] *nf* class; **~ alta/media/obrera** upper/middle/working class; **dar ~s** to teach; **~s particulares** private lessons *o* tuition *sg*

clásico, -a ['klasiko, a] *adj* classical

clasificación [klasifika'θjon] *nf* classification; (*Deporte*) league (table)

clasificar [klasifi'kar] /1g/ *vt* to classify

claustro ['klaustro] *nm* cloister

cláusula ['klausula] *nf* clause

clausura [klau'sura] *nf* closing, closure

clavar [kla'βar] /1a/ *vt* (*clavo*) to hammer in; (*cuchillo*) to stick, thrust

clave ['klaβe] *nf* key; (*Mus*) clef: **~ de acceso** password; **~ lada** (LAM) dialling (BRIT) *o* area (US) code

clavel [kla'βel] *nm* carnation

clavícula [kla'βikula] *nf* collar bone

clavija [kla'βixa] *nf* peg, pin; (*Elec*) plug

clavo ['klaβo] *nm* (*de metal*) nail; (*Bot*) clove

claxon ['klakson] (*pl* **claxons**) *nm* horn

clérigo ['kleriɣo] *nm* priest

clero ['klero] *nm* clergy

clicar [kli'kar] /1a/ *vi* (*Inform*) to click; **clica en el icono** click on the icon; **~ dos veces** double-click

cliché [kli'tʃe] *nm* cliché; (*Foto*) negative

cliente, -a ['kljente, a] *nm/f* client, customer; **clientela** *nf* clientele, customers *pl*

clima ['klima] *nm* climate; **climatizado, -a** *adj* air-conditioned

clímax ['klimaks] *nm inv* climax

clínico, -a ['kliniko, a] *adj* clinical ▷ *nf* clinic; (*particular*) private hospital

clip [klip] (*pl* **clips**) *nm* paper clip

clítoris ['klitoris] *nm inv* clitoris

cloaca [klo'aka] *nf* sewer, drain

clonar [klo'nar] /1a/ *vt* to clone

cloro ['kloro] *nm* chlorine

club [klub] (*pl* **clubs** *o* **clubes**) *nm* club; **~ nocturno** night club

cm *abr* (*= centímetro*) cm

coágulo [ko'aɣulo] *nm* clot

coalición [koali'θjon] *nf* coalition

coartada [koar'taða] *nf* alibi

coartar [koar'tar] /1a/ *vt* to limit, restrict

coba ['koβa] *nf*: **dar ~ a algn** (*adular*) to suck up to sb

cobarde *adj* cowardly ▷ *nmf* coward; **cobardía** *nf* cowardice

cobaya [ko'βaja] *nf* guinea pig

cobertizo [koβer'tiθo] *nm* shelter

cobertura [koβer'tura] *nf* cover; (*Com*) coverage; **~ de dividendo** (*Com*) dividend cover; **no tengo ~** (*Telec*) I can't get a signal

cobija [ko'βixa] *nf* (LAM) blanket; **cobijar** /1a/ *vt* (*cubrir*) to cover; (*abrigar*) to shelter; **cobijo** *nm* shelter

cobra ['koβra] *nf* cobra

cobrador, a [koβra'ðor, a] *nm/f* (*de autobús*) conductor/conductress; (*de impuestos, gas*) collector

cobrar [ko'βrar] /1a/ *vt* (*cheque*) to cash; (*sueldo*) to collect, draw; (*objeto*) to recover; (*precio*) to charge; (*deuda*) to collect ▷ *vi* to be paid; **cóbrese al entregar** cash on delivery (COD) (BRIT), collect on delivery (COD) (US); **¿me cobra, por favor?** (*en tienda*) how much do I owe you?; (*en restaurante*) can I have the bill, please?

cobre ['koβre] *nm* copper; **cobres** *nmpl* (*Mus*) brass instruments

cobro ['koβro] *nm* (*de cheque*) cashing; **presentar al ~** to cash in

cocaína [koka'ina] *nf* cocaine

cocción [kok'θjon] *nf* (*Culin*) cooking; (*el hervir*) boiling

cocer [ko'θer] /2b, 2h/ *vt*, *vi* to cook; (*en agua*) to boil; (*en horno*) to bake

coche ['kotʃe] nm (Auto) car, automobile (us); (de tren, de caballos) coach, carriage; (para niños) pram (BRIT), baby carriage (us); **ir en ~** to drive; **~ de bomberos** fire engine; **~ (comedor)** (Ferro) (dining) car; **~ de carreras** racing car; **~-escuela** learner car; **~ fúnebre** hearse; **coche-cama** nm (Ferro) sleeping car, sleeper

cochera [ko'tʃera] nf garage; (de autobuses, trenes) depot

coche-restaurante ['kotʃerestau'rante] (pl **coches-restaurante**) nm (Ferro) dining-car, diner

cochinillo [kotʃi'niʎo] nm suckling pig

cochino, -a [ko'tʃino, a] adj filthy, dirty ⊳ nm/f pig

cocido [ko'θiðo] nm stew

cocina [ko'θina] nf kitchen; (aparato) cooker, stove; (actividad) cookery; **~ eléctrica** electric cooker; **~ de gas** gas cooker; **cocinar** /1a/ vt, vi to cook

cocinero, -a [koθi'nero, a] nm/f cook

coco ['koko] nm coconut

cocodrilo [koko'ðrilo] nm crocodile

cocotero [koko'tero] nm coconut palm

cóctel ['koktel] nm cocktail; **~ Molotov** Molotov cocktail, petrol bomb

codazo [ko'ðaθo] nm: **dar un ~ a algn** to nudge sb

codicia [ko'ðiθja] nf greed; **codiciar** /1b/ vt to covet

código ['koðiɣo] nm code; **~ de barras** bar code; **~ de (la) circulación** highway code; **~ de la zona** (LAM) dialling (BRIT) o area (us) code; **~ postal** postcode

codillo [ko'ðiʎo] nm (Zool) knee; (Tec) elbow (joint)

codo ['koðo] nm (Anat, de tubo) elbow; (Zool) knee

codorniz [koðor'niθ] nf quail

coexistir [koeksis'tir] /3a/ vi to coexist

cofradía [kofra'ðia] nf brotherhood, fraternity

cofre ['kofre] nm (de joyas) box; (de dinero) chest

coger [ko'xer] /2c/ vt (ESP) to take (hold of); (: objeto caído) to pick up; (: frutas) to pick, harvest; (: resfriado, ladrón, pelota) to catch ⊳ vi: **~ por el buen camino** to take the right road; **cogerse** vr (el dedo) to catch; **~se a algo** to get hold of sth

cogollo [ko'ɣoʎo] nm (de lechuga) heart

cogote [ko'ɣote] nm back o nape of the neck

cohabitar [koaβi'tar] /1a/ vi to live together, cohabit

coherente [koe'rente] adj coherent

cohesión [koe'sjon] nm cohesion

cohete [ko'ete] nm rocket

cohibido, -a [koi'βiðo, a] adj (Psico) inhibited; (tímido) shy

coincidencia [koinθi'ðenθja] nf coincidence

coincidir [koinθi'ðir] /3a/ vi (en idea) to coincide, agree; (en lugar) to coincide

coito ['koito] nm intercourse, coitus

coja etc vb V **coger**

cojear [koxe'ar] /1a/ vi (persona) to limp, hobble; (mueble) to wobble, rock

cojera [ko'xera] nf limp

cojín [ko'xin] nm cushion

cojo, -a ['koxo, a] vb V **coger** ⊳ adj (que no puede andar) lame, crippled; (mueble) wobbly ⊳ nm/f lame person

cojón [ko'xon] nm (fam!): **¡cojones!** shit! (!); **cojonudo, -a** adj (fam) great, fantastic

col [kol] nf cabbage; **~es de Bruselas** Brussels sprouts

cola ['kola] nf tail; (de gente) queue; (lugar) end, last place; (para pegar) glue, gum; **hacer ~** to queue (up)

colaborador, a [kolaβora'ðor, a] nm/f collaborator

colaborar [kolaβo'rar] /1a/ vi to collaborate

colado, -a [ko'laðo, a] adj (metal) cast ▷ nf: **hacer la colada** to do the washing

colador [kola'ðor] nm (de té) strainer; (para verduras etc) colander

colapso [ko'lapso] nm collapse

colar [ko'lar] /1l/ vt (líquido) to strain off; (metal) to cast ▷ vi to ooze, seep (through); **colarse** vr to jump the queue; **~se en** to get into without paying; (en una fiesta) to gatecrash

colcha ['koltʃa] nf bedspread

colchón [kol'tʃon] nm mattress; **~ inflable** air bed, inflatable mattress

colchoneta [koltʃo'neta] nf (en gimnasio) mat; **~ hinchable** air bed, inflatable mattress

colección [kolek'θjon] nf collection; **coleccionar** /1a/ vt to collect; **coleccionista** nmf collector

colecta [ko'lekta] nf collection

colectivo, -a [kolek'tiβo, a] adj collective, joint ▷ nm (LAM: autobús) (small) bus

colega [ko'leɣa] nmf colleague; (ESP: amigo) mate

colegial, a [kole'xjal, a] nm/f schoolboy/girl

colegio [ko'lexjo] nm college; (escuela) school; (de abogados etc) association; **~ electoral** polling station; **~ mayor** (ESP) hall of residence; see note **"colegio"**

● COLEGIO
●
● A colegio is often a private primary
● or secondary school. In the state
● system it means a primary school
● although these are also called
● escuela. State secondary schools
● are called institutos. Extracurricular
● subjects, such as computing or
● foreign languages, are offered in
● private schools called academias.

cólera ['kolera] nf (ira) anger ▷ nm (Med) cholera

colesterol [koleste'rol] nm cholesterol

coleta [ko'leta] nf pigtail

colgante [kol'ɣante] adj hanging ▷ nm (joya) pendant

colgar [kol'ɣar] /1h, 1l/ vt to hang (up); (ropa) to hang out ▷ vi to hang; (teléfono) to hang up

cólico ['koliko] nm colic

coliflor [koli'flor] nf cauliflower

colilla [ko'liʎa] nf cigarette end, butt

colina [ko'lina] nf hill

colisión nf collision; **~ frontal** head-on crash

collar [ko'ʎar] nm necklace; (de perro) collar

colmar [kol'mar] /1a/ vt to fill to the brim; (fig) to fulfil, realize

colmena [kol'mena] nf beehive

colmillo [kol'miʎo] nm (diente) eye tooth; (de elefante) tusk; (de perro) fang

colmo ['kolmo] nm: **¡eso es ya el ~!** that's beyond a joke!

colocación [koloka'θjon] nf (acto) placing; (empleo) job, position

colocar [kolo'kar] /1g/ vt to place, put, position; (poner en empleo) to find a job for; **~ dinero** to invest money; **colocarse** vr (conseguir trabajo) to find a job

Colombia [ko'lombja] nf Colombia; **colombiano, -a** adj, nm/f Colombian

colonia [ko'lonja] nf colony; (de casas) housing estate; (agua de colonia) cologne; **~ proletaria** (LAM) shantytown

colonización [koloniθa'θjon] nf colonization; **colonizador, a** adj colonizing ▷ nm/f colonist, settler

colonizar [koloni'θar] /1f/ vt to colonize

coloquio [ko'lokjo] nm conversation; (congreso) conference

color [ko'lor] nm colour

colorado, -a [kolo'raðo, a] adj (rojo) red; (LAM: chiste) rude

colorante [kolo'rante] nm colouring (matter)

colorear [kolore'ar] /1a/ vt to colour

colorete [kolo'rete] nm blusher

colorido [kolo'riðo] nm colour(ing)

columna [ko'lumna] nf column; (pilar) pillar; (apoyo) support; **~ vertebral** spine, spinal column; (fig) backbone

columpiar [kolum'pjar] /1b/ vt to swing; **columpiarse** vr to swing; **columpio** nm swing

coma ['koma] nf comma ▷ nm (Med) coma

comadre [ko'maðre] nf (madrina) godmother; (chismosa) gossip; **comadrona** nf midwife

comal [ko'mal] nm (LAM) griddle

comandante [koman'dante] nm commandant

comarca [ko'marka] nf region

comba ['komba] nf (cuerda) skipping rope; **saltar a la ~** to skip

combate [kom'bate] nm fight

combatir [komba'tir] /3a/ vt to fight, combat

combinación [kombina'θjon] nf combination; (Química) compound; (prenda) slip

combinar [kombi'nar] /1a/ vt to combine

combustible [kombus'tiβle] nm fuel

comedia [ko'meðja] nf comedy; (Teat) play, drama; **comediante** nmf (comic) actor/actress

comedido, -a [kome'ðiðo, a] adj moderate

comedor [kome'ðor] nm (habitación) dining room; (cantina) canteen

comensal [komen'sal] nmf fellow guest/diner

comentar [komen'tar] /1a/ vt to comment on; **comentario** nm comment, remark; (Lit) commentary; **comentarios** nmpl gossip sg; **comentarista** nmf commentator

comenzar [komen'θar] /1f, 1j/ vt, vi to begin, start; **~ a hacer algo** to begin o start doing o to do sth

comer [ko'mer] /2a/ vt to eat; (Damas, Ajedrez) to take, capture ▷ vi to eat; (almorzar) to have lunch; **comerse** vr to eat up

comercial [komer'θjal] adj commercial; (relativo al negocio) business cpd; **comercializar** /1f/ vt (producto) to market; (pey) to commercialize

comerciante [komer'θjante] nmf trader, merchant

comerciar [komer'θjar] /1b/ vi to trade, do business

comercio [ko'merθjo] nm commerce, trade; (tienda) shop, store; (negocio) business; (grandes empresas) big business; (fig) dealings pl; **~ electrónico** e-commerce; **~ exterior** foreign trade

comestible [komes'tiβle] adj eatable, edible ▷ nm: **~s** food sg, foodstuffs

cometa [ko'meta] nm comet ▷ nf kite

cometer [kome'ter] /2a/ vt to commit

cometido [kome'tiðo] nm task, assignment

cómic ['komik] (pl **cómics**) nm comic

comicios [ko'miθjos] nmpl elections

cómico, -a ['komiko, a] adj comic(al) ▷ nm/f comedian

comida [ko'miða] nf (alimento) food; (almuerzo, cena) meal; (de mediodía) lunch; **~ basura** junk food; **~ chatarra** (LAM) junk food

comidilla [komi'ðiʎa] nf: **ser la ~ del barrio o pueblo** to be the talk of the town

comienzo [ko'mjenθo] vb V **comenzar** ▷ nm beginning, start

comillas [ko'miʎas] nfpl quotation marks

comilón, -ona [komi'lon, ona] adj greedy ▷ nf (fam) blow-out

comino [ko'mino] nm cumin (seed); **no me importa un ~** I don't give a damn!

comisaría [komisa'ria] nf police station; (Mil) commissariat

comisario [komi'sarjo] *nm* (*Mil etc*) commissary; (*Pol*) commissar

comisión [komi'sjon] *nf* commission

comité [komi'te] (*pl* **comités**) *nm* committee

comitiva [komi'tiβa] *nf* retinue

como ['komo] *adv* as; (*tal como*) like; (*aproximadamente*) about, approximately ▷ *conj* (*ya que, puesto que*) as, since; **¡~ no!** of course!; **~ no lo haga hoy** unless he does it today; **~ si** as if; **es tan alto ~ ancho** it is as high as it is wide

cómo ['komo] *adv* how?, why? ▷ *excl* what?, I beg your pardon? ▷ *nm:* **el ~ y el porqué** the whys and wherefores

cómoda ['komoða] *nf* chest of drawers

comodidad [komoði'ðað] *nf* comfort

comodín [komo'ðin] *nm* joker

cómodo, -a ['komoðo, a] *adj* comfortable; (*práctico, de fácil uso*) convenient

compact [kom'pakt] (*pl* **compacts**) *nm* (tb: **~ disc**) compact disk

compacto, -a [kom'pakto, a] *adj* compact

compadecer [kompaðe'θer] /2d/ *vt* to pity, be sorry for; **compadecerse** *vr:* **~se de** to pity, be sorry for

compadre [kom'paðre] *nm* (*padrino*) godfather; (*amigo*) friend, pal

compañero, -a [kompa'ɲero, a] *nm/f* companion; (*novio*) boyfriend/ girlfriend; **~ de clase** classmate

compañía [kompa'ɲia] *nf* company; **hacer ~ a algn** to keep sb company

comparación [kompara'θjon] *nf* comparison; **en ~ con** in comparison with

comparar [kompa'rar] /1a/ *vt* to compare

comparecer [kompare'θer] /2d/ *vi* to appear (in court)

comparsa [kom'parsa] *nmf* extra

compartim(i)ento [komparti'm(i)ento] *nm* (*Ferro*) compartment

compartir [kompar'tir] /3a/ *vt* to share; (*dinero, comida etc*) to divide (up), share (out)

compás [kom'pas] *nm* (*Mus*) beat, rhythm; (*Mat*) compasses *pl*; (*Naut etc*) compass

compasión [kompa'sjon] *nf* compassion, pity

compasivo, -a [kompa'siβo, a] *adj* compassionate

compatible [kompa'tiβle] *adj* compatible

compatriota [kompa'trjota] *nmf* compatriot, fellow countryman/ woman

compenetrarse [kompene'trarse] /1a/ *vr* to be in tune

compensación [kompensa'θjon] *nf* compensation

compensar [kompen'sar] /1a/ *vt* to compensate

competencia [kompe'tenθja] *nf* (*incumbencia*) domain, field; (*Jur, habilidad*) competence; (*rivalidad*) competition

competente [kompe'tente] *adj* competent

competición [kompeti'θjon] *nf* competition

competir [kompe'tir] /3k/ *vi* to compete

compinche [kom'pintʃe] *nmf* (ʟᴀᴍ *fam*) mate, buddy (ᴜs)

complacer [kompla'θer] /2w/ *vt* to please; **complacerse** *vr* to be pleased

complaciente [kompla'θjente] *adj* kind, obliging, helpful

complejo, -a [kom'plexo, a] *adj, nm* complex

complementario, -a [komplemen'tarjo, a] *adj* complementary

completar [komple'tar] /1a/ *vt* to complete

completo, -a [kom'pleto, a] *adj* complete; (*perfecto*) perfect; (*lleno*) full ▷ *nm* full complement

complicado, -a [kompli'kaðo, a]
adj complicated; **estar ~ en** to be
mixed up in

cómplice ['kompliθe] *nmf*
accomplice

complot [kom'plo(t)] (*pl* **complots**)
nm plot

componer [kompo'ner] /2q/ *vt*
(*Mus, Lit, Imprenta*) to compose; (*algo
roto*) to mend, repair; (*arreglar*) to
arrange; **componerse** *vr*: **~se de** to
consist of

comportamiento
[komporta'mjento] *nm* behaviour,
conduct

comportarse [kompor'tarse] /1a/
vr to behave

composición [komposi'θjon] *nf*
composition

compositor, a [komposi'tor, a] *nm/f*
composer

compostura [kompos'tura] *nf*
(*actitud*) composure

compra ['kompra] *nf* purchase;
hacer la ~/ir de ~s to do the/go
shopping; **comprador, a** *nm/f* buyer,
purchaser; **comprar** /1a/ *vt* to buy,
purchase

comprender [kompren'der] /2a/ *vt*
to understand; (*incluir*) to comprise,
include

comprensión [kompren'sjon] *nf*
understanding; **comprensivo, -a** *adj*
(*actitud*) understanding

compresa [kom'presa] *nf* (*higiénica*)
sanitary towel (*BRIT*) o napkin (*US*)

comprimido, -a [kompri'miðo, a]
adj compressed ▷ *nm* (*Med*) pill, tablet

comprimir /3a/ *vt* to compress;
(*Inform*) to compress, zip

comprobante [kompro'ßante] *nm*
proof (*Com*) voucher; **~ de compra**
proof of purchase

comprobar [kompro'ßar] /1l/ *vt*
to check; (*probar*) to prove; (*Tec*) to
check, test

comprometer [komprome'ter]
/2a/ *vt* to compromise; (*exponer*)

to endanger; **comprometerse** *vr*
(*involucrarse*) to get involved

compromiso [kompro'miso] *nm*
(*obligación*) obligation; (*cometido*)
commitment; (*convenio*) agreement;
(*dificultad*) awkward situation

compuesto, -a [kom'pwesto, a] *adj*:
~ de composed of, made up of ▷ *nm*
compound

computador [komputa'ðor] *nm*,
computadora [komputa'ðora]
nf computer; **~ central** mainframe
computer; **~ de escritorio** desktop; **~**
personal personal computer

cómputo ['komputo] *nm* calculation

comulgar [komul'ɣar] /1h/ *vi* to
receive communion

común [ko'mun] *adj* common ▷ *nm*:
el ~ the community

comunicación [komunika'θjon] *nf*
communication; (*informe*) report

comunicado [komuni'kaðo] *nm*
announcement; **~ de prensa** press
release

comunicar [komuni'kar] /1g/ *vt* to
communicate ▷ *vi* to communicate;
comunicarse *vr* to communicate;
está comunicando (*Telec*) the
line's engaged (*BRIT*) o busy (*US*);
comunicativo, -a *adj* communicative

comunidad [komuni'ðað] *nf*
community; **~ autónoma** (*ESP*)
autonomous region; **~ de vecinos**
residents' association; **C~ Económica**
Europea (CEE) European Economic
Community (EEC)

comunión [komu'njon] *nf*
communion

comunismo [komu'nismo] *nm*
communism; **comunista** *adj, nmf*
communist

PALABRA CLAVE

con [kon] *prep* **1** (*medio, compañía,*
modo) with; **comer con cuchara** to
eat with a spoon; **pasear con algn** to
go for a walk with sb

2 (*a pesar de*): **con todo, merece nuestros respetos** all the same *o* even so, he deserves our respect
3 (*para con*): **es muy bueno para con los niños** he's very good with (the) children
4 (+ *infin*): **con llegar tan tarde se quedó sin comer** by arriving *o* because he arrived so late he missed out on eating
▶ *conj*: **con que: será suficiente con que le escribas** it will be enough if you write to her

concebir [konθe'βir] /3k/ *vt* to conceive ▷ *vi* to conceive
conceder [konθe'ðer] /2a/ *vt* to concede
concejal, a [konθe'xal, a] *nm/f* councillor
concentración [konθentra'θjon] *nf* concentration
concentrar [konθen'trar] /1a/ *vt* to concentrate; **concentrarse** *vr* to concentrate
concepto [kon'θepto] *nm* concept
concernir [konθer'nir] *vi* to concern; **en lo que concierne a ...** with regard to ...; **en lo que a mí concierne** as far as I'm concerned
concertar [konθer'tar] /1j/ *vt* (*entrevista*) to arrange; (*precio*) to agree ▷ *vi* to harmonize, be in tune
concesión [konθe'sjon] *nf* concession
concesionario, -a [konθesjo'narjo, a] *nm/f* (*Com*) (licensed) dealer, agent
concha ['kontʃa] *nf* shell
conciencia [kon'θjenθja] *nf* conscience; **tener/tomar ~ de** to become aware of; **tener la ~ limpia** *o* **tranquila** to have a clear conscience
concienciar [konθjen'θjar] /1b/ *vt* to make aware; **concienciarse** *vr* to become aware
concienzudo, -a [konθjen'θuðo, a] *adj* conscientious

concierto [kon'θjerto] *vb* V **concertar** ▷ *nm* concert; (*obra*) concerto
conciliar [konθi'ljar] /1b/ *vt* to reconcile; **~ el sueño** to get to sleep
concilio [kon'θiljo] *nm* council
conciso, -a [kon'θiso, a] *adj* concise
concluir [konklu'ir] /3g/ *vt* to conclude ▷ **concluirse** *vr* to conclude
conclusión [konklu'sjon] *nf* conclusion
concordar [konkor'ðar] /1l/ *vt* to reconcile ▷ *vi* to agree, tally
concordia [kon'korðja] *nf* harmony
concretar [konkre'tar] /1a/ *vt* to make concrete, make more specific; **concretarse** *vr* to become more definite
concreto, -a [kon'kreto, a] *adj, nm* (*LAM*) concrete; **en ~** (*en resumen*) to sum up; (*específicamente*) specifically; **no hay nada en ~** there's nothing definite
concurrido, -a [konku'rriðo, a] *adj* (*calle*) busy; (*local, reunión*) crowded
concursante [konkur'sante] *nm* competitor
concurso [kon'kurso] *nm* (*de público*) crowd; (*Escol, Deporte, competición*) competition; (*ayuda*) help, cooperation
condal [kon'dal] *adj*: **la ciudad ~** Barcelona
conde ['konde] *nm* count
condecoración [kondekora'θjon] *nf* (*Mil*) medal
condena [kon'dena] *nf* sentence; **condenación** *nf* condemnation; (*Rel*) damnation; **condenar** /1a/ *vt* to convict; (*Jur*) to convict; **condenarse** *vr* (*Rel*) to be damned
condesa [kon'desa] *nf* countess
condición [kondi'θjon] *nf* condition; **a ~ de que ...** on condition that ...; **condicional** *adj* conditional
condimento [kondi'mento] *nm* seasoning

condominio [kondo'minjo] nm condominium

condón [kon'don] nm condom

conducir [kondu'θir] /3n/ vt to take, convey; (Auto) to drive ▷ vi to drive; (fig) to lead; **conducirse** vr to behave

conducta [kon'dukta] nf conduct, behaviour

conducto [kon'dukto] nm pipe, tube; (fig) channel

conductor, a [konduk'tor, a] adj leading, guiding ▷ nm (Física) conductor; (de vehículo) driver

conduje etc [kon'duxe] vb V **conducir**

conduzco etc vb V **conducir**

conectado, -a [konek'taðo, a] adj (Inform) on-line

conectar [konek'tar] /1a/ vt to connect (up); (enchufar) plug in

conejillo [kone'xiʎo] nm: **~ de Indias** guinea pig

conejo [ko'nexo] nm rabbit

conexión [konek'sjon] nf connection

confección [konfek'θjon] nf preparation; (industria) clothing industry

confeccionar [konfekθjo'nar] /1a/ vt to make (up)

conferencia [konfe'renθja] nf conference; (lección) lecture; (Telec) call; **~ de prensa** press conference

conferir [konfe'rir] /3i/ vt to award

confesar [konfe'sar] /1j/ vt to confess, admit

confesión [konfe'sjon] nf confession

confesionario [konfesjo'narjo] nm confessional

confeti [kon'feti] nm confetti

confiado, -a [kon'fjaðo, a] adj (crédulo) trusting; (seguro) confident

confianza [kon'fjanθa] nf trust; (aliento, confidencia) confidence; (familiaridad) intimacy, familiarity

confiar [kon'fjar] /1c/ vt to entrust ▷ vi to trust; **~ en algn** to trust sb; **~ en que ...** to hope that ...

confidencial [konfiðen'θjal] adj confidential

confidente [konfi'ðente] nmf confidant/confidante; (policial) informer

configurar [konfiɣu'rar] /1a/ vt to shape, form

confín [kon'fin] nm limit; **confines** nmpl confines, limits

confirmar [konfir'mar] /1a/ vt to confirm

confiscar [konfis'kar] /1g/ vt to confiscate

confite [kon'fite] nm sweet (BRIT), candy (US); **confitería** nf (tienda) confectioner's (shop)

confitura [konfi'tura] nf jam

conflictivo, -a [konflik'tiβo, a] adj (asunto, propuesta) controversial; (país, situación) troubled

conflicto [kon'flikto] nm conflict; (fig) clash

confluir [konflu'ir] /3g/ vi (ríos etc) to meet; (gente) to gather

conformar [konfor'mar] /1a/ vt to shape, fashion ▷ vi to agree; **conformarse** vr to conform; (resignarse) to resign o.s.; **~se con algo** to be happy with sth

conforme [kon'forme] adj (correspondiente): **~ con** in line with; (de acuerdo) agreed ▷ adv as ▷ excl agreed! ▷ prep: **~ a** in accordance with; **estar ~s (con algo)** to agree (with sth); **quedarse ~ (con algo)** to be satisfied (with sth)

confortable [konfor'taβle] adj comfortable

confortar [konfor'tar] /1a/ vt to comfort

confrontar [konfron'tar] /1a/ vt to confront; (dos personas) to bring face to face; (cotejar) to compare

confundir [konfun'dir] /3a/ vt (equivocar) to mistake, confuse; (turbar) to confuse; **confundirse** vr (turbarse) to get confused; (equivocarse) to make a mistake; (mezclarse) to mix

confusión [konfu'sjon] nf confusion

confuso, -a [konˈfuso, a] *adj*
confused

congelado, -a [konxeˈlaðo, a] *adj*
frozen ▷ *nmpl*: **~s** frozen food *sg* of foods;
congelador *nm* freezer, deep freeze

congelar [konxeˈlar] /1a/ *vt* to
freeze; **congelarse** *vr* (*sangre, grasa*)
to congeal

congeniar [konxeˈnjar] /1b/ *vi* to get
on (*BRIT*) o along (*US*) (well)

congestión [konxesˈtjon] *nf*
congestion

congestionar [konxestjoˈnar] /1a/
vt to congest

congraciarse [kongraˈθjarse] /1b/ *vr*
to ingratiate o.s.

congratular [kongratuˈlar] /1a/ *vt*
to congratulate

congregar [kongreˈɣar] /1h/ *vt* to
gather together; **congregarse** *vr* to
gather together

congresista [kongreˈsista] *nmf*
delegate, congressman/woman

congreso [konˈgreso] *nm* congress

conjetura [konxeˈtura] *nf* guess;
conjeturar /1a/ *vt* to guess

conjugar [konxuˈɣar] /1h/ *vt* to
combine, fit together; (*Ling*) to
conjugate

conjunción [konxunˈθjon] *nf*
conjunction

conjunto, -a [konˈxunto, a] *adj* joint,
united ▷ *nm* whole; (*Mus*) band; **en
~** as a whole

conmemoración
[konmemoraˈθjon] *nf*
commemoration

conmemorar [konmemoˈrar] /1a/
vt to commemorate

conmigo [konˈmiɣo] *pron* with me

conmoción [konmoˈθjon] *nf* shock;
(*fig*) upheaval; **~ cerebral** (*Med*)
concussion

conmovedor, a [konmoβeˈðor, a]
adj touching, moving; (*emocionante*)
exciting

conmover [konmoˈβer] /2h/ *vt* to
shake, disturb; (*fig*) to move

conmutador [konmutaˈðor] *nm*
switch; (*LAM; Telec*) switchboard;
(: *central*) telephone exchange

cono [ˈkono] *nm* cone; **C~ Sur**
Southern Cone

conocedor, a [konoθeˈðor, a]
adj expert, knowledgeable ▷ *nm/f*
expert

conocer [konoˈθer] /2d/ *vt* to know;
(*por primera vez*) to meet, get to know;
(*entender*) to know about; (*reconocer*)
to recognize; **conocerse** *vr* (*una
persona*) to know o.s.; (*dos personas*) to
(get to) know each other; **~ a algn de
vista** to know sb by sight

conocido, -a [konoˈθiðo, a] *adj*
(well-)known ▷ *nm/f* acquaintance

conocimiento [konoθiˈmjento]
nm knowledge; (*Med*) consciousness;
conocimientos *nmpl* (*saber*)
knowledge *sg*

conozco *etc* [koˈnoθko] *vb V* **conocer**

conque [ˈkonke] *conj* and so, so then

conquista [konˈkista] *nf* conquest;
conquistador, a *adj* conquering
▷ *nm* conqueror; **conquistar** /1a/ *vt*
to conquer

consagrar [konsaˈɣrar] /1a/ *vt* (*Rel*)
to consecrate; (*fig*) to devote

consciente [konsˈθjente] *adj*
conscious

consecución [konsekuˈθjon] *nf*
acquisition; (*de fin*) attainment

consecuencia [konseˈkwenθja]
nf consequence, outcome; (*firmeza*)
consistency

consecuente [konseˈkwente] *adj*
consistent

consecutivo, -a [konsekuˈtiβo, a]
adj consecutive

conseguir [konseˈɣir] /3d, 3k/ *vt* to
get, obtain; (*sus fines*) to attain

consejero, -a [konseˈxero, a] *nm/f*
adviser, consultant; (*Pol*) minister (*in a
regional government*)

consejo [konˈsexo] *nm* advice;
(*Pol*) council; (*Com*) board; **~ de
administración** board of directors;

~ de guerra court-martial; **~ de ministros** cabinet meeting

consenso [kon'senso] nm consensus

consentimiento [konsenti'mjento] nm consent

consentir [konsen'tir] /3i/ vt (permitir, tolerar) to consent to; (mimar) to pamper, spoil; (aguantar) to put up with ▷ vi to agree, consent; **~ que algn haga algo** to allow sb to do sth

conserje [kon'serxe] nm caretaker; (portero) porter

conserva [kon'serβa] nf: **en ~** (alimentos) tinned (BRIT), canned; **conservas** nfpl (tb: **~s alimenticias**) tinned (BRIT) o canned foods

conservación [konserβa'θjon] nf conservation; (de alimentos, vida) preservation

conservador, a [konserβa'ðor, a] adj (Pol) conservative ▷ nm/f conservative

conservante [konser'βante] nm preservative

conservar [konser'βar] /1a/ vt to conserve, keep; (alimentos, vida) to preserve; **conservarse** vr to survive

conservatorio [konserβa'torjo] nm (Mus) conservatoire, conservatory

considerable [konsiðe'raβle] adj considerable

consideración [konsiðera'θjon] nf consideration; (estimación) respect

considerado, -a [konsiðe'raðo, a] adj (atento) considerate; (respetado) respected

considerar [konsiðe'rar] /1a/ vt to consider

consigna [kon'siɣna] nf (orden) order, instruction; (para equipajes) left-luggage office (BRIT), checkroom (US)

consigo [kon'siɣo] vb V **conseguir** ▷ pron (m) with him; (f) with her; (usted) with you; (reflexivo) with o.s.

consiguiendo etc [konsi'ɣjendo] vb V **conseguir**

consiguiente [konsi'ɣjente] adj consequent; **por ~** and so, therefore, consequently

consistente [konsis'tente] adj consistent; (sólido) solid, firm; (válido) sound

consistir [konsis'tir] /3a/ vi: **~ en** (componerse de) to consist of

consola [kon'sola] nf (mueble) console table; **~ de juegos** games console

consolación [konsola'θjon] nf consolation

consolar [konso'lar] /1l/ vt to console

consolidar [konsoli'ðar] /1a/ vt to consolidate

consomé [konso'me] (pl **consomés**) nm consommé, clear soup

consonante [konso'nante] adj consonant, harmonious ▷ nf consonant

consorcio [kon'sorθjo] nm consortium

conspiración [konspira'θjon] nf conspiracy

conspirar [konspi'rar] /1a/ vi to conspire

constancia [kons'tanθja] nf constancy; **dejar ~ de algo** to put sth on record

constante [kons'tante] adj, nf constant

constar [kons'tar] /1a/ vi (evidenciarse) to be clear o evident; **~ de** to consist of

constipado, -a [konsti'paðo, a] adj: **estar ~** to have a cold ▷ nm cold
No confundir constipado con la palabra inglesa constipated.

constitución [konstitu'θjon] nf constitution

constituir [konstitu'ir] /3g/ vt (formar, componer) to constitute, make up; (fundar, erigir, ordenar) to constitute, establish

construcción [konstruk'θjon] nf construction, building

constructor, a [konstruk'tor, a] nm/f builder

construir [konstru'ir] /3g/ vt to build, construct

construyendo etc [konstru'jendo] vb V **construir**

consuelo [kon'swelo] nm consolation, solace

cónsul ['konsul] nm consul; **consulado** nm consulate

consulta [kon'sulta] nf consultation; **horas de ~** (Med) surgery hours; **consultar** /1a/ vt to consult; **consultar algo con algn** to discuss sth with sb; **consultorio** nm (Med) surgery

consumición [konsumi'θjon] nf consumption; (bebida) drink; (comida) food; **~ mínima** cover charge

consumidor, a [konsumi'ðor, a] nm/f consumer

consumir [konsu'mir] /3a/ vt to consume; **consumirse** vr to be consumed; (persona) to waste away

consumismo [konsu'mismo] nm consumerism

consumo [kon'sumo] nm consumption

contabilidad [kontaβili'ðað] nf accounting, book-keeping; (profesión) accountancy; **contable** nmf accountant

contactar [kontak'tar] /1a/ vi: **~ con algn** to contact sb

contacto [kon'takto] nm contact; (Auto) ignition; **estar en ~ con** to be in touch with

contado, -a [kon'taðo, a] adj: **~s** (escasos) numbered, scarce, few ▷ nm: **pagar al ~** to pay (in) cash

contador [konta'ðor] nm (aparato) meter; (LAm: contable) accountant

contagiar [konta'xjar] /1b/ vt (enfermedad) to pass on, transmit; (persona) to infect; **contagiarse** vr to become infected

contagio [kon'taxjo] nm infection; **contagioso, -a** adj infectious; (fig) catching

contaminación [kontamina'θjon] nf contamination; (del ambiente etc) pollution

contaminar [kontami'nar] /1a/ vt to contaminate; (aire, agua) to pollute

contante [kon'tante] adj: **dinero ~ (y sonante)** hard cash

contar [kon'tar] /1l/ vt (páginas, dinero) to count; (anécdota etc) to tell ▷ vi to count; **~ con** to rely on, count on

contemplar [kontem'plar] /1a/ vt to contemplate; (mirar) to look at

contemporáneo, -a [kontempo'raneo, a] adj, nm/f contemporary

contenedor [kontene'ðor] nm container

contener [konte'ner] /2k/ vt to contain, hold; (risa etc) to hold back, contain; **contenerse** vr to control o restrain o.s.

contenido, -a [konte'niðo, a] adj (moderado) restrained; (risa etc) suppressed ▷ nm contents pl, content

contentar [konten'tar] /1a/ vt (satisfacer) to satisfy; (complacer) to please; **contentarse** vr to be satisfied

contento, -a [kon'tento, a] adj (alegre) pleased; (feliz) happy

contestación [kontesta'θjon] nf answer, reply

contestador [kontesta'ðor] nm: **~ automático** answering machine

contestar [kontes'tar] /1a/ vt to answer (back), reply; (Jur) to corroborate, confirm

> No confundir *contestar* con la palabra inglesa *contest*.

contexto [kon'teksto] nm context

contigo [kon'tiyo] pron with you

contiguo, -a [kon'tiywo, a] adj adjacent, adjoining

continente [konti'nente] adj, nm continent

continuación [kontinwa'θjon] nf continuation; **a ~** then, next

continuar [konti'nwar] /1e/ vt to continue, go on, go on with ▷ vi to continue, go on; **~ hablando** to continue talking o to talk

continuidad [kontinwi'ðað] nf continuity

continuo, -a [kon'tinwo, a] adj (sin interrupción) continuous; (acción perseverante) continual

contorno [kon'torno] nm outline; (Geo) contour; **contornos** nmpl neighbourhood sg, surrounding area sg

contra ['kontra] prep against ▷ adv against ▷ nm con ▷ nf: **la C~ (nicaragüense)** the Contras pl

contraataque [kontraa'take] nm counterattack

contrabajo [kontra'βaxo] nm double bass

contrabandista [kontraβan'dista] nmf smuggler

contrabando [kontra'βando] nm (acción) smuggling; (mercancías) contraband

contracción [kontrak'θjon] nf contraction

contracorriente [kontrako'rrjente] nf cross-current

contradecir [kontraðe'θir] /3o/ vt to contradict

contradicción [kontraðik'θjon] nf contradiction

contradictorio, -a [kontraðik'torjo, a] adj contradictory

contraer [kontra'er] /2o/ vt to contract; (limitar) to restrict; **contraerse** vr to contract; (limitarse) to limit o.s.

contraluz [kontra'luθ] nm of view against the light

contrapartida [kontrapar'tiða] nf: **como ~ (de)** in return (for)

contrapelo [kontra'pelo]: **a ~** adv the wrong way

contrapeso [kontra'peso] nm counterweight

contraportada [kontrapor'taða] nf (de revista) back cover

contraproducente [kontraproðu'θente] adj counterproductive

contrario, -a [kon'trarjo, a] adj contrary; (persona) opposed; (sentido, lado) opposite ▷ nm/f enemy, adversary; (Deporte) opponent; **al ~, por el ~** on the contrary; **de lo ~** otherwise

contrarreloj [kontrarre'lo(x)] nf (tb: **prueba ~**) time trial

contrarrestar [kontrarres'tar] /1a/ vt to counteract

contrasentido [kontrasen'tiðo] nm contradiction

contraseña [kontra'seŋa] nf (frase) password

contrastar [kontras'tar] /1a/ vt to verify ▷ vi to contrast

contraste [kon'traste] nm contrast

contratar [kontra'tar] /1a/ vt (firmar un acuerdo para) to contract for; (empleados, obreros) to hire, engage

contratiempo [kontra'tjempo] nm setback

contratista [kontra'tista] nmf contractor

contrato [kon'trato] nm contract

contraventana [kontraβen'tana] nf shutter

contribución [kontriβu'θjon] nf (municipal etc) tax; (ayuda) contribution

contribuir [kontriβu'ir] /3g/ vt, vi to contribute; (Com) to pay (in taxes)

contribuyente [kontriβu'jente] nmf (Com) taxpayer; (que ayuda) contributor

contrincante [kontrin'kante] nm opponent

control [kon'trol] nm control; (inspección) inspection, check; **~ de pasaportes** passport inspection; **controlador, a** nm/f controller; **controlador aéreo** air-traffic controller; **controlar** /1a/ vt to control; to inspect, check

contundente [kontun'dente] *adj* (*argumento*) convincing; **instrumento** ~ blunt instrument

contusión [kontu'sjon] *nf* bruise

convalecencia [kombale'θenθja] *nf* convalescence

convalecer [kombale'θer] /2d/ *vi* to convalesce, get better

convalidar [kombali'ðar] /1a/ *vt* (*título*) to recognize

convencer [komben'θer] /2b/ *vt* to convince; (*persuadir*) to persuade

convención [komben'θjon] *nf* convention

conveniente [komben'njente] *adj* suitable; (*útil*) useful

convenio [kom'benjo] *nm* agreement, treaty

convenir [kombe'nir] /3r/ *vi* (*estar de acuerdo*) to agree; (*ser conveniente*) to suit, be suitable

> No confundir *convenir* con la palabra inglesa *convene*.

convento [kom'bento] *nm* monastery; (*de monjas*) convent

convenza etc [kom'benθa] *vb V* **convencer**

converger [komber'xer] /2c/, **convergir** [komber'xir] /3c/ *vi* to converge

conversación [kombersa'θjon] *nf* conversation

conversar [komber'sar] /1a/ *vi* to talk, converse

conversión [komber'sjon] *nf* conversion

convertir [komber'tir] /3i/ *vt* to convert

convidar [kombi'ðar] /1a/ *vt* to invite; ~ **a algn a una cerveza** to buy sb a beer

convincente [kombin'θente] *adj* convincing

convite [kom'bite] *nm* invitation; (*banquete*) banquet

convivencia [kombi'βenθja] *nf* coexistence, living together

convivir [kombi'βir] /3a/ *vi* to live together

convocar [kombo'kar] /1g/ *vt* to summon, call (together)

convocatoria [komboka'torja] *nf* summons *sg*; (*anuncio*) notice of meeting

cónyuge ['konjuxe] *nmf* spouse

coñac ['koɲa(k)] (*pl* **coñacs**) *nm* cognac, brandy

coño ['koɲo] (*fam!*) *excl* (*enfado*) shit (!); (*sorpresa*) bloody hell (!)

cool [kul] *adj* (*fam*) cool

cooperación [koopera'θjon] *nf* cooperation

cooperar [koope'rar] /1a/ *vi* to cooperate

coordinar [koorði'nar] /1a/ *vt* to coordinate

copa ['kopa] *nf* cup; (*vaso*) glass; (*de árbol*) top; (*de sombrero*) crown; **copas** *nfpl* (*Naipes*) one of the suits in the Spanish card deck; **(tomar una)** ~ (to have a) drink

copia ['kopja] *nf* copy; (*Inform*): ~ **de respaldo** o **de seguridad** backup copy; **copiar** /1b/ *vt* to copy

copla ['kopla] *nf* verse; (*canción*) (popular) song

copo ['kopo] *nm*: ~**s de maíz** cornflakes; ~ **de nieve** snowflake

coqueta [ko'keta] *adj* flirtatious, coquettish; **coquetear** /1a/ *vi* to flirt

coraje [ko'raxe] *nm* courage; (*ánimo*) spirit; (*ira*) anger

coral [ko'ral] *adj* choral ▷ *nf* choir ▷ *nm* (*Zool*) coral

coraza [ko'raθa] *nf* (*armadura*) armour; (*blindaje*) armour-plating

corazón [kora'θon] *nm* heart

corazonada [koraθo'naða] *nf* impulse; (*presentimiento*) hunch

corbata [kor'βata] *nf* tie

corchete [kor'tʃete] *nm* catch, clasp

corcho ['kortʃo] *nm* cork; (*Pesca*) float

cordel [kor'ðel] *nm* cord, line

cordero [kor'ðero] *nm* lamb

cordial [kor'ðjal] *adj* cordial

cordillera [korði'ʎera] *nf* range (of mountains)

Córdoba ['korðoβa] *nf* Cordova

cordón [kor'ðon] *nm* (*cuerda*) cord, string; (*de zapatos*) lace; (*Mil etc*) cordon; **~ umbilical** umbilical cord

cordura [kor'ðura] *nf*: **con ~** (*obrar, hablar*) sensibly

corneta [kor'neta] *nf* bugle

cornisa [kor'nisa] *nf* cornice

coro ['koro] *nm* chorus; (*conjunto de cantores*) choir

corona [ko'rona] *nf* crown; (*de flores*) garland

coronel [koro'nel] *nm* colonel

coronilla [koro'niʎa] *nf* (*Anat*) crown (of the head)

corporal [korpo'ral] *adj* corporal, bodily

corpulento, -a [korpu'lento, a] *adj* (*persona*) heavily-built

corral [ko'rral] *nm* farmyard

correa [ko'rrea] *nf* strap; (*cinturón*) belt; (*de perro*) lead, leash; **~ del ventilador** (*Auto*) fan belt

corrección [korrek'θjon] *nf* correction; (*represión*) rebuke; **correccional** *nm* reformatory

correcto, -a [ko'rrekto, a] *adj* correct; (*persona*) well-mannered

corredizo, -a [korre'ðiθo, a] *adj* (*puerta etc*) sliding

corredor, a [korre'ðor, a] *nm/f* (*Deporte*) runner ▷ *nm* (*pasillo*) corridor; (*balcón corredor*) gallery; (*Com*) agent, broker

corregir [korre'xir] /3c, 3k/ *vt* (*error*) to correct; **corregirse** *vr* to reform

correo [ko'rreo] *nm* post, mail; (*persona*) courier; **Correos** *nmpl* Post Office *sg*; **~ aéreo** airmail; **~ basura** (*por Internet*) spam; **~ electrónico** email, electronic mail; **~ web** webmail

correr [ko'rrer] /2a/ *vt* to run; (*cortinas*) to draw; (*cerrojo*) to shoot ▷ *vi* to run; (*líquido*) to run, flow; **correrse** *vr* to slide, move; (*colores*) to run

correspondencia [korrespon'denθja] *nf* correspondence; (*Ferro*) connection

corresponder [korrespon'der] /2a/ *vi* (*convenir*) to be suitable; (*pertenecer*) to belong; (*tocar*) to concern; **corresponderse** *vr* (*por escrito*) to correspond; (*amarse*) to love one another

correspondiente [korrespon'djente] *adj* corresponding

corresponsal [korrespon'sal] *nmf* (*newspaper*) correspondent

corrido, -a [ko'rriðo, a] *adj* (*avergonzado*) abashed ▷ *nf* (*de toros*) bullfight; **un kilo ~** a good kilo

corriente [ko'rrjente] *adj* (*agua*) running; (*dinero, cuenta etc*) current; (*común*) ordinary, normal ▷ *nf* current ▷ *nm* current month; **~ eléctrica** electric current; **estar al ~ de** to be informed about

corrija etc [ko'rrixa] *vb* V **corregir**

corro ['korro] *nm* ring, circle (of people)

corromper [korrom'per] /2a/ *vt* (*madera*) to rot; (*fig*) to corrupt

corrosivo, -a [korro'siβo, a] *adj* corrosive

corrupción [korrup'θjon] *nf* rot, decay; (*fig*) corruption

corsé [kor'se] *nm* corset

cortacésped [korta'θespeð] *nm* lawn mower

cortado, -a [kor'taðo, a] *adj* (*con cuchillo*) cut; (*leche*) sour; (*desconcertado*) embarrassed; (*tímido*) shy ▷ *nm* coffee with a little milk

cortafuegos [korta'fweɣos] *nm inv* (*en el bosque*) firebreak, fire lane (us); (*Internet*) firewall

cortalápices [korta'lapiθes] *nm inv* (*pencil*) sharpener

cortar [kor'tar] /1a/ *vt* to cut; (*suministro*) to cut off; (*un pasaje*) to cut out ▷ *vi* to cut; **cortarse** *vr* (*turbarse*) to become embarrassed; (*leche*) to turn, curdle; **~se el pelo** to have one's hair cut

cortauñas [korta'uɲas] *nm inv* nail clippers *pl*

corte ['korte] nm cut, cutting; (de tela) piece, length o nf (real) court; **~ y confección** dressmaking; **~ de corriente** o **luz** power cut; **las C~s** the Spanish Parliament sg

cortejo [kor'texo] nm entourage; **~ fúnebre** funeral procession

cortés [kor'tes] adj courteous, polite

cortesía [korte'sia] nf courtesy

corteza [kor'teθa] nf (de árbol) bark; (de pan) crust

cortijo [kor'tixo] nm (ESP) farm, farmhouse

cortina [kor'tina] nf curtain

corto, -a ['korto, a] adj (breve) short; (tímido) bashful; **~ de luces** not very bright; **~ de vista** short-sighted; **estar ~ de fondos** to be short of funds; **cortocircuito** nm short-circuit; **cortometraje** nm (Cine) short

cosa ['kosa] nf thing; **~ de** about; **eso es ~ mía** that's my business

coscorrón [kosko'rron] nm bump on the head

cosecha [ko'setʃa] nf (Agr) harvest; (de vino) vintage; **cosechar** /1a/ vt to harvest, gather (in)

coser [ko'ser] /2a/ vt to sew

cosmético, -a [kos'metiko, a] adj, nm cosmetic

cosquillas [kos'kiλas] nfpl: **hacer ~** to tickle; **tener ~** to be ticklish

costa ['kosta] nf (Geo) coast; **C~ Brava** Costa Brava; **C~ Cantábrica** Cantabrian Coast; **C~ del Sol** Costa del Sol; **a toda ~** at any price

costado [kos'taðo] nm side

costanera [kosta'nera] nf (LAM) promenade, sea front

costar [kos'tar] /1l/ vt (valer) to cost; **me cuesta hablarle** I find it hard to talk to him

Costa Rica [kosta'rika] nf Costa Rica; **costarricense** adj, nmf Costa Rican

coste ['koste] nm V **costo**

costear [koste'ar] /1a/ vt to pay for

costero, a [kos'tero, a] adj coastal

costilla [kos'tiλa] nf rib; (Culin) cutlet

costo ['kosto] nm cost, price; **~ de la vida** cost of living; **costoso, -a** adj costly, expensive

costra ['kostra] nf (corteza) crust; (Med) scab

costumbre [kos'tumbre] nf custom, habit; **como de ~** as usual

costura [kos'tura] nf sewing, needlework; (zurcido) seam

costurera [kostu'rera] nf dressmaker

costurero [kostu'rero] nm sewing box o case

cotidiano, -a [koti'ðjano, a] adj daily, day to day

cotilla [ko'tiλa] nf gossip; **cotillear** /1a/ vi to gossip; **cotilleo** nm gossip(ing)

cotizar [koti'θar] /1f/ vt (Com) to quote, price; **cotizarse** vr: **~se a** to sell at, fetch; (Bolsa) to stand at, be quoted at

coto ['koto] nm (terreno cercado) enclosure; (de caza) reserve

cotorra [ko'torra] nf parrot

coyote [ko'jote] nm coyote, prairie wolf

coz [koθ] nf kick

crack [krak] nm (droga) crack

cráneo ['kraneo] nm skull, cranium

cráter ['krater] nm crater

crayón [kra'jon] nm (LAM: lápiz) (coloured) pencil; (cera) crayon

creación [krea'θjon] nf creation

creador, a [krea'ðor, a] adj creative ▷ nm/f creator

crear [kre'ar] /1a/ vt to create, make

creativo, -a [krea'tiβo, a] adj creative

crecer [kre'θer] /2d/ vi to grow; (precio) to rise

creces ['kreθes]: **con ~** adv amply, fully

crecido, -a [kre'θiðo, a] adj (persona, planta) full-grown; (cantidad) large

crecimiento [kreθi'mjento] nm growth; (aumento) increase

credencial [kreðen'θjal] nf (LAM: tarjeta) card; **credenciales**

nfpl credentials; **~ de socio** (*LAM*) membership card

crédito [ˈkreðito] *nm* credit

credo [ˈkreðo] *nm* creed

creencia [kreˈenθja] *nf* belief

creer [kreˈer] /2e/ *vt, vi* to think, believe; **creerse** *vr* to believe o.s. (to be); **~ en** to believe in; **creo que sí/no** I think/don't think so; **¡ya lo creo!** I should think so!

creído, -a [kreˈiðo, a] *adj* (*engreído*) conceited

crema [ˈkrema] *nf* cream; **~ batida** (*LAM*) whipped cream; **~ pastelera** (confectioner's) custard

cremallera [kremaˈʎera] *nf* zip (fastener) (*BRIT*), zipper (*US*)

crepe [ˈkrepe] *nf* (*ESP*) pancake

cresta [ˈkresta] *nf* (*Geo, Zool*) crest

creyendo *etc* [kreˈjendo] *vb V* **creer**

creyente [kreˈjente] *nmf* believer

creyó *etc* [kreˈjo] *vb V* **creer**

crezco *etc* *vb V* **crecer**

cría [ˈkria] *nf* V **criar** ⊳ *nf* (*de animales*) rearing, breeding; (*animal*) young; V *tb* **crío**

criadero [kriaˈðero] *nm* (*Zool*) breeding place

criado, -a [kriˈaðo, a] *nm* servant ⊳ *nf* servant, maid

criador [kriaˈðor] *nm* breeder

crianza [kriˈanθa] *nf* rearing, breeding; (*fig*) breeding

criar [kriˈar] /1c/ *vt* (*educar*) to bring up; (*producir*) to grow, produce; (*animales*) to breed

criatura [kriaˈtura] *nf* creature; (*niño*) baby, (small) child

cribar [kriˈβar] /1a/ *vt* to sieve

crimen [ˈkrimen] *nm* crime

criminal [krimiˈnal] *adj, nmf* criminal

crin [krin] *nf* (*tb*: **~es**) mane

crío, -a [ˈkrio, a] *nm/f* (*fam: chico*) kid

crisis [ˈkrisis] *nf inv* crisis; **~ nerviosa** nervous breakdown

crismas [ˈkrismas] *nm inv* (*ESP*) Christmas card

cristal [krisˈtal] *nm* crystal; (*de ventana*) glass, pane; (*lente*) lens; **cristalino, -a** *adj* crystalline; (*fig*) clear ⊳ *nm* lens of the eye

cristianismo [kristjaˈnismo] *nm* Christianity

cristiano, -a [krisˈtjano, a] *adj, nm/f* Christian

Cristo [ˈkristo] *nm* Christ; (*crucifijo*) crucifix

criterio [kriˈterjo] *nm* criterion; (*juicio*) judgement

criticar [kritiˈkar] /1g/ *vt* to criticize

crítico, -a [ˈkritiko, a] *adj* critical ⊳ *nm* critic ⊳ *nf* criticism

Croacia [kroˈaθja] *nf* Croatia

croissant [kroˈasan] *nm* croissant

cromo [ˈkromo] *nm* chrome

crónico, -a [ˈkroniko, a] *adj* chronic ⊳ *nf* chronicle, account

cronómetro [kroˈnometro] *nm* stopwatch

croqueta [kroˈketa] *nf* croquette, rissole

cruce [ˈkruθe] *vb V* **cruzar** ⊳ *nm* (*para peatones*) crossing; (*de carreteras*) crossroads

crucero [kruˈθero] *nm* (*viaje*) cruise

crucificar [kruθifiˈkar] /1g/ *vt* to crucify

crucifijo [kruθiˈfixo] *nm* crucifix

crucigrama [kruθiˈɣrama] *nm* crossword (puzzle)

cruda [ˈkruða] *nf* (*LAM fam*) hangover

crudo, -a [ˈkruðo, a] *adj* raw; (*no maduro*) unripe; (*petróleo*) crude; (*rudo, cruel*) crude (oil)

cruel [krwel] *adj* cruel; **crueldad** *nf* cruelty

crujiente [kruˈxjente] *adj* (*galleta etc*) crunchy

crujir [kruˈxir] /3a/ *vi* (*madera etc*) to creak; (*dedos*) to crack; (*dientes*) to grind; (*nieve, arena*) to crunch

cruz [kruθ] *nf* cross; (*de moneda*) tails *sg*; **~ gamada** swastika; **C~ Roja** Red Cross

cruzado, -a [kru'θaðo, a] *adj* crossed
▷ *nm* crusader ▷ *nf* crusade

cruzar [kru'θar] /1f/ *vt* to cross;
cruzarse *vr* (*líneas etc*) to cross;
(*personas*) to pass each other

cuaderno [kwa'ðerno] *nm* notebook;
(*de escuela*) exercise book; (*Naut*)
logbook

cuadra ['kwaðra] *nf* (*caballeriza*)
stable; (*LAM*) (city) block

cuadrado, -a [kwa'ðraðo, a] *adj*
square ▷ *nm* (*Mat*) square

cuadrar [kwa'ðrar] /1a/ *vt* to square
▷ *vi*: **~ con** to square with, tally with;
cuadrarse *vr* (*soldado*) to stand to
attention

cuadrilátero [kwaðri'latero]
nm (*Deporte*) boxing ring; (*Mat*)
quadrilateral

cuadrilla [kwa'ðriʎa] *nf* party, group

cuadro ['kwaðro] *nm* square; (*Arte*)
painting; (*Teat*) scene; (*diagrama*)
chart; (*Deporte, Med*) team; **tela a
~s** checked (*BRIT*) o chequered (*US*)
material

cuajar [kwa'xar] /1a/ *vt* (*leche*) to
curdle; (*sangre*) to congeal; (*Culin*) to
set; **cuajarse** *vr* to curdle; to congeal;
(*llenarse*) to fill up

cuajo ['kwaxo] *nm*: **de ~** (*arrancar*) by
the roots; (*cortar*) completely

cual [kwal] *adv* like, as ▷ *pron*: **el ~** *etc*
which; (*persona, sujeto*) who; (*persona,
objeto*) whom ▷ *adj* such as; **cada ~**
each one; **tal ~** just as it is

cuál [kwal] *pron interrogativo* which
(one)

cualesquier [kwales'kjer],
cualesquiera [kwales'kjera] *adj pl,
pron pl de* **cualquier**

cualidad [kwali'ðað] *nf* quality

cualquier [kwal'kjer], **cualquiera**
[kwal'kjera] *adj* any ▷ *pron* anybody;
~ día/libro any day/book; **un coche
~a servirá** any car will do; **no es un
hombre ~** he's not just anybody; **eso
~ lo sabe hacer** anybody can do
that; **es un ~** he's a nobody

cuando ['kwando] *adv* when; (*aún
si*) if, even if ▷ *conj* (*puesto que*) since
▷ *prep*: **yo, ~ niño ...** when I was a
child o as a child I ...; **~ no sea así**
even if it's not so; **~ más** at (the)
most; **~ menos** at least; **~ no** if not,
otherwise; **de ~ en ~** from time
to time

cuándo ['kwando] *adv* when; **¿desde
~?** since when?

cuantía [kwan'tia] *nf* (*importe: de
pérdidas, deuda, daños*) extent

cuanto, -a ['kwanto, a] *adj* **1** (*todo*)
tiene todo cuanto desea he's got
everything he wants; **le daremos
cuantos ejemplares necesite** we'll
give him as many copies as o all the
copies he needs; **cuantos hombres
la ven** all the men who see her
2: **unos cuantos: había unos
cuantos periodistas** there were
(quite) a few journalists
3 (+*más*): **cuanto más vino bebas
peor te sentirás** the more wine you
drink the worse you'll feel
▷ *pron*: **tiene cuanto desea** he has
everything he wants; **tome cuanto/
cuantos quiera** take as much/many
as you want
▷ *adv*: **en cuanto: en cuanto
profesor** as a teacher; **en cuanto a
mí** as for me; *V tb* **antes**
▷ *conj*: **cuanto más gana menos
gasta** the more he earns the less he
spends; **cuanto más joven se es
más se es confiado** the younger you
are the more trusting you are
2: **en cuanto: en cuanto llegue/
llegué** as soon as I arrive/arrived

cuánto, -a ['kwanto, a] *adj*
(*exclamación*) what a lot of;
(*interrogativo: sg*) how much?
(: *pl*) how many? ▷ *pron, adv* how
(*interrogativo: sg*) how much?

how many?; **¡cuánta gente!** what a lot of people!; **¿~ cuesta?** how much does it cost?; **¿a ~s estamos?** what's the date?

cuarenta [kwaˈrenta] *num* forty

cuarentena [kwarenˈtena] *nf* quarantine

cuaresma [kwaˈresma] *nf* Lent

cuarta [ˈkwarta] *nf* V **cuarto**

cuartel [kwarˈtel] *nm* (*Mil*) barracks *pl*; **~ de bomberos** (*LAM*) fire station; **~ general** headquarters *pl*

cuarteto [kwarˈteto] *nm* quartet

cuarto, -a [ˈkwarto, a] *adj* fourth ▷ *nm* (*Mat*) quarter, fourth; (*habitación*) room ▷ *nf* (*Mat*) quarter, fourth; (*palmo*) span; **~ de baño** bathroom; **~ de estar** living room; **~ de hora** quarter (of an) hour; **~ de kilo** quarter kilo; **~s de final** quarter finals

cuatro [ˈkwatro] *num* four

Cuba [ˈkuβa] *nf* Cuba

cuba [ˈkuβa] *nf* cask, barrel

cubalibre [kuβaˈliβre] *nm* (white) rum and coke®

cubano, -a [kuˈβano, a] *adj, nm/f* Cuban

cubata [kuˈβata] *nm* = **cubalibre**

cubeta [kuˈβeta] *nf* (*balde*) bucket, tub

cúbico, -a [ˈkuβiko, a] *adj* cubic

cubierto, -a [kuˈβjerto, a] *pp de* **cubrir** ▷ *adj* covered ▷ *nm* cover; (*en la mesa*) place ▷ *nf* cover, covering; (*neumático*) tyre; (*Naut*) deck; **cubiertos** *nmpl* cutlery *sg*; **a ~** under cover

cubilete [kuβiˈlete] *nm* (*en juegos*) cup

cubito [kuˈβito] *nm*: **~ de hielo** ice cube

cubo [ˈkuβo] *nm* cube; (*balde*) bucket, tub; (*Tec*) drum; **~ de (la) basura** dustbin (*BRIT*), trash can (*US*)

cubrir [kuˈβrir] /3a/ *vt* to cover; **cubrirse** *vr* (*cielo*) to become overcast

cucaracha [kukaˈratʃa] *nf* cockroach

cuchara [kuˈtʃara] *nf* spoon; (*Tec*) scoop; **cucharada** *nf* spoonful; **cucharadita** *nf* teaspoonful

cucharilla [kutʃaˈriʎa] *nf* teaspoon

cucharón [kutʃaˈron] *nm* ladle

cuchilla [kuˈtʃiʎa] *nf* (*de arma blanca*) blade; **~ de afeitar** razor blade

cuchillo [kuˈtʃiʎo] *nm* knife

cuchitril [kutʃiˈtril] *nm* hovel

cuclillas [kuˈkliʎas] *nfpl*: **en ~** squatting

cuco, -a [ˈkuko, a] *adj* pretty; (*astuto*) sharp ▷ *nm* cuckoo

cucurucho [kukuˈrutʃo] *nm* cornet

cueca [ˈkweka] *nf* Chilean national dance

cuello [ˈkweʎo] *nm* (*Anat*) neck; (*de vestido, camisa*) collar

cuenca [ˈkwenka] *nf* (*Anat*) eye socket; (*Geo*) bowl, deep valley

cuenco [ˈkwenko] *nm* (*earthenware*) bowl

cuenta [ˈkwenta] *vb V* **contar** ▷ *nf* (*cálculo*) count, counting; (*en café, restaurante*) bill (*BRIT*), check (*US*); (*Com*) account; (*de collar*) bead; **a fin de ~s** in the end; **caer en la ~** to catch on; **darse ~ de** to realize; **tener en ~** to bear in mind; **echar ~s** to take stock; **~ atrás** countdown; **~ corriente/de ahorros/a plazo (fijo)** current/savings/deposit account; **~ de correo** (*Internet*) email account; **cuentakilómetros** *nm inv* = milometer, clock; (*velocímetro*) speedometer

cuento [ˈkwento] *vb V* **contar** ▷ *nm* story; **~ chino** tall story; **~ de hadas** fairy tale ▷ *story*

cuerda [ˈkwerða] *nf* rope; (*hilo*) string; (*de reloj*) spring; **~ floja** tightrope; **~s vocales** vocal cords; **dar ~ a un reloj** to wind up a clock

cuerdo, -a [ˈkwerðo, a] *adj* sane; (*prudente*) wise, sensible

cuerno [ˈkwerno] *nm* horn

cuero [ˈkwero] *nm* leather; **en ~s** stark naked; **~ cabelludo** scalp

cuerpo [ˈkwerpo] *nm* body

cuervo [ˈkwerβo] *nm* crow

cuesta ['kwesta] vb V **costar** ⊳ nf
slope; (en camino etc) hill; ~ **arriba/
abajo** uphill/downhill; **a ~s** on
one's back

cueste etc vb V **costar**

cuestión [kwes'tjon] nf matter,
question, issue

cuete ['kwete] adj (LAM fam) drunk
⊳ nm (cohete) rocket; (fam: embriaguez)
drunkenness; (Culin) steak

cueva ['kweβa] nf cave

cuidado [kwi'ðaðo] nm care,
carefulness; (preocupación) care, worry
⊳ excl carefull, look out!; **eso me tiene
sin ~** I'm not worried about that

cuidadoso, -a [kwiða'ðoso, a] adj
careful; (preocupado) anxious

cuidar [kwi'ðar] /1a/ vt (Med) to
care for; (ocuparse de) to look after,
look after ⊳ vi: ~ **de** to take care of,
look after; **cuidarse** vr to look after
o.s.; ~**se de hacer algo** to take care
to do sth

culata [ku'lata] nf (de fusil) butt

culebra [ku'leβra] nf snake

culebrón [kule'βron] nm (fam) soap
(opera)

culo ['kulo] nm bottom, backside; (de
vaso) bottom

culpa ['kulpa] nf fault; (Jur) guilt; **por
~ de** because of; **echar la ~ a algn** to
blame sb for sth; **tener la ~ (de)** to
be to blame (for); **culpable** adj guilty
⊳ nmf culprit; **culpar** /1a/ vt to blame;
(acusar) to accuse

cultivar [kulti'βar] /1a/ vt to
cultivate

cultivo [kul'tiβo] nm (acto) cultivation;
(plantas) crop; ~ **transgénico** GM crop

culto, -a ['kulto, a] adj (que tiene
cultura) cultured, educated ⊳ nm
(homenaje) worship; (religión) cult

cultura [kul'tura] nf culture

culturismo [kultu'rismo] nm
body-building

cumbia ['kumbja] nf popular
Colombian dance

cumbre ['kumbre] nf summit, top

cumpleaños [kumple'aɲos] nm
inv birthday

cumplido, -a [kum'pliðo, a]
adj (abundante) plentiful; (cortés)
courteous ⊳ nm compliment; **visita
de ~** courtesy call

cumplidor, a [kumpli'ðor, a] adj
reliable

cumplimiento [kumpli'mjento] nm
(de un deber) fulfilment; (acabamiento)
completion

cumplir [kum'plir] /3a/ vt (orden) to
carry out, obey; (promesa) to carry out,
fulfil; (condena) to serve; **cumplirse**
vr (plazo) to expire; **hoy cumple
dieciocho años** he is eighteen today;
~ **con** (deber) to carry out, fulfil

cuna ['kuna] nf cradle, cot

cundir [kun'dir] /3a/ vi (noticia,
rumor, pánico) to spread; (rendir) to go
a long way

cuneta [ku'neta] nf ditch

cuña ['kuɲa] nf wedge

cuñado, -a [ku'ɲaðo, a] nm/f
brother-/sister-in-law

cuota ['kwota] nf (parte proporcional)
share; (cotización) fee, dues pl

cupe etc ['kupe] vb V **caber**

cupiera etc [ku'pjera] vb V **caber**

cupo etc ['kupo] vb V **caber** ⊳ nm
quota

cupón [ku'pon] nm coupon

cúpula ['kupula] nf dome

cura ['kura] nf (curación) cure; (método
curativo) treatment ⊳ nm priest

curación [kura'θjon] nf cure; (acción)
curing

curandero, -a [kuran'dero, a] nm/f
healer; (pey) quack

curar [ku'rar] /1a/ vt (Med: herida) to
treat, dress; (: enfermo) to cure; (Culin)
to cure, salt; (cuero) to tan ⊳ **curarse**
vr to get better, recover

curiosear [kurjose'ar] /1a/ vt to
glance at, look over ⊳ vi to look
round, wander round; (explorar) to
poke about

curiosidad [kurjosi'ðað] nf curiosity

curioso, -a [ku'rjoso, a] *adj* curious
▷ *nm/f* bystander, onlooker

curita [ku'rita] *nf* (LAM) sticking plaster

currante [ku'rrante] *nmf* (fam) worker

currar [ku'rrar] /1a/ *vi* to work

currículo [ku'rrikulo], **currículum** [ku'rrikulum] *nm* curriculum vitae

cursi ['kursi] *adj* (fam) affected

cursillo [kur'siʎo] *nm* short course

cursiva [kur'siβa] *nf* italics *pl*

curso ['kurso] *nm* course; **en ~** (*año*) current; (*proceso*) going on, under way

cursor [kur'sor] *nm* (Inform) cursor

curul [ku'rul] *nm* (LAM: *escaño*) seat

custodia [kus'toðja] *nf* (*cuidado*) safekeeping; (*Jur*) custody

cutis ['kutis] *nm inv* skin, complexion

cutre ['kutre] *adj* (fam: *lugar*) grotty

cuyo, -a ['kujo, a] *pron* (*de quien*) whose; (*de que*) whose, of which; **en ~ caso** in which case

C.V. *abr* (= *caballos de vapor*) H.P.

d

D. *abr* (= *Don*) Esq

dado, -a ['daðo, a] *pp de* **dar** ▷ *nm* die; **dados** *nmpl* dice; **~ que** given that

daltónico, -a [dal'toniko, a] *adj* colour-blind

dama ['dama] *nf* (*gen*) lady; (*Ajedrez*) queen; **damas** *nfpl* draughts; **~ de honor** bridesmaid

damasco [da'masko] *nm* (LAM) apricot

danés, -esa [da'nes, esa] *adj* Danish ▷ *nm/f* Dane

dañar [da'ɲar] /1a/ *vt* (*objeto*) to damage; (*persona*) to hurt; **dañarse** *vr* (*objeto*) to get damaged

dañino, -a [da'ɲino, a] *adj* harmful

daño ['daɲo] *nm* (*a un objeto*) damage; (*a una persona*) harm, injury; **~s y perjuicios** (*Jur*) damages; **hacer ~ a** (*persona*) to hurt, injure; **hacerse ~** to hurt o.s.

dañoso, -a [da'ɲoso, a] *adj* harmful

dar | 82

○ **PALABRA CLAVE**

dar [dar] /1q/ *vt* **1** (*gen*) to give; (*obra de teatro*) to put on; (*film*) to show; (*fiesta*) to have; **dar algo a algn** to give sb sth o sth to sb; **dar de beber a algn** to give sb a drink; **dar de comer** to feed **2** (*producir: intereses*) to yield; (: *fruta*) to produce
3 (*locuciones* + *n*): **da gusto escucharle** it's a pleasure to listen to him; **v t b paseo**
4 (+ *n: = perífrasis de verbo*): **me da asco** it sickens me
5 (*considerar*): **dar algo por descontado/entendido** to take sth for granted/as read; **dar algo por concluido** to consider sth finished
6 (*hora*): **el reloj dio las seis** the clock struck six (o'clock)
7: **me da lo mismo** it's all the same to me; **V tb igual; más**
▶ *vi* **1**: **dar a** (*habitación*) to overlook, look on to; (*accionar: botón etc*) to press, hit
2: **dar con**: **dimos con él dos horas más tarde** we came across him two hours later; **al final di con la solución** I eventually came up with the answer
3: **dar en** (*blanco, suelo*) to hit; **el sol me da en la cara** the sun is shining (right) in my face
4: **dar de sí** (*zapatos etc*) to stretch, give
▶ **darse** *vr* **1**: **darse un baño** to have a bath; **darse un golpe** to hit o.s.
2: **darse por vencido** to give up
3 (*ocurrir*): **se han dado muchos casos** there have been a lot of cases
4: **darse a: se ha dado a la bebida** he's taken to drinking
5: **se me dan bien/mal las ciencias** I'm good/bad at science
6: **dárselas de: se las da de experto** he fancies himself o poses as an expert

dardo ['darðo] *nm* dart

dátil ['datil] *nm* date
dato ['dato] *nm* fact, piece of information; **~s personales** personal details
dcha. *abr* (= *derecha*) r
d. de C. *abr* (= *después de Cristo*) A.D. **= Anno Dómini**

○ **PALABRA CLAVE**

de [de] *prep* (**de** + **el** = **del**) **1** (*posesión, pertenencia*) of; **la casa de Isabel/mis padres** Isabel's/my parents' house; **es de ellos/ella** it's theirs/hers
2 (*origen, distancia, con números*) from; **soy de Gijón** I'm from Gijón; **de 8 a 20** from 8 to 20; **salir del cine** to go out of o leave the cinema; **de 2 en 2** by 2, 2 at a time
3 (*valor descriptivo*): **una copa de vino** a glass of wine; **la mesa de la cocina** the kitchen table; **un billete de 50 euros** a 50-euro note; **un niño de tres años** a three-year-old (child); **una máquina de coser** a sewing machine; **ir vestido de gris** to be dressed in grey; **la niña del vestido azul** the girl in the blue dress; **trabaja de profesora** she works as a teacher; **de lado** sideways; **de atrás/delante** rear/front
4 (*hora, tiempo*): **a las 8 de la mañana** at 8 o'clock in the morning; **de día/noche** by day/night; **de hoy en ocho días** a week from now; **de niño era gordo** as a child he was fat
5 (*comparaciones*): **más/menos de cien personas** more/less than a hundred people; **el más caro de la tienda** the most expensive in the shop; **menos/más de lo pensado** less/more than expected
6 (*causa*): **del calor** from the heat
7 (*tema*) about; **clases de inglés** English classes; **¿sabes algo de él?** do you know anything about him?; **un libro de física** a physics book
8 (*adj + de + infin*): **fácil de entender** easy to understand

9 (oraciones pasivas): **fue respetado de todos** he was loved by all **10** (condicional + infin) if; **de ser posible** if possible; **de no terminarlo hoy** if I etc don't finish it today

dé [de] vb V **dar**

debajo [de'βaxo] adv underneath; **~ de** below, under; **por ~ de** beneath

debate [de'βate] nm debate; **debatir** /3a/ vt to debate

deber [de'βer] /2a/ nm duty ▷ vt to owe ▷ vi: **debe (de)** it must, it should; **deberse** vr: **~se a** to be owing o due to; **deberes** nmpl (Escol) homework sg; **debo hacerlo** I must do it; **debe de ir** he should go

debido, -a [de'βiðo, a] adj proper, due; **~ a** due to, because of

débil [ˈdeβil] adj weak; (luz) dim; **debilidad** nf weakness; dimness

debilitar [deβili'tar] /1a/ vt to weaken; **debilitarse** vr to grow weak

débito [ˈdeβito] nm debit; **~ bancario** (LAM) direct debit (BRIT) o billing (US)

debutar [deβu'tar] /1a/ vi to make one's debut

década [ˈdekaða] nf decade

decadencia [deka'ðenθja] nf (estado) decadence; (proceso) decline, decay

decaído, -a [deka'iðo, a] adj: **estar ~** (persona) to be down

decano, -a [de'kano, a] nm/f (Univ etc) dean

decena [de'θena] nf: **una ~** ten (or so)

decente [de'θente] adj decent

decepción [deθep'θjon] nf disappointment

> No confundir decepción con la palabra inglesa deception.

decepcionar [deθepθjo'nar] /1a/ vt to disappoint

decidir [deθi'ðir] /3a/ vt to decide ▷ vi to decide; **decidirse** vr: **~se a** to make up one's mind to

décimo, -a [ˈdeθimo, a] num tenth ▷ nf tenth

decir [de'θir] /3o/ vt to say; (contar) to tell; (hablar) to speak ▷ nm saying; **decirse** vr: **se dice** it is said; **~ para** o **entre sí** to say to o.s.; **querer ~** to mean; **es ~** that is to say; **¡dígame!** (en tienda etc) can I help you?; (Telec) hello?

decisión [deθi'sjon] nf decision; (firmeza) decisiveness

decisivo, -a [deθi'siβo, a] adj decisive

declaración [deklara'θjon] nf (manifestación) statement; (de amor) declaration; **~ de ingresos** o **de la renta** income tax return

declarar [dekla'rar] /1a/ vt to declare ▷ vi (Jur) to testify; **declararse** vr to propose

decoración [dekora'θjon] nf decoration

decorado [deko'raðo] nm (Cine, Teat) scenery, set

decorar [deko'rar] /1a/ vt to decorate; **decorativo, -a** adj ornamental, decorative

decreto [de'kreto] nm decree

dedal [de'ðal] nm thimble

dedicación [deðika'θjon] nf dedication

dedicar [deði'kar] /1g/ vt (libro) to dedicate; (tiempo, dinero) to devote; (palabras: decir, consagrar) to dedicate, devote; **dedicatoria** nf (de libro) dedication

dedo [ˈdeðo] nm finger; **~ (del pie)** toe; **~ pulgar** thumb; **~ índice** index finger; **~ mayor** o **cordial** middle finger; **~ anular** ring finger; **~ meñique** little finger

deducción [deðuk'θjon] nf deduction

deducir [deðu'θir] /3n/ vt (concluir) to deduce, infer; (Com) to deduct

defecto [de'fekto] nm defect, flaw; **defectuoso, -a** adj defective, faulty

defender [defen'der] /2g/ vt to defend; **defenderse** vr: **me defiendo en inglés** (fig) I can get by in English

defensa [de'fensa] *nf* defence ▷ *nm* (*Deporte*) defender, back; **defensivo, -a** *adj* defensive ▷ *nf*: **a la defensiva** on the defensive

defensor, -a [defen'sor, a] *adj* defending ▷ *nm/f* (*abogado defensor*) defending counsel; (*protector*) protector

deficiencia [defi'θjenθja] *nf* deficiency

deficiente [defi'θjente] *adj* (*defectuoso*) defective; **~ en** lacking o deficient in ▷ *nmf*: **ser un ~ mental** to have learning difficulties

déficit ['defiθit] (*pl* **déficits**) *nm* deficit

definición [defini'θjon] *nf* definition

definir [defi'nir] /3a/ *vt* (*determinar*) to determine, establish; (*decidir*) to define; (*aclarar*) to clarify; **definitivo, -a** *adj* definitive; **en definitiva** definitively; (*en resumen*) in short

deformación [deforma'θjon] *nf* (*alteración*) deformation; (*Radio etc*) distortion

deformar [defor'mar] /1a/ *vt* (*gen*) to deform; **deformarse** *vr* to become deformed; **deforme** *adj* (*informe*) deformed; (*feo*) ugly; (*mal hecho*) misshapen

defraudar [defrau'ðar] /1a/ *vt* (*decepcionar*) to disappoint; (*estafar*) to defraud

defunción [defun'θjon] *nf* death, demise

degenerar [dexene'rar] /1a/ *vi* to degenerate

degollar /1m/ *vt* to slaughter

degradar [deɣra'ðar] /1a/ *vt* to debase, degrade; **degradarse** *vr* to demean o.s.

degustación [deɣusta'θjon] *nf* sampling, tasting

dejar [de'xar] /1a/ *vt* to leave; (*permitir*) to allow, let; (*abandonar*) to abandon, forsake; (*beneficios*) to produce, yield ▷ *vi*: **~ de** (*parar*) to stop; (*no hacer*) to fail to; **dejarse**:

~ a un lado to leave o set aside; **~ entrar/salir** to let in/out; **~ pasar** to let through

del [del] = **de + el**; *V* **de**

delantal [delan'tal] *nm* apron

delante [de'lante] *adv* in front; (*enfrente*) opposite; (*adelante*) ahead ▷ *prep*: **~ de** in front of, before

delantero, -a [delan'tero, a] *adj* front; (*patas de animal*) fore ▷ *nm* (*Deporte*) forward, striker

delatar [dela'tar] /1a/ *vt* to inform on o against, betray; **delator, -a** *nm/f* informer

delegación [deleɣa'θjon] *nf* (*acción: delegados*) delegation; (*Com: oficina*) district office, branch; **~ de policía** (*LAM*) police station

delegado, -a [dele'ɣaðo, a] *nm/f* delegate; (*Com*) agent

delegar [dele'ɣar] /1h/ *vt* to delegate

deletrear [deletre'ar] /1a/ *vt* to spell (out)

delfín [del'fin] *nm* dolphin

delgado, -a [del'ɣaðo, a] *adj* thin; (*persona*) slim, thin; (*tela etc*) light, delicate

deliberar [deliβe'rar] /1a/ *vt* to debate, discuss

delicadeza [delika'ðeθa] *nf* delicacy; (*refinamiento, sutileza*) refinement

delicado, -a [deli'kaðo, a] *adj* delicate; (*sensible*) sensitive; (*sensible*) touchy

delicia [de'liθja] *nf* delight

delicioso, -a [deli'θjoso, a] *adj* (*gracioso*) delightful; (*exquisito*) delicious

delimitar [delimi'tar] /1a/ *vt* (*función, responsabilidades*) to define

delincuencia [delin'kwenθja] *nf*: **~ juvenil** juvenile delinquency; **delincuente** *nmf* delinquent; (*criminal*) criminal

delineante [deline'ante] *nmf* draughtsman/draughtswoman; (*US*) draftsman/draftswoman

delirante [deli'rante] *adj* delirious

delirar [deli'rar] /1a/ vi to be delirious, rave

delirio [de'lirjo] nm (Med) delirium; (palabras insensatas) ravings pl

delito [de'lito] nm (gen) crime; (infracción) offence

delta ['delta] nm delta

demacrado, -a [dema'kraðo, a] adj: **estar ~** to look pale and drawn, be wasted away

demanda [de'manda] nf (pedido, Com) demand; (petición) request; (Jur) action, lawsuit; **demandar** /1a/ vt (gen) to demand; (Jur) to sue, file a lawsuit against

demás [de'mas] adj: **los ~ niños** the other children, the remaining children ▷ pron: **los/las ~** the others, the rest (of them); **lo ~** the rest (of it)

demasía [dema'sia] nf (exceso) excess, surplus; **comer en ~** to eat to excess

demasiado, -a [dema'sjaðo, a] adj: **~ vino** too much wine ▷ adv (antes de adj, adv) too; **~ libros** too many books; **¡es ~!** it's too much!; **~ despacio** too slowly; **~s** too many

demencia [de'menθja] nf (locura) madness

democracia [demo'kraθja] nf democracy

demócrata [de'mokrata] nmf democrat; **democrático, -a** adj democratic

demoler [demo'ler] /2h/ vt to demolish; **demolición** nf demolition

demonio [de'monjo] nm devil, demon; **¡~s!** hell!, damn!; **¿cómo ~s?** how the hell?

demora [de'mora] nf delay

demos ['demos] vb V **dar**

demostración [demostra'θjon] nf demonstration; (de cariño, fuerza) show; (de cólera, gimnasia) display

demostrar [demos'trar] /1l/ vt (probar) to prove; (mostrar) to show; (manifestar) to demonstrate

den [den] vb V **dar**

denegar [dene'yar] /1h, 1j/ vt (rechazar) to refuse; (Jur) to reject

denominación [denomina'θjon] nf (acto) naming

◆ **DENOMINACIÓN**

● The denominación de origen, often
● abbreviated to D.O., is a prestigious
● product classification given to
● designated regions by the awarding
● body, the Consejo Regulador de la
● Denominación de Origen, when their
● produce meets the required quality
● and production standards. It is
● often associated with manchego
● cheeses and many of the wines
● from the Rioja and Ribera de Duero
● regions.

densidad [densi'ðað] nf density; (fig) thickness

denso, -a ['denso, a] adj (apretado) solid; (espeso, pastoso) thick, dense; (fig) heavy

dentadura [denta'ðura] nf (set of) teeth pl; **~ postiza** false teeth pl

dentera [den'tera] nf (grima): **dar ~ a algn** to set sb's teeth on edge

dentífrico, -a [den'tifriko, a] adj dental ▷ nm toothpaste

dentista [den'tista] nmf dentist

dentro ['dentro] adv inside ▷ prep: **~ de** in, inside, within; **por ~** (on the) inside; **mirar por ~** to look inside; **~ de tres meses** within three months

denuncia [de'nunθja] nf (delación) denunciation; (acusación) accusation; (de accidente) report; **denunciar** /1b/ vt to report; (delatar) to inform on o against

departamento [departa'mento] nm (sección) department, section; (ʟᴀᴍ: piso) flat (ʙʀɪᴛ), apartment (ᴜs)

depender [depen'der] /2a/ vi: **~ de** to depend on; **depende** it (all) depends

dependienta [depen'djenta] nf saleswoman, shop assistant

dependiente [depen'djente] adj dependent ⊳ nm salesman, shop assistant

depilar [depi'lar] /1a/ vt (con cera) to wax; (cejas) to pluck

deportar [depor'tar] /1a/ vt to deport

deporte [de'porte] nm sport; **hacer ~** to play sports; **deportista** adj sports cpd ⊳ nmf sportsman/woman; **deportivo, -a** adj (club, periódico) sports cpd ⊳ nm sports car

depositar [deposi'tar] /1a/ vt (dinero) to deposit; (mercaderías) to put away, store; **depositarse** vr to settle

depósito [de'posito] nm (gen) deposit; (de mercaderías) warehouse, store; (de agua, gasolina etc) tank; **~ de cadáveres** mortuary

depredador, a [depreða'ðor, a] adj predatory ⊳ nm predator

depresión [depre'sjon] nf depression; **~ nerviosa** nervous breakdown

deprimido, -a [depri'miðo, a] adj depressed

deprimir [depri'mir] /3a/ vt to depress; **deprimirse** vr (persona) to become depressed

deprisa [de'prisa] adv quickly, hurriedly

depurar [depu'rar] /1a/ vt to purify; (purgar) to purge

derecha [de'retʃa] nf V **derecho**

derecho, -a [de'retʃo, a] adj right, right-hand ⊳ nm (privilegio) right; (lado) right(-hand) side; (leyes) law ⊳ nf right(-hand) side; (Pol) right ⊳ adv straight, directly; **derechos** nmpl (impuestos) taxes; (de autor) royalties; **la(s) derecha(s)** (Pol) the Right; **tener ~ a** to have a right to; **a la derecha** on the right; (dirección) to the right

deriva [de'riβa] nf: **ir o estar a la ~** to drift, be adrift

derivado [deri'βaðo] nm (Industria, Química) by-product

derivar [deri'βar] /1a/ vt to derive; (desviar) to direct ⊳ vi to derive, be derived; (Naut) to drift; **derivarse** vr to derive, be derived

derramamiento [derrama'mjento] nm (dispersión) spilling; **~ de sangre** bloodshed

derramar [derra'mar] /1a/ vt to spill; (verter) to pour out; (esparcir) to scatter; **derramarse** vr to pour out

derrame [de'rrame] nm (de líquido) spilling; (de sangre) shedding; (de tubo etc) overflow; (pérdida) leakage; **~ cerebral** brain haemorrhage

derredor [derre'ðor] adv: **al o en ~ de** around, about

derretir [derre'tir] /3k/ vt (gen) to melt; (nieve) to thaw; **derretirse** vr to melt

derribar [derri'βar] /1a/ vt to knock down; (construcción) to demolish; (persona, gobierno, político) to bring down

derrocar [derro'kar] /1g/ vt (gobierno) to bring down, overthrow

derrochar [derro'tʃar] /1a/ vt to squander; **derroche** nm (despilfarro) waste, squandering

derrota [de'rrota] nf (Naut) course; (Mil) defeat, rout; **derrotar** /1a/ vt (gen) to defeat; **derrotero** nm (rumbo) course

derrumbar [derrum'bar] /1a/ vt (edificio) to knock down; **derrumbarse** vr to collapse

des [des] vb V **dar**

desabrochar [desaβro'tʃar] /1a/ vt (botones, broches) to undo, unfasten; **desabrocharse** vr (ropa etc) to come undone

desacato [desa'kato] nm (falta de respeto) disrespect; (Jur) contempt

desacertado, -a [desaθer'taðo, a] adj (equivocado) mistaken; (inoportuno) unwise

desacierto [desa'θjerto] nm mistake, error

desaconsejar [desakonse'xar] /1a/ vt: **~ algo a algn** to advise sb against sth

desacreditar [desakreði'tar] /1a/ vt (desprestigiar) to discredit, bring into disrepute; (denigrar) to run down

desacuerdo [desa'kwerðo] nm disagreement, discord

desafiar [desafi'ar] /1c/ vt (retar) to challenge; (enfrentarse a) to defy

desafilado, -a [desafi'laðo, a] adj blunt

desafinado, -a [desafi'naðo, a] adj: **estar ~** to be out of tune

desafinar [desafi'nar] /1a/ vi to be out of tune; **desafinarse** vr to go out of tune

desafío [desa'fio] nm (reto) challenge; (combate) duel; (resistencia) defiance

desafortunado, -a [desafortu'naðo, a] adj (desgraciado) unfortunate, unlucky

desagradable [desaɣra'ðaβle] adj (fastidioso, enojoso) unpleasant; (irritante) disagreeable

desagradar [desaɣra'ðar] /1a/ vi (disgustar) to displease; (molestar) to bother

desagradecido, -a [desaɣraðe'θiðo, a] adj ungrateful

desagrado [desa'ɣraðo] nm (disgusto) displeasure; (contrariedad) dissatisfaction

desagüe [de'saɣwe] nm (de un líquido) drainage; (cañería) drainpipe; (salida) outlet, drain

desahogar [desao'ɣar] /1h/ vt (aliviar) to ease, relieve; (ira) to vent; **desahogarse** vr (distenderse) to relax; (desfogarse) to let off steam (fam)

desahogo [desa'oɣo] nm (alivio) relief; (comodidad) comfort, ease

desahuciar [desau'θjar] /1b/ vt (enfermo) to give up hope for; (inquilino) to evict

desairar [desai'rar] /1a/ vt (menospreciar) to slight, snub

desalentador, -a [desalenta'ðor, a] adj discouraging

desaliño [desa'liɲo] nm slovenliness

desalmado, -a [desal'maðo, a] adj (cruel) cruel, heartless

desalojar [desalo'xar] /1a/ vt (expulsar, echar) to eject; (abandonar) to move out of ▷ vi to move out

desamor [desa'mor] nm (frialdad) indifference; (odio) dislike

desamparado, -a [desampa'raðo, a] adj (persona) helpless; (lugar: expuesto) exposed; (: desierto) deserted

desangrar [desaŋ'grar] /1a/ vt to bleed; (fig: persona) to bleed dry; **desangrarse** vr to lose a lot of blood

desanimado, -a [desani'maðo, a] adj (persona) downhearted; (espectáculo, fiesta) dull

desanimar [desani'mar] /1a/ vt (desalentar) to discourage; (deprimir) to depress; **desanimarse** vr to lose heart

desapacible [desapa'θiβle] adj unpleasant

desaparecer [desapare'θer] /2d/ vi to disappear; (el sol, la luz) to vanish; **desaparecido, -a** adj missing; **desaparición** nf disappearance; (de especie etc) extinction

desapercibido, -a [desaperθi'βiðo, a] adj (desprevenido) unprepared; **pasar ~** to go unnoticed

desaprensivo, -a [desapren'siβo, a] adj unscrupulous

desaprobar [desapro'βar] /1l/ vt (reprobar) to disapprove of; (condenar) to condemn; (no consentir) to reject

desaprovechado, -a [desaproβe'tʃaðo, a] adj (oportunidad, tiempo) wasted; (estudiante) slack

desaprovechar [desaproβe'tʃar] /1a/ vt to waste

desarmador [desarma'ðor] nm (ʟᴀᴍ) screwdriver

desarmar [desar'mar] /1a/ vt (Mil, fig) to disarm; (Tec) to take apart, dismantle; **desarme** nm disarmament

desarraigar [desarrai'ɣar] /1h/ vt to
uproot; **desarraigo** nm uprooting

desarreglar [desarre'ɣlar] /1a/ vt
(desordenar) to disarrange; (trastocar)
to upset, disturb

desarrollar [desarro'ʎar] /1a/ vt
(gen) to develop; **desarrollarse** vr to
develop; (ocurrir) to take place; (film) to
develop; **desarrollo** nm development

desarticular [desartiku'lar] /1a/ vt
(huesos) to dislocate; (objeto) to take
apart; (grupo terrorista etc) to break up

desasosegar [desaso'seɣar] /1h, 1j/
vt (inquietar) to disturb, make uneasy

desasosiego etc [desaso'sjeɣo] vb
V **desasosegar** ⊳ nm (intranquilidad)
uneasiness, restlessness; (ansiedad)
anxiety

desastre [de'sastre] nm disaster;
desastroso, -a adj disastrous

desatar [desa'tar] /1a/ vt (nudo) to
untie; (paquete) to undo; (separar)
to detach; **desatarse** vr (zapatos) to
come untied; (tormenta) to break

desatascar [desatas'kar] /1g/ vt
(cañería) to unblock, clear

desatender [desaten'der] /2g/ vt
(no prestar atención a) to disregard;
(abandonar) to neglect

desatino [desa'tino] nm (idiotez)
foolishness, folly; (error) blunder

desatornillar [desatorni'ʎar] /1a/
vt to unscrew

desatrancar [desatran'kar] /1g/ vt
(puerta) to unbolt; (cañería) to unblock

desautorizado, -a [desautori'θaðo,
a] adj unauthorized

desautorizar [desautori'θar] /1f/
vt (oficial) to deprive of authority;
(informe) to deny

desayunar [desaju'nar] /1a/ vi
to have breakfast ⊳ vt to have for
breakfast; **desayuno** nm breakfast

desazón [desa'θon] nf anxiety

desbarajuste [desβara'xuste] nm
confusion, disorder

desbaratar [desβara'tar] /1a/ vt
(deshacer, destruir) to ruin

desbloquear [desβloke'ar] /1a/ vt
(negociaciones, tráfico) to get going
again; (Com: cuenta) to unfreeze

desbordar [desβor'ðar] /1a/ vt
(sobrepasar) to go beyond; (exceder) to
exceed ⊳ **desbordarse** vr (líquido, río)
to overflow; (entusiasmo) to boil over

descabellado, -a [deskaβe'ʎaðo, a]
adj (disparatado) wild, crazy

descafeinado, -a [deskafei'naðo, a]
adj decaffeinated ⊳ nm decaffeinated
coffee

descalabro [deska'laβro] nm blow;
(desgracia) misfortune

descalificar [deskalifi'kar] /1g/ vt to
disqualify; (desacreditar) to discredit

descalzar [deskal'θar] /1f/ vt
(zapato) to take off; **descalzo, -a** adj
barefoot(ed)

descambiar [deskam'bjar] /1b/ vt
to exchange

descaminado, -a [deskami'naðo,
a] adj (equivocado) on the wrong road;
(fig) misguided

descampado [deskam'paðo] nm
open space

descansado, -a [deskan'saðo, a] adj
(gen) rested; (que tranquiliza) restful

descansar [deskan'sar] /1a/ vt (gen)
to rest ⊳ vi to rest, have a rest; (echarse)
to lie down

descansillo [deskan'siʎo] nm (de
escalera) landing

descanso [des'kanso] nm (reposo)
rest; (alivio) relief; (pausa) break;
(Deporte) interval, half time

descapotable [deskapo'taβle] nm
(tb: **coche ~**) convertible

descarado, -a [deska'raðo, a] adj
shameless; (insolente) cheeky

descarga [des'karɣa] nf (Arq, Elec,
Mil) discharge; (Naut) unloading;
(Inform) download; **descargable** adj
downloadable; **descargar** /1h/ vt to
unload; (golpe) to let fly; **descargarse**
vr to unburden o.s.; **descargarse
algo de Internet** to download sth
from the internet

descaro [des'karo] nm nerve

descarriar [deska'rrjar] /1c/ vt (descaminar) to misdirect; (fig) to lead astray; **descarriarse** vr (perderse) to lose one's way; (separarse) to stray; (pervertirse) to err, go astray

descarrilamiento [deskarrila'mjento] nm (de tren) derailment

descarrilar [deskarri'lar] vi to be derailed

descartar [deskar'tar] /1a/ vt (rechazar) to reject; (eliminar) to rule out; **descartarse** vr (Naipes) to discard; **~se de** to shirk

descendencia [desθen'denθja] nf (origen) origin, descent; (hijos) offspring

descender [desθen'der] /2g/ vt (bajar: escalera) to go down ▷ vi to descend; (temperatura, nivel) to fall, drop; **~ de** to be descended from

descendiente [desθen'djente] nmf descendant

descenso [des'θenso] nm descent; (de temperatura) drop

descifrar [desθi'frar] /1a/ vt to decipher; (mensaje) to decode

descolgar [deskol'gar] /1h, 1l/ vt (bajar) to take down; (teléfono) to pick up; **descolgarse** vr to let o.s. down

descolorido, -a [deskolo'riðo, a] adj faded; (pálido) pale

descompasado, -a [deskompa'saðo, a] adj (sin proporción) out of all proportion; (excesivo) excessive

descomponer [deskompo'ner] /2q/ vt (desordenar) to disarrange, disturb; (Tec) to put out of order; **descomponerse** vr (corromperse) to rot, decompose; (Tec) to break down

descomposición [deskomposi'θjon] nf (de un objeto) breakdown; (de fruta etc) decomposition; **~ de vientre** (Med) stomach upset, diarrhoea, diarrhea (US)

descompostura [deskompos'tura] nf breakdown, fault; (LAm: diarrea) diarrhoea, diarrhea (US)

descompuesto, -a [deskom'pwesto, a] adj (corrompido) decomposed; (roto) broken (down)

desconcertado, -a [deskonθer'taðo, a] adj disconcerted, bewildered

desconcertar [deskonθer'tar] /1j/ vt (confundir) to baffle; (incomodar) to upset, put out; **desconcertarse** vr (turbarse) to be upset

desconchado, -a [deskon'tʃaðo, a] adj (pintura) peeling

desconcierto etc [deskon'θjerto] vb V **desconcertar** ▷ nm (gen) disorder; (desorientación) uncertainty; (inquietud) uneasiness

desconectar [deskonek'tar] /1a/ vt to disconnect

desconfianza [deskon'fjanθa] nf distrust

desconfiar [deskon'fjar] /1c/ vi to be distrustful; **~ de** to mistrust, suspect

descongelar [deskonxe'lar] /1a/ vt to defrost; (Com, Pol) to unfreeze

descongestionar [deskonxestjo'nar] /1a/ vt (cabeza, tráfico) to clear

desconocer [deskono'θer] /2d/ vt (ignorar) not to know, be ignorant of

desconocido, -a [deskono'θiðo, a] adj unknown ▷ nm/f stranger

desconocimiento [deskonoθi'mjento] nm (falta de conocimientos) ignorance

desconsiderado, -a [deskonside'raðo, a] adj inconsiderate; (insensible) thoughtless

desconsuelo [deskon'swelo] nm (tristeza) distress; (desesperación) despair

descontado, -a [deskon'taðo, a] adj: **dar por ~ (que)** to take it for granted (that)

descontar [deskon'tar] /1l/ vt (deducir) to take away, deduct; (rebajar) to discount

descontento, -a [deskon'tento, a] *adj* dissatisfied ▷ *nm* dissatisfaction, discontent

descorchar [deskor't∫ar] /1a/ *vt* to uncork

descorrer [desko'rrer] /2a/ *vt* (*cortina, cerrojo*) to draw back

descortés [deskor'tes] *adj* (*mal educado*) discourteous; (*grosero*) rude

descoser [desko'ser] /2a/ *vt* to unstitch; **descoserse** *vr* to come apart (at the seams)

descosido, -a [desko'siðo, a] *adj* (*costura*) unstitched

descreído, -a [deskre'iðo, a] *adj* (*incrédulo*) incredulous; (*falto de fe*) unbelieving

descremado, -a [deskre'maðo, a] *adj* skimmed

describir [deskri'βir] /3a/ *vt* to describe; **descripción** *nf* description

descrito [des'krito] *pp de* **describir**

descuartizar [deskwarti'θar] /1f/ *vt* (*animal*) to carve up, cut up

descubierto, -a [desku'βjerto, a] *pp de* **descubrir** ▷ *adj* uncovered, bare; (*persona*) bare-headed ▷ *nm* (*bancario*) overdraft; **al ~** in the open

descubrimiento [deskuβri'mjento] *nm* (*hallazgo*) discovery; (*revelación*) revelation

descubrir [desku'βrir] /3a/ *vt* to discover, find; (*inaugurar*) to unveil; (*vislumbrar*) to detect; (*revelar*) to reveal, show; (*quitar la tapa de*) to uncover; **descubrirse** *vr* to reveal o.s.; (*quitarse sombrero*) to take off one's hat; (*confesar*) to confess

descuento [des'kwento] *vb V* **descontar** ▷ *nm* discount

descuidado, -a [deskwi'ðaðo, a] *adj* (*sin cuidado*) careless; (*desordenado*) untidy; (*olvidadizo*) forgetful; (*dejado*) neglected; (*desprevenido*) unprepared

descuidar [deskwi'ðar] /1a/ *vt* (*dejar*) to neglect; (*olvidar*) to overlook ▷ **descuidarse** *vr* (*distraerse*) to be careless; (*estar desaliñado*) to let o.s.

go; (*desprevenirse*) to drop one's guard; **¡descuida!** don't worry!; **descuido** *nm* (*dejadez*) carelessness; (*olvido*) negligence

PALABRA CLAVE

desde ['desðe] *prep* **1** (*lugar*) from; **desde Burgos hasta mi casa hay 30 km** it's 30 km from Burgos to my house **2** (*posición*): **hablaba desde el balcón** she was speaking from the balcony **3** (*tiempo, + adv, n*): **desde ahora** from now on; **desde entonces/la boda** since then/the wedding; **desde niño** since I etc was a child; **desde tres años atrás** since three years ago **4** (*tiempo, + vb*) since; for; **nos conocemos desde 1988/desde hace 20 años** we've known each other since 1988/for 20 years; **no le veo desde 2005/desde hace 5 años** I haven't seen him since 2005/ for 5 years **5** (*gama*): **desde los más lujosos hasta los más económicos** from the most luxurious to the most reasonably priced **6**: **desde luego (que no)** of course (not)

▷ *conj*: **desde que**: **desde que recuerdo** for as long as I can remember; **desde que llegó no ha salido** he hasn't been out since he arrived

desdén [des'ðen] *nm* scorn

desdeñar [desðe'ɲar] /1a/ *vt* (*despreciar*) to scorn

desdicha [des'ðit∫a] *nf* (*desgracia*) misfortune; (*infelicidad*) unhappiness; **desdichado, -a** *adj* (*sin suerte*) unlucky; (*infeliz*) unhappy

desear [dese'ar] /1a/ *vt* to want, desire, wish for

desechar [dese't∫ar] /1a/ *vt* (*basura*) to throw out o away; (*ideas*) to reject, discard

desecho [de'setʃo] nm (desprecio) contempt; **desechos** nmpl rubbish sg, waste sg

desembalar [desemba'lar] /1a/ vt to unpack

desembarazar [desembara'θar] /1f/ vt (desocupar) to clear; (desenredar) to free; **desembarazarse** vr: **~se de** to free o.s. of, get rid of

desembarcar [desembar'kar] /1g/ vt (mercancías etc) to unload ▷ vi to disembark

desembocadura [desemboka'ðura] nf (de río) mouth; (de calle) opening

desembocar [desembo'kar] /1g/ vi: **~ en** to flow into; (fig) to result in

desembolso [desem'bolso] nm payment

desembrollar [desembro'ʎar] /1a/ vt (madeja) to unravel; (asunto, malentendido) to sort out

desemejanza [deseme'xanθa] nf dissimilarity

desempaquetar [desempake'tar] /1a/ vt (regalo) to unwrap; (mercancía) to unpack

desempate [desem'pate] nm (Fútbol) replay, play-off; (Tenis) tie-break(er)

desempeñar [desempe'ɲar] /1a/ vt (cargo) to hold; (deber, función) to perform; (lo empeñado) to redeem; **~ un papel** (fig) to play (a role)

desempleado, -a [desemple'aðo, a] nm/f unemployed person; **desempleo** nm unemployment

desencadenar [desenkaðe'nar] /1a/ vt to unchain; (ira) to unleash; **desencadenarse** vr to break loose; (tormenta) to burst; (guerra) to break out

desencajar [desenka'xar] /1a/ vt (mandíbula) to dislocate; (mecanismo, pieza) to disconnect, disengage

desencanto [desen'kanto] nm disillusionment

desenchufar [desentʃu'far] /1a/ vt to unplug

desenfadado, -a [desenfa'ðaðo, a] adj (desenvuelto) uninhibited; (descarado) forward; **desenfado** nm (libertad) freedom; (comportamiento) free and easy manner; (descaro) forwardness

desenfocado, -a [desenfo'kaðo, a] adj (Foto) out of focus

desenfreno [desen'freno] nm wildness; (falta de control) lack of self-control

desenganchar [desengan'tʃar] /1a/ vt (gen) to unhook; (Ferro) to uncouple

desengañar [desenga'ɲar] /1a/ vt to disillusion; **desengañarse** vr to become disillusioned; **desengaño** nm disillusionment; (decepción) disappointment

desenlace etc [desen'laθe] nm outcome

desenmascarar [desenmaska'rar] /1a/ vt to unmask

desenredar [desenre'ðar] /1a/ vt (pelo) to untangle; (problema) to sort out

desenroscar [desenros'kar] /1g/ vt to unscrew

desentenderse [desenten'derse] /2g/ vr: **~ de** to pretend not to know about; (apartarse) to have nothing to do with

desenterrar [desente'rrar] /1j/ vt to exhume; (tesoro, fig) to unearth, dig up

desentonar [desento'nar] /1a/ vi (Mus) to sing (o play) out of tune; (color) to clash

desentrañar [desentra'ɲar] /1a/ vt (misterio) to unravel

desenvoltura [desembol'tura] nf ease

desenvolver [desembol'βer] /2h/ vt (paquete) to unwrap; (fig) to develop; **desenvolverse** vr (desarrollarse) to unfold, develop; (arreglárselas) to cope

deseo [de'seo] nm desire, wish; **deseoso, -a** adj: **estar deseoso de hacer** to be anxious to do

desequilibrado, -a [desekili'βraðo, a] adj unbalanced

desertar [deser'tar] /1a/ vi to desert

desértico, -a [de'sertiko, a] adj desert cpd

desesperación [desespera'θjon] nf desperation, despair; (irritación) fury

desesperar [desespe'rar] /1a/ vt to drive to despair; (exasperar) to drive to distraction ▷ vi: **~ de** to despair of; **desesperarse** vr to despair, lose hope

desestabilizar [desestaβili'θar] /1f/ vt to destabilize

desestimar [desesti'mar] /1a/ vt (menospreciar) to have a low opinion of; (rechazar) to reject

desfachatez [desfatʃa'teθ] nf (insolencia) impudence; (descaro) rudeness

desfalco [des'falko] nm embezzlement

desfallecer [desfaʎe'θer] /2d/ vi (perder las fuerzas) to become weak; (desvanecerse) to faint

desfasado, -a [desfa'saðo, a] adj (anticuado) old-fashioned; **desfase** nm (diferencia) gap

desfavorable [desfaβo'raβle] adj unfavourable

desfigurar [desfiɣu'rar] /1a/ vt (cara) to disfigure; (cuerpo) to deform

desfiladero [desfila'ðero] nm gorge

desfilar [desfi'lar] /1a/ vi to parade; **desfile** nm procession; **desfile de modelos** fashion show

desgana [des'ɣana] nf (falta de apetito) loss of appetite; (renuencia) unwillingness; **desganado, -a** adj: **estar desganado** (sin apetito) to have no appetite; (sin entusiasmo) to have lost interest

desgarrar [desɣa'rrar] /1a/ vt to tear (up); (fig) to shatter; **desgarro** nm (en tela) tear; (aflicción) grief

desgastar [desɣas'tar] /1a/ vt (deteriorar) to wear away o down; (estropear) to spoil; **desgastarse** vr to get worn out; **desgaste** nm wear (and tear)

desglosar [desɣlo'sar] /1a/ vt to detach; (factura) to break down

desgracia [des'ɣraθja] nf misfortune; (accidente) accident; (vergüenza) disgrace; (contratiempo) setback; **por ~** unfortunately; **desgraciado, -a** adj (sin suerte) unlucky, unfortunate; (miserable) wretched; (infeliz) miserable

desgravar [desɣra'βar] /1a/ vt (producto) to reduce the tax o duty on

desguace [des'ɣwaθe] nm (lugar) scrapyard

deshabitado, -a [desaβi'taðo, a] adj uninhabited

deshacer [desa'θer] /2r/ vt (casa) to break up; (Tec) to take apart; (enemigo) to defeat; (diluir) to melt; (contrato) to break; (intriga) to solve; **deshacerse** vr (descomponerse) to melt; (despedazarse) to come apart o undone; **~se de** to get rid of; **~se en lágrimas** to burst into tears

deshecho, -a [de'setʃo, a] adj undone; (roto) smashed; (persona) weak; **estoy ~** I'm shattered

desheredar [desere'ðar] /1a/ vt to disinherit

deshidratar [desiðra'tar] /1a/ vt to dehydrate

deshielo [des'jelo] nm thaw

deshonesto, -a [deso'nesto, a] adj indecent

deshonra [de'sonra] nf (deshonor) dishonour; (vergüenza) shame

deshora [de'sora]: **a ~** adv at the wrong time

deshuesadero [deswesa'ðero] nm (LAM) junkyard

deshuesar [deswe'sar] /1a/ vt (carne) to bone; (fruta) to stone

desierto, -a [de'sjerto, a] adj (casa, calle, negocio) deserted ▷ nm desert

designar [desiɣ'nar] /1a/ vt (nombrar) to designate; (indicar) to fix

desigual [desi'ɣwal] adj (lucha) unequal; (terreno) uneven

desilusión [desilu'sjon] nf disillusionment; (decepción) disappointment; **desilusionar**

/ia/ vt to disillusion; (decepcionar) to disappoint; **desilusionarse** vr to become disillusioned

desinfectar [desinfek'tar] /ia/ vt to disinfect

desinflar [desin'flar] /ia/ vt to deflate

desintegración [desinteɣra'θjon] nf disintegration

desinterés [desinte'res] nm (desgana) lack of interest; (altruismo) unselfishness

desintoxicar [desintoksi'kar] /ia/ vt to detoxify; **desintoxicación** n detox; **desintoxicarse** vr (drogadicto) to undergo detoxification

desistir [desis'tir] /3a/ vi (renunciar) to stop, desist

desleal [desle'al] adj (infiel) disloyal; (Com: competencia) unfair; **deslealtad** nf disloyalty

desligar [desli'ɣar] /ih/ vt (desatar) to untie, undo; (separar) to separate; **desligarse** vr (de un compromiso) to extricate o.s.

desliz [des'liθ] nm (fig) lapse; **deslizar** /if/ vt to slip, slide

deslumbrar [deslum'brar] /ia/ vt to dazzle

desmadrarse [desma'ðrarse] /ia/ vr (fam: descontrolarse) to run wild; (: divertirse) to let one's hair down; **desmadre** nm (fam: desorganización) chaos; (: jaleo) commotion

desmán [des'man] nm (exceso) outrage; (abuso de poder) abuse

desmantelar [desmante'lar] /ia/ vt (deshacer) to dismantle; (casa) to strip

desmaquillador [desmakiʎa'ðor] nm make-up remover

desmayar [desma'jar] /ia/ vi to lose heart; **desmayarse** vr (Med) to faint; **desmayo** nm (Med: acto) faint; (: estado) unconsciousness

desmemoriado, -a [desmemo'rjaðo, a] adj forgetful

desmentir [desmen'tir] /3i/ vt (contradecir) to contradict; (refutar) to deny

desmenuzar [desmenu'θar] /if/ vt (deshacer) to crumble; (carne) to chop; (examinar) to examine closely

desmesurado, -a [desmesu'raðo, a] adj disproportionate

desmontable [desmon'taβle] adj (que se quita) detachable; (que se puede plegar etc) collapsible, folding

desmontar [desmon'tar] /ia/ vt (deshacer) to dismantle; (tierra) to level ▷ vi to dismount

desmoralizar [desmorali'θar] /if/ vt to demoralize

desmoronar [desmoro'nar] /ia/ vt to wear away, erode; **desmoronarse** vr (edificio, dique) to collapse; (economía) to decline

desnatado, -a [desna'taðo, a] adj skimmed

desnivel [desni'βel] nm (de terreno) unevenness

desnudar [desnu'ðar] /ia/ vt (desvestir) to undress; (despojar) to strip; **desnudarse** vr (desvestirse) to get undressed; **desnudo, -a** adj naked ▷ nm nude; **desnudo de** devoid o bereft of

desnutrición [desnutri'θjon] nf malnutrition; **desnutrido, -a** adj undernourished

desobedecer [desoβeðe'θer] /2d/ vt, vi to disobey; **desobediencia** nf disobedience

desocupado, -a [desoku'paðo, a] adj at leisure; (desempleado) unemployed; (deshabitado) empty, vacant

desodorante [desoðo'rante] nm deodorant

desolación [desola'θjon] nf (de lugar) desolation; (fig) grief

desolar [deso'lar] /ia/ vt to ruin, lay waste

desorbitado, -a [desorβi'taðo, a] adj (excesivo: ambición) boundless; (: deseos) excessive; (: precio) exorbitant

desorden [de'sorðen] nm confusion; (político) disorder

desorganización
[desorɣaniθa'θjon] nf (de persona) disorganization; (en empresa, oficina) disorder, chaos

desorientar [desorjen'tar] /1a/ vt (extraviar) to mislead; (confundir, desconcertar) to confuse; **desorientarse** vr (perderse) to lose one's way

despabilado, -a [despaβi'laðo, a] adj (despierto) wide-awake; (fig) alert, sharp

despachar [despa'tʃar] /1a/ vt (negocio) to do, complete; (enviar) to send, dispatch; (vender) to sell, deal in; (billete) to issue; (mandar ir) to send away

despacho [des'patʃo] nm (oficina) office; (de paquetes) dispatch; (venta) sale (of goods); (comunicación) message; **~ de billetes** o (LAM) **boletos** booking office

despacio [des'paθjo] adv slowly

desparpajo [despar'paxo] nm self-confidence; (pey) nerve

desparramar [desparra'mar] /1a/ vt (esparcir) to scatter; (líquido) to spill

despecho [des'petʃo] nm spite

despectivo, -a [despek'tiβo, a] adj (despreciativo) derogatory; (Ling) pejorative

despedida [despe'ðiða] nf (adiós) farewell; (de obrero) sacking

despedir [despe'ðir] /3k/ vt (visita) to see off, show out; (empleado) to dismiss; (inquilino) to evict; (objeto) to hurl; (olor etc) to give out o off; **despedirse** vr: **~se de** to say goodbye to

despegar [despe'ɣar] /1h/ vt to unstick o from o to take off; **despegarse** vr to come loose, come unstuck; **despego** nm detachment

despegue etc [des'peɣe] vb V **despegar** ▷ nm takeoff

despeinado, -a [despei'naðo, a] adj dishevelled, unkempt

despejado, -a [despe'xaðo, a] adj (lugar) clear, free; (cielo) clear; (persona) wide-awake, bright

despejar [despe'xar] /1a/ vt (gen) to clear; (misterio) to clarify, clear up ▷ vi (el tiempo) to clear; **despejarse** vr (tiempo, cielo) to clear (up); (misterio) to become clearer; (cabeza) to clear

despensa [des'pensa] nf larder

despeñar [despe'ɲar] /1a/ vt (arrojar) to fling down; **despeñarse** vr to fling o.s. down; (coche) to tumble over

desperdicio [desper'ðiθjo] nm (despilfarro) squandering; **desperdicios** nmpl (basura) rubbish sg, garbage sg (us); (residuos) waste sg

desperezarse [despere'θarse] /1f/ vr to stretch

desperfecto [desper'fekto] nm (deterioro) slight damage; (defecto) flaw, imperfection

despertador [desperta'ðor] nm alarm clock

despertar [desper'tar] /1j/ vt (persona) to wake up; (recuerdos) to revive; (sentimiento) to arouse ▷ vi to awaken, wake up; **despertarse** vr to awaken, wake up

despido etc [des'piðo] vb V **despedir** ▷ nm dismissal, sacking

despierto, -a [des'pjerto, a] pp de **despertar** ▷ adj awake; (fig) sharp, alert

despilfarro [despil'farro] nm (derroche) squandering; (lujo desmedido) extravagance

despistar [despis'tar] /1a/ vt to throw off the track o scent; (fig) to mislead, confuse; **despistarse** vr to take the wrong road; (fig) to become confused

despiste [des'piste] nm absent-mindedness; **un ~ a** mistake o a slip

desplazamiento [desplaθa'mjento] nm displacement

desplazar [despla'θar] /1f/ vt to move; (Física, Naut, Tec) to displace; (fig) to oust; (Inform) to scroll;

desplazarse vr (*persona, vehículo*) to travel

desplegar [desple'ɣar] /1h, 1j/ vt (*tela, papel*) to unfold, open out; (*bandera*) to unfurl

despliegue etc [des'pljeɣe] vb V **desplegar** ▷ nm display

desplomarse [desplo'marse] /1a/ vr (*edificio, gobierno, persona*) to collapse

desplumar [desplu'mar] /1a/ vt (*ave*) to pluck; (*fam: estafar*) to fleece

despoblado, -a [despo'βlaðo, a] adj (*sin habitantes*) uninhabited

despojar [despo'xar] /1a/ vt (*a alguien: de sus bienes*) to divest of, deprive of; (*casa*) to strip, leave bare; (*de su cargo*) to strip of

despojo [des'poxo] nm (*acto*) plundering; (*objetos*) plunder, loot; **despojos** nmpl (*de ave, res*) offal sg

desposado, -a [despo'saðo, a] adj, nm/f newly-wed

despreciar [despre'θjar] /1b/ vt (*desdeñar*) to despise, scorn; (*afrentar*) to slight; **desprecio** nm scorn, contempt; slight

desprender [despren'der] /2a/ vt (*desatar*) to unfasten; (*olor*) to give off; **desprenderse** vr (*botón: caerse*) to fall off; (*broche*) to come unfastened; (*olor, perfume*) to give off; **~se de algo que ...** to draw from sth that ...

desprendimiento [desprendi'mjento] nm (*gen*) loosening; (*generosidad*) disinterestedness; (*de tierra, rocas*) landslide; **~ de retina** detachment of the retina

despreocupado, -a [despreoku'paðo, a] adj (*sin preocupación*) unworried; nonchalant; (*negligente*) careless

despreocuparse [despreoku'parse] /1a/ vr to be carefree, not to worry; **~ de** to have no interest in

desprestigiar [despresti'xjar] /1b/ vt (*criticar*) to run down; (*desacreditar*) to discredit

desprevenido, -a [despreβe'niðo, a] adj (*no preparado*) unprepared, unready

desproporcionado, -a [despropor θjo'naðo, a] adj disproportionate, out of proportion

desprovisto, -a [despro'βisto, a] adj: **~ de** devoid of

después [des'pwes] adv afterwards, later; (*próximo paso*) next; **poco ~** soon after; **un año ~** a year later; **~ se debatió el tema** next the matter was discussed; **~ de comer** after lunch; **~ de corregido el texto** after the text had been corrected; **~ de todo** after all

desquiciado, -a [deski'θjaðo, a] adj deranged

destacar [desta'kar] /1g/ vt to emphasize, point up; (*Mil*) to detach, detail ▷ vi (*resaltarse*) to stand out; (*persona*) to be outstanding o exceptional; **destacarse** vr to be outstanding o exceptional

destajo [des'taxo] nm: **trabajar a ~** to do piecework

destapar [desta'par] /1a/ vt (*botella*) to open; (*cacerola*) to take the lid off; (*descubrir*) to uncover; **destaparse** vr (*revelarse*) to reveal one's true character

destartalado, -a [destarta'laðo, a] adj (*desordenado*) untidy; (*ruinoso*) tumbledown

destello [des'teʎo] nm (*de estrella*) twinkle; (*de faro*) signal light

destemplado, -a [destem'plaðo, a] adj (*Mus*) out of tune; (*voz*) harsh; (*Med*) out of sorts; (*Meteorología*) unpleasant, nasty

desteñir [deste'nir] /3h, vi to fade; **desteñirse** vr to fade; **esta tela no destiñe** this fabric will not run

desternillarse [desterni'ʎarse] /1a/ vr: **~ de risa** to split one's sides laughing

desterrar [deste'rrar] /1j/ vt (*exilar*) to exile; (*fig*) to banish, dismiss

d

destiempo [des'tjempo]: **a ~** *adv* at the wrong time

destierro *etc* [des'tjerro] *vb* V **desterrar** ▷ *nm* exile

destilar [desti'lar] /1a/ *vt* to distil; **destilería** *nf* distillery

destinar [desti'nar] /1a/ *vt* (*funcionario*) to appoint, assign; (*fondos*) to set aside

destinatario, -a [destina'tarjo, a] *nm/f* addressee

destino [des'tino] *nm* (*suerte*) destiny; (*de viajero*) destination; **con ~ a Londres** (*avión, barco*) (bound) for London; (*carta*) to London

destituir [destitu'ir] /3g/ *vt* to dismiss

destornillador [destorniʎa'ðor] *nm* screwdriver

destornillar [destorni'ʎar] /1a/ *vt* (*tornillo*) to unscrew; **destornillarse** *vr* to unscrew

destreza [des'treθa] *nf* (*habilidad*) skill; (*maña*) dexterity

destrozar [destro'θar] /1f/ *vt* (*romper*) to smash, break (up); (*estropear*) to ruin; (*nervios*) to shatter

destrozo [des'troθo] *nm* (*acción*) destruction; (*desastre*) smashing; **destrozos** *nmpl* (*pedazos*) pieces; (*daños*) havoc *sg*

destrucción [destruk'θjon] *nf* destruction

destruir [destru'ir] /3g/ *vt* to destroy

desuso [de'suso] *nm* disuse; **caer en ~** to fall into disuse, become obsolete

desvalijar [desβali'xar] /1a/ *vt* (*persona*) to rob; (*casa, tienda*) to burgle; (*coche*) to break into

desván [des'βan] *nm* attic

desvanecer [desβane'θer] /2d/ *vt* (*disipar*) to dispel; (*borrar*) to blur; **desvanecerse** *vr* (*humo etc*) to vanish, disappear; (*duda*) to be dispelled; (*color*) to fade; (*recuerdo, sonido*) to fade away; (*Med*) to pass out

desvariar [desβa'rjar] /1c/ *vi* (*enfermo*) to be delirious

desvelar [desβe'lar] /1a/ *vt* to keep awake; **desvelarse** *vr* (*no poder dormir*) to stay awake; (*vigilar*) to be vigilant o watchful

desventaja [desβen'taxa] *nf* disadvantage

desvergonzado, -a [desβerɣon'θaðo, a] *adj* shameless

desvestir [desβes'tir] /3k/ *vt* to undress; **desvestirse** *vr* to undress

desviación [desβja'θjon] *nf* deviation; (*Auto*) diversion, detour

desviar [des'βjar] /1c/ *vt* to turn aside; (*río*) to alter the course of; (*navío*) to divert, re-route; (*conversación*) to sidetrack; **desviarse** *vr* (*apartarse del camino*) to turn aside; (: *barco*) to go off course

desvío [des'βio] *vb* V **desviar** ▷ *nm* (*desviación*) detour, diversion; (*fig*) indifference

desvivirse [desβi'βirse] /3a/ *vr*: **~ por** to long for, crave for; **~ por los amigos** to do anything for one's friends

detallar [deta'ʎar] /1a/ *vt* to detail

detalle [de'taʎe] *nm* detail; (*fig*) gesture, token; **al ~** in detail; (*Com*) retail *cpd*

detallista [deta'ʎista] *nmf* retailer

detective [detek'tiβe] *nmf* detective; **~ privado** private detective

detención [deten'θjon] *nf* (*arresto*) arrest; (*prisión*) detention

detener [dete'ner] /2k/ *vt* (*gen*) to stop; (*Jur*) to arrest; (*objeto*) to keep; **detenerse** *vr* to stop; **~se en** (*demorarse*) to delay over, linger over

detenidamente [deteniða'mente] *adv* (*minuciosamente*) carefully; (*extensamente*) at great length

detenido, -a [dete'niðo, a] *adj* (*arrestado*) under arrest ▷ *nm/f* person under arrest, prisoner

detenimiento [deteni'mjento] *nm*: **con ~** thoroughly; (*observar, considerar*) carefully

detergente [deter'xente] nm detergent

deteriorar [deterjo'rar] /1a/ vt to spoil, damage; **deteriorarse** vr to deteriorate; **deterioro** nm deterioration

determinación [determina'θjon] nf (empeño) determination; (decisión) decision; **determinado, -a** adj (preciso) certain

determinar [determi'nar] /1a/ vt (plazo) to fix; (precio) to settle; **determinarse** vr to decide

detestar [detes'tar] /1a/ vt to detest

detractor, a [detrak'tor, a] nm/f detractor

detrás [de'tras] adv (tb: **por ~**) behind; (atrás) at the back ▷ prep: **~ de** behind

detrimento [detri'mento] nm: **en ~ de** to the detriment of

deuda [de'uða] nf debt; **~ exterior/pública** foreign/national debt

devaluación [deβalwa'θjon] nf devaluation

devastar [deβas'tar] /1a/ vt (destruir) to devastate

deveras [de'βeras] nf inv (LAM): **un amigo de (a) ~** a true o real friend

devoción [deβo'θjon] nf devotion

devolución [deβolu'θjon] nf (reenvío) return, sending back; (reembolso) repayment; (Jur) devolution

devolver [deβol'βer] /2h/ vt to return; (lo extraviado, prestado) to give back; (carta al correo) to send back; (Com) to repay, refund; (fam: vomitar) to throw up ▷ vi (fam) to be sick

devorar [deβo'rar] /1a/ vt to devour

devoto, -a [de'βoto, a] adj devout ▷ nm/f admirer

devuelto [de'βwelto], **devuelva** etc [de'βwelβa] vb V **devolver**

di [di] vb V **dar; decir**

día [dia] nm day; **~ libre** day off; **D~ de Reyes** Epiphany (6 January); **D~ de la Independencia** Independence Day; **¿qué ~ es?** what's the date?;

estar/poner al ~ to be/keep up to date; **el ~ de hoy/de mañana** today/tomorrow; **al ~ siguiente** on the following day; **vivir al ~** to live from hand to mouth; **de ~** by day; **en pleno ~** in full daylight

diabetes [dja'betes] nf diabetes sg

diablo ['djaβlo] nm devil; **diablura** nf prank

diadema [dja'ðema] nf tiara

diafragma [dja'fraɣma] nm diaphragm

diagonal [djaɣo'nal] adj diagonal

diagrama [dja'ɣrama] nm diagram

dial [di'al] nm dial

dialecto [dja'lekto] nm dialect

dialogar [djaloɣ'ar] /1h/ vi: **~ con** (Pol) to hold talks with

diálogo ['djaloɣo] nm dialogue

diamante [dja'mante] nm diamond

diana ['djana] nf (Mil) reveille; (de blanco) centre, bull's-eye

diapositiva [djaposi'tiβa] nf (Foto) slide, transparency

diario, -a [dja'rjo, a] adj daily ▷ nm newspaper; **a ~** daily; **de o para ~** everyday

diarrea [dja'rrea] nf diarrhoea

dibujar [diβu'xar] /1a/ vt to draw, sketch; **dibujo** nm drawing; **dibujos animados** cartoons

diccionario [dikθjo'narjo] nm dictionary

dice etc vb V **decir**

dicho, -a ['ditʃo, a] pp de **decir** ▷ adj (susodicho) aforementioned ▷ nm saying

dichoso, -a [di'tʃoso, a] adj happy

diciembre [di'θjembre] nm December

dictado [dik'taðo] nm dictation

dictador [dikta'ðor] nm dictator; **dictadura** nf dictatorship

dictar [dik'tar] /1a/ vt (carta) to dictate; (Jur: sentencia) to pass; (decreto) to issue; (LAM: clase) to give

didáctico, -a [di'ðaktiko, a] adj educational

diecinueve [djeθinuˈeβe] num
nineteen

dieciocho [djeθiˈotʃo] num eighteen

dieciséis [djeθiˈseis] num sixteen

diecisiete [djeθiˈsjete] num
seventeen

diente [ˈdjente] nm (Anat, Tec) tooth;
(Zool) fang; (: de elefante) tusk; (de
ajo) clove

diera etc [ˈdjera] vb V **dar**

diesel [ˈdisel] adj: **motor ~** diesel
engine

diestro, -a [ˈdjestro, a] adj (derecho)
right; (hábil) skilful

dieta [ˈdjeta] nf diet; **estar a ~** to be
on a diet

diez [djeθ] num ten

diferencia [difeˈrenθja] nf difference;
a ~ de unlike; **diferenciar** /1b/ vt to
differentiate between ▷ vi to differ;
diferenciarse vr to differ, be different;
(distinguirse) to distinguish o.s.

diferente [difeˈrente] adj different

diferido, -a [difeˈriðo] nm: **en ~** (TV etc)
recorded

difícil [diˈfiθil] adj difficult

dificultad [difikulˈtað] nf difficulty;
(problema) trouble

dificultar [difikulˈtar] /1a/ vt
(complicar) to complicate, make
difficult; (estorbar) to obstruct

difundir [difunˈdir] /3a/ vt (calor,
luz) to diffuse; (Radio) to broadcast;
difundirse vr to spread (out); **~ una
noticia** to spread a piece of news

difunto, -a [diˈfunto, a] adj dead,
deceased ▷ nm/f deceased (person)

difusión [difuˈsjon] nf (de programa)
broadcasting

diga etc [ˈdiɣa] vb V **decir**

digerir [dixeˈrir] /3i/ vt to digest; (fig)
to absorb; **digestión** nf digestion;
digestivo, -a adj digestive

digital [dixiˈtal] adj digital

dignarse [diɣˈnarse] /1a/ vr to
deign to

dignidad [diɣniˈðað] nf dignity

digno, -a [ˈdiɣno, a] adj worthy

digo etc vb V **decir**

dije etc vb V **decir**

dilatar [dilaˈtar] /1a/ vt to dilate;
(prolongar) to prolong

dilema [diˈlema] nm dilemma

diluir [diluˈir] /3g/ vt to dilute

diluvio [diˈluβjo] nm deluge, flood

dimensión [dimenˈsjon] nf
dimension

diminuto, -a [dimiˈnuto, a] adj tiny,
diminutive

dimitir [dimiˈtir] /3a/ vi to resign

dimos [ˈdimos] vb V **dar**

Dinamarca [dinaˈmarka] nf
Denmark

dinámico, -a [diˈnamiko, a] adj
dynamic

dinamita [dinaˈmita] nf dynamite

dinamo [diˈnamo], (LAM) **dínamo**
[ˈdinamo] nf dynamo

dineral [dineˈral] nm fortune

dinero [diˈnero] nm money; **~
efectivo** o **metálico** cash; **~ suelto**
(loose) change

dio [djo] vb V **dar**

dios [djos] nm god; **D~** God; **¡D~ mío!**
(oh) my God!; **¡por D~!** for God's sake!;
diosa nf goddess

diploma [diˈploma] nm diploma

diplomacia [diploˈmaθja] nf
diplomacy; (fig) tact

diplomado, -a [diploˈmaðo, a] adj
qualified

diplomático, -a [diploˈmatiko, a]
adj diplomatic ▷ nm/f diplomat

diputación [diputaˈθjon] nf (tb: **~
provincial**) ≈ county council

diputado, -a [dipuˈtaðo, a]
nm/f delegate; (Pol) ≈ member of
parliament (BRIT) ≈ representative
(US)

dique [ˈdike] nm dyke

diré etc [diˈre] vb V **decir**

dirección [direkˈθjon] nf direction;
(señas) address; (Auto) steering;
(gerencia) management; (Pol)
leadership; **"~ única"** "one-way
street"; **"~ prohibida"** "no entry"

direccional [direkθjo'nal] nf (LAM Auto) indicator

directa [di'rekta] nf (Auto) top gear

directivo, -a [direk'tiβo, a] adj (junta) managing ▷ nf (tb: **junta directiva**) board of directors

directo, -a [di'rekto, a] adj direct; (TV) live; **transmitir en ~ to** broadcast live

director, a [direk'tor, a] adj leading ▷ nm/f director; (Escol) head (teacher) (BRIT), principal (US); (gerente) manager/manageress; (Prensa) editor; **~ de cine** film director; **~ general** general manager

directorio [direk'torjo] nm (LAM: telefónico) phone book

dirigente [diri'xente] nmf (Pol) leader

dirigir [diri'xir] /3c/ vt to direct; (carta) to address; (obra de teatro, film) to direct; (Mus) to conduct; (comercio) to manage; **dirigirse** vr: **~se a** to go towards, make one's way towards; (hablar con) to speak to

dirija etc [di'rixa] vb V **dirigir**

disciplina [disθi'plina] nf discipline

discípulo, -a [dis'θipulo, a] nm/f disciple

Discman® ['diskman] nm Discman®

disco ['disko] nm (BRIT), disk (US); (Deporte) discus; (Telec) dial; (Auto: semáforo) light; (Mus) record; **~ compacto** compact disc; **~ de larga duración** long-playing record (LP); **~ flexible** o **floppy** floppy disk; **~ de freno** brake disc; **~ rígido** hard disk

disconforme [diskon'forme] adj differing; **estar ~ (con)** to be in disagreement (with)

discordia [dis'korðja] nf discord

discoteca [disko'teka] nf disco(theque)

discreción [diskre'θjon] nf discretion; (reserva) prudence; **comer a ~ to** eat as much as one wishes

discreto, -a [dis'kreto, a] adj discreet

discriminación [diskrimina'θjon] nf discrimination

disculpa [dis'kulpa] nf excuse; (pedir perdón) apology; **pedir ~s a/por to** apologize to/for; **disculpar** /1a/ vt to excuse, pardon; **disculparse** vr to excuse o.s.; to apologize

discurso [dis'kurso] nm speech

discusión [disku'sjon] nf (diálogo) discussion; (riña) argument

discutir [disku'tir] /3a/ vt (debatir) to discuss; (pelear) to argue about; (contradecir) to argue against ▷ vi to discuss; (disputar) to argue

disecar [dise'kar] /1g/ vt (para conservar: animal) to stuff; (: planta) to dry

diseñar [dise'ɲar] /1a/ vt, vi to design

diseño [di'seɲo] nm design

disfraz [dis'fraθ] nm (máscara) disguise; (excusa) pretext; **disfrazar** /1f/ vt to disguise; **disfrazarse** vr: **disfrazarse de** to disguise o.s. as

disfrutar [disfru'tar] /1a/ vt to enjoy ▷ vi to enjoy o.s.; **~ de** to enjoy, possess

disgustar [disɣus'tar] /1a/ vt (no gustar) to displease; (contrariar, enojar) to annoy; to upset; **disgustarse** vr to get upset; (dos personas) to fall out

> **No confundir** disgustar con la palabra inglesa disgust.

disgusto [dis'ɣusto] nm (contrariedad) annoyance; (tristeza) grief; (riña) quarrel

disimular [disimu'lar] /1a/ vt (ocultar) to hide, conceal ▷ vi to dissemble

diskette [dis'ket] nm (Inform) diskette, floppy disk

dislocar [dislo'kar] /1g/ vt to dislocate; **dislocarse** vr (articulación) to sprain; dislocate

disminución [disminu'θjon] nf decrease, reduction

disminuido, -a [dismini'iðo, a] nm/f: **~ mental/físico** person with a learning difficulty/physical disability

disminuir [disminu'ir] /3g/ vt to decrease, diminish

disolver [disol'βer] /2h/ vt (gen) to dissolve; **disolverse** vr to dissolve; (Com) to go into liquidation

dispar [dis'par] adj different

disparar [dispa'rar] /1a/ vt, vi to shoot, fire

disparate [dispa'rate] nm (tontería) foolish remark; (error) blunder; **decir ~s** to talk nonsense

disparo [dis'paro] nm shot

dispersar [disper'sar] /1a/ vt to disperse; **dispersarse** vr to scatter

disponer [dispo'ner] /2q/ vt (arreglar) to arrange; (ordenar) to put in order; (preparar) to prepare, get ready ▷ vi: **~ de** to have, own; **disponerse** vr: **~se para** to prepare to, prepare for

disponible [dispo'nißle] adj available

disposición [disposi'θjon] nf arrangement, disposition; (voluntad) willingness; (Inform) layout; **a su ~** at your service

dispositivo [disposi'tiβo] nm device, mechanism

dispuesto, -a [dis'pwesto, a] pp de **disponer** ▷ adj (arreglado) arranged; (preparado) disposed

disputar [dispu'tar] /1a/ vt (carrera) to compete in

disquete [dis'kete] nm (Inform) diskette, floppy disk

distancia [dis'tanθja] nf distance; **distanciar** /1b/ vt to space out; **distanciarse** vr to become estranged; **distante** adj distant

diste ['diste], **disteis** ['disteis] vb V **dar**

distinción [distin'θjon] nf distinction; (elegancia) elegance; (honor) honour

distinguido, -a [distin'giðo, a] adj distinguished

distinguir [distin'gir] /3d/ vt to distinguish; (escoger) to single out; **distinguirse** vr to be distinguished

distintivo [distin'tiβo] nm badge; (fig) characteristic

distinto, -a [dis'tinto, a] adj different; (claro) clear

distracción [distrak'θjon] nf distraction; (pasatiempo) hobby, pastime; (olvido) absent-mindedness, distraction

distraer [distra'er] /2o/ vt (atención) to distract; (divertir) to amuse; (fondos) to embezzle; **distraerse** vr (entretenerse) to amuse o.s.; (perder la concentración) to allow one's attention to wander

distraído, -a [distra'iðo, a] adj (gen) absent-minded; (entretenido) amusing

distribuidor, a [distriβui'ðor, a] nm/f distributor; (Com) dealer, agent

distribuir [distriβu'ir] /3g/ vt to distribute

distrito [dis'trito] nm (sector, territorio) region; (barrio) district; **~ postal** postal district; **D~ Federal** (LAM) Federal District

disturbio [dis'turβjo] nm disturbance; (desorden) riot

disuadir [diswa'ðir] /3a/ vt to dissuade

disuelto [di'swelto] pp de **disolver**

DIU nm abr (= dispositivo intrauterino) IUD

diurno, -a ['djurno, a] adj day cpd

divagar [diβa'ɣar] /1h/ vi (desviarse) to digress

diván [di'βan] nm divan

diversidad [diβersi'ðað] nf diversity, variety

diversión [diβer'sjon] nf (gen) entertainment; (actividad) hobby, pastime

diverso, -a [di'βerso, a] adj diverse ▷ nm: **~s** (Com) sundries; **~s libros** several books

divertido, -a [diβer'tiðo, a] adj (chiste) amusing; (fiesta etc) enjoyable

divertir [diβer'tir] /3i/ vt (entretener, recrear) to amuse; **divertirse** vr (pasarlo bien) to have a good time; (distraerse) to amuse o.s.

dividendo [diβi'ðendo] nm (Com: often pl) dividend, dividends

dividir [diβi'ðir] /3a/ vt (gen) to divide; (distribuir) to distribute, share out

divierta etc [di'βjerta] vb V **divertir**

divino, -a [di'βino, a] adj divine

divirtiendo etc [diβir'tjendo] vb V **divertir**

divisa [di'βisa] nf (emblema) emblem, badge; **divisas** nfpl foreign exchange sg

divisar [diβi'sar] /1a/ vt to make out, distinguish

división [diβi'sjon] nf division; (de partido) split; (de país) partition

divorciar [diβor'θjar] /1b/ vt to divorce; **divorciarse** vr to get divorced; **divorcio** nm divorce

divulgar [diβul'ɣar] /1h/ vt (desparramar) to spread; (hacer circular) to divulge

DNI nm abr (ESP) = **Documento Nacional de Identidad** see note

● DNI
●
● The *Documento Nacional de Identidad*
● is a Spanish ID card which must be
● carried at all times and produced on
● request from the police. It contains
● the holder's photo, fingerprints and
● personal details. It is also known as
● the DNI or *carnet de identidad*.

Dña. abr (= Doña) Mrs

do [do] nm (Mus) C

dobladillo [doβla'ðiʎo] nm (de vestido) hem; (de pantalón: vuelta) turn-up (BRIT), cuff (US)

doblar [do'βlar] /1a/ vt to double; (papel) to fold; (caño) to bend; (la esquina) to turn, go round; (film) to dub ▷ vi to turn; (campana) to toll; **doblarse** vr (plegarse) to fold (up), crease; (encorvarse) to bend; **~ a la derecha/izquierda** to turn right/left

doble ['doβle] adj double; (de dos aspectos) dual; (fig) two-faced ▷ nm double ▷ nmf (Teat) double, stand-in;

dobles nmpl (Deporte) doubles sg; **con ~ sentido** with a double meaning

doce ['doθe] num twelve; **docena** nf dozen

docente [do'θente] adj: **personal ~** teaching staff; **centro ~** educational institution

dócil ['doθil] adj (pasivo) docile; (obediente) obedient

doctor, a [dok'tor, a] nm/f doctor

doctorado [dokto'raðo] nm doctorate

doctrina [dok'trina] nf doctrine, teaching

documentación [dokumenta'θjon] nf documentation; (de identidad etc) papers pl

documental [dokumen'tal] adj, nm documentary

documento [doku'mento] nm (certificado) document; **~ adjunto** (Inform) attachment; **D~ Nacional de Identidad** national identity card; V **DNI**

dólar ['dolar] nm dollar

doler [do'ler] /2h/ vt, vi to hurt; (fig) to grieve; **dolerse** vr (de su situación) to grieve, feel sorry; (de las desgracias ajenas) to sympathize; **me duele el brazo** my arm hurts

dolor [do'lor] nm pain; (fig) grief, sorrow; **~ de cabeza** headache; **~ de estómago** stomach ache

domar [do'mar] /1a/ vt to tame

domesticar [domesti'kar] /1g/ vt to tame

doméstico, -a [do'mestiko, a] adj (vida, servicio) home; (tareas) household; (animal) tame, pet

domicilio [domi'θiljo] nm home; **~ particular** private residence; **servicio a ~** delivery service; **sin ~ fijo** of no fixed abode

dominante [domi'nante] adj dominant; (persona) domineering

dominar [domi'nar] /1a/ vt to dominate; (idiomas) to be fluent in ▷ vi to dominate, prevail

domingo [do'mingo] nm Sunday;
D~ de Ramos Palm Sunday; **D~ de
Resurrección** Easter Sunday

dominio [do'minjo] nm (tierras)
domain; (autoridad) power, authority;
(de las pasiones) grip, hold; (de idioma)
command

don [don] nm (talento) gift; **D~ Juan
Gómez** Mr Juan Gómez, Juan Gómez
Esq. (BRIT); see note **"don"**

⊙ **DON**
⊙
⊙ Don or doña is a term used before
⊙ someone's first name – eg Don
⊙ Diego, Doña Inés – when showing
⊙ respect or being polite to someone
⊙ of a superior social standing or to
⊙ an older person. It is becoming
⊙ somewhat rare, but it does however
⊙ continue to be used with names and
⊙ surnames in official documents and
⊙ in correspondence: eg Sr. D. Pedro
⊙ Rodríguez Hernández, Sra. Dña Inés
⊙ Rodríguez Hernández.

dona ['dona] nf (LAM) doughnut,
donut (us)

donar [do'nar] /1a/ vt to donate

donativo [dona'tiβo] nm donation

donde ['donde] adv where ▷ prep: **el
coche está allí ~ el farol** the car is
over there by the lamppost o where
the lamppost is; **en ~** where, in which

dónde ['donde] adv interrogativo
where?; **¿a ~ vas?** where are you going
(to)?; **¿de ~ vienes?** where have you
been?; **¿por ~?** where?, whereabouts?

dondequiera [donde'kjera] adv
anywhere ▷ conj: **~ que** wherever;
por ~ everywhere, all over the place

donut® [do'nut] nm (ESP) doughnut,
donut (us)

doña ['dona] nf: **~ Alicia** Alicia; **D~
Carmen Gómez** Mrs Carmen Gómez;
V tb **don**

dorado, -a [do'raðo, a] adj (color)
golden; (Tec) gilt

dormir [dor'mir] /3j/ vt: **~ la siesta**
to have an afternoon nap ▷ vi to sleep;
dormirse vr to fall asleep

dormitorio [dormi'torjo] nm
bedroom

dorsal [dor'sal] nm (Deporte) number

dorso ['dorso] nm (de mano) back; (de
hoja) other side

dos [dos] num two

dosis ['dosis] nf inv dose, dosage

dotado, -a [do'taðo, a] adj gifted; **~
de** endowed with

dotar [do'tar] /1a/ vt to endow; **dote**
nf dowry; **dotes** nfpl (talentos) gifts

doy [doj] vb V **dar**

drama ['drama] nm drama;
dramaturgo, -a nm/f dramatist,
playwright

drástico, -a ['drastiko, a] adj drastic

drenaje [dre'naxe] nm drainage

droga ['droɣa] nf drug; **drogadicto, -a**
nm/f drug addict

drogar [dro'ɣar] /1h/ vt to drug;
drogarse vr to take drugs

droguería [droɣe'ria] nf ≈ hardware
shop (BRIT) o store (US)

ducha ['dutʃa] nf (baño) shower; (Med)
douche

ducharse [du'tʃarse] /1a/ vr to take
a shower

duda ['duða] nf doubt; **no cabe ~**
there is no doubt about it; **dudar** /1a/
vt to doubt ▷ vi to doubt; **dudoso,
-a** adj (incierto) hesitant; (sospechoso)
doubtful

duela etc vb V **doler**

duelo ['dwelo] vb V **doler** ▷ nm
(combate) duel; (luto) mourning

duende ['dwende] nm imp, goblin

dueño, -a ['dweno, a] nm/f
(propietario) owner; (de pensión,
taberna) landlord/lady; (empresario)
employer

duerma etc ['dwerma] vb V **dormir**

dulce ['dulθe] adj sweet ▷ adv gently,
softly ▷ nm sweet

dulcería [dulθe'ria] nf (LAM)
confectioner's (shop)

dulzura [dulˈθura] nf sweetness; (ternura) gentleness

dúo [ˈduo] nm duet

duplicar [dupliˈkar] /1g/ vt (hacer el doble de) to duplicate

duque [ˈduke] nm duke; **duquesa** nf duchess

durable [duˈraβle] adj durable

duración [duraˈθjon] nf (de película, disco etc) length; (de pila etc) life; (curso: de acontecimientos etc) duration

duradero, -a [duraˈðero, a] adj (tela) hard-wearing; (fe, paz) lasting

durante [duˈrante] adv during

durar [duˈrar] /1a/ vi to last; (recuerdo) to remain

durazno [duˈrasno] nm (LAM: fruta) peach; (: árbol) peach tree

durex [ˈdureks] nm (LAM: tira adhesiva) Sellotape® (BRIT), Scotch tape® (US)

dureza [duˈreθa] nf (cualidad) hardness

duro, -a [ˈduro, a] adj hard; (carácter) tough ▷ adv hard ▷ nm (moneda) five peseta coin

DVD nm abr (= disco de vídeo digital) DVD

E · e

E abr (= este) E

e [e] conj and

ébano [ˈeβano] nm ebony

ebrio, -a [ˈeβrjo, a] adj drunk

ebullición [eβuʎiˈθjon] nf boiling

echar [eˈtʃar] /1a/ vt to throw; (agua, vino) to pour (out); (empleado: despedir) to fire, sack; (hojas) to sprout; (cartas) to post; (humo) to emit, give out ▷ vi: **~ a correr** to start running o to run, break into a run; **~ a llorar** to burst into tears; **echarse** vr to lie down; **~ llave a** to lock (up); **~ abajo** (gobierno) to overthrow; (edificio) to demolish; **~ mano a** to lay hands on; **~ una mano a algn** (ayudar) to give sb a hand; **~ de menos** to miss; **~ una mirada** to give a look; **~ sangre** to bleed; **~se atrás** to back out

eclesiástico, -a [ekleˈsjastiko, a] adj ecclesiastical

eco [ˈeko] nm echo; **tener ~** to catch on

ecología [ekolo'xia] nf ecology;
ecológico, -a adj (producto,
método) environmentally-friendly;
(agricultura) organic; **ecologista** adj
environmental, conservation cpd
▷ nmf environmentalist

economía [ekono'mia] nf (sistema)
economy; (carrera) economics

económico, -a [eko'nomiko, a] adj
(barato) cheap, economical; (persona)
thrifty; (Com: año etc) financial;
(: situación) economic

economista [ekono'mista] nmf
economist

ecotasa [eko'tasa] nf green tax

Ecuador [ekwa'ðor] nm Ecuador

ecuador [ekwa'ðor] nm equator

ecuatoriano, -a [ekwato'rjano, a]
adj, nm/f Ecuadorian

ecuestre [e'kwestre] adj equestrian

edad [e'ðað] nf age; **¿qué ~ tienes?**
how old are you?; **tiene ocho años
de ~** he is eight (years old); **ser de ~
mediana/avanzada** to be middle-
aged/getting on; **la E~ Media** the
Middle Ages

edición [eði'θjon] nf (acto)
publication; (ejemplar) edition

edificar [eðifi'kar] /1g/ vt, vi to build

edificio [eði'fiθjo] nm building; (fig)
edifice, structure

Edimburgo [eðim'buryo] nm
Edinburgh

editar [eði'tar] /1a/ vt (publicar) to
publish; (preparar textos) to edit

editor, a [eði'tor, a] nm/f (que publica)
publisher; (redactor) editor ▷ adj: **casa
~a** publishing company; **editorial** adj
editorial ▷ nm leading article, editorial;
(tb: **casa editorial**) publisher

edredón [eðre'ðon] nm duvet

educación [eðuka'θjon] nf
education; (crianza) upbringing;
(modales) (good) manners pl

educado, -a [eðu'kaðo, a] adj well-
mannered; **mal ~** ill-mannered

educar [eðu'kar] /1g/ vt to educate;
(criar) to bring up; (voz) to train

efectivamente [efektiβa'mente]
adv (como respuesta) exactly, precisely;
(verdaderamente) really; (de hecho)
in fact

efectivo, -a [efek'tiβo, a] adj
effective; (real) actual, real ▷ nm:
pagar en ~ to pay (in) cash; **hacer ~
un cheque** to cash a cheque

efecto [e'fekto] nm effect, result;
efectos nmpl (personales) effects;
(bienes) goods; (Com) assets;
~ invernadero greenhouse effect;
~s especiales special effects; **~s
secundarios** side effects; **~s sonoros**
sound effects; **en ~** in fact; (respuesta)
exactly, indeed

efectuar [efek'twar] /1e/ vt to carry
out; (viaje) to make

eficacia [efi'kaθja] nf (de persona)
efficiency; (de medicamento etc)
effectiveness

eficaz [efi'kaθ] adj (persona) efficient;
(acción) effective

eficiente [efi'θjente] adj efficient

egipcio, -a [e'xipθjo, a] adj, nm/f
Egyptian

Egipto [e'xipto] nm Egypt

egoísmo [eɣo'ismo] nm egoism

egoísta [eɣo'ista] adj egoistical,
selfish ▷ nmf egoist

Eire ['eire] nm Eire

ej. abr (= ejemplo) eg

eje ['exe] nm (Geo, Mat) axis; (de rueda)
axle; (de máquina) shaft, spindle

ejecución [exeku'θjon] nf execution;
(cumplimiento) fulfilment; (actuación)
performance; (Jur: embargo de deudor)
attachment

ejecutar [exeku'tar] /1a/ vt to
execute, carry out; (matar) to execute;
(cumplir) to fulfil; (Mus) to perform;
(Jur: embargar) to attach, distrain

ejecutivo, -a [exeku'tiβo, a] adj
executive; **el (poder) ~** the executive
(power)

ejemplar [exem'plar] adj exemplary
▷ nm example; (Zool) specimen; (de
libro) copy; (de periódico) number, issue

ejemplo [e'xemplo] *nm* example; **por ~** for example

ejercer [exer'θer] /2b/ *vt* to exercise; *(influencia)* to exert; *(un oficio)* to practise ▷ *vi:* **~ de** to practise as

ejercicio [exer'θiθjo] *nm* exercise; *(período)* tenure; **~ comercial** business year; **hacer ~** to take exercise

ejército [e'xerθito] *nm* army; **E~ del Aire/de Tierra** Air Force/Army; **entrar en el ~** to enlist, join up

ejote [e'xote] *nm* (*LAM*) green bean

○ **PALABRA CLAVE**

el [el] *(fem* **la**, *neutro* **lo**, *pl* **los**, **las**) *artículo definido* 1 the; **el libro/la mesa/los estudiantes/las flores** the book/table/students/flowers
2 *(con n abstracto o propio, no se traduce):* **el amor/la juventud** love/youth
3 *(posesión, se traduce a menudo por un posesivo):* **romperse el brazo** to break one's arm; **levantó la mano** he put his hand up; **se puso el sombrero** she put her hat on
4 *(valor descriptivo):* **tener la boca grande/los ojos azules** to have a big mouth/blue eyes
5 *(con días)* on; **me iré el viernes** I'll leave on Friday; **los domingos suelo ir a nadar** on Sundays I generally go swimming
6 *(lo + adj):* **lo difícil/caro** what is difficult/expensive; *(cuán):* **no se da cuenta de lo pesado que es** he doesn't realize how boring he is
▶ *pron demostrativo* 1 : **mi libro y el de usted** my book and yours; **las de Pepe son mejores** Pepe's are better; **no la(s) blanca(s) sino la(s) gris(es)** not the white one(s) but the grey one(s)
2 : **lo de:** **lo de ayer** what happened yesterday; **lo de las facturas** that business about the invoices
▶ *pron relativo* 1 : **el que** *etc (indef):* **el**

(los) que quiera(n) que se vaya(n) anyone who wants to can leave; **llévese el/la que más le guste** take the one you like best; *(def):* **el que compré ayer** the one I bought yesterday; **los que se van** those who leave
2 : **lo que: lo que pienso yo/más me gusta** what I think/like most
▶ *conj:* **el que: el que lo diga** the fact that he says so; **el que sea tan vago me molesta** his being so lazy bothers me
▶ *excl:* **¡el susto que me diste!** what a fright you gave me!
▶ *pron personal* 1 *(persona: m)* him; *(: f)* her; *(: pl)* them; **lo/las veo** I can see him/them
2 *(animal, cosa: sg)* it; *(: pl)* them; *(o* **la) veo** I can see it; *(los (o* **las) veo** I can see them
3 : **lo** *(como sustituto de frase):* **no lo sabía** I didn't know; **ya lo entiendo** I understand now

él [el] *pron (persona)* he; *(cosa)* it; *(después de prep: persona)* him; *(: cosa)* it; **mis libros y los de él** my books and his

elaborar [elaβo'rar] /1a/ *vt (producto)* to make, manufacture; *(preparar)* to prepare; *(madera, metal etc)* to work; *(proyecto etc)* to work on o out

elástico, -a [e'lastiko, a] *adj* elastic; *(flexible)* flexible ▷ *nm* elastic; *(gomita)* elastic band

elección [elek'θjon] *nf* election; *(selección)* choice, selection; **elecciones generales** general election *sg*

electorado [elekto'raðo] *nm* electorate, voters *pl*

electricidad [elektriθi'ðað] *nf* electricity

electricista [elektri'θista] *nmf* electrician

eléctrico, -a [e'lektriko, a] *adj* electric

electro... [elektro] pref electro-...; **electrocardiograma** nm electrocardiogram; **electrocutar** /1a/ vt to electrocute; **electrodo** nm electrode; **electrodomésticos** nmpl (electrical) household appliances

electrónico, -a [elek'troniko, a] adj electronic ▷ nf electronics sg

electrotren [elektro'tren] nm express electric train

elefante [ele'fante] nm elephant

elegancia [ele'yanθja] nf elegance, grace; (estilo) stylishness

elegante [ele'yante] adj elegant, graceful; (estiloso) stylish, fashionable

elegir [ele'xir] /3c, 3k/ vt (escoger) to choose, select; (optar) to opt for; (presidente) to elect

elemental [elemen'tal] adj (claro, obvio) elementary; (fundamental) elemental, fundamental

elemento [ele'mento] nm element; (fig) ingredient; **elementos** nmpl elements, rudiments

elepé [ele'pe] nm LP

elevación [eleβa'θjon] nf elevation; (acto) raising, lifting; (de precios) rise; (Geo etc) height, altitude

elevado, -a [ele'βaðo, a] pp de **elevar** ▷ adj high

elevar [ele'βar] /1a/ vt to raise, lift (up); (precio) to put up; **elevarse** vr (edificio) to rise; (precios) to go up

eligiendo etc [eli'xjendo], **elija** etc [e'lixa] vb V **elegir**

eliminar [elimi'nar] /1a/ vt to eliminate, remove

eliminatoria [elimina'torja] nf heat, preliminary (round)

elite [e'lite], **élite** ['elite] nf elite

ella [eʎa] pron (persona) she; (cosa) it; (después de prep: persona) her; (: cosa) it; **de ~** hers

ellas ['eʎas] pron V **ellos**

ello ['eʎo] pron neutro it; **es por ~ que...** that's why...

ellos, -as ['eʎos, as] pron personal pl they; (después de prep) them; **de ~** theirs

elogiar [elo'xjar] /1b/ vt to praise; **elogio** nm praise

elote [e'lote] nm (ᴀᴍ) corn on the cob

eludir [elu'ðir] /3a/ vt to avoid

email ['imeil] nm email m; (dirección) email address; **mandar un ~ a algn** to email sb, send sb an email

embajada [emba'xaða] nf embassy

embajador, a [embaxa'ðor, a] nm/f ambassador/ambassadress

embalar [emba'lar] /1a/ vt to parcel, wrap (up); **embalarse** vr to go fast

embalse [em'balse] nm (presa) dam; (lago) reservoir

embarazada [embara'θaða] adj f pregnant ▷ nf pregnant woman

No confundir embarazada con la palabra inglesa embarrassed.

embarazo [emba'raθo] nm (de mujer) pregnancy; (impedimento) obstacle, obstruction; (timidez) embarrassment; **embarazoso, -a** adj awkward; (violento) embarrassing

embarcación [embarka'θjon] nf (barco) boat, craft; (acto) embarkation

embarcadero [embarka'ðero] nm pier, landing stage

embarcar [embar'kar] /1g/ vt (cargamento) to ship, stow; (persona) to embark, put on board; **embarcarse** vr to embark, go on board

embargar [embar'yar] /1h/ vt (Jur) to seize, impound

embargo [em'baryo] nm (Jur) seizure; (Com etc) embargo

embargue etc [em'barye] vb V **embargar**

embarque etc [em'barke] vb V **embarcar** ▷ nm shipment, loading

embellecer [embeʎe'θer] /2d/ vt to embellish, beautify

embestida [embes'tiða] nf attack, onslaught; (carga) charge

embestir [embes'tir] /3k/ vt to attack, assault; to charge, attack ▷ vi to attack

emblema [em'blema] *nm* emblem

embobado, -a [embo'βaðo, a] *adj* (atontado) stunned, bewildered

embolia [em'bolja] *nf* (Med) clot, embolism

émbolo ['embolo] *nm* (Auto) piston

emborrachar [emborra'tʃar] /1a/ *vt* to make drunk, intoxicate; **emborracharse** *vr* to get drunk

emboscada [embos'kaða] *nf* ambush

embotar [embo'tar] /1a/ *vt* to blunt, dull

embotellamiento [emboteʎa'mjento] *nm* (Auto) traffic jam

embotellar [embote'ʎar] /1a/ *vt* to bottle

embrague [em'braɣe] *nm* (tb: **pedal de ~**) clutch

embrión [em'brjon] *nm* embryo

embrollo [em'broʎo] *nm* (enredo) muddle, confusion; (aprieto) fix, jam

embrujado, -a [embru'xaðo, a] *adj* bewitched; **casa embrujada** haunted house

embrutecer [embrute'θer] /2d/ *vt* (atontar) to stupefy

embudo [em'buðo] *nm* funnel

embuste [em'buste] *nm* (mentira) lie; **embustero, -a** *adj* lying, deceitful ▷ *nm/f* (mentiroso) liar

embutido [embu'tiðo] *nm* (Culin) sausage; (Tec) inlay

emergencia [emer'xenθja] *nf* emergency; (surgimiento) emergence

emerger [emer'xer] /2c/ *vi* to emerge, appear

emigración [emiɣra'θjon] *nf* emigration; (de pájaros) migration

emigrar [emi'ɣrar] /1a/ *vi* (personas) to emigrate; (pájaros) to migrate

eminente [emi'nente] *adj* eminent, distinguished; (elevado) high

emisión [emi'sjon] *nf* (acto) emission; (Com etc) issue; (Radio, TV: acto) broadcasting; (: programa) broadcast, programme, program (us)

emisor, a [emi'sor, a] *nm* transmitter ▷ *nf* radio o broadcasting station

emitir [emi'tir] /3a/ *vt* (olor etc) to emit, give off; (moneda etc) to issue; (opinión) to express; (Radio) to broadcast

emoción [emo'θjon] *nf* emotion; (excitación) excitement; (sentimiento) feeling

emocionante [emoθjo'nante] *adj* (excitante) exciting, thrilling

emocionar [emoθjo'nar] /1a/ *vt* (excitar) to excite, thrill; (conmover) to move, touch; (impresionar) to impress

emoticón [emoti'kon], **emoticono** [emoti'kono] *nm* smiley

emotivo, -a [emo'tiβo, a] *adj* emotional

empacho [em'patʃo] *nm* (Med) indigestion; (fig) embarrassment

empalagoso, -a [empala'ɣoso, a] *adj* cloying; (fig) tiresome

empalmar [empal'mar] /1a/ *vt* to join, connect ▷ *vi* (dos caminos) to meet, join; **empalme** *nm* joint, connection; (de vías) junction; (de trenes) connection

empanada [empa'naða] *nf* pie, pasty

empañarse [empa'ɲarse] /1a/ *vr* (nublarse) to get misty, steam up

empapar [empa'par] /1a/ *vt* (mojar) to soak, saturate; (absorber) to soak up, absorb; **empaparse** *vr*: **-se de** to soak up

empapelar [empape'lar] /1a/ *vt* (paredes) to paper

empaquetar [empake'tar] /1a/ *vt* to pack, parcel up

empastar [empas'tar] /1a/ *vt* (embadurnar) to paste; (diente) to fill

empaste [em'paste] *nm* (de diente) filling

empatar [empa'tar] /1a/ *vi* to draw, tie; **~on a dos** they drew two-all; **empate** *nm* draw, tie

empecé [empe'θe] *vb* V **empezar**

empedernido, -a [empeðer'niðo, a] *adj* hard, heartless; (fijado) inveterate; **un fumador ~** a heavy smoker

empeine [em'peine] nm (de pie, zapato) instep

empeñado, -a [empe'ɲaðo, a] adj (persona) determined; (objeto) pawned

empeñar [empe'ɲar] /1a/ vt (objeto) to pawn, pledge; (persona) to compel; **empeñarse** vr (endeudarse) to get into debt; **~se en hacer** to be set on doing, be determined to do

empeño [em'peɲo] nm (determinación) determination; **casa de ~s** pawnshop

empeorar [empeo'rar] /1a/ vt to make worse, worsen ▷ vi to get worse, deteriorate

empezar [empe'θar] /1f, 1j/ vt, vi to begin, start

empiece etc [em'pjeθe] vb V **empezar**

empiezo etc [em'pjeθo] vb V **empezar**

emplasto [em'plasto] nm (Med) plaster

emplazar [empla'θar] /1f/ vt (ubicar) to site, place, locate; (Jur) to summons; (convocar) to summon

empleado, -a [emple'aðo, a] nm/f (gen) employee; (de banco etc) clerk

emplear [emple'ar] /1a/ vt (usar) to use, employ; (dar trabajo a) to employ; **emplearse** vr (conseguir trabajo) to be employed; (ocuparse) to occupy o.s.

empleo [em'pleo] nm (puesto) job; (puestos: colectivamente) employment; (uso) use, employment

empollar [empo'ʎar] /1a/ vt (fam) to swot (up); **empollón, -ona** nm/f (fam) swot

emporio [em'porjo] nm (LAM: gran almacén) department store

empotrado, -a [empo'traðo, a] adj (armario etc) built-in

emprender [empren'der] /2a/ vt (empezar) to begin, embark on; (acometer) to tackle, take on

empresa [em'presa] nf enterprise; (Com) firm, company; **empresariales** nfpl business studies; **empresario, -a** nm/f (Com) businessman/woman

empujar [empu'xar] /1a/ vt to push, shove

empujón [empu'xon] nm push, shove

empuñar [empu'ɲar] /1a/ vt (asir) to grasp, take (firm) hold of

PALABRA CLAVE

en [en] prep **1** (posición) in; (: sobre) on; **está en el cajón** it's in the drawer; **en Argentina/La Paz** in Argentina/La Paz; **en el colegio/la oficina** at school/the office; **está en el suelo/quinto piso** it's on the floor/the fifth floor

2 (dirección) into; **entró en el aula** she went into the classroom; **meter algo en el bolso** to put sth into one's bag

3 (tiempo) in; on; **en 1605/3 semanas/invierno** in 1605/3 weeks/winter; **en (el mes de) enero** in (the month of) January; **en aquella ocasión/época** on that occasion/at that time

4 (precio) for; **lo vendió en 20 dólares** he sold it for 20 dollars

5 (diferencia) by; **reducir/aumentar en una tercera parte/un 20 por ciento** to reduce/increase by a third/20 per cent

6 (manera, forma): **en avión/autobús** by plane/bus; **escrito en inglés** written in English

7 (después de vb que indica gastar etc) on; **han cobrado demasiado en dietas** they've charged too much to expenses; **se le va la mitad del sueldo en comida** half his salary goes on food

8 (tema, ocupación): **experto en la materia** expert on the subject; **trabaja en la construcción** he works in the building industry

9 (adj + en + infin): **lento en reaccionar** slow to react

enagua(s) [ena̠ɣwa(s)] nf(pl) (esp LAM) petticoat sg, underskirt sg

enajenación [enaxena'θjon] *nf:*
~mental mental derangement

enamorado, -a [enamo'raðo, a] *adj*
in love ▷ *nm/f* lover; **estar ~ (de)** to be
in love (with)

enamorar [enamo'rar] /1a/ *vt* to win
the love of; **enamorarse** *vr:* **~se (de)**
to fall in love (with)

enano, -a [e'nano, a] *adj* tiny ▷ *nm/f*
person of small stature

encabezamiento
[enkaβeθa'mjento] *nm* (*de carta*)
heading; (*de periódico*) headline

encabezar [enkaβe'θar] /1f/ *vt*
(*movimiento, revolución*) to lead,
head; (*lista*) to head; (*carta*) to put a
heading to

encadenar [enkaðe'nar] /1a/ *vt* to
chain (together); (*poner grilletes a*)
to shackle

encajar [enka'xar] /1a/ *vt* (*ajustar*):
~ en to fit (into) ▷ *vi* to fit (well); (*fig:
corresponder a*) to match

encaje [en'kaxe] *nm* (*labor*) lace

encallar [enka'ʎar] /1a/ *vi* (Naut) to
run aground

encaminar [enkami'nar] /1a/ *vt* to
direct, send

encantado, -a [enkan'taðo, a] *adj*
(*hechizado*) bewitched; (*muy contento*)
delighted; **¡~!** how do you do!, pleased
to meet you

encantador, a [enkanta'ðor, a] *adj*
charming, lovely ▷ *nm/f* magician,
enchanter/enchantress

encantar [enkan'tar] /1a/ *vt* to
charm, delight; (*hechizar*) to bewitch,
cast a spell on; **me encanta eso** I
love that; **encanto** *nm* (*magia*) spell,
charm; (*fig*) charm, delight

encarcelar [enkarθe'lar] /1a/ *vt* to
imprison, jail

encarecer [enkare'θer] /2d/ *vt* to
put up the price of ▷ **encarecerse** *vr*
to get dearer

encargado, -a [enkar'gaðo, a] *adj* in
charge ▷ *nm/f* agent, representative;
(*responsable*) person in charge

encargar [enkar'gar] /1h/ *vt*
to entrust; (*recomendar*) to urge,
recommend; **encargarse** *vr:* **~se de**
to look after, take charge of; **~ algo a
algn** to put sb in charge of sth

encargo [en'kargo] *nm* (*pedido*)
assignment, job; (*responsabilidad*)
responsibility; (Com) order

encariñarse [enkari'narse] /1a/ *vr:*
~ con to grow fond of, get attached to

encarnación [enkarna'θjon] *nf*
incarnation, embodiment

encarrilar [enkarri'lar] /1a/ *vt* (*tren*)
to put back on the rails; (*fig*) to correct,
put on the right track

encasillar [enkasi'ʎar] /1a/ *vt* (Teat)
to typecast; (*pey*) to pigeonhole

encendedor [enθende'ðor] *nm*
lighter

encender [enθen'der] /2g/ *vt* (*con
fuego*) to light; (*luz, radio*) to put on,
switch on; (*avivar: pasiones etc*) to
inflame; **encenderse** *vr* to catch fire;
(*excitarse*) to get excited; (*de cólera*) to
flare up; (*el rostro*) to blush

encendido, -a [enθen'diðo, a] *adj*
alight; (*aparato*) (switched) on ▷ *nm*
(Auto) ignition

encerado, -a [enθe'raðo, a] *adj*
(*suelo*) waxed ▷ *nm* (Escol) blackboard

encerrar [enθe'rrar] /1j/ *vt* (*confinar*)
to shut in o up; (*comprender, incluir*)
to include, contain; **encerrarse** *vr* to
shut o lock o.s. up in

encharcado, -a [entʃar'kaðo, a] *adj*
(*terreno*) flooded

encharcar [entʃar'kar] /1g/ *vt* to
swamp, flood; **encharcarse** *vr* to
become flooded

enchufado, -a [entʃu'faðo, a] *nm/f*
(*fam*) well-connected person

enchufar [entʃu'far] /1a/ *vt* (Elec) to
plug in; (Tec) to connect, fit together;
enchufe *nm* (Elec: *clavija*) plug;
(: *toma*) socket; (*de dos tubos*) joint,
connection; (*fam: influencia*) contact,
connection; (: *puesto*) cushy job

encía [en'θia] *nf* gum

encienda etc [en'θjenda] vb V
encender

encierro etc [en'θjerro] vb V
encerrar ▷ nm shutting in o up;
(calabozo) prison

encima [en'θima] adv (sobre) above,
over; (además) besides; **~ de** (en) on,
on top of; (sobre) above, over; (además
de) besides, on top of; **por ~ de** over;
¿**llevas dinero ~**? have you (got) any
money on you?; **se me vino ~** it took
me by surprise

encina [en'θina] nf (holm) oak

encinta [en'θinta] adj f pregnant

enclenque [en'klenke] adj weak,
sickly

encoger [enko'xer] /2c/ vt (gen) to
shrink, contract; **encogerse** vr to
shrink, contract; (fig) to cringe; **~se de
hombros** to shrug one's shoulders

encomendar [enkomen'dar]
/1j/ vt to entrust, commend;
encomendarse vr: **~ a** to put one's
trust in

encomienda etc [enko'mjenda]
vb V **encomendar** ▷ nf (encargo)
charge, commission; (elogio) tribute;
(LAM) parcel, package; **~ postal** (LAM:
servicio) parcel post

encontrar [enkon'trar] /1l/ vt (hallar)
to find; (inesperadamente) to meet, run
into; **encontrarse** vr to meet (each
other); (situarse) to be (situated); **~se
con** to meet; **~se bien (de salud)** to
feel well

encrucijada [enkruθi'xaða] nf
crossroads sg

encuadernación
[enkwaðerna'θjon] nf binding

encuadrar [enkwa'ðrar] /1a/ vt
(retrato) to frame; (ajustar) to fit,
insert; (encerrar) to contain

encubrir [enku'βrir] /3a/ vt (ocultar)
to hide, conceal; (criminal) to harbour,
shelter

encuentro [en'kwentro] vb V
encontrar ▷ nm (de personas)
meeting; (Auto etc) collision, crash;

(Deporte) match, game; (Mil)
encounter

encuerado, -a [enkwe'raðo, a] adj
(LAM) nude, naked

encuesta [en'kwesta] nf inquiry,
investigation; (sondeo) public opinion
poll

encumbrar [enkum'brar] /1a/ vt
(persona) to exalt

endeble [en'deβle] adj (argumento,
excusa, persona) weak

endemoniado, -a [endemo'njaðo,
a] adj possessed (of the devil);
(travieso) devilish

enderezar [endere'θar] /1f/ vt
(poner derecho) to straighten (out);
(: verticalmente) to set upright; (fig) to
straighten o sort out; (dirigir) to direct;
enderezarse vr (persona sentada) to
sit up straight

endeudarse [endeu'ðarse] /1a/ vr to
get into debt

endiablado, -a [endja'βlaðo, a]
adj devilish, diabolical; (humorístico)
mischievous

endilgar [endil'ɣar] /1h/ vt (fam):
~ algo a algn to lumber sb with sth

endiñar [endi'ɲar] /1a/ vt: **~ algo a
algn** to land sth on sb

endosar [endo'sar] /1a/ vt (cheque etc)
to endorse

endulzar [endul'θar] /1f/ vt to
sweeten; (suavizar) to soften

endurecer [endure'θer] /2d/ vt to
harden; **endurecerse** vr to harden,
grow hard

enema [e'nema] nm (Med) enema

enemigo, -a [ene'miɣo, a] adj
enemy, hostile ▷ nm/f enemy

enemistad [enemis'tað] nf enmity

enemistar [enemis'tar] /1a/ vt
to make enemies of, cause a rift
between; **enemistarse** vr to become
enemies; (amigos) to fall out

energía [ener'xia] nf (vigor)
energy, drive; (empuje) push; (Tec,
Elec) energy, power; **~ atómica/
eléctrica/eólica** atomic/electric/

wind power; **~ solar** solar energy
o power

enérgico, -a [e'nerxiko, a] *adj* (*gen*)
energetic; (*voz, modales*) forceful

energúmeno, -a [ener'yumeno, a]
nm/f madman/woman

enero [e'nero] *nm* January

enfadado, -a [enfa'ðaðo, a] *adj*
angry, annoyed

enfadar [enfa'ðar] /1a/ *vt* to anger,
annoy; **enfadarse** *vr* to get angry o
annoyed

enfado [en'faðo] *nm* (*enojo*) anger,
annoyance; (*disgusto*) trouble, bother

énfasis ['enfasis] *nm* emphasis, stress

enfático, -a [en'fatiko, a] *adj*
emphatic

enfermar [enfer'mar] /1a/ *vt* to
make ill ▷ *vi* to fall ill, be taken ill

enfermedad [enferme'ðað] *nf*
illness; **~ venérea** venereal disease

enfermera [enfer'mera] *nf* V
enfermero

enfermería [enferme'ria] *nf*
infirmary; (*de colegio etc*) sick bay

enfermero, -a [enfer'mero, a]
(*male*) nurse ▷ *nf* nurse

enfermizo, -a [enfer'miθo, a] *adj*
(*persona*) sickly, unhealthy; (*fig*)
unhealthy

enfermo, -a [en'fermo, a] *adj* ill,
sick *nm/f* invalid, sick person; (*en
hospital*) patient; **caer o ponerse
~** to fall ill

enfocar [enfo'kar] /1g/ *vt* (*foto etc*)
to focus; (*problema etc*) to consider,
look at

enfoque *etc* [en'foke] *vb* V **enfocar**
▷ *nm* focus

enfrentar [enfren'tar] /1a/ *vt*
(*peligro*) to face (up to), confront;
(*oponer*) to bring face to face;
enfrentarse *vr* (*dos personas*) to face
o confront each other; (*Deporte: dos
equipos*) to meet; **~se a o con** to face
up to, confront

enfrente [en'frente] *adv* opposite;
~ de opposite, facing; **la casa de ~**

the house opposite, the house across
the street

enfriamiento [enfria'mjento] *nm*
chilling, refrigeration; (*Med*) cold, chill

enfriar [enfri'ar] /1c/ *vt* (*alimentos*)
to cool, chill; (*algo caliente*) to cool down;
enfriarse *vr* to cool down; (*Med*) to
catch a chill; (*amistad*) to cool

enfurecer [enfure'θer] /2d/ *vt* to
enrage, madden; **enfurecerse** *vr* to
become furious, fly into a rage; (*mar*)
to get rough

enganchar [engan'tʃar] /1a/ *vt*
to hook; (*dos vagones*) to hitch up;
(*Tec*) to couple, connect; (*Mil*) to
recruit; **engancharse** *vr* (*Mil*) to
enlist, join up

enganche [en'gantʃe] *nm* hook; (*Tec*)
coupling, connection; (*acto*) hooking
(up); (*Mil*) recruitment, enlistment;
(*ᴌᴀᴍ: depósito*) deposit

engañar [enga'nar] /1a/ *vt* to
deceive; (*estafar*) to cheat, swindle;
engañarse *vr* (*equivocarse*) to be
wrong; (*asimismo*) to deceive o kid o.s.

engaño [en'gano] *nm* deceit; (*estafa*)
trick, swindle; (*error*) mistake,
misunderstanding; (*ilusión*) delusion;
engañoso, -a *adj* (*tramposo*) crooked;
(*mentiroso*) dishonest, deceitful;
(*aspecto*) deceptive; (*consejo*)
misleading

engatusar [engatu'sar] /1a/ *vt*
(*fam*) to coax

engendro [en'xendro] *nm* (*Bio*)
foetus; (*fig*) monstrosity

englobar [englo'βar] /1a/ *vt* to
include, comprise

engordar [engor'ðar] /1a/ *vt* to
fatten ▷ *vi* to get fat, put on weight

engorroso, -a [engo'rroso, a] *adj*
bothersome, trying

engranaje [engra'naxe] *nm* (*Auto*)
gear

engrasar [engra'sar] /1a/ *vt* (*Tec:
poner grasa*) to grease; (: *lubricar*) to
lubricate, oil; (*manchar*) to make
greasy

engreído, -a [engre'iðo, a] *adj* vain, conceited

enhebrar [ene'βrar] /1a/ *vt* to thread

enhorabuena [enora'βwena] *excl*: **¡~!** congratulations! ▷ *nf*: **dar la ~ a** to congratulate

enigma [e'niɣma] *nm* enigma; *(problema)* puzzle; *(misterio)* mystery

enjambre [en'xambre] *nm* swarm

enjaular [enxau'lar] /1a/ *vt* to (put in a) cage; *(fam)* to jail, lock up

enjuagar [enxwa'ɣar] /1h/ *vt (ropa)* to rinse (out)

enjuague *etc* [en'xwaɣe] *vb V* **enjuagar** ▷ *nm (Med)* mouthwash; *(de ropa)* rinse, rinsing

enjugar [enxu'ɣar] /1h/ *vt* to wipe (off); *(lágrimas)* to dry; *(déficit)* to wipe out

enlace [en'laθe] *nm* link, connection; *(relación)* relationship; *(tb:* **~ matrimonial)** marriage; *(de trenes)* connection; **~ sindical** shop steward

enlatado, -a [enla'taðo, a] *adj (alimentos, productos)* tinned, canned

enlazar [enla'θar] /1f/ *vt (unir con lazos)* to bind together; *(atar)* to tie; *(conectar)* to link, connect; *(ʌм)* to lasso

enloquecer [enloke'θer] /2d/ *vt* to drive mad ▷ *vi* to go mad

enmarañar [enmara'ɲar] /1a/ *vt (enredar)* to tangle up, entangle; *(complicar)* to complicate; *(confundir)* to confuse

enmarcar [enmar'kar] /1g/ *vt (cuadro)* to frame

enmascarar [enmaska'rar] /1a/ *vt* to mask; **enmascararse** *vr* to put on a mask

enmendar [enmen'dar] /1j/ *vt* to emend, correct; *(constitución etc)* to amend; *(comportamiento)* to reform; **enmendarse** *vr* to reform, mend one's ways; **enmienda** *nf* correction; amendment; reform

enmudecer [enmuðe'θer] /2d/ *vi (perder el habla)* to fall silent; *(guardar silencio)* to remain silent

ennoblecer [ennoβle'θer] /2d/ *vt* to ennoble

enojado, -a [eno'xaðo, a] *adj (ʌм)* angry

enojar [eno'xar] /1a/ *vt (encolerizar)* to anger; *(disgustar)* to annoy, upset; **enojarse** *vr* to get angry; to get annoyed

enojo [e'noxo] *nm (cólera)* anger; *(irritación)* annoyance

enorme [e'norme] *adj* enormous, huge; *(fig)* monstrous

enredadera [enreða'ðera] *nf (Bot)* creeper, climbing plant

enredar [enre'ðar] /1a/ *vt (cables, hilos etc)* to tangle (up), entangle; *(situación)* to complicate, confuse; *(meter cizaña)* to sow discord among o between; *(implicar)* to embroil, implicate; **enredarse** *vr* to get entangled, get tangled (up); *(situación)* to get complicated; *(persona)* to get embroiled; *(ʌм fam)* to meddle

enredo [en'reðo] *nm (maraña)* tangle; *(confusión)* mix-up, confusion; *(intriga)* intrigue

enriquecer [enrike'θer] /2d/ *vt* to make rich; *(fig)* to enrich; **enriquecerse** *vr* to get rich

enrojecer [enroxe'θer] /2d/ *vt* to redden ▷ *vi (persona)* to blush; **enrojecerse** *vr* to blush

enrollar [enro'ʎar] /1a/ *vt* to roll (up), wind (up)

ensalada [ensa'laða] *nf* salad

ensaladilla [ensala'ðiʎa] *nf (tb:* **~ rusa)** ≈ Russian salad

ensanchar [ensan'tʃar] /1a/ *vt (hacer más ancho)* to widen; *(agrandar)* to enlarge, expand; *(Costura)* to let out; **ensancharse** *vr* to get wider, expand

ensayar [ensa'jar] /1a/ *vt* to test, try (out); *(Teat)* to rehearse

ensayo [en'sajo] *nm* test, trial; *(Química)* experiment; *(Teat)* rehearsal; *(Deporte)* try; *(Escol, Lit)* essay

enseguida [ense'ɣuiða] *adv* at once, right away

ensenada [ense'naða] *nf* inlet, cove

enseñanza [ense'nanθa] *nf* (*educación*) education; (*acción*) teaching; (*doctrina*) teaching, doctrine; **~ primaria/secundaria/superior** primary/secondary/higher education

enseñar [ense'nar] /1a/ *vt* (*educar*) to teach; (*mostrar, señalar*) to show

enseres [en'seres] *nmpl* belongings

ensuciar [ensu'θjar] /1b/ *vt* (*manchar*) to dirty, soil; (*fig*) to defile; **ensuciarse** *vr* to get dirty; (*niño*) to dirty one's nappy

entablar [enta'βlar] /1a/ *vt* (*recubrir*) to board (up); (*Ajedrez, Damas*) to set up; (*conversación*) to strike up; (*Jur*) to file ▷ *vi* to draw

ente ['ente] *nm* (*organización*) organization; (*fam: persona*) odd character

entender [enten'der] /2g/ *vt* (*comprender*) to understand; (*darse cuenta*) to realize ▷ *vi* to understand; (*creer*) to think, believe ▷ *nm*: **a mi ~** in my opinion; **entenderse** *vr* (*comprenderse*) to be understood; (*ponerse de acuerdo*) to agree, reach an agreement; **~ de** to know all about; **~ algo de** to know a little about; **~ en** to deal with; **~se mal** to get on badly

entendido, -a [enten'diðo, a] *adj* (*comprendido*) understood; (*hábil*) skilled; (*inteligente*) knowledgeable ▷ *nm/f* (*experto*) expert ▷ *excl* agreed!; **entendimiento** *nm* (*comprensión*) understanding; (*inteligencia*) mind, intellect; (*juicio*) judgement

enterado, -a [ente'raðo, a] *adj* well-informed; **estar ~ de** to know about, be aware of

enteramente [entera'mente] *adv* entirely, completely

enterar [ente'rar] /1a/ *vt* (*informar*) to inform, tell; **enterarse** *vr* to find out, get to know

enterito [ente'rito] *nm* (LAM) boiler suit (BRIT), overalls (US)

entero, -a [en'tero, a] *adj* (*total*) whole, entire; (*fig: recto*) honest; (*: firme*) firm, resolute ▷ *nm* (Com: *punto*) point

enterrar [ente'rrar] /1j/ *vt* to bury

entidad [enti'ðað] *nf* (*empresa*) firm, company; (*organismo*) body; (*sociedad*) society; (*Filosofía*) entity

entienda *etc* [en'tjenda] *vb V* **entender**

entierro [en'tjerro] *nm* (*acción*) burial; (*funeral*) funeral

entonación [entona'θjon] *nf* (*Ling*) intonation

entonar [ento'nar] /1a/ *vt* (*canción*) to intone; (*colores*) to tone; (Med) to tone up ▷ *vi* to be in tune

entonces [en'tonθes] *adv* then, at that time; **desde ~** since then; **en aquel ~** at that time; (*pues*) **~** and so

entornar [entor'nar] /1a/ *vt* (*puerta, ventana*) to half close, leave ajar; (*los ojos*) to screw up

entorno [en'torno] *nm* setting, environment; **~ de redes** (Inform) network environment

entorpecer [entorpe'θer] /2d/ *vt* (*entendimiento*) to dull; (*impedir*) to obstruct, hinder; (*: tránsito*) to slow down, delay

entrado, -a [en'traðo, a] *adj*: **~ en años** elderly; (**una vez**) **~ el verano** in the summer(time), when summer comes ▷ *nf* (*acción*) entry, access; (*sitio*) entrance, way in; (Com) receipts *pl*, takings *pl*; (*Culin*) entrée; (*Deporte*) innings *sg*; (*Teat*) house, audience; (*para el cine etc*) ticket; (*Inform*) input; **entradas y salidas** (Com) income and expenditure; **entrada de aire** (Tec) air intake o inlet; **de entrada** from the outset

entramparse [entram'parse] /1a/ *vr* to get into debt

entrante [en'trante] *adj* next, coming; **entrantes** *nmpl* starters; **mes/año ~** next month/year

entraña [en'traña] *nf* (*fig: centro*) heart, core; (*raíz*) root; **entrañas**

nfpl (Anat) entrails; *(fig)* heart *sg*;
entrañable *adj (amigo)* dear;
(recuerdo) fond; **entrañar** /1a/ *vt*
to entail

entrar [en'trar] /1a/ *vt (introducir)* to
bring in; *(Inform)* to input ▷ *vi (meterse)*
to go o come in, enter; *(comenzar)*:
~ diciendo to begin by saying; **me
entró sed/sueño** I started to feel
thirsty/sleepy; **no me entra** I can't
get the hang of it

entre ['entre] *prep (dos)* between; *(en
medio de)* among(st)

entreabrir [entrea'βrir] /3a/ *vt* to
half-open, open halfway

entrecejo [entre'θexo] *nm:* **fruncir
el ~** to frown

entredicho [entre'ðitʃo] *nm (Jur)*
injunction; **poner en ~** to cast doubt
on; **estar en ~** to be in doubt

entrega [en'treɣa] *nf (de mercancías)*
delivery; *(de novela etc)* instalment;
entregar /1h/ *vt (dar)* to hand (over),
deliver; **entregarse** *vr (rendirse)*
to surrender, give in, submit;
entregarse a *(dedicarse)* to devote
o.s. to

entremeses [entre'meses] *nmpl*
hors d'œuvres

entremeter [entreme'ter] /2a/ *vt*
to insert, put in; **entremeterse** *vr* to
meddle, interfere; **entremetido, -a**
adj meddling, interfering

entremezclar [entremeθ'klar] /1a/
vt to intermingle; **entremezclarse** *vr*
to intermingle

entrenador, a [entrena'ðor, a] *nm/f*
trainer, coach

entrenar [entre'nar] /1a/ *vt (Deporte)*
to train ▷ **entrenarse** *vr* to train

entrepierna [entre'pjerna] *nf* crotch

entresuelo [entre'swelo] *nm*
mezzanine

entretanto [entre'tanto] *adv*
meanwhile, meantime

entretecho [entre'tetʃo] *nm (LAM)* attic

entretejer [entrete'xer] /2a/ *vt* to
interweave

entretener [entrete'ner] /2k/ *vt*
(divertir) to entertain, amuse; *(detener)*
to hold up, delay; **entretenerse** *vr*
(divertirse) to amuse o.s.; *(retrasarse)*
to delay, linger; **entretenido,
-a** *adj* entertaining, amusing;
entretenimiento *nm* entertainment,
amusement

entrever [entre'βer] /2u/ *vt* to
glimpse, catch a glimpse of

entrevista [entre'βista] *nf* interview;
entrevistar /1a/ *vt* to interview;
entrevistarse *vr:* **entrevistarse con**
to have an interview with

entristecer [entriste'θer] /2d/ *vt*
to sadden, grieve; **entristecerse** *vr*
to grow sad

entrometerse [entrome'terse] /2a/
vr: **~ (en)** to interfere (in o with)

entumecer [entume'θer] /2d/ *vt* to
numb, benumb; **entumecerse** *vr (por
el frío)* to go o become numb

enturbiar [entur'βjar] /1b/ *vt (el
agua)* to make cloudy; *(fig)* to confuse;
enturbiarse *vr (oscurecerse)* to become
cloudy; *(fig)* to get confused, become
obscure

entusiasmar [entusjas'mar] /1a/ *vt*
to excite, fill with enthusiasm; *(gustar
mucho)* to delight; **entusiasmarse**
vr: **~se con o por** to get enthusiastic o
excited about

entusiasmo [entu'sjasmo] *nm*
enthusiasm; *(excitación)* excitement

entusiasta [entu'sjasta] *adj*
enthusiastic ▷ *nmf* enthusiast

enumerar [enume'rar] /1a/ *vt* to
enumerate

envainar [embai'nar] /1a/ *vt* to
sheathe

envalentonar [embalento'nar]
/1a/ *vt* to give courage to;
envalentonarse *vr (pey: jactarse)* to
boast, brag

envasar [emba'sar] /1a/ *vt
(empaquetar)* to pack, wrap; *(enfrascar)*
to bottle; *(enlatar)* to can; *(embolsar)*
to pocket

envase [em'base] nm packing, wrapping; bottling; canning; (*recipiente*) container; (*paquete*) package; (*botella*) bottle; (*lata*) tin (BRIT), can

envejecer [embexe'θer] /2d/ vt to make old, age ▷ vi (*volverse viejo*) to grow old; (*parecer viejo*) to age

envenenar [embene'nar] /1a/ vt to poison; (*fig*) to embitter

envergadura [emberɣa'ðura] nf (*fig*) scope

enviar [em'bjar] /1c/ vt to send; **~ un mensaje a algn** (*por móvil*) to text sb, send sb a text message

enviciar [embi'θjar] /1b/ vi (*trabajo etc*) to be addictive; **enviciarse** vr: **~ (con o en)** to get addicted (to)

envidia [em'biðja] nf envy; **tener ~ a** to envy, be jealous of; **envidiar** /1b/ vt to envy

envío [em'bio] nm (*acción*) sending; (*de mercancías*) consignment; (*de dinero*) remittance

enviudar [embju'ðar] /1d/ vi to be widowed

envoltorio [embol'torjo] nm package

envoltura [embol'tura] nf (*cobertura*) cover; (*embalaje*) wrapper, wrapping

envolver [embol'βer] /2h/ vt to wrap (up); (*cubrir*) to cover; (*enemigo*) to surround; (*implicar*) to involve, implicate

envuelto [em'bwelto] vb V **envolver**

enyesar [enje'sar] /1a/ vt (*pared*) to plaster; (*Med*) to put in plaster

enzarzarse [enθar'θarse] /1f/ vr: **~ en algo** to get mixed up in sth; (*disputa*) to get involved in sth

épico, -a ['epiko, a] adj epic ▷ nf epic (poetry)

epidemia [epi'ðemja] nf epidemic

epilepsia [epi'lepsja] nf epilepsy

episodio [epi'soðjo] nm episode

época ['epoka] nf period, time; (*Historia*) age, epoch; **hacer ~** to be epoch-making

equilibrar [ekili'βrar] /1a/ vt to balance; **equilibrio** nm balance, equilibrium; **mantener/perder el equilibrio** to keep/lose one's balance; **equilibrista** nmf (*funámbulo*) tightrope walker; (*acróbata*) acrobat

equipaje [eki'paxe] nm luggage (BRIT), baggage (US); (*avíos*) equipment, kit; **~ de mano** hand luggage; **hacer el ~** to pack

equipar [eki'par] /1a/ vt (*proveer*) to equip

equiparar [ekipa'rar] /1a/ vt (*comparar*) **~ con** to compare with; **equipararse** vr: **~se con** to be on a level with

equipo [e'kipo] nm (*conjunto de cosas*) equipment; (*Deporte*) team; (*de obreros*) shift; **~ de música** music centre

equis ['ekis] nf (the letter) X

equitación [ekita'θjon] nf (*acto*) riding

equivalente [ekiβa'lente] adj, nm equivalent

equivaler [ekiβa'ler] /2p/ vi: **~ a** to be equivalent o equal to

equivocación [ekiβoka'θjon] nf mistake, error

equivocado, -a [ekiβo'kaðo, a] adj wrong, mistaken

equivocarse [ekiβo'karse] /1g/ vr to be wrong, make a mistake; **~ de camino** to take the wrong road

era ['era] vb V **ser** ▷ nf era, age

erais ['erais], **éramos** ['eramos], **eran** ['eran] vb V **ser**

eras ['eras], **eres** ['eres] vb V **ser**

erección [erek'θjon] nf erection

lift; (*poner derecho*) to straighten

erigir [eri'xir] /3c/ vt to erect, build; **erigirse** vr: **~se en** to set o.s. up as

erizo [e'riθo] nm hedgehog; **~ de mar** sea urchin

ermita [er'mita] nf hermitage; **ermitaño, -a** nm/f hermit

erosión [ero'sjon] nf erosion

erosionar [erosjo'nar] /1a/ vt to erode

erótico, -a [e'rotiko, a] *adj* erotic;
erotismo *nm* eroticism

errante [e'rrante] *adj* wandering,
errant

errar *vt*: **~ el camino** to take the
wrong road; **~ el tiro** to miss

erróneo, -a [e'rroneo, a] *adj*
(*equivocado*) wrong, mistaken

error [e'rror] *nm* error, mistake;
(*Inform*) bug; **~ de imprenta** misprint

eructar [eruk'tar] /1a/ *vt* to belch,
burp

erudito, -a [eru'ðito, a] *adj* erudite,
learned

erupción [erup'θjon] *nf* eruption;
(*Med*) rash

es [es] *vb V* **ser**

esa ['esa], **esas** ['esas] *adj*
demostrativo, *pron V* **ese**

ésa ['esa], **ésas** *pron V* **ése**

esbelto, -a [es'βelto, a] *adj* slim,
slender

esbozo [es'βoθo] *nm* sketch, outline

escabeche [eska'βetʃe] *nm* brine; (*de
aceitunas etc*) pickle; **en ~** pickled

escabullirse [eskaβuʎ'irse] /3a/ *vr*
to slip away; (*largarse*) to clear out

escafandra [eska'fandra] *nf* (*buzo*)
diving suit; (*escafandra espacial*)
spacesuit

escala [es'kala] *nf* (*proporción*,
Mus) scale; (*de mano*) ladder; (*Aviat*)
stopover; **hacer ~ en** (*gen*) to stop off
at o call in at; (*Aviat*) to stop over in

escalafón [eskala'fon] *nm* (*escala de
salarios*) salary scale, wage scale

escalar [eska'lar] /1a/ *vt* to climb,
scale

escalera [eska'lera] *nf* stairs *pl*,
staircase; (*escala*) ladder; (*Naipes*) run;
~ mecánica escalator; **~ de caracol**
spiral staircase; **~ de incendios** fire
escape

escalfar [eskal'far] /1a/ *vt* (*huevos*)
to poach

escalinata [eskali'nata] *nf* staircase

escalofriante [eskalo'frjante] *adj*
chilling

escalofrío [eskalo'frio] *nm* (*Med*)
chill; **escalofríos** *nmpl* (*fig*) shivers

escalón [eska'lon] *nm* step, stair; (*de
escalera*) rung

escalope [eska'lope] *nm* (*Culin*)
escalope

escama [es'kama] *nf* (*de pez, serpiente*)
scale; (*de jabón*) flake; (*fig*) resentment

escampar [eskam'par] /1a/ *vb*
impersonal to stop raining

escandalizar [eskandali'θar] /1f/ *vt*
to scandalize, shock; **escandalizarse**
vr to be shocked; (*ofenderse*) to be
offended

escándalo [es'kandalo] *nm* scandal;
(*alboroto, tumulto*) row, uproar;
escandaloso, -a *adj* scandalous,
shocking

escandinavo, -a [eskandi'naβo, a]
adj, nm/f Scandinavian

escanear [eskane'ar] /1a/ *vt* to scan

escaño [es'kaɲo] *nm* bench; (*Pol*) seat

escapar [eska'par] /1a/ *vi* (*gen*) to
escape, run away; (*Deporte*) to break
away; **escaparse** *vr* to escape, get
away; (*agua, gas, noticias*) to leak (out)

escaparate [eskapa'rate] *nm* shop
window; **ir de ~s** to go window
shopping

escape [es'kape] *nm* (*de agua, gas*)
leak; (*de motor*) exhaust

escarabajo [eskara'βaxo] *nm* beetle

escaramuza [eskara'muθa] *nf*
skirmish

escarbar [eskar'βar] /1a/ *vt* (*gallina*)
to scratch

escarceos [eskar'θeos] *nmpl*: **en sus
~ con la política** in his occasional
forays into politics; **~ amorosos**
love affairs

escarcha [es'kartʃa] *nf* frost;
escarchado, -a *adj* (*Culin: fruta*)
crystallized

escarlatina [eskarla'tina] *nf* scarlet
fever

escarmentar [eskarmen'tar] /1j/
vt to punish severely ▷ *vi* to learn
one's lesson

escarmiento *etc* [eskar'mjento] *vb*
V **escarmentar** ▷ *nm* (*ejemplo*) lesson;
(*castigo*) punishment

escarola [eska'rola] *nf* endive

escarpado, -a [eskar'paðo, a] *adj*
(*pendiente*) sheer, steep; (*rocas*) craggy

escasear [eskase'ar] /1a/ *vi* to be
scarce

escasez [eska'seθ] *nf* (*falta*) shortage,
scarcity; (*pobreza*) poverty

escaso, -a [es'kaso, a] *adj* (*poco*)
scarce; (*raro*) rare; (*ralo*) thin, sparse;
(*limitado*) limited

escatimar [eskati'mar] /1a/ *vt* to
skimp (on), be sparing with

escayola [eska'jola] *nf* plaster

escena [es'θena] *nf* scene; **escenario**
nm (*Teat*) stage; (*Cine*) set; (*fig*) scene;
escenografía *nf* set o stage design
| No confundir *escenario* con la
| palabra inglesa *scenery*.

escéptico, -a [es'θeptiko, a] *adj*
sceptical ▷ *nm/f* sceptic

esclarecer [esklare'θer] /2d/ *vt*
(*misterio, problema*) to shed light on

esclavitud [esklaβi'tuð] *nf* slavery

esclavizar [esklaβi'θar] /1f/ *vt* to
enslave

esclavo, -a [es'klaβo, a] *nm/f* slave

escoba [es'koβa] *nf* broom; **escobilla**
nf brush

escocer [esko'θer] /2b, 2h/ *vi* to
burn, sting; **escocerse** *vr* to chafe,
get chafed

escocés, -esa [esko'θes, esa] *adj*
Scottish ▷ *nm/f* Scotsman/woman,
Scot

Escocia [es'koθja] *nf* Scotland

escoger [esko'xer] /2c/ *vt* to choose,
pick, select; **escogido, -a** *adj* chosen,
selected

escolar [esko'lar] *adj* school *cpd* ▷ *nmf*
schoolboy/girl, pupil

escollo [es'koʎo] *nm* (*fig*) pitfall

escolta [es'kolta] *nf* escort; **escoltar**
/1a/ *vt* to escort

escombros [es'kombros] *nmpl*
(*basura*) rubbish *sg*; (*restos*) debris *sg*

esconder [eskon'der] /2a/ *vt* to
hide, conceal; **esconderse** *vr* to hide;
escondidas *nfpl*: **a escondidas**
secretly; **escondite** *nm* hiding place;
(*juego*) hide-and-seek; **escondrijo** *nm*
hiding place, hideout

escopeta [esko'peta] *nf* shotgun

escoria [es'korja] *nf* (*desecho mineral*)
slag; (*fig*) scum, dregs *pl*

Escorpio [es'korpjo] *nm* Scorpio

escorpión [eskor'pjon] *nm* scorpion

escotado, -a [esko'taðo, a] *adj*
low-cut

escote [es'kote] *nm* (*de vestido*) low
neck; **pagar a ~** to share the expenses

escotilla [esko'tiʎa] *nf* (*Naut*)
hatchway

escozor [esko'θor] *nm* (*dolor*)
sting(ing)

escribible [eskri'βiβle] *adj* writable

escribir [eskri'βir] /3a/ *vt, vi* to write;
~ a máquina to type; **¿cómo se
escribe?** how do you spell it?

escrito, -a [es'krito, a] *pp de*
escribir ▷ *nm* (*documento*) document;
(*manuscrito*) text, manuscript; **por ~**
in writing

escritor, a [eskri'tor, a] *nm/f* writer

escritorio [eskri'torjo] *nm* desk

escritura [eskri'tura] *nf* (*acción*)
writing; (*caligrafía*) (hand)writing; (*Jur:
documento*) deed

escrúpulo [es'krupulo] *nm* scruple;
(*minuciosidad*) scrupulousness;
escrupuloso, -a *adj* scrupulous

escrutinio [eskru'tinjo] *nm* (*examen
atento*) scrutiny; (*Pol: recuento de votos*)
count(ing)

escuadra [es'kwaðra] *nf* (*Mil etc*)
squad; (*Naut*) squadron; (*de coches
etc*) fleet; **escuadrilla** *nf* (*de aviones*)
squadron; (*ʟʌᴍ: de obreros*) gang

escuadrón [eskwa'ðron] *nm*
squadron

escuálido, -a [es'kwaliðo, a] *adj*
skinny, scraggy; (*sucio*) squalid

escuchar [esku'tʃar] /1a/ *vt* to listen
to ▷ *vi* to listen

escudo [es'kuðo] nm shield

escuela [es'kwela] nf school; ~ **de artes y oficios** (ESP) ≈ technical college; ~ **de choferes** (LAM) driving school; ~ **de manejo** (LAM) driving school

escueto, -a [es'kweto, a] adj plain; (estilo) simple

escuincle [es'kwinkle] nm (LAM fam) kid

esculpir [eskul'pir] /3a/ vt to sculpt; (grabar) to engrave; (tallar) to carve; **escultor, a** nm/f sculptor; **escultura** nf sculpture

escupidera [eskupi'ðera] nf spittoon

escupir [esku'pir] /3a/ vt to spit (out) ▷ vi to spit

escurreplatos [eskurre'platos] nm inv plate rack

escurridero [eskurri'ðero] nm (LAM) draining board (BRIT), drainboard (US)

escurridizo, -a [eskurri'ðiθo, a] adj slippery

escurridor [eskurri'ðor] nm colander

escurrir [esku'rrir] /3a/ vt (ropa) to wring out; (verduras, platos) to drain ▷ vi (los líquidos) to drip; **escurrirse** vr (secarse) to drain; (resbalarse) to slip, slide; (escaparse) to slip away

ese ['ese], **esa** ['esa], **esos** ['esos], **esas** ['esas] adj demostrativo that sg, those pl ▷ pron that (one) sg, those (ones) pl

ése ['ese], **ésa** ['esa], **ésos** ['esos], **ésas** ['esas] pron that (one) sg, those (ones) pl; ~ ... **éste** ... the former ... the latter ...; **¡no me vengas con ésas!** don't give me any more of that nonsense!

esencia [e'senθja] nf essence; **esencial** adj essential

esfera [es'fera] nf sphere; (de reloj) face; **esférico, -a** adj spherical

esforzarse [esfor'θarse] /1f, 1l/ vr to exert o.s., make an effort

esfuerzo [es'fwerθo] vb V **esforzarse** ▷ nm effort

esfumarse [esfu'marse] /1a/ vr (apoyo, esperanzas) to fade away

esgrima [es'γrima] nf fencing

esguince [es'γinθe] nm (Med) sprain

eslabón [esla'ßon] nm link

eslip [ez'lip] nm pants pl (BRIT), briefs pl

eslovaco, -a [eslo'ßako, a] adj, nm/f Slovak, Slovakian ▷ nm (Ling) Slovak, Slovakian

Eslovaquia [eslo'ßakja] nf Slovakia

esmalte [es'malte] nm enamel; ~ **de uñas** nail varnish o polish

esmeralda [esme'ralda] nf emerald

esmerarse [esme'rarse] /1a/ vr (aplicarse) to take great pains, exercise great care; (afanarse) to work hard

esmero [es'mero] nm (great) care

esnob [es'nob] adj inv (persona) snobbish ▷ nmf snob

eso ['eso] pron that, that thing o matter; ~ **de su coche** that business about his car; ~ **de ir al cine** all that about going to the cinema; **a ~ de las cinco** at about five o'clock; **en ~** thereupon, at that point; **~ es** that's it; **¡~ sí que es vida!** now this is really living!; **por ~ te lo dije** that's why I told you; **y ~ que llovía** in spite of the fact it was raining

esos ['esos] adj demostrativo V **ese**

ésos ['esos] pron V **ése**

espacial [espa'θjal] adj (del espacio) space cpd

espaciar [espa'θjar] /1b/ vt to space (out)

espacio [es'paθjo] nm space; (Mus) interval; (Radio, TV) programme, program (US); **el ~** space; **~ aéreo/exterior** air/outer space; **espacioso, -a** adj spacious, roomy

espada [es'paða] nf sword; **espadas** nfpl (Naipes) one of the suits in the Spanish card deck

espaguetis [espa'γetis] nmpl spaghetti sg

espalda [es'palda] nf (gen) back; **~s** nf pl (hombros) shoulders; **a ~s de algn**

behind sb's back; **estar de ~s** to have one's back turned; **tenderse de ~s** to lie (down) on one's back; **volver la ~ a algn** to cold-shoulder sb

espantajo [espan'taxo] nm, **espantapájaros** [espanta'paxaros] nm inv scarecrow

espantar [espan'tar] /1a/ vt (asustar) to frighten, scare; (ahuyentar) to frighten off; (asombrar) to horrify, appal; **espantarse** vr to get frightened o scared; to be appalled

espanto [es'panto] nm (susto) fright; (terror) terror; (asombro) astonishment; **espantoso, -a** adj frightening, terrifying; (ruido) dreadful

España [es'paɲa] nf Spain; **español, a** adj Spanish ▷ nm/f Spaniard ▷ nm (Ling) Spanish

esparadrapo [espara'ðrapo] nm surgical tape

esparcir [espar'θir] /3b/ vt to spread; (derramar) to scatter; **esparcirse** vr to spread (out); to scatter; (divertirse) to enjoy o.s.

espárrago [es'parraɣo] nm asparagus

esparto [es'parto] nm esparto (grass)

espasmo [es'pasmo] nm spasm

espátula [es'patula] nf spatula

especia [es'peθja] nf spice

especial [espe'θjal] adj special; **especialidad** nf speciality, specialty (us)

especie [es'peθje] nf (Bio) species; (clase) kind, sort; **pagar en ~** to pay in kind

especificar [espeθifi'kar] /1g/ vt to specify; **específico, -a** adj specific

espécimen [es'peθimen] (pl **especímenes**) nm specimen

espectáculo [espek'takulo] nm (gen) spectacle; (Teat etc) show

espectador, a [espekta'ðor, a] nm/f spectator

especular [espeku'lar] /1a/ vi to speculate

espejismo [espe'xismo] nm mirage

espejo [es'pexo] nm mirror; **~ retrovisor** rear-view mirror

espeluznante [espeluθ'nante] adj horrifying, hair-raising

espera [es'pera] nf (pausa, intervalo) wait; (Jur: plazo) respite; **en ~ de** waiting for; (con expectativa) expecting

esperanza [espe'ranθa] nf (confianza) hope; (expectativa) expectation; **hay pocas ~s de que venga** there is little prospect of his coming; **~ de vida** life expectancy

esperar [espe'rar] /1a/ vt (aguardar) to wait for; (tener expectativa de) to expect; (desear) to hope for ▷ vi to wait; to expect; to hope; **hacer ~ a algn** to keep sb waiting; **~ un bebé** to be expecting (a baby)

esperma [es'perma] nf sperm

espeso, -a [es'peso, a] adj thick; **espesor** nm thickness

espía [es'pia] nmf spy; **espiar** /1c/ vt (observar) to spy on

espiga [es'piɣa] nf (Bot: de trigo etc) ear

espigón [espi'ɣon] nm (Bot) ear; (Naut) breakwater

espina [es'pina] nf thorn; (de pez) bone; **~ dorsal** (Anat) spine

espinaca [espi'naka] nf spinach

espinazo [espi'naθo] nm spine, backbone

espinilla [espi'niʎa] nf (Anat: tibia) shin(bone); (: en la piel) blackhead

espino [es'pino] nm hawthorn

espinoso, -a [espi'noso, a] adj (planta) thorny, prickly; (asunto) difficult

espionaje [espjo'naxe] nm spying, espionage

espiral [espi'ral] adj, nf spiral

espirar [espi'rar] /1a/ vt to breathe out, exhale

espiritista [espiri'tista] adj, nmf spiritualist

espíritu [es'piritu] nm spirit; **E~ Santo** Holy Ghost; **espiritual** adj spiritual

espléndido, -a [es'plendiðo, a] adj (magnífico) magnificent, splendid; (generoso) generous

esplendor [esplen'dor] nm splendour

espolvorear [espolβore'ar] /1a/ vt to dust, sprinkle

esponja [es'ponxa] nf sponge; (fig) sponger; **esponjoso, -a** adj spongy

espontaneidad [espontanei'ðað] nf spontaneity; **espontáneo, -a** adj spontaneous

esposa [es'posa] nf V **esposo**; **esposar** /1a/ vt to handcuff

esposo, -a [es'poso, a] nm husband ▷ nf wife; **esposas** nfpl handcuffs

espray [es'prai] nm spray

espuela [es'pwela] nf spur

espuma [es'puma] nf foam; (de cerveza) froth, head; (de jabón) lather; **~ de afeitar** shaving foam; **espumadera** nf skimmer; **espumoso, -a** adj frothy, foamy; (vino) sparkling

esqueleto [eske'leto] nm skeleton

esquema [es'kema] nm (diagrama) diagram; (dibujo) plan; (Filosofía) schema

esquí [es'ki] (pl **esquís**) nm (objeto) ski; (deporte) skiing; **~ acuático** water-skiing; **esquiar** /1c/ vi to ski

esquilar [eski'lar] /1a/ vt to shear

esquimal [eski'mal] adj, nmf Eskimo

esquina [es'kina] nf corner; **esquinazo** nm: **dar esquinazo a algn** to give sb the slip

esquirol [eski'rol] nm (Esp) strikebreaker, blackleg

esquivar [eski'βar] /1a/ vt to avoid

esta ['esta] adj demostrativo, pron V **este¹**

está [es'ta] vb V **estar**

ésta ['esta] pron V **éste**

estabilidad [estaβili'ðað] nf stability; **estable** adj stable

establecer [estaβle'θer] /2d/ vt to establish; **establecerse** vr to establish o.s.; (echar raíces) to settle (down); **establecimiento** nm establishment

establo [es'taβlo] nm (Agr) stall; (para vacas) cowshed; (para caballos) stable; (esp LAM) barn

estaca [es'taka] nf stake, post; (de tienda de campaña) peg

estacada [esta'kaða] nf (cerca) fence, fencing; (palenque) stockade

estación [esta'θjon] nf station; (del año) season; **~ de autobuses/ ferrocarril** bus/railway station; **~ balnearia (de turistas)** seaside resort; **~ de servicio** service station

estacionamiento [estaθjona'mjento] nm (Auto) parking; (Mil) stationing

estacionar [estaθjo'nar] /1a/ vt (Auto) to park; (Mil) to station

estada [es'taða], **estadía** [esta'ðia] nf (LAM) stay

estadio [es'taðjo] nm (fase) stage, phase; (Deporte) stadium

estadista [esta'ðista] nm (Pol) statesman; (Estadística) statistician

estadística [esta'ðistika] nf figure, statistic; (ciencia) statistics sg

estado [es'taðo] nm (Pol: condición) state; (situación) status; **~ civil** marital status; **~ de ánimo** state of mind; **~ de cuenta(s)** bank statement; **~ mayor** staff; **E~s Unidos (EE.UU.)** United States (of America) (USA); **estar en ~ (de buena esperanza)** to be pregnant

estadounidense [estaðouni'ðense] adj United States cpd, American ▷ nmf American

estafa [es'tafa] nf swindle, trick; **estafar** /1a/ vt to swindle, defraud

estáis vb V **estar**

estallar [esta'ʎar] /1a/ vi to burst; (bomba) to explode, go off; (epidemia, guerra, rebelión) to break out; **~ en llanto** to burst into tears; **estallido** nm explosion; (fig) outbreak

estampa [es'tampa] nf print, engraving; **estampado, -a** adj printed ▷ nm (dibujo) print; (impresión) printing; **estampar** /1a/ vt (imprimir) to print; (marcar) to stamp; (metal) to engrave; (poner sello en) to (fig) to stamp, imprint

estampida [estam'piða] nf stampede

estampido [estam'piðo] nm bang, report

estampilla [estam'piʎa] nf(LAM) (postage) stamp

están [es'tan] vb V **estar**

estancado, -a [estan'kaðo, a] adj stagnant

estancar [estan'kar] /1g/ vt (aguas) to hold up, hold back; (Com) to monopolize; (fig) to block, hold up; **estancarse** vr to stagnate

estancia [es'tanθja] nf(permanencia) stay; (sala) room; (LAM) farm, ranch; **estanciero** nm (LAM) farmer, rancher

estanco, -a [es'tanko, a] adj watertight ▷ nm tobacconist's (shop)

◼ **ESTANCO**

◼ Cigarettes, tobacco, postage
◼ stamps and official forms are all sold
◼ under state monopoly and usually
◼ through a shop called an estanco.
◼ Tobacco products are also sold in
◼ quioscos and bars but are generally
◼ more expensive. The number of
◼ estanco licences is regulated by
◼ the state.

estándar [es'tandar] adj, nm standard

estandarte [estan'darte] nm banner, standard

estanque [es'tanke] nm (lago) pool, pond; (Agr) reservoir

estanquero, -a [estan'kero, a] nm/f tobacconist

estante [es'tante] nm (armario) rack, stand; (biblioteca) bookcase; (anaquel) shelf; **estantería** nf shelving, shelves pl

🅞 **PALABRA CLAVE**

estar [es'tar] /1o/ vi 1 (posición) to be; **está en la plaza** it's in the square;

¿**está Juan?** is Juan in?; **estamos a 30 km de Junín** we're 30 km from Junín

2 (+ adj o adv: estado) to be; **estar enfermo** to be ill; **está muy elegante** he's looking very smart; ¿**cómo estás?** how are you keeping?

3 (+ gerundio) to be; **estoy leyendo** I'm reading

4 (uso pasivo): **está condenado a muerte** he's been condemned to death; **está envasado en ...** it's packed in ...

5: **estar a**: ¿**a cuántos estamos?** what's the date today?; **estamos a 9 de mayo** it's the 9th of May

6 (locuciones): ¿**estamos?** (¿de acuerdo?) okay?; (¿listo?) ready?

7: **estar con**: **está con gripe** he's got (the) flu

8: **estar de**: **estar de vacaciones/viaje** to be on holiday/away o on a trip; **está de camarero** he's working as a waiter

9: **estar para**: **está para salir** he's about to leave; **no estoy para bromas** I'm not in the mood for jokes

10: **estar por** (propuesta etc) to be in favour of; (persona etc) to support, side with; **está por limpiar** it still has to be cleaned

11: **estar sin**: **estar sin dinero** to have no money; **está sin terminar** it isn't finished yet

▷ **estarse** vr: **se estuvo en la cama toda la tarde** he stayed in bed all afternoon

estas ['estas] adj demostrativo, pron V **este**[1]

éstas ['estas] pron V **éste**

estatal [esta'tal] adj state cpd

estático, -a [es'tatiko, a] adj static

estatua [es'tatwa] nf statue

estatura [esta'tura] nf stature, height

este[1] ['este] nm east

este[2] ['este], **esta** ['esta], **estos** ['estos], **estas** ['estas] adj demostrativo *sg*, these *pl* ⊳ pron this (one) *sg*, these (ones) *pl*

esté [es'te] *vb* V **estar**

éste ['este], **ésta** [esta], **éstos** ['estos], **éstas** [estas] *pron* this *sg*, these (ones) *pl*; **ése ... ~ ...** the former ... the latter ...

estén [es'ten] *vb* V **estar**

estepa [es'tepa] *nf* (*Geo*) steppe

estera [es'tera] *nf* matting

estéreo [es'tereo] *adj inv*, *nm* stereo; **estereotipo** *nm* stereotype

estéril [es'teril] *adj* sterile, barren; (*fig*) vain, futile; **esterilizar** /1f/ *vt* to sterilize

esterlina [ester'lina] *adj*: **libra ~** pound sterling

estés [es'tes] *vb* V **estar**

estético, -a [es'tetiko, a] *adj* aesthetic ⊳ *nf* aesthetics *sg*

estiércol [es'tjerkol] *nm* dung, manure

estigma [es'tiɣma] *nm* stigma

estilo [es'tilo] *nm* style; (*Tec*) stylus; (*Natación*) stroke; **algo por el ~** something along those lines

estima [es'tima] *nf* esteem, regard

estimación [estima'θjon] *nf* (*evaluación*) estimation; (*aprecio, afecto*) esteem

estimar [esti'mar] /1a/ *vt* (*evaluar*) to estimate; (*valorar*) to value; (*apreciar*) to esteem, respect; (*pensar, considerar*) to think, reckon

estimulante [estimu'lante] *adj* stimulating ⊳ *nm* stimulant

estimular [estimu'lar] /1a/ *vt* to stimulate; (*excitar*) to excite

estímulo [es'timulo] *nm* stimulus; (*ánimo*) encouragement

estirar [esti'rar] /1a/ *vt* to stretch; (*dinero, suma etc*) to stretch out; **estirarse** *vr* to stretch

estirón [esti'ron] *nm* pull, tug; (*crecimiento*) spurt, sudden growth; **dar un ~** (*niño*) to shoot up

estirpe [es'tirpe] *nf* stock, lineage

estival [esti'βal] *adj* summer *cpd*

esto ['esto] *pron* this, this thing *o* matter; **~ de la boda** this business about the wedding

Estocolmo [esto'kolmo] *nm* Stockholm

estofado [esto'faðo] *nm* stew

estómago [es'tomaɣo] *nm* stomach; **tener ~** to be thick-skinned

estorbar [estor'βar] /1a/ *vt* to hinder, obstruct; (*fig*) to bother, disturb ⊳ *vi* to be in the way; **estorbo** *nm* (*molestia*) bother, nuisance; (*obstáculo*) hindrance, obstacle

estornudar [estornu'ðar] /1a/ *vi* to sneeze

estos ['estos] *adj demostrativo* V **este¹**

éstos ['estos] *pron* V **éste**

estoy [es'toi] *vb* V **estar**

estrado [es'traðo] *nm* platform

estrafalario, -a [estrafa'larjo, a] *adj* odd, eccentric

estrago [es'traɣo] *nm* ruin, destruction; **hacer ~s en** to wreak havoc among

estragón [estra'ɣon] *nm* tarragon

estrambótico, -a [estram'botiko, a] *adj* odd, eccentric; (*peinado, ropa*) outlandish

estrangular [estrangu'lar] /1a/ *vt* (*persona*) to strangle; (*Med*) to strangulate

estratagema [estrata'xema] *nf* (*Mil*) stratagem; (*astucia*) cunning

estrategia [estra'texja] *nf* strategy; **estratégico, -a** *adj* strategic

estrato [es'trato] *nm* stratum, layer

estrechar [estre'tʃar] /1a/ *vt* (*reducir*) to narrow; (*vestido*) to take in; (*persona*) to hug, embrace; **estrecharse** *vr* (*reducirse*) to narrow, grow narrower; (*2 personas*) to embrace; **~ la mano** to shake hands

estrechez [estre'tʃeθ] *nf* narrowness; (*de ropa*) tightness; **estrecheces** *nfpl* financial difficulties

estrecho, -a [es'tretʃo, a] *adj* narrow; (*apretado*) tight; (*íntimo*) close,

intimate; (*miserable*) mean ▷ *nm* strait;
~ de miras narrow-minded

estrella [es'treʎa] *nf* star; **~ fugaz**
shooting star; **~ de mar** starfish

estrellar [estre'ʎar] /1a/ *vt* (*hacer
añicos*) to smash (to pieces); (*huevos*) to
fry; **estrellarse** *vr* to smash; (*chocarse*)
to crash; (*fracasar*) to fail

estremecer [estreme'θer] /2d/ *vt*
to shake; **estremecerse** *vr* to shake,
tremble

estrenar [estre'nar] /1a/ *vt* (*vestido*)
to wear for the first time; (*casa*) to
move into; (*película, obra de teatro*) to
première; **estrenarse** *vr* (*persona*) to
make one's début; **estreno** *nm* (*Cine
etc*) première

estreñido, -a [estre'niðo, a] *adj*
constipated

estreñimiento [estreni'mjento] *nm*
constipation

estrepitoso, -a [estrepi'toso, a] *adj*
noisy; (*fiesta*) rowdy

estrés [es'tres] *nf* stress

estría [es'tria] *nf* groove

estribar [estri'βar] /1a/ *vi*: **~ en** to
rest on

estribillo [estri'βiʎo] *nm* (*Lit*) refrain;
(*Mus*) chorus

estribo [es'triβo] *nm* (*de jinete*)
stirrup; (*de coche, tren*) step; (*de puente*)
support; (*Geo*) spur; **perder los ~s** to
fly off the handle

estribor [estri'βor] *nm* (*Naut*)
starboard

estricto, -a [es'trikto, a] *adj* (*riguroso*)
strict; (*severo*) severe

estridente [estri'ðente] *adj* (*color*)
loud; (*voz*) raucous

estropajo [estro'paxo] *nm* scourer

estropear [estrope'ar] /1a/ *vt* to
spoil; (*dañar*) to damage; **estropearse**
vr (*objeto*) to get damaged; (*la piel etc*)
to be ruined

estructura [estruk'tura] *nf* structure

estrujar [estru'xar] /1a/ *vt* (*apretar*)
to squeeze; (*aplastar*) to crush; (*fig*) to
drain, bleed

estuario [es'twarjo] *nm* estuary

estuche [es'tutʃe] *nm* box, case

estudiante [estu'ðjante] *nmf*
student; **estudiantil** *adj inv* student
cpd

estudiar [estu'ðjar] /1b/ *vt* to study

estudio [es'tuðjo] *nm* study; (*Cine,
Arte, Radio*) studio; **estudios** *nmpl*
studies; (*erudición*) learning *sg*;
estudioso, -a *adj* studious

estufa [es'tufa] *nf* heater, fire

estupefaciente [estupefa'θjente]
nm narcotic

estupefacto, -a [estupe'fakto, a]
adj speechless, thunderstruck

estupendo, -a [estu'pendo, a] *adj*
wonderful, terrific; (*fam*) great; **¡~!**
that's great!, fantastic!

estupidez [estupi'ðeθ] *nf* (*torpeza*)
stupidity; (*acto*) stupid thing (to do)

estúpido, -a [es'tupiðo, a] *adj*
stupid, silly

estuve *etc* [es'tuβe] *vb* V **estar**

ETA ['eta] *nf abr* (*Pol*: = *Euskadi Ta
Askatasuna*) ETA

etapa [e'tapa] *nf* (*de viaje*) stage;
(*Deporte*) leg; (*parada*) stopping place;
(*fig*) stage, phase

etarra [e'tarra] *nmf* member of ETA

etc. *abr* (= *etcétera*) etc

etcétera [et'θetera] *adv* etcetera

eternidad [eterni'ðað] *nf* eternity;
eterno, -a *adj* eternal, everlasting;
(*despectivo*) never-ending

ético, -a ['etiko, a] *adj* ethical ▷ *nf*
ethics

etiqueta [eti'keta] *nf* (*modales*)
etiquette; (*rótulo*) label, tag

Eucaristía [eukaris'tia] *nf* Eucharist

euforia [eu'forja] *nf* euphoria

euro ['euro] *nm* (*moneda*) euro

eurodiputado, -a [euroðipu'taðo,
a] *nm/f* Euro MP, MEP

Europa [eu'ropa] *nf* Europe; **europeo,
-a** *adj, nm/f* European

Euskadi [eus'kaði] *nm* the Basque
Provinces *pl*

euskera [eus'kera] *nm* (*Ling*) Basque

evacuación [eβakwa'θjon] nf
evacuation

evacuar [eβa'kwar] /1d/ vt to
evacuate

evadir [eβa'ðir] /3a/ vt to evade,
avoid; **evadirse** vr to escape

evaluar [eβa'lwar] /1e/ vt to
evaluate

evangelio [eβaŋ'xeljo] nm gospel

evaporar [eβapo'rar] /1a/ vt to
evaporate; **evaporarse** vr to vanish

evasión [eβa'sjon] nf escape, flight;
(fig) evasion; **~ de capitales** flight
of capital

evasivo, -a [eβa'siβo, a] adj evasive
▷ nf (pretexto) excuse; **contestar con
evasivas** to avoid giving a straight
answer

evento [e'βento] nm event

eventual [eβen'twal] adj possible,
conditional (upon circumstances);
(trabajador) casual, temporary
▮ No confundir eventual con la
palabra inglesa eventual.

evidencia [eβi'ðenθja] nf evidence,
proof

evidente [eβi'ðente] adj obvious,
clear, evident

evitar [eβi'tar] /1a/ vt (evadir) to
avoid; (impedir) to prevent; **~ hacer
algo** to avoid doing sth

evocar [eβo'kar] /1g/ vt to evoke,
call forth

evolución [eβolu'θjon] nf
(desarrollo) evolution, development;
(cambio) change; (Mil) manoeuvre;
evolucionar /1a/ vi to evolve; (Mil,
Aviat) to manoeuvre

ex [eks] adj ex-: **el ex ministro** the
former minister, the ex-minister

exactitud [eksakti'tuð] nf exactness;
(precisión) accuracy; (puntualidad)
punctuality; **exacto, -a** adj exact;
accurate; punctual; **¡exacto!** exactly!

exageración [eksaxera'θjon] nf
exaggeration

exagerar [eksaxe'rar] /1a/ vt to
exaggerate

exaltar [eksal'tar] /1a/ vt to exalt,
glorify; **exaltarse** vr (excitarse) to get
excited o worked up

examen [ek'samen] nm
examination; **~ de conducir**
driving test; **~ de ingreso** entrance
examination

examinar [eksami'nar] /1a/ vt
to examine; **examinarse** vr to be
examined, take an examination

excavadora [ekskaβa'ðora] nf
digger

excavar [ekska'βar] /1a/ vt to
excavate

excedencia [eksθe'ðenθja] nf (Mil)
leave; **estar en ~** to be on leave;
pedir o solicitar la ~ to ask for leave

excedente [eksθe'ðente] adj, nm
excess, surplus

exceder [eksθe'ðer] /2a/ vt to exceed,
surpass; **excederse** vr (extralimitarse)
to go too far

excelencia [eksθe'lenθja] nf
excellence; **E-** Excellency; **excelente**
adj excellent

excéntrico, -a [eks'θentriko, a]
nm/f eccentric

excepción [eksθep'θjon] nf
exception; **a ~ de** with the exception
of, except for; **excepcional** adj
exceptional

excepto [eks'θepto] adv excepting,
except (for)

exceptuar [eksθep'twar] /1e/ vt to
except, exclude

excesivo, -a [eksθe'siβo, a] adj
excessive

exceso [eks'θeso] nm excess; (Com)
surplus; **~ de equipaje/peso** excess
luggage/weight; **~ de velocidad**
speeding

excitado, -a [eksθi'taðo, a] adj
excited; (emociones) aroused

excitar [eksθi'tar] /1a/ vt to excite;
(incitar) to urge; **excitarse** vr to get
excited

exclamación [eksklama'θjon] nf
exclamation

exclamar [ekskla'mar] /1a/ vi to exclaim

excluir [eksklu'ir] /3g/ vt to exclude; (dejar fuera) to shut out; (solución) to reject

exclusiva [eksklu'siβa] nf V **exclusivo**

exclusivo, -a [eksklu'siβo, a] adj exclusive ▷ nf (Prensa) exclusive, scoop; (Com) sole right o agency; **derecho** ~ sole o exclusive right

Excmo. abr (= Excelentísimo) courtesy title

excomulgar [ekskomul'ɣar] /1h/ vt (Rel) to excommunicate

excomunión [ekskomu'njon] nf excommunication

excursión [ekskur'sjon] nf excursion, outing; **excursionista** nmf (turista) sightseer

excusa [eks'kusa] nf excuse; (disculpa) apology; **excusar** /1a/ vt to excuse

exhaustivo, -a [eksaus'tiβo, a] adj (análisis) thorough; (estudio) exhaustive

exhausto, -a [ek'sausto, a] adj exhausted

exhibición [eksiβi'θjon] nf exhibition; (demostración) display, show

exhibir [eksi'βir] /3a/ vt to exhibit; to display, show

exigencia [eksi'xenθja] nf demand, requirement; **exigente** adj demanding

exigir [eksi'xir] /3c/ vt (gen) to demand, require; ~ **el pago** to demand payment

exiliado, -a [eksi'ljaðo, a] adj exiled ▷ nm/f exile

exilio [ek'siljo] nm exile

eximir [eksi'mir] /3a/ vt to exempt

existencia [eksis'tenθja] nf existence; **existencias** nfpl stock sg

existir [eksis'tir] /3a/ vi to exist, be

éxito ['eksito] nm (triunfo) success; (Mus, Teat) hit; **tener** ~ to be successful

No confundir éxito con la palabra inglesa exit.

exorbitante [eksorβi'tante] adj (precio) exorbitant; (cantidad) excessive

exótico, -a [ek'sotiko, a] adj exotic

expandir [ekspan'dir] /3a/ vt to expand

expansión [ekspan'sjon] nf expansion

expansivo, -a [ekspan'siβo, a] adj: **onda expansiva** shock wave

expatriarse [ekspa'trjarse] /1b/ vr to emigrate; (Pol) to go into exile

expectativa [ekspekta'tiβa] nf (espera) expectation; (perspectiva) prospect

expedición [ekspeði'θjon] nf (excursión) expedition

expediente [ekspe'ðjente] nm expedient; (Jur: procedimiento) action, proceedings pl; (: papeles) dossier, file, record

expedir [ekspe'ðir] /3k/ vt (despachar) to send, forward; (pasaporte) to issue

expensas [eks'pensas] nfpl: **a - de** at the expense of

experiencia [ekspe'rjenθja] nf experience

experimentado, -a [eksperimen'taðo, a] adj experienced

experimentar [eksperimen'tar] /1a/ vt (en laboratorio) to experiment with; (probar) to test, try out; (notar, observar) to experience; (deterioro, pérdida) to suffer; **experimento** nm experiment

experto, -a [eks'perto, a] adj expert ▷ nm/f expert

expirar [ekspi'rar] /1a/ vi to expire

explanada [ekspla'naða] nf (paseo) esplanade

explayarse [ekspla'jarse] /1a/ vr (en discurso) to speak at length; ~ **con algn** to confide in sb

explicación [eksplika'θjon] nf explanation

explicar [ekspli'kar] /1g/ vt to explain; **explicarse** vr to explain (o.s.)

explícito, -a [eks'pliθito, a] *adj* explicit

explique *etc* [eks'plike] *vb V* **explicar**

explorador, a [eksplora'ðor, a] *nm/f* (*pionero*) explorer; (*Mil*) scout ▷ *nm* (*Med*) probe; (*radar*) radar scanner

explorar [eksplo'rar] /1a/ *vt* to explore; (*Med*) to probe; (*radar*) to scan

explosión [eksplo'sjon] *nf* explosion; **explosivo, -a** *adj* explosive

explotación [eksplota'θjon] *nf* exploitation; (*de planta*) running

explotar [eksplo'tar] /1a/ *vt* to exploit; (*planta*) to run, operate ▷ *vi* to explode

exponer [ekspo'ner] /2q/ *vt* to expose; (*cuadro*) to display; (*vida*) to risk; (*idea*) to explain; **exponerse** *vr:* **~se a (hacer) algo** to run the risk of (doing) sth

exportación [eksporta'θjon] *nf* (*acción*) export; (*mercancías*) exports *pl*

exportar [ekspor'tar] /1a/ *vt* to export

exposición [eksposi'θjon] *nf* (*gen*) exposure; (*de arte*) show, exhibition; (*explicación*) explanation; (*narración*) account, statement

expresamente [ekspresa'mente] *adv* (*decir*) clearly; (*concretamente*) expressly

expresar [ekspre'sar] /1a/ *vt* to express; **expresión** *nf* expression

expresivo, -a [ekspre'siβo, a] *adj* expressive; (*cariñoso*) affectionate

expreso, -a [eks'preso, a] *adj* (*explícito*) express; (*claro*) specific, clear; (*tren*) fast

express [eks'pres] *adv* (*LAM*): **enviar algo ~** to send sth special delivery

exprimidor [eksprimi'ðor] *nm* (lemon) squeezer

exprimir [ekspri'mir] /3a/ *vt* (*fruta*) to squeeze; (*zumo*) to squeeze out

expuesto, -a [eks'pwesto, a] *pp de* **exponer** ▷ *adj* exposed; (*cuadro etc*) on show, on display

expulsar [ekspul'sar] /1a/ *vt* (*echar*) to eject, throw out; (*alumno*) to expel; (*despedir*) to sack, fire; (*Deporte*) to send off; **expulsión** *nf* expulsion; sending-off

exquisito, -a [ekski'sito, a] *adj* exquisite; (*comida*) delicious

éxtasis ['ekstasis] *nm* ecstasy

extender [eksten'der] /2g/ *vt* to extend; (*los brazos*) to stretch out, hold out; (*mapa, tela*) to spread (out), open (out); (*mantequilla*) to spread; (*certificado*) to issue; (*cheque, recibo*) to make out; (*documento*) to draw up; **extenderse** *vr* to extend; (*persona: en el suelo*) to stretch out; (*costumbre, epidemia*) to spread; **extendido, -a** *adj* (*abierto*) spread out, open; (*brazos*) outstretched; (*costumbre etc*) widespread

extensión [eksten'sjon] *nf* (*de terreno, mar*) expanse, stretch; (*de tiempo*) length, duration; (*Telec*) extension; **en toda la ~ de la palabra** in every sense of the word

extenso, -a [eks'tenso, a] *adj* extensive

exterior [ekste'rjor] *adj* (*de fuera*) external; (*afuera*) outside, exterior; (*apariencia*) outward; (*deuda, relaciones*) foreign ▷ *nm* exterior, outside; (*aspecto*) outward appearance; (*Deporte*) wing(er); (*países extranjeros*) abroad; **al ~** outwardly, on the outside

exterminar [ekstermi'nar] /1a/ *vt* to exterminate

externo, -a [eks'terno, a] *adj* (*exterior*) external; (*superficial*) outward ▷ *nm/f* day pupil

extinguir [ekstin'gir] /3d/ *vt* (*fuego*) to extinguish, put out; (*raza, población*) to wipe out; **extinguirse** *vr* (*fuego*) to go out; (*Bio*) to die out, become extinct

extintor [ekstin'tor] *nm* (fire) extinguisher

extirpar [ekstir'par] /1a/ *vt* (*Med*) to remove (surgically)

extra ['ekstra] *adj inv (tiempo)* extra; (*vino*) vintage; (*chocolate*) good-quality ▷ *nmf* extra ▷ *nm* extra; (*bono*) bonus

extracción [ekstrak'θjon] *nf* extraction; (*en lotería*) draw

extracto [eks'trakto] *nm* extract

extradición [ekstraði'θjon] *nf* extradition

extraer [ekstra'er] /2o/ *vt* to extract, take out

extraescolar [ekstraesko'lar] *adj:* **actividad ~** extracurricular activity

extranjero, -a [ekstran'xero, a] *adj* foreign ▷ *nm/f* foreigner ▷ *nm* foreign countries *pl*; **en el ~** abroad

> No confundir *extranjero* con la palabra inglesa *stranger*.

extrañar [ekstra'ɲar] /1a/ *vt* (*sorprender*) to find strange o odd; (*echar de menos*) to miss; **extrañarse** *vr* (*sorprenderse*) to be amazed, be surprised; **me extraña** I'm surprised

extraño, -a [eks'traɲo, a] *adj* (*extranjero*) foreign; (*raro, sorprendente*) strange, odd

extraordinario, -a [ekstraorði'narjo, a] *adj* extraordinary; (*edición, número*) special ▷ *nm (de periódico)* special edition; **horas extraordinarias** overtime *sg*

extrarradio [ekstra'rraðjo] *nm* suburbs *pl*

extravagante [ekstraβa'ɣante] *adj* (*excéntrico*) eccentric; (*estrafalario*) outlandish

extraviado, -a [ekstra'βjaðo, a] *adj* lost, missing

extraviar [ekstra'βjar] /1c/ *vt* to mislead, misdirect; (*perder*) to lose, misplace; **extraviarse** *vr* to lose one's way, get lost

extremar [ekstre'mar] /1a/ *vt* to carry to extremes

extremaunción [ekstremaun'θjon] *nf* extreme unction

extremidad [ekstremi'ðað] *nf* (*punta*) extremity; **extremidades** *nfpl* (*Anat*) extremities

extremo, -a [eks'tremo, a] *adj* extreme; (*último*) last ▷ *nm* end; (*situación*) extreme; **en último ~** as a last resort

extrovertido, -a [ekstroβer'tiðo, a] *adj* ▷ *nm/f* extrovert

exuberante [eksuβe'rante] *adj* exuberant; (*fig*) luxuriant, lush

eyacular [ejaku'lar] /1a/ *vt, vi* to ejaculate

e

f

fa [fa] nm (Mus) F

fabada [fa'βaða] nf bean and sausage stew

fábrica ['faβrika] nf factory; **marca de ~** trademark; **precio de ~** factory price

> No confundir *fábrica* con la palabra inglesa *fabric*.

fabricación [faβrika'θjon] nf (manufactura) manufacture; (producción) production; **de ~ casera** home-made; **~ en serie** mass production

fabricante [faβri'kante] nmf manufacturer

fabricar [faβri'kar] /1g/ vt (manufacturar) to manufacture, make; (construir) to build; (cuento) to fabricate, devise

fábula ['faβula] nf (cuento) fable; (chisme) rumour; (mentira) fib

fabuloso, -a [faβu'loso, a] adj fabulous, fantastic

facción [fak'θjon] nf (Pol) faction; **facciones** nfpl (del rostro) features

faceta [fa'θeta] nf facet

facha ['fatʃa] (fam) nf (aspecto) look; (cara) face

fachada [fa'tʃaða] nf (Arq) façade, front

fácil ['faθil] adj (simple) easy; (probable) likely

facilidad [faθili'ðað] nf (capacidad) ease; (sencillez) simplicity; (de palabra) fluency; **facilidades** nfpl facilities; **"~es de pago"** "credit facilities"

facilitar [faθili'tar] /1a/ vt (hacer fácil) to make easy; (proporcionar) to provide

factor [fak'tor] nm factor

factura [fak'tura] nf (cuenta) bill; **facturación** nf: **facturación de equipajes** luggage check-in; **facturar** /1a/ vt (Com) to invoice, charge for; (Aviat) to check in

facultad [fakul'tað] nf (aptitud, Escol etc) faculty; (poder) power

faena [fa'ena] nf (trabajo) work; (quehacer) task, job

faisán [fai'san] nm pheasant

faja ['faxa] nf (para la cintura) sash; (de mujer) corset; (de tierra) strip

fajo ['faxo] nm (de papeles) bundle; (de billetes) wad

falda ['falda] nf (prenda de vestir) skirt; **~ pantalón** culottes pl, split skirt

falla ['faʎa] nf (defecto) fault, flaw; **~ humana** (ʌм) human error

fallar [fa'ʎar] /1a/ vt (Jur) to pronounce sentence on; (Naipes) to trump ▷ vi (memoria) to fail; (plan) to go wrong; (motor) to miss; **~ a algn** to let sb down

Fallas ['faʎas] nfpl see note "**Fallas**"

- huge sculptures, made of wood,
- cardboard, paper and cloth,
- depicting famous politicians and
- other targets for ridicule, which are
- set alight and burned by the *falleros*,
- members of the competing local
- groups who have just spent months
- preparing them.

fallecer [faʎe'θer] /2d/ vi to pass away, die; **fallecimiento** nm decease, demise

fallido, -a [fa'ʎiðo, a] adj frustrated, unsuccessful

fallo ['faʎo] nm (Jur) verdict, ruling; (fracaso) failure; **~ cardíaco** heart failure; **~ humano** (ESP) human error

falsificar [falsifi'kar] /1g/ vt (firma etc) to forge; (moneda) to counterfeit

falso, -a ['falso, a] adj false; (moneda etc) fake; **en ~** falsely

falta ['falta] nf (defecto) fault, flaw; (privación) lack, want; (ausencia) absence; (carencia) shortage; (equivocación) mistake; (Deporte) foul; **echar en ~** to miss; **hacer ~ hacer algo** to be necessary to do sth; **me hace ~ una pluma** I need a pen; **~ de educación** bad manners pl; **~ de ortografía** spelling mistake

faltar [fal'tar] /1a/ vi (escasear) to be lacking, be wanting; (ausentarse) to be absent, be missing; **faltan dos horas para llegar** there are two hours to go till arrival; **~ (al respeto) a algn** to be disrespectful to sb; **¡no faltaba más!** (no hay de qué) don't mention it!

fama ['fama] nf (renombre) fame; (reputación) reputation

familia [fa'milja] nf family; **~ numerosa** large family; **~ política** in-laws pl

familiar [fami'ljar] adj (relativo a la familia) family cpd; (conocido, informal) familiar ▷ nmf relative, relation

famoso, -a [fa'moso, a] adj famous ▷ nm/f celebrity

fan [fan] (pl **fans**) nm fan

fanático, -a [fa'natiko, a] adj fanatical ▷ nm/f fanatic; (Cine, Deporte etc) fan

fanfarrón, -ona [fanfa'rron, ona] adj boastful

fango ['fango] nm mud

fantasía [fanta'sia] nf fantasy, imagination; **joyas de ~** imitation jewellery sg

fantasma [fan'tasma] nm (espectro) ghost, apparition; (presumido) show-off

fantástico, -a [fan'tastiko, a] adj fantastic

farmacéutico, -a [farma'θeutiko, a] adj pharmaceutical ▷ nm/f chemist (BRIT), pharmacist

farmacia [far'maθja] nf chemist's (shop) (BRIT), pharmacy; **~ de guardia** all-night chemist

fármaco ['farmako] nm drug

faro ['faro] nm (Naut: torre) lighthouse; (Auto) headlamp; **~s antiniebla** fog lamps; **~s delanteros/traseros** headlights/rear lights

farol [fa'rol] nm lantern, lamp

farola [fa'rola] nf street lamp (BRIT) o light (US)

farra ['farra] nf (LAM fam) party; **ir de ~** to go on a binge

farsa ['farsa] nf farce

farsante [far'sante] nmf fraud, fake

fascículo [fas'θikulo] nm part, instalment (BRIT), installment (US)

fascinar [fasθi'nar] /1a/ vt to fascinate

fascismo [fas'θismo] nm fascism; **fascista** adj, nmf fascist

fase ['fase] nf phase

fashion ['faʃon] adj (fam) trendy

fastidiar [fasti'ðjar] /1b/ vt (disgustar) to annoy, bother; (estropear) to spoil; **fastidiarse** vr: **¡que se fastidie!** (fam) he'll just have to put up with it!

fastidio [fas'tiðjo] nm (disgusto) annoyance; **fastidioso, -a** adj (molesto) annoying

fatal [fa'tal] adj (gen) fatal; (desgraciado) ill-fated; (fam: malo,

pésimo) awful; **fatalidad** *nf (destino)*
fate; *(mala suerte)* misfortune
fatiga [fa'tiɣa] *nf (cansancio)* fatigue,
weariness
fatigar [fati'ɣar] /1h/ *vt* to tire, weary
fatigoso, -a [fati'ɣoso, a] *adj (que
cansa)* tiring
fauna ['fauna] *nf* fauna
favor [fa'βor] *nm* favour *(BRIT)*, favor
(US); **haga el ~ de ...** would you be so
good as to ...; kindly ...; **por ~** please;
a ~ de in favo(u)r of; **favorable** *adj*
favourable *(BRIT)*, favorable *(US)*
favorecer [faβoreˈθer] /2d/ *vt* to
favour *(BRIT)*, favor *(US)*; *(vestido etc)*
to become, flatter; **este peinado le
favorece** this hairstyle suits him
favorito, -a [faβoˈrito, a] *adj, nm/f*
favourite *(BRIT)*, favorite *(US)*
fax [faks] *nm inv* fax; **mandar por ~**
to fax
fe [fe] *nf (Rel)* faith; *(documento)*
certificate; **actuar con buena/mala
fe** to act in good/bad faith
febrero [feˈβrero] *nm* February
fecha ['fetʃa] *nf* date; **~ límite o tope**
closing o last date; **~ de caducidad**
(de alimentos) sell-by date; *(de contrato)*
expiry date; **con ~ adelantada**
postdated; **hasta la ~** to date, so far
fecundo, -a [feˈkundo, a] *adj (fértil)*
fertile; *(fig)* prolific; *(productivo)*
productive
federación [feðeraˈθjon] *nf*
federation
felicidad [feliθiˈðað] *nf* happiness;
felicidades *nfpl* best wishes,
congratulations; *(en cumpleaños)*
happy birthday
felicitación [feliθitaˈθjon] *nf (tarjeta)*
greetings card
felicitar [feliθiˈtar] /1a/ *vt* to
congratulate
feliz [feˈliθ] *adj* happy
felpudo [felˈpuðo] *nm* doormat
femenino, -a [femeˈnino, a] *adj*
▷ *nm* feminine

feminista [femiˈnista] *adj, nmf*
feminist
fenomenal [fenomeˈnal] *adj*
phenomenal
fenómeno [feˈnomeno] *nm*
phenomenon; *(fig)* freak, accident
▷ *excl* great!, marvellous!
feo, -a ['feo, a] *adj (gen)* ugly;
(desagradable) bad, nasty
féretro ['feretro] *nm (ataúd)* coffin;
(sarcófago) bier
feria ['ferja] *nf (gen)* fair; *(descanso)*
holiday, rest day; *(LAM: cambio)*
small change; *(LAM: mercado)* village
market
feriado, -a [feˈrjaðo, a] *(LAM) nm*
(public) holiday
fermentar [fermenˈtar] /1a/ *vi* to
ferment
feroz [feˈroθ] *adj (cruel)* cruel; *(salvaje)*
fierce
férreo, -a ['ferreo, a] *adj* iron *cpd*
ferretería [ferreteˈria] *nf (tienda)*
ironmonger's (shop) *(BRIT)*, hardware
store; **ferretero** *nm* ironmonger
ferrocarril [ferrokaˈrril] *nm* railway
ferroviario, -a [ferroˈβjarjo, a] *adj*
rail *cpd*
ferry ['ferri] *(pl* **ferrys** *o* **ferries)**
nm ferry
fértil ['fertil] *adj (productivo)* fertile;
(rico) rich; **fertilidad** *nf (gen)* fertility;
(productividad) fruitfulness
fervor [ferˈβor] *nm* fervour *(BRIT)*,
fervor *(US)*
festejar [festeˈxar] /1a/ *vt (celebrar)*
to celebrate
festejo [fesˈtexo] *nm* celebration;
festejos *nmpl (fiestas)* festivals
festín [fesˈtin] *nm* feast, banquet
festival [festiˈβal] *nm* festival
festividad [festiβiˈðað] *nf* festivity
festivo, -a [fesˈtiβo, a] *adj (de fiesta)*
festive; *(Cine, Lit)* humorous; **día ~**
holiday
feto ['feto] *nm* foetus
fiable [fiˈaβle] *adj (persona)*
trustworthy; *(máquina)* reliable

fiambre ['fjambre] nm (Culin) cold meat (BRIT), cold cut (US)

fiambrera [fjam'brera] nf = lunch box

fianza ['fjanθa] nf surety; (Jur): **libertad bajo ~** release on bail

fiar [fi'ar] /1c/ vt (salir garante de) to guarantee; (vender a crédito) to sell on credit; (secreto) to confide ▷ vi: **~ (de)** to trust (in); **fiarse** vr: **~se de** to trust (in), rely on; **~se de algn** to rely on sb

fibra ['fiβra] nf fibre (BRIT), fiber (US); **~ óptica** (Inform) optical fibre (BRIT) o fiber (US)

ficción [fik'θjon] nf fiction

ficha ['fitʃa] nf (Telec) token; (en juegos) counter, marker; (tarjeta) (index) card; **fichaje** nm signing(-up); **fichar** /1a/ vt (archivar) to file, index; (Deporte) to sign (up); **estar fichado** to have a record; **fichero** nm box file; (Inform) file

ficticio, -a [fik'tiθjo, a] adj (imaginario) fictitious; (falso) fabricated

fidelidad [fiðeli'ðað] nf (lealtad) fidelity, loyalty; **alta ~** high fidelity, hi-fi

fideos [fi'ðeos] nmpl noodles

fiebre ['fjeβre] nf (Med) fever; (fig) fever, excitement; **tener ~** to have a temperature; **~ aftosa** foot-and-mouth disease

fiel [fjel] adj (leal) faithful, loyal; (fiable) reliable; (exacto) accurate; **los fieles** nmpl the faithful

fieltro ['fjeltro] nm felt

fiera ['fjera] nf V **fiero**

fiero, -a ['fjero, a] adj (cruel) cruel; (feroz) fierce; (duro) harsh ▷ nf (animal feroz) wild animal o beast; (fig) dragon

fierro ['fjerro] nm (LAM) iron

fiesta ['fjesta] nf party; (de pueblo) festival; **(día de) ~** (public) holiday; **~ mayor** annual festival; **~ patria** (LAM) independence day

○ FIESTA

○ Fiestas can be official public holidays
○ (such as the Día de la Constitución), or

○ special holidays for each comunidad
○ autónoma, many of which are
○ religious feast days. All over Spain
○ there are also special local fiestas for
○ a patron saint or the Virgin Mary.
○ These often last several days and
○ can include religious processions,
○ carnival dances, bullfights,
○ dancing and feasts of typical local
○ produce.

figura [fi'ɣura] nf (gen) figure; (forma, imagen) shape, form; (Naipes) face card

figurar [fiɣu'rar] /1a/ vt (representar) to represent; (fingir) to feign ▷ vi to figure; **figurarse** vr (imaginarse) to imagine; (suponer) to suppose

fijador [fixa'ðor] nm (Foto etc) fixative; (de pelo) gel

fijar [fi'xar] /1a/ vt (gen) to fix; (estampilla) to affix, stick (on); **fijarse** vr: **~se en** to notice

fijo, -a ['fixo, a] adj (gen) fixed; (firme) firm; (permanente) permanent ▷ adv: **mirar ~** to stare; **teléfono ~** landline

fila ['fila] nf row; (Mil) rank; **~ india** single file; **ponerse en ~** to line up, get into line

filatelia [fila'telja] nf philately, stamp collecting

filete [fi'lete] nm (de carne) fillet steak; (pescado) fillet

filiación [filja'θjon] nf (Pol etc) affiliation

filial [fi'ljal] adj filial ▷ nf subsidiary

Filipinas [fili'pinas] nfpl: **las (Islas) ~** the Philippines; **filipino, -a** adj, nm/f Philippine

filmar [fil'mar] /1a/ vt to film, shoot

filo ['filo] nm (en gen) edge; **sacar ~ a** to sharpen; **~ del medio día** at about midday; **de doble ~** double-edged

filología [filolo'xia] nf philology; **~ inglesa** (Univ) English Studies

filón [fi'lon] nm (Minería) vein, lode; (fig) gold mine

filosofía [filoso'fia] nf philosophy; **filósofo, -a** nm/f philosopher

filtrar [fil'trar] /1a/ *vt* vi to filter, strain; **filtrarse** *vr* to filter; **filtro** *nm* (Tec, utensilio) filter

fin [fin] *nm* end; (objetivo) aim, purpose; **al ~ y al cabo** when all's said and done; **a ~ de** in order to; **por ~** finally; **en ~** in short; **~ de semana** weekend

final [fi'nal] *adj* final ▷ *nm* end, conclusion ▷ *nf* final; **al ~** in the end; **a ~es de** at the end of; **finalidad** *nf* (propósito) purpose, aim; **finalista** *nmf* finalist; **finalizar** /1f/ *vt* to end, finish ▷ *vi* to end, come to an end; (Inform) to log out o off

financiar [finan'θjar] /1b/ *vt* to finance; **financiero, -a** *adj* financial ▷ *nm/f* financier

finca ['finka] *nf* (casa de recreo) house in the country; (ESP: bien inmueble) property, land; (LAM: granja) farm

finde ['finde] *nm abr* (fam: = fin de semana) weekend

fingir [fin'xir] /3c/ *vt* (simular) to simulate, feign ▷ *vi* (aparentar) to pretend

finlandés, -esa [finlan'des, esa] *adj* Finnish ▷ *nm/f* Finn ▷ *nm* (Ling) Finnish

Finlandia [fin'landja] *nf* Finland

fino, -a ['fino, a] *adj* fine; (delgado) slender; (de buenas maneras) polite, refined; (jerez) fino, dry

firma ['firma] *nf* signature; (Com) firm, company

firmamento [firma'mento] *nm* firmament

firmar [fir'mar] /1a/ *vt* to sign

firme ['firme] *adj* firm; (estable) stable; (sólido) solid; (constante) steady; (decidido) resolute ▷ *nm* road (surface); **firmeza** *nf* firmness; (constancia) steadiness; (solidez) solidity

fiscal [fis'kal] *adj* fiscal ▷ *nm* (Jur) public prosecutor; **año ~** tax o fiscal year

fisgonear [fisɣone'ar] /1a/ *vt* to poke one's nose into ▷ *vi* to pry, spy

físico, -a ['fisiko, a] *adj* physical ▷ *nm* physique ▷ *nm/f* physicist ▷ *nf* physics *sg*

fisura [fi'sura] *nf* crack; (Med) fracture

flác(c)ido, -a ['flakθiðo, a] *adj* flabby

flaco, -a ['flako, a] *adj* (muy delgado) skinny, thin; (débil) weak, feeble

flagrante [fla'ɣrante] *adj* flagrant

flama ['flama] *nf* (LAM) flame; **flamable** *adj* (LAM) flammable

flamante [fla'mante] *adj* (fam) brilliant; (: nuevo) brand-new

flamenco, -a [fla'menko, a] *adj* (de Flandes) Flemish; (baile, música) flamenco ▷ *nm* (baile, música) flamenco; (Zool) flamingo

flamingo [fla'mingo] *nm* (LAM) flamingo

flan [flan] *nm* creme caramel

▌ No confundir *flan* con la palabra inglesa *flan*.

flash [flaʃ o flas] (pl **flashes**) *nm* (Foto) flash

flauta ['flauta] *nf* (Mus) flute

flecha ['fletʃa] *nf* arrow

flechazo [fle'tʃaθo] *nm*: **fue un ~** it was love at first sight

fleco ['fleko] *nm* fringe

flema ['flema] *nm* phlegm

flequillo [fle'kiλo] *nm* (de pelo) fringe

flexible [flek'siβle] *adj* flexible

flexión [flek'sjon] *nf* press-up

flexo ['flekso] *nm* adjustable table lamp

flirtear [flirte'ar] /1a/ *vi* to flirt

flojera [flo'xera] *nf* (LAM): **me da ~** I can't be bothered

flojo, -a ['floxo, a] *adj* (gen) loose; (sin fuerzas) limp; (débil) weak

flor [flor] *nf* flower; **a ~ de** on the surface of; **flora** *nf* flora; **florecer** /2d/ *vi* (Bot) to flower, bloom; (fig) to flourish; **florería** *nf* (LAM) florist's (shop); **florero** *nm* vase; **floristería** *nf* florist's (shop)

flota ['flota] *nf* fleet

flotador [flota'ðor] *nm* (gen) float; (para nadar) rubber ring

flotar [flo'tar] /1a/ vi to float; **flote** nm: **a flote** afloat/ **salir a flote** (fig) to get back on one's feet

fluidez [flui'ðeθ] nf fluidity; (fig) fluency

fluido, -a ['flwiðo, a] adj ▷ nm fluid

fluir [flu'ir] /3g/ vi to flow

flujo ['fluxo] nm flow; **~ y re~** ebb and flow

flúor ['fluor] nm fluoride

fluorescente [flwores'θente] adj fluorescent ▷ nm (tb: **tubo ~**) fluorescent tube

fluvial [fluβi'al] adj (navegación, cuenca) fluvial, river cpd

fobia ['foβja] nf phobia; **~ a las alturas** fear of heights

foca ['foka] nf seal

foco ['foko] nm focus; (Elec) floodlight; (Teat) spotlight; (LAM) (light) bulb

fofo, -a ['fofo, a] adj soft, spongy; (músculo) flabby

fogata [fo'yata] nf bonfire

fogón [fo'yon] nm (de cocina) ring, burner

folio ['foljo] nm (hoja) sheet (of paper), page

follaje [fo'ʎaxe] nm foliage

folleto [fo'ʎeto] nm pamphlet

follón [fo'ʎon] nm (fam: lío) mess; (: conmoción) fuss; **armar un ~** to kick up a fuss

fomentar [fomen'tar] /1a/ vt (Med) to foment

fonda ['fonda] nf ≈ boarding house

fondo ['fondo] nm (de caja etc) bottom; (de coche, sala) back; (Arte etc) background; (reserva) fund; **fondos** nmpl (Com) funds, resources; **una investigación a ~** a thorough investigation; **en el ~** at bottom, deep down

fonobuzón [fonoβu'θon] nm voice mail

fontanería [fontane'ria] nf plumbing; **fontanero** nm plumber

footing ['futin] nm jogging; **hacer ~** to jog

forastero, -a [foras'tero, a] nm/f stranger

forcejear [forθexe'ar] /1a/ vi (luchar) to struggle

forense [fo'rense] nmf pathologist

forma ['forma] nf (figura) form, shape; (Med) fitness; (modo) way, means; **estar en ~** to be fit; **las ~s** the conventions; **de ~ que ...** so that ...; **de todas ~s** in any case

formación [forma'θjon] nf (gen) formation; (enseñanza) training; **~ profesional** vocational training

formal [for'mal] adj (gen) formal; (fig: persona) serious; (: de fiar) reliable; **formalidad** nf formality; seriousness; **formalizar** /f/ vt (Jur) to formalize; (situación) to put in order, regularize; **formalizarse** vr (situación) to be put in order, be regularized

formar [for'mar] /1a/ vt (componer) to form, shape; (constituir) to make up, constitute; (Escol) to train, educate; **formarse** vr (Escol) to be trained (o educated); (cobrar forma) to form, take form; (desarrollarse) to develop

formatear [formate'ar] /1a/ vt to format

formato [for'mato] nm format; **sin ~** unformatted

formidable [formi'ðaβle] adj (temible) formidable; (asombroso) tremendous

fórmula ['formula] nf formula

formulario [formu'larjo] nm form

fornido, -a [for'niðo, a] adj well-built

foro ['foro] nm forum

forrar [fo'rrar] /1a/ vt (abrigo) to line; (libro) to cover; **forro** nm (de cuaderno) cover; (costura) lining; (de sillón) upholstery; **forro polar** fleece

fortalecer [fortale'θer] /2d/ vt to strengthen

fortaleza [forta'leθa] nf (Mil) fortress, stronghold; (fuerza) strength; (determinación) resolution

fortuito, -a [for'twito, a] adj accidental

fortuna [for'tuna] nf (suerte) fortune, (good) luck; (riqueza) fortune, wealth

forzar [for'θar] /1f, 1l/ vt (puerta) to force (open); (compeler) to compel

forzoso, -a [for'θoso, a] adj necessary

fosa ['fosa] nf (sepultura) grave; (en tierra) pit; **~s nasales** nostrils

fósforo ['fosforo] nm (Química) phosphorus; (cerilla) match

fósil ['fosil] nm fossil

foso ['foso] nm ditch; (Teat) pit

foto ['foto] nf photo, snap(shot); **sacar una ~** to take a photo o picture; **~ (de) carné** passport(-size) photo

fotocopia [foto'kopja] nf photocopy; **fotocopiadora** nf photocopier; **fotocopiar** /1b/ vt to photocopy

fotografía [fotoɣra'fia] nf (arte) photography; (una fotografía) photograph; **fotografiar** /1c/ vt to photograph

fotógrafo, -a [fo'toɣrafo, a] nm/f photographer

fotomatón [fotoma'ton] nm photo booth

FP nf abr (ESP) = **Formación Profesional**

fracasar [fraka'sar] /1a/ vi (gen) to fail

fracaso [fra'kaso] nm failure

fracción [frak'θjon] nf fraction

fractura [frak'tura] nf fracture, break; **~ hidráulica** fracking

fragancia [fra'ɣanθja] nf (olor) fragrance, perfume

frágil ['fraxil] adj (débil) fragile; (Com) breakable

fragmento [fraɣ'mento] nm fragment

fraile ['fraile] nm (Rel) friar; (: monje) monk

frambuesa [fram'bwesa] nf raspberry

francés, -esa [fran'θes, esa] adj French ⊳ nm/f Frenchman/woman ⊳ nm (Ling) French

Francia ['franθja] nf France

franco, -a ['franko, a] adj (cándido) frank, open; (Com: exento) free ⊳ nm/f (moneda) franc

francotirador, a [frankotira'ðor, a] nm/f sniper

franela [fra'nela] nf flannel

franja ['franxa] nf fringe

franquear [franke'ar] /1a/ vt (camino) to clear; (carta, paquete) to frank, stamp; (obstáculo) to overcome

franqueo [fran'keo] nm postage

franqueza [fran'keθa] nf frankness

frasco ['frasko] nm bottle, flask

frase ['frase] nf sentence; **~ hecha** set phrase; (pey) stock phrase

fraterno, -a [fra'terno, a] adj brotherly, fraternal

fraude ['frauðe] nm (cualidad) dishonesty; (acto) fraud

frazada [fra'saða] nf (LAM) blanket

frecuencia [fre'kwenθja] nf frequency; **con ~** frequently, often

frecuentar [frekwen'tar] /1a/ vt to frequent

frecuente [fre'kwente] adj frequent

fregadero [freɣa'ðero] nm (kitchen) sink

fregar [fre'ɣar] /1h, 1j/ vt (frotar) to scrub; (platos) to wash (up); (LAM fam: fastidiar) to annoy; (: malograr) to screw up

freír [fre'ir] /3l/ vt to fry

frenar [fre'nar] /1a/ vt to brake; (fig) to check

frenazo [fre'naθo] nm: **dar un ~** to brake sharply

frenesí [frene'si] nm frenzy

freno ['freno] nm (Tec, Auto) brake; (de cabalgadura) bit; (fig) check; **~ de mano** handbrake

frente ['frente] nm (Arq, Mil, Pol) front; (de objeto) front part ⊳ nf forehead, brow; **~ a** in front of; (en situación opuesta a) opposite; **chocar de ~** to crash head-on; **hacer ~ a** to face up to

fresa ['fresa] nf (ESP) strawberry

fresco, -a ['fresko, a] adj (nuevo) fresh; (frío) cool; (fam: descarado) cheeky ⊳ nm (aire) fresh air; (Arte) fresco; (LAM: bebida) fruit juice o drink ⊳ nm/f (fam): **ser un(a) ~/a** to have a nerve; **tomar**

el ~ to get some fresh air; **frescura** nf freshness; (*descaro*) cheek, nerve

frialdad [frjal'ðað] nf (gen) coldness; (*indiferencia*) indifference

frigidez [frixi'ðeθ] nf frigidity

frigo ['friyo] nm fridge

frigorífico [friyo'rifiko] nm refrigerator

frijol [fri'xol] nm kidney bean

frío, -a ['frio, a] vb V **freír** ▷ adj cold; (*indiferente*) indifferent ▷ nm cold(ness); indifference; **hace** ~ it's cold; **tener** ~ to be cold

frito, -a ['frito, a] adj fried; **fritos** nmpl fried food; **me trae** ~ **ese hombre** I'm sick and tired of that man

frívolo, -a ['friβolo, a] adj frivolous

frontal [fron'tal] adj frontal ▷ nm: **choque** ~ head-on collision

frontera [fron'tera] nf frontier; **fronterizo, -a** adj frontier cpd: (*contiguo*) bordering

frontón [fron'ton] nm (*Deporte: cancha*) pelota court; (: *juego*) pelota

frotar [fro'tar] /1a/ vt to rub; **frotarse** vr: ~**se las manos** to rub one's hands

fructífero, -a [fruk'tifero, a] adj fruitful

fruncir [frun'θir] /3b/ vt to pucker; (*Costura*) to gather; ~ **el ceño** to knit one's brow

frustrar [frus'trar] /1a/ vt to frustrate

fruta ['fruta] nf fruit; **frutería** nf fruit shop; **frutero, -a** adj fruit cpd ▷ nm/f fruiterer ▷ nm fruit dish o bowl

frutilla [fru'tiʎa] nf (ʌm) strawberry

fruto ['fruto] nm fruit; (*fig: resultado*) result; (: *beneficio*) benefit; ~**s secos** nuts and dried fruit

fucsia ['fuksja] nf fuchsia

fue [fwe] vb V **ser; ir**

fuego ['fweyo] nm (gen) fire; ~ **amigo** friendly fire; ~**s artificiales** o **de artificio** fireworks; **a** ~ **lento** on a low flame o gas; **¿tienes** ~? have you (got) a light?

fuente ['fwente] nf fountain; (*manantial, fig*) spring; (*origen*) source; (*plato*) large dish

fuera ['fwera] vb V **ser; ir** ▷ adv out(side); (*en otra parte*) away; (*excepto, salvo*) except, save ▷ prep: ~ **de** outside; (*fig*) besides; ~ **de sí** beside o.s.; **por** ~ (on the) outside

fuera-borda [fwera'βorða] nm inv (*barco*) speedboat

fuerte ['fwerte] adj strong; (*golpe*) hard; (*ruido*) loud; (*comida*) rich; (*lluvia*) heavy; (*dolor*) intense ▷ adv strongly; hard; loud(ly); **ser** ~ **en** to be good at

fuerza ['fwerθa] vb V **forzar** ▷ nf (*fortaleza*) strength; (*Tec, Elec*) power; (*coacción*) force; (*Mil: tb* ~**s**) forces pl; ~**s armadas (FF.AA.)** armed forces; ~**s aéreas** air force sg; **a** ~ **de** by (dint of); **cobrar** ~**s** to recover one's strength; **tener** ~ **para** to have the strength to; **a la** ~ forcibly, by force; **por** ~ of necessity; ~ **de voluntad** willpower

fuga ['fuya] nf (*huida*) flight, escape; (*de gas etc*) leak

fugarse [fu'yarse] /1h/ vr to flee, escape

fugaz [fu'yaθ] adj fleeting

fugitivo, -a [fuxi'tiβo, a] adj fugitive ▷ nm/f fugitive

fui etc [fwi] vb V **ser; ir**

fulano, -a [fu'lano, a] nm/f so-and-so, what's-his-name

fulminante [fulmi'nante] adj (*fig: mirada*) withering; (*Med*) sudden, serious; (*fam*) terrific, tremendous; (*éxito, golpe*) sudden; **ataque** ~ stroke

fumador, a [fuma'ðor, a] nm/f smoker

fumar [fu'mar] /1a/ vt, vi to smoke; ~ **en pipa** to smoke a pipe

función [fun'θjon] nf function; (*de puesto*) duties pl; (*Teat etc*) show; **entrar en funciones** to take up one's duties

funcionar [funθjo'nar] /1a/ vi (gen) to function; (*máquina*) to work; **"no funciona"** "out of order"

funcionario, -a [funθjo'narjo, a] nm/f civil servant

funda ['funda] nf (gen) cover; (*de almohada*) pillowcase

fundación [funda'θjon] nf
foundation

fundamental [fundamen'tal] adj
fundamental, basic

fundamento [funda'mento] nm
(base) foundation

fundar [fun'dar] /1a/ vt to found;
fundarse vr: **~se en** to be founded on

fundición [fundi'θjon] nf (acción)
smelting; (fábrica) foundry

fundir [fun'dir] /3a/ vt (gen) to fuse;
(metal) to smelt, melt down; (nieve etc)
to melt; (Com) to merge; (estatua) to
cast; **fundirse** vr (colores etc) to merge,
blend; (unirse) to fuse together; (Elec:
fusible, lámpara etc) to blow; (nieve
etc) to melt

fúnebre ['funeβre] adj funeral cpd,
funeral

funeral [fune'ral] nm funeral;
funeraria nf undertaker's (BRIT),
mortician's (US)

funicular [funiku'lar] nm (tren)
funicular; (teleférico) cable car

furgón [fur'ɣon] nm wagon;
furgoneta nf (Auto, Com) (transit) van
(BRIT), pickup (truck) (US)

furia ['furja] nf (ira) fury; (violencia)
violence; **furioso, -a** adj (iracundo)
furious; (violento) violent

furtivo, -a [fur'tiβo, a] adj furtive
▷ nm poacher

fusible [fu'siβle] nm fuse

fusil [fu'sil] nm rifle; **fusilar** /1a/ vt
to shoot

fusión [fu'sjon] nf (gen) melting;
(unión) fusion; (Com) merger,
amalgamation

fútbol ['futβol] nm football (BRIT),
soccer (US); **~ americano** American
football (BRIT), football (US); **~ sala**
indoor football (BRIT) o soccer (US);
futbolín nm table football; **futbolista**
nmf footballer

futuro, -a [fu'turo, a] adj future
▷ nm future

g

gabardina [gaβar'ðina] nf
gabardine; (prenda) raincoat

gabinete [gaβi'nete] nm (Pol)
cabinet; (estudio) study; (de abogados
etc) office

gachas ['gatʃas] nfpl porridge sg

gafas ['gafas] nfpl glasses; **~ de sol**
sunglasses

gafe ['gafe] nm (fam) jinx

gaita ['gaita] nf bagpipes pl

gajes ['gaxes] nmpl: **los ~ del oficio**
occupational hazards

gajo ['gaxo] nm (de naranja) segment

gala ['gala] nf full dress; **galas** nfpl
finery sg; **estar de ~** to be in one's best
clothes; **hacer ~ de** to display

galápago [ga'lapaɣo] nm (Zool)
turtle, sea/freshwater turtle (US)

galardón [galar'ðon] nm award,
prize

galaxia [ga'laksja] nf galaxy

galera [ga'lera] nf (nave) galley; (carro)
wagon; (Tip) galley

galería [gale'ria] nf (gen) gallery; (balcón) veranda(h); (de casa) corridor; **~ comercial** shopping mall

Gales ['gales] nm: **(el País de) ~** Wales; **galés, -esa** adj Welsh ▷ nm/f Welshman/woman ▷ nm (Ling) Welsh

galgo, -a ['galɣo, a] nm/f greyhound

gallego, -a [ga'ʎeɣo, a] adj ▷ nm/f Galician

galleta [ga'ʎeta] nf biscuit (BRIT), cookie (US)

gallina [ga'ʎina] nf hen ▷ nm (fam) chicken; **gallinero** nm henhouse; (Teat) top gallery

gallo ['gaʎo] nm cock, rooster

galopar [galo'par] /1a/ vi to gallop

gama ['gama] nf (fig) range

gamba ['gamba] nf prawn (BRIT), shrimp (US)

gamberro, -a [gam'berro, a] nm/f hooligan, lout

gamuza [ga'muθa] nf chamois

gana ['gana] nf (deseo) desire, wish; (apetito) appetite; (voluntad) will; (añoranza) longing; **de buena ~** willingly; **de mala ~** reluctantly; **me da ~s de** I feel like, I want to; **tener ~s de** to feel like; **no me da la (real) ~** I (really) don't feel like it

ganadería [ganaðe'ria] nf (ganado) livestock; (ganado vacuno) cattle pl; (cría, comercio) cattle raising

ganadero, -a [gana'ðero, a] nm/f (hacendado) rancher

ganado [ga'naðo] nm livestock; **~ caballar/cabrío** horses pl/goats pl; **~ porcino/vacuno** pigs pl/cattle pl

ganador, -a [gana'ðor, a] adj winning ▷ nm/f winner

ganancia [ga'nanθja] nf (lo ganado) gain; (aumento) increase; (beneficio) profit; **ganancias** nfpl (ingresos) earnings; (beneficios) profit sg, winnings

ganar [ga'nar] /1a/ vt (obtener) to get, obtain; (sacar ventaja) to gain; (Com) to earn; (Deporte, premio) to win; (derrotar) to beat; (alcanzar) to reach

▷ vi (Deporte) to win; **ganarse** vr: **~se la vida** to earn one's living

ganchillo [gan'tʃiʎo] nm crochet

gancho ['gantʃo] nm (gen) hook; (colgador) hanger

gandul, -a [gan'dul, a] adj, nm/f good-for-nothing, layabout

ganga ['ganga] nf bargain

gangrena [gan'grena] nf gangrene

ganso, -a ['ganso, a] nm/f (Zool) gander/goose; (fam) idiot

ganzúa [gan'θua] nf skeleton key

garabato [gara'βato] nm (escritura) scrawl, scribble

garaje [ga'raxe] nm garage; **garajista** nmf mechanic

garantía [garan'tia] nf guarantee

garantizar [garanti'θar] /1f/ vt to guarantee

garbanzo [gar'βanθo] nm chickpea

garfio ['garfjo] nm grappling iron

garganta [gar'ɣanta] nf (interna) throat; (externa, de botella) neck; **gargantilla** nf necklace

gárgaras ['garɣaras] nfpl gargling; **hacer ~s** to gargle

gargarear [garɣare'ar] /1a/ vi (LAM) to gargle

garita [ga'rita] nf cabin, hut; (Mil) sentry box

garra ['garra] nf (de gato, Tec) claw; (de ave) talon; (fam) hand, paw

garrafa [ga'rrafa] nf carafe, decanter

garrapata [garra'pata] nf tick

gas [gas] nm gas; **~es lacrimógenos** tear gas sg

gasa ['gasa] nf gauze

gaseoso, -a [gase'oso, a] adj gassy, fizzy ▷ nf lemonade, pop (fam)

gasoil [ga'soil], **gasóleo** [ga'soleo] nm diesel (oil)

gasolina [gaso'lina] nf petrol, gas(oline) (US); **gasolinera** nf petrol (BRIT) o gas (US) station

gastado, -a [gas'taðo, a] adj (dinero) spent; (ropa) worn out; (usado: frase etc) trite

g

gastar [gas'tar] /1a/ vt (dinero, tiempo)
to spend; (consumir) to use (up);
(desperdiciar) to waste; (llevar) to wear;
gastarse vr to wear out; (estropearse)
to waste; ~ **en** to spend on; ~ **bromas**
to crack jokes; **¿qué número gastas?**
what size (shoe) do you take?

gasto ['gasto] nm (desembolso)
expenditure, spending; (consumo,
uso) use; **gastos** nmpl (desembolsos)
expenses; (cargos) charges, costs

gastronomía [gastrono'mia] nf
gastronomy

gatear [gate'ar] /1a/ vi (andar a gatas)
to go on all fours

gatillo [ga'tiʎo] nm (de arma de fuego)
trigger; (de dentista) forceps

gato ['gato] nm cat; (Tec) jack; **andar a
gatas** to go on all fours

gaucho, -a ['gautʃo, a] nm/f gaucho

gaviota [ga'βjota] nf seagull

gay [ge] adj gay, homosexual

gazpacho [gaθ'patʃo] nm gazpacho

gel [xel] nm gel; ~ **de baño/ducha**
bath/shower gel

gelatina [xela'tina] nf jelly; (polvos
etc) gelatine

gema ['xema] nf gem

gemelo, -a [xe'melo, a] adj, nm/f
twin; **gemelos** nmpl (de camisa)
cufflinks; ~ **s de campo** field glasses,
binoculars

gemido [xe'miðo] nm (quejido) moan,
groan; (lamento) howl

Géminis ['xeminis] nm Gemini

gemir [xe'mir] /3k/ vi (quejarse) to
moan, groan; (viento) to howl

generación [xenera'θjon] nf
generation

general [xene'ral] adj general ▷ nm
general; **por lo o en ~** in general;
Generalitat nf regional government
of Catalonia; **generalizar** /1f/ vt
to generalize; **generalizarse** vr to
become generalized, spread

generar [xene'rar] /1a/ vt to generate

género ['xenero] nm (clase) kind,
sort; (tipo) type; (Bio) genus; (Ling)

gender; (Com) material; ~ **humano**
human race

generosidad [xenerosi'ðað] nf
generosity; **generoso, -a** adj
generous

genial [xe'njal] adj inspired; (idea)
brilliant; (estupendo) wonderful

genio ['xenjo] nm (carácter) nature,
disposition; (humor) temper; (facultad
creadora) genius; **de mal ~** bad-
tempered

genital [xeni'tal] adj genital ▷ nm: ~
es genitals

genoma [xe'noma] nm genome

gente ['xente] nf (personas) people pl;
(parientes) relatives pl

gentil [xen'til] adj (elegante) graceful
(encantador) charming

> No confundir *gentil* con la palabra
> inglesa *gentle*.

genuino, -a [xe'nwino, a] adj
genuine

geografía [xeoɣra'fia] nf geography

geología [xeolo'xia] nf geology

geometría [xeome'tria] nf geometr

gerente [xe'rente] nmf (supervisor)
manager; (jefe) director

geriatría [xerja'tria] nf (Med)
geriatrics sg

germen ['xermen] nm germ

gesticulación [xestikula'θjon]
nf (además) gesticulation; (mueca)
grimace

gesticular [xestiku'lar] /1a/ vi (con
ademanes) to gesticulate; (con muecas
to make faces

gestión [xes'tjon] nf management;
(diligencia, acción) negotiation

gesto ['xesto] nm (mueca) grimace;
(además) gesture

Gibraltar [xiβral'tar] nm Gibraltar;
gibraltareño, -a adj of o from
Gibraltar, Gibraltarian ▷ nm/f
Gibraltarian

gigante [xi'ɣante] adj, nmf giant;
gigantesco, -a adj gigantic

gilipollas [xili'poʎas] (fam) adj inv
daft ▷ nmf berk (BRIT), jerk (esp US)

gimnasia [xim'nasja] *nf* gymnastics *pl*; **gimnasio** *nm* gym(nasium); **gimnasta** *nmf* gymnast; **gimnástica** *nf* gymnastics *sg*

ginebra [xi'neβra] *nf* gin

ginecólogo, -a [xine'koloɣo, a] *nm/f* gyn(a)ecologist

gira ['xira] *nf* tour, trip

girar [xi'rar] *vt* (dar la vuelta) to turn (around); (: rápidamente) to spin; (Com: giro postal) to draw; (comerciar: letra de cambio) to issue ▷ *vi* to turn (round); (rápido) to spin

girasol [xira'sol] *nm* sunflower

giratorio, -a [xira'torjo, a] *adj* revolving

giro ['xiro] *nm* (movimiento) turn, revolution; (Ling) expression; (Com) draft; **~ bancario** bank draft; **~ postal** money order

gis [xis] *nm* (LAM) chalk

gitano, -a [xi'tano, a] *adj, nm/f* gypsy

glacial [gla'θjal] *adj* icy, freezing

glaciar [gla'θjar] *nm* glacier

glándula ['glandula] *nf* gland

global [glo'βal] *adj* global; **globalización** *nf* globalization

globo ['gloβo] *nm* (esfera) globe, sphere; (aeróstato, juguete) balloon

glóbulo ['gloβulo] *nm* globule; (Anat) corpuscle

gloria ['glorja] *nf* glory

glorieta [glo'rjeta] *nf* (de jardín) bower, arbour, arbor (us); (Auto) roundabout (BRIT), traffic circle (us)

glorioso, -a [glo'rjoso, a] *adj* glorious

glotón, -ona [glo'ton, ona] *adj* gluttonous, greedy ▷ *nm/f* glutton

glucosa [glu'kosa] *nf* glucose

gobernador, -a [goβerna'ðor, a] *adj* governing ▷ *nm/f* governor; **gobernante** *adj* governing

gobernar [goβer'nar] /1j/ *vt* (dirigir) to guide, direct; (Pol) to rule, govern ▷ *vi* to govern; (Naut) to steer

gobierno [go'βjerno] *vb V* **gobernar** ▷ *nm* (Pol) government; (dirección) guidance, direction; (Naut) steering

goce *etc* ['goθe] *vb V* **gozar** ▷ *nm* enjoyment

gol [gol] *nm* goal

golf [golf] *nm* golf

golfo, -a ['golfo, a] *nm/f* (pilluelo) street urchin; (vagabundo) tramp; (gorrón) loafer; (gamberro) lout ▷ *nm* (Geo) gulf ▷ *nf* (fam!: prostituta) slut

golondrina [golon'drina] *nf* swallow

golosina [golo'sina] *nf* (dulce) sweet; **goloso, -a** *adj* sweet-toothed

golpe ['golpe] *nm* blow; (de puño) punch; (de mano) smack; (de remo) stroke; (fig: choque) clash; **no dar ~** to be bone idle; **de un ~** with one blow; **de ~** suddenly; **~ (de estado)** coup (d'état); **golpear** /1a/ *vt, vi* to strike, knock; (asestar) to beat; (de puño) to punch; (golpetear) to tap

goma ['goma] *nf* (caucho) rubber; (elástico) elastic; (tira) rubber o elastic (BRIT) band; **~ (de borrar)** eraser, rubber (BRIT); **~ espuma** foam rubber

gomina [go'mina] *nf* hair gel

gomita [go'mita] *nf* rubber o elastic (BRIT) band

gordo, -a ['gorðo, a] *adj* (gen) fat; (fam) enormous; **el (premio) ~** (en lotería) first prize

gorila [go'rila] *nm* gorilla

gorra ['gorra] *nf* cap; (de niño) bonnet; (militar) bearskin; **andar o ir o vivir de ~** to sponge; **entrar de ~** (fam) to gatecrash

gorrión [go'rrjon] *nm* sparrow

gorro ['gorro] *nm* cap; (de niño, mujer) bonnet

gorrón, -ona [go'rron, ona] *nm/f* scrounger; **gorronear** /1a/ *vi* (fam) to sponge, scrounge

gota ['gota] *nf* (gen) drop; (de sudor) bead; (Med) gout; **gotear** /1a/ *vi* to drip; (lloviznar) to drizzle; **gotera** *nf* leak

gozar [go'θar] /1f/ *vi* to enjoy o.s.; **~ de** (disfrutar) to enjoy; (poseer) to possess

GPS *nm abr* (= *global positioning system*) GPS

gr *abr* (= *gramo(s)*) g

grabación [graβa'θjon] *nf* recording

grabado [gra'βaðo] *nm* print, engraving

grabador, -a [graβa'ðor, a] *nm/f* engraver ▷ *nf* tape-recorder; **~a de CD/DVD** CD/DVD writer

grabar [gra'βar] /1a/ *vt* to engrave; (*discos, cintas*) to record

gracia [ˈgraθja] *nf* (*encanto*) grace, gracefulness; (*humor*) humour, wit; **¡muchas ~s!** thanks very much!; **~s a** thanks to; **tener ~** (*chiste etc*) to be funny; **no me hace ~** I am not too keen; **dar las ~s a algn por algo** to thank sb for sth; **gracioso, -a** *adj* (*garboso*) graceful; (*chistoso*) funny; (*cómico*) comical ▷ *nm/f* (*Teat*) comic character

grada [ˈgraða] *nf* (*de escalera*) step; (*de anfiteatro*) tier, row; **gradas** *nfpl* (*de estadio*) terraces

grado [ˈgraðo] *nm* degree; (*de aceite, vino*) grade; (*grada*) step; (*Mil*) rank; **de buen ~** willingly; **~ centí-/ Fahrenheit** degree centigrade/ Fahrenheit

graduación [graðwa'θjon] *nf* (*del alcohol*) proof, strength; (*Escol*) graduation; (*Mil*) rank

gradual [gra'ðwal] *adj* gradual

graduar [gra'ðwar] /1e/ *vt* (*gen*) to graduate; (*Mil*) to commission; **graduarse** *vr* to graduate; **~se la vista** to have one's eyes tested

gráfico, -a [ˈgrafiko, a] *adj* graphic ▷ *nm* diagram ▷ *nf* graph; **gráficos** *nmpl* (*tb Inform*) graphics

grajo [ˈgraxo] *nm* rook

gramático, -a [gra'matiko, a] *nm/f* (*persona*) grammarian ▷ *nf* grammar

gramo [ˈgramo] *nm* gramme (BRIT), gram (US)

gran [gran] *adj V* **grande**

grana [ˈgrana] *nf* (*color*) scarlet

granada [gra'naða] *nf* pomegranate; (*Mil*) grenade

granate [gra'nate] *adj inv* maroon

Gran Bretaña [grambre'taɲa] *nf* Great Britain

grande [ˈgrande], **gran** (*antes de nmsg*) *adj* (*de tamaño*) big, large; (*alto*) tall; (*distinguido*) great; (*impresionante*) grand ▷ *nm* grandee

granel [gra'nel] *nm*: **a ~** (*Com*) in bulk

granero [gra'nero] *nm* granary, barn

granito [gra'nito] *nm* (*Agr*) small grain; (*roca*) granite

granizado [grani'θaðo] *nm* iced drin

granizar [grani'θar] /1f/ *vi* to hail; **granizo** *nm* hail

granja [ˈgranxa] *nf* (*gen*) farm; **granjero, -a** *nm/f* farmer

grano [ˈgrano] *nm* grain; (*semilla*) seed; (*Med*) pimple, spot; **~ de café** coffee bean

granuja [gra'nuxa] *nm* rogue; (*golfillo*) urchin

grapa [ˈgrapa] *nf* staple; (*Tec*) clamp; **grapadora** *nf* stapler

grasa [ˈgrasa] *nf V* **graso**; **grasiento, -a** *adj* greasy; (*de aceite*) oily; **graso, -a** *adj* fatty; (*aceitoso*) greasy ▷ *nf* grease; (*de cocina*) fat, lard; (*sebo*) suet (*mugre*) filth

gratinar [grati'nar] /1a/ *vt* to cook au gratin

gratis [ˈgratis] *adv* free

grato, -a [ˈgrato, a] *adj* (*agradable*) pleasant, agreeable

gratuito, -a [gra'twito, a] *adj* (*gratis*) free; (*sin razón*) gratuitous

grave [ˈgraβe] *adj* heavy; (*fig, Med*) grave, serious; **gravedad** *nf* gravity

Grecia [ˈgreθja] *nf* Greece

gremio [ˈgremjo] *nm* trade, industry

griego, -a [ˈgrjeɣo, a] *adj* ▷ *nm/f* Greek

grieta [ˈgrjeta] *nf* crack

grifo [ˈgrifo] *nm* tap (BRIT), faucet (U.

grillo [ˈgriʎo] *nm* (*Zool*) cricket

gripa [ˈgripa] *nf* (LAM) flu, influenza

gripe [ˈgripe] *nf* flu, influenza; **~ A** swine flu; **~ aviar** bird flu

gris [gris] *adj* grey

gritar [gri'tar] /1a/ vt, vi to shout, yell; **grito** nm shout, yell; (de horror) scream

grosella [gro'seʎa] nf (red)currant

grosero, -a [gro'sero, a] adj (poco cortés) rude, bad-mannered; (ordinario) vulgar, crude

grosor [gro'sor] nm thickness

grúa ['grua] nf (Tec) crane; (de petróleo) derrick

grueso, -a ['grweso, a] adj thick; (persona) stout ▷ nm bulk; **el ~ de** the bulk of

grulla ['gruʎa] nf crane

grumo ['grumo] nm clot, lump

gruñido [gru'niðo] nm grunt; (fig) grumble

gruñir [gru'nir] /3h/ vi (animal) to grunt, growl; (fam) to grumble

grupo ['grupo] nm group; (Tec) unit, set; **~ de presión** pressure group

gruta ['gruta] nf grotto

guacho, -a ['gwatʃo, a] nm/f (LAM) homeless child

guajolote [gwaxo'lote] nm (LAM) turkey

guante ['gwante] nm glove; **~s de goma** rubber gloves; **guantera** nf glove compartment

guapo, -a ['gwapo, a] adj good-looking; attractive; (elegante) smart

guarda ['gwarða] nmf (persona) warden ▷ nf (acto) guarding; (custodia) custody; **~ jurado** (armed) security guard; **guardabarros** nm inv mudguard (BRIT), fender (US); **guardabosques** nm inv gamekeeper; **guardacostas** nm inv coastguard vessel ▷ nmf guardian, protector; **guardaespaldas** nm inv, nf inv bodyguard; **guardameta** nm goalkeeper; **guardar** /1a/ vt (gen) to keep; (vigilar) to guard, watch over; (dinero: ahorrar) to save; **guardarse** vr (preservarse) to protect o.s.; **guardarse de algo** (evitar) to avoid sth; **guardar cama** to stay in bed; **guardarropa** (armario) wardrobe; (en establecimiento público) cloakroom

guardería [gwarðe'ria] nf nursery

guardia ['gwarðja] nf (Mil) guard; (cuidado) care, custody ▷ nmf guard; (policía) policeman/woman; **estar de ~** to be on guard; **montar ~** to mount guard; **la G- Civil** the Civil Guard

guardián, -ana [gwar'ðjan, ana] nm/f (gen) guardian, keeper

guarida [gwa'riða] nf (de animal) den, lair; (refugio) refuge

guarnición [gwarni'θjon] nf (de vestimenta) trimming; (de piedra) mount; (Culin) garnish; (arneses) harness; (Mil) garrison

guarro, -a ['gwarro, a] nm/f pig

guasa ['gwasa] nf joke; **guasón, -ona** adj (bromista) joking ▷ nm/f wit; joker

Guatemala [gwate'mala] nf Guatemala

guay [gwaj] adj (fam) super, great

güero, -a ['gwero, a] adj (LAM) blond(e)

guerra ['gerra] nf war; **~ civil/fría** civil/cold war; **dar ~** to be a nuisance; **guerrero, -a** adj fighting; (carácter) warlike ▷ nm/f warrior

guerrilla [ge'rriʎa] nf guerrilla warfare; (tropas) guerrilla band o group

guía ['gia] vb V **guiar** ▷ nmf (persona) guide ▷ nf (libro) guidebook; **~ telefónica** telephone directory; **~ del turista/del viajero** tourist/traveller's guide

guiar [gi'ar] /1c/ vt to guide, direct; (Auto) to steer; **guiarse** vr: **~se por** to be guided by

guinda ['ginda] nf morello cherry

guindilla [gin'diʎa] nf chil(l)i pepper

guiñar [gi'nar] /1a/ vi to wink

guion [gi'on] nm (Ling) hyphen, dash; (Cine) script; **guionista** nmf scriptwriter

guiri ['giri] nmf (fam, pey) foreigner

guirnalda [gir'nalda] nf garland

guisado [gi'saðo] nm stew

guisante [gi'sante] nm pea

guisar [gi'sar] /1a/ vt, vi to cook; **guiso** nm cooked dish

guitarra [gi'tarra] *nf* guitar

gula ['gula] *nf* gluttony, greed

gusano [gu'sano] *nm* worm; (*lombriz*) earthworm

gustar [gus'tar] /1a/ *vt* to taste, sample ▷ *vi* to please, be pleasing; **~ de algo** to like o enjoy sth; **me gustan las uvas** I like grapes; **le gusta nadar** she likes o enjoys swimming

gusto ['gusto] *nm* (*sentido, sabor*) taste; (*placer*) pleasure; **tiene un ~ amargo** it has a bitter taste; **tener buen ~** to have good taste; **sentirse a ~** to feel at ease; **¡mucho o tanto ~ (en conocerle)!** how do you do?, pleased to meet you; **el ~ es mío** the pleasure is mine; **tomar ~ a** to take a liking to; **con ~** willingly, gladly

ha [a] *vb* V **haber**

haba ['aβa] *nf* bean

Habana [a'βana] *nf*: **la ~** Havana

habano [a'βano] *nm* Havana cigar

habéis *vb* V **haber**

 PALABRA CLAVE

haber [a'βer] /2j/ *vb auxiliar* 1 (*tiempos compuestos*) to have; **había comido** I have/had eaten; **antes/después de haberlo visto** before seeing/after seeing o having seen it

2: **¡haberlo dicho antes!** you should have said so before!

3: **haber de: he de hacerlo** I must do it; **ha de llegar mañana** it should arrive tomorrow

▶ *vb impersonal* 1 (*existencia: sg*) there is; (*: pl*) there are; **hay un hermano/dos hermanos** there is one brother/there are two brothers; **¿cuánto hay de aquí a Sucre?** how far is it from here to Sucre?

2 *(obligación)*: **hay que hacer algo** something must be done; **hay que apuntarlo para acordarse** you have to write it down to remember

3: **¡hay que ver!** well I never!

4: **¡no hay de qué!**, (LAM) **¡no hay por qué!** don't mention it!, not at all!

5: **¿qué hay?** *(¿qué pasa?)* what's up?, what's the matter?; *(¿qué tal?)* how's it going?

▸ **haberse** *vb impersonal*: **habérselas con algn** to have it out with sb

▸ **vt**: **he aquí unas sugerencias** here are some suggestions

▸ *nm (en cuenta)* credit side

▸ **haberes** *nmpl* assets; **¿cuánto tengo en el haber?** how much do I have in my account?; **tiene varias novelas en su haber** he has several novels to his credit

habichuela [aβiˈtʃwela] *nf* kidney bean

hábil [ˈaβil] *adj (listo)* clever, smart; *(capaz)* fit, capable; *(experto)* expert; **día ~** working day; **habilidad** *nf* skill, ability

habitación [aβitaˈθjon] *nf (cuarto)* room; *(Bio: morada)* habitat; **~ sencilla** o **individual** single room; **~ doble** o **de matrimonio** double room

habitante [aβiˈtante] *nmf* inhabitant

habitar [aβiˈtar] /1a/ *vt (residir en)* to inhabit; *(ocupar)* to occupy ▸ *vi* to live

hábito [ˈaβito] *nm* habit

habitual [aβiˈtwal] *adj* habitual

habituar [aβiˈtwar] /1e/ *vt* to accustom; **habituarse** *vr*: **~se a** to get used to

habla [ˈaβla] *nf (capacidad de hablar)* speech; *(idioma)* language; *(dialecto)* dialect; **perder el ~** to become speechless; **de ~ francesa** French-speaking; **estar al ~** to be in contact; *(Telec)* to be on the line; **¡González al ~!** *(Telec)* Gonzalez speaking!

hablador, a [aβlaˈðor, a] *adj* talkative ▸ *nm/f* chatterbox

habladuría [aβlaðuˈria] *nf* rumour; **habladurías** *nfpl* gossip *sg*

hablante [aˈβlante] *adj* speaking ▸ *nmf* speaker

hablar [aˈβlar] /1a/ *vt* to speak, talk ▸ *vi* to speak; **hablarse** *vr* to speak to each other; **~ con** to speak to; **de eso ni ~** no way, that's out of the question; **~ de** to speak of o about; **"se habla inglés"** "English spoken here"

habré *etc* [aˈβre] *vb V* **haber**

hacendado, -a [aθenˈdaðo, a] *nm/f* (LAM) rancher, farmer

hacendoso, -a [aθenˈdoso, a] *adj* industrious

PALABRA CLAVE

hacer [aˈθer] /2r/ *vt* **1** *(fabricar, producir, conseguir)* to make; **hacer una película/un ruido** to make a film/noise; **el guisado lo hice yo** I made o cooked the stew

2 *(ejecutar: trabajo etc)* to do; **hacer la colada** to do the washing; **hacer la comida** to do the cooking; **¿qué haces?** what are you doing?; **hacer el malo** o **el papel del malo** *(Teat)* to play the villain

3 *(estudios, algunos deportes)* to do; **hacer español/económicas** to do o study Spanish/economics; **hacer yoga/gimnasia** to do yoga/go to the gym

4 *(transformar, incidir en)*: **esto lo hará más difícil** this will make it more difficult; **salir te hará sentir mejor** going out will make you feel better

5 *(cálculo)*: **2 y 2 hacen 4** 2 and 2 make 4; **éste hace 100** this one makes 100

6 *(+ sub)*: **esto hará que ganemos** this will make us win; **harás que no quiera venir** you'll stop him wanting to come

7 *(como sustituto de vb)* to do; **él bebió y yo hice lo mismo** he drank and I did likewise

8: no hace más que criticar all he does is criticize

▶ vb semi-auxiliar (+ infin: directo): **les hice venir** I made o had them come; **hacer trabajar a los demás** to get others to work

▶ vi **1: haz como que no lo sabes** act as if you don't know

2 (ser apropiado): **si os hace** if it's alright with you

3: hacer de: hacer de Otelo to play Othello

▶ vb impersonal **1: hace calor/frío** it's hot/cold; V tb **bueno; sol; tiempo**

2 (tiempo): **hace tres años** three years ago; **hace un mes que voy/ no voy** I've been going/I haven't been for a month

3: ¿cómo has hecho para llegar tan rápido? how did you manage to get here so quickly?

▶ **hacerse** vr **1** (volverse) to become; **se hicieron amigos** they became friends

2 (acostumbrarse): **hacerse a** to get used to

3: se hace con huevos y leche it's made out of eggs and milk; **eso no se hace** that's not done

4 (obtener): **hacerse de** o **con algo** to get hold of sth

5 (fingirse): **hacerse el sordo/sueco** to turn a deaf ear/pretend not to notice

hacha ['atʃa] nf axe; (antorcha) torch

hachís [a'tʃis] nm hashish

hacia ['aθja] prep (en dirección de) towards; (cerca de) near; (actitud) towards; **~ adelante/atrás** forwards/backwards; **~ arriba/ abajo** up(wards)/down(wards); **~ mediodía** about noon

hacienda [a'θjenda] nf (propiedad) property; (finca) farm; (ʟᴀᴍ) ranch; **~ pública** public finance; **(Ministerio de) H~** Exchequer (ʙʀɪᴛ), Treasury Department (us)

hada ['aða] nf fairy

haga etc ['aɣa] vb V **hacer**

Haití [ai'ti] nm Haiti

halagar [ala'ɣar] /1h/ vt to flatter

halago [a'laɣo] nm flattery

halcón [al'kon] nm falcon, hawk

hallar [a'ʎar] /1a/ vt (gen) to find; (descubrir) to discover; (toparse con) to run into; **hallarse** vr to be (situated)

halterofilia [altero'filja] nf weightlifting

hamaca [a'maka] nf hammock

hambre ['ambre] nf hunger; (carencia) famine; (fig) longing; **tener ~** to be hungry; **¡me muero de ~!** I'm starving!; **hambriento, -a** adj hungry, starving

hamburguesa [ambur'ɣesa] nf hamburger; **hamburguesería** nf burger bar

hámster ['xamster] nm hamster

han [an] vb V **haber**

harapo [a'rapo] nm rag

haré etc [a're] vb V **hacer**

harina [a'rina] nf flour; **~ de maíz** cornflour (ʙʀɪᴛ), cornstarch (us); **~ de trigo** wheat flour

hartar [ar'tar] /1a/ vt to satiate, glut; (fig) to tire, sicken; **hartarse** vr (de comida) to fill o.s., gorge o.s.; (cansarse) **~se de** to get fed up with; **harto, -a** adj (lleno) full; (cansado) fed up ▷ adv (bastante) enough; (muy) very; **estar harto de** to be fed up with

has [as] vb V **haber**

hashtag [xas'taɣ] nm (en Twitter) hashtag

hasta ['asta] adv even ▷ prep (alcanzando a) as far as, up/down to; (de tiempo: a tal hora) till, until; (: antes de) before ▷ conj: **~ que** until; **~ luego** o **ahora/el sábado** see you soon/on Saturday; **~ pronto** see you soon

hay [ai] vb V **haber**

Haya ['aja] nf: **la ~** The Hague

haya etc ['aja] vb V **haber** ▷ nm (de luz) beam

haz [aθ] vb V **hacer** ▷ nm (de luz) beam

hazaña [a'θaɲa] nf feat, exploit

hazmerreír [aθmerre'ir] *nm inv* laughing stock

he [e] *vb V* **haber**

hebilla [e'βiʎa] *nf* buckle, clasp

hebra ['eβra] *nf* thread; (*Bot: fibra*) fibre, grain

hebreo, -a [e'βreo, a] *adj, nm/f* Hebrew ▷ *nm* (*Ling*) Hebrew

hechizar [etʃi'θar] /1f/ *vt* to cast a spell on, bewitch

hechizo [e'tʃiθo] *nm* witchcraft, magic; (*acto de magia*) spell, charm

hecho, -a ['etʃo, a] *pp de* **hacer** ▷ *adj* (*carne*) done; (*Costura*) ready-to-wear ▷ *nm* deed, act; (*dato*) fact; (*cuestión*) matter; (*suceso*) event ▷ *excl* agreed!, done!; **¡bien ~!** well done!; **de ~** in fact, as a matter of fact; **el ~ es que ~** the fact is that ...

hechura [e'tʃura] *nf* (*forma*) form, shape; (*de persona*) build

hectárea [ek'tarea] *nf* hectare

helada [e'laða] *nf* frost

heladera [ela'ðera] *nf* (*LAm: refrigerador*) refrigerator

helado, -a [e'laðo, a] *adj* frozen; (*glacial*) icy; (*fig*) chilly, cold ▷ *nm* ice-cream

helar [e'lar] /1j/ *vt* to freeze, ice (up); (*dejar atónito*) to amaze ▷ *vi* to freeze; **helarse** *vr* to freeze

helecho [e'letʃo] *nm* fern

hélice [e'liθe] *nf* (*Tec*) propeller

helicóptero [eli'koptero] *nm* helicopter

hembra ['embra] *nf* (*Bot, Zool*) female; (*mujer*) woman; (*Tec*) nut

hemorragia [emo'rraxja] *nf* haemorrhage (BRIT), hemorrhage (US)

hemorroides [emo'rroiðes] *nfpl* haemorrhoids (BRIT), hemorrhoids (US)

hemos [emos] *vb V* **haber**

heno ['eno] *nm* hay

heredar [ere'ðar] /1a/ *vt* to inherit; **heredero, -a** *nm/f* heir(ess)

hereje [e'rexe] *nm/f* heretic

herencia [e'renθja] *nf* inheritance

herido, -a [e'riðo, a] *adj* injured, wounded ▷ *nm/f* casualty ▷ *nf* wound, injury

herir [e'rir] /3i/ *vt* to wound, injure; (*fig*) to offend

hermanación [ermana'θjon] *nf* (*de ciudades*) twinning

hermanado, -a [erma'naðo, a] *adj* (*ciudad*) twinned

hermanastro, -a [erma'nastro, a] *nm/f* stepbrother/sister

hermandad [erman'daθ] *nf* brotherhood

hermano, -a [er'mano, a] *nm* brother ▷ *nf* sister; **~ gemelo** twin brother; **~ político** brother-in-law; **hermana política** sister-in-law

hermético, -a [er'metiko, a] *adj* hermetic; (*fig*) watertight

hermoso, -a [er'moso, a] *adj* beautiful, lovely; (*estupendo*) splendid; (*guapo*) handsome; **hermosura** *nf* beauty

hernia ['ernja] *nf* hernia; **~ discal** slipped disc

héroe ['eroe] *nm* hero

heroína [ero'ina] *nf* (*mujer*) heroine; (*droga*) heroin

herradura [erra'ðura] *nf* horseshoe

herramienta [erra'mjenta] *nf* tool

herrero [e'rrero] *nm* blacksmith

hervidero [erβi'ðero] *nm* (*fig*) swarm; (*Pol etc*) hotbed

hervir [er'βir] /3i/ *vi* to boil; (*burbujear*) to bubble; **~ a fuego lento** to simmer; **hervor** *nm* boiling; (*fig*) ardour, fervour

heterosexual [eterosek'swal] *adj* heterosexual

hice *etc* ['iθe] *vb V* **hacer**

hidratante [iðra'tante] *adj*: **crema ~** moisturizing cream, moisturizer; **hidratar** /1a/ *vt* to moisturize; **hidrato** *nm* hydrate; **hidrato de carbono** carbohydrate

hidráulico, -a [i'ðrauliko, a] *adj* hydraulic

hidro... [iðro] *pref* hydro-..., water-...;
hidrodeslizador *nm* hovercraft;
hidroeléctrico, -a *adj* hydroelectric;
hidrógeno *nm* hydrogen

hiedra [ˈjeðra] *nf* ivy

hiel [jel] *nf* gall, bile; *(fig)* bitterness

hielo [ˈjelo] *vb V* **helar** ▷ *nm (gen)* ice;
(escarcha) frost; *(fig)* coldness, reserve

hiena [ˈjena] *nf* hyena

hierba [ˈjerβa] *nf (pasto)* grass; *(Culin,
Med: planta)* herb; **mala ~** = weed; *(fig)*
evil influence; **hierbabuena** *nf* mint

hierro [ˈjerro] *nm (metal)* iron; *(objeto)*
iron object

hígado [ˈiyaðo] *nm* liver

higiene [iˈxjene] *nf* hygiene;
higiénico, -a *adj* hygienic

higo [ˈiyo] *nm* fig; **~ seco** dried fig;
higuera *nf* fig tree

hijastro, -a [iˈxastro, a] *nm/f*
stepson/daughter

hijo, -a [ˈixo, a] *nm/f* son/daughter,
child; *(uso vocativo)* dear; **hijos** *nmpl*
children, sons and daughters; **~/hija
político/a** son-/daughter-in-law; **~
adoptivo** adopted child; **~ de papá/
mamá** daddy's/mummy's boy; **~ de
puta** *(fam!)* bastard (!), son of a bitch
(!); **~ único** only child

hilera [iˈlera] *nf* row, file

hilo [ˈilo] *nm* thread; *(Culin)* fibre; *(de
metal)* wire; *(de agua)* trickle, thin
stream

hilvanar [ilβaˈnar] /1a/ *vt (Costura)*
to tack (BRIT), baste (US); *(fig)* to do
hurriedly

himno [ˈimno] *nm* hymn; **~ nacional**
national anthem

hincapié [iŋkaˈpje] *nm:* **hacer ~ en**
to emphasize

hincar [iŋˈkar] /1g/ *vt* to drive (in),
thrust (in)

hincha [ˈintʃa] *nmf (fam)* fan

hinchado, -a [inˈtʃaðo, a] *adj (gen)*
swollen; *(persona)* pompous

hinchar [inˈtʃar] /1a/ *vt (gen)* to swell;
(inflar) to blow up, inflate; *(fig)* to
exaggerate; **hincharse** *vr (inflarse)* to

swell up; *(fam: llenarse)* to stuff o.s.;
hinchazón *nf (Med)* swelling; *(altivez)*
arrogance

hinojo [iˈnoxo] *nm* fennel

hipermercado [ipermerˈkaðo] *nm*
hypermarket, superstore

hípico, -a [ˈipiko, a] *adj* horse *cpd*

hipnotismo [ipnoˈtismo] *nm*
hypnotism; **hipnotizar** /1f/ *vt* to
hypnotize

hipo [ˈipo] *nm* hiccups *pl*

hipocresía [ipokreˈsia] *nf* hypocrisy;
hipócrita *adj* hypocritical ▷ *nmf*
hypocrite

hipódromo [iˈpoðromo] *nm*
racetrack

hipopótamo [ipoˈpotamo] *nm*
hippopotamus

hipoteca [ipoˈteka] *nf* mortgage

hipótesis [iˈpotesis] *nf inv* hypothesis

hispánico, -a [isˈpaniko, a] *adj*
Hispanic

hispano, -a [isˈpano, a] *adj* Hispanic,
Spanish, Hispano- ▷ *nm/f* Spaniard;
Hispanoamérica *nf* Spanish o Latin
America; **hispanoamericano, -a** *adj,
nm/f* Spanish o Latin American

histeria [isˈterja] *nf* hysteria

historia [isˈtorja] *nf* history; *(cuento)*
story, tale; **historias** *nfpl (chismes)*
gossip *sg*; **dejarse de ~s** to come to
the point; **pasar a la ~** to go down
in history; **historiador, a** *nm/f*
historian; **historial** *nm (profesional)*
curriculum vitae, C.V.; *(Med)* case
history; **histórico, -a** *adj (fig)* historical;
(fig) historic

historieta [istoˈrjeta] *nf* tale,
anecdote; *(de dibujos)* comic strip

hito [ˈito] *nm (fig)* landmark

hizo [ˈiθo] *vb V* **hacer**

hocico [oˈθiko] *nm* snout

hockey [ˈxoki] *nm* hockey; **~ sobre
hielo** ice hockey

hogar [oˈɣar] *nm* fireplace, hearth;
(casa) home; *(vida familiar)* home life;
hogareño, -a *adj* home *cpd*; *(persona)*
home-loving

hoguera [o'yera] nf (gen) bonfire

hoja ['oxa] nf (gen) leaf; (de flor) petal; (de papel) sheet; (página) page; **~ de afeitar** razor blade; **~ de cálculo electrónica** spreadsheet; **~ informativa** leaflet, handout; **~ de solicitud** application form

hojalata [oxa'lata] nf tin (plate)

hojaldre [o'xaldre] nm (Culin) puff pastry

hojear [oxe'ar] /1a/ vt to leaf through, turn the pages of

hojuela [o'xwela] nf (LAM) flake

hola ['ola] excl hello!

Holanda [o'landa] nf Holland; **holandés, -esa** adj Dutch ▷ nm/f Dutchman/woman ▷ nm (Ling) Dutch

holgado, -a [ol'yaðo, a] adj loose, baggy; (rico) well-to-do

holgar [ol'yar] /1h, 1l/ vi (descansar) to rest; (sobrar) to be superfluous

holgazán, -ana [olya'θan, ana] adj idle, lazy ▷ nm/f loafer

hollín [o'ʎin] nm soot

hombre ['ombre] nm man; (raza humana): **el ~** man(kind) ▷ excl (para énfasis) man, old chap; **¡sí ~!** (claro) of course!; **~ de negocios** businessman; **~-rana** frogman; **~ de bien o pro** honest man

hombrera [om'brera] nf shoulder strap

hombro ['ombro] nm shoulder

homenaje [ome'naxe] nm (gen) homage; (tributo) tribute

homicida [omi'θiða] adj homicidal ▷ nmf murderer; **homicidio** nm murder, homicide

homologar [omolo'yar] /1h/ vt (Com) to standardize

homólogo, -a [o'moloyo, a] nm/f counterpart, opposite number

homosexual [omosek'swal] adj, nmf homosexual

honda ['onda] nf (cs) catapult

hondo, -a ['ondo, a] adj deep; **lo ~** the depth(s) (pl), the bottom;

hondonada nf hollow, depression; (cañón) ravine

Honduras [on'duras] nf Honduras

hondureño, -a [ondu'reɲo, a] adj, nm/f Honduran

honestidad [onesti'ðað] nf purity, chastity; (decencia) decency; **honesto, -a** adj chaste; decent, honest; (justo) just

hongo ['ongo] nm (Bot: gen) fungus; (: comestible) mushroom; (: venenoso) toadstool

honor [o'nor] nm (gen) honour (BRIT), honor (US); **en ~ a la verdad** to be fair; **honorable** adj honourable (BRIT), honorable (US)

honorario, -a [ono'rarjo, a] adj honorary ▷ nm: **~s** fees

honra ['onra] nf (gen) honour (BRIT), honor (US); (renombre) good name; **honradez** nf honesty; (de persona) integrity; **honrado, -a** adj honest, upright; **honrar** /1a/ vt to honour (BRIT) o honor (US)

hora ['ora] nf hour; (tiempo) time; **¿qué ~ es?** what time is it?; **¿a qué ~?** at what time?; **media ~** half an hour; **a la ~ de comer/de recreo** at lunchtime/at playtime; **a primera ~** first thing (in the morning); **a última ~** at the last moment; **a altas ~s** in the small hours; **¡a buena ~!** about time, too!; **pedir ~** to make an appointment; **dar la ~** to strike the hour; **~s de oficina/de trabajo** office/working hours; **~s de visita** visiting times; **~s extras** o **extraordinarias** overtime sg; **~s pico** (LAM) rush o peak hours; **~s punta** rush hours

horario, -a [o'rarjo, a] adj hourly, hour cpd ▷ nm timetable; **~ comercial** business hours

horca ['orka] nf gallows sg

horcajadas [orka'xaðas] nf: **a ~** adv astride

horchata [or'tʃata] nf cold drink made from tiger nuts and water, tiger nut milk

horizontal [oriθon'tal] *adj* horizontal

horizonte [ori'θonte] *nm* horizon

horma ['orma] *nf* mould

hormiga [or'miɣa] *nf* ant; **hormigas** *nfpl* (Med) pins and needles

hormigón [ormi'ɣon] *nm* concrete; **~ armado/pretensado** reinforced/prestressed concrete; **hormigonera** *nf* cement mixer

hormigueo [ormi'ɣeo] *nm* (comezón) itch

hormona [or'mona] *nf* hormone

hornillo [or'niʎo] *nm* (cocina) portable stove; **~ de gas** gas ring

horno ['orno] *nm* (Culin) oven; (Tec) furnace; **alto ~** blast furnace

horóscopo [o'roskopo] *nm* horoscope

horquilla [or'kiʎa] *nf* hairpin; (Agr) pitchfork

horrendo, -a [o'rrendo, a] *adj* horrendous, frightful

horrible [o'rriβle] *adj* horrible, dreadful

horripilante [orripi'lante] *adj* hair-raising, horrifying

horror [o'rror] *nm* horror, dread; (atrocidad) atrocity; **¡qué ~!** (fam) how awful!; **horrorizar** /1f/ *vt* to horrify, frighten; **horrorizarse** *vr* to be horrified; **horroroso, -a** *adj* horrifying, ghastly

hortaliza [orta'liθa] *nf* vegetable

hortelano, -a [orte'lano, a] *nm/f* (market) gardener

hortera [or'tera] *adj* (fam) tacky

hospedar [ospe'ðar] /1a/ *vt* to put up; **hospedarse ~se (con/en)** to stay o lodge (with/at)

hospital [ospi'tal] *nm* hospital

hospitalario, -a [ospita'larjo, a] *adj* (acogedor) hospitable; **hospitalidad** *nf* hospitality

hostal [os'tal] *nm* small hotel

hostelería [ostele'ria] *nf* hotel business o trade

hostia ['ostja] *nf* (Rel) host, consecrated wafer; (fam: golpe) whack, punch ▷ *excl*: **¡~(s)!** (fam) damn!

hostil [os'til] *adj* hostile

hotdog [ot'doɣ] *nm* (ʌᴍ) hot dog

hotel [o'tel] *nm* hotel; see note **"hotel"**; **hotelero, -a** *adj* hotel *cpd* ▷ *nm/f* hotelier

● **HOTEL**

◆ In Spain you can choose from
◆ the following categories of
◆ accommodation, in descending
◆ order of quality and price: hotel
◆ (from 5 stars to 1), hostal, pensión,
◆ casa de huéspedes. Quality
◆ can vary widely even within these
◆ categories. The State also runs
◆ luxury hotels called *paradores*,
◆ which are usually sited in places
◆ of particular historical interest
◆ and are often historic buildings
◆ themselves.

hoy [oi] *adv* (este día) today; (en la actualidad) now(adays) ▷ *nm* present time; **~ (en) día** now(adays)

hoyo ['ojo] *nm* hole, pit

hoz [oθ] *nf* sickle

hube *etc* ['uβe] *vb* V **haber**

hucha ['utʃa] *nf* money box

hueco, -a ['weko, a] *adj* (vacío) hollow empty; (resonante) booming ▷ *nm* hollow, cavity

huelga ['welɣa] *vb* V **holgar** ▷ *nf* strike; **declararse en ~** to go on strike, come out on strike; **~ general** general strike; **~ de hambre** hunger strike

huelguista [wel'ɣista] *nmf* striker

huella ['weʎa] *nf* (acto de pisar, pisada) tread(ing); (marca del paso) footprint, footstep; (: de animal, máquina) track; **~ de carbono** carbon footprint; **~ dactilar** o **digital** fingerprint

huelo *etc* *vb* V **oler**

huérfano, -a ['werfano, a] *adj* orphan(ed) ▷ *nm/f* orphan

huerta ['werta] nf market garden (BRIT), truck farm (US); (de Murcia, Valencia) irrigated region

huerto ['werto] nm kitchen garden; (de árboles frutales) orchard

hueso ['weso] nm (Anat) bone; (de fruta) stone

huésped, a ['wespeð, a] nm/f guest

huevas ['weβas] nfpl roe sg

huevera [we'βera] nf eggcup

huevo ['weβo] nm egg; ~ **duro/ escalfado/estrellado** o **frito/ pasado por agua** hard-boiled/ poached/fried/soft-boiled egg; ~**s revueltos** scrambled eggs; ~ **tibio** (LAM) soft-boiled egg

huida [u'iða] nf escape, flight

huir [u'ir] /3g/ vt (escapar) to flee, escape; (evadir) to avoid

hule ['ule] nm oilskin; (esp LAM) rubber

hulera [u'lera] nf (LAM) catapult

humanidad [umani'ðað] nf (género humano) man(kind); (cualidad) humanity

humanitario, -a [umani'tarjo, a] adj humanitarian

humano, -a [u'mano, a] adj (gen) human; (humanitario) humane ▷ nm human; **ser** ~ human being

humareda [uma'reða] nf cloud of smoke

humedad [ume'ðað] nf (del clima) humidity; (de pared etc) dampness; **a prueba de** ~ damp-proof; **humedecer** /2d/ vt to moisten, wet; **humedecerse** vr to get wet

húmedo, -a ['umeðo, a] adj (mojado) damp, wet; (tiempo etc) humid

humilde [u'milde] adj humble, modest

humillación [umiʎa'θjon] nf humiliation; **humillante** adj humiliating

humillar [umi'ʎar] /1a/ vt to humiliate

humo ['umo] nm (de fuego) smoke; (gas nocivo) fumes pl; (vapor) steam, vapour; **humos** nmpl (fig) conceit sg

humor [u'mor] nm (disposición) mood, temper; (lo que divierte) humour; **de buen/mal** ~ in a good/bad mood; **humorista** nmf comic; **humorístico, -a** adj funny, humorous

hundimiento [undi'mjento] nm (gen) sinking; (colapso) collapse

hundir [un'dir] /3a/ vt to sink; (edificio, plan) to ruin, destroy; **hundirse** vr to sink, collapse

húngaro, -a ['ungaro, a] adj, nm/f Hungarian

Hungría [un'gria] nf Hungary

huracán [ura'kan] nm hurricane

huraño, -a [u'raɲo, a] adj (antisocial) unsociable

hurgar [ur'ɣar] /1h/ vt to poke, jab; (remover) to stir (up); **hurgarse** vr: ~**se (las narices)** to pick one's nose

hurón [u'ron] nm (Zool) ferret

hurtadillas [urta'ðiʎas]: **a** ~ adv stealthily, on the sly

hurtar [ur'tar] /1a/ vt to steal; **hurto** nm theft, stealing

husmear [usme'ar] /1a/ vt (oler) to sniff out, scent; (fam) to pry into

huyo etc vb V **huir**

iba etc ['iβa] vb V **ir**

ibérico, -a [i'βeriko, a] adj Iberian

iberoamericano, -a [iβeroameri'kano, a] adj, nm/f Latin American

Ibiza [i'βiθa] nf Ibiza

iceberg [iθe'ber] nm iceberg

icono [i'kono] nm icon

ida ['iða] nf going, departure; **~ y vuelta** round trip, return

idea [i'ðea] nf idea; **no tengo la menor ~** I haven't a clue

ideal [i'ðeal] adj, nm ideal; **idealista** nmf idealist; **idealizar** /1f/ vt to idealize

ídem ['iðem] pron ditto

idéntico, -a [i'ðentiko, a] adj identical

identidad [iðenti'ðað] nf identity

identificación [iðentifika'θjon] nf identification

identificar [iðentifi'kar] /1g/ vt to identify; **identificarse** vr: **~se con** to identify with

ideología [iðeolo'xia] nf ideology

idilio [i'ðiljo] nm love affair

idioma [i'ðjoma] nm language

⬛ No confundir *idioma* con la palabra inglesa *idiom*.

idiota [i'ðjota] adj idiotic ⊳ nmf idiot

ídolo ['iðolo] nm (tb fig) idol

idóneo, -a [i'ðoneo, a] adj suitable

iglesia [i'ɣlesja] nf church

ignorante [iɣno'rante] adj ignorant, uninformed ⊳ nmf ignoramus

ignorar [iɣno'rar] /1a/ vt not to know, be ignorant of; (no hacer caso a) to ignore

igual [i'ɣwal] adj equal; (similar) like, similar; (mismo) the same; (constante) constant; (temperatura) even ⊳ nmf equal; **al ~ que** prep like, just like; **~ que** the same as; **me da o es ~** I don't care; **son ~es** they're the same

igualar [iɣwa'lar] /1a/ vt (gen) to equalize, make equal; (terreno) to make even; (allanar, nivelar) to level (off); **igualarse** vr (platos de balanza) to balance out

igualdad [iɣwal'dað] nf equality; (similaridad) sameness; (uniformidad) uniformity

igualmente [iɣwal'mente] adv equally; (también) also, likewise ⊳ excl the same to you

ilegal [ile'ɣal] adj illegal

ilegítimo, -a [ile'xitimo, a] adj illegitimate

ileso, -a [i'leso, a] adj unhurt

ilimitado, -a [ilimi'taðo, a] adj unlimited

iluminación [ilumina'θjon] nf illumination; (alumbrado) lighting

iluminar [ilumi'nar] /1a/ vt to illuminate, light (up); (fig) to enlighten

ilusión [ilu'sjon] nf illusion; (quimera) delusion; (esperanza) hope; **hacerse ilusiones** to build up one's hopes; **ilusionado, -a** adj excited; **ilusionar** /1a/ vi: **le ilusiona ir de vacaciones** he's looking forward to going on holiday; **ilusionarse** vr (entusiasmarse) to get excited

iluso, -a [i'luso, a] adj easily deceived ▷ nm/f dreamer

ilustración [ilustra'θjon] nf illustration; (saber) learning, erudition; **la l~** the Enlightenment; **ilustrado, -a** adj illustrated; learned

ilustrar [ilus'trar] /1a/ vt to illustrate; (instruir) to instruct; (explicar) to explain, make clear

ilustre [i'lustre] adj famous, illustrious

imagen [i'maxen] nf (gen) image; (dibujo) picture

imaginación [imaxina'θjon] nf imagination

imaginar [imaxi'nar] /1a/ vt (gen) to imagine; (idear) to think up; (suponer) to suppose; **imaginarse** vr to imagine; **imaginario, -a** adj imaginary; **imaginativo, -a** adj imaginative

imán [i'man] nm magnet; (Rel) imam

imbécil [im'beθil] nmf imbecile, idiot

imitación [imita'θjon] nf imitation; **a ~ de** in imitation of

imitar [imi'tar] /1a/ vt to imitate; (parodiar, remedar) to mimic, ape

impaciente [impa'θjente] adj impatient; (nervioso) anxious

impacto [im'pakto] nm impact

impar [im'par] adj odd

imparcial [impar'θjal] adj impartial, fair

impecable [impe'kaβle] adj impeccable

impedimento [impeði'mento] nm impediment, obstacle

impedir [impe'ðir] /3k/ vt (obstruir) to impede, obstruct; (estorbar) to prevent; **~ a algn hacer** o **que algn haga algo** to prevent sb (from) doing sth

imperativo, -a [impera'tiβo, a] adj (urgente, Ling) imperative

imperdible [imper'ðiβle] nm safety pin

imperdonable [imperðo'naβle] adj unforgivable, inexcusable

imperfecto, -a [imper'fekto, a] adj imperfect

imperio [im'perjo] nm empire; (autoridad) rule, authority; (fig) pride, haughtiness

impermeable [imperme'aβle] adj waterproof ▷ nm raincoat, mac (BRIT)

impersonal [imperso'nal] adj impersonal

impertinente [imperti'nente] adj impertinent

ímpetu [im'petu] nm (impulso) impetus, impulse; (impetuosidad) impetuosity; (violencia) violence

implantar [implan'tar] /1a/ vt (costumbre) to introduce

implemento [imple'mento] nm (AM) tool, implement

implicar [impli'kar] /1g/ vt to involve; (entrañar) to imply

implícito, -a [im'pliθito, a] adj (tácito) implicit; (sobreentendido) implied

imponente [impo'nente] adj (impresionante) impressive, imposing; (solemne) grand

imponer [impo'ner] /2q/ vt (gen) to impose; (exigir) to exact; **imponerse** vr to assert o.s.; (prevalecer) to prevail; **imponible** adj (Com) taxable

impopular [impopu'lar] adj unpopular

importación [importa'θjon] nf (acto) importing; (mercancías) imports pl

importancia [impor'tanθja] nf importance; (valor) value, significance; (extensión) size, magnitude; **no tiene ~** it's nothing; **importante** adj important; valuable, significant

importar [impor'tar] /1a/ vt (del extranjero) to import; (costar) to amount to ▷ vi to be important, matter; **me importa un rábano** or **un bledo** I couldn't care less; **¿le**

importa que fume? do you mind if I smoke?; **no importa** it doesn't matter

importe [im'porte] nm (cantidad) amount; (valor) value

imposible [impo'siβle] adj impossible; (insoportable) unbearable, intolerable

imposición [imposi'θjon] nf imposition; (Com) tax; (inversión) deposit

impostor, a [impos'tor, a] nm/f impostor

impotencia [impo'tenθja] nf impotence; **impotente** adj impotent

impreciso, -a [impre'θiso, a] adj imprecise, vague

impregnar [impreɣ'nar] /1a/ vt to impregnate; **impregnarse** vr to become impregnated

imprenta [im'prenta] nf (acto) printing; (aparato) press; (casa) printer's; (letra) print

imprescindible [impresθin'diβle] adj essential, vital

impresión [impre'sjon] nf impression; (Imprenta) printing; (edición) edition; (Foto) print; (marca) imprint; **~ digital** fingerprint

impresionante [impresjo'nante] adj impressive; (tremendo) tremendous; (maravilloso) great, marvellous

impresionar [impresjo'nar] /1a/ vt (conmover) to move; (afectar) to impress, strike; (película fotográfica) to expose; **impresionarse** vr to be impressed; (conmoverse) to be moved

impreso, -a [im'preso, a] pp de **imprimir** ▷ adj printed; **impresos** nmpl printed matter sg; **impresora** nf printer

imprevisto, -a [impre'βisto, a] adj unforeseen; (inesperado) unexpected

imprimir [impri'mir] /3a/ vt to stamp; (textos) to print; (Inform) to output, print out

improbable [impro'βaβle] adj improbable; (inverosímil) unlikely

impropio, -a [im'propjo, a] adj improper

improvisado, -a [improβi'saðo, a] adj improvised

improvisar [improβi'sar] /1a/ vt to improvise

improviso [impro'βiso] adv: **de ~** unexpectedly, suddenly

imprudencia [impru'ðenθja] nf imprudence; (indiscreción) indiscretion; (descuido) carelessness; **imprudente** adj unwise, imprudent; (indiscreto) indiscreet

impuesto, -a [im'pwesto, a] adj imposed ▷ nm tax; **~ de venta** sales tax; **~ ecológico** green tax; **~ sobre el valor añadido (IVA)** value added tax (VAT)

impulsar [impul'sar] /1a/ vt to drive; (promover) to promote, stimulate

impulsivo, -a [impul'siβo, a] adj impulsive; **impulso** nm impulse; (fuerza, empuje) thrust, drive; (fig: sentimiento) urge, impulse

impureza [impu'reθa] nf impurity; **impuro, -a** adj impure

inaccesible [inakθe'siβle] adj inaccessible

inaceptable [inaθep'taβle] adj unacceptable

inactivo, -a [inak'tiβo, a] adj inactive

inadecuado, -a [inaðe'kwaðo, a] adj (insuficiente) inadequate; (inapto) unsuitable

inadvertido, -a [inaðβer'tiðo, a] adj (no visto) unnoticed

inaguantable [inaɣwan'taβle] adj unbearable

inalámbrico, -a [ina'lambriko, a] adj cordless, wireless

inanimado, -a [inani'maðo, a] adj inanimate

inaudito, -a [inau'ðito, a] adj unheard-of

inauguración [inauɣura'θjon] nf inauguration; (de exposición) opening

inaugurar [inauɣu'rar] /1a/ vt to inaugurate; (exposición) to open

inca ['inka] nmf Inca

incalculable [inkalku'laβle] *adj* incalculable

incandescente [inkandes'θente] *adj* incandescent

incansable [inkan'saβle] *adj* tireless, untiring

incapacidad [inkapaθi'ðað] *nf* incapacity; *(incompetencia)* incompetence; **~ física/mental** physical/mental disability

incapacitar [inkapaθi'tar] /1a/ *vt* *(inhabilitar)* to incapacitate, handicap; *(descalificar)* to disqualify

incapaz [inka'paθ] *adj* incapable

incautarse [inkau'tarse] /1a/ *vr*: **~ de** to seize, confiscate

incauto, -a [in'kauto, a] *adj* *(imprudente)* incautious, unwary

incendiar [inθen'djar] /1b/ *vt* to set fire to; *(fig)* to inflame; **incendiarse** *vr* to catch fire; **incendiario, -a** *adj* incendiary

incendio [in'θendjo] *nm* fire

incentivo [inθen'tiβo] *nm* incentive

incertidumbre [inθerti'ðumbre] *nf* *(inseguridad)* uncertainty; *(duda)* doubt

incesante [inθe'sante] *adj* incessant

incesto [in'θesto] *nm* incest

incidencia [inθi'ðenθja] *nf* (Mat) incidence

incidente [inθi'ðente] *nm* incident

incidir [inθi'ðir] /3a/ *vi*: **~ en** *(influir)* to influence; *(afectar)* to affect

incienso [in'θjenso] *nm* incense

incierto, -a [in'θjerto, a] *adj* uncertain

incineración [inθinera'θjon] *nf* incineration; *(de cadáveres)* cremation

incinerar [inθine'rar] /1a/ *vt* to burn; *(cadáveres)* to cremate

incisión [inθi'sjon] *nf* incision

incisivo, -a [inθi'siβo, a] *adj* sharp, cutting; *(fig)* incisive

incitar [inθi'tar] /1a/ *vt* to incite, rouse

inclemencia [inkle'menθja] *nf* *(severidad)* harshness, severity; *(del tiempo)* inclemency

inclinación [inklina'θjon] *nf* *(gen)* inclination; *(de tierras)* slope, incline; *(de cabeza)* nod, bow; *(fig)* leaning, bent

inclinar [inkli'nar] /1a/ *vt* to incline; *(cabeza)* to nod, bow; **inclinarse** *vr* to lean, slope; to bow; *(encorvarse)* to stoop; **~se a** *(parecerse)* to take after, resemble; **~se ante** to bow down to; **me inclino a pensar que ...** I'm inclined to think that ...

incluir [inklu'ir] /3g/ *vt* to include; *(incorporar)* to incorporate; *(meter)* to enclose

inclusive [inklu'siβe] *adv* inclusive
▷ *prep* including

incluso, -a [in'kluso, a] *adv* even

incógnita [in'koɣnita] *nf* (Mat) unknown quantity

incógnito [in'koɣnito] *nm*: **de ~** incognito

incoherente [inkoe'rente] *adj* incoherent

incoloro, -a [inko'loro, a] *adj* colourless

incomodar [inkomo'ðar] /1a/ *vt* to inconvenience; *(molestar)* to bother, trouble; *(fastidiar)* to annoy

incomodidad [inkomoði'ðað] *nf* inconvenience; *(fastidio, enojo)* annoyance; *(de vivienda)* discomfort

incómodo, -a [in'komoðo, a] *adj* *(incómfortable)* uncomfortable; *(molesto)* annoying; *(inconveniente)* inconvenient

incomparable [inkompa'raβle] *adj* incomparable

incompatible [inkompa'tiβle] *adj* incompatible

incompetente [inkompe'tente] *adj* incompetent

incompleto, -a [inkom'pleto, a] *adj* incomplete, unfinished

incomprensible [inkompren'siβle] *adj* incomprehensible

incomunicado, -a [inkomuni'kaðo, a] *adj* *(aislado)* cut off, isolated; *(confinado)* in solitary confinement

incondicional [inkondiθjo'nal] *adj* unconditional; *(apoyo)* wholehearted; *(partidario)* staunch

inconfundible [inkonfun'diβle] *adj* unmistakable

incongruente [inkon'grwente] *adj* incongruous

inconsciente [inkons'θjente] *adj* unconscious; *(partidario)* thoughtless

inconsecuente [inkonse'kwente] *adj* inconsistent

inconstante [inkons'tante] *adj* inconstant

incontable [inkon'taβle] *adj* countless, innumerable

inconveniencia [inkombe'njenθja] *nf* unsuitability, inappropriateness; *(falta de cortesía)* impoliteness; **inconveniente** *adj* unsuitable; impolite ▷ *nm* obstacle; *(desventaja)* disadvantage; **el inconveniente es que ...** the trouble is that ...

incordiar [inkor'ðjar] /1b/ *vt (fam)* to hassle

incorporar [inkorpo'rar] /1a/ *vt* to incorporate; **incorporarse** *vr* to sit up; **~se a** to join

incorrecto, -a [inko'rrekto, a] *adj* incorrect, wrong; *(comportamiento)* bad-mannered

incorregible [inkorre'xiβle] *adj* incorrigible

incrédulo, -a [in'kreðulo, a] *adj* incredulous, unbelieving; sceptical

increíble [inkre'iβle] *adj* incredible

incremento [inkre'mento] *nm* increment; *(aumento)* rise, increase

increpar [inkre'par] /1a/ *vt* to reprimand

incruento, -a [in'krwento, a] *adj* bloodless

incrustar [inkrus'tar] /1a/ *vt* to incrust; *(piedras: en joya)* to inlay

incubar [inku'βar] /1a/ *vt* to incubate

inculcar [inkul'kar] /1g/ *vt* to inculcate

inculto, -a [in'kulto, a] *adj (persona)* uneducated; *(grosero)* uncouth ▷ *nm/f* ignoramus

incumplimiento [inkumpli'mjento] *nm* non-fulfilment; **~ de contrato** breach of contract

incurrir [inku'rrir] /3a/ *vi*: **~ en** to incur; *(crimen)* to commit

indagar [inda'ɣar] /1h/ *vt* to investigate; to search; *(averiguar)* to ascertain

indecente [inde'θente] *adj* indecent, improper; *(lascivo)* obscene

indeciso, -a [inde'θiso, a] *adj (por decidir)* undecided; *(vacilante)* hesitant

indefenso, -a [inde'fenso, a] *adj* defenceless

indefinido, -a [indefi'niðo, a] *adj* indefinite; *(vago)* vague, undefined

indemne [in'demne] *adj (objeto)* undamaged; *(persona)* unharmed, unhurt

indemnizar [indemni'θar] /1f/ *vt* to indemnify; *(compensar)* to compensate

independencia [independen'θja] *nf* independence

independiente [indepen'djente] *adj (libre)* independent; *(autónomo)* self-sufficient

indeterminado, -a [indetermi'naðo, a] *adj* indefinite; *(desconocido)* indeterminate

India ['indja] *nf*: **la ~** India

indicación [indika'θjon] *nf* indication; *(señal)* sign; *(sugerencia)* suggestion, hint

indicado, -a [indi'kaðo, a] *adj (momento, método)* right; *(tratamiento)* appropriate; *(solución)* likely

indicador [indika'ðor] *nm* indicator; *(Tec)* gauge, meter

indicar [indi'kar] /1g/ *vt (mostrar)* to indicate, show; *(termómetro etc)* to read, register; *(señalar)* to point to

índice ['indiθe] *nm* index; *(catálogo)* catalogue; *(Anat)* index finger, forefinger; **~ de materias** table of contents

indicio [in'diθjo] *nm* indication, sign; *(en pesquisa etc)* clue

indiferencia [indife'reneja] nf
indifference; (*apatía*) apathy;
indiferente adj indifferent
indígena [in'dixena] adj indigenous,
native ▷ nmf native
indigestión [indixes'tjon] nf
indigestion
indigesto, -a [indi'xesto, a] adj
indigestible; (*fig*) turgid
indignación [indiɣna'θjon] nf
indignation
indignar [indiɣ'nar] /1a/ vt to anger,
make indignant; **indignarse** vr: **~se
por** to get indignant about
indigno, -a [in'diɣno, a] adj
(*despreciable*) low, contemptible;
(*inmerecido*) unworthy
indio, -a ['indjo, a] adj, nm/f Indian
indirecto, -a [indi'rekto, a] adj
indirect ▷ nf insinuation, innuendo;
(*sugerencia*) hint
indiscreción [indiskre'θjon] nf
(*imprudencia*) indiscretion; (*irreflexión*)
tactlessness; (*acto*) gaffe, faux pas
indiscreto, -a [indis'kreto, a] adj
indiscreet
indiscutible [indisku'tiβle] adj
indisputable, unquestionable
indispensable [indispen'saβle] adj
indispensable, essential
indispuesto, -a [indis'pwesto, a]
adj (*enfermo*) unwell, indisposed
indistinto, -a [indis'tinto, a] adj
indistinct; (*vago*) vague
individual [indiβi'ðwal] adj
individual; (*habitación*) single ▷ nm
(*Deporte*) singles sg
individuo, -a [indi'βiðwo, a] adj, ▷ nm
individual
índole ['indole] nf (*naturaleza*) nature;
(*clase*) sort, kind
inducir [indu'θir] /3n/ vt to induce;
(*inferir*) to infer; (*persuadir*) to persuade
indudable [indu'ðaβle] adj
undoubted; (*incuestionable*)
unquestionable
indultar [indul'tar] /1a/ vt (*perdonar*)
to pardon, reprieve; (*librar de pago*)

to exempt; **indulto** nm pardon;
exemption
industria [in'dustrja] nf industry;
(*habilidad*) skill; **industrial** adj
industrial ▷ nm industrialist
inédito, -a [i'neðito, a] adj (*libro*)
unpublished; (*nuevo*) new
ineficaz [inefi'kaθ] adj (*inútil*)
ineffective; (*ineficiente*) inefficient
ineludible [inelu'ðiβle] adj
inescapable, unavoidable
ineptitud [inepti'tuð] nf ineptitude,
incompetence; **inepto, -a** adj inept,
incompetent
inequívoco, -a [ine'kiβoko, a]
adj unequivocal; (*inconfundible*)
unmistakable
inercia [i'nerθja] nf inertia; (*pasividad*)
passivity
inerte [i'nerte] adj inert; (*inmóvil*)
motionless
inesperado, -a [inespe'raðo, a] adj
unexpected, unforeseen
inestable [ines'taβle] adj unstable
inevitable [ineβi'taβle] adj
inevitable
inexacto, -a [inek'sakto, a] adj
inaccurate; (*falso*) untrue
inexperto, -a [ineks'perto, a] adj
(*novato*) inexperienced
infalible [infa'liβle] adj infallible;
(*plan*) foolproof
infame [in'fame] adj infamous;
infamia nf infamy; (*deshonra*)
disgrace
infancia [in'fanθja] nf infancy,
childhood
infantería [infante'ria] nf infantry
infantil [infan'til] adj child's,
children's; (*pueril, aniñado*) infantile;
(*cándido*) childlike
infarto [in'farto] nm (tb: **~ de
miocardio**) heart attack; **~ cerebral**
stroke
infatigable [infati'ɣaβle] adj tireless,
untiring
infección [infek'θjon] nf infection;
infeccioso, -a adj infectious

infectar [infek'tar] /1a/ vt to infect;
infectarse vr

infeliz [infe'liθ] adj unhappy,
wretched ▷ nmf wretch

inferior [infe'rjor] adj inferior;
(situación) lower ▷ nmf inferior,
subordinate

inferir [infe'rir] /3i/ vt (deducir) to
infer, deduce; (causar) to cause

infidelidad [infiðeli'ðað] nf
infidelity, unfaithfulness

infiel [in'fjel] adj unfaithful, disloyal;
(falso) inaccurate ▷ nmf infidel,
unbeliever

infierno [in'fjerno] nm hell

ínfimo, -a ['infimo, a] adj (vil) vile,
mean; (más bajo) lowest

infinidad [infini'ðað] nf infinity;
(abundancia) great quantity

infinito, -a [infi'nito, a] adj ▷ nm
infinite

inflación [infla'θjon] nf (hinchazón)
swelling; (monetaria) inflation; (fig)
conceit

inflamable [infla'maβle] adj
flammable

inflamar [infla'mar] /1a/ vt (Med, fig)
to inflame; **inflamarse** vr to catch fire;
to become inflamed

inflar [in'flar] /1a/ vt (hinchar) to
inflate, blow up; (fig) to exaggerate;
inflarse vr to swell (up); (fig) to get
conceited

inflexible [inflek'siβle] adj inflexible;
(fig) unbending

influencia [influ'enθja] nf influence

influir [influ'ir] /3g/ vt to influence

influjo [in'fluxo] nm influence

influya etc vb V **influir**

influyente [influ'jente] adj
influential

información [informa'θjon] nf
information; (noticias) news sg; (Jur)
inquiry; **I~** (oficina) information desk;
(Telec) Directory Enquiries (BRIT),
Directory Assistance (US); (mostrador)
Information Desk

informal [infor'mal] adj informal

informar [infor'mar] /1a/ vt (gen) to
inform; (revelar) to reveal, make known
▷ vi (Jur) to plead; (denunciar) to inform;
(dar cuenta de) to report on; **informarse**
vr to find out; **~se de** to inquire into

informática [infor'matika] nf V
informático

informático, -a [infor'matiko,
a] adj computer cpd ▷ nf (Tec)
information technology; computing;
(Escol) computer science o studies

informe [in'forme] adj shapeless
▷ nm report

infracción [infrak'θjon] nf
infraction, infringement

infravalorar [infraβalo'rar]
/1a/ vt to undervalue; (Finanzas) to
underestimate

infringir [infrin'xir] /3c/ vt to
infringe, contravene

infundado, -a [infun'daðo, a] adj
groundless, unfounded

infundir [infun'dir] /3a/ vt to
infuse, instil

infusión [infu'sjon] nf infusion; **~ de
manzanilla** camomile tea

ingeniería [inxenje'ria] nf
engineering; **~ genética** genetic
engineering; **ingeniero, -a** nm/f
engineer; **ingeniero de caminos**
civil engineer

ingenio [in'xenjo] nm (talento) talent;
(agudeza) wit; (habilidad) ingenuity,
inventiveness; **~ azucarero** sugar
refinery; **ingenioso, -a** adj ingenious,
clever; (divertido) witty

ingenuo, -a [in'xenwo, a] adj
ingenuous

ingerir [inxe'rir] /3i/ vt to ingest;
(tragar) to swallow; (consumir) to
consume

Inglaterra [ingla'terra] nf England

ingle ['ingle] nf groin

inglés, -esa [in'gles, esa] adj English
▷ nm/f Englishman/woman ▷ nm
(Ling) English

ingrato, -a [in'grato, a] adj
ungrateful

ingrediente [ingre'ðjente] nm
ingredient

ingresar [ingre'sar] /1a/ vt (dinero)
to deposit ▷ vi to come o go in; ~ **en el
hospital** to go into hospital

ingreso [in'greso] nm (entrada) entry;
(: en hospital etc) admission; **ingresos**
nmpl (dinero) income sg; (: Com)
takings pl

inhabitable [inaβi'taβle] adj
uninhabitable

inhalar [ina'lar] /1a/ vt to inhale

inhibir [ini'βir] /3a/ vt to inhibit

inhóspito, a [i'nospito, a] adj
(región, paisaje) inhospitable

inhumano, -a [inu'mano, a] adj
inhuman

inicial [ini'θjal] adj, nf initial

iniciar [ini'θjar] /1b/ vt (persona)
to initiate; (empezar) to begin,
commence; (conversación) to start up

iniciativa [iniθja'tiβa] nf initiative; ~
privada private enterprise

ininterrumpido, -a
[ininterrum'piðo, a] adj
uninterrupted

injertar [inxer'tar] /1a/ vt to graft;
injerto nm graft

injuria [in'xurja] nf (agravio, ofensa)
offence; (insulto) insult

> No confundir **injuria** con la palabra
> inglesa injury.

injusticia [inxus'tiθja] nf injustice

injusto, -a [in'xusto, a] adj unjust,
unfair

inmadurez [inmaðu'reθ] nf
immaturity

inmediaciones [inmeðja'θjones]
nfpl neighbourhood sg, environs

inmediato, -a [inme'ðjato,
a] adj immediate; (contiguo)
adjoining; (rápido) prompt;
(próximo) neighbouring, next; **de ~**
immediately

inmejorable [inmexo'raβle] adj
unsurpassable; (precio) unbeatable

inmenso, -a [in'menso, a] adj
immense, huge

inmigración [inmiɣra'θjon] nf
immigration

inmolar [inmo'lar] /1a/ vt to
immolate, sacrifice

inmoral [inmo'ral] adj immoral

inmortal [inmor'tal] adj immortal;
inmortalizar /1f/ vt to immortalize

inmóvil [in'moβil] adj immobile

inmueble [in'mweβle] adj: **bienes
~s** real estate sg, landed property sg
▷ nm property

inmundo, -a [in'mundo, a] adj filthy

inmune [in'mune] adj: ~ **(a)** (Med)
immune (to)

inmunidad [inmuni'ðað] nf
immunity

inmutarse [inmu'tarse] /1a/ vr to
turn pale; **no se inmutó** he didn't
turn a hair; **siguió sin ~** he carried on
unperturbed

innato, -a [in'nato, a] adj innate

innecesario, -a [inneθe'sarjo, a] adj
unnecessary

innovación [innoβa'θjon] nf
innovation

innovar [inno'βar] /1a/ vt to
introduce

inocencia [ino'θenθja] nf innocence

inocentada [inoθen'taða] nf
practical joke

inocente [ino'θente] adj (ingenuo)
naive, innocent; (no culpable)
innocent; (sin malicia) harmless ▷ nmf
simpleton; **día de los (Santos) I~s** ≈
April Fools' Day

> **DÍA DE LOS INOCENTES**
>
> The 28th December, el día de los
> (Santos) Inocentes, is when the
> Church commemorates the story
> of Herod's slaughter of the innocent
> children of Judea in the time of
> Christ. On this day Spaniards play
> inocentadas (practical jokes) on each
> other, much like our April Fools'
> Day pranks, eg typically sticking a
> monigote (cut-out paper figure) on

someone's back, or broadcasting
unlikely news stories.

inodoro [ino'ðoro] *nm* toilet (BRIT),
lavatory (BRIT), washroom (US)
inofensivo, -a [inofen'siβo, a] *adj*
inoffensive
inolvidable [inolβi'ðaβle] *adj*
unforgettable
inoportuno, -a [inopor'tuno, a] *adj*
untimely; (*molesto*) inconvenient
inoxidable [inoksi'ðaβle] *adj*: **acero**
~ stainless steel
inquietar [inkje'tar] *vt* to
worry, trouble; **inquietarse** *vr* to
worry, get upset; **inquieto, -a** *adj*
anxious, worried; **inquietud** *nf*
anxiety, worry
inquilino, -a [inki'lino, a] *nm/f*
tenant
insaciable [insa'θjaβle] *adj*
insatiable
inscribir [inskri'βir] /3a/ *vt* to
inscribe; (*en lista*) to put; (*en censo*)
to register
inscripción [inskrip'θjon] *nf*
inscription; (*Escol etc*) enrolment; (*en
censo*) registration
insecticida [insekti'θiða] *nm*
insecticide
insecto [in'sekto] *nm* insect
inseguridad [inseɣuri'ðað] *nf*
insecurity; ~ **ciudadana** lack of safety
in the streets
inseguro, -a [inse'ɣuro, a] *adj*
insecure; (*inconstante*) unsteady;
(*incierto*) uncertain
insensato, -a [insen'sato, a] *adj*
foolish, stupid
insensible [insen'siβle] *adj*
(*gen*) insensitive; (*movimiento*)
imperceptible; (*sin sensación*) numb
insertar [inser'tar] /1a/ *vt* to insert
inservible [inser'βiβle] *adj* useless
insignia [in'siɣnja] *nf* (*señal distintiva*)
badge; (*estandarte*) flag
insignificante [insiɣnifi'kante] *adj*
insignificant

insinuar [insi'nwar] /1e/ *vt* to
insinuate, imply
insípido, -a [in'sipiðo, a] *adj* insipid
insistir [insis'tir] /3a/ *vi* to insist; ~
en algo to insist on sth; (*enfatizar*) to
stress sth
insolación [insola'θjon] *nf* (*Med*)
sunstroke
insolente [inso'lente] *adj* insolent
insólito, -a [in'solito, a] *adj* unusual
insoluble [inso'luβle] *adj* insoluble
insomnio [in'somnjo] *nm* insomnia
insonorizado, -a [insonori'θaðo, a]
adj (*cuarto etc*) soundproof
insoportable [insopor'taβle] *adj*
unbearable
inspección [inspek'θjon] *nf*
inspection, check; **inspeccionar** /1a/
vt (*examinar*) to inspect, examine;
(*controlar*) to check
inspector, a [inspek'tor, a] *nm/f*
inspector
inspiración [inspira'θjon] *nf*
inspiration
inspirar [inspi'rar] /1a/ *vt* to inspire;
(*Med*) to inhale; **inspirarse** *vr*: ~**se en**
to be inspired by
instalación [instala'θjon] *nf* (*equipo*)
fittings *pl*, equipment; ~ **eléctrica**
wiring
instalar [insta'lar] /1a/ *vt* (*establecer*)
to install; (*erguir*) to set up, erect;
instalarse *vr* to establish o.s.; (*en una
vivienda*) to move into
instancia [ins'tanθja] *nf* (*ruego*)
request; (*Jur*) petition; **en última** ~ as
a last resort
instantáneo, -a [instan'taneo,
a] *adj* instantaneous; **café** ~ instant
coffee
instante [ins'tante] *nm* instant,
moment; **al** ~ right now
instar [ins'tar] /1a/ *vt* to press, urge
instaurar [instau'rar] /1a/ *vt*
(*costumbre*) to establish; (*normas,
sistema*) to bring in, introduce;
(*gobierno*) to install
instigar [insti'ɣar] /1h/ *vt* to instigate

instinto [ins'tinto] nm instinct; **por
~** instinctively

institución [institu'θjon] nf
institution, establishment

instituir [institu'ir] /3g/ vt to
establish; (fundar) to found; **instituto**
nm (gen) institute; **Instituto
Nacional de Enseñanza** (ESP) ≈
(state) secondary (BRIT) o high (US)
school

institutriz [institu'triθ] nf
governess

instrucción [instruk'θjon] nf
instruction

instructor [instruk'tor] nm
instructor

instruir [instru'ir] /3g/ vt (gen) to
instruct; (enseñar) to teach, educate

instrumento [instru'mento] nm
instrument; (herramienta) tool,
implement

insubordinarse [insuβorði'narse]
/1a/ vr to rebel

insuficiente [insufi'θjente] adj
(gen) insufficient; (Escol: nota)
unsatisfactory

insular [insu'lar] adj insular

insultar [insul'tar] /1a/ vt to insult;
insulto nm insult

insuperable [insupe'raβle] adj
(excelente) unsurpassable; (problema
etc) insurmountable

insurrección [insurrek'θjon] nf
insurrection, rebellion

intachable [inta'tʃaβle] adj
irreproachable

intacto, -a [in'takto, a] adj intact

integral [inte'ɣral] adj integral;
(completo) complete; **pan ~**
wholemeal bread

integrar [inte'ɣrar] /1a/ vt to make
up, compose; (Mat, fig) to integrate

integridad [inteɣri'ðað] nf
wholeness; (carácter) integrity;
íntegro, -a adj whole, entire;
(honrado) honest

intelectual [intelek'twal] adj, nmf
intellectual

inteligencia [inteli'xenθja] nf
intelligence; (ingenio) ability;
inteligente adj intelligent

intemperie [intem'perje] nf: **a la ~**
outdoors, in the open, exposed to
the elements

intención [inten'θjon] nf intention,
purpose; **con segundas intenciones**
maliciously; **con ~** deliberately

intencionado, -a [intenθjo'naðo,
a] adj deliberate; **mal ~** ill-disposed,
hostile

intensidad [intensi'ðað] nf (gen)
intensity; (Elec, Tec) strength; **llover
con ~** to rain hard

intenso, -a [in'tenso, a] adj intense;
(sentimiento) profound, deep

intentar [inten'tar] /1a/ vt (tratar) to
try, attempt; **intento** nm attempt

interactivo, -a [interak'tiβo, a] adj
interactive

intercalar [interka'lar] /1a/ vt
to insert

intercambio [inter'kambjo] nm
exchange; swap

interceder [interθe'ðer] /2a/ vi to
intercede

interceptar [interθep'tar] /1a/ vt
to intercept

interés [inte'res] nm interest;
(parte) share, part; (pey) self-interest;
intereses creados vested interests

interesado, -a [intere'saðo, a] adj
interested; (prejuiciado) prejudiced;
(pey) mercenary, self-seeking

interesante [intere'sante] adj
interesting

interesar [intere'sar] /1a/ vt to
interest, be of interest to ▷ vi to
interest, be of interest; **interesarse** vr:
~se en o por to take an interest in

interferir [interfe'rir] /3i/ vt to
interfere with; (Telec) to jam ▷ vi to
interfere

interfono [inter'fono] nm intercom,
entry phone

interino, -a [inte'rino, a] adj
temporary ▷ nm/f temporary holder

of a post; (Med) locum; (Escol) supply teacher

interior [inte'rjor] adj inner, inside; (Com) domestic, internal ▷ nm interior, inside; (fig) soul, mind; **Ministerio del I-** ≈ Home Office (BRIT), ≈ Department of the Interior (US)

interjección [interxek'θjon] nf interjection

interlocutor, a [interloku'tor, a] nm/f speaker

intermedio, -a [inter'meðjo, a] adj intermediate ▷ nm interval

interminable [intermi'naβle] adj endless

intermitente [intermi'tente] adj intermittent ▷ nm (Auto) indicator

internacional [internaθjo'nal] adj international

internado [inter'naðo] nm boarding school

internar [inter'nar] /1a/ vt to intern; (en un manicomio) to commit; **internarse** vr (penetrar) to penetrate

internauta [inter'nauta] nmf web surfer, internet user

Internet [inter'net] nm o f internet, Internet

interno, -a [in'terno, a] adj internal, interior; (Pol etc) domestic ▷ nm/f (alumno) boarder

interponer [interpo'ner] /2q/ vt to interpose, put in; **interponerse** vr to intervene

interpretación [interpreta'θjon] nf interpretation

interpretar [interpre'tar] /1a/ vt to interpret; (Teat, Mus) to perform, play; **intérprete** nmf (Ling) interpreter, translator; (Mus, Teat) performer, artist(e)

interrogación [interroɣa'θjon] nf interrogation; (Ling: tb: **signo de ~**) question mark

interrogar [interro'ɣar] /1h/ vt to interrogate, question

interrumpir [interrum'pir] /3a/ vt to interrupt

interrupción [interrup'θjon] nf interruption

interruptor [interrup'tor] nm (Elec) switch

intersección [intersek'θjon] nf intersection

interurbano, -a [interur'βano, a] adj (Telec) long-distance

intervalo [inter'βalo] nm interval; (descanso) break

intervenir [interβe'nir] /3r/ vt (controlar) to control, supervise; (Med) to operate on ▷ vi (participar) to take part, participate; (mediar) to intervene

interventor, a [interβen'tor, a] nm/f inspector; (Com) auditor

intestino [intes'tino] nm intestine

intimar [inti'mar] /1a/ vi to become friendly

intimidad [intimi'ðað] nf intimacy; (familiaridad) familiarity; (vida privada) private life; (Jur) privacy

íntimo, -a [i'intimo, a] adj intimate

intolerable [intole'raβle] adj intolerable, unbearable

intoxicación [intoksika'θjon] nf poisoning; **~ alimenticia** food poisoning

intranet [intra'net] nf intranet

intranquilo, -a [intran'kilo, a] adj worried

intransitable [intransi'taβle] adj impassable

intrépido, -a [in'trepiðo, a] adj intrepid

intriga [in'triɣa] nf intrigue; (plan) plot; **intrigar** /1h/ vt, vi to intrigue

intrínseco, -a [in'trinseko, a] adj intrinsic

introducción [introðuk'θjon] nf introduction

introducir [introðu'θir] /3n/ vt (gen) to introduce; (moneda) to insert; (Inform) to input, enter

intromisión [intromi'sjon] nf interference, meddling

introvertido, -a [introβer'tiðo, a] adj, nm/f introvert

intruso, -a [in'truso, a] *adj* intrusive
▷ *nm/f* intruder

intuición [intwi'θjon] *nf* intuition

inundación [inunda'θjon] *nf*
flood(ing); **inundar** /1a/ *vt* to flood;
(fig) to swamp, inundate

inusitado, -a [inusi'taðo, a] *adj*
unusual

inútil [i'nutil] *adj* useless; *(esfuerzo)*
vain, fruitless

inutilizar [inutili'θar] /1f/ *vt* to make
unusable

invadir [imba'ðir] /3a/ *vt* to invade

inválido, -a [im'baliðo, a] *adj* invalid
▷ *nm/f* invalid

invasión [imba'sjon] *nf* invasion

invasor, a [imba'sor, a] *adj* invading
▷ *nm/f* invader

invención [imben'θjon] *nf* invention

inventar [imben'tar] /1a/ *vt* to invent

inventario [imben'tarjo] *nm*
inventory

invento [im'bento] *nm* invention

inventor, a [imben'tor, a] *nm/f*
inventor

invernadero [imberna'ðero] *nm*
greenhouse

inverosímil [imbero'simil] *adj*
implausible

inversión [imber'sjon] *nf (Com)*
investment

inverso, -a [im'berso, a] *adj* inverse,
opposite; **en el orden** = in reverse
order; **a la inversa** inversely, the
other way round

inversor, a [imber'sor, a] *nm/f*
(Com) investor

invertir [imber'tir] /3i/ *vt (Com)* to
invest; *(volcar)* to turn upside down;
(tiempo etc) to spend

investigación [imbestiɣa'θjon]
nf investigation; *(Univ)* research; **~
y desarrollo** *(Com)* research and
development (R & D)

investigar [imbesti'ɣar] /1h/ *vt* to
investigate; *(estudiar)* to do research
into

invierno [im'bjerno] *nm* winter

invisible [imbi'siβle] *adj* invisible

invitación [imbita'θjon] *nf*
invitation

invitado, -a [imbi'taðo, a] *nm/f*
guest

invitar [imbi'tar] /1a/ *vt* to invite;
(incitar) to entice; **~ a algo** to pay
for sth

invocar [imbo'kar] /1g/ *vt* to invoke,
call on

involucrar [imbolu'krar] /1a/ *vt*:
~ a algn en algo to involve sb in sth;
involucrarse *vr* to get involved

involuntario, -a [imbolun'tarjo,
a] *adj* involuntary; *(ofensa etc)*
unintentional

inyección [injek'θjon] *nf* injection

inyectar [injek'tar] /1a/ *vt* to inject

iPod® [i'pod] *(pl* **iPods**) *nm* iPod®

PALABRA CLAVE

ir [ir] /3s/ *vi* 1 to go; **ir caminando** to
walk; **fui en tren** I went o travelled by
train; **¡(ahora) voy!** (I'm just) coming!

2 : **ir (a) por**: **ir (a) por el médico** to
fetch the doctor

3 *(progresar: persona, cosa)* to go; **el
trabajo va muy bien** work is going
very well; **¿cómo te va?** how are
things going?; **me va muy bien** I'm
getting on very well; **le fue fatal** it
went awfully badly for him

4 *(funcionar)*: **el coche no va muy
bien** the car isn't running very well

5 : **te va estupendamente ese color**
that colour suits you fantastically well

6 *(aspecto)*: **iba muy bien vestido** he
was very well dressed

7 *(locuciones)*: **¿vino? — ¡que va!** did
he come? — of course not!; **vamos,
no llores** come on, don't cry; **¡vaya
coche!** *(admiración)* what a car!, that's
some car!

8: **no vaya a ser: tienes que correr,
no vaya a ser que pierdas el tren**
you'll have to run so as not to miss
the train

9: no me *etc* **va ni me viene** I *etc* don't care

▶ *vb auxiliar* **1: ir a: voy/iba a hacerlo hoy** I am/was going to do it today **2** (+ *gerundio*): **iba anocheciendo** it was getting dark; **todo se me iba aclarando** everything was gradually becoming clearer to me

3 (+ *pp* = *pasivo*): **van vendidos 300 ejemplares** 300 copies have been sold so far

▶ **irse** *vr* **1: ¿por dónde se va al zoológico?** which is the way to the zoo?

2 (*marcharse*) to leave; **ya se habrán ido** they must already have left *o* gone

ira ['ira] *nf* anger, rage

Irak [i'rak] *nm* Iraq; **irakí** *adj, nmf* Iraqui

Irán [i'ran] *nm* Iran; **iraní** *adj, nmf* Iranian

Iraq [i'rak] *nm* = **Irak**

iris ['iris] *nm inv* (*arco iris*) rainbow; (*Anat*) iris

Irlanda [ir'landa] *nf* Ireland; **~ del Norte** Northern Ireland; **irlandés, -esa** *adj* Irish ▷ *nm/f* Irishman/woman; **los irlandeses** the Irish

ironía [iro'nia] *nf* irony; **irónico, -a** *adj* ironic(al)

IRPF *nm abr* (ESP) = **impuesto sobre la renta de las personas físicas**

irreal [irre'al] *adj* unreal

irregular [irreyu'lar] *adj* irregular; (*situación*) abnormal

irremediable [irreme'ðjaβle] *adj* irremediable; (*vicio*) incurable

irreparable [irrepa'raβle] *adj* (*daños*) irreparable; (*pérdida*) irrecoverable

irrespetuoso, -a [irrespe'twoso, a] *adj* disrespectful

irresponsable [irrespon'saβle] *adj* irresponsible

irreversible [irreβer'siβle] *adj* irreversible

irrigar [irri'yar] /1h/ *vt* to irrigate

irrisorio, -a [irri'sorjo, a] *adj* derisory, ridiculous

irritar [irri'tar] /1a/ *vt* to irritate, annoy

irrupción [irrup'θjon] *nf* irruption; (*invasión*) invasion

isla ['isla] *nf* island

Islam [is'lam] *nm* Islam; **islámico, -a** *adj* Islamic

islandés, -esa [islan'des, esa] *adj* Icelandic ▷ *nm/f* Icelander

Islandia [is'landja] *nf* Iceland

isleño, -a [is'leɲo, a] *adj* island cpd ▷ *nm/f* islander

Israel [isra'el] *nm* Israel; **israelí** *adj, nmf* Israeli

istmo ['istmo] *nm* isthmus

Italia [i'talja] *nf* Italy; **italiano, -a** *adj, nm/f* Italian

itinerario [itine'rarjo] *nm* itinerary, route

ITV *nf abr* (= *Inspección Técnica de Vehículos*) ≈ MOT (test)

IVA ['iβa] *nm abr* (= *Impuesto sobre el Valor Añadido*) VAT

izar [i'θar] /1f/ *vt* to hoist

izdo, izq.° *abr* (= *izquierdo*) L, l

izquierda [iθ'kjerða] *nf* V **izquierdo**

izquierdo, -a [iθ'kjerðo, a] *adj* left ▷ *nf* left; (*Pol*) left (wing); **a la izquierda** on the left; (*torcer etc*) (to the) left

j

jabalí [xaβa'li] *nm* wild boar
jabalina [xaβa'lina] *nf* javelin
jabón [xa'βon] *nm* soap
jaca ['xaka] *nf* pony
jacal [xa'kal] *nm* (*LAM*) shack
jacinto [xa'θinto] *nm* hyacinth
jactarse [xak'tarse] /1a/ *vr:* ~ **(de)** to
  boast o brag (about o of)
jadear [xaðe'ar] /1a/ *vi* to pant, gasp
  for breath
jaguar [xa'ɣwar] *nm* jaguar
jaiba ['xaiβa] *nf* (*LAM*) crab
jalar [xa'lar] /1a/ *vt* (*LAM*) to pull
jalea [xa'lea] *nf* jelly
jaleo [xa'leo] *nm* racket, uproar;
  armar un ~ to kick up a racket
jalón [xa'lon] *nm* (*LAM*) tug
jamás [xa'mas] *adv* never
jamón [xa'mon] *nm* ham; ~ **de York**
  boiled ham; ~ **dulce/serrano** boiled/
  cured ham
Japón [xa'pon] *nm:* Japan; **japonés,
  -esa** *adj, nm/f* Japanese ▷ *nm* (*Ling*)
  Japanese

jaque ['xake] *nm:* ~ **mate** checkmate
jaqueca [xa'keka] *nf* (very bad)
  headache, migraine
jarabe [xa'raβe] *nm* syrup
jardín [xar'ðin] *nm* garden; ~ **de (la)
  infancia** (*ESP*) o **de niños** (*LAM*) o
  infantil nursery school; **jardinaje** *nm*
  gardening; **jardinería** *nf* gardening;
  jardinero, -a *nm/f* gardener
jarra ['xarra] *nf* jar; (*jarro*) jug
jarro ['xarro] *nm* jug
jarrón [xa'rron] *nm* vase
jaula ['xaula] *nf* cage
jauría [xau'ria] *nf* pack of hounds
jazmín [xaθ'min] *nm* jasmine
J. C. *abr* = **Jesucristo**
jeans [jins, dʒins] *nmpl* (*LAM*) jeans,
  denims; **unos** ~ a pair of jeans
jefatura [xefa'tura] *nf:* ~ **de policía**
  police headquarters *sg*
jefe, -a ['xefe, a] *nm/f* (*gen*) chief, head;
  (*patrón*) boss; ~ **de cocina** chef; ~ **de
  estación** stationmaster; ~ **de estado**
  head of state; ~ **de estudios** (*Escol*)
  director of studies; ~ **de gobierno**
  head of government
jengibre [xen'xiβre] *nm* ginger
jeque ['xeke] *nm* sheik(h)
jerárquico, -a [xe'rarkiko, a] *adj*
  hierarchic(al)
jerez [xe'reθ] *nm* sherry
jerga ['xerɣa] *nf* jargon
jeringa [xe'ringa] *nf* syringe; (*LAM*)
  annoyance, bother; **jeringuilla** *nf*
  syringe
jeroglífico [xero'ɣlifiko] *nm*
  hieroglyphic
jersey [xer'sei] (*pl* **jerseys**) *nm* jersey,
  pullover, jumper
Jerusalén [xerusa'len] *n* Jerusalem
Jesucristo [xesu'kristo] *nm* Jesus Christ
jesuita [xe'swita] *adj, nm* Jesuit
Jesús [xe'sus] *nm* Jesus; **¡~!** good
  heavens!; (*al estornudar*) bless you!
jinete, -a [xi'nete, a] *nm/f* horseman/
  woman
jipijapa [xipi'xapa] *nm* (*LAM*) straw
  hat

jirafa [xi'rafa] *nf* giraffe

jirón [xi'ron] *nm* rag, shred

jitomate [xito'mate] *nm* (LAM) tomato

joder [xo'ðer] /2a/ (fam!) *vt* to fuck (!)

jogging ['joʝin] *nm* (LAM) tracksuit (BRIT), sweat suit (US)

jornada [xor'naða] *nf* (viaje de un día) day's journey; (camino o viaje entero) journey; (día de trabajo) working day

jornal [xor'nal] *nm* (day's) wage; **jornalero, -a** *nm/f* (day) labourer

joroba [xo'roβa] *nf* hump; **jorobado, -a** *adj* hunchbacked ▷ *nm/f* hunchback

jota ['xota] *nf* letter J; (danza) Aragonese dance; **no saber ni ~** to have no idea

joven ['xoβen] *adj* young ▷ *nm* young man, youth ▷ *nf* young woman, girl

joya ['xoʝa] *nf* jewel, gem; (fig: persona) gem; **~s de fantasía** imitation jewellery *sg*; **joyería** (de joyas) jewellery; (tienda) jeweller's (shop); **joyero** (persona) jeweller; (caja) jewel case

Juan [xwan] *nm*: **Noche de San ~** V **noche**

juanete [xwa'nete] *nm* (del pie) bunion

jubilación [xuβila'θjon] *nf* (retiro) retirement

jubilado, -a [xuβi'laðo, a] *adj* retired ▷ *nm/f* pensioner (BRIT), senior citizen (US)

jubilar [xuβi'lar] /1a/ *vt* to pension off, retire; (fam) to discard; **jubilarse** *vr* to retire

júbilo ['xuβilo] *nm* joy, rejoicing; **jubiloso, -a** *adj* jubilant

judía [xu'ðia] *nf* V **judío**

judicial [xuði'θjal] *adj* judicial

judío, -a [xu'ðio, a] *adj* Jewish ▷ *nm* Jew ▷ *nf* Jewish woman; (Culin) bean; **judía blanca** haricot bean; **judía verde** French o string bean

judo ['juðo] *nm* judo

juego ['xweɣo] *etc vb* V **jugar** ▷ *nm* (gen) play; (pasatiempo, partido) game; (en casino) gambling; (conjunto) set; **~ de**

mesa board game; **~ de palabras** pun, play on words; **J~s Olímpicos** Olympic Games; **fuera de ~** (Deporte: persona) offside; (: pelota) out of play

juerga ['xwerɣa] *nf* binge; (fiesta) party; **ir de ~** to go out on a binge

jueves ['xweβes] *nm inv* Thursday

juez [xweθ] *nmf* judge; **~ de instrucción** examining magistrate; **~ de línea** linesman; **~ de salida** starter

jugada [xu'ɣaða] *nf* play; **buena ~** good move o shot o stroke) *etc*

jugador, a [xuɣa'ðor, a] *nm/f* player; (en casino) gambler

jugar [xu'ɣar] /1h, 1n/ *vt* to play; (en casino) to gamble; (apostar) to bet; **~ al fútbol** to play football

juglar [xu'ɣlar] *nm* minstrel

jugo ['xuɣo] *nm* (Bot) juice; (fig) essence, substance; **~ de naranja** (esp LAM) orange juice; **jugoso, -a** *adj* juicy; (fig) substantial, important

juguete [xu'ɣete] *nm* toy; **juguetear** /1a/ *vi* to play; **juguetería** *nf* toyshop

juguetón, -ona [xuɣe'ton, ona] *adj* playful

juicio ['xwiθjo] *nm* judgement; (sana razón) sanity, reason; (opinión) opinion

julio ['xuljo] *nm* July

jumper ['dʒumper] *nm* (LAM) pinafore dress (BRIT), jumper (US)

junco ['xunko] *nm* rush, reed

jungla ['xungla] *nf* jungle

junio ['xunjo] *nm* June

junta ['xunta] *nf* V **junto**

juntar [xun'tar] /1a/ *vt* to join, unite; (maquinaria) to assemble, put together; (dinero) to collect; **juntarse** *vr* to join, meet; (reunirse: personas) to meet, assemble; (arrimarse) to approach, draw closer; **~se con algn** to join sb

junto, -a ['xunto, a] *adj* joined; (unido) united; (anexo) near, close; (contiguo, próximo) next, adjacent ▷ *nf* (asamblea) meeting, assembly; (comité, consejo) board, council, committee; (articulación) joint ▷ *adv*: **todo ~** all at once ▷ prep: **~ a** near (to), next to; **~s** together; **~ con** (together) with

jurado [xu'raðo] nm (Jur: individuo) juror; (: grupo) jury; (de concurso: grupo) panel (of judges); (: individuo) member of a panel

juramento [xura'mento] nm oath; (maldición) oath, curse; **prestar ~** to take the oath; **tomar ~ a** to swear in, administer the oath to

jurar [xu'rar] /1a/ vt, vi to swear; **~ en falso** to commit perjury; **jurárselas a algn** to have it in for sb

jurídico, -a [xu'riðiko, a] adj legal

jurisdicción [xurisðik'θjon] nf (poder, autoridad) jurisdiction; (territorio) district

justamente [xusta'mente] adv justly, fairly; (precisamente) just, exactly

justicia [xus'tiθja] nf justice; (equidad) fairness, justice

justificación [xustifika'θjon] nf justification; **justificar** /1g/ vt to justify

justo, -a ['xusto, a] adj (equitativo) just, fair, right; (preciso) exact, correct; (ajustado) tight ▷ adv (precisamente) exactly, precisely; (apenas a tiempo) just in time

juvenil [xuβe'nil] adj youthful

juventud [xuβen'tuð] nf (adolescencia) youth; (jóvenes) young people pl

juzgado [xuθ'γaðo] nm tribunal; (Jur) court

juzgar [xuθ'γar] /1h/ vt to judge; **a ~ por ...** to judge by ..., judging by ...

k

kárate ['karate], **karate** [ka'rate] nm karate

Kg, kg abr (= kilogramo(s)) K, kg

kilo ['kilo] nm kilo; **kilogramo** nm kilogramme (BRIT), kilogram (US); **kilometraje** nm distance in kilometres, ≈ mileage; **kilómetro** nm kilometre (BRIT), kilometer (US); **kilovatio** nm kilowatt

kiosco ['kjosko] nm = **quiosco**

kleenex® ['kli'neks] nm paper handkerchief, tissue

km abr (= kilómetro(s)) km

Kosovo [koso'βo] nm Kosovo

kv abr (= kilovatio) kw

l abr (= litro(s)) l

la [la] artículo definido fsg the ▷ pron her; (en relación a usted) you; (en relación a una cosa) it ▷ nm (Mus) A; **está en la cárcel** he's in jail; **la del sombrero rojo** the woman/girl/one in the red hat

laberinto [laβe'rinto] nm labyrinth

labio ['laβjo] nm lip

labor [la'βor] nf labour; (Agr) farm work; (tarea) job, task; (Costura) needlework; **~es domésticas** o **del hogar** household chores; **laborable** adj (Agr) workable; **día laborable** working day; **laboral** adj (accidente, conflictividad) industrial; (jornada) working

laboratorio [laβora'torjo] nm laboratory

laborista [laβo'rista] adj: **Partido L~** Labour Party

labrador, a [laβra'ðor, a] adj farming cpd ▷ nm/f farmer

labranza [la'βranθa] nf (Agr) cultivation

labrar [la'βrar] /1a/ vt (gen) to work; (madera etc) to carve; (fig) to cause, bring about

laca ['laka] nf lacquer

lacio, -a ['laθjo, a] adj (pelo) straight

lacón [la'kon] nm shoulder of pork

lactancia [lak'tanθja] nf lactation, breast-feeding

lácteo, -a ['lakteo, a] adj: **productos ~s** dairy products

ladear [laðe'ar] /1a/ vt to tip, tilt ▷ vi to tilt; **ladearse** vr to lean

ladera [la'ðera] nf slope

lado ['laðo] nm (gen) side; (fig) protection; (Mil) flank; **al ~ de** beside; **poner de ~** to put on its side; **poner a un ~** to put aside; **por todos ~s** on all sides, all round (BRIT)

ladrar [la'ðrar] /1a/ vi to bark; **ladrido** nm bark, barking

ladrillo [la'ðriʎo] nm (gen) brick; (azulejo) tile

ladrón, -ona [la'ðron, ona] nm/f thief

lagartija [laɣar'tixa] nf (small) lizard

lagarto [la'ɣarto] nm (Zool) lizard

lago ['laɣo] nm lake

lágrima ['laɣrima] nf tear

laguna [la'ɣuna] nf (lago) lagoon; (en escrito, conocimientos) gap

lamentable [lamen'taβle] adj lamentable, regrettable; (miserable) pitiful

lamentar [lamen'tar] /1a/ vt (sentir) to regret; (deplorar) to lament; **lamentarse** vr to lament; **lo lamento mucho** I'm very sorry

lamer [la'mer] /2a/ vt to lick

lámina ['lamina] nf (plancha delgada) sheet; (para estampar, estampa) plate

lámpara ['lampara] nf lamp; **~ de alcohol/gas** spirit/gas lamp; **~ de pie** standard lamp

lana ['lana] nf wool

lancha ['lantʃa] nf launch; **~ motora** motorboat

langosta [laŋ'gosta] nf (crustáceo) lobster; (: de río) crayfish; **langostino** nm prawn

lanza ['lanθa] nf (arma) lance, spear

lanzamiento [lanθa'mjento] nm (gen) throwing; (Naut, Com) launch, launching; **~ de pesos** putting the shot

lanzar [lan'θar] /1f/ vt (gen) to throw; (Deporte: pelota) to bowl; to launch; (Jur) to evict; **lanzarse** vr to throw o.s.

lapa ['lapa] nf limpet

lapicero [lapi'θero] nm pencil; (LAM) propelling (BRIT) o mechanical (US) pencil; (: bolígrafo) ballpoint pen, Biro®

lápida ['lapiða] nf stone; **~ mortuoria** headstone

lápiz ['lapiθ] nm pencil; **~ de color** coloured pencil; **~ de labios** lipstick; **~ de ojos** eyebrow pencil

largar [lar'yar] /1h/ vt (soltar) to release; (aflojar) to loosen; (lanzar) to launch; (fam) to let fly; (velas) to unfurl; (LAM) to throw; **largarse** vr (fam) to beat it; **~se a** (LAM) to start to

largo, -a ['laryo, a] adj (longitud) long; (tiempo) lengthy; (fig) generous ▷ nm length; (Mus) largo; **dos años ~s** two long years; **a lo ~ de** along; (tiempo) all through, throughout; **a la larga** in the long run; **largometraje** nm full-length o feature film

No confundir largo con la palabra inglesa large.

laringe [la'rinxe] nf larynx; **laringitis** nf laryngitis

las [las] artículo definido fpl the ▷ pron them; **~ que cantan** the ones/ women/girls who sing

lasaña [la'saɲa] nf lasagne, lasagna

láser ['laser] nm laser

lástima ['lastima] nf (pena) pity; **dar ~** to be pitiful; **es una ~ que** it's a pity that; **¡qué ~!** what a pity!; **estar hecho una ~** to be a sorry sight

lastimar [lasti'mar] /1a/ vt (herir) to wound; (ofender) to offend; **lastimarse** vr to hurt o.s.

lata ['lata] nf (metal) tin; (envase) tin, can; (fam) nuisance; **en ~** tinned; **dar (la) ~** to be a nuisance

latente [la'tente] adj latent

lateral [late'ral] adj side, lateral ▷ nm (Teat) wings pl

latido [la'tiðo] nm (del corazón) beat

latifundio [lati'fundjo] nm large estate

latigazo [lati'yaθo] nm (golpe) lash; (sonido) crack

látigo ['latiyo] nm whip

latín [la'tin] nm Latin

latino, -a [la'tino, a] adj Latin; **latinoamericano, -a** adj, nm/f Latin American

latir [la'tir] /3a/ vi (corazón, pulso) to beat

latitud [lati'tuð] nf (Geo) latitude

latón [la'ton] nm brass

laurel [lau'rel] nm (Bot) laurel; (Culin) bay

lava ['laβa] nf lava

lavabo [la'βaβo] nm (jofaina) washbasin; (retrete) toilet (BRIT), washroom (US)

lavado [la'βaðo] nm washing; (de ropa) laundry; (Arte) wash; **~ de cerebro** brainwashing; **~ en seco** dry-cleaning

lavadora [laβa'ðora] nf washing machine

lavanda [la'βanda] nf lavender

lavandería [laβande'ria] nf laundry; **~ automática** launderette

lavaplatos [laβa'platos] nm inv dishwasher

lavar [la'βar] /1a/ vt to wash; (borrar) to wipe away; **lavarse** vr to wash o.s.; **~se las manos** to wash one's hands; **~se los dientes** to brush one's teeth; **~ y marcar** (pelo) to shampoo and set; **~ en seco** to dry-clean; **~ los platos** to wash the dishes

lavarropas [laβa'rropas] nm inv (RPL) washing machine

lavavajillas [laβaβa'xiʎas] nm inv dishwasher

laxante [lak'sante] *nm* laxative
lazarillo [laθa'riʎo] *nm*: **perro de ~** guide dog
lazo ['laθo] *nm* knot; (*lazada*) bow; (*para animales*) lasso; (*trampa*) snare; (*vínculo*) tie
le [le] *pron* (*directo*) him (o her); (: *en relación a usted*) you; (*indirecto*) to him (o her o it); (: *a usted*) to you
leal [le'al] *adj* loyal; **lealtad** *nf* loyalty
lección [lek'θjon] *nf* lesson
leche ['letʃe] *nf* milk; **tener mala ~** (*fam*) to be a nasty piece of work; **~ condensada/en polvo** condensed/ powdered milk; **~ desnatada** skimmed milk
lechería [letʃe'ria] *nf* dairy
lecho ['letʃo] *nm* (*cama, de río*) bed; (*Geo*) layer
lechón [le'tʃon] *nm* sucking (BRIT) o suckling (US) pig
lechoso, -a [le'tʃoso, a] *adj* milky
lechuga [le'tʃuɣa] *nf* lettuce
lechuza [le'tʃuθa] *nf* (*barn*) owl
lector, a [lek'tor, a] *nm/f* reader
▷ *nm*: **~ de discos compactos** CD player
lectura [lek'tura] *nf* reading
leer [le'er] /2e/ *vt* to read
legado [le'ɣaðo] *nm* (*don*) bequest; (*herencia*) legacy; (*enviado*) legate
legajo [le'ɣaxo] *nm* file
legal [le'ɣal] *adj* legal; (*persona*) trustworthy; **legalizar** /1f/ *vt* to legalize; (*documento*) to authenticate
legaña [le'ɣaɲa] *nf* sleep (*in eyes*)
legión [le'xjon] *nf* legion; **legionario, -a** *adj* legionary ▷ *nm* legionnaire
legislación [lexisla'θjon] *nf* legislation
legislar [lexis'lar] /1a/ *vt* to legislate
legislatura [lexisla'tura] *nf* (*Pol*) period of office
legítimo, -a [le'xitimo, a] *adj* (*genuino*) authentic; (*legal*) legitimate
legua ['leɣwa] *nf* league
legumbres [le'ɣumbres] *nfpl* pulses
leído, -a [le'iðo, a] *adj* well-read

lejanía [lexa'nia] *nf* distance; **lejano, -a** *adj* far-off; (*en el tiempo*) distant; (*fig*) remote
lejía [le'xia] *nf* bleach
lejos ['lexos] *adv* far, far away; **a lo ~** in the distance; **de o desde ~** from a distance; **~ de** far from
lema ['lema] *nm* motto; (*Pol*) slogan
lencería [lenθe'ria] *nf* linen, drapery
lengua ['lengwa] *nf* tongue; (*Ling*) language; **morderse la ~** to hold one's tongue
lenguado [len'gwaðo] *nm* sole
lenguaje [len'gwaxe] *nm* language; **~ de programación** programming language
lengüeta [len'gweta] *nf* (*Anat*) epiglottis; (*de zapatos*) tongue; (*Mus*) reed
lente ['lente] *nm o f* lens; (*lupa*) magnifying glass; **lentes** *nmpl* glasses; **~s bifocales/de sol** (*LAM*) bifocals/ sunglasses; **~s de contacto** contact lenses
lenteja [len'texa] *nf* lentil; **lentejuela** *nf* sequin
lentilla [len'tiʎa] *nf* contact lens
lentitud [lenti'tuð] *nf* slowness; **con ~** slowly
lento, -a ['lento, a] *adj* slow
leña ['leɲa] *nf* firewood; **leñador, a** *nm/f* woodcutter
leño ['leɲo] *nm* (*trozo de árbol*) log; (*madera*) timber; (*fig*) blockhead
Leo ['leo] *nm* Leo
león [le'on] *nm* lion; **~ marino** sea lion
leopardo [leo'parðo] *nm* leopard
leotardos [leo'tarðos] *nmpl* tights
lepra ['lepra] *nf* leprosy; **leproso, -a** *nm/f* leper
les [les] *pron* (*directo*) them; (: *en relación a ustedes*) you; (*indirecto*) to them; (: *a ustedes*) to you
lesbiana [les'βjana] *adj, nf* lesbian
lesión [le'sjon] *nf* wound, lesion; (*Deporte*) injury; **lesionado, -a** *adj* injured ▷ *nm/f* injured person
letal [le'tal] *adj* lethal

letanía [leta'nia] nf litany

letra ['letra] nf letter; (escritura) handwriting; (Mus) lyrics pl; **~ de cambio** bill of exchange; **~ de imprenta** print; **letrado, -a** adj learned ▷ nm/f lawyer; **letrero** nm (cartel) sign; (etiqueta) label

letrina [le'trina] nf latrine

leucemia [leu'θemja] nf leukaemia

levadura [leβa'ðura] nf yeast; **~ de cerveza** brewer's yeast

levantar [leβan'tar] /1a/ vt (gen) to raise; (del suelo) to pick up; (hacia arriba) to lift (up); (plan) to make, draw up; (mesa) to clear; (campamento) to strike; (fig) to cheer up, hearten; **levantarse** vr to get up; (enderezarse) to straighten up; (rebelarse) to rebel; **~ el ánimo** to cheer up

levante [le'βante] nm east; **el L~** region of Spain extending from Castellón to Murcia

levar [le'βar] /1a/ vi: **~ (anclas)** to weigh anchor

leve ['leβe] adj light; (fig) trivial

levita [le'βita] nf frock coat

léxico ['leksiko] nm vocabulary

ley [lei] nf (gen) law; (metal) standard

leyenda [le'jenda] nf legend

leyó etc vb V **leer**

liar [li'ar] /1c/ vt (atar) to tie (up); (unir) to bind; (envolver) to wrap (up); (enredar) to confuse; (cigarrillo) to roll; **liarse** vr (fam) to get involved; **~se a palos** to get involved in a fight

Líbano ['liβano] nm: **el ~** the Lebanon

libélula [li'βelula] nf dragonfly

liberación [liβera'θjon] nf liberation; (de la cárcel) release

liberal [liβe'ral] adj, nm/f liberal

liberar [liβe'rar] /1a/ vt to liberate

libertad [liβer'tað] nf liberty, freedom; **~ de asociación/de culto/de prensa/de comercio/de palabra** freedom of association/of worship/of the press/of trade/of speech; **~ condicional** probation; **~ bajo palabra** parole; **~ bajo fianza** bail

libertar [liβer'tar] /1a/ vt (preso) to set free; (de una obligación) to release; (eximir) to exempt

libertino, -a [liβer'tino, a] adj permissive ▷ nm/f permissive person

libra ['liβra] nf pound; **L~** (Astro) Libra; **~ esterlina** pound sterling

libramiento [liβra'mjento] (LAM) nm ring road (BRIT), beltway (US)

librar [li'βrar] /1a/ vt (de peligro) to save; (batalla) to wage, fight; (de impuestos) to exempt; (cheque) to make out; (Jur) to exempt; **librarse** vr: **~ de** to escape from, free o.s. from

libre ['liβre] adj free; (lugar) unoccupied; (asiento) vacant; (de deudas) free of debts; **~ de impuestos** free of tax; **tiro ~** free kick; **los 100 metros ~** the 100 metres freestyle (race); **al aire ~** in the open air

librería [liβre'ria] nf (tienda) bookshop; **librero, -a** nm/f bookseller

No confundir **librería** con la palabra inglesa library.

libreta [li'βreta] nf notebook

libro ['liβro] nm book; **~ de bolsillo** paperback; **~ electrónico** e-book; (aparato) e-reader; **~ de texto** textbook

Lic. abr = **Licenciado, a**

licencia [li'θenθja] nf (gen) licence; (permiso) permission; **~ por enfermedad/con goce de sueldo** sick/paid leave; **~ de armas/de caza** gun/game licence; **licenciado, -a** adj licensed ▷ nm/f graduate; **licenciar** /1b/ vt (empleado) to dismiss; (permitir) to permit, allow; (soldado) to discharge; (estudiante) to confer a degree upon; **licenciarse** vr: **licenciarse en derecho** to graduate in law

licenciatura [liθenθja'tura] nf (título) degree; (estudios) degree course

lícito, -a ['liθito, a] adj (legal) lawful; (justo) fair, just; (permisible) permissible

licor [li'kor] nm spirits pl (BRIT), liquor (US); (con hierbas etc) liqueur

licuadora [likwa'ðora] nf blender

líder ['liðer] nmf leader; **liderazgo, liderato** nm leadership

lidia ['liðja] nf bullfighting; (una lidia) bullfight; **toros de** ~ fighting bulls; **lidiar** /1b/ vt, vi to fight

liebre ['ljeβre] nf hare

lienzo ['ljenθo] nm linen; (Arte) canvas; (Arq) wall

liga ['liɣa] nf (de medias) garter, suspender; (confederación) league; (LAM: gomita) rubber band

ligadura [liɣa'ðura] nf bond, tie; (Med, Mus) ligature

ligamento [liɣa'mento] nm ligament

ligar [li'ɣar] /1h/ vt (atar) to tie; (unir) to join; (Med) to bind up; (Mus) to slur ▷ vi to mix, blend; **ligarse** vr to commit o.s.; **(él) liga mucho** (fam) he pulls a lot of women

ligero, -a [li'xero, a] adj (de peso) light; (tela) thin; (rápido) swift, quick; (ágil) agile, nimble; (de importancia) slight; (de carácter) flippant, superficial ▷ adv: **a la ligera** superficially

liguero [li'ɣero] nm suspender (BRIT) o garter (US) belt

lija ['lixa] nf (Zool) dogfish; **(papel de)** ~ sandpaper

lila ['lila] nf lilac

lima ['lima] nf file; (Bot) lime; ~ **de uñas** nail file; **limar** /1a/ vt to file

limitación [limita'θjon] nf limitation, limit

limitar [limi'tar] /1a/ vt to limit; (reducir) to reduce, cut down ▷ vi: ~ **con** to border on; **limitarse** vr: **~se a** to limit o confine o.s. to

límite ['limite] nm (gen) limit; (fin) end; (frontera) border; ~ **de velocidad** speed limit

limítrofe [li'mitrofe] adj neighbouring

limón [li'mon] nm lemon ▷ adj: **amarillo** ~ lemon-yellow; **limonada** nf lemonade

limosna nf alms pl; **pedir** ~ to beg; **vivir de** ~ to live on charity

limpiador, a [limpja'ðor, a] adj cleaning, cleansing ▷ nm/f cleaner ▷ nm (LAM) = **limpiaparabrisas**

limpiaparabrisas [limpjapara'βrisas] nm inv windscreen (BRIT) o windshield (US) wiper

limpiar [lim'pjar] /1b/ vt to clean; (con trapo) to wipe; (quitar) to wipe away; (zapatos) to shine, polish; (Inform) to debug; (fig) to clean up

limpieza [lim'pjeθa] nf (estado) cleanliness; (acto) cleaning; (: de las calles) cleansing; (: de zapatos) polishing; (habilidad) skill; (fig: Policía) clean-up; (pureza) purity; (Mil): **operación de** ~ mopping-up operation; ~ **en seco** dry cleaning

limpio, -a ['limpjo, a] adj clean; (moralmente) pure; (com) clear, net; (fam) honest ▷ adv: **jugar** ~ to play fair; **pasar a** ~ to make a fair copy

lince ['linθe] nm lynx

linchar [lin'tʃar] /1a/ vt to lynch

lindar [lin'dar] /1a/ vi to adjoin; ~ **con** to border on

lindo, -a ['lindo, a] adj pretty, lovely ▷ adv: **canta muy** ~ (LAM) he sings beautifully; **se divertían de lo** ~ they enjoyed themselves enormously

línea ['linea] nf line; (Inform): **en** ~ on line; ~ **aérea** airline; ~ **de meta** goal line; (de carrera) finishing line; ~ **discontinua** (Auto) broken line; ~ **recta** straight line

lingote [lin'ɣote] nm ingot

lingüista [lin'ɣwista] nmf linguist; **lingüística** nf linguistics sg

lino ['lino] nm linen; (Bot) flax

linterna [lin'terna] nf; torch (BRIT), flashlight (US)

lío ['lio] nm bundle; (desorden) muddle, mess; (fam: follón) fuss; **armar un** ~ to make a fuss

liquen ['liken] nm lichen

liquidación [likiða'θjon] nf liquidation; **venta de** ~ clearance sale

liquidar [liki'ðar] /1a/ vt (Com) to liquidate; (deudas) to pay off; (empresa) to wind up

líquido, -a ['likiðo, a] adj liquid; (ganancia) net ▷ nm liquid; **~ imponible** net taxable income

lira ['lira] nf (Mus) lyre; (moneda) lira

lírico, -a ['liriko, a] adj lyrical

lirio ['lirjo] nm (Bot) iris

lirón [li'ron] nm (Zool) dormouse; (fig) sleepyhead

Lisboa [lis'βoa] nf Lisbon

lisiar [li'sjar] /1b/ vt to maim

liso, -a ['liso, a] adj (terreno) flat; (cabello) straight; (superficie) even; (tela) plain

lista ['lista] nf (tb: **~ en escuela**) school register; (de libros) catalogue; (tb: **~ de platos**) menu; (tb: **~ de precios**) price list; **pasar ~** to call the roll; **~ de espera** waiting list; **tela a ~s** striped material

listo, -a ['listo, a] adj (perspicaz) smart, clever; (preparado) ready

listón [lis'ton] nm (de madera, metal) strip

litera [li'tera] nf (en barco, tren) berth; (en dormitorio) bunk, bunk bed

literal [lite'ral] adj literal

literario, -a [lite'rarjo, a] adj literary

literato, -a [lite'rato, a] adj literary ▷ nm/f writer

literatura [litera'tura] nf literature

litigio [li'tixjo] nm (Jur) lawsuit; (fig): **en ~ con** in dispute with

litografía [litoɣra'fia] nf lithography; (una litografía) lithograph

litoral [lito'ral] adj coastal ▷ nm coast, seaboard

litro ['litro] nm litre, liter (US)

lívido, -a ['liβiðo, a] adj livid

llaga ['ʎaɣa] nf wound

llama ['ʎama] nf flame; (Zool) llama

llamada [ʎa'maða] nf call; **~ a cobro revertido** reverse-charge call; **~ al orden** call to order; **~ de atención** warning; **~ metropolitana, ~ local** local call; **~ por cobrar** (LAM) reverse-charge call

llamamiento [ʎama'mjento] nm call

llamar [ʎa'mar] /1a/ vt to call; (atención) to attract ▷ vi (por teléfono) to phone; (a la puerta) to knock o ring; (por señas) to beckon; **llamarse** vr to be called, be named; **¿cómo se llama usted?** what's your name?

llamativo, -a [ʎama'tiβo, a] adj showy; (color) loud

llano, -a ['ʎano, a] adj (superficie) flat; (persona) straightforward; (estilo) clear ▷ nm plain, flat ground

llanta ['ʎanta] nf (wheel) rim; (LAM: neumático) tyre; (: cámara) (inner) tube; **~ de repuesto** (LAM) spare tyre

llanto ['ʎanto] nm weeping

llanura [ʎa'nura] nf plain

llave ['ʎaβe] nf key; (de gas, agua) tap (BRIT), faucet (US); (Mecánica) spanner; (de la luz) switch; (Mus) key; **~ inglesa** monkey wrench; **~ maestra** master key; **~ de contacto, ~ de encendido** (LAM Auto) ignition key; **~ de paso** stopcock; **echar ~ a** to lock up; **llavero** nm keyring

llegada [ʎe'ɣaða] nf arrival

llegar [ʎe'ɣar] /1h/ vi to arrive; (bastar) to be enough; **llegarse** vr: **~se a** to approach; **~ a** (alcanzar) to reach; to manage to, succeed in; **~ a saber** to find out; **~ a las manos de** to come into the hands of

llenar [ʎe'nar] /1a/ vt to fill; (superficie) to cover; (formulario) to fill in o out; (fig) to heap

lleno, -a ['ʎeno, a] adj full, filled; (repleto) full up ▷ nm (Teat) full house; **dar de ~ contra un muro** to hit a wall head-on

llevadero, -a [ʎeβa'ðero, a] adj bearable, tolerable

llevar [ʎe'βar] /1a/ vt to take; (ropa) to wear; (cargar) to carry; (quitar) to take away; (en coche) to drive; (transportar) to transport; (traer: dinero) to carry; (conducir) to lead; (Mat) to carry ▷ vi (suj: camino etc): **~ a** to lead to;

llevarse vr to carry off, take away; **llevamos dos días aquí** we have been here for two days; **él me lleva dos años** he's two years older than me; **~ los libros** (Com) to keep the books; **~se bien** to get on well (together)

llorar [ʎoˈɾar] /1a/ vt to cry, weep; **~ de risa** to cry with laughter

llorón, -ona [ʎoˈɾon, ona] adj tearful ▷ nm/f cry-baby

lloroso, -a [ʎoˈɾoso, a] adj (gen) weeping, tearful; (triste) sad, sorrowful

llover [ʎoˈβer] /2h/ vi to rain

llovizna [ʎoˈβiθna] nf drizzle; **lloviznar** /1a/ vi to drizzle

llueve etc [ˈʎweβe] vb V **llover**

lluvia [ˈʎuβja] nf rain; **~ radioactiva** radioactive fallout; **lluvioso, -a** adj rainy

lo [lo] artículo definido neutro: **lo bueno** the good ▷ pron (en relación a una persona) him; (en relación a una cosa) it; **lo que** what, that which; **lo que sea** whatever; V tb **el**

loable [loˈaβle] adj praiseworthy

lobo [ˈloβo] nm wolf; **~ de mar** (fig) sea dog

lóbulo [ˈloβulo] nm lobe

local [loˈkal] adj local ▷ nm place, site; (oficinas) premises pl; **localidad** f (barrio) locality; (lugar) location; (Teat) seat, ticket; **localizar** /1f/ vt (ubicar) to locate, find; (restringir) to localize; (situar) to place

loción [loˈθjon] nf lotion

loco, -a [ˈloko, a] adj mad ▷ nm/f madman/woman; **estar ~ con** o **por algo/por algn** to be mad about sth/sb

locomotora [lokomoˈtora] nf engine, locomotive

locuaz [loˈkwaθ] adj loquacious

locución [lokuˈθjon] nf expression

locura [loˈkura] nf madness; (acto) crazy act

locutor, a [lokuˈtor, a] nm/f (Radio) announcer; (comentarista) commentator; (TV) newsreader

locutorio [lokuˈtorjo] nm (Telec) telephone box o booth

lodo [ˈlodo] nm mud

lógico, -a [ˈloxiko, a] adj logical ▷ nf logic

login [ˈloxin] nm login

logotipo [loɣoˈtipo] nm logo

logrado, -a [loˈɣraðo, a] adj (interpretación, reproducción) polished, excellent

lograr [loˈɣrar] /1a/ vt (obtener) to get, obtain; (conseguir) to achieve; **~ hacer** to manage to do; **~ que algn venga** to manage to get sb to come

logro [ˈloɣro] nm achievement, success

lóker [ˈloker] nm (LAM) locker

loma [ˈloma] nf hillock, low ridge

lombriz [lomˈbriθ] nf (earth)worm

lomo [ˈlomo] nm (de animal) back; (Culin: de cerdo) pork loin; (: de vaca) rib steak; (de libro) spine

lona [ˈlona] nf canvas

loncha [ˈlontʃa] nf = **lonja**

lonchería [lontʃeˈria] nf (LAM) snack bar, diner (US)

Londres [ˈlondres] nm London

longaniza [longaˈniθa] nf pork sausage

longitud [lonxiˈtuð] nf length; (Geo) longitude; **tener tres metros de ~** to be three metres long; **~ de onda** wavelength

lonja [ˈlonxa] nf slice; (de tocino) rasher; **~ de pescado** fish market

loro [ˈloro] nm parrot

los [los] artículo definido mpl the ▷ pron them; (en relación a ustedes) you; **mis libros y ~ tuyos** my books and yours

losa [ˈlosa] nf stone

lote [ˈlote] nm portion; (Com) lot

lotería [loteˈria] nf lottery; (juego) lotto

○ **LOTERÍA**
○
○ Millions of euros are spent every
○ year on loterías, lotteries. There

- is the weekly *Lotería Nacional* which is very popular especially at Christmas. Other weekly lotteries are the *Bono Loto* and the *(Lotería) Primitiva*. One of the most famous lotteries is run by the wealthy and influential society for the blind, la ONCE, and the form is called *el cupón de la ONCE* or *el cupón de los ciegos*.

loza ['loθa] *nf* crockery

lubina [lu'βina] *nf* sea bass

lubricante [luβri'kante] *nm* lubricant

lubricar [luβri'kar] /1g/ *vt* to lubricate

lucha ['lutʃa] *nf* fight, struggle; **~ de clases** class struggle; **~ libre** wrestling; **luchar** /1a/ *vi* to fight

lúcido, -a ['luθiðo, a] *adj* (*persona*) lucid; (*mente*) logical; (*idea*) crystal-clear

luciérnaga [lu'θjernaɣa] *nf* glow-worm

lucir [lu'θir] /3f/ *vt* to illuminate, light (up); (*ostentar*) to show off ▷ *vi* (*brillar*) to shine; **lucirse** *vr* (*irónico*) to make a fool of o.s.

lucro ['lukro] *nm* profit, gain

lúdico, -a ['luðiko, a] *adj* playful; (*actividad*) recreational

luego ['lweɣo] *adv* (*después*) next; (*más tarde*) later, afterwards

lugar [lu'ɣar] *nm* place; (*sitio*) spot; **en ~ de** instead of; **en primer ~** in the first place, firstly; **dar ~ a** to give rise to; **hacer ~** to make room; **fuera de ~** out of place; **sin ~ a dudas** without doubt, undoubtedly; **tener ~** to take place; **~ común** commonplace; **yo en su ~** if I were him

lúgubre ['luɣuβre] *adj* mournful

lujo ['luxo] *nm* luxury; (*fig*) profusion, abundance; **de ~** luxury *cpd*, de luxe; **lujoso, -a** *adj* luxurious

lujuria [lu'xurja] *nf* lust

lumbre ['lumbre] *nf* (*luz*) light; (*fuego*) fire; **¿tienes ~?** (*para cigarro*) have you got a light?

luminoso, -a [lumi'noso, a] *adj* luminous, shining

luna ['luna] *nf* moon; (*de un espejo*) glass; (*de gafas*) lens; (*fig*) crescent; **~ creciente/llena/menguante/nueva** crescent/full/waning/new moon; **~ de miel** honeymoon; **estar en la ~** to have one's head in the clouds

lunar [lu'nar] *adj* lunar ▷ *nm* (*Anat*) mole; **tela a ~es** spotted material

lunes ['lunes] *nm inv* Monday

lupa ['lupa] *nf* magnifying glass

lustre ['lustre] *nm* polish; (*fig*) lustre; **dar ~ a** to polish

luto ['luto] *nm* mourning; **llevar el o vestirse de ~** to be in mourning

Luxemburgo [luksem'burɣo] *nm* Luxemburg

luz [luθ] (*pl* **luces**) *nf* light; **dar a ~ un niño** to give birth to a child; **sacar a la ~** to bring to light; **dar la ~** to switch on the light; **encender** (ESP) *o* **prender** (LAM)/**apagar la ~** to switch the light on/off; **tener pocas luces** to be dim *o* stupid; **~ roja/verde** red/green light; **~ de freno** brake light; **luces de tráfico** traffic lights; **traje de luces** bullfighter's costume

m

m *abr* (= **metro**(s)) m; (= **minuto**(s)) min., m

macana [ma'kana] *nf* (LAM: *porra*) club

macarrones [maka'rrones] *nmpl* macaroni *sg*

macedonia [maθe'ðonja] *nf*: **~ de frutas** fruit salad

maceta [ma'θeta] *nf* (*de flores*) pot of flowers; (*para plantas*) flowerpot

machacar [matʃa'kar] /1g/ *vt* to crush, pound ▷ *vi* (*insistir*) to go on, keep on

machete [ma'tʃete] *nm* machete, (large) knife

machetear [matʃete'ar] /1a/ *vt* (LAM) to swot (BRIT), grind away (US)

machismo [ma'tʃismo] *nm* male chauvinism; **machista** *adj*, *nm* sexist

macho [matʃo] *adj* male; (*fig*) virile ▷ *nm* male; (*fig*) he-man

macizo, -a [ma'θiθo, a] *adj* (*grande*) massive; (*fuerte, sólido*) solid ▷ *nm* mass, chunk

madeja [ma'ðexa] *nf* (*de lana*) skein, hank; (*de pelo*) mass, mop

madera [ma'ðera] *nf* wood; (*fig*) nature, character; **una ~** a piece of wood

madrastra [ma'ðrastra] *nf* stepmother

madre ['maðre] *adj* mother *cpd* ▷ *nf* mother; (*de vino etc*) dregs *pl*; **~ adoptiva/política/soltera** foster mother/mother-in-law/unmarried mother

Madrid [ma'ðrið] *n* Madrid

madriguera [maðri'ɣera] *nf* burrow

madrileño, -a [maðri'leɲo, a] *adj* of o from Madrid ▷ *nm/f* native o inhabitant of Madrid

madrina [ma'ðrina] *nf* godmother; (*Arq*) prop, shore; (*Tec*) brace; **~ de boda** bridesmaid

madrugada [maðru'ɣaða] *nf* early morning; (*alba*) dawn, daybreak

madrugador, a [maðruɣa'ðor, a] *adj* early-rising

madrugar [maðru'ɣar] /1h/ *vi* to get up early; (*fig*) to get ahead

madurar [maðu'rar] /1a/ *vt*, *vi* (*fruta*) to ripen; (*fig*) to mature; **madurez** *nf* ripeness; (*fig*) maturity; **maduro, -a** *adj* ripe; (*fig*) mature

maestra [ma'estra] *nf* V **maestro**

maestría [maes'tria] *nf* mastery; (*habilidad*) skill, expertise

maestro, -a [ma'estro, a] *adj* masterly; (*principal*) main ▷ *nm/f* master/mistress; (*profesor*) teacher ▷ *nm* (*autoridad*) authority; (*Mus*) maestro; (*experto*) master; **~ albañil** master mason

magdalena [maɣða'lena] *nf* fairy cake

magia ['maxja] *nf* magic; **mágico, -a** *adj* magic(al) ▷ *nm/f* magician

magisterio [maxis'terjo] *nm* (*enseñanza*) teaching; (*profesión*) teaching profession; (*maestros*) teachers *pl*

magistrado [maxis'traðo] *nm* magistrate

magistral [maxis'tral] *adj*
magisterial; *(fig)* masterly

magnate [may'nate] *nm* magnate,
tycoon

magnético, -a [may'netiko, a] *adj*
magnetic

magnetofón [mayneto'fon],
magnetófono [mayne'tofono] *nm*
tape recorder

magnífico, -a [may'nifiko, a] *adj*
splendid, magnificent

magnitud [mayni'tuð] *nf* magnitude

mago, -a [ˈmayo, a] *nm/f* magician;
los Reyes M~s the Three Wise Men

magro, -a [ˈmayro, a] *adj (carne)* lean

mahonesa [mao'nesa] *nf*
mayonnaise

maître [ˈmetre] *nm* head waiter

maíz [maˈiθ] *nm* maize *(BRIT)*, corn
(US); **~ dulce** sweet corn

majestad [maxes'taθ] *nf* majesty

majo, -a [ˈmaxo, a] *adj* nice; *(guapo)*
attractive, good-looking; *(elegante)*
smart

mal [mal] *adv* badly; *(equivocadamente)*
wrongly ▷ *adj* = **malo** ▷ *nm* evil;
(desgracia) misfortune; *(daño)* harm,
damage; *(Med)* illness; **ir de ~ en peor**
to go from bad to worse; **~ que bien**
rightly or wrongly

malabarista [malaβaˈrista] *nmf*
juggler

malaria [maˈlarja] *nf* malaria

malcriado, -a [malˈkrjaðo, a] *adj*
spoiled

maldad [malˈdaθ] *nf* evil,
wickedness

maldecir [maldeˈθir] /3o/ *vt* to curse

maldición [maldiˈθjon] *nf* curse

maldito, -a [malˈdito, a] *adj*
(condenado) damned; *(perverso)*
wicked; **¡~ sea!** damn it!

malecón [maleˈkon] *nm* pier, jetty;
(LAM: paseo) sea front, promenade

maleducado, -a [maleðuˈkaðo, a]
adj bad-mannered, rude

malentendido [malentenˈdiðo] *nm*
misunderstanding

malestar [malesˈtar] *nm (gen)*
discomfort; *(fig: inquietud)* uneasiness;
(Pol) unrest

maleta [maˈleta] *nf* case, suitcase;
(Auto) boot *(BRIT)*, trunk *(US)*; **hacer
la ~** to pack; **maletero** *nm (Auto)* boot
(BRIT), trunk *(US)*; **maletín** *nm* small
case, bag

maleza [maˈleθa] *nf (malas hierbas)*
weeds *pl*; *(arbustos)* thicket

malgastar [malɣasˈtar] /1a/ *vt*
(tiempo, dinero) to waste; *(salud)* to ruin

malhechor, -a [maleˈtʃor, a] *nm/f*
delinquent

malhumorado, -a [malumoˈraðo,
a] *adj* bad-tempered

malicia [maˈliθja] *nf (maldad)*
wickedness; *(astucia)* slyness, guile;
(mala intención) malice, spite; *(carácter
travieso)* mischievousness

maligno, -a [maˈliɣno, a] *adj* evil;
(malévolo) malicious; *(Med)* malignant

malla [ˈmaʎa] *nf* mesh; *(de baño)*
swimsuit; *(de ballet, gimnasia)* leotard;
mallas *nfpl* tights; **~ de alambre**
wire mesh

Mallorca [maˈʎorka] *nf* Majorca

malo, -a [ˈmalo, a] *adj* bad; false
▷ *nm/f* villain; **estar ~** to be ill

malograr [maloˈɣrar] /1a/ *vt* to
spoil; *(plan)* to upset; *(ocasión)* to
waste

malparado, -a [malpaˈraðo, a] *adj*:
salir ~ to come off badly

malpensado, -a [malpenˈsaðo, a]
adj nasty

malteada [malteˈaða] *nf (LAM)*
milk shake

maltratar [maltraˈtar] /1a/ *vt* to
ill-treat, mistreat

malvado, -a [malˈβaðo, a] *adj* evil,
villainous

Malvinas [malˈβinas] *nfpl*: **Islas ~**
Falkland Islands

mama [ˈmama] *nf (de animal)* teat; *(de
mujer)* breast

mamá [maˈma] *nf (fam)* mum,
mummy

mamar [ma'mar] /1a/ vt to suck
▷ vi to suck

mamarracho [mama'rratʃo] nm
sight, mess

mameluco [mame'luko] (LAM) nm
dungarees pl (BRIT), overalls pl (US)

mamífero [ma'mifero] nm mammal

mampara [mam'para] nf (entre habitaciones) partition; (biombo) screen

mampostería [mamposte'ria] nf
masonry

manada [ma'naða] nf (Zool) herd; (: de leones) pride; (: de lobos) pack

manantial [manan'tjal] nm spring

mancha ['mantʃa] nf stain, mark; (de vegetación) patch; **manchar** /1a/ vt to stain, mark; (ensuciar) to soil, dirty

manchego, -a [man'tʃeɣo, a] adj of o from La Mancha

manco, -a ['manko, a] adj (de un brazo) one-armed; (de una mano) one-handed; (fig) defective, faulty

mandado [man'daðo] nm errand

mandamiento [manda'mjento] nm (orden) order, command; (Rel) commandment

mandar [man'dar] /1a/ vt (ordenar) to order; (dirigir) to lead, command; (enviar) to send; (pedir) to order, ask for ▷ vi to be in charge; (pey) to be bossy; **¿mandé?** pardon?, excuse me? (US); **~ hacer un traje** to have a suit made

mandarina [manda'rina] nf (fruta) tangerine, mandarin (orange)

mandato [man'dato] nm (orden) order; (Pol: período) term of office; (: territorio) mandate

mandíbula [man'diβula] nf jaw

mandil [man'dil] nm apron

mando ['mando] nm (Mil) command; (de país) rule; (el primer lugar) lead; (Pol) term of office; (Tec) control; **~ a la izquierda** left-hand drive; **~ a distancia** remote control

mandón, -ona [man'don, ona] adj
bossy, domineering

manejar [mane'xar] /1a/ vt to manage; (máquina) to work, operate;

(caballo etc) to handle; (casa) to run, manage; (LAM Auto) to drive; **manejarse** vr (comportarse) to act, behave; (arreglárselas) to manage; **manejo** nm (de bicicleta) handling; (de negocio) management, running; (Auto) driving; (facilidad de trato) ease, confidence; **manejos** nmpl intrigues

manera [ma'nera] nf way, manner, fashion; **maneras** nfpl (modales) manners; **su ~ de ser** the way he is; (aire) his manner; **de ninguna ~** no way, by no means; **de otra ~** otherwise; **de todas ~s** at any rate; **no hay ~ de persuadirle** there's no way of convincing him

manga ['manga] nf (de camisa) sleeve; (de riego) hose

mango ['mango] nm handle; (Bot) mango

manguera [man'gera] nf hose

maní [ma'ni] nm peanut

manía [ma'nia] nf (Med) mania; (fig: moda) rage, craze; (disgusto) dislike; (malicia) spite; **coger ~ a algn** to take a dislike to sb; **tener ~ a algn** to dislike sb; **maniaco, -a** adj maniac(al) ▷ nm/f maniac

maniático, -a [ma'njatiko, a] adj
maniac(al) ▷ nm/f maniac

manicomio [mani'komjo] nm
psychiatric hospital (BRIT), insane asylum (US)

manifestación [manifesta'θjon] nf (declaración) statement, declaration; (demostración) show, display; (Pol) demonstration; (concentración) mass meeting

manifestar [manifes'tar] /1j/ vt to show, manifest; (declarar) to state, declare; **manifiesto, -a** adj clear, manifest ▷ nm manifesto

manillar [mani'ʎar] nm
handlebars pl

maniobra [ma'njoβra] nf
manœuvre; **maniobras** nfpl
manœuvres; **maniobrar** /1a/ vt to
manœuvre

manipulación [manipula'θjon] *nf* manipulation

manipular [manipu'lar] /1a/ *vt* to manipulate; (*manejar*) to handle

maniquí [mani'ki] *nmf* model ▷ *nm* dummy

manivela [mani'βela] *nf* crank

manjar [man'xar] *nm* (tasty) dish

mano ['mano] *nf* hand; (*Zool*) foot, paw; (*de pintura*) coat; (*serie*) lot, series; **a ~** by hand; **a ~ derecha/izquierda** on (o to) the right(-hand side)/left(-hand side); **robo a ~ armada** armed robbery; **de primera ~** (at) first hand; **de segunda ~** (at) second hand; **estrechar la ~ a algn** to shake sb's hand; **~ de obra** labour, manpower

manojo [ma'noxo] *nm* handful, bunch; **~ de llaves** bunch of keys

manopla [ma'nopla] *nf* (*paño*) flannel; **manoplas** *nfpl* mittens

manosear [manose'ar] /1a/ *vt* (*tocar*) to handle, touch; (*desordenar*) to mess up, rumple; (*insistir en*) to overwork; (*acariciar*) to caress, fondle

manos libres *adj inv* (teléfono, dispositivo) hands-free ▷ *nm inv* hands-free kit

manotazo [mano'taβo] *nm* slap, smack

mansalva [man'salβa]: **a ~** *adv* indiscriminately

mansión [man'sjon] *nf* mansion

manso, -a ['manso, a] *adj* gentle, mild; (*animal*) tame

manta ['manta] *nf* blanket

manteca [man'teka] *nf* fat; (*Lam*) butter; **~ de cerdo** lard

mantecado [mante'kaðo] *nm* (*Esp: dulce navideño*) Christmas sweet made from flour, almonds and lard; (*helado*) ice cream

mantel [man'tel] *nm* tablecloth

mantendré *etc* [manten'dre] *vb V* **mantener**

mantener [mante'ner] /2k/ *vt* to support, maintain; (*alimentar*) to sustain; (*conservar*) to keep; (*Tec*) to maintain, service; **mantenerse** *vr* (*seguir de pie*) to be still standing; (*no ceder*) to hold one's ground; (*subsistir*) to sustain o.s., keep going; **mantenimiento** *nm* maintenance; sustenance; (*sustento*) support

mantequilla [mante'kiʎa] *nf* butter

mantilla [man'tiʎa] *nf* mantilla; **mantillas** *nfpl* baby clothes

manto ['manto] *nm* (*capa*) cloak; (*de ceremonia*) robe, gown

mantuve *etc* [man'tuβe] *vb V* **mantener**

manual [ma'nwal] *adj* manual ▷ *nm* manual, handbook

manuscrito, -a [manus'krito, a] *adj* handwritten ▷ *nm* manuscript

manutención [manuten'θjon] *nf* maintenance; (*sustento*) support

manzana [man'θana] *nf* apple; (*Arq*) block

manzanilla [manθa'niʎa] *nf* (*planta*) camomile; (*infusión*) camomile tea

manzano [man'θano] *nm* apple tree

maña ['maɲa] *nf* (*destreza*) skill; (*pey*) guile; (*ardid*) trick

mañana [ma'ɲana] *adv* tomorrow ▷ *nm* future ▷ *nf* morning; **de o por la ~** in the morning; **¡hasta ~!** see you tomorrow!; **~ por la ~** tomorrow morning

mapa ['mapa] *nm* map

maple ['maple] *nm* (*Lam*) maple

maqueta [ma'keta] *nf* (scale) model

maquillador, -a [makiʎa'ðor, a] *nm/f* (*Teat etc*) make-up artist ▷ *nf* (*Lam Com*) bonded assembly plant

maquillaje [maki'ʎaxe] *nm* make-up; (*acto*) making up

maquillar [maki'ʎar] /1a/ *vt* to make up; **maquillarse** *vr* to put on (some) make-up

máquina ['makina] *nf* machine; (*de tren*) locomotive, engine; (*Foto*) camera; (*fig*) machinery; **escrito a ~** typewritten; **~ de afeitar** electric razor; **~ de coser** sewing machine; **~ de escribir** typewriter; **~ fotográfica** camera

maquinaria [maki'narja] *nf* (*máquinas*) machinery; (*mecanismo*) mechanism, works *pl*

maquinilla [maki'niʎa] *nf*: **~ de afeitar** razor

maquinista [maki'nista] *nmf* (*Ferro*) engine driver (BRIT), engineer (US); (*Tec*) operator; (*Naut*) engineer

mar [mar] *nm* sea; **~ adentro** o **afuera** out at sea; **en alta ~** on the high seas; **un ~ de** lots of; **el M-Negro/Báltico** the Black/Baltic Sea

maraña [ma'raɲa] *nf* (*maleza*) thicket; (*confusión*) tangle

maravilla [mara'βiʎa] *nf* marvel, wonder; (*Bot*) marigold; **maravillar** /1a/ *vt* to astonish, amaze; **maravillarse** *vr* to be astonished, be amazed; **maravilloso, -a** *adj* wonderful, marvellous

marca ['marka] *nf* mark; (*sello*) stamp; (*Com*) make, brand; **de ~** excellent, outstanding; **~ de fábrica** trademark; **~ registrada** registered trademark

marcado, -a [mar'kaðo, a] *adj* marked, strong

marcador [marka'ðor] *nm* (*Deporte*) scoreboard; (: *persona*) scorer

marcapasos [marka'pasos] *nm inv* pacemaker

marcar [mar'kar] /1g/ *vt* to mark; (*número de teléfono*) to dial; (*gol*) to score; (*números*) to record, keep a tally of; (*el pelo*) to set ▷ *vi* (*Deporte*) to score; (*Telec*) to dial

marcha ['martʃa] *nf* march; (*Tec*) running, working; (*Auto*) gear; (*velocidad*) speed; (*fig*) progress; (*curso*) course; **dar ~ atrás** to reverse, put into reverse; **estar en ~** to be under way, be in motion; **poner en ~** to put into gear; **ponerse en ~** to start, get going; **marchar** /1a/ *vi* (*ir*) to go; (*funcionar*) to work, go; **marcharse** *vr* to go (away), leave

marchitar [martʃi'tar] /1a/ *vt* to wither, dry up; **marchitarse** *vr* (*Bot*) to wither; (*fig*) to fade away; **marchito, -a** *adj* withered, faded; (*fig*) in decline

marciano, -a [mar'θjano, a] *adj* Martian

marco ['marko] *nm* frame; (*moneda*) mark; (*fig*) framework

marea [ma'rea] *nf* tide; **~ negra** oil slick

marear [mare'ar] /1a/ *vt* (*fig*) to annoy, upset; (*Med*): **~ a algn** to make sb feel sick; **marearse** *vr* (*tener náuseas*) to feel sick; (*desvanecerse*) to feel faint; (*aturdirse*) to feel dizzy; (*fam*: *emborracharse*) to get tipsy

maremoto [mare'moto] *nm* tidal wave

mareo [ma'reo] *nm* (*náusea*) sick feeling; (*en viaje*) travel sickness; (*aturdimiento*) dizziness; (*fam*: *lata*) nuisance

marfil [mar'fil] *nm* ivory

margarina [marɣa'rina] *nf* margarine

margarita [marɣa'rita] *nf* (*Bot*) daisy; (*en máquina impresora*) daisy wheel

margen ['marxen] *nm* (*borde*) edge, border; (*fig*) margin, space ▷ *nf* (*de río etc*) bank; **dar ~ para** to give an opportunity for; **mantenerse al ~** to keep out (of things)

marginar [marxi'nar] /1a/ *vt* to exclude; (*socialmente*) to marginalize, ostracize

mariachi [ma'rjatʃi] *nm* (*música*) mariachi music; (*grupo*) mariachi band; (*persona*) mariachi musician

○ **MARIACHI**
○
○ Mariachi music is the musical style
○ most characteristic of Mexico.
○ From the state of Jalisco in the 19th
○ century, this music spread rapidly
○ throughout the country, until each
○ region had its own particular style

of the mariachi "sound". A mariachi band can be made up of several singers, up to eight violins, two trumpets, guitars, a vihuela (an old form of guitar), and a harp. The dance associated with this music is called the zapateado.

marica [ma'rika] nm (fam!) sissy

maricón [mari'kon] nm (fam!) queer (!)

marido [ma'riðo] nm husband

marihuana [mari'wəna] nf marijuana, cannabis

marina [ma'rina] nf navy; ~ **mercante** merchant navy

marinero, -a [mari'nero, a] adj sea cpd ⊳ nm sailor, seaman

marino, -a [ma'rino, a] adj sea cpd ⊳ nm sailor, seaman, marine ⊳ nm sailor

marioneta [marjo'neta] nf puppet

mariposa [mari'posa] nf butterfly

mariquita [mari'kita] nf (ɪɴɕ), ladybird (ʙʀɪᴛ), ladybug (ᴜs)

marisco [ma'risko] nm (tb: ~s) shellfish, seafood

marítimo, -a [ma'ritimo, a] adj sea cpd, maritime

mármol ['marmol] nm marble

marqués, -esa [mar'kes, esa] nm/f marquis/marchioness

marrón [ma'rron] adj brown

marroquí [marro'ki] adj, nmf Moroccan ⊳ nm Morocco (leather)

Marruecos [ma'rrwekos] nm Morocco

martes ['martes] nm inv Tuesday; ~ **y trece** = Friday 13th

martillo [mar'tiʎo] nm hammer

mártir ['martir] nmf martyr; **martirio** nm martyrdom; (fig) torture, torment

marxismo [mark'sismo] nm Marxism

marzo ['marθo] nm March

mas [mas] conj but

PALABRA CLAVE

más [mas] adj, adv 1: **más (que, de)** (compar) more (than), ...+ er (than); **más grande/inteligente** bigger/more intelligent; **trabaja más (que yo)** he works more (than me); V tb **cada**

2 (superl): **el más** the most, ...+ est; **el más grande/inteligente (de)** the biggest/most intelligent (in)

3 (negativo): **no tengo más dinero** I haven't got any more money; **no viene más por aquí** he doesn't come round here any more

4 (adicional): **no le veo más solución que ...** I see no other solution than to ...; **¿quién más?** anybody else?

5 (+ adj, valor intensivo): **¡qué perro más sucio!** what a filthy dog!; **¡es más tonto!** he's so stupid!

6 (locuciones): **más o menos** more or less; **los más** most people; **es más** furthermore; **más bien** rather; **¡qué más da!** what does it matter!; V tb **no**

7: **por más: por más que lo intento** no matter how much o hard I try; **por más que quisiera ayudar** much as I should like to help

8: **de más: veo que aquí estoy de más** I can see I'm not needed here; **tenemos uno de más** we've got one extra

▶ prep: **2 más 2 son 4** 2 and o plus 2 are 4

▶ nm inv: **este trabajo tiene sus más y sus menos** this job's got its good points and its bad points

masa ['masa] nf (mezcla) dough; (volumen) volume, mass; (Física) mass; **en ~** en masse; **las ~s** (Pol) the masses

masacre [ma'sakre] nf massacre

masaje [ma'saxe] nm massage

máscara ['maskara] nf mask;
~ antigás gas mask; **mascarilla**
nf mask

masculino, -a [masku'lino, a] adj
masculine; (Bio) male

masía [ma'sia] nf farmhouse

masivo, -a [ma'siβo, a] adj (en
masa) mass

masoquista [maso'kista] nmf
masochist

máster ['master] nm master's degree

masticar [masti'kar] /1g/ vt to chew

mástil ['mastil] nm (de navío) mast; (de
guitarra) neck

mastín [mas'tin] nm mastiff

masturbarse [mastur'βarse] /1a/ vr
to masturbate

mata ['mata] nf (arbusto) bush, shrub;
(de hierbas) tuft

matadero [mata'ðero] nm
slaughterhouse, abattoir

matador, a [mata'ðor, a] adj killing
▷ nm (Taur) matador, bullfighter

matamoscas [mata'moskas] nm inv
(palo) fly swat

matanza [ma'tanθa] nf slaughter

matar [ma'tar] /1a/ vt, vi to kill;
matarse vr (suicidarse) to kill o.s.,
commit suicide; (morir) to be o get
killed; **~ el hambre** to stave off
hunger

matasellos [mata'seʎos] nm inv
postmark

mate ['mate] adj matt ▷ nm (en ajedrez)
(check)mate; (LAm: hierba) maté;
(: vasija) gourd

matemáticas [mate'matikas] nfpl
mathematics; **matemático, -a** adj
mathematical ▷ nm/f mathematician

materia [ma'terja] nf (gen) matter;
(Tec) material; (Escol) subject; **en ~
de** on the subject of; **~ prima** raw
material; **material** adj material
▷ nm material; (Tec) equipment;
materialista adj materialist(ic);
materialmente adv materially; (fig)
absolutely

maternal [mater'nal] adj motherly,
maternal

maternidad [materni'ðað] nf
motherhood, maternity; **materno, -a**
adj maternal; (lengua) mother cpd

matinal [mati'nal] adj morning cpd

matiz [ma'tiθ] nm shade; **matizar**
/1f/ vt (variar) to vary; (Arte) to blend;
matizar de to tinge with

matón [ma'ton] nm bully

matorral [mato'rral] nm thicket

matrícula [ma'trikula] nf (registro)
register; (Auto) registration number;
(: placa) number plate; **~ de honor**
(Univ) top marks in a subject with the
right to free registration the
following year; **matricular** /1a/ vt to
register, enrol

matrimonio [matri'monjo] nm
(pareja) (married) couple; (acto)
marriage

matriz [ma'triθ] nf (Anat) womb;
(Tec) mould

matrona [ma'trona] nf (mujer de edad)
matron; (comadrona) midwife

matufia [ma'tufja] nf (LAm fam)
put-up job

maullar [mauʎ'ar] /1a/ vi to mew,
miaow

maxilar [maksi'lar] nm jaw(bone)

máxima ['maksima] nf V **máximo**

máximo, -a ['maksimo, a] adj
maximum; (más alto) highest; (más
grande) greatest ▷ nm maximum ▷ nf
maxim; **como ~** at most

mayo ['majo] nm May

mayonesa [majo'nesa] nf
mayonnaise

mayor [ma'jor] adj main, chief;
(adulto) adult; (elderly; (Mus) major;
(comparativo: de tamaño) bigger; (: de
edad) older; (superlativo: de tamaño)
biggest; (: de edad) oldest ▷ nm adult;
mayores nmpl (antepasados) ancestors;
al por ~ wholesale; **~ de edad** adult

mayoral [majo'ral] nm foreman

mayordomo [major'ðomo] nm
butler

mayoría [majo'ria] nf majority, greater part

mayorista [majo'rista] nmf wholesaler

mayoritario, -a [majori'tarjo, a] adj majority cpd

mayúsculo, -a [ma'juskulo, a] adj (fig) big, tremendous ▷ nf capital (letter)

mazapán [maθa'pan] nm marzipan

mazo ['maθo] nm (martillo) mallet; (de flores) bunch; (Deporte) bat

me [me] pron (directo) me; (indirecto) (to) me; (reflexivo) (to) myself; ¡**dámelo!** give it to me!

mear [me'ar] /1a/ (fam) vi to pee, piss (!)

mecánica [me'kanika] nf V **mecánico**

mecánico, -a [me'kaniko, a] adj mechanical ▷ nm/f mechanic ▷ nf (estudio) mechanics sg; (mecanismo) mechanism

mecanismo [meka'nismo] nm mechanism; (engranaje) gear

mecanografía [mekanoɣra'fia] nf typewriting; **mecanógrafo, -a** nm/f (copy) typist

mecate [me'kate] nm (LAM) rope

mecedor [mese'ðor] nm (LAM); **mecedora** [mese'ðora] nf rocking chair

mecer [me'θer] /2b/ vt (cuna) to rock; **mecerse** vr to rock; (rama) to sway

mecha ['metʃa] nf (de vela) wick; (de bomba) fuse

mechero [me'tʃero] nm (cigarette) lighter

mechón [me'tʃon] nm (gen) tuft; (de pelo) lock

medalla [me'ðaʎa] nf medal

media ['meðja] nf V **medio**

mediado, -a [me'ðjaðo, a] adj half-full; (trabajo) half-completed; **a ~s de** in the middle of, halfway through

mediano, -a [me'ðjano, a] adj (regular) medium, average; (mediocre) mediocre

medianoche [meðja'notʃe] nf midnight

mediante [me'ðjante] adv by (means of), through

mediar [me'ðjar] /1b/ vi (interceder) to mediate, intervene

medicamento [meðika'mento] nm medicine, drug

medicina [meði'θina] nf medicine

médico, -a ['meðiko, a] adj medical ▷ nm/f doctor

medida [me'ðiða] nf measure; (medición) measurement; (moderación) moderation, prudence; **en cierta/gran ~** up to a point/to a great extent; **un traje a la ~** a made-to-measure suit; **~ de cuello** collar size; **a ~ de** in proportion to; (de acuerdo con) in keeping with; **a ~ que ...** (at the same time) as ...; **medidor** nm (LAM) meter

medio, -a ['meðjo, a] adj half (a); (punto) mid, middle; (promedio) average ▷ adv half- ▷ nm (centro) middle, centre; (método) means, way; (ambiente) environment ▷ nf stocking; (LAM) sock; (promedio) average; **medias** nfpl tights; **~ litro** half a litre; **las tres y media** half past three; **M~ Oriente** Middle East; **~ de transporte** means of transport; **a ~ terminar** half finished; **~ ambiente** environment; V tb **medios**; **medioambiental** adj environmental

mediocre [me'ðjokre] adj mediocre

mediodía [meðjo'ðia] nm midday, noon

medios ['meðjos] nmpl means, resources; **los ~ de comunicación** the media; **los ~ sociales** social media

medir [me'ðir] /3k/ vt to measure

meditar [meði'tar] /1a/ vt to ponder, think over, meditate on; (planear) to think out

mediterráneo, -a [meðite'rraneo, a] adj Mediterranean ▷ nm: **el (mar) M~** the Mediterranean (Sea)

médula ['meðula] nf (Anat) marrow; **~ espinal** spinal cord

medusa [me'ðusa] nf (ESP) jellyfish

megáfono [me'ɣafono] nm megaphone

megapíxel [meɣa'piksel] (pl **megapíxeles** o **megapíxeles**) nm megapixel

mejicano, -a [mexi'kano, a] adj, nm/f Mexican

Méjico ['mexiko] nm Mexico

mejilla [me'xiʎa] nf cheek

mejillón [mexi'ʎon] nm mussel

mejor [me'xor] adj, adv (comparativo) better; (superlativo) best; **al ~** probably; (quizá) maybe; **~ dicho** rather; **tanto ~** so much the better; **mejora** [me'xora] nf improvement; **mejorar** /1a/ vt to improve, make better ▷ vi to improve, get better; **mejorarse** vr to improve, get better

melancólico, -a [melaŋ'koliko, a] adj (triste) sad, melancholy; (soñador) dreamy

melena [me'lena] nf (de persona) long hair; (Zool) mane

mellizo, -a [me'ʎiθo, a] adj, nm/f twin

melocotón [meloko'ton] nm (ESP) peach

melodía [melo'ðia] nf melody; tune

melodrama [melo'ðrama] nm melodrama; **melodramático, -a** adj melodramatic

melón [me'lon] nm melon

membrete [mem'brete] nm letterhead

membrillo [mem'briʎo] nm quince; **carne de ~** quince jelly

memoria [me'morja] nf (gen) memory; **memorias** nfpl (de autor) memoirs; **memorizar** /1f/ vt to memorize

menaje [me'naxe] nm (tb: **artículos de ~**) household items pl

mencionar [menθjo'nar] /1a/ vt to mention

mendigo, -a [men'diɣo, a] nm/f beggar

menear [mene'ar] /1a/ vt to move; **menearse** vr to shake; (balancearse)

to sway; (moverse) to move; (fig) to get a move on

menestra [me'nestra] nf: **~ de verduras** vegetable stew

menopausia [meno'pausja] nf menopause

menor [me'nor] adj (más pequeño: comparativo) smaller; (: superlativo) smallest; (más joven: comparativo) younger; (: superlativo) youngest; (Mus) minor ▷ nmf (joven) young person, juvenile; **no tengo la ~ idea** I haven't the faintest idea; **al por ~** retail; **~ de edad** minor

Menorca [me'norka] nf Minorca

 PALABRA CLAVE

menos [menos] adj 1 (comparativo): **menos (que, de)** (cantidad) less (than); (número) fewer (than); **con menos entusiasmo** with less enthusiasm; **menos gente** fewer people; V tb **cada**

2 (superlativo): **es el que menos culpa tiene** he is the least to blame

▶ adv 1 (comparativo): **menos (que, de)** less (than); **me gusta menos que el otro** I like it less than the other one

2 (superlativo): **es el menos listo (de su clase)** he's the least bright (in his class); **de todas ellas es la que menos me agrada** out of all of them she's the one I like least

3 (locuciones): **no quiero verle y menos visitarle** I don't want to see him let alone visit him; **tenemos siete (de) menos** we're seven short; **al/por lo menos** at (the very) least; **¡menos mal!** thank goodness!

▶ prep except; (cifras) minus; **todos menos él** everyone except (for) him; **5 menos 2** 5 minus 2; **las 7 menos 20 (hora)** 20 to 7

▶ conj: **a menos que: a menos que venga mañana** unless he comes tomorrow

menospreciar [menospre'θjar] /1b/ vt to underrate, undervalue; (despreciar) to scorn, despise

mensaje [men'saxe] nm message; **enviar un ~ a algn** (por móvil) to text sb, send sb a text message; **~ de texto** text message; **~ electrónico** email; **mensajero, -a** nm/f messenger

menso, -a ['menso, a] adj (LAM fam) stupid

menstruación [menstrwa'θjon] nf menstruation

mensual [men'swal] adj monthly; **10 euros ~es** 10 euros a month; **mensualidad** nf (salario) monthly salary; (Com) monthly payment o instalment

menta ['menta] nf mint

mental [men'tal] adj mental; **mentalidad** nf mentality; **mentalizar** /1f/ vt (sensibilizar) to make aware; (convencer) to convince; (preparar mentalmente) to prepare mentally; **mentalizarse** vr (concienciarse) to become aware; **mentalizarse (de)** to get used to the idea (of); **mentalizarse de que ...** (convencerse) to get it into one's head that ...

mente ['mente] nf mind

mentir [men'tir] /3i/ vi to lie; **mentira** nf (una mentira) lie; (acto) lying; (invención) fiction; **parece mentira que ...** it seems incredible that ..., I can't believe that ...; **mentiroso, -a** adj lying ▷ nm/f liar

menú [me'nu] nm menu; (tb: **~ del día**) set meal; **~ turístico** tourist menu

menudo, -a [me'nuðo, a] adj (pequeño) small, tiny; (sin importancia) petty, insignificant; **¡~ negocio!** (fam) some deal!; **a ~** often, frequently

meñique [me'nike] nm little finger

mercadillo [merka'ðiʎo] nm (ESP) flea market

mercado [mer'kaðo] nm market; **~ de pulgas** (LAM) flea market

mercancía [merkan'θia] nf commodity; **mercancías** nfpl goods, merchandise sg

mercenario, -a [merθe'narjo, a] adj, nm mercenary

mercería [merθe'ria] nf haberdashery (BRIT), notions pl (US); (tienda) haberdasher's shop (BRIT), drapery (BRIT), notions store (US)

mercurio [mer'kurjo] nm mercury

merecer [mere'θer] /2d/ vt to deserve, merit ▷ vi to be deserving, be worthy; **merece la pena** it's worthwhile; **merecido, -a** adj (well) deserved; **llevarse su merecido** to get one's deserts

merendar [meren'dar] /1j/ vt to have for tea ▷ vi to have tea; (en el campo) to have a picnic; **merendero** nm (open-air) café

merengue [me'renge] nm meringue

meridiano [meri'ðjano] nm (Astro, Geo) meridian

merienda [me'rjenda] nf (light) tea, afternoon snack; (de campo) picnic

mérito ['merito] nm merit; (valor) worth, value

merluza [mer'luθa] nf hake

mermelada [merme'laða] nf jam

mero, -a ['mero, a] adj mere; (LAM fam) very

merodear [meroðe'ar] /1a/ vi (de noche) to prowl (about)

mes [mes] nm month

mesa ['mesa] nf table; (de trabajo) desk; (Geo) plateau; **~ electoral** officials in charge of a polling station; **~ redonda** (reunión) round table; **poner/quitar la ~** to lay/clear the table; **mesero, -a** nm/f (LAM) waiter/waitress

meseta [me'seta] nf (Geo) tableland

mesilla [me'siʎa] nf: **~ de noche** bedside table

mesón [me'son] nm inn

mestizo, -a [mes'tiθo, a] adj mixed-race ▷ nm/f person of mixed race

meta ['meta] nf goal; (de carrera) finish

m

metabolismo [metaβo'lismo] nm
metabolism

metáfora [me'tafora] nf metaphor

metal [me'tal] nm (materia) metal;
(Mus) brass; **metálico, -a** adj metallic;
(de metal) metal ▷ nm (dinero contante)
cash

meteorología [meteorolo'xia] nf
meteorology

meter [me'ter] /2a/ vt (colocar) to
put, place; (introducir) to put in,
insert; (involucrar) to involve; (causar)
to make, cause; **meterse** vr: **~se en**
to go into, enter; (fig) to interfere
in, meddle in; **~se a** to start; **~se a
escritor** to become a writer; **~se con
algn** to provoke sb, pick a quarrel
with sb

meticuloso, -a [metiku'loso, a] adj
meticulous, thorough

metódico, -a [me'toðiko, a] adj
methodical

método [me'toðo] nm method

metralleta [metra'ʎeta] nf sub-
machine-gun

métrico, -a [me'triko, a] adj metric

metro [me'tro] nm metre; (tren)
underground (BRIT), subway (US)

metrosexual [metrosexu'al] adj, nm
metrosexual

mexicano, -a [mexi'kano, a] adj,
nm/f Mexican

México ['mexiko] nm Mexico;
Ciudad de ~ Mexico City

mezcla ['meθkla] nf mixture; **mezclar**
/1a/ vt to mix (up); **mezclarse** vr to
mix, mingle; **mezclar en** to get mixed
up in, get involved in

mezquino, -a [meθ'kino, a] adj
mean

mezquita [meθ'kita] nf mosque

mg abr (= miligramo(s)) mg

mi [mi] adj posesivo my ▷ nm (Mus) E

mí [mi] pron me, myself

mía ['mia] pron V **mío**

michelín [mitʃe'lin] nm (fam)
spare tyre

microbio [mi'kroβjo] nm microbe

micrófono [mi'krofono] nm
microphone

microonda [mikro'onda] nf,
microondas [mikro'ondas] nm inv
microwave; **(horno) ~s** microwave
(oven)

microscopio [mikros'kopjo] nm
microscope

miedo ['mjeðo] nm fear; (nerviosismo)
apprehension, nervousness; **tener
~** to be afraid; **de ~** wonderful,
marvellous; **hace un frío de ~** (fam)
it's terribly cold; **miedoso, -a** adj
fearful, timid

miel [mjel] nf honey

miembro ['mjembro] nm limb; (socio)
member; **~ viril** penis

mientras ['mjentras] conj while;
(duración) as long as ▷ adv meanwhile;
~ tanto meanwhile

miércoles ['mjerkoles] nm inv
Wednesday

mierda ['mjerða] nf (fam!) shit (!)

miga ['miya] nf crumb; (fig: meollo)
essence; **hacer buenas ~s** (fam) to
get on well

mil [mil] num thousand; **dos ~ libras**
two thousand pounds

milagro [mi'layro] nm miracle;
milagroso, -a adj miraculous

milésima [mi'lesima] nf (de segundo)
thousandth

mili ['mili] nf: **hacer la ~** (fam) to do
one's military service

milímetro [mi'limetro] nm
millimetre (BRIT), millimeter (US)

militante [mili'tante] adj militant

militar [mili'tar] /1a/ adj military
▷ nm/f soldier ▷ vi to serve in the army

milla ['miʎa] nf mile

millar [mi'ʎar] num thousand

millón [mi'ʎon] num million;
millonario, -a nm/f millionaire

milusos [mi'lusos] nm inv (LAM)
odd-job man

mimar [mi'mar] /1a/ vt to spoil,
pamper

mimbre ['mimbre] nm wicker

mímica ['mimika] *nf (para comunicarse)* sign language; *(imitación)* mimicry

mimo ['mimo] *nm (caricia)* caress; *(de niño)* spoiling; *(Teat)* mime; *(: actor)* mime artist

mina ['mina] *nf* mine

mineral [mine'ral] *adj* mineral ▷ *nm (Geo)* mineral; *(mena)* ore

minero, -a [mi'nero, a] *adj* mining *cpd* ▷ *nm/f* miner

miniatura [minja'tura] *adj inv, nf* miniature

minidisco [mini'ðisko] *nm* diskette

minifalda [mini'falda] *nf* miniskirt

mínimo, -a ['minimo, a] *adj* ▷ *nm* minimum

minino, -a [mi'nino, a] *nm/f (fam)* puss, pussy

ministerio [minis'terjo] *nm* ministry (BRIT), department (US); **M~ de Asuntos Exteriores** Foreign Office (BRIT), State Department (US); **M~ de Hacienda** Treasury (BRIT), Treasury Department (US)

ministro, -a [mi'nistro, a] *nm/f* minister

minoría [mino'ria] *nf* minority

minúsculo, -a [mi'nuskulo, a] *adj* tiny, minute ▷ *nf* small letter

minusválido, -a [minus'βalido, a] *adj (physically)* disabled ▷ *nm/f* person with a disability

minuta [mi'nuta] *nf (de comida)* menu

minutero [minu'tero] *nm* minute hand

minuto [mi'nuto] *nm* minute

mío, -a ['mio, a] *pron:* **el ~ mine**; **un amigo ~** a friend of mine; **lo ~** what is mine

miope [mi'ope] *adj* short-sighted

mira ['mira] *nf (de arma)* sight(s) *pl*; *(fig)* aim, intention

mirada [mi'raða] *nf* look, glance; *(expresión)* look, expression; **clavar la ~ en** to stare at; **echar una ~ a** to glance at

mirado, -a [mi'raðo, a] *adj (sensato)* sensible; *(considerado)* considerate; **bien/mal ~** well/not well thought of; **bien ~ ...** all things considered ...

mirador [mira'ðor] *nm* viewpoint, vantage point

mirar [mi'rar] /1a/ *vt* to look at; *(observar)* to watch; *(considerar)* to consider, think over; *(vigilar, cuidar)* to watch, look after ▷ *vi* to look; *(Arq)* to face; **mirarse** *vr (dos personas)* to look at each other; **~ bien/mal** to think highly of/have a poor opinion of; **~se al espejo** to look at o.s. in the mirror

mirilla [mi'riʎa] *nf* spyhole, peephole

mirlo ['mirlo] *nm* blackbird

misa ['misa] *nf* mass

miserable [mise'raβle] *adj (avaro)* mean, stingy; *(nimio)* miserable, paltry; *(lugar)* squalid; *(fam)* vile, despicable ▷ *nm/f (malvado)* rogue

miseria [mi'serja] *nf (pobreza)* poverty; *(tacañería)* meanness, stinginess; *(condiciones)* squalor; **una ~** a pittance

misericordia [miseri'korðja] *nf (compasión)* compassion, pity; *(perdón)* mercy

misil [mi'sil] *nm* missile

misión [mi'sjon] *nf* mission; **misionero, -a** [misjo'nero, a] *nm/f* missionary

mismo, -a ['mismo, a] *adj (semejante)* same; *(después de pronombre)* -self; *(para énfasis)* very ▷ *adv:* **aquí/ayer/ hoy ~** right here/only yesterday/this very day; **ahora ~** right now ▷ *conj:* **lo ~ que** just like, just as; **por lo ~** for the same reason; **el ~ traje** the same suit; **en ese ~ momento** at that very moment; **vino el ~ Ministro** the Minister himself came; **yo ~ lo vi** I saw it myself; **lo ~** the same (thing); **da lo ~** it's all the same; **quedamos en las mismas** we're no further forward

misterio [mis'terjo] *nm* mystery; **misterioso, -a** *adj* mysterious

mitad [mi'tað] *nf (de medio)* half; *(centro)* middle; **a ~ de precio** (at) half-price;

en o a **~ del camino** halfway along the road; **cortar por la ~** to cut through the middle

mitin ['mitin] nm meeting

mito ['mito] nm myth

mixto, -a ['miksto, a] adj mixed

ml abr (= mililitro(s)) ml

mm abr (= milímetro(s)) mm

mobiliario [moβi'ljarjo] nm furniture

mochila [mo'tʃila] nf rucksack (BRIT), backpack

moco ['moko] nm mucus; **mocos** nmpl (fam) snot; **limpiarse los ~s** to blow one's nose

moda ['moða] nf fashion; (estilo) style; **de** o a la **~** in fashion, fashionable; **pasado de ~** out of fashion

modal [mo'ðal] adj modal; **modales** nmpl manners

modelar [moðe'lar] /1a/ vt to model

modelo [mo'ðelo] adj inv ≥ nmf model

módem ['moðem] nm (Inform) modem

moderado, -a [moðe'raðo, a] adj moderate

moderar [moðe'rar] /1a/ vt to moderate; (violencia) to restrain, control; (velocidad) to reduce; **moderarse** vr to restrain o.s., control o.s.

modernizar [moðerni'θar] /1f/ vt to modernize

moderno, -a [mo'ðerno, a] adj modern; (actual) present-day

modestia [mo'ðestja] nf modesty; **modesto, -a** adj modest

modificar [moðifi'kar] /1g/ vt to modify

modisto, -a [mo'ðisto, a] nm/f (diseñador) couturier, designer; (que confecciona) dressmaker

modo ['moðo] nm way, manner; (Inform, Mus) mode; **modos** nmpl manners; **"~ de empleo"** "instructions for use"; **de ningún ~** in no way; **de todos ~s** at any rate

mofarse [mo'farse] /1a/ vr: **~ de** to mock, scoff at

mofle ['mofle] nm (LAM) silencer (BRIT), muffler (US)

mogollón [moɣo'ʎon] (fam) adv: **un ~** a hell of a lot

moho ['moo] nm mould, mildew; (en metal) rust

mojar [mo'xar] /1a/ vt to wet; (humedecer) to damp(en), moisten; (calar) to soak; **mojarse** vr to get wet

molcajete [molka'xete] (LAM) nm mortar

molde ['molde] nm mould; (de costura) pattern; (fig) model; **moldeado** nm soft perm; **moldear** /1a/ vt to mould

mole ['mole] nf mass, bulk; (edificio) pile

moler [mo'ler] /2h/ vt to grind, crush

molestar [moles'tar] /1a/ vt to bother; (fastidiar) to annoy; (incomodar) to inconvenience, put out ≥ vi to be a nuisance; **molestarse** vr to bother; (incomodarse) to go to a lot of trouble; (ofenderse) to take offence; **¿le molesta el ruido?** do you mind the noise?

▌ No confundir molestar con la palabra inglesa molest.

molestia [mo'lestja] nf bother, trouble; (incomodidad) inconvenience; (Med) discomfort; **es una ~** it's a nuisance; **molesto, -a** adj (que fastidia) annoying; (incómodo) inconvenient; (inquieto) uncomfortable, ill at ease; (enfadado) annoyed

molido, -a [mo'liðo, a] adj: **estar ~** (fig) to be exhausted o dead beat

molinillo [moli'niʎo] nm hand mill; **~ de carne/café** mincer/coffee grinder

molino [mo'lino] nm (edificio) mill; (máquina) grinder

momentáneo, -a [momen'taneo, a] adj momentary

momento [mo'mento] nm moment; **de ~** at the moment, for the moment

momia ['momja] nf mummy

monarca [mo'narka] nmf monarch, ruler; **monarquía** nf monarchy

monasterio [monas'terjo] nm
monastery
mondar [mon'dar] /1a/ vt to peel;
mondarse vr: **~se de risa** (fam) to
split one's sides laughing
mondongo [mon'dongo] nm (LAM)
tripe
moneda [mo'neða] nf (tipo de dinero)
currency, money; (pieza) coin; **una
~ de 50 céntimos** a 50-cent coin;
monedero nm purse
monitor, a [moni'tor, a] nm/f
instructor, coach ▷ nm (TV) set;
(Inform) monitor
monja ['monxa] nf nun
monje ['monxe] nm monk
mono, -a ['mono, a] adj (bonito)
lovely, pretty; (gracioso) nice, charming
▷ nm/f monkey, ape ▷ nm dungarees
pl; (traje de faena) overalls pl
monopatín [monopa'tin] nm
skateboard
monopolio [mono'poljo] nm
monopoly; **monopolizar** /1f/ vt to
monopolize
monótono, -a [mo'notono, a] adj
monotonous
monstruo ['monstrwo] nm monster
▷ adj inv fantastic; **monstruoso, -a**
adj monstrous
montaje [mon'taxe] nm assembly;
(Teat) décor; (Cine) montage
montaña [mon'taɲa] nf (monte)
mountain; (sierra) mountains pl,
mountainous area; **~ rusa** roller
coaster; **montañero, -a** nm/f
mountaineer; **montañismo** nm
mountaineering
montar [mon'tar] /1a/ vt (subir a)
to mount, get on; (Tec) to assemble,
put together; (negocio) to set up;
(colocar) to set up; (Culin) to whip,
beat ▷ vi to mount, get on; (sobresalir)
to overlap; **~ en bicicleta** to ride a
bicycle; **~ en cólera** to get angry; **~ a
caballo** to ride, go horseriding
monte ['monte] nm (montaña)
mountain; (bosque) woodland; (área

sin cultivar) wild area, wild country; **~
de piedad** pawnshop
montón [mon'ton] nm heap, pile; **un
~ de** (fig) heaps of, lots of
monumento [monu'mento] nm
monument
moño ['moɲo] nm bun
moqueta [mo'keta] nf fitted carpet
mora ['mora] nf blackberry
morado, -a [mo'raðo, a] adj purple,
violet ▷ nm bruise
moral [mo'ral] adj moral ▷ nf (ética)
ethics pl; (moralidad) morals pl,
morality; (ánimo) morale
moraleja [mora'lexa] nf moral
morboso, -a [mor'βoso, a] adj
morbid
morcilla [mor'θiʎa] nf blood sausage,
≈ black pudding (BRIT)
mordaza [mor'ðaθa] nf (para la boca)
gag; (Tec) clamp
morder [mor'ðer] /2h/ vt to bite;
(fig: consumir) to eat away, eat into;
mordisco nm bite
moreno, -a [mo'reno, a] adj (color)
(dark) brown; (de tez) dark; (de pelo
moreno) dark-haired; (negro) black
morfina [mor'fina] nf morphine
moribundo, -a [mori'βundo, a]
adj dying
morir [mo'rir] /3j/ vi to die; (fuego)
to die down; (luz) to go out; **morirse** vr
to die; (fig) to be dying; **fue muerto a
tiros/en un accidente** he was shot
(dead)/was killed in an accident; **~se
por algo** to be dying for sth
moro, -a ['moro, a] adj Moorish
▷ nm/f Moor
moroso, -a [mo'roso, a] nm/f (Com)
bad debtor, defaulter
morro ['morro] nm (Zool) snout, nose;
(Auto, Aviat) nose
morsa ['morsa] nf walrus
mortadela [morta'ðela] nf
mortadella
mortal [mor'tal] adj mortal; (golpe)
deadly; **mortalidad** nf mortality
mortero [mor'tero] nm mortar

m

mosca ['moska] *nf* fly

Moscú [mos'ku] *nm* Moscow

mosquear [moske'ar] /1a/ (*fam*) *vt* (*fastidiar*) to annoy; **mosquearse** *vr* (*enfadarse*) to get annoyed; (*ofenderse*) to take offence

mosquitero [moski'tero] *nm* mosquito net

mosquito [mos'kito] *nm* mosquito

mostaza [mos'taθa] *nf* mustard

mosto ['mosto] *nm* unfermented grape juice

mostrador [mostra'ðor] *nm* (*de tienda*) counter; (*de café*) bar

mostrar [mos'trar] /1l/ *vt* to show; (*exhibir*) to display, exhibit; (*explicar*) to explain; **mostrarse** *vr*:
~se amable to be kind; to prove to be kind; **no se muestra muy inteligente** he doesn't seem (to be) very intelligent

mota ['mota] *nf* speck, tiny piece; (*en diseño*) dot

mote ['mote] *nm* nickname

motín [mo'tin] *nm* (*del pueblo*) revolt, rising; (*del ejército*) mutiny

motivar [moti'βar] /1a/ *vt* (*causar*) to cause, motivate; (*explicar*) to explain, justify; **motivo** *nm* motive, reason

moto ['moto] *nf*, **motocicleta** [motoθi'kleta] *nf* motorbike (*BRIT*), motorcycle

motociclista [motoθi'klista] *nmf* motorcyclist, biker

motoneta [moto'neta] *nf* (*LAM*) (*motor*) scooter

motor, a [mo'tor, a] *nm* motor, engine ▷ *nf* motorboat; **~ a chorro o de reacción/de explosión** jet engine/internal combustion engine

movedizo, -a [moβe'ðiθo, a] *adj* (*inseguro*) unsteady; (*fig*) unsettled

mover [mo'βer] /2h/ *vt* to move; (*cabeza*) to shake; (*accionar*) to drive; (*fig*) to cause, provoke; **moverse** *vr* to move; (*fig*) to get a move on

móvil ['moβil] *adj* mobile; (*pieza de máquina*) moving; (*mueble*) movable ▷ *nm* (*motivo*) motive; (*teléfono*) mobile, cellphone (*us*)

movimiento [moβi'mjento] *nm* movement; (*Tec*) motion; (*actividad*) activity

mozo, -a ['moθo, a] *adj* (*joven*) young ▷ *nm/f* youth, young man/girl; (*camarero*) waiter; (*camarera*) waitress

MP3 *nm* MP3; **reproductor (de) ~** MP3 player

mucama [mu'kama] *nf* (*LAM*) maid

muchacho, -a [mu'tʃatʃo, a] *nm/f* (*niño*) boy/girl; (*criado*) servant/ servant o maid

muchedumbre [mutʃe'ðumbre] *nf* crowd

PALABRA CLAVE

mucho, -a ['mutʃo, a] *adj* **1** (*cantidad*) a lot of, much; (*número*) lots of, a lot of, many; **mucho dinero** a lot of money; **hace mucho calor** it's very hot; **muchas amigas** lots o a lot of o many friends

2 (*sg: fam*): **ésta es mucha casa para él** this house is much too big for him
▶ *pron* **1**: **tengo mucho que hacer** I've got a lot to do; **muchos dicen que ...** a lot of people say that ...; *V tb* **tener**
▶ *adv* **1**: **me gusta mucho** I like it a lot o very much; **lo siento mucho** I'm very sorry; **come mucho** he eats a lot; **¿te vas a quedar mucho?** are you going to be staying long?

2 (*respuesta*) very; **¿estás cansado? — ¡mucho!** are you tired? — very!

3 (*locuciones*): **como mucho** at (the) most; **el mejor con mucho** by far the best; **no es rico ni mucho menos** he's far from being rich

4: **por mucho que: por mucho que le creas** however much o no matter how much you believe him

muda ['muða] *nf* change of clothing

mudanza [mu'ðanθa] *nf* (*de casa*) move

mudar [mu'ðar] /1a/ vt to change; (Zool) to shed ▷ vi to change; **mudarse** vr (la ropa) to change; **~se de casa** to move house

mudo, -a ['muðo, a] adj with a speech impairment; (callado) silent

mueble ['mweβle] nm piece of furniture; **muebles** nmpl furniture sg

mueca ['mweka] nf face, grimace; **hacer ~s a** to make faces at

muela ['mwela] nf tooth; (~ del juicio) wisdom tooth

muelle ['mweʎe] nm spring; (Naut) wharf; (malecón) pier

muerte ['mwerte] nf death; (homicidio) murder; **dar ~ a** to kill

muerto, -a ['mwerto, a] pp de **morir** ▷ adj dead ▷ nm/f dead man/ woman; (difunto) deceased; (cadáver) corpse; **estar ~ de cansancio** to be dead tired; **Día de los M~s** (LAm) All Souls' Day

○ **DÍA DE LOS MUERTOS**
○
○ All Souls' Day (or 'Day of the Dead')
○ in Mexico coincides with All Saints'
○ Day, which is celebrated in the
○ Catholic countries of Latin America
○ on November 1st and 2nd. All Souls'
○ Day is actually a celebration which
○ begins in the evening of October
○ 31st and continues until November
○ 2nd. It is a combination of the
○ Catholic tradition of honouring
○ the Christian saints and martyrs,
○ and the ancient Mexican or Aztec
○ traditions, in which death was
○ not something sinister. For this
○ reason all the dead are honoured by
○ bringing offerings of food, flowers
○ and candles to the cemetery.

muestra ['mwestra] nf (señal) indication, sign; (demostración) demonstration; (prueba) proof; (estadística) sample; (modelo) model, pattern; (testimonio) token

muestro etc vb V **mostrar**

muevo etc vb V **mover**

mugir [mu'xir] /3c/ vi (vaca) to moo

mugre ['muɣre] nf dirt, filth

mujer [mu'xer] nf woman; (esposa) wife; **mujeriego** nm womaniser

mula ['mula] nf mule

muleta [mu'leta] nf (para andar) crutch; (Taur) stick with red cape attached

multa ['multa] nf fine; **echar o poner una ~ a** to fine; **multar** /1a/ vt to fine

multicines [multi'θine] nmpl multiscreen cinema

multinacional [multinaθjo'nal] nf multinational

múltiple ['multiple] adj multiple, many pl, numerous

multiplicar [multipli'kar] /1g/ vt (Mat) to multiply; (fig) to increase; **multiplicarse** vr (Bio) to multiply; (fig) to be everywhere at once

multitud [multi'tuð] nf (muchedumbre) crowd; **~ de** lots of

mundial [mun'djal] adj world-wide, universal; (guerra, récord) world cpd

mundo ['mundo] nm world; **todo el ~** everybody; **tener ~** to be experienced, know one's way around

munición [muni'θjon] nf ammunition

municipal [muniθi'pal] adj municipal; local

municipio [muni'θipjo] nm (ayuntamiento) town council, corporation; (territorio administrativo) town, municipality

muñeca [mu'ɲeka] nf (Anat) wrist; (juguete) doll

muñeco [mu'ɲeko] nm (figura) figure; (marioneta) puppet; (fig) puppet, pawn

mural [mu'ral] adj mural, wall cpd ▷ nm mural

muralla [mu'raʎa] nf (city) walls pl

murciélago [mur'θjelaɣo] nm bat

murmullo [mur'muʎo] nm murmur(ing); (cuchicheo) whispering

murmurar [murmu'rar] /1a/ vi to murmur, whisper; (cotillear) to gossip
muro ['muro] nm wall
muscular [musku'lar] adj muscular
músculo ['muskulo] nm muscle
museo [mu'seo] nm museum; **~ de arte** o **de pintura** art gallery
musgo ['musɣo] nm moss
músico, -a ['musiko, a] adj musical ▷ nm/f musician ▷ nf music
muslo ['muslo] nm thigh
musulmán, -ana [musul'man, ana] nm/f Moslem
mutación [muta'θjon] nf (Bio) mutation; (cambio) (sudden) change
mutilar [muti'lar] /1a/ vt to mutilate; (a una persona) to maim
mutuo, -a ['mutwo, a] adj mutual
muy [mwi] adv very; (demasiado) too; **M~ Señor mío** Dear Sir; **~ de noche** very late at night; **eso es ~ de él** that's just like him

N abr (= norte) N
nabo ['naβo] nm turnip
nacer [na'θer] /2d/ vi to be born; (huevo) to hatch; (vegetal) to sprout; (río) to rise; **nací en Barcelona** I was born in Barcelona; **nacido, -a** adj born; **recién nacido** newborn; **nacimiento** nm birth; (de Navidad) Nativity; (de río) source
nación [na'θjon] nf nation; **nacional** adj national; **nacionalidad** nf nationality; **nacionalismo** nm nationalism
nada ['naða] pron nothing ▷ adv not at all, in no way; **no decir ~ (más)** to say nothing (else), not to say anything (else); **¡~ más!** that's all; **de ~** don't mention it
nadador, a [naða'ðor, a] nm/f swimmer
nadar [na'ðar] /1a/ vi to swim
nadie ['naðje] pron nobody, no-one; **~ habló** nobody spoke; **no había ~**

there was nobody there, there wasn't anybody there

nado ['naðo]: **a ~** *adv*: **pasar a ~** to swim across

nafta ['nafta] *nf* (LAM) petrol (BRIT), gas(oline) (US)

naipe ['naipe] *nm* (playing) card; **naipes** *nmpl* cards

nalgas ['nalɣas] *nfpl* buttocks

nalguear [nalɣe'ar] /1a/ *vt* (LAM, CAM) to spank

nana ['nana] *nf* lullaby

naranja [na'ranxa] *adj inv, nf* orange; **media ~** (*fam*) better half; **naranjada** *nf* orangeade; **naranjo** *nm* orange tree

narciso [nar'θiso] *nm* narcissus

narcótico, -a [nar'kotiko, a] *adj, nm* narcotic; **narcotizar** /1f/ *vt* to drug; **narcotráfico** *nm* narcotics o drug trafficking

nariz [na'riθ] *nf* nose; **~ chata/ respingona** snub/turned-up nose

narración [narra'θjon] *nf* narration

narrar [na'rrar] /1a/ *vt* to narrate, recount

narrativo, -a [narra'tiβo, a] *adj, nf* narrative

nata ['nata] *nf* cream (tb fig); (*en leche cocida etc*) skin; **~ batida** whipped cream

natación [nata'θjon] *nf* swimming

natal [na'tal] *adj*: **ciudad ~** home town; **natalidad** *nf* birth rate

natillas [na'tiʎas] *nfpl* (egg) custard *sg*

nativo, -a [na'tiβo, a] *adj, nm/f* native

natural [natu'ral] *adj* natural; (*fruta etc*) fresh ▷ *nmf* native ▷ *nm* disposition, temperament; **buen ~** good nature

naturaleza [natura'leθa] *nf* nature; (*género*) nature, kind; **~ muerta** still life

naturalmente [natural'mente] *adv* (*de modo natural*) in a natural way; **¡~!** of course!

naufragar [naufra'ɣar] /1h/ *vi* to sink; **naufragio** *nm* shipwreck

náusea ['nausea] *nf* nausea; **me da ~s** it makes me feel sick

nauseabundo, -a [nausea'βundo, a] *adj* nauseating, sickening

náutico, -a ['nautiko, a] *adj* nautical

navaja [na'βaxa] *nf* penknife; **~ (de afeitar)** razor

naval [na'βal] *adj* naval

Navarra [na'βarra] *nf* Navarre

nave ['naβe] *nf* (*barco*) ship, vessel; (*Arq*) nave; **~ espacial** spaceship; **~ industrial** factory premises *pl*

navegador [naβeɣa'ðor] *nm* (*Inform*) browser

navegante [naβe'ɣante] *nmf* navigator

navegar [naβe'ɣar] /1h/ *vi* (*barco*) to sail; (*avión*) to fly; **~ por Internet** to surf the Net

Navidad [naβi'ðað] *nf* Christmas; **Navidades** *nfpl* Christmas time *sg*; **¡Feliz ~!** Merry Christmas!; **navideño, -a** *adj* Christmas *cpd*

nazca *etc vb* V **nacer**

nazi ['naθi] *adj, nmf* Nazi

NE *abr* (= *nor(d)este*) NE

neblina [ne'βlina] *nf* mist

necesario, -a [neθe'sarjo, a] *adj* necessary

neceser [neθe'ser] *nm* toilet bag; (*bolsa grande*) holdall

necesidad [neθesi'ðað] *nf* need; (*lo inevitable*) necessity; (*miseria*) poverty; **en caso de ~** in case of need o emergency; **hacer sus ~es** to relieve o.s.

necesitado, -a [neθesi'taðo, a] *adj* needy, poor; **~ de** in need of

necesitar [neθesi'tar] /1a/ *vt* to need, require

necio, -a ['neθjo, a] *adj* foolish

nectarina [nekta'rina] *nf* nectarine

nefasto, -a [ne'fasto, a] *adj* ill-fated, unlucky

negación [neɣa'θjon] *nf* negation; (*rechazo*) refusal, denial

negar [ne'ɣar] /1h, 1j/ *vt* (*renegar, rechazar*) to refuse; (*prohibir*) to refuse,

n

deny; (*desmentir*) to deny; **negarse** *vr*:
~se a hacer algo to refuse to do sth

negativo, -a [neɣa'tiβo, a] *adj, nm*
negative ▷ *nf* negative; (*rechazo*)
refusal, denial

negligente [neɣli'xente] *adj*
negligent

negociación [neɣoθja'θjon] *nf*
negotiation

negociante [neɣo'θjante] *nmf*
businessman/woman

negociar [neɣo'θjar] /1b/ *vt, vi* to
negotiate; **~ en** to deal in, trade in

negocio [ne'ɣoθjo] *nm* (Com)
business; (*asunto*) affair, business;
(*operación comercial*) deal, transaction;
(*lugar*) place of business; **los ~s**
business *sg*; **hacer ~** to do business

negra [neɣra] *nf* (Mus) crotchet;
V tb **negro**

negro, -a ['neɣro, a] *adj* black;
(*suerte*) awful ▷ *nm/f* black person

nene, -a ['nene, a] *nm/f* baby, small
child

neón [ne'on] *nm*: **luces/lámpara de
~** neon lights/lamp

neoyorquino, -a [neojor'kino, a]
adj New York cpd

nervio ['nerβjo] *nm* nerve;
nerviosismo *nm* nervousness, nerves
pl; **nervioso, -a** *adj* nervous

neto, -a ['neto, a] *adj* net

neumático, -a [neu'matiko, a] *adj*
pneumatic ▷ *nm* (ESP) tyre (BRIT), tire
(US); **~ de recambio** spare tyre

neurólogo, -a [neu'roloɣo, a] *nm/f*
neurologist

neurona [neu'rona] *nf* neuron

neutral [neu'tral] *adj* neutral;
neutralizar /1f/ *vt* to neutralize;
(*contrarrestar*) to counteract

neutro, -a ['neutro, a] *adj* (Bio,
Ling) neuter; **~ en carbono**
carbon-neutral

neutrón [neu'tron] *nm* neutron

nevado, -a [ne'βaðo, a] *adj* snow-
covered ▷ *nf* snowstorm; (*caída de
nieve*) snowfall

nevar [ne'βar] /1j/ *vi* to snow

nevera [ne'βera] *nf* (ESP) refrigerator
(BRIT), icebox (US)

nevería [neβe'ria] *nf* (LAM) ice-cream
parlour

nexo ['nekso] *nm* link, connection

ni [ni] *conj* nor, neither; (*tb*: **ni
siquiera**) not even; **ni que** not even
if; **ni blanco ni negro** neither white
nor black

Nicaragua [nika'raɣwa] *nf*
Nicaragua; **nicaragüense** *adj, nmf*
Nicaraguan

nicho ['nitʃo] *nm* niche

nicotina [niko'tina] *nf* nicotine

nido ['niðo] *nm* nest

niebla ['njeβla] *nf* fog; (*neblina*) mist

niego *etc* ['njeɣo] *vb* V **negar**

nieto, -a ['njeto, a] *nm/f* grandson/
granddaughter; **nietos** *nmpl*
grandchildren

nieve ['njeβe] *vb* V **nevar** ▷ *nf* snow;
(LAM) ice cream

ninfa ['ninfa] *nf* nymph

ningún [nin'ɣun] *adj* V **ninguno**

ninguno, -a [nin'ɣuno, a] *adj no*
▷ *pron (nadie)* nobody; *(ni uno)* none,
not one; *(ni uno ni otro)* neither; **de
ninguna manera** by no means,
not at all

niña ['niɲa] *nf* V **niño**

niñera [ni'ɲera] *nf* nursemaid, nanny

niñez [ni'ɲeθ] *nf* childhood; (*infancia*)
infancy

niño, -a ['niɲo, a] *adj (joven)* young;
(*inmaduro*) immature ▷ *nm* boy, child
▷ *nf* girl, child; (Anat) pupil

nipón, -ona [ni'pon, ona] *adj, nm/f*
Japanese

níquel ['nikel] *nm* nickel

níspero ['nispero] *nm* medlar

nítido, -a [ni'tiðo, a] *adj* clear, sharp

nitrato [ni'trato] *nm* nitrate

nitrógeno [ni'troxeno] *nm* nitrogen

nivel [ni'βel] *nm* (Geo) level; (*norma*)
level, standard; (*altura*) height; **~ de
aceite** oil level; **~ de aire** spirit level;
~ de vida standard of living; **nivelar**

/ia/ vt to level out; (fig) to even up; (Com) to balance

no [no] adv no; (con verbo) not ▷ excl no!; **no tengo nada** I don't have anything, I have nothing; **no es el mío** it's not mine; **ahora no** not now; **¿no lo sabes?** don't you know?; **no mucho** not much; **no bien termine, lo entregaré** as soon as I finish I'll hand it over; **ayer no más** just yesterday; **¡pase no más!** come in!; **¡a que no lo sabes!** I bet you don't know!; **¡cómo no!** of course!; **la no intervención** non-intervention

noble ['noβle] adj, nmf noble; **nobleza** nf nobility

noche ['notʃe] nf night, night-time; (la tarde) evening; **de ~, por la ~** at night; **ayer por la ~** last night; **esta ~** tonight; **(en) toda la ~** all night; **hacer ~ en un sitio** to spend the night in a place; **se hace de ~** it's getting dark; **es de ~** it's dark; **N~ de San Juan** see note

○ **NOCHE DE SAN JUAN**

○ The Noche de San Juan on the 24th
○ June is a fiesta coinciding with the
○ summer solstice and which has
○ taken the place of other ancient
○ pagan festivals. Traditionally
○ fire plays a major part in these
○ festivities with celebrations and
○ dancing taking place around
○ bonfires in towns and villages
○ across the country.

nocivo, -a [no'θiβo, a] adj harmful

noctámbulo, -a [nok'tambulo, a] nm/f sleepwalker

nocturno, -a [nok'turno, a] adj (de la noche) nocturnal, night cpd; (de la tarde) evening cpd ▷ nm nocturne

nogal [no'ɣal] nm walnut tree

nómada ['nomaða] adj nomadic ▷ nmf nomad

nombrar [nom'brar] /1a/ vt to name; (mencionar) to mention; (designar) to appoint

nombre ['nombre] nm name; (sustantivo) noun; **~ y apellidos** name in full; **poner ~ a** to call, name; **~ común/propio** common/proper noun; **~ de pila/de soltera** Christian/maiden name; **~ de usuario** (Inform) username

nómina ['nomina] nf (Com) payroll; (hoja) payslip

nominal [nomi'nal] adj nominal

nominar [nomi'nar] /1a/ vt to nominate

nominativo, -a [nomina'tiβo, a] adj (Com): **un cheque ~ a X** a cheque made out to X

nordeste [nor'ðeste] adj north-east, north-eastern, north-easterly ▷ nm north-east

nórdico, -a ['norðiko, a] adj Nordic

noreste [no'reste] adj, nm = **nordeste**

noria ['norja] nf (Agr) waterwheel; (de carnaval) big (BRIT) o Ferris (US) wheel

norma ['norma] nf rule

normal [nor'mal] adj (corriente) normal; (habitual) usual, natural; **normalizar** /1f/ vt to normalize; (Com, Tec) to standardize; **normalizarse** vr to return to normal; **normalmente** adv normally

normativo, -a [norma'tiβo, a] adj: **es ~ en todos los coches nuevos** it is standard in all new cars ▷ nm rules pl, regulations pl

noroeste [noro'este] adj north-west, north-western, north-westerly ▷ nm north-west

norte ['norte] adj north, northern, northerly ▷ nm north; (fig) guide

norteamericano, -a [norteameri'kano, a] adj, nm/f (North) American

Noruega [no'rweɣa] nf Norway

noruego, -a [no'rweɣo, a] adj, nm/f Norwegian

nos [nos] pron (directo) us; (indirecto) (to) us; (reflexivo) (to) ourselves;

(*recíproco*) (to) each other; **~ levantamos a las siete** we get up at seven

nosotros, -as [no'sotros, as] *pron* (*sujeto*) we; (*después de prep*) us

nostalgia [nos'talxja] *nf* nostalgia

nota ['nota] *nf* note; (*Escol*) mark

notable [no'taβle] *adj* notable; (*Escol etc*) outstanding

notar [no'tar]/1a/ *vt* to notice, note; **notarse** *vr* to be obvious; **se nota que** ... one observes that ...

notario [no'tarjo] *nm* notary

noticia [no'tiθja] *nf* (*información*) piece of news; **las ~s** the news *sg*; **tener ~s de algn** to hear from sb

No confundir *noticia* con la palabra inglesa *notice*.

noticiero [noti'θjero] *nm* (LAM) news bulletin

notificar [notifi'kar]/1g/ *vt* to notify, inform

notorio, -a [no'torjo, a] *adj* (*público*) well-known; (*evidente*) obvious

novato, -a [no'βato, a] *adj* inexperienced ▷ *nm/f* beginner, novice

novecientos, -as [noβe'θjentos, as] *num* nine hundred

novedad [noβe'ðað] *nf* (*calidad de nuevo*) newness; (*noticia*) piece of news; (*cambio*) change, (new) development

novel [no'βel] *adj* new; (*inexperto*) inexperienced ▷ *nmf* beginner

novela [no'βela] *nf* novel

noveno, -a [no'βeno, a] *num* ninth

noventa [no'βenta] *num* ninety

novia ['noβja] *nf* V **novio**

noviazgo [no'βjaθɣo] *nm* engagement

novicio, -a [no'βiθjo, a] *nm/f* novice

noviembre [no'βjembre] *nm* November

novillada [noβi'ʎaða] *nf* (Taur) bullfight with young bulls; **novillero** *nm* novice bullfighter; **novillo** *nm* young bull, bullock; **hacer novillos** (*fam*) to play truant (BRIT) or hooky (US)

novio, -a ['noβjo, a] *nm/f* boyfriend/ girlfriend; (*prometido*) fiancé/fiancée; (*recién casado*) bridegroom/bride; **los ~s** the newly-weds

nube ['nuβe] *nf* cloud

nublado, -a [nu'βlaðo, a] *adj* cloudy

nublar [nu'βlar]/1a/ *vt* (*oscurecer*) to darken; (*confundir*) to cloud; **nublarse** *vr* to cloud over

nuboso, -a [nu'βoso, a] *adj* cloudy

nuca ['nuka] *nf* nape of the neck

nuclear [nukle'ar] *adj* nuclear

núcleo ['nukleo] *nm* (*centro*) core; (*Física*) nucleus; **~ urbano** city centre

nudillo [nu'ðiʎo] *nm* knuckle

nudista [nu'ðista] *adj nmf* nudist

nudo ['nuðo] *nm* knot; (*Ferro*) junction

nuera ['nwera] *nf* daughter-in-law

nuestro, -a ['nwestro, a] *adj posesivo* our ▷ *pron* ours; **~ padre** our father; **un amigo ~** a friend of ours; **es el ~** it's ours

Nueva York [-'jork] *nf* New York

Nueva Zelanda [-θe'landa] *nf* New Zealand

nueve ['nweβe] *num* nine

nuevo, -a ['nweβo, a] *adj* (*gen*) new; **de ~** again

nuez [nweθ] *nf* walnut; **~ de Adán** Adam's apple; **~ moscada** nutmeg

nulo, -a ['nulo, a] *adj* (*inepto, torpe*) useless; (*inválido*) (null and) void; (*Deporte*) drawn, tied

núm. *abr* (= *número*) no.

numerar [nume'rar]/1a/ *vt* to number

número ['numero] *nm* (*gen*) number; (*tamaño: de zapato*) size; (*ejemplar: de diario*) number, issue; **sin ~** numberless, unnumbered; **~ de matrícula/de teléfono** registration/ telephone number; **~ impar/par** odd/even number; **~ romano** Roman numeral; **~ atrasado** back number

numeroso, -a [nume'roso, a] *adj* numerous

nunca ['nunka] *adv* (*jamás*) never; **~ lo pensé** I never thought it; **no viene ~**

he never comes; **~ más** never again;
más que ~ more than ever

nupcias ['nupθjas] *nfpl* wedding *sg*,
nuptials

nutria ['nutrja] *nf* otter

nutrición [nutri'θjon] *nf* nutrition

nutrir [nu'trir] /3a/ *vt* (*alimentar*)
to nourish; (*dar de comer*) to feed;
(*fig*) to strengthen; **nutritivo, -a** *adj*
nourishing, nutritious

nylon [ni'lon] *nm* nylon

ñango, -a ['ɲaŋgo, a] *adj* (*LAM*) puny

ñapa ['ɲapa] *nf* (*LAM*) extra

ñata ['ɲata] *nf* (*LAM fam*) nose; V
tb **ñato**

ñato, -a ['ɲato, a] *adj* (*LAM*) snub-
nosed

ñoñería [ɲoɲe'ria] *nf* insipidness

ñoño, -a ['ɲoɲo, a] *adj* (*fam: tonto*)
silly, stupid; (*soso*) insipid; (*débil:
persona*) spineless; (*ESP: película,
novela*) sentimental

O *abr* (= *oeste*) W

o [o] *conj* or; **o ... o** either ... or

oasis [o'asis] *nm inv* oasis

obcecarse [oβθe'karse] /1g/ *vr* to
become obsessed

obedecer [oβeðe'θer] /2d/ *vt* to obey;
obediente *adj* obedient

obertura [oβer'tura] *nf* overture

obeso, -a [o'βeso, a] *adj* obese

obispo [o'βispo] *nm* bishop

obituario [oβi'twarjo] *nm* (*LAM*)
obituary

objetar [oβxe'tar] /1a/ *vt, vi* to object

objetivo, -a [oβxe'tiβo, a] *adj* ▷ *nm*
objective

objeto [oβ'xeto] *nm* (*cosa*) object;
(*fin*) aim

objetor, a [oβxe'tor, a] *nm/f* objector

obligación [oβliɣa'θjon] *nf*
obligation; (*Com*) bond

obligar [oβli'ɣar] /1h/ *vt* to force;
obligarse *vr*: **~se a** to commit o.s.
to; **obligatorio, -a** *adj* compulsory,
obligatory

oboe [o'βoe] nm oboe

obra ['oβra] nf work; (Arq) construction, building; (Teat) play; ~ **maestra** masterpiece; **~s públicas** public works; **por ~ de** thanks to (the efforts of); **obrar** /1a/ vt to work; (tener efecto) to have an effect on ▷ vi to act, behave; (tener efecto) to have an effect; **la carta obra en su poder** the letter is in his/her possession

obrero, -a [o'βrero, a] adj working; (movimiento) labour cpd ▷ nm/f (gen) worker; (sin oficio) labourer

obsceno, -a [oβs'θeno, a] adj obscene

obscu... pref = **oscu...**

obsequiar [oβse'kjar] /1b/ vt (ofrecer) to present; (agasajar) to make a fuss of, lavish attention on; **obsequio** nm (regalo) gift; (cortesía) courtesy, attention

observación [oβserβa'θjon] nf observation; (reflexión) remark

observador, a [oβserβa'ðor, a] nm/f observer

observar [oβser'βar] /1a/ vt to observe; (notar) to notice; **observarse** vr to keep to, observe

obsesión [oβse'sjon] nf obsession; **obsesivo, -a** adj obsessive

obstáculo [oβs'takulo] nm obstacle; (impedimento) hindrance, drawback

obstante [oβs'tante]: **no ~** adv nevertheless

obstinado, -a [oβsti'naðo, a] adj obstinate; stubborn

obstinarse [oβsti'narse] /1a/ vr to be obstinate; **~ en** to persist in

obstruir [oβstru'ir] /3g/ vt to obstruct

obtener [oβte'ner] /2k/ vt to obtain; (ganar) to gain; (premio) to win

obturador [oβtura'ðor] nm (Foto) shutter

obvio, -a ['oββjo, a] adj obvious

oca ['oka] nf goose; (tb: **juego de la ~**) = snakes and ladders

ocasión [oka'sjon] nf (oportunidad) opportunity, chance; (momento) occasion, time; (causa) cause; **de ~** secondhand; **ocasionar** /1a/ vt to cause

ocaso nm (fig) decline

occidente [okθi'ðente] nm west

O.C.D.E. nf abr (= Organización de Cooperación y Desarrollo Económicos) OECD

océano [o'θeano] nm ocean; **el ~ Índico** the Indian Ocean

ochenta [o'tʃenta] num eighty

ocho ['otʃo] num eight; **dentro de ~ días** within a week

ocio ['oθjo] nm (tiempo) leisure; (pey) idleness

octavilla [okta'βiʎa] nf leaflet, pamphlet

octavo, -a [ok'taβo, a] num eighth

octubre [ok'tuβre] nm October

oculista [oku'lista] nmf oculist

ocultar [okul'tar] /1a/ vt (esconder) to hide; (callar) to conceal; **oculto, -a** adj hidden; (fig) secret

ocupación [okupa'θjon] nf occupation

ocupado, -a [oku'paðo, a] adj (persona) busy; (plaza) occupied, taken; (teléfono) engaged

ocupar /1a/ vt (gen) to occupy; **ocuparse** vr: **~se de o en** to concern o.s. with; (cuidar) to look after

ocurrencia [oku'rrenθja] nf (idea) bright idea

ocurrir [oku'rrir] /3a/ vi to happen; **ocurrirse** vr: **se me ocurrió que ...** it occurred to me that ...

odiar [o'ðjar] /1b/ vt to hate; **odio** nm hate, hatred; **odioso, -a** adj (gen) hateful; (malo) nasty

odontólogo, -a [oðon'toloɣo, a] nm/f dentist, dental surgeon

oeste [o'este] nm west; **una película del ~** a western

ofender [ofen'der] /2a/ vt (agraviar) to offend; (insultar) to insult; **ofenderse** vr to take offence; **ofensa** nf offence; **ofensivo, -a** adj offensive ▷ nf offensive

oferta [o'ferta] nf offer; (propuesta) proposal; **la ~ y la demanda** supply and demand; **artículos en ~** goods on offer

oficial [ofi'θjal] adj official ⊳ nm (Mil) officer

oficina [ofi'θina] nf office; **~ de correos** post office; **~ de información** information bureau; **~ de turismo** tourist office; **oficinista** nmf clerk

oficio [o'fiθjo] nm (profesión) profession; (puesto) post; (Rel) service; **ser de ~** to be an old hand; **tener mucho ~** to have a lot of experience; **~ de difuntos** funeral service

ofimática [ofi'matika] nf office automation

ofrecer [ofre'θer] /2d/ vt (dar) to offer; (proponer) to propose; **ofrecerse** vr (persona) to offer o.s., volunteer; (situación) to present itself; **¿qué se le ofrece?, ¿se le ofrece algo?** what can I do for you?, can I get you anything?

ofrecimiento [ofreθi'mjento] nm offer

oftalmólogo, -a [oftal'moloɣo, a] nm/f ophthalmologist

oída [o'iða] nf: **de ~s** by hearsay

oído [o'iðo] nm (Anat, Mus) ear; (sentido) hearing

oigo etc vb V **oír**

oír [o'ir] /3p/ vt (gen) to hear; (escuchar) to listen to; **¡oiga!** excuse me!; (Telec) hullo?; **~ misa** to attend mass; **como quien oye llover** without paying (the slightest) attention

ojal [o'xal] nm buttonhole

ojalá [oxa'la] excl if only (it were so)!, some hope! ⊳ conj if only...!, would that...!; **~ que venga hoy** I hope he comes today

ojeada [oxe'aða] nf glance

ojera [o'xera] nf: **tener ~s** to have bags under one's eyes

ojo [oxo] nm eye; (de puente) span; (de cerradura) keyhole ⊳ excl careful!; **tener ~ para** to have an eye for; **~ de buey** porthole

okey ['okei] excl (Lam) O.K.

okupa [o'kupa] nmf (fam) squatter

ola ['ola] nf wave

olé [o'le] excl bravo!, olé!

oleada [ole'aða] nf big wave, swell; (fig) wave

oleaje [ole'axe] nm swell

óleo ['oleo] nm oil; **oleoducto** [oleo'ðukto] nm (oil) pipeline

oler [o'ler] /2i/ vt (gen) to smell; (inquirir) to pry into; (fig: sospechar) to sniff out ⊳ vi to smell; **~ a** to smell of

olfatear [olfate'ar] /1a/ vt to smell; (inquirir) to pry into; **olfato** nm sense of smell

olimpiada [olim'pjaða] nf: **la ~** o **las ~s** the Olympics; **olímpico, -a** adj Olympic

oliva [o'liβa] nf (aceituna) olive; **aceite de ~** olive oil; **olivo** nm olive tree

olla [o'ʎa] nf pan; (comida) stew; **~ a presión** pressure cooker; **~ podrida** type of Spanish stew

olmo ['olmo] nm elm (tree)

olor [o'lor] nm smell; **oloroso, -a** adj scented

olvidar [olβi'ðar] /1a/ vt to forget; (omitir) to omit; **olvidarse** vr (fig) to forget o.s.; **se me olvidó** I forgot

olvido [ol'βiðo] nm oblivion; (despiste) forgetfulness

ombligo [om'bliɣo] nm navel

omelette [ome'lete] nf (Lam) omelet(te)

omisión [omi'sjon] nf (abstención) omission; (descuido) neglect

omiso, -a [o'miso, a] adj: **hacer caso ~ de** to ignore, pass over

omitir [omi'tir] /3a/ vt to leave o miss out, omit

omnipotente [omnipo'tente] adj omnipotent

omoplato [omo'plato], **omóplato** [o'moplato] nm shoulder-blade

OMS nf abr (= Organización Mundial de la Salud) WHO

once [on'θe] num eleven; **onces** nfpl tea break sg

onda ['onda] nf wave; ~ **corta/larga/media** short/long/medium wave; **ondear** /1a/ vi to wave; (tener ondas) to be wavy; (agua) to ripple

ondulación [ondula'θjon] nf undulation; **ondulado, -a** adj wavy

ONG nf abr (= organización no gubernamental) NGO

ONU ['onu] nf abr (= Organización de las Naciones Unidas) UN

opaco, -a [o'pako, a] adj opaque

opción [op'θjon] nf (gen) option; (derecho) right, option

O.P.E.P. [o'pep] nf abr (= Organización de Países Exportadores de Petróleo) OPEC

ópera ['opera] nf opera; ~ **bufa** o **cómica** comic opera

operación [opera'θjon] nf (gen) operation; (Com) transaction, deal

operador, -a [opera'ðor, a] nm/f operator; (Cine: proyección) projectionist; (: rodaje) cameraman

operar [ope'rar] /1a/ vt (producir) to produce, bring about; (Med) to operate on ▷ vi (Com) to operate, deal; **operarse** vr to occur; (Med) to have an operation

opereta [ope'reta] nf operetta

opinar [opi'nar] /1a/ vt to think ▷ vi to give one's opinion; **opinión** nf (creencia) belief; (criterio) opinion

opio ['opjo] nm opium

oponer [opo'ner] /2q/ vt (resistencia) to put up, offer; (objetar) to object to; **oponerse** vr (objetar) to be opposed; (estar frente a frente) to face each other; ~ **A a B** to set A against B; **me opongo a pensar que ...** I refuse to believe o think that ...

oportunidad [oportuni'ðað] nf (ocasión) opportunity; (posibilidad) chance

oportuno, -a [opor'tuno, a] adj (en su tiempo) opportune, timely; (respuesta) suitable; **en el momento** ~ at the right moment

oposición [oposi'θjon] nf opposition; **oposiciones** nfpl (Escol) public examinations

opositor, -a [oposi'tor, a] nm/f (Admin) candidate to a public examination; (adversario) opponent; ~ **(a)** candidate (for)

opresión [opre'sjon] nf oppression; **opresor, a** nm/f oppressor

oprimir [opri'mir] /3a/ vt to squeeze; (fig) to oppress

optar [op'tar] /1a/ vi (elegir) to choose; ~ **a** o **por** to opt for; **optativo, -a** adj optional

óptico, -a ['optiko, a] adj optic(al) ▷ nm/f optician ▷ nf (ciencia) optics sg; (tienda) optician's; (fig) viewpoint; **desde esta óptica** from this point of view

optimismo [opti'mismo] nm optimism; **optimista** nmf optimist

opuesto, -a [o'pwesto, a] adj (contrario) opposite; (antagónico) opposing

oración [ora'θjon] nf (Rel) prayer; (Ling) sentence

orador, a [ora'ðor, a] nm/f orator; (conferenciante) speaker

oral [o'ral] adj oral

orangután [orangu'tan] nm orang-utan

orar [o'rar] /1a/ vi to pray

oratoria [ora'torja] nf oratory

órbita [orˈβita] nf orbit

orden [or'ðen] nm (colocación) order ▷ nf (mandato) order; (Inform) command; **en ~ de prioridad** in order of priority; **el ~ del día** the agenda

ordenado, -a [orðe'naðo, a] adj (metódico) methodical; (arreglado) orderly

ordenador [orðena'ðor] nm computer; ~ **central** mainframe computer; ~ **de sobremesa** desktop

ordenar [orðe'nar] /1a/ vt (mandar) to order; (poner orden) to put in order, arrange; **ordenarse** vr (Rel) to be ordained

ordeñar [orðe'nar] /1a/ vt to milk

ordinario, -a [orði'narjo, a] adj (común) ordinary, usual; (vulgar) vulgar, common

orégano [o'reɣano] nm oregano

oreja [o'rexa] nf ear; (Mecánica) lug, flange

orfanato [orfa'nato] nm orphanage

orfebrería [orfeβre'ria] nf gold/silver work

orgánico, -a [or'ɣaniko, a] adj organic

organismo [orɣa'nismo] nm (Bio) organism; (Pol) organization

organización [orɣaniθa'θjon] nf organization; **O~ de las Naciones Unidas (ONU)** United Nations Organization; **O~ del Tratado del Atlántico Norte (OTAN)** North Atlantic Treaty Organization (NATO); **organizar** /1f/ vt to organize

órgano ['orɣano] nm organ

orgasmo [or'ɣasmo] nm orgasm

orgía [or'xia] nf orgy

orgullo [or'ɣuʎo] nm pride; **orgulloso, -a** adj (gen) proud; (altanero) haughty

orientación [orjenta'θjon] nf (posición) position; (dirección) direction

oriental [orjen'tal] adj oriental; (región etc) eastern

orientar [orjen'tar] /1a/ vt (situar) to orientate; (señalar) to point; (dirigir) to direct; (guiar) to guide; **orientarse** vr to get one's bearings

oriente [o'rjente] nm east; **Cercano/Medio/Lejano O~** Near/Middle/Far East

origen [o'rixen] nm origin

original [orixi'nal] adj (nuevo) original; (extraño) odd, strange; **originalidad** nf originality

originar [orixi'nar] /1a/ vt to start, cause; **originarse** vr to originate; **originario, -a** adj original; **ser originario de** to originate from

orilla [o'riʎa] nf (borde) border; (de río) bank; (de bosque, tela) edge; (de mar) shore

orina [o'rina] nf urine; **orinal** nm (chamber) pot; **orinar** /1a/ vi to urinate; **orinarse** vr to wet o.s.

oro ['oro] nm gold; V tb **oros**

oros ['oros] nmpl (Naipes) one of the suits in the Spanish card deck

orquesta [or'kesta] nf orchestra; **~ de cámara/sinfónica** chamber/symphony orchestra

orquídea [or'kiðea] nf orchid

ortiga [or'tiɣa] nf nettle

ortodoxo, -a [orto'ðokso, a] adj orthodox

ortografía [ortoɣra'fia] nf spelling

ortopedia [orto'peðja] nf orthop(a)edics sg; **ortopédico, -a** adj orthop(a)edic

oruga [o'ruɣa] nf caterpillar

orzuelo [or'θwelo] nm stye

os [os] pron you; (a vosotros) (to) you

osa ['osa] nf (she-)bear; **O~ Mayor/Menor** Great/Little Bear

osadía [osa'ðia] nf daring

osar [o'sar] /1a/ vi to dare

oscilación [osθila'θjon] nf (movimiento) oscillation; (fluctuación) fluctuation

oscilar [osθi'lar] /1a/ vi to oscillate; to fluctuate

oscurecer [oskure'θer] /2d/ vt to darken ▷ vi to grow dark; **oscurecerse** vr to grow o get dark

oscuridad [oskuri'ðað] nf obscurity; (tinieblas) darkness

oscuro, -a [os'kuro, a] adj dark; (fig) obscure; **a oscuras** in the dark

óseo, -a ['oseo, a] adj bone cpd

oso ['oso] nm bear; **~ de peluche** teddy bear; **~ hormiguero** anteater

ostentar [osten'tar] /1a/ vt (gen) to show; (pey) to flaunt, show off; (poseer) to have, possess

ostión [os'tjon] nm (ᴌᴀᴍ) = **ostra**

ostra ['ostra] nf oyster

OTAN ['otan] nf abr (= Organización del Tratado del Atlántico Norte) NATO

otitis [o'titis] nf earache

otoñal [oto'ɲal] adj autumnal

otoño [o'toɲo] nm autumn, fall (us)

otorgar [otor'ɣar] /1h/ vt (conceder) to concede; (dar) to grant

otorrinolaringólogo, -a
[otorrinolarin'ɣo loʝo, a] nm/f (Med: tb: **otorrino**) ear, nose and throat specialist

PALABRA CLAVE

otro, -a ['otro, a] adj 1 (distinto: sg) another; (: pl) other; **con otros amigos** with other o different friends 2 (adicional): **tráigame otro café (más), por favor** can I have another coffee please; **otros 10 días más** another 10 days
▶ pron 1: **el otro** the other one; **de otro** somebody o someone else's; **que lo haga otro** let somebody o someone else do it
2 (pl): **(los) otros** (the) others
3 (recíproco): **se odian (la) una a (la) otra** they hate one another o each other
4: **otro tanto: comer otro tanto** to eat the same o as much again; **recibió una decena de telegramas y otras tantas llamadas** he got about ten telegrams and as many calls

ovación [oβa'θjon] nf ovation
oval [o'βal], **ovalado, -a** [oβa'laðo, a] adj oval; **óvalo** nm oval
ovario [o'βarjo] nm ovary
oveja [o'βexa] nf sheep
overol [oβe'rol] nm (ᴬᴹ) overalls pl
ovillo [o'βiʎo] nm (de lana) ball
OVNI ['oβni] nm abr (= objeto volante (o volador) no identificado) UFO
ovulación [oβula'θjon] nf ovulation; **óvulo** nm ovum
oxidación [oksiða'θjon] nf rusting
oxidar [oksi'ðar] /1a/ vt to rust; **oxidarse** vr to rust o rusty
óxido ['oksiðo] nm oxide
oxigenado, -a [oksixe'naðo, a] adj (Química) oxygenated; (pelo) bleached
oxígeno [ok'sixeno] nm oxygen
oyente [o'ʝente] nmf listener
oyes etc vb V **oír**
ozono [o'θono] nm ozone

P

pabellón [paβe'ʎon] nm bell tent; (Arq) pavilion; (de hospital etc) block, section; (bandera) flag
pacer [pa'θer] /2d/ vi to graze
paciencia [pa'θjenθja] nf patience
paciente [pa'θjente] adj, nmf patient
pacificación [paθifika'θjon] nf pacification
pacífico, -a [pa'θifiko, a] adj (persona) peaceable; (existencia) peaceful; **el (océano) P∼** the Pacific (Ocean)
pacifista [paθi'fista] nmf pacifist
pacotilla [pako'tiʎa] nf: **de ∼** shoddy
pactar [pak'tar] /1a/ vt to agree to, agree on ▶ vi to come to an agreement
pacto ['pakto] nm (tratado) pact; (acuerdo) agreement
padecer [paðe'θer] /2d/ vt (sufrir) to suffer; (soportar) to endure, put up with; **padecimiento** nm suffering
padrastro [pa'ðrastro] nm stepfather
padre ['paðre] nm father ▶ adj (fam): **un éxito ∼** a tremendous success;

padres nmpl parents; **~ político** father-in-law

padrino [pa'ðrino] nm godfather; (fig) sponsor, patron; **padrinos** nmpl godparents; **~ de boda** best man

padrón [pa'ðron] nm (censo) census, roll

padrote [pa'ðrote] nm (LAM fam) pimp

paella [pa'eʎa] nf paella dish of rice with meat, shellfish etc

paga ['paɣa] nf (dinero pagado) payment; (sueldo) pay, wages pl

pagano, -a [pa'ɣano, a] adj, nm/f pagan, heathen

pagar [pa'ɣar] /1h/ vt to pay; (las compras, crimen) to pay for; (fig: favor) to repay ▷ vi to pay; **~ al contado/a plazos** to pay (in) cash/in instalments

pagaré [paɣa're] nm IOU

página ['paxina] nf page; **~ de inicio** (Inform) home page; **~ web** (Internet) web page

pago ['paɣo] nm (dinero dado) payment; (fig) return; **~ anticipado/a cuenta/a entrega/en especie/inicial** advance payment/payment on account/payment on delivery/payment in kind/down payment; **en ~ de** in return for

pág(s). abr (= página(s)) p(p)

pague etc ['paɣe] vb V **pagar**

país [pa'is] nm (gen) country; (región) land; **los P~es Bajos** the Low Countries; **el P~ Vasco** the Basque Country

paisaje [pai'saxe] nm landscape; (vista) scenery

paisano, -a [pai'sano, a] adj of the same country ▷ nm/f (compatriota) fellow countryman/woman; **vestir de ~** (soldado) to be in civilian clothes; (guardia) to be in plain clothes

paja ['paxa] nf straw; (fig) trash, rubbish

pajarita [paxa'rita] nf bow tie

pájaro ['paxaro] nm bird; **~ carpintero** woodpecker

pajita [pa'xita] nf (drinking) straw

pala ['pala] nf spade; shovel; (raqueta etc) racquet; (: de tenis) racquet; (Culin) slice; **~ mecánica** power shovel

palabra [pa'laβra] nf word; (facultad) (power of) speech; (derecho de hablar) right to speak; **tomar la ~** to speak, take the floor

palabrota [pala'βrota] nf swearword

palacio [pa'laθjo] nm palace; (mansión) mansion, large house; **~ de justicia** courthouse; **~ municipal** town/city hall

paladar [pala'ðar] nm palate; **paladear** /1a/ vt to taste

palanca [pa'lanka] nf lever; (fig) pull, influence

palangana [palan'gana] nf washbasin

palco ['palko] nm box

Palestina [pales'tina] nf Palestine; **palestino, -a** nm/f Palestinian

paleto, -a [pa'leto, a] nm/f yokel, hick (us) ▷ nf (pala) small shovel; (Arte) palette; (Deporte: de ping-pong) bat; (LAM: helado) ice lolly (BRIT), Popsicle® (US)

palidecer [paliðe'θer] /2d/ vi to turn pale; **palidez** nf paleness; **pálido, -a** adj pale

palillo [pa'liʎo] nm (para dientes) toothpick; **~s** (chinos) chopsticks

paliza [pa'liθa] nf beating, thrashing

palma ['palma] nf (Anat) palm; (árbol) palm tree; **batir** or **dar ~s** to clap, applaud; **palmada** nf slap; **palmadas** nfpl clapping sg, applause sg

palmar [pal'mar] /1a/ vi (tb: **~la**) to die, kick the bucket

palmear [palme'ar] /1a/ vi to clap

palmera [pal'mera] nf (Bot) palm tree

palmo ['palmo] nm (medida) span; (fig) small amount; **~ a ~** inch by inch

palo ['palo] nm stick; (poste) post, pole; (mango) handle, shaft; (golpe) blow, hit; (de golf) club; (de béisbol) bat; (Naut) mast; (Naipes) suit

paloma [pa'loma] nf dove, pigeon

palomitas [palo'mitas] *nfpl* popcorn *sg*

palpar [pal'par] /1a/ *vt* to touch, feel

palpitar [palpi'tar] /1a/ *vi* to palpitate; (*latir*) to beat

palta ['palta] *nf* (LAM) avocado

paludismo [palu'ðismo] *nm* malaria

pamela [pa'mela] *nf* sun hat

pampa ['pampa] *nf* (LAM) pampa(s), prairie

pan [pan] *nm* bread; (*una barra*) loaf; **~ integral** wholemeal bread; **~ rallado** breadcrumbs *pl*; **~ tostado** toast

pana ['pana] *nf* corduroy

panadería [panaðe'ria] *nf* baker's (shop); **panadero, -a** *nm/f* baker

Panamá [pana'ma] *nm* Panama; **panameño, -a** *adj* Panamanian

pancarta [paŋ'karta] *nf* placard, banner

panceta [pan'θeta] *nf* bacon

pancho, -a ['pantʃo, a] *adj*: **estar tan ~** to remain perfectly calm ▷ *nm* (LAM) hot dog

pancito [pan'sito] *nm* (LAM) (bread) roll

panda ['panda] *nm* panda

pandemia [pan'demja] *nf* pandemic

pandereta [pande'reta] *nf* tambourine

pandilla [pan'diʎa] *nf* set, group; (*de criminales*) gang; (*pey*) clique

panecillo [pane'θiʎo] *nm* (bread) roll

panel [pa'nel] *nm* panel; **~ solar** solar panel

panfleto [pan'fleto] *nm* pamphlet

pánico [pa'niko] *nm* panic

panorama [pano'rama] *nm* panorama; (*vista*) view

panqué [pan'ke], **panqueque** [pan'keke] *nm* pancake

pantalla [pan'taʎa] *nf* (*de cine*) screen; (*cubreluz*) lampshade

pantallazo [panta'ʎaθo] *nm* (Inform) screenshot

pantalón, pantalones [panta'lon(es)] *nm(pl)* trousers *pl*, pants *pl* (US); **pantalones cortos** shorts *pl*

pantano [pan'tano] *nm* (*ciénaga*) marsh, swamp; (*depósito: de agua*) reservoir; (*fig*) jam, difficulty

panteón [pante'on] *nm* (*monumento*) pantheon

pantera [pan'tera] *nf* panther

pantimedias [panti'meðjas] *nfpl* (LAM) = **pantis**

pantis ['pantis] *nm(pl)* tights (BRIT), pantyhose (US)

pantomima [panto'mima] *nf* pantomime

pantorrilla [panto'rriʎa] *nf* calf (of the leg)

pants [pants] *nmpl* (LAM) tracksuit (BRIT), sweat suit (US)

pantufla [pan'tufla] *nf* slipper

panty(s) ['panti(s)] *nm(pl)* tights (BRIT), pantyhose (US)

panza ['panθa] *nf* belly, paunch

pañal [pa'nal] *nm* nappy, diaper (US); (*fig*) early stages, infancy *sg*

paño ['paɲo] *nm* (*tela*) cloth; (*pedazo de tela*) (piece of) cloth; (*trapo*) duster, rag; **~s menores** underclothes

pañuelo [pa'nwelo] *nm* handkerchief, hanky (*fam*); (*para la cabeza*) (head) scarf

papa ['papa] *nf* (LAM: *patata*) potato ▷ *nm*: **el P~** the Pope; **~s fritas** (LAM) French fries, chips (BRIT); (*de bolsa*) crisps (BRIT), potato chips (US)

papá [pa'pa] *nm* (*fam*) dad, daddy, pop (US)

papada [pa'paða] *nf* double chin

papagayo [papa'ɣajo] *nm* parrot

papalote [papa'lote] *nm* (LAM) kite

papanatas [papa'natas] *nm inv* (*fam*) simpleton

papaya [pa'paja] *nf* papaya

papear [pape'ar] /1a/ *vt, vi* (*fam*) to eat

papel [pa'pel] *nm* paper; (*hoja de papel*) sheet of paper; (Teat) role; **~ de arroz/ envolver/fumar** rice/wrapping/ cigarette paper; **~ de aluminio/lija** tinfoil/sandpaper; **~ higiénico** toilet paper; **~ moneda** paper money;

~ pintado wallpaper; **~ secante** blotting paper

papeleo [pape'leo] nm red tape

papelera [pape'lera] nf wastepaper basket; **~ de reciclaje** (Inform) wastebasket

papelería [papele'ria] nf stationer's (shop)

papeleta [pape'leta] nf (Pol) ballot paper

paperas [pa'peras] nfpl mumps sg

papilla [pa'piʎa] nf (de bebé) baby food

paquete [pa'kete] nm (caja) packet; (bulto) parcel

par [par] adj (igual) like, equal; (Mat) even ▷ nm equal; (de guantes) pair; (de veces) couple; (título) peer; (Golf, Com) par; **abrir de ~ en ~** to open wide

para ['para] prep for; **no es ~ comer** it's not for eating; **decir ~ sí** to say to o.s.; **¿~ qué lo quieres?** what do you want it for?; **se casaron ~ separarse otra vez** they married only to separate again; **lo tendré ~ mañana** I'll have it for tomorrow; **ir ~ casa** to go home, head for home; **~ profesor es muy estúpido** he's very stupid for a teacher; **¿quién es usted ~ gritar así?** who are you to shout like that?; **tengo bastante ~ vivir** I have enough to live on

parabién [para'βjen] nm congratulations pl

parábola [pa'raβola] nf parable; (Mat) parabola; **parabólica** nf (tb: **antena parabólica**) satellite dish

parabrisas [para'βrisas] nm inv windscreen, windshield (us)

paracaídas [paraka'iðas] nm inv parachute; **paracaidista** nmf parachutist; (Mil) paratrooper

parachoques [para'tʃokes] nm inv bumper; shock absorber

parada [pa'raða] nf **parado**

paradero [para'ðero] nm stopping-place; (situación) whereabouts

parado, -a [pa'raðo, a] adj (persona) motionless, standing still; (fábrica)

closed, at a standstill; (coche) stopped; (LAM: de pie) standing (up); (sin empleo) unemployed, idle ▷ nf stop; (acto) stopping; (de industria) shutdown, stoppage; (lugar) stopping-place; **parada de autobús** bus stop; **parada de taxis** taxi rank

paradoja [para'ðoxa] nf paradox

parador [para'ðor] nm (ESP) (luxury) hotel (owned by the state)

paragolpes [para'golpes] nm inv (LAM Auto) bumper, fender (us)

paraguas [pa'raɣwas] nm inv umbrella

Paraguay [para'ɣwai] nm: Paraguay; **paraguayo, -a** adj, nm/f Paraguayan

paraíso [para'iso] nm paradise, heaven

paraje [pa'raxe] nm place, spot

paralelo, -a [para'lelo, a] adj parallel

parálisis [pa'ralisis] nf inv paralysis; **paralítico, -a** adj, nm/f paralytic

paralizar [parali'θar] /1f/ vt to paralyse; **paralizarse** vr to become paralysed; (fig) to come to a standstill

páramo ['paramo] nm bleak plateau

paranoico, -a [para'noiko, a] nm/f paranoid

parapente [para'pente] nm (deporte) paragliding; (aparato) paraglider

parapléjico, -a [para'plexiko, a] adj, nm/f paraplegic

parar [pa'rar] /1a/ vt to stop; (golpe) to ward off ▷ vi to stop; **pararse** vr to stop; (LAM) to stand up; **ha parado de llover** it has stopped raining; **van a ~ en la comisaría** they're going to end up in the police station; **~se en** to pay attention to

pararrayos [para'rrajos] nm inv lightning conductor

parásito, -a [pa'rasito, a] nm/f parasite

parasol [para'sol] nm parasol, sunshade

parcela [par'θela] nf plot, piece of ground

parche ['partʃe] nm patch

P

parchís [par'tʃis] *nm* ludo

parcial [par'θjal] *adj* (*pago*) part-;
(*eclipse*) partial; (*juez*) prejudiced,
biased; (*Pol*) partisan

parecer [pare'θer] /2d/ *nm* (*opinión*)
opinion, view; (*aspecto*) looks *pl*
▷ *vi* (*tener apariencia*) to seem, look;
(*asemejarse*) to look like, seem like;
(*aparecer, llegar*) to appear; **parecerse**
vr to look alike, resemble each other;
según parece evidently, apparently;
~se a to look like, resemble; **al ~**
apparently; **me parece que** I think
(that), it seems to me that

parecido, -a [pare'θiðo, a] *adj* similar
▷ *nm* similarity, likeness, resemblance;
bien ~ good-looking, nice-looking

pared [pa'reð] *nf* wall

parejo, -a [pa'rexo, a] *adj* equal ▷ *nf*
pair; (*de personas*) couple; (*el otro: de
un par*) other one (of a pair); (: *persona*)
partner

parentesco [paren'tesko] *nm*
relationship

paréntesis [pa'rentesis] *nm inv*
parenthesis; (*en escrito*) bracket

parezco *etc vb V* **parecer**

pariente, -a [pa'rjente, a] *nm/f*
relative, relation

▌ No confundir *pariente* con la
palabra inglesa *parent*.

parir [pa'rir] /3a/ *vt* to give birth to
▷ *vi* (*mujer*) to give birth, have a baby

París [pa'ris] *nm* Paris

parka ['parka] *nf* (*LAM*) anorak

parking ['parkin] *nm* car park,
parking lot (*us*)

parlamentar [parlamen'tar] /1a/
vi to parley

parlamentario, -a
[parlamen'tarjo, a] *adj* parliamentary
▷ *nm/f* member of parliament

parlamento [parla'mento] *nm*
parliament

parlanchín, -ina [parlan'tʃin, ina]
adj indiscreet ▷ *nm/f* chatterbox

parlar [par'lar] /1a/ *vi* to chatter
(away)

paro ['paro] *nm* (*huelga*) stoppage
(of work), strike; (*desempleo*)
unemployment; **~ cardíaco**
cardiac arrest; **estar en ~** (*ESP*)
to be unemployed; **subsidio de ~**
unemployment benefit

parodia [pa'roðja] *nf* parody;
parodiar /1b/ *vt* to parody

parpadear [parpaðe'ar] /1a/ *vi* (*los
ojos*) to blink; (*luz*) to flicker

párpado ['parpaðo] *nm* eyelid

parque ['parke] *nm* (*lugar verde*)
park; (*LAM*: *munición*) ammunition;
~ de atracciones/de bomberos
fairground/fire station; **~ infantil/
temático/zoológico** playground/
theme park/zoo

parqué [par'ke] *nm* parquet

parquímetro [par'kimetro] *nm*
parking meter

parra ['parra] *nf* grapevine

párrafo ['parrafo] *nm* paragraph;
echar un ~ (*fam*) to have a chat

parranda [pa'rranda] *nf* (*fam*) spree,
binge

parrilla [pa'rriʎa] *nf* (*Culin*) grill;
(**carne a la**) **~** grilled meat, barbecue;
parrillada *nf* barbecue

párroco [pa'rroko] *nm* parish priest

parroquia [pa'rrokja] *nf*
parish; (*iglesia*) parish church;
(*Com*) clientele, customers *pl*;
parroquiano, -a *nm/f* parishioner;
client, customer

parte ['parte] *nm* message; (*informe*)
report ▷ *nf* part; (*lado, cara*) side; (*de
reparto*) share; (*Jur*) party; **en alguna ~
de Europa** somewhere in Europe; **en
o por todas ~s** everywhere; **en gran
~** to a large extent; **la mayor ~ de los
españoles** most Spaniards; **de algún
tiempo a esta ~** for some time past;
de ~ de algn on sb's behalf; **¿de ~ de
quién?** (*Telec*) who is speaking?; **por ~
de** on the part of; **yo por mí ~** I for my
part; **por una ~ ... por otra** on the
one hand, ... on the other (hand); **dar
~ a algn** to report to sb; **tomar ~** to

take part; **~ meteorológico** weather forecast o report

participación [partiθipa'θjon] *nf* (acto) participation, taking part; (parte) share; (Com) share, stock (us); (de lotería) shared prize; (aviso) notice, notification

participante [partiθi'pante] *nmf* participant

participar [partiθi'par] /1a/ *vt* to notify, inform ▷ *vi* to take part, participate

partícipe [par'tiθipe] *nmf* participant

particular [partiku'lar] *adj* (especial) particular, special; (individual, personal) private, personal ▷ *nm* (punto, asunto) particular, point; (individuo) individual; **tiene coche ~** he has a car of his own

partida [par'tiða] *nf* (salida) departure; (Com) entry, item; (juego) game; (grupo, bando) band, group; **mala ~** dirty trick; **~ de nacimiento/matrimonio/defunción** birth/marriage/death certificate

partidario, -a [parti'ðarjo, a] *adj* partisan ▷ *nm/f* supporter

partido [par'tiðo] *nm* (Pol) party; (encuentro) game, match; **sacar ~ de** to profit from, benefit from; **tomar ~** to take sides

partir [par'tir] /3a/ *vt* (dividir) to split, divide; (compartir, distribuir) to share (out), distribute; (romper) to break open, split open; (rebanada) to cut (off) ▷ *vi* (ponerse en camino) to set off, set out; **partirse** *vr* to crack o split o break (in two *etc*); **a ~ de** (starting) from

partitura [parti'tura] *nf* score

parto ['parto] *nm* birth, delivery; (fig) product, creation; **estar de ~** to be in labour

parvulario [parβu'larjo] *nm* nursery school, kindergarten

pasa ['pasa] *nf* V **paso**

pasacintas [pasa'θintas] *nm* (LAM) cassette player

pasada [pa'saða] *nf* V **pasado**

pasadizo [pasa'ðiθo] *nm* (pasillo) passage, corridor; (callejuela) alley

pasado, -a [pa'saðo, a] *adj* past; (malo: comida, fruta) bad; (muy cocido) overdone; (anticuado) out of date ▷ *nm* past; **~ mañana** the day after tomorrow; **el mes ~** last month; **de pasada** in passing, incidentally; **una mala pasada** a dirty trick

pasador [pasa'ðor] *nm* (gen) bolt; (de pelo) slide; (horquilla) grip

pasaje [pa'saxe] *nm* passage; (pago de viaje) fare; (los pasajeros) passengers *pl*; (pasillo) passageway

pasajero, -a [pasa'xero, a] *adj* passing; (situación, estado) temporary; (amor, enfermedad) brief ▷ *nm/f* passenger

pasamontañas [pasamon'taɲas] *nm inv* balaclava (helmet)

pasaporte [pasa'porte] *nm* passport

pasar [pa'sar] /1a/ *vt* (gen) to pass; (tiempo) to spend; (durezas) to suffer, endure; (noticia) to give, pass on; (película) to show; (río) to cross; (barrera) to pass through; (falta) to overlook, tolerate; (contrincante) to surpass, do better than; (coche) to overtake; (enfermedad) to give, infect with ▷ *vi* (gen) to pass; (terminarse) to be over; (ocurrir) to happen; **pasarse** *vr* (flores) to fade; (comida) to go bad, go off; (fig) to overdo it, go too far o over the top; **~ de** to go beyond, exceed; **¡pase!** come in!; **~ por** to fetch; **~lo bien/bomba** o **de maravilla** to have a good o great time; **~se al enemigo** to go over to the enemy; **se me pasó** I forgot; **no se le pasa nada** he misses nothing; **ya se te ~á** you'll get over it; **¿qué pasa?** what's going on?, what's up?; **¿qué te pasa?** what's wrong?

pasarela [pasa'rela] *nf* footbridge; (en barco) gangway

pasatiempo [pasa'tjempo] *nm* pastime, hobby

Pascua ['paskwa] *nf*: **~ (de Resurrección)** Easter; **Pascuas** *nfpl*

Christmas time sg; **¡felices ~s!** Merry Christmas!

pase ['pase] nm pass; (*Cine*) performance, showing

pasear [pase'ar] /1a/ vt to take for a walk; (*exhibir*) to parade, show off ▷ vi to walk, go for a walk; **pasearse** vr to walk, go for a walk; **~ en coche** to go for a drive; **paseo** nm (*distancia corta*) (short) walk, stroll; (*avenida*) avenue; **paseo marítimo** promenade; **dar un paseo** to go for a walk

pasillo [pa'siʎo] nm passage, corridor

pasión [pa'sjon] nf passion

pasivo, -a [pa'siβo, a] adj passive; (*inactivo*) inactive ▷ nm (*Com*) liabilities pl, debts pl

pasmoso, -a [pas'moso, a] adj amazing, astonishing

paso, -a ['paso, a] adj dried ▷ nm step; (*modo de andar*) walk; (*huella*) footprint; (*rapidez*) speed, pace, rate; (*camino accesible*) way through, passage; (*cruce*) crossing; (*pasaje*) passing, passage; (*Geo*) pass; (*estrecho*) strait ▷ nf raisin; **pasa de Corinto/ de Esmirna** currant/sultana; **a ese ~** (*fig*) at that rate; **estar de ~** to be passing through; **prohibido el ~** no entry; **ceda el ~** give way; **~ a nivel** (*Ferro*) level-crossing; **~ (de) cebra** (*Esp*) zebra crossing; **~ de peatones** pedestrian crossing; **~ elevado** flyover

pasota [pa'sota] adj, nmf (*fam*) = dropout; **ser un (tipo) ~** to be a bit of a dropout; (*ser indiferente*) not to care about anything

pasta ['pasta] nf paste; (*Culin: masa*) dough; (: *de bizcochos etc*) pastry; (*fam*) dough; **pastas** nfpl (*bizcochos*) pastries, small cakes; (*espaguetis etc*) pasta sg; **~ de dientes** o **dentífrica** toothpaste

pastar [pas'tar] /1a/ vt, vi to graze

pastel [pas'tel] nm (*dulce*) cake; (*Arte*) pastel; **~ de carne** meat pie; **pastelería** nf cake shop

pastilla [pas'tiʎa] nf (*de jabón, chocolate*) bar; (*píldora*) tablet, pill

pasto ['pasto] nm (*hierba*) grass; (*lugar*) pasture, field; **pastor, a** nm/f shepherd(ess) ▷ nm clergyman, pastor; **pastor alemán** Alsatian

pata ['pata] nf (*pierna*) leg; (*pie*) foot; (*de muebles*) leg; **~s arriba** upside down; **meter la ~** to put one's foot in it; **~ de cabra** (*Tec*) crowbar; **metedura de ~** (*fam*) gaffe; **tener buena/mala ~** to be lucky/unlucky; **patada** nf stamp; (*puntapié*) kick

patata [pa'tata] nf potato; **~s fritas** o **a la española** chips, French fries; (*de bolsa*) crisps

paté [pa'te] nm pâté

patente [pa'tente] adj obvious, evident; (*Com*) patent ▷ nf patent

paternal [pater'nal] adj fatherly, paternal; **paterno, -a** adj paternal

patético, -a [pa'tetiko, a] adj pathetic, moving

patilla [pa'tiʎa] nf (*de gafas*) sidepiece; **patillas** nfpl sideburns

patín [pa'tin] nm skate; (*de tobogán*) runner; **patines de ruedas** rollerskates; **patinaje** nm skating; **patinar** /1a/ vi to skate; (*resbalarse*) to skid, slip; (*fam*) to slip up, blunder

patineta [pati'neta] nf (*patinete*) scooter; (*Lam: monopatín*) skateboard

patinete [pati'nete] nm scooter

patio ['patjo] nm (*de casa*) patio, courtyard; **~ de recreo** playground

pato ['pato] nm duck; **pagar el ~** (*fam*) to take the blame, carry the can

patoso, -a [pa'toso, a] adj clumsy

patotero [pato'tero] nm (*Lam*) hooligan, lout

patraña [pa'traɲa] nf story, fib

patria ['patrja] nf native land, mother country

patrimonio [patri'monjo] nm inheritance; (*fig*) heritage

patriota [pa'trjota] nmf patriot

patrocinar [patroθi'nar] /1a/ vt to sponsor

patrón, -ona [pa'tron, ona] nm/f (*jefe*) boss, chief, master/mistress; (*propietario*) landlord/lady; (*Rel*) patron saint ▷ nm (*Costura*) pattern

patronato [patro'nato] nm sponsorship; (*acto*) patronage; (*fundación*) trust

patrulla [pa'truʎa] nf patrol

pausa ['pausa] nf pause; break

pauta ['pauta] nf line, guide line

pava ['paβa] nf(ʌʌm) kettle

pavimento [paβi'mento] nm (*de losa*) pavement, paving

pavo ['paβo] nm turkey; **~ real** peacock

payaso, -a [pa'jaso, a] nm/f clown

payo, -a [pa'jo, a] nm/f non-gipsy

paz [paθ] nf peace; (*tranquilidad*) peacefulness, tranquility; **hacer las paces** to make up; (*fig*) to make up; **¡déjame en ~!** leave me alone!

PC nm PC, personal computer

P.D. abr (= posdata) P.S.

peaje [pe'axe] nm toll

peatón [pea'ton] nm pedestrian; **peatonal** adj pedestrian

peca ['peka] nf freckle

pecado [pe'kaðo] nm sin; **pecador, a** adj sinful ▷ nm/f sinner

pecaminoso, -a [pekami'noso, a] adj sinful

pecar [pe'kar] /1g/ vi (*Rel*) to sin; (*fig*): **~ de generoso** to be too generous

pecera [pe'θera] nf fish tank; (*redonda*) goldfish bowl

pecho ['petʃo] nm chest; (*de mujer*) breast(s pl); **dar el ~ a** to breast-feed; **tomar algo a ~** to take sth to heart

pechuga [pe'tʃuɣa] nf breast

peculiar [peku'ljar] adj special, peculiar; (*característico*) typical, characteristic

pedal [pe'ðal] nm pedal; **pedalear** /1a/ vi to pedal

pédalo [pe'ðalo] nm pedalo, pedal boat

pedante [pe'ðante] adj pedantic ▷ nmf pedant

pedazo [pe'ðaθo] nm piece, bit; **hacerse ~s** to smash, shatter

pediatra [pe'ðjatra] nmf paediatrician (BRIT), pediatrician (US)

pedido [pe'ðiðo] nm (*Com*) order; (*petición*) request

pedir [pe'ðir] /3k/ vt to ask for, request; (*comida, Com: mandar*) to order; (*necesitar*) to need, demand, require ▷ vi to ask: **me pidió que cerrara la puerta** he asked me to shut the door; **¿cuánto piden por el coche?** how much are they asking for the car?

pedo ['peðo] (*fam*) nm fart (!)

pega ['peɣa] nf snag; **poner ~s** to raise objections

pegadizo, -a [peɣa'ðiθo, a] adj (*canción etc*) catchy

pegajoso, -a [peɣa'xoso, a] adj sticky, adhesive

pegamento [peɣa'mento] nm gum, glue

pegar [pe'ɣar] /1h/ vt (*papel, sellos*) to stick (on); (*cartel*) to post, stick up; (*coser*) to sew (on); (*unir: partes*) to join, fix together; (*Inform*) to paste; (*Med*) to give, infect with; (*dar: golpe*) to give, deal ▷ vi (*adherirse*) to stick, adhere; (*ir juntos: colores*) to match, go together; (*golpear*) to hit; (*quemar: el sol*) to strike hot, burn; **pegarse** vr (*gen*) to stick; (*dos personas*) to hit each other, fight; **~ un grito** to let out a yell; **~ un salto** to jump (with fright); **~ fuego** to catch fire; **~ en** to touch; **~se un tiro** to shoot o.s.

pegatina [peɣa'tina] nf sticker

pegote [pe'ɣote] nm (*fam*) eyesore, sight

peinado [pei'naðo] nm hairstyle

peinar [pei'nar] /1a/ vt to comb sb's hair; (*con un cierto estilo*) to style; **peinarse** vr to comb one's hair

peine ['peine] nm comb; **peineta** [pei'neta] nf ornamental comb

p.ej. *abr* (= *por ejemplo*) e.g.

Pekín [pe'kin] *n* Peking, Beijing

pelado, -a [pe'laðo, a] *adj* (*cabeza*) shorn; (*fruta*) peeled; (*campo*, *fig*) bare; (*fam*: *sin dinero*) broke

pelar [pe'lar] /1a/ *vt* (*fruta*, *patatas*) to peel; (*cortar el pelo a*) to cut the hair of; (*quitar la piel*: *animal*) to skin; **pelarse** *vr* (*la piel*) to peel off; **voy a ~me** I'm going to get my hair cut

peldaño [pel'daŋo] *nm* step

pelea [pe'lea] *nf* (*lucha*) fight; (*discusión*) quarrel, row; **peleado, -a** *adj*: **estar peleado (con algn)** to have fallen out (with sb); **pelear** /1a/ *vi* to fight; **pelearse** *vr* to fight; (*reñir*) to fall out, quarrel

pelela [pe'lela] *nf* (*LAM*) potty

peletería [pelete'ria] *nf* furrier's, fur shop

pelícano [pe'likano] *nm* pelican

película [pe'likula] *nf* film; (*cobertura ligera*) thin covering; (*Foto*: *rollo*) roll o reel of film; **~ de dibujos (animados)** cartoon film

peligro [pe'liɣro] *nm* danger; (*riesgo*) risk; **correr ~ de** to be in danger of, run the risk of; **peligroso, -a** *adj* dangerous; risky

pelirrojo, -a [peli'rroxo, a] *adj* red-haired, red-headed ▷ *nm/f* redhead

pellejo [pe'ʎexo] *nm* (*de animal*) skin, hide

pellizcar [peʎiθ'kar] /1g/ *vt* to pinch, nip

pelma [pelma] *nmf*, **pelmazo, -a** [pel'maθo, a] *nm/f* (*fam*) pain (in the neck)

pelo [pelo] *nm* (*cabellos*) hair; (*de barba*, *bigote*) whisker; (*de animal*: *piel*) fur, coat; (*de perro etc*) hair, coat; **venir al ~** to be exactly what one needs; **un hombre de ~ en pecho** a brave man; **por los ~s** by the skin of one's teeth; **no tener ~s en la lengua** to be outspoken, not mince words; **con ~s y señales** in minute detail; **tomar el ~ a algn** to pull sb's leg

pelota [pe'lota] *nf* ball; **en ~(s)** stark naked; **~ vasca** pelota; **hacer la ~ (a algn)** to creep (to sb)

pelotón [pelo'ton] *nm* (*Mil*) squad, detachment

peluca [pe'luka] *nf* wig

peluche [pe'lutʃe] *nm*: **muñeco de ~** soft toy

peludo, -a [pe'luðo, a] *adj* hairy, shaggy

peluquería [peluke'ria] *nf* hairdresser's; **peluquero, -a** *nm/f* hairdresser

pelusa [pe'lusa] *nf* (*Bot*) down; (*Costura*) fluff

pena ['pena] *nf* (*congoja*) grief, sadness; (*remordimiento*) regret; (*dificultad*) trouble; (*dolor*) pain; (*Jur*) sentence; **~ capital** capital punishment; **~ de muerte** death penalty; **merecer** o **valer la ~** to be worthwhile; **a duras ~s** with great difficulty; **¡qué ~!** what a shame o pity!

penal [pe'nal] *adj* penal ▷ *nm* (*cárcel*) prison

penalidad [penali'ðað] *nf* (*problema*, *dificultad*) trouble, hardship; (*Jur*) penalty, punishment; **penalidades** *nfpl* trouble *sg*, hardship *sg*

penalti, penalty [pe'nalti] (*pl* **penalties** o **penaltys**) *nm* (*Deporte*) penalty (kick)

pendiente [pen'djente] *adj* pending, unsettled ▷ *nm* earring ▷ *nf* hill, slope

pene ['pene] *nm* penis

penetrante [pene'trante] *adj* (*herida*) deep; (*persona*, *arma*) sharp; (*sonido*) penetrating, piercing; (*mirada*) searching; (*viento*, *ironía*) biting

penetrar [pene'trar] /1a/ *vt* to penetrate, pierce; (*entender*) to grasp ▷ *vi* to penetrate, go in; (*entrar*) to enter; (*líquido*) to soak in; (*emoción*) to pierce

penicilina [peniθi'lina] *nf* penicillin

península [pe'ninsula] *nf* peninsula; **peninsular** *adj* peninsular

penique [pe'nike] *nm* penny

penitencia [peni'tenθja] nf penance
penoso, -a [pe'noso, a] adj laborious, difficult; (lamentable) distressing
pensador, a [pensa'ðor, a] nm/f thinker
pensamiento [pensa'mjento] nm thought; (mente) mind; (idea) idea
pensar [pen'sar] /1j/ vt to think; (considerar) to think over, think out; (proponerse) to intend, plan; (imaginarse) to think up, invent ▷ vi to think; **~ en** to aim at, aspire to;
pensativo, -a adj thoughtful, pensive
pensión [pen'sjon] nf (casa) = guest house; (dinero) pension; (cama y comida) board and lodging; **~ completa** full board; **media ~** half board; **pensionista** nmf (jubilado) (old-age) pensioner; (el que vive en una pensión) lodger
penúltimo, -a [pe'nultimo, a] adj penultimate, second last
penumbra [pe'numbra] nf half-light
peña ['peɲa] nf (roca) rock; (acantilado) cliff, crag; (grupo) group, circle; (LAM: club) folk club
peñasco [pe'ɲasko] nm large rock, boulder
peñón [pe'ɲon] nm crag; **el P~** the Rock (of Gibraltar)
peón [pe'on] nm labourer; (LAM) farm labourer, farmhand; (Ajedrez) pawn
peonza [pe'onθa] nf spinning top
peor [pe'or] adj (comparativo) worse; (superlativo) worst ▷ adv worse; worst; **de mal en ~** from bad to worse
pepinillo [pepi'niʎo] nm gherkin
pepino [pe'pino] nm cucumber; **(no) me importa un ~** I don't care one bit
pepita [pe'pita] nf (Bot) pip; (Minería) nugget
pepito [pe'pito] nm (ESP: tb: **~ de ternera**) steak sandwich
pequeño, -a [pe'keɲo, a] adj small, little
pera ['pera] nf pear; **peral** nm pear tree
percance [per'kanθe] nm setback, misfortune

percatarse [perka'tarse] /1a/ vr: **~ de** to notice, take note of
percebe [per'θeβe] nm barnacle
percepción [perθep'θjon] nf (vista) perception; (idea) notion, idea
percha ['pertʃa] nf coat hanger; (ganchos) coat hooks pl; (de ave) perch
percibir [perθi'βir] /3a/ vt to perceive, notice; (Com) to earn, get
percusión [perku'sjon] nf percussion
perdedor, a [perðe'ðor, a] adj losing ▷ nm/f loser
perder [per'ðer] /2g/ vt to lose; (tiempo, palabras) to waste; (oportunidad) to lose, miss; (tren) to miss ▷ vi to lose; **perderse** vr (extraviarse) to get lost; (desaparecer) to disappear, be lost to view; (arruinarse) to be ruined; **echar a ~** (comida) to spoil, ruin; (oportunidad) to waste
pérdida ['perðiða] nf loss; (de tiempo) waste; **pérdidas** nfpl (Com) losses
perdido, -a [per'ðiðo, a] adj lost
perdiz [per'ðiθ] nf partridge
perdón [per'ðon] nm (disculpa) pardon, forgiveness; (clemencia) mercy; **¡~!** sorry!, I beg your pardon!; **perdonar** /1a/ vt to pardon, forgive; (la vida) to spare; (excusar) to exempt, excuse; **¡perdone (usted)!** sorry!, I beg your pardon!
perecedero, -a [pereθe'ðero, a] adj perishable
perecer [pere'θer] /2d/ vi to perish, die
peregrinación [pereɣrina'θjon] nf (Rel) pilgrimage
peregrino, -a [pere'ɣrino, a] adj (extraño) strange ▷ nm/f pilgrim
perejil [pere'xil] nm parsley
perenne [pe'renne] adj perennial
pereza [pe'reθa] nf laziness; **perezoso, -a** adj lazy
perfección [perfek'θjon] nf perfection; **perfeccionar** /1a/ vt to perfect; (mejorar) to improve; (acabar) to complete, finish

P

perfecto, -a [per'fekto, a] *adj* perfect
▷ *nm* (Ling) perfect (tense)

perfil [per'fil] *nm* profile; (silueta)
silhouette, outline; (Tec) (cross)
section; **perfiles** *nmpl* features

perforación [perfora'θjon] *nf*
perforation; (con taladro) drilling

perforadora [perfora'ðora] *nf*
card-punch

perforar [perfo'rar] /1a/ *vt* to
perforate; (agujero) to drill, bore;
(papel) to punch a hole in ▷ *vi* to
drill, bore

perfume [per'fume] *nm* perfume,
scent

periferia [peri'ferja] *nf* periphery; (de
ciudad) outskirts *pl*

periférico, -a [peri'feriko, a] *adj*
peripheral ▷ *nm* (LAM Auto) ring road
(BRIT), beltway (US)

perilla [pe'riʎa] *nf* (barba) goatee;
(LAM: de puerta) doorknob, door handle

perímetro [pe'rimetro] *nm*
perimeter

periódico, -a [pe'rjoðiko, a] *adj*
periodic(al) ▷ *nm* (news)paper

periodismo [perjo'ðismo] *nm*
journalism; **periodista** *nmf* journalist

periodo [pe'rjoðo], **período**
[pe'rioðo] *nm* period

periquito [peri'kito] *nm* budgerigar,
budgie (fam)

perito, -a [pe'rito, a] *adj* (experto)
expert; (diestro) skilled, skilful ▷ *nm/f*
expert; skilled worker; (técnico)
technician

perjudicar [perxuði'kar] /1g/ *vt* (gen)
to damage, harm; **perjudicial** *adj*
damaging, harmful; (en detrimento)
detrimental; **perjuicio** *nm* damage,
harm

perjurar [perxu'rar] /1a/ *vi* to commit
perjury

perla ['perla] *nf* pearl; **me viene de ~s**
it suits me fine

permanecer [permane'θer] /2d/ *vi*
(quedarse) to stay, remain; (seguir) to
continue to be

permanente [perma'nente] *adj*
permanent; (constante) constant
▷ *nf* perm

permiso [per'miso] *nm* permission;
(licencia) permit, licence (BRIT),
license (US); **con ~** excuse me;
estar de ~ (Mil) to be on leave; **~ de
conducir** o **conductor** driving licence
(BRIT), driver's license (US); **~ por
enfermedad** (LAM) sick leave

permitir [permi'tir] /3a/ *vt* to
permit, allow

pernera [per'nera] *nf* trouser leg

pero ['pero] *conj* but; (aún) yet
▷ *nm* (defecto) flaw, defect; (reparo)
objection

perpendicular [perpendiku'lar] *adj*
perpendicular

perpetuo, -a [per'petwo, a] *adj*
perpetual

perplejo, -a [per'plexo, a] *adj*
perplexed, bewildered

perra ['perra] *nf* (Zool) bitch; (fam:
dinero) money; **estar sin una ~** to be
flat broke

perrera [pe'rrera] *nf* kennel

perrito [pe'rrito] *nm* (tb: **~ caliente**)
hot dog

perro ['perro] *nm* dog

persa ['persa] *adj, nmf* Persian

persecución [perseku'θjon] *nf*
pursuit, chase; (Rel, Pol) persecution

perseguir [perse'ɣir] /3d, 3k/ *vt* to
pursue, hunt; (cortejar) to chase after;
(molestar) to pester, annoy; (Rel, Pol)
to persecute

persiana [per'sjana] *nf* (Venetian)
blind

persistente [persis'tente] *adj*
persistent

persistir [persis'tir] /3a/ *vi* to persist

persona [per'sona] *nf* person;
~ mayor elderly person

personaje [perso'naxe] *nm*
important person, celebrity; (Teat)
character

personal [perso'nal] *adj* (particular)
personal; (para una persona) single,

for one person ▷ *nm* personnel, staff;
personalidad *nf* personality

personarse [perso'narse] /1a/ *vt* to
appear in person

personificar [personifi'kar] /1g/ *vt*
to personify

perspectiva [perspek'tiβa] *nf*
perspective; (*vista, panorama*) view,
panorama; (*posibilidad futura*) outlook,
prospect

persuadir [perswa'ðir] /3a/ *vt* (*gen*)
to persuade; (*convencer*) to convince;
persuadirse *vr* to become convinced;
persuasión *nf* persuasion

pertenecer [pertene'θer] /2d/ *vi*:
~ a to belong to; (*fig*) to concern;
perteneciente *adj*: **perteneciente
a** belonging to; **pertenencia** *nf*
ownership; **pertenencias** *nfpl*
possessions, property *sg*

pertenezca *etc* [perte'neθka] *vb V*
pertenecer

pértiga ['pertiɣa] *nf*: **salto de ~**
pole vault

pertinente [perti'nente] *adj*
relevant, pertinent; (*apropiado*)
appropriate; **~ a** concerning,
relevant to

perturbación [perturβa'θjon]
nf (*Pol*) disturbance; (*Med*) upset,
disturbance

Perú [pe'ru] *nm* Peru; **peruano, -a** *adj,
nm/f* Peruvian

perversión [perβer'sjon] *nf*
perversion; **perverso, -a** *adj* perverse;
(*depravado*) depraved

pervertido, -a [perβer'tiðo, a] *adj*
perverted ▷ *nm/f* pervert

pervertir [perβer'tir] /3i/ *vt* to
pervert, corrupt

pesa ['pesa] *nf* weight; (*Deporte*) shot

pesadez [pesa'ðeθ] *nf* (*calidad de
pesado*) heaviness; (*lentitud*) slowness;
(*aburrimiento*) tediousness

pesadilla [pesa'ðiʎa] *nf* nightmare,
bad dream

pesado, -a [pe'saðo, a] *adj* heavy;
(*lento*) slow; (*difícil, duro*) tough, hard;

(*aburrido*) tedious, boring; (*bochornoso*)
sultry

pésame ['pesame] *nm* expression of
condolence, message of sympathy;
dar el ~ to express one's condolences

pesar [pe'sar] /1a/ *vt* to weigh ▷ *vi* to
weigh; (*ser pesado*) to weigh a lot, be
heavy; (*fig: opinión*) to carry weight
▷ *nm* (*sentimiento*) regret; (*pena*) grief,
sorrow; **no pesa mucho** it's not very
heavy; **a ~ de (que)** in spite of, despite

pesca ['peska] *nf* (*acto*) fishing;
(*cantidad de pescado*) catch; **ir de ~** to
go fishing

pescadería [peskaðe'ria] *nf* fish
shop, fishmonger's

pescadilla [peska'ðiʎa] *nf* whiting

pescado [pes'kaðo] *nm* fish

pescador, a [peska'ðor, a] *nm/f*
fisherman/woman

pescar [pes'kar] /1g/ *vt* (*coger*) to
catch; (*tratar de coger*) to fish for;
(*conseguir: trabajo*) to manage to get
▷ *vi* to fish, go fishing

pesebre [pe'seβre] *nm* manger

peseta [pe'seta] *nf* peseta

pesimista [pesi'mista] *adj*
pessimistic ▷ *nmf* pessimist

pésimo, -a ['pesimo, a] *adj* awful,
dreadful

peso ['peso] *nm* weight; (*balanza*)
scales *pl*; (*moneda*) peso; **~ bruto/
neto** gross/net weight; **~ mosca/
pesado** fly-/heavyweight; **vender a ~**
to sell by weight

pesquero, -a [pes'kero, a] *adj*
fishing *cpd*

pestaña [pes'taɲa] *nf* (*Anat*) eyelash;
(*borde*) rim

peste ['peste] *nf* plague; (*mal olor*)
stink, stench

pesticida [pesti'θiða] *nm* pesticide

pestillo [pes'tiʎo] *nm* bolt; (*picaporte*)
(door) handle

petaca [pe'taka] *nf* (*de cigarrillos*)
cigarette case; (*de pipa*) tobacco
pouch; (*Aм: maleta*) suitcase

pétalo ['petalo] *nm* petal

petardo [pe'tarðo] nm firework, firecracker

petición [peti'θjon] nf (pedido) request, plea; (memorial) petition; (Jur) plea

peto ['peto] nm dungarees pl, overalls pl (us)

petróleo [pe'troleo] nm oil, petroleum; **petrolero, -a** adj petroleum cpd ▷ nm (oil) tanker

peyorativo, -a [pejora'tiβo, a] adj pejorative

pez [peθ] nm fish; **~ de colores** goldfish; **~ espada** swordfish

pezón [pe'θon] nm teat, nipple

pezuña [pe'θuɲa] nf hoof

pianista [pja'nista] nmf pianist

piano ['pjano] nm piano

piar [pjar] /1c/ vi to cheep

pibe, -a ['piβe, a] nm/f (LAM) boy/girl

picadero [pika'ðero] nm riding school

picadillo [pika'ðiʎo] nm mince, minced meat

picado, -a [pi'kaðo, a] adj pricked, punctured; (Culin) minced, chopped; (mar) choppy; (diente) bad; (tabaco) cut; (enfadado) cross

picador [pika'ðor] nm (Taur) picador; (minero) faceworker

picadura [pika'ðura] nf (pinchazo) puncture; (de abeja) sting; (de mosquito) bite; (tabaco picado) cut tobacco

picante [pi'kante] adj hot; (comentario) racy, spicy

picaporte [pika'porte] nm (tirador) handle; (pestillo) latch

picar [pi'kar] /1g/ vt (agujerear, perforar) to prick, puncture; (abeja) to sting; (mosquito, serpiente) to bite; (Culin) to mince, chop; (incitar) to incite, goad; (dañar, irritar) to annoy, bother; (quemar: lengua) to burn ▷ vi (pez) to bite, take the bait; (el sol) to burn, scorch; (abeja, Med) to sting; (mosquito) to bite; **picarse** vr (agriarse) to turn sour, go off; (ofenderse) to take offence

picardía [pikar'ðia] nf villainy; (astucia) slyness, craftiness; (una picardía) dirty trick; (palabra) rude/bad word o expression

pícaro, -a ['pikaro, a] adj (malicioso) villainous; (travieso) mischievous ▷ nm (astuto) sly sort; (sinvergüenza) rascal, scoundrel

pichi ['pitʃi] nm (ESP) pinafore dress (BRIT), jumper (US)

pichón [pi'tʃon] nm young pigeon

pico ['piko] nm (de ave) beak; (punta aguda) sharp point; (Tec) pick, pickaxe; (Geo) peak, summit; **y ~** and a bit; **las seis y ~** six and a bit

picor [pi'kor] nm itch

picoso, -a [pi'koso, a] (LAM) adj (comida) hot

picudo, -a [pi'kuðo, a] adj pointed, with a point

pidió etc vb V **pedir**

pido etc vb V **pedir**

pie [pje] (pl **pies**) nm foot; (fig: motivo) motive, basis; (: fundamento) foothold; **ir a ~** to go on foot, walk; **estar de ~** to be standing (up); **ponerse de ~** to stand up; **al ~ de la letra** (citar) literally, verbatim; (copiar) exactly, word for word; **de ~s a cabeza** from head to foot; **en ~ de guerra** on a war footing; **dar ~ a** to give cause for; **hacer ~** (en el agua) to touch (the) bottom

piedad [pje'ðað] nf (lástima) pity, compassion; (clemencia) mercy; (devoción) piety, devotion

piedra ['pjeðra] nf stone; (roca) rock; (de mechero) flint; (Meteorología) hailstone; **~ preciosa** precious stone

piel [pjel] nf (Anat) skin; (Zool) skin, hide; fur; (cuero) leather; (Bot) skin, peel

pienso etc ['pjenso] vb V **pensar**

pierdo etc ['pjerðo] vb V **perder**

pierna ['pjerna] nf leg

pieza ['pjeθa] nf piece; (habitación) room; **~ de recambio** o **repuesto** spare (part)

pigmeo, -a [piɣ'meo, a] *adj, nm/f* pigmy

pijama [pi'xama] *nm* pyjamas *pl*

pila ['pila] *nf* (*de Elec*) battery; (*montón*) heap, pile; (*de fuente*) sink

píldora ['pildora] *nf* pill; **la ~ (anticonceptiva)** the pill

pileta [pi'leta] *nf* (*LAM: de cocina*) sink; (*: piscina*) swimming pool

pillaje [pi'ʎaxe] *nm* pillage

pillar [pi'ʎar] /1a/ *vt* (*saquear*) to pillage, plunder; (*fam: coger*) to catch; (*: agarrar*) to grasp, seize; (*: entender*) to grasp, catch on to; **pillarse** *vr*: **~se un dedo con la puerta** to catch one's finger in the door

pillo, -a ['piʎo, a] *adj* villainous; (*astuto*) sly, crafty ▷ *nm/f* rascal, rogue, scoundrel

piloto [pi'loto] *nm* pilot; (*de aparato*) (pilot) light; (*Auto*) rear light, tail light; (*conductor*) driver; **~ automático** automatic pilot

pimentón [pimen'ton] *nm* paprika

pimienta [pi'mjenta] *nf* pepper

pimiento [pi'mjento] *nm* pepper, pimiento

pin [pin] (*pl* **pins**) *nm* badge

pinacoteca [pinako'teka] *nf* art gallery

pinar [pi'nar] *nm* pinewood

pincel [pin'θel] *nm* paintbrush

pinchadiscos [pintʃa'diskos] *nm/f inv* disc jockey, DJ

pinchar [pin'tʃar] /1a/ *vt* (*perforar*) to prick, pierce; (*neumático*) to puncture; (*incitar*) to goad; (*Inform*) to click

pinchazo [pin'tʃaθo] *nm* (*perforación*) prick; (*de llanta*) puncture; (*fig*) prod

pincho ['pintʃo] *nm* savoury (snack); **~ moruno** shish kebab; **~ de tortilla** small slice of omelette

ping-pong ['pimpon] *nm* table tennis

pingüino [pin'gwino] *nm* penguin

pino ['pino] *nm* pine (tree)

pinta ['pinta] *nf* spot; (*gota*) spot, drop; (*aspecto*) appearance, look's *pl*; **pintado, -a** *adj* spotted; (*de muchos colores*) colourful; **pintadas** *nfpl* political graffiti *sg*

pintalabios [pinta'laβjos] *nm inv* (*ESP*) lipstick

pintar [pin'tar] /1a/ *vt* to paint ▷ *vi* to paint; (*fam*) to count, be important; **pintarse** *vr* to put on make-up

pintor, a [pin'tor, a] *nm/f* painter

pintoresco, -a [pinto'resko, a] *adj* picturesque

pintura [pin'tura] *nf* painting; **~ al óleo** oil painting

pinza [pinθa] *nf* (*Zool*) claw; (*para colgar ropa*) clothes peg; (*Tec*) pincers *pl*; **pinzas** *nfpl* (*para depilar*) tweezers

piña ['piɲa] *nf* (*fruto del pino*) pine cone; (*fruta*) pineapple; (*fig*) group

piñata [pi'ɲata] *nf* piñata (*figurine hung up at parties to be beaten with sticks until sweets or presents fall out*)

piñón [pi'ɲon] *nm* (*Bot*) pine nut; (*Tec*) pinion

pío, -a ['pio, a] *adj* (*devoto*) pious, devout; (*misericordioso*) merciful

piojo ['pjoxo] *nm* louse

pipa ['pipa] *nf* pipe; (*Bot*) seed, pip; (*de girasol*) sunflower seed

pipí [pi'pi] *nm* (*fam*): **hacer ~** to have a wee(-wee)

pique ['pike] *nm* (*resentimiento*) pique, resentment; (*rivalidad*) rivalry, competition; **irse a ~** to sink; (*familia*) to be ruined

piqueta [pi'keta] *nf* pick(axe)

piquete [pi'kete] *nm* (*Mil*) squad, party; (*de obreros*) picket; (*LAM: de insecto*) bite

pirado, -a [pi'raðo, a] *adj* (*fam*) round the bend ▷ *nm/f* nutter

piragua [pi'raɣwa] *nf* canoe; **piragüismo** *nm* canoeing

pirámide [pi'ramiðe] *nf* pyramid

pirata [pi'rata] *adj, nm* pirate (*tb*: **~ informático**) *nm* hacker

Pirineo(s) [piri'neo(s)] *nm(pl)* Pyrenees *pl*

pirómano, -a [pi'romano, a] *nm/f* (*Jur*) arsonist

piropo [pi'ropo] nm compliment, (piece of) flattery

pirueta [pi'rweta] nf pirouette

piruleta [piru'leta] nf lollipop

pis [pis] nm (fam) pee; **hacer ~** to have a pee; (para niños) to wee-wee

pisada [pi'saða] nf (paso) footstep; (huella) footprint

pisar [pi'sar] /1a/ vt (caminar sobre) to walk on, tread on; (apretar con el pie) to press; (fig) to trample on, walk all over ▷ vi to tread, step, walk

piscina [pis'θina] nf swimming pool

Piscis [pis'θis] nm Pisces

piso ['piso] nm (suelo) floor; (LAM) ground; (apartamento) flat, apartment; **primer ~** (ESP) first o second (US) floor; (LAM) ground o first (US) floor

pisotear [pisote'ar] /1a/ vt to trample (on o underfoot)

pista ['pista] nf track, trail; (indicio) clue; **~ de aterrizaje** runway; **~ de baile** dance floor; **~ de tenis** tennis court; **~ de hielo** ice rink

pistola [pis'tola] nf pistol; (Tec) spray-gun

pistón [pis'ton] nm (Tec) piston; (Mus) key

pitar [pi'tar] /1a/ vt (hacer sonar) to blow; (rechiflar) to whistle at, boo ▷ vi to whistle; (Auto) to sound o toot one's horn; (LAM) to smoke

pitillo [pi'tiʎo] nm cigarette

pito ['pito] nm whistle; (de coche) horn

pitón [pi'ton] nm (Zool) python

pitonisa [pito'nisa] nf fortune-teller

pitorreo [pito'rreo] nm joke, laugh; **estar de ~** to be in a joking mood

píxel ['piksel] nm (Inform) pixel

piyama [pi'jama] nm (LAM) pyjamas pl, pajamas pl (US)

pizarra [pi'θarra] nf (piedra) slate; (encerado) blackboard; **~ blanca** whiteboard; **~ interactiva** interactive whiteboard

pizarrón [piθa'rron] nm (LAM) blackboard

pizca ['piθka] nf pinch, spot; (fig) spot, speck; **ni ~** not a bit

placa ['plaka] nf plate; (distintivo) badge; **~ de matrícula** number plate

placard [pla'kar] nm (LAM) built-in cupboard

placer [pla'θer] /2w/ nm pleasure ▷ vt to please; **a ~** at one's pleasure

plaga ['plaɣa] nf (Zool) pest; (Med) plague; (fig) swarm; (: abundancia) abundance

plagio ['plaxjo] nm plagiarism

plan [plan] nm (esquema, proyecto) plan; (idea, intento) idea, intention; **tener ~** (fam) to have a date; **tener un ~** (fam) to have an affair; **en ~ económico** (fam) on the cheap; **vamos en ~ de turismo** we're going as tourists; **si te pones en ese ~ ...** if that's your attitude

plana ['plana] nf V **plano**

plancha ['plantʃa] nf (para planchar) iron; (rótulo) plate, sheet; (Naut) gangway; **a la ~** (Culin) grilled; **planchar** /1a/ vt to iron ▷ vi to do the ironing

planear [plane'ar] /1a/ vt to plan ▷ vi to glide

planeta [pla'neta] nm planet

plano, -a ['plano, a] adj flat, level, even ▷ nm (Mat, Tec, Aviat) plane; (Foto) shot; (Arq) plan; (Geo) map; (de ciudad) map, street plan ▷ nf sheet of paper, page; (Tec) trowel; **primer ~** close-up; **en primera plana** on the front page

planta ['planta] nf (Bot, Tec) plant; (Anat) sole of the foot; (piso) floor; (LAM: personal) staff; **~ baja** ground floor

plantar [plan'tar] /1a/ vt (Bot) to plant; (levantar) to erect, set up; **plantarse** vr to stand firm; **~ a algn en la calle** to chuck sb out; **dejar plantado a algn** (fam) to stand sb up

plantear [plante'ar] /1a/ vt (problema) to pose; (dificultad) to raise

plantilla [plan'tiʎa] nf (de zapato) insole; (personal) personnel nf; **ser de ~** to be on the staff

plantón [plan'ton] nm (Mil) guard, sentry; (fam) long wait; **dar (un) ~ a algn** to stand sb up

plasta ['plasta] nf soft mass, lump ▷ nmf (ESP fam) bore ▷ adj (ESP fam) boring

plástico, -a ['plastiko, a] adj plastic ▷ nm plastic

Plastilina® [plasti'lina] nf Plasticine®

plata ['plata] nf (metal) silver; (cosas hechas de plata) silverware; (LAM) cash

plataforma [plata'forma] nf platform; **~ de lanzamiento/ perforación** launch(ing) pad/ drilling rig

plátano ['platano] nm (fruta) banana; (árbol) plane tree; banana tree

platea [pla'tea] nf (Teat) pit

plática [pla'tika] nf talk, chat; **platicar** /1g/ vi to talk, chat

platillo [pla'tiʎo] nm saucer; **platillos** nmpl cymbals; **~ volador o volante** flying saucer

platino [pla'tino] nm platinum; **platinos** nmpl (Auto) contact) points

plato ['plato] nm plate, dish; (parte de comida) course; (guiso) dish; **primer ~** first course; **~ combinado** set main course (served on one plate); **~ fuerte** main course

playa ['plaja] nf beach; (costa) seaside; **~ de estacionamiento** (LAM) car park

playero, -a [pla'jero, a] adj beach cpd ▷ nf (LAM: camiseta) T-shirt; **playeras** nfpl canvas shoes

plaza ['plaθa] nf square; (mercado) market(place); (sitio) room, space; (en vehículo) seat, place; (colocación) post, job; **~ de toros** bullring

plazo ['plaθo] nm (lapso de tiempo) time, period; (fecha de vencimiento) expiry date; (pago parcial) instalment; **a corto/largo ~** short-/long-term;

comprar a ~s to buy on hire purchase, pay for in instalments

plazoleta [plaθo'leta] nf small square

plebeyo, -a [ple'βejo, a] adj plebeian; (pey) coarse, common

plegable [ple'ɣaβle] adj pliable; (silla) folding

pleito ['pleito] nm (Jur) lawsuit, case; (fig) dispute, feud

plenitud [pleni'tuð] nf plenitude, fullness; (abundancia) abundance

pleno, -a ['pleno, a] adj full; (completo) complete ▷ nm plenum; **en ~ día** in broad daylight; **en ~ verano** at the height of summer; **en plena cara** full in the face

pliego ['pljeɣo] nm (hoja) sheet (of paper); (carta) sealed letter/ document; **~ de condiciones** details pl, specifications pl

pliegue ['pljeɣe] nm fold, crease; (de vestido) pleat

plomería [plome'ria] nf (LAM) plumbing; **plomero** nm (LAM) plumber

plomo ['plomo] nm (metal) lead; (Elec) fuse; **sin ~** unleaded

pluma ['pluma] nf feather; (para escribir): **~ (estilográfica)** ink pen; **~ fuente** (LAM) fountain pen

plumero [plu'mero] nm (quitapolvos) feather duster

plumón [plu'mon] nm (de ave) down

plural [plu'ral] adj plural

pluriempleo [pluriem'pleo] nm having more than one job

plus [plus] nm bonus

población [poβla'θjon] nf population; (pueblo, ciudad) town, city

poblado, -a [po'βlaðo, a] adj inhabited ▷ nm (aldea) village; (pueblo) (small) town; **densamente ~** densely populated

poblador, a [poβla'ðor, a] nm/f settler, colonist

pobre ['poβre] adj poor ▷ nmf poor person; **pobreza** nf poverty

pocilga [po'θilɣa] nf pigsty

PALABRA CLAVE

poco, -a ['poko, a] *adj* **1** (*sg*) little,
not much; **poco tiempo** little or not
much time; **de poco interés** of little
interest, not very interesting; **poca
cosa** not much
2 (*pl*) few, not many; **unos pocos** a
few, some; **pocos niños comen lo
que les conviene** few children eat
what they should
▸ *adv* **1** little, not much; **cuesta poco**
it doesn't cost much
2 (+ *adj: negativo, antónimo*): **poco
amable/inteligente** not very nice/
intelligent
3: por poco me caigo I almost fell
4: a poco de haberse casado shortly
after getting married
5: poco a poco little by little
▸ *nm* a little, a bit; **un poco triste/de
dinero** a little sad/money

podar [po'ðar] /1a/ *vt* to prune

podcast ['poðkast] *nm* podcast;
podcastear /1a/ *vi* to podcast

PALABRA CLAVE

poder [po'ðer] /2s/ *vi* **1** (*capacidad*)
can, be able to; **no puedo hacerlo** I
can't do it, I'm unable to do it
2 (*permiso*) can, may, be allowed to;
¿se puede? may I (o we?); **puedes
irte ahora** you may go now; **no
se puede fumar en este hospital**
smoking is not allowed in this
hospital
3 (*posibilidad*) may, might, could;
puede llegar mañana he may o
might arrive tomorrow; **pudiste
haberte hecho daño** you might o
could have hurt yourself; **¡podías
habérmelo dicho antes!** you might
have told me before!
4: puede (ser) perhaps; **puede
que lo sepa Tomás** Tomás may o
might know

5: ¡no puedo más! I've had enough!;
es tonto a no poder he's as
stupid as they come
**6: poder con: no puedo con este
crío** this kid's too much for me
▸ *nm* power; **el poder** the
Government; **poder adquisitivo**
purchasing power; **detentar** u
ocupar o **estar en el poder** to be
in power o office; **poder judicial**
judiciary

poderoso, -a [poðe'roso, a] *adj*
powerful

podio ['poðjo] *nm* podium

podium ['poðjum] = **podio**

podrido, -a [po'ðriðo, a] *adj* rotten,
bad; (*fig*) rotten, corrupt

podrir [po'ðrir] = **pudrir**

poema [po'ema] *nm* poem

poesía [poe'sia] *nf* poetry

poeta [po'eta] *nm* poet; **poético, -a**
poetic(al); **poetisa** *nf* (woman) poet

póker ['poker] *nm* poker

polaco, -a [po'lako, a] *adj* Polish
▸ *nm/f* Pole

polar [po'lar] *adj* polar

polea [po'lea] *nf* pulley

polémica [po'lemika] *nf* polemics *sg*;
(*una polémica*) controversy

polen ['polen] *nm* pollen

policía [poli'θia] *nmf* policeman/
woman ▸ *nf* police; **policíaco, -a**
adj police *cpd*; **novela policíaca**
detective story; **policial** *adj* police
cpd

polideportivo [poliðepor'tiβo] *nm*
sports centre

polígono [po'liɣono] *nm* (*Mat*)
polygon; **~ industrial** industrial
estate

polilla [po'liʎa] *nf* moth

polio ['poljo] *nf* polio

político, -a [po'litiko, a] *adj* political;
(*discreto*) tactful; (*pariente*) in-law
▸ *nm/f* politician ▸ *nf* politics *sg*;
(*económica, agraria*) policy; **padre ~**
father-in-law; **política exterior/de**

ingresos y precios foreign/prices and incomes policy

póliza [ˈpoliθa] *nf* certificate, voucher; *(impuesto)* tax o fiscal stamp; **~ de seguro(s)** insurance policy

polizón [poliˈθon] *nm* stowaway

pollera [poˈʎera] *nf* (LAM) skirt

pollo [ˈpoʎo] *nm* chicken

polo [ˈpolo] *nm* (Geo, Elec) pole; *(helado)* ice lolly (BRIT), Popsicle® (US); *(Deporte)* polo; *(suéter)* polo-neck; **P~ Norte/Sur** North/South Pole

Polonia [poˈlonja] *nf* Poland

poltrona [polˈtrona] *nf* easy chair

polución [poluˈθjon] *nf* pollution

polvera [polˈβera] *nf* powder compact

polvo [ˈpolβo] *nm* dust; *(Química, Culin, Med)* powder; **polvos** *nmpl (maquillaje)* powder *sg*; **en ~** powdered; **~ de talco** talcum powder; **estar hecho ~** to be worn out o exhausted

pólvora [ˈpolβora] *nf* gunpowder

polvoriento, -a [polβoˈrjento, a] *adj (superficie)* dusty; *(sustancia)* powdery

pomada [poˈmada] *nf* cream

pomelo [poˈmelo] *nm* grapefruit

pómez [ˈpomeθ] *nf*: **piedra ~** pumice stone

pomo [ˈpomo] *nm* knob, handle

pompa [ˈpompa] *nf (burbuja)* bubble; *(bomba)* pump; *(esplendor)* pomp, splendour

pómulo [ˈpomulo] *nm* cheekbone

pon [pon] *vb V* **poner**

○ **PALABRA CLAVE**

poner [poˈner] /2q/ *vt* **1** to put; *(colocar)* to place; *(telegrama)* to send; *(obra de teatro)* to put on; *(película)* to

show; **ponlo más alto** turn it up; **¿qué ponen en el Excelsior?** what's on at the Excelsior?

2 *(tienda)* to open; *(instalar: gas etc)* to put in; *(radio, TV)* to switch o turn on

3 *(suponer)*: **pongamos que ...** let's suppose that ...

4 *(contribuir)*: **el gobierno ha puesto otro millón** the government has contributed another million

5 *(Telec)*: **póngame con el Sr. López** can you put me through to Mr. López?

6: **poner de**: **le han puesto de director general** they've appointed him general manager

7 (+ *adj*) to make: **me estás poniendo nervisa** you're making me nervous

8 *(dar nombre)*: **al hijo le pusieron Diego** they called their son Diego

▶ *vi (gallina)* to lay

▶ **ponerse** *vr (colocarse)*: **se puso a mi lado** he came and stood beside me; **tú ponte en esa silla** you go and sit on that chair; **ponerse en camino** to set off

2 *(vestido, cosméticos)* to put on; **¿por qué no te pones el vestido nuevo?** why don't you put on o wear your new dress?

3 *(sol)* to set

4 (+ *adj*) to get, become; to turn: **se puso muy serio** he got very serious; **después de lavarla la tela se puso azul** after washing it the material turned blue

5: **ponerse a**: **se puso a llorar** he started to cry; **tienes que ponerte a estudiar** you must get down to studying

pongo *etc* [ˈpongo] *vb V* **poner**

poniente [poˈnjente] *nm* west; *(viento)* west wind

pontífice [ponˈtifiθe] *nm* pope, pontiff

pop [pop] *adj inv, nm (Mus)* pop

popa [ˈpopa] *nf* stern; **a ~** astern, abaft; **de ~ a proa** fore and aft

popote [po'pote] *nm* (*LAM*) straw
popular [popu'lar] *adj* popular; (*del pueblo*) of the people; **popularidad** *nf* popularity

PALABRA CLAVE

por [por] *prep* 1 (*objetivo*) for: **luchar por la patria** to fight for one's country
2 (+ *infin*): **por no llegar tarde** so as not to arrive late; **por citar unos ejemplos** to give a few examples
3 (*causa*) out of, because of: **por escasez de fondos** through o for lack of funds
4 (*tiempo*): **por la mañana/noche** in the morning/at night; **se queda por una semana** she's staying (for) a week
5 (*lugar*): **pasar por Madrid** to pass through Madrid; **ir a Guayaquil por Quito** to go to Guayaquil via Quito; **caminar por la calle** to walk along the street; **¿hay un banco por aquí?** is there a bank near here?
6 (*cambio, precio*): **te doy uno nuevo por el que tienes** I'll give you a new one in return for the one you've got
7 (*valor distributivo*): **30 euros por hora/cabeza** 30 euros an o per hour/a o per head
8 (*modo, medio*) by; **por correo/avión** by post/air; **entrar por la entrada principal** to go in through the main entrance
9 (*agente*) by; **hecho por él** done by him
10: **10 por 10 son 100** 10 times 10 is 100
11 (*en lugar de*): **vino él por su jefe** he came instead of his boss
12: **por mí que revienten** as far as I'm concerned they can drop dead
13: **por qué** why; **¿por qué?** why?; **¿por qué no?** why not?

porcelana [porθe'lana] *nf* porcelain; (*china*) china
porcentaje [porθen'taxe] *nm* percentage

porción [por'θjon] *nf* (*parte*) portion, share; (*cantidad*) quantity, amount
porfiar [por'fjar] /1c/ *vi* to persist, insist; (*disputar*) to argue stubbornly
pormenor [porme'nor] *nm* detail, particular
pornografía [pornoɣra'fia] *nf* pornography
poro ['poro] *nm* pore
pororó [poro'ro] *nm* (*LAM*) popcorn
poroso, -a [po'roso, a] *adj* porous
poroto [po'roto] *nm* (*LAM*) kidney bean
porque ['porke] *conj* (*a causa de*) because; (*ya que*) since; (*con el fin de*) so that, in order that
porqué [por'ke] *nm* reason, cause
porquería [porke'ria] *nf* (*suciedad*) filth, dirt; (*acción*) dirty trick; (*objeto*) small thing, trifle; (*fig*) rubbish
porra ['porra] *nf* (*arma*) stick, club
porrazo [po'rraθo] *nm* (*golpe*) blow; (*caída*) bump
porro ['porro] *nm* (*fam*: *droga*) joint
porrón [po'rron] *nm* glass wine jar with a long spout
portaaviones [port(a)a'βjones] *nm inv* aircraft carrier
portada [por'taða] *nf* (*de revista*) cover
portador, a [porta'ðor, a] *nm/f* carrier, bearer; (*Com*) bearer, payee
portaequipajes [portaeki'paxes] *nm inv* boot (*BRIT*), trunk (*US*); (*baca*) luggage rack
portafolio [porta'foljo] *nm* briefcase
portal [por'tal] *nm* (*entrada*) vestibule hall; (*pórtico*) porch, doorway; (*puerta de entrada*) main door; (*Internet*) portal; **portales** *nmpl* arcade *sg*
portamaletas [portama'letas] *nm inv* (*Auto*: *maletero*) boot; (: *baca*) roof rack
portamonedas [portamo'neðas] *nm inv* (*LAM*) purse
portar [por'tar] /1a/ *vt* to carry; **portarse** *vr* to behave, conduct o.s.
portátil [por'tatil] *adj* portable; **(ordenador) ~** laptop (computer)

portavoz [porta'βoθ] nmf
spokesman/woman

portazo [por'taθo] nm: **dar un ~** to
slam the door

porte ['porte] nm (Com) transport;
(precio) transport charges pl

portentoso, -a [porten'toso, a] adj
marvellous, extraordinary

porteño, -a [por'teɲo, a] adj of o from
Buenos Aires

portería [porte'ria] nf (oficina)
porter's office; (gol) goal

portero, -a [por'tero, a] nm/f porter;
(conserje) caretaker; (ujier) doorman;
(Deporte) goalkeeper; **~ automático**
(Esp) entry phone

pórtico ['portiko] nm (porche)
portico, porch; (fig) gateway; (arcada)
arcade

portorriqueño, -a [portorri'keɲo,
a] adj Puerto Rican

Portugal [portu'ɣal] nm Portugal;
portugués, -esa adj, nm/f
Portuguese ⊳ nm (Ling) Portuguese

porvenir [porβe'nir] nm future

pos [pos]: **en ~ de** prep after, in
pursuit of

posaderas [posa'ðeras] nfpl backside
sg, buttocks

posar [po'sar] /1a/ vt (en el suelo) to lay
down, put down; (la mano) to place,
put gently ⊳ vi to sit, pose; **posarse** vr
to settle; (pájaro) to perch; (avión) to
land, come down

posavasos [posa'basos] nm inv
coaster; (para cerveza) beermat

posdata [pos'ðata] nf postscript

pose ['pose] nf pose

poseedor, a [posee'ðor, a] nm/f
owner, possessor; (de récord, puesto)
holder

poseer [pose'er] /2e/ vt to have,
possess, own; (ventaja) to enjoy;
(récord, puesto) to hold

posesivo, -a [pose'siβo, a] adj
possessive

posgrado [pos'ɣraðo] nm
= postgrado

posibilidad [posiβili'ðað] nf
possibility; (oportunidad) chance;
posibilitar /1a/ vt to make possible;
(hacer factible) to make feasible

posible [po'siβle] adj possible;
(factible) feasible; **de ser ~** if possible;
en o dentro de lo ~ as far as possible

posición [posi'θjon] nf position;
(rango social) status

positivo, -a [posi'tiβo, a] adj
positive

poso ['poso] nm sediment; (heces)
dregs pl

posponer [pospo'ner] /2q/ vt (relegar)
to put behind o below; (aplazar) to
postpone

post [post] (pl **posts**) nm (en sitio
web) post

posta ['posta] nf: **a ~** on purpose,
deliberately

postal [pos'tal] adj postal ⊳ nf
postcard

poste ['poste] nm (de telégrafos) post,
pole; (columna) pillar

póster ['poster] (pl **posters**) nm
poster

posterior [poste'rjor] adj back, rear;
(siguiente) following, subsequent; (más
tarde) later

postgrado [post'ɣraðo] nm: **curso
de ~** postgraduate course

postizo, -a [pos'tiθo, a] adj false,
artificial ⊳ nm hairpiece

postre ['postre] nm sweet, dessert

póstumo, -a [po'stumo, a] adj
posthumous

postura [pos'tura] nf (del cuerpo)
posture, position; (fig) attitude,
position

potable [po'taβle] adj drinkable;
agua ~ drinking water

potaje [po'taxe] nm thick vegetable
soup

potencia [po'tenθja] nf power;
potencial adj, nm potential

potente [po'tente] adj powerful

potro ['potro] nm (Zool) colt; (Deporte)
vaulting horse

pozo ['poθo] nm well; (de río) deep
pool; (de mina) shaft
PP nm abr = **Partido Popular**
práctica ['praktika] nf V **práctico**
practicable [prakti'kaβle] adj
practicable; (camino) passable
practicante [prakti'kante] nmf
(Med: ayudante de doctor) medical
assistant; (: enfermero) nurse; (el
que practica algo) practitioner ▷ adj
practising
practicar [prakti'kar] /1g/ vt to
practise; (deporte) to go in for, play;
(ejecutar) to carry out, perform
práctico, -a ['praktiko, a] adj
practical; (instruido: persona) skilled,
expert ▷ nf practice; (método) method;
(arte, capacidad) skill; **en la práctica**
in practice
practique etc [prak'tike] vb V
practicar
pradera [pra'ðera] nf meadow; (de
Canadá) prairie
prado ['praðo] nm (campo) meadow,
field; (pastizal) pasture
Praga ['praɣa] nf Prague
pragmático, -a [praɣ'matiko, a] adj
pragmatic
precario, -a [pre'karjo, a] adj
precarious
precaución [prekau'θjon] nf (medida
preventiva) preventive measure,
precaution; (prudencia) caution,
wariness
precedente [preθe'ðente] adj
preceding; (anterior) former ▷ nm
precedent
preceder [preθe'ðer] /2a/ vt, vi to
precede, go/come before
precepto [pre'θepto] nm precept
precinto [pre'θinto] nm (tb: ~ **de
garantía**) seal
precio ['preθjo] nm price; (costo) cost;
(valor) value, worth; (de viaje) fare; ~
de coste o **de cobertura** cost price; ~
al contado cash price; ~ **al detalle** o
al por menor retail price; ~ **de salida**
upset price; ~ **tope** top price

preciosidad [preθjosi'ðað] nf (valor)
(high) value, (great) worth; (encanto)
charm; (cosa bonita) beautiful
thing; **es una ~** it's lovely, it's really
beautiful
precioso, -a [pre'θjoso, a] adj
precious; (de mucho valor) valuable;
(fam) lovely, beautiful
precipicio [preθi'piθjo] nm cliff,
precipice; (fig) abyss
precipitación [preθipita'θjon] nf
haste; (lluvia) rainfall
precipitado, -a [preθipi'taðo, a] adj
hasty, rash; (salida) hasty, sudden
precipitar [preθipi'tar] /1a/ vt
(arrojar) to hurl, throw; (apresurar)
to hasten; (acelerar) to speed up,
accelerate; **precipitarse** vr to throw
o.s.; (apresurarse) to rush; (actuar sin
pensar) to act rashly
precisamente [preθisa'mente] adv
precisely; (justo) precisely, exactly
precisar [preθi'sar] /1a/ vt (necesitar)
to need, require; (fijar) to determine
exactly, fix; (especificar) to specify
precisión [preθi'sjon] nf (exactitud)
precision
preciso, -a [pre'θiso, a] adj (exacto)
precise; (necesario) necessary,
essential
preconcebido, -a [prekonθe'βiðo,
a] adj preconceived
precoz [pre'koθ] adj (persona)
precocious; (calvicie) premature
predecir [preðe'θir] /3o/ vt to predict,
forecast
predestinado, -a [preðesti'naðo, a]
adj predestined
predicar [preði'kar] /1g/ vt, vi to
preach
predicción [preðik'θjon] nf
prediction
predilecto, -a [preði'lekto, a] adj
favourite
predisposición [preðisposi'θjon] nf
inclination; prejudice, bias
predominar [preðomi'nar] /1a/ vt
to dominate ▷ vi to predominate;

(*prevalecer*) to prevail; **predominio** *nm* predominance; prevalence

preescolar [preesko'lar] *adj* preschool

prefabricado, -a [prefaβri'kaðo, a] *adj* prefabricated

prefacio [pre'faθjo] *nm* preface

preferencia [prefe'renθja] *nf* preference; **de ~** preferably, for preference

preferible [prefe'riβle] *adj* preferable

preferido, -a [prefe'riðo, a] *adj, nm/f* favourite, favorite (*US*)

preferir [prefe'rir] /3i/ *vt* to prefer

prefiero *etc* [pre'fjero] *vb* V **preferir**

prefijo [pre'fixo] *nm* (*Telec*) (dialling) code

pregunta [pre'yunta] *nf* question; **hacer una ~** to ask a question; **~s frecuentes** FAQs, frequently asked questions; **preguntar** /1a/ *vt* to ask; (*cuestionar*) to question ▷ *vi* to ask; **preguntarse** *vr* to wonder; **preguntar por algn** to ask for sb; **preguntón, -ona** *adj* inquisitive

prehistórico, -a [preis'toriko, a] *adj* prehistoric

prejuicio [pre'xwiθjo] *nm* prejudgment; (*preconcepción*) preconception; (*pey*) prejudice, bias

preludio [pre'luðjo] *nm* prelude

prematuro, -a [prema'turo, a] *adj* premature

premeditar [premeði'tar] /1a/ *vt* to premeditate

premiar [pre'mjar] /1b/ *vt* to reward; (*en un concurso*) to give a prize to

premio ['premjo] *nm* reward; prize; (*Com*) premium

prenatal [prena'tal] *adj* antenatal, prenatal

prenda ['prenda] *nf* (*de ropa*) garment, article of clothing; (*garantía*) pledge; **prendas** *nfpl* talents, gifts

prender [pren'der] /2a/ *vt* (*captar*) to catch, capture; (*detener*) to arrest; (*coser*) to pin, attach; (*sujetar*) to fasten

▷ *vi* to catch; (*arraigar*) to take root; **prenderse** *vr* (*encenderse*) to catch fire

prendido, -a [pren'diðo, a] *adj* (*LAM: luz*) on

prensa ['prensa] *nf* press; **la P~** the press

preñado, -a [pre'ɲaðo, a] *adj* pregnant; **~ de** pregnant with, full of

preocupación [preokupa'θjon] *nf* worry, concern; (*ansiedad*) anxiety

preocupado, -a [preoku'paðo, a] *adj* worried, concerned; anxious

preocupar [preoku'par] /1a/ *vt* to worry; **preocuparse** *vr* to worry; **~se de algo** (*hacerse cargo de algo*) to take care of sth

preparación [prepara'θjon] *nf* (*acto*) preparation; (*estado*) readiness; (*entrenamiento*) training

preparado, -a [prepa'raðo, a] *adj* (*dispuesto*) prepared; (*Culin*) ready (to serve) ▷ *nm* preparation

preparar [prepa'rar] /1a/ *vt* (*disponer*) to prepare, get ready; (*Tec: tratar*) to prepare, process; (*entrenar*) to teach, train; **prepararse** *vr*: **~se a** *o* **para hacer algo** to prepare *o* get ready to do sth; **preparativo, -a** *adj* preparatory, preliminary; **preparativos** *nmpl* preparations; **preparatoria** *nf* (*LAM*) sixth form college (*BRIT*), senior high school (*US*)

presa ['presa] *nf* (*cosa apresada*) catch; (*víctima*) victim; (*de animal*) prey; (*de agua*) dam

presagiar [presa'xjar] /1b/ *vt* to presage; **presagio** *nm* omen

prescindir [presθin'dir] /3a/ *vi*: **~ de** (*privarse de*) to do without, go without; (*descartar*) to dispense with

prescribir [preskri'βir] /3a/ *vt* to prescribe

presencia [pre'senθja] *nf* presence; **presenciar** /1b/ *vt* to be present at; (*asistir a*) to attend; (*ver*) to see, witness

presentación [presenta'θjon] *nf* presentation; (*introducción*) introduction

p

presentador, a [presenta'ðor, a] nm/f compère

presentar [presen'tar] /1a/ vt to present; (ofrecer) to offer; (mostrar) to show, display; (a una persona) to introduce; **presentarse** vr (llegar inesperadamente) to appear, turn up; (ofrecerse: como candidato) to run, stand; (aparecer) to show, appear; (solicitar empleo) to apply

presente [pre'sente] adj present ▷ nm present; **hacer ~** to state, declare; **tener ~** to remember, bear in mind

presentimiento [presenti'mjento] nm premonition, presentiment

presentir [presen'tir] /3i/ vt to have a premonition of

preservación [preserβa'θjon] nf protection, preservation

preservar [preser'βar] /1a/ vt to protect, preserve; **preservativo** nm sheath, condom

presidencia [presi'ðenθja] nf presidency; (de comité) chairmanship

presidente [presi'ðente] nmf president; (de comité) chairman/ woman

presidir [presi'ðir] /3a/ vt (dirigir) to preside at, preside over; (: comité) to take the chair at; (dominar) to dominate, rule ▷ vi to preside; to take the chair

presión [pre'sjon] nf pressure; **~ atmosférica** atmospheric o air pressure; **presionar** /1a/ vt to press; (fig) to press, put pressure on ▷ vi: **presionar para o por** to press for

preso, a [ˈpreso, a] nm/f prisoner; **tomar o llevar ~ a algn** to arrest sb, take sb prisoner

prestación [presta'θjon] nf service; (subsidio) benefit; **prestaciones** nfpl (Auto) performance features

prestado, -a [pres'taðo, a] adj on loan; **pedir ~** to borrow

prestamista [presta'mista] nmf moneylender

préstamo ['prestamo] nm loan; **~ hipotecario** mortgage

prestar [pres'tar] /1a/ vt to lend, loan; (atención) to pay; (ayuda) to give; (servicio) to do, render; (juramento) to take, swear; **prestarse** vr (ofrecerse) to offer o volunteer

prestigio [pres'tixjo] nm prestige; **prestigioso, -a** adj (honorable) prestigious; (famoso, renombrado) renowned, famous

presumido, -a [presu'miðo, a] adj conceited

presumir [presu'mir] /3a/ vt to presume ▷ vi (darse aires) to be conceited; **presunto, -a** adj (supuesto) supposed, presumed; (así llamado) so-called; **presuntuoso, -a** adj conceited, presumptuous

presupuesto [presu'pwesto] nm (Finanzas) budget; (estimación: de costo) estimate

pretencioso, -a [preten'θjoso, a] adj pretentious

pretender [preten'der] /2a/ vt (intentar) to try to, seek to; (reivindicar) to claim; (buscar) to seek, try for; (cortejar) to woo, court; **~ que** to expect that; **pretendiente** nmf (amante) suitor; (al trono) pretender; **pretensión** nf (aspiración) aspiration; (reivindicación) claim; (orgullo) pretension

> No confundir *pretender* con la palabra inglesa *pretend*.

pretexto [pre'teksto] nm pretext; (excusa) excuse

prevención [preβen'θjon] nf prevention; (precaución) precaution

prevenido, -a [preβe'niðo, a] adj prepared, ready; (cauteloso) cautious

prevenir [preβe'nir] /3r/ vt (impedir) to prevent; (predisponer) to prejudice, bias; (avisar) to warn; (preparar) to prepare, get ready; **prevenirse** vr to get ready, prepare; **~se contra** to take precautions against; **preventivo, -a** adj preventive, precautionary

prever [pre'βer] /2u/ vt to foresee

previo, -a ['preβjo, a] adj (anterior) previous; (preliminar) preliminary ▷ prep: **~ acuerdo de los otros** subject to the agreement of the others

previsión [preβi'sjon] nf (perspicacia) foresight; (predicción) forecast; **previsto, -a** adj anticipated, forecast

prima ['prima] nf V **primo**

primario, -a [pri'marjo, a] adj primary

primavera [prima'βera] nf (temporada) spring; (período) springtime

Primer Ministro [pri'mer-] nm Prime Minister

primero, -a [pri'mero, a] adj first; (fig) prime ▷ adv first; (más bien) sooner, rather ▷ nm (Auto) first gear; (Ferro) first class; **de primera** (fam) first-class, first-rate; **primera plana** front page

primitivo, -a [primi'tiβo, a] adj primitive; (original) original

primo, -a ['primo, a] adj (Mat) prime ▷ nm/f cousin; (fam) fool, idiot ▷ nm (Com) bonus; (de seguro) premium; **~ hermano** first cousin; **hacer el ~** to be taken for a ride

primogénito, -a [primo'xenito, a] adj first-born

primoroso, -a [primo'roso, a] adj exquisite, fine

princesa [prin'θesa] nf princess

principal [prinθi'pal] adj principal, main ▷ nm (jefe) chief, principal

príncipe ['prinθipe] nm prince

principiante [prinθi'pjante] nmf beginner

principio [prin'θipjo] nm (comienzo) beginning, start; (origen) origin; (moral) principle, rudiment; (básico) basic idea; (moral) principle; **a ~s de** at the beginning of; **desde el ~** from the first; **en un ~** at first

pringue ['pringe] nm (grasa) grease, fat, dripping

prioridad [priori'ðað] nf priority

prisa ['prisa] nf (apresuramiento) hurry, haste; (rapidez) speed; (urgencia) (sense of) urgency; **a o de ~** quickly; **correr ~** to be urgent; **darse ~** to hurry up; **estar de o tener ~** to be in a hurry

prisión [pri'sjon] nf (cárcel) prison; (período de cárcel) imprisonment; **prisionero, -a** nm/f prisoner

prismáticos [pris'matikos] nmpl binoculars

privado, -a [pri'βaðo, a] adj private

privar [pri'βar] /1a/ vt to deprive; **privativo, -a** adj exclusive

privilegiar [priβile'xjar] /1b/ vt to grant a privilege to; (favorecer) to favour

privilegio [priβi'lexjo] nm privilege; (concesión) concession

pro [pro] nm o f profit, advantage ▷ prep: **asociación ~ ciegos** association for the blind ▷ pref: **~ soviético/americano** pro-Soviet/-American; **en ~ de** on behalf of, for; **los ~ s y los contras** the pros and cons

proa ['proa] nf (Naut) bow, prow; **de ~** bow cpd, fore; V tb **popa**

probabilidad [proβaβili'ðað] nf probability, likelihood; (oportunidad, posibilidad) chance, prospect; **probable** adj probable, likely

probador [proβa'ðor] nm (en una tienda) fitting room

probar [pro'βar] /1l/ vt (demostrar) to prove; (someter a prueba) to test, try out; (ropa) to try on; (comida) to taste ▷ vi to try; **probarse** vr: **~se un traje** to try on a suit

probeta [pro'βeta] nf test tube

problema [pro'βlema] nm problem

procedente [proθe'ðente] adj (razonable) reasonable; (conforme a derecho) proper, fitting; **~ de** coming from, originating in

proceder [proθe'ðer] /2a/ vi (avanzar) to proceed; (actuar) to act; (ser correcto) to be right (and proper), be fitting ▷ nm (comportamiento) behaviour, conduct; **~ de** to come from, originate in; **procedimiento** nm procedure; (*proceso*) process; (*método*) means, method

procesador [proθesa'ðor] nm: **~ de textos** word processor

procesar [proθe'sar] /1a/ vt to try, put on trial; (*Inform*) to process

procesión [proθe'sjon] nf procession

proceso [pro'θeso] nm process; (*Jur*) trial

proclamar [prokla'mar] /1a/ vt to proclaim

procrear [prokre'ar] /1a/ vt, vi to procreate

procurador, a [prokura'ðor, a] nm/f attorney

procurar [proku'rar] /1a/ vt (*intentar*) to try, endeavour; (*conseguir*) to get, obtain; (*asegurar*) to secure; (*producir*) to produce

prodigio [pro'ðixjo] nm prodigy; (*milagro*) wonder, marvel; **prodigioso, -a** adj prodigious, marvellous

pródigo, -a ['proðiɣo, a] adj: **hijo ~** prodigal son

producción [proðuk'θjon] nf production; (*suma de productos*) output; **~ en serie** mass production

producir [proðu'θir] /3n/ vt to produce; (*generar*) to cause, bring about; **producirse** vr (*cambio*) to come about; (*hacerse*) to be produced, be made; (*estallar*) to break out; (*accidente*) to take place; (*problema etc*) to arise

productividad [proðuktiβi'ðað] nf productivity; **productivo, -a** adj productive; (*provechoso*) profitable

producto [pro'ðukto] nm product

productor, a [proðuk'tor, a] adj productive, producing ⊳ nm/f producer

proeza [pro'eθa] nf exploit, feat

profano, -a [pro'fano, a] adj profane ⊳ nm/f layman/woman

profecía [profe'θia] nf prophecy

profesión [profe'sjon] nf profession; (*en formulario*) occupation; **profesional** adj professional

profesor, a [profe'sor, a] nm/f teacher; **profesorado** nm teaching profession

profeta [pro'feta] nmf prophet

prófugo, -a ['profuɣo, a] nm/f fugitive; (*desertor*) deserter

profundidad [profundi'ðað] nf depth; **profundizar** /1f/ (*fig*) vt to go into deeply ⊳ vi: **profundizar en** to go into deeply; **profundo, -a** adj deep; (*misterio, pensador*) profound

progenitor [proxeni'tor] nm ancestor; **progenitores** nmpl parents

programa [pro'ɣrama] nm programme; (*Inform*) program; **~ de estudios** curriculum, syllabus; **programación** nf (*Inform*) programming; **programador, a** nm/f (*computer*) programmer; **programar** /1a/ vt (*Inform*) to program

progresar [proɣre'sar] /1a/ vi to progress, make progress; **progresista** adj, nmf progressive; **progresivo, -a** adj progressive; (*gradual*) gradual; (*continuo*) continuous; **progreso** nm progress

prohibición [proiβi'θjon] nf prohibition, ban; **levantar la ~ de** to remove the ban on

prohibir [proi'βir] /3a/ vt to prohibit, ban, forbid; **se prohíbe fumar** no smoking; **"prohibido el paso"** "no entry"

prójimo ['proximo] nm fellow man

prólogo ['proloɣo] nm prologue

prolongar [prolon'ɣar] /1h/ vt to extend; (*en el tiempo*) to prolong; (*calle, tubo*) to make longer, extend

promedio [pro'meðjo] nm average; (*de distancia*) middle, mid-point

promesa [pro'mesa] nf promise

prometer [prome'ter] /2a/ vt to promise ⊳ vi to show promise; **prometerse** vr (*dos personas*) to get engaged; **prometido, -a** adj promised; engaged ⊳ nm/f fiancé/fiancée

prominente [promi'nente] adj prominent

promoción [promo'θjon] *nf* promotion

promotor [promo'tor] *nm* promoter; (*instigador*) instigator

promover [promo'βer] /2h/ *vt* to promote; (*causar*) to cause; (*motín*) to instigate, stir up

promulgar [promul'ɣar] /1h/ *vt* to promulgate; (*fig*) to proclaim

pronombre [pro'nombre] *nm* pronoun

pronosticar [pronosti'kar] /1g/ *vt* to predict, foretell, forecast; **pronóstico** *nm* prediction, forecast; **pronóstico del tiempo** weather forecast

pronto, -a ['pronto, a] *adj* (*rápido*) prompt, quick; (*preparado*) ready ▷ *adv* quickly, promptly; (*en seguida*) at once, right away; (*dentro de poco*) soon; (*temprano*) early ▷ *nm*: **de ~** suddenly; **tiene unos ~s muy malos** he gets ratty all of a sudden (*fam*); **por lo ~** meanwhile, for the present

pronunciación [pronunθja'θjon] *nf* pronunciation

pronunciar [pronun'θjar] /1b/ *vt* to pronounce; (*discurso*) to make, deliver; **pronunciarse** *vr* to revolt, rebel; (*declararse*) to declare o.s.

propagación [propaɣa'θjon] *nf* propagation

propaganda [propa'ɣanda] *nf* (*política*) propaganda; (*comercial*) advertising

propenso, -a [pro'penso, a] *adj*: **~ a** prone o inclined to; **ser ~ a hacer algo** to be inclined o have a tendency to do sth

propicio, -a [pro'piθjo, a] *adj* favourable, propitious

propiedad [propje'ðað] *nf* property; (*posesión*) possession, ownership; **~ particular** private property

propietario, -a [propje'tarjo, a] *nm/f* owner, proprietor

propina [pro'pina] *nf* tip

propio, -a ['propjo, a] *adj* own, of one's own; (*característico*)

characteristic, typical; (*conveniente*) proper; (*mismo*) selfsame, very; **el ~ ministro** the minister himself; **¿tienes casa propia?** have you a house of your own?

proponer [propo'ner] /2q/ *vt* to propose, put forward; (*problema*) to pose; **proponerse** *vr* to propose, intend

proporción [propor'θjon] *nf* proportion; (*Mat*) ratio; **proporciones** *nfpl* (*fig*) dimensions; size *sg*; **proporcionado, -a** *adj* proportionate; (*regular*) medium, middling; (*justo*) just right; **proporcionar** /1a/ *vt* (*dar*) to give, supply, provide

proposición [proposi'θjon] *nf* proposition; (*propuesta*) proposal

propósito [pro'posito] *nm* purpose; (*intento*) aim, intention ▷ *adv*: **a ~** by the way, incidentally; (*a posta*) on purpose, deliberately; **a ~ de** about, with regard to

propuesto, -a [pro'pwesto, a] *pp de* **proponer** ▷ *nf* proposal

propulsar [propul'sar] /1a/ *vt* to drive, propel; (*fig*) to promote, encourage; **propulsión** *nf* propulsion; **propulsión a chorro** o **por reacción** jet propulsion

prórroga ['prorroɣa] *nf* extension; (*Jur*) stay; (*Com*) deferment; (*Deporte*) extra time; **prorrogar** /1h/ *vt* (*período*) to extend; (*decisión*) to defer, postpone

prosa ['prosa] *nf* prose

proseguir [prose'ɣir] /3d, 3k/ *vt* to continue, carry on ▷ *vi* to continue, go on

prospecto [pros'pekto] *nm* prospectus

prosperar [prospe'rar] /1a/ *vi* to prosper, thrive, flourish; **prosperidad** *nf* prosperity; (*éxito*) success; **próspero, -a** *adj* prosperous, thriving; (*que tiene éxito*) successful

prostíbulo [pros'tiβulo] *nm* brothel

prostitución [prostitu'θjon] *nf* prostitution

P

prostituir [prosti'twir] /3g/ vt
to prostitute; **prostituirse** vt to
prostitute o.s., become a prostitute
prostituta [prosti'tuta] nf prostitute
protagonista [protaɣo'nista] nmf
protagonist
protección [protek'θjon] nf
protection
protector, a [protek'tor, a] adj
protective, protecting ▷ nm/f
protector
proteger [prote'xer] /2c/ vt to
protect; **protegido, -a** nm/f protégé/
protégée
proteína [prote'ina] nf protein
protesta [pro'testa] nf protest;
(declaración) protestation
protestante [protes'tante] adj
Protestant
protestar [protes'tar] /1a/ vt to
protest, declare ▷ vi to protest
protocolo [proto'kolo] nm protocol
prototipo [proto'tipo] nm prototype
provecho [pro'βetʃo] nm advantage,
benefit; (Finanzas) profit; **¡buen ~!**
bon appétit!; **en ~ de** to the benefit
of; **sacar ~ de** to benefit from,
profit by
provenir [proβe'nir] /3r/ vi: **~ de** to
come from
proverbio [pro'βerβjo] nm proverb
providencia [proβi'ðenθja] nf
providence
provincia [pro'βinθja] nf province
provisión [proβi'sjon] nf provision;
(abastecimiento) provision, supply;
(medida) measure, step
provisional [proβisjo'nal] adj
provisional
provocar [proβo'kar] /1g/ vt to
provoke; (alentar) to tempt, invite;
(causar) to bring about, lead to;
(promover) to promote; (estimular) to
rouse, stimulate; (ʟᴀᴍ) **¿te provoca
un café?** would you like a coffee?;
provocativo, -a adj provocative
proxeneta [prokse'neta] nmf (de
prostitutas) pimp/procuress

próximamente [proksima'mente]
adv shortly, soon
proximidad [proksimi'ðað] nf
closeness, proximity; **próximo, -a** adj
near, close; (vecino) neighbouring; (el
que viene) next
proyectar [projek'tar] /1a/ vt
(objeto) to hurl, throw; (luz) to cast,
shed; (Cine) to screen, show; (planear)
to plan
proyectil [projek'til] nm projectile,
missile
proyecto [pro'jekto] nm plan;
(estimación de costo) detailed estimate
proyector [projek'tor] nm (Cine)
projector
prudencia [pru'ðenθja] nf (sabiduría)
wisdom; (cautela) care; **prudente** adj
sensible, wise; (cauteloso) careful
prueba ['prweβa] vb V **probar** ▷ nf
proof; (ensayo) test, trial; (saboreo)
testing, sampling; (de ropa) fitting; **a
~ on** trial; **a ~ de** proof against; **a ~ de
agua/fuego** waterproof/fireproof;
someter a ~ to put to the test
psico... [siko] pref psycho...;
psicología nf psychology;
psicológico, -a adj psychological;
psicólogo, -a nm/f psychologist;
psicópata nmf psychopath; **psicosis**
nf inv psychosis
psiquiatra [si'kjatra] nmf
psychiatrist; **psiquiátrico, -a** adj
psychiatric
PSOE [pe'soe] nm abr = **Partido
Socialista Obrero Español**
púa ['pua] nf (Bot, Zool) prickle, spine; (para
guitarra) plectrum; **alambre de ~s**
barbed wire
pubertad [puβer'tað] nf puberty
publicación [puβlika'θjon] nf
publication
publicar [puβli'kar] /1g/ vt (editar)
to publish; (hacer público) to publicize;
(divulgar) to make public, divulge
publicidad [puβliθi'ðað] nf publicity;
(Com) advertising; **publicitario, -a** adj
publicity cpd; advertising cpd

público, -a ['puβliko, a] *adj* public
▷ *nm* public; (*Teat etc*) audience

puchero [pu'tʃero] *nm* (*Culin: olla*) cooking pot; (: *guiso*) stew; **hacer ~s** to pout

pucho ['putʃo] (*LAM fam*) *nm* cigarette, fag (*BRIT*)

pude *etc vb V* **poder**

pudiente [pu'ðjente] *adj* (*opulento*) wealthy

pudiera *etc vb V* **poder**

pudor [pu'ðor] *nm* modesty

pudrir [pu'ðrir] /3a/ *vt* to rot; **pudrirse** *vr* to rot, decay

pueblo ['pweβlo] *nm* people; (*nación*) nation; (*aldea*) village

puedo *etc* ['pweðo] *vb V* **poder**

puente ['pwente] *nm* bridge; **~ aéreo** shuttle service; **~ colgante** suspension bridge; **~ levadizo** drawbridge; **hacer ~** (*fam*) to take a long weekend

puerco, -a ['pwerko, a] *adj* (*sucio*) dirty, filthy; (*obsceno*) disgusting
▷ *nm/f* pig/sow; **~ espín** porcupine

pueril [pwe'ril] *adj* childish

puerro ['pwerro] *nm* leek

puerta ['pwerta] *nf door*; (*de jardín*) gate; (*portal*) doorway; (*fig*) gateway; (*gol*) goal; **a la ~** at the door; **a ~ cerrada** behind closed doors; **~ corredera/giratoria** sliding/swing o revolving door

puerto ['pwerto] *nm* port; (*paso*) pass; (*fig*) haven, refuge

Puerto Rico [pwerto'riko] *nm* Puerto Rico; **puertorriqueño, -a** *adj*, *nm/f* Puerto Rican

pues [pwes] *adv* (*entonces*) then; (*jentonces!*) well, well then; (*así que*) so ▷ *conj* (*porque*) since; **¡~ sí!** yes!, certainly!

puesto, -a ['pwesto, a] *pp de* **poner**
▷ *adj* dressed ▷ *nm* (*lugar, posición*) place; (*trabajo*) post, job; (*Com*) stall ▷ *conj*: **~ que** since, as ▷ *nf* (*apuesta*) bet, stake; **tener algo ~** to have sth on, be wearing sth; **~ de mercado** market stall; **~ de policía** police station; **~ de socorro** first aid post; **puesta al día** updating; **puesta en marcha** starting; **puesta a punto** fine tuning; **puesta del sol** sunset

púgil ['puxil] *nm* boxer

pulga ['pulɣa] *nf* flea

pulgada [pul'ɣaða] *nf* inch

pulgar [pul'ɣar] *nm* thumb

pulir [pu'lir] /3a/ *vt* to polish; (*alisar*) to smooth; (*fig*) to polish up, touch up

pulmón [pul'mon] *nm* lung; **pulmonía** *nf* pneumonia

pulpa ['pulpa] *nf* pulp; (*de fruta*) flesh, soft part

pulpería [pulpe'ria] *nf* (*LAM*) small grocery store

púlpito ['pulpito] *nm* pulpit

pulpo ['pulpo] *nm* octopus

pulque ['pulke] *nm* pulque

p

pulsación [pulsa'θjon] *nf* beat;
pulsaciones pulse rate

pulsar [pul'sar] /1a/ *vt* (*tecla*) to
touch, tap; (*Mus*) to play; (*botón*) to
press, push ▷ *vi* to pulsate; (*latir*) to
beat, throb

pulsera [pul'sera] *nf* bracelet

pulso ['pulso] *nm* (*Med*) pulse; (*fuerza*)
strength; (*firmeza*) steadiness, steady
hand

pulverizador [pulβeriθa'ðor] *nm*
spray, spray gun

pulverizar [pulβeri'θar] /1f/ *vt* to
pulverize; (*líquido*) to spray

puna ['puna] *nf* (LAM) mountain
sickness

punta ['punta] *nf* point, tip;
(*extremidad*) end; (*fig*) touch, trace;
horas ~s peak hours, rush hours;
sacar ~ a to sharpen

puntada [pun'taða] *nf* (*Costura*)
stitch

puntal [pun'tal] *nm* prop, support

puntapié [punta'pje] *nm* kick

puntería [punte'ria] *nf* (*de arma*) aim,
aiming; (*destreza*) marksmanship

puntero, -a [pun'tero, a] *adj* leading
▷ *nm* (*señal, Inform*) pointer

puntiagudo, -a [puntja'yuðo, a] *adj*
sharp, pointed

puntilla [pun'tiʎa] *nf* (*Costura*) lace
edging; **(andar) de ~s** (to walk)
on tiptoe

punto ['punto] *nm* (*gen*) point; (*señal
diminuta*) spot, dot; (*lugar*) spot, place;
(*momento*) point, moment; (*Costura*)
stitch; **a ~** ready; **estar a ~ de** to be
on the point of *o* about to; **en ~** on the
dot; **hasta cierto ~** to some extent;
hacer ~ to knit; **~ de vista** point of
view, viewpoint; **~ muerto** dead
centre; (*Auto*) neutral (gear); **~ final**
full stop; **dos ~s** colon; **~ y coma**
semicolon; **~ acápite** (LAM) full stop,
new paragraph; **~ de interrogación**
question mark

puntocom [punto'kom] *nf inv, adj
inv* dotcom

puntuación [puntwa'θjon] *nf*
punctuation; (*puntos: en examen*)
mark(s) *pl*; (: *Deporte*) score

puntual [pun'twal] *adj* (*a tiempo*)
punctual; (*cálculo*) exact, accurate;
puntualidad *nf* punctuality;
exactness, accuracy

puntuar [pun'twar] /1e/ *vi* (*Deporte*)
to score, count

punzante [pun'θante] *adj* (*dolor*)
shooting, sharp; (*herramienta*) sharp

puñado [pu'naðo] *nm* handful (*tb fig*)

puñal [pu'nal] *nm* dagger; **puñalada**
nf stab

puñetazo [pune'taθo] *nm* punch

puño ['puno] *nm* (*Anat*) fist; (*cantidad*)
fistful, handful; (*Costura*) cuff; (*de
herramienta*) handle

pupila [pu'pila] *nf* pupil

pupitre [pu'pitre] *nm* desk

puré [pu're] *nm* purée; (*sopa*) (thick)
soup; **~ de patatas** (ESP), **~ de papas**
(LAM) mashed potatoes

purga ['purya] *nf* purge; **purgante**
adj, nm purgative

purgatorio [purya'torjo] *nm*
purgatory

purificar [purifi'kar] /1g/ *vt* to purify;
(*refinar*) to refine

puritano, -a [puri'tano, a] *adj*
(*actitud*) puritanical; (*iglesia, tradición*)
puritan ▷ *nm/f* puritan

puro, -a ['puro, a] *adj* pure; (*verdad*)
simple, plain ▷ *nm* cigar

púrpura ['purpura] *nf* purple

pus [pus] *nm* pus

puse *etc* ['puse] *vb V* **poner**

pusiera *etc* *vb V* **poder**

puta ['puta] *nf* whore, prostitute

putrefacción [putrefak'θjon] *nf*
rotting, putrefaction

PVP *abr* (ESP: = *Precio Venta al Público*)
≈ RRP

PYME ['pime] *nf abr* (= *Pequeña y
Mediana Empresa*) SME

q

PALABRA CLAVE

que [ke] *conj* **1** (*con oración subordinada: muchas veces no se traduce*) that; **dijo que vendría** he said (that) he would come; **espero que lo encuentres** I hope (that) you find it; *V tb* **el**
2 (*en oración independiente*): **¡que entre!** send him in; **¡que aproveche!** enjoy your meal!; **¡que te mejore tu padre!** I hope your father gets better
3 (*enfático*): **¿me quieres? — ¡que sí!** do you love me? — of course!
4 (*consecutivo: muchas veces no se traduce*) that; **es tan grande que no lo puedo levantar** it's so big (that) I can't lift it
5 (*comparaciones*) than; **yo que tú/él** if I were you/him; *V tb* **más**; **menos**
6 (*valor disyuntivo*): **que le guste o no** whether he likes it or not; **que venga o que no venga** whether he comes or not
7 (*porque*): **no puedo, que tengo que quedarme en casa** I can't, I've got to stay in
▷ *pron* **1** (*cosa*) that, which; (: + *prep*) which; **el sombrero que te compraste** the hat (that o which) you bought; **la cama en que dormí** the bed (that o which) I slept in
2 (*persona: suj*) that, who; (: *objeto*) that, whom; **el amigo que me acompañó al museo** the friend that o who went to the museum with me; **la chica que invité** the girl (that o whom) I invited

qué [ke] *adj* what?, which? ▷ *pron* what?; **¡~ divertido/asco!** how funny/revolting!; **¿~ edad tienes?** how old are you?; **¿de ~ me hablas?** what are you saying to me?; **¿~ tal?** how are you?, how are things?; **¿~ hay (de nuevo)?** what's new?

quebrado, -a [ke'βraðo, a] *adj* (*roto*) broken ▷ *nm/f* bankrupt ▷ *nm* (*Mat*) fraction

quebrantar [keβran'tar] /1a/ *vt* (*infringir*) to violate, transgress

quebrar [ke'βrar] /1j/ *vt* to break, smash ▷ *vi* to go bankrupt

quedar [ke'ðar] /1a/ *vi* to stay, remain; (*encontrarse*) to be; (*restar*) to remain, be left; **quedarse** *vr* to remain, stay (behind); **~ en** (*acordar*) to agree on/to; **~ por hacer** to be still to be done; **~ ciego** to be left blind; **no te queda bien ese vestido** that dress doesn't suit you; **quedamos a las seis** we agreed to meet at six; **~se (con) algo** to keep sth; **~se con algn** (*fam*) to swindle sb; **~se en nada** to come to nothing o nought

quedo, -a ['keðo, a] *adj* still ▷ *adv* softly, gently

quehacer [kea'θer] *nm* task, job; **~es (domésticos)** household chores

queja ['kexa] *nf* complaint; **quejarse** /1a/ *vr* (*enfermo*) to moan, groan;

(*protestar*) to complain; **quejarse de que ...** to complain (about the fact) that ...; **quejido** nm moan

quemado, -a [ke'maðo, a] adj burnt

quemadura [kema'ðura] nf burn, scald

quemar [ke'mar] /1a/ vt to burn; (*fig: malgastar*) to burn up, squander ▷ vi to be burning hot; **quemarse** vr (*consumirse*) to burn (up); (*del sol*) to get sunburnt

quemarropa [kema'rropa] **a ~** adv point-blank

quepo etc ['kepo] vb V **caber**

querella [ke'reʎa] nf (Jur) charge; (*disputa*) dispute

🔵 **PALABRA CLAVE**

querer [ke'rer] /2t/ vt 1 (*desear*) to want; **quiero más dinero** I want more money; **quisiera o querría un té** I'd like a tea; **sin querer** unintentionally; **quiero ayudar/que vayas** I want to help/you to go
2 (*preguntas: para pedir u ofrecer algo*): **¿quieres abrir la ventana?** could you open the window?; **¿quieres echarme una mano?** can you give me a hand?
3 (*amar*) to love; **te quiero** I love you; **no estoy enamorado, pero la quiero mucho** I'm not in love, but I'm very fond of her

querido, -a [ke'riðo, a] adj dear ▷ nm/f darling; (*amante*) lover

queso ['keso] nm cheese; **~ rallado** grated cheese; **~ crema** (LAM), **~ de untar** (ESP) cream cheese; **~ manchego** sheep's milk cheese made in La Mancha; **dárselas con ~ a algn** (*fam*) to take sb in

quicio ['kiθjo] nm hinge; **sacar a algn de ~** to drive sb up the wall

quiebra ['kjeβra] nf break, split; (Com) bankruptcy; (Econ) slump

quiebro etc ['kjeβro] nm (*del cuerpo*) swerve

quien [kjen] pron relativo (*suj*) who; **hay ~ piensa que** there are those who think that; **no hay ~ lo haga** no-one will do it

quién [kjen] pron interrogativo who; (*complemento*) whom; **¿~ es?** who's there?

quienquiera [kjen'kjera] (pl **quienesquiera**) pron whoever

quiero etc vb V **querer**

quieto, -a ['kjeto, a] adj still; (*carácter*) placid; **quietud** nf stillness

🔵 No confundir *quieto* con la palabra inglesa *quiet*.

quilate [ki'late] nm carat

químico, -a ['kimiko, a] adj chemical ▷ nm/f chemist ▷ nf chemistry

quincalla [kin'kaʎa] nf hardware, ironmongery (BRIT)

quince ['kinθe] num fifteen; **~ días** a fortnight; **quinceañero, -a** nm/f teenager; **quincena** nf fortnight; (*pago*) fortnightly pay; **quincenal** adj fortnightly

quiniela [ki'njela] nf football pools pl; **quinielas** nfpl pools coupon sg

quinientos, -as [ki'njentos, as] num five hundred

quinto, -a ['kinto, a] adj fifth ▷ nf country house; (Mil) call-up, draft

quiosco ['kjosko] nm (*de música*) bandstand; (*de periódicos*) news stand (*also selling sweets, cigarettes etc*)

quirófano [ki'rofano] nm operating theatre

quirúrgico, -a [ki'rurxiko, a] adj surgical

quise etc ['kise] vb V **querer**

quisiera etc vb V **querer**

quisquilloso, -a [kiski'ʎoso, a] adj (*susceptible*) touchy; (*meticuloso*) pernickety

quiste ['kiste] nm cyst

quitaesmalte [kitaes'malte] nm nail polish remover

quitamanchas [kita'mantʃas] nm inv stain remover

quitanieves [kita'njeβes] *nm inv* snowplough (BRIT), snowplow (US)

quitar [ki'tar] /1a/ *vt* to remove, take away; (*ropa*) to take off; (*dolor*) to relieve ▷ *vi:* **¡quita de ahí!** get away!; **quitarse** *vr* to withdraw; (*ropa*) to take off; **se quitó el sombrero** he took off his hat

Quito ['kito] *n* Quito

quizá(s) [ki'θa(s)] *adv* perhaps, maybe

r

rábano ['raβano] *nm* radish; **me importa un ~** I don't give a damn

rabia ['raβja] *nf* (*Med*) rabies *sg*; (*ira*) fury, rage; **rabiar** /1b/ *vi* to have rabies; to rage, be furious; **rabiar por algo** to long for sth

rabieta [ra'βjeta] *nf* tantrum, fit of temper

rabino [ra'βino] *nm* rabbi

rabioso, -a [ra'βjoso, a] *adj* rabid; (*fig*) furious

rabo ['raβo] *nm* tail

racha ['ratʃa] *nf* gust of wind; **buena/mala ~** spell of good/ bad luck

racial [ra'θjal] *adj* racial, race *cpd*

racimo [ra'θimo] *nm* bunch

ración [ra'θjon] *nf* portion; **raciones** *nfpl* rations

racional [raθjo'nal] *adj* (*razonable*) reasonable; (*lógico*) rational

racionar [raθjo'nar] /1a/ *vt* to ration (out)

racismo [ra'θismo] *nm* racism;/
racista *adj, nmf* racist

radar [ra'ðar] *nm* radar

radiador [raðja'ðor] *nm* radiator

radiante [ra'ðjante] *adj* radiant

radical [raði'kal] *adj, nmf* radical

radicar [raði'kar] /1g/ *vi:* ~ **en**
(*dificultad, problema*) to lie in; (*solución*)
to consist in

radio ['raðjo] *nf* radio; (*aparato*)
radio (set) ▷ *nm* (*Mat*) radius;
(*Química*) radium; **radioactividad**
nf radioactivity; **radioactivo, -a** *adj*
radioactive; **radiografía** *nf* X-ray;
radioterapia *nf* radiotherapy;
radioyente *nmf* listener

ráfaga ['rafaɣa] *nf* gust; (*de luz*) flash;
(*de tiros*) burst

raíz [ra'iθ] *nf* root; ~ **cuadrada** square
root; **a ~ de** as a result of

raja ['raxa] *nf* (*de melón etc*) slice;
(*grieta*) crack; **rajar** /1a/ *vt* to split;
(*fam*) to slash; **rajarse** *vr* to split, crack;
rajarse de to back out of

rajatabla [raxa'taβla] *adv*: **a ~**
(*estrictamente*) strictly, to the letter

rallador [raʎa'ðor] *nm* grater

rallar [ra'ʎar] /1a/ *vt* to grate

rama ['rama] *nf* branch; **ramaje** *nm*
branches *pl*, foliage; **ramal** *nm* (*de
cuerda*) strand; (*Ferro*) branch line;
(*Auto*) branch (road)

rambla ['rambla] *nf* (*avenida*)
avenue

ramo ['ramo] *nm* branch; (*sección*)
department, section

rampa ['rampa] *nf* ramp; ~ **de acceso**
entrance ramp

rana ['rana] *nf* frog; **salto de ~**
leapfrog

ranchero [ran'tʃero] *nm* (*LAM*)
rancher; (*pequeño propietario*)
smallholder

rancho ['rantʃo] *nm* (*grande*) ranch;
(*pequeño*) small farm

rancio, -a ['ranθjo, a] *adj* (*comestibles*)
rancid; (*vino*) aged, mellow; (*fig*)
ancient

rango ['rango] *nm* rank; (*prestigio*)
standing

ranura [ra'nura] *nf* groove; (*de
teléfono etc*) slot

rapar [ra'par] /1a/ *vt* to shave; (*los
cabellos*) to crop

rapaz [ra'paθ] *adj* (*Zool*) predatory
▷ *nm* young boy

rape ['rape] *nm* (*pez*) monkfish; **al ~**
cropped

rapé [ra'pe] *nm* snuff

rapidez [rapi'ðeθ] *nf* speed, rapidity;
rápido, -a *adj* fast, quick ▷ *adv*
quickly ▷ *nm* (*Ferro*) express; **rápidos**
nmpl rapids

rapiña [ra'piɲa] *nf* robbery; **ave de ~**
bird of prey

raptar [rap'tar] /1a/ *vt* to kidnap;
rapto *nm* kidnapping; (*impulso*)
sudden impulse; (*éxtasis*) ecstasy,
rapture

raqueta [ra'keta] *nf* racket

raquítico, -a [ra'kitiko, a] *adj*
stunted; (*fig*) poor, inadequate

rareza [ra'reθa] *nf* rarity; (*fig*)
eccentricity

raro, -a ['raro, a] *adj* (*poco común*) rare;
(*extraño*) odd, strange; (*excepcional*)
remarkable

ras [ras] *nm*: **a ~ de** level with; **a ~ de
tierra** at ground level

rasar [ra'sar] /1a/ *vt* to level

rascacielos [raska'θjelos] *nm inv*
skyscraper

rascar [ras'kar] /1g/ *vt* (*con las uñas
etc*) to scratch; (*raspar*) to scrape;
rascarse *vr* to scratch (o.s.)

rasgar [ras'ɣar] /1h/ *vt* to tear,
rip (up)

rasgo ['rasɣo] *nm* (*con pluma*) stroke;
rasgos *nmpl* features, characteristics;
a grandes ~s in outline, broadly

rasguño [ras'ɣuɲo] *nm* scratch

raso, -a ['raso, a] *adj* (*liso*) flat, level; (*a
baja altura*) very low ▷ *nm* satin; **cielo
~** clear sky

raspadura [raspa'ðura] *nf* (*acto*)
scrape, scraping; (*marca*) scratch;

raspaduras nfpl (de papel etc) scrapings

raspar [ras'par] /1a/ vt to scrape; (arañar) to scratch; (limar) to file

rastra ['rastra] nf (Agr) rake; **a ~s** by dragging; (fig) unwillingly

rastrear [rastre'ar] /1a/ vt (seguir) to track

rastrero, -a [ras'trero, a] adj (Bot, Zool) creeping; (fig) despicable, mean

rastrillo [ras'triʎo] nm rake

rastro ['rastro] nm (Agr) rake; (pista) track, trail; (vestigio) trace; **el R~** the Madrid flea market

rasurado [rasu'raðo] nm (ʌM) shaving; **rasurador** nm, (ʌM) **rasuradora** [rasura'ðora] nf electric shaver o razor; **rasurar** /1a/ vt (ʌM) to shave; **rasurarse** vr to shave

rata ['rata] nf rat

ratear [rate'ar] /1a/ vt (robar) to steal

ratero, -a [ra'tero, a] adj light-fingered ▷ nm/f (carterista) pickpocket; (ladrón) petty thief

rato ['rato] nm while, short time; **a ~s** from time to time; **al poco ~** shortly after, soon afterwards; **~s libres** o **de ocio** leisure o free time sg; **hay para ~** there's still a long way to go

ratón [ra'ton] nm mouse; **ratonera** nf mousetrap

raudal [rau'ðal] nm torrent; **a ~es** in abundance

raya ['raja] nf line; (marca) scratch; (en tela) stripe; (puntuación) dash; (de pelo) parting; (límite) boundary; (pez) ray; **a ~s** striped; **pasarse de la ~** to overstep the mark; **tener a ~** to keep in check; **rayar** /1a/ vt to line; to scratch; (subrayar) to underline ▷ vi: **rayar en** o **con** to border on

rayo ['rajo] nm (del sol) ray, beam; (de luz) shaft; (en una tormenta) (flash of) lightning; **~s X** X-rays

raza ['raθa] nf race; **~ humana** human race

razón [ra'θon] nf reason; (justicia) right, justice; (razonamiento)

reasoning; (motivo) reason, motive; (Mat) ratio: **a ~ de 10 cada día** at the rate of 10 a day; **en ~ de** with regard to; **dar ~ a algn** to agree that sb is right; **tener/no tener ~** to be right/wrong; **~ directa/inversa** direct/inverse proportion; **~ de ser** raison d'être; **razonable** adj reasonable; (justo, moderado) fair; **razonamiento** nm (juicio) judgement; (argumento) reasoning; **razonar** /1a/ vt, vi to reason, argue

re [re] nm (Mus) D

reacción [reak'θjon] nf reaction; **avión a ~** jet plane; **~ en cadena** chain reaction; **reaccionar** /1a/ vi to react

reacio, -a [re'aθjo, a] adj stubborn

reactivar [reakti'βar] /1a/ vt to reactivate

reactor [reak'tor] nm reactor

real [re'al] adj real; (del rey, fig) royal; **realidad** [reali'ðað] nf reality; (verdad) truth

realista [rea'lista] nmf realist

realización [realiθa'θjon] nf fulfilment

realizador, a [realiθa'ðor, a] nm/f film-maker; (TV etc) producer

realizar [reali'θar] /1f/ vt (objetivo) to achieve; (plan) to carry out; (viaje) to make, undertake; **realizarse** vr to come about, come true

realmente [real'mente] adv really, actually

realzar [real'θar] /1f/ vt to enhance; (acentuar) to highlight

reanimar [reani'mar] /1a/ vt to revive; (alentar) to encourage; **reanimarse** vr to revive

reanudar [reanu'ðar] /1a/ vt (renovar) to renew; (historia, viaje) to resume

reaparición [reapari'θjon] nf reappearance

rearme [re'arme] nm rearmament

rebaja [re'βaxa] nf reduction, lowering; (Com) discount; **rebajas** nfpl (Com) sale; **"grandes ~s"** big

reductions", "sale"; **rebajar** /1a/ vt
(*bajar*) to lower; (*reducir*) to reduce;
(*disminuir*) to lessen; (*humillar*) to
humble

rebanada [reβa'naða] nf slice

rebañar [reβa'nar] /1a/ vt (*comida*) to
scrape up; (*plato*) to scrape clean

rebaño [re'βaɲo] nm herd; (*de ovejas*)
flock

rebatir [reβa'tir] /3a/ vt to refute

rebeca [re'βeka] nf cardigan

rebelarse [reβe'larse] /1a/ vr to
rebel, revolt

rebelde [re'βelde] adj rebellious;
(*niño*) unruly ▷ nmf rebel; **rebeldía**
nf rebelliousness; (*desobediencia*)
disobedience

rebelión [reβe'ljon] nf rebellion

reblandecer [reβlande'θer] /2d/ vt
to soften

rebobinar [reβoβi'nar] /1a/ vt to
rewind

rebosante [reβo'sante] adj: **~ de** (*fig*)
brimming o overflowing with

rebosar [reβo'sar] /1a/ vi to overflow;
(*abundar*) to abound, be plentiful

rebotar [reβo'tar] /1a/ vt to bounce;
(*rechazar*) to repel ▷ vi (*pelota*) to
bounce; (*bala*) to ricochet; **rebote** nm
rebound; **de rebote** on the rebound

rebozado, -a [reβo'θaðo, a] adj fried
in batter o breadcrumbs o flour

rebozar [reβo'θar] /1f/ vt to wrap up;
(*Culin*) to fry in batter etc

rebuscado, -a [reβus'kaðo, a]
adj (*amanerado*) affected; (*palabra*)
recherché; (*idea*) far-fetched

rebuscar [reβus'kar] /1g/ vi (*en
habitación*) to search high and low

recado [re'kaðo] nm message;
(*encargo*) errand; **dejar/tomar un ~**
(*Telec*) to leave/take a message

recaer [reka'er] /2n/ vi to relapse;
~ en to fall to o on; (*criminal etc*) to
fall back into, relapse into; **recaída**
nf relapse

recalcar [rekal'kar] /1g/ vt (*fig*) to
stress, emphasize

recalentar [rekalen'tar] /1j/ vt
(*comida*) to warm up, reheat;
(*demasiado*) to overheat

recámara [re'kamara] nf (LAM)
bedroom

recambio [re'kambjo] nm spare; (*de
pluma*) refill

recapacitar [rekapaθi'tar] /1a/ vi
to reflect

recargado, -a [rekar'ɣaðo, a] adj
overloaded; (*exagerado*) over-elaborate

recargar [rekar'ɣar] /1h/ vt to
overload; (*batería*) to recharge; (*tarjeta
de móvil*) top up; **recargo** nm
surcharge; (*aumento*) increase

recatado, -a [reka'taðo, a] adj
(*modesto*) modest, demure; (*prudente*)
cautious

recaudación [rekauða'θjon] nf
(*acción*) collection; (*cantidad*) takings
pl; (*en deporte*) gate; **recaudador, a**
nmf tax collector

recelar [reθe'lar] /1a/ vt: **~ que**
(*sospechar*) to suspect that; (*temer*) to
fear that ▷ vi: **~(se) de** to distrust;
recelo nm distrust, suspicion

recepción [reθep'θjon] nf reception;
recepcionista nmf receptionist

receptor, a [reθep'tor, a] nm/f
recipient ▷ nm (*Telec*) receiver

recesión [reθe'sjon] nf (*Com*)
recession

receta [re'θeta] nf (*Culin*) recipe; (*Med*)
prescription

▌ No confundir receta con la palabra
inglesa receipt.

rechazar [retʃa'θar] /1f/ vt to repel;
(*idea*) to reject; (*oferta*) to turn down

rechazo [re'tʃaθo] nm (*de propuesta, tb
Med: de un órgano*) rejection

rechinar [retʃi'nar] /1a/ vi to creak;
(*dientes*) to grind

rechistar [retʃis'tar] /1a/ vi: **sin ~**
without complaint

rechoncho, -a [re'tʃontʃo, a] adj
(*fam*) thickset (BRIT), heavy-set (US)

rechupete [retʃu'pete]: **de ~** adj
(*comida*) delicious

recibidor [reθiβi'ðor] nm entrance hall

recibimiento [reθiβi'mjento] nm reception, welcome

recibir [reθi'βir] /3a/ vt to receive; (dar la bienvenida) to welcome ▷ vi to entertain; **recibo** nm receipt

reciclable [reθi'klaβle] adj recyclable

reciclar [reθi'klar] /1a/ vt to recycle

recién [re'θjen] adv recently, newly; **~ casado** newly-wed; **el ~ llegado** the newcomer; **el ~ nacido** the newborn child

reciente [re'θjente] adj recent; (fresco) fresh

recinto [re'θinto] nm enclosure; (área) area, place

recio, -a [re'θjo, a] adj strong, tough; (voz) loud ▷ adv hard; loud(ly)

recipiente [reθi'pjente] nm receptacle

recíproco, -a [re'θiproka, a] adj reciprocal

recital [reθi'tal] nm (Mus) recital; (Lit) reading

recitar [reθi'tar] /1a/ vt to recite

reclamación [reklama'θjon] nf claim, demand; (queja) complaint; **libro de reclamaciones** complaints book

reclamar [rekla'mar] /1a/ vt to claim, demand ▷ vi: **~ contra** to complain about; **reclamo** nm (anuncio) advertisement; (tentación) attraction

reclinar [rekli'nar] /1a/ vt to recline, lean; **reclinarse** vr to lean back

reclusión [reklu'sjon] nf (prisión) prison; (refugio) seclusion

recluta [re'kluta] nm/f recruit ▷ nf recruitment; **reclutamiento** nm recruitment; **reclutar** /1a/ vt (datos) to collect; (dinero) to collect up

recobrar [reko'βrar] /1a/ vt (recuperar) to recover; (rescatar) to get back; **recobrarse** vr to recover

recodo [re'koðo] nm (de río, camino) bend

recogedor, a [rekoxe'ðor, a] nm dustpan ▷ nm/f picker, harvester

recoger [reko'xer] /2c/ vt to collect; (Agr) to harvest; (levantar) to pick up; (juntar) to gather; (pasar a buscar) to come for, get; (dar asilo) to give shelter to; (faldas) to gather up; (pelo) to put up; **recogerse** vr (retirarse) to retire; **recogido, -a** adj (lugar) quiet, secluded; (pequeño) small ▷ nf (Correos) collection; (Agr) harvest

recolección [rekolek'θjon] nf (Agr) harvesting; (colecta) collection

recomendación [rekomenda'θjon] nf (sugerencia) suggestion, recommendation; (referencia) reference

recomendar [rekomen'dar] /1j/ vt to suggest, recommend; (confiar) to entrust

recompensa [rekom'pensa] nf reward, recompense; **recompensar** /1a/ vt to reward, recompense

reconciliación [rekonθilja'θjon] nf reconciliation

reconciliar [rekonθi'ljar] /1b/ vt to reconcile; **reconciliarse** vr to become reconciled

recóndito, -a [re'kondito, a] adj (lugar) hidden, secret

reconocer [rekono'θer] /2d/ vt to recognize; (registrar) to search; (Med) to examine; **reconocido, -a** adj recognized; (agradecido) grateful; **reconocimiento** nm recognition; (registro) search; (inspección) examination; (gratitud) gratitude; (confesión) admission

reconquista [rekon'kista] nf reconquest; **la R~** the Reconquest (of Spain)

reconstituyente [rekonstitu'jente] nm tonic

reconstruir [rekonstru'ir] /3g/ vt to reconstruct

reconversión [rekomber'sjon] nf restructuring, reorganization; (tb: **~ industrial**) rationalization

recopilación [rekopila'θjon] nf (resumen) summary; (compilación)

r

compilation; (*recopilar*) /1a/ vt to compile

récord ['rekorð] nm record

recordar [rekor'ðar] /1l/ vt (*acordarse de*) to remember; (*recordar a otro*) to remind ▷ vi to remember

No confundir *recordar* con la palabra inglesa *record*.

recorrer [reko'rrer] /2a/ vt (*país*) to cross, travel through; (*distancia*) to cover; (*registrar*) to search; (*repasar*) to look over; **recorrido** nm run, journey; **tren de largo recorrido** main-line o inter-city (BRIT) train

recortar [rekor'tar] /1a/ vt to cut out; **recorte** nm (*acción, de prensa*) cutting; (*de telas, chapas*) trimming; **recorte presupuestario** budget cut

recostar [rekos'tar] /1l/ vt to lean; **recostarse** vt to lie down

recoveco [reko'βeko] nm (*de camino, río etc*) bend; (*en casa*) cubbyhole

recreación [rekrea'θjon] nf recreation

recrear [rekre'ar] /1a/ vt (*entretener*) to entertain; (*volver a crear*) to recreate; **recreativo, -a** adj recreational; **recreo** nm recreation; (*Escol*) break, playtime

recriminar [rekrimi'nar] /1a/ vt to reproach ▷ vi to recriminate; **recriminarse** vt to reproach each other

recrudecer [rekruðe'θer] /2d/ vt, vi to worsen; **recrudecerse** vr to worsen

recta ['rekta] nf V **recto**

rectángulo, -a [rek'tangulo, a] adj rectangular ▷ nm rectangle

rectificar [rektifi'kar] /1g/ vt to rectify; (*volverse recto*) to straighten ▷ vi to correct o.s.

rectitud [rekti'tuð] nf straightness

recto, -a ['rekto, a] adj straight; (*persona*) honest, upright ▷ nm rectum ▷ nf straight line; **siga todo ~** go straight on

rector, a [rek'tor, a] adj governing

recuadro [re'kwaðro] nm box; (*Tip*) inset

recubrir [reku'βrir] /3a/ vt: **~ (con)** (*pintura, crema*) to cover (with)

recuento [re'kwento] nm inventory; **hacer el ~ de** to count o reckon up

recuerdo [re'kwerðo] nm souvenir; **recuerdos** nmpl memories; **¡~s a tu madre!** give my regards to your mother!

recular [reku'lar] /1a/ vi to back down

recuperación [rekupera'θjon] nf recovery

recuperar [rekupe'rar] /1a/ vt to recover; (*tiempo*) to make up; **recuperarse** vr to recuperate

recurrir [reku'rrir] /3a/ vi (*Jur*) to appeal; **~ a** to resort to; (*persona*) to turn to; **recurso** nm resort; (*medio*) means pl, resource; (*Jur*) appeal; **recursos naturales** natural resources

red [reð] nf net, mesh; (*Ferro, Inform*) network; (*trampa*) trap; **la R~** (*Internet*) the Net; **~es sociales** social networks; (*páginas web*) social networking sites

redacción [reðak'θjon] nf (*acción*) writing; (*Escol*) essay, composition; (*limpieza de texto*) editing; (*personal*) editorial staff

redactar [reðak'tar] /1a/ vt to draw up, draft; (*periódico*) to edit

redactor, a [reðak'tor, a] nm/f editor

redada [re'ðaða] nf: **~ policial** police raid, round-up

rededor [reðe'ðor] nm: **al o en ~** around, round about

redoblar [reðo'βlar] /1a/ vt to redouble ▷ vi (*tambor*) to roll

redonda [re'ðonda] nf V **redondo**

redondear [reðonde'ar] /1a/ vt to round, round off

redondel [reðon'del] nm (*círculo*) circle; (*Taur*) bullring, arena

redondo, -a [re'ðondo, a] adj (*circular*) round; (*completo*) complete ▷ nf: **a la redonda** around, round about

reducción [reðuk'θjon] nf reduction
reducido, -a [reðu'θiðo, a] adj reduced; (limitado) limited; (pequeño) small
reducir [reðu'θir]/3n/ vt to reduce, limit; **reducirse** vr to diminish
redundancia [reðun'danθja] nf redundancy
reembolsar [re(e)mbol'sar]/1a/ vt (persona) to reimburse; (dinero) to repay, pay back; (depósito) to refund; **reembolso** nm reimbursement; refund
reemplazar [re(e)mpla'θar]/1f/ vt to replace; **reemplazo** nm replacement; **de reemplazo** (Mil) reserve
reencuentro [re(e)n'kwentro] nm reunion
reescribible [reeskri'βiβle] adj rewritable
refacción [refak'θjon] nf (LAm) repair(s); **refacciones** nfpl (piezas de repuesto) spare parts
referencia [refe'renθja] nf reference; **con ~ a** with reference to
referéndum [refe'rendum] (pl **referéndums**) nm referendum
referente [refe'rente] adj: **~ a** concerning, relating to
réferi ['referi] nmf (LAm) referee
referir [refe'rir]/3i/ vt (contar) to tell, recount; (relacionar) to refer, relate; **referirse** vr: **~se a** to refer to
refilón [refi'lon]: **de ~** adv obliquely
refinado, -a [refi'naðo, a] adj refined
refinar [refi'nar]/1a/ vt to refine; **refinería** nf refinery
reflejar [refle'xar]/1a/ vt to reflect; **reflejo, -a** adj reflected; (movimiento) reflex ⊳ nm reflection; (Anat) reflex
reflexión [reflek'sjon] nf reflection; **reflexionar**/1a/ vt to reflect on ⊳ vi to reflect; (detenerse) to pause (to think)
reflexivo, -a [reflek'siβo, a] adj thoughtful; (Ling) reflexive
reforma [re'forma] nf reform; (Arq etc) repair; **~ agraria** agrarian reform

reformar [refor'mar]/1a/ vt to reform; (modificar) to change, alter; (Arq) to repair; **reformarse** vr to mend one's ways
reformatorio [reforma'torjo] nm reformatory
reforzar [refor'θar]/1f, 1l/ vt to strengthen; (Arq) to reinforce; (fig) to encourage
refractario, -a [refrak'tarjo, a] adj (Tec) heat-resistant
refrán [re'fran] nm proverb, saying
refregar [refre'ɣar]/1h, 1j/ vt to scrub
refrescante [refres'kante] adj refreshing, cooling
refrescar [refres'kar]/1g/ vt to refresh ⊳ vi to cool down; **refrescarse** vr to get cooler; (tomar aire fresco) to go out for a breath of fresh air; (beber) to have a drink
refresco [re'fresko] nm soft drink, cool drink; **"-s"** refreshments"
refriega etc [re'frjeɣa] nf scuffle, brawl
refrigeración [refrixera'θjon] nf refrigeration; (de casa) air-conditioning
refrigerador [refrixera'ðor] nm refrigerator, icebox (us)
refrigerar [refrixe'rar]/1a/ vt to refrigerate; (sala) to air-condition
refuerzo etc [re'fwerθo] nm reinforcement; (Tec) support
refugiado, -a [refu'xjaðo, a] nm/f refugee
refugiarse [refu'xjarse]/1b/ vr to take refuge, shelter
refugio [re'fuxjo] nm refuge; (protección) shelter
refunfuñar [refunfu'nar]/1a/ vi to grunt, growl; (quejarse) to grumble
regadera [reɣa'ðera] nf watering can
regadío [reɣa'ðio] nm irrigated land
regalado, -a [reɣa'laðo, a] adj comfortable, luxurious; (gratis) free, for nothing
regalar [reɣa'lar]/1a/ vt (dar) to give (as a present); (entregar) to give away; (mimar) to pamper, make a fuss of

regaliz [reɣa'liθ] nm liquorice
regalo [re'ɣalo] nm (obsequio) gift, present; (gusto) pleasure
regañadientes [reɣaɲa'ðjentes]: **a ~** adv reluctantly
regañar [reɣa'ɲar] /1a/ vt to scold ▷ vi to grumble; **regañón, -ona** adj nagging
regar [re'ɣar] /1h, 1j/ vt to water, irrigate; (fig) to scatter, sprinkle
regatear [reɣate'ar] /1a/ vt (Com) to bargain over; (escatimar) to be mean with ▷ vi to bargain, haggle; (Deporte) to dribble; **regateo** nm bargaining; (Deporte) dribbling; (con el cuerpo) swerve, dodge
regazo [re'ɣaθo] nm lap
regenerar [rexene'rar] /1a/ vt to regenerate
régimen ['reximen] (pl **regímenes**) nm regime; (Med) diet
regimiento [rexi'mjento] nm regiment
regio, -a ['rexjo, a] adj royal, regal; (fig: suntuoso) splendid; (LAm fam) great, terrific
región [re'xjon] nf region
regir [re'xir] /3c, 3k/ vt to govern, rule; (dirigir) to manage, run ▷ vi to apply, be in force
registrar [rexis'trar] /1a/ vt (buscar) to search; (en cajón) to look through; (inspeccionar) to inspect; (anotar) to register, record; (Inform) to log; **registrarse** vr to register; (ocurrir) to happen
registro [re'xistro] nm (acto) registration; (Mus, libro) register; (inspección) inspection, search; **~ civil** registry office
regla ['reɣla] nf (ley) rule, regulation; (de medir) ruler, rule; (Med: período) period; **en ~** in order
reglamentación [reɣlamenta'θjon] nf (acto) regulation; (lista) rules pl
reglamentar [reɣlamen'tar] /1a/ vt to regulate; **reglamentario, -a** adj statutory; **reglamento** nm rules pl, regulations pl

regocijarse [reɣoθi'xarse] /1a/ vr: **~ de o por** to rejoice at; **regocijo** nm joy, happiness
regrabadora [reɣraβa'ðora] nf rewriter; **~ de DVD** DVD rewriter
regresar [reɣre'sar] /1a/ vi to come/go back, return; **regreso** nm return
reguero [re'ɣero] nm (de sangre) trickle; (de humo) trail
regulador [reɣula'ðor] nm regulator; (de radio etc) knob, control
regular [reɣu'lar] /1a/ adj regular; (normal) normal, usual; (común) ordinary; (organizado) regular, orderly; (mediano) average; (fam) not bad, so-so ▷ adv: **estar ~** to be so-so o all right ▷ vt (controlar) to control, regulate; (Tec) to adjust; **por lo ~** as a rule; **regularidad** nf regularity; **regularizar** /1f/ vt to regularize
rehabilitación [reaβilita'θjon] nf rehabilitation; (Arq) restoration
rehabilitar [reaβili'tar] /1a/ vt to rehabilitate; (Arq) to restore; (reintegrar) to reinstate
rehacer [rea'θer] /2r/ vt (reparar) to mend, repair; (volver a hacer) to redo, repeat; **rehacerse** vr (Med) to recover
rehén [re'en] nmf hostage
rehuir [reu'ir] /3g/ vt to avoid, shun
rehusar [reu'sar] /1a/ vt, vi to refuse
reina ['reina] nf queen; **reinado** nm reign
reinar [rei'nar] /1a/ vi to reign
reincidir [reinθi'ðir] /3a/ vi to relapse
reincorporarse [reinkorpo'rarse] /1a/ vr: **~ a** to return
reino ['reino] nm kingdom; **~ animal/vegetal** animal/plant kingdom; **el R~ Unido** the United Kingdom
reintegrar [reinte'ɣrar] /1a/ vt (reconstituir) to reconstruct; (persona) to reinstate; (dinero) to refund, pay back; **reintegrarse** vr: **~se a** to return to
reír [re'ir] vi to laugh; **reírse** vr to laugh; **~se de** to laugh at

reiterar [reite'rar] /1a/ vt to reiterate

reivindicación [reiβindika'θjon] nf (demanda) claim, demand; (justificación) vindication

reivindicar [reiβindi'kar] /1g/ vt to claim

reja ['rexa] nf (de ventana) grille, bars pl; (en la calle) grating

rejilla [re'xiʎa] nf grating, grille; (muebles) wickerwork; (de ventilación) vent; (de coche etc) luggage rack

rejoneador [rexonea'ðor] nm mounted bullfighter

rejuvenecer [rexuβene'θer] /2d/ vt, vi to rejuvenate

relación [rela'θjon] nf relation, relationship; (Mat) ratio; (narración) report; **relaciones laborales/públicas** labour/public relations; **con ~ a, en ~ con** in relation to; **relacionar** /1a/ vt to relate, connect; **relacionarse** vr to be connected o linked

relajación [relaxa'θjon] nf relaxation

relajar [rela'xar] /1a/ vt to relax; **relajarse** vr to relax

relamerse [rela'merse] /2a/ vr to lick one's lips

relámpago [re'lampaɣo] nm flash of lightning; **visita/huelga ~** lightning visit/strike

relatar [rela'tar] /1a/ vt to tell, relate

relativo, -a [rela'tiβo, a] adj relative; **en lo ~ a** concerning

relato [re'lato] nm (narración) story, tale

relegar [rele'ɣar] /1h/ vt to relegate

relevante [rele'βante] adj eminent, outstanding

relevar [rele'βar] /1a/ vt (sustituir) to relieve; **relevarse** vr to relay; **~ a algn de un cargo** to relieve sb of his post

relevo [re'leβo] nm relief; **carrera de ~s** relay race

relieve [re'ljeβe] nm (Arte, Tec) relief; (fig) prominence, importance; **bajo ~** bas-relief

religión [reli'xjon] nf religion; **religioso, -a** adj religious ▷ nm/f monk/nun

relinchar [relin'tʃar] /1a/ vi to neigh

reliquia [re'likja] nf relic; **~ de familia** heirloom

rellano [re'ʎano] nm (Arq) landing

rellenar [reʎe'nar] /1a/ vt (llenar) to fill up; (Culin) to stuff; (Costura) to pad; **relleno, -a** adj full up; (Culin) stuffed ▷ nm stuffing; (de tapicería) padding

reloj [re'lo(x)] nm clock; **poner el ~ (en hora)** to set one's watch o the clock; **~ (de pulsera)** (wrist)watch; **~ despertador** alarm (clock); **~ digital** digital watch; **relojero, -a** nm/f clockmaker; watchmaker

reluciente [relu'θjente] adj brilliant, shining

relucir [relu'θir] /3f/ vi to shine; (fig) to excel

remachar [rema'tʃar] /1a/ vt to rivet; (fig) to hammer home, drive home; **remache** nm rivet

remangar [reman'gar] /1h/ vt to roll up; **remangarse** vr to roll one's sleeves up

remanso [re'manso] nm pool

remar [re'mar] /1a/ vi to row

rematado, -a [rema'taðo, a] adj complete, utter

rematar [rema'tar] /1a/ vt to finish off; (Com) to sell off cheap ▷ vi to end, finish off; (Deporte) to shoot

remate [re'mate] nm end, finish; (punta) (Deporte) shot; (Arq) top; **de o para ~** to crown it all (BRIT), to top it off

remedar [reme'ðar] /1a/ vt to imitate

remediar [reme'ðjar] /1b/ vt to remedy; (subsanar) to make good, repair; (evitar) to avoid

remedio [re'meðjo] nm remedy; (alivio) relief, help; (Jur) recourse, remedy; **poner ~ a** to correct, stop; **no tener más ~** to have no alternative; **¡qué ~!** there's no choice!; **sin ~** hopeless

r

remendar [remen'dar] /1j/ vt to
repair; (con parche) to patch

remiendo etc [re'mjendo] nm mend;
(con parche) patch; (cosido) darn

remilgado, -a [remil'ɣaðo, a] adj
prim; (afectado) affected

remilgo, -a [re'miso, a] adj slack, slow

remiso, -a [re'miso, a] adj slack, slow

remite [re'mite] nm (en sobre) name
and address of sender; **remitente** nmf
(Correos) sender; **remitir** /3a/ vt to
remit, send ▷ vi to slacken; (en carta):
remite: X sender: X

remo ['remo] nm (de barco) oar;
(Deporte) rowing

remojar [remo'xar] /1a/ vt to steep,
soak; (galleta etc) to dip, dunk

remojo [re'moxo] nm: **dejar la ropa
en ~** to leave clothes to soak

remolacha [remo'latʃa] nf beet,
beetroot (BRIT)

remolcador [remolka'ðor] nm (Naut)
tug; (Auto) breakdown lorry

remolcar [remol'kar] /1g/ vt to tow

remolino [remo'lino] nm eddy; (de
agua) whirlpool; (de viento) whirlwind;
(de gente) crowd

remolque [re'molke] nm tow,
towing; (cuerda) towrope; **llevar
a ~** to tow

remontar [remon'tar] /1a/ vt to
mend; **remontarse** vr to soar; **~se a**
(Com) to amount to; **~ el vuelo** to soar

remorder [remor'ðer] /2h/ vt to
distress, disturb; **~le la conciencia
a algn** to have a guilty conscience;
remordimiento nm remorse

remoto, -a [re'moto, a] adj remote

remover [remo'ßer] /2h/ vt to stir;
(tierra) to turn over; (objetos) to move
round

remuneración [remunera'θjon] nf
remuneration

remunerar [remune'rar] /1a/ vt to
remunerate; (premiar) to reward

renacer [rena'θer] /2d/ vi to be
reborn; (fig) to revive; **renacimiento**
nm rebirth; **el Renacimiento** the
Renaissance

renacuajo [rena'kwaxo] nm (Zool)
tadpole

renal [re'nal] adj renal, kidney cpd

rencilla [ren'θiʎa] nf quarrel

rencor [ren'kor] nm rancour,
bitterness; **rencoroso, -a** adj spiteful

rendición [rendi'θjon] nf surrender

rendido, -a [ren'diðo, a] adj (sumiso)
submissive; (agotado) worn-out,
exhausted

rendija [ren'dixa] nf (hendidura) crack

rendimiento [rendi'mjento]
nm (producción) output; (Tec, Com)
efficiency

rendir [ren'dir] /3k/ vt (vencer) to
defeat; (producir) to produce; (dar
beneficio) to yield; (agotar) to exhaust
▷ vi to pay; **rendirse** vr (someterse)
to surrender; (cansarse) to wear o.s.
out; **~ homenaje** o **culto a** to pay
homage to

renegar [rene'ɣar] /1h, 1j/ vi
(blasfemar) to blaspheme; **~ de**
(renunciar) to renounce; (quejarse) to
complain about

RENFE ['renfe] nf abr = **Red Nacional
de Ferrocarriles Españoles**

renglón [ren'glon] nm (línea) line;
(Com) item, article; **a ~ seguido**
immediately after

renombre [re'nombre] nm renown

renovación [renoßa'θjon] nf (de
contrato) renewal; (Arq) renovation

renovar [reno'ßar] /1l/ vt to renew;
(Arq) to renovate

renta ['renta] nf (ingresos) income;
(beneficio) profit; (alquiler) rent; **~
vitalicia** annuity; **rentable** adj
profitable

renuncia [re'nunθja] nf resignation;
renunciar /1b/ vt to renounce,
give up ▷ vi to resign; **renunciar a**
(tabaco, alcohol etc) to give up; (oferta,
oportunidad) to turn down; (puesto)
to resign

reñido, -a [re'niðo, a] adj (batalla)
bitter, hard-fought; **estar ~ con algn**
to be on bad terms with sb

reñir [re'ɲir] /3h, 3k/ vt (regañar) to scold ▷ vi (estar peleado) to quarrel, fall out; (combatir) to fight

reo ['reo] nmf culprit, offender; (Jur) accused

reojo [re'oxo]: **de ~** adv out of the corner of one's eye

reparación [repara'θjon] nf (acto) mending, repairing; (Tec) repair; (fig) amends, reparation

reparador, -a [repara'ðor, a] adj refreshing; (comida) fortifying ▷ nm/f repairer

reparar [repa'rar] /1a/ vt to repair; (fig) to make amends for; (observar) to observe ▷ vi: **~ en** (darse cuenta de) to notice; (poner atención en) to pay attention to

reparo [re'paro] nm (advertencia) observation; (duda) doubt; (dificultad) difficulty; **poner ~s (a)** to raise objections (to)

repartidor, -a [reparti'ðor, a] nm/f distributor

repartir [repar'tir] /3a/ vt to distribute, share out; (Com, Correos) to deliver; **reparto** nm (Com, Correos) delivery; (Teat, Cine) cast; (LAM: urbanización) housing estate (BRIT), real estate development (US)

repasar [repa'sar] /1a/ vt (Escol) to revise; (Mecánica) to check, overhaul; (Costura) to mend; **repaso** nm revision; (Mecánica) overhaul, checkup; (Costura) mending

repecho [re'petʃo] nm steep incline

repelente [repe'lente] adj repellent, repulsive

repeler [repe'ler] /2a/ vt to repel

repente [re'pente] nm: **de ~** suddenly

repentino, -a [repen'tino, a] adj sudden

repercusión [reperku'sjon] nf repercussion

repercutir [reperku'tir] /3a/ vi (objeto) to rebound; (sonido) to echo;

~ en (fig) to have repercussions o effects on

repertorio [reper'torjo] nm list; (Teat) repertoire

repetición [repeti'θjon] nf repetition

repetir [repe'tir] /3k/ vt to repeat; (plato) to have a second helping of ▷ vi to repeat; (sabor) to come back; **repetirse** vr to repeat o.s.

repetitivo, -a [repeti'tiβo, a] adj repetitive, repetitious

repique [re'pike] nm pealing, ringing; **repiqueteo** nm pealing; (de tambor) drumming

repisa [re'pisa] nf ledge, shelf; **~ de chimenea** mantelpiece; **~ de ventana** windowsill

repito etc vb Ver **repetir**

replantear [replante'ar] /1a/ vt (cuestión pública) to readdress; **replantearse** vr: **~se algo** to reconsider sth

repleto, -a [re'pleto, a] adj replete, full up

réplica ['replika] nf answer; (Arte) replica

replicar [repli'kar] /1g/ vi to answer; (objetar) to argue, answer back

repliegue [re'pljeɣe] nm (Mil) withdrawal

repoblación [repoβla'θjon] nf repopulation; (de río) restocking; **~ forestal** reafforestation

repoblar [repo'βlar] /1l/ vt to repopulate; (con árboles) to reafforest

repollito [repo'ʎito] nm (LAM): **~s de Bruselas** (Brussels) sprouts

repollo [re'poʎo] nm cabbage

reponer [repo'ner] /2q/ vt to replace, put back; (Teat) to revive; **reponerse** vr to recover; **~ que** to reply that

reportaje [repor'taxe] nm report, article

reportero, -a [repor'tero, a] nm/f reporter

reposacabezas [reposaka'βeθas] nm inv headrest

reposar [repo'sar] /1a/ vi to rest, repose

reposición [reposi'θjon] nf replacement; (Cine) second showing

reposo [re'poso] nm rest

repostar [repos'tar] /1a/ vt to replenish; (Auto) to fill up (with petrol o gasoline)

repostería [reposte'ria] nf confectioner's (shop)

represa [re'presa] nf dam; (lago artificial) lake, pool

represalia [repre'salja] nf reprisal

representación [representa'θjon] nf representation; (Teat) performance; **representante** nmf representative; (Teat) performer

representar [represen'tar] /1a/ vt to represent; (Teat) to perform; (edad) to look; **representarse** vr to imagine; **representativo, -a** adj representative

represión [repre'sjon] nf repression

reprimenda [repri'menda] nf reprimand, rebuke

reprimir [repri'mir] /3a/ vt to repress

reprobar [repro'βar] /1l/ vt to censure, reprove

reprochar [repro'tʃar] /1a/ vt to reproach; **reproche** nm reproach

reproducción [reproðuk'θjon] nf reproduction

reproducir [reproðu'θir] /3n/ vt to reproduce; **reproducirse** vr to breed; (situación) to recur

reproductor, a [reproðuk'tor, a] adj reproductive ▷ nm: ~ **de CD** CD player

reptil [rep'til] nm reptile

república [re'puβlika] nf republic; **R~ Dominicana** Dominican Republic; **republicano, -a** adj, nm/f republican

repudiar [repu'ðjar] /1b/ vt to repudiate; (fe) to renounce

repuesto [re'pwesto] nm (pieza de recambio) spare (part); (abastecimiento) supply; **rueda de ~** spare wheel

repugnancia [repuɣ'nanθja] nf repugnance; **repugnante** adj repugnant, repulsive

repugnar [repuɣ'nar] /1a/ vt to disgust

repulsa [re'pulsa] nf rebuff

repulsión [repul'sjon] nf repulsion, aversion; **repulsivo, -a** adj repulsive

reputación [reputa'θjon] nf reputation

requerir [reke'rir] /3i/ vt (pedir) to ask, request; (exigir) to require; (llamar) to send for, summon

requesón [reke'son] nm cottage cheese

requete... [rekete] pref extremely

réquiem ['rekjem] nm requiem

requisito [reki'sito] nm requirement, requisite

res [res] nf beast, animal

resaca [re'saka] nf (en el mar) undertow, undercurrent; (fam) hangover

resaltar [resal'tar] /1a/ vi to project, stick out; (fig) to stand out

resarcir [resar'θir] /3b/ vt to compensate; **resarcirse** vr to make up for

resbaladero [resβala'ðero] nm (LAM) slide

resbaladizo, -a [resβala'ðiθo, a] adj slippery

resbalar [resβa'lar] /1a/ vi to slip, slide; (fig) to slip (up); **resbalarse** vr to slip, slide; (fig) to slip (up); **resbalón** nm (acción) slip

rescatar [reska'tar] /1a/ vt (salvar) to save, rescue; (objeto) to get back, recover; (cautivos) to ransom

rescate [res'kate] nm rescue; (de objeto) recovery; **pagar un ~** to pay a ransom

rescindir [resθin'dir] /3a/ vt to rescind

rescisión [resθi'sjon] nf cancellation

resecar [rese'kar] /1g/ vt to dry off, dry thoroughly; (Med) to cut out, remove; **resecarse** vr to dry up

reseco, -a [re'seko, a] adj very dry; (fig) skinny

resentido, -a [resen'tiðo, a] adj resentful

resentimiento [resenti'mjento] nm resentment, bitterness

resentirse [resen'tirse] /3i/ vr (debilitarse: persona) to suffer; ~ **de** (sufrir las consecuencias de) to feel the effects of; ~ **de o por algo** to resent sth, be bitter about sth

reseña [re'seɲa] nf (cuenta) account; (informe) report; (Lit) review; **reseñar** /1a/ vt to describe; (Lit) to review

reserva [re'serβa] nf reserve; (reservación) reservation

reservación [reserβa'θjon] nf (LAM) reservation

reservado, -a [reser'βaðo, a] adj reserved; (retraído) cold, distant ▷ nm private room

reservar [reser'βar] /1a/ vt (guardar) to keep; (Ferro, Teat etc) to reserve, book; **reservarse** vr to save o.s.; (callar) to keep to o.s.

resfriado [res'frjaðo] nm cold; **resfriarse** /1c/ vr to cool off; (Med) to catch (a) cold

resguardar [resɣwar'ðar] /1a/ vt to protect, shield; **resguardarse** vr: ~ **se de** to guard against; **resguardo** nm defence; (vale) voucher; (recibo) receipt, slip

residencia [resi'ðenθja] nf residence; (Univ) hall of residence; ~ **para ancianos o jubilados** residential home, old people's home; **residencial** adj residential

residente [resi'ðente] adj, nmf resident

residir [resi'ðir] /3a/ vi to reside, live; ~ **en** to reside o lie in

residuo [re'siðwo] nm residue

resignación [resiɣna'θjon] nf resignation; **resignarse** /1a/ vr: **resignarse a o con** to resign o.s. to, be resigned to

resina [re'sina] nf resin

resistencia [resis'tenθja] nf (dureza) endurance, strength; (oposición, Elec) resistance; **resistente** adj strong, hardy; (Tec) resistant

resistir [resis'tir] /3a/ vt (soportar) to bear; (oponerse a) to resist, oppose; (aguantar) to stand ▷ vi to resist; (aguantar) to last, endure; **resistirse** vr: ~**se a** to refuse to, resist

resoluto, -a [reso'luto, a] adj resolute

resolver [resol'βer] /2h/ vt to resolve; (solucionar) to solve, resolve; (decidir) to decide, settle; **resolverse** vr to make up one's mind

resonar [reso'nar] /1l/ vi to ring, echo

resoplar [reso'plar] /1a/ vi to snort; **resoplido** nm heavy breathing

resorte [re'sorte] nm spring; (fig) lever

resortera [resor'tera] nf (LAM) catapult

respaldar [respal'ðar] /1a/ vt to back (up), support; **respaldarse** vr to lean back; ~**se con o en** (fig) to take one's stand on; **respaldo** nm (de sillón) back; (fig) support, backing

respectivo, -a [respek'tiβo, a] adj respective; **en lo ~ a** with regard to

respecto [res'pekto] nm: **al ~** on this matter; **con ~ a, de** with regard to, in relation to

respetable [respe'taβle] adj respectable

respetar [respe'tar] /1a/ vt to respect; **respeto** nm respect; (acatamiento) deference; **respetos** nmpl respects; **respetuoso, -a** adj respectful

respingo [res'pingo] nm start, jump

respiración [respira'θjon] nf breathing; (Med) respiration; (ventilación) ventilation; ~ **asistida** artificial respiration (by machine)

respirar [respi'rar] /1a/ vt/vi to breathe; **respiratorio, -a** adj respiratory; **respiro** nm breathing; (fig: descanso) respite

resplandecer [resplande'θer] /2d/ vi to shine; **resplandeciente** adj resplendent, shining; **resplandor** nm brilliance, brightness; (del fuego) blaze

r

responder [respon'der] /2a/ vt to answer ▷ vi to answer; (fig) to respond; (pey) to answer back; **~ de** o **por** to answer for; **respondón, -ona** adj cheeky

responsabilidad [responsaβili'ðað] nf responsibility

responsabilizarse [responsaβili'θarse] /1f/ vr to make o.s. responsible, take charge

responsable [respon'saβle] adj responsible

respuesta [res'pwesta] nf answer, reply

resquebrajar [reskeβra'xar] /1a/ vt to crack, split; **resquebrajarse** vr to crack, split

resquicio [res'kiθjo] nm chink; (hendidura) crack

resta ['resta] nf (Mat) remainder

restablecer [restaβle'θer] /2d/ vt to re-establish, restore; **restablecerse** vr to recover

restante [res'tante] adj remaining; **lo ~** the remainder

restar [res'tar] /1a/ vt (Mat) to subtract; (fig) to take away ▷ vi to remain, be left

restauración [restaura'θjon] nf restoration

restaurante [restau'rante] nm restaurant

restaurar [restau'rar] /1a/ vt to restore

restituir [restitu'ir] /3g/ vt (devolver) to return, give back; (rehabilitar) to restore

resto ['resto] nm (residuo) rest, remainder; (apuesta) stake; **restos** nmpl remains

restorán [resto'ran] nm (LAM) restaurant

restregar [restre'ɣar] /1h, 1j/ vt to scrub, rub

restricción [restrik'θjon] nf restriction

restringir [restrin'xir] /3c/ vt to restrict, limit

resucitar [resuθi'tar] /1a/ vt, vi to resuscitate, revive

resuelto, -a [re'swelto, a] pp de **resolver** ▷ adj resolute, determined

resultado [resul'taðo] nm result; (conclusión) outcome; **resultante** adj resulting, resultant

resultar [resul'tar] /1a/ vi (ser) to be; (llegar a ser) to turn out to be; (salir bien) to turn out well; (Com) to amount to; **~ de** to stem from; **me resulta difícil hacerlo** it's difficult for me to do it

resumen [re'sumen] nm summary, résumé; **en ~** in short

resumir [resu'mir] /3a/ vt to sum up; (cortar) to abridge, cut down

> No confundir resumir con la palabra inglesa resume.

resurgir [resur'xir] /3c/ vi (reaparecer) to reappear

resurrección [resurrek'θjon] nf resurrection

retablo [re'taβlo] nm altarpiece

retaguardia [reta'ɣwarðja] nf rearguard

retahíla [reta'ila] nf series, string

retal [re'tal] nm remnant

retar [re'tar] /1a/ vt to challenge; (desafiar) to defy, dare

retazo [re'taθo] nm snippet (BRIT), fragment

retención [reten'θjon] nf (tráfico) hold-up; **~ fiscal** deduction for tax purposes

retener [rete'ner] /2k/ vt (intereses) to withhold

reticente [reti'θente] adj (insinuador) insinuating; (postura) reluctant; **ser ~ a hacer algo** to be reluctant o unwilling to do sth

retina [re'tina] nf retina

retintín [retin'tin] nm jangle, jingle; **decir algo con ~** to say sth sarcastically

retirado, -a adj (lugar) remote; (vida) quiet; (jubilado) retired ▷ nf (Mil) retreat; (de dinero) withdrawal; (de *embajador*) recall; **batirse en retirada** to retreat

retirar [reti'rar] /1a/ vt to withdraw; (*quitar*) to remove; (*jubilar*) to pension off; **retirarse** vr to retreat, withdraw; (*jubilarse*) to retire; (*acostarse*) to retire, go to bed; **retiro** nm retreat; (*jubilación*) retirement; (*pago*) pension

reto ['reto] nm dare, challenge

retocar [reto'kar] /1g/ vt (*fotografía*) to touch up, retouch

retoño [re'toɲo] nm sprout, shoot; (*fig*) offspring, child

retoque [re'toke] nm retouching

retorcer [retor'θer] /2b, 2h/ vt to twist; (*manos, lavado*) to wring; **retorcerse** vr to become twisted; (*persona*) to writhe

retorcido, -a [retor'θiðo, a] *adj* (*tb* *fig*) twisted

retorcijón [retorθi'xon] nm (ᴌᴀᴍ: *tb:* ~ **de tripas**) stomach cramp

retorno [re'torno] nm return

retortijón [retorti'xon] nm: ~ **de tripas** stomach cramp

retozar [reto'θar] /1f/ vi (*juguetear*) to frolic, romp; (*saltar*) to gambol

retracción [retrak'θjon] nf retraction

retraerse [retra'erse] /2o/ vr to retreat, withdraw; **retraído, -a** *adj* shy, retiring; **retraimiento** nm retirement; (*timidez*) shyness

retransmisión [retransmi'sjon] nf repeat (broadcast)

retransmitir [retransmi'tir] /3a/ vt (*mensaje*) to relay; (*TV etc*) to repeat, retransmit; (: *en vivo*) to broadcast live

retrasado, -a [retra'saðo, a] *adj* late; (*fam!*) backward (!); (*país etc*) underdeveloped

retrasar [retra'sar] /1a/ vt (*demorar*) to postpone, put off; (*retardar*) to slow down ▷ vi (*atrasarse*) to be late; (*reloj*) to be slow; (*producción*) to fall (off); (*quedarse atrás*) to lag behind; **retrasarse** vr to be late; to be slow; to fall (off); to lag behind

retraso [re'traso] nm (*demora*) delay;

(*lentitud*) slowness; (*tardanza*) lateness; (*atraso*) backwardness; **retrasos** nmpl (*Com*) arrears; **llegar con** ~ to arrive late; ~ **mental** mental deficiency

retratar [retra'tar] /1a/ vt (*Arte*) to paint the portrait of; (*fotografiar*) to photograph; (*fig*) to depict, describe; **retrato** nm portrait; (*fig*) likeness; **retrato-robot** nm Identikit® picture

retrete [re'trete] nm toilet

retribuir [retriβu'ir] /3g/ vt (*recompensar*) to reward; (*pagar*) to pay

retro... [retro] *pref* retro...

retroceder [retroθe'ðer] /2a/ vi (*echarse atrás*) to move back(wards); (*fig*) to back down

retroceso [retro'θeso] nm backward movement; (*Med*) relapse; (*fig*) backing down

retrospectivo, -a [retrospek'tiβo, a] *adj* retrospective

retrovisor [retroβi'sor] nm rear-view mirror

retuitear [retwite'ar] vt (*en Twitter*) to retweet

retumbar [retum'bar] /1a/ vi to echo, resound

reuma ['reuma] nm rheumatism

reunión [reu'njon] nf (*asamblea*) meeting; (*fiesta*) party

reunir [reu'nir] /3a/ vt (*juntar*) to reunite, join (together); (*recoger*) to gather (together); (*personas*) to bring o get together; (*cualidades*) to combine; **reunirse** vr (*personas: en asamblea*) to meet, gather

revalidar [reβali'ðar] /1a/ vt (*ratificar*) to confirm, ratify

revalorizar [reβalori'θar] /1f/ vt to revalue, reassess

revancha [re'βantʃa] nf revenge

revelación [reβela'θjon] nf revelation

revelado [reβe'laðo] nm developing

revelar [reβe'lar] /1a/ vt to reveal; (*Foto*) to develop

reventa [re'βenta] nf (*de entradas*) touting

reventar [reβen'tar] /1j/ vt to burst, explode

reventón [reβen'ton] nm (Auto) blow-out (BRIT), flat (US)

reverencia [reβe'renθja] nf reverence; **reverenciar** /1b/ vt to revere

reverendo, -a [reβe'rendo, a] adj reverend

reverente [reβe'rente] adj reverent

reversa [re'βersa] nf (LAM) (reverse) gear

reversible [reβer'siβle] adj reversible

reverso [re'βerso] nm back, other side; (de moneda) reverse

revertir [reβer'tir] /3i/ vi to revert

revés [re'βes] nm back, wrong side; (fig) reverse, setback; (Deporte) backhand; **al ~** the wrong way round; (de arriba abajo) upside down; (ropa) inside out; **volver algo del ~** to turn sth inside out; (ropa) to turn sth inside out

revisar [reβi'sar] /1a/ vt (examinar) to check; (texto etc) to revise; **revisión** nf revision; **revisión salarial** wage review

revisor, a [reβi'sor, a] nm/f inspector; (Ferro) ticket collector

revista [re'βista] nf magazine, review; (Teat) revue; (inspección) inspection; **~ del corazón** magazine featuring celebrity gossip and real-life romance stories; **pasar ~ a** to review, inspect

revivir [reβi'βir] /3a/ vi to revive

revolcar [reβol'kar] /1g, 1l/ vt to knock down; **revolcarse** vr to roll about

revoltijo [reβol'tixo] nm mess, jumble

revoltoso, -a [reβol'toso, a] adj (travieso) naughty, unruly

revolución [reβolu'θjon] nf revolution; **revolucionario, -a** adj, nm/f revolutionary

revolver [reβol'βer] /2h/ vt (desordenar) to disturb, mess up; (mover) to move about ▷ vi: **~ en** to go through, rummage (about) in; **revolverse** vr: **~se contra** to turn on o against

revólver [re'βolβer] nm revolver

revuelo [re'βwelo] nm fluttering; (fig) commotion

revuelto, -a [re'βwelto, a] pp de **revolver** ▷ adj (mezclado) mixed-up, in disorder ▷ nf (motín) revolt; (agitación) commotion

rey [rei] nm king; **Día de R~es** Twelfth Night; **los R~es Magos** the Three Wise Men, the Magi

- **REYES MAGOS**
-
- The night before the 6th of January
- (the Epiphany), which is a holiday in
- Spain, children go to bed expecting
- los Reyes Magos, the Three Wise
- Men who visited the baby Jesus, to
- bring them presents. Twelfth night
- processions, known as cabalgatas,
- take place that evening, when 3
- people dressed as los Reyes Magos
- arrive in the town by land or sea to
- the delight of the children.

reyerta [re'jerta] nf quarrel, brawl

rezagado, -a [reθa'ɣaðo, a] nm/f straggler

rezar [re'θar] /1f/ vi to pray; **~ con** (fam) to concern, have to do with; **rezo** nm prayer

rezumar [reθu'mar] /1a/ vt to ooze

ría ['ria] nf estuary

riada [ri'aða] nf flood

ribera [ri'βera] nf (de río) bank; (: área) riverside

ribete [ri'βete] nm (de vestido) border; (fig) addition

ricino [ri'θino] nm: **aceite de ~** castor oil

rico, -a ['riko, a] adj (adinerado) rich; (lujoso) luxurious; (comida) delicious; (niño) lovely, cute ▷ nm/f rich person

ridiculez [riðiku'leθ] nf absurdity

ridiculizar [riðikuli'θar] /1f/ vt to ridicule

ridículo, -a [ri'ðikulo, a] *adj*
ridiculous; **hacer a algn ~** to make a fool
of o.s.; **poner a algn en ~** to make
a fool of sb

riego ['rjeɣo] *nm* (*aspersión*) watering;
(*irrigación*) irrigation; **~ sanguíneo**
blood flow o circulation

riel [rjel] *nm* rail

rienda ['rjenda] *nf* rein; **dar ~ suelta
a** to give free rein to

riesgo ['rjesɣo] *nm* risk; **correr el ~ de**
to run the risk of

rifa ['rifa] *nf* (*lotería*) raffle; **rifar** /1a/
vt to raffle

rifle ['rifle] *nm* rifle

rigidez [rixi'ðeθ] *nf* rigidity, stiffness;
(*fig*) strictness; **rígido, -a** *adj* rigid,
stiff; (*moralmente*) strict, inflexible

rigor [ri'ɣor] *nm* strictness, rigour;
(*inclemencia*) harshness; **de ~** de
rigueur, essential; **riguroso, -a** *adj*
rigorous; (*Meteorología*) harsh; (*severo*)
severe

rimar [ri'mar] /1a/ *vi* to rhyme

rimbombante [rimbom'bante] *adj*
pompous

rímel ['rimel] *nm* mascara

rímmel ['rimel] *nm* = **rímel**

rin [rin] *nm* (ʌм) (*wheel*) rim

rincón [rin'kon] *nm* corner (*inside*)

rinoceronte [rinoθe'ronte] *nm*
rhinoceros

riña ['riɲa] *nf* (*disputa*) argument;
(*pelea*) brawl

riñón [ri'ɲon] *nm* kidney

río ['rio] *vb* V **reír** ▷ *nm* river; (*fig*)
torrent, stream; **~ abajo/arriba**
downstream/upstream; **R~ de la
Plata** River Plate

rioja [ri'oxa] *nm* rioja wine ▷ *nf*: **La
R~** La Rioja

rioplatense [riopla'tense] *adj* of o
from the River Plate region

riqueza [ri'keθa] *nf* wealth, riches *pl*;
(*cualidad*) richness

risa ['risa] *nf* laughter; (*una risa*) laugh;
¡qué ~! what a laugh!

risco ['risko] *nm* crag, cliff

ristra ['ristra] *nf* string

risueño, -a [ri'sweɲo, a] *adj*
(*sonriente*) smiling; (*contento*) cheerful

ritmo ['ritmo] *nm* rhythm; **a ~ lento**
slowly; **trabajar a ~ lento** to go slow;
~ cardíaco heart rate

rito ['rito] *nm* rite

ritual [ri'twal] *adj, nm* ritual

rival [ri'βal] *adj, nmf* rival; **rivalidad** *nf*
rivalry; **rivalizar** /1f/ *vi*: **rivalizar con**
to rival, vie with

rizado, -a [ri'θaðo, a] *adj* curly ▷ *nm*
curls *pl*

rizar [ri'θar] /1f/ *vt* to curl; **rizarse** *vr* (*el
pelo*) to curl; (*aguas*) to ripple; **rizo** *nm*
curl; (*en agua*) ripple

RNE *nf abr* = **Radio Nacional de
España**

robar [ro'βar] /1a/ *vt* to rob; (*objeto*) to
steal; (*casa etc*) to break into; (*Naipes*)
to draw

roble ['roβle] *nm* oak; **robledal** *nm*
oakwood

robo ['roβo] *nm* robbery, theft

robot [ro'βot] (*pl* **robots**) *nm* robot ▷ *nm* (*tb*: **~ de
cocina**) food processor

robustecer [roβuste'θer] /2d/ *vt* to
strengthen

robusto, -a [ro'βusto, a] *adj* robust,
strong

roca ['roka] *nf* rock

roce ['roθe] *nm* (*caricia*) brush; (*Tec*)
friction; (*en la piel*) graze; **tener ~ con**
to have a brush with

rociar [ro'θjar] /1c/ *vt* to sprinkle,
spray

rocín [ro'θin] *nm* nag, hack

rocío [ro'θio] *nm* dew

rocola [ro'kola] *nf* (ʌм) jukebox

rocoso, -a [ro'koso, a] *adj* rocky

rodaballo [roða'βaʎo] *nm* turbot

rodaja [ro'ðaxa] *nf* slice

rodaje [ro'ðaxe] *nm* (*Cine*) shooting,
filming; (*Auto*): **en ~** running in

rodar [ro'ðar] /1l/ *vt* (*vehículo*) to wheel
(along); (*escalera*) to roll down; (*viajar
por*) to travel (over) ▷ *vi* to roll; (*coche*)
to go, run; (*Cine*) to shoot, film

rodear [roðe'ar] /1a/ vt to surround
▷ vi to go round; **rodearse** vr: **~se de amigos** to surround o.s. with friends

rodeo [ro'ðeo] nm (desvío) detour; (evasión) evasion; (ʌm) rodeo; **hablar sin ~s** to come to the point, speak plainly

rodilla [ro'ðiʎa] nf knee; **de ~s** kneeling; **ponerse de ~s** to kneel (down)

rodillo [ro'ðiʎo] nm roller; (Culin) rolling-pin

roedor, a [roe'ðor, a] adj gnawing ▷ nm rodent

roer [ro'er] /2y/ vt (masticar) to gnaw; (corroer, fig) to corrode

rogar [ro'ɣar] /1h, 1l/ vt (pedir) to beg, ask for ▷ vi (suplicar) to beg, plead; **rogarse** vr: **se ruega no fumar** please do not smoke

rojizo, -a [ro'xiθo, a] adj reddish

rojo, -a ['roxo, a] adj red ▷ nm red; **al ~ vivo** red-hot

rol [rol] nm list, roll; (papel) role

rollito [ro'ʎito] nm (tb: **~ de primavera**) spring roll

rollizo, -a [ro'ʎiθo, a] adj (objeto) cylindrical; (persona) plump

rollo ['roʎo] nm roll; (de cuerda) coil; (de madera) log; (fam) bore; **¡qué ~!** what a carry-on!

Roma ['roma] nf Rome

romance [ro'manθe] nm (amoroso) romance; (Lit) ballad

romano, -a [ro'mano, a] adj Roman ▷ nm/f Roman; **a la romana** in batter

romanticismo [romanti'θismo] nm romanticism

romántico, -a [ro'mantiko, a] adj romantic

rombo ['rombo] nm (Mat) rhombus

romería [rome'ria] nf (Rel) pilgrimage; (excursión) trip, outing

● **ROMERÍA**
●
● Originally a pilgrimage to a shrine
● or church to express devotion to

● Our Lady or a local Saint, the romería
● has also become a rural fiesta which
● accompanies the pilgrimage.
● People come from all over to attend,
● bringing their own food and drink,
● and spend the day in celebration.

romero, -a [ro'mero, a] nm/f pilgrim
▷ nm rosemary

romo, -a ['romo, a] adj blunt; (fig) dull

rompecabezas [rompeka'βeθas] nm inv riddle, puzzle; (juego) jigsaw (puzzle)

rompehuelgas [rompe'welɣas] nm inv strikebreaker, scab

rompeolas [rompe'olas] nm inv breakwater

romper [rom'per] /2a/ vt to break; (hacer pedazos) to smash; (papel, tela etc) to tear, rip ▷ vi (olas) to break; (sol, diente) to break through; **~ un contrato** to break a contract; **~ a** to start (suddenly) to; **~ a llorar** to burst into tears; **~ con algn** to fall out with sb

ron [ron] nm rum

roncar [ron'kar] /1g/ vi to snore

ronco, -a ['ronko, a] adj (afónico) hoarse; (áspero) raucous

ronda ['ronda] nf (de bebidas etc) round; (patrulla) patrol; **rondar** /1a/ vt to patrol ▷ vi (fig) to prowl round

ronquido [ron'kiðo] nm snore, snoring

ronronear [ronrone'ar] /1a/ vi to purr

roña ['rona] nf (en veterinaria) mange; (mugre) dirt, grime; (óxido) rust

roñoso, -a [ro'noso, a] adj (mugriento) filthy; (tacaño) mean

ropa ['ropa] nf clothes pl, clothing; **~ blanca** linen; **~ de cama** bed linen; **~ de color** coloureds pl; **~ interior** underwear; **~ sucia** dirty clothes pl, dirty washing; **ropaje** nm gown, robes pl

ropero [ro'pero] nm linen cupboard; (*guardarropa*) wardrobe

rosa ['rosa] adj inv pink ⊳ nf rose

rosado, -a [ro'saðo, a] adj pink ⊳ nm rosé

rosal [ro'sal] nm rosebush

rosario [ro'sarjo] nm (Rel) rosary; **rezar el ~** to say the rosary

rosca ['roska] nf (*de tornillo*) thread; (*de humo*) coil, spiral; (*pan, postre*) ring-shaped roll/pastry

rosetón [rose'ton] nm rosette; (Arq) rose window

rosquilla [ros'kiʎa] nf ring-shaped cake

rostro ['rostro] nm (*cara*) face

rotativo, -a [rota'tiβo, a] adj rotary

roto, -a ['roto, a] pp de **romper** ⊳ adj broken

rotonda [ro'tonda] nf roundabout

rótula ['rotula] nf kneecap; (Tec) ball-and-socket joint

rotulador [rotula'ðor] nm felt-tip pen

rótulo ['rotulo] nm heading, title; (*etiqueta*) label; (*letrero*) sign

rotundamente [rotunda'mente] adv (*negar*) flatly; (*responder, afirmar*) emphatically; **rotundo, -a** adj round; (*enfático*) emphatic

rotura [ro'tura] nf (*rompimiento*) breaking; (Med) fracture

rozadura [roθa'ðura] nf abrasion, graze

rozar [ro'θar] /1f/ vt (*frotar*) to rub; (*arañar*) to scratch; (*tocar ligeramente*) to shave; **rozarse** vr to rub (together); **~ con** (*fam*) to rub shoulders with

Rte. abr = **remite; remitente**

RTVE nf abr = **Radiotelevisión Española**

rubí [ru'βi] nm ruby; (*de reloj*) jewel

rubio, -a ['ruβjo, a] adj fair-haired, blond(e) ⊳ nm/f blond/blonde; **tabaco ~** Virginia tobacco

rubor [ru'βor] nm (*sonrojo*) blush; (*timidez*) bashfulness; **ruborizarse** /1f/ vr to blush

rúbrica ['ruβrika] nf (*de la firma*) flourish; **rubricar** /1g/ vt (*firmar*) to

sign with a flourish; (*concluir*) to sign and seal

rudimentario, -a [ruðimen'tarjo, a] adj rudimentary

rudo, -a ['ruðo, a] adj (*sin pulir*) unpolished; (*grosero*) coarse; (*violento*) violent; (*sencillo*) simple

rueda ['rweða] nf wheel; (*círculo*) ring, circle; (*rodaja*) slice, round; **~ de auxilio** (LAM) spare tyre; **~ delantera/ trasera/de repuesto** front/back/ spare wheel; **~ de prensa** press conference; **~ gigante** (LAM) big (BRIT) o Ferris (US) wheel

ruedo ['rweðo] nm (*círculo*) circle; (*Taur*) arena, bullring

ruego etc ['rweyo] vb V **rogar** ⊳ nm request

rugby ['ruγβi] nm rugby

rugido [ru'xiðo] nm roar

rugir [ru'xir] /3c/ vi to roar

rugoso, -a [ru'γoso, a] adj (*arrugado*) wrinkled; (*áspero*) rough; (*desigual*) ridged

ruido ['rwiðo] nm noise; (*sonido*) sound; (*alboroto*) racket, row; (*escándalo*) commotion, rumpus; **ruidoso, -a** adj noisy, loud; (*fig*) sensational

ruin [rwin] adj contemptible, mean

ruina ['rwina] nf ruin; (*hundimiento*) collapse; (*de persona*) ruin, downfall

ruinoso, -a [rwi'noso, a] adj ruinous; (*destartalado*) dilapidated, tumbledown; (*Com*) disastrous

ruiseñor [rwise'ɲor] nm nightingale

rulero [ru'lero] nm (LAM) roller

ruleta [ru'leta] nf roulette

rulo ['rulo] nm (*para el pelo*) curler

Rumania [ru'manja] nf Rumania

rumba ['rumba] nf rumba

rumbo ['rumbo] nm (*ruta*) route, direction; (*ángulo de dirección*) course, bearing; (*fig*) course of events; **ir con ~ a** to be heading for

rumiante [ru'mjante] nm ruminant

rumiar [ru'mjar] /1b/ vt to chew; (*fig*) to chew over ⊳ vi to chew the cud

r

rumor [ru'mor] *nm* (*ruido sordo*) low sound; (*murmuración*) murmur, buzz; **rumorearse** /1a/ *vr*: **se rumorea que** it is rumoured that

rupestre [ru'pestre] *adj* rock *cpd*

ruptura [rup'tura] *nf* rupture

rural [ru'ral] *adj* rural

Rusia ['rusja] *nf* Russia; **ruso, -a** *adj, nm/f* Russian

rústico, -a ['rustiko, a] *adj* rustic; (*ordinario*) coarse, uncouth ▷ *nm/f* yokel

ruta ['ruta] *nf* route

rutina [ru'tina] *nf* routine

S

S *abr* (= *san, santo, a*) St.; (= *sur*) S

s. *abr* (= *siglo*) c.; (= *siguiente*) foll.

S.A. *abr* (= *Sociedad Anónima*) Ltd., Inc. (*us*)

sábado ['saβaðo] *nm* Saturday

sábana ['saβana] *nf* sheet

sabañón [saβa'ɲon] *nm* chilblain

saber [sa'βer] /2m/ *vt* to know; (*llegar a conocer*) to find out, learn; (*tener capacidad de*) to know how to ▷ *vi*: **~ a** to taste of, taste like ▷ *nm* knowledge, learning; **a ~** namely; **¿sabes conducir/nadar?** can you drive/swim?; **¿sabes francés?** do you o can you speak French?; **~ de memoria** to know by heart; **hacer ~** to inform, let know

sabiduría [saβiðu'ria] *nf* (*conocimientos*) wisdom; (*instrucción*) learning

sabiendas [sa'βjendas]: **a ~** *adv* knowingly

sabio, -a ['saβjo, a] *adj* (*docto*) learned; (*prudente*) wise, sensible

sabor [sa'βor] nm taste, flavour; **saborear** /1a/ vt to taste, savour; (fig) to relish

sabotaje [saβo'taxe] nm sabotage

sabré etc [sa'βre] vb V **saber**

sabroso, -a [sa'βroso, a] adj tasty; (fig: fam) racy, salty

sacacorchos [saka'kortʃos] nm inv corkscrew

sacapuntas [saka'puntas] nm inv pencil sharpener

sacar [sa'kar] /1g/ vt to take out; (fig: extraer) to get (out); (quitar) to remove, get out; (hacer salir) to bring out; (conclusión) to draw; (novela etc) to publish, bring out; (ropa) to take off; (obra) to make; (premio) to receive; (entradas) to serve; (Tenis) to serve; **~ adelante** (niño) to bring up; (negocio) to carry on, go on with; **~ a algn a bailar** to get sb up to dance; **~ una foto** to take a photo; **~ la lengua** to stick out one's tongue; **~ buenas/malas notas** to get good/bad marks

sacarina [saka'rina] nf saccharin(e)

sacerdote [saθer'ðote] nm priest

saciar [sa'θjar] /1b/ vt to satisfy; **saciarse** vr (de comida) to get full up

saco ['sako] nm bag; (grande) sack; (contenido) bagful; (LAM: chaqueta) jacket; **~ de dormir** sleeping bag

sacramento [sakra'mento] nm sacrament

sacrificar [sakrifi'kar] /1g/ vt to sacrifice; **sacrificio** nm sacrifice

sacristía [sakris'tia] nf sacristy

sacudida [saku'ðiða] nf (agitación) shake, shaking; (sacudimiento) jolt, bump; **~ eléctrica** electric shock

sacudir [saku'ðir] /3a/ vt to shake; (golpear) to hit

Sagitario [saxi'tarjo] nm Sagittarius

sagrado, -a [sa'yraðo, a] adj sacred, holy

Sáhara ['saara] nm: **el ~ the** Sahara (desert)

sal [sal] vb V **salir** ▷ nf salt; **~es de baño** bath salts

sala ['sala] nf large room; (tb: **~ de estar**) living room; (Teat) house, auditorium; (de hospital) ward; **~ de espera** waiting room; **~ de estar** living room

salado, -a [sa'laðo, a] adj salty; (fig) witty, amusing; **agua salada** salt water

salar [sa'lar] /1a/ vt to salt, add salt to

salariado, -a adj (empleado) salaried

salario [sa'larjo] nm wage, pay

salchicha [sal'tʃitʃa] nf (pork) sausage; **salchichón** nm (salami-type) sausage

saldo ['saldo] nm (pago) settlement; (de una cuenta) balance; (lo restante) remnant(s) (pl), remainder; (de móvil) credit; **saldos** nmpl (en tienda) sale

saldré etc [sal'dre] vb V **salir**

salero [sa'lero] nm salt cellar

salgo etc vb V **salir**

salida [sa'liða] nf (puerta etc) exit, way out; (acto) leaving, going out; (de tren, Aviat) departure; (Com, Tec) output, production; (fig) way out; (Com) opening; (Geo, válvula) outlet; (de gas) leak; **calle sin ~** cul-de-sac; **~ de baño** (LAM) bathrobe; **~ de incendios** fire escape

PALABRA CLAVE

salir [sa'lir] /3q/ vi 1 to leave; **Juan ha salido** Juan has gone out; **salió de la cocina** he came out of the kitchen

2 (disco, libro) to come out; **anoche salió en la tele** she appeared o was on TV last night; **salió en todos los periódicos** it was in all the papers

3 (resultar): **la muchacha no salió muy trabajadora** the girl turned out to be a very hard worker; **la comida te ha salido exquisita** the food was delicious; **sale muy caro** it's very expensive

4: **salir adelante: no sé como haré para salir adelante** I don't know how I'll get by

▶ **salirse** vr (líquido) to spill; (animal) to escape

saliva [sa'liβa] nf saliva

salmo ['salmo] nm psalm

salmón [sal'mon] nm salmon

salmonete [salmo'nete] nm red mullet

salón [sa'lon] nm (de casa) living-room, lounge; (muebles) lounge suite; ~ de belleza beauty parlour; ~ de baile dance hall; ~ de actos/sesiones assembly hall

salpicadera [salpika'ðera] nf (лм) mudguard (BRIT), fender (US)

salpicadero [salpika'ðero] nm (Auto) dashboard

salpicar [salpi'kar] /1g/ vt (rociar) to sprinkle, spatter; (esparcir) to scatter

salpicón [salpi'kon] nm (tb: ~ de marisco) seafood salad

salsa ['salsa] nf sauce; (con carne asada) gravy; (fig) spice

saltamontes [salta'montes] nm inv grasshopper

saltar [sal'tar] /1a/ vt to jump (over), leap (over); (dejar de lado) to skip, miss out ▷ vi to jump, leap; (pelota) to bounce; (al aire) to fly up; (quebrarse) to break; (al agua) to dive; (fig) to explode, blow up

salto ['salto] nm jump, leap; (al agua) dive; ~ de agua waterfall; ~ de altura high jump

salud [sa'luð] nf health; ¡(a su) ~! cheers!, good health!; **saludable** adj (de buena salud) healthy; (provechoso) good, beneficial

saludar [salu'ðar] /1a/ vt to greet; (Mil) to salute; **saludo** nm greeting; **saludos** (en carta) best wishes; regards

salvación [salβa'θjon] nf salvation; (rescate) rescue

salvado [sal'βaðo] nm bran

salvaje [sal'βaxe] adj wild; (tribu) savage

salvamanteles [salβaman'teles] nm inv table mat

salvamento [salβa'mento] nm rescue

salvapantallas [salβapan'taʎas] nm inv screensaver

salvar [sal'βar] /1a/ vt (rescatar) to save, rescue; (resolver) to overcome, resolve; (cubrir distancias) to cover, travel; (hacer excepción) to except, exclude; (un barco) to salvage

salvavidas [salβa'βiðas] adj inv: bote/chaleco/cinturón ~ lifeboat/lifejacket/lifebelt

salvo, -a ['salβo, a] adj safe ▷ prep except (for), save; **a ~** out of danger; ~ **que** unless

san [san] n saint; ~ **Juan** St. John

sanar [sa'nar] /1a/ vt (herida) to heal; (persona) to cure ▷ vi (persona) to get well, recover; (herida) to heal

sanatorio [sana'torjo] nm sanatorium

sanción [san'θjon] nf sanction

sancochado, -a [sanko'tʃaðo, a] adj (лм Culin) underdone, rare

sandalia [san'dalja] nf sandal

sandía [san'dia] nf watermelon

sándwich ['sandwitʃ] (pl **sándwichs** o **sandwiches**) nm sandwich

Sanfermines [sanfer'mines] nmpl festivities in celebration of San Fermín

● **SANFERMINES**
●
● The *Sanfermines* are a week of
● *fiestas* in Pamplona, the capital of
● Navarre, made famous by Ernest
● Hemingway. From the 7th of July,
● the feast of San Fermín, crowds
● of mainly young people take to
● the streets drinking, singing and
● dancing. Early in the morning bulls
● are released along the narrow
● streets leading to the bullring, and
● people risk serious injury by running
● out in front of them, a custom
● which is also typical of many
● Spanish villages.

sangrar [san'grar] /1a/ vt, vi to bleed; **sangre** nf blood

sangría [san'gria] nf sangria (*sweetened drink of red wine with fruit*)

sangriento, -a [san'grjento, a] adj bloody

sanguíneo, -a [san'gineo, a] adj blood cpd

sanidad [sani'ðað] nf: ~ **pública** public health (department)

San Isidro [san'sidro] nm patron saint of Madrid

◆ **SAN ISIDRO**
●
● *San Isidro* is the patron saint of
● Madrid, and gives his name to
● the week-long festivities which
● take place around the 15th May.
● Originally an 18th-century trade
● fair, the *San Isidro* celebrations
● now include music, dance, a
● famous *romería*, theatre and
● bullfighting.

sanitario, -a [sani'tarjo, a] adj health cpd; **sanitarios** nmpl toilets (BRIT), restroom sg (US)

sano, -a ['sano, a] adj healthy; (*sin daños*) sound; (*comida*) wholesome; (*entero*) whole, intact; ~ **y salvo** safe and sound

▌ No confundir *sano* con la palabra inglesa *sane*.

Santiago [san'tjaɣo] nm: ~ **(de Chile)** Santiago

santiamén [santja'men] nm: **en un ~** in no time at all

santidad [santi'ðað] nf holiness, sanctity

santiguarse [santi'ɣwarse] /1i/ vr to make the sign of the cross

santo, -a ['santo, a] adj holy; (*fig*) wonderful, miraculous ▷ nm/f saint ▷ nm saint's day; ~ **y seña** password

santuario [san'twarjo] nm sanctuary, shrine

sapo ['sapo] nm toad

saque ['sake] nm (*Tenis*) service, serve; (*Fútbol*) throw-in; ~ **de esquina** corner (kick)

saquear [sake'ar] /1a/ vt (*Mil*) to sack; (*robar*) to loot, plunder; (*fig*) to ransack

sarampión [saram'pjon] nm measles sg

sarcástico, -a [sar'kastiko, a] adj sarcastic

sardina [sar'ðina] nf sardine

sargento [sar'xento] nm sergeant

sarmiento [sar'mjento] nm vine shoot

sarna ['sarna] nf itch; (*Med*) scabies

sarpullido [sarpu'ʎiðo] nm (*Med*) rash

sarro ['sarro] nm (*en dientes*) tartar, plaque

sartén [sar'ten] nf frying pan

sastre ['sastre] nm tailor; **sastrería** (*arte*) tailoring; (*tienda*) tailor's (shop)

Satanás [sata'nas] nm Satan

satélite [sa'telite] nm satellite

sátira ['satira] nf satire

satisfacción [satisfak'θjon] nf satisfaction

satisfacer [satisfa'θer] /2r/ vt to satisfy; (*gastos*) to meet; (*pérdida*) to make good; **satisfacerse** vr to satisfy o.s., be satisfied; (*vengarse*) to take revenge; **satisfecho, -a** adj satisfied; (*contento*) content(ed), happy; (*tb*: **satisfecho de sí mismo**) self-satisfied, smug

saturar [satu'rar] /1a/ vt to saturate; **saturarse** vr (*mercado, aeropuerto*) to reach saturation point

sauce ['sauθe] nm willow; ~ **llorón** weeping willow

sauna ['sauna] nf sauna

savia ['saβja] nf sap

saxofón [sakso'fon] nm saxophone

sazonar [saθo'nar] /1a/ vt to ripen; (*Culin*) to flavour, season

scooter [e'skuter] nf (ESP) scooter

Scotch® [skotʃ] nm (LAM) Sellotape® (BRIT), Scotch tape® (US)

SE abr (= *sudeste*) SE

PALABRA CLAVE

se [se] *pron* **1** (*reflexivo: sg: m*) himself; (: *f*) herself; (: *pl*) themselves; (: *cosa*) itself; (: *de Vd*) yourself; (: *de Vds*) yourselves; **se está preparando** she's getting (herself) ready
2 (*como complemento indirecto*) to him; to her; to them; to it; to you; **se lo dije ayer** (*a Vd*) I told you yesterday; **se compró un sombrero** he bought himself a hat; **se rompió la pierna** he broke his leg
3 (*uso recíproco*) each other, one another; **se miraron (el uno al otro)** they looked at each other o one another
4 (*en oraciones pasivas*): **se han vendido muchos libros** a lot of books have been sold
5 (*impers*): **se dice que** people say that, it is said that; **allí se come muy bien** the food there is very good, you can eat very well there

sé [se] *vb V* **saber**; **ser**
sea *etc* [ˈsea] *vb V* **ser**
sebo [ˈseβo] *nm* fat, grease
secador [sekaˈðor] *nm*: **~ para el pelo** hairdryer
secadora [sekaˈðora] *nf* tumble dryer
secar [seˈkar] /1g/ *vt* to dry; **secarse** *vr* to dry (off); (*río, planta*) to dry up
sección [sekˈθjon] *nf* section
seco, -a [ˈseko, a] *adj* dry; (*carácter*) cold; (*respuesta*) sharp, curt; **decir algo a secas** to say sth curtly; **parar en ~** to stop dead
secretaría [sekretaˈria] *nf* secretariat
secretario, -a [sekreˈtarjo, a] *nm/f* secretary
secreto, -a [seˈkreto, a] *adj* secret; (*persona*) secretive ▷ *nm* secret; (*calidad*) secrecy
secta [ˈsekta] *nf* sect
sector [sekˈtor] *nm* sector (*tb Inform*)
secuela [seˈkwela] *nf* consequence

secuencia [seˈkwenθja] *nf* sequence
secuestrar [sekwesˈtrar] /1a/ *vt* to kidnap; (*bienes*) to seize, confiscate
secuestro *nm* kidnapping; seizure, confiscation
secundario, -a [sekunˈdarjo, a] *adj* secondary
sed [seð] *nf* thirst; **tener ~** to be thirsty
seda [ˈseða] *nf* silk
sedal [seˈðal] *nm* fishing line
sedán [seˈðan] *nm* (*LAM*) saloon (*BRIT*), sedan (*US*)
sedante [seˈðante] *nm* sedative
sede [ˈseðe] *nf* (*de gobierno*) seat; (*de compañía*) headquarters *pl*; **Santa S~** Holy See
sedentario, -a [seðenˈtarjo, a] *adj* sedentary
sediento, -a [seˈðjento, a] *adj* thirsty
sedimento [seðiˈmento] *nm* sediment
seducción [seðukˈθjon] *nf* seduction
seducir [seðuˈθir] /3n/ *vt* to seduce; (*cautivar*) to charm, fascinate; (*atraer*) to attract; **seductor, a** *adj* seductive; charming, fascinating; attractive ▷ *nm/f* seducer
segar [seˈɣar] /1h, 1j/ *vt* to reap, cut; (*hierba*) to mow, cut
seglar [seˈɣlar] *adj* secular, lay
seguido, -a [seˈɣiðo, a] *adj* (*continuo*) continuous, unbroken; (*recto*) straight ▷ *adv* (*directo*) straight (on); (*después*) after; (*LAM: a menudo*) often ▷ *nf*: **en seguida** o once, right away; **cinco días ~s** five days running, five days in a row
seguidor, a [seɣiˈðor, a] *nm/f* follower
seguir [seˈɣir] /3d, 3k/ *vt* to follow; (*venir después*) to follow on, come after; (*proseguir*) to continue; (*perseguir*) to chase, pursue ▷ *vi* (*gen*) to follow; (*continuar*) to continue, carry o go on; **seguirse** *vr* to follow; **sigo sin comprender** I still don't understand; **sigue lloviendo** it's still raining

según [se'ɣun] prep according to
▷ adv: ~ **(y conforme)** it all depends
▷ conj as

segundo, -a [se'ɣundo, a] adj
second ▷ nm second ▷ nf second
meaning; **segunda (clase)** second
class; **segunda (marcha)** (Auto)
second (gear); **de segunda mano**
second hand

seguramente [seɣura'mente] adv
surely; (con certeza) for sure, with
certainty

seguridad [seɣuri'ðað] nf safety;
(del estado, de casa etc) security;
(certidumbre) certainty; (confianza)
confidence; (estabilidad) stability; ~
social social security

seguro, -a [se'ɣuro, a] adj (cierto)
sure, certain; (fiel) trustworthy;
(libre de peligro) safe; (bien defendido,
firme) secure ▷ adv for sure, certainly
▷ nm (Com) insurance; ~ **contra
terceros/a todo riesgo** third
party/comprehensive insurance; ~**s
sociales** social security sg

seis [seis] num six

seísmo [se'ismo] nm tremor,
earthquake

selección [selek'θjon] nf selection;
seleccionar /1a/ vt to pick, choose,
select

selectividad [selektiβi'ðað] nf (Univ)
entrance examination

selecto, -a [se'lekto, a] adj select,
choice; (escogido) selected

sellar [se'ʎar] /1a/ vt (documento
oficial) to seal; (pasaporte, visado)
to stamp

sello ['seʎo] nm stamp; (precinto) seal

selva ['selβa] nf (bosque) forest, woods
pl; (jungla) jungle

semáforo [se'maforo] nm (Auto)
traffic lights pl; (Ferro) signal

semana [se'mana] nf week; **S~
Santa** Holy Week; **entre ~** during
the week; see note **"Semana Santa";
semanal** adj weekly; **semanario** nm
weekly (magazine)

▪ **SEMANA SANTA**

▪ Semana Santa is a holiday in Spain.
▪ All regions take **Viernes Santo**, Good
▪ Friday, **Sábado Santo**, Holy Saturday,
▪ and **Domingo de Resurrección**, Easter
▪ Sunday. Other holidays at this time
▪ vary according to each region.
▪ There are spectacular *procesiones* all
▪ over the country, with members of
▪ *cofradías* (brotherhoods) dressing
▪ in hooded robes and parading their
▪ *pasos* (religious floats or sculptures)
▪ through the streets. Seville has the
▪ most renowned celebrations, on
▪ account of the religious fervour
▪ shown by the locals.

sembrar [sem'brar] /1j/ vt to sow;
(objetos) to sprinkle, scatter about;
(noticias etc) to spread

semejante [seme'xante] adj
(parecido) similar; ~**s** alike, similar
▷ nm fellow man, fellow creature;
nunca hizo cosa ~ he never did such
a thing; **semejanza** nf similarity,
resemblance

semejar [seme'xar] /1a/ vi to seem
like, resemble; **semejarse** vr to look
alike, be similar

semen ['semen] nm semen

semestral [semes'tral] adj half-
yearly, bi-annual

semicírculo [semi'θirkulo] nm
semicircle

semidesnatado, -a
[semiðesna'taðo, a] adj semi-
skimmed

semifinal [semifi'nal] nf semifinal

semilla [se'miʎa] nf seed

seminario [semi'narjo] nm (Rel)
seminary; (Escol) seminar

sémola ['semola] nf semolina

senado [se'naðo] nm senate;
senador, a nm/f senator

sencillez [senθi'λeθ] nf simplicity; (de
persona) naturalness; **sencillo, -a** adj
simple; (carácter) natural, unaffected

senda ['senda] nm path, track
senderismo [sende'rismo] nm hiking
sendero [sen'dero] nm path, track
sendos, -as ['sendos, as] adj pl: **les dio ~ golpes** he hit both of them
senil [se'nil] adj senile
seno ['seno] nm (Anat) bosom, bust; (fig) bosom; **senos** nmpl breasts
sensación [sensa'θjon] nf sensation; (sentido) sense; (sentimiento) feeling; **sensacional** adj sensational
sensato, -a [sen'sato, a] adj sensible
sensible [sen'sible] adj sensitive; (apreciable) perceptible, appreciable; (pérdida) considerable; **sensiblero, -a** adj sentimental

  No confundir sensible con la palabra inglesa sensible.

sensitivo, -a [sensi'tiβo, a] adj sense cpd
sensorial [senso'rjal] adj sensory
sensual [sen'swal] adj sensual
sentado, -a [sen'tado, a] adj (establecido) settled ▷ nf sitting; (Pol) sit-in; **dar por ~** to take for granted, assume; **estar ~** to be sitting (down)
sentar [sen'tar] /1j/ vt to sit, seat; (fig) to establish ▷ vi (vestido) to suit; (alimento): **bien/mal a** to agree/disagree with; **sentarse** vr (persona) to sit, sit down; (los depósitos) to settle
sentencia [sen'tenθja] nf (máxima) maxim, saying; (Jur) sentence; **sentenciar** /1b/ vt to sentence
sentido, -a [sen'tiðo, a] adj (pérdida) regrettable; (carácter) sensitive ▷ nm sense; (sentimiento) feeling; (significado) sense, meaning; (dirección) direction; **mi más ~ pésame** my deepest sympathy; **~ del humor** sense of humour; **~ común** common sense; **tener ~** to make sense; **~ único** one-way (street)
sentimental [sentimen'tal] adj sentimental; **vida ~** love life

sentimiento [senti'mjento] nm feeling
sentir [sen'tir] /3i/ vt to feel; (percibir) to perceive, sense; (lamentar) to regret, be sorry for ▷ vi to feel; (lamentarse) to feel sorry ▷ nm opinion, judgement; **sentirse** vr: **lo siento** I'm sorry; **~se mejor/mal** to feel better/ill
seña ['sena] nf sign; (Mil) password; **señas** nfpl address sg; **~s personales** personal description sg
señal [se'nal] nf sign; (síntoma) symptom; (Ferro, Telec) signal; (marca) mark; (Com) deposit; **en ~ de** as a token of, as a sign of; **señalar** /1a/ vt to mark; (indicar) to point out, indicate
señor, a [se'nor, a] nm (hombre) man; (caballero) gentleman; (dueño) owner, master; (trato: antes de nombre propio) Mr; (: hablando directamente) sir ▷ nf (dama) lady; (trato: antes de nombre propio) Mrs; (: hablando directamente) madam; (esposa) wife; **Muy ~ mío** Dear Sir; **Nuestra S~a** Our Lady
señorita [seno'rita] nf Miss; (mujer joven) young lady
señorito [seno'rito] nm young gentleman; (pey) toff
sepa etc ['sepa] vb V **saber**
separación [separa'θjon] nf separation; (división) division; (distancia) gap
separar [sepa'rar] /1a/ vt to separate; (dividir) to divide; **separarse** vr (parte) to come away; (partes) to come apart; (persona) to leave, go away; (matrimonio) to separate; **separatismo** nm separatism
sepia ['sepja] nf cuttlefish
septentrional [septentrjo'nal] adj northern
septiembre [sep'tjembre] nm September
séptimo, -a ['septimo, a] adj, nm seventh
sepulcral [sepul'kral] adj (fig) gloomy, dismal; (silencio, atmósfera) deadly; **sepulcro** nm tomb, grave

sepultar [sepul'tar] /1a/ vt to bury;
sepultura nf (acto) burial; (tumba) grave, tomb

sequía [se'kia] nf drought

séquito ['sekito] nm (de rey etc) retinue; (Pol) followers pl

○ **PALABRA CLAVE**

ser [ser] /2v/ vi 1 (descripción, identidad) to be; **es médica/muy alta** she's a doctor/very tall; **su familia es de Cuzco** his family is from Cuzco; **soy Ana** I'm Ana; (por teléfono) it's Ana

2 (propiedad): **es de Joaquín** it's Joaquín's, it belongs to Joaquín

3 (horas, fechas, números): **es la una** it's one o'clock; **son las seis y media** it's half-past six; **es el 1 de junio** it's the first of June; **somos/son seis** there are six of us/them

4 (suceso): **¿qué ha sido eso?** what was that?; **la fiesta es en mi casa** the party's at my house

5 (en oraciones pasivas): **ha sido descubierto ya** it's already been discovered

6: **es de esperar que ...** it is to be hoped o I etc hope that ...

7 (locuciones con subjun): **o sea** that is to say; **sea él sea su hermana** either him or his sister

8: **a o de no ser él ...** but for him ...

9: **a no ser que: a no ser que tenga uno ya** unless he's got one already

▶ nm being; **ser humano** human being

sereno, -a [se'reno, a] adj (persona) calm, unruffled; (tiempo) fine, settled; (ambiente) calm, peaceful ▷ nm night watchman

serial [se'rjal] nm serial

serie ['serje] nf series; (cadena) sequence, succession; **fuera de ~** out of order; (fig) special, out of the ordinary; **fabricación en ~** mass production

seriedad [serje'ðað] nf seriousness; (formalidad) reliability

serigrafía [seriɣra'fia] nf silk screen printing

serio, -a ['serjo, a] adj serious; reliable, dependable; grave; solemn; **en ~** seriously

sermón [ser'mon] nm (Rel) sermon

seropositivo, -a [seroposi'tiβo, a] adj HIV-positive

serpentear [serpente'ar] /1a/ vi to wriggle; (camino, río) to wind, snake

serpentina [serpen'tina] nf streamer

serpiente [ser'pjente] nf snake; **~ de cascabel** rattlesnake

serranía [serra'nia] nf mountainous area

serrar [se'rrar] /1j/ vt to saw

serrín [se'rrin] nm sawdust

serrucho [se'rrutʃo] nm handsaw

service ['serβis] nm (LAM Auto) service; (LAM Auto): **servicios** nmpl service charge included; **~ militar** military service

servicio [ser'βiθjo] nm service; (LAM Auto) service; **~ incluido** service charge included; **~ militar** military service

servidumbre [serβi'ðumbre] nf (sujeción) servitude; (criados) servants pl, staff

servil [ser'βil] adj servile

servilleta [serβi'ʎeta] nf serviette, napkin

servir [ser'βir] /3k/ vt to serve ▷ vi to serve; (tener utilidad) to be of use, be useful; **servirse** vr to serve o help o.s.; **~se de algo** to make use of sth, use sth; **sírvase** please come in

sesenta [se'senta] num sixty

sesión [se'sjon] nf (Pol) session, sitting; (Cine) showing

seso ['seso] nm brain; **sesudo, -a** adj sensible, wise

seta ['seta] nf mushroom; **~ venenosa** toadstool

setecientos, -as [sete'θjentos, as] num seven hundred

setenta [se'tenta] num seventy

severo, -a [se'βero, a] adj severe

Sevilla [se'βiʎa] *nf* Seville; **sevillano, -a** *adj* of o from Seville ▷ *nm/f* native o inhabitant of Seville

sexo ['sekso] *nm* sex

sexto, -a ['seksto, a] *num* sixth

sexual [sek'swal] *adj* sexual; **vida ~** sex life

si [si] *conj* if; whether ▷ *nm* (Mus) B; **me pregunto si ...** I wonder if o whether ...

sí [si] *adv* yes ▷ *nm* consent ▷ *pron* (uso impersonal) oneself; (sg: m) himself; (: f) herself; (: de cosa) itself; (: de usted) yourself; (pl) themselves; (: de ustedes) yourselves; (: recíproco) each other; **él no quiere pero yo sí** he doesn't want to but I do; **ella sí vendrá** she will certainly come, she is sure to come; **claro que sí** of course; **creo que sí** I think so

siamés, -esa [sja'mes, esa] *adj, nm/f* Siamese

SIDA ['siða] *nm abr* (= síndrome de inmunodeficiencia adquirida) AIDS

siderúrgico, -a [siðe'rurxiko, a] *adj* iron and steel *cpd*

sidra ['siðra] *nf* cider

siembra ['sjembra] *nf* sowing

siempre ['sjempre] *adv* always; (todo el tiempo) all the time ▷ *conj*: **~ que ...** (+ indic) whenever ...; (+ subjun) provided that ...; **como ~** as usual; **para ~** forever

sien [sjen] *nf* temple

siento *etc* ['sjento] *vb* V **sentar**; **sentir**

sierra ['sjerra] *nf* (Tec) saw; (Geo) mountain range

siervo, -a ['sjerβo, a] *nm/f* slave

siesta ['sjesta] *nf* siesta, nap; **dormir la** o **echarse una** o **tomar una ~** to have an afternoon nap o a doze

siete ['sjete] *num* seven

sifón [si'fon] *nm* syphon

sigla ['siɣla] *nf* abbreviation

siglo ['siɣlo] *nm* century; (fig) age

significado [siɣnifi'kaðo] *nm* (de palabra etc) meaning

significar [siɣnifi'kar] /1g/ *vt* to mean, signify; (notificar) to make known, express

significativo, -a [siɣnifika'tiβo, a] *adj* significant

signo ['siɣno] *nm* sign; **~ de admiración** o **exclamación** exclamation mark; **~ de interrogación** question mark

sigo *etc* *vb* V **seguir**

siguiente [si'ɣjente] *adj* following; (próximo) next

siguió *etc* *vb* V **seguir**

sílaba ['silaβa] *nf* syllable

silbar [sil'βar] /1a/ *vt, vi* to whistle; **silbato** *nm* whistle; **silbido** *nm* whistle, whistling

silenciador [silenθja'ðor] *nm* silencer

silenciar [silen'θjar] /1b/ *vt* (persona) to silence; (escándalo) to hush up; **silencio** *nm* silence, quiet; **silencioso, -a** *adj* silent, quiet

silla ['siʎa] *nf* (asiento) chair; (tb: **~ de montar**) saddle; **~ de ruedas** wheelchair

sillón [si'ʎon] *nm* armchair, easy chair

silueta [si'lweta] *nf* silhouette; (de edificio) outline; (figura) figure

silvestre [sil'βestre] *adj* wild

simbólico, -a [sim'boliko, a] *adj* symbolic(al)

simbolizar [simboli'θar] /1f/ *vt* to symbolize

símbolo ['simbolo] *nm* symbol

similar [simi'lar] *adj* similar

simio ['simjo] *nm* ape

simpatía [simpa'tia] *nf* liking; (afecto) affection; (amabilidad) kindness; **simpático, -a** *adj* nice, pleasant; (bondadoso) kind

> No confundir *simpático* con la palabra inglesa *sympathetic*.

simpatizante [simpati'θante] *nmf* sympathizer

simpatizar [simpati'θar] /1f/ *vi*: **~ con** to get on well with

simple ['simple] adj simple; (elemental) simple, easy; (mero) mere; (puro) pure, sheer ▷ nmf simpleton; **simpleza** nf simpleness; (necedad) silly thing; **simplificar** /1g/ vt to simplify

simposio [sim'posjo] nm symposium

simular [simu'lar] /1a/ vt to simulate

simultáneo, -a [simul'taneo, a] adj simultaneous

sin [sin] prep without ▷ conj: **~ que** (+ subjun) without; **la ropa está ~ lavar** the clothes are unwashed; **~ embargo** however

sinagoga [sina'ɣoɣa] nf synagogue

sinceridad [sinθeri'ðað] nf sincerity; **sincero, -a** adj sincere

sincronizar [sinkroni'θar] /1f/ vt to synchronize

sindical [sindi'kal] adj union cpd, trade-union cpd; **sindicalista** adj ▷ nmf trade unionist

sindicato [sindi'kato] nm (de trabajadores) trade(s) o labor (us) union; (de negociantes) syndicate

síndrome ['sindrome] nm syndrome; **~ de abstinencia** withdrawal symptoms; **~ de la clase turista** economy-class syndrome

sinfín [sin'fin] nm: **un ~ de** a great many, no end of

sinfonía [sinfo'nia] nf symphony

singular [singu'lar] adj singular; (fig) outstanding, exceptional; (pey) peculiar, odd

siniestro, -a [si'njestro, a] adj sinister ▷ nm (accidente) accident

sinnúmero [sin'numero] nm = **sinfín**

sino ['sino] nm fate, destiny ▷ conj (pero) but; (salvo) except, save

sinónimo, -a [si'nonimo, a] adj synonymous ▷ nm synonym

síntesis ['sintesis] nf inv synthesis; **sintético, -a** adj synthetic

sintió vb V **sentir**

síntoma [sin'toma] nm symptom

sintonía [sinto'nia] nf (Radio) tuning; **sintonizar** /1f/ vt (Radio) to tune (in) to

sinvergüenza [simber'ɣwenθa] nmf rogue, scoundrel; **¡es un ~!** he's got a nerve!

siquiera [si'kjera] conj even if, even though ▷ adv at least; **ni ~** not even

Siria ['sirja] nf Syria

sirviente, -a [sir'βjente, a] nm/f servant

sirvo etc vb V **servir**

sistema [sis'tema] nm system; (método) method; **sistemático, -a** adj systematic

■ SISTEMA EDUCATIVO

● The reform of the Spanish sistema
● educativo (education system) begun
● in the early 90s has replaced the
● courses EGB, BUP and COU with the
● following: Primaria a compulsory
● 6 years; Secundaria a compulsory 4
● years; Bachillerato an optional 2 year
● secondary school course, essential
● for those wishing to go on to higher
● education.

sitiar [si'tjar] /1b/ vt to besiege, lay siege to

sitio ['sitjo] nm (lugar) place; (espacio) room, space; (Mil) siege; **~ de taxis** (LAM: parada) taxi stand o rank (BRIT); **~ web** website

situación [sitwa'θjon] nf situation, position; (estatus) position, standing

situado, -a [si'twaðo, a] adj situated, placed

situar [si'twar] /1e/ vt to place, put; (edificio) to locate, situate

slip [es'lip] nm pants pl, briefs pl

smartphone [(e)'smarfon] nm smartphone

smoking [(e)'smokin] (pl **smokings**) nm dinner jacket (BRIT), tuxedo (us)
■ No confundir smoking con la
palabra inglesa smoking.

SMS nm (mensaje) text (message), SMS (message)

snob [es'nob] = **esnob**

SO abr (= suroeste) SW

sobaco [so'βako] nm armpit

sobar [so'βar] /1a/ vt (ropa) to rumple; (comida) to play around with

soberanía [soβera'nia] nf sovereignty; **soberano, -a** adj sovereign; (fig) supreme ▷ nm/f sovereign

soberbio, -a [so'βerβjo, a] adj (orgulloso) proud; (altivo) arrogant; (fig) magnificent, superb ▷ nf pride; haughtiness, arrogance; magnificence

sobornar [soβor'nar] /1a/ vt to bribe; **soborno** nm bribe

sobra ['soβra] nf excess, surplus; **sobras** nfpl left-overs, scraps; **de ~** surplus, extra; **tengo de ~** I've more than enough; **sobrado, -a** adj (más que suficiente) more than enough; (superfluo) excessive; **sobrante** adj remaining, extra ▷ nm surplus, remainder; **sobrar** /1a/ vt to exceed, surpass ▷ vi (tener de más) to be more than enough; (quedar) to remain, be left (over)

sobrasada [soβra'saða] nf ≈ sausage spread

sobre ['soβre] prep (gen) on; (encima) on (top of); (por encima de, arriba de) over, above; (más que) more than; (además) in addition to, besides; (alrededor de) about ▷ nm envelope; **~ todo** above all

sobrecama [soβre'kama] nf bedspread

sobrecargar [soβrekar'γar] /1h/ vt (camión) to overload; (Com) to surcharge

sobredosis [soβre'ðosis] nf inv overdose

sobreentender [soβreenten'der] /2g/ vt to deduce, infer; **sobreentenderse** vr: **se sobreentiende que …** it is implied that …

sobrehumano, -a [soβreu'mano, a] adj superhuman

sobrellevar [soβreʎe'βar] /1a/ vt to bear, endure

sobremesa [soβre'mesa] nf: **durante la ~** after dinner

sobrenatural [soβrenatu'ral] adj supernatural

sobrenombre [soβre'nombre] nm nickname

sobrepasar [soβrepa'sar] /1a/ vt to exceed, surpass

sobreponer [soβrepo'ner] /2q/ vt (poner encima) to put on top; (añadir) to add; **sobreponerse** vr: **~se a** to overcome

sobresaliente [soβresa'ljente] adj outstanding, excellent

sobresalir [soβresa'lir] /3q/ vi to project, jut out; (fig) to stand out, excel

sobresaltar [soβresal'tar] /1a/ vt (asustar) to scare, frighten; (sobrecoger) to startle; **sobresalto** nm (movimiento) start; (susto) scare; (turbación) sudden shock

sobretodo [soβre'toðo] nm overcoat

sobrevenir [soβreβe'nir] /3r/ vi (ocurrir) to happen (unexpectedly); (resultar) to follow, ensue

sobrevivir [soβreβi'βir] /3a/ vi to survive

sobrevolar [soβreβo'lar] /1l/ vt to fly over

sobriedad [soβrje'ðað] nf sobriety, soberness; (moderación) moderation, restraint

sobrino, -a [so'βrino, a] nm/f nephew/niece

sobrio, -a ['soβrjo, a] adj sober; (moderado) moderate, restrained

socarrón, -ona [soka'rron, ona] adj (sarcástico) sarcastic, ironic(al)

socavón [soka'βon] nm (en la calle) hole

sociable [so'θjaβle] adj (persona) sociable, friendly; (animal) social

social [so'θjal] adj social; (Com) company cpd

socialdemócrata [soθjalde'mokrata] nmf social democrat

socialista [soθja'lista] adj, nmf socialist

socializar [soθjali'θar] /1f/ vt to socialize

sociedad [soθje'ðað] nf society; (Com) company; **~ anónima (S.A.)** limited company (Ltd) (BRIT), incorporated company (Inc) (US); **~ de consumo** consumer society

socio, -a ['soθjo, a] nm/f (miembro) member; (Com) partner

sociología [soθjolo'xia] nf sociology; **sociólogo, -a** nm/f sociologist

socorrer [soko'rrer] /2a/ vt to help; **socorrista** nmf first aider; (en piscina, playa) lifeguard; **socorro** nm (ayuda) help, aid; (Mil) relief; **¡socorro!** help!

soda ['soða] nf (sosa) soda; (bebida) soda (water)

sofá [so'fa] nm sofa, settee; **sofá-cama** nm studio couch, sofa bed

sofocar [sofo'kar] /1g/ vt to suffocate, smother, (apagar) to smother, put out; **sofocarse** vr to suffocate; (fig) to blush, feel embarrassed; **sofoco** nm suffocation; (azoro) embarrassment

sofreír [sofre'ir] /3l/ vt to fry lightly

soft ['sof], **software** ['sofwer] nm (Inform) software

soga ['soɣa] nf rope

sois [sois] vb ∇ **ser**

soja ['soxa] nf soya

sol [sol] nm sun; (luz) sunshine, sunlight; (Mus) G; **hace ~** it is sunny

solamente [sola'mente] adv only, just

solapa [so'lapa] nf (de chaqueta) lapel; (de libro) jacket

solapado, -a [sola'paðo, a] adj (intenciones) underhand; (gestos, movimiento) sly

solar [so'lar] adj solar, sun cpd ▷ nm (terreno) plot of ground

soldado [sol'daðo] nm soldier; **~ raso** private

soldador [solda'ðor] nm soldering iron; (persona) welder

soldar [sol'dar] /1l/ vt to solder, weld

soleado, -a [sole'aðo, a] adj sunny

soledad [sole'ðað] nf solitude; (estado infeliz) loneliness

solemne [so'lemne] adj solemn

soler [so'ler] vi to be in the habit of, be accustomed to; **suele salir a las ocho** she usually goes out at 8 o'clock

solfeo [sol'feo] nm sol-fa, singing of scales

solicitar [soliθi'tar] /1a/ vt (permiso) to ask for, seek; (puesto) to apply for; (votos) to canvass for; (atención) to attract

solícito, -a [so'liθito, a] adj (diligente) diligent; (cuidadoso) careful; **solicitud** nf (calidad) great care; (petición) request; (a un puesto) application

solidaridad [soliðari'ðað] nf solidarity; **solidario, -a** adj (participación) joint, common; (compromiso) mutually binding

sólido, -a ['soliðo, a] adj solid

soliloquio [soli'lokjo] nm soliloquy

solista [so'lista] nmf soloist

solitario, -a [soli'tarjo, a] adj (persona) lonely, solitary; (lugar) lonely, desolate ▷ nm/f (recluso) recluse; (en la sociedad) loner ▷ nm solitaire

sollozar [soλo'θar] /1f/ vi to sob; **sollozo** nm sob

solo¹, -a ['solo, a] adj (único) single, sole; (sin compañía) alone; (solitario) lonely; **hay una sola dificultad** there is just one difficulty; **a solas** alone, by o.s.

solo², sólo ['solo] adv only, just

solomillo [solo'miλo] nm sirloin

soltar [sol'tar] /1l/ vt (dejar ir) to let go of; (desprender) to unfasten, loosen; (librar) to release, set free; (risa etc) to let out

soltero, -a [sol'tero, a] adj single, unmarried ▷ nm bachelor ▷ nf single woman; **solterón** nm confirmed bachelor

solterona [solte'rona] nf spinster

soltura [sol'tura] nf looseness, slackness; (de los miembros) agility, ease of movement; (en el hablar) fluency, ease

soluble [so'luβle] adj (Química) soluble; (problema) solvable; **~ en agua** soluble in water

solución [solu'θjon] nf solution; **solucionar** /1a/ vt (problema) to solve; (asunto) to settle, resolve

solventar [solβen'tar] /1a/ vt (pagar) to settle, pay; (resolver) to resolve; **solvente** nm solvent

sombra ['sombra] nf shadow; (como protección) shade; **sombras** nfpl darkness sg, shadows; **tener buena/mala ~** to be lucky/unlucky

sombrero [som'brero] nm hat

sombrilla [som'briʎa] nf parasol, sunshade

sombrío, -a [som'brio, a] adj (oscuro) dark; (fig) sombre, sad; (persona) gloomy

someter [some'ter] /2a/ vt (país) to conquer; (persona) to subject to one's will; (informe) to present, submit; **someterse** vr to give in, yield, submit; **~ a** to subject to

somier [so'mjer] (pl **somiers**) nm spring mattress

somnífero [som'nifero] nm sleeping pill or tablet

somos ['somos] vb V **ser**

son [son] vb V **ser** ▷ nm sound

sonaja [so'naxa] nf (LAm) = **sonajero**

sonajero [sona'xero] nm (baby's) rattle

sonambulismo [sonambu'lismo] nm sleepwalking; **sonámbulo, -a** nm/f sleepwalker

sonar [so'nar] /1l/ vt to ring ▷ vi to sound; (hacer ruido) to make a noise; (Ling) to be sounded, be pronounced; (ser conocido) to sound familiar; (campana) to ring; (reloj) to strike, chime; **sonarse** vr: **~se (la nariz)** to blow one's nose; **me suena ese nombre** that name rings a bell

sonda ['sonda] nf (Naut) sounding; (Tec) bore, drill; (Med) probe

sondear [sonde'ar] /1a/ vt to sound; to bore (into), drill; to probe, sound; (fig) to sound out; **sondeo** nm sounding; boring, drilling; (encuesta) poll, enquiry

sonido [so'niðo] nm sound

sonoro, -a [so'noro, a] adj sonorous; (resonante) loud, resonant

sonreír [sonre'ir] /3l/ vi to smile; **sonriente** adj smiling; **sonrisa** nf smile

sonrojar [sonro'xar] /1a/ vt: **~ a algn** to make sb blush; **sonrojarse** vr: **~se (de)** to blush (at)

sonrojo [son'roxo] nm blush

soñador, a [sopa'ðor, a] nm/f dreamer

soñar [so'par] /1l/ vt, vi to dream; **~ con** to dream about o of

soñoliento, -a [sopo'ljento, a] adj sleepy, drowsy

sopa ['sopa] nf soup

soplar [so'plar] /1a/ vt (polvo) to blow away, blow off; (inflar) to blow up; (vela) to blow out ▷ vi to blow; **soplo** nm blow, puff; (de viento) puff, gust

soplón, -ona [so'plon, ona] nm/f (fam: chismoso) telltale; (: de policía) informer, grass

soporífero, -a [sopo'rifero, a] adj sleep-inducing ▷ nm sleeping pill

soportable [sopor'taβle] adj bearable

soportar [sopor'tar] /1a/ vt to bear, carry; (fig) to bear, put up with; **soporte** nm support; (fig) pillar, support

> No confundir *soportar* con la palabra inglesa *support*.

soprano [so'prano] nf soprano

sorber [sor'βer] /2a/ vt (chupar) to sip; (inhalar) to sniff, inhale; (absorber) to soak up, absorb

sorbete [sor'βete] nm iced fruit drink

sorbo ['sorβo] nm (trago) gulp, swallow; (chupada) sip

sordera [sor'ðera] nf deafness

sórdido, -a [ˈsorðiðo, a] *adj* dirty, squalid

sordo, -a [ˈsorðo, a] *adj (persona)* deaf ▷ *nm/f* deaf person; **sordomudo, -a** *adj* speech-and-hearing impaired

sorna [ˈsorna] *nf* sarcastic tone

soroche [soˈrotʃe] *nm (LAM)* mountain sickness

sorprendente [sorprenˈdente] *adj* surprising

sorprender [sorprenˈder] /2a/ *vt* to surprise; **sorpresa** *nf* surprise

sortear [sorteˈar] /1a/ *vt (rifar)* to draw lots for; *(rifar)* to raffle; *(dificultad)* to dodge, avoid; **sorteo** *nm (en lotería)* draw; *(rifa)* raffle

sortija [sorˈtixa] *nf* ring; *(rizo)* ringlet, curl

sosegado, -a [soseˈɣaðo, a] *adj* quiet, calm

sosiego [soˈsjeɣo] *nm* quiet(ness), calm(ness)

soso, -a [ˈsoso, a] *adj (Culin)* tasteless; *(fig)* dull, uninteresting

sospecha [sosˈpetʃa] *nf* suspicion; **sospechar** /1a/ *vt* to suspect; **sospechoso, -a** *adj* suspicious; *(testimonio, opinión)* suspect ▷ *nm/f* suspect

sostén [sosˈten] *nm (apoyo)* support; *(sujetador)* bra; *(alimentación)* sustenance, food

sostener [sosteˈner] /2k/ *vt* to support; *(mantener)* to keep up, maintain; *(alimentar)* to sustain, keep going; **sostenerse** *vr* to support o.s.; *(seguir)* to continue, remain; **sostenido, -a** *adj* continuous, sustained; *(prolongado)* prolonged

sotana [soˈtana] *nf (Rel)* cassock

sótano [ˈsotano] *nm* basement

soy [soi] *vb* **V ser**

soya [ˈsoja] *nf (LAM)* soya (bean)

Sr. *abr (= Señor)* Mr

Sra. *abr (= Señora)* Mrs

Sras. *abr (= Señoras)* Mrs

Sres. *abr (= Señores)* Messrs

Srta. *abr* = **señorita**

Sta. *abr (= Santa)* St

Sto. *abr (= Santo)* St

su [su] *pron (de él)* his; *(de ella)* her; *(de una cosa)* its; *(de ellos, ellas)* their; *(de usted, ustedes)* your

suave [ˈswaβe] *adj* gentle; *(superficie)* smooth; *(trabajo)* easy; *(música, voz)* soft, sweet; **suavidad** *nf* gentleness; *(de superficie)* smoothness; *(de música)* softness, sweetness; **suavizante** *nm (de ropa)* softener; *(del pelo)* conditioner; **suavizar** /1f/ *vt* to soften; *(quitar la aspereza)* to smooth (out)

subasta [suˈβasta] *nf* auction; **subastar** /1a/ *vt* to auction (off)

subcampeón, -ona [suβkampeˈon, ona] *nm/f* runner-up

subconsciente [suβkonsˈθjente] *adj* subconscious

subdesarrollado, -a [suβðesarroˈʎaðo, a] *adj* underdeveloped

subdesarrollo [suβðesaˈrroʎo] *nm* underdevelopment

subdirector, -a [suβðirekˈtor, a] *nm/f* assistant o deputy manager

súbdito, -a [ˈsuβðito, a] *nm/f* subject

subestimar [suβestiˈmar] /1a/ *vt* to underestimate, underrate

subir [suˈβir] /3a/ *vt (objeto)* to raise, lift up; *(cuesta, calle)* to go up; *(colina, montaña)* to climb; *(precio)* to raise, put up* ▷ *vi* to go/come up; *(a un coche)* to get in; *(a un autobús, tren)* to get on; *(precio)* to rise, go up; *(río, marea)* to rise; **subirse** *vr* to get up, climb

súbito, -a [ˈsuβito, a] *adj (repentino)* sudden; *(imprevisto)* unexpected

subjetivo, -a [suβxeˈtiβo, a] *adj* subjective

sublevar [suβleˈβar] /1a/ *vt* to rouse to revolt; **sublevarse** *vr* to revolt, rise

sublime [suˈβlime] *adj* sublime

submarinismo [suβmariˈnismo] *nm* scuba diving

submarino, -a [suβmaˈrino, a] *adj* underwater ▷ *nm* submarine

S

subnormal [suβnor'mal] *adj* subnormal ▷ *nmf* subnormal person

subordinado, -a [suβorði'naðo, a] *adj, nm/f* subordinate

subrayar [subra'jar] /1a/ *vt* to underline

subsanar [suβsa'nar] /1a/ *vt (reparar)* to rectify

subsidio [suβ'siðjo] *nm (ayuda)* aid, financial help; *(subvención)* subsidy, grant; *(de enfermedad, paro etc)* benefit, allowance

subsistencia [suβsis'tenθja] *nf* subsistence

subsistir [suβsis'tir] /3a/ *vi* to subsist; *(sobrevivir)* to survive, endure

subte ['suβte] *nm* (RPL) underground (BRIT), subway (US)

subterráneo, -a [suβte'rraneo, a] *adj* underground, subterranean ▷ *nm* underpass, underground passage

subtitulado, -a [suβtitu'laðo, a] *adj* subtitled

subtítulo [suβ'titulo] *nm* subtitle

suburbio [su'βurβjo] *nm (barrio)* slum quarter

subvención [suββen'θjon] *nf* subsidy, grant; **subvencionar** /1a/ *vt* to subsidize

sucedáneo, -a [suθe'ðaneo, a] *adj* substitute ▷ *nm* substitute (food)

suceder [suθe'ðer] /2a/ *vi* to happen; *(seguir)* to succeed, follow; **lo que sucede es que ...** the fact is that ...; **sucesión** *nf* succession; *(serie)* sequence, series

sucesivamente [suθesiβa'mente] *adv*: **y así** ~ and so on

sucesivo, -a [suθe'siβo, a] *adj* successive, following; **en lo** ~ in future, from now on

suceso [su'θeso] *nm (hecho)* event, happening; *(incidente)* incident

▌ No confundir *suceso* con la palabra inglesa *success*.

suciedad [suθje'ðað] *nf (estado)* dirtiness; *(mugre)* dirt, filth

sucio, -a ['suθjo, a] *adj* dirty

suculento, -a [suku'lento, a] *adj* succulent

sucumbir [sukum'bir] /3a/ *vi* to succumb

sucursal [sukur'sal] *nf* branch (office)

sudadera [suða'ðera] *nf* sweatshirt

Sudáfrica [su'ðafrika] *nf* South Africa

Sudamérica [suða'merika] *nf* South America; **sudamericano, -a** *adj, nm/f* South American

sudar [su'ðar] /1a/ *vt, vi* to sweat

sudeste [su'ðeste] *nm* south-east

sudoeste [suðo'este] *nm* south-west

sudoku [su'ðoku] *nm* sudoku

sudor [su'ðor] *nm* sweat; **sudoroso, -a** *adj* sweaty, sweating

Suecia ['sweθja] *nf* Sweden; **sueco, -a** *adj* Swedish ▷ *nm/f* Swede

suegro, -a ['sweɣro, a] *nm/f* father-in-law/mother-in-law

suela ['swela] *nf* sole

sueldo ['sweldo] *nm* pay, wage(s) (pl)

suelo ['swelo] *vb* V **soler** ▷ *nm (tierra)* ground; *(de casa)* floor

suelto, -a ['swelto, a] *adj* loose; *(libre)* free; *(separado)* detached; *(ágil)* quick, agile ▷ *nm (loose)* change, small change

sueñito [swe'ɲito] *nm* (LAM) nap

sueño ['sweɲo] *vb* V **soñar** ▷ *nm* sleep; *(somnolencia)* sleepiness, drowsiness; *(lo soñado, fig)* dream; **tener** ~ to be sleepy

suero ['swero] *nm (Med)* serum; *(de leche)* whey

suerte ['swerte] *nf (fortuna)* luck; *(azar)* chance; *(destino)* fate, destiny; *(género)* sort, kind; **tener** ~ to be lucky

suéter ['sweter] *nm* sweater

suficiente [sufi'θjente] *adj* enough, sufficient ▷ *nm (Escol)* pass

sufragio [su'fraxjo] *nm (voto)* vote; *(derecho de voto)* suffrage

sufrido, -a [su'friðo, a] *adj (de carácter fuerte)* tough; *(paciente)* long-suffering, patient

sufrimiento [sufri'mjento] *nm* suffering

sufrir [su'frir] /3a/ vt (padecer) to suffer; (soportar) to bear, put up with; (apoyar) to hold up, support ▷ vi to suffer

sugerencia [suxe'renθja] nf suggestion

sugerir [suxe'rir] /3i/ vt to suggest; (sutilmente) to hint

sugestión [suxes'tjon] nf suggestion; (sutil) hint; **sugestionar** /1a/ vt to influence

sugestivo, -a [suxes'tiβo, a] adj stimulating; (fascinante) fascinating

suicida [sui'θiða] adj suicidal ▷ nmf suicidal person; (muerto) suicide, person who has committed suicide; **suicidarse** /1a/ vr to commit suicide, kill o.s.; **suicidio** nm suicide

Suiza ['swiθa] nf Switzerland; **suizo, -a** adj, nm/f Swiss

sujeción [suxe'θjon] nf subjection

sujetador [suxeta'ðor] nm (prenda femenina) bra

sujetar [suxe'tar] /1a/ vt (fijar) to fasten; (detener) to hold down; **sujetarse** vr to subject to s.; **sujeto, -a** adj fastened, secure ▷ nm subject; (individuo) individual; **sujeto a** subject to

suma ['suma] nf (cantidad) total, sum; (de dinero) sum; (acto) adding (up), addition; **en ~** in short

sumamente [suma'mente] adv extremely, exceedingly

sumar [su'mar] /1a/ vt to add (up) ▷ vi to add up

sumergir [sumer'xir] /3c/ vt to submerge; (hundir) to sink

suministrar [suminis'trar] /1a/ vt to supply, provide; **suministro** nm supply; (acto) supplying, providing

sumir [su'mir] /3a/ vt to sink, submerge; (fig) to plunge

sumiso, -a [su'miso, a] adj submissive, docile

sumo, -a ['sumo, a] adj great, extreme; (mayor) highest, supreme

suntuoso, -a [sun'twoso, a] adj sumptuous, magnificent

supe etc ['supe] vb V **saber**

súper ['super] adj (fam) super, great ▷ nf (gasolina) four-star (petrol)

super... ['super] pref super..., over...

superar [supe'rar] /1a/ vt (sobreponerse a) to overcome; (rebasar) to surpass, do better than; (pasar) to go beyond; **superarse** vr to excel o.s.

superbueno, a [super'bweno, a] adj great, fantastic

superficial [superfi'θjal] adj superficial; (medida) surface cpd

superficie [super'fiθje] nf surface; (área) area

superfluo, -a [su'perflwo, a] adj superfluous

superior [supe'rjor] adj (piso, clase) upper; (temperatura, número, nivel) higher; (mejor: calidad, producto) superior, better ▷ nmf superior; **superioridad** nf superiority

supermercado [supermer'kaðo] nm supermarket

superponer [superpo'ner] /2q/ vt to superimpose

superstición [supersti'θjon] nf superstition; **supersticioso, -a** adj superstitious

supervisar [superβi'sar] /1a/ vt to supervise

supervivencia [superβi'βenθja] nf survival

superviviente [superβi'βjente] adj surviving

supiera etc vb V **saber**

suplantar [suplan'tar] /1a/ vt to supplant

suplementario, -a [suplemen'tarjo, a] adj supplementary

suplemento [suple'mento] nm supplement

suplente [su'plente] adj substitute ▷ nmf substitute

supletorio, -a [suple'torjo, a] adj supplementary ▷ nm supplement; **teléfono ~** extension

s

súplica ['suplika] nf request; (Jur) petition

suplicar [supli'kar] /1g/ vt (cosa) to beg (for), plead for; (persona) to beg, plead with

suplicio [su'pliθjo] nm torture

suplir [su'plir] /3a/ vt (compensar) to make good, make up for; (reemplazar) to replace, substitute ▷ vi: **~ a** to take the place of, substitute for

supo etc ['supo] vb V **saber**

suponer [supo'ner] /2q/ vt to suppose; **suposición** nf supposition

suprimir [supri'mir] /3a/ vt to suppress; (derecho, costumbre) to abolish; (palabra etc) to delete; (restricción) to cancel, lift

supuesto, -a [su'pwesto, a] pp de **suponer** ▷ adj (hipotético) supposed ▷ nm assumption, hypothesis ▷ conj: **~ que** since; **por ~** of course

sur [sur] nm south

suramericano, -a [surameri'kano, a] adj South American ▷ nm/f South American

surcar [sur'kar] /1g/ vt to plough; **surco** nm (en metal, disco) groove; (Agr) furrow

surfear [surfe'ar] /1a/ vt: **~ el Internet** to surf the internet

surgir [sur'xir] /3c/ vi to arise, emerge; (dificultad) to come up, crop up

suroeste [suro'este] nm south-west

surtido, -a [sur'tiðo, a] adj mixed, assorted ▷ nm (selección) selection, assortment; (abastecimiento) supply, stock; **surtidor** nm: **surtidor de gasolina** petrol (BRIT) o gas (US) pump

surtir [sur'tir] /3a/ vt to supply, provide ▷ vi to spout, spurt

susceptible [susθep'tiβle] adj susceptible; (sensible) sensitive; **~ de** capable of

suscitar [susθi'tar] /1a/ vt to cause, provoke; (interés, sospechas) to arouse

suscribir [suskri'βir] /3a/ vt (firmar) to sign; (respaldar) to subscribe to,

endorse; **suscribirse** vr to subscribe; **suscripción** nf subscription

susodicho, -a [suso'ditʃo, a] adj above-mentioned

suspender [suspen'der] /2a/ vt (objeto) to hang (up), suspend; (trabajo) to stop, suspend; (Escol) to fail; (interrumpir) to adjourn; (atrasar) to postpone

suspense [sus'pense] nm suspense; **película/novela de ~** thriller

suspensión [suspen'sjon] nf suspension; (fig) stoppage, suspension

suspenso, -a [sus'penso, a] adj hanging, suspended; (Escol) failed ▷ nm (Escol) fail(ure); **quedar** o **estar en ~** to be pending; **película** o **novela de ~** (LAM) thriller

suspicaz [suspi'kaθ] adj suspicious, distrustful

suspirar [suspi'rar] /1a/ vi to sigh; **suspiro** nm sigh

sustancia [sus'tanθja] nf substance

sustento [sus'tento] nm support; (alimento) sustenance, food

sustituir [sustitu'ir] /3g/ vt to substitute, replace; **sustituto, -a** nm/f substitute, replacement

susto ['susto] nm fright, scare

sustraer [sustra'er] /2p/ vt to remove, take away; (Mat) to subtract

susurrar [susu'rrar] /1a/ vi to whisper; **susurro** nm whisper

sutil [su'til] adj (aroma) subtle; (tenue) thin; (inteligencia) sharp

suyo, -a ['sujo, a] adj (con artículo o después del verbo ser: de él) his; (: de ella) hers; (: de ellos, ellas) theirs; (: de usted, ustedes) yours; **un amigo ~** a friend of his (o hers o theirs o yours)

t

Tabacalera [taβaka'lera] *nf* former Spanish state tobacco monopoly

tabaco [ta'βako] *nm* tobacco; (*fam*) cigarettes *pl*

tabaquería [taβake'ria] *nf* tobacconist's (BRIT), cigar store (US)

taberna [ta'βerna] *nf* bar

tabique [ta'βike] *nm* partition

tabla ['taβla] *nf* (*de madera*) plank; (*estante*) shelf; (*de vestido*) pleat; (*Arte*) panel; **tablas** *nfpl*: **estar** o **quedar en ~s** to draw; **tablado** (*plataforma*) platform; (*Teat*) stage

tablao [ta'βlao] *nm* (*tb*: **~ flamenco**) flamenco show

tablero [ta'βlero] *nm* (*de madera*) plank, board; (*de ajedrez, damas*) board; (*Auto*) dashboard; **~ de mandos** (LAM *Auto*) dashboard

tableta [ta'βleta] *nf* (*Med*) tablet; (*de chocolate*) bar; (*Inform*) tablet

tablón [ta'βlon] *nm* (*de suelo*) plank; (*de techo*) beam; (*de anuncios*) notice board

tabú [ta'βu] *nm* taboo

taburete [taβu'rete] *nm* stool

tacaño, -a [ta'kaɲo, a] *adj* mean

tacha ['tatʃa] *nf* flaw; (*Tec*) stud; **tachar** /1a/ *vt* (*borrar*) to cross out; **tachar de** to accuse of

tacho ['tatʃo] *nm* (LAM) bucket; **~ de la basura** rubbish bin (BRIT), trash can (US)

taco ['tako] *nm* (*Billar*) cue; (*libro de billetes*) book; (LAM) heel; (*tarugo*) peg; (*palabrota*) swear word

tacón [ta'kon] *nm* heel; **de ~ alto** high-heeled

táctico, -a ['taktiko, a] *adj* tactical
▷ *nf* tactics *pl*

tacto ['takto] *nm* touch; (*fig*) tact

tajada [ta'xaða] *nf* slice

tajante [ta'xante] *adj* sharp

tajo ['taxo] *nm* (*corte*) cut; (*Geo*) cleft

tal [tal] *adj* such ▷ *pron* (*persona*) someone, such a one; (*cosa*) something, such a thing; **~ como** such as; **~ para cual** two of a kind ▷ *adv*: **~ como** (*igual*) just as; **~ cual** (*como es*) just as it is; **¿qué ~?** how are things?; **¿qué ~ te gusta?** how do you like it? ▷ *conj*: **con ~ (de) que** provided that

taladrar [tala'ðrar] /1a/ *vt* to drill; **taladro** *nm* drill

talante [ta'lante] *nm* (*humor*) mood; (*voluntad*) will, willingness

talar [ta'lar] /1a/ *vt* to fell, cut down; (*fig*) to devastate

talco ['talko] *nm* (*polvos*) talcum powder

talento [ta'lento] *nm* talent; (*capacidad*) ability

Talgo ['talɣo] *nm abr* (= **tren articulado ligero Goicoechea Oriol**) high-speed train

talismán [talis'man] *nm* talisman

talla ['taʎa] *nf* (*estatura, fig, Med*) height, stature; (*de ropa*) size; (*palo*) measuring rod; (*Arte*) carving

tallar [ta'ʎar] /1a/ *vt* (*grabar*) to engrave; (*medir*) to measure

tallarín [taʎa'rin] *nm* noodle

talle ['taʎe] *nm* (*Anat*) waist; (*fig*) appearance

taller [ta'ʎer] nm (Tec) workshop; (de artista) studio

tallo ['taʎo] nm (de planta) stem; (de hierba) blade; (brote) shoot

talón [ta'lon] nm heel; (Com) counterfoil; (cheque) cheque (BRIT), check (US)

talonario [talo'narjo] nm (de cheques) chequebook (BRIT), checkbook (US); (de recibos) receipt book

tamaño, -a [ta'maɲo, a] adj (tan grande) such a big; (tan pequeño) such a small ▶ nm size; **de ~ natural** full-size

tamarindo [tama'rindo] nm tamarind

tambalearse [tambale'arse] /1a/ vr (persona) to stagger; (vehículo) to sway

también [tam'bjen] adv (igualmente) also, too, as well; (además) besides

tambor [tam'bor] nm drum; (Anat) eardrum; **~ del freno** brake drum

Támesis ['tamesis] nm Thames

tamizar [tami'θar] /1f/ vt to sieve

tampoco [tam'poko] adv nor, neither; **yo ~ lo compré** I didn't buy it either

tampón [tam'pon] nm tampon

tan [tan] adv so; **~ es así que** so much so that

tanda ['tanda] nf (gen) series; (turno) shift

tangente [tan'xente] nf tangent

tangerina [tanxe'rina] nf (AM) tangerine

tangible [tan'xiβle] adj tangible

tanque ['tanke] nm tank; (Auto, Naut) tanker

tantear [tante'ar] /1a/ vt (calcular) to reckon (up); (medir) to take the measure of; (probar) to test, try out; (tomar la medida: persona) to take the measurements of; (considerar) to weigh up; (persona: opinión) to sound out ▶ vi (Deporte) to score; **tanteo** nm (cálculo aproximado) (rough) calculation; (prueba) test, trial; (Deporte) scoring

tanto, -a ['tanto, a] adj (cantidad) so much, as much; **tantos** so many, as many; **20 y tantos** 20-odd ▶ adv (cantidad) so much, as much; (tiempo) so long, as long; **tanto tú como yo** both you and I; **tanto como eso** as much as that; **tanto más ... cuanto que** it's all the more ... because; **tanto mejor/peor** so much the better/the worse; **tanto si viene como si va** whether he comes or whether he goes; **tanto es así que** so much so that; **por tanto, por lo tanto** therefore ▶ conj: **en tanto que** while; **hasta tanto (que)** until such time as ▶ nm 1 (suma) certain amount; (proporción) so much; **un tanto perezoso** somewhat lazy 2 (punto) point; (: gol) goal 3 (locuciones): **al tanto** up to date; **al tanto de que** because of the fact that ▶ pron: **cada uno paga tanto** each one pays so much; **a tantos de agosto** on such and such a day in August; **entre tanto** meanwhile

tapa ['tapa] nf (de caja, olla) lid; (de botella) top; (de libro) cover; (de comida) snack

tapadera [tapa'ðera] nf lid, cover

tapar [ta'par] /1a/ vt (cubrir) to cover; (envolver) to wrap o cover up; (la vista) to obstruct; (persona, falta) to conceal; (AM) to fill; **taparse** vr to wrap o. up

taparrabo [tapa'rraβo] nm loincloth

tapete [ta'pete] nm table cover

tapia ['tapja] nf (garden) wall

tapicería [tapiθe'ria] nf tapestry; (para muebles) upholstery; (tienda) upholsterer's shop

tapiz [ta'piθ] nm (alfombra) carpet; (tela tejida) tapestry; **tapizar** /1f/ vt (muebles) to upholster

tapón [ta'pon] nm (de botella) top; (Tec) plug; **~ de rosca** o **de tuerca** screw-top

taquigrafía [takiɣraˈfia] nf shorthand; **taquígrafo, -a** nm/f shorthand writer, stenographer (us)

taquilla [taˈkiʎa] nf (de estación etc) booking office; (suma recogida) takings pl

tarántula [taˈrantula] nf tarantula

tararear [tarareˈar] /1a/ vi to hum

tardar [tarˈðar] /1a/ vi (tomar tiempo) to take a long time; (llegar tarde) to be late; (demorar) to delay; **¿tarda mucho el tren?** does the train take long?; **a más ~** at the (very) latest; **no tardes en venir** come soon

tarde [ˈtarðe] adv late ▷ nf (de día) afternoon; (de noche) evening; **de ~ en ~** from time to time; **¡buenas ~s!** good afternoon!; (por la tarde) good evening!; **a o por la ~** in the afternoon; in the evening

tardío, -a [tarˈðio, a] adj (retrasado) late; (lento) slow (to arrive)

tarea [taˈrea] nf task; **tareas** nfpl (Escol) homework sg; **~ de ocasión** chore

tarifa [taˈrifa] nf (lista de precios) price list; (Com) tariff

tarima [taˈrima] nf (plataforma) platform

tarjeta [tarˈxeta] nf card; **~ postal/ de crédito/de Navidad** postcard/ credit card/Christmas card; **~ de embarque** boarding pass; **~ de memoria** memory card; **~ prepago** top-up card; **~ SIM** SIM card

tarro [ˈtaro] nm jar, pot

tarta [ˈtarta] nf (pastel) cake; (torta) tart

tartamudear [tartamuðeˈar] /1a/ vi to stutter, stammer; **tartamudo, -a** adj stammering ▷ nm/f stammerer

tártaro, -a [ˈtartaro, a] adj: **salsa tártara** tartar(e) sauce

tasa [ˈtasa] nf (precio) (fixed) price, rate; (valoración) valuation; (medida, norma) measure, standard; **~ de cambio** exchange rate; **~s de aeropuerto** airport fees; **~s universitarias** university fees; **tasar** /1a/ vt (arreglar el precio) to fix a price for; (valorar) to value, assess

tasca [ˈtaska] nf (fam) pub

tatarabuelo, -a [tataraˈβwelo, a] nm/f great-great-grandfather/ mother

tatuaje [taˈtwaxe] nm (dibujo) tattoo; (acto) tattooing

tatuar [taˈtwar] /1d/ vt to tattoo

taurino, -a [tauˈrino, a] adj bullfighting cpd

Tauro [ˈtauro] nm Taurus

tauromaquia [tauroˈmakja] nf (art of) bullfighting

taxi [ˈtaksi] nm taxi; **taxista** nmf taxi driver

taza [ˈtaθa] nf cup; (de retrete) bowl; **~ para café** coffee cup; **~ de café** cup of coffee; **tazón** nm mug, large cup; (escudilla) basin

te [te] pron (complemento de objeto) you; (complemento indirecto) (to) you; (reflexivo) (to) yourself; **¿te duele mucho el brazo?** does your arm hurt a lot?; **te equivocas** you're wrong; **¡cálmate!** calm yourself!

té [te] nm tea

teatral [teaˈtral] adj theatre cpd; (fig) theatrical

teatro [teˈatro] nm theatre; (Lit) plays pl, drama

tebeo [teˈβeo] nm children's comic

techo [ˈtetʃo] nm (externo) roof; (interno) ceiling

tecla [ˈtekla] nf (Inform, Mus, Tip) key; **teclado** nm keyboard (tb Inform); **teclear** /1a/ vi to strum; (fam) to drum ▷ vt (Inform) to key (in)

técnico, -a [ˈtekniko, a] adj technical ▷ nm/f technician; (experto) expert ▷ nf (procedimientos) technique; (tecnología) technology

tecnología [teknoloˈxia] nf technology; **tecnológico, -a** adj technological

tecolote [tekoˈlote] nm (LAM) owl

tedioso, -a [teˈðjoso, a] adj boring, tedious

teja [ˈtexa] nf tile; (Bot) lime (tree); **tejado** nm (tiled) roof

tejano, -a [te'xano, a] adj, nm/f Texan
▷ nmpl: **-s** (vaqueros) jeans

tejemaneje [texema'nexe] nm (lío)
fuss; (intriga) intrigue

tejer [te'xer] /2a/ vt to weave; (LAM)
to knit; (fig) to fabricate; **tejido** nm
fabric; (estofa, tela) (knitted) material;
(telaraña) web; (Anat) tissue

tel. abr (= teléfono) tel.

tela ['tela] nf (material) material; (de
fruta, en líquido) skin; **~ de araña**
cobweb, spider's web; **telar** nm
(máquina) loom

telaraña [tela'raɲa] nf cobweb

tele ['tele] nf (fam) TV

tele... [tele] pref tele...; **telebasura**
nf trash TV; **telecomunicación** nf
telecommunication; **telediario** nm
television news; **teledirigido, -a** adj
remote-controlled

teleférico [tele'feriko] nm (de esquí)
ski-lift

telefonear [telefone'ar] /1a/ vi to
telephone

telefónico, -a [tele'foniko, a] adj
telephone cpd

telefonillo [telefo'niʎo] nm (de
puerta) intercom

telefonista [telefo'nista] nmf
telephonist

teléfono [te'lefono] nm (tele)phone;
~ móvil mobile phone; **está
hablando por ~** he's on the phone;
llamar a algn por ~ to ring sb (up) o
phone sb (up); **~ celular** (LAM) mobile
phone; **~ con cámara** camera phone;
~ inalámbrico cordless phone

telégrafo [te'leɣrafo] nm telegraph

telegrama [tele'ɣrama] nm telegram

tele...: **telenovela** nf soap (opera);
teleobjetivo nm telephoto lens;
telepatía nf telepathy; **telepático,
-a** adj telepathic; **telerrealidad** nf
reality TV; **telescopio** nm telescope;
telesilla nm chairlift; **telespectador,
a** nm/f viewer; **telesquí** nm ski-lift;
teletarjeta nf phonecard; **teletipo**
nm teletype(writer); **teletrabajador,**

a nm/f teleworker; **teletrabajo**
nm teleworking; **televentas** nfpl
telesales

televidente [teleβi'ðente] nmf
viewer

televisar [teleβi'sar] /1a/ vt to televise

televisión [teleβi'sjon] nf television;
~ digital digital television

televisor [teleβi'sor] nm television
set

télex ['teleks] nm telex

telón [te'lon] nm curtain; **~ de
acero** (Pol) iron curtain; **~ de fondo**
backcloth, background

tema ['tema] nm (asunto) subject,
topic; (Mus) theme; **temático, -a** adj
thematic

temblar [tem'blar] /1j/ vi to shake,
tremble; (de frío) to shiver; **temblor**
nm trembling; (de tierra) earthquake;
tembloroso, -a adj trembling

temer [te'mer] /2a/ vt to fear ▷ vi
to be afraid; **temo que Juan llegue
tarde** I am afraid Juan may be late

temible [te'mible] adj fearsome

temor [te'mor] nm (miedo) fear; (duda)
suspicion

témpano ['tempano] nm: **~ de hielo**
ice floe

temperamento [tempera'mento]
nm temperament

temperatura [tempera'tura] nf
temperature

tempestad [tempes'tað] nf storm

templado, -a [tem'plaðo, a] adj
(agua) lukewarm; (clima) mild;
(Mus) well-tuned; **templanza** nf
moderation

templar [tem'plar] /1a/ vt (moderar)
to moderate; (furia) to restrain;
(calor) to reduce; (afinar) to tune (up);
(acero) to temper; (tuerca) to tighten
up; **temple** nm (ajuste) tempering;
(afinación) tuning; (pintura) tempera

templo ['templo] nm (iglesia) church;
(pagano etc) temple

temporada [tempo'raða] nf time,
period; (estación, social) season

temporal [tempo'ral] adj (no permanente) temporary ▷ nm storm

temprano, -a [tem'prano, a] adj early ▷ adv early; (demasiado pronto) too soon, too early

ten [ten] vb V **tener**

tenaces [te'naθes] adj pl V **tenaz**

tenaz [te'naθ] adj (material) tough; (persona) tenacious; (terco) stubborn

tenaza(s) [te'naθa(s)] nf, nfpl (Med) forceps; (Tec) pliers; (Zool) pincers

tendedero [tende'ðero] nm (para ropa) drying-place; (cuerda) clothes line

tendencia [ten'denθja] nf tendency; **tener ~ a** to tend o have a tendency to

tender [ten'der] /2g/ vt (extender) to spread out; (ropa) to hang out; (vía férrea, cable) to lay; (cuerda) to stretch ▷ vi to tend; **tenderse** vr to lie down; **~ la cama/la mesa** (LAM) to make the bed/lay the table

tenderete [tende'rete] nm (puesto) stall; (exposición) display of goods

tendero, -a [ten'dero, a] nm/f shopkeeper

tendón [ten'don] nm tendon

tendré etc [ten'dre] vb V **tener**

tenebroso, -a [tene'βroso, a] adj (oscuro) dark; (fig) gloomy

tenedor [tene'ðor] nm (Culin) fork

tenencia [te'nenθja] nf (de casa) tenancy; (de oficio) tenure; (de propiedad) possession

⚫ **PALABRA CLAVE**

tener [te'ner] /2k/ vt 1 (poseer, gen) to have; (: en la mano) to hold; **¿tienes un boli?** have you got a pen?; **va a tener un niño** she's going to have a baby; **¡ten o tenga!, ¡aquí tienes o tiene!** here you are!

2 (edad, medidas) to be; **tiene siete años** she's seven (years old); **tiene 15 cm de largo** it's 15 cm long

3 (sentimientos, sensaciones): **tener sed/hambre/frío/calor** to be thirsty/hungry/cold/hot; **tener razón** to be right

4 (considerar): **lo tengo por brillante** I consider him to be brilliant; **tener en mucho a algn** to think very highly of sb

5 (+ pp): **tengo terminada ya la mitad del trabajo** I've done half the work already

6: **tener que hacer algo** to have to do sth; **tengo que acabar este trabajo hoy** I have to finish this job today

7: **¿qué tienes, estás enfermo?** what's the matter with you, are you ill?

▷ **tenerse** vr 1: **tenerse en pie** to stand up

2: **tenerse por** to think o.s.

tengo etc ['tengo] vb V **tener**

tenia ['tenja] nf tapeworm

teniente [te'njente] nm lieutenant; (ayudante) deputy

tenis ['tenis] nm tennis; **~ de mesa** table tennis; **tenista** nmf tennis player

tenor [te'nor] nm (sentido) meaning; (Mus) tenor; **a ~ de** on the lines of

tensar [ten'sar] /1a/ vt to tauten; (arco) to draw

tensión [ten'sjon] nf tension; (Tec) stress; **~ arterial** blood pressure; **tener la ~ alta** to have high blood pressure

tenso, -a ['tenso, a] adj tense

tentación [tenta'θjon] nf temptation

tentáculo [ten'takulo] nm tentacle

tentador, a [tenta'ðor, a] adj tempting

tentar [ten'tar] /1j/ vt (seducir) to tempt; (atraer) to attract

tentempié [tentem'pje] nm snack

tenue ['tenwe] adj (delgado) thin, slender; (neblina) light; (lazo, vínculo) slight

teñir [te'nir] vt to dye; (fig) to tinge; **teñirse** vr to dye; **~se el pelo** to dye one's hair

teología [teolo'xia] nf theology

t

teoría [teoˈria] *nf* theory; **en ~** in theory; **teórico, -a** *adj* theoretic(al) ▷ *nm/f* theoretician, theorist; **teorizar** /1f/ *vi* to theorize

terapéutico, -a [teraˈpeutiko, a] *adj* therapeutic(al)

terapia [teˈrapja] *nf* therapy

tercer [terˈθer] *adj* V **tercero**

tercermundista [terθermunˈdista] *adj* Third World *cpd*

tercero, -a [terˈθero, a] *adj* third ▷ *nm* (*Jur*) third party

terceto [terˈθeto] *nm* trio

terciar [terˈθjar] /1b/ *vi* (*participar*) to take part; (*hacer de árbitro*) to mediate; **terciario, -a** *adj* tertiary

tercio [ˈterθjo] *nm* third

terciopelo [terθjoˈpelo] *nm* velvet

terco, -a [ˈterko, a] *adj* obstinate

tergal® [terˈɣal] *nm* Terylene®, Dacron® (*us*)

tergiversar [terxiβerˈsar] /1a/ *vt* to distort

termal [terˈmal] *adj* thermal

termas [ˈtermas] *nfpl* hot springs

térmico, -a [ˈtermiko, a] *adj* thermal

terminal [termiˈnal] *adj* terminal ▷ *nm, nf* terminal

terminante [termiˈnante] *adj* (*final*) final, definitive; (*tajante*) categorical; **terminantemente** *adv*: **terminantemente prohibido** strictly forbidden

terminar [termiˈnar] /1a/ *vt* (*completar*) to complete, finish; (*concluir*) to end ▷ *vi* (*llegar a su fin*) to end; (*parar*) to stop; (*acabar*) to finish; **terminarse** *vr* to come to an end; **~ por hacer algo** to end up (by) doing sth

término [ˈtermino] *nm* end, conclusion; (*parada*) terminus; (*límite*) boundary; **en último ~** (*a fin de cuentas*) in the last analysis; (*como último recurso*) as a last resort; **~ medio** average; (*fig*) middle way

termo® [ˈtermo] *nm* Thermos® (flask)

termómetro [terˈmometro] *nm* thermometer

termostato [termosˈtato] *nm* thermostat

ternero, -a [terˈnero, a] *nm/f* (*animal*) calf ▷ *nf* (*carne*) veal, beef

ternura [terˈnura] *nf* (*trato*) tenderness; (*palabra*) endearment; (*cariño*) fondness

terrado [teˈrraðo] *nm* terrace

terraplén [terraˈplen] *nm* embankment

terrateniente [terrateˈnjente] *nm* landowner

terraza [teˈrraθa] *nf* (*balcón*) balcony; (*techo*) flat roof; (*Agr*) terrace

terremoto [terreˈmoto] *nm* earthquake

terrenal [terreˈnal] *adj* earthly

terreno [teˈrreno] *nm* (*tierra*) land; (*parcela*) plot; (*suelo*) soil; (*fig*) field; **un ~** a piece of land

terrestre [teˈrrestre] *adj* terrestrial; (*ruta*) land *cpd*

terrible [teˈrriβle] *adj* terrible; awful

territorio [terriˈtorjo] *nm* territory

terrón [teˈrron] *nm* (*de azúcar*) lump; (*de tierra*) clod, lump

terror [teˈrror] *nm* terror; **terrorífico, -a** *adj* terrifying; **terrorista** *adj, nmf* terrorist; **terrorista suicida** suicide bomber

terso, -a [ˈterso, a] *adj* (*liso*) smooth; (*pulido*) polished

tertulia [terˈtulja] *nf* (*reunión informal*) social gathering; (*grupo*) group, circle

tesis [ˈtesis] *nf inv* thesis

tesón [teˈson] *nm* (*firmeza*) firmness; (*tenacidad*) tenacity

tesorero, -a [tesoˈrero, a] *nm/f* treasurer

tesoro [teˈsoro] *nm* treasure; (*Com, Pol*) treasury

testamento [testaˈmento] *nm* will

testarudo, -a [testaˈruðo, a] *adj* stubborn

testículo [tesˈtikulo] *nm* testicle

testificar [testifi'kar] /1g/ vt to testify; (fig) to attest ▷ vi to give evidence

testigo [tes'tiɣo] nmf witness; **~ de cargo/descargo** witness for the prosecution/defence; **~ ocular** eye witness

testimonio [testi'monjo] nm testimony

teta ['teta] nf (de biberón) teat; (Anat: fam) breast

tétanos ['tetanos] nm tetanus

tetera [te'tera] nf teapot

tétrico, -a ['tetriko, a] adj gloomy, dismal

textear [tekste'ar] /1a/ vt (LAM) to text

textil [teks'til] adj textile

texto ['teksto] nm text; **textual** adj textual

textura [teks'tura] nf (de tejido) texture

tez [teθ] nf (cutis) complexion

ti [ti] pron you; (reflexivo) yourself

tía ['tia] nf (pariente) aunt; (fam: mujer) girl

tibio, -a ['tiβjo, a] adj lukewarm

tiburón [tiβu'ron] nm shark

tic [tik] nm (ruido) click; (de reloj) tick; **~ nervioso** nervous tic

tictac [tik'tak] nm (de reloj) tick tock

tiempo ['tjempo] nm time; (época, período) age, period; (Meteorología) weather; (Ling) tense; (de juego) half; **a ~** in time; **a un o al mismo ~** at the same time; **al poco ~** very soon (after); **se quedó poco ~** he didn't stay very long; **hace poco ~** not long ago; **mucho ~** a long time; **de ~ en ~** from time to time; **hace buen/mal ~** the weather is fine/bad; **estar a ~** to be in time; **hace ~** some time ago; **hacer ~** to while away the time; **motor de 2 ~s** two-stroke engine; **primer ~** first half

tienda ['tjenda] nf shop; store; **~ de campaña** tent; **~ de comestibles** grocer's (shop) (BRIT), grocery (store) (US)

tiene etc ['tjene] vb V **tener**

tienta ['tjenta] vb V **tentar** ▷ nf: **andar a ~s** to grope one's way along

tiento etc ['tjento] vb V **tentar** ▷ nm (tacto) touch; (precaución) wariness

tierno, -a ['tjerno, a] adj (blando, dulce) tender; (fresco) fresh

tierra ['tjerra] nf earth; (suelo) soil; (mundo) world; (país) country, land; **~ adentro** inland

tieso, -a ['tjeso, a] adj (rígido) rigid; (duro) stiff; (fam: orgulloso) conceited

tiesto ['tjesto] nm flowerpot

tifón [ti'fon] nm typhoon

tifus ['tifus] nm typhus

tigre ['tiɣre] nm tiger

tijera [ti'xera] nf (una tijera) (pair of) scissors pl; (Zool) claw; **tijeras** nfpl scissors; (para plantas) shears

tila ['tila] nf lime flower tea

tildar [til'dar] /1a/ vt: **~ de** to brand as

tilde ['tilde] nf (Tip) tilde

tilín [ti'lin] nm tinkle

timar [ti'mar] /1a/ vt (estafar) to swindle

timbal [tim'bal] nm small drum

timbre ['timbre] nm (sello) stamp; (campanilla) bell; (tono) timbre; (Com) stamp duty

timidez [timi'ðeθ] nf shyness; **tímido, -a** adj shy

timo ['timo] nm swindle

timón [ti'mon] nm helm, rudder; **timonel** nm helmsman

tímpano ['timpano] nm (Anat) eardrum; (Mus) small drum

tina ['tina] nf tub; (baño) bath(tub); **tinaja** nf large earthen jar

tinieblas [ti'njeβlas] nfpl darkness sg; (sombras) shadows

tino ['tino] nm (habilidad) skill; (juicio) insight

tinta ['tinta] nf ink; (Tec) dye; (Arte) colour

tinte ['tinte] nm dye

tintero [tin'tero] nm inkwell

tinto ['tinto] nm red wine

tintorería [tintore'ria] nf dry cleaner's

tío ['tio] nm (pariente) uncle; (fam: hombre) bloke, guy (us)

tiovivo [tio'βiβo] nm merry-go-round

típico, -a ['tipiko, a] adj typical

tipo ['tipo] nm (clase) type, kind; (hombre) fellow; (Anat) build; (: de mujer) figure; (Imprenta) type; ~ **bancario/de descuento** bank/ discount rate; ~ **de interés** interest rate; ~ **de cambio** exchange rate

tipografía [tipoɣra'fia] nf printing

tíquet ['tiket] (pl **tiquets**) nm ticket; (en tienda) cash slip

tiquismiquis [tikis'mikis] nm fussy person ▷ nmpl (querellas) squabbling sg; (escrúpulos) silly scruples

tira ['tira] nf strip; (fig) abundance ▷ nm: ~ **y afloja** give and take

tirabuzón [tiraβu'θon] nm (rizo) curl

tirachinas [tira'tʃinas] nm inv catapult

tirado, -a [ti'raðo, a] adj (barato) dirt-cheap; (fam: fácil) very easy ▷ nf (acto) cast, throw; (serie) series; (Tip) printing, edition; **de una tirada** at one go; **está ~** (fam) it's a cinch

tirador [tira'ðor] nm (mango) handle

tirano, -a [ti'rano, a] adj tyrannical ▷ nm/f tyrant

tirante [ti'rante] adj (cuerda) tight, taut; (relaciones) strained ▷ nm (Arq) brace; (Tec) stay; **tirantes** nmpl braces, suspenders (us); **tirantez** nf tightness; (fig) tension

tirar [ti'rar] /1a/ vt to throw; (volcar) to upset; (derribar) to knock down o over; (bomba) to drop; (desechar) to throw out o away; (disipar) to squander; (imprimir) to print ▷ vi (disparar) to shoot; (dar un tirón) to pull; (fam: andar) to go; (tender a) to tend to; (Deporte) to shoot; **tirarse** vr to throw o.s.; ~ **abajo** to bring down, destroy; **tira más a su padre** he takes more after his father; ~ **a** to manage

tirita [ti'rita] nf (sticking) plaster, Band-Aid® (us)

tiritar [tiri'tar] /1a/ vi to shiver

tiro ['tiro] nm (lanzamiento) throw; (disparo) shot; (Deporte) shot; (Tenis, Golf) drive; (alcance) range; ~ **al blanco** target practice; **caballo de ~** cart-horse

tirón [ti'ron] nm (sacudida) pull, tug; **de un ~** in one go

tiroteo [tiro'teo] nm exchange of shots, shooting

tisis ['tisis] nf consumption, tuberculosis

títere ['titere] nm puppet

titubear [tituβe'ar] /1a/ vi to stagger; (tartamudear) to stammer; (vacilar) to hesitate; **titubeo** nm staggering; stammering; hesitation

titulado, -a [titu'laðo, a] adj (libro) entitled; (persona) titled

titular [titu'lar] /1a/ adj titular ▷ nmf holder ▷ nm headline ▷ vt to title; **titularse** vr to be entitled; **título** nm title; (de diario) headline; (certificado) professional qualification; (universitario) university degree; **a título de** in the capacity of

tiza ['tiθa] nf chalk

toalla [to'aʎa] nf towel

tobillo [to'βiʎo] nm ankle

tobogán [toβo'ɣan] nm (montaña rusa) roller-coaster; (resbaladilla) chute, slide

tocadiscos [toka'ðiskos] nm inv record player

tocado, -a [to'kaðo, a] adj (fam) touched ▷ nm headdress

tocador [toka'ðor] nm (mueble) dressing table; (cuarto) boudoir; (fam) ladies' room

tocar [to'kar] /1g/ vt to touch; (Mus) to play; (campana) to ring; (referirse a) to allude to ▷ vi (a la puerta) to knock (on o at the door); (ser el turno) to fall to, be the turn of; (ser hora) to be due; **tocarse** vr (cubrirse la cabeza) to cover one's head; (tener contacto) to touch (each other); **por lo que a mí me toca** as far as I am concerned; **te toca a ti** it's your turn

tocayo, -a [to'kajo, a] nm/f
namesake

tocino [to'θino] nm bacon

todavía [toða'βia] adv (aun) even;
(aún) still, yet; **~ más** yet o still more;
~ no not yet

⬤ **PALABRA CLAVE**

todo, -a [toðo, a] adj 1 (sg) all; **toda
la carne** all the meat; **toda la noche**
all night, the whole night; **todo el
libro** the whole book; **toda una
botella** a whole bottle; **todo lo
contrario** quite the opposite; **está
toda sucia** she's all dirty; **por todo el
país** throughout the whole country
2 (pl) all; every; **todos los libros** all
the books; **todas las noches** every
night; **todos los que quieran salir** all
those who want to leave
▷ pron 1 everything, all; **todos**
everyone, everybody; **lo sabemos
todo** we know everything; **todos
querían más tiempo** everyone wanted
more time; **nos marchamos todos** all
of us left
2 (con preposición): **con todo él me
sigue gustando** even so I still like
him; **no me agrada del todo** I don't
entirely like it
▷ adv all, completely; **vaya todo seguido**
keep straight on o ahead
▷ nm: **como un todo** as a whole

todopoderoso, -a [toðopoðe'roso, a] adj all-powerful; (Rel) almighty

todoterreno [toðote'rreno] nm four-wheel drive, SUV (esp us)

toga ['toɣa] nf toga; (Escol) gown

Tokio ['tokjo] nf Tokyo

toldo ['toldo] nm (para el sol) sunshade; (en tienda) marquee

tolerancia [tole'ranθja] nf tolerance;
tolerante adj tolerant; (sociedad)
liberal; (fig) open-minded

tolerar [tole'rar] /1a/ vt to tolerate;
(resistir) to endure

toma ['toma] nf (gen) taking; (Med)
dose; (Elec: tb: **~ de corriente**)
socket; **~ de tierra** (Aviat) landing;
tomacorriente nm (Lᴀᴍ) socket

tomar [to'mar] /1a/ vt to take;
(aspecto) to take on; (beber) to drink
▷ vi to take; (Lᴀᴍ) to drink; **tomarse**
vr to take; **~se por** to consider o.s. to
be; **¡toma!** here you are!; **~ a bien/a
mal** to take well/badly; **~ en serio** to
take seriously; **~ el pelo a algn** to pull
sb's leg; **~la con algn** to pick a quarrel
with sb; **~ el sol** to sunbathe

tomate [to'mate] nm tomato

tomillo [to'miʎo] nm thyme

tomo ['tomo] nm (libro) volume

ton [ton] abr = **tonelada** ▷ nm: **sin ~
ni son** without rhyme or reason

tonalidad [tonali'ðað] nf tone

tonel [to'nel] nm barrel

tonelada [tone'laða] nf ton; **tonelaje**
nm tonnage

tónico, -a ['toniko, a] adj tonic ▷ nm
(Med) tonic ▷ nf (Mus) tonic; (fig)
keynote

tono ['tono] nm tone; **fuera de ~**
inappropriate; **~ de llamada** ringtone

tontería [tonte'ria] nf (estupidez)
foolishness; (una tontería) silly thing;
tonterías nfpl rubbish sg, nonsense sg

tonto, -a ['tonto, a] adj stupid;
(ridículo) silly ▷ nm/f fool

topar [to'par] /1a/ vi: **~ contra** o **en** to
run into; **~ con** to run up against

tope ['tope] adj maximum ▷ nm (fin)
end; (límite) limit; (Ferro) buffer; (Auto)
bumper; **al ~** end to end

tópico, -a ['topiko, a] adj topical ▷ nm
platitude

topo ['topo] nm (Zool) mole; (fig)
blunderer

toque etc ['toke] vb V **tocar** ▷ nm
touch; (Mus) beat; (de campana) chime,
ring; **dar un ~ a** to test; **~ de queda**
curfew

toqué etc ['toke] vb V **tocar**

toquetear [tokete'ar] /1a/ vt to
finger

t

toquilla [toˈkiʎa] nf (pañuelo) headscarf; (chal) shawl

tórax [ˈtoraks] nm inv thorax

torbellino [torbeˈʎino] nm whirlwind; (fig) whirl

torcedura [torθeˈðura] nf twist; (Med) sprain

torcer [torˈθer] /2b, 2h/ vt to twist; (la esquina) to turn; (Med) to sprain ▷ vi (desviar) to turn off; **torcerse** vr (doblar) to bend; (desviarse) to go astray; (fracasar) to go wrong; **torcido, -a** adj twisted; (fig) crooked ▷ nm curl

tordo, -a [ˈtorðo, a] adj dappled ▷ nm thrush

torear [toreˈar] /1a/ vt (fig: evadir) to dodge; (jugar con) to tease ▷ vi to fight bulls; **toreo** nm bullfighting; **torero, -a** nm/f bullfighter

tormenta [torˈmenta] nf storm; (fig: confusión) turmoil

tormento [torˈmento] nm torture; (fig) anguish

tornar [torˈnar] /1a/ vt (devolver) to return, give back; (transformar) to transform ▷ vi to go back

tornasolado, -a [tornasoˈlaðo, a] adj (brillante) iridescent; (reluciente) shimmering

torneo [torˈneo] nm tournament

tornillo [torˈniʎo] nm screw

torniquete [torniˈkete] nm (Med) tourniquet

torno [ˈtorno] nm bull; (tambor) drum; **en ~ (a)** round, about

toro [ˈtoro] nm bull; (fam) he-man; **los ~s** bullfighting sg

toronja [toˈronxa] nf grapefruit

torpe [ˈtorpe] adj (poco hábil) clumsy, awkward; (necio) dim; (lento) slow

torpedo [torˈpeðo] nm torpedo

torpeza [torˈpeθa] nf (falta de agilidad) clumsiness; (lentitud) slowness; (error) mistake

torre [ˈtorre] nf tower; (de petróleo) derrick

torrefacto, -a [torreˈfakto, a] adj roasted

torrente [toˈrrente] nm torrent

torrija [toˈrrixa] nf fried bread; **~s** French toast sg

torsión [torˈsjon] nf twisting

torso [ˈtorso] nm torso

torta [ˈtorta] nf cake; (fam) slap

tortícolis [torˈtikolis] nm inv stiff neck

tortilla [torˈtiʎa] nf omelette; (ʌм) maize pancake; **~ francesa/española** plain/potato omelette

tórtola [ˈtortola] nf turtledove

tortuga [torˈtuɣa] nf tortoise

tortuoso, -a [torˈtwoso, a] adj winding

tortura [torˈtura] nf torture; **torturar** /1a/ vt to torture

tos [tos] nf inv cough; **~ ferina** whooping cough

toser [toˈser] /2a/ vi to cough

tostado, -a [tosˈtaðo, a] adj toasted; (por el sol) dark brown; (piel) tanned ▷ nf piece of toast; **tostadas** nfpl toast sg

tostador [tostaˈðor] nm, **tostadora** [tostaˈðora] nf toaster

tostar [tosˈtar] /1l/ vt to toast; (café) to roast; (al sol) to tan; **tostarse** vr to get brown

total [toˈtal] adj total ▷ adv in short; (al fin y al cabo) when all is said and done ▷ nm total, sum; **en ~** in all; **~ que** to cut a long story short

totalidad [totaliˈðað] nf whole

totalitario, -a [totaliˈtarjo, a] adj totalitarian

tóxico, -a [ˈtoksiko, a] adj toxic ▷ nm poison; **toxicómano, -a** nm/f drug addict

toxina [tokˈsina] nf toxin

tozudo, -a [toˈθuðo, a] adj obstinate

trabajador, a [traβaxaˈðor, a] nm/f worker ▷ adj hard-working; **~ autónomo o por cuenta propia** self-employed person

trabajar [traβaˈxar] /1a/ vt to work; (arar) to till; (empeñarse en) to work at; (convencer) to persuade ▷ vi to work; (esforzarse) to strive; **trabajo** nm work;

(tarea) task; *(Pol)* labour; *(fig)* effort; **tomarse el trabajo de** to take the trouble to; **trabajo por turno/a destajo** shift work/piecework; **trabajo en equipo** teamwork; **trabajos forzados** hard labour *sg*

trabalenguas [traβa'lengwas] *nm inv* tongue twister

tracción [trak'θjon] *nf* traction; **~ delantera/trasera** front-wheel/rear-wheel drive

tractor [trak'tor] *nm* tractor

tradición [traði'θjon] *nf* tradition; **tradicional** *adj* traditional

traducción [traðuk'θjon] *nf* translation

traducir [traðu'θir] */3n/ vt* to translate; **traductor, a** *nm/f* translator

traer [tra'er] */2o/ vt* to bring; *(llevar)* to carry; *(ropa)* to wear; *(incluir)* to carry; *(fig)* to cause; **traerse vr: ~se algo** to be up to sth

traficar [trafi'kar] */1g/ vi* to trade

tráfico ['trafiko] *nm (Com)* trade; *(Auto)* traffic

tragaluz [traɣa'luθ] *nm* skylight

tragamonedas [traɣamo'neðas] *nm inv*, **tragaperras** [traɣa'perras] *nm inv* slot machine

tragar [tra'ɣar] */1h/ vt* to swallow; *(devorar)* to devour, bolt down; **tragarse** *vr* to swallow

tragedia [tra'xeðja] *nf* tragedy; **trágico, -a** *adj* tragic

trago ['traɣo] *nm (de líquido)* drink; *(comido de golpe)* gulp; *(fam: de bebida)* swig; *(desgracia)* blow; **echar un ~** to have a drink

traición [trai'θjon] *nf* treachery; *(Jur)* treason; *(una traición)* act of treachery; **traicionar** */1a/ vt* to betray

traidor, a [trai'ðor, a] *adj* treacherous ▷ *nm/f* traitor

traigo *etc* ['traiɣo] *vb* V **traer**

traje ['traxe] *vb* V **traer** ▷ *nm* dress; *(de hombre)* suit; *(traje típico)* costume; **~ de baño** swimsuit; **~ de luces** bullfighter's costume

trajera *etc* [tra'xera] *vb* V **traer**

trajín [tra'xin] *nm (fam: movimiento)* bustle; **trajinar** */1a/ vi (moverse)* to bustle about

trama ['trama] *nf (intriga)* plot; *(de tejido)* weft; **tramar** */1a/ vt* to plot; *(Tec)* to weave

tramitar [trami'tar] */1a/ vt (asunto)* to transact; *(negociar)* to negotiate

trámite ['tramite] *nm (paso)* step; *(Jur)* transaction; **trámites** *nmpl (burocracia)* procedures; *(Jur)* proceedings

tramo ['tramo] *nm (de tierra)* plot; *(de escalera)* flight; *(de vía)* section

trampa ['trampa] *nf* trap; *(en el suelo)* trapdoor; *(engaño)* trick; *(fam)* fiddle; **trampear** */1a/ vt, vi* to cheat

trampolín [trampo'lin] *nm* trampoline; *(de piscina etc)* diving board

tramposo, -a [tram'poso, a] *adj* crooked, cheating ▷ *nm/f* crook, cheat

tranca ['tranka] *nf (palo)* stick; *(de puerta, ventana)* bar; **trancar** */1g/ vt* to bar

trance ['tranθe] *nm (momento difícil)* difficult moment; *(estado de hipnosis)* trance

tranquilidad [trankili'ðað] *nf (calma)* calmness, stillness; *(paz)* peacefulness

tranquilizar [trankili'θar] */1f/ vt (calmar)* to calm (down); *(asegurar)* to reassure; **tranquilizarse** *vr* to calm down; **tranquilo, -a** *adj (calmado)* calm; *(apacible)* peaceful; *(mar)* calm; *(mente)* untroubled

transacción [transak'θjon] *nf* transaction

transbordador [transβorða'ðor] *nm* ferry

transbordo [trans'βorðo] *nm* transfer; **hacer ~** to change (trains)

transcurrir [transku'rrir] */3n/ vi (tiempo)* to pass; *(hecho)* to turn out

transcurso [trans'kurso] *nm:* **~ del tiempo** lapse (of time)

t

transeúnte [transe'unte] *nmf*
passer-by

transferencia [transfe'renθja] *nf*
transference; (Com) transfer

transferir [transfe'rir] /3i/ *vt* to
transfer

transformación [transforma'θjon]
nf transformation

transformador [transforma'ðor]
nm transformer

transformar [transfor'mar] /1a/ *vt*
to transform; (convertir) to convert

transfusión [transfu'sjon] *nf* (tb:
~ **de sangre**) (blood) transfusion

transgénico, -a [trans'xeniko, a]
adj genetically modified

transición [transi'θjon] *nf*
transition

transigir [transi'xir] /3c/ *vi* to
compromise; (ceder) to make
concessions

transitar [transi'tar] /1a/ *vi* to go
(from place to place); **tránsito** [trans'sito] *nm*
transit; (Auto) traffic; **transitorio, -a**
adj transitory

transmisión [transmi'sjon]
nf (Radio, TV) transmission;
(transferencia) transfer; **~ en directo/**
exterior live/outside broadcast

transmitir [transmi'tir] /3a/ *vt* to
transmit; (Radio, TV) to broadcast

transparencia [transpa'renθja] *nf*
transparency; (claridad) clearness,
clarity; (foto) slide

transparentar [transparen'tar]
/1a/ *vt* to reveal ▷ *vi* to be transparent;
transparente *adj* transparent;
(aire) clear

transpirar [transpi'rar] /1a/ *vi* to
perspire

transportar [transpor'tar] /1a/ *vt* to
transport; (llevar) to carry; **transporte**
nm transport; (Com) haulage

transversal [transβer'sal] *adj*
transverse, cross

tranvía [tram'bia] *nm* tram

trapeador [trapea'ðor] *nm* (ᴸᴬᴹ)
mop; **trapear** /1a/ *vt* (ᴸᴬᴹ) to mop

trapecio [tra'peθjo] *nm* trapeze;
trapecista *nmf* trapeze artist

trapero, -a [tra'pero, a] *nm/f* ragman

trapicheos [trapi'tʃeos] *nmpl* (fam)
schemes, fiddles

trapo ['trapo] *nm* (tela) rag; (de
cocina) cloth

tráquea ['trakea] *nf* windpipe

traqueteo [trake'teo] *nm* rattling

tras [tras] *prep* (detrás) behind;
(después) after

trasatlántico [trasat'lantiko] *nm*
(barco) (cabin) cruiser

trascendencia [trasθen'denθja] *nf*
(importancia) importance; (en filosofía)
transcendence

trascendental [trasθenden'tal] *adj*
important; transcendental

trasero, -a [tra'sero, a] *adj* back, rear
▷ *nm* (Anat) bottom

trasfondo [tras'fondo] *nm*
background

trasgredir [trasɣre'ðir] /3a/ *vt* to
contravene

trashumante [trasu'mante] *adj*
migrating

trasladar [trasla'ðar] /1a/ *vt* to move;
(persona) to transfer; (postergar) to
postpone; (copiar) to copy; **trasladarse**
vr (mudarse) to move; **traslado** *nm*
move; (mudanza) move, removal

traslucir [traslu'θir] /3f/ *vt* to show

trasluz [tras'luθ] *nm* reflected light;
al ~ against o up to the light

trasnochador, a *nm/f* (fig) night owl

trasnochar [trasno'tʃar] /1a/ *vi*
(acostarse tarde) to stay up late

traspapelar [traspape'lar] /1a/ *vt*
(documento, carta) to mislay, misplace

traspasar [traspa'sar] /1a/ *vt* (bala)
to pierce, go through; (propiedad) to
sell, transfer; (calle) to cross over;
(límites) to go beyond; (ley) to break;
traspaso *nm* (venta) transfer, sale

traspié [tras'pje] *nm* (tropezón) trip;
(fig) blunder

trasplantar [trasplan'tar] /1a/ *vt*
to transplant

traste ['traste] nm (Mus) fret; **dar al ~ con algo** to ruin sth

trastero [tras'tero] nm lumber room

trastienda [tras'tjenda] nf back room (of shop)

trasto ['trasto] nm (pey: cosa) piece of junk; (: persona) dead loss

trastornado, -a [trastor'naðo, a] adj (loco) mad; crazy

trastornar [trastor'nar] /1a/ vt (fig: ideas) to confuse; (: nervios) to shatter; (: persona) to drive crazy; **trastornarse** vr (volverse loco) to go mad o crazy; **trastorno** nm (acto) overturning; (confusión) confusion

tratable [tra'taβle] adj friendly

tratado [tra'taðo] nm (Pol) treaty; (Com) agreement

tratamiento [trata'mjento] nm treatment; **~ de textos** (Inform) word processing

tratar [tra'tar] /1a/ vt (ocuparse de) to treat; (manejar, Tec) to handle; (Med) to treat; (dirigirse a: persona) to address ▷ vi: **~ de** (hablar sobre) to deal with, be about; (intentar) to try to; **tratarse** vr to treat each other; **~ con** (Com) to trade in; (negociar con) to negotiate with; (tener tratos con) to have dealings with; **¿de qué se trata?** what's it about?; **trato** nm dealings pl; (relaciones) relationship; (comportamiento) manner; (Com, Jur) agreement

trauma ['trauma] nm trauma

través [tra'βes] nm (contratiempo) reverse; **al ~** across, crossways; **a ~ de** across; (sobre) over; (por) through

travesaño [traβe'saɲo] nm (Arq) crossbeam; (Deporte) crossbar

travesía [traβe'sia] nf (calle) crossstreet; (Naut) crossing

travesura [traβe'sura] nf (broma) prank; (ingenio) wit

travieso, -a [tra'βjeso, a] adj (niño) naughty

trayecto [tra'jekto] nm (ruta) road, way; (viaje) journey; (tramo) stretch

trayectoria nf trajectory; (fig) path

traza ['traθa] nf (aspecto) looks pl; (señal) sign; **trazado, -a** adj: **bien trazado** shapely, well-formed ▷ nm (Arq) plan, design; (fig) outline

trazar [tra'θar] /1f/ vt (Arq) to plan; (Arte) to sketch; (fig) to trace; (plan) to draw up; **trazo** nm (línea) line; (bosquejo) sketch

trébol ['treβol] nm (Bot) clover

trece ['treθe] num thirteen

trecho ['tretʃo] nm (distancia) distance; (de tiempo) while

tregua ['treɣwa] nf (Mil) truce; (fig) lull, respite

treinta ['treinta] num thirty

tremendo, -a [tre'mendo, a] adj (terrible) terrible; (imponente: cosa) imposing; (fam: fabuloso) tremendous

tren [tren] nm train; **~ de aterrizaje** undercarriage; **~ de cercanías** suburban train

trenca ['trenka] nf duffel coat

trenza ['trenθa] nf (de pelo) plait

trepar [tre'par] /1a/ vt, vi to climb

tres [tres] num three

tresillo [tre'siʎo] nm three-piece suite; (Mus) triplet

treta ['treta] nf trick

triángulo [tri'angulo] nm triangle

tribu ['triβu] nf tribe

tribuna [tri'βuna] nf (plataforma) platform; (Deporte) stand

tribunal [triβu'nal] nm (en juicio) court; (comisión, fig) tribunal; **~ popular** jury

tributo [tri'βuto] nm (Com) tax

trigal [tri'ɣal] nm wheat field

trigo ['triɣo] nm wheat

trigueño, -a [tri'ɣeɲo, a] adj (pelo) corn-coloured

trillar [tri'ʎar] /1a/ vt (Agr) to thresh

trimestral [trimes'tral] adj quarterly; (Escol) termly

trimestre [tri'mestre] nm (Escol) term

trinar [tri'nar] /1a/ vi (ave) to sing; (rabiar) to fume, be angry

trinchar [trin'tʃar] /1a/ vt to carve

t

trinchera [trin'tʃera] nf (fosa) trench

trineo [tri'neo] nm sledge

trinidad [trini'ðað] nf trio; (Rel): **la T~** the Trinity

tripa ['tripa] nf (Anat) intestine; (fam) belly; **tripas** nfpl insides

triple ['triple] adj triple

triplicado, -a [tripli'kaðo, a] adj: **por ~** in triplicate

tripulación [tripula'θjon] nf crew

tripulante [tripu'lante] nmf crewman/woman

tripular [tripu'lar] /1a/ vt (barco) to man; (Auto) to drive

triquiñuela [triki'nwela] nf trick

tris [tris] nm crack

triste ['triste] adj sad; (lamentable) sorry, miserable; **tristeza** nf (aflicción) sadness; (melancolía) melancholy

triturar [tritu'rar] /1a/ vt (moler) to grind; (mascar) to chew

triunfar [triun'far] /1a/ vi (tener éxito) to triumph; (ganar) to win; **triunfo** nm triumph

trivial [tri'βjal] adj trivial

triza ['triθa] nf: **hacer algo ~s** to smash sth to bits; (papel) to tear sth to shreds

trocear [troθe'ar] /1a/ vt to cut up

trocha ['trotʃa] nf short cut

trofeo [tro'feo] nm (premio) trophy

tromba ['tromba] nf: **downpour

trombón [trom'bon] nm trombone

trombosis [trom'bosis] nf inv thrombosis

trompa ['trompa] nf horn; (trompo) humming top; (hocico) snout; **cogerse una ~** (fam) to get tight

trompazo [trom'paθo] nm (choque) bump, bang; (puñetazo) punch

trompeta [trom'peta] nf trumpet; (clarín) bugle

trompicón [trompi'kon]: **a trompicones** adv in fits and starts

trompo ['trompo] nm spinning top

trompón [trom'pon] nm bump

tronar [tro'nar] /1l/ vt (AM) to shoot; (: examen) to flunk ▷ vi to thunder; (fig) to rage

tronchar [tron'tʃar] /1a/ vt (árbol) to chop down; (fig: vida) to cut short; (esperanza) to shatter; (persona) to tire out; **troncharse** vr to fall down

tronco ['tronko] nm (de árbol, Anat) trunk

trono ['trono] nm throne

tropa ['tropa] nf (Mil) troop; (soldados) soldiers pl

tropezar [trope'θar] /1f, 1j/ vi to trip, stumble; (fig) to slip up; **~ con** to run into; (topar con) to bump into; **tropezón** nm trip; (fig) blunder

tropical [tropi'kal] adj tropical

trópico ['tropiko] nm tropic

tropiezo etc [tro'pjeθo] vb V **tropezar** ▷ nm (error) slip, blunder; (desgracia) misfortune; (obstáculo) snag

trotamundos [trota'mundos] nm inv globetrotter

trotar [tro'tar] /1a/ vi to trot; **trote** nm trot; (fam) travelling; **de mucho trote** hard-wearing

trozar [tro'θar] /1f/ vt (AM) to cut up, cut into pieces

trozo ['troθo] nm bit, piece

trucha ['trutʃa] nf trout

truco ['truko] nm (habilidad) knack; (engaño) trick

trueno ['trweno] nm thunder; (estampido) bang

trueque ['trweke] nm exchange; (Com) barter

trufa ['trufa] nf (Bot) truffle

truhán, -ana [tru'an, ana] nm/f rogue

truncar [trun'kar] /1g/ vt (cortar) to truncate; (la vida etc) to cut short; (el desarrollo) to stunt

tu [tu] adj your

tú [tu] pron you

tubérculo [tu'βerkulo] nm (Bot) tuber

tuberculosis [tuβerku'losis] nf inv tuberculosis

tubería [tuβe'ria] nf pipes pl; (conducto) pipeline

tubo ['tuβo] nm tube, pipe; **~ de ensayo** test-tube; **~ de escape** exhaust (pipe)

tuerca ['twerka] *nf* nut

tuerto, -a ['twerto, a] *adj* blind in one eye ▷ *nm/f* one-eyed person

tuerza etc ['twerθa] *vb* V **torcer**

tuétano ['twetano] *nm* marrow; (Bot) pith

tufo ['tufo] *nm* (pey) stench

tuitear [tuite'ar] *vt, vi* to tweet

tul [tul] *nm* tulle

tulipán [tuli'pan] *nm* tulip

tullido, -a [tu'ʎiðo, a] *adj* crippled

tumba ['tumba] *nf* (sepultura) tomb

tumbar [tum'bar] /1a/ *vt* to knock down; **tumbarse** *vr* (echarse) to lie down; (extenderse) to stretch out

tumbo ['tumbo] *nm:* **dar –s** to stagger

tumbona [tum'bona] *nf* (butaca) easy chair; (de playa) deckchair (BRIT), beach chair (US)

tumor [tu'mor] *nm* tumour

tumulto [tu'multo] *nm* turmoil

tuna ['tuna] *nf* (Mus) student music group; V tb **tuno**

TUNA

- A tuna is made up of university
- students, or quite often former
- students, who dress up in costumes
- from the Edad de Oro, the Spanish
- Golden Age. These musical troupes
- go through the town playing their
- guitars, lutes and tambourines
- and serenade the young ladies
- in the halls of residence, or
- make impromptu appearances
- at weddings or parties singing
- traditional Spanish songs for a
- few coins.

tunante [tu'nante] *nm* rogue

túnel ['tunel] *nm* tunnel

Túnez ['tuneθ] *nm* Tunis

tuning ['tunin] *nm* (Auto) car styling, modding (fam)

tuno, -a ['tuno, a] *nm/f* (fam) rogue ▷ *nm* (Mus) member of a "tuna"; V **tuna**

tupido, -a [tu'piðo, a] *adj* (denso) dense; (tela) close-woven

turbante [tur'βante] *nm* turban

turbar [tur'βar] /1a/ *vt* (molestar) to disturb; (incomodar) to upset

turbina [tur'βina] *nf* turbine

turbio, -a ['turβjo, a] *adj* cloudy; (tema) confused

turbulencia [turβu'lenθja] *nf* turbulence; (fig) restlessness;

turbulento, -a [turβu'lento, a] *adj* turbulent; (fig: intranquilo) restless; (ruidoso) noisy

turco, -a ['turko, a] *adj* Turkish ▷ *nm/f* Turk

turismo [tu'rismo] *nm* tourism; (coche) saloon car; **turista** *nmf* tourist; **turístico, -a** *adj* tourist *cpd*

turnarse [tur'narse] /1a/ *vr* to take (it in) turns; **turno** *nm* (de trabajo) shift; (Deporte etc) turn

turquesa [tur'kesa] *nf* turquoise

Turquía [tur'kia] *nf* Turkey

turrón [tu'rron] *nm* (dulce) nougat

tutear [tute'ar] /1a/ *vt* to address as familiar "tú"; **tutearse** *vr* to be on familiar terms

tutela [tu'tela] *nf* (legal) guardianship; **tutelar** /1a/ *adj* tutelary ▷ *vt* to protect

tutor, a [tu'tor, a] *nm/f* (legal) guardian; (Escol) tutor

tuve etc ['tuβe] *vb* V **tener**

tuviera etc *vb* V **tener**

tuyo, -a ['tujo, a] *adj* yours, of yours ▷ *pron* yours; **un amigo –** a friend of yours; **los –s** (fam) your relations, your family

TV *nf abr* (= televisión) TV

TVE *nf abr* = **Televisión Española**

tweet [twit] (*pl* **tweets**) *nm* (en Twitter) tweet

u [u] *conj* or

ubicar [uβi'kar] /1g/ *vt* to place,
situate; *(encontrar)* to find; **ubicarse** *vr*
to be situated, be located

ubre ['uβre] *nf* udder

UCI *sigla f* (= *Unidad de Cuidados
Intensivos*) ICU

Ud(s) *abr* = **usted**

UE *nf abr* (= *Unión Europea*) EU

ufanarse [ufa'narse] /1a/ *vr* to boast;
ufano, -a *adj (arrogante)* arrogant;
(presumido) conceited

UGT *nf abr* V **Unión General de
Trabajadores (UGT)**

úlcera ['ulθera] *nf* ulcer

ulterior [ulte'rjor] *adj (más allá)*
farther, further; *(subsecuente, siguiente)*
subsequent

últimamente ['ultimamente] *adv
(recientemente)* lately, recently

ultimar [ulti'mar] /1a/ *vt* to finish;
(finalizar) to finalize; (*ᴌᴀᴍ: matar*) to kill

ultimátum [ulti'matum] *nm*
ultimatum

último, -a ['ultimo, a] *adj* last; *(más
reciente)* latest, most recent; *(más bajo)*
bottom; *(más alto)* top; **en las últimas**
on one's last legs; **por ~** finally

ultra ['ultra] *adj* ultra ▷ *nmf* extreme
right-winger

ultraje [ul'traxe] *nm* outrage; insult

ultramar [ultra'mar] *nm*: **de** *o* **en ~**
abroad, overseas

ultranza [ul'tranθa]: **a ~** *adv (a toda
costa)* at all costs; *(completo)* outright

umbral [um'bral] *nm (gen)* threshold

PALABRA CLAVE

un, -una [un, 'una] *artículo indefinido*
1 a; *(antes de vocal)* an; **una mujer/
naranja** a woman/an orange
2: **unos/unas: hay unos regalos
para ti** there are some presents for you;
hay unas cervezas en la nevera there
are some beers in the fridge; *V tb* **uno**

unánime [u'nanime] *adj* unanimous;
unanimidad *nf* unanimity

undécimo, -a [un'deθimo, a] *adj*
eleventh

ungir [un'xir] /3c/ *vt* to anoint

ungüento [un'gwento] *nm* ointment

único, -a ['uniko, a] *adj* only; sole; *(sin
par)* unique

unidad [uni'ðað] *nf* unity; *(Tec)* unit

unido, -a [u'niðo, a] *adj* joined,
linked; *(fig)* united

unificar [unifi'kar] /1g/ *vt* to unite, unify

uniformar [unifor'mar] /1a/ *vt* to
make uniform; *(persona)* to put into
uniform

uniforme [uni'forme] *adj* uniform,
equal; *(superficie)* even ▷ *nm* uniform

unilateral [unilate'ral] *adj* unilateral

unión [u'njon] *nf* union; *(acto)* uniting,
joining; *(calidad)* unity; *(Tec)* joint; **U~
General de Trabajadores (UGT)**
(ᴇsᴘ) Socialist Union Confederation; **U~
Europea** European Union

unir [u'nir] /3a/ *vt (juntar)* to join,
unite; *(atar)* to tie, fasten; *(combinar)*

to combine; **unirse** vr to join together, unite; (*empresas*) to merge

unísono [u'nisono] nm: **al ~** in unison

universal [uniβer'sal] adj universal; (*mundial*) world cpd

universidad [uniβersi'ðað] nf university

universitario, -a [uniβersi'tarjo, a] adj university cpd ▷ nm/f (*profesor*) lecturer; (*estudiante*) (university) student; (*graduado*) graduate

universo [uni'βerso] nm universe

PALABRA CLAVE

uno, -a ['uno, a] adj one; **unos pocos** a few; **unos cien** about a hundred
▷ pron 1 one; **quiero uno solo** I only want one; **uno de ellos** one of them
2 (*alguien*) somebody, someone; **conozco a uno que se te parece** I know somebody o someone who looks like you; **unos querían quedarse** some (people) wanted to stay
3 (*impersonal*) one; **uno mismo** oneself
4: **unos ... otros ...** some ... others
▷ nf one; **es la una** it's one o'clock
▷ num (number) one; V tb **un**

untar [un'tar] /1a/ vt (*mantequilla*) to spread; (*engrasar*) to grease, oil

uña ['uɲa] nf (*Anat*) nail; (*garra*) claw; (*casco*) hoof; (*arrancaclavos*) claw

uranio [u'ranjo] nm uranium

urbanización [urβaniθa'θjon] nf (*colonia, barrio*) estate, housing scheme

urbanizar [urβani'θar] /1f/ vt (*zona*) to develop, urbanize

urbano, -a [ur'βano, a] adj (*de ciudad*) urban; (*cortés*) courteous, polite

urbe [urβe] nf large city

urdir [ur'ðir] /3a/ vt to warp; (*fig*) to plot, contrive

urgencia [ur'xenθja] nf urgency; (*prisa*) haste, rush; (*emergencia*) emergency; **servicios de ~** emergency services; **"U~s"** Casualty;

urgente adj urgent

urgir [ur'xir] /3c/ vi to be urgent; **me urge** I'm in a hurry for it

urinario, -a [uri'narjo, a] adj urinary
▷ nm urinal

urna ['urna] nf urn; (*Pol*) ballot box

urraca [u'rraka] nf magpie

URSS nf abr (Historia: = Unión de Repúblicas Socialistas Soviéticas) USSR

Uruguay [uru'ɣwai] nm: **El ~** Uruguay; **uruguayo, -a** adj, nm/f Uruguayan

usado, -a [u'saðo, a] adj used; (*de segunda mano*) secondhand

usar [u'sar] /1a/ vt to use; (*ropa*) to wear; (*tener costumbre*) to be in the habit of; **usarse** vr to be used; **uso** nm use; (*Mecánica etc*) wear; (*costumbre*) usage, custom; (*moda*) fashion; **al uso** in keeping with custom; **al uso de** in the style of; **de uso externo** (*Med*) for external use

usted [us'teð] pron you sg; **~es** you pl

usual [u'swal] adj usual

usuario, -a [usw'arjo, a] nm/f user

usura [u'sura] nf usury; **usurero, -a** nm/f usurer

usurpar [usur'par] /1a/ vt to usurp

utensilio [uten'siljo] nm tool; (*Culin*) utensil

útero ['utero] nm uterus, womb

útil ['util] adj useful ▷ nm tool; **utilidad** nf usefulness; (*Com*) profit; **utilizar** /1f/ vt to use, utilize

utopía [uto'pia] nf Utopia; **utópico, -a** adj Utopian

uva ['uβa] nf grape

UVA

In Spain *las uvas* play a big part on New Years' Eve (*Nochevieja*), when on the stroke of midnight people from every part of Spain, at home, in restaurants or in the plaza mayor eat a grape for each stroke of the clock – especially the one at Puerta del Sol in Madrid. It is said to bring luck for the following year.

u

V

va [ba] vb V **ir**

vaca ['baka] nf (animal) cow; (carne) beef

vacaciones [baka'θjones] nfpl holiday(s)

vacante [ba'kante] adj vacant, empty ⊳ nf vacancy

vaciar [ba'θjar] /1c/ vt to empty (out); (ahuecar) to hollow out; (moldear) to cast; **vaciarse** vr to empty

vacilar [baθi'lar] /1a/ vi to be unsteady; to falter; to hesitate, waver; (memoria) to fail

vacío, -a [ba'θio, a] adj empty; (puesto) vacant; (desocupado) idle; (vano) vain ⊳ nm emptiness; (Física) vacuum; (un vacío) (empty) space

vacuna [ba'kuna] nf vaccine; **vacunar** /1a/ vt to vaccinate

vacuno, -a [ba'kuno, a] adj bovine; **ganado ~** cattle

vadear [baðe'ar] /1a/ vt (río) to ford; **vado** nm ford; **"vado permanente"** "keep clear"

vagabundo, -a [baɣa'βundo, a] adj wandering ⊳ nm/f tramp

vagancia [ba'ɣanθja] nf (pereza) idleness, laziness; (vagabundeo) vagrancy

vagar [ba'ɣar] /1h/ vi to wander; (no hacer nada) to idle

vagina [ba'xina] nf vagina

vago, -a ['baɣo, a] adj vague; (perezoso) lazy ⊳ nm/f (vagabundo) tramp; (perezoso) lazybones sg, idler

vagón [ba'ɣon] nm (de pasajeros) carriage; (de mercancías) wagon

vaho ['bao] nm (vapor) vapour, steam; (respiración) breath

vaina ['baina] nf sheath

vainilla [bai'niʎa] nf vanilla

vais [bais] vb V **ir**

vaivén [bai'βen] nm to-and-fro movement; (de tránsito) coming and going; **vaivenes** nmpl (fig) ups and downs

vajilla [ba'xiʎa] nf crockery, dishes pl; (una vajilla) service

valdré etc vb V **valer**

vale ['bale] nm voucher; (recibo) receipt; (pagaré) IOU

valedero, -a [bale'ðero, a] adj valid

valenciano, -a [balen'θjano, a] adj Valencian

valentía [balen'tia] nf courage, bravery

valer [ba'ler] /2p/ vt to be worth; (Mat) to equal; (costar) to cost ⊳ vi (ser útil) to be useful; (ser válido) to be valid; **valerse** vr to take care of o.s.; **~ la pena** to be worthwhile; **¿vale?** O.K.?; **más vale que nos vayamos** we'd better go; **~se de** to make use of, take advantage of; **¡eso a mí no me vale!** (ʟᴀᴍ fam: no importar) I couldn't care less about that

valeroso, -a [bale'roso, a] adj brave, valiant

valgo etc vb V **valer**

valía [ba'lia] nf worth

validar [bali'ðar] /1a/ vt to validate; **validez** nf validity; **válido, -a** adj valid

valiente [ba'ljente] adj brave, valiant
▷ nmf brave man/woman

valija [ba'lixa] nf (LAM) case, suitcase;
~ **diplomática** diplomatic bag

valioso, -a [ba'ljoso, a] adj valuable

valla [ba'ʎa] nf fence; (Deporte) hurdle;
~ **publicitaria** hoarding (esp BRIT),
billboard (esp US); **vallar** /1a/ vt to
fence in

valle ['baʎe] nm valley

valor [ba'lor] nm value, worth; (precio)
price; (valentía) valour, courage;
(importancia) importance; V tb
valores; **valorar** /1a/ vt to value;
valores nmpl (Com) securities

vals [bals] nm waltz

válvula ['balβula] nf valve

vamos ['bamos] vb V **ir**

vampiro, -iresa [bam'piro, i'resa]
nm/f vampire

van [ban] vb V **ir**

vanguardia [ban'gwardja] nf
vanguard; (Arte) avant-garde

vanidad [bani'ðað] nf vanity;
vanidoso, -a adj vain, conceited

vano, -a ['bano, a] adj vain

vapor [ba'por] nm vapour; (vaho)
steam; **al** ~ (Culin) steamed; ~ **de
agua** water vapour; **vaporizador** nm
spray; **vaporizar** /1f/ vt to vaporize;
vaporoso, -a adj vaporous

vaquero, -a [ba'kero, a] adj cattle cpd
▷ nm cowboy; **vaqueros** nmpl jeans

vaquilla [ba'kiʎa] nf heifer

vara ['bara] nf stick; (Tec) rod

variable [ba'rjaβle] adj, nf variable
(tb Inform)

variación [barja'θjon] nf variation

variar [ba'rjar] /1c/ vt to vary;
(modificar) to modify; (cambiar de
posición) to switch around ▷ vi to vary

varicela [bari'θela] nf chicken pox

varices [ba'riθes] nfpl varicose veins

variedad [barje'ðað] nf variety

varilla [ba'riʎa] nf stick; (Bot) twig;
(Tec) rod; (de rueda) spoke

vario, -a ['barjo, a] adj varied; **-s**
various, several

varita [ba'rita] nf: ~ **mágica** magic
wand

varón [ba'ron] nm male; man; **varonil**
adj manly

Varsovia [bar'soβja] nf Warsaw

vas [bas] vb V **ir**

vasco, -a ['basko, a], **vascongado,
-a** [bas[kon'gaðo, a] adj, nm/f Basque

vaselina [base'lina] nf Vaseline®

vasija [ba'sixa] nf (earthenware)
vessel

vaso ['baso] nm glass, tumbler; (Anat)
vessel

⬛ No confundir *vaso* con la palabra
inglesa *vase*.

vástago ['bastaɣo] nm (Bot) shoot;
(Tec) rod; (fig) offspring

vasto, -a ['basto, a] adj vast, huge

Vaticano [bati'kano] nm: **el** ~ the
Vatican

vatio ['batjo] nm (Elec) watt

vaya etc ['baja] vb V **ir**

Vd abr = **usted**

Vds abr = **ustedes**; V **usted**

ve [be] vb V **ir**; **ver**

vecindad [beθin'dað] nf,
vecindario [beθin'darjo] nm
neighbourhood; (habitantes)
residents pl

vecino, -a [be'θino, a] adj
neighbouring ▷ nm/f neighbour;
(residente) resident

veda ['beða] nf prohibition; **vedar** /1a/
vt (prohibir) to ban, prohibit; (impedir)
to stop, prevent

vegetación [bexeta'θjon] nf
vegetation

vegetal [bexe'tal] adj, nm vegetable

vegetariano, -a [bexeta'rjano, a]
adj, nm/f vegetarian

vehículo [be'ikulo] nm vehicle;
(Med) carrier

veía etc vb V **ver**

veinte ['beinte] num twenty

vejar [be'xar] /1a/ vt (irritar) to annoy,
vex; (humillar) to humiliate

vejez [be'xeθ] nf old age

vejiga [be'xiɣa] nf (Anat) bladder

vela ['bela] nf (de cera) candle; (Naut) sail; (insomnio) sleeplessness; (vigilia) vigil; (Mil) sentry duty; **estar a dos ~s** (fam) to be skint

velado, -a [be'laðo, a] adj veiled; (sonido) muffled; (Foto) blurred ▷ nf soirée

velar [be'lar] /1a/ vt (vigilar) to keep watch over ▷ vi to stay awake; **~ por** to watch over, look after

velatorio [bela'torjo] nm (funeral) wake

velero [be'lero] nm (Naut) sailing ship; (Aviat) glider

veleta [be'leta] nf weather vane

veliz [be'lis] nm (LAM) suitcase

vello [beʎo] nm down, fuzz

velo ['belo] nm veil

velocidad [beloθi'ðað] nf speed; (Tec) rate; (Mecánica, Auto) gear

velocímetro [belo'θimetro] nm speedometer

velorio [be'lorjo] nm (LAM) (funeral) wake

veloz [be'loθ] adj fast

ven [ben] vb V **venir**

vena ['bena] nf vein

venado [be'naðo] nm deer

vencedor, a [benθe'ðor, a] adj victorious ▷ nm/f victor, winner

vencer [ben'θer] /2b/ vt (dominar) to defeat, beat; (derrotar) to vanquish; (superar, controlar) to overcome, master ▷ vi (triunfar) to win (through), triumph; (plazo) to expire; **vencido, -a** adj (derrotado) defeated, beaten; (Com) due ▷ adv: **pagar vencido** to pay in arrears

venda ['benda] nf bandage; **vendaje** nm bandage, dressing; **vendar** /1a/ vt to bandage; **vendar los ojos** to blindfold

vendaval [benda'βal] nm (viento) gale

vendedor, a [bende'ðor, a] nm/f seller

vender [ben'der] /2a/ vt to sell; **venderse** vr (estar a la venta) to be on sale; **~ al contado/al por mayor/**

al por menor/a plazos to sell for cash/wholesale/retail/on credit; **"se vende"** "for sale"

vendimia [ben'dimja] nf grape harvest

vendré etc [ben'dre] vb V **venir**

veneno [be'neno] nm poison; (de serpiente) venom; **venenoso, -a** adj poisonous; venomous

venerable [bene'raβle] adj venerable; **venerar** /1a/ vt (respetar) to revere; (reconocer) to venerate; (adorar) to worship

venéreo, -a [be'nereo, a] adj: **enfermedad venérea** venereal disease

venezolano, -a [beneθo'lano, a] adj Venezuelan

Venezuela [bene'θwela] nf Venezuela

venganza [ben'ganθa] nf vengeance, revenge; **vengar** /1h/ vt to avenge; **vengarse** vr to take revenge; **vengativo, -a** adj (persona) vindictive

vengo etc vb V **venir**

venia ['benja] nf (perdón) pardon; (permiso) consent

venial [be'njal] adj venial

venida [be'niða] nf (llegada) arrival; (regreso) return

venidero, -a [beni'ðero, a] adj coming, future

venir [be'nir] /3r/ vi to come; (llegar) to arrive; (ocurrir) to happen; **venirse** vr: **~se abajo** to collapse; **~ bien** to be suitable; **~ mal** to be unsuitable o inconvenient; **el año que viene** next year

venta ['benta] nf (Com) sale; **~ a plazos** hire purchase; **"en ~"** "for sale"; **~ al contado/al por mayor/ al por menor o al detalle** cash sale/ wholesale/retail; **~ a domicilio** door-to-door selling; **estar de o en ~** to be (up) for sale o on the market

ventaja [ben'taxa] nf advantage; **ventajoso, -a** adj advantageous

ventana [ben'tana] nf window; **ventanilla** nf (de taquilla) window

ventilación [bentila'θjon] nf
ventilation; (corriente) draught

ventilador [bentila'ðor] nm fan

ventilar [benti'lar] /1a/ vt to
ventilate; (poner a secar) to put out to
dry; (fig) to air, discuss

ventisca [ben'tiska] nf blizzard

ventrílocuo, -a [ben'trilokwo, a]
nm/f ventriloquist

ventura [ben'tura] nf (felicidad)
happiness; (buena suerte) luck; (destino)
fortune; **a la (buena) ~** at random;
venturoso, -a adj happy; (afortunado)
lucky, fortunate

veo etc vb V **ver**

ver [ber] /2u/ vt, vi to see; (mirar) to
look at, watch; (investigar) to look
into; (entender) to see, understand;
verse vr (encontrarse) to meet; (dejarse
ver) to be seen; (hallarse: en un apuro)
to find o.s., be; **a ~** let's see; **no tener
nada que ~ con** to have nothing to do
with; **a mi modo de ~** as I see it; **ya
veremos** we'll see

vera ['bera] nf edge, verge; (de río) bank

veraneante [berane'ante] nmf
holidaymaker, (summer) vacationer
(us)

veranear [berane'ar] /1a/ vi to
spend the summer; **veraneo** nm
summer holiday; **veraniego, -a** adj
summer cpd

verano [be'rano] nm summer

veras ['beras] nfpl: **de ~** really, truly

verbal [ber'ßal] adj verbal

verbena [ber'ßena] nf street party;
(baile) open-air dance

verbo ['berßo] nm verb

verdad [ber'ðað] nf truth; (fiabilidad)
reliability; **de ~** real, proper; **a decir
~, no quiero** to tell (you) the truth,
I don't want to; **verdadero, -a** adj
(veraz) true, truthful; (fiable) reliable;
(fig) real

verde ['berðe] adj green; (chiste etc)
blue, dirty ▷ nm green; **viejo ~** dirty
old man; **verdear** /1a/ vi to turn
green; **verdor** nm greenness

verdugo [ber'ðuɣo] nm executioner

verdulero, -a [berðu'lero, a] nm/f
greengrocer

verdura [ber'ðura] nf greenness;
verduras nfpl (Culin) greens

vereda [be'reða] nf path; (ʌᴍ)
pavement, sidewalk (us)

veredicto [bere'ðikto] nm verdict

vergonzoso, -a [berɣon'θoso, a] adj
shameful; (tímido) timid, bashful

vergüenza [ber'ɣwenða] nf shame,
sense of shame; (timidez) bashfulness;
(pudor) modesty; **me da ~ decírselo**
I feel too shy o it embarrasses me to
tell him

verídico, -a [be'riðiko, a] adj true,
truthful

verificar [berifi'kar] /1g/ vt to
check; (corroborar) to verify (tb
Inform); (llevar a cabo) to carry out;
verificarse vr (profecía etc) to come
o prove true

verja ['berxa] nf (cancela) iron gate;
(cerca) railing(s); (rejado) grating

vermut [ber'mu] (pl **vermuts**) nm
vermouth

verosímil [bero'simil] adj likely,
probable; (relato) credible

verruga [be'rruɣa] nf wart

versátil [ber'satil] adj versatile

versión [ber'sjon] nf version

verso ['berso] nm verse; **un ~** a line
of poetry

vértebra ['berteßra] nf vertebra

verter [ber'ter] /2g/ vt (vaciar) to
empty, pour (out); (sin querer) to spill;
(basura) to dump ▷ vi to flow

vertical [berti'kal] adj vertical

vértice ['bertiθe] nm vertex, apex

vertidos [ber'tiðos] nmpl waste sg

vertiente [ber'tjente] nf slope;
(fig) aspect

vértigo ['bertiɣo] nm vertigo; (mareo)
dizziness

vesícula [be'sikula] nf blister

vespino® [bes'pino] nm o f ≈ moped

vestíbulo [bes'tißulo] nm hall; (de
teatro) foyer

vestido [bes'tiðo] *nm* (*ropa*) clothes *pl*, clothing; (*de mujer*) dress, frock

vestidor [besti'ðor] *nm* (*LAM Deporte*) changing (*BRIT*) o locker (*US*) room

vestimenta [besti'menta] *nf* clothing

vestir [bes'tir] /3k/ *vt* (*poner: ropa*) to put on; (*llevar: ropa*) to wear; (*pagar: la ropa*) to clothe; (*sastre*) to make clothes for ⊳ *vi* to dress; (*verse bien*) to look good; **vestirse** *vr* to get dressed, dress o.s.; **estar vestido de** to be dressed o clad in; (*como disfraz*) to be dressed as

vestuario [bes'twarjo] *nm* clothes *pl*, wardrobe; (*Teat: para actores*) dressing room; (*Deporte*) changing room

vetar [be'tar] /1a/ *vt* to veto

veterano, -a [bete'rano, a] *adj, nm/f* veteran

veterinario, -a [beteri'narjo, a] *nm/f* vet(erinary surgeon) ⊳ *nm/f* veterinary science

veto ['beto] *nm* veto

vez [beθ] *nf* time; (*turno*) turn; **a la ~ que** at the same time as; **a su ~** in its turn; **una ~** once; **dos veces** twice; **de una ~** in one go; **de una ~ para siempre** once and for all; **en ~ de** instead of; **a veces** sometimes; **otra ~** again; **una y otra ~** repeatedly; **de ~ en cuando** from time to time; **7 veces 9** 7 times 9; **hacer las veces de** to stand in for; **tal ~** perhaps

vía ['bia] *nf* track, route; (*Ferro*) line; (*fig*) way; (*Anat*) passage, tube ⊳ *prep* via, by way of; **por ~ judicial** by legal means; **en ~s de** in the process of; **~ aérea** airway; **V~ Láctea** Milky Way; **~ pública** public highway o thoroughfare

viable ['bjaβle] *adj* (*plan etc*) feasible

viaducto [bja'ðukto] *nm* viaduct

viajante [bja'xante] *nm* commercial traveller

viajar [bja'xar] /1a/ *vi* to travel; **viaje** *nm* journey; (*gira*) tour; (*Naut*) voyage; **estar de viaje** to be on a journey;

viaje de ida y vuelta round trip; **viaje de novios** honeymoon; **viajero, -a** *adj* travelling (*BRIT*), traveling (*US*); (*Zool*) migratory ⊳ *nm/f* (*quien viaja*) traveller; (*pasajero*) passenger

víbora ['biβora] *nf* viper; (*LAM: venenoso*) poisonous snake

vibración [biβra'θjon] *nf* vibration

vibrar [bi'βrar] /1a/ *vt* to vibrate ⊳ *vi* to vibrate

vicepresidente [biθepresi'ðente] *nm/f* vice president

viceversa [biθe'βersa] *adv* vice versa

vicio ['biθjo] *nm* vice; (*mala costumbre*) bad habit; **vicioso, -a** *adj* (*muy malo*) vicious; (*corrompido*) depraved ⊳ *nm/f* depraved person

víctima ['biktima] *nf* victim

victoria [bik'torja] *nf* victory; **victorioso, -a** *adj* victorious

vid [bið] *nf* vine

vida ['biða] *nf* life; (*duración*) lifetime; **de por ~** for life; **en la/mi ~** never; **estar con ~** to be still alive; **ganarse la ~** to earn one's living

vídeo ['bideo] *nm* video; **película de ~** videofilm; **videocámara** *nf* camcorder; **videoclub** *nm* video club; **videojuego** *nm* video game; **videollamada** *nf* video call; **videoteléfono** *nf* videophone

vidrio ['biðrjo] *nm* glass

vieira ['bjeira] *nf* scallop

viejo, -a ['bjexo, a] *adj* old ⊳ *nm/f* old man/woman; **hacerse** o **ponerse ~** to grow o get old

Viena ['bjena] *nf* Vienna

viene *etc* ['bjene] *vb* V **venir**

vienés, -esa [bje'nes, esa] *adj* Viennese

viento ['bjento] *nm* wind; **hacer ~** to be windy

vientre ['bjentre] *nm* belly; (*matriz*) womb

viernes ['bjernes] *nm inv* Friday; **V~ Santo** Good Friday

Vietnam [bjet'nam] *nm*: Vietnam; **vietnamita** *adj* Vietnamese

viga ['biɣa] nf beam, rafter; (de metal) girder

vigencia [bi'xenθja] nf validity; **estar/entrar en ~** to be in/come into effect o force; **vigente** adj valid, in force; (imperante) prevailing

vigésimo, -a [bi'xesimo, a] adj twentieth

vigía [bi'xia] nm look-out

vigilancia [bixi'lanθja] nf: **tener a algn bajo ~** to keep watch on sb

vigilar [bixi'lar] /1a/ vt to watch over ▷ vi to be vigilant; (hacer guardia) to keep watch; **~ por** to take care of

vigilia [vi'xilja] nf wakefulness; (Rel) vigil; (: ayuno) fast

vigor [bi'ɣor] nm vigour, vitality; **en ~** in force; **entrar/poner en ~** to come/put into effect; **vigoroso, -a** adj vigorous

VIH nm abr (= virus de inmunodeficiencia humana) HIV; **~ negativo/positivo** HIV-negative/-positive

vil [bil] adj vile, low

villa ['biʎa] nf (casa) villa; (pueblo) small town; (municipalidad) municipality

villancico [biʎan'θiko] nm (Christmas) carol

vilo ['bilo]: **en ~** adv in the air, suspended; (fig) on tenterhooks, in suspense

vinagre [bi'naɣre] nm vinegar

vinagreta [bina'ɣreta] nf vinaigrette, French dressing

vinculación [binkula'θjon] nf (lazo) link, bond; (acción) linking

vincular [binku'lar] /1a/ vt to link, bind; **vínculo** nm link, bond

vine etc vb V **venir**

vinicultor, -a [binikul'tor, a] nm/f wine grower

vinicultura [binikul'tura] nf wine growing

viniera etc vb V **venir**

vino ['bino] vb V **venir** ▷ nm wine; **~ de solera/seco/tinto** vintage/dry/red wine

viña ['biɲa] nf, **viñedo** [bi'ɲeðo] nm vineyard

viola ['bjola] nf viola

violación [bjola'θjon] nf violation; **~ (sexual)** rape

violar [bjo'lar] /1a/ vt to violate; (cometer estupro) to rape

violencia [bjo'lenθja] nf (fuerza) violence, force; (embarazo) embarrassment; (acto injusto) unjust act; **violentar** /1a/ vt to force; (casa) to break into; (agredir) to assault; (violar) to violate; **violento, -a** adj violent; (furioso) furious; (situación) embarrassing; (acto) forced, unnatural

violeta [bjo'leta] nf violet

violín [bjo'lin] nm violin

violón [bjo'lon] nm double bass

viral [bi'ral] adj (tb Inform) viral

virar [bi'rar] /1a/ vi to change direction

virgen ['birxen] adj virgin ▷ nmf virgin

Virgo ['birɣo] nm Virgo

viril [bi'ril] adj virile; **virilidad** nf virility

virtud [bir'tuð] nf virtue; **en ~ de** by virtue of; **virtuoso, -a** adj virtuous ▷ nm/f virtuoso

viruela [bi'rwela] nf smallpox

virulento, -a [biru'lento, a] adj virulent

virus ['birus] nm inv virus

visa ['bisa] nf (LAM), **visado** [bi'saðo] nm (ESP) visa

víscera ['bisθera] nf internal organ; **vísceras** nfpl entrails

visceral [bisθe'ral] adj (odio) deep-rooted; **reacción ~** gut reaction

visera [bi'sera] nf visor

visibilidad [bisiβili'ðað] nf visibility; **visible** adj visible; (fig) obvious

visillo [bi'siʎo] nm lace curtain

visión [bi'sjon] nf (Anat) vision, (eye) sight; (fantasía) vision, fantasy

visita [bi'sita] nf call, visit; (persona) visitor; **visitante** adj visiting ▷ nmf visitor; **visitar** /1a/ vt to visit, call on

visón [bi'son] nm mink

visor [bi'sor] nm (Foto) viewfinder

víspera ['bispera] nf day before; **la ~ o en ~s de** on the eve of

vista ['bista] nf sight, vision; (capacidad de ver) (eye)sight; (mirada) look(s); **a primera ~** at first glance; **hacer la ~ gorda** to turn a blind eye; **volver la ~** to look back; **está a la ~ que** it's obvious that; **en ~ de** in view of; **en ~ de que** in view of the fact that; **¡hasta la ~!** so long!, see you!; **con ~s a** with a view to; **vistazo** nm glance; **dar o echar un vistazo a** to glance at

visto, -a ['bisto, a] vb V **vestir** ▷ pp de ver ▷ adj seen; (considerado) considered ▷ nm: **~ bueno** approval; **por lo ~** apparently; **está ~ que** it's clear that; **está bien/mal ~** it's acceptable/unacceptable; **~ que** since, considering that

vistoso, -a [bis'toso, a] adj colourful

visual [bi'swal] adj visual

vital [bi'tal] adj life cpd, living cpd; (fig) vital; (persona) lively, vivacious; **vitalicio, -a** [bita'liθjo, a] adj for life; **vitalidad** nf vitality; (de persona, negocio) energy; (de ciudad) liveliness

vitamina [bita'mina] nf vitamin

vitorear [bitore'ar] /1a/ vt to cheer, acclaim

vitrina [bi'trina] nf glass case; (en casa) display cabinet; (LAM) shop window

viudo, -a ['bjuðo, a] adj widowed ▷ nm widower ▷ nf widow

viva ['biβa] excl hurrah!; **¡~ el rey!** long live the King!

vivaracho, -a [biβa'ratʃo, a] adj jaunty, lively; (ojos) bright, twinkling

vivaz [bi'βaθ] adj lively

víveres ['biβeres] nmpl provisions

vivero [bi'βero] nm (Horticultura) nursery; (para peces) fish farm; (fig) hotbed

viveza [bi'βeθa] nf liveliness; (agudeza: mental) sharpness

vivienda [bi'βjenda] nf housing; (casa) house; (piso) flat (BRIT), apartment (US)

viviente [bi'βjente] adj living

vivir [bi'βir] /3a/ vt to live; to go through ▷ vi: **~ (de)** to live (by, off, on) ▷ nm life, living

vivo, -a ['biβo, a] adj living, alive; (fig) vivid; (persona: astuto) smart, clever; **en ~** (TV etc) live

vocablo [bo'kaβlo] nm (palabra) word; (término) term

vocabulario [bokaβu'larjo] nm vocabulary

vocación [boka'θjon] nf vocation; **vocacional** nf (LAM) ≈ technical college

vocal [bo'kal] adj vocal ▷ nf vowel; **vocalizar** /1f/ vt to vocalize

vocero, -a [bo'θero, a] nm/f (LAM) spokesman/woman

voces ['boθes] nfpl de **voz**

vodka ['boðka] nm vodka

vol abr = **volumen**

volado, -a [bo'laðo, a] adv (LAM) in a rush, hastily

volador, a [bola'ðor, a] adj flying

volandas [bo'landas]: **en ~** adv in o through the air

volante [bo'lante] adj flying ▷ nm (de máquina, coche) steering wheel; (de reloj) balance

volar [bo'lar] /1l/ vt to blow up ▷ vi to fly

volátil [bo'latil] adj volatile

volcán [bol'kan] nm volcano; **volcánico, -a** adj volcanic

volcar [bol'kar] /1g, 1l/ vt to upset, overturn; (tumbar, derribar) to knock over; (vaciar) to empty out ▷ vi to overturn; **volcarse** vr to tip over

voleibol [bolei'βol] nm volleyball

volqué [bol'ke] vb V **volcar**

voltaje [bol'taxe] nm voltage

voltear [bolte'ar] /1a/ vt to turn over; (volcar) to knock over

voltereta [bolte'reta] nf somersault

voltio ['boltjo] nm volt

voluble [bo'luβle] adj fickle

volumen [bo'lumen] nm volume; **voluminoso, -a** adj voluminous; (enorme) massive

voluntad [bolun'tað] nf will, willpower; (deseo) desire, wish

voluntario, -a [bolun'tarjo, a] adj voluntary ▷ nm/f volunteer

volver [bol'βer] /2h/ vt to turn; (boca abajo) to turn (over); (voltear) to turn round, turn upside down; (poner del revés) to turn inside out; (devolver) to return ▷ vi to return, go/come back; **volverse** vr to turn round; ~ **la espalda** to turn one's back; ~ **a hacer** to do again; ~ **en sí** to come to o round; ~ **triste** etc **a algn** to make sb sad etc; ~**se loco** to go mad

vomitar [bomi'tar] /1a/ vt, vi to vomit; **vómito** nm vomit

voraz [bo'raθ] adj voracious

vos [bos] pron (LAM) you

vosotros, -as [bo'sotros, as] pron you pl; (reflexivo): **entre** ~ among yourselves

votación [bota'θjon] nf (acto) voting; (voto) vote

votar [bo'tar] /1a/ vi to vote; **voto** nm vote; (promesa) vow; **votos** nmpl (good) wishes

voy [boi] vb V **ir**

voz [boθ] nf voice; (grito) shout; (chisme) rumour; (Ling) word; **dar voces** to shout, yell; **en** ~ **baja** in a low voice; **de viva** ~ verbally; **en** ~ **alta** aloud; ~ **de mando** command

vuelco etc ['bwelko] vb V **volcar** ▷ nm spill, overturning

vuelo ['bwelo] vb V **volar** ▷ nm flight; (encaje) lace, frill; **coger al** ~ to catch in flight; ~ **libre** hang-gliding; ~ **regular** scheduled flight

vuelque etc ['bwelke] vb V **volcar**

vuelta ['bwelta] nf turn; (curva) bend, curve; (regreso) return; (revolución) revolution; (circuito) lap; (de papel, tela) reverse; (cambio) change; ~ **ciclista** (Deporte) (cycle) tour; **a la** ~ (ESP) on one's return; **a la** ~ **de la esquina** round the corner; **a** ~ **de correo** by return of post; **dar** ~**s** to turn, revolve; (cabeza) to spin; **dar(se) la** ~ (volverse)

to turn round; **dar** ~**s a una idea** to turn over an idea (in one's mind); **dar una** ~ to go for a walk; (en coche) to go for a drive

vuelto ['bwelto] pp de **volver**

vuelvo etc ['bwelβo] vb V **volver**

vuestro, -a ['bwestro, a] adj your ▷ pron: **el** ~/**la vuestra**/**los** ~**s**/**las vuestras** yours; **un amigo** ~ a friend of yours

vulgar [bul'ɣar] adj (ordinario) vulgar; (común) common; **vulgaridad** nf commonness; (acto) vulgarity; (expresión) coarse expression

vulnerable [bulne'raβle] adj vulnerable

vulnerar [bulne'rar] /1a/ vt (Jur, Com) to violate; (derechos) to violate, to interfere with; (reputación) to harm, damage

V

W X

walkie-talkie [walki'talki] *nm*
walkie-talkie

walkman® ['wal(k)man] *nm*
Walkman®

wáter ['bater] *nm* (*taza*) toilet; (*LAM:*
lugar) toilet (*BRIT*), rest room (*US*)

web [web] *nm o f* (*página*) website;
(*red*) (World Wide) Web; **webcam**
nf webcam; **webmaster** *nmf*
webmaster; **website** *nm* website

western ['western] (*pl* **westerns**)
nm western

whisky ['wiski] *nm* whisky

wifi ['waifai] *nm* Wi-Fi

windsurf ['winsurf] *nm* windsurfing;
hacer ~ to go windsurfing

xenofobia [seno'foβja] *nf*
xenophobia

xilófono [si'lofono] *nm* xylophone

xocoyote, -a [ksoko'jote, a] *nm/f*
(*LAM*) baby of the family, youngest
child

yoga ['joɣa] *nm* yoga
yogur(t) [jo'ɣur(t)] *nm* yogurt
yuca ['juka] *nf* (Bot) yucca; (*alimento*) cassava, manioc root
Yugoslavia [juɣos'laβja] *nf* (Historia) Yugoslavia
yugular [juɣu'lar] *adj* jugular
yunque ['junke] *nm* anvil
yuyo ['jujo] *nm* (Am: mala hierba) weed

y [i] *conj* and; (*hora*): **la una y cinco** five past one
ya [ja] *adv* (*gen*) already; (*ahora*) now; (*en seguida*) at once; (*pronto*) soon ▷ *excl* all right! ▷ *conj* (*ahora que*) now that; **ya lo sé** I know; **¡ya está bien!** that's (quite) enough!; **¡ya voy!** coming!; **ya que** since
yacer [ja'θer] /2x/ *vi* to lie
yacimiento [jaθi'mjento] *nm* deposit; (*arqueológico*) site
yanqui ['janki] *adj* ▷ *nmf* Yankee
yate ['jate] *nm* yacht
yazco *etc* ['jaθko] *vb* V **yacer**
yedra ['jeðra] *nf* ivy
yegua ['jeɣwa] *nf* mare
yema ['jema] *nf* (*del huevo*) yolk; (Bot) leaf bud; (*fig*) best part; **~ del dedo** fingertip
yerno ['jerno] *nm* son-in-law
yeso ['jeso] *nm* plaster
yo [jo] *pron personal* I; **soy yo** it's me
yodo ['joðo] *nm* iodine

Z

zafar [θa'far] /1a/ vt (*soltar*) to untie; (*superficie*) to clear; **zafarse** vr (*escaparse*) to escape; (*Tec*) to slip off

zafiro [θa'firo] nm sapphire

zaga ['θaɣa] nf: **a la ~** behind, in the rear

zaguán [θa'ɣwan] nm hallway

zalamero, -a [θala'mero, a] adj flattering; (*relamido*) suave

zamarra [θa'marra] nf (*chaqueta*) sheepskin jacket

zambullirse [θambu'ʎirse] /3h/ vr to dive

zampar [θam'par] /1a/ vt to gobble

zanahoria [θana'orja] nf carrot

zancadilla [θanka'ðiʎa] nf trip

zanco ['θanko] nm stilt

zángano ['θanɣano] nm drone

zanja ['θanxa] nf ditch; **zanjar** /1a/ vt (*conflicto*) to resolve

zapata [θa'pata] nf (*Mecánica*) shoe

zapatería [θapate'ria] nf (*oficio*) shoemaking; (*tienda*) shoe-shop; (*fábrica*) shoe factory; **zapatero, -a** nm/f shoemaker

zapatilla [θapa'tiʎa] nf slipper; (*de deporte*) training shoe

zapato [θa'pato] nm shoe

zapping ['θapin] nm channel-hopping; **hacer ~** to channel-hop, flick through the channels

zar [θar] nm tsar, czar

zarandear [θarande'ar] /1a/ vt (*fam*) to shake vigorously

zarpa ['θarpa] nf (*garra*) claw

zarpar [θar'par] /1a/ vi to weigh anchor

zarza ['θarθa] nf (*Bot*) bramble

zarzamora [θarθa'mora] nf blackberry

zarzuela [θar'θwela] nf Spanish light opera

zigzag [θiɣ'θaɣ] adj zigzag

zinc [θink] nm zinc

zíper ['θiper] nm (*LAM*) zip, zipper (*US*)

zócalo ['θokalo] nm (*Arq*) plinth, base; (*de pared*) skirting board

zoclo ['θoklo] nm (*LAM*) skirting board (*BRIT*), baseboard (*US*)

zodíaco [θo'ðiako] nm zodiac

zona ['θona] nf area, zone; **~ fronteriza** border area; **~ roja** (*LAM*) red-light district

zonzo, -a ['θonθo, a] (*LAM*) adj silly ▷ nm/f fool

zoo ['θoo] nm zoo

zoología [θoolo'xia] nf zoology; **zoológico, -a** adj zoological ▷ nm (*tb*: **parque zoológico**) zoo; **zoólogo, -a** nm/f zoologist

zoom [θum] nm zoom lens

zopilote [θopi'lote] nm (*LAM*) buzzard

zoquete [θo'kete] nm (*fam*) blockhead

zorro, -a ['θorro, a] adj crafty ▷ nm/f fox/vixen

zozobrar [θoθo'βrar] /1a/ vi (*hundirse*) to capsize; (*fig*) to fail

zueco ['θweko] nm clog

zumbar [θum'bar] /1a/ vt (*golpear*) to hit ▷ vi to buzz; **zumbido** nm buzzing

zumo ['θumo] nm juice

zurcir [θur'θir] /3b/ vt (*coser*) to darn

zurdo, -a ['θurðo, a] adj (*persona*) left-handed

zurrar [θu'rrar] /1a/ vt (*fam*) to wallop

Phrasefinder

Guía del viajero

TOPICS		TEMAS

TOPICS | TEMAS

Hello!	¡Buenos días!
Good evening!	¡Buenas tardes!
Good night!	¡Buenas noches!
Goodbye!	¡Adiós!
What's your name?	¿Cómo se llama usted?
My name is ...	Me llamo ...
This is ...	Le presento a ...
my wife.	mi mujer.
my husband.	mi marido.
my partner.	mi pareja.
Where are you from?	¿De dónde es usted?
I come from ...	Soy de ...
How are you?	¿Cómo está usted?
Fine, thanks.	Bien, gracias.
And you?	¿Y usted?
Do you speak English?	¿Habla usted inglés?
I don't understand Spanish.	No entiendo el español.
Thanks very much!	¡Muchas gracias!
Pleasure to meet you.	Encantado de conocerle.
I'm English.	Soy inglés.
What do you do for a living?	¿A qué se dedica?

Asking the Way | ¿Cómo ir hasta ...?

Where is the nearest ...?	¿Dónde está el/la ... más próximo(-a)?
How do I get to ...?	¿Cómo voy hasta el/la ...?
Is it far?	¿Está muy lejos?
How far is it from here?	¿Qué distancia hay desde aquí?
Is this the right way to ...?	¿Es este el camino correcto para ir al/a la/a ...?
I'm lost.	Me he perdido.
Can you show me on the map?	¿Me lo puede señalar en el mapa?
You have to turn round.	Tiene que dar la vuelta.
Go straight on.	Siga todo recto.
Turn left/right.	Gire a la izquierda/ a la derecha.
Take the second street on the left/right.	Tome la segunda calle a la izquierda/a la derecha.

Car Hire | Alquiler de coches

I want to hire ...	Quería alquilar ...
a car.	*un coche.*
a moped.	*una motocicleta.*
a motorbike.	*una moto.*
How much is it for ...?	¿Cuánto cuesta por ...?
one day	*un día*
a week	*una semana*
What is included in the price?	¿Qué incluye el precio?
I'd like a child seat for a ... -year-old child.	Quería un asiento infantil para un niño de ... años.
What do I do if I have an accident/if I break down?	¿Qué debo hacer en caso de accidente/de avería?

Breakdowns | Averías

My car has broken down.	Tengo una avería.
Where is the next garage?	¿Dónde está el taller más próximo?
The exhaust	*El escape*
The gearbox	*El cambio*
The windscreen	*El parabrisas*
... is broken.	*... está roto.*
The brakes	*Los frenos*
The headlights	*Las luces*
The windscreen wipers	*Los limpiaparabrisas*
... are not working.	*... no funcionan.*
The battery is flat.	La batería está descargada.
The car won't start.	El motor no arranca.
The engine is overheating.	El motor se recalienta.
I have a flat tyre.	He tenido un pinchazo.
Can you repair it?	¿Puede repararlo?
When will the car be ready?	¿Cuándo estará listo el coche?

Parking | Aparcamiento

Can I park here?	¿Puedo aparcar aquí?
Do I need to buy a (car-parking) ticket?	¿Tengo que sacar un ticket de estacionamiento?
Where is the ticket machine?	¿Dónde está el expendedor de tickets de estacionamiento?
The ticket machine isn't working.	El expendedor de tickets de estacionamiento no funciona.

Petrol Station | Gasolinera

Where is the nearest petrol station?	¿Dónde está la gasolinera más próxima?
Fill it up, please.	Lleno, por favor.

30 euros' worth of ..., please.	30 euros de ...
diesel	*diesel.*
(unleaded) economy petrol	*gasolina normal.*
premium unleaded	*súper.*
Pump number ... please.	Número ..., por favor.
Please check ...	Por favor, compruebe ...
the tyre pressure.	*la presión de los neumáticos.*
the oil.	*el aceite.*
the water.	*el agua.*

Accident / Accidentes

Please call ...	Por favor, llame a ...
the police.	*la policía.*
an ambulance.	*una ambulancia.*
Here are my insurance details.	Estos son los datos de mi seguro.
Give me your insurance details, please.	Por favor, deme los datos de su seguro.
Can you be a witness for me?	¿Puede ser usted mi testigo?
You were driving too fast.	Usted conducía muy rápido.
It wasn't your right of way.	Usted no tenía preferencia.

Travelling by Car / Viajando en coche

What's the best route to ...?	¿Cuál es el mejor camino para ir a ...?
Do you have a road map of this area?	¿Tiene un mapa de carreteras de esta zona?

|

Cycling	En bicicleta
Where is the cycle path to ...?	¿Dónde está el carril-bici para ir a ...?
Can I keep my bike here?	¿Puedo dejar aquí mi bicicleta?
My bike has been stolen.	Me han robado la bicicleta.
Where is the nearest bike repair shop?	¿Dónde hay por aquí un taller de bicicletas?
The gears aren't working.	El cambio de marchas no funciona.
The chain is broken.	La cadena se ha roto.
I've got a flat tyre.	He tenido un pinchazo.
I need a puncture repair kit.	Necesito una caja de parches.

Train	Ferrocarril
How much is ...?	¿Cuánto cuesta ...?
a single	*un billete sencillo*
a return	*un billete de ida y vuelta*
A single to ..., please.	Un billete sencillo para ..., por favor.
I would like to travel first/ second class.	Me gustaría viajar en primera/ segunda clase.
Two returns to ..., please.	Dos billetes de ida y vuelta para ..., por favor.
Is there a reduction ...?	¿Hay descuento ...?
for students	*para estudiantes*
for pensioners	*para pensionistas*
for children	*para niños*
with this pass	*con este carnet*
Could I please have a timetable?	Quería un horario, por favor.

I'd like to reserve a seat on the train to … please.	Una reserva para el tren que va a …, por favor.
I want to book a sleeper to …	Quería reservar un coche-cama para …
When is the next train to …?	¿Cuándo sale el próximo tren para …?
Is there a supplement to pay?	¿Tengo que pagar suplemento?
Do I need to change?	¿Hay que hacer transbordo?
Where do I change?	¿Dónde tengo que hacer transbordo?
Which platform does the train for … leave from?	¿De qué andén sale el tren que va a …?
Is this the train for …?	¿Es este el tren que va a …?
Excuse me, that's my seat.	Perdone, este es mi asiento.
I have a reservation.	Tengo una reserva.
Is this seat taken/free?	¿Está ocupado/libre este asiento?
Please let me know when we get to …	Por favor, avíseme cuando lleguemos a …
Where is the buffet car?	¿Dónde está el coche restaurante?
Where is coach number …?	¿Cuál es el vagón número …?

Ferry	Transbordador
Is there a ferry to …?	¿Sale algún transbordador para …?
When is the next/first/last ferry to …?	¿Cuándo sale el próximo/primer/último transbordador para …?
How much is it for a car/camper with … people?	¿Cuánto cuesta transportar el coche/coche caravana con … personas?

How long does the crossing take?	¿Cuánto dura la travesía?
Where is ...?	¿Dónde está ...?
the restaurant	el restaurante
the bar	el bar
the duty-free shop	la tienda de duty-free
Where is cabin number ...?	¿Dónde está el camarote número ...?
Do you have anything for seasickness?	¿Tienen algo para el mareo?

Plane | Avión

Where is the luggage for the flight from ...?	¿Dónde está el equipaje procedente de...?
Where is ...?	¿Dónde está ...?
the taxi rank	la parada de taxis
the bus stop	la parada del bus
the information office	la oficina de información
My luggage hasn't arrived.	Mi equipaje no ha llegado.
Can you page ...?	¿Puede llamar por el altavoz a ...?
Where do I check in for the flight to ...?	¿Dónde hay que facturar para el vuelo a ...?
Which gate for the flight to ...?	¿Cuál es la puerta de embarque del vuelo para ...?
When is the latest I can check in?	¿Hasta qué hora como máximo se puede facturar?
When does boarding begin?	¿Cuándo es el embarque?
Window/aisle, please.	Ventanilla/pasillo, por favor.
I've lost my boarding pass/ my ticket.	He perdido la tarjeta de embarque/el billete.

Local Public Transport | Transporte público de cercanías

How do I get to ...?	¿Cómo se llega al/a la/hasta ...?
Where is the nearest ...?	¿Dónde está la próxima ...?
bus stop	parada del bus
underground station	estación de metro
Where is the bus station?	¿Dónde está la estación de autobuses?
A ticket to ..., please.	Un billete a ..., por favor.
Is there a reduction ...?	¿Hay descuento ...?
for students	para estudiantes
for pensioners	para pensionistas
for children	para niños
for the unemployed	para desempleados
with this card	con este carnet
How does the (ticket) machine work?	¿Cómo funciona la máquina (de billetes)?
Please tell me when to get off.	¿Puede decirme cuándo tengo que bajar?
What is the next stop?	¿Cuál es la próxima parada?
Can I get past, please?	¿Me deja pasar?

Taxi | Taxi

Where can I get a taxi?	¿Dónde puedo coger un taxi?
Call me a taxi, please.	¿Puede llamar a un taxi?
To the airport/station, please.	Al aeropuerto/a la estación, por favor.
To this address, please.	A esta dirección, por favor.
I'm in a hurry.	Tengo mucha prisa.
How much is it?	¿Cuánto cuesta el trayecto?
I need a receipt.	Necesito un recibo.
Keep the change.	Quédese con el cambio.
Stop here, please.	Pare aquí, por favor.

Camping | Camping

Is there a campsite?	¿Hay un camping por aquí?
We'd like a site for ...	Queríamos un lugar para ...
a tent.	una tienda de campaña.
a caravan.	una caravana.
We'd like to stay one night/... nights.	Queremos quedarnos una noche/... noches.
How much is it per night?	¿Cuánto es por noche?
Where are ...?	¿Dónde están ...?
the toilets	los lavabos
the showers	las duchas
Where is ...?	¿Dónde está ...?
the site office	la oficina de administración
Can we camp/park here overnight?	¿Podemos acampar/aparcar aquí esta noche?

Self-Catering | Vivienda para las vacaciones

Where do we get the key for the apartment/house?	¿Dónde nos dan la llave para el piso/la casa?
Do we have to pay extra for electricity/gas?	¿Hay que pagar aparte la luz/el gas?
How does the heating work?	¿Cómo funciona la calefacción?
Whom do I contact if there are any problems?	¿Con quién debo hablar si hubiera algún problema?
We need ...	Necesitamos ...
a second key.	otra copia de la llave.
more sheets.	más sábanas.
The gas has run out.	Ya no queda gas.
There is no electricity.	No hay corriente.
Do we have to clean the apartment/the house before we leave?	¿Hay que limpiar el piso/la casa antes de marcharnos?

Hotel	Hotel
Do you have a ... for tonight?	¿Tienen una ... para esta noche?
single room	*habitación individual*
double room	*habitación doble*
Do you have a room ... ?	¿Tiene una habitación ... ?
with a bath	*con baño*
with a shower	*con ducha*
I want to stay for one night/ ... nights.	Quería pasar una noche/ ... noches.
I booked a room in the name of ...	Tengo reservada una habitación a nombre de ...
I'd like another room.	Quería otra habitación.
What time is breakfast?	¿Cuándo sirven el desayuno?
Can I have breakfast in my room?	¿Podrían traerme el desayuno a la habitación?
Where is ...?	¿Dónde está ...?
the gym	*el gimnasio*
the swimming pool	*la piscina*
the spa	*el spa*
I'd like an alarm call for tomorrow morning at ...	Por favor, despiértenme mañana a las ...
I'd like to get these things washed/cleaned.	¿Puede lavarme/limpiarme esto?
Please bring me ...	Por favor, tráigame ...
The ... doesn't work.	El ... no funciona.
Room number ...	Número de habitación ...
Are there any messages for me?	¿Hay mensajes para mí?

SHOPPING | DE COMPRAS

I'd like ...	Quería ...
Do you have ...?	¿Tienen ...?
Do you have this ...?	¿Lo tiene ...?
in another size	en otra talla
in another colour	en otro color
I take size ...	Mi talla es la ...
I take a size 5½.	Calzo un cuarenta.
I'll take it.	Me lo quedo.
Do you have anything else?	¿Tienen alguna otra cosa distinta?
That's too expensive.	Es demasiado caro.
I'm just looking.	Sólo estaba mirando.
Do you take credit cards?	¿Aceptan tarjetas de crédito?

Food Shopping | Alimentos

Where is the nearest ...?	¿Dónde hay por aquí cerca ...?
supermarket	un supermercado
baker's	una panadería
butcher's	una carnicería
Where is the market?	¿Dónde está el mercado?
When is the market on?	¿Cuándo hay mercado?
a kilo/pound of ...	un kilo/medio kilo de ...
200 grams of ...	doscientos gramos de ...
... slices of ...	... lonchas de ...
a litre of ...	un litro de ...
a bottle/packet of ...	una botella/un paquete de ...

Post Office | Correos

Where is the nearest post office?	¿Dónde queda la oficina de Correos más cercana?
When does the post office open?	¿Cuándo abre Correos?
Where can I buy stamps?	¿Dónde puedo comprar sellos?

I'd like ... stamps for postcards/letters to Britain/the United States.	Quería ... sellos para postales/cartas a Gran Bretaña/Estados Unidos.
I'd like to post/send ...	Quería enviar ...
this letter.	esta carta.
this parcel.	este paquete.
By airmail/express mail/registered mail.	Por avión/por correo urgente/certificado.
Is there any mail for me?	¿Tengo correo?
Where is the nearest postbox?	¿Dónde hay un buzón de correos por aquí cerca?

Photography | Fotografía

I need passport-sized photos.	Quería fotos de tamaño pasaporte.
I'm looking for a cable for a digital camera.	Busco un cable para una cámara digital.
Do you sell brand-name chargers?	¿Venden cargadores de marca?
I'd like to buy a memory card.	Quería comprar una tarjeta de memoria.
Can I print my digital photos here?	¿Puedo imprimir mis fotos digitales aquí?
I'd like the photos ...	Las fotos las quiero ...
matt.	en mate.
glossy.	en brillo.
ten by fifteen centimetres.	en formato de diez por quince.
How much do the photos cost?	¿Cuánto cuesta el revelado?
Could you take a photo of us, please?	¿Podría sacarnos una foto?
The photo is blurry.	La foto está desenfocada.

Sightseeing

	Visitas turísticas
Where is the tourist office?	¿Dónde está la oficina de turismo?
Do you have any leaflets about ...?	¿Tienen folletos sobre ...?
Are there any sightseeing tours of the town?	¿Se organizan visitas por la ciudad?
When is ... open?	¿Cuándo está abierto(-a) ...?
the museum	*el museo*
the church	*la iglesia*
the castle	*el palacio*
How much does it cost to get in?	¿Cuánto cuesta la entrada?
Are there any reductions ...?	¿Hay descuento ...?
for students	*para estudiantes*
for children	*para niños*
for pensioners	*para pensionistas*
for the unemployed	*para desempleados*
Is there a guided tour in English?	¿Hay alguna visita guiada en inglés?
Can I take (flash) photos here?	¿Puedo sacar fotos (con flash)?
Can I film here?	¿Puedo filmar?

Entertainment / Ocio

What is there to do here?	¿Qué se puede hacer por aquí?
Where can we ...?	¿Dónde se puede ...?
go dancing	*bailar*
hear live music	*escuchar música en directo*
Where is there ...?	¿Dónde hay ... ?
a nice bar	*un buen bar*
a good club	*una buena discoteca*
What's on tonight ...?	¿Qué dan esta noche ...?

at the cinema	en el cine
at the theatre	en el teatro
at the opera	en la ópera
at the concert hall	en la sala de conciertos
Where can I buy tickets for ...?	¿Dónde puedo comprar entradas para ...?
the theatre	el teatro
the concert	el concierto
the opera	la ópera
the ballet	el ballet
How much is it to get in?	¿Cuánto cuesta la entrada?
I'd like a ticket/... tickets for ...	Quería una entrada/... entradas para ...
Are there any reductions for ...?	¿Hay descuento para ...?
children	niños
pensioners	pensionistas
students	estudiantes
the unemployed	desempleados

At the Beach | En la playa

How deep is the water?	¿Qué profundidad tiene el agua?
Is it safe to swim here?	¿Se puede nadar aquí sin peligro?
Is there a lifeguard?	¿Hay socorrista?
Where can you ...?	¿Dónde se puede ... por aquí?
go surfing	hacer surf
go waterskiing	practicar esquí acuático
go diving	bucear
go paragliding	hacer parapente

I'd like to hire ...	Quería alquilar ...
a deckchair.	una tumbona.
a sunshade.	una sombrilla.
a surfboard.	una tabla de surf.
a jet-ski.	una moto acuática.
a rowing boat.	un bote de remos.
a pedal boat.	un patín a pedales.

Sport | Deporte

Where can you ...?	¿Dónde se puede ...?
play tennis/golf	jugar a tenis/golf
go swimming	ir a nadar
go riding	montar a caballo
go fishing	ir a pescar
How much is it per hour?	¿Cuánto cuesta la hora?
Where can I book a court?	¿Dónde puedo reservar una pista?
Where can I hire rackets?	¿Dónde puedo alquilar raquetas de tenis?
Where can I hire a rowing boat/a pedal boat?	¿Dónde puedo alquilar un bote de remos/ un patín a pedales?
Do you need a fishing permit?	¿Se necesita un permiso de pesca?

Skiing | Esquí

Where can I hire skiing equipment?	¿Dónde puedo alquilar un equipo de esquí?
I'd like to hire ...	Quería alquilar ...
downhill skis.	unos esquís (de descenso).
cross-country skis.	unos esquís de fondo.
ski boots.	unas botas de esquí.
ski poles.	unos bastones de esquí.

Can you tighten my bindings, please?	¿Podría ajustarme la fijación, por favor?
Where can I buy a ski pass?	¿Dónde puedo comprar el forfait?
I'd like a ski pass ...	Quería un forfait ...
for a day.	*para un día.*
for five days.	*para cinco días.*
for a week.	*para una semana.*
How much is a ski pass?	¿Cuánto cuesta el forfait?
When does the first/ last chair-lift leave?	¿Cuándo sale el primer/ el último telesilla?
Do you have a map of the ski runs?	¿Tiene un mapa de las pistas?
Where are the beginners' slopes?	¿Dónde están las pistas para principiantes?
How difficult is this slope?	¿Cuál es la dificultad de esta pista?
Is there a ski school?	¿Hay una escuela de esquí?
Where is the nearest mountain rescue service post?	¿Dónde se encuentra la unidad más próxima de servicio de salvamento?
Where is the nearest mountain hut?	¿Dónde se encuentra el refugio más próximo?
What's the weather forecast?	¿Cuál es el pronóstico del tiempo?
What is the snow like?	¿Cómo es el estado de la nieve?
Is there a danger of avalanches?	¿Hay peligro de aludes?

A table for ... people, please.	Una mesa para ... personas, por favor.
The ... please.	Por favor, ...
menu	*la carta*
wine list	*la carta de vinos.*
What do you recommend?	¿Qué me recomienda?
Do you have ...?	¿Sirven ...?
any vegetarian dishes	*platos vegetarianos*
any gluten-free dishes	*platos sin gluten*
children's portions	*raciones para niños*
Does that contain ...?	¿Tiene esto ...?
peanuts	*cacahuetes*
alcohol	*alcohol*
Can you bring (more) ... please?	Por favor, traiga (más) ...
I'll have ...	Para mí ...
The bill, please.	La cuenta, por favor.
All together, please.	Cóbrelo todo junto.
Separate bills, please.	Haga cuentas separadas, por favor.
Keep the change.	Quédese con el cambio.
This isn't what I ordered.	Yo no he pedido esto.
There's a mistake in the bill.	La cuenta está mal.
The food is cold/too salty.	La comida está fría/demasiado salada.
A bottle of still/sparkling water, please.	Una botella de agua sin/con gas, por favor.

Telephone	Teléfono
Where can I make a phone call?	¿Dónde puedo hacer una llamada por aquí cerca?
Hello.	Hola.
This is ...	Soy ...
Who's speaking, please?	¿Con quién hablo?
Can I speak to Mr/Ms ..., please?	¿Puedo hablar con el señor/la señora ...?
I'll phone back later.	Volveré a llamar más tarde.
Can you text me your answer?	¿Puede contestarme con un SMS?
Where can I charge my mobile (phone)?	¿Dónde puedo cargar la batería del móvil?
I need a new battery.	Necesito una batería nueva.
I'd like to buy a SIM card with/without a subscription.	Quería comprar una tarjeta SIM de contrato/prepago.
I can't get a network.	No hay cobertura.

Internet	Internet
I'd like to send an email.	Quería enviar un correo electrónico.
I'd like to print out a document.	Quería imprimir un documento.
How do you change the language of the keyboard?	¿Cómo se cambia el idioma del teclado?
What's the Wi-Fi password?	¿Cuál es la clave del wifi?

Passport/Customs | Pasaporte/Aduana

Here is ...	Aquí tiene ...
my passport.	mi pasaporte.
my identity card.	mi carnet de identidad.
my driving licence.	mi permiso de conducir.
Here are my vehicle documents.	Aquí tiene la documentación de mi vehículo.
This is a present.	Esto es un regalo.
It's is for my own personal use.	Es para consumo propio.

At the Bank | En el banco

Where can I change money?	¿Dónde puedo cambiar dinero?
Is there a bank/bureau de change here?	¿Hay por aquí un banco/ una casa de cambio?
When is the bank open?	¿Cuándo está abierto el banco?
I'd like ... euros.	Quería ... euros.
I'd like to cash these traveller's cheques.	Quería cobrar estos cheques de viaje.
What's the commission?	¿Cuánto cobran de comisión?
Can I use my credit card to get cash?	¿Puedo sacar dinero en efectivo con mi tarjeta de crédito?
Where is the nearest cash machine?	¿Dónde hay por aquí un cajero automático?
The cash machine swallowed my card.	El cajero automático no me ha devuelto la tarjeta.
Can you give me some change, please.	Deme cambio en monedas, por favor.

Repairs | Reparaciones

Where can I get this repaired?	¿Dónde pueden repararme esto?
Can you repair ...?	¿Puede reparar ...?
these shoes	*estos zapatos*
this watch	*este reloj*
How much will the repairs cost?	¿Cuánto cuesta la reparación?

Complaints | Quejas

I'd like to make a complaint.	Quiero presentar una queja.
Whom should I speak to in order to make a complaint?	¿Con quién tengo que hablar para presentar una queja?
I'd like to speak to the manager, please.	Quiero hablar con el encargado, por favor.
The light	*La luz*
The heating	*La calefacción*
The shower	*La ducha*
... doesn't work.	... no funciona.
The room ...	La habitación ...
is dirty.	*es sucia.*
is too small.	*está demasiado pequeña.*
The room is too cold.	La habitación está muy fría.
Could you clean the room, please?	¿Podrían limpiar la habitación, por favor?
Could you turn down the TV/the radio, please?	¿Podría bajar el volumen de la televisión/la radio, por favor?
I've been robbed.	Me han robado.
We've been waiting for a very long time.	Llevamos esperando mucho tiempo.
The bill is wrong.	Hay un error en la cuenta.

I want my money back.	Quiero que me devuelvan el dinero.
I'd like to exchange this.	Quería cambiar esto.
I'm not satisfied with this.	No estoy contento con esto.

Emergency Services	Servicios de urgencia
Help!	¡Socorro!
Fire!	¡Fuego!
Please call ...	Por favor, llame a ...
an ambulance.	una ambulancia.
the fire brigade.	los bomberos.
the police.	la policía.
I need to make an urgent phone call.	Tengo que hacer una llamada urgente.
I need an interpreter.	Necesito un intérprete.
Where is the police station?	¿Dónde está la comisaría?
Where is the nearest hospital?	¿Dónde está el hospital más cercano?
I want to report a theft.	Quería denunciar un robo.
... has been stolen.	Han robado ...
There's been an accident.	Ha habido un accidente.
There are ... people injured.	Hay ... heridos.
My location is ...	Estoy en ...
I've been ...	Me han ...
robbed.	robado.
attacked.	atracado.
raped.	violado.
I'd like to phone my embassy.	Quería hablar con mi embajada.

Pharmacy | Farmacia

Where is the nearest pharmacy?	¿Dónde hay por aquí una farmacia?
Which pharmacy provides emergency service?	¿Qué farmacia está de guardia?
I'd like something for …	Quería algo para …
diarrhoea.	*la diarrea.*
a temperature.	*la fiebre.*
travel sickness.	*el mareo.*
a headache.	*el dolor de cabeza.*
a cold.	*el resfriado.*
I'd like …	Quería …
plasters.	*tiritas.*
a bandage.	*un vendaje.*
some paracetamol.	*paracetamol.*
I can't take …	Soy alérgico(-a) a la …
aspirin.	*aspirina.*
penicillin.	*penicilina.*
Is is safe to give to children?	¿Pueden tomarlo los niños?
How should I take it?	¿Cómo tengo que tomarlo?

At the Doctor's | En la consulta médica

I need a doctor.	Necesito que me atienda un médico.
Where is A&E?	¿Dónde está Urgencias?
I have a pain here.	Me duele aquí.
I feel …	Tengo …
hot.	*mucho calor.*
cold.	*frío.*
I feel sick.	Me siento mal.
I feel dizzy.	Tengo mareos.

HEALTH	SALUD
I'm allergic to ...	Tengo alergia a ...
I am ...	Yo ...
pregnant.	*estoy embarazada.*
diabetic.	*soy diabético(-a).*
HIV-positive.	*soy seropositivo(-a).*
I'm on this medication.	Estoy tomando este medicamento.
My blood group is ...	Mi grupo sanguíneo es ...

At the Hospital · En el hospital

Which ward is ... in?	¿En qué unidad está ...?
When are visiting hours?	¿Cuándo son las horas de visita?
I'd like to speak to ...	Quería hablar con ...
a doctor.	*un médico.*
a nurse.	*una enfermera.*
When will I be discharged?	¿Cuándo me van a dar de alta?

At the Dentist's · En el dentista

I need a dentist.	Tengo que ir al dentista.
This tooth hurts.	Me duele este diente.
One of my fillings has fallen out.	Se me ha caído un empaste.
I have an abscess.	Tengo un absceso.
I want/don't want an injection for the pain.	Quiero/no quiero que me ponga una inyección para calmar el dolor.
Can you repair my dentures?	¿Me puede reparar la dentadura?
I need a receipt for the insurance.	Necesito un recibo para mi seguro.

Business Travel | Viajes de negocios

I'd like to arrange a meeting with ...	Quería concertar hora para una reunión con ...
I have an appointment with Mr/Ms ...	Tengo una cita con el señor/ la señora ...
Here is my card.	Aquí tiene mi tarjeta.
I work for ...	Trabajo para ...
How do I get to ...?	¿Cómo se llega ...?
your office	*a su despacho*
Mr/Ms ...'s office	*al despacho del señor/ la señora...*
I need an interpreter.	Necesito un intérprete.
Do you have an Internet connection/Wi-Fi?	¿Tiene conexión a internet/ wifi?
May I use ...?	¿Puedo usar ...?
your phone	*su teléfono*
your computer	*su ordenador*
your desk	*su mesa*

Disabled Travellers | Viajeros con discapacidad

Is it possible to visit ... with a wheelchair?	¿La visita a ... es posible también para personas en silla de ruedas?
Where is the wheelchair-accessible entrance?	¿Por dónde se puede entrar con la silla de ruedas?
Is your hotel accessible to wheelchairs?	¿Tiene su hotel acceso para silla de ruedas?
I need a room ...	Necesito una habitación ...
on the ground floor.	*en la planta baja.*
with wheelchair access.	*con acceso para silla de ruedas.*
Do you have a lift for wheelchairs?	¿Tienen ascensor para silla de ruedas?
Do you have wheelchairs?	¿Tienen sillas de ruedas?

Where is the disabled toilet?	¿Dónde está el baño para discapacitados?
Can you help me get on/ off please?	¿Podría ayudarme a subir/ bajar, por favor?
A tyre has burst.	Se ha reventado un neumático.
The battery is flat.	La batería está descargada.
The wheels lock.	Las ruedas se bloquean.

Travelling with children | Viajando con niños

Is it O.K. to bring children here?	¿Pueden entrar niños?
Is there a reduction for children?	¿Hay descuento para niños?
Do you have children's portions?	¿Sirven raciones para niños?
Do you have ...?	¿Tienen ...?
a high chair	una sillita
a cot	una cama infantil
a child's seat	un asiento infantil
a baby's changing table	una mesa para cambiar al bebé
Where can I change the baby?	¿Dónde puedo cambiar al bebé?
Where can I breast-feed the baby?	¿Dónde puedo dar el pecho al niño?
Can you warm this up, please?	¿Puede calentarlo, por favor?
What is there for children to do?	¿Qué pueden hacer aquí los niños?
Is there a child-minding service?	¿Hay aquí un servicio de guardería?
My son/daughter is ill.	Mi hijo/mi hija está enfermo(-a).

bangers and mash salchichas con puré de patatas, cebolla frita y salsa hecha con jugo de carne asada

banoffee pie tarta rellena de plátano, caramelo y nata

BLT (sandwich) sándwich de beicon, lechuga, tomate y mayonesa

butternut squash variedad de calabaza de color amarillo y sabor dulce, que a menudo se sirve asada

Caesar salad ensalada César

chocolate brownie brownie: pastelito de chocolate y nueces

chowder guiso de pescado

chicken Kiev pollo a la Kiev

chicken nuggets croquetas de pollo

club sandwich sándwich caliente de tres pisos; normalmente relleno de carne, queso, lechuga, tomate y cebollas

cottage pie pastel de carne picada y verduras, cubierto con puré de patatas y queso

English breakfast desayuno inglés: huevos, beicon, salchichas, alubias cocidas, pan frito y champiñones

filo pastry masa de hojaldre

haggis plato escocés a base de hígado y corazón de cordero, avena y otros condimentos, hervidos en una bolsa formada por el estómago del animal

hash browns trocitos de patata sofritos con cebolla, que a menudo se sirven con el desayuno

hotpot estofado de carne, verdura y patatas

Irish stew estofado irlandés, a base de cordero, patatas y cebolla

monkfish rape

oatcake galleta de avellana

pavlova pastel de merengue con frutas y nata

ploughman's lunch almuerzo de pub a base de pan, queso y encurtidos

purée puré

Quorn® proteína vegetal usada como sustituto de carne

Savoy cabbage col rizada

sea bass lubina

Scotch broth sopa de carne, cebada y verduras

Scotch egg huevo duro envuelto en carne de salchicha y rebozado

spare ribs costillas de cerdo

spring roll rollito de primavera

Stilton Stilton: queso azul inglés

sundae sundae: helado con jarabe, nueces y nata

Thousand Island dressing salsa rosa

toad in the hole salchichas horneadas en una masa de huevos, leche y harina

Waldorf salad ensalada Waldorf: manzanas troceadas, apio, nueces y mayonesa

Welsh rarebit tostada cubierta con queso derretido y huevo

Yorkshire pudding buñuelo, a veces relleno de verduras, que se sirve acompañando al rosbif

adobo, ... en marinated

ajillo, ... al with garlic

arroz negro black rice (with squid in its own ink)

asadillo roasted sliced red peppers in olive oil and garlic

bandeja de quesos cheese platter

brasa, ... a la barbecued

buñuelos type of fritter. Savoury ones are filled with cheese, ham, mussels or prawns. Sweet ones can be filled with confectioner's custard or whipped cream

caldereta stew/casserole

cazuela de fideos bean, meat and noodle stew

chilindrón, ... al sauce made with pepper, tomato, fried onions and meat pork or lamb

chistorra spicy sausage from Navarra

chorizo spicy red sausage

chuletón large steak

churros fried batter sticks sprinkled with sugar, usually eaten with thick hot chocolate.

crema catalana similar to crème brûlée

cuajada cream-based dessert like junket, served with honey or sugar

dulces cakes and pastries

empanadilla pasty/small pie filled with meat or fish

empanado breadcrumbed and fried

ensalada de la casa lettuce, tomato and onion salad (may include tuna)

fritura de pescado fried assortment of fish

gazpacho traditional cold tomato soup of southern Spain. Basic ingredients are water, tomatoes, cucumber, garlic, fresh breadcrumbs, salt, vinegar and olive oil

horno, ...al baked (in oven)

ibéricos traditional Spanish gourmet products; a surtido de ibéricos means assorted products such as cured ham, cheese, chorizo and salchichón

jamón serrano dark red cured ham

leche frita very thick custard dipped into an egg and breadcrumb mixture, fried and served hot

mariscada mixed shellfish

medallón thick steak (medallion)

mollejas sweetbreads

moros y cristianos rice, black beans and onions with garlic sausage

paella Paella varies from region to region but usually consists of rice, chicken, shellfish, vegetables, garlic and saffron. Paella Valenciana contains rabbit, chicken and sometimes eel

parrilla, ... a la grilled

patatas bravas fried diced potatoes mixed with a garlic, oil and vinegar dressing and flavoured with tomatoes and red chilli peppers

pepitoria de pavo/pollo turkey/chicken fricassée

pimientos morrones sweet red peppers

pote thick soup with beans and sausage which has many regional variations

puchero hotpot made from meat or fish

revuelto scrambled eggs often cooked with another ingredient

romesco sauce made traditionally with olive oil, red pepper and bread. Other ingredients are often added, such as almonds and garlic

salsa verde garlic, olive oil and parsley sauce

sofrito basic sauce made with slowly fried onions, garlic and tomato

tapas Bar snacks. A larger portion of tapas is called a ración. A pincho is a tapa on a cocktail stick.

tortilla (española) traditional potato and onion omelette, often served as a tapa

zarzuela de mariscos mixed seafood with wine and saffron

A [eɪ] n (Mus) la m; **A road** n (BRIT Aut) ≈ carretera nacional

KEYWORD

a [ə] indef art (before vowel and silent h **an**) 1 un(a); **a book** un libro; **an apple** una manzana; **she's a nurse** (ella) es enfermera
2 (instead of the number "one") un(a); **a year ago** hace un año; **a hundred/thousand pounds** cien/mil libras
3 (in expressing ratios, prices etc): **three a day/week** tres al día/a la semana; **10 km an hour** 10 km por hora; **£5 a person** £5 por persona; **30p a kilo** 30p el kilo

A2 n (BRIT Scol) segunda parte de los "A levels" (módulos 4-6)
AA n abbr (BRIT: = Automobile Association) ≈ RACE m (SP); (= Alcoholics Anonymous) A.A.

AAA n abbr (= American Automobile Association) ≈ RACE m (SP)
aback [əˈbæk] adv: **to be taken ~** quedar(se) desconcertado
abandon [əˈbændən] vt abandonar; (renounce) renunciar a
abattoir [ˈæbətwɑː] n (BRIT) matadero
abbey [ˈæbɪ] n abadía
abbreviation [əbriːvɪˈeɪʃən] n (short form) abreviatura
abdomen [ˈæbdəmən] n abdomen m
abduct [æbˈdʌkt] vt raptar, secuestrar
abide [əˈbaɪd] vt: **I can't ~ it/him** no lo/le puedo ver or aguantar; **abide by** vt fus atenerse a
ability [əˈbɪlɪtɪ] n habilidad f, capacidad f; (talent) talento
able [ˈeɪbl] adj capaz; (skilled) hábil; **to be ~ to do sth** poder hacer algo
abnormal [æbˈnɔːməl] adj anormal
aboard [əˈbɔːd] adv a bordo ▷ prep a bordo de
abolish [əˈbɒlɪʃ] vt suprimir, abolir
abolition [æbəˈlɪʃən] n supresión f, abolición f
abort [əˈbɔːt] vt abortar; (Comput) interrumpir ▷ vi (Comput) interrumpir el programa; **abortion** n aborto; **to have an abortion** abortar

KEYWORD

about [əˈbaut] adv 1 (approximately) más o menos, aproximadamente; **about a hundred/thousand** etc unos/as or como cien/mil etc; **it takes about 10 hours** se tarda unas or más o menos 10 horas; **at about two o'clock** sobre las dos; **I've just about finished** casi he terminado
2 (referring to place) por todas partes; **to leave things lying about** dejar las cosas (tiradas) por ahí; **to run about** correr por todas partes; **to walk about** pasearse, ir y venir
3: **to be about to do sth** estar a punto de hacer algo

▶ prep **1** (*relating to*) de, sobre, acerca de; **a book about London** un libro sobre o acerca de Londres; **what is it about?** ¿de qué se trata?; **we talked about it** hablamos de eso o ello; **what** o **how about doing this?** ¿qué tal si hacemos esto?

2 (*referring to place*) por; **to walk about the town** caminar por la ciudad

above [əˈbʌv] *adv* encima, por encima, arriba ▶ *prep* encima de; (*greater than: in number*) más de; (: *in rank*) superior a; **~ mentioned** ~ susodicho; **~ all** sobre todo

abroad [əˈbrɔːd] *adv* (*be*) en el extranjero; (*go*) al extranjero

abrupt [əˈbrʌpt] *adj* (*sudden*) brusco

abscess [ˈæbsɪs] *n* absceso

absence [ˈæbsəns] *n* ausencia

absent [ˈæbsənt] *adj* ausente; **absent-minded** *adj* distraído

absolute [ˈæbsəluːt] *adj* absoluto; **absolutely** *adv* totalmente; **oh yes, absolutely!** ¡claro or por supuesto que sí!

absorb [əbˈzɔːb] *vt* absorber; **to be ~ed in a book** estar absorto en un libro; **absorbent** *adj* absorbente; **absorbent cotton** *n* (*US*) algodón *m* hidrófilo; **absorbing** *adj* absorbente

abstain [əbˈsteɪn] *vi*: **to ~ (from)** abstenerse (de)

abstract [ˈæbstrækt] *adj* abstracto

absurd [əbˈsɜːd] *adj* absurdo

abundance [əˈbʌndəns] *n* abundancia

abundant [əˈbʌndənt] *adj* abundante

abuse [*n* əˈbjuːs, *vb* əˈbjuːz] *n* (*insults*) insultos *mpl*; (*misuse*) abuso *m* ▶ *vt* (*ill-treat*) maltratar; (*take advantage of*) abusar de; **abusive** *adj* ofensivo

abysmal [əˈbɪzməl] *adj* pésimo; (*failure*) garrafal; (*ignorance*) supino

academic [ækəˈdɛmɪk] *adj* académico, universitario; (*pej:*

issue) puramente teórico ▶ *n* estudioso/a; (*lecturer*) profesor(a) *m/f* universitario/a; **academic year** *n* (*Univ*) año académico

academy [əˈkædəmɪ] *n* (*learned body*) academia; (*school*) instituto, colegio

accelerate [ækˈsɛləreɪt] *vi* acelerar; **acceleration** *n* aceleración *f*; **accelerator** *n* (*BRIT*) acelerador *m*

accent [ˈæksɛnt] *n* acento; (*fig*) énfasis *m*

accept [əkˈsɛpt] *vt* aceptar; (*concede*) admitir; **acceptable** *adj* aceptable; **acceptance** *n* aceptación *f*

access [ˈæksɛs] *n* acceso ▶ *vt*: **to have ~ to** tener acceso a; **accessible** *adj* (*place, person*) accesible; (*knowledge etc*) asequible

accessory [ækˈsɛsərɪ] *n* accesorio; (*Law*): **~ to** cómplice de

accident [ˈæksɪdənt] *n* accidente *m*; (*chance*) casualidad *f*; **by ~** (*unintentionally*) sin querer; (*by coincidence*) por casualidad; **accidental** *adj* accidental, fortuito; **accidentally** *adv* sin querer, por casualidad; **Accident and Emergency Department** *n* (*BRIT*) Urgencias *fpl*; **accident insurance** *n* seguro contra accidentes

acclaim [əˈkleɪm] *vt* aclamar, aplaudir ▶ *n* aclamación *f*, aplausos *mpl*

accommodate [əˈkɒmədeɪt] *vt* alojar, hospedar; (*car, hotel etc*) tener cabida para; (*oblige, help*) complacer; **this car ~s four people comfortably** en este coche caben cuatro personas cómodamente

accommodation *n*, (*US*) **accommodations** *npl* [əkɒməˈdeɪʃ(ə)n(z)] alojamiento

accompaniment [əˈkʌmpənɪmənt] *n* acompañamiento

accompany [əˈkʌmpənɪ] *vt* acompañar

accomplice [əˈkʌmplɪs] *n* cómplice *mf*

accomplish [əˈkʌmplɪʃ] vt (finish) concluir; **accomplishment** n (bringing about) realización f; (skill) talento

accord [əˈkɔːd] n acuerdo ▷ vt conceder; **of his own ~** espontáneamente; **accordance** n: **in accordance with** de acuerdo con; **according**: **according to** prep según; (in accordance with) conforme a; **accordingly** adv (thus) por consiguiente; (appropriately) de acuerdo con esto

account [əˈkaʊnt] n (Comm) cuenta; (report) informe m; **accounts** npl (Comm) cuentas fpl; **of little ~** de poca importancia; **on ~** a crédito; **to buy sth on ~** comprar algo a crédito; **on no ~** bajo ningún concepto; **on ~ of** a causa de, por motivo de; **to take into ~**, **take ~ of** tener en cuenta; **account for** vt fus (explain) explicar; **accountable** adj: **accountable (for)** responsable (de); **accountant** n contable mf, contador(a) m/f(LAm); **account number** n (at bank etc) número de cuenta

accumulate [əˈkjuːmjʊleɪt] vt acumular ▷ vi acumularse

accuracy [ˈækjʊrəsɪ] n (of total) exactitud f; (of description etc) precisión f

accurate [ˈækjʊrɪt] adj (number) exacto; (answer) acertado; (shot) certero; **accurately** adv con precisión

accusation [ækjuˈzeɪʃən] n acusación f

accuse [əˈkjuːz] vt acusar; (blame) echar la culpa a; **to ~ sb (of sth)** acusar a algn (de algo); **accused** n acusado/a

accustomed [əˈkʌstəmd] adj: **~ to** acostumbrado a

ace [eɪs] n as m

ache [eɪk] n dolor m ▷ vi doler; **my head ~s** me duele la cabeza

achieve [əˈtʃiːv] vt (reach) alcanzar; (victory, success) lograr, conseguir;

achievement n (completion) realización f; (success) éxito

acid [ˈæsɪd] adj ácido; (bitter) agrio ▷ n (Chem, inf: LSD) ácido

acknowledge [əkˈnɒlɪdʒ] vt (letter: also: **~ receipt of**) acusar recibo de; (fact) reconocer; **acknowledgement** n acuse m de recibo

acne [ˈæknɪ] n acné m

acorn [ˈeɪkɔːn] n bellota

acoustic [əˈkuːstɪk] adj acústico

acquaintance [əˈkweɪntəns] n conocimiento; (person) conocido/a; **to make sb's ~** conocer a algn

acquire [əˈkwaɪə] vt adquirir

acquisition [ækwɪˈzɪʃən] n adquisición f

acquit [əˈkwɪt] vt absolver, exculpar; **to ~ o.s. well** salir con éxito

acre [ˈeɪkə] n acre m

acronym [ˈækrənɪm] n siglas fpl

across [əˈkrɒs] prep (on the other side of) al otro lado de; (crosswise) a través de ▷ adv de un lado a otro, de una parte a otra a través, al través; **to run/swim ~** atravesar corriendo/nadando; **from** enfrente de; **the lake is 12 km ~** el lago tiene 12 km de ancho

acrylic [əˈkrɪlɪk] adj acrílico

act [ækt] n acto, acción f; (Theat) acto; (in music-hall etc) número; (Law) decreto, ley f ▷ vi (behave) comportarse; (Theat) actuar; (pretend) fingir; (take action) tomar medidas ▷ vt (part) hacer; **to catch sb in the ~** coger a algn in fraganti or con las manos en la masa; **to ~ Hamlet** hacer el papel de hamlet; **to ~ as** actuar or hacer de; **act up** vi (inf: person) portarse mal; **acting** adj suplente ▷ n: **to do some acting** hacer algo de teatro

action [ˈækʃən] n acción f, acto; (Mil) acción f; (Law) proceso, demanda; **out of ~** (person) fuera de combate; (thing) averiado, estropeado; **to take ~** tomar medidas; **action replay** n (TV) repetición f

activate ['æktɪveɪt] vt activar

active ['æktɪv] adj activo, enérgico; (volcano) en actividad; (participate) activamente; **actively** adv (discourage, dislike) enérgicamente

activist ['æktɪvɪst] n activista mf

activity [æk'tɪvɪtɪ] n actividad f; **activity holiday** n vacaciones con actividades organizadas

actor ['æktə'] n actor m

actress ['æktrɪs] n actriz f

actual ['æktjuəl] adj verdadero, real
Be careful not to translate actual by the Spanish word actual.

actually ['æktjuəlɪ] adv realmente, en realidad
Be careful not to translate actually by the Spanish word actualmente.

acupuncture ['ækjupʌŋktʃə'] n acupuntura

acute [ə'kjuːt] adj agudo

ad [æd] n abbr = **advertisement**

adamant ['ædəmənt] adj firme, inflexible

adapt [ə'dæpt] vt adaptar ▷ vi: **to ~ (to)** adaptarse (a), ajustarse (a); **adapter, adaptor** n (Elec) adaptador m; (for several plugs) ladrón m

add [æd] vt añadir, agregar (esp LAM); **add up** vt (figures) sumar ▷ vi (fig): **it doesn't ~ up** no tiene sentido; **it doesn't ~ up to much** es poca cosa, no tiene gran o mucha importancia

addict ['ædɪkt] n adicto/a; (enthusiast) entusiasta mf; **addicted** [ə'dɪktɪd] adj: **to be addicted to** ser adicto a; ser aficionado a; **addiction** [ə'dɪkʃən] n (to drugs etc) adicción f; **addictive** [ə'dɪktɪv] adj que causa adicción

addition [ə'dɪʃən] n (adding up) adición f; (thing added) añadidura, añadido; **in ~** además, por añadidura; **in ~ to** además de; **additional** adj adicional

additive ['ædɪtɪv] n aditivo

address [ə'drɛs] n dirección f, señas fpl; (speech) discurso ▷ vt (letter) dirigir; (speak to) dirigirse a, dirigir la palabra

a; **to ~ o.s. to sth** (issue, problem) abordar; **address book** n agenda (de direcciones)

adequate ['ædɪkwɪt] adj (satisfactory) adecuado; (enough) suficiente

adhere [əd'hɪə'] vi: **to ~ to** adherirse a; (fig: abide by) observar

adhesive [əd'hiːzɪv] n adhesivo; **adhesive tape** n (BRIT) cinta adhesiva; (US Med) esparadrapo

adjacent [ə'dʒeɪsənt] adj: **~ to** contiguo a, inmediato a

adjective ['ædʒɛktɪv] n adjetivo

adjoining [ə'dʒɔɪnɪŋ] adj contiguo, vecino

adjourn [ə'dʒəːn] vt aplazar ▷ vi suspenderse

adjust [ə'dʒʌst] vt (change) modificar; (arrange) arreglar; (machine) ajustar ▷ vi: **to ~ (to)** adaptarse (a); **adjustable** adj ajustable; **adjustment** n adaptación f; (of prices, wages) ajuste m

administer [əd'mɪnɪstə'] vt administrar

administration [ədmɪnɪ'streɪʃən] n administración f; (government) gobierno

administrative [əd'mɪnɪstrətɪv] adj administrativo

administrator [əd'mɪnɪstreɪtə'] n administrador(a) m/f

admiral ['ædmərəl] n almirante m

admiration [ædmə'reɪʃən] n admiración f

admire [əd'maɪə'] vt admirar; **admirer** n admirador(a) m/f

admission [əd'mɪʃən] n (to exhibition, nightclub) entrada; (enrolment) ingreso; (confession) confesión f

admit [əd'mɪt] vt dejar entrar, dar entrada a; (permit) admitir; (acknowledge) reconocer; **to be ~ted to hospital** ingresar en el hospital; **admit to** vt fus confesarse culpable de; **admittance** n entrada; **admittedly** adv es cierto que

adolescent [ædəʊˈlɛsnt] *adj, n* adolescente *mf*

adopt [əˈdɔpt] *vt* adoptar; **adopted** *adj* adoptivo; **adoption** *n* adopción *f*

adore [əˈdɔːʳ] *vt* adorar

adorn [əˈdɔːn] *vt* adornar

Adriatic [eɪdrɪˈætɪk] *n*: **the ~ (Sea)** el (Mar) Adriático

adrift [əˈdrɪft] *adv* a la deriva

ADSL *n abbr* (= *asymmetrical digital subscriber line*) ADSL *m*

adult [ˈædʌlt] *n* adulto/a ⊳ *adj*: **~ education** educación *f* para adultos

adultery [əˈdʌltərɪ] *n* adulterio

advance [ədˈvɑːns] *n* adelanto, progreso; (*money*) anticipo; (*Mil*) avance *m* ⊳ *vt* avanzar, adelantar; (*money*) anticipar ⊳ *vi* avanzar, adelantarse; **in ~** por adelantado; **to make ~s to sb** hacer una proposición a algn; (*amorously*) insinuarse a algn; **advanced** *adj* avanzado; (*Scol: studies*) adelantado

advantage [ədˈvɑːntɪdʒ] *n* (*also Tennis*) ventaja; **to take ~ of** aprovecharse de

advent [ˈædvənt] *n* advenimiento; **A~** Adviento

adventure [ədˈvɛntʃəʳ] *n* aventura; **adventurous** *adj* aventurero

adverb [ˈædvəːb] *n* adverbio

adversary [ˈædvəsərɪ] *n* adversario, contrario

adverse [ˈædvəːs] *adj* adverso, contrario

advert [ˈædvəːt] *n abbr* (*BRIT*) = **advertisement**

advertise [ˈædvətaɪz] *vi* (*in newspaper etc*) poner un anuncio, anunciarse; **to ~ for** buscar por medio de anuncios ⊳ *vt* anunciar; **advertisement** [ədˈvəːtɪsmənt] *n* anuncio; **advertiser** *n* anunciante *mf*; **advertising** *n* publicidad *f*, anuncios *mpl*; (*industry*) industria publicitaria

advice [ədˈvaɪs] *n* consejo, consejos *mpl*; (*notification*) aviso; **a piece of ~** un consejo; **to take legal ~** consultar a un abogado

advisable [ədˈvaɪzəbl] *adj* aconsejable, conveniente

advise [ədˈvaɪz] *vt* aconsejar; **to ~ sb of sth** informar a algn de algo; **to ~ sb against sth/doing sth** desaconsejar algo a algn/aconsejar a algn que no haga algo; **adviser** *n* consejero/a; (*business adviser*) asesor/a *m/f*; **advisory** *adj* consultivo

advocate [ˈædvəkeɪt] *vt* abogar por ⊳ *n* [ˈædvəkɪt] abogado/a; (*supporter*): **~ of** defensor/a *m/f* de

Aegean [iːˈdʒiːən] *n*: **the ~ (Sea)** el (Mar) Egeo

aerial [ˈɛərɪəl] *n* antena ⊳ *adj* aéreo

aerobics [ɛəˈrəʊbɪks] *nsg* aerobic *m*

aeroplane [ˈɛərəpleɪn] *n* (*BRIT*) avión *m*

aerosol [ˈɛərəsɔl] *n* aerosol *m*

affair [əˈfɛəʳ] *n* asunto; (*also*: **love ~**) aventura *f* amorosa

affect [əˈfɛkt] *vt* afectar, influir en; (*move*) conmover; **affected** *adj* afectado

affection *n* afecto, cariño; **affectionate** *adj* afectuoso, cariñoso

afflict [əˈflɪkt] *vt* afligir

affluent [ˈæfluənt] *adj* acomodado; **the ~ society** la sociedad opulenta

afford [əˈfɔːd] *vt* (*provide*) proporcionar; **can we ~ a car?** ¿podemos permitirnos el gasto de comprar un coche?; **affordable** *adj* asequible

Afghanistan [æfˈgænɪstæn] *n* Afganistán *m*

afraid [əˈfreɪd] *adj*: **to be ~ of** (*person*) tener miedo a; (*thing*) tener miedo de; **to be ~ to** tener miedo de, temer; **I am ~ that** me temo que; **I'm ~ so** me temo que sí; **I'm ~ not** lo siento, pero no

Africa [ˈæfrɪkə] *n* África; **African** *adj, n* africano/a; **African-American** *adj, n* afroamericano/a

after [ˈɑːftəʳ] *prep* (*time*) después de; (*place, order*) detrás de, tras ▷ *adv* después ▷ *conj* después (de) que; **what/who are you ~?** ¿qué/a quién buscas?; **~ having done/he left** después de haber hecho/después de que se marchó; **to ask ~ sb** preguntar por algn; **~ all** después de todo, al fin y al cabo; **~ you!** ¡pase usted!; **after-effects** *npl* secuelas *fpl*, efectos *mpl*; **aftermath** *n* consecuencias *fpl*, resultados *mpl*; **afternoon** *n* tarde *f*; **after-shave (lotion)** *n* aftershave *m*; **aftersun (lotion)** *n* aftersun *m inv*; **afterwards** *adv* después, más tarde

again [əˈgɛn] *adv* otra vez, de nuevo; **to do sth ~** volver a hacer algo; **~ and ~** una y otra vez

against [əˈgɛnst] *prep* (*opposed*) en contra de; (*close to*) contra, junto a

age [eɪdʒ] *n* (*period*) época ▷ *vi* envejecer(se) ▷ *vt* envejecer; **he is 20 years of ~** tiene 20 años; **under ~** menor de edad; **to come of ~** llegar a la mayoría de edad; **it's been ~s since I saw you** hace siglos que no te veo; **age group** *n*: **to be in the same age group** tener la misma edad; **age limit** *n* límite *m* de edad, edad *f* tope

agency [ˈeɪdʒənsɪ] *n* agencia *f*

agenda [əˈdʒɛndə] *n* orden *m* del día
> Be careful not to translate *agenda* by the Spanish word *agenda*.

agent [ˈeɪdʒənt] *n* agente *mf*; (*representative*) representante *mf*, delegado/a

aggravate [ˈægrəveɪt] *vt* agravar; (*annoy*) irritar

aggression [əˈgrɛʃən] *n* agresión *f*

aggressive [əˈgrɛsɪv] *adj* agresivo; (*vigorous*) enérgico

agile [ˈædʒaɪl] *adj* ágil

agitated [ˈædʒɪteɪtɪd] *adj* agitado

AGM *n abbr* (= *annual general meeting*) junta *f* general

ago [əˈgəʊ] *adv*: **two days ~** hace dos días; **not long ~** hace poco; **how long ~?** ¿hace cuánto tiempo?

agony [ˈægənɪ] *n* (*pain*) dolor *m* atroz; (*distress*) angustia; **to be in ~** retorcerse de dolor

agree [əˈgriː] *vt* (*price*) acordar, quedar en ▷ *vi* (*statements etc*) coincidir, concordar; **to ~ (with)** (*person*) estar de acuerdo (con), ponerse de acuerdo (con); **to ~ to do** aceptar hacer; **to ~ to sth** consentir en algo; **to ~ that** (*admit*) estar de acuerdo en que; **garlic doesn't ~ with me** el ajo no me sienta bien; **agreeable** *adj* agradable; (*person*) simpático; (*willing*) de acuerdo, conforme; **agreed** *adj* (*time, place*) convenido; **agreement** *n* acuerdo; (*Comm*) contrato; **in agreement** de acuerdo, conforme

agricultural [ægrɪˈkʌltʃərəl] *adj* agrícola

agriculture [ˈægrɪkʌltʃəʳ] *n* agricultura

ahead [əˈhɛd] *adv* delante; **~ of** delante de; (*fig: schedule etc*) antes de; **~ of time** antes de la hora; **go right** *o* **straight ~** siga adelante

aid [eɪd] *n* ayuda, auxilio *m* ▷ *vt* ayudar, auxiliar; **in ~ of** a beneficio de

aide [eɪd] *n* ayudante *mf*

AIDS [eɪdz] *n abbr* (= *acquired immune* (*or immuno-*)*deficiency syndrome*) SIDA *m*

ailing [ˈeɪlɪŋ] *adj* (*person, economy*) enfermizo

ailment [ˈeɪlmənt] *n* enfermedad *f*, achaque *m*

aim [eɪm] *vt* (*gun*) apuntar; (*missile, remark*) dirigir; (*blow*) asestar ▷ *vi* (*also*: **take ~**) apuntar ▷ *n* puntería; (*objective*) propósito, meta; **to ~ at** (*objective*) aspirar a, pretender; **to ~ to do** tener la intención de hacer, aspirar a hacer

ain't [eɪnt] (*inf*) **= are not; aren't; isn't**

air [ɛəʳ] *n* aire *m*; (*appearance*) aspecto ▷ *vt* (*room*) ventilar; (*clothes, bed, grievances, ideas*) airear ▷ *cpd* aéreo; **to throw sth into the ~** (*ball etc*) lanzar algo al aire; **by ~** (*travel*) en avión; **to**

be on the ~ (Radio, TV: programme) estarse emitiendo; (: station) estar en antena; **airbag** n airbag m inv; **air bed** n (BRIT) colchoneta inflable or neumática; **airborne** adj (in the air) en el aire; **as soon as the plane was airborne** tan pronto como el avión estuvo en el aire; **air-conditioned** adj climatizado; **air conditioning** n aire m acondicionado; **aircraft** n (pl inv) avión m; **airfield** n campo de aviación; **Air Force** n fuerzas aéreas fpl, aviación f; **air hostess** (BRIT) n azafata; **airing cupboard** n (BRIT) armario m para oreo; **airlift** n puente m aéreo; **airline** n línea aérea; **airliner** n avión m de pasajeros; **airmail** n: **by airmail** por avión; **airplane** n (US) avión m; **airport** n aeropuerto; **air raid** n ataque m aéreo; **airsick** adj: **to be airsick** marearse (en avión); **airspace** n espacio aéreo; **airstrip** n pista de aterrizaje; **air terminal** n terminal f; **airtight** adj hermético; **air traffic controller** n controlador/a m/f aéreo/a; **airy** adj (room) bien ventilado; (manners) desenfadado

aisle [aɪl] n (of church) nave f lateral; (of theatre, plane) pasillo; **aisle seat** n (on plane) asiento de pasillo

ajar [əˈdʒɑː] adj entreabierto

à la carte [ælæˈkɑːt] adv a la carta

alarm [əˈlɑːm] n alarma; (anxiety) inquietud f ▷ vt asustar, alarmar; **alarm call** n (in hotel etc) alarma; **alarm clock** n despertador m; **alarmed** adj (person) alarmado, asustado; (house, car etc) con alarma; **alarming** adj alarmante

Albania [ælˈbeɪnɪə] n Albania

albeit [ɔːlˈbiːɪt] conj aunque

album [ˈælbəm] n álbum m; (L.P.) elepé m

alcohol [ˈælkəhɒl] n alcohol m; **alcohol-free** adj sin alcohol; **alcoholic** adj, n alcohólico/a

alcove [ˈælkəuv] n nicho, hueco

ale [eɪl] n cerveza

---

alert [əˈlɜːt] adj alerta inv; (sharp) despierto, atento ▷ n alerta m, alarma ▷ vt poner sobre aviso; **to be on the ~** estar alerta or sobre aviso

algebra [ˈældʒɪbrə] n álgebra

Algeria [ælˈdʒɪərɪə] n Argelia

alias [ˈeɪlɪəs] adv alias, conocido por ▷ n alias m; (of criminal) apodo; (of writer) seudónimo

alibi [ˈælɪbaɪ] n coartada

alien [ˈeɪlɪən] n (foreigner) extranjero/a; (extraterrestrial) extraterrestre m/f ▷ adj: **~ to** ajeno a; **alienate** vt enajenar, alejar

alight [əˈlaɪt] adj ardiendo ▷ vi apearse, bajar

align [əˈlaɪn] vt alinear

alike [əˈlaɪk] adj semejantes, iguales ▷ adv igualmente, del mismo modo; **to look ~** parecerse

alive [əˈlaɪv] adj vivo; (lively) alegre

○ **KEYWORD**

all [ɔːl] adj todo a sg, todos/as pl; **all day** todo el día; **all night** toda la noche; **all men** todos los hombres; **all five came** vinieron los cinco; **all the books** todos los libros; **all the time/ his life** todo el tiempo/toda su vida ▷ pron 1 todo; **I ate it all, I ate all of it** lo comí todo; **all of us went** fuimos todos; **all the boys went** fueron todos los chicos; **is that all?** ¿eso es todo?, ¿algo más?; (in shop) ¿algo más?, ¿alguna cosa más?
2 (in phrases): **above all** sobre todo; por encima de todo; **after all** después de todo; **at all: anything at all** lo que sea; **not at all** (in answer to question) en absoluto; (in answer to thanks) ¡de nada!, ¡no hay de qué!; **I'm not at all tired** no estoy nada cansado; **anything at all will do** cualquier cosa viene bien; **all in all** a fin de cuentas
▷ adv: **all alone** completamente solo/a; **it's not as hard as all that**

no es tan difícil como la pintas; **all the more/the better** tanto más/mejor; **all but** casi; **the score is two all** están empatados a dos

Allah ['ælə] n Alá m
allegation [ælɪ'geɪʃən] n alegato
alleged [ə'ledʒd] adj supuesto, presunto; **allegedly** [ə'ledʒɪdlɪ] adv supuestamente, según se afirma
allegiance [ə'li:dʒəns] n lealtad f
allergic [ə'lɜ:dʒɪk] adj: **~ to** alérgico a
allergy ['ælədʒɪ] n alergia
alleviate [ə'li:vɪeɪt] vt aliviar
alley ['ælɪ] n callejuela
alliance [ə'laɪəns] n alianza
allied ['ælaɪd] adj aliado
alligator ['ælɪgeɪtə*] n caimán m
all-in ['ɔ:lɪn] adj, adv (BRIT: charge) todo incluido
allocate ['æləkeɪt] vt (share out) repartir; (devote) asignar
allot [ə'lɒt] vt asignar
all-out ['ɔ:laut] adj (effort etc) supremo
allow [ə'lau] vt permitir, dejar; (a claim) admitir; (sum to spend, time estimated) dar, conceder; (concede): **to ~ that** reconocer que; **to ~ sb to do** permitir a algn hacer; **he is ~ed to ...** se le permite ...; **allow for** vt fus tener en cuenta; **allowance** n subvención f, pensión f; (tax allowance) desgravación f; **to make allowances for** (person) disculpar a; (thing) tener en cuenta
all right adv bien; (as answer) ¡de acuerdo!, ¡está bien!
ally n ['ælaɪ] aliado/a ⊳ vt [ə'laɪ]: **to ~ o.s. with** aliarse con
almighty [ɔ:l'maɪtɪ] adj todopoderoso; (row etc) imponente
almond ['ɑ:mənd] n almendra
almost ['ɔ:lməust] adv casi; **he ~ fell** casi or por poco se cae
alone [ə'ləun] adj solo ⊳ adv solo; **to leave sb ~** dejar a algn en paz; **to leave sth ~** no tocar algo; **let ~ ...** y mucho menos ...

along [ə'lɒŋ] prep a lo largo de, por ⊳ adv: **is he coming ~ with us?** ¿viene con nosotros?; **he was limping ~** iba cojeando; **~ with** junto con; **all ~ (all the time)** desde el principio; **alongside** prep al lado de ⊳ adv (Naut) de costado
aloof [ə'lu:f] adj distante ⊳ adv: **to stand ~** mantenerse a distancia
aloud [ə'laud] adv en voz alta
alphabet ['ælfəbet] n alfabeto
Alps [ælps] npl: **the ~** los Alpes
already [ɔ:l'redɪ] adv ya
alright [ɔ:l'raɪt] adv (BRIT) = **all right**
also ['ɔ:lsəu] adv también, además
altar ['ɔltə*] n altar m
alter ['ɔltə*] vt cambiar, modificar ⊳ vi cambiar, modificarse; **alteration** n cambio, modificación f; **alterations** npl (Sewing) arreglos mpl
alternate adj [ɒl'tɜ:nɪt] alterno ⊳ vi ['ɒltəneɪt]: **to ~ (with)** alternar (con); **on ~ days** en días alternos
alternative [ɒl'tɜ:nətɪv] adj alternativo ⊳ n alternativa; **~ medicine** medicina alternativa; **alternatively** adv: **alternatively one could ...** por otra parte se podría ...
although [ɔ:l'ðəu] conj aunque
altitude ['æltɪtju:d] n altura
altogether [ɔ:ltə'geðə*] adv completamente, del todo; (on the whole, in all) en total, en conjunto
aluminium [ælju'mɪnɪəm], (us) **aluminum** [ə'lu:mɪnəm] n aluminio
always ['ɔ:lweɪz] adv siempre
Alzheimer's ['æltshaɪməz] n (also: **~ disease**) (enfermedad f de) mal Alzheimer
am [æm] vb see **be**
a.m. adv abbr (= ante meridiem) de la mañana
amalgamate [ə'mælgəmeɪt] vi amalgamarse ⊳ vt amalgamar
amass [ə'mæs] vt amontonar, acumular

amateur ['æmətə'] n aficionado/a, amateur mf

amaze [ə'meɪz] vt asombrar, pasmar; **to be ~d (at)** asombrarse (de); **amazed** adj asombrado; **amazement** n asombro, sorpresa; **amazing** adj extraordinario; (bargain, offer) increíble

Amazon ['æməzən] n (Geo) Amazonas m

ambassador [æm'bæsədə'] n embajador(a) m/f

amber ['æmbə'] n ámbar m; **at ~** (BRIT Aut) en amarillo

ambiguous [æm'bɪgjuəs] adj ambiguo

ambition [æm'bɪʃən] n ambición f; **ambitious** adj ambicioso

ambulance ['æmbjuləns] n ambulancia

ambush ['æmbuʃ] n emboscada ▷ vt tender una emboscada a

amen [ɑː'mɛn] excl amén

amend [ə'mɛnd] vt enmendar; **to make ~s** dar cumplida satisfacción; **amendment** n enmienda

amenities [ə'miːnɪtɪz] npl comodidades fpl

America [ə'mɛrɪkə] n América (del Norte); (USA) Estados mpl Unidos; **American** adj, n (norte) americano/a, estadounidense mf; **American football** n (BRIT) fútbol m americano

amicable ['æmɪkəbl] adj amistoso, amigable

amid(st) [ə'mɪd(st)] prep entre, en medio de

ammunition [æmjuˈnɪʃən] n municiones fpl

amnesty ['æmnɪstɪ] n amnistía

among(st) [ə'mʌŋ(st)] prep entre, en medio de

amount [ə'maʊnt] n cantidad f; (of bill etc) suma, importe m ▷ vi: **to ~ to** sumar, (be same as) equivaler a, significar

amp(ère) ['æmp(ɛə')] n amperio

ample ['æmpl] adj (spacious) amplio; (abundant) abundante; **to have ~ time** tener tiempo de sobra

amplifier ['æmplɪfaɪə'] n amplificador m

amputate ['æmpjuteɪt] vt amputar

Amtrak ['æmtræk] n (US) empresa nacional de ferrocarriles de los EE.UU.

amuse [ə'mjuːz] vt divertir; (distract) distraer, entretener; **amusement** n diversión f; (pastime) pasatiempo; (laughter) risa; **amusement arcade** n salón m de juegos; **amusement park** n parque m de atracciones

amusing [ə'mjuːzɪŋ] adj divertido

an [æn, ən, n] indef art see **a**

anaemia [ə'niːmɪə] n anemia

anaemic [ə'niːmɪk] adj anémico; (fig) flojo

anaesthetic [ænɪs'θɛtɪk] n anestesia

analog(ue) ['ænələg] adj analógico

analogy [ə'nælədʒɪ] n analogía

analyse ['ænəlaɪz] vt (BRIT) analizar; **analysis** (pl **analyses**) n análisis m inv; **analyst** ['ænəlɪst] n (political analyst, psychoanalyst) analista mf

analyze ['ænəlaɪz] vt (US) = **analyse**

anarchy ['ænəkɪ] n anarquía, desorden m

anatomy [ə'nætəmɪ] n anatomía

ancestor ['ænsɪstə'] n antepasado

anchor ['æŋkə'] n ancla, áncora ▷ vi (also: **to drop ~**) anclar ▷ vt: **to weigh ~** levar anclas

anchovy ['æntʃəvɪ] n anchoa

ancient ['eɪnʃənt] adj antiguo

and [ænd] conj y; (before i) e; he ~ etcétera; **try ~ come** procura venir; **better ~ better** cada vez mejor

Andes ['ændiːz] npl: **the ~** los Andes

Andorra [æn'dɔːrə] n Andorra

anemia [ə'niːmɪə] n (US) = **anaemia**

anemic [ə'niːmɪk] adj (US) = **anaemic**

anesthetic [ænɪs'θɛtɪk] n (US) = **anaesthetic**

angel ['eɪndʒəl] n ángel m

anger ['æŋgə'] n cólera

angina [æn'dʒaɪnə] n angina (del pecho)

angle ['æŋgl] n ángulo; **from their ~** desde su punto de vista

angler ['æŋglə*] n pescador(a) m/f (de caña)

Anglican ['æŋglɪkən] adj, n anglicano/a

angling ['æŋglɪŋ] n pesca con caña

angrily ['æŋgrɪlɪ] adv enojado, enfadado

angry ['æŋgrɪ] adj enfadado, enojado (esp LAM); **to be ~ with sb/ at sth** estar enfadado con algn/por algo; **to get ~** enfadarse, enojarse (esp LAM)

anguish ['æŋgwɪʃ] n (physical) tormentos mpl; (mental) angustia

animal ['ænɪməl] n animal m; (pej: person) bestia

animated ['ænɪmeɪtɪd] adj animado

animation [ænɪ'meɪʃən] n animación f

aniseed ['ænɪsiːd] n anís m

ankle ['æŋkl] n tobillo m

annex n ['ænɛks] (BRIT: also: **annexe**: building) edificio anexo ▷ vt [æ'nɛks] (territory) anexionar

anniversary [ænɪ'vɜːsərɪ] n aniversario

announce [ə'naʊns] vt anunciar; **announcement** n anuncio; (declaration) declaración f; **announcer** n (Radio) locutor(a) m/f; (TV) presentador(a) m/f

annoy [ə'nɔɪ] vt molestar, fastidiar; **don't get ~ed!** ¡no se enfade!; **annoying** adj molesto, fastidioso; (person) pesado

annual ['ænjuəl] adj anual ▷ n (Bot) anual m; (book) anuario m; **annually** adv anualmente, cada año

annum ['ænəm] n see **per annum**

anonymous [ə'nɒnɪməs] adj anónimo

anorak ['ænəræk] n anorak m

anorexia [ænə'rɛksɪə] n (Med) anorexia

anorexic [ænə'rɛksɪk] adj, n anoréxico/a

another [ə'nʌðə*] adj: **~ book** otro libro ▷ pron otro; see also **one**

answer ['ɑːnsə*] n respuesta, contestación f; (to problem) solución f ▷ vi contestar, responder ▷ vt (reply to) contestar a, contestar a; (problem) resolver; **in ~ to your letter** contestando or en contestación a su carta; **to ~ the phone** contestar el teléfono; **to ~ the bell** or **the door** abrir la puerta; **answer back** vi replicar, ser respondón/ona; **answer for** vt fus responder de or por; **answer to** vt fus (description) corresponder a; **answerphone** n (esp BRIT) contestador m (automático)

ant [ænt] n hormiga

Antarctic [ænt'ɑːktɪk] n: **the ~** el Antártico

antelope ['æntɪləʊp] n antílope m

antenatal [æntɪ'neɪtl] adj prenatal

antenna (pl **antennae**) [æn'tɛnə, -niː] n antena

anthem ['ænθəm] n: **national ~** himno nacional

anthology [æn'θɒlədʒɪ] n antología

anthrax ['ænθræks] n ántrax m

anthropology [ænθrə'pɒlədʒɪ] n antropología

anti... [æntɪ] pref anti...; **antibiotic** [æntɪbaɪ'ɒtɪk] adj, n antibiótico; **antibody** ['æntɪbɒdɪ] n anticuerpo

anticipate [æn'tɪsɪpeɪt] vt prever; (expect) esperar, contar con; (forestall) anticiparse a, adelantarse a; **anticipation** [æntɪsɪ'peɪʃən] n previsión f; esperanza; anticipación f

anticlimax [æntɪ'klaɪmæks] n decepción f

anticlockwise [æntɪ'klɒkwaɪz] adv en dirección contraria a la de las agujas del reloj

antics ['æntɪks] npl gracias fpl

anti- [æntɪ]: **antidote** ['æntɪdəʊt] n antídoto; **antifreeze** ['æntɪfriːz] n anticongelante m; **antihistamine**

[ænti'histəmi:n] n antihistamínico;
antiperspirant ['ænti'pəːspirənt] n antitranspirante m

antique [æn'ti:k] n antigüedad f ⊳ adj antiguo; **antique shop** n tienda de antigüedades

antiseptic [ænti'septik] adj, n antiséptico

antisocial [ænti'səʊʃəl] adj antisocial

antivirus [ænti'vaiərəs] adj antivirus; **~ software** antivirus m

antlers ['æntləz] npl cornamenta

anxiety [æŋ'zaiəti] n (worry) inquietud f; (eagerness) ansia, anhelo

anxious ['æŋkʃəs] adj (worried) inquieto; (keen) deseoso; **to be ~ to do** tener muchas ganas de hacer

🅞 **KEYWORD**

any ['eni] adj 1 (in questions etc) algún/ alguna; **have you any butter/ children?** ¿tienes mantequilla/ hijos?; **if there are any tickets left** si quedan billetes, si queda algún billete
2 (with negative): **I haven't any money/books** no tengo dinero/libros
3 (no matter which) cualquier; **any excuse will do** valdrá o servirá cualquier excusa; **choose any book you like** escoge el libro que quieras
4 (in phrases): **in any case** de todas formas, en cualquier caso; **any day now** cualquier día (de estos); **at any moment** en cualquier momento, de un momento a otro; **at any rate** en todo caso; **any time: come (at) any time** ven cuando quieras; **he might come (at) any time** podría llegar de un momento a otro
▶ pron 1 (in questions etc): **have you got any?** ¿tienes alguno/a?; **can any of you sing?** ¿sabe cantar alguno de vosotros/ustedes?
2 (with negative): **I haven't any (of them)** no tengo ninguno
3 (no matter which one(s)): **take any of those books (you like)** toma el libro

que quieras de ésos
▶ adv 1 (in questions etc): **do you want any more soup/sandwiches?** ¿quieres más sopa/bocadillos?; **are you feeling any better?** ¿te sientes algo mejor?
2 (with negative): **I can't hear him any more** ya no le oigo; **don't wait any longer** no esperes más

anybody ['enibɒdi] pron cualquiera; (in interrogative sentences) alguien; (in negative sentences): **I don't see ~** no veo a nadie

anyhow ['enihau] adv de todos modos, de todas maneras; (carelessly) de cualquier manera; (haphazardly) de cualquier modo; **I shall go ~** iré de todas maneras

anyone ['eniwʌn] pron = **anybody**

anything ['eniθiŋ] pron cualquier cosa; (in interrogative sentences) algo; (in negative sentences) nada; (everything) todo; **~ else?** ¿algo más?; **can you see ~?** ¿ves algo?; **he'll eat ~** come de todo o lo que sea

anytime ['enitaim] adv (at any moment) en cualquier momento, de un momento a otro; (whenever) no importa cuándo, cuando quiera

anyway ['eniwei] adv (at any rate) de todos modos, de todas formas; (besides) además; **~, I couldn't come even if I wanted to** además, no podría venir aunque quisiera; **I shall go ~** iré de todos modos; **why are you phoning, ~?** ¿entonces, por qué llamas?, ¿por qué llamas, pues?

anywhere ['eniweə'] adv dondequiera; (interrogative) en algún sitio; (negative sense) en ningún sitio; (everywhere) en o por todas partes; **I don't see him ~** no le veo en ningún sitio; **are you going ~?** ¿vas a algún sitio?; **~ in the world** en cualquier parte del mundo

apart [ə'pɑːt] adv aparte, separadamente; **10 miles ~** separados por 10 millas; **to take ~** desmontar; **~ from** *prep* aparte de

apartment [ə'pɑ:tmənt] *n* (*us*) piso, departamento (*LAM*), apartamento; (*room*) cuarto; **apartment block,** (*us*) **apartment building** *n* bloque *m* de apartamentos

apathy ['æpəθɪ] *n* apatía, indiferencia

ape [eɪp] *n* mono ▷ *vt* imitar, remedar

aperitif [ə'perɪtɪf] *n* aperitivo

aperture ['æpətʃuə'] *n* rendija, resquicio; (*Phot*) abertura

APEX ['eɪpɛks] *n abbr* (*Aviat: = advance purchase excursion*) tarifa *f* APEX

apologize [ə'pɒlədʒaɪz] *vi:* **to ~ (for sth to sb)** disculparse (con algn por algo)

apology [ə'pɒlədʒɪ] *n* disculpa, excusa

> Be careful not to translate *apology* by the Spanish word *apología*.

apostrophe [ə'pɒstrəfɪ] *n* apóstrofo *m*

app *n abbr* (*inf: Comput: = application*) aplicación *f*

appal [ə'pɔ:l] *vt* horrorizar, espantar; **appalling** *adj* espantoso; (*awful*) pésimo

apparatus [æpə'reɪtəs] *n* (*equipment*) equipo; (*organization*) aparato; (*in gymnasium*) aparatos *mpl*

apparent [ə'pærənt] *adj* aparente; (*obvious*) evidente; **apparently** *adv* por lo visto, al parecer

appeal [ə'pi:l] *vi* (*Law*) apelar ▷ *n* (*Law*) apelación *f*; (*request*) llamamiento; (*plea*) petición *f*; (*charm*) atractivo; **~ for** solicitar; **to ~ to** (*thing*) atraer; **it doesn't ~ to me** no me atrae, no me llama la atención; **appealing** *adj* (*nice*) atractivo

appear [ə'pɪə'] *vi* aparecer, presentarse; (*Law*) comparecer; (*publication*) salir (a la luz), publicarse; (*seem*) parecer; **to ~ on TV/in "Hamlet"** salir por la tele/hacer un papel en "Hamlet"; **it would ~ that** parecería que; **appearance** *n*

aparición *f*; (*look, aspect*) apariencia, aspecto; **to keep up appearances** salvar las apariencias; **to all appearances** al parecer

appendices [ə'pendɪsi:z] *npl of* **appendix**

appendicitis [əpendɪ'saɪtɪs] *n* apendicitis *f*

appendix (*pl* **appendices**) [ə'pendɪks, -dɪsi:z] *n* apéndice *m*

appetite ['æpɪtaɪt] *n* apetito; (*fig*) deseo, anhelo

appetizer ['æpɪtaɪzə'] *n* (*drink*) aperitivo; (*food*) tapas *fpl* (*sp*)

applaud [ə'plɔ:d] *vt, vi* aplaudir

applause [ə'plɔ:z] *n* aplausos *mpl*

apple ['æpl] *n* manzana; **apple pie** *n* pastel *m* de manzana, pay *m* de manzana (*LAM*)

appliance [ə'plaɪəns] *n* aparato

applicable [ə'plɪkəbl] *adj* aplicable; **to be ~ to** referirse a

applicant ['æplɪkənt] *n* candidato/a; solicitante *mf*

application [æplɪ'keɪʃən] *n* (*also Comput*) aplicación *f*; (*for a job, grant etc*) solicitud *f*; **application form** *n* solicitud *f*

apply [ə'plaɪ] *vt:* **to ~ (to)** aplicar (a); (*fig*) emplear (para) ▷ *vi:* **to ~ to** (*ask*) dirigirse a; (*be suitable for*) ser aplicable a; **to ~ for** (*permit, grant, job*) solicitar; **to ~ o.s. to** acercarse a, dedicarse a

appoint [ə'pɔɪnt] *vt* (*to post*) nombrar

> Be careful not to translate *appoint* by the Spanish word *apuntar*.

appointment *n* (*engagement*) cita; (*act*) nombramiento; (*post*) puesto; **to make an ~ (with)** (*doctor*) pedir hora (con); (*friend*) citarse (con)

appraisal [ə'preɪzl] *n* evaluación *f*

appreciate [ə'pri:ʃɪeɪt] *vt* apreciar, tener en mucho; (*be grateful for*) agradecer; (*be aware of*) comprender ▷ *vi* (*Comm*) aumentar en valor; **appreciation** *n* apreciación *f*; (*gratitude*) reconocimiento,

agradecimiento; (*Comm*) aumento en valor

apprehension [æprɪ'hɛnʃən] *n* (*fear*) aprensión *f*

apprehensive [æprɪ'hɛnsɪv] *adj* aprensivo

apprentice [ə'prɛntɪs] *n* aprendiz *m/f*

approach [ə'prəutʃ] *vi* acercarse ▷ *vt* acercarse a; (*ask, apply to*) dirigirse a; (*problem*) abordar ▷ *n* acercamiento; (*access*) acceso; (*to problem etc*) enfoque *m*

appropriate [ə'prəuprɪɪt] *adj* apropiado, conveniente ▷ [-rɪeɪt] (*take*) apropiarse de

approval [ə'pru:vəl] *n* aprobación *f*, visto bueno; **on ~** (*Comm*) a prueba

approve [ə'pru:v] *vt* aprobar; **approve of** *vt fus* aprobar; **they don't ~ of her** (ella) no les parece bien

approximate [ə'prɒksɪmɪt] *adj* aproximado; **approximately** *adv* aproximadamente, más o menos

Apr. *abbr* (= *April*) abr

apricot ['eɪprɪkɒt] *n* albaricoque *m* (*SP*), damasco (*LAM*)

April ['eɪprəl] *n* abril *m*; **April Fools' Day** *n* = día *m* de los (Santos) Inocentes

apron ['eɪprən] *n* delantal *m*

apt [æpt] *adj* acertado, oportuno; **~ to do** (*likely*) propenso a hacer

aquarium [ə'kwɛərɪəm] *n* acuario

Aquarius [ə'kwɛərɪəs] *n* Acuario

Arab ['ærəb] *adj*, *n* árabe *mf*

Arabia [ə'reɪbɪə] *n* Arabia; **Arabian** *adj* árabe; **Arabic** ['ærəbɪk] *adj* árabe, arábigo ▷ *n* árabe *m*; **Arabic numerals** numeración f arábiga

arbitrary ['ɑ:bɪtrərɪ] *adj* arbitrario

arbitration [ɑ:bɪ'treɪʃən] *n* arbitraje *m*

arc [ɑ:k] *n* arco

arcade [ɑ:'keɪd] *n* (*round a square*) soportales *mpl*; (*shopping arcade*) galería comercial

arch [ɑ:tʃ] *n* arco; (*of foot*) puente *m* ▷ *vt* arquear

archaeology [ɑ:kɪ'ɔlədʒɪ] *n* arqueología

archbishop [ɑ:tʃ'bɪʃəp] *n* arzobispo

archeology *etc* [ɑ:kɪ'ɔlədʒɪ] (*us*) *see* **archaeology** *etc*

architect ['ɑ:kɪtɛkt] *n* arquitecto/a; **architectural** *adj* arquitectónico; **architecture** *n* arquitectura

archive ['ɑ:kaɪv] *n* (*often pl: also* Comput) archivo

Arctic ['ɑ:ktɪk] *adj* ártico ▷ *n*: **the ~ Ártico**

are [ɑ:'] *vb see* **be**

area ['ɛərɪə] *n* área; (*Math etc*) superficie f; (*zone*) región f, zona; (*of knowledge, experience*) campo; **area code** (*us* Tel) prefijo

arena [ə'ri:nə] *n* arena; (*of circus*) pista

aren't [ɑ:nt] = **are not**

Argentina [ɑ:dʒən'ti:nə] *n* Argentina; **Argentinian** [ɑ:dʒən'tɪnɪən] *adj*, *n* argentino/a

arguably ['ɑ:gjuəblɪ] *adv*: **it is ~ ...** es discutiblemente ...

argue ['ɑ:gju:] *vi* (*quarrel*) discutir; (*reason*) razonar, argumentar; **to ~ that** sostener que

argument ['ɑ:gjumənt] *n* (*reasons*) argumento; (*quarrel*) discusión f

Aries ['ɛərɪz] *n* Aries *m*

arise [ə'raɪz] (*pt* **arose**, *pp* **arisen** [ə'rɪzn]) *vi* surgir, presentarse

arithmetic [ə'rɪθmətɪk] *n* aritmética

arm [ɑ:m] *n* brazo ▷ *vt* armar; **~ in ~** cogidos del brazo; **armchair** *n* sillón *m*, butaca

armed [ɑ:md] *adj* armado; **armed robbery** *n* robo a mano armada

armour, (*us*) **armor** ['ɑ:mə'] *n* armadura

armpit ['ɑ:mpɪt] *n* sobaco, axila

armrest ['ɑ:mrɛst] *n* reposabrazos *m inv*

army ['ɑ:mɪ] *n* ejército; (*fig*) multitud f

A road *n* (*BRIT*) = carretera f nacional

aroma [əˈrəʊmə] n aroma m, fragancia; **aromatherapy** n aromaterapia

arose [əˈrəʊz] pt of **arise**

around [əˈraʊnd] adv alrededor; (in the area) a la redonda ▷ prep alrededor de

arouse [əˈraʊz] vt despertar; (anger) provocar

arrange [əˈreɪndʒ] vt arreglar, ordenar; (programme) organizar; **to ~ to do sth** quedar en hacer algo; **arrangement** n arreglo; (agreement) acuerdo; **arrangements** npl (preparations) preparativos mpl

array [əˈreɪ] n: **~ of** (things) serie f or colección f de; (people) conjunto de

arrears [əˈrɪəz] npl atrasos mpl; **to be in ~ with one's rent** estar retrasado en el pago del alquiler

arrest [əˈrest] vt detener; (sb's attention) llamar ▷ n detención f; **under ~** detenido

arrival [əˈraɪvəl] n llegada; **new ~** recién llegado/a

arrive [əˈraɪv] vi llegar; **arrive at** vt fus (decision, solution) llegar a

arrogance [ˈærəgəns] n arrogancia, prepotencia (LAM)

arrogant [ˈærəgənt] adj arrogante

arrow [ˈærəʊ] n flecha

arse [ɑːs] n (BRIT inf!) culo, trasero

arson [ˈɑːsn] n incendio provocado

art [ɑːt] n arte m; (skill) destreza; **art college** n escuela f de Bellas Artes

artery [ˈɑːtərɪ] n arteria

art gallery n pinacoteca; (Comm) galería de arte

arthritis [ɑːˈθraɪtɪs] n artritis f

artichoke [ˈɑːtɪtʃəʊk] n alcachofa; **Jerusalem ~** aguaturma

article [ˈɑːtɪkl] n artículo

articulate adj [ɑːˈtɪkjʊlɪt] (speech) claro ▷ vt [ɑːˈtɪkjʊleɪt] expresar

artificial [ɑːtɪˈfɪʃəl] adj artificial

artist [ˈɑːtɪst] n artista mf; (Mus) intérprete mf; **artistic** adj artístico

art school n escuela de bellas artes

KEYWORD

as [æz] conj 1 (referring to time: while) mientras; **as the years go by** con el paso de los años; **he came in as I was leaving** entró cuando me marchaba; **as from tomorrow** a partir de or desde mañana

2 (in comparisons): **as big as** tan grande como; **twice as big as** el doble de grande que; **as much money/many books as** tanto dinero/tantos libros como; **as soon as** en cuanto

3 (since, because) como, ya que; **as I don't speak German I can't understand him** no le entiendo ya que no hablo alemán

4 (referring to manner, way): **do as you wish** haz lo que quieras; **as she said** como dijo

5 (concerning): **as for** or **to that** por or en lo que respecta a eso

6: **as if** or **though** como si; **he looked as if he was ill** parecía como si estuviera enfermo, tenía aspecto de enfermo; see also **long**; **such**; **well**

▷ prep (in the capacity of): **he works as a barman** trabaja de barman; **as chairman of the company, he …** como presidente de la compañía, …; **he gave it to me as a present** me lo dio de regalo

a.s.a.p. abbr (= as soon as possible) cuanto antes

asbestos [æzˈbestəs] n asbesto, amianto

ascent [əˈsent] n subida; (slope) cuesta, pendiente f

ash [æʃ] n ceniza; (tree) fresno

ashamed [əˈʃeɪmd] adj avergonzado; **to be ~ of** avergonzarse de

ashore [əˈʃɔːr] adv en tierra; (swim etc) a tierra

ashtray [ˈæʃtreɪ] n cenicero

Ash Wednesday n miércoles m de Ceniza

Asia ['eɪʃə] n Asia; **Asian** adj, n asiático/a

aside [ə'saɪd] adv a un lado ⊳ n aparte m

ask [ɑːsk] vt (question) preguntar; (invite) invitar; **to ~ sb/sth to do sth** preguntar algo a algn/pedir a algn que haga algo; **to ~ sb about sth** preguntar algo a algn; **to ~ (sb) a question** hacer una pregunta (a algn); **to ~ sb out to dinner** invitar a cenar a algn; **ask for** vt fus pedir; **it's just ~ing for trouble** or **for it** es buscarse problemas

asleep [ə'sliːp] adj dormido; **to fall ~** dormirse, quedarse dormido

asparagus [əs'pærəgəs] n espárragos mpl

aspect ['æspɛkt] n aspecto, apariencia; (direction in which a building etc faces) orientación f

aspirations [æspə'reɪʃənz] npl aspiraciones fpl; (ambition) ambición f

aspire [əs'paɪəʳ] vi: **to ~ to** aspirar a, ambicionar

aspirin ['æsprɪn] n aspirina

ass [æs] n asno, burro; (inf) imbécil mf; (us infl) culo, trasero

assassin [ə'sæsɪn] n asesino/a; **assassinate** vt asesinar

assault [ə'sɔːlt] n asalto; (Law) agresión f ⊳ vt asaltar; (sexually) violar

assemble [ə'sɛmbl] vt reunir, juntar; (Tech) montar ⊳ vi reunirse, juntarse

assembly [ə'sɛmblɪ] n reunión f, asamblea; (parliament) parlamento; (construction) montaje m

assert [ə'sɜːt] vt afirmar; (insist on) hacer valer; **assertion** n afirmación f

assess [ə'sɛs] vt valorar, calcular; (tax, damages) fijar; (for tax) gravar; **assessment** n valoración f; gravamen m

asset ['æsɛt] n ventaja; **assets** npl (funds) activo sg, fondos mpl

assign [ə'saɪn] vt (date) fijar; (task) asignar; (resources) destinar; **assignment** n tarea

assist [ə'sɪst] vt ayudar; **assistance** n ayuda, auxilio; **assistant** n ayudante mf; (BRIT: also: **shop assistant**) dependiente a m/f

associate [adj, n ə'səʊʃɪɪt, vt, vi ə'səʊʃɪeɪt] adj asociado ⊳ n colega mf ⊳ vt asociar; (ideas) relacionar ⊳ vi: **to ~ with sb** tratar con algn

association [əsəʊsɪ'eɪʃən] n asociación f

assorted [ə'sɔːtɪd] adj surtido, variado

assortment [ə'sɔːtmənt] n (of shapes, colours) surtido; (of books) colección f; (of people) mezcla

assume [ə'sjuːm] vt suponer; (responsibilities etc) asumir; (attitude, name) adoptar, tomar

assumption [ə'sʌmpʃən] n suposición f, presunción f; (act) asunción f

assurance [ə'ʃuərəns] n garantía, promesa; (confidence) confianza, aplomo; (insurance) seguro

assure [ə'ʃuəʳ] vt asegurar

asterisk ['æstərɪsk] n asterisco

asthma ['æsmə] n asma

astonish [ə'stɒnɪʃ] vt asombrar, pasmar; **astonished** adj estupefacto, pasmado; **to be astonished (at)** asombrarse (de); **astonishing** adj asombroso, pasmoso; **I find it astonishing that ...** me asombra or pasma que ...; **astonishment** n asombro, sorpresa

astound [ə'staʊnd] vt asombrar, pasmar

astray [ə'streɪ] adv: **to go ~** extraviarse; **to lead ~** llevar por mal camino

astrology [əs'trɒlədʒɪ] n astrología

astronaut ['æstrənɔːt] n astronauta mf

astronomer [əs'trɒnəməʳ] n astrónomo/a

astronomical [æstrə'nɒmɪkəl] adj astronómico

astronomy [əs'trɒnəmɪ] n astronomía

astute [əsˈtjuːt] *adj* astuto

asylum [əˈsaɪləm] *n* (*refuge*) asilo; (*hospital*) manicomio

KEYWORD

at [æt] *prep* 1 (*referring to position*) en; (*direction*) a: **at the top** en lo alto; **at home/school** en casa/la escuela; **to look at sth/sb** mirar algo/a algn
2 (*referring to time*) **at four o'clock** a las cuatro; **at night** por la noche; **at Christmas** en Navidad; **at times** a veces
3 (*referring to rates, speed etc*) **at £1 a kilo** a una libra el kilo; **two at a time** de dos en dos; **at 50 km/h** a 50 km/h
4 (*referring to manner*) **at a stroke** de un golpe; **at peace** en paz
5 (*referring to activity*) **to be at work** estar trabajando; (*in office*) estar en el trabajo; **to play at cowboys** jugar a los vaqueros; **to be good at sth** ser bueno en algo
6 (*referring to cause*) **shocked/surprised/annoyed at sth** asombrado/sorprendido/fastidiado por algo; **I went at his suggestion** fui a instancias suyas
▷ *n* (*symbol @*) arroba

ate [ɛt, eɪt] *pt of* **eat**

atheist [ˈeɪθɪɪst] *n* ateo/a

Athens [ˈæθɪnz] *n* Atenas *f*

athlete [ˈæθliːt] *n* atleta *mf*

athletic [æθˈlɛtɪk] *adj* atlético; **athletics** *n* atletismo *m*

Atlantic [ətˈlæntɪk] *adj* atlántico ▷ *n*: **the ~ (Ocean)** el (Océano) Atlántico

atlas [ˈætləs] *n* atlas *m inv*

A.T.M. *n abbr* (= *Automated Telling Machine*) cajero automático

atmosphere [ˈætməsfɪə] *n* atmósfera *f*; (*fig*) ambiente *m*

atom [ˈætəm] *n* átomo; **atomic** [əˈtɒmɪk] *adj* atómico; **atom(ic) bomb** *n* bomba atómica

A to Z® *n* (*map*) callejero

atrocity [əˈtrɒsɪtɪ] *n* atrocidad *f*

attach [əˈtætʃ] *vt* sujetar; (*document, email, letter*) adjuntar; **to be ~ed to sb/sth** (*like*) tener cariño a algn/algo; **attachment** *n* (*tool*) accesorio; (*Comput*) archivo o documento adjunto; (*love*): **attachment (to)** apego (a)

attack [əˈtæk] *vt* (*Mil*) atacar; (*criminal*) agredir, asaltar; (*criticize*) criticar; (*task etc*) emprender ▷ *n* ataque *m*, asalto; (*on sb's life*) atentado; (*fig: criticism*) crítica; **heart ~** infarto (de miocardio); **attacker** *n* agresor(a) *m/f*, asaltante *mf*

attain [əˈteɪn] *vt* (*also:* **~ to**) alcanzar; (*achieve*) lograr, conseguir

attempt [əˈtɛmpt] *n* tentativa, intento; (*attack*) atentado ▷ *vt* intentar

attend *vt* asistir a; (*patient*) atender; **attend to** *vt fus* (*needs, affairs etc*) ocuparse de; (*speech etc*) prestar atención a; (*customer*) atender a; **attendance** *n* asistencia, presencia; (*people present*) concurrencia; **attendant** *n* sirviente *a m/f*, ayudante *mf* ▷ *adj* concomitante

attention [əˈtɛnʃən] *n* atención *f* ▷ *excl* (*Mil*) ¡firme(s)!; **for the ~ of ...** (*Admin*) a la atención de ...

attic [ˈætɪk] *n* desván *m*

attitude [ˈætɪtjuːd] *n* actitud *f*; (*disposition*) disposición *f*

attorney [əˈtɜːnɪ] *n* (*lawyer*) abogado/a; **Attorney General** *n* (*BRIT*) ≈ fiscal *mf* General del Estado; (*US*) = ministro/a de Justicia

attract [əˈtrækt] *vt* atraer; (*attention*) llamar; **attraction** *n* encanto; (*Physics*) atracción *f*; (*towards sth*) atracción *f*; **attractive** *adj* atractivo

attribute [ˈætrɪbjuːt] *n* atributo ▷ *vt* [əˈtrɪbjuːt]: **to ~ sth to** atribuir algo a

aubergine [ˈəʊbəʒiːn] *n* (*BRIT*) berenjena; (*colour*) morado

auburn ['ɔːbən] adj color castaño rojizo

auction ['ɔːkʃən] n (also: **sale by ~**) subasta ▷ vt subastar

audible ['ɔːdɪbl] adj audible, que se puede oír

audience ['ɔːdɪəns] n público; (Radio) radioescuchas mpl; (TV) telespectadores mpl; (interview) audiencia

audit ['ɔːdɪt] vt revisar, intervenir

audition [ɔː'dɪʃən] n audición f

auditor ['ɔːdɪtə'] n interventor(a) m/f, censor(a) m/f de cuentas

auditorium [ɔːdɪ'tɔːrɪəm] n auditorio

Aug. abbr (= August) ag

August ['ɔːgəst] n agosto

aunt [ɑːnt] n tía; **auntie, aunty** ['ɑːntɪ] n diminutive of **aunt**

au pair ['əu'peə'] n (also: **~ girl**) chica f au pair

aura ['ɔːrə] n aura; (atmosphere) ambiente m

austerity [ɔs'terɪtɪ] n austeridad f

Australia [ɔs'treɪlɪə] n Australia; **Australian** adj, n australiano/a

Austria ['ɔstrɪə] n Austria; **Austrian** adj, n austríaco/a

authentic [ɔː'θentɪk] adj auténtico

author ['ɔːθə'] n autor(a) m/f

authority [ɔː'θɔrɪtɪ] n autoridad f; **the authorities** npl las autoridades

authorize ['ɔːθəraɪz] vt autorizar

auto ['ɔːtəu] n (us) coche m, carro (LAM), automóvil m; **autobiography** [ɔːtəbaɪ'ɔgrəfɪ] n autobiografía; **autograph** ['ɔːtəgrɑːf] n autógrafo ▷ vt (photo etc) dedicar; **automatic** [ɔːtə'mætɪk] adj automático ▷ n (gun) pistola automática; **automatically** adv automáticamente; **automobile** ['ɔːtəməbiːl] n (us) coche m, carro (LAM), automóvil m; **autonomous** [ɔː'tɔnəməs] adj autónomo; **autonomy** [ɔː'tɔnəmɪ] n autonomía

autumn ['ɔːtəm] n otoño

auxiliary [ɔːg'zɪlɪərɪ] adj auxiliar

avail [ə'veɪl] vt: **to ~ o.s. of** aprovechar(se) de ▷ n: **to no ~** en vano, sin resultado

availability [əveɪlə'bɪlɪtɪ] n disponibilidad f

available [ə'veɪləbl] adj disponible

avalanche ['ævəlɑːnʃ] n alud m, avalancha

Ave. abbr (= avenue) Av., Avda

avenue ['ævənjuː] n avenida; (fig) camino

average ['ævərɪdʒ] n promedio, media ▷ adj (mean) medio; (ordinary) regular, corriente ▷ vt alcanzar un promedio de; **on ~** por término medio

avert [ə'vəːt] vt prevenir; (blow) desviar; (one's eyes) apartar

avid ['ævɪd] adj ávido

avocado [ævə'kɑːdəu] n (BRIT: also: **~ pear**) aguacate m, palta (LAM)

avoid [ə'vɔɪd] vt evitar, eludir

await [ə'weɪt] vt esperar, aguardar

awake [ə'weɪk] (pt **awoke**, pp **awoken** or **awaked**) adj despierto ▷ vt despertar ▷ vi despertarse; **to be ~** estar despierto

award [ə'wɔːd] n premio; (Law) fallo, sentencia ▷ vt otorgar, conceder; (Law: damages) adjudicar

aware [ə'weə'] adj consciente; **to become ~ of** darse cuenta de, enterarse de; **awareness** n conciencia, conocimiento

away [ə'weɪ] adv fuera; (far away) lejos; **two kilometres ~** a dos kilómetros (de distancia); **two hours ~ by car** a dos horas en coche; **the holiday was two weeks ~** faltaban dos semanas para las vacaciones; **he's ~ for a week** estará ausente una semana; **to work/pedal ~** seguir trabajando/pedaleando; **to fade ~** desvanecerse; (sound) apagarse

awe [ɔː] n respeto, admiración f respetuosa; **awesome** ['ɔːsəm] adj (esp us: excellent) formidable

awful ['ɔːfəl] *adj* terrible; **an ~ lot of** (*people, cars, dogs*) la mar de, muchísimos; **awfully** *adv* (*very*) terriblemente

awkward ['ɔːkwəd] *adj* desmañado, torpe; (*shape, situation*) incómodo; (*question*) difícil

awoke [əˈwəʊk] *pt of* **awake**

awoken [əˈwəʊkən] *pp of* **awake**

axe, (*us*) **ax** [æks] *n* hacha ▷ *vt* (*project etc*) cortar; (*jobs*) reducir

axle ['æksl] *n* eje *m*, árbol *m*

ay(e) [aɪ] *excl* (*yes*) sí

azalea [əˈzeɪlɪə] *n* azalea

B [biː] *n* (*Mus*) si *m*

baby ['beɪbɪ] *n* bebé *mf*; (*us inf: darling*) mi amor; **baby carriage** *n* (*us*) cochecito; **baby-sit** *vi* hacer de canguro; **baby-sitter** *n* canguro *mf*; **baby wipe** *n* toallita húmeda (*para bebés*)

bachelor ['bætʃələ'] *n* soltero; **B~ of Arts/Science (BA/BSc)** licenciado/a en Filosofía y Letras/Ciencias

back [bæk] *n* (*of person*) espalda; (*of animal*) lomo; (*of hand, page*) dorso; (*as opposed to front*) parte *f* de atrás; (*of chair*) respaldo; (*of page*) reverso; (*Football*) defensa *m* ▷ *vt* (*candidate: also:* **~ up**) respaldar, apoyar; (*horse: at races*) apostar a; (*car*) dar marcha atrás a o con ▷ *vi* (*car etc*) dar marcha atrás o de atrás ▷ *adj* (*garden, room*) de atrás ▷ *adv* (*not forward*) (hacia) atrás; **he's ~** (*returned*) ha vuelto; **~ seats/wheels** (*Aut*) asientos *mpl* traseros, ruedas *fpl* traseras; **~ payments**

pagos *mpl* con efecto retroactivo; **~ rent** renta atrasada; **he ran ~** volvió corriendo; **throw the ball ~** (restitution) devuelve la pelota; **can I have it ~?** ¿me lo devuelve?; **he called ~** (again) volvió a llamar; **back down** vi echarse atrás; **back out** vi (of promise) volverse atrás; **back up** vt (person) apoyar, respaldar; (theory) defender; (Comput) hacer una copia de reserva de; **backache** n dolor m de espalda; **backbencher** n (BRIT) diputado sin cargo oficial en el gobierno o la oposición; **backbone** n columna vertebral; **back door** n puerta f trasera; **backfire** vi (Aut) petardear; (plans) fallar, salir mal; **backgammon** n backgammon m; **background** n fondo; (of events) antecedentes *mpl*; (basic knowledge) bases *fpl*; (experience) conocimientos *mpl*, educación f; **family background** origen m, antecedentes *mpl* familiares; **backing** n (fig) apoyo, respaldo; (Comm) respaldo financiero; (Mus) acompañamiento; **backlog** n: **backlog of work** trabajo atrasado; **backpack** n mochila; **backpacker** n mochilero/a; **backslash** n pleca, barra inversa; **backstage** adv entre bastidores; **backstroke** n espalda; **backup** adj suplementario; (Comput: disk, file) de reserva ▷ n (support) apoyo; (also: **backup file**) copia de reserva; **backward** adj (person, country) atrasado; **backwards** adv hacia atrás; (read a list) al revés; (fall) de espaldas; **backyard** n patio trasero

bacon ['beɪkən] n tocino, beicon m
bacteria [bæk'tɪərɪə] *npl* bacterias *fpl*
bad [bæd] adj malo; (serious) grave; (meat, food) podrido, pasado; **to go ~** pasarse

badge [bædʒ] n insignia; (metal badge) chapa; (of policeman) placa
badger ['bædʒə'] n tejón m
badly ['bædlɪ] adv (work, dress etc) mal; **to reflect ~ on sb** influir negativamente en la reputación de

algn; **~ wounded** gravemente herido; **he needs it ~** le hace mucha falta; **to be ~ off (for money)** andar mal de dinero
bad-mannered ['bæd'mænəd] adj mal educado
badminton ['bædmɪntən] n bádminton m
bad-tempered ['bæd'tɛmpəd] adj de mal genio *or* carácter; (temporarily) de mal humor
bag [bæg] n bolsa; (handbag) bolso; (satchel) mochila; (case) maleta; **~s of** (inf) un montón de
baggage ['bægɪdʒ] n equipaje m; **baggage allowance** n límite m de equipaje; **baggage (re)claim** n recogida de equipajes
baggy ['bægɪ] adj (trousers) ancho, holgado
bagpipes ['bægpaɪps] *npl* gaita sg
bail [beɪl] n fianza ▷ vt (prisoner: also: **grant ~ to**) poner en libertad bajo fianza; (boat: also: **~ out**) achicar; **on ~** (prisoner) bajo fianza; **to ~ sb out** pagar la fianza de algn
bait [beɪt] n cebo ▷ vt poner el cebo en
bake [beɪk] vt cocer (al horno) ▷ vi cocerse; **baked beans** *npl* judías *fpl* en salsa de tomate; **baked potato** n patata al horno; **baker** n panadero/a; **bakery** n panadería; (for cakes) pastelería; **baking** n (act) cocción f; (batch) hornada; **baking powder** n levadura (en polvo)
balance ['bæləns] n equilibrio; (Comm: sum) balance m; (remainder) resto; (scales) balanza ▷ vt equilibrar; (budget) nivelar; (account) saldar; (compensate) compensar; **~ of trade/payments** balanza de comercio/pagos; **balanced** adj (personality, diet) equilibrado; (report) objetivo; **balance sheet** n balance m
balcony ['bælkənɪ] n (open) balcón m; (closed) galería; (in theatre) anfiteatro
bald [bɔːld] adj calvo; (tyre) liso

ball [bɔ:l] n (football) balón m; (for tennis, golf etc) pelota; (of wool, string) ovillo; (dance) baile m; **to play ~ (with sb)** jugar a la pelota (con algn); (fig) cooperar

ballerina [bælə'ri:nə] n bailarina

ballet ['bæleɪ] n ballet m; **ballet dancer** n bailarín/ina m/f (de ballet)

balloon [bə'lu:n] n globo

ballot ['bælət] n votación f

ballroom ['bɔ:lrum] n salón m de baile

Baltic ['bɔ:ltɪk] n: **the ~ (Sea)** el (Mar) Báltico

bamboo [bæm'bu:] n bambú m

ban [bæn] n prohibición f ⊳ vt prohibir; (exclude) excluir

banana [bə'nɑ:nə] n plátano, banana (LAM)

band [bænd] n (group) banda; (strip) faja, tira; (at a dance) orquesta; (Mil) banda; (rock band) grupo

bandage ['bændɪdʒ] n venda, vendaje m ⊳ vt vendar

Band-Aid® ['bændeɪd] n (US) tirita

bandit ['bændɪt] n bandido

bang [bæŋ] n (of gun, exhaust) estallido; (of door) portazo; (blow) golpe m ⊳ vt (door) cerrar de golpe; (one's head) golpear ⊳ vi estallar; see also **bangs**

Bangladesh [bæŋglə'deʃ] n Bangladesh f

bangle ['bæŋgl] n brazalete m, ajorca

bangs [bæŋz] npl (US) flequillo sg

banish ['bænɪʃ] vt desterrar

banister(s) ['bænɪstə(z)] n(pl) barandilla f, pasamanos m inv

banjo ['bændʒəu] (pl **banjoes** or **banjos**) n banjo

bank [bæŋk] n (Comm) banco; (of river, lake) ribera, orilla; (of earth) terraplén m ⊳ vi (Aviat) ladearse; **bank on** vt fus contar con; **bank account** n cuenta bancaria; **bank balance** n saldo; **bank card** n tarjeta bancaria; **bank charges** npl comisión fsg; **banker** n banquero; **bank holiday** n (BRIT)

día m festivo or de fiesta; ver nota **"bank holiday"**; **banking** n banca; **bank manager** n director(a) m/f (de sucursal) de banco; **banknote** n billete m de banco

⬤ **BANK HOLIDAY**
⬤
⬤ El término **bank holiday** se aplica en
⬤ el Reino Unido a todo día festivo
⬤ oficial en el que cierran bancos y
⬤ comercios. Los más destacados
⬤ coinciden con Navidad, Semana
⬤ Santa, finales de mayo y finales
⬤ de agosto. Al contrario que en los
⬤ países de tradición católica, no se
⬤ celebran las festividades dedicadas
⬤ a los santos.

bankrupt ['bæŋkrʌpt] adj quebrado, insolvente; **to go ~** hacer bancarrota; **to be ~** estar en quiebra; **bankruptcy** n quiebra

bank statement n extracto de cuenta

banner ['bænər] n pancarta

bannister(s) ['bænɪstə(z)] n(pl) = **banister(s)**

banquet ['bæŋkwɪt] n banquete m

baptism ['bæptɪzəm] n bautismo; (act) bautizo

baptize [bæp'taɪz] vt bautizar

bar [bɑ:r] n barra; (on door) tranca; (of window, cage) reja; (of soap) pastilla; (of chocolate) tableta; (fig: hindrance) obstáculo; (prohibition) prohibición f; (pub) bar m; (counter) barra, mostrador m; (Mus) barra ⊳ vt (road) obstruir; (person) excluir; (activity) prohibir; **behind ~s** entre rejas; **the B~** (Law) la abogacía; **~ none** sin excepción

barbaric [bɑ:'bærɪk] adj bárbaro

barbecue ['bɑ:bɪkju:] n barbacoa

barbed wire ['bɑ:bd-] n alambre m de espino

barber ['bɑ:bər] n peluquero, barbero; **barber's (shop)**, (US) **barber (shop)** n peluquería

bar code n código de barras

bare [beə^r] adj desnudo; (trees) sin hojas ▷ vt desnudar; **to ~ one's teeth** enseñar los dientes; **barefoot** adj, adv descalzo; **barely** adv apenas

bargain ['ba:gɪn] n pacto; (transaction) negocio; (good buy) ganga ▷ vi negociar; (haggle) regatear; **into the ~** además, por añadidura; **bargain for** vt fus (inf): **he got more than he ~ed for** le resultó peor de lo que esperaba

barge [ba:dʒ] n barcaza; **barge in** vi irrumpir; (in conversation) entrometerse

bark [ba:k] n (of tree) corteza; (of dog) ladrido ▷ vi ladrar

barley ['ba:lɪ] n cebada

barmaid ['ba:meɪd] n camarera

barman ['ba:mən] n camarero, barman m

barn [ba:n] n granero

barometer [bə'rɔmɪtə^r] n barómetro

baron ['bærən] n barón m; (fig) magnate m; **baroness** n baronesa

barracks ['bærəks] npl cuartel msg

barrage ['bæra:ʒ] n (Mil) cortina de fuego; (dam) presa; (of criticism etc) lluvia, aluvión m

barrel ['bærəl] n barril m; (of gun) cañón m

barren ['bærən] adj estéril

barrette [bə'ret] n (us) pasador m (LAM, SP), broche m (MEX)

barricade [bærɪ'keɪd] n barricada

barrier ['bærɪə^r] n barrera

barring ['ba:rɪŋ] prep excepto, salvo

barrister ['bærɪstə^r] n (BRIT) abogado/a

barrow ['bærəu] n (cart) carretilla

bartender [ba:'tendə^r] n (us) camarero, barman m

base [beɪs] n base f ▷ vt: **to ~ sth on** basar o fundar algo en ▷ adj bajo, infame

baseball ['beɪsbɔːl] n béisbol m; **baseball cap** n gorra f de béisbol

basement ['beɪsmənt] n sótano

bases ['beɪsiːz] npl of **basis**

bash [bæʃ] vt (inf) golpear

basic ['beɪsɪk] adj básico; **basically** adv fundamentalmente, en el fondo; **basics** npl: **the basics** los fundamentos

basil ['bæzl] n albahaca

basin ['beɪsn] n cuenco, tazón m; (Geo) cuenca; (also: **wash~**) lavabo

basis ['beɪsɪs] (pl **bases**) n base f; **on a part-time/trial ~** a tiempo parcial/a prueba

basket ['ba:skɪt] n cesta, cesto; **basketball** n baloncesto

bass [beɪs] n (Mus) bajo

bastard ['ba:stəd] n bastardo/a; (inf!) hijo de puta (!)

bat [bæt] n (Zool) murciélago; (for ball games) palo; (BRIT: for table tennis) pala ▷ vt: **he didn't ~ an eyelid** ni pestañeó

batch [bætʃ] n lote m; (of bread) hornada

bath [ba:θ] n (act) baño; (bathtub) bañera, tina (esp LAM) ▷ vt bañar; **to have a ~** bañarse, darse un baño; see also **baths**

bathe [beɪð] vi bañarse ▷ vt (wound etc) lavar

bathing ['beɪðɪŋ] n baño; **bathing costume**, (US) **bathing suit** n traje m de baño

bath: bathrobe n albornoz m; **bathroom** n (cuarto de) baño; **baths** [ba:ðz] npl piscina sg; **bath towel** n toalla de baño; **bathtub** n bañera

baton ['bætən] n (Mus) batuta; (weapon) porra

batter ['bætə^r] vt maltratar; (wind, rain) azotar ▷ n batido; **battered** adj (hat, pan) estropeado

battery ['bætərɪ] n batería; (of torch) pila; **battery farming** n cría intensiva

battle ['bætl] n batalla; (fig) lucha ▷ vi luchar; **battlefield** n campo de batalla

bay [beɪ] n (Geo) bahía; **to hold sb at ~** mantener a alguien a raya

bazaar [bəˈzaːʳ] n bazar m

BBC n abbr (= British Broadcasting Corporation) BBC f

KEYWORD

be [biː] (pt **was, were**, pp **been**) aux vb **1** (with present participle, forming continuous tenses): **what are you doing?** ¿qué estás haciendo?; ¿qué haces?; **they're coming tomorrow** vienen mañana; **I've been waiting for you for hours** llevo horas esperándote

2 (with pp: forming passives) ser (but often replaced by active or reflexive constructions); **to be murdered** ser asesinado; **the box had been opened** habían abierto la caja; **the thief was nowhere to be seen** no se veía al ladrón por ninguna parte

3 (in tag questions): **it was fun, wasn't it?** fue divertido, ¿no? or ¿verdad?; **he's good-looking, isn't he?** es guapo, ¿no te parece?; **she's back again, is she?** entonces, ¿ha vuelto?

4 (+ to + infin): **the house is to be sold** (necessity) hay que vender la casa; (future) van a vender la casa; **he's not to open it** no tiene que abrirlo

▶ vb + complement **1** (with n or num complement): **he's a doctor** es médico; **2 and 2 are 4** 2 y 2 son 4

2 (with adj complement, expressing permanent or inherent quality) ser; (: expressing state seen as temporary or reversible) estar; **I'm English** soy inglés/esa; **she's tall/pretty** es alta/bonita; **he's young** es joven; **be careful/good/quiet** ten cuidado/pórtate bien/cállate; **I'm tired** estoy cansado/a; **it's dirty** está sucio/a

3 (of health) estar; **how are you?** ¿cómo estás?; **he's very ill** está muy enfermo; **I'm better now** ya estoy mejor

4 (of age) tener; **how old are you?** ¿cuántos años tienes?; **I'm sixteen (years old)** tengo dieciséis años

5 (cost) costar; ser; **how much was the meal?** ¿cuánto fue or costó la comida?; **that'll be £5.75, please** son £5.75, por favor; **this shirt is £17** esta camisa cuesta £17

▶ vi **1** (exist, occur etc) existir, haber; **the best singer that ever was** el mejor cantante que existió jamás; **is there a God?** ¿hay un Dios?, ¿existe Dios?; **be that as it may** sea como sea; **so be it** así sea

2 (referring to place) estar; **I won't be here tomorrow** no estaré aquí mañana

3 (referring to movement): **where have you been?** ¿dónde has estado?

▶ impers vb **1** (referring to time): **it's 5 o'clock** son las 5; **it's the 28th of April** estamos a 28 de abril

2 (referring to distance): **it's 10 km to the village** el pueblo está a 10 km

3 (referring to the weather): **it's too hot/cold** hace demasiado calor/frío; **it's windy today** hace viento hoy

4 (emphatic): **it's me** soy yo; **it was Maria who paid the bill** fue María la que pagó la cuenta

beach [biːtʃ] n playa ▶ vt varar

beacon [ˈbiːkən] n (lighthouse) faro; (marker) guía

bead [biːd] n cuenta; (of dew, sweat) gota; **beads** npl (necklace) collar m

beak [biːk] n pico

beam [biːm] n (Arch) viga; (of light) rayo, haz m de luz ▶ vi brillar; (smile) sonreír

bean [biːn] n judía; **runner/broad** ~ habichuela/haba; **coffee** ~ grano de café; **bean sprouts** npl brotes mpl de soja

bear [bɛəʳ] (pt **bore**, pp **borne**) n oso ▶ vt (weight etc) llevar; (cost) pagar; (responsibility) tener; (endure) soportar, aguantar; (children) tener; (fruit) dar ▶ vi: **to ~ right/left** torcer a la derecha/izquierda

beard [bɪəd] n barba

bearer ['bɛərə'] n portador(a) m/f

bearing ['bɛərɪŋ] n porte m; (connection) relación f

beast [biːst] n bestia; (inf) bruto, salvaje m

beat [biːt] (pt beat, pp beaten ['biːtn] n (of heart) latido; (Mus) ritmo, compás m; (of policeman) ronda f ▷ vt (hit) golpear, pegar; (eggs) batir; (defeat) vencer, derrotar; (better) sobrepasar; (drum) redoblar ▷ vi (heart) latir; **off the ~n track** aislado; **to ~ it** largarse; **beat up** vt (inf: person) dar una paliza a; **beating** n paliza

beautiful ['bjuːtɪful] adj hermoso, bello; **beautifully** adv de maravilla

beauty ['bjuːtɪ] n belleza; **beauty parlour** f, (US) **beauty parlor** n salón m de belleza; **beauty salon** m de belleza; **beauty spot** n (Tourism) lugar m pintoresco

beaver ['biːvə'] n castor m

became [bɪ'keɪm] pt of become

because [bɪ'kɔz] conj porque; **~ of** prep debido a, a causa de

beckon ['bɛkən] vt (also: **~ to**) llamar con señas

become [bɪ'kʌm] (irreg: like come) vi (+ noun) hacerse, llegar a ser; (+ adj) ponerse, volverse ▷ vt (suit) favorecer, sentar bien a; **to ~ fat** engordar

bed [bɛd] n cama; (of flowers) macizo; (of sea, lake) fondo; (of river) lecho; (of coal, clay) capa; **to go to ~** acostarse; **bed and breakfast** n = pensión f; ver nota **"bed and breakfast"**; **bedclothes** npl ropa de cama; **bedding** n ropa de cama; **bed linen** n (BRIT) ropa de cama; **bedroom** n dormitorio; **bedside** n: **at sb's bedside** a la cabecera de alguien; **bedside lamp** n lámpara de noche; **bedside table** n mesilla de noche; **bedspread** n cubrecama m, colcha; **bedsit(ter)** n (BRIT) estudio; **bedtime** n hora de acostarse

BED AND BREAKFAST

Se llama *Bed and Breakfast* a la casa de hospedaje particular, o granja si es en el campo, que ofrece cama y desayuno a tarifas inferiores a las de un hotel. El servicio se suele anunciar con carteles colocados en las ventanas del establecimiento, en el jardín o en la carretera y en ellos aparece a menudo únicamente el símbolo "B & B".

bee [biː] n abeja

beech [biːtʃ] n haya

beef [biːf] n carne f de vaca; **roast ~** rosbif m; **beefburger** n hamburguesa

been [biːn] pp of be

beer [bɪə'] n cerveza; **beer garden** n (BRIT) terraza de verano, jardín m (de un bar)

beet [biːt] n (US) remolacha

beetle ['biːtl] n escarabajo

beetroot ['biːtruːt] n (BRIT) remolacha

before [bɪ'fɔː'] prep (of time) antes de; (of space) delante de ▷ conj antes (de) que ▷ adv (time) antes; (space) delante, adelante; **~ going** antes de marcharse; **~ she goes** antes de que se vaya; **the week ~** la semana anterior; **I've never seen it ~** no lo he visto nunca; **beforehand** adv de antemano, con anticipación

beg [bɛg] vi pedir limosna ▷ vt pedir, rogar; (entreat) suplicar; **to ~ sb to do sth** rogar a algn que haga algo; see also **pardon**

began [bɪ'gæn] pt of begin

beggar ['bɛgə'] n mendigo/a

begin [bɪ'gɪn] (pt began, pp begun) vt, vi empezar, comenzar; **to ~ doing** or **to do sth** empezar a hacer algo; **beginner** n principiante mf; **beginning** n principio, comienzo

begun [bɪ'gʌn] pp of begin

behalf [bɪ'hɑːf] n: **on ~ of** en nombre de, por; (for benefit of) en beneficio de; **on my/his ~** por mi/él

behave [bɪ'heɪv] vi (person) portarse, comportarse; (well: also: **~ o.s.**) portarse bien; **behaviour,** (us) **behavior** n comportamiento, conducta

behind [bɪ'haɪnd] prep detrás de ▷ adv detrás, por detrás, atrás ▷ n trasero; **to be ~ (schedule)** ir retrasado; **~ the scenes** (fig) entre bastidores

beige [beɪʒ] adj (color) beige

Beijing ['beɪ'dʒɪŋ] n Pekín m

being ['biːɪŋ] n ser m; **to come into ~** nacer, aparecer

belated [bɪ'leɪtɪd] adj atrasado, tardío

belch [beltʃ] vi eructar ▷ vt (also: **~ out:** smoke etc) arrojar

Belgian ['beldʒən] adj, n belga mf

Belgium ['beldʒəm] n Bélgica f

belief [bɪ'liːf] n opinión f; (trust, faith) fe f

believe [bɪ'liːv] vt, vi creer; **to ~ in** creer en; **believer** n partidario/a; (Rel) creyente mf, fiel mf

bell [bel] n campana f; (small) campanilla f; (on door) timbre m

bellboy ['belbɔɪ], (us) **bellhop** ['belhɒp] n botones m inv

bellow ['beləʊ] vi bramar; (person) rugir

bell pepper n (esp us) pimiento, pimentón m (LAM)

belly ['belɪ] n barriga, panza; **belly button** (inf) n ombligo

belong [bɪ'lɒŋ] vi: **to ~ to** pertenecer a; (club etc) ser socio de; **this book ~s here** este libro va aquí; **belongings** npl pertenencias fpl

beloved [bɪ'lʌvɪd] adj, n querido/a

below [bɪ'ləʊ] prep bajo, debajo de; (less than) inferior a ▷ adv abajo, (por) debajo; **see ~** véase más abajo

belt [belt] n cinturón m; (Tech) correa, cinta f ▷ vt (thrash) pegar con correa; **beltway** n (us Aut) carretera de circunvalación

bemused [bɪ'mjuːzd] adj perplejo

bench [bentʃ] n banco; (BRIT Pol): **the Government/Opposition ~es**

(los asientos de) los miembros del Gobierno/de la Oposición; **the B~** (Law) la magistratura

bend [bend] (pt, pp **bent**) vt doblar ▷ vi inclinarse ▷ n (in road, river) recodo; (in pipe) codo; **bend down** vi inclinarse, doblarse; **bend over** vi inclinarse

beneath [bɪ'niːθ] prep bajo, debajo de; (unworthy of) indigno de ▷ adv abajo, (por) debajo

beneficial [benɪ'fɪʃəl] adj: **~ to** beneficioso para

benefit ['benɪfɪt] n beneficio; (allowance of money) subsidio ▷ vt beneficiar ▷ vi: **he'll ~ from it** le sacará provecho

benign [bɪ'naɪn] adj benigno; (smile) afable

bent [bent] pt, pp of **bend** ▷ n inclinación f ▷ adj: **to be ~ on** estar empeñado en

bereaved [bɪ'riːvd] n: **the ~** los allegados mpl del difunto

beret ['bereɪ] n boina

Berlin [bəː'lɪn] n Berlín m

Bermuda [bəː'mjuːdə] n las (Islas) Bermudas

berry ['berɪ] n baya

berth [bəːθ] n (bed) litera; (cabin) camarote m; (for ship) amarradero ▷ vi atracar, amarrar

beside [bɪ'saɪd] prep junto a, al lado de; **to be ~ o.s. with anger** estar fuera de sí; **that's ~ the point** eso no tiene nada que ver; **besides** adv además ▷ prep además de

best [best] adj (el/la) mejor ▷ adv (lo) mejor; **the ~ part of** (most) la mayor parte de; **at ~** en el mejor de los casos; **to make the ~ of sth** sacar el mejor partido de algo; **to do one's ~** hacer todo lo posible; **to the ~ of my knowledge** que yo sepa; **to the ~ of my ability** como mejor puedo; **best-before** n fecha de consumo preferente; **best man** n padrino de boda; **bestseller** n éxito de ventas, bestseller m

bet [bɛt] n apuesta ▷ vt, vi (pt, pp **bet** or **betted**): **to ~ (on)** apostar (a)

betray [bɪˈtreɪ] vt traicionar; (trust) faltar a

better [ˈbɛtə'] adj mejor ▷ adv mejor ▷ vt superar ▷ n: **to get the ~ of** quedar por encima de algn; **you had ~ do it** más vale que lo hagas; **he thought ~ of it** cambió de parecer; **to get ~** mejorar(se)

betting [ˈbɛtɪŋ] n juego, apuestas fpl; **betting shop** n (BRIT) casa de apuestas

between [bɪˈtwiːn] prep entre ▷ adv (time) mientras tanto; (place) en medio

beverage [ˈbɛvərɪdʒ] n bebida

beware [bɪˈwɛə'] vi: **to ~ (of)** tener cuidado (con); **"~ of the dog"** "perro peligroso"

bewildered [bɪˈwɪldəd] adj aturdido, perplejo

beyond [bɪˈjɒnd] prep más allá de; (past: understanding) fuera de; (after: date) después de, más allá de; (above) superior a ▷ adv (in space) más allá; (in time) posteriormente; **~ doubt** fuera de toda duda; **~ repair** irreparable

bias [ˈbaɪəs] n (prejudice) prejuicio; (preference) predisposición f

bias(s)ed [ˈbaɪəst] adj parcial

bib [bɪb] n babero

Bible [ˈbaɪbl] n Biblia

bicarbonate of soda [baɪˈkɑːbənɪt-] n bicarbonato sódico

biceps [ˈbaɪsɛps] n bíceps m

bicycle [ˈbaɪsɪkl] n bicicleta; **bicycle pump** n bomba de bicicleta

bid [bɪd] n oferta, postura; (attempt) tentativa, conato ▷ vi hacer una oferta ▷ vt (offer) ofrecer; **to ~ sb good day** dar a algn los buenos días; **bidder** n: **the highest bidder** el mejor postor

bidet [ˈbiːdeɪ] n bidet m

big [bɪg] adj grande; (brother, sister) mayor; **bigheaded** adj engreído; **big toe** n dedo gordo (del pie)

bike [baɪk] n bici f; **bike lane** n carril m bici

bikini [bɪˈkiːnɪ] n bikini m

bilateral [baɪˈlætərl] adj (agreement) bilateral

bilingual [baɪˈlɪŋgwəl] adj bilingüe

bill [bɪl] n cuenta; (invoice) factura; (Pol) proyecto de ley; (us: banknote) billete m; (of bird) pico; (Theat) programa m; **"post no ~s"** "prohibido fijar carteles"; **to fit** or **fill the ~** (fig) cumplir con los requisitos; **billboard** n valla publicitaria; **billfold** n (us) cartera

billiards [ˈbɪljədz] n billar m

billion [ˈbɪljən] n (BRIT) billón m; (us) mil millones mpl

bin [bɪn] n cubo or bote m (LAM) de la basura; (litterbin) papelera

bind (pt, pp **bound**) [baɪnd, baʊnd] vt atar; (book) encuadernar; (oblige) obligar ▷ n (inf: nuisance) lata

binge [bɪndʒ] n: **to go on a ~** ir de juerga

bingo [ˈbɪŋgəu] n bingo m

binoculars [bɪˈnɒkjuləz] npl prismáticos mpl

bio...: **biochemistry** [baɪəˈkɛmɪstrɪ] n bioquímica; **biodegradable** [ˈbaɪəʊdɪˈgreɪdəbl] adj biodegradable; **biofuel** [ˈbaɪəfjuəl] n biocombustible m, biocarburante m; **biography** [baɪˈɒgrəfɪ] n biografía; **biological** [baɪəˈlɒdʒɪkəl] adj biológico; **biology** [baɪˈɒlədʒɪ] n biología; **biometric** [baɪəˈmɛtrɪk] adj biométrico

bipolar [baɪˈpəʊlə'] adj bipolar

birch [bɜːtʃ] n abedul m

bird [bɜːd] n ave f, pájaro; (BRIT inf: girl) chica; **bird flu** n gripe aviar; **bird of prey** n ave f de presa; **bird-watching** n: **he likes to go bird-watching on Sundays** los domingos le gusta ir a ver pájaros

Biro® [ˈbaɪrəʊ] n bolígrafo

birth [bɜːθ] n nacimiento; (Med) parto; **to give ~ to** dar a luz a; (fig) dar origen a; **birth certificate** n partida de nacimiento; **birth control** n

control m de natalidad; (methods)
métodos mpl anticonceptivos;
birthday n cumpleaños m inv;
birthmark n antojo, marca de
nacimiento; **birthplace** n lugar m de
nacimiento

biscuit ['bɪskɪt] n (BRIT) galleta

bishop ['bɪʃəp] n obispo; (Chess) alfil m

bistro ['bi:strəu] n café-bar m

bit [bɪt] pt of **bite** ▷ n trozo, pedazo,
pedacito; (Comput) bit m; (for horse)
freno, bocado; **a ~ of** un poco de; **a ~
mad** un poco loco; **~ by ~** poco a poco

bitch [bɪtʃ] n (dog) perra; (inf!: woman)
zorra (!)

bite [baɪt] vt, vi (pt **bit**, pp **bitten**)
morder; (insect etc) picar ▷ n (of insect)
picadura; (mouthful) bocado; **to ~
one's nails** morderse las uñas; **let's
have a ~ (to eat)** vamos a comer algo

bitten ['bɪtn] pp of **bite**

bitter ['bɪtə] adj amargo; (wind,
criticism) cortante, penetrante; (battle)
encarnizado ▷ n (BRIT: beer) cerveza
típica británica a base de lúpulos

bizarre [bɪ'zɑ:] adj raro, extraño

black [blæk] adj negro ▷ n color m
negro ▷ vt (BRIT Industry) boicotear;
to give sb a ~ eye ponerle a algn el
ojo morado; **~ coffee** café m solo;
~ and blue adj amoratado; **black out**
vi (faint) desmayarse; **blackberry**
n zarzamora; **blackbird** n mirlo;
blackboard n pizarra; **blackcurrant**
n grosella negra; **black ice** n hielo
invisible en la carretera; **blackmail**
n chantaje m ▷ vt chantajear; **black
market** n mercado negro; **blackout**
n (Elec) apagón m; (TV) bloqueo
informativo; (fainting) desmayo,
pérdida de conocimiento; **black
pepper** n pimienta f negra; **black
pudding** n morcilla; **Black Sea** n:
the Black Sea el Mar Negro

bladder ['blædə] n vejiga

blade [bleɪd] n hoja; **a ~ of grass** una
brizna de hierba

blame [bleɪm] n culpa ▷ vt: **to ~ sb
for sth** echar a algn la culpa de algo;
to be to ~ (for) tener la culpa (de)

bland [blænd] adj (taste) soso

blank [blæŋk] adj en blanco; (look)
sin expresión ▷ n blanco, espacio en
blanco; (cartridge) cartucho sin bala or
de fogueo; **my mind is a ~** no puedo
recordar nada

blanket ['blæŋkɪt] n manta, cobija
(LAM); (of snow) capa; (of fog) manto

blast [blɑ:st] n (of wind) ráfaga, soplo;
(of explosive) explosión f ▷ vt (blow
up) volar

blatant ['bleɪtənt] adj descarado

blaze [bleɪz] n (fire) fuego; (fig)
arranque m ▷ vi (fire) arder en llamas;
(fig) brillar ▷ vt: **to ~ a trail** (fig) abrir
(un) camino; **in a ~ of publicity** bajo
los focos de la publicidad

blazer ['bleɪzə] n chaqueta de uniforme
de colegial o de socio de club

bleach [bli:tʃ] n (also: **household ~**)
lejía ▷ vt blanquear; **bleachers** npl (US
Sport) gradas fpl

bleak [bli:k] adj (countryside) desierto;
(weather) desapacible; (smile) triste;
(prospect, future) poco prometedor(a)

bled [bled] pt, pp of **bleed**

bleed [bli:d] (pt, pp **bled**) vt sangrar
▷ vi sangrar; **my nose is ~ing** me está
sangrando la nariz

blemish ['blemɪʃ] n marca, mancha;
(on reputation) tacha

blend [blend] n mezcla ▷ vt mezclar
▷ vi (colours etc) combinarse,
mezclarse; **blender** n (Culin) batidora

bless (pt, pp **blessed** or **blest**) [bles,
blest] vt bendecir; **~ you!** (after
sneeze) ¡Jesús!; **blessing** n bendición f;
(advantage) beneficio, ventaja; **it was
a blessing in disguise** no hay mal que
por bien no venga

blew [blu:] pt of **blow**

blight [blaɪt] vt (hopes etc) frustrar,
arruinar

blind [blaɪnd] adj ciego ▷ n (for
window) persiana ▷ vt cegar; (dazzle)

deslumbrar; **to ~ sb to ...** (deceive) cegar a algn a ...; **~ people** los ciegos; **blind alley** n callejón m sin salida; **blindfold** n venda ▷ adv con los ojos vendados ▷ vt vendar los ojos a

blink [blɪŋk] vi parpadear, pestañear; (light) oscilar

bliss [blɪs] n felicidad f

blister ['blɪstə^r] n ampolla ▷ vi ampollarse

blizzard ['blɪzəd] n ventisca

bloated ['bləʊtɪd] adj hinchado

blob [blɔb] n (drop) gota; (stain, spot) mancha

block [blɔk] n (also Comput) bloque m; (in pipes) obstáculo; (of buildings) manzana, cuadra (LAM) ▷ vt obstruir, cerrar; (progress) estorbar; **~ of flats** (BRIT) bloque m de pisos; **mental ~** bloqueo mental; **block up** vt tapar, obstruir; (pipe) atascar; **blockade** [blɔ'keɪd] n bloqueo ▷ vt bloquear; **blockage** n estorbo, obstrucción f; **blockbuster** n (book) best-seller m; (film) éxito de público; **block capitals** npl mayúsculas fpl; **block letters** npl mayúsculas fpl

blog [blɔg] n blog m ▷ vi bloguear; **he ~s about politics** tiene un blog sobre política

blogger ['blɔgə^r] n (inf: person) bloguero/a

blogosphere ['blɒgəsfɪə^r] n blogosfera

bloke [bləʊk] n (BRIT inf) tipo, tío

blond, blonde [blɔnd] adj, n rubio/a

blood [blʌd] n sangre f; **blood donor** n donante mf de sangre; **blood group** n grupo sanguíneo; **blood poisoning** n septicemia, envenenamiento de la sangre; **blood pressure** n tensión f, presión f sanguínea; **bloodshed** n baño de sangre; **bloodshot** adj inyectado en sangre; **bloodstream** n corriente f sanguínea; **blood test** n análisis m de sangre; **blood transfusion** n transfusión f de sangre; **blood type** n grupo sanguíneo; **blood vessel** n vaso sanguíneo; **bloody** adj sangriento; (BRIT infl): **this bloody ...** este condenado or puñetero or fregado (LAM ...!) ▷ adv (BRIT infl): **bloody strong/good** terriblemente fuerte/bueno

bloom [blu:m] n floración f ▷ vi florecer

blossom ['blɔsəm] n flor f ▷ vi florecer

blot [blɔt] n borrón m ▷ vt (stain) manchar

blouse [blauz] n blusa

blow [bləʊ] (pt **blew**, pp **blown**) n golpe m ▷ vi soplar; (fuse) fundirse ▷ vt (fuse) quemar; (instrument) tocar; **to ~ one's nose** sonarse; **blow away** vt llevarse, arrancar; **blow out** vt apagar ▷ vi apagarse; **blow up** vi estallar ▷ vt volar; (tyre) inflar; (Phot) ampliar; **blow-dry** n secado con secador de mano

blown [bləʊn] pp of **blow**

blue [blu:] adj azul; **~ film** película porno; **~ joke** chiste verde; **to come out of the ~** (fig) ser completamente inesperado; **bluebell** n campanilla, campánula azul; **blueberry** n arándano; **blue cheese** n queso azul; **blues** npl: **the blues** (Mus) el blues; **to have the blues** estar triste; **bluetit** n herrerillo m (común)

bluff [blʌf] vi tirarse un farol, farolear ▷ n farol m; **to call sb's ~** coger a algn en un renuncio

blunder ['blʌndə^r] n patinazo, metedura de pata ▷ vi cometer un error, meter la pata

blunt [blʌnt] adj (knife) desafilado; (person) franco, directo

blur [blə:^r] n aspecto borroso; **to become a ~** hacerse borroso algo; (vision) entúrbiar; **blurred** adj borroso

blush [blʌʃ] vi ruborizarse, ponerse colorado ▷ n rubor m; **blusher** n colorete m

board [bɔ:d] n tabla, tablero; (on wall) tablón m; (for chess etc) tablero; (committee) junta, consejo; (in firm) mesa or junta directiva; (Naut, Aviat): **on ~** a bordo ▷ vt (ship) embarcarse en; (train) subir a; **full ~** (BRIT) pensión f completa; **half ~** (BRIT) media pensión; **to go by the ~** (fig) irse por la borda; **board game** n juego de tablero; **boarding card** n (BRIT Aviat, Naut) tarjeta de embarque; **boarding pass** n (US) = **boarding card**; **boarding school** n internado; **board room** n sala de juntas

boast [bəʊst] vi: **to ~ (about** or **of)** alardear (de)

boat [bəʊt] n barco, buque m; (small) barca, bote m

bob [bɒb] vi (also: **~ up and down**) menearse, balancearse

bobby [ˈbɒbɪ] n (BRIT inf) poli mf

bobsleigh [ˈbɒbsleɪ] n bob m

bode [bəʊd] vi: **to ~ well/ill (for)** ser de buen/mal agüero (para)

bodily [ˈbɒdɪlɪ] adj (comfort, needs) corporal; (pain) físico ▷ adv (carry, lift) en peso

body [ˈbɒdɪ] n cuerpo; (corpse) cadáver m; (of car) caja, carrocería; (fig: public body) organismo; **body-building** n culturismo; **bodyguard** n guardaespaldas m inv; **bodywork** n carrocería

bog [bɒg] n pantano, ciénaga ▷ vt: **to get ~ged down** (fig) empantanarse, atascarse

bogus [ˈbəʊgəs] adj falso, fraudulento

boil [bɔɪl] vt hervir; (eggs) pasar por agua ▷ vi hervir; (fig: with anger) estar furioso ▷ n (Med) furúnculo, divieso; **to come to the** (BRIT) or **a** (US) **~** comenzar a hervir; **~ed egg** huevo pasado por agua; **~ed potatoes** patatas fpl or papas fpl (LAM) cocidas; **boil over** vi (liquid) salirse; (anger, resentment) llegar al colmo; **boiler** n caldera; **boiling** adj: **I'm boiling (hot)** (inf) estoy asado; **boiling point** n punto de ebullición f

bold [bəʊld] adj valiente, audaz; (pej) descarado; (colour) llamativo

Bolivia [bəˈlɪvɪə] n Bolivia; **Bolivian** adj, n boliviano/a

bollard [ˈbɒləd] n (BRIT Aut) poste m

bolt [bəʊlt] n (lock) cerrojo; (with nut) perno, tornillo ▷ adv: **~ upright** rígido, erguido ▷ vt (door) echar el cerrojo a; (food) engullir ▷ vi fugarse; (horse) desbocarse

bomb [bɒm] n bomba ▷ vt bombardear

bombard [bɒmˈbɑːd] vt bombardear; (fig) asediar

bomb: **bomber** n (Aviat) bombardero; **bomb scare** n amenaza de bomba

bond [bɒnd] n (binding promise) fianza; (Finance) bono; (link) vínculo, lazo; **in ~** (Comm) en depósito bajo fianza

bone [bəʊn] n hueso; (of fish) espina ▷ vt deshuesar; quitar las espinas a

bonfire [ˈbɒnfaɪə] n hoguera, fogata

bonnet [ˈbɒnɪt] n gorra; (BRIT: of car) capó m

bonus [ˈbəʊnəs] n (payment) paga extraordinaria, plus m; (fig) bendición f

boo [buː] excl ¡uh! ▷ vt abuchear

book [bʊk] n libro; (of stamps etc) librillo; **~s** (Comm) cuentas fpl, contabilidad ▷ vt (ticket, seat, room) reservar; **book in** vi (at hotel) registrarse; **book up** vt: **the hotel is ~ed up** el hotel está completo; **bookcase** n librería, estante m para libros; **booking** n reserva; **booking office** n (BRIT: Rail) despacho de billetes or boletos (LAM); (: Theat) taquilla, boletería (LAM); **book-keeping** n contabilidad f; **booklet** n folleto; **bookmaker** n corredor m de apuestas; **bookmark** n (Comput) favorito, marcador m; **bookseller** n librero/a; **bookshelf** n estante m; **bookshop** n librería

book store n = **bookshop**

boom [buːm] n (noise) trueno, estampido; (in prices etc) alza rápida; (Econ) boom m ▷ vi (cannon) hacer gran estruendo, retumbar; (Econ) estar en alza

boost [buːst] n estímulo, empuje m ▷ vt estimular, empujar

boot [buːt] n bota; (BRIT: of car) maleta, maletero ▷ vt (Comput) arrancar; **to ~** (in addition) además, por añadidura

booth [buːð] n (telephone booth, voting booth) cabina

booze [buːz] (inf) n bebida

border ['bɔːdə'] n borde m, margen m; (of a country) frontera; (for flowers) arriate m ▷ adj fronterizo; **the B-s** región fronteriza entre Escocia e Inglaterra; **border on** vt fus lindar con; **borderline** n (fig) frontera; **on the borderline** en el límite

bore [bɔː'] pt of **bear** ▷ vt (hole) hacer; (person) aburrir ▷ n (person) pelmazo, pesado; (of gun) calibre m; **bored** adj aburrido; **he's bored to tears** or **to death** está aburrido como una ostra, está muerto de aburrimiento; **boredom** n el aburrimiento

boring ['bɔːrɪŋ] adj aburrido

born [bɔːn] adj: **to be ~** nacer; **I was ~ in 1960** nací en 1960

borne [bɔːn] pp of **bear**

borough ['bʌrə] n municipio

borrow ['bɔrəu] vt: **to ~ sth (from sb)** tomar algo prestado (a alguien)

Bosnia ['bɒznɪə] n Bosnia; **Bosnia-Herzegovina, Bosnia-Hercegovina** ['bɒznɪəhɜːtsə'gəuviːnə] n Bosnia-Herzegovina; **Bosnian** adj, n bosnio/a

bosom ['buzəm] n pecho

boss [bɒs] n jefe/a m/f ▷ vt (also: **~ about** or **around**) mangonear; **bossy** adj mandón/ona

both [bəuθ] adj, pron ambos/as, los/ las dos; **~ of us went, we ~ went** fuimos los dos, ambos fuimos ▷ adv: **~ A and B** tanto A como B

bother ['bɒðə'] vt (worry) preocupar; (disturb) molestar, fastidiar ▷ vi: **to ~ o.s.** molestarse ▷ n (trouble) dificultad f; (nuisance) molestia, lata; **to ~ doing** tomarse la molestia de hacer

bottle ['bɒtl] n botella; (small) frasco; (baby's) biberón m ▷ vt embotellar; **bottle bank** n contenedor m de vidrio; **bottle-opener** n abrebotellas m

bottom ['bɒtəm] n (of box, sea) fondo; (buttocks) trasero, culo; (of page, mountain, tree) pie m; (of list) final m ▷ adj (lowest) más bajo; (last) último

bought [bɔːt] pt, pp of **buy**

boulder ['bəuldə'] n canto rodado

bounce [bauns] vi (ball) (re)botar; (cheque) ser rechazado ▷ vt hacer (re)botar ▷ n (rebound) (re)bote m; **bouncer** n (inf) gorila m

bound [baund] pt, pp of **bind** ▷ n (leap) salto; (gen pl: limit) límite m ▷ vi (leap) saltar ▷ adj: **~** rodeado de; **to ~ to do sth** (obliged) tener el deber de hacer algo; **he's ~ to come** es seguro que vendrá; **"out of ~s to the public"** "prohibido el paso"; **~ for** con destino a

boundary ['baundrɪ] n límite m

bouquet ['bukeɪ] n (of flowers) ramo

bourbon ['buəbən] n (us: also: **~ whiskey**) whisky m americano, bourbon m

bout [baut] n (of malaria etc) ataque m; (Boxing etc) combate m, encuentro

boutique [buːˈtiːk] n boutique f, tienda de ropa

bow¹ [bəu] n (knot) lazo; (weapon, Mus) arco

bow² [bau] n (of the head) reverencia; (Naut: also: **~s**) proa ▷ vi inclinarse, hacer una reverencia

bowels ['bauəlz] npl intestinos mpl, vientre m; (fig) entrañas fpl

bowl [bəul] n (for washing) tazón m, cuenco; (ball) bola ▷ vi (Cricket) arrojar la pelota; see also **bowls**; **bowler** n (Cricket) lanzador m (de la pelota); (BRIT: also: **bowler hat**) hongo, bombín m; **bowling** n (game) bolos mpl; **bowling alley** n bolera; **bowling green** n pista para bochas; **bowls** n juego de las bolos, bochas fpl

bow tie ['bəu-] n corbata de lazo, pajarita

box [bɒks] n (also: **cardboard ~**) caja, cajón m (Theat) palco ▷ vt encajonar ▷ vi (Sport) boxear; **boxer** n (person) boxeador m; (dog) bóxer m; **boxer shorts** npl calzoncillos m; **a pair of boxer shorts** unos bóxers m; **boxing** n (Sport) boxeo; **Boxing Day** n (BRIT) día m de San Esteban; **boxing gloves** npl guantes mpl de boxeo; **boxing ring**

n ring *m*, cuadrilátero; **box office** *n* taquilla, boletería (LAM)

boy [bɔɪ] *n (young)* niño *m*; *(older)* muchacho, chico; *(son)* hijo *m*; **boy band** *n* boy band *m (grupo musical de chicos)*

boycott ['bɔɪkɒt] *n* boicot *m* ▷ *vt* boicotear

boyfriend ['bɔɪfrend] *n* novio

bra [brɑː] *n* sostén *m*, sujetador *m*

brace [breɪs] *n* (BRIT: *on teeth*) corrector *m*, aparato; *(tool)* berbiquí *m* ▷ *vt* asegurar, reforzar; **to ~ o.s. (for)** *(fig)* prepararse (para); *see also* **braces**

bracelet ['breɪslɪt] *n* pulsera, brazalete *m*

braces ['breɪsɪz] *npl (on teeth)* corrector *m*; *(for trousers)* tirantes *mpl*

bracket ['brækɪt] *n (Tech)* soporte *m*, puntal *m*; *(group)* clase *f*, categoría; *(also: ***brace ~***)* soporte *m*, abrazadera; *(also: ***round ~***)* paréntesis *m inv*; **in ~s** entre paréntesis

brag [bræg] *vi* jactarse

braid [breɪd] *n (trimming)* galón *m*; *(of hair)* trenza

brain [breɪn] *n* cerebro; **brains** *npl* sesos *mpl*; **she's got ~s** es muy lista

braise [breɪz] *vt* cocer a fuego lento

brake [breɪk] *n (on vehicle)* freno *m* ▷ *vi* frenar; **brake light** *n* luz *f* de frenado

bran [bræn] *n* salvado

branch [brɑːntʃ] *n* rama; *(Comm)* sucursal *f* ▷ *vi* ramificarse; *(fig)* extenderse; **branch off** *vi*: **a small road ~es off to the right** hay una carretera pequeña que sale hacia la derecha; **branch out** *vi (fig)* extenderse

brand [brænd] *n* marca; *(fig: type)* tipo *m* ▷ *vt (cattle)* marcar con hierro candente; **brand name** *n* marca; **brand-new** *adj* flamante, completamente nuevo

brandy ['brændɪ] *n* coñac *m*

brash [bræʃ] *adj (cheeky)* descarado

brass [brɑːs] *n* latón *m*; **the ~** (Mus) los cobres; **brass band** *n* banda de metal

brat [bræt] *n (pej)* mocoso/a

brave [breɪv] *adj* valiente, valeroso ▷ *vt (challenge)* desafiar; *(resist)* aguantar; **bravery** *n* valor *m*, valentía

brawl [brɔːl] *n* pelea, reyerta

Brazil [brə'zɪl] *n (el) Brasil; **Brazilian** *adj*, *n* brasileño/a

breach [briːtʃ] *vt* abrir brecha en ▷ *n (gap)* brecha; *(breaking):* **~ of contract** infracción *f* de contrato; **~ of the peace** perturbación *f* del orden público

bread [bred] *n* pan *m*; **breadbin** *n* panera; **breadbox** *n (us)* panera; **breadcrumbs** *npl* migajas *fpl*; *(Culin)* pan *msg* rallado

breadth [brɛtθ] *n* anchura; *(fig)* amplitud *f*

break [breɪk] *(pt* **broke**, *pp* **broken**) *vt* romper; *(promise)* faltar a; *(law)* violar, infringir; *(record)* batir ▷ *vi* romperse, quebrarse; *(storm)* estallar; *(weather)* cambiar; *(news etc)* darse a conocer ▷ *n (gap)* abertura; *(fracture)* fractura; *(time)* intervalo; *(: at school)* (período de) recreo; *(chance)* oportunidad *f*; **break down** *vt (figures, data)* analizar, descomponer ▷ *vi* estropearse; *(Aut)* averiarse; *(person)* romper a llorar; *(talks)* fracasar; **break in** *vt (horse etc)* domar ▷ *vi (burglar)* forzar una entrada; **break into** *vt fus (house)* forzar; **break off** *vi (speaker)* pararse, detenerse; *(branch)* partir; **break out** *vi* estallar; *(prisoner)* escaparse; **to ~ out in spots** salir a algn granos; **break up** *vi (marriage)* deshacerse; *(ship)* hacerse pedazos; *(crowd, meeting)* disolverse; *(Scol)* terminar (el curso); *(line)* cortarse ▷ *vt (rocks etc)* partir; *(journey)* partir; *(fight etc)* acabar con; **the line's** *or* **you're ~ing up** se corta; **breakdown** *n (Aut)* avería; *(in communications)* interrupción *f*; *(Med: also:* **nervous breakdown**) colapso, crisis *f* nerviosa; *(of marriage, talks)* fracaso; *(of figures)* desglose *m*;

breakdown truck, breakdown van n (camión m) grúa
breakfast ['brɛkfəst] n desayuno
break: break-in n robo con allanamiento de morada;
breakthrough n (fig) avance m
breast [brɛst] n (of woman) pecho, seno; (chest) pecho; (of bird) pechuga; **breast-feed** vt, vi (irreg: like **feed**) amamantar, dar el pecho
breaststroke ['brɛststrəʊk] n braza de pecho
breath [brɛθ] n aliento, respiración f; **to take a deep** ~ respirar hondo; **out of** ~ sin aliento, sofocado
Breathalyser® ['brɛθəlaɪzər] n (BRIT) alcoholímetro m
breathe [briːð] vt, vi respirar; **breathe in** vi, vt aspirar; **breathe out** vt, vi espirar; **breathing** n respiración f
breath: breathless adj sin aliento, jadeante; **breathtaking** adj imponente, pasmoso; **breath test** n prueba de la alcoholemia
bred [brɛd] pt, pp of **breed**
breed [briːd] (pt, pp **bred**) vt criar ▷ vi reproducirse, procrear ▷ n raza, casta
breeze [briːz] n brisa
breezy ['briːzɪ] adj de mucho viento, ventoso; (person) despreocupado
brew [bruː] vt (tea) hacer; (beer) elaborar ▷ vi (fig: trouble) prepararse; (storm) amenazar; **brewery** n fábrica de cerveza
bribe [braɪb] n soborno ▷ vt sobornar, cohechar; **bribery** n soborno, cohecho
bric-a-brac ['brɪkəbræk] n inv baratijas fpl
brick [brɪk] n ladrillo; **bricklayer** n albañil m
bride [braɪd] n novia; **bridegroom** n novio; **bridesmaid** n dama de honor
bridge [brɪdʒ] n puente m; (Naut) puente m de mando; (of nose) caballete m; (Cards) bridge m ▷ vt (fig): **to ~ a gap** llenar un vacío
bridle ['braɪdl] n brida, freno

brief [briːf] adj breve, corto ▷ n (Law) escrito ▷ vt informar; **briefcase** n cartera, portafolio(s) m inv (LAM); **briefing** n (Press) informe m; **briefly** adv (smile, glance) brevemente; (explain, say) en pocas palabras
briefs npl (for men) calzoncillos mpl; (for women) bragas fpl
brigadier [brɪgə'dɪər] n general m de brigada
bright [braɪt] adj brillante; (room) luminoso; (day) de sol; (person: clever) listo, inteligente; (: lively) alegre; (colour) vivo; (future) prometedor(a)
brilliant ['brɪljənt] adj brillante; (clever) genial
brim [brɪm] n borde m; (of hat) ala
brine [braɪn] n (Culin) salmuera
bring [brɪŋ] (pt, pp **brought**) vt (thing) traer; (person) conducir; **bring about** vt ocasionar, producir; **bring back** vt volver a traer; (return) devolver; **bring down** vt (government, plane) derribar; (price) rebajar; **bring in** vt (harvest) recoger; (person) hacer entrar or pasar; (object) traer; (Pol: bill, law) presentar; (produce: income) producir, rendir; **bring on** vt (illness, attack) producir, causar; (player, substitute) sacar (de la reserva), hacer salir; **bring out** vt (object) sacar; (book) publicar; **bring round** vt (unconscious person) hacer volver en sí; (convince) convencer; **bring up** vt (person) educar, criar; (question) sacar a colación; (food: vomit) devolver, vomitar
brink [brɪŋk] n borde m
brisk [brɪsk] adj (walk) enérgico, vigoroso; (speedy) rápido; (wind) fresco; (trade) activo; (abrupt) brusco
bristle ['brɪsl] n cerda ▷ vi (fur) erizarse; **to ~ in anger** temblar de rabia
Brit [brɪt] n abbr (inf: = British person) británico/a
Britain ['brɪtən] n (also: **Great ~**) Gran Bretaña

British ['brɪtɪʃ] *adj* británico; **the British** *npl* los británicos; **the British Isles** *npl* las Islas Británicas

Briton ['brɪtən] *n* británico/a

brittle ['brɪtl] *adj* quebradizo, frágil

broad [brɔːd] *adj* ancho; *(range)* amplio; *(accent)* cerrado; **in ~ daylight** en pleno día; **broadband** *n* banda ancha; **broad bean** *n* haba; **broadcast** *(pt, pp* **broadcast**) *n* emisión *f* ▷ *vt* emitir; *(TV)* transmitir ▷ *vi* emitir; transmitir; **broaden** *vt* ampliar ▷ *vi* ensancharse; **to broaden one's mind** hacer más tolerante a algn; **broadly** *adv* en general; **broad-minded** *adj* tolerante, liberal

broccoli ['brɔkəlɪ] *n* brécol m

brochure ['brəʊʃjʊəʳ] *n* folleto

broil [brɔɪl] *vt (us)* asar a la parrilla

broiler ['brɔɪləʳ] *n (grill)* parrilla

broke [brəʊk] *pt of* **break** ▷ *adj (inf)* pelado, sin blanca

broken ['brəʊkən] *pp of* **break** ▷ *adj* roto; **~ leg** pierna rota; **in ~ English** en un inglés chapurreado

broken-down ['brəʊkn'daʊn] *adj (car)* averiado; *(machine)* estropeado

broker ['brəʊkəʳ] *n* corredor(a) *m/f* de bolsa

bronchitis [brɔŋ'kaɪtɪs] *n* bronquitis *f*

bronze [brɔnz] *n* bronce m

brooch [brəʊtʃ] *n* broche m

brood [bruːd] *n* camada, cría ▷ *vi (hen)* empollar; **to ~ over** dar vueltas a

broom [brum] *n* escoba; *(Bot)* retama

Bros. *abbr (Comm:* = **Brothers**) Hnos

broth [brɔθ] *n* caldo

brothel ['brɔθl] *n* burdel m

brother ['brʌðəʳ] *n* hermano; **brother-in-law** *n* cuñado

brought [brɔːt] *pt, pp of* **bring**

brow [braʊ] *n (forehead)* frente *f*; *(eyebrow)* ceja; *(of hill)* cumbre *f*

brown [braʊn] *adj* marrón; *(hair)* castaño; *(tanned)* moreno ▷ *n (colour)* marrón m ▷ *vt (Culin)* dorar; **brown bread** *n* pan m integral

Brownie ['braʊnɪ] *n* niña exploradora

brown rice *n* arroz m integral

brown sugar *n* azúcar m moreno

browse [braʊz] *vi (animal)* pacer; *(among books)* hojear libros; **to ~ through a book** hojear un libro; **browser** *n (Comput)* navegador m

bruise [bruːz] *n (on person)* cardenal m ▷ *vt* magullar

brunette [bruː'nɛt] *n* morena

brush [brʌʃ] *n* cepillo; *(for painting, shaving etc)* brocha; *(artist's)* pincel m ▷ *vt (sweep)* barrer; *(groom)* cepillar; **to ~ past, ~ against** rozar al pasar

Brussels ['brʌslz] *n* Bruselas

Brussels sprout *n* col *f* de Bruselas

brutal ['bruːtl] *adj* brutal

BSc *abbr (= Bachelor of Science)* licenciado en Ciencias

BSE *n abbr (= bovine spongiform encephalopathy)* encefalopatía espongiforme bovina

bubble ['bʌbl] *n* burbuja ▷ *vi* burbujear, borbotar; **bubble bath** *n* espuma para el baño; **bubble gum** *n* chicle m *(de globo)*; **bubblejet printer** ['bʌbldʒɛt-] *n* impresora de inyección por burbujas

buck [bʌk] *n (rabbit)* macho; *(deer)* gamo; *(us inf)* dólar m ▷ *vi* corcovear; **to pass the ~ (to sb)** echar (a algn) el muerto

bucket ['bʌkɪt] *n* cubo, balde m *(esp* LAM*)*; **bucket list** *n* lista de cosas que hacer antes de morir

buckle ['bʌkl] *n* hebilla ▷ *vt* abrochar con hebilla ▷ *vi* combarse

bud [bʌd] *n (of plant)* brote m, yema; *(of flower)* capullo ▷ *vi* brotar, echar brotes

Buddhism ['bʊdɪzəm] *n* Budismo

Buddhist ['bʊdɪst] *adj*, *n* budista *mf*

buddy ['bʌdɪ] *n (us)* compañero, compinche m

budge [bʌdʒ] *vt* mover; *(fig)* hacer ceder ▷ *vi* moverse

budgerigar ['bʌdʒərɪgɑːʳ] *n* periquito

budget ['bʌdʒɪt] *n* presupuesto ▷ *vi*: **to ~ for sth** presupuestar algo

budgie ['bʌdʒɪ] *n* = **budgerigar**

buff [bʌf] *adj (colour)* color de ante ▷ *n (enthusiast)* entusiasta *mf*

buffalo ['bʌfələu] *(pl* **buffalo** *or* **buffaloes)** *n* (BRIT) búfalo; (US: *bison)* bisonte *m*

buffer ['bʌfə'] *n* (Rail) tope *m*; (Comput) memoria intermedia, buffer *m*

buffet ['bufeı] *n* (BRIT: *bar)* bar *m*, cafetería; *(food)* buffet *m*; **buffet car** *n* (BRIT Rail) coche-restaurante *m*

bug [bʌg] *n (insect)* bicho, sabandija; *(germ)* microbio, bacilo; *(spy device)* micrófono oculto; (Comput) error *m* ▷ *vt (annoy)* fastidiar; *(room)* poner un micrófono oculto en

build [bıld] *(pt, pp* **built)** construir, edificar; **build up** *vt (morale, forces, production)* acrecentar; *(stocks)* acumular; **builder** *n (contractor)* contratista *mf*

building ['bıldıŋ] *n* construcción *f*; *(habitation, offices)* edificio; **building site** *n* obra, solar *m* (SP); **building society** *n* (BRIT) sociedad *f* de préstamo inmobiliario

built [bılt] *pt, pp of* **build**; **built-in** *adj (cupboard)* empotrado; *(device)* interior, incorporado; **built-up** *adj (area)* urbanizado

bulb [bʌlb] *n* (Bot) bulbo; (Elec) bombilla, bombillo (LAM), foco (LAM)

Bulgaria [bʌl'geəriə] *n* Bulgaria; **Bulgarian** *adj* búlgaro ▷ *n* búlgaro/a

bulge [bʌldʒ] *n* bulto ▷ *vi* bombearse, pandearse; **to ~ (with)** rebosar (de)

bulimia [bə'lımıə] *n* bulimia

bulimic *adj, n* bulímico/a

bulk [bʌlk] *n (mass)* bulto, volumen *m*; **in ~** (Comm) a granel; **the ~ of** la mayor parte de; **bulky** *adj* voluminoso, abultado

bull [bul] *n* toro

bulldozer ['buldəuzə'] *n* buldozer *m*

bullet ['bulıt] *n* bala; **~ wound** *n* balazo

bulletin ['bulıtın] *n* comunicado, parte *m*; *(journal)* boletín *m*; **bulletin board** *n* (US) tablón *m* de anuncios; (Comput) tablero de noticias

bullfight ['bulfaıt] *n* corrida de toros; **bullfighter** *n* torero; **bullfighting** *n* los toros *mpl*, el toreo

bully ['bulı] *n* valentón *m*, matón *m* ▷ *vt* intimidar, tiranizar; **bullying** *n (at school)* acoso escolar

bum [bʌm] *n (inf:* BRIT: *backside)* culo; *(esp US: tramp)* vagabundo

bumblebee ['bʌmblbiː] *n* abejorro

bump [bʌmp] *n (blow)* tope *m*, choque *m*; *(jolt)* sacudida; *(on road etc)* bache *m*; *(on head)* chinchón *m* ▷ *vt (strike)* chocar contra; **bump into** *vt fus* chocar contra, tropezar con; *(person)* topar con; **bumper** *n* (BRIT) parachoques *m inv* ▷ *adj*: **bumper crop/harvest** cosecha abundante; **bumpy** *adj (road)* lleno de baches

bun [bʌn] *n* (BRIT: *cake)* pastel *m*; (US: *bread)* bollo; *(of hair)* moño

bunch [bʌntʃ] *n (of flowers)* ramo; *(of keys)* manojo; *(of bananas)* piña; *(of people)* grupo; *(pej)* pandilla; **bunches** *npl (in hair)* coletas *fpl*

bundle ['bʌndl] *n* bulto, fardo; *(of sticks)* haz *m*; *(of papers)* legajo ▷ *vt (also:* **~ up)** atar, envolver; **to ~ sth/sb into** meter algo/a algn precipitadamente en

bungalow ['bʌŋgələu] *n* bungalow *m*, chalé *m*

bungee jumping ['bʌndʒi:'dʒʌmpıŋ] *n* puenting *m*, banyi *m*

bunion ['bʌnjən] *n* juanete *m*

bunk [bʌŋk] *n* litera; **~ beds** *npl* literas *fpl*

bunker ['bʌŋkə'] *n (coal store)* carbonera; (Mil) refugio; *(Golf)* bunker *m*

bunny ['bʌnı] *n (also:* **~ rabbit)** conejito

buoy [bɔı] *n* boya; **buoyant** *adj (ship)* capaz de flotar; *(carefree)* boyante, optimista; *(Comm: market, prices etc)* sostenido; *(: economy)* boyante

burden ['bəːdn] *n* carga ▷ *vt* cargar

bureau *(pl* **bureaux** ['bjuərəu, -z] *n* (BRIT: *writing desk)* escritorio, buró *m*;

(us: chest of drawers) cómoda; (office) oficina, agencia

bureaucracy [bjʊəˈrɔkrəsɪ] n burocracia

bureaucrat [ˈbjʊərəkræt] n burócrata m/f

bureau de change [-dəˈʃɑ̃ʒ] (pl **bureaux de change**) n caja f de cambio

bureaux [ˈbjʊərəuz] npl of **bureau**

burger [ˈbɜːgə˟] n hamburguesa

burglar [ˈbɜːglə˟] n ladrón/ona m/f; **burglar alarm** n alarma f contra robo; **burglary** n robo con allanamiento y fractura, robo de una casa

burial [ˈberɪəl] n entierro

burn [bɜːn] (pt, pp **burned** or **burnt**) vt quemar; (house) incendiar ▷ vi quemarse, arder; incendiarse; (sting) escocer ▷ n (Med) quemadura; **burn down** vt incendiar; **burn out** vt (writer etc): **to ~ o.s. out** agotarse; **burning** adj (building, forest) en llamas; (hot: sand etc) abrasador(a); (ambition) ardiente

Burns' Night [bɜːnz-] n ver nota **"Burns' Night"**

▪ **BURNS' NIGHT**

Cada veinticinco de enero los escoceses celebran la llamada *Burns' Night* (noche de Burns), en honor al poeta escocés Robert Burns (1759-1796). Es tradición hacer una cena en la que, al son de la música de la gaita escocesa, se sirve *haggis*, plato tradicional de asadura de cordero cocida en el estómago del animal, acompañado de nabos y puré de patatas. Durante la misma se recitan poemas del autor y varios discursos conmemorativos de carácter festivo.

burnt [bɜːnt] pt, pp of **burn**

burp [bɜːp] (inf) n eructo ▷ vi eructar

burrow [ˈbʌrəu] n madriguera ▷ vt hacer una madriguera

burst [bɜːst] (pt, pp **burst**) vt (balloon, pipe) reventar; (banks etc) romper ▷ vi reventarse; romperse; (tyre) pincharse ▷ n (explosion) estallido; (also: ~ **pipe**) reventón m; **to ~ out laughing** soltar la carcajada; **to ~ into tears** deshacerse en lágrimas; **to be ~ing with** reventar de; **a ~ of energy** una explosión de energía; **a ~ of speed** un acelerón; **to ~ open** abrirse de golpe; **burst into** vt fus (room etc) irrumpir en

bury [ˈberɪ] vt enterrar; (body) enterrar, sepultar

bus [bʌs] n autobús m; **bus conductor** n cobrador(a) m/f

bush [buʃ] n arbusto; (scrub land) monte m bajo; **to beat about the ~** andar(se) con rodeos

business [ˈbɪznɪs] n (matter, affair) asunto; (trading) comercio, negocios mpl; (firm) empresa, casa; (occupation) oficio; **to be away on ~** estar en viaje de negocios; **it's my ~ to ...** me toca o corresponde ...; **it's none of my ~** no es asunto mío; **he means ~** habla en serio; **business class** n (Aviat) clase f preferente; **businesslike** adj eficiente; **businessman** n hombre m de negocios; **business trip** n viaje m de negocios; **businesswoman** n mujer f de negocios

busker [ˈbʌskə˟] n (BRIT) músico/a ambulante

bus: bus pass n bonobús; **bus shelter** n parada cubierta; **bus station** n estación f or terminal f de autobuses; **bus-stop** n parada de autobús

bust [bʌst] n (Anat) pecho; (sculpture) busto ▷ adj (inf: broken) roto, estropeado; **to go ~** quebrar

bustling [ˈbʌslɪŋ] adj (town) animado, bullicioso

busy [ˈbɪzɪ] adj ocupado, atareado; (shop, street) concurrido, animado ▷ vt: **to ~ o.s. with** ocuparse en; **the line's ~** está comunicando; **busy signal** n (us Tel) señal f de comunicado

KEYWORD

but [bʌt] *conj* **1** pero; **he's not very bright, but he's hard-working** no es muy inteligente, pero es trabajador **2** (*in direct contradiction*) sino; **he's not English but French** no es inglés sino francés; **he didn't sing but he shouted** no cantó sino que gritó **3** (*showing disagreement, surprise etc*): **but that's far too expensive!** ¡pero eso es carísimo!; **but it does work!** ¡(pero) sí que funciona!

▸ *prep* (*apart from, except*) menos, salvo; **we've had nothing but trouble** no hemos tenido más que problemas; **no-one but him can do it** nadie más que él puede hacerlo; **who but a lunatic would do such a thing?** ¡sólo un loco haría una cosa así!; **but for you/your help** si no fuera por ti/tu ayuda; **anything but that** cualquier cosa menos eso

▸ *adv* (*just, only*): **she's but a child** no es más que una niña; **had I but known** si lo hubiera sabido; **I can but try** al menos lo puedo intentar; **it's all but finished** está casi acabado

butcher [ˈbʊtʃəʳ] *n* carnicero/a ▸ *vt* hacer una carnicería con; (*cattle etc for meat*) matar; **~'s (shop)** carnicería

butler [ˈbʌtləʳ] *n* mayordomo

butt [bʌt] *n* (*cask*) tonel *m*; (*of gun*) culata; (*of cigarette*) colilla; (*BRIT fig: target*) blanco ▸ *vt* dar cabezadas contra

butter [ˈbʌtəʳ] *n* mantequilla ▸ *vt* untar con mantequilla; **buttercup** *n* ranúnculo

butterfly [ˈbʌtəflaɪ] *n* mariposa; (*Swimming: also:* **~ stroke**) (braza de) mariposa

buttocks [ˈbʌtəks] *npl* nalgas *fpl*

button [ˈbʌtn] *n* botón *m* ▸ *vt* (*also:* **~ up**) abotonar, abrochar ▸ *vi* abrocharse

buy [baɪ] (*pt, pp* **bought**) *vt* comprar ▸ *n* compra; **to ~ sb sth/sth from sb**

comprarle algo a algn; **to ~ sb a drink** invitar a algn a tomar algo; **buy out** *vt* (*partner*) comprar la parte de; **buy up** *vt* (*property*) acaparar; (*stock*) comprar todas las existencias de; **buyer** *n* comprador/a *m/f*; **buyer's market** mercado favorable al comprador

buzz [bʌz] *n* zumbido; (*inf: phone call*) llamada (telefónica) ▸ *vi* zumbar; **buzzer** *n* timbre *m*

KEYWORD

by [baɪ] *prep* **1** (*referring to cause, agent*) por; de; **abandoned by his mother** abandonado por su madre; **a painting by Picasso** un cuadro de Picasso

2 (*referring to method, manner, means*): **by bus/car/train** en autobús/coche/tren; **to pay by cheque** pagar con cheque; **by moonlight/candlelight** a la luz de la luna/una vela; **by saving hard, he ...** ahorrando, ...

3 (*via, through*) por; **we came by Dover** vinimos por Dover

4 (*close to, past*): **the house by the river** la casa junto al río; **she rushed by me** pasó a mi lado como una exhalación; **I go by the post office every day** paso por delante de Correos todos los días

5 (*time: not later than*) para; (: *during*): **by daylight** de día; **by 4 o'clock** para las cuatro; **by this time tomorrow** mañana a estas horas; **by the time I got here it was too late** cuando llegué ya era demasiado tarde

6 (*amount*): **by the metre/kilo** por metro/kilo; **paid by the hour** pagado por hora

7 (*in measurements, sums*): **to divide/multiply by 3** dividir/multiplicar por 3; **a room 3 metres by 4** una habitación de 3 metros por 4; **it's broader by a metre** es un metro más ancho

8 (*according to*) según, de acuerdo con; **it's 3 o'clock by my watch** según mi reloj, son las tres; **it's all right by me** por mí, está bien

9: **(all) by oneself** *etc* todo solo; **he did it (all) by himself** lo hizo él solo; **he was standing (all) by himself in a corner** estaba de pie solo en un rincón

10: **by the way** a propósito, por cierto; **this wasn't my idea, by the way** pues, no fue idea mía

▶ *adv* 1 *see* **go, pass**

2: **by and by** finalmente; **they'll come back by and by** acabarán volviendo; **by and large** en líneas generales, en general

by-election *n* (*BRIT*) elección *f* parcial

bypass ['baɪpɑːs] *n* carretera de circunvalación; (*Med*) (operación *f* de) bypass *m* ▷ *vt* evitar

byte [baɪt] *n* (*Comput*) byte *m*, octeto

C

C, c [siː] *n* (*Mus*) do *m*

cab [kæb] *n* taxi *m*; (*of truck*) cabina

cabaret ['kæbəreɪ] *n* cabaret *m*

cabbage ['kæbɪdʒ] *n* col *f*, berza

cabin ['kæbɪn] *n* cabaña; (*on ship*) camarote *m*; **cabin crew** *n* tripulación *f* de cabina

cabinet ['kæbɪnɪt] *n* (*Pol*) consejo de ministros; (*furniture*) armario; (*also:* **display ~**) vitrina; **cabinet minister** *n* ministro/a (del gabinete)

cable ['keɪbl] *n* cable *m* ▷ *vt* cablegrafiar; **cable car** *n* teleférico; **cable television** *n* televisión *f* por cable

cactus (*pl* **cacti**) ['kæktəs, -taɪ] *n* cacto

café ['kæfeɪ] *n* café *m*

cafeteria [kæfɪ'tɪərɪə] *n* cafetería (*con autoservicio para comer*)

caffeine ['kæfiːn] *n* cafeína

cage [keɪdʒ] *n* jaula

cagoule [kə'guːl] *n* chubasquero

cake [keɪk] n (large) tarta; (small) pastel m; (of soap) pastilla

calcium ['kælsɪəm] n calcio

calculate ['kælkjuleɪt] vt calcular; **calculation** n cálculo, cómputo; **calculator** n calculadora

calendar ['kæləndə*] n calendario

calf [kɑːf] (pl **calves**) n (of cow) ternero, becerro; (of other animals) cría; (also: **~skin**) piel f de becerro; (Anat) pantorrilla

calibre, (US) **caliber** ['kælɪbə*] n calibre m

call [kɔːl] vt llamar; (meeting, strike) convocar ▷ vi (shout) llamar; (telephone) llamar (por teléfono); (visit: also: **~ in**, **~ round**) hacer una visita ▷ n llamada; (of bird) canto; **to be ~ed** llamarse; **on ~** (nurse, doctor etc) de guardia; **call back** vi (return) volver; (Tel) volver a llamar; **call for** vt fus (demand) pedir, exigir; (fetch) pasar a recoger; **call in** vt (doctor, expert, police) llamar; **call off** vt (cancel: meeting, race) cancelar; (: deal) anular; (: strike) desconvocar; **call on** vt fus (visit) ir a ver; (turn to) acudir a; **call out** vi gritar; **call up** vt (Mil) llamar a filas; **callbox** n (BRIT) cabina telefónica; **call centre** n (BRIT) centro de atención al cliente; **caller** n visita f; (Tel) usuario/a

callous ['kæləs] adj insensible, cruel

calm [kɑːm] adj tranquilo; (sea) tranquilo, en calma ▷ n calma, tranquilidad f ▷ vt calmar, tranquilizar; **calm down** vi calmarse, tranquilizarse ▷ vt calmar, tranquilizar; **calmly** adv tranquilamente, con calma

Calor gas® ['kælə*-] n butano

calorie ['kælərɪ] n caloría

calves [kɑːvz] npl of **calf**

camcorder ['kæmkɔːdə*] n videocámara

came [keɪm] pt of **come**

camel ['kæml] n camello

camera ['kæmərə] n cámara or máquina fotográfica; (Cine, TV) cámara; **in ~** (Law) a puerta cerrada; **cameraman** n cámara m; **camera phone** n teléfono m con cámara

camouflage ['kæməflɑːʒ] n camuflaje m ▷ vt camuflar

camp [kæmp] n campamento, camping m; (Mil) campamento; (for prisoners) campo; (fig: faction) bando ▷ vi acampar ▷ adj afectado, afeminado; **to go ~ing** ir de or hacer camping

campaign [kæm'peɪn] n (Mil, Pol etc) campaña ▷ vi: **to ~ (for/against)** hacer campaña (a favor de/en contra de); **campaigner** n: **campaigner for** defensor/a m/f de

camp: camped n (BRIT) cama plegable; **camper** n (person) campista mf; (vehicle) caravana; **campground** n (US) camping m, campamento; **camping** n camping m; **campsite** n camping m

campus ['kæmpəs] n campus m

can¹ [kæn] n (of oil, water) bidón m; (tin) lata, bote m ▷ vt enlatar

🔵 KEYWORD

can² [kæn] (negative **cannot**, **can't**, conditional, pt **could**) aux vb 1 (be able to) poder; **you can do it if you try** puedes hacerlo si lo intentas; **I can't see you** no te veo

2 (know how to) saber; **I can swim/play tennis/drive** sé nadar/jugar al tenis/conducir; **can you speak French?** ¿hablas or sabes hablar francés?

3 (may) poder; **can I use your phone?** ¿me dejas or puedo usar tu teléfono?

4 (expressing disbelief, puzzlement etc): **it can't be true!** ¡no puede ser (verdad)!; **what CAN he want?** ¿qué querrá?

5 (expressing possibility, suggestion etc): **he could be in the library** podría estar en la biblioteca; **she could have been delayed** puede que se haya retrasado

Canada ['kænədə] n Canadá m;
Canadian [kə'neɪdɪən] adj, n
canadiense mf

canal [kə'næl] n canal m

canary [kə'neərɪ] n canario

Canary islands npl las (Islas) Canarias

cancel ['kænsəl] vt cancelar;
(train) suprimir; (cross out) tachar;
cancellation [kænsə'leɪʃən] n
cancelación f; supresión f

cancer ['kænsə'] n cáncer m; **C~**
(Astro) Cáncer m

candidate ['kændɪdeɪt] n
candidato/a

candle ['kændl] n vela; (in church)
cirio; **candlestick** n (single) candelero;
(: low) palmatoria; (bigger, ornate)
candelabro

candy ['kændɪ] n azúcar m cande; (us)
caramelo; **candy bar** (us) n barrita
(dulce); **candyfloss** n (BRIT) algodón
m (azucarado)

cane [keɪn] n (Bot) caña; (stick) vara,
palmeta ▷ vt (BRIT Scol) castigar (con
palmeta)

canister ['kænɪstə'] n bote m, lata

cannabis ['kænəbɪs] n canabis m

canned [kænd] adj en lata, de lata

cannon ['kænən] (pl **cannon** or
cannons) n cañón m

cannot ['kænɒt] = **can not**

canoe [kə'nu:] n canoa; (Sport)
piragua; **canoeing** n piragüismo

canon ['kænən] n (clergyman)
canónigo; (standard) canon m

can opener n abrelatas m inv

can't [kænt] = **can not**

canteen [kæn'ti:n] n (eating place)
comedor m; (BRIT: of cutlery) juego

canter ['kæntə'] vi ir a medio galope

canvas ['kænvəs] n (material) lona;
(painting) lienzo; (Naut) velamen m

canvass ['kænvəs] vi (Pol): **to ~
for** solicitar votos por ▷ vt (Comm)
sondear

canyon ['kænjən] n cañón m

cap [kæp] n (hat) gorra; (of pen)
capuchón m; (of bottle) tapón m, tapa;

(BRIT: contraceptive) diafragma m ▷ vt
(outdo) superar; (limit) recortar

capability [keɪpə'bɪlɪtɪ] n
capacidad f

capable ['keɪpəbl] adj capaz

capacity [kə'pæsɪtɪ] n capacidad f;
(position) calidad f

cape [keɪp] n capa; (Geo) cabo

caper ['keɪpə'] n (Culin: also: **~s**)
alcaparra; (prank) travesura

capital ['kæpɪtl] n (also: **~ city**) capital
f; (money) capital m; (also: **~ letter**)
mayúscula; **capitalism** n capitalismo;
capitalist adj, n capitalista mf;
capital punishment n pena de
muerte

Capitol ['kæpɪtl] n: **the ~** el
Capitolio

　　● **CAPITOL**
　　●
　　● El Capitolio (Capitol) es el edificio en
　　● el que se reúne el Congreso de los
　　● Estados Unidos (Congress), situado
　　● en la ciudad de Washington. Por
　　● extensión, también se suele llamar
　　● así al edificio en el que tienen lugar
　　● las sesiones parlamentarias de
　　● la cámara de representantes de
　　● muchos de los estados.

Capricorn ['kæprɪkɔ:n] n
Capricornio

capsize [kæp'saɪz] vt volcar, hacer
zozobrar ▷ vi volcarse, zozobrar

capsule ['kæpsju:l] n cápsula

captain ['kæptɪn] n capitán m

caption ['kæpʃən] n (heading) título;
(to picture) leyenda

captivity [kæp'tɪvɪtɪ] n cautiverio

capture ['kæptʃə'] vt capturar; (place)
tomar; (attention) captar, llamar ▷ n
captura; toma; (Comput: also: **data ~**)
formulación f de datos

car [kɑ:'] n coche m, carro (LAM),
automóvil m; (us Rail) vagón m

carafe [kə'ræf] n jarra

caramel ['kærəməl] n caramelo

carat ['kærət] n quilate m

caravan ['kærəvæn] n (BRIT) caravana, rulot m; (of camels) caravana; **caravan site** n (BRIT) camping m para caravanas

carbohydrates [kɑːbəʊ'haɪdreɪts] npl (foods) hidratos mpl de carbono

carbon ['kɑːbən] n carbono; **carbon dioxide** n dióxido de carbono, anhídrido carbónico; **carbon footprint** n huella de carbono; **carbon monoxide** n monóxido de carbono; **carbon-neutral** n neutro en carbono, sin emisiones netas de CO_2

car boot sale n mercadillo (de objetos usados expuestos en el maletero del coche)

carburettor, (US) **carburetor** [kɑːbjʊ'retəʳ] n carburador m

card [kɑːd] n (thin cardboard) cartulina; (playing card) carta, naipe m; (visiting card, greetings card etc) tarjeta; (index card) ficha; **cardboard** n cartón m, cartulina; **card game** n juego de naipes or cartas

cardigan ['kɑːdɪgən] n rebeca

cardinal ['kɑːdɪnl] adj cardinal; (importance, principal) esencial ▷ n cardenal m

cardphone ['kɑːdfəʊn] n cabina que funciona con tarjetas telefónicas

care [kεəʳ] n cuidado; (worry) preocupación f; (charge) cargo, custodia ▷ vi **to ~ about** preocuparse por; **~ of** (c/o) en casa de, al cuidado de; **in sb's ~** a cargo de algn; **to take ~ to** cuidarse de, tener cuidado de; **to take ~ of** vt cuidar; **I don't ~** no me importa; **I couldn't ~ less** me trae sin cuidado; **care for** vt fus cuidar; (like) querer

career [kə'rɪəʳ] n profesión f ▷ vi (also: **~ along**) correr a toda velocidad

care: carefree adj despreocupado; **careful** adj (cautious) cauteloso; **(be) careful!** ¡(ten) cuidado!; **carefully** adv con cuidado, cuidadosamente; **caregiver** (US) n (professional) enfermero/a; (unpaid)

persona que cuida a un pariente o vecino; **careless** adj descuidado; (heedless) poco atento; **carelessness** n descuido, falta de atención; **carer** n (professional) enfermero/a; (unpaid) persona que cuida a un pariente o vecino; **caretaker** n portero/a, conserje mf

car-ferry ['kɑːferɪ] n transbordador m para coches

cargo ['kɑːgəʊ] (pl **cargoes**) n cargamento, carga

car hire n alquiler m de coches

Caribbean [kærɪ'biːən] adj caribe, caribeño; **the ~ (Sea)** el (Mar) Caribe

caring ['kεərɪŋ] adj humanitario

carnation [kɑː'neɪʃən] n clavel m

carnival ['kɑːnɪvəl] n carnaval m; (US) parque m de atracciones

carol ['kærəl] n: **(Christmas) ~** villancico

carousel [kærə'sel] n (US) tiovivo, caballitos mpl

car park n (BRIT) aparcamiento, parking m

carpenter ['kɑːpɪntəʳ] n carpintero/a

carpet ['kɑːpɪt] n alfombra ▷ vt alfombrar; **fitted ~** moqueta

car rental n (US) alquiler m de coches

carriage ['kærɪdʒ] n (BRIT Rail) vagón m; (horse-drawn) coche m; (for goods) transporte m; **~ paid** porte pagado; **carriageway** n (BRIT: part of road) calzada

carrier ['kærɪəʳ] n transportista mf; (company) empresa de transportes; (Med) portador/a m/f; **carrier bag** n (BRIT) bolsa de papel o plástico

carrot ['kærət] n zanahoria

carry ['kærɪ] vt (person) llevar; (transport) transportar; (involve: responsibilities etc) entrañar ▷ vi (sound) oírse; **to get carried away** (fig) entusiasmarse; **carry on** vi (continue) seguir (adelante), continuar ▷ vt seguir, continuar; **carry out** vt (orders) cumplir; (investigation) llevar a cabo, realizar

cart [kɑːt] n carro, carreta ▷ vt (inf: transport) cargar con

carton [ˈkɑːtən] n caja (de cartón); (of milk etc) bote m

cartoon [kɑːˈtuːn] n (Press) chiste m; (comic strip) tira cómica; (film) dibujos mpl animados

cartridge [ˈkɑːtrɪdʒ] n cartucho

carve [kɑːv] vt (meat) trinchar; (wood, stone) cincelar, esculpir; (on tree) grabar; **carving** n (in wood etc) escultura; (design) talla

car wash n túnel m de lavado

case [keɪs] n (container) caja; (Med) caso; (for jewels etc) estuche m; (Law) causa, proceso; (BRIT: also: **suit~**) maleta; **in ~ of** en caso de; **in any ~** en todo caso; **just in ~** por si acaso

cash [kæʃ] n (dinero en) efectivo; (inf: money) dinero m ▷ vt cobrar, hacer efectivo; **to pay (in) ~** pagar al contado; **~ on delivery (COD)** entrega contra reembolso; **cashback** n (discount) devolución f; (at supermarket etc) retirada de dinero en efectivo de un establecimiento donde se ha pagado con tarjeta; también dinero retirado; **cash card** n tarjeta f de(l) cajero (automático); **cash desk** n (BRIT) caja; **cash dispenser** n cajero automático

cashew [kæˈʃuː] n (also: **~ nut**) anacardo

cashier [kæˈʃɪəʳ] n cajero/a

cashmere [ˈkæʃmɪəʳ] n cachemira

cash point n cajero automático

cash register n caja

casino [kəˈsiːnəu] n casino

casket [ˈkɑːskɪt] n cofre m, estuche m; (US: coffin) ataúd m

casserole [ˈkæsərəul] n (food, pot) cazuela

cassette [kæˈsɛt] n cas(s)et(t)e m or f; **cassette player, cassette recorder** n cas(s)et(t)e m

cast [kɑːst] (pt, pp **cast**) vt (throw) echar, arrojar, lanzar; (Theat): **to ~ sb as Othello** dar a algn el papel de Otelo

▷ n (Theat) reparto; (also: **plaster ~**) vaciado; **to ~ one's vote** votar; **cast off** vi (Naut) soltar amarras; (Knitting) cerrar los puntos

castanets [kæstəˈnɛts] npl castañuelas fpl

caster sugar [ˈkɑːstəʳ-] n (BRIT) azúcar m extrafino

Castile [kæsˈtiːl] n Castilla; **Castilian** adj, n castellano/a

cast-iron [ˈkɑːstaɪən] adj (lit) (hecho) de hierro fundido or colado; (fig: alibi) irrebatible; (will) férreo

castle [ˈkɑːsl] n castillo; (Chess) torre f

casual [ˈkæʒjul] adj fortuito; (irregular: work etc) eventual, temporero; (unconcerned) despreocupado; (clothes) de sport

> Be careful not to translate casual by the Spanish word casual.

casualty [ˈkæʒjultɪ] n víctima, herido; (dead) muerto; **casualty ward** n urgencias fpl

cat [kæt] n gato

Catalan [ˈkætəlæn] adj, n catalán/ ana m/f

catalogue, (US) **catalog** [ˈkætəlɔg] n catálogo ▷ vt catalogar

Catalonia [kætəˈləunɪə] n Cataluña

catalytic converter [kætəˈlɪtɪkənˈvəːtəʳ] n catalizador m

cataract [ˈkætərækt] n (Med) cataratas fpl

catarrh [kəˈtɑːʳ] n catarro

catastrophe [kəˈtæstrəfɪ] n catástrofe f

catch [kætʃ] (pt, pp **caught**) vt coger (SP), agarrar (LAM); (arrest) atrapar; (grasp) asir; (breath) recobrar; (person: by surprise) pillar; (attract: attention) captar; (Med) pillar, coger; (also: **~ up**) alcanzar ▷ vi (fire) encenderse; (in branches etc) engancharse ▷ n (fish etc) captura; (act of catching) cogida; (of lock) pestillo, cerradura; **to ~ fire** prenderse; (house) incendiarse; **to**

~ sight of divisar; **catch up** vi (fig) ponerse al día; **catching** adj (Med) contagioso

category ['kætɪɡərɪ] n categoría

cater ['keɪtə'] vi: **to ~ for** (BRIT) abastecer a; (needs) atender a; (consumers) proveer a

caterpillar ['kætəpɪlə'] n oruga

cathedral [kə'θi:drəl] n catedral f

cattle ['kætl] npl ganado sg

catwalk ['kætwɔ:k] n pasarela

caught [kɔ:t] pt, pp of **catch**

cauliflower ['kɒlɪflaʊə'] n coliflor f

cause [kɔ:z] n causa; (reason) motivo, razón f ▷ vt causar

caution ['kɔ:ʃən] n cautela, prudencia; (warning) advertencia, amonestación f ▷ vt amonestar; **cautious** adj cauteloso, prudente, precavido

cave [keɪv] n cueva, caverna; **cave in** vi (roof etc) derrumbarse, hundirse

caviar(e) ['kævɪɑ:'] n caviar m

cavity ['kævɪtɪ] n hueco, cavidad f

cc abbr (= cubic centimetres) cc, cm³; (on letter etc) = **carbon copy**

CCTV n abbr = **closed-circuit television**

CD n abbr (= compact disc) CD m; **CD player** n reproductor m de CD; **CD-ROM** n abbr (= compact disc read-only memory) CD-ROM m; **CD writer** n grabadora f de CDs

cease [si:s] vt cesar; **ceasefire** n alto m el fuego

cedar ['si:də'] n cedro

ceilidh ['keɪlɪ] n baile con música y danzas tradicionales escocesas o irlandesas

ceiling ['si:lɪŋ] n techo; (fig) límite m

celebrate ['sɛlɪbreɪt] vt celebrar ▷ vi: **let's ~!** ¡vamos a celebrarlo!; **celebration** n celebración f

celebrity [sɪ'lɛbrɪtɪ] n (person) famoso/a

celery ['sɛlərɪ] n apio

cell [sɛl] n celda; (Biol) célula; (Elec) elemento

cellar ['sɛlə'] n sótano; (for wine) bodega

cello ['tʃɛləʊ] n violoncelo

Cellophane® ['sɛləfeɪn] n celofán m

cellphone ['sɛlfəʊn] n móvil m

Celsius ['sɛlsɪəs] adj centígrado

Celtic ['kɛltɪk, 'sɛltɪk] adj celta

cement [sə'mɛnt] n cemento

cemetery ['sɛmɪtrɪ] n cementerio

censor ['sɛnsə'] n censor(a) m/f ▷ vt (cut) censurar; **censorship** n censura

census ['sɛnsəs] n censo

cent [sɛnt] n (US: unit of dollar) centavo; (unit of euro) céntimo; see also **per**

centenary [sɛn'ti:nərɪ], (US) **centennial** [sɛn'tɛnɪəl] n centenario

center ['sɛntə'] n (US) = **centre**

centi...: **centigrade** ['sɛntɪɡreɪd] adj centígrado; **centimetre**, (US) **centimeter** ['sɛntɪmi:tə'] n centímetro; **centipede** ['sɛntɪpi:d] n ciempiés m inv

central ['sɛntrəl] adj central; (house etc) céntrico; **Central America** n Centroamérica; **central heating** n calefacción f central; **central reservation** n (BRIT Aut) mediana

centre, (US) **center** ['sɛntə'] n centro ▷ vt centrar; **centre-forward** n (Sport) delantero centro; **centre-half** n (Sport) medio centro

century ['sɛntjʊrɪ] n siglo; **20th ~** siglo veinte

CEO n abbr = **chief executive officer**

ceramic [sɪ'ræmɪk] adj de cerámica

cereal ['si:rɪəl] n cereal m

ceremony ['sɛrɪmənɪ] n ceremonia; **to stand on ~** hacer ceremonias, andarse con cumplidos

certain ['sə:tən] adj seguro; (particular) cierto; **for ~** a ciencia cierta; **a ~ Mr Smith** un tal Sr. Smith; **certainly** adv desde luego, por supuesto; **certainty** n certeza, certidumbre f, seguridad f

certificate [sə'tɪfɪkɪt] n certificado

certify ['sɜːtɪfaɪ] vt certificar; (declare insane) declarar loco

cf. abbr (= compare) cfr

CFC n abbr (= chlorofluorocarbon) CFC m

chain [tʃeɪn] n cadena; (of mountains) cordillera; (of events) sucesión f ▷ vt (also: ~ up) encadenar; **chain-smoke** vi fumar un cigarrillo tras otro

chair [tʃɛə²] n silla; (armchair) sillón m; (of university) cátedra ▷ vt (meeting) presidir; **chairlift** n telesilla m; **chairman** n presidente m; **chairperson** n presidente a m/f; **chairwoman** n presidenta

chalet ['ʃæleɪ] n chalet m (de madera)

chalk [tʃɔːk] n (Geo) creta; (for writing) tiza, gis m (LAM); **chalkboard** (US) n pizarrón (LAM), pizarra (SP)

challenge ['tʃælɪndʒ] n desafío, reto ▷ vt desafiar, retar; (statement, right) poner en duda; **to ~ sb to do sth** retar a algn a que haga algo; **challenging** adj que supone un reto; (tone) desafío

chamber ['tʃeɪmbə²] n cámara, sala; **chambermaid** n camarera

champagne [ʃæm'peɪn] n champaña m, champán m

champion ['tʃæmpɪən] n campeón/ona m/f; (of cause) defensor(a) m/f; **championship** n campeonato

chance [tʃɑːns] n (opportunity) ocasión f, oportunidad f; (likelihood) posibilidad f; (risk) riesgo ▷ vt arriesgar, probar ▷ adj fortuito, casual; **to ~ it** arriesgarse, intentarlo; **to take a ~** arriesgarse; **by ~** por casualidad

chancellor ['tʃɑːnsələ²] n canciller m; **C~ of the Exchequer** (BRIT) Ministro de Economía y Hacienda; **see also Downing Street**

chandelier [ʃændə'lɪə²] n araña (de luces)

change [tʃeɪndʒ] vt cambiar; (clothes, house) cambiarse de, mudarse de; (transform) transformar ▷ vi

cambiar(se); (change trains) hacer transbordo; (be transformed): **to ~ into** transformarse en ▷ n cambio; (alteration) modificación f, transformación f; (coins) suelto; (money returned) vuelta, vuelto (LAM); **to ~ one's mind** cambiar de opinión o idea; **to ~ gear** (Aut) cambiar de marcha; **for a ~** para variar; **change over** vi (from sth to sth) cambiar; (players etc) cambiar(se) ▷ vt cambiar; **changeable** adj (weather) cambiable; **change machine** n máquina de cambio; **changing room** n (BRIT) vestuario

channel ['tʃænl] n (TV) canal m; (of river) cauce m; (fig: medium) medio ▷ vt (river etc) encauzar; **the (English) C~** el Canal de la Mancha; **the C~ Islands** las Islas Anglonormandas; **the C~ Tunnel** el túnel del Canal de la Mancha, el Eurotúnel

chant [tʃɑːnt] n (also Rel) canto; (of crowd) gritos mpl ▷ vt (slogan, word) repetir a gritos

chaos ['keɪɒs] n caos m

chaotic [keɪ'ɒtɪk] adj caótico

chap [tʃæp] n (BRIT inf: man) tío, tipo

chapel ['tʃæpəl] n capilla

chapped [tʃæpt] adj agrietado

chapter ['tʃæptə²] n capítulo

character ['kærɪktə²] n carácter m, naturaleza, índole f; (in novel, film) personaje m; (individuality) carácter m; **characteristic** [kærɪktə'rɪstɪk] adj característico ▷ n característica; **characterize** vt caracterizar

charcoal ['tʃɑːkəʊl] n carbón m vegetal; (Art) carboncillo

charge [tʃɑːdʒ] n (Law) cargo, acusación f; (cost) precio, coste m; (responsibility) cargo ▷ vt (Law): **to ~ (with)** acusar (de); (gun, battery) cargar; (Mil: enemy) cargar; (price) pedir; (customer) cobrar ▷ vi precipitarse; **charge card** n tarjeta de cuenta; **charger** n (also: **battery charger**) cargador m (de baterías)

charismatic [kærɪz'mætɪk] *adj* carismático

charity ['tʃærɪtɪ] *n* caridad *f*; *(organization)* organización *f* benéfica; *(money, gifts)* limosnas *fpl*; **charity shop** *n* (BRIT) tienda de artículos de segunda mano que dedica su recaudación a causas benéficas

charm [tʃɑːm] *n* encanto, atractivo; *(spell)* hechizo; *(object)* amuleto; *(on bracelet)* dije *m* ▷ *vt* encantar; **charming** *adj* encantador(a)

chart [tʃɑːt] *n (table)* cuadro; *(graph)* gráfica, *(map)* carta de navegación ▷ *vt (course)* trazar; *(progress)* seguir; *(sales)* hacer una gráfica de; **to be in the ~s** *(record, pop group)* estar en la lista de éxitos

charter ['tʃɑːtə'] *vt (bus)* alquilar; *(plane, ship)* fletar ▷ *n (document)* carta; **chartered accountant** *n* (BRIT) contable *mf* diplomado/a; **charter flight** *n* vuelo chárter

chase [tʃeɪs] *vt (pursue)* perseguir; *(hunt)* cazar ▷ *n* persecución *f*

chat [tʃæt] *vi (also:* **have a ~)** charlar; *(Internet)* chatear ▷ *n* charla; *(Internet)* chat *m*; **chat up** *vt (inf: girl)* ligar con, enrollarse con; **chat room** *n (Internet)* chat *m*, canal *m* de charla; **chat show** *n* (BRIT) programa *m* de entrevistas

chatter ['tʃætə'] *vi (person)* charlar; *(teeth)* castañetear ▷ *n (of birds)* parloteo; *(of people)* charla, cháchara

chauffeur ['ʃəufə'] *n* chófer *m*

chauvinist ['ʃəuvɪnɪst] *n (also:* **male ~)** machista *m*; *(nationalist)* chovinista *mf*

cheap [tʃiːp] *adj* barato; *(joke)* de mal gusto; *(poor quality)* de mala calidad ▷ *adv* barato; **cheap day return** *n* billete de ida y vuelta el mismo día; **cheaply** *adv* barato, a bajo precio

cheat [tʃiːt] *vi* hacer trampa ▷ *vt* estafar ▷ *n (person)* tramposo/a; **to ~ sb (out of sth)** estafar (algo) a algn; **cheat on** *vt fus* engañar

check [tʃɛk] *vt (examine)* controlar; *(facts)* comprobar; *(count)* contar; *(halt)* frenar; *(restrain)* refrenar, restringir ▷ *n (inspection)* control *m*, inspección *f*; *(curb)* freno; *(bill)* nota, cuenta; (us) = **cheque**; *(pattern: gen pl)* cuadro; **check in** *vi (in hotel)* registrarse; *(at airport)* facturar ▷ *vt (luggage)* facturar; **check off** *vt (esp us: check)* comprobar; *(cross off)* tachar; **check out** *vi (of hotel)* desocupar la habitación; **check up** *vi:* **to ~ up on sth** comprobar algo; **to ~ up on sb** investigar a algn; **checkbook** *n* (us) = **chequebook**; **checked** *adj* a cuadros *inv*; **checkers** *n* (us) damas *fpl*; **check-in** *n (also:* **check-in desk:** *at airport)* mostrador *m* de facturación; **checking account** *n* (us) cuenta corriente; **checklist** *n* lista; **checkmate** *n* jaque *m* mate; **checkout** *n* caja; **checkpoint** *n (point of control)* control *m*; **checkroom** *n* (us) consigna; **checkup** *n (Med)* reconocimiento general

cheddar ['tʃɛdə'] *n (also:* **~ cheese)** queso *m* cheddar

cheek [tʃiːk] *n* mejilla; *(impudence)* descaro; **what a ~!** ¡qué cara!; **cheekbone** *n* pómulo; **cheeky** *adj* fresco, descarado

cheer [tʃɪə'] *vt* vitorear, ovacionar; *(gladden)* alegrar, animar ▷ *vi* dar vivas ▷ *n* viva *m*; **cheer up** *vi* animarse ▷ *vt* alegrar, animar; **cheerful** *adj* alegre

cheerio [tʃɪərɪ'əu] *excl* (BRIT) ¡hasta luego!

cheerleader ['tʃɪəliːdə'] *n* animador(a) *m/f*

cheese [tʃiːz] *n* queso; **cheeseburger** *n* hamburguesa con queso; **cheesecake** *n* pastel *m* de queso

chef [ʃɛf] *n* jefe/a *m/f* de cocina

chemical ['kɛmɪkəl] *adj* químico ▷ *n* producto químico

chemist ['kɛmɪst] *n* (BRIT: *pharmacist*) farmacéutico/a; *(scientist)* químico/a;

~'s (shop) n (BRIT) farmacia; chemistry n química

cheque. (US) **check** [tʃek] n cheque m; **chequebook** n talonario de cheques, chequera (LAM); **cheque card** n (BRIT) tarjeta de identificación bancaria

cherry ['tʃerɪ] n cereza; (also: **~ tree**) cerezo

chess [tʃes] n ajedrez m

chest [tʃest] n (Anat) pecho; (box) cofre m; **~ of drawers** n cómoda

chestnut ['tʃesnʌt] n castaña; (also: **~ tree**) castaño

chew [tʃuː] vt mascar, masticar; **chewing gum** n chicle m

chic [ʃiːk] adj elegante

chick [tʃik] n pollito, polluelo; (US inf) chica

chicken ['tʃikin] n gallina, pollo; (food) pollo; (inf: coward) gallina mf; **chicken out** vi (inf) rajarse; **chickenpox** n varicela

chickpea ['tʃikpiː] n garbanzo

chief [tʃiːf] n jefe a m/f ▷ adj principal; **chief executive (officer)** n director m general; **chiefly** adv principalmente

child (pl **children**) [tʃaɪld, 'tʃɪldrən] n niño/a; (offspring) hijo/a; **child abuse** n (with violence) malos tratos mpl a niños; (sexual) abuso m sexual de niños; **child benefit** n (BRIT) subsidio por cada hijo pequeño; **childbirth** n parto; **childcare** n cuidado de los niños; **childhood** n niñez f, infancia; **childish** adj pueril, infantil; **child minder** n (BRIT) madre f de día; **children** ['tʃɪldrən] npl of **child**

Chile ['tʃilɪ] n Chile m; **Chilean** adj, n chileno/a

chill [tʃil] n frío; (Med) resfriado ▷ vt enfriar; (Culin) refrigerar; **chill out** vi (esp US inf) tranquilizarse

chilly ['tʃilɪ] adj frío

chimney ['tʃimnɪ] n chimenea

chimpanzee [tʃimpæn'ziː] n chimpancé m

chin [tʃin] n mentón m, barbilla

China ['tʃaɪnə] n China

china ['tʃaɪnə] n porcelana; (crockery) loza

Chinese [tʃaɪ'niːz] adj chino ▷ n (pl inv) chino/a; (Ling) chino

chip [tʃip] n (gen pl: Culin: BRIT) patata or (LAM) papa frita; (also: **~ tree**) patata or (LAM) papa frita; (of wood) astilla; (stone) lasca; (in gambling) ficha; (Comput) chip m ▷ vt (cup, plate) desconchar; **chip shop** n ver nota "chip shop"

chiropodist [kɪ'rɔpədɪst] n (BRIT) podólogo/a

chisel ['tʃɪzl] n (for wood) escoplo; (for stone) cincel m

chives [tʃaɪvz] npl cebollinos mpl

chlorine ['klɔːriːn] n cloro

choc-ice ['tʃɔkaɪs] n (BRIT) helado m cubierto de chocolate

chocolate ['tʃɔklɪt] n chocolate m; (sweet) bombón m

choice [tʃɔɪs] n elección f; (preference) preferencia ▷ adj escogido

choir ['kwaɪə'] n coro

choke [tʃəʊk] vi ahogarse; (on food) atragantarse ▷ vt ahogar; (block) atascar ▷ n (Aut) estárter m

cholesterol [kə'lestərəl] n colesterol m

chook [tʃuk] n (AUST, NZ inf) n gallina; (as food) pollo

choose (pt **chose**, pp **chosen**) [tʃuːz, tʃəʊz, tʃəʊzn] vt escoger, elegir; (team) seleccionar; **to ~ to do sth** optar por hacer algo

chop [tʃɒp] vt (wood) cortar, talar; (Culin: also: **~ up**) picar ▷ n (Culin) chuleta; **chop down** vt (tree) talar; **chop off** vt cortar (de un tajo); **chopsticks** npl palillos mpl

chord [kɔːd] n (Mus) acorde m

chore [tʃɔːᵊ] n faena, tarea; (routine task) trabajo rutinario

chorus ['kɔːrəs] n coro; (repeated part of song) estribillo

chose [tʃəʊz] pt of **choose**

chosen ['tʃəʊzn] pp of **choose**

Christ [kraɪst] n Cristo

christen ['krɪsn] vt bautizar; **christening** n bautizo

Christian ['krɪstɪən] adj, n cristiano/a; **Christianity** [krɪstɪ'ænɪtɪ] n cristianismo; **Christian name** n nombre m de pila

Christmas ['krɪsməs] n Navidad f; **Merry ~!** ¡Felices Navidades!; **Christmas card** n crismas m inv, tarjeta de Navidad; **Christmas carol** n villancico m; **Christmas Day** n día m de Navidad; **Christmas Eve** n Nochebuena; **Christmas pudding** n (esp BRIT) pudín m de Navidad; **Christmas tree** n árbol m de Navidad

chrome [krəʊm] n = **chromium**

chromium ['krəʊmɪəm] n cromo; (also: **~ plating**) cromado

chronic ['krɒnɪk] adj crónico

chrysanthemum [krɪ'sænθəməm] n crisantemo

chubby ['tʃʌbɪ] adj rechoncho

chuck [tʃʌk] (inf) vt lanzar, arrojar; (BRIT: also: **~ in, ~ up**) abandonar; **chuck out** vt (person) echar (fuera); (rubbish etc) tirar

chuckle ['tʃʌkl] vi reírse entre dientes

chum [tʃʌm] n amiguete/a m/f

chunk [tʃʌŋk] n pedazo, trozo

church [tʃəːtʃ] n iglesia; **churchyard** n cementerio

churn [tʃəːn] n (for butter) mantequera; (for milk) lechera

chute [ʃuːt] n (also: **rubbish ~**) vertedero

chutney ['tʃʌtnɪ] n salsa picante de frutas y especias

CIA n abbr (us: = Central Intelligence Agency) CIA f

CID n abbr (BRIT: = Criminal Investigation Department) ≈ B.I.C. f (SP)

cider ['saɪdəᵊ] n sidra

cigar [sɪ'gɑːᵊ] n puro

cigarette [sɪgə'rɛt] n cigarrillo; **cigarette lighter** n mechero

cinema ['sɪnəmə] n cine m

cinnamon ['sɪnəmən] n canela

circle ['səːkl] n círculo; (in theatre) anfiteatro ▷ vi dar vueltas ▷ vt (surround) rodear, cercar; (move round) dar la vuelta a

circuit ['səːkɪt] n circuito; (track) pista; (lap) vuelta

circular ['səːkjʊləᵊ] adj circular ▷ n circular f

circulate ['səːkjʊleɪt] vi circular; (person: socially) alternar, circular ▷ vt poner en circulación; **circulation** [səːkjʊ'leɪʃən] n circulación f; (of newspaper etc) tirada

circumstances ['səːkəmstənsɪz] npl circunstancias fpl; (financial condition) situación f económica

circus ['səːkəs] n circo

cite [saɪt] vt citar

citizen ['sɪtɪzn] n (Pol) ciudadano/a; (of city) habitante mf, vecino/a; **citizenship** n ciudadanía; (BRIT Scol) civismo

citrus fruits ['sɪtrəs-] npl cítricos mpl

city ['sɪtɪ] n ciudad f; **the C~** centro financiero de Londres; **city centre** n centro de la ciudad

City Technology College n (BRIT) ≈ Centro de formación profesional

civic ['sɪvɪk] adj cívico; (authorities) municipal

civil ['sɪvɪl] adj civil; (polite) atento, cortés; **civilian** [sɪ'vɪlɪən] adj civil ▷ n civil mf

civilization [sɪvɪlaɪ'zeɪʃən] n civilización f

civilized ['sɪvɪlaɪzd] *adj* civilizado

civil: civil law *n* derecho civil; **civil rights** *npl* derechos *mpl* civiles; **civil servant** *n* funcionario/a (del Estado); **Civil Service** *n* administración *f* pública; **civil war** *n* guerra civil

CJD *n abbr* (= Creutzfeldt-Jakob disease) enfermedad *f* de Creutzfeldt-Jakob

claim [kleɪm] *vt* exigir, reclamar; (*rights etc*) reivindicar; (*assert*) pretender ▷ *vb* (*for insurance*) reclamar ▷ *n* (*for expenses*) reclamación *f*; (*Law*) demanda; (*pretension*) pretensión *f*; **claim form** *n* solicitud *f*

clam [klæm] *n* almeja

clamp [klæmp] *n* abrazadera; (*laboratory clamp*) grapa ▷ *vt* afianzar (con abrazadera)

clan [klæn] *n* clan *m*

clap [klæp] *vi* aplaudir

claret ['klærət] *n* burdeos *m inv*

clarify ['klærɪfaɪ] *vt* aclarar

clarinet [klærɪ'nɛt] *n* clarinete *m*

clarity ['klærɪtɪ] *n* claridad *f*

clash [klæʃ] *n* estruendo; (*fig*) choque *m* ▷ *vi* enfrentarse; (*beliefs*) chocar; (*disagree*) estar en desacuerdo; (*colours*) desentonar; (*two events*) coincidir

clasp [klɑːsp] *n* (*hold*) apretón *m*; (*of necklace, bag*) cierre *m* ▷ *vt* (*hand*) apretar; (*embrace*) abrazar

class [klɑːs] *n* clase *f* ▷ *vt* clasificar

classic ['klæsɪk] *n* clásico; **classical** *adj* clásico

classification [klæsɪfɪ'keɪʃən] *n* clasificación *f*

classify ['klæsɪfaɪ] *vt* clasificar

classmate ['klɑːsmeɪt] *n* compañero/a de clase

classroom ['klɑːsrum] *n* aula; **classroom assistant** *n* profesor/a *m/f* de apoyo

classy ['klɑːsɪ] *adj* (*inf*) elegante, con estilo

clatter ['klætə] *n* ruido, estruendo ▷ *vi* hacer ruido *or* estruendo

clause [klɔːz] *n* cláusula; (*Ling*) oración *f*

claustrophobic [klɔːstrə'fəʊbɪk] *adj* claustrofóbico; **I feel ~** me entra claustrofobia

claw [klɔː] *n* (*of cat*) uña; (*of bird of prey*) garra; (*of lobster*) pinza

clay [kleɪ] *n* arcilla

clean [kliːn] *adj* limpio; (*record, reputation*) bueno, intachable; (*joke*) decente ▷ *vt* limpiar; (*hands etc*) lavar; **clean up** *vt* limpiar, asear; **cleaner** *n* encargado/a de la limpieza; (*also*: **dry cleaner**) tintorero/a; (*substance*) producto para la limpieza; **cleaning** *n* limpieza

cleanser ['klɛnzə] *n* (*cosmetic*) loción *f* or crema limpiadora

clear [klɪə] *adj* claro; (*road, way*) libre ▷ *vt* (*space*) despejar, limpiar; (*Law: suspect*) absolver; (*obstacle*) salvar, saltar por encima de; (*cheque*) aceptar ▷ *vi* (*fog etc*) despejarse ▷ *adv*: **~ of** a distancia de; **to ~ the table** recoger or quitar la mesa; **clear away** *vt* (*things, clothes etc*) quitar (de en medio); (*dishes*) retirar; **clear up** *vt* limpiar; (*mystery*) aclarar, resolver; **clearance** *n* (*removal*) despeje *m*; (*permission*) acreditación *f*; **clear-cut** *adj* bien definido, claro; **clearing** *n* (*in wood*) claro; **clearly** *adv* claramente; (*evidently*) sin duda; **clearway** *n* (*BRIT*) carretera en la que no se puede estacionar

clench [klɛntʃ] *vt* apretar, cerrar

clergy ['klɜːdʒɪ] *n* clero

clerk [klɑːk, *us* klɜːk] *n* oficinista *mf*; (*us*) dependiente/a *m/f*

clever ['klɛvə] *adj* (*mentally*) inteligente, listo; (*skilful*) hábil; (*device, arrangement*) ingenioso

cliché ['kliːʃeɪ] *n* cliché *m*, frase *f* hecha

click [klɪk] *vt* (*tongue*) chasquear ▷ *vi* (*Comput*) hacer clic; **to ~ one's heels** taconear; **to ~ on an icon** hacer clic en un icono

client ['klaɪənt] *n* cliente *mf*

cliff [klɪf] *n* acantilado

climate ['klaɪmɪt] n clima m; **climate change** n cambio climático

climax ['klaɪmæks] n (of battle, career) apogeo; (of film, book) punto culminante, clímax; (sexual) orgasmo

climb [klaɪm] vi subir, trepar ⊳ vt (stairs) subir; (tree) trepar a; (mountain) escalar ⊳ n subida, ascenso; **to ~ over a wall** saltar una tapia; **climb down** vi (fig) volverse atrás; **climber** n escalador(a) m/f; **climbing** n escalada

clinch [klɪntʃ] vt (deal) cerrar; (argument) remachar

cling (pt, pp **clung**) [klɪŋ, klʌŋ] vi: **to ~ (to)** agarrarse (a); (clothes) pegarse (a)

clinic ['klɪnɪk] n clínica

clip [klɪp] n (for hair) horquilla; (also: **paper ~**) sujetapapeles m inv, clip m ⊳ vt (cut) cortar; (also: **~ together**) unir; **clipping** n (from newspaper) recorte m

cloak [kləʊk] n capa, manto ⊳ vt (fig) encubrir, disimular; **cloakroom** n guardarropa m; (BRIT: WC) lavabo, aseos mpl, baño (SP)

clock [klɒk] n reloj m; **clock in, clock on** vi fichar, picar; **clock off, clock out** vi fichar or picar la salida; **clockwise** adv en el sentido de las agujas del reloj; **clockwork** n aparato de relojería ⊳ adj (toy, train) de cuerda

clog [klɒg] n zueco, chanclo ⊳ vt atascar ⊳ vi (also: **~ up**) atascarse

clone [kləʊn] n clon m ⊳ vt clonar

close [kləʊs, kləʊz] adj (near): **~ (to)** cerca (de); (friend) íntimo; (connection) estrecho; (examination) detallado, minucioso; (weather) bochornoso ⊳ prep cerca de ⊳ vt cerrar; (end) concluir, terminar ⊳ vi (shop etc) cerrar; (end) concluir(se), terminar(se) ⊳ n (end) fin m, final m, conclusión f; **to have a ~ shave** (fig) escaparse por un pelo; **~ by, ~ at hand** muy cerca; **close down** vi cerrar definitivamente; **closed** [kləʊzd] adj (shop etc) cerrado

closed-circuit ['kləʊzd'sɜ:kɪt] adj: **~ television** televisión f por circuito cerrado

closely ['kləʊslɪ] adv (study) con detalle; (watch) de cerca

closet ['klɒzɪt] n armario

close-up ['kləʊsʌp] n primer plano

closing time ['kləʊzɪŋ-] n hora de cierre

closure ['kləʊʒə'] n cierre m

clot [klɒt] n (also: **blood ~**) coágulo; (inf: idiot) imbécil mf ⊳ vi (blood) coagularse

cloth [klɒθ] n (material) tela, paño; (rag) trapo

clothes [kləʊðz] npl ropa sg; **clothes line** n cuerda (para tender la ropa); **clothes peg**, (US) **clothes pin** n pinza

clothing ['kləʊðɪŋ] n = **clothes**

cloud [klaʊd] n nube f; **cloud over** vi (also fig) nublarse; **cloudy** adj nublado; (liquid) turbio

clove [kləʊv] n clavo; **~ of garlic** diente m de ajo

clown [klaʊn] n payaso ⊳ vi (also: **~ about, ~ around**) hacer el payaso

club [klʌb] n (society) club m; (weapon) porra, cachiporra; (also: **golf ~**) palo ⊳ vt aporrear ⊳ vi: **to ~ together** (join forces) unir fuerzas; **clubs** npl (Cards) tréboles mpl; **club class** n (Aviat) clase f preferente

clue [klu:] n pista; (in crosswords) indicación f; **I haven't a ~** no tengo ni idea

clump [klʌmp] n (of trees) grupo

clumsy ['klʌmzɪ] adj (person) torpe; (tool) difícil de manejar

clung [klʌŋ] pt, pp of **cling**

cluster ['klʌstə'] n grupo ⊳ vi agruparse, apiñarse

clutch [klʌtʃ] n (Aut) embrague m; **to fall into sb's ~es** caer en las garras de algn ⊳ vt agarrar

cm abbr (= centimetre) cm

Co. abbr = **county; company**

c/o abbr (= care of) c/a, a/c

coach [kəʊtʃ] n autocar m (SP), autobús m; (horse-drawn) coche m;

(of train) vagón m, coche m; (Sport) entrenador(a) m/f, instructor(a) m/f ▷ vt (Sport) entrenar; (student) preparar, enseñar; **coach station** n (BRIT) estación f de autobuses etc; **coach trip** n excursión f en autocar

coal [kəul] n carbón m

coalition [kəuə'lɪʃən] n coalición f

coarse [kɔ:s] adj basto, burdo; (vulgar) grosero, ordinario

coast [kəust] n costa, litoral m ▷ vi (Aut) ir en punto muerto; **coastal** adj costero; **coastguard** n guardacostas m inv; **coastline** n litoral m

coat [kəut] n abrigo; (of animal) piel f, pelaje, lana; (of paint) mano f, capa ▷ vt cubrir, revestir; **coat hanger** n percha, gancho (LAM); **coating** n capa, baño

coax [kəuks] vt engatusar

cob [kɔb] n see **corn**

cobbled [ˈkɔbld] adj: ~ **street** calle f empedrada, calle f adoquinada

cobweb [ˈkɔbweb] n telaraña

cocaine [kəˈkeɪn] n cocaína

cock [kɔk] n (rooster) gallo; (male bird) macho ▷ vt (gun) amartillar; **cockerel** n gallito

cockney [ˈkɔknɪ] n habitante de ciertos barrios de Londres

cockpit [ˈkɔkpɪt] n cabina

cockroach [ˈkɔkrəutʃ] n cucaracha

cocktail [ˈkɔkteɪl] n cóctel m

cocoa [ˈkəukəu] n cacao; (drink) chocolate m

coconut [ˈkəukənʌt] n coco

COD abbr = **cash on delivery**; (US: = collect on delivery) C.A.E.

cod [kɔd] n bacalao

code [kəud] n código; (cipher) clave f; (Tel) prefijo

coeducational [kəuedju'keɪʃənl] adj mixto

coffee [ˈkɔfɪ] n café m; **coffee bar** n (BRIT) cafetería; **coffee bean** n grano de café; **coffee break** n descanso (para tomar café); **coffee maker** n máquina de hacer café, cafetera;

coffeepot n cafetera; **coffee shop** n café m; **coffee table** n mesita baja

coffin [ˈkɔfɪn] n ataúd m

cog [kɔg] n diente m

cognac [ˈkɔnjæk] n coñac m

coherent [kəuˈhɪərənt] adj coherente

coil [kɔɪl] n rollo; (Aut, Elec) bobina, carrete m; (contraceptive) DIU m ▷ vt enrollar

coin [kɔɪn] n moneda ▷ vt (word) inventar, acuñar

coincide [kəuɪn'saɪd] vi coincidir; **coincidence** [kəuˈɪnsɪdəns] n casualidad f

Coke® [kəuk] n Coca Cola® f

coke [kəuk] n (coal) coque m

colander [ˈkɔləndə*] n escurridor m

cold [kəuld] adj frío ▷ n frío; (Med) resfriado; **it's** ~ hace frío; **to be** ~ tener frío; **to catch a** ~ resfriarse, acatarrarse; **in** ~ **blood** a sangre fría; **cold sore** n herpes m labial

coleslaw [ˈkəulslɔ:] n ensalada de col con zanahoria

colic [ˈkɔlɪk] n cólico

collaborate [kəˈlæbəreɪt] vi colaborar

collapse [kəˈlæps] vi hundirse, derrumbarse; (Med) sufrir un colapso ▷ n hundimiento, derrumbamiento; (Med) colapso

collar [ˈkɔlə*] n (of coat, shirt) cuello; (for dog) collar m; **collarbone** n clavícula

colleague [ˈkɔli:g] n colega m/f; (at work) compañero/a m/f

collect [kəˈlekt] vt reunir; (as a hobby) coleccionar; (BRIT: call and pick up) recoger; (debts) recaudar; (donations, subscriptions) colectar ▷ vi (crowd) reunirse ▷ adv (US Tel): **to call** ~ llamar a cobro revertido; **collection** n colección f; (of post) recogida;

collective adj colectivo; **collector** n coleccionista m/f

college [ˈkɔlɪdʒ] n colegio; (of technology, agriculture etc) escuela

collide [kə'laɪd] vi chocar
collision [kə'lɪʒən] n choque m
cologne [kə'ləun] n (also: eau de ~)
(agua de) colonia
Colombia [kə'lɒmbɪə] n Colombia;
Colombian adj, n colombiano/a
colon ['kəulən] n (sign) dos puntos;
(Med) colon m
colonel ['kɜːnl] n coronel m
colonial [kə'ləunɪəl] adj colonial
colony ['kɒlənɪ] n colonia
colour, (us) color [kʌlə'] n color
m ▷ vt colorear; (dye) teñir; (fig:
account) adornar; (: judgement)
distorsionar ▷ vi (blush) sonrojarse;
colour in vt colorear; colour-blind
adj daltónico; coloured adj de color;
(photo) en color; (infl: of race) de color;
colour film n película en color;
colourful adj lleno de color; (person)
pintoresco; colouring n colorido,
color; (substance) colorante m; colour
television n televisión f en color
column ['kɒləm] n columna
coma ['kəumə] n coma m
comb [kəum] n peine m; (ornamental)
peineta f ▷ vt (hair) peinar; (area)
registrar a fondo
combat ['kɒmbæt] n combate m ▷ vt
combatir
combination [kɒmbɪ'neɪʃən] n
combinación f
combine [kəm'baɪn] vt combinar;
(qualities) reunir ▷ vi combinarse ▷ n
['kɒmbaɪn] (Econ) cartel m

KEYWORD

come [kʌm] (pt came, pp come) vi 1
(movement towards) venir; to come
running venir corriendo
2 (arrive) llegar; he's come here to
work ha venido aquí para trabajar; to
come home volver a casa
3 (reach): to come to llegar a; the
bill came to £40 la cuenta ascendía a
cuarenta libras
4 (occur): an idea came to me se me

ocurrió una idea
5 (be, become): to come loose/
undone etc aflojarse/desabrocharse,
desatarse etc; I've come to like him
por fin ha llegado a gustarme
come across vt fus (person)
encontrarse con; (thing) encontrar
come along vi (BRIT: progress) ir
come back vi (return) volver
come down vi (price) bajar; (building:
be demolished) ser derribado
come from vt fus (place, source) ser de
come in vi (visitor) entrar; (train,
report) llegar; (fashion) ponerse de
moda; (on deal etc) entrar
come off vi (button) soltarse,
desprenderse; (attempt) salir bien
come on vi (pupil, work, project)
marchar; (lights) encenderse;
(electricity) volver; come on! ¡vamos!
come out vi (fact) salir a la luz; (book,
sun) salir; (stain) quitarse
come round vi (after faint, operation)
volver en sí
come to vi (wake) volver en sí
come up vi (sun) salir; (problem) surgir;
(event) aproximarse; (in conversation)
mencionarse
come up with vt fus (idea) sugerir;
(money) conseguir

comeback ['kʌmbæk] n: to make a
~ (Theat) volver a las tablas
comedian [kə'miːdɪən] n humorista
mf
comedy ['kɒmɪdɪ] n comedia
comet ['kɒmɪt] n cometa m
comfort ['kʌmfət] n bienestar
m; (relief) alivio m ▷ vt consolar;
comfortable adj cómodo; (income)
adecuado; comfort station n (us)
servicios mpl
comic ['kɒmɪk] adj (also: ~al) cómico
▷ n (comedian) cómico; (magazine)
tebeo; (for adults) cómic m; comic
book n libro m de cómics; comic
strip n tira cómica
comma ['kɒmə] n coma f

command [kə'mɑːnd] n orden f, mandato; (Mil: authority) mando; (mastery) dominio ▷ vt (troops) mandar; (give orders to) mandar, ordenar; **commander** n (Mil) comandante mf, jefe/a m/f

commemorate [kə'meməreɪt] vt conmemorar

commence [kə'mens] vt, vi comenzar; **commencement** n (US) (Univ) (ceremonia de) graduación f

commend [kə'mend] vt elogiar, alabar; (recommend) recomendar

comment ['kɒment] n comentario ▷ vi: **to ~ (on)** hacer comentarios (sobre); **"no ~"** (written) "sin comentarios"; (spoken) "no tengo nada que decir"; **commentary** n comentario; **commentator** n comentarista mf

commerce ['kɒmɜːs] n comercio

commercial [kə'mɜːʃəl] adj comercial ▷ n (TV) anuncio; **commercial break** n intermedio para publicidad

commission [kə'mɪʃən] n (committee, fee, order for work of art etc) comisión f ▷ vt (work of art) encargar; **out of ~** fuera de servicio; **commissioner** n (Police) comisario m de policía

commit [kə'mɪt] vt (act) cometer; (resources) dedicar; (to sb's care) entregar; **to ~ o.s. (to do)** comprometerse (a hacer); **to ~ suicide** suicidarse; **commitment** n compromiso

committee [kə'mɪtɪ] n comité m

commodity [kə'mɒdɪtɪ] n mercancía

common ['kɒmən] adj común; (pej) ordinario ▷ n campo común; **commonly** adv comúnmente; **commonplace** adj corriente; **Commons** npl (BRIT Pol): **the Commons** (la Cámara de) los Comunes; **common sense** n sentido común; **Commonwealth** n: **the Commonwealth** la Commonwealth

communal ['kɒmjuːnl] adj comunal; (kitchen) común

commune n ['kɒmjuːn] n (group) comuna ▷ vi [kə'mjuːn]: **to ~ with** comunicarse con

communicate [kə'mjuːnɪkeɪt] vt comunicar ▷ vi: **to ~ (with)** comunicarse (con); (in writing) estar en contacto (con)

communication [kəmjuːnɪ'keɪʃən] n comunicación f

communion [kə'mjuːnɪən] n (also: **Holy C~**) comunión f

communism ['kɒmjunɪzəm] n comunismo; **communist** adj, n comunista mf

community [kə'mjuːnɪtɪ] n comunidad f; (large group) colectividad f; **community centre** n centro social; **community service** n trabajo m comunitario (prestado en lugar de cumplir una pena de prisión)

commute [kə'mjuːt] vi viajar a diario de casa al trabajo ▷ vt conmutar; **commuter** n persona que viaja a diario de casa al trabajo

compact [kəm'pækt] adj compacto ▷ n ['kɒmpækt] (also: **powder ~**) polvera; **compact disc** n compact disc m; **compact disc player** n lector m or reproductor m de discos compactos

companion [kəm'pænɪən] n compañero/a

company ['kʌmpənɪ] n compañía; (Comm) empresa, compañía; **to keep sb ~** acompañar a algn; **company car** n coche m de la empresa; **company director** n director(a) m/f de empresa

comparable ['kɒmpərəbl] adj comparable

comparative [kəm'pærətɪv] adj relativo; (study, linguistics) comparado; **comparatively** adv (relatively) relativamente

compare [kəm'pɛəʳ] vt comparar ▷ vi: **to ~ (with)** poder compararse (con); **~d with** or **to** comparado con or a; **comparison** [kəm'pærɪsn] n comparación f

compartment [kəm'pɑːtmənt] n compartim(i)ento

compass ['kʌmpəs] n brújula; **compasses** npl compás m

compassion [kəm'pæʃən] n compasión f

compatible [kəm'pætɪbl] adj compatible

compel [kəm'pel] vt obligar; **compelling** adj (fig: argument) convincente

compensate ['kɒmpənseɪt] vt compensar ▷ vi: **to ~ for** compensar; **compensation** n (for loss) indemnización f

compete [kəm'piːt] vi (take part) competir; (vie with) competir, hacer la competencia

competent ['kɒmpɪtənt] adj competente, capaz

competition [kɒmpɪ'tɪʃən] n (contest) concurso; (rivalry) competencia

competitive [kəm'petɪtɪv] adj (Econ, Sport) competitivo

competitor [kəm'petɪtəʳ] n (rival) competidor(a) m/f; (participant) concursante mf

complacent [kəm'pleɪsənt] adj autocomplaciente

complain [kəm'pleɪn] vi quejarse; (Comm) reclamar; **complaint** n queja; (Comm) reclamación f; (Med) enfermedad f

complement ['kɒmplɪmənt] n complemento; (esp ship's crew) dotación f ▷ vt ['kɒmplɪment] (enhance) complementar; **complementary** [kɒmplɪ'mentərɪ] adj complementario

complete [kəm'pliːt] adj (full) completo; (finished) acabado ▷ vt (fulfil) completar; (finish) acabar; (a form) rellenar; **completely** adv completamente; **completion** n

terminación f; **on completion of contract** cuando se realice el contrato

complex ['kɒmpleks] n complejo

complexion [kəm'plekʃən] n (of face) tez f, cutis m

compliance [kəm'plaɪəns] n (submission) sumisión f; (agreement) conformidad f; **in ~ with** de acuerdo con

complicate ['kɒmplɪkeɪt] vt complicar; **complicated** adj complicado; **complication** [kɒmplɪ'keɪʃən] n complicación f

compliment ['kɒmplɪmənt] n (formal) cumplido ▷ vt felicitar; **complimentary** [kɒmplɪ'mentərɪ] adj elogioso; (copy) de regalo

comply [kəm'plaɪ] vi: **to ~ with** acatar

component [kəm'pəʊnənt] adj componente ▷ n (Tech) pieza

compose [kəm'pəʊz] vt componer; **to be ~d of** componerse de; **to ~ o.s.** tranquilizarse; **composer** n (Mus) compositor(a) m/f; **composition** [kɒmpə'zɪʃən] n composición f

composure [kəm'pəʊʒəʳ] n serenidad f, calma

compound ['kɒmpaʊnd] n (Chem) compuesto; (Ling) término compuesto; (enclosure) recinto ▷ adj compuesto; (fracture) complicado

comprehension [kɒmprɪ'henʃən] n comprensión f

comprehensive [kɒmprɪ'hensɪv] adj (broad) exhaustivo; **~ (school)** n centro estatal de enseñanza secundaria ≈ Instituto Nacional de Bachillerato (sp)

compress [kəm'pres] vt comprimir; (Comput) comprimir ▷ n ['kɒmpres] (Med) compresa

comprise [kəm'praɪz] vt (also: **be ~d of**) comprender, constar de

compromise ['kɒmprəmaɪz] n (agreement) arreglo ▷ vt comprometer ▷ vi transigir

compulsive [kəm'pʌlsɪv] adj compulsivo; (viewing, reading) obligado

compulsory [kəm'pʌlsərɪ] *adj* obligatorio

computer [kəm'pju:tə⁻] *n* ordenador *m*, computador *m*, computadora; **computer game** *n* juego de ordenador; **computerize** *vt* (*data*) computerizar; (*system*) informatizar; **computer programmer** *n* programador(a) *m/f*; **computer programming** *n* programación *f*; **computer science** *n* informática; **computer studies** *npl* informática *fsg*, computación *fsg* (LAM); **computing** [kəm'pju:tɪŋ] *n* (*activity*) informática

con [kɔn] *n* estafa *f* ▷ *vt* estafar; **to ~ sb into doing sth** (*inf*) engañar a algn para que haga algo

conceal [kən'si:l] *vt* ocultar

concede [kən'si:d] *vt* (*point, argument*) reconocer; (*territory*) ceder; **to ~ (defeat)** darse por vencido; **to ~ that** admitir que

conceited [kən'si:tɪd] *adj* orgulloso

conceive [kən'si:v] *vt, vi* concebir

concentrate ['kɔnsəntreɪt] *vi* concentrarse ▷ *vt* concentrar

concentration [kɔnsən'treɪʃən] *n* concentración *f*

concept ['kɔnsɛpt] *n* concepto

concern [kən'sə:n] *n* (*matter*) asunto; (*Comm*) empresa; (*anxiety*) preocupación *f* ▷ *vt* (*worry*) preocupar; (*involve*) afectar; (*relate to*) tener que ver con; **to be ~ed (about)** interesarse (por), preocuparse (por); **concerning** *prep* sobre, acerca de

concert ['kɔnsət] *n* concierto; **concert hall** *n* sala de conciertos

concerto [kən'tʃə:təu] *n* concierto

concession [kən'sɛʃən] *n* concesión *f*; **tax ~** privilegio fiscal

concise [kən'saɪs] *adj* conciso

conclude [kən'klu:d] *vt* concluir; (*treaty etc*) firmar; (*agreement*) llegar a; (*decide*): **to ~ that ...** llegar a la conclusión de que ...; **conclusion** [kən'klu:ʒən] *n* conclusión *f*

concrete ['kɔnkri:t] *n* hormigón *m* ▷ *adj* de hormigón; (*fig*) concreto

concussion [kən'kʌʃən] *n* conmoción *f* cerebral

condemn [kən'dɛm] *vt* condenar; (*building*) declarar en ruina

condensation [kɔndɛn'seɪʃən] *n* condensación *f*

condense [kən'dɛns] *vi* condensarse ▷ *vt* condensar; (*text*) abreviar

condition [kən'dɪʃən] *n* condición *f*; (*of health*) estado; (*disease*) enfermedad *f* ▷ *vt* condicionar; **on ~ that** a condición (de) que; **conditional** *adj* condicional; **conditioner** *n* suavizante *m*

condo ['kɔndəu] *n abbr* (*us inf*): **= condominium**

condom ['kɔndəm] *n* condón *m*

condominium [kɔndə'mɪnɪəm] *n* (*us: building*) bloque *m* de pisos o apartamentos (*propiedad de quienes lo habitan*), condominio (LAM); (*: apartment*) piso or apartamento (en propiedad), condominio (LAM)

condone [kən'dəun] *vt* condonar

conduct ['kɔndʌkt] *n* conducta, comportamiento ▷ *vt* [kən'dʌkt] (*lead*) conducir; (*manage*) llevar, dirigir; (*Mus*) dirigir; **to ~ o.s.** comportarse; **conducted tour** *n* (*BRIT*) visita con guía; **conductor** *n* (*of orchestra*) director(a) *m/f*; (*us: on train*) revisor(a) *m/f*; (*on bus*) cobrador *m*; (*Elec*) conductor *m*

cone [kəun] *n* cono; (*pine cone*) piña; (*for ice cream*) cucurucho

confectionery [kən'fɛkʃənrɪ] *n* dulces *mpl*

confer [kən'fə:⁻] *vt*: **to ~ (on)** otorgar (a) ▷ *vi* conferenciar

conference ['kɔnfərns] *n* (*meeting*) reunión *f*; (*convention*) congreso

confess [kən'fɛs] *vt* confesar ▷ *vi* confesar; **confession** *n* confesión *f*

confide [kən'faɪd] *vi*: **to ~ in** confiar en

confidence ['kɒnfɪdns] n (also: self-~) confianza; (secret) confidencia; in ~ (speak, write) en confianza; confident adj seguro de sí mismo; confidential [kɒnfɪ'denʃəl] adj confidencial

confine [kən'faɪn] vt (limit) limitar; (shut up) encerrar; confined adj (space) reducido

confirm [kən'fɜːm] vt confirmar; confirmation [kɒnfə'meɪʃən] n confirmación f

confiscate ['kɒnfɪskeɪt] vt confiscar

conflict ['kɒnflɪkt] n conflicto ▷ vi [kən'flɪkt] (opinions) estar reñido

conform [kən'fɔːm] vi: to ~ to ajustarse a

confront [kən'frʌnt] vt (problems) hacer frente a; (enemy, danger) enfrentarse con; confrontation [kɒnfrən'teɪʃən] n enfrentamiento

confuse [kən'fjuːz] vt (perplex) desconcertar; (mix up) confundir; (complicate) complicar; confused adj confuso; (person) desconcertado; confusing adj confuso; confusion n confusión f

congestion [kən'dʒestʃən] n congestión f

congratulate [kən'grætjuleɪt] vt felicitar; congratulations [kəngrætjuˈleɪʃənz] npl: congratulations (on) felicitaciones fpl (por); congratulations! ¡enhorabuena!

congregation [kɒŋgrɪ'geɪʃən] n (in church) fieles mpl

congress ['kɒŋgres] n congreso; (US Pol) C~ el Congreso (de los Estados Unidos); congressman n (US) miembro del Congreso; congresswoman n (US) diputada, miembro del Congreso

conifer ['kɒnɪfə'] n conífera

conjugate ['kɒndʒugeɪt] vt conjugar

conjugation [kɒndʒə'geɪʃən] n conjugación f

conjunction [kən'dʒʌŋkʃən] n conjunción f; in ~ with junto con

conjure ['kʌndʒə'] vi hacer juegos de manos

connect [kə'nekt] vt juntar, unir; (Elec) conectar; (fig) relacionar, asociar ▷ vi: to ~ with (train) enlazar con; to be ~ed with (associated) estar relacionado con; I am trying to ~ you (Tel) estoy intentando ponerle al habla; connecting flight n vuelo m de enlace; connection n juntura, unión f; (Elec) conexión f; (Rail) enlace m; (Tel) comunicación f; (fig) relación f

conquer ['kɒŋkə'] vt (territory) conquistar; (enemy, feelings) vencer

conquest ['kɒŋkwest] n conquista

cons [kɒnz] npl see mod cons; pro

conscience ['kɒnʃəns] n conciencia

conscientious [kɒnʃɪ'enʃəs] adj concienzudo; (objection) de conciencia

conscious ['kɒnʃəs] adj consciente; (deliberate: insult, error) premeditado, intencional; consciousness n conciencia; (Med) conocimiento

consecutive [kən'sekjutɪv] adj consecutivo; on 3 ~ occasions en 3 ocasiones consecutivas

consensus [kən'sensəs] n consenso

consent [kən'sent] n consentimiento ▷ vi: to ~ to consentir en

consequence ['kɒnsɪkwəns] n consecuencia

consequently ['kɒnsɪkwəntlɪ] adv por consiguiente

conservation [kɒnsə'veɪʃən] n conservación f

conservative [kən'sɜːvətɪv] adj, n conservador(a); (cautious) moderado; C~ adj (BRIT Pol) conservador(a) m/f

conservatory [kən'sɜːvətrɪ] n (greenhouse) invernadero

consider [kən'sɪdə'] vt considerar; (take into account) tener en cuenta; (study) estudiar, examinar; to ~ doing sth pensar en (la posibilidad de) hacer algo; considerable adj considerable; considerably adv bastante,

considerablemente; **considerate**
adj considerado; **consideration**
[kənsɪdə'reɪʃən] *n* consideración *f*;
to be under consideration estar
estudiándose; **considering** *prep*:
considering (that) teniendo en
cuenta (que)

consignment [kən'saɪnmənt] *n*
envío

consist [kən'sɪst] *vi*: **to ~ of**
consistir en

consistency [kən'sɪstənsɪ] *n* (*of
person etc*) consecuencia, coherencia;
(*thickness*) consistencia

consistent [kən'sɪstənt] *adj*
(*person, argument*) consecuente,
coherente

consolation [kɒnsə'leɪʃən] *n*
consuelo

console [kən'səul] *vt* consolar ▷ *n*
['kɒnsəul] consola

consonant ['kɒnsənənt] *n*
consonante *f*

conspicuous [kən'spɪkjuəs] *adj*
(*visible*) visible

conspiracy [kən'spɪrəsɪ] *n* conjura,
complot *m*

constable ['kʌnstəbl] *n* (*BRIT*)
agente *mf* (de policía); **chief ~** ≈ jefe
mf de policía

constant ['kɒnstənt] *adj* constante;
constantly *adv* constantemente

constipated ['kɒnstɪpeɪtəd] *adj*
estreñido

> Be careful not to translate
> *constipated* by the Spanish word
> *constipado*.

constipation [kɒnstɪ'peɪʃən] *n*
estreñimiento

constituency [kən'stɪtjuənsɪ]
n (*Pol*) distrito electoral; (*people*)
electorado

constitute ['kɒnstɪtjuːt] *vt*
constituir

constitution [kɒnstɪ'tjuːʃən] *n*
constitución *f*

constraint [kən'streɪnt] *n* (*force*)
fuerza; (*limit*) restricción *f*

construct [kən'strʌkt] *vt* construir;
construction *n* construcción *f*;
constructive *adj* constructivo

consul ['kɒnsl] *n* cónsul *mf*;
consulate ['kɒnsjulɪt] *n* consulado

consult [kən'sʌlt] *vt* consultar;
consultant *n* (*BRIT Med*) especialista
mf; (*other specialist*) asesor(a) *m/f*;
consultation *n* consulta; **consulting
room** *n* (*BRIT*) consultorio

consume [kən'sjuːm] *vt* (*eat*)
comerse; (*drink*) beberse; (*fire*)
consumir; (*Comm*) consumir;
consumer *n* consumidor(a) *m/f*

consumption [kən'sʌmpʃən] *n*
consumo

cont. *abbr* (= *continued*) sigue

contact ['kɒntækt] *n* contacto;
(*person: pej*) enchufe *m* ▷ *vt* ponerse en
contacto con; **~ lenses** *n pl* lentes *fpl*
de contacto

contagious [kən'teɪdʒəs] *adj*
contagioso

contain [kən'teɪn] *vt* contener;
to ~ o.s. contenerse; **container** *n*
recipiente *m*; (*for shipping etc*)
contenedor *m*

contaminate [kən'tæmɪneɪt] *vt*
contaminar

cont'd *abbr* (= *continued*) sigue

contemplate ['kɒntəmpleɪt] *vt*
contemplar; (*reflect upon*) considerar

contemporary [kən'tempərərɪ] *adj,
n* contemporáneo/a

contempt [kən'tempt] *n* desprecio;
~ of court (*Law*) desacato (a los
tribunales o a la justicia)

contend [kən'tend] *vt* (*argue*) afirmar
▷ *vi*: **to ~ with/for** luchar contra/por

content [kən'tent] *adj* (*happy*)
contento; (*satisfied*) satisfecho ▷ *vt*
contentar; satisfacer ▷ *n* ['kɒntent]
contenido; **contents** *npl* contenido
msg; (**table of**) **~s** índice *m* de
materias; **contented** *adj* contento;
satisfecho

contest ['kɒntest] *n* contienda;
(*competition*) concurso ▷ *vt* [kən'test]

(dispute) impugnar; (Pol: election, seat)
presentarse como candidato/a a

> Be careful not to translate contest
by the Spanish word contestar.

contestant [kən'testənt] n
concursante mf; (in fight)
contendiente mf

context ['kɒntekst] n contexto

continent ['kɒntɪnənt] n
continente m; the C- (BRIT) el
continente europeo; **continental**
adj continental; **continental
breakfast** n desayuno estilo europeo;
continental quilt n (BRIT) edredón m

continual [kən'tɪnjuəl] adj continuo;
continually adv continuamente

continue [kən'tɪnju:] vi, vt seguir,
continuar

continuity [kɒntɪ'njuːtɪ] n (also Cine)
continuidad f

continuous [kən'tɪnjuəs] adj
continuo; **continuous assessment**
n (BRIT) evaluación f continua;
continuously adv continuamente

contour ['kɒntʊə] n contorno; (also:
~ line) curva de nivel

contraception [kɒntrə'sepʃən] n
contracepción f

contraceptive [kɒntrə'septɪv] adj, n
anticonceptivo

contract [n 'kɒntrækt, vi, vt
kən'trækt] n contrato ▷ vi (Comm):
to ~ to do sth comprometerse por
contrato a hacer algo; (become smaller)
contraerse, encogerse ▷ vt contraer;
contractor n contratista mf

contradict [kɒntrə'dɪkt] vt
contradecir; **contradiction** n
contradicción f

contrary[1] ['kɒntrərɪ] adj contrario
▷ n lo contrario; **on the ~** al contrario;
unless you hear to the ~ a no ser que
le digan lo contrario

contrary[2] [kən'treərɪ] adj (perverse)
terco

contrast [n 'kɒntrɑːst] n contraste m
▷ vt [kən'trɑːst] contrastar; **in ~ to** or
with a diferencia de

contribute [kən'trɪbjuːt] vi
contribuir ▷ vt: **to ~ to** contribuir a;
(newspaper) colaborar en; (discussion)
intervenir en; **contribution** n (money)
contribución f; (to debate) intervención
f; (to journal) colaboración f;
contributor n (to newspaper)
colaborador(a) m/f

control [kən'trəul] vt controlar;
(traffic etc) dirigir; (machinery)
manejar; (temper) dominar; (disease,
fire) dominar, controlar ▷ n control
m; (of car) conducción f; (check) freno;
controls npl (of vehicle) instrumentos
mpl de mando; (of radio) controles
mpl; (governmental) medidas fpl de
control; **everything is under ~**
todo está bajo control; **to be in ~
of** estar al mando de; **the car went
out of ~** perdió el control del coche;
control tower n (Aviat) torre f de
control

controversial [kɒntrə'vəːʃl] adj
polémico

controversy ['kɒntrəvəːsɪ] n
polémica

convenience [kən'viːnɪəns] n
(comfort) comodidad f; (advantage)
ventaja; **at your earliest ~** (Comm)
tan pronto como le sea posible; **all
modern ~s** (BRIT) todo confort

convenient [kən'viːnɪənt] adj
(useful) útil; (place) conveniente; (time)
oportuno

convent ['kɒnvənt] n convento

convention [kən'venʃən] n
convención f; (meeting) asamblea;
conventional adj convencional

conversation [kɒnvə'seɪʃən] n
conversación f

conversely [kən'vəːslɪ] adv a la
inversa

conversion [kən'vəːʃən] n
conversión f

convert [kən'vəːt] vt (Rel, Comm)
convertir; (alter) transformar ▷ n
['kɒnvəːt] converso/a; **convertible**
adj convertible ▷ n descapotable m

convey [kən'veɪ] vt transportar; (thanks) comunicar; (idea) expresar; **conveyor belt** n cinta transportadora

convict [kən'vɪkt] vt (find guilty) declarar culpable a ▷ n ['kɒnvɪkt] presidiario/a; **conviction** [kən'vɪkʃən] n condena; (belief) convicción f

convince [kən'vɪns] vt convencer; **to ~ sb (of sth/that)** convencer a algn (de algo/de que); **convinced** adj: **convinced of/that** convencido de/de que; **convincing** adj convincente

convoy ['kɒnvɔɪ] n convoy m

cook [kʊk] vt (stew etc) guisar; (meal) preparar ▷ vi hacerse; (person) cocinar ▷ n cocinero/a; **cookbook** n libro de cocina; **cooker** n cocina; **cookery** n cocina; **cookery book** n (BRIT) = **cookbook**

cookie ['kʊkɪ] n (US) galleta; (Comput) cookie f

cooking ['kʊkɪŋ] n cocina

cool [kuːl] adj fresco; (not afraid) tranquilo; (unfriendly) frío ▷ vt enfriar ▷ vi enfriarse; **cool down** vi enfriarse; (fig: person, situation) calmarse; **cool off** vi (become calmer) calmarse, apaciguarse; (lose enthusiasm) perder (el) interés, enfriarse

cop [kɒp] n (inf) poli m

cope [kəʊp] vi: **to ~ with** (problem) hacer frente a

copper ['kɒpə²] n (metal) cobre m; (inf) poli m

copy ['kɒpɪ] n copia; (of book) ejemplar m ▷ vt (also Comput) copiar; **copyright** n derechos mpl de autor

coral ['kɒrəl] n coral m

cord [kɔːd] n cuerda; (Elec) cable m; (fabric) pana; **cords** npl (trousers) pantalones mpl de pana; **cordless** adj sin hilos

corduroy ['kɔːdərɔɪ] n pana

core [kɔː²] n centro, núcleo; (of fruit) corazón m; (of problem) meollo ▷ vt quitar el corazón de

coriander [kɒrɪ'ændə²] n culantro

cork [kɔːk] n corcho; (tree) alcornoque m; **corkscrew** n sacacorchos m inv

corn [kɔːn] n (BRIT: wheat) trigo; (US: maize) maíz m; (on foot) callo; **~ on the cob** (Culin) maíz en la mazorca

corned beef ['kɔːnd-] n carne f de vaca acecinada

corner ['kɔːnə²] n (outside) esquina; (inside) rincón m; (in road) curva; (Football) córner m ▷ vt (trap) arrinconar; (Comm) acaparar ▷ vi (in car) tomar las curvas; **corner shop** n (BRIT) tienda de la esquina

cornflakes ['kɔːnfleɪks] npl copos mpl de maíz, cornflakes mpl

cornflour ['kɔːnflaʊə²] n (BRIT) harina de maíz

cornstarch ['kɔːnstɑːtʃ] n (US) = **cornflour**

Cornwall ['kɔːnwəl] n Cornualles m

coronary ['kɒrənərɪ] n: **~ (thrombosis)** infarto

coronation [kɒrə'neɪʃən] n coronación f

coroner ['kɒrənə²] n juez mf de instrucción

corporal ['kɔːpərl] n cabo ▷ adj: **~ punishment** castigo corporal

corporate ['kɔːpərɪt] adj (action, ownership) colectivo; (finance, image) corporativo

corporation [kɔːpə'reɪʃən] n (of town) ayuntamiento; (Comm) corporación f

corps (pl **corps**) [kɔː², kɔːz] n cuerpo; **press ~** gabinete m de prensa

corpse [kɔːps] n cadáver m

correct [kə'rekt] adj correcto; (accurate) exacto ▷ vt corregir; **correction** n (act) corrección f; (instance) rectificación f

correspond [kɒrɪs'pɒnd] vi: **to ~ (with)** (write) escribirse (con); (be in accordance) corresponder (con); **to ~ (to)** (be equivalent to) corresponder (a); **correspondence** n correspondencia; **correspondent** n corresponsal mf; **corresponding** adj correspondiente

corridor ['kɒrɪdɔː'] n pasillo

corrode [kə'rəʊd] vt corroer ▷ vi corroerse

corrupt [kə'rʌpt] adj corrompido; (person) corrupto ▷ vt corromper; (Comput) degradar; **corruption** n corrupción f; (of data) alteración f

Corsica ['kɔːsɪkə] n Córcega

cosmetic [kɒz'metɪk] n cosmético; **cosmetic surgery** n cirugía f estética

cosmopolitan [kɒzmə'pɒlɪtn] adj cosmopolita

cost [kɒst] (pt, pp **cost**) n (price) precio ▷ vi costar, valer ▷ vt preparar el presupuesto de; **costs** npl (Law) costas fpl; **how much does it ~?** ¿cuánto cuesta?; **to ~ sb time/effort** costarle a algn tiempo/esfuerzo; **it ~ him his life** le costó la vida; **at all ~s** cueste lo que cueste

co-star ['kəʊstɑː'] n coprotagonista mf

Costa Rica ['kɒstə'riːkə] n Costa Rica; **Costa Rican** adj, n costarriqueño/a

costly ['kɒstlɪ] adj costoso

costume ['kɒstjuːm] n traje m; (BRIT: also: **swimming ~**) traje de baño

cosy, (US) **cozy** ['kəʊzɪ] adj cómodo; (room, atmosphere) acogedor/a

cot [kɒt] n (BRIT: child's) cuna; (US: folding bed) cama plegable

cottage ['kɒtɪdʒ] n casita de campo; **cottage cheese** n requesón m

cotton ['kɒtn] n algodón m; (thread) hilo; **cotton on** vi (inf): **to ~ on (to sth)** caer en la cuenta (de algo); **cotton bud** n (BRIT) bastoncillo m de algodón; **cotton candy** n (US) algodón m (azucarado); **cotton wool** n (BRIT) algodón m (hidrófilo)

couch [kautʃ] n sofá m; (in doctor's surgery) camilla; (psychiatrist's) diván m

cough [kɒf] vi toser ▷ n tos f; **cough mixture** n jarabe m para la tos

could [kud] pt of **can²**; **couldn't = could not**

council ['kaunsl] n consejo; **city** or **town ~** ayuntamiento, consejo municipal; **council estate** n (BRIT) barriada de viviendas sociales de alquiler; **council house** n (BRIT) vivienda social de alquiler; **councillor** n concejal mf; **council tax** n (BRIT) contribución f municipal (dependiente del valor de la vivienda)

counsel ['kaunsl] n (advice) consejo; (lawyer) abogado/a ▷ vt aconsejar; **counselling**, (US) **counseling** n (Psych) asistencia f psicológica; **counsellor**, (US) **counselor** n consejero/a, abogado/a

count [kaunt] vt contar; (include) incluir ▷ vi contar ▷ n cuenta; (of votes) escrutinio; (nobleman) conde m; **count in** (inf) vt: **to ~ sb in on sth** contar con algn para algo; **count on** vt fus contar con; **countdown** n cuenta atrás

counter ['kauntə'] n (in shop) mostrador m; (in games) ficha ▷ vt contrarrestar ▷ adv: **~ to** contrario a

counter-clockwise ['kauntə'klɒkwaɪz] adv en sentido contrario al de las agujas del reloj

counterfeit ['kauntəfɪt] n falsificación f ▷ vt falsificar ▷ adj falso, falsificado

counterpart ['kauntəpɑːt] n homólogo/a

countess ['kauntɪs] n condesa

countless ['kauntlɪs] adj innumerable

country ['kʌntrɪ] n país m; (native land) patria; (as opposed to town) campo; (region) región f, tierra; **country and western (music)** n música country; **country house** n casa de campo; **countryside** n campo

county ['kauntɪ] n condado

coup [kuː] (pl **coups**) n golpe m; (triumph) éxito; (also: **~ d'état**) golpe de estado

couple ['kʌpl] n (of things) par m; (of people) pareja; (married couple) matrimonio; **a ~ of** un par de

coupon ['ku:pɒn] n cupón m; (voucher) vale m

courage ['kʌrɪdʒ] n valor m, valentía f; **courageous** [kə'reɪdʒəs] adj valiente

courgette [kʊə'ʒet] n (BRIT) calabacín m

courier ['kʊrɪəʳ] n mensajero/a; (for tourists) guía mf (de turismo)

course [kɔ:s] n (direction) dirección f; (of river) curso; (Scol) curso; (of ship) rumbo; (Golf) campo; (part of meal) plato; **of ~** adv desde luego, naturalmente; **~ of ~!** ¡claro!; **~ of treatment** (Med) tratamiento

court [kɔ:t] n (royal) corte f; (Law) tribunal m, juzgado; (Tennis) pista, cancha (LAM) ▷ vt (woman) cortejar; **to take to ~** demandar

courtesy ['kɜ:təsɪ] n cortesía f; **by ~ of** (por) cortesía de; **courtesy bus, courtesy coach** n autobús m gratuito

court: courthouse n (US) palacio de justicia; **courtroom** n sala de justicia; **courtyard** n patio

cousin ['kʌzn] n primo/a; **first ~** primo-hermano m; **second ~** primo/a carnal

cover ['kʌvəʳ] vt cubrir; (with lid) tapar; (distance) cubrir, recorrer; (include) abarcar; (protect) abrigar; (journalist) investigar; (issues) tratar ▷ n cubierta; (lid) tapa; (for chair etc) funda; (envelope) sobre m; (of magazine) portada; (shelter) abrigo; (insurance) cobertura; **to take ~** (shelter) protegerse, resguardarse; **under ~** (indoors) bajo techo; **under ~ of darkness** al amparo de la oscuridad; **under separate ~** (Comm) por separado; **cover up** vi: **to ~ up for sb** encubrir a algn; **coverage** n (in media) cobertura informativa; **cover charge** n precio del cubierto; **cover-up** n encubrimiento

cow [kaʊ] n vaca ▷ vt intimidar

coward ['kaʊəd] n cobarde mf; **cowardly** adj cobarde

cowboy ['kaʊbɔɪ] n vaquero

cozy ['kəʊzɪ] adj (US) = **cosy**

crab [kræb] n cangrejo

crack [kræk] n grieta; (noise) crujido; (drug) crack m ▷ vt agrietar, romper; (nut) cascar; (whip etc) chasquear; (knuckles) crujir; (joke) contar ▷ adj (athlete) de primera clase; **crack down on** vt fus adoptar medidas severas contra; **cracked** adj (cup, window) rajado; (wall) resquebrajado; **cracker** n (biscuit) cráquer m; (Christmas cracker) petardo sorpresa

crackle ['krækl] vi crepitar

cradle ['kreɪdl] n cuna

craft [krɑ:ft] n (skill) arte m; (trade) oficio; (cunning) astucia; (boat) embarcación f; **craftsman** n artesano; **craftsmanship** n destreza

cram [kræm] vt (fill): **to ~ sth with** llenar algo a (reventar) de; (put): **to ~ sth into** meter algo a la fuerza en ▷ vi (for exams) empollar

cramp [kræmp] n (Med) calambre m; **cramped** adj apretado

cranberry ['krænbərɪ] n arándano agrio

crane [kreɪn] n (Tech) grúa; (bird) grulla

crap [kræp] n (inf!) mierda (!)

crash [kræʃ] n (noise) estrépito; (of cars, plane) accidente m; (of business) quiebra ▷ vt (plane) estrellar ▷ vi (plane) estrellarse; (two cars) chocar; **crash course** n curso acelerado; **crash helmet** n casco (protector)

crate [kreɪt] n cajón m de embalaje; (for bottles) caja

crave [kreɪv] vt, vi: **to ~ (for)** ansiar, anhelar

crawl [krɔ:l] vi (drag o.s.) arrastrarse; (child) andar a gatas, gatear; (vehicle) avanzar (lentamente) ▷ n (Swimming) crol m

crayfish ['kreɪfɪʃ] n (pl inv: freshwater) cangrejo (de río); (: saltwater) cigala

crayon ['kreɪən] n lápiz m de color

craze [kreɪz] n (fashion) moda

crazy ['kreɪzɪ] adj (person) loco; (idea) disparatado; **to be ~ about sb/sth** (inf) estar loco por algn/algo

creak [kriːk] vi crujir; (hinge etc) chirriar, rechinar

cream [kriːm] n (of milk) nata, crema; (lotion) crema; (fig) flor f y nata ▷ adj (colour) color n crema; **cream cheese** n queso blanco cremoso; **creamy** adj cremoso

crease [kriːs] n (fold) pliegue m; (in trousers) raya; (wrinkle) arruga ▷ vt (wrinkle) arrugar ▷ vi (wrinkle up) arrugarse

create [kriːˈeit] vt crear; **creation** n creación f; **creative** adj creativo; **creator** n creador(a) m/f

creature [ˈkriːtʃə*] n (animal) animal m; (insect) bicho; (person) criatura

crèche, creche [krɛʃ] n (BRIT) guardería (infantil)

credentials [krɪˈdɛnʃlz] npl referencias fpl

credibility [krɛdɪˈbɪlɪtɪ] n credibilidad f

credible [ˈkrɛdɪbl] adj creíble

credit [ˈkrɛdɪt] n crédito; (merit) honor m, mérito ▷ vt (Comm) abonar; (believe) creer, dar crédito a ▷ adj crediticio; **to be in ~** (person, bank account) tener saldo a favor; **to ~ sb with** (fig) reconocer a algn el mérito de; see also **credits; credit card** n tarjeta de crédito; **credit crunch** n crisis f crediticia

credits [ˈkrɛdɪts] npl (Cine) títulos mpl or rótulos mpl de crédito, ficha técnica

creek [kriːk] n cala, ensenada; (us) riachuelo

creep (pt, pp **crept**) [kriːp, krɛpt] vi (animal) deslizarse

cremate [krɪˈmeit] vt incinerar

crematorium [krɛməˈtɔːrɪəm] (pl **crematoria**) n crematorio

crept [krɛpt] pt, pp of **creep**

crescent [ˈkrɛsnt] n media luna; (street) calle f (en forma de semicírculo)

cress [krɛs] n berro

crest [krɛst] n (of bird) cresta; (of hill) cima, cumbre f; (of coat of arms) blasón m

crew [kruː] n (of ship etc) tripulación f; (Cine etc) equipo; **crew-neck** n cuello a la caja

crib [krɪb] n cuna ▷ vt (inf) plagiar

cricket [ˈkrɪkɪt] n (insect) grillo; (game) críquet m; **cricketer** n jugador(a) m/f de críquet

crime [kraim] n crimen m; (less serious) delito; **criminal** [ˈkrɪmɪnl] n criminal mf, delincuente mf ▷ adj criminal; (law) penal

crimson [ˈkrɪmzn] adj carmesí

cringe [krɪndʒ] vi encogerse

cripple [ˈkrɪpl] n (inf) lisiado/a, cojo/a ▷ vt lisiar, mutilar

crisis [ˈkraisɪs] (pl **crises**) n crisis f

crisp [krɪsp] adj fresco; (toast, snow) crujiente; (manner) seco; **crispy** adj crujiente

criterion [kraiˈtiːriən] (pl **criteria**) n criterio

critic [ˈkrɪtɪk] n crítico/a; **critical** adj crítico; (illness) grave; **criticism** [ˈkrɪtɪsɪzm] n crítica; **criticize** [ˈkrɪtɪsaiz] vt criticar

Croat [ˈkrəuæt] adj, n = **Croatian**

Croatia [krəuˈeiʃə] n Croacia; **Croatian** adj, n croata mf ▷ n (Ling) croata m

crockery [ˈkrɔkəri] n loza, vajilla

crocodile [ˈkrɔkədail] n cocodrilo

crocus [ˈkrəukəs] n crocus m, croco

croissant [ˈkrwasã] n croissant m, medialuna (esp LAM)

crook [kruk] n ladrón/ona m/f; (of shepherd) cayado; **crooked** [ˈkrukid] adj torcido; (inf) corrupto

crop [krɔp] n (produce) cultivo; (amount produced) cosecha; (riding crop) látigo de montar ▷ vt cortar, recortar; **crop up** vi surgir, presentarse

cross [krɔs] n cruz f ▷ vt (street etc) cruzar, atravesar ▷ adj de mal humor, enojado; **cross off** vt tachar; **cross out** vt tachar; **cross over** vi cruzar; **cross-Channel ferry** n transbordador m que cruza el Canal de la Mancha; **cross-country (race)**

n carrera a campo traviesa, cross *m*; **crossing** *n* (*sea passage*) travesía; (*also*: **pedestrian crossing**) paso de peatones; **crossing guard** *n* (*us*) persona encargada de ayudar a los niños a cruzar la calle; **crossroads** *nsg* cruce *m*; (*fig*) encrucijada; **crosswalk** *n* (*us*) paso de peatones; **crossword** *n* crucigrama *m*

crotch [krɒtʃ] *n* (*of garment*) entrepierna

crouch [krautʃ] *vi* agacharse, acurrucarse

crouton ['kru:tɒn] *n* cubito de pan frito

crow [krəu] *n* (*bird*) cuervo; (*of cock*) canto, cacareo ▷ *vi* (*cock*) cantar

crowd [kraud] *n* muchedumbre *f* ▷ *vt* (*gather*) amontonar; (*fill*) llenar ▷ *vi* (*gather*) reunirse; (*pile up*) amontonarse; **crowded** *adj* (*full*) atestado; (*densely populated*) superpoblado

crown [kraun] *n* corona; (*of head*) coronilla; (*of hill*) cumbre *f*; (*for tooth*) funda ▷ *vt* coronar; **and to ~ it all ...** (*fig*) y para colmo o remate ...; **crown jewels** *npl* joyas *fpl* reales

crucial ['kru:ʃl] *adj* decisivo

crucifix ['kru:sifiks] *n* crucifijo

crude [kru:d] *adj* (*materials*) bruto; (*basic*) tosco; (*vulgar*) ordinario ▷ *n* (*also*: **~ oil**) (petróleo) crudo

cruel [kruəl] *adj* cruel; **cruelty** *n* crueldad *f*

cruise [kru:z] *n* crucero ▷ *vi* (*ship*) navegar; (*car*) ir a velocidad constante

crumb [krʌm] *n* miga, migaja

crumble ['krʌmbl] *vt* desmenuzar ▷ *vi* (*building*) desmoronarse

crumpet ['krʌmpɪt] *n* ≈ bollo para tostar

crumple ['krʌmpl] *vt* (*paper*) estrujar; (*material*) arrugar

crunch [krʌntʃ] *vt* (*with teeth*) mascar; (*underfoot*) hacer crujir ▷ *n* (*fig*) hora de la verdad; **crunchy** *adj* crujiente

crush [krʌʃ] *n* (*crowd*) aglomeración *f* ▷ *vt* aplastar; (*paper*) estrujar; (*cloth*)

arrugar; (*fruit*) exprimir; (*opposition*) aplastar; (*hopes*) destruir; **to have a ~ on sb** estar enamorado de algn

crust [krʌst] *n* corteza; **crusty** *adj* (*bread*) crujiente; (*person*) de mal carácter

crutch [krʌtʃ] *n* muleta

cry [kraɪ] *vi* llorar; (*shout: also*: **~ out**) gritar ▷ *n* grito; (*of animal*) aullido; **cry out** *vi* (*call out, shout*) lanzar un grito, echar un grito ▷ *vt* gritar

crystal ['krɪstl] *n* cristal *m*

cub [kʌb] *n* cachorro; (*also*: **~ scout**) niño explorador

Cuba ['kju:bə] *n* Cuba; **Cuban** *adj, n* cubano/a

cube [kju:b] *n* cubo ▷ *vt* (*Math*) elevar al cubo

cubicle ['kju:bɪkl] *n* (*at pool*) caseta; (*for bed*) cubículo

cuckoo ['kuku:] *n* cuco

cucumber ['kju:kʌmbə'] *n* pepino

cuddle ['kʌdl] *vt* abrazar ▷ *vi* abrazarse

cue [kju:] *n* (*snooker cue*) taco; (*Theat etc*) entrada

cuff [kʌf] *n* (*of shirt, coat etc*) puño; (*us*: *of trousers*) vuelta; (*blow*) bofetada; **off the ~** *adv* improvisado; **cufflinks** *npl* gemelos *mpl*

cuisine [kwɪ'zi:n] *n* cocina

cul-de-sac ['kʌldəsæk] *n* callejón *m* sin salida

cull [kʌl] *vt* (*kill selectively: animals*) matar selectivamente ▷ *n* matanza selectiva

culminate ['kʌlmɪneɪt] *vi*: **to ~ in** culminar en

culprit ['kʌlprɪt] *n* culpable *mf*

cult [kʌlt] *n* culto

cultivate ['kʌltɪveɪt] *vt* (*also fig*) cultivar

cultural ['kʌltʃərəl] *adj* cultural

culture ['kʌltʃə'] *n* (*also fig*) cultura; (*Biol*) cultivo

cumin ['kʌmɪn] *n* (*spice*) comino

cunning ['kʌnɪŋ] *n* astucia ▷ *adj* astuto

cup [kʌp] n taza; (*prize, event*) copa

cupboard ['kʌbəd] n armario; (*in kitchen*) alacena

cup final n (*Football*) final f de copa

curator [kjuə'reitəʳ] n director(a) m/f

curb [kɜːb] vt refrenar ▷ n freno; (*us*) bordillo

curdle ['kɜːdl] vi cuajarse

cure [kjuəʳ] vt curar ▷ n cura, curación f; (*fig: solution*) remedio

curfew ['kɜːfjuː] n toque m de queda

curiosity [kjuəri'ɒsiti] n curiosidad f

curious ['kjuəriəs] adj curioso; **I'm ~ about him** me intriga

curl [kɜːl] n rizo ▷ vt (*hair*) rizar ▷ vi rizarse; **curl up** vi (*person*) hacerse un ovillo; **curler** n bigudí m, rulo; **curly** adj rizado

currant ['kʌrnt] n pasa; (*black, red*) grosella

currency ['kʌrnsi] n moneda; **to gain ~** (*fig*) difundirse

current ['kʌrnt] n corriente f ▷ adj actual; **in ~ use** de uso corriente; **current account** n (*BRIT*) cuenta corriente; **current affairs** npl (*noticias fpl de*) actualidad f; **currently** adv actualmente

curriculum [kə'rikjuləm] (*pl* **curriculums** *or* **curricula**) n plan m de estudios; **curriculum vitae** [-'viːtai] n currículum m (*vitae*)

curry ['kʌri] n curry m ▷ vt: **to ~ favour with** buscar el favor de; **curry powder** n curry m en polvo

curse [kɜːs] vi echar pestes, soltar palabrotas ▷ vt maldecir ▷ n maldición f; (*swearword*) palabrota, taco

cursor ['kɜːsəʳ] n (*Comput*) cursor m

curt [kɜːt] adj seco

curtain ['kɜːtn] n cortina; (*Theat*) telón m; **to draw the ~s** (*together*) cerrar las cortinas; (*apart*) abrir las cortinas

curve [kɜːv] n curva ▷ vi (*road*) hacer una curva; (*line etc*) curvarse; **curved** adj curvo

cushion ['kuʃən] n cojín m; (*Snooker*) banda ▷ vt (*shock*) amortiguar

custard ['kʌstəd] n natillas fpl

custody ['kʌstədi] n custodia; **to take sb into ~** detener a algn

custom ['kʌstəm] n costumbre f; (*Comm*) clientela

customer ['kʌstəməʳ] n cliente mf

customized ['kʌstəmaizd] adj (*car etc*) hecho a encargo

customs ['kʌstəmz] npl aduana sg; **customs officer** n aduanero/a

cut [kʌt] (*pt, pp* **cut**) vt cortar; (*price*) rebajar; (*reduce*) reducir ▷ vi cortar ▷ n corte m; (*in skin*) cortadura; (*in salary etc*) rebaja; (*in spending*) reducción f, recorte m; (*slice of meat*) tajada; **to ~ and paste** (*Comput*) cortar y pegar; **cut back** vt (*plants*) podar; (*production, expenditure*) reducir; **cut down** vt (*tree*) derribar; (*consumption, expenses*) reducir; **cut off** vt cortar; (*fig*) aislar; **we've been ~ off** (*Tel*) nos han cortado la comunicación; **cut out** vt (*shape*) recortar; (*delete*) suprimir; **cut up** vt cortar (en pedazos); **cutback** n reducción f

cute [kjuːt] adj mono

cutlery ['kʌtləri] n cubiertos mpl

cutlet ['kʌtlit] n chuleta

cut-price ['kʌt'prais] adj a precio reducido

cutting ['kʌtiŋ] adj (*remark*) mordaz ▷ n (*BRIT: from newspaper*) recorte m; (*from plant*) esqueje m

CV n abbr = **curriculum vitae**

cyber attack ['saibərətæk] n ciberataque m

cyberbullying ['saibəbuliiŋ] n ciberacoso

cybercafé ['saibə,kæfei] n cibercafé m

cyberspace ['saibəspeis] n ciberespacio

cycle ['saikl] n ciclo; (*bicycle*) bicicleta ▷ vi ir en bicicleta; **cycle hire** n alquiler m de bicicletas; **cycle lane** n carril m bici; **cycle path**

carril-bici m; **cycling** n ciclismo;
cyclist n ciclista mf
cyclone ['saɪkləʊn] n ciclón m
cylinder ['sɪlɪndəʳ] n cilindro
cymbals ['sɪmblz] npl platillos mpl
cynical ['sɪnɪkl] adj cínico
Cypriot ['sɪprɪət] adj, n chipriota mf
Cyprus ['saɪprəs] n Chipre f
cyst [sɪst] n quiste m; **cystitis**
[sɪs'taɪtɪs] n cistitis f
czar [zɑːʳ] n zar m
Czech [tʃɛk] adj checo ▷ n checo/a;
the ~ Republic la República Checa

d

D, d [diː] n (Mus) re m
dab [dæb] vt: **to ~ ointment onto
a wound** aplicar pomada sobre una
herida; **to ~ with paint** dar unos
toques de pintura
dad [dæd], **daddy** ['dædɪ] n papá m
daffodil ['dæfədɪl] n narciso
daft [dɑːft] adj tonto
dagger ['dægəʳ] n puñal m, daga; **to
look ~s at sb** fulminar a algn con
la mirada
daily ['deɪlɪ] adj diario, cotidiano ▷ adv
todos los días, cada día
dairy ['dɛərɪ] n (shop) lechería; (on
farm) vaquería; **dairy produce** n
productos mpl lácteos
daisy ['deɪzɪ] n margarita
dam [dæm] n presa ▷ vt embalsar
damage ['dæmɪdʒ] n daño (fig)
perjuicio; (to machine) avería ▷ vt
dañar; perjudicar; averiar; **~ to
property** daños materiales;
damages npl (Law) daños y perjuicios

damn [dæm] vt condenar; (curse) maldecir ▷ n (inf): **I don't give a ~** me importa un pito ▷ adj (inf: also: **-ed**) maldito; **~ (it)!** ¡maldito sea!

damp [dæmp] adj húmedo, mojado ▷ n humedad f ▷ vt (also: **-en**: cloth, rag) mojar; (: enthusiasm) enfriar

dance [dɑːns] n baile m ▷ vi bailar; **dance floor** n pista f de baile; **dancer** n bailador(a) m/f; (professional) bailarín/ina m/f; **dancing** n baile m

dandelion ['dændɪlaɪən] n diente m de león

dandruff ['dændrəf] n caspa

D & T (BRIT Scol) n abbr (= design and technology) diseño y pretecnología

Dane [deɪn] n danés/esa m/f

danger ['deɪndʒəʳ] n peligro; (risk) riesgo; **~!** (on sign) ¡peligro!; **to be in ~ of** correr riesgo de; **dangerous** adj peligroso

dangle ['dæŋgl] vt colgar ▷ vi pender, estar colgado

Danish ['deɪnɪʃ] adj danés/esa ▷ n (Ling) danés m

dare [dɛəʳ] vt: **to ~ sb to do** desafiar a algn a hacer ▷ vi: **to ~ (to) do sth** atreverse a hacer algo; **I ~ say** (I suppose) puede ser; **daring** adj (person) osado; (plan, escape) atrevido ▷ n atrevimiento, osadía

dark [dɑːk] adj oscuro; (hair, complexion) moreno ▷ n: **in the ~ a** oscuras; **in the ~ about** (fig) ignorante del anochecer; **after ~** después del anochecer; **darken** vt (colour) hacer más oscuro ▷ vi oscurecerse; **darkness** n oscuridad f; **darkroom** n cuarto oscuro

darling ['dɑːlɪŋ] adj, n querido/a

dart [dɑːt] n dardo; (in sewing) pinza ▷ vi precipitarse; **dartboard** n diana; **darts** n dardos mpl

dash [dæʃ] n (small quantity: of liquid) gota, chorrito; (sign) raya ▷ vt (hopes) defraudar ▷ vi precipitarse, ir de prisa

dashboard ['dæʃbɔːd] n (Aut) salpicadero

data ['deɪtə] npl datos mpl; **database** n base f de datos; **data processing** n proceso o procesamiento de datos

date [deɪt] n (day) fecha; (with friend) cita; (fruit) dátil m ▷ vt fechar; (inf: girl etc) salir con; **~ of birth** fecha de nacimiento; **to ~** adv hasta la fecha; **dated** adj anticuado

daughter ['dɔːtəʳ] n hija; **daughter-in-law** n nuera, hija política

daunting ['dɔːntɪŋ] adj desalentador/a

dawn [dɔːn] n alba, amanecer m; (fig) nacimiento ▷ vi amanecer; (fig): **it ~ed on him that …** cayó en la cuenta de que …

day [deɪ] n día m; (working day) jornada; **the ~ before** el día anterior; **the ~ after tomorrow** pasado mañana; **the ~ before yesterday** anteayer; **the following** el día siguiente; **by ~** de día; **day-care centre** n centro de día; (for children) guardería infantil; **daydream** vi soñar despierto; **daylight** n luz f del día; **day return** n (BRIT) billete m de ida y vuelta (en un día); **daytime** n día m; **day-to-day** adj cotidiano; **day trip** n excursión f (de un día)

dazed [deɪzd] adj aturdido

dazzle ['dæzl] vt deslumbrar; **dazzling** adj (light, smile) deslumbrante; (colour) fuerte

DC abbr (Elec) = **direct current**

dead [dɛd] adj muerto; (limb) dormido; (battery) agotado ▷ adv (completely) totalmente; (exactly) justo; **to shoot sb ~** matar a algn a tiros; **~ tired** muerto (de cansancio); **~ to stop** parar en seco; **dead end** n callejón m sin salida; **deadline** n fecha tope; **deadly** adj mortal, fatal; **deadly dull** aburridísimo; **Dead Sea** n: **the Dead Sea** el Mar Muerto

deaf [dɛf] adj sordo; **deafen** vt ensordecer; **deafening** adj ensordecedor/a

deal [diːl] n (agreement) pacto, convenio ▷ vt (pt, pp dealt) dar; (card repartir; **a great ~ (of)** bastante, mucho; **deal with vt fus** (people) tratar con; (problem) ocuparse de; (subject) tratar de; **dealer** n comerciante mf; (Cards) mano f; **dealings** npl (Comm) transacciones fpl; (relations) relaciones fpl

dealt [dɛlt] pt, pp of **deal**

dean [diːn] n (Rel) deán m; (Scol) decano/a

dear [dɪəʳ] adj querido; (expensive) caro ▷ n: **my ~** querido/a; **~ me!** ¡Dios mío!; **D~ Sir/Madam** (in letter) Muy señor mío, Estimado señor/Estimada señora, De mi/nuestra mayor consideración (esp Lam); **D~ Mr/Mrs X** Estimado/a señor(a) X; (love) mucho; (pay) caro; **dearly adv** (love) mucho; (pay) caro

death [dɛθ] n muerte f; **death penalty** n pena de muerte; **death sentence** n condena a muerte

debate [dɪ'beɪt] n debate m ▷ vt discutir

debit ['dɛbɪt] n debe m ▷ vt: **to ~ a sum to sb** or **to sb's account** cargar una suma en cuenta a algn; **debit card** n tarjeta f de débito

debris ['dɛbriː] n escombros mpl

debt [dɛt] n deuda f; **to be in ~** tener deudas

debug ['diː'bʌg] vt (Comput) depurar, limpiar

début ['deɪbjuː] n presentación f

Dec. abbr (= December) dic

decade ['dɛkeɪd] n década, decenio

decaffeinated [dɪ'kæfɪneɪtɪd] adj descafeinado

decay [dɪ'keɪ] n (of building) desmoronamiento; (of tooth) caries f inv ▷ vi (rot) pudrirse

deceased [dɪ'siːst] n: **the ~** el/la difunto/a

deceit [dɪ'siːt] n engaño

deceive [dɪ'siːv] vt engañar

December [dɪ'sɛmbəʳ] n diciembre m

decency ['diːsənsɪ] n decencia

decent ['diːsənt] adj (proper) decente; (person) amable, bueno

deception [dɪ'sɛpʃən] n engaño

Be careful not to translate deception by the Spanish word decepción.

deceptive [dɪ'sɛptɪv] adj engañoso

decide [dɪ'saɪd] vt (person) decidir; (question, argument) resolver ▷ vi decidir; **to ~ to do/that** decidir hacer/que; **to ~ on sth** tomar una decisión sobre algo

decimal ['dɛsɪməl] adj decimal ▷ n decimal f

decision [dɪ'sɪʒən] n decisión f

decisive [dɪ'saɪsɪv] adj decisivo; (manner, person) decidido

deck [dɛk] n (Naut) cubierta f; (of bus) piso; (of cards) baraja; **record ~** platina; **deckchair** n tumbona

declaration [dɛklə'reɪʃən] n declaración f

declare [dɪ'klɛəʳ] vt declarar

decline [dɪ'klaɪn] n disminución f ▷ vt rehusar ▷ vi (person, business) decaer; (strength) disminuir

decorate ['dɛkəreɪt] vt (paint) pintar; (paper) empapelar; (adorn): **to ~ (with)** adornar (de), decorar (de); **decoration** n adorno; (act) decoración f; (medal) condecoración f; **decorator** n (workman) pintor m decorador

decrease [n 'diːkriːs] n disminución f ▷ vt [diː'kriːs] disminuir, reducir ▷ vi reducirse

decree [dɪ'kriː] n decreto

dedicate ['dɛdɪkeɪt] vt dedicar; **dedicated** adj dedicado; (Comput) especializado; **dedicated word processor** procesador m de textos especializado or dedicado; **dedication** n (devotion) dedicación f; (in book) dedicatoria

deduce [dɪ'djuːs] vt deducir

deduct [dɪ'dʌkt] vt restar; (from wage etc) descontar; **deduction** n (amount deducted) descuento; (conclusion) deducción f, conclusión f

deed [diːd] n hecho, acto; (feat) hazaña; (Law) escritura

deem [diːm] vt (formal) juzgar, considerar

deep [diːp] adj profundo; (voice) bajo; (breath) profundo ▷ adv: **the spectators stood 20 ~** los espectadores se formaron de 20 en fondo; **to be four metres ~** tener cuatro metros de profundidad; **deep-fry** vt freír en aceite abundante; **deeply** adv (breathe) a pleno pulmón; (interested, moved, grateful) profundamente, hondamente

deer (pl **deer**) [dɪəʳ] n ciervo

default [dɪˈfɔːlt] n (Comput) defecto; **by ~** por incomparecencia

defeat [dɪˈfiːt] n derrota ▷ vt derrotar, vencer

defect [ˈdiːfɛkt] n defecto ▷ vi [dɪˈfɛkt]: **to ~ to the enemy** pasarse al enemigo; **defective** [dɪˈfɛktɪv] adj defectuoso

defence, (US) **defense** [dɪˈfɛns] n defensa

defend [dɪˈfɛnd] vt defender; **defendant** n acusado/a; (in civil case) demandado/a; **defender** n defensor(a) m/f; (Sport) defensa mf

defense [dɪˈfɛns] n (US) = **defence**

defensive [dɪˈfɛnsɪv] adj defensivo ▷ n: **on the ~** a la defensiva

defer [dɪˈfəːʳ] vt aplazar

defiance [dɪˈfaɪəns] n desafío; **in ~ of** en contra de; **defiant** [dɪˈfaɪənt] adj (challenge) retador(a), desafiante

deficiency [dɪˈfɪʃənsɪ] n (lack) falta; (defect) defecto; **deficient** [dɪˈfɪʃənt] adj (lacking) insuficiente; **deficient in** deficiente en

deficit [ˈdɛfɪsɪt] n déficit m

define [dɪˈfaɪn] vt (limits etc) determinar

definite [ˈdɛfɪnɪt] adj (fixed) determinado; (clear, obvious) claro; **he was ~ about it** no dejó lugar a dudas (sobre ello); **definitely** adv: **he's definitely mad** no cabe duda de que está loco

definition [dɛfɪˈnɪʃən] n definición f

deflate [diːˈfleɪt] vt desinflar

deflect [dɪˈflɛkt] vt desviar

defraud [dɪˈfrɔːd] vt: **to ~ sb of sth** estafar algo a algn

defriend [diːˈfrɛnd] vt (Internet) quitar de amigo a; **he has ~ed her on Facebook** la ha quitado de amiga en Facebook

defrost [diːˈfrɒst] vt (frozen food, fridge) descongelar

defuse [diːˈfjuːz] vt desarmar; (situation) calmar

defy [dɪˈfaɪ] vt (resist) oponerse a; (challenge) desafiar; **it defies description** resulta imposible describirlo

degree [dɪˈgriː] n grado; (Scol) título; **to have a ~ in maths** ser licenciado/a en matemáticas; **by ~s** (gradually) poco a poco, por etapas; **to some ~** hasta cierto punto

dehydrated [diːhaɪˈdreɪtɪd] adj deshidratado; (milk) en polvo

de-icer [diːˈaɪsəʳ] n descongelador m

delay [dɪˈleɪ] vt demorar, aplazar; (person) entretener; (train) retrasar ▷ vi tardar ▷ n demora, retraso; **without ~** en seguida, sin tardar

delegate [ˈdɛlɪgɪt] n delegado/a ▷ vt [ˈdɛlɪgeɪt] (person) delegar en; (task) delegar

delete [dɪˈliːt] vt suprimir, tachar

deli [ˈdɛlɪ] n = **delicatessen**

deliberate [dɪˈlɪbərɪt] adj (intentional) intencionado; (slow) pausado, lento ▷ vi [dɪˈlɪbəreɪt] deliberar; **deliberately** adv (on purpose) a propósito

delicacy [ˈdɛlɪkəsɪ] n delicadeza; (choice food) manjar m

delicate [ˈdɛlɪkɪt] adj delicado; (fragile) frágil

delicatessen [dɛlɪkəˈtɛsən] n tienda especializada en alimentos de calidad

delicious [dɪˈlɪʃəs] adj delicioso

delight [dɪˈlaɪt] n (feeling) placer m, deleite m; (object) encanto, delicia ▷ vt encantar, deleitar; **to**

take ~ in deleitarse en; **delighted**
adj: **delighted (at** *or* **with/to do)**
encantado (con/de hacer); **delightful**
adj encantador(a), delicioso
delinquent [dɪ'lɪŋkwənt] *adj, n*
delincuente *mf*
deliver [dɪ'lɪvə] *vt* (*distribute*) repartir;
(*hand over*) entregar; (*message*)
comunicar; (*speech*) pronunciar;
(*Med*) asistir al parto de; **delivery**
n reparto; entrega; (*of speaker*)
modo de expresarse; (*Med*) parto,
alumbramiento; **to take delivery
of** recibir
delusion [dɪ'lu:ʒən] *n* ilusión *f*,
engaño
de luxe [də'lʌks] *adj* de lujo
delve [dɛlv] *vi*: **to ~ into** hurgar en
demand [dɪ'mɑːnd] *vt* exigir; (*rights*)
reclamar ▷ *n* exigencia; (*claim*)
reclamación *f*; (*Econ*) demanda; **to
be in ~** ser muy solicitado; **on ~** a
solicitud; **demanding** *adj* (*boss*)
exigente; (*work*) absorbente
demise [dɪ'maɪz] *n* (*death*)
fallecimiento
demo ['dɛməʊ] *n abbr* (*inf:*
= demonstration) manifestación *f*
democracy [dɪ'mɒkrəsɪ] *n*
democracia
democrat ['dɛməkræt] *n* demócrata
mf; **democratic** [dɛmə'krætɪk]
adj democrático; **the Democratic
Party** el partido demócrata
(estadounidense)
demolish [dɪ'mɒlɪʃ] *vt* derribar,
demoler; (*fig: argument*) destruir
demolition [dɛmə'lɪʃən] *n* derribo,
demolición *f*
demon ['diːmən] *n* (*evil spirit*)
demonio
demonstrate ['dɛmənstreɪt]
vt demostrar ▷ *vi* manifestarse;
demonstration [dɛmən'streɪʃən] *n*
(*Pol*) manifestación *f*; (*proof*) prueba,
demostración *f*; **demonstrator** *n* (*Pol*)
manifestante *mf*
demote [dɪ'məʊt] *vt* degradar

den [dɛn] *n* (*of animal*) guarida
denial [dɪ'naɪəl] *n* (*refusal*) denegación
f; (*of report etc*) desmentido
denim ['dɛnɪm] *n* tela vaquera;
denims *npl* vaqueros *mpl*
Denmark ['dɛnmɑːk] *n* Dinamarca
denomination [dɪnɒmɪ'neɪʃən] *n*
valor *m*; (*Rel*) confesión *f*
denounce [dɪ'naʊns] *vt* denunciar
dense [dɛns] *adj* (*thick*) espeso; (*foliage
etc*) tupido; (*stupid*) torpe
density ['dɛnsɪtɪ] *n* densidad *f*;
single/double-~ disk *n* (*Comput*)
disco de densidad sencilla/de doble
densidad
dent [dɛnt] *n* abolladura ▷ *vt* (*also:*
make a ~ in) abollar
dental ['dɛntl] *adj* dental; **dental
floss** *n* seda dental; **dental surgery** *n*
clínica dental, consultorio dental
dentist ['dɛntɪst] *n* dentista *mf*
dentures ['dɛntʃəz] *npl* dentadura
sg (postiza)
deny [dɪ'naɪ] *vt* negar; (*charge*)
rechazar
deodorant [diː'əʊdərənt] *n*
desodorante *m*
depart [dɪ'pɑːt] *vi* irse, marcharse;
(*train*) salir; **to ~ from** (*fig: differ from*)
apartarse de
department [dɪ'pɑːtmənt] *n* (*Comm*)
sección *f*; (*Scol*) departamento; (*Pol*)
ministerio; **department store** *n*
grandes almacenes *mpl*
departure [dɪ'pɑːtʃə] *n* partida, ida;
(*of train*) salida; **a new ~** un nuevo
rumbo; **departure lounge** *n* (*at
airport*) sala de embarque
depend [dɪ'pɛnd] *vi*: **to ~ (up)on**
depender de; (*rely on*) contar con; **it ~s**
depende, según; **~ing on the result**
según el resultado; **dependant** *n*
dependiente *mf*; **dependent** *adj*: **to
be dependent (on)** depender (de) ▷ *n*
= **dependant**
depict [dɪ'pɪkt] *vt* (*in picture*) pintar;
(*describe*) representar
deport [dɪ'pɔːt] *vt* deportar

deposit [dɪ'pɒzɪt] n depósito; (Chem) sedimento; (of ore, oil) yacimiento ▷ vt depositar; **deposit account** (BRIT) cuenta de ahorros

depot ['depəʊ] n (storehouse) depósito; (for vehicles) parque m

depreciate [dɪ'priːʃieɪt] vi depreciarse, perder valor

depress [dɪ'prɛs] vt deprimir; (press down) apretar; **depressed** adj deprimido; **depressing** adj deprimente; **depression** n depresión f

deprive [dɪ'praɪv] vt: **to ~ sb of** privar a algn de; **deprived** adj necesitado

dept. abbr (= department) dto

depth [dɛpθ] n profundidad f; **at a ~ of three metres** a tres metros de profundidad; **to be out of one's ~** (swimmer) perder pie; (fig) sentirse perdido

deputy ['depjʊtɪ] adj: **~ head** subdirector(a) m/f ▷ n sustituto/a, suplente mf; (Pol) diputado/a

derail [dɪ'reɪl] vt: **to be ~ed** descarrilarse

derelict ['derɪlɪkt] adj abandonado

derive [dɪ'raɪv] vt derivar; (benefit etc) obtener ▷ vi: **to ~ from** derivarse de

descend [dɪ'send] vt, vi descender, bajar; **to ~ from** descender de; **descendant** n descendiente mf

descent [dɪ'sent] n descenso; (origin) descendencia

describe [dɪs'kraɪb] vt describir; **description** [dɪs'krɪpʃən] n descripción f; (sort) clase f, género

desert [n 'dezət, vt, vi dɪ'zɜːt] n desierto ▷ vt abandonar ▷ vi (Mil) desertar; **deserted** adj desierto

deserve [dɪ'zɜːv] vt merecer, ser digno de

design [dɪ'zaɪn] n (sketch) bosquejo; (of dress, car) diseño; (pattern) dibujo ▷ vt diseñar; **design and technology** n (BRIT Scol) diseño y tecnología

designate ['dezɪgneɪt] vt (appoint) nombrar; (destine) designar ▷ adj ['dezɪgnɪt] designado

designer [dɪ'zaɪnər] n diseñador/a (m/f)

desirable [dɪ'zaɪərəbl] adj (proper) deseable; (attractive) atractivo

desire [dɪ'zaɪər] n deseo ▷ vt desear

desk [desk] n (in office) escritorio; (for pupil) pupitre m; (in hotel, at airport) recepción f; (BRIT: in shop, restaurant) caja

desktop ['desktɒp] n (Comput) escritorio; **desktop publishing** n autoedición f

despair [dɪs'peər] n desesperación f ▷ vi: **to ~ of** desesperar de

despatch [dɪs'pætʃ] n, vt = **dispatch**

desperate ['despərɪt] adj desesperado; (fugitive) peligroso; **to be ~ for sth/to do** necesitar urgentemente algo/hacer; **desperately** adv desesperadamente; (very) terriblemente, gravemente

desperation [despə'reɪʃən] n desesperación f; **in ~** desesperado

despise [dɪs'paɪz] vt despreciar

despite [dɪs'paɪt] prep a pesar de, pese a

dessert [dɪ'zɜːt] n postre m; **dessertspoon** n cuchara (de postre)

destination [destɪ'neɪʃən] n destino

destined ['destɪnd] adj: **~ for London** con destino a Londres

destiny ['destɪnɪ] n destino

destroy [dɪs'trɔɪ] vt destruir; **destruction** [dɪs'trʌkʃən] n destrucción f

destructive [dɪs'trʌktɪv] adj destructivo, destructor(a)

detach [dɪ'tætʃ] vt separar; (unstick) despegar; **detached** adj (attitude) objetivo, imparcial; **detached house** n chalé m, chalet m

detail ['diːteɪl] n detalle m ▷ vt detallar; (Mil) destacar; **in ~** detalladamente; **to go into ~(s)** entrar en detalles; **detailed** adj detallado

detain [dɪ'teɪn] vt retener; (in captivity) detener

detect [dɪ'tɛkt] vt descubrir; (Med, Police) identificar; (Mil, Radar, Tech) detectar; **detection** n descubrimiento; identificación f; **detective** n detective m; **detective story** n novela policíaca

detention [dɪ'tɛnʃən] n detención f, arresto; (Scol) castigo

deter [dɪ'tə:ʳ] vt (dissuade) disuadir

detergent [dɪ'tə:dʒənt] n detergente m

deteriorate [dɪ'tɪərɪəreɪt] vi deteriorarse

determination [dɪtə:mɪ'neɪʃən] n resolución f

determine [dɪ'tə:mɪn] vt determinar; **determined** adj: **to be determined to do sth** estar decidido or resuelto a hacer algo

deterrent [dɪ'tɛrənt] n fuerza de disuasión

detest [dɪ'tɛst] vt aborrecer

detour ['di:tuəʳ] n (us Aut: diversion) desvío

detox [dɪ'tɒks] n desintoxicación f

detract [dɪ'trækt] vt: **to ~ from** quitar mérito a, restar valor a

detrimental [dɛtrɪ'mɛntl] adj: **~ (to)** perjudicial (a)

devastating ['dɛvəsteɪtɪŋ] adj devastador/a; (fig) arrollador/a

develop [dɪ'vɛləp] vt desarrollar; (Phot) revelar; (disease) contraer; (habit) adquirir ⊳ vi desarrollarse; (advance) progresar; **developing country** n país m en (vías de) desarrollo; **development** n desarrollo; (advance) progreso; (of affair, case) desenvolvimiento; (of land) urbanización f

device [dɪ'vaɪs] n (apparatus) aparato, mecanismo

devil ['dɛvl] n diablo, demonio

devious ['di:vɪəs] adj taimado

devise [dɪ'vaɪz] vt idear, inventar

devote [dɪ'vəut] vt: **to ~ sth to** dedicar algo a; **devoted** adj (loyal) leal, fiel; **to be devoted to sb** querer con devoción a algn; **the book is**

devoted to politics el libro trata de política; **devotion** n dedicación f; (Rel) devoción f

devour [dɪ'vauəʳ] vt devorar

devout [dɪ'vaut] adj devoto

dew [dju:] n rocío

diabetes [daɪə'bi:ti:z] n diabetes f

diabetic [daɪə'bɛtɪk] n diabético/a

diagnose [daɪəg'nəuz] vt diagnosticar

diagnosis (pl **diagnoses**) [daɪəg'nəusɪs, -si:z] n diagnóstico

diagonal [daɪ'ægənl] adj diagonal ⊳ n diagonal f

diagram ['daɪəgræm] n diagrama m, esquema m

dial ['daɪəl] n esfera; (of radio) dial; (of phone) disco ⊳ vt (number) marcar

dialect ['daɪəlɛkt] n dialecto

dialling code ['daɪəlɪŋ-] n prefijo

dialling tone n señal f or tono de marcar

dialogue, (us) **dialog** ['daɪəlɒg] n diálogo

diameter [daɪ'æmɪtəʳ] n diámetro

diamond ['daɪəmənd] n diamante m; **diamonds** npl (Cards) diamantes mpl

diaper ['daɪəpəʳ] n (us) pañal m

diarrhea, (us) **diarrhea** [daɪə'ri:ə] n diarrea

diary ['daɪərɪ] n (daily account) diario; (book) agenda

dice [daɪs] n (pl inv) dados mpl ⊳ vt (Culin) cortar en cuadritos

dictate [dɪk'teɪt] vt dictar; **dictation** n dictado

dictator [dɪk'teɪtəʳ] n dictador m

dictionary ['dɪkʃənrɪ] n diccionario

did [dɪd] pt of **do**

didn't ['dɪdənt] = **did not**

die [daɪ] vi morir; **to be dying for sth/to do sth** morirse por algo/de ganas de hacer algo; **die down** vi apagarse; (wind) amainar; **die out** vi desaparecer

diesel ['di:zl] n diesel m

diet ['daɪət] n régimen m; (restricted food) régimen m ⊳ vi (also: **be on a ~**) estar a dieta, hacer régimen

differ ['dɪfə'] vi (be different) ser distinto, diferenciarse; (disagree) discrepar; **difference** ['dɪfrəns] n diferencia f; (quarrel) desacuerdo; **different** adj diferente, distinto; **differentiate** [dɪfə'renʃɪeɪt] vi: **to differentiate between** distinguir entre; **differently** adv de otro modo, en forma distinta

difficult ['dɪfɪkəlt] adj difícil; **difficulty** n dificultad f

dig [dɪg] vt (pt, pp **dug**) (hole) cavar; (ground) remover ▷ n (prod) empujón m; (archaeological) excavación f; (remark) indirecta; **to ~ one's nails into** clavar las uñas en; see also **digs**; **dig up** vt desenterrar; (plant) desarraigar

digest [daɪ'dʒɛst] vt (food) digerir; (facts) asimilar ▷ n ['daɪdʒɛst] resumen m; **digestion** n digestión f

digit ['dɪdʒɪt] n (number) dígito; (finger) dedo; **digital** adj digital; **digital camera** n cámara digital; **digital TV** n televisión f digital

dignified ['dɪɡnɪfaɪd] adj grave, solemne

dignity ['dɪɡnɪtɪ] n dignidad f

digs [dɪɡz] npl (BRIT inf) pensión f, alojamiento

dilemma [daɪ'lɛmə] n dilema m

dill [dɪl] n eneldo

dilute [daɪ'luːt] vt diluir

dim [dɪm] adj (light) débil; (outline) borroso; (stupid) lerdo; (room) oscuro ▷ vt (light) bajar

dime [daɪm] n (US) moneda de diez centavos

dimension [dɪ'mɛnʃən] n dimensión f

diminish [dɪ'mɪnɪʃ] vt, vi disminuir

din [dɪn] n estruendo, estrépito

dine [daɪn] vi cenar; **diner** n (person) comensal mf

dinghy ['dɪŋɡɪ] n bote m; (also: **rubber ~**) lancha neumática

dingy ['dɪndʒɪ] adj (room) sombrío; (dirty) sucio

dining car ['daɪnɪŋ-] n (BRIT) coche-restaurante m

dining room n comedor m

dining table n mesa f de comedor

dinkum ['dɪŋkəm] adj (AUST, NZ inf: also: **fair ~**) de verdad, auténtico; **fair ~?** ¿de verdad?

dinner ['dɪnə'] n (evening meal) cena; (lunch) comida; (public) cena, banquete m; **dinner jacket** n smoking m; **dinner party** n cena; **dinner time** n (evening) hora de cenar; (midday) hora de comer

dinosaur ['daɪnəsɔː'] n dinosaurio

dip [dɪp] n (slope) pendiente f; (in sea) chapuzón m ▷ vt (in water) mojar; (ladle etc) meter; (BRIT AUT): **to ~ one's lights** poner la luz de cruce ▷ vi descender, bajar

diploma [dɪ'pləʊmə] n diploma m

diplomacy [dɪ'pləʊməsɪ] n diplomacia

diplomat ['dɪpləmæt] n diplomático/a; **diplomatic** [dɪplə'mætɪk] adj diplomático

dipstick ['dɪpstɪk] n (AUT) varilla de nivel (del aceite)

dire [daɪə'] adj calamitoso

direct [daɪ'rɛkt] adj directo; (manner, person) franco ▷ vt dirigir; **can you ~ me to ...?** ¿puede indicarme dónde está ...?; **to ~ sb to do sth** mandar a algn hacer algo; **direct debit** n domiciliación f bancaria de recibos

direction [dɪ'rɛkʃən] n dirección f; **sense of ~** sentido de la orientación; **directions** npl instrucciones fpl; **~s for use** modo de empleo

directly [dɪ'rɛktlɪ] adv (in straight line) directamente; (at once) en seguida

director [dɪ'rɛktə'] n director/a m/f

directory [dɪ'rɛktərɪ] n (Tel) guía (telefónica); (Comput) directorio; **directory enquiries**, (US) **directory assistance** n (service) (servicio m de) información

dirt [dəːt] n suciedad f; **dirty** adj sucio; (joke) verde, colorado (LAM) ▷ vt ensuciar; (stain) manchar

disability [dɪsə'bɪlɪtɪ] n incapacidad f

disabled [dɪsˈeɪbld] *adj (physically)* minusválido/a; *(mentally)* deficiente mental

disadvantage [dɪsədˈvɑːntɪdʒ] *n* desventaja, inconveniente *m*

disagree [dɪsəˈgriː] *vi (differ)* discrepar; **to ~ (with)** no estar de acuerdo (con); **disagreeable** *adj* desagradable; **disagreement** *n* desacuerdo

disappear [dɪsəˈpɪəᵊ] *vi* desaparecer; **disappearance** *n* desaparición *f*

disappoint [dɪsəˈpɔɪnt] *vt* decepcionar; defraudar; **disappointed** *adj* decepcionado; **disappointing** *adj* decepcionante; **disappointment** *n* decepción *f*

disapproval [dɪsəˈpruːvəl] *n* desaprobación *f*

disapprove [dɪsəˈpruːv] *vi*: **to ~ of** desaprobar

disarm [dɪsˈɑːm] *vt* desarmar; **disarmament** *n* desarme *m*

disaster [dɪˈzɑːstəᵊ] *n* desastre *m*

disastrous [dɪˈzɑːstrəs] *adj* desastroso

disbelief [dɪsbəˈliːf] *n* incredulidad *f*

disc [dɪsk] *n* disco; (Comput); = **disk**

discard [dɪsˈkɑːd] *vt* tirar; *(fig)* descartar

discharge [dɪsˈtʃɑːdʒ] *vt (task, duty)* cumplir; *(patient)* dar de alta; *(employee)* despedir; *(soldier)* licenciar; *(defendant)* poner en libertad ▷ *n* [ˈdɪstʃɑːdʒ] *(Elec)* descarga; *(dismissal)* despedida; *(of duty)* desempeño; *(of debt)* pago, descargo

discipline [ˈdɪsɪplɪn] *n* disciplina ▷ *vt* disciplinar

disc jockey *n* pinchadiscos *m inv*

disclose [dɪsˈkləʊz] *vt* revelar

disco [ˈdɪskəʊ] *n abbr* = **discothèque**

discoloured, (us) **discolored** [dɪsˈkʌləd] *adj* descolorido

discomfort [dɪsˈkʌmfət] *n* incomodidad *f*; *(unease)* inquietud *f*; *(physical)* malestar *m*

disconnect [dɪskəˈnɛkt] *vt* separar; *(Elec etc)* desconectar

discontent [dɪskənˈtɛnt] *n* descontento

discontinue [dɪskənˈtɪnjuː] *vt* interrumpir; *(payments)* suspender

discothèque [ˈdɪskəʊtɛk] *n* discoteca

discount [ˈdɪskaʊnt] *n* descuento ▷ *vt* [dɪsˈkaʊnt] descontar

discourage [dɪsˈkʌrɪdʒ] *vt* desalentar; **to ~ sb from doing** disuadir a algn de hacer

discover [dɪsˈkʌvəᵊ] *vt* descubrir; **discovery** *n* descubrimiento

discredit [dɪsˈkrɛdɪt] *vt* desacreditar

discreet [dɪsˈkriːt] *adj (tactful)* discreto; *(careful)* circunspecto, prudente

discrepancy [dɪsˈkrɛpənsɪ] *n (difference)* diferencia

discretion [dɪsˈkrɛʃən] *n (tact)* discreción *f*; **at the ~ of** a criterio de

discriminate [dɪsˈkrɪmɪneɪt] *vi*: **to ~ between** distinguir entre; **to ~ against** discriminar contra; **discrimination** [dɪskrɪmɪˈneɪʃən] *n (discernment)* perspicacia; *(bias)* discriminación *f*

discuss [dɪsˈkʌs] *vt* discutir; *(a theme)* tratar; **discussion** *n* discusión *f*

disease [dɪˈziːz] *n* enfermedad *f*

disembark [dɪsɪmˈbɑːk] *vt, vi* desembarcar

disgrace [dɪsˈgreɪs] *n* ignominia; *(shame)* vergüenza, escándalo ▷ *vt* deshonrar; **disgraceful** *adj* vergonzoso

disgruntled [dɪsˈgrʌntld] *adj* disgustado, descontento

disguise [dɪsˈgaɪz] *n* disfraz *m* ▷ *vt* disfrazar; **in ~** disfrazado

disgust [dɪsˈgʌst] *n* repugnancia ▷ *vt* repugnar, dar asco

> Be careful not to translate *disgust* by the Spanish word *disgustar*.

disgusted [dɪsˈgʌstɪd] *adj* indignado

> Be careful not to translate *disgusted* by the Spanish word *disgustado*.

disgusting [dɪsˈɡʌstɪŋ] adj
repugnante, asqueroso

dish [dɪʃ] n plato; **to do** or **wash the
~es** fregar los platos; **dishcloth** n
(for washing) bayeta; (for drying) paño
de cocina

dishonest [dɪsˈɒnɪst] adj (person)
poco honrado, tramposo; (means)
fraudulento

dishtowel [ˈdɪʃtaʊəl] n (us) bayeta

dishwasher [ˈdɪʃwɒʃə] n lavaplatos
m inv

disillusion [dɪsɪˈluːʒən] vt
desilusionar

disinfectant [dɪsɪnˈfɛktənt] n
desinfectante m

disintegrate [dɪsˈɪntɪɡreɪt] vi
disgregarse, desintegrarse

disk [dɪsk] n (Comput) disco, disquete
m; **single-/double-sided ~** disco
de una cara/dos caras; **disk drive**
n unidad f (de disco); **diskette** n
disquete m

dislike [dɪsˈlaɪk] n antipatía, aversión
f ▷ vt tener antipatía a

dislocate [ˈdɪsləkeɪt] vt dislocar

disloyal [dɪsˈlɔɪəl] adj desleal

dismal [ˈdɪzml] adj (dark) sombrío;
(depressing) triste; (very bad) fatal

dismantle [dɪsˈmæntl] vt
desmontar, desarmar

dismay [dɪsˈmeɪ] n consternación f
▷ vt consternar

dismiss [dɪsˈmɪs] vt (worker) despedir;
(idea) rechazar; (Law) rechazar;
(possibility) descartar; **dismissal** n
despido

disobedient [dɪsəˈbiːdɪənt] adj
desobediente

disobey [dɪsəˈbeɪ] vt desobedecer

disorder [dɪsˈɔːdə] n desorden m;
(rioting) disturbio; (Med) trastorno

disorganized [dɪsˈɔːɡənaɪzd] adj
desorganizado

disown [dɪsˈəʊn] vt renegar de

dispatch [dɪsˈpætʃ] vt enviar ▷ n
(sending) envío; (Press) informe m;
(Mil) parte m

dispel [dɪsˈpɛl] vt disipar

dispense [dɪsˈpɛns] vt (medicine)
preparar; **dispense with** vt fus
prescindir de; **dispenser** n (container)
distribuidor m automático

disperse [dɪsˈpɜːs] vt dispersar ▷ vi
dispersarse

display [dɪsˈpleɪ] n (in shop window)
escaparate m; (exhibition) exposición
f; (Comput) visualización f; (of feeling)
manifestación f ▷ vt exponer;
manifestar; (ostentatiously) lucir

displease [dɪsˈpliːz] vt (offend)
ofender; (annoy) fastidiar

disposable [dɪsˈpəʊzəbl] adj
desechable; **~ personal income**
ingresos mpl personales disponibles

disposal [dɪsˈpəʊzl] n (of rubbish)
destrucción f; **at one's ~** a la
disposición de algn

dispose [dɪsˈpəʊz] vi: **~ of** (unwanted
goods) deshacerse de; (Comm: sell)
traspasar, vender

disposition [dɪspəˈzɪʃən] n
disposición f; (temperament)
carácter m

disproportionate [dɪsprəˈpɔːʃənət]
adj desproporcionado

dispute [dɪsˈpjuːt] n disputa; (also:
industrial ~) conflicto (laboral) ▷ vt
(argue) disputar; (question) cuestionar

disqualify [dɪsˈkwɒlɪfaɪ] vt (Sport)
desclasificar; **to ~ sb for sth/from
doing sth** incapacitar a algn para
algo/para hacer algo

disregard [dɪsrɪˈɡɑːd] vt (ignore) no
hacer caso de

disrupt [dɪsˈrʌpt] vt (plans)
desbaratar, trastornar; (meeting, public
transport, conversation) interrumpir;
disruption n desbaratamiento;
trastorno; interrupción f

dissatisfaction [dɪssætɪsˈfækʃən] n
disgusto, descontento

dissatisfied [dɪsˈsætɪsfaɪd] adj
insatisfecho

dissect [dɪˈsɛkt] vt disecar

dissent [dɪˈsɛnt] n disensión f

dissertation [dɪsəˈteɪʃən] n tesina

dissolve [dɪˈzɔlv] vt disolver ▷ vi disolverse

distance [ˈdɪstns] n distancia; **in the ~** a lo lejos

distant [ˈdɪstnt] adj lejano; (manner) reservado, frío

distil, (us) **distill** [dɪsˈtɪl] vt destilar; **distillery** n destilería

distinct [dɪsˈtɪŋkt] adj (different) distinto; (clear) claro; (unmistakeable) inequívoco; **as ~ from** a diferencia de; **distinction** n distinción f; (in exam) sobresaliente m; **distinctive** adj distintivo

distinguish [dɪsˈtɪŋgwɪʃ] vt distinguir; **distinguished** adj (eminent) distinguido

distort [dɪsˈtɔːt] vt deformar; (sound) distorsionar

distract [dɪsˈtrækt] vt distraer; **distracted** adj distraído; **distraction** n distracción f; (confusion) aturdimiento

distraught [dɪsˈtrɔːt] adj turbado, enloquecido

distress [dɪsˈtrɛs] n (anguish) angustia ▷ vt afligir; **distressing** adj angustioso; doloroso

distribute [dɪsˈtrɪbjuːt] vt distribuir; (share out) repartir; **distribution** [dɪstrɪˈbjuːʃən] n distribución f; **distributor** n (Aut) distribuidor m; (Comm) distribuidora

district [ˈdɪstrɪkt] n (of country) zona, región f; (of town) barrio; (Admin) distrito; **district attorney** n (us) fiscal mf

distrust [dɪsˈtrʌst] n desconfianza ▷ vt desconfiar de

disturb [dɪsˈtəːb] vt (person: bother, interrupt) molestar; (disorganize) desordenar; **disturbance** n (political etc) disturbio; (of mind) trastorno; **disturbed** adj (worried, upset) preocupado, angustiado; **to be emotionally/mentally disturbed** tener problemas emocionales/ser un

trastornado mental; **disturbing** adj inquietante, perturbador(a)

ditch [dɪtʃ] n zanja; (irrigation ditch) acequia ▷ vt (inf: partner) deshacerse de; (: plan, car etc) abandonar

ditto [ˈdɪtəu] adv ídem, lo mismo

dive [daɪv] n (from board) salto; (underwater) buceo; (of submarine) inmersión f ▷ vi (swimmer: into water) saltar; (: under water) zambullirse, bucear; (fish, submarine) sumergirse; (bird) lanzarse en picado; **to ~ into** (bag etc) meter la mano en; (place) meterse de prisa en; **diver** n (underwater) buzo

diverse [daɪˈvəːs] adj diversos/as, varios/as

diversion [daɪˈvəːʃən] n (BRIT Aut) desviación f; (distraction) diversión f; (Mil) diversión f

diversity [daɪˈvəːsɪtɪ] n diversidad f

divert [daɪˈvəːt] vt (train, plane, traffic) desviar

divide [dɪˈvaɪd] vt dividir; (separate) separar ▷ vi dividirse; (road) bifurcarse; **divided highway** n (us) carretera de doble calzada

divine [dɪˈvaɪn] adj divino

diving [ˈdaɪvɪŋ] n (Sport) salto; (underwater) buceo; **diving board** n trampolín m

division [dɪˈvɪʒən] n división f; (sharing out) reparto; (disagreement) diferencias fpl; (Comm) sección f

divorce [dɪˈvɔːs] n divorcio ▷ vt divorciarse de; **divorced** adj divorciado; **divorcee** [dɪvɔːˈsiː] n divorciado/a

DIY adj, n abbr = **do-it-yourself**

dizzy [ˈdɪzɪ] adj (person) mareado; **to feel ~** marearse

DJ n abbr (= disc jokey) DJ mf

DNA n abbr (= deoxyribonucleic acid) ADN m

 KEYWORD

do [duː] (pt **did**, pp **done**) n (inf: party etc): **we're having a little do on**

Saturday damos una fiestecita el sábado; **it was rather a grand do** fue un acontecimiento a lo grande
▸ *aux vb* **1** (*in negative constructions, not translated*): **I don't understand** no entiendo
2 (*to form questions, not translated*): **didn't you know?** ¿no lo sabías?; **what do you think?** ¿qué opinas?
3 (*for emphasis, in polite expressions*): **people do make mistakes sometimes** a veces sí se cometen errores; **she does seem rather late** a mí también me parece que se ha retrasado; **do sit down/help yourself** siéntate/sírvete por favor; **do take care!** ¡ten cuidado! ¿eh?
4 (*used to avoid repeating vb*): **she sings better than I do** canta mejor que yo; **do you agree? – yes, I do/no, I don't** ¿estás de acuerdo? – sí (lo estoy)/no (lo estoy); **she lives in Glasgow – so do I** vive en Glasgow – yo también; **he didn't like it and neither did we** no le gustó y a nosotros tampoco; **who made this mess?** – **I did** ¿quién hizo esta chapuza? – yo; **he asked me to help him and I did** me pidió que le ayudara y lo hice
5 (*in question tags*): **you like him, don't you?** te gusta, ¿verdad? o ¿no?; **I don't know him, do I?** creo que no le conozco
▸ *vt* **1**: **what are you doing tonight?** ¿qué haces esta noche?; **what can I do for you?** (*in shop*) ¿en qué puedo servirle?; **to do the washing-up/cooking** fregar los platos/cocinar; **to do one's teeth/nails/hair** lavarse los dientes/arreglarse el pelo/arreglarse las uñas
2 (*Aut etc*): **the car was doing 100** el coche iba a 100; **we've done 200 km already** ya hemos hecho 200 km; **he can do 100 in that car** puede ir a 100 en ese coche
▸ *vi* **1** (*act, behave*) hacer; **as I do** haz como yo

2 (*get on, fare*): **he's doing well/badly at school** va bien/mal en la escuela; **the firm is doing well** la empresa anda o va bien; **how do you do?** mucho gusto; (*less formal*) ¿qué tal?
3 (*suit*): **will it do?** ¿sirve?, ¿está o va bien?
4 (*be sufficient*) bastar; **will £10 do?** ¿será bastante con £10?; **that'll do** así está bien; **that'll do!** (*in annoyance*) ¡ya está bien!, ¡basta ya!; **to make do (with)** arreglárselas (con)
▸ **do up** *vt* (*laces*) atar; (*zip, dress, shirt*) abrochar; (*renovate: room, house*) renovar
▸ **do with** *vt fus* (*need*): **I could do with a drink/some help** no me vendría mal un trago/un poco de ayuda; (*be connected with*) tener que ver con; **what has it got to do with you?** ¿qué tiene que ver contigo?
▸ **do without** *vi*: **if you're late for dinner then you'll do without** si llegas tarde tendrás que quedarte sin cenar ▸ *vt fus* pasar sin; **I can do without a car** puedo pasar sin coche

dock [dɔk] *n* (*Naut*) muelle *m*; (*Law*) banquillo (de los acusados) ▸ *vi* (*enter dock*) atracar (en el muelle); **docks** *npl* muelles *mpl*, puerto *sg*

doctor ['dɔktə'] *n* médico *m*; (*Ph.D. etc*) doctor(a) *m/f* ▸ *vt* (*drink etc*) adulterar; **Doctor of Philosophy** *n* Doctor *m* (en Filosofía y Letras)

document ['dɔkjumənt] *n* documento *m*; **documentary** [dɔkju'mentəri] *adj* documental ▸ *n* documental *m*; **documentation** [dɔkjumen'teiʃən] *n* documentación *f*

dodge [dɔdʒ] *n* (*fig*) truco *m* ▸ *vt* evadir; (*blow*) esquivar

dodgy ['dɔdʒi] *adj* (*BRIT inf: uncertain*) dudoso, (*shady*) sospechoso; (*risky*) arriesgado

does [dʌz] *vb see* **do**
doesn't ['dʌznt] = **does not**

dog [dɒg] n perro ▷ vt seguir (de cerca); (memory etc) perseguir; **doggy bag** n bolsa para llevarse las sobras de la comida

do-it-yourself [duːɪtjɔːˈself] n bricolaje m

dole [dəʊl] n (BRIT: payment) subsidio de paro; **on the ~** parado; **dole out** vt repartir

doll [dɒl] n muñeca

dollar [ˈdɒləʳ] n dólar m

dolphin [ˈdɒlfɪn] n delfín m

dome [dəʊm] n (Arch) cúpula

domestic [dəˈmestɪk] adj (animal, duty) doméstico; (flight, news, policy) nacional; **domestic appliance** n aparato m doméstico, aparato m de uso doméstico

dominant [ˈdɒmɪnənt] adj dominante

dominate [ˈdɒmɪneɪt] vt dominar

domino [ˈdɒmɪnəʊ] (pl **dominoes**) n ficha de dominó; **dominoes** n (game) dominó

donate [dəˈneɪt] vt donar; **donation** n donativo

done [dʌn] pp of **do**

dongle [ˈdɒŋgl] n (Comput: for wireless connection) adaptador m; (: for protected software) llave f de seguridad

donkey [ˈdɒŋkɪ] n burro

donor [ˈdəʊnəʳ] n donante mf; **donor card** n carnet m de donante de órganos

don't [dəʊnt] = **do not**

doodle [ˈduːdl] vi pintar dibujitos or garabatos

doom [duːm] n (fate) suerte f ▷ vt: **to be ~ed to failure** estar condenado al fracaso

door [dɔːʳ] n puerta; **doorbell** n timbre m; **door handle** n tirador m; (of car) manija; **doorknob** n pomo m de la puerta, manilla f (LAM); **doorstep** n peldaño; **doorway** n entrada, puerta

dope [dəʊp] n (inf: illegal drug) droga; (: person) imbécil mf ▷ vt (horse etc) drogar

dormitory [ˈdɔːmɪtrɪ] n (BRIT) dormitorio; (US) colegio mayor

DOS [dɒs] n abbr = **disk operating system**

dosage [ˈdəʊsɪdʒ] n dosis f inv

dose [dəʊs] n dosis f inv

dot [dɒt] n punto ▷ vi: **~ted with** salpicado de; **on the ~** en punto; **dotcom** n puntocom f; **dotted line** n: **to sign on the dotted line** firmar

double [ˈdʌbl] adj doble ▷ adv (twice): **to cost ~** costar el doble ▷ n doble m ▷ vt doblar ▷ vi doblarse; **on the ~, (BRIT) at the ~** corriendo; **double back** vi volver sobre sus pasos; **double bass** n contrabajo; **double bed** n cama de matrimonio; **double-check** vt volver a revisar ▷ vi: **I'll double-check** voy a revisarlo otra vez; **double-click** vi hacer doble clic (Comput); **double-cross** vt (trick) engañar; (betray) traicionar; **doubledecker** n autobús m de dos pisos; **double glazing** n (BRIT) doble acristalamiento; **double room** n habitación f doble; **doubles** n (Tennis) juego de dobles; **double yellow lines** npl (BRIT Aut) línea doble amarilla de prohibido aparcar ≈ línea f sg amarilla continua

doubt [daʊt] n duda ▷ vt dudar; (suspect) dudar de; **to ~ that** dudar que; **doubtful** adj dudoso; (unconvinced): **to be doubtful about sth** tener dudas sobre algo; **doubtless** adv sin duda

dough [dəʊ] n masa, pasta; **doughnut** n dónut m

dove [dʌv] n paloma

down [daʊn] n (feathers) plumón m, flojel m; (hill) loma ▷ adv (also: **~wards**) abajo, hacia abajo; (on the ground) por/en tierra ▷ prep abajo ▷ vt (inf: drink) beberse; **~ with X!** ¡abajo X!; **down-and-out** n (tramp) vagabundo/a; **downfall** n caída, ruina; **downhill** adv: **to go downhill** ir cuesta abajo

Downing Street [ˈdaʊnɪŋ-] n (BRIT) Downing Street f

Downing Street es la calle de Londres en la que tienen su residencia oficial tanto el Primer Ministro (*Prime Minister*) como el Ministro de Economía (*Chancellor of the Exchequer*). El primero vive en el nº 10 y el segundo en el nº 11. Es una calle cerrada al público que se encuentra en el barrio de Westminster, en el centro de Londres. *Downing Street* se usa también en lenguaje periodístico para referirse al jefe del gobierno británico.

down: **download** vt (Comput) descargar; **downloadable** adj (Comput) descargable; **downright** adj (nonsense, lie) manifiesto; (refusal) terminante

Down's syndrome ['daunz-] n síndrome m de Down

down: **downstairs** adv (below) (en el piso de) abajo; (motion) escaleras abajo; **down-to-earth** adj práctico; **downtown** adv en el centro de la ciudad; **down under** adv en Australia o Nueva Zelanda); **downward** ['daunwəd] adv hacia abajo; **downwards** ['daunwədz] adv hacia abajo

doz. abbr = **dozen**

doze [dəuz] vi dormitar

dozen ['dʌzn] n docena; **a ~ books** una docena de libros; **~s of** cantidad de

Dr, Dr. abbr (= doctor) Dr; (in street names) = **drive**

drab [dræb] adj gris, monótono

draft [drɑːft] n (first copy) borrador m; (US: call-up) quinta ▷ vt (write roughly) hacer un borrador de; see also **draught**

drag [dræg] vt arrastrar; (river) dragar, rastrear ▷ vi arrastrarse por el suelo ▷ n (inf) lata; (women's clothing): **in ~** vestido de mujer; **to ~ and drop** (Comput) arrastrar y soltar

dragon ['drægən] n dragón m

dragonfly ['drægənflaɪ] n libélula

drain [dreɪn] n desaguadero; (in street) sumidero ▷ vt (land, marshes) desecar; (reservoir) desecar; (fig) agotar ▷ vi escurrirse; **to be a ~ on** consumir, agotar; **drainage** n (act) desagüe m; (Med, Agr) drenaje m; (sewage) alcantarillado; **drainpipe** n tubo de desagüe

drama ['drɑːmə] n (art) teatro; (play) drama m; **dramatic** [drə'mætɪk] adj dramático; (sudden, marked) espectacular

drank [dræŋk] pt of **drink**

drape [dreɪp] vt (cloth) colocar; (flag) colgar

drastic ['dræstɪk] adj (measure, reduction) severo; (change) radical

draught (us) **draft** [drɑːft] n (of air) corriente f de aire; (Naut) calado; **on ~** (beer) de barril; **draught beer** n cerveza de barril; **draughts** n (BRIT) juego de damas

draw [drɔː] (pt **drew**, pp **drawn**) vt (take/out) sacar; (attract) atraer; (picture) dibujar; (money) retirar ▷ vi (Sport) empatar ▷ n (Sport) empate m; (lottery) sorteo; **draw out** vi (lengthen) alargarse; **draw up** vi (stop) pararse ▷ vt (document) redactar; **drawback** n inconveniente m, desventaja

drawer n cajón m

drawing ['drɔːɪŋ] n dibujo; **drawing pin** n (BRIT) chincheta m; **drawing room** n salón m

drawn [drɔːn] pp of **draw**

dread [dred] n pavor m, terror m ▷ vt temer, tener miedo or pavor a; **dreadful** adj espantoso

dream [driːm] n sueño ▷ vt, vi soñar; **dreamer** n soñador(a) m/f

dreamt [dremt] pt, pp of **dream**

dreary ['drɪərɪ] adj monótono

drench [drentʃ] vt empapar

dress [dres] n vestido; (clothing) ropa ▷ vt vestir; (wound) vendar ▷ vi vestirse; **to ~ o.s., get ~ed** vestirse;

dress up vi vestirse de etiqueta; (in fancy dress) disfrazarse; **dress circle** n (BRIT) principal m; **dresser** n (furniture) aparador m; (: us) tocador m; **dressing** n (Med) vendaje m; (Culin) aliño; **dressing gown** n (BRIT) bata; **dressing room** n (Theat) camarín m; (Sport) vestuario; **dressing table** n tocador m; **dressmaker** n modista, costurera

drew [dru:] pt of **draw**

dribble ['drɪbl] vi (baby) babear ▷ vt (ball) regatear

dried [draɪd] adj seco; (milk) en polvo

drier ['draɪə*] n = **dryer**

drift [drɪft] n (of current etc) flujo; (of snow) ventisquero; (meaning) significado ▷ vi (boat) ir a la deriva; (sand, snow) amontonarse

drill [drɪl] n taladro; (of dentist) fresa; (for mining etc) perforadora, barrena; (Mil) instrucción f ▷ vt perforar, taladrar; (soldiers) ejercitar ▷ vi (for oil) perforar

drink [drɪŋk] n bebida ▷ vt, vi beber; **to have a ~** tomar algo; tomar una copa or un trago; **a ~ of water** un trago de agua; **drink-driving** n: **to be charged with drink-driving** ser acusado de conducir borracho or en estado de embriaguez; **drinker** n bebedor m/f; **drinking water** n agua potable

drip [drɪp] n (act) goteo; (one drip) gota; (Med) gota a gota m ▷ vi gotear

drive [draɪv] (pt **drove**, pp **driven**) n (journey) viaje m (en coche); (also: **~way**) entrada; (energy) energía, vigor m; (Comput: also: **disk ~**) unidad f de disco ▷ vt (car) conducir; (nail) clavar; (push) empujar; (Tech: motor) impulsar ▷ vi (Aut: at controls) conducir, manejar (LAM); (: travel) pasearse en coche; **left-/right-hand ~** conducción f a la izquierda/derecha; **to ~ sb mad** volverle loco a algn; **drive out** vt (force out) expulsar, echar; **drive-in** adj (esp us): **drive-in cinema** autocine m

driven ['drɪvn] pp of **drive**

driver ['draɪvə*] n conductor(a) m/f, chofer m (LAM); **driver's license** n (us) carnet m or permiso de conducir

driveway ['draɪvweɪ] n camino de entrada

driving ['draɪvɪŋ] n conducir m, manejar m (LAM); **driving instructor** n instructor(a) m/f de autoescuela; **driving lesson** n clase f de conducir; **driving licence** n (BRIT) carnet m or permiso de conducir; **driving test** n examen m de conducir

drizzle ['drɪzl] n llovizna

droop [dru:p] vi (flower) marchitarse; (shoulders) encorvarse; (head) inclinarse

drop [drɔp] n (of water) gota; (fall: in price) bajada ▷ vt dejar caer; (voice, eyes, price) bajar; (set down from car) dejar ▷ vi (object) caer; (price, temperature) bajar; (wind) amainar; **drop in** vi (inf: visit): **to ~ in (on)** pasar por casa (de); **drop off** vi (sleep) dormirse ▷ vt (passenger) dejar; **drop out** vi (withdraw) retirarse

drought [draʊt] n sequía

drove [drəuv] pt of **drive**

drown [draʊn] vt ahogar ▷ vi ahogarse

drowsy ['draʊzɪ] adj soñoliento; **to be ~** tener sueño

drug [drʌg] n medicamento; (narcotic) droga ▷ vt drogar; **to be on ~s** drogarse; **drug addict** n drogadicto/a; **drug dealer** n traficante m/f de drogas; **druggist** n (us) farmacéutico/a; **drugstore** n (us) tienda (de comestibles, periódicos y medicamentos)

drum [drʌm] n tambor m; (for oil, petrol) bidón m; **drums** npl batería sg; **drummer** n tambor m/f

drunk [drʌŋk] pp of **drink** ▷ adj borracho ▷ n (also: **drunkard**) borracho/a m; **drunken** adj borracho

dry [draɪ] adj seco; (day) sin lluvia; (climate) árido, seco ▷ vt secar; (tears) enjuagarse ▷ vi secarse; **dry up** vi (river) secarse; **dry-cleaner's** n tintorería f; **dry-cleaning** n lavado en seco; **dryer** n (for hair) secador m; (for clothes) secadora

DSS n abbr (BRIT) = **Department of Social Security**; see **social security**

DTP n abbr = **desktop publishing**

dual ['djuəl] adj doble; **dual carriageway** n (BRIT) = autovía

dubious ['dju:biəs] adj (questionable: reputation) dudoso; (: character) sospechoso; (unsure) indeciso

duck [dʌk] n pato ▷ vi agacharse

due [dju:] adj (proper) debido ▷ adv: ~ **north** derecho al norte; **in ~ course** a su debido tiempo; ~ **to** debido a; **the train is ~ to arrive at 8.00** el tren tiene (prevista) la llegada a las ocho; **the rent's ~ on the 30th** hay que pagar el alquiler el día 30

duel ['djuəl] n duelo

duet [dju:'et] n dúo

dug [dʌg] pt, pp of **dig**

duke [dju:k] n duque m

dull [dʌl] adj (light) apagado; (stupid) torpe; (boring) pesado; (pain, sound) sordo; (weather, day) gris ▷ vt (pain, grief) aliviar; (mind, senses) entorpecer

dumb [dʌm] adj mudo; (stupid) estúpido

dummy ['dʌmɪ] n (tailor's model) maniquí m; (BRIT: for baby) chupete m ▷ adj falso, postizo

dump [dʌmp] n (place) basurero, vertedero ▷ vt (put down) dejar; (get rid of) deshacerse de; (Comput) tirar (a la papelera); (Comm: goods) inundar el mercado de

dumpling ['dʌmplɪŋ] n bola de masa hervida

dune [dju:n] n duna

dungarees [dʌŋgə'ri:z] npl mono sg, overol msg (LAM)

dungeon ['dʌndʒən] n calabozo

duplex ['dju:pleks] n dúplex m

duplicate [n 'dju:plɪkət] n duplicado ▷ vt ['dju:plɪkeɪt] duplicar; (photocopy)

fotocopiar; (repeat) repetir; **in ~** por duplicado

durable ['djuərəbl] adj duradero

duration [djuə'reɪʃən] n duración f

during ['djuərɪŋ] prep durante

dusk [dʌsk] n crepúsculo, anochecer m

dust [dʌst] n polvo ▷ vt (furniture) desempolvar; (cake etc): **to ~ with** espolvorear de; **dustbin** n (BRIT) cubo de la basura, balde m (LAM); **duster** n paño, trapo; **dustman** n basurero; **dustpan** n cogedor m; **dusty** adj polvoriento

Dutch [dʌtʃ] adj holandés/esa ▷ n (Ling) holandés m ▷ adv: **to go ~** pagar a escote; **the Dutch** npl los holandeses; **Dutchman, Dutchwoman** n holandés/esa m/f

duty ['dju:tɪ] n deber m; (tax) derechos mpl de aduana; **on ~** de servicio; (at night etc) de guardia; **off ~** libre (de servicio); **duty-free** adj libre de impuestos

duvet ['du:veɪ] n (BRIT) edredón m (nórdico)

DVD n abbr (= digital versatile or video disc) DVD m; **DVD player** n lector m de DVD; **DVD writer** n grabadora de DVD

dwarf (pl **dwarves**) [dwɔ:f, dwɔ:vz] n (infl) enano/a ▷ vt empequeñecer

dwell (pt, pp **dwelt**) [dwel, dwelt] vi morar; **dwell on** vt fus explayarse en

dwindle ['dwɪndl] vi disminuir

dye [daɪ] n tinte m ▷ vt teñir

dying ['daɪɪŋ] adj moribundo

dynamic [daɪ'næmɪk] adj dinámico

dynamite ['daɪnəmaɪt] n dinamita

dyslexia [dɪs'leksɪə] n dislexia

dyslexic [dɪs'leksɪk] adj, n disléxico/a

e

E [iː] n (Mus) mi m

each [iːtʃ] adj cada uno; **~ other** el uno al otro; **they hate ~ other** se odian (entre ellos or mutuamente) ⊳ pron cada

eager ['iːgə'] adj (keen) entusiasmado; **to be ~ to do sth** estar deseoso de hacer algo; **to be ~ for** tener muchas ganas de

eagle ['iːgl] n águila f

ear [ɪə'] n oreja; (sense of hearing) oído; (of corn) espiga; **earache** n dolor m de oídos; **eardrum** n tímpano

earl [əːl] n conde m

earlier ['əːlɪə'] adj anterior ⊳ adv antes

early ['əːlɪ] adv temprano; (ahead of time) con tiempo, con anticipación ⊳ adj temprano; (reply) pronto; (man) primitivo; (first: Christians, settlers) primero; **to have an ~ night** acostarse temprano; **in the ~ or ~ in the spring/19th century** a principios

de primavera/del siglo diecinueve; **early retirement** n jubilación f anticipada

earmark ['ɪəmɑːk] vt: **to ~ for** reservar para, destinar a

earn [əːn] vt (salary) percibir; (interest) devengar; (praise) ganarse

earnest ['əːnɪst] adj (wish) fervoroso; (person) serio, formal ⊳ n: **in ~** adv en serio

earnings ['əːnɪŋz] npl (personal) ingresos mpl; (of company etc) ganancias fpl

ear: **earphones** npl auriculares mpl; **earplugs** npl tapones mpl para los oídos; **earring** n pendiente m, arete m (LAM)

earth [əːθ] n tierra; (BRIT Elec) toma de tierra ⊳ vt (BRIT Elec) conectar a tierra; **earthquake** n terremoto

ease [iːz] n facilidad f; (comfort) comodidad f ⊳ vt (problem) mitigar; (pain) aliviar; **to ~ sth in/out** meter/ sacar algo con cuidado; **at ~!** (Mil) ¡descansen!

easily ['iːzɪlɪ] adv fácilmente

east [iːst] n este m ⊳ adj del este, oriental ⊳ adv al este, hacia el este; **the E~** el Oriente; (Pol) el Este; **eastbound** adj en dirección este

Easter ['iːstə'] n Pascua (de Resurrección); **Easter egg** n huevo de Pascua

eastern ['iːstən] adj del este, oriental

Easter Sunday n Domingo de Resurrección

easy ['iːzɪ] adj fácil; (life) holgado, cómodo; (relaxed) natural ⊳ adv: **to take it or things ~** (not worry) no preocuparse; (rest) descansar; **easy-going** adj acomodadizo

eat (pt **ate**, pp **eaten**) [iːt, eɪt, 'iːtn] vt comer; **eat out** vi comer fuera

eavesdrop ['iːvzdrɔp] vi: **to ~ (on sb)** escuchar a escondidas or con disimulo (a algn)

e-book ['iːbuk] n libro electrónico

e-business ['iːbɪznɪs] n (commerce) comercio electrónico; (company) negocio electrónico

EC n abbr (= European Community) CE f

eccentric [ɪk'sɛntrɪk] adj, n excéntrico/a

echo ['ɛkəu] (pl **echoes**) n eco m ▷ vt (sound) repetir ▷ vi resonar, hacer eco

echo ['ɛkəu] (pl **echoes**) n eco m ▷ vt (sound) repetir ▷ vi resonar, hacer eco

e-cigarette ['iːsɪgərɛt] n cigarrillo electrónico

eclipse [ɪ'klɪps] n eclipse m

eco-friendly ['iːkəufrɛndlɪ] adj ecológico

ecological [iːkə'lɒdʒɪkl] adj ecológico

ecology [ɪ'kɒlədʒɪ] n ecología

e-commerce [iːkɒməːs] n comercio electrónico

economic [iːkə'nɔmɪk] adj económico; (business etc) rentable; **economical** adj económico; **economics** n (Scol) economía

economist [ɪ'kɒnəmɪst] n economista mf

economize [ɪ'kɒnəmaɪz] vi economizar, ahorrar

economy [ɪ'kɒnəmɪ] n economía; **economy class** n (Aviat etc) clase f turista; **economy class syndrome** n síndrome m de la clase turista

ecstasy ['ɛkstəsɪ] n éxtasis m inv; (drug) éxtasis m inv; **ecstatic** [ɛks'tætɪk] adj extático

eczema ['ɛksɪmə] n eczema m

edge [ɛdʒ] n (of knife etc) filo; (of object) borde m; (of lake) orilla ▷ vt (Sewing) ribetear; **on ~** (fig) = **edgy**; **to ~ away from** alejarse poco a poco de

edgy ['ɛdʒɪ] adj nervioso, inquieto

edible ['ɛdɪbl] adj comestible

Edinburgh ['ɛdɪnbərə] n Edimburgo

edit ['ɛdɪt] vt (be editor of) dirigir; (re-write) redactar; (Comput) editar; **edition** [ɪ'dɪʃən] n edición f; **editor** n (of newspaper) director(a) m/f; (of book) redactor(a) m/f; **editorial** [ɛdɪ'tɔːrɪəl] adj editorial ▷ n editorial m

educate ['ɛdjukeɪt] vt educar; (instruct) instruir; **educated** ['ɛdjukeɪtɪd] adj culto

education [ɛdju'keɪʃən] n educación f; (schooling) enseñanza; (Scol) pedagogía; **educational** adj (policy etc) de educación, educativo; (teaching) docente; (instructive) educativo

eel [iːl] n anguila

eerie ['ɪərɪ] adj espeluznante

effect [ɪ'fɛkt] n efecto ▷ vt efectuar, llevar a cabo; **effects** npl (property) efectos mpl; **to take ~** (law) entrar en vigor o vigencia; (drug) surtir efecto; **in ~** en realidad; **effective** adj eficaz; (real) efectivo; **effectively** adv eficazmente; (in reality) de hecho

efficiency [ɪ'fɪʃənsɪ] n eficiencia; (of machine) rendimiento

efficient [ɪ'fɪʃənt] adj eficiente; (machine, car) de buen rendimiento; **efficiently** adv eficientemente, de manera eficiente

effort ['ɛfət] n esfuerzo; **effortless** adj sin ningún esfuerzo

e.g. adv abbr (= exempli gratia) p.ej.

egg [ɛg] n huevo; **hard-boiled/soft-boiled/poached ~** huevo duro o/ (LAM) a la copa o/ (LAM) tibio/ pasado por agua/escalfado; **eggcup** n huevera; **eggplant** n (esp US) berenjena; **eggshell** n cáscara de huevo; **egg white** n clara de huevo; **egg yolk** n yema de huevo

ego ['iːgəu] n ego

Egypt ['iːdʒɪpt] n Egipto; **Egyptian** [ɪ'dʒɪpʃən] adj, n egipcio/a

eight [eɪt] num ocho; **eighteen** num dieciocho; **eighteenth** adj decimoctavo; **the eighteenth floor** la planta dieciocho; **the eighteenth of August** el dieciocho de agosto; **eighth** [eɪtθ] adj octavo; **eightieth** ['eɪtɪɪθ] adj octogésimo; **eighty** ['eɪtɪ] num ochenta

Eire ['ɛərə] n Eire m

either ['aɪðər] adj cualquiera de los dos ...; (both, each) cada ▷ pron: **~ (of them)** cualquiera (de los dos) ▷ adv tampoco ▷ conj: **~ yes or no** o sí o no;

on ~ side en ambos lados; **I don't like ~** no me gusta ninguno de los dos; **no, I don't ~** no, yo tampoco

eject [ɪ'dʒɛkt] vt echar; (tenant) desahuciar

elaborate adj [ɪ'læbərɪt] (design, pattern) complejo ▷ vt [ɪ'læbəreɪt] elaborar; (expand) ampliar; (refine) refinar ▷ vi explicar con muchos detalles

elastic [ɪ'læstɪk] adj, n elástico; **elastic band** n (BRIT) gomita

elbow ['ɛlbəu] n codo

elder ['ɛldə'] adj mayor ▷ n (tree) saúco; (person) mayor; **elderly** adj de edad, mayor; **~ people** los mayores, los ancianos

eldest ['ɛldɪst] adj, n el/la mayor

elect [ɪ'lɛkt] vt elegir; **to ~ to do** optar por hacer ▷ adj: **the president ~** el presidente electo; **election** n elección f; **electoral** adj electoral; **electorate** n electorado

electric [ɪ'lɛktrɪk] adj eléctrico; **electrical** adj eléctrico; **electric blanket** n manta eléctrica; **electric fire** n estufa eléctrica; **electrician** [ɪlɛk'trɪʃən] n electricista mf; **electricity** [ɪlɛk'trɪsɪtɪ] n electricidad f; **electric shock** n electrochoque m; **electrify** [ɪ'lɛktrɪfaɪ] vt (Rail) electrificar; (fig: audience) electrizar

electronic [ɪlɛk'trɔnɪk] adj electrónico; **electronic mail** n correo electrónico; **electronics** n electrónica

elegance ['ɛlɪgəns] n elegancia

elegant ['ɛlɪgənt] adj elegante

element ['ɛlɪmənt] n elemento; (of heater, kettle etc) resistencia

elementary [ɛlɪ'mɛntərɪ] adj elemental; (primitive) rudimentario; **elementary school** n (US) escuela de enseñanza primaria

elephant ['ɛlɪfənt] n elefante m

elevate ['ɛlɪveɪt] vt elevar; (in rank) ascender

elevator ['ɛlɪveɪtə'] n (US) ascensor m

eleven [ɪ'lɛvn] num once; **eleventh** [ɪ'lɛvnθ] adj undécimo

eligible ['ɛlɪdʒəbl] adj: **an ~ young man/woman** un buen partido; **to be ~ for sth** llenar los requisitos para algo

eliminate [ɪ'lɪmɪneɪt] vt (a suspect, possibility) descartar

elm [ɛlm] n olmo

eloquent ['ɛləkwənt] adj elocuente

else [ɛls] adv: **something ~** otra cosa o algo más; **somewhere ~** en otra parte; **everywhere ~** en todas partes menos aquí; **where ~?** ¿dónde más?, ¿en qué otra parte?; **there was little ~ to do** apenas quedaba otra cosa que hacer; **nobody ~** nadie más; **elsewhere** adv (be) en otra parte; (go) a otra parte

elusive [ɪ'lu:sɪv] adj esquivo; (answer) difícil de encontrar

email ['i:meɪl] n abbr (= electronic mail) email m, correo electrónico; **email address** n dirección f electrónica, email m

embankment [ɪm'bæŋkmənt] n terraplén m

embargo [ɪm'bɑ:gəu] (pl **embargoes**) n prohibición f; (Comm, Naut) embargo; **to put an ~ on sth** poner un embargo en algo

embark [ɪm'bɑ:k] vi embarcarse ▷ vt embarcar; **to ~ on** (journey) emprender, iniciar

embarrass [ɪm'bærəs] vt avergonzar, dar vergüenza a; **embarrassed** adj azorado, violento; **to be embarrassed** sentirse azorado or violento; **embarrassing** adj (situation) violento; (question) embarazoso; **embarrassment** n vergüenza

> Be careful not to translate embarrassed by the Spanish word embarazada.

embassy ['ɛmbəsɪ] n embajada

embrace [ɪm'breɪs] vt abrazar, dar un abrazo a; (include) abarcar ▷ vi abrazarse ▷ n abrazo

embroider [ɪmˈbrɔɪdəʳ] vt bordar;
embroidery n bordado
embryo [ˈembrɪəʊ] n embrión m
emerald [ˈemərəld] n esmeralda
emerge [ɪˈmɜːdʒ] vi salir; (arise) surgir
emergency [ɪˈmɜːdʒənsɪ] n crisis
f inv; **in an ~** en caso de urgencia;
(to declare a) state of ~ (declarar)
estado de emergencia or de excepción;
emergency brake n (us) freno de
mano; **emergency exit** n salida de
emergencia; **emergency landing**
n aterrizaje m forzoso; **emergency
room** (us Med) n sala f de urgencias;
emergency service n servicio de
urgencia
emigrate [ˈemɪgreɪt] vi emigrar;
emigration n emigración f
eminent [ˈemɪnənt] adj eminente
emission [ɪˈmɪʃən] n emisión f
emit [ɪˈmɪt] vt emitir; (smell, smoke)
despedir
emoticon [ɪˈməʊtɪkɒn] n emoticón m
emotion [ɪˈməʊʃən] n emoción f;
emotional adj (person) sentimental;
(scene) conmovedor(a), emocionante
emperor [ˈempərəʳ] n emperador m
emphasis (pl **emphases**) [ˈemfəsɪs,
-siːz] n énfasis m inv
emphasize [ˈemfəsaɪz] vt (word,
point) subrayar, recalcar; (feature)
hacer resaltar
empire [ˈempaɪəʳ] n imperio m
employ [ɪmˈplɔɪ] vt emplear;
employee [ɪmplɔɪˈiː] n empleado/a;
employer n patrón/ona m/f;
(businessman) empresario/a;
employment n empleo; **to find
employment** encontrar trabajo;
employment agency n agencia de
colocaciones or empleo
empower [ɪmˈpaʊəʳ] vt: **to ~ sb
to do sth** autorizar a algn para
hacer algo
empress [ˈemprɪs] n emperatriz f
emptiness [ˈemptɪnɪs] n vacío
empty [ˈemptɪ] adj vacío; (street, area)
desierto; (threat) vano ▷ vt vaciar;

(place) dejar vacío ▷ vi vaciarse; (house)
quedar(se) vacío or desocupado;
empty-handed adj con las manos
vacías
EMU n abbr (= European Monetary
Union) UME f
emulsion [ɪˈmʌlʃən] n emulsión f
enable [ɪˈneɪbl] vt: **to ~ sb to do sth**
permitir a algn hacer algo
enamel [ɪˈnæml] n esmalte m
enchanting [ɪnˈtʃɑːntɪŋ] adj
encantador(a)
encl. abbr (= enclosed) adj
enclose [ɪnˈkləʊz] vt (land) cercar;
(with letter etc) adjuntar; **please find
~d** le mandamos adjunto
enclosure [ɪnˈkləʊʒəʳ] n cercado,
recinto
encore [ɒŋˈkɔːʳ] excl ¡otra!, ¡bis! ▷ n
bis m
encounter [ɪnˈkaʊntəʳ] n encuentro
▷ vt encontrar, encontrarse con;
(difficulty) tropezar con
encourage [ɪnˈkʌrɪdʒ] vt alentar,
animar; (growth) estimular;
encouragement n estímulo; (of
industry) fomento
encouraging [ɪnˈkʌrɪdʒɪŋ] adj
alentador(a)
encyclop(a)edia [ɛnsaɪkləʊˈpiːdɪə]
n enciclopedia
end [end] n fin m; (of table) extremo;
(of street) final m; (Sport) lado ▷ vt
terminar, acabar; (also: **bring to an ~,
put an ~ to**) acabar con ▷ vi terminar,
acabar; **in the ~** al final; **on ~** (object)
de punta, de cabeza; **to stand on ~**
(hair) erizarse; **for hours on ~** hora
tras hora; **end up** vi: **to ~ up in**
terminar en; (place) ir a parar a
endanger [ɪnˈdeɪndʒəʳ] vt poner en
peligro; **an ~ed species** una especie
en peligro de extinción
endearing [ɪnˈdɪərɪŋ] adj entrañable
endeavour, (us) **endeavor**
[ɪnˈdevəʳ] n esfuerzo; (attempt)
tentativa ▷ vi: **to ~ to do** esforzarse
por hacer; (try) procurar hacer

ending ['ɛndɪŋ] n (of book) desenlace m; (Ling) terminación f

endless ['ɛndlɪs] adj interminable, inacabable

endorse [ɪn'dɔːs] vt (cheque) endosar; (approve) aprobar; **endorsement** n (on driving licence) nota de sanción

endurance [ɪn'djuərəns] n resistencia

endure [ɪn'djuə'] vt (bear) aguantar, soportar ▷ vi (last) perdurar

enemy ['ɛnəmɪ] adj, n enemigo/a

energetic [ɛnə'dʒɛtɪk] adj enérgico

energy ['ɛnədʒɪ] n energía

enforce [ɪn'fɔːs] vt (law) hacer cumplir

engaged [ɪn'geɪdʒd] adj (BRIT: busy, in use) ocupado; (betrothed) prometido; **to get ~** prometerse; **engaged tone** n (BRIT Tel) señal f de comunicando

engagement [ɪn'geɪdʒmənt] n (appointment) compromiso, cita; (to marry) compromiso; (period) noviazgo; **engagement ring** n anillo de pedida

engaging [ɪn'geɪdʒɪŋ] adj atractivo

engine ['ɛndʒɪn] n (Aut) motor m; (Rail) locomotora

engineer [ɛndʒɪ'nɪə'] n ingeniero/a; (BRIT: for repairs) técnico/a; (US Rail) maquinista m/f; **engineering** n ingeniería

England ['ɪŋglənd] n Inglaterra

English ['ɪŋglɪʃ] adj inglés/esa ▷ n (Ling) el inglés; **the English** npl los ingleses; **English Channel** n: **the English Channel** el Canal de la Mancha; **Englishman**, **Englishwoman** n inglés/esa m/f

engrave [ɪn'greɪv] vt grabar

engraving [ɪn'greɪvɪŋ] n grabado

enhance [ɪn'hɑːns] vt aumentar; (beauty) realzar

enjoy [ɪn'dʒɔɪ] vt (health, fortune) disfrutar de, gozar de; **I ~ doing ...** me gusta hacer ...; **to ~ o.s.** divertirse; **enjoyable** adj agradable; (amusing) divertido; **enjoyment** n (joy) placer m

enlarge [ɪn'lɑːdʒ] vt aumentar; (broaden) extender; (Phot) ampliar ▷ vi: **to ~ on** (subject) tratar con más detalles; **enlargement** n (Phot) ampliación f

enlist [ɪn'lɪst] vt alistar; (support) conseguir ▷ vi alistarse

enormous [ɪ'nɔːməs] adj enorme

enough [ɪ'nʌf] adj: **~ time/books** bastante tiempo/bastantes libros ▷ n: **have you got ~?** ¿tiene usted bastante? ▷ adv: **big ~** bastante grande; **he has not worked ~** no ha trabajado bastante; **(that's) ~!** ¡basta ya!, ¡ya está bien!; **that's ~, thanks** con eso basta, gracias; **I've had ~** estoy harto; **... which, funnily ~ ...** lo que, por extraño que parezca ...

enquire [ɪn'kwaɪə'] vt, vi = **inquire**

enrage [ɪn'reɪdʒ] vt enfurecer

enrich [ɪn'rɪtʃ] vt enriquecer

enrol, (US)**enroll** [ɪn'rəul] vt (member) inscribir; (Scol) matricular ▷ vi inscribirse; (Scol) matricularse; **enrolment**, (US)**enrollment** n inscripción f; matriculación f

en route [ɔn'ruːt] adv durante el viaje

en suite [ɔn'swiːt] adj: **with ~ bathroom** con baño

ensure [ɪn'ʃuə'] vt asegurar

entail [ɪn'teɪl] vt suponer

enter ['ɛntə'] vt (room, profession) entrar en; (club) hacerse socio de; (army) alistarse en; (sb for a competition) inscribir; (write down) anotar, apuntar; (Comput) introducir ▷ vi entrar

enterprise ['ɛntəpraɪz] n empresa; (spirit) iniciativa f; **free ~** la libre empresa; **private ~** la iniciativa privada; **enterprising** adj emprendedor(a)

entertain [ɛntə'teɪn] vt (amuse) divertir; (receive: guest) recibir (en casa); (idea) abrigar; **entertainer** n artista mf; **entertaining** adj divertido, entretenido; **entertainment** n (amusement) diversión f; (show) espectáculo

enthusiasm [ɪn'θuːzɪæzəm] n entusiasmo

enthusiast [ɪnˈθuːzɪæst] n entusiasta mf; **enthusiasm** [ɪnˈθuːzɪˈæstɪk] adj entusiasta; **to be enthusiastic about sb/sth** estar entusiasmado con algn/algo

entire [ɪnˈtaɪə²] adj entero; **entirely** adv totalmente

entitle [ɪnˈtaɪtl] vt: **to ~ sth to sb** dar a algn derecho a algo; **entitled** adj (book) titulado; **to be entitled to sth/to do sth** tener derecho a algo/a hacer algo

entrance [ˈentrəns] n entrada ⊳ vt [ɪnˈtrɑːns] encantar, hechizar; **to gain ~ to** (university etc) ingresar en; **entrance examination** n examen m de ingreso; **entrance fee** n (to a show) entrada; (to a club) cuota; **entrance ramp** n (us Aut) rampa de acceso

entrant [ˈentrənt] n (in race, competition) participante mf; (in exam) candidato/a

entrepreneur [ɔntrəprəˈnɜː²] n empresario/a

entrust [ɪnˈtrʌst] vt: **to ~ sth to sb** confiar algo a algn

entry [ˈentrɪ] n entrada; (in register, diary, ship's log) apunte m; (in account book, ledger, list) partida; **no ~** prohibido el paso; (Aut) dirección prohibida; **entry phone** n portero automático

envelope [ˈenvələup] n sobre m

envious [ˈenvɪəs] adj envidioso; (look) de envidia

environment [ɪnˈvaɪərnmənt] n (surroundings) entorno; **Department of the E-** ministerio del medio ambiente; **environmental** [ɪnvaɪərnˈmentl] adj (medio)ambiental; **environmentally** [ɪnvaɪərnˈmentlɪ] adv: **environmentally sound/friendly** ecológico

envisage [ɪnˈvɪzɪdʒ] vt prever

envoy [ˈenvɔɪ] n enviado/a

envy [ˈenvɪ] n envidia ⊳ vt tener envidia a; **to ~ sb sth** envidiar algo a algn

epic [ˈepɪk] n épica ⊳ adj épico

epidemic [epɪˈdemɪk] n epidemia

epilepsy [ˈepɪlepsɪ] n epilepsia

epileptic [epɪˈleptɪk] adj, n epiléptico/a; **epileptic fit** n ataque m de epilepsia, acceso m epiléptico

episode [ˈepɪsəud] n episodio

equal [ˈiːkwl] adj igual; (treatment) equitativo ⊳ n igual mf ⊳ vt ser igual a; (fig) igualar; **to be ~ to** (task) estar a la altura de; **equality** [iːˈkwɔlɪtɪ] n igualdad f; **equalize** vi (Sport) empatar; **equally** adv igualmente; (share etc) a partes iguales

equation [ɪˈkweɪʒən] n (Math) ecuación f

equator [ɪˈkweɪtə²] n ecuador m

equip [ɪˈkwɪp] vt equipar; (person) proveer; **to be well ~ped** estar bien equipado; **equipment** n equipo

equivalent [ɪˈkwɪvələnt] adj, n equivalente m; **to be ~ to** equivaler a

ER abbr (BRIT: = Elizabeth Regina) la reina Isabel; (US Med) = **emergency room**

era [ˈɪərə] n era, época

erase [ɪˈreɪz] vt borrar; **eraser** n goma de borrar

e-reader [ˈiːriːdə²] n libro electrónico

erect [ɪˈrekt] adj erguido ⊳ vt erigir, levantar; (assemble) montar; **erection** n (of building) construcción f; (of machinery) montaje m; (Med) erección f

ERM n abbr (= Exchange Rate Mechanism) (mecanismo de cambios del) SME m

erode [ɪˈrəud] vt (Geo) erosionar; (metal) corroer, desgastar

erosion [ɪˈrəuʒən] n erosión f; desgaste m

erotic [ɪˈrɔtɪk] adj erótico

errand [ˈernd] n recado, mandado (LAM)

erratic [ɪˈrætɪk] adj desigual, poco uniforme

error [ˈerə²] n error m, equivocación f

erupt [ɪˈrʌpt] vi entrar en erupción; (fig) estallar; **eruption** n erupción f; (of anger, violence) estallido

escalate ['eskəleɪt] vi extenderse, intensificarse

escalator ['eskəleɪtə*] n escalera mecánica

escape [ɪ'skeɪp] n fuga ▷ vi escaparse; (flee) huir, evadirse ▷ vt evitar, eludir; (consequences) escapar a; **his name ~s me** no me sale su nombre; **to ~ from** (place) escaparse de; (person) huir de

escort n ['eskɔ:t] acompañante mf; (Mil) escolta f ▷ vt ['ɪ'skɔ:t] acompañar

especially [ɪ'speʃlɪ] adv especialmente; (above all) sobre todo; (particularly) en especial

espionage ['espɪəna:ʒ] n espionaje m

essay ['eseɪ] n (Scol) redacción f; (: longer) trabajo

essence ['esns] n esencia

essential [ɪ'senʃl] adj (necessary) imprescindible; (basic) esencial ▷ n (often pl) lo esencial; **essentially** adv esencialmente

establish [ɪ'stæblɪʃ] vt establecer; (prove) demostrar; (relations) entablar; **establishment** n establecimiento; **the Establishment** la clase dirigente

estate [ɪ'steɪt] n (land) finca, hacienda; (inheritance) herencia; **housing ~** (BRIT) urbanización f; **estate agent** n (BRIT) agente mf inmobiliario/a; **estate car** n (BRIT) ranchera, coche m familiar

estimate ['estɪmət] n estimación f; (assessment) tasa, cálculo; (Comm) presupuesto ▷ vt ['estɪmeɪt] estimar; tasar, calcular

etc abbr (= et cetera) etc

eternal [ɪ'tə:nl] adj eterno

eternity [ɪ'tə:nɪtɪ] n eternidad f

ethical ['eθɪkl] adj ético; **ethics** ['eθɪks] n ética ▷ npl moralidad f

Ethiopia [i:'θɪəpɪə] n Etiopía

ethnic ['eθnɪk] adj étnico; **ethnic minority** n minoría étnica

e-ticket ['i:tɪkɪt] n billete electrónico, boleto electrónico (LAM)

etiquette ['etɪket] n etiqueta

EU n abbr (= European Union) UE f

euro ['juərəu] n euro

Europe ['juərəp] n Europa; **European** [juərə'pi:ən] adj, n europeo/a; **European Community** n Comunidad f Europea; **European Union** n Unión f Europea

Eurostar® ['juərəustɑ:'] n Eurostar® m

evacuate [ɪ'vækjueɪt] vt evacuar; (place) desocupar

evade [ɪ'veɪd] vt evadir, eludir

evaluate [ɪ'væljueɪt] vt evaluar; (value) tasar; (evidence) interpretar

evaporate [ɪ'væpəreɪt] vi evaporarse; (fig) desvanecerse

eve [i:v] n: **on the ~ of** en vísperas de

even ['i:vn] adj (level) llano; (smooth) liso; (speed, temperature) uniforme; (number) par ▷ adv hasta, incluso; **~ if, ~ though** aunque + subjun, así + subjun (LAM); **~ more** aun más; **~ so** aun así; **not ~** ni siquiera; **~ he was there** hasta él estaba allí; **~ on Sundays** incluso los domingos; **to get ~ with sb** ajustar cuentas con algn

evening ['i:vnɪŋ] n tarde f; (night) noche f; **in the ~** por la tarde; **this ~** esta tarde or noche; **tomorrow/ yesterday ~** mañana/ayer por la tarde or noche; **evening class** n clase f nocturna; **evening dress** n (man's) traje m de etiqueta; (woman's) traje m de noche

event [ɪ'vent] n suceso, acontecimiento; (Sport) prueba; **in the ~ of** en caso de; **eventful** adj (life) azaroso; (day) ajetreado; (game) lleno de emoción; (journey) lleno de incidentes

eventual [ɪ'ventʃuəl] adj final; **eventually** adv (finally) por fin; (in time) con el tiempo

▌ Be careful not to translate eventual by the Spanish word eventual.

ever ['evə*] adv nunca, jamás; (at all times) siempre ▷ conj después de que; **for ~** (para) siempre; **the best ~** lo nunca visto; **have you ~ seen it?** ¿lo has visto alguna vez?; **better than ~** mejor que nunca; **~ since** *adv* desde entonces; **evergreen** *n* árbol *m* de hoja perenne

O **KEYWORD**

every ['ɛvrɪ] *adj* **1** *(each)* cada; **every one of them** *(persons)* todos ellos/as; *(objects)* cada uno de ellos/as; **every shop in the town was closed** todas las tiendas de la ciudad estaban cerradas

2 *(all possible)* todo/a; **I gave you every assistance** te di toda la ayuda posible; **I have every confidence in him** tiene toda mi confianza; **we wish you every success** te deseamos toda suerte de éxitos

3 *(showing recurrence)* todo/a; **every day/week** todos los días/todas las semanas; **every other car had been broken into** habían forzado uno de cada dos coches; **she visits me every other/third day** me visita cada dos/ tres días; **every now and then** de vez en cuando

everybody ['ɛvrɪbɒdɪ] *pron* todos *pron pl*, todo el mundo

everyday ['ɛvrɪdeɪ] *adj* *(daily: use, occurrence, experience)* cotidiano; *(usual: expression)* corriente

everyone ['ɛvrɪwʌn] *pron* = **everybody**

everything ['ɛvrɪθɪŋ] *pron* todo

everywhere ['ɛvrɪwɛə³] *adv (be)* en todas partes; *(go)* a *or* por todas partes; **~ you go you meet ...** en todas partes encuentras ...

evict ['vɪkt] *vt* desahuciar

evidence ['ɛvɪdəns] *n (proof)* prueba; *(of witness)* testimonio; **to give ~** prestar declaración, dar testimonio

evident ['ɛvɪdənt] *adj* evidente, manifiesto; **evidently** *adv* por lo visto

evil ['iːvl] *adj* malo; *(influence)* funesto ▷ *n* mal *m*

evoke ['vəuk] *vt* evocar

evolution [iːvə'luːʃən] *n* evolución *f*

evolve ['vɒlv] *vt* desarrollar ▷ *vi* evolucionar, desarrollarse

ewe [juː] *n* oveja

ex [ɛks] *(inf) n*: **my ex** mi ex

ex- [ɛks] *pref (husband, president etc)* ex-

exact [ɪg'zækt] *adj* exacto ▷ *vt*: **to ~ sth (from)** exigir algo (de); **exactly** *adv* exactamente; **exactly!** ¡exacto!

exaggerate [ɪg'zædʒəreɪt] *vt, vi* exagerar; **exaggeration** [ɪgzædʒə'reɪʃən] *n* exageración *f*

exam [ɪg'zæm] *n abbr (Scol)*; = **examination**

examination [ɪgzæmɪ'neɪʃən] *n* examen *m*; *(Med)* reconocimiento

examine [ɪg'zæmɪn] *vt* examinar; *(inspect)* inspeccionar; *(Med)* reconocer; **examiner** *n* examinador(a) *m/f*

example [ɪg'zɑːmpl] *n* ejemplo; **for ~** por ejemplo

exasperate [ɪg'zɑːspəreɪt] *vt* exasperar; **~d by** or **at** or **with** exasperado *por* or con

excavate ['ɛkskəveɪt] *vt* excavar

exceed [ɪk'siːd] *vt* exceder; *(number)* pasar de; *(speed limit)* sobrepasar; *(powers)* excederse en; *(hopes)* superar; **exceedingly** *adv* sumamente, sobremanera

excel [ɪk'sɛl] *vi* sobresalir; **to ~ o.s.** lucirse

excellence ['ɛksələns] *n* excelencia

excellent ['ɛksələnt] *adj* excelente

except [ɪk'sɛpt] *prep (also: ~ for, ~ing)* excepto, salvo ▷ *vt* exceptuar, excluir; **~ if/when** excepto si/cuando; **~ that** salvo que; **exception** *n* excepción *f*; **to take exception to** ofenderse por; **exceptional** *adj* excepcional; **exceptionally** *adv* excepcionalmente, extraordinariamente

excerpt ['ɛksəːpt] *n* extracto

excess [ɪk'sɛs] *n* exceso; **excess baggage** *n* exceso de equipaje; **excessive** *adj* excesivo

exchange [ɪks'tʃeɪndʒ] *n* intercambio; (*also:* **telephone ~**) central *f* (telefónica) ▷ *vt:* **to ~ (for)** cambiar (por); **exchange rate** *n* tipo de cambio

excite [ɪk'saɪt] *vt* (*stimulate*) estimular; **to get ~d** emocionarse; **excitement** *n* emoción *f*; **exciting** *adj* emocionante

exclaim [ɪks'kleɪm] *vi* exclamar

exclamation [ekskləˈmeɪʃən] *n* exclamación *f*; **exclamation mark**, (*us*) **exclamation point** *n* signo de admiración

exclude [ɪk'sklu:d] *vt* excluir; (*except*) exceptuar

excluding [ɪks'klu:dɪŋ] *prep:* **~ VAT** IVA no incluido

exclusion [ɪk'sklu:ʒən] *n* exclusión *f*; **to the ~ of** con exclusión de

exclusive [ɪk'sklu:sɪv] *adj* exclusivo; (*club, district*) selecto; **~ of tax** excluyendo impuestos; **exclusively** *adv* únicamente

excruciating [ɪk'skru:ʃɪeɪtɪŋ] *adj* (*pain*) agudísimo, atroz

excursion [ɪk'skə:ʃən] *n* excursión *f*

excuse *n* [ɪk'skju:s] disculpa, excusa; (*evasion*) pretexto ▷ *vt* [ɪk'skju:z] disculpar, perdonar; (*justify*) justificar; **to ~ sb from doing sth** dispensar a algn de hacer algo; **~ me!** ¡perdone!; (*attracting attention*) ¡oiga (, por favor)!; **if you will ~ me** con su permiso

ex-directory ['eksdɪ'rektərɪ] *adj* (*BRIT*): **~ (phone) number** número que no figura en la guía (telefónica)

execute ['eksɪkju:t] *vt* (*plan*) realizar; (*order*) cumplir; (*person*) ajusticiar, ejecutar; **execution** *n* realización *f*; cumplimiento; ejecución *f*

executive [ɪg'zekjutɪv] *n* (*Comm*) ejecutivo/a; (*Pol*) poder *m* ejecutivo ▷ *adj* ejecutivo

exempt [ɪg'zempt] *adj:* **~ from** exento de ▷ *vt:* **to ~ sb from** eximir a algn de

exercise ['eksəsaɪz] *n* ejercicio ▷ *vt* ejercer; (*patience etc*) proceder con; (*dog*) sacar de paseo ▷ *vi* hacer ejercicio; **exercise book** *n* cuaderno de ejercicios

exert [ɪg'zə:t] *vt* ejercer; **to ~ o.s.** esforzarse; **exertion** [ɪg'zə:ʃən] *n* esfuerzo

exhale [eks'heɪl] *vt* despedir ▷ *vi* espirar

exhaust [ɪg'zɔ:st] *n* (*pipe*) (tubo de) escape *m*; (*fumes*) gases *mpl* de escape ▷ *vt* agotar; **exhausted** *adj* agotado; **exhaustion** [ɪg'zɔ:stʃən] *n* agotamiento; **nervous exhaustion** agotamiento nervioso

exhibit [ɪg'zɪbɪt] *n* (*Art*) obra expuesta; (*Law*) objeto expuesto ▷ *vt* (*show: emotions*) manifestar; (: *courage, skill*) demostrar; (*paintings*) exponer; **exhibition** [eksɪ'bɪʃən] *n* exposición *f*

exhilarating [ɪg'zɪləreɪtɪŋ] *adj* estimulante, tónico

exile ['eksaɪl] *n* exilio; (*person*) exiliado/a ▷ *vt* desterrar, exiliar

exist [ɪg'zɪst] *vi* existir; **existence** *n* existencia; **existing** *adj* existente, actual

exit ['eksɪt] *n* salida ▷ *vi* (*Theat*) hacer mutis; (*Comput*) salir (del sistema); **exit ramp** *n* (*us Aut*) vía de acceso

⬛ Be careful not to translate *exit* by the Spanish word *éxito*.

exotic [ɪg'zɔtɪk] *adj* exótico

expand [ɪk'spænd] *vt* ampliar, extender; (*number*) aumentar ▷ *vi* (*trade etc*) ampliarse, expandirse; (*gas, metal*) dilatarse; **to ~ on** (*notes, story etc*) ampliar

expansion [ɪk'spænʃən] *n* ampliación *f*; aumento; (*of trade*) expansión *f*

expect [ɪk'spekt] *vt* esperar; (*count on*) contar con; (*suppose*) suponer ▷ *vi:* **to be ~ing** estar encinta; **expectation** [ekspek'teɪʃən] *n* (*hope*) esperanza; (*belief*) expectativa

expedition [ɛkspə'dɪʃən] n
expedición f

expel [ɪk'spɛl] vt expulsar

expenditure [ɪk'spɛndɪtʃə'] n
gastos mpl, desembolso; (of time,
effort) gasto

expense [ɪk'spɛns] n gasto, gastos
mpl; (high cost) coste m; **expenses** npl
(Comm) gastos mpl; **at the ~ of** a costa
de; **expense account** n cuenta de
gastos (de representación)

expensive [ɪk'spɛnsɪv] adj caro,
costoso

experience [ɪk'spɪərɪəns] n
experiencia ▷ vt experimentar;
(suffer) sufrir; **experienced** adj
experimentado

experiment [ɪk'spɛrɪmənt] n
experimento ▷ vi hacer experimentos;
experimental [ɪkspɛrɪ'mɛntl] adj
experimental; **the process is still at
the experimental stage** el proceso
está todavía en prueba

expert ['ɛkspə:t] adj experto,
perito ▷ n experto/a, perito/a;
(specialist) especialista mf; **expertise**
[ɛkspə:'ti:z] n pericia

expire [ɪk'spaɪə'] vi caducar, vencerse;
expiry [ɪk'spaɪərɪ] n vencimiento;
expiry date n (of medicine, food item)
fecha de caducidad

explain [ɪk'spleɪn] vt explicar;
explanation [ɛksplə'neɪʃən] n
explicación f

explicit [ɪk'splɪsɪt] adj explícito

explode [ɪk'spləud] vi estallar,
explotar; (with anger) reventar

exploit ['ɛksplɔɪt] n hazaña ▷ vt
[ɪk'splɔɪt] explotar; **exploitation**
[ɛksplɔɪ'teɪʃən] n explotación f

explore [ɪk'splɔ:'] vt explorar; (fig)
examinar, sondear; **explorer** n
explorador(a) m/f

explosion [ɪk'spləuʒən] n explosión
f; **explosive** [ɪk'spləusɪv] adj, n
explosivo

export vt [ɛk'spɔ:t] exportar ▷ n
['ɛkspɔ:t] exportación f ▷ cpd de

exportación; **exporter** [ɛk'spɔ:tə'] n
exportador(a) m/f

expose [ɪk'spəuz] vt exponer;
(unmask) desenmascarar; **exposed**
adj expuesto

exposure [ɪk'spəuʒə'] n exposición f;
(Phot: speed) (tiempo m de) exposición
f; (: shot) fotografía; **to die from ~**
(Med) morir de frío

express [ɪk'sprɛs] adj (definite)
expreso, explícito; (BRIT: letter
etc) urgente ▷ n (train) rápido ▷ vt
expresar; **expression** [ɪk'sprɛʃən] n
expresión f; **expressway** n (us: urban
motorway) autopista

exquisite [ɛk'skwɪzɪt] adj exquisito

extend [ɪk'stɛnd] vt (visit, street)
prolongar; (building) ampliar;
(invitation) ofrecer ▷ vi (land)
extenderse; **the contract ~s to/
for ...** el contrato se prolonga hasta/
por ...

extension [ɪk'stɛnʃən] n extensión
f; (building) ampliación f; (Tel: line)
extensión f; (telephone) supletorio m;
(of deadline) prórroga

extensive [ɪk'stɛnsɪv] adj extenso;
(damage) importante; (knowledge)
amplio

extent [ɪk'stɛnt] n (breadth) extensión
f; (scope) alcance m; **to some ~** hasta
cierto punto; **to the ~ of ...** hasta el
punto de ...; **to such an ~ that ...**
hasta tal punto que ...; **to what ~?**
¿hasta qué punto?

exterior [ɛk'stɪərɪə'] adj exterior,
externo ▷ n exterior m

external [ɛk'stə:nl] adj externo

extinct [ɪk'stɪŋkt] adj (volcano)
extinguido; (race) extinguido;
extinction n extinción f

extinguish [ɪk'stɪŋgwɪʃ] vt extinguir,
apagar

extra ['ɛkstrə] adj adicional ▷ adv (in
addition) más ▷ n (addition) extra m;
(Theat) extra mf, comparsa mf

extract vt [ɪk'strækt] sacar; (tooth)
extraer ▷ n ['ɛkstrækt] extracto

extradite [ˈɛkstrədaɪt] vt extraditar
extraordinary [ɪkˈstrɔːdnrɪ] adj extraordinario; (odd) raro
extravagance [ɪkˈstrævəgəns] n derroche m; (thing bought) extravagancia
extravagant [ɪkˈstrævəgənt] adj (wasteful) derrochador(a); (taste, gift) excesivamente caro; (price) exorbitante
extreme [ɪkˈstriːm] adj extremo; extremado ▷ n extremo; **extremely** adv sumamente, extremadamente
extremist [ɪkˈstriːmɪst] adj, n extremista mf
extrovert [ˈɛkstrəvɜːt] n extrovertido/a
eye [aɪ] n ojo ▷ vt mirar; **to keep an ~ on** vigilar; **eyeball** n globo ocular; **eyebrow** n ceja; **eyedrops** npl gotas fpl para los ojos; **eyelash** n pestaña; **eyelid** n párpado; **eyeliner** n lápiz m de ojos; **eyeshadow** n sombra de ojos; **eyesight** n vista; **eye witness** n testigo mf ocular

f

F [ɛf] n (Mus) fa m
fabric [ˈfæbrɪk] n tejido, tela
■ Be careful not to translate *fabric* by the Spanish word *fábrica*.
fabulous [ˈfæbjʊləs] adj fabuloso
face [feɪs] n (Anat) cara, rostro; (of clock) esfera ▷ vt (direction) estar de cara a; (situation) hacer frente a; (facts) aceptar; **~ down** (person, card) boca abajo; **to lose ~** desprestigiarse; **to make** or **pull a ~** hacer muecas; **in the ~ of** (difficulties etc) ante; **on the ~ of it** a primera vista; **~ to ~** cara a cara; **face up to** vt fus hacer frente a, enfrentarse a; **face cloth** n (BRIT) toallita; **face pack** n (BRIT) mascarilla
facial [ˈfeɪʃəl] adj de la cara ▷ n (also: **beauty ~**) tratamiento facial, limpieza
facilitate [fəˈsɪlɪteɪt] vt facilitar
facility [fəˈsɪlɪtɪ] n facilidad f; **facilities** npl instalaciones fpl; **credit ~** facilidades de crédito
fact [fækt] n hecho; **in ~** en realidad

faction ['fækʃən] n facción f

factor ['fæktə'] n factor m

factory ['fæktərɪ] n fábrica f

factual ['fæktjʊəl] adj basado en los hechos

faculty ['fækəltɪ] n facultad f; (US: teaching staff) personal m docente

fad [fæd] n novedad f, moda

fade [feɪd] vi desteñirse; (sound, hope) desvanecerse; (light) apagarse; (flower) marchitarse; **fade away** vi (sound) apagarse

fag [fæg] n (BRIT inf: cigarette) pitillo (SP), cigarro

Fahrenheit ['fɑːrənhaɪt] n Fahrenheit m

fail [feɪl] vt suspender; (memory etc) fallar a ▷ vi suspender; (be unsuccessful) fracasar; (strength, brakes, engine) fallar; **to ~ to do sth** (neglect) dejar de hacer algo; (be unable) no poder hacer algo; **without ~** sin falta; **failing** n falta, defecto ▷ prep a falta de; **failure** ['feɪljə'] n fracaso; (person) fracasado/a; (mechanical etc) fallo

faint [feɪnt] adj débil; (recollection) vago; (mark) apenas visible ▷ vi desmayarse; **to feel ~** estar mareado, marearse; **faintest** adj: **I haven't the faintest idea** no tengo la más remota idea; **faintly** adv débilmente; (vaguely) vagamente

fair [fɛə'] adj justo; (hair, person) rubio; (weather) bueno; (good enough) suficiente; (sizeable) considerable ▷ adv: **to play ~** jugar limpio ▷ n feria; (BRIT: funfair) parque m de atracciones; **fairground** n recinto ferial; **fair-haired** adj (person) rubio; **fairly** adv (justly) con justicia; (quite) bastante; **fair trade** n comercio justo; **fairway** n (Golf) calle f

fairy ['fɛərɪ] n hada; **fairy tale** n cuento de hadas

faith [feɪθ] n fe f; (trust) confianza; (sect) religión f; **faithful** adj, (loyal: troops etc) leal; (spouse) fiel; (account) exacto; **faithfully** adv fielmente;

yours faithfully (BRIT: in letters) le saluda atentamente

fake [feɪk] n (painting etc) falsificación f; (person) impostor(a) m/f ▷ adj falso ▷ vt fingir; (painting etc) falsificar

falcon ['fɔːlkən] n halcón m

fall [fɔːl] n caída; (US) otoño ▷ vi (pt **fell**, pp **fallen**) caer; (accidentally) caerse; (price) bajar; **falls** npl (waterfall) cataratas fpl, salto sg de agua; **to ~ flat** vi (on one's face) caerse de bruces; (joke, story) no hacer gracia; **fall apart** vi deshacerse; **fall down** vi (person) caerse; (building) derrumbarse; **fall for** vt fus (trick) tragar; (person) enamorarse de; **fall off** vi caerse; (diminish) disminuir; **fall out** vi (friends etc) reñir; (hair, teeth) caerse; **fall over** vi caer(se); **fall through** vi (plan, project) fracasar

fallen ['fɔːlən] pp of **fall**

fallout ['fɔːlaʊt] n lluvia radioactiva

false [fɔːls] adj falso; **under ~ pretences** con engaños; **false alarm** n falsa alarma; **false teeth** npl (BRIT) dentadura fpl postiza

fame [feɪm] n fama

familiar [fə'mɪlɪə'] adj familiar; (well-known) conocido; (tone) de confianza; **to be ~ with** (subject) conocer (bien); **familiarize o.s. with** familiarizarse con

family ['fæmɪlɪ] n familia; **family doctor** n médico/a de cabecera; **family planning** n planificación f familiar

famine ['fæmɪn] n hambre f, hambruna

famous ['feɪməs] adj famoso, célebre

fan [fæn] n abanico; (Elec) ventilador m; (Sport) hincha mf; (of pop star) fan mf ▷ vt abanicar; (fire, quarrel) atizar

fanatic [fə'nætɪk] n fanático/a

fan belt n correa del ventilador

fan club n club m de fans

fancy ['fænsɪ] n (whim) capricho, antojo; (imagination) imaginación f

▷ adj (luxury) de lujo ▷ vt (feel like, want) tener ganas de; (imagine) imaginarse; **to take a ~ to sb** tomar cariño a algn; **he fancies her** le gusta (ella) mucho; **fancy dress** n disfraz m

fan heater n calefactor m de aire

fantasize ['fæntəsaɪz] vi fantasear, hacerse ilusiones

fantastic [fæn'tæstɪk] adj fantástico

fantasy ['fæntəzɪ] n fantasía

fanzine ['fænziːn] n fanzine m

FAQs npl abbr (= frequently asked questions) preguntas fpl frecuentes

far [fɑːʳ] adj (distant) lejano ▷ adv lejos; **~ away, ~ off** (a lo) lejos; **~ better** mucho mejor; **~ from** lejos de; **by ~** con mucho; **go as ~ as the farm** vaya hasta la granja; **as ~ as I know** que yo sepa; **how ~?** ¿hasta dónde?; (fig) ¿hasta qué punto?

farce [fɑːs] n farsa

fare [fɛəʳ] n (on trains, buses) precio (del billete); (in taxi: cost) tarifa; (food) comida; **half/full ~** medio billete m/ billete m completo

Far East n: **the ~** el Extremo or Lejano Oriente

farewell [fɛə'wel] excl, n adiós m

farm [fɑːm] n granja, finca, estancia (LAM), chacra (LAM) ▷ vt cultivar; **farmer** n granjero/a, estanciero/a (LAM); **farmhouse** n granja, casa de hacienda (LAM); **farming** n agricultura; (tilling) cultivo; **sheep farming** n cría de ovejas; **farmyard** n corral m

far-reaching [fɑː'riːtʃɪŋ] adj (reform, effect) de gran alcance

fart [fɑːt] (infl) vi tirarse un pedo (!)

farther ['fɑːðəʳ] adv más lejos, más allá ▷ adj más lejano

farthest ['fɑːðɪst] superlative of **far**

fascinate ['fæsɪneɪt] vt fascinar; **fascinated** adj fascinado; **fascinating** adj fascinante; **fascination** [fæsɪ'neɪʃən] n fascinación f; **fascinator** n (hat) tocado (de plumas, flores o cintas)

fascist ['fæʃɪst] adj, n fascista mf

fashion ['fæʃən] n moda; (fashion industry) industria de la moda; (manner) manera ▷ vt formar; **in ~** a la moda; **out of ~** pasado de moda; **fashionable** adj de moda; **fashion show** n desfile m de modelos

fast [fɑːst] adj (also Phot: film) rápido; (dye, colour) sólido; (clock): **to be ~** estar adelantado ▷ adv rápidamente, de prisa; (stuck, held) firmemente ▷ n ayuno ▷ vi ayunar; **~ asleep** profundamente dormido

fasten ['fɑːsn] vt asegurar, sujetar; (coat, belt) abrochar ▷ vi cerrarse

fast food n comida rápida, platos mpl preparados

fat [fæt] adj gordo; (book) grueso; (profit) grande, pingüe ▷ n grasa; (on person) carnes fpl; (lard) manteca

fatal ['feɪtl] adj (mistake) fatal; (injury) mortal; **fatality** [fə'tælɪtɪ] n (road death etc) víctima f mortal; **fatally** adv: **fatally injured** herido de muerte

fate [feɪt] n destino

father ['fɑːðəʳ] n padre m; **Father Christmas** n Papá m Noel; **father-in-law** n suegro

fatigue [fə'tiːg] n fatiga, cansancio

fatten ['fætn] vt, vi engordar; **chocolate is ~ing** el chocolate engorda

fatty ['fætɪ] adj (food) graso ▷ n (inf) gordito/a, gordinflón/ona m/f

faucet ['fɔːsɪt] n (US) grifo, llave f, canilla (LAM)

fault [fɔːlt] n (blame) culpa; (defect: in character) defecto; (Geo) falla ▷ vt criticar; **it's my ~** es culpa mía; **to find ~ with** criticar, poner peros a; **at ~** culpable; **faulty** adj defectuoso

fauna ['fɔːnə] n fauna

favour, (US)**favor** ['feɪvəʳ] n favor m; (approval) aprobación f ▷ vt (proposition) estar a favor de, aprobar; (assist) favorecer; **to do sb a ~** hacer un favor a algn; **to find ~ with sb** (person) caer en gracia a algn; **in ~ of**

a favor de; **favourable** *adj* favorable;
favourite ['feɪvərɪt] *adj*, *n* favorito/a,
preferido/a

fawn [fɔːn] *n* cervato ▷ *adj* (*also*:
~-coloured) de color cervato, leonado
▷ *vi*: **to ~ (up)on** adular

fax [fæks] *n* fax *m* ▷ *vt* mandar or
enviar por fax

FBI *n abbr* (US: = *Federal Bureau of
Investigation*) FBI *m*

fear [fɪəˀ] *n* miedo, temor *m* ▷ *vt*
temer; **for ~ of** por temor a; **fearful**
adj temeroso; (*awful*) espantoso;
fearless *adj* audaz

feasible ['fiːzəbl] *adj* factible

feast [fiːst] *n* banquete *m*; (Rel: *also*: **~
day**) fiesta ▷ *vi* festejar

feat [fiːt] *n* hazaña

feather ['fɛðəˀ] *n* pluma

feature ['fiːtʃəˀ] *n* característica;
(*article*) reportaje *m* ▷ *vt* (*film*)
presentar ▷ *vi* figurar; **features** *npl*
(*of face*) facciones *fpl*; **feature film** *n*
largometraje *m*

Feb. *abbr* (= *February*) feb

February ['fɛbruərɪ] *n* febrero

fed [fɛd] *pt*, *pp of* **feed**

federal ['fɛdərəl] *adj* federal

federation [fɛdə'reɪʃən] *n*
federación *f*

fee [fiː] *n* (*professional*) honorarios
mpl; (*of school*) matrícula; (*also*:
membership ~) cuota

feeble ['fiːbl] *adj* débil

feed [fiːd] *n* comida; (*of animal*) pienso,
(*on printer*) dispositivo de alimentación
▷ *vt* (*pt*, *pp* **fed**) alimentar; (BRIT:
breastfeed) dar el pecho a; (*animal,
baby*) dar de comer a; **feed into** *vt*
(*data, information*) suministrar a;
feedback *n* reacción *f*; feedback *m*

feel [fiːl] *n* (*sensation*) sensación *f*;
(*sense of touch*) tacto ▷ *vt* (*pt*, *pp* **felt**)
tocar; (*cold, pain etc*) sentir; (*think,
believe*) creer; **to ~ hungry/cold** tener
hambre/frío; **to ~ lonely/better**
sentirse solo/mejor; **I don't ~ well**
no me siento bien; **it ~s soft** es suave

al tacto; **to ~ like** (*want*) tener ganas
de; **feeling** *n* (*physical*) sensación *f*;
(*foreboding*) presentimiento; (*emotion*)
sentimiento

feet [fiːt] *npl of* **foot**

fell [fɛl] *pt of* **fall** ▷ *vt* (*tree*) talar

fellow ['fɛləʊ] *n* tipo, tío (SP); (*of
learned society*) socio/a; **fellow
citizen** *n* conciudadano/a; **fellow
countryman** *n* compatriota *m*;
fellow men *npl* semejantes *mpl*;
fellowship *n* compañerismo; (*grant*)
beca

felony ['fɛlənɪ] *n* crimen *m*

felt [fɛlt] *pt*, *pp of* **feel** ▷ *n* fieltro;
felt-tip pen *n* rotulador *m*

female ['fiːmeɪl] *n* (*woman*) mujer *f*;
(Zool) hembra ▷ *adj* femenino

feminine ['fɛmɪnɪn] *adj* femenino

feminist ['fɛmɪnɪst] *n* feminista *mf*

fence [fɛns] *n* valla, cerca ▷ *vt* (*also*: **~
in**) cercar ▷ *vi* hacer esgrima; **fencing**
n esgrima

fend [fɛnd] *vi*: **to ~ for o.s.** valerse por
sí mismo; **fend off** *vt* (*attack, attacker*)
rechazar; (*awkward question*) esquivar

fender ['fɛndəˀ] *n* (US Aut)
parachoques *m inv*

fennel ['fɛnl] *n* hinojo

ferment *vi* [fə'mɛnt] fermentar ▷ *n*
['fɜːmɛnt] (*fig*) agitación *f*

fern [fɜːn] *n* helecho

ferocious [fə'rəʊʃəs] *adj* feroz

ferret ['fɛrɪt] *n* hurón *m*

ferry ['fɛrɪ] *n* (*small*) barca de
pasaje, balsa; (*large*: *also*: **~boat**)
transbordador *m*, ferry *m* ▷ *vt*
transportar

fertile ['fɜːtaɪl] *adj* fértil; (Biol)
fecundo; **fertilize** ['fɜːtɪlaɪz] *vt* (Biol)
fecundar; (Agr) abonar; **fertilizer** *n*
abono

festival ['fɛstɪvəl] *n* (Rel) fiesta; (Art,
Mus) festival *m*

festive ['fɛstɪv] *adj* festivo; **the ~
season** (BRIT: *Christmas*) las Navidades

fetch [fɛtʃ] *vt* ir a buscar; (*sell for*)
venderse por

fête [feɪt] n fiesta

fetus ['fiːtəs] n (US) = **foetus**

feud [fjuːd] n (hostility) enemistad f; (quarrel) disputa

fever ['fiːvə*] n fiebre f; **feverish** adj febril

few [fjuː] adj (not many) pocos ▷ pron algunos; **a ~** adj unos pocos; **fewer** adj menos; **fewest** adj los/las menos

fiancé [fɪ'ɒnseɪ] n novio, prometido; **fiancée** n novia, prometida

fiasco [fɪ'æskəʊ] n fiasco

fib [fɪb] n mentirijilla

fibre, (us) **fiber** ['faɪbə*] n fibra; **fibreglass**,(US) **fiberglass** n fibra de vidrio

fickle ['fɪkl] adj inconstante

fiction ['fɪkʃən] n ficción f; **fictional** adj novelesco

fiddle ['fɪdl] n (Mus) violín m; (cheating) trampa ▷ vt (BRIT: accounts) falsificar; **fiddle with** vt fus juguetear con

fidelity [fɪ'dɛlɪtɪ] n fidelidad f

field [fiːld] n campo; (fig) campo, esfera; (Sport) campo, cancha (LAM); **field marshal** n mariscal m

fierce [fɪəs] adj feroz; (wind, attack) violento; (heat) intenso; (fighting, enemy) encarnizado

fifteen [fɪf'tiːn] num quince; **fifteenth** adj decimoquinto; **the fifteenth floor** la planta quince; **the fifteenth of August** el quince de agosto

fifth [fɪfθ] num quinto

fiftieth ['fɪftɪɪθ] adj quincuagésimo

fifty ['fɪftɪ] num cincuenta; **fifty-fifty** adj (deal, split) a medias ▷ adv: **to go fifty-fifty with sb** ir a medias con algn

fig [fɪg] n higo

fight [faɪt] (pt, pp **fought**) n pelea; (Mil) combate m; (struggle) lucha ▷ vt luchar contra; (cancer, alcoholism) combatir ▷ vi pelear, luchar; **fight back** vi defenderse; (after illness) recuperarse ▷ vt (tears) contener; **fight off** vt (attack, attacker) rechazar;

(disease, sleep, urge) luchar contra; **fighting** n combate m, pelea

figure ['fɪgə*] n (Drawing, Geom) figura, dibujo; (number, cipher) cifra; (person, outline) figura ▷ vt (esp us: think, calculate) calcular, imaginarse ▷ vi (appear) figurar; **figure out** vt (work out) resolver

file [faɪl] n (tool) lima; (dossier) expediente m; (folder) carpeta; (Comput) fichero; (row) fila ▷ vt limar; (Law: claim) presentar; (store) archivar; **filing cabinet** n archivo

Filipino [fɪlɪ'piːnəʊ] adj filipino ▷ n (person) filipino/a

fill [fɪl] vt llenar; (vacancy) cubrir ▷ n: **to eat one's ~** comer hasta hartarse; **fill in** vt rellenar; **fill out** vt (form, receipt) rellenar; **fill up** vt llenar (hasta el borde) ▷ vi (Aut) echar gasolina

fillet ['fɪlɪt] n filete m; **fillet steak** n filete m de ternera

filling ['fɪlɪŋ] n (Culin) relleno; (for tooth) empaste m; **filling station** n estación f de servicio

film [fɪlm] n película ▷ vt (scene) filmar ▷ vi rodar; **film star** n estrella de cine

filter ['fɪltə*] n filtro ▷ vt filtrar; **filter lane** n (BRIT) carril m de selección

filth [fɪlθ] n suciedad f; **filthy** adj sucio; (language) obsceno

fin [fɪn] n aleta

final ['faɪnl] adj (last) final, último; (definitive) definitivo ▷ n (Sport) final f; **finals** npl (Scol) exámenes mpl finales

finale [fɪ'nɑːlɪ] n final m

final: finalist n (Sport) finalista mf; **finalize** vt ultimar; **finally** adv (lastly) por último, finalmente; (eventually) por fin

finance [faɪ'næns] n (money, funds) fondos mpl ▷ vt financiar; **finances** npl finanzas fpl; **financial** [faɪ'nænʃəl] adj financiero; **financial year** n ejercicio (financiero)

find [faɪnd] (pt, pp **found**) vt encontrar, hallar; (come upon) descubrir ▷ n hallazgo;

descubrimiento; **to ~ sb guilty** (Law)
declarar culpable a algn; **find out** vt
averiguar; (truth, secret) descubrir ▷ vi:
to ~ out about enterarse de; **findings**
npl (Law) veredicto sg, fallo sg; (of
report) recomendaciones fpl

fine [faɪn] adj (delicate) fino ▷ adv (well)
bien ▷ n (Law) multa ▷ vt (Law) multar;
he's ~ está muy bien; **fine arts** npl
bellas artes fpl

finger ['fɪŋgə'] n dedo ▷ vt (touch)
manosear; **little/index ~** (dedo)
meñique m/índice m; **fingernail** n
uña; **fingerprint** n huella dactilar;
fingertip n yema del dedo

finish ['fɪnɪʃ] n (end) fin m; (Sport)
meta; (polish etc) acabado ▷ vt, vi
terminar; **to ~ doing sth** acabar de
hacer algo; **to ~ first/second/third**
llegar el primero/segundo/tercero;
finish off vt acabar, terminar;
(kill) rematar; **finish up** vt acabar,
terminar ▷ vi ir a parar, terminar

Finland ['fɪnlənd] n Finlandia

Finn [fɪn] n finlandés/esa m/f; **Finnish**
adj finlandés/esa ▷ n (Ling) finlandés m

fir [fə:'] n abeto

fire ['faɪə'] n fuego; (accidental,
damaging) incendio; (heater)
estufa ▷ vt (gun) disparar; (interest)
despertar; (dismiss) despedir ▷ vi
encenderse; **on ~** ardiendo, en
llamas; **fire alarm** n alarma de
incendios; **firearm** n arma de fuego;
fire brigade, (us) **fire department**
n (cuerpo de) bomberos mpl; **fire
engine** n coche m de bomberos;
fire escape n escalera de incendios;
fire exit n salida de incendios;
fire extinguisher n extintor m;
fireman n bombero; **fireplace** n
chimenea; **fire station** n parque m
de bomberos; **firetruck** n (us) = **fire
engine**; **firewall** n (Internet) firewall
m; **firewood** n leña; **fireworks** npl
fuegos mpl artificiales

firm [fə:m] adj firme ▷ n empresa;
firmly adv firmemente

first [fə:st] adj primero ▷ adv (before
others) primero; (when listing reasons
etc) en primer lugar, primeramente
▷ n (person: in race) primero/a; (Aut)
primera; **at ~** al principio; **~ of all** ante
todo; **first aid** n primeros auxilios mpl;
first aid kit n botiquín m; **first-class**
adj de primera clase; **first-hand** adj
de primera mano; **first lady** n (esp us)
primera dama; **firstly** adv en primer
lugar; **first name** n nombre m de pila;
first-rate adj de primera (clase)

fiscal ['fɪskəl] adj fiscal; **~ year** año
fiscal, ejercicio

fish [fɪʃ] n (pl inv) pez m; (food) pescado
▷ vt pescar en o ir a pescar; **to go ~ing**
ir de pesca; **~ and chips** pescado
frito con patatas fritas; **fisherman** n
pescador m; **fish fingers** npl (BRIT)
palitos mpl de pescado (empanado);
fishing boat n barca de pesca;
fishing line n sedal m; **fishmonger**
n (BRIT) pescadero/a; **fishmonger's
(shop)** n (BRIT) pescadería; **fish sticks**
npl (US) = **fish fingers**; **fishy** adj (fig)
sospechoso

fist [fɪst] n puño

fit [fɪt] adj (Med, Sport) en (buena)
forma; (proper) adecuado, apropiado
▷ vt (clothes) quedar bien a; (instal)
poner; (equip) proveer; (match: facts)
cuadrar o corresponder o coincidir
con ▷ vi (clothes) quedar bien; (in
space, gap) caber; (facts) coincidir ▷ n
(Med) ataque m; **~ to** apto para; **~
for** apropiado para; **a ~ of anger/
enthusiasm** un arranque de cólera/
entusiasmo; **this dress is a good ~**
este vestido me queda bien; **by ~s
and starts** a rachas; **fit in** vi encajar;
fitness n (Med) forma física; **fitted**
adj (jacket, shirt) entallado; (sheet)
de cuatro picos; **fitted carpet** n
moqueta; **fitted kitchen** n cocina
amueblada; **fitting** adj apropiado
▷ n (of dress) prueba; **fitting room**
n (in shop) probador m; **fittings** npl
instalaciones fpl

five [faɪv] *num* cinco; **fiver** *n* (*inf*: BRIT)
billete *m* de cinco libras; (*: us*) billete *m*
de cinco dólares

fix [fɪks] *vt* (*secure*) fijar, asegurar;
(*mend*) arreglar; (*meal, drink*) preparar
▷ *n*: **to be in a ~** estar en un aprieto;
fix up *vt* (*date, meeting*) arreglar; **to
~ sb up with sth** conseguirle algo a
algn; **fixed** *adj* (*prices etc*) fijo; **fixture**
n (*Sport*) encuentro

fizzy ['fɪzɪ] *adj* (*drink*) gaseoso

flag [flæɡ] *n* bandera; (*stone*) losa ▷ *vi*
decaer; **flag down** *vt*: **to ~ sb down**
hacer señas a algn para que se pare;
flagpole *n* asta de bandera

flair [fleə*] *n* aptitud f especial

flak [flæk] *n* (*Mil*) fuego antiaéreo; (*inf*:
criticism) lluvia de críticas

flake [fleɪk] *n* (*of rust, paint*)
desconchón m; (*of snow*) copo; (*of
soap powder*) escama ▷ *vi* (*also*: **~ off**)
desconcharse

flamboyant [flæm'bɔɪənt] *adj* (*dress*)
vistoso; (*person*) extravagante

flame [fleɪm] *n* llama

flamingo [flə'mɪŋgəʊ] *n* flamenco

flammable ['flæməbl] *adj* inflamable

flan [flæn] *n* (BRIT) tarta

> Be careful not to translate *flan* by
> the Spanish word **flan**.

flank [flæŋk] *n* flanco ▷ *vt* flanquear

flannel ['flænl] *n* (BRIT: *also*: **face ~**)
toallita; (*fabric*) franela; **flannels** *npl*
pantalones *mpl* de franela

flap [flæp] *n* (*of pocket, envelope*) solapa
▷ *vt* (*wings*) batir ▷ *vi* (*sail, flag*) ondear

flare [fleə*] *n* llamarada; (*Mil*) bengala;
(*in skirt etc*) vuelo; **flares** *npl* (*trousers*)
pantalones *mpl* de campana; **flare
up** *vi* encenderse; (*fig*: *person*)
encolerizarse; (*: revolt*) estallar

flash [flæʃ] *n* relámpago; (*Phot*)
flash m ▷ *vt* (*light, headlights*) lanzar
destellos con ▷ *vi* brillar; (*hazard light
etc*) lanzar destellos; **in a ~** en un
instante; **he ~ed by o past** pasó
como un rayo; **flashback** *n* flashback

m; **flashbulb** *n* bombilla de flash;
flashlight *n* linterna

flask [flɑːsk] *n* petaca; (*also*: **vacuum
~**) termo

flat [flæt] *adj* llano; (*smooth*) liso; (*tyre*)
desinflado; (*battery*) descargado;
(*beer*) sin gas; (*Mus*: *instrument*)
desafinado ▷ *n* (BRIT: *apartment*)
piso (SP), departamento (LAM),
apartamento; (*Aut*) pinchazo; (*Mus*)
bemol *m*; **(to work) ~ out** (*trabajar*)
a tope; **flatten** *vt* (*also*: **flatten out**)
allanar; (*smooth out*) alisar; (*house,
city*) arrasar

flatter ['flætə*] *vt* adular, halagar;
flattering *adj* halagador(a); (*clothes
etc*) que favorece

flaunt [flɔːnt] *vt* ostentar, lucir

flavour, (*us*) **flavor** ['fleɪvə*] *n* sabor
m, gusto ▷ *vt* sazonar, condimentar;
strawberry ~ed con sabor a fresa;
flavouring, (*us*) **flavoring** *n* (*in
product*) aromatizante m

flaw [flɔː] *n* defecto; **flawless** *adj*
impecable

flea [fliː] *n* pulga; **flea market** *n*
rastro, mercadillo

flee [fliː], *pt*, *pp* **fled** [fliː, fled] *vt* huir de
▷ *vi* huir

fleece [fliːs] *n* vellón m; (*wool*) lana;
(*top*) forro polar ▷ *vt* (*inf*) desplumar

fleet [fliːt] *n* flota; (*of cars, lorries etc*)
parque m

fleeting ['fliːtɪŋ] *adj* fugaz

Flemish ['flemɪʃ] *adj* flamenco

flesh [fleʃ] *n* carne f; (*skin*) piel f; (*of
fruit*) pulpa

flew [fluː] *pt of* **fly**

flex [fleks] *n* cable m ▷ *vt* (*muscles*)
tensar; **flexibility** *n* flexibilidad f;
flexible *adj* flexible; **flexitime** *n*
horario flexible

flick [flɪk] *n* capirotazo ▷ *vt* dar un
golpecito a; **flick through** *vt fus*
hojear

flicker ['flɪkə*] *vi* (*light*) parpadear;
(*flame*) vacilar

flies [flaɪz] *npl of* **fly**

flight [flaɪt] n vuelo; (*escape*) huida, fuga; (*also:* **~ of steps**) tramo (de escaleras); **flight attendant** n auxiliar mf de vuelo

flimsy ['flɪmzɪ] adj (*thin*) muy ligero; (*excuse*) flojo

flinch [flɪntʃ] vi encogerse; **to ~ from** retroceder ante

fling [flɪŋ] (pt, pp **flung**) vt arrojar

flint [flɪnt] n pedernal m; (*in lighter*) piedra

flip [flɪp] vt: **to ~ a coin** echar a cara o cruz

flip-flops ['flɪpflɒps] npl (*esp BRIT*) chancletas fpl

flipper ['flɪpə'] n aleta

flirt [flɜːt] vi coquetear, flirtear ⊳ n coqueta f

float [fləʊt] n flotador m; (*in procession*) carroza; (*sum of money*) reserva ⊳ vi (*currency*) flotar; (*swimmer*) hacer la plancha

flock [flɒk] n (*of sheep*) rebaño; (*of birds*) bandada ⊳ vi: **to ~ to** acudir en tropel a

flood [flʌd] n inundación f; (*of letters, imports etc*) avalancha ⊳ vt inundar ⊳ vi (*place*) inundarse; (*people*): **to ~ into** inundar; **flooding** n inundaciones fpl; **floodlight** n foco

floor [flɔː'] n suelo; (*storey*) piso; (*of sea, valley*) fondo ⊳ vt (*with blow*) derribar; (*fig: baffle*) dejar anonadado; **ground ~**, (*us*) **first ~** planta baja; **first ~**, (*us*) **second ~** primer piso; **floorboard** n tabla; **flooring** n suelo; (*material*) solería; **floor show** n cabaret m

flop [flɒp] n fracaso ⊳ vi (*fail*) fracasar; **floppy** adj flojo ⊳ n (*Comput: also:* **floppy disk**) floppy m

flora ['flɔːrə] n flora

floral ['flɔːrl] adj (*pattern*) floreado

florist ['flɒrɪst] n florista mf; **~'s (shop)** n floristería

flotation [fləʊ'teɪʃən] n (*of shares*) emisión f; (*of company*) lanzamiento

flour ['flaʊə'] n harina

flourish ['flʌrɪʃ] vi florecer ⊳ n ademán m, movimiento (ostentoso)

flow [fləʊ] n (*movement*) flujo; (*of traffic*) circulación f; (*Elec*) corriente f ⊳ vi (*river, blood*) fluir; (*traffic*) circular

flower ['flaʊə'] n flor f ⊳ vi florecer; **flower bed** n macizo; **flowerpot** n tiesto

flown [fləʊn] pp of **fly**

fl. oz. abbr = **fluid ounce**

flu [fluː] n: **to have ~** tener la gripe

fluctuate ['flʌktjʊeɪt] vi fluctuar

fluent ['fluːənt] adj (*speech*) elocuente; **he speaks ~ French, he's ~ in French** domina el francés

fluff [flʌf] n pelusa; **fluffy** adj de pelo suave

fluid ['fluːɪd] adj (*movement*) fluido, líquido; (*situation*) inestable ⊳ n fluido, líquido; **fluid ounce** n onza f líquida

fluke [fluːk] n (*inf*) chiripa

flung [flʌŋ] pt, pp of **fling**

fluorescent [fluə'resnt] adj fluorescente

fluoride ['fluəraɪd] n fluoruro

flurry ['flʌrɪ] n (*of snow*) ventisca; **~ of activity** frenesí m de actividad

flush [flʌʃ] n rubor m; (*fig: of youth, beauty*) resplandor m ⊳ vt limpiar con agua ⊳ vi ruborizarse ⊳ adj: **~ with** a ras de; **to ~ the toilet** tirar de la cadena (del wáter)

flute [fluːt] n flauta travesera

flutter ['flʌtə'] n (*of wings*) revoloteo, aleteo ⊳ vi revolotear

fly [flaɪ] (pt **flew**, pp **flown**) n mosca; (*on trousers: also:* **flies**) bragueta f ⊳ vt (*plane*) pilotar; (*cargo*) transportar (en avión); (*distance*) recorrer (en avión) ⊳ vi volar; (*passenger*) ir en avión; (*escape*) evadirse; (*flag*) ondear; **fly away** vi (*bird, insect*) irse volando; **fly off** vi irse volando; **fly-drive** n: **fly-drive holiday** vacaciones que incluyen vuelo y alquiler de coche; **flying** n (*activity*) (el) volar ⊳ adj: **flying visit** visita relámpago; **with flying colours** con lucimiento;

flying saucer n platillo volante; **flyover** n (BRIT) paso elevado or (LAM) a desnivel

FM abbr (Radio: = frequency modulation) FM

foal [fəʊl] n potro

foam [fəʊm] n espuma ▷ vi hacer espuma

focus ['fəʊkəs] (pl **focuses**) n foco; (centre) centro ▷ vt (field glasses etc) enfocar ▷ vi (also): **kitchen ~**) papel m (de) aluminio; (Fencing) florete m

foetus, (us) **fetus** ['fiːtəs] n feto

fog [fɒg] n niebla; **foggy** adj **it's foggy** hay niebla; **fog lamp**, (us) **fog light** n (Aut) faro antiniebla

foil [fɔɪl] vt frustrar ▷ n hoja; (also: **kitchen ~**) papel m (de) aluminio; (Fencing) florete m

fold [fəʊld] n (bend, crease) pliegue m; (Agr) redil m ▷ vt doblar; **to ~ one's arms** cruzarse de brazos; **fold up** vi plegarse, doblarse; (business) quebrar ▷ vt (map etc) plegar; **folder** n (for papers) carpeta; (Comput) directorio; **folding** adj (chair, bed) plegable

foliage ['fəʊlɪɪdʒ] n follaje m

folk [fəʊk] npl gente f ▷ adj popular, folklórico; **folks** npl familia, parientes mpl; **folklore** ['fəʊkləː] n folklore m; **folk music** n música folk; **folk song** n canción f popular or folk

follow ['fɒləʊ] vt seguir ▷ vi seguir; (result) resultar; **he ~ed suit** hizo lo mismo; **follow up** vt (letter, offer) responder a; (case) investigar; **follower** n seguidor(a) m/f; (Pol) partidario/a; **following** adj siguiente ▷ n seguidores mpl, afición f; **follow-up** n continuación f

fond [fɒnd] adj (loving) cariñoso; **to be ~ of sb** tener cariño a algn; **she's ~ of swimming** tiene afición a la natación, le gusta nadar

food [fuːd] n comida; **food mixer** n batidora; **food poisoning** n intoxicación f alimentaria; **food**

processor n robot m de cocina; **food stamp** n (us) vale m para comida

fool [fuːl] n tonto/a; (Culin) puré m de frutas con nata ▷ vt engañar; **fool about, fool around** vi hacer el tonto; **foolish** adj tonto; (careless) imprudente; **foolproof** adj (plan etc) infalible

foot [fʊt] (pl **feet**) n (Anat) pie m; (measure) pie m (= 304 mm); (of animal, table) pata ▷ vt (bill) pagar; **on ~** a pie; **footage** n (Cine) imágenes fpl; **foot-and-mouth (disease)** n fiebre f aftosa; **football** n balón m; (game: BRIT) fútbol m; (: us) fútbol m americano; **footballer** n (BRIT) = **football player**; **football match** n partido de fútbol; **football player** n futbolista mf, jugador(a) m/f de fútbol; **footbridge** n puente m para peatones; **foothills** npl estribaciones fpl; **foothold** n pie m firme; **footing** n (fig) nivel m; **to lose one's footing** perder pie; **footnote** n nota (de pie de página); **footpath** n sendero; **footprint** n huella, pisada; **footstep** n paso; **footwear** n calzado

KEYWORD

for [fɔː] prep 1 (indicating destination, intention) para; **the train for London** el tren con destino a Londres; **he left for Rome** marchó para Roma; **he went for the paper** fue por el periódico; **is this for me?** ¿es esto para mí?; **it's time for lunch** es la hora de comer

2 (indicating purpose) para; **what('s it) for?** ¿para qué (es)?; **to pray for peace** rezar por la paz

3 (on behalf of, representing): **the MP for Hove** el diputado por Hove; **he works for the government/a local firm** trabaja para el gobierno/en una empresa local; **I'll ask him for you** se lo pediré por ti; **G for George** G de Gerona

4 (because of) por esta razón; **for fear of being criticized** por temor a ser criticado

5 (with regard to) para; **it's cold for July** hace frío para julio; **he has a gift for languages** tiene don de lenguas

6 (in exchange for) por; **I sold it for £5** lo vendí por £5; **to pay 50 pence for a ticket** pagar 50 peniques por un billete

7 (in favour of): **are you for or against us?** ¿estás con nosotros o contra nosotros?; **I'm all for it** estoy totalmente a favor; **vote for X** vote (a) X

8 (referring to distance): **there are roadworks for 5 km** hay obras en 5 km; **we walked for miles** caminamos kilómetros y kilómetros

9 (referring to time): **he was away for two years** estuvo fuera (durante) dos años; **it hasn't rained for three weeks** no ha llovido durante or en tres semanas; **I have known her for years** la conozco desde hace años; **can you do it for tomorrow?** ¿lo podrás hacer para mañana?

10 (with infinitive clauses): **it is not for me to decide** la decisión no es cosa mía; **it would be best for you to leave** sería mejor que te fueras; **there is still time for you to do it** todavía te queda tiempo para hacerlo; **for this to be possible ...** para que esto sea posible ...

11 (in spite of): **for all his complaints** a pesar de sus quejas ▷ conj (since, as: formal) puesto que

forbid (pt forbad(e), pp forbidden) [fə'bɪd, -'bæd, -'bɪdn] vt prohibir; **to ~ sb to do sth** prohibir a algn hacer algo; **forbidden** pt of forbid ▷ adj (food, area) prohibido; (word, subject) tabú

force [fɔːs] n fuerza ▷ vt forzar; **to ~ o.s. to do** hacer un esfuerzo por

hacer; **forced** adj forzado; **forceful** adj enérgico

ford [fɔːd] n vado

fore [fɔː'] n: **to come to the ~** empezar a destacar; **forearm** n antebrazo; **forecast** n pronóstico ▷ vt (irreg: like **cast**) pronosticar; **forecourt** n patio; (of garage) área de entrada; **forefinger** n (dedo) índice m; **forefront** n: **in the forefront of** en la vanguardia de; **foreground** n (also Comput) primer plano m; **forehead** ['fɒrɪd] n frente f

foreign [ˈfɒrɪn] adj extranjero; (trade) exterior; **foreign currency** n divisas fpl; **foreigner** n extranjero/a; **foreign exchange** n divisas fpl; **Foreign Office** n (BRIT) Ministerio de Asuntos Exteriores; **Foreign Secretary** n (BRIT) Ministro/a de Asuntos Exteriores

fore: foreman n capataz m; **foremost** adj principal ▷ adv: **first and foremost** ante todo; **forename** n nombre m (de pila)

forensic [fəˈrɛnsɪk] adj forense

foresee (pt foresaw, pp foreseen) [fɔː'siː, -'sɔː, -'siːn] vt prever; **foreseeable** adj previsible

forest ['fɒrɪst] n bosque m; **forestry** n silvicultura

forever [fəˈrɛvə'] adv para siempre; (endlessly) constantemente

foreword ['fɔːwəːd] n prefacio

forfeit ['fɔːfɪt] vt perder (derecho a)

forgave [fəˈɡeɪv] pt of forgive

forge [fɔːdʒ] n herrería ▷ vt (signature, money) falsificar; (metal) forjar; **forger** n falsificador(a) m/f; **forgery** n falsificación f

forget (pt forgot, pp forgotten) [fəˈɡɛt, -ˈɡɒt, -ˈɡɒtn] vt olvidar ▷ vi olvidarse; **forgetful** adj olvidadizo, despistado

forgive (pt forgave, pp forgiven) [fəˈɡɪv, -ˈɡɪvn] vt perdonar; **to ~ sb for sth/for doing sth** perdonar algo a algn/a algn por haber hecho algo

forgot [fəˈɡɒt] *pt of* **forget**

forgotten [fəˈɡɒtn] *pp of* **forget**

fork [fɔːk] *n* (*for eating*) tenedor *m*; (*for gardening*) horca; (*of roads*) bifurcación *f* ▷ *vi* (*road*) bifurcarse

forlorn [fəˈlɔːn] *adj* (*person*) triste, melancólico; (*cottage*) abandonado; (*attempt*) desesperado

form [fɔːm] *n* forma; (*BRIT Scol*) curso; (*document*) formulario, planilla (*LAM*) ▷ *vt* formar; **in top ~** en plena forma; **to ~ a circle/a queue** hacer una curva/una cola

formal [ˈfɔːməl] *adj* (*offer, receipt*) por escrito; (*person etc*) correcto; (*occasion, dinner*) ceremonioso; **~ dress** traje *m* de vestir; **formality** [fɔːˈmælɪtɪ] *n* ceremonia

format [ˈfɔːmæt] *n* formato ▷ *vt* (*Comput*) formatear

formation [fɔːˈmeɪʃən] *n* formación *f*

former [ˈfɔːmər] *adj* anterior; (*earlier*) antiguo; (*ex*) ex; **the ~ ... the latter ...** aquél ... éste ...; **formerly** *adv* antes

formidable [ˈfɔːmɪdəbl] *adj* formidable

formula [ˈfɔːmjʊlə] *n* fórmula

fort [fɔːt] *n* fuerte *m*

forthcoming [fɔːθˈkʌmɪŋ] *adj* próximo, venidero; (*character*) comunicativo

fortieth [ˈfɔːtɪɪθ] *adj* cuadragésimo

fortify [ˈfɔːtɪfaɪ] *vt* fortalecer

fortnight [ˈfɔːtnaɪt] *n* (*BRIT*) quincena; **it's a ~ since ...** hace quince días que ...; **fortnightly** *adj* quincenal ▷ *adv* quincenalmente

fortress [ˈfɔːtrɪs] *n* fortaleza

fortunate [ˈfɔːtʃənɪt] *adj*: **it is ~ that ...** (es una) suerte que ...; **fortunately** *adv* afortunadamente

fortune [ˈfɔːtʃən] *n* suerte *f*; (*wealth*) fortuna; **fortune-teller** *n* adivino/a

forty [ˈfɔːtɪ] *num* cuarenta

forum [ˈfɔːrəm] *n* foro

forward [ˈfɔːwəd] *adj* (*position*) avanzado; (*movement*) hacia delante; (*front*) delantero; (*not shy*) atrevido ▷ *n* (*Sport*) delantero ▷ *vt* (*letter*) remitir;

(*career*) promocionar; **to move ~** avanzar; **forwarding address** *n* destinatario; **forward slash** *n* barra diagonal

fossick [ˈfɒsɪk] *vi* (*AUST, NZ inf*) buscar; **to ~ for sth** buscar algo

fossil [ˈfɒsl] *n* fósil *m*

foster [ˈfɒstər] *vt* (*child*) acoger en familia; (*idea*) fomentar; **foster child** *n* hijo/a adoptivo/a; **foster mother** *n* madre *f* adoptiva

fought [fɔːt] *pt, pp of* **fight**

foul [faʊl] *adj* sucio, puerco; (*weather, smell etc*) asqueroso; (*language*) grosero; (*temper*) malísimo ▷ *n* (*Football*) falta ▷ *vt* (*dirty*) ensuciar; **foul play** *n* (*Law*) muerte *f* violenta

found [faʊnd] *pt, pp of* **find** ▷ *vt* fundar; **foundation** [faʊnˈdeɪʃən] *n* (*act*) fundación *f*; (*basis*) base *f*; (*also*: **foundation cream**) crema de base; **foundations** *npl* (*of building*) cimientos *mpl*

founder [ˈfaʊndər] *n* fundador(a) *m/f* ▷ *vi* irse a pique

fountain [ˈfaʊntɪn] *n* fuente *f*; **fountain pen** *n* (*pluma*) estilográfica, plumafuente *f* (*LAM*)

four [fɔːr] *num* cuatro; **on all ~s** a gatas; **four-letter word** *n* taco; **four-poster** *n* (*also*: **four-poster bed**) cama de columnas; **fourteen** *num* catorce; **fourteenth** *adj* decimocuarto; **fourth** *adj* cuarto; **four-wheel drive** *n* tracción *f* a las cuatro ruedas

fowl [faʊl] *n* ave *f* (*de corral*)

fox [fɒks] *n* zorro ▷ *vt* confundir

foyer [ˈfɔɪeɪ] *n* vestíbulo

fracking [ˈfrækɪŋ] *n* fracturación *f* or fractura hidráulica, fracking *m*

fraction [ˈfrækʃən] *n* fracción *f*

fracture [ˈfræktʃər] *n* fractura

fragile [ˈfrædʒaɪl] *adj* frágil

fragment [ˈfræɡmənt] *n* fragmento

fragrance [ˈfreɪɡrəns] *n* fragancia

frail [freɪl] *adj* frágil, quebradizo

frame [freɪm] *n* (*Tech*) armazón *f*; (*of picture, door etc*) marco; (*of spectacles*:

also: **~s**) montura ▷ *vt* enmarcar; **framework** *n* marco

France [frɑːns] *n* Francia

franchise ['fræntʃaɪz] *n* (Pol) derecho al voto, sufragio; (Comm) licencia, concesión f

frank [fræŋk] *adj* franco ▷ *vt* (letter) franquear; **frankly** *adv* francamente

frantic ['fræntɪk] *adj* (need, desire) desesperado; (search) frenético

fraud [frɔːd] *n* fraude *m*; (person) impostor/a *m/f*

fraught [frɔːt] *adj*: **~ with** cargado de

fray [freɪ] *vi* deshilacharse

freak [friːk] *n* (person) fenómeno; (event) suceso anormal

freckle ['frekl] *n* peca

free [friː] *adj* libre; (gratis) gratuito ▷ *vt* (prisoner etc) poner en libertad; (jammed object) soltar; **~ (of charge), for ~** gratis; **freedom** *n* libertad *f*; **Freefone**® *n* número gratuito; **free gift** *n* regalo; **free kick** *n* tiro libre; **freelance** *adj* independiente ▷ *adv* por cuenta propia; **freely** *adv* libremente; (liberally) generosamente; **Freepost**® *n* porte *m* pagado; **free-range** *adj* (hen, eggs) de granja; **freeway** *n* (US) autopista; **free will** *n* libre albedrío; **of one's own free will** por su propia voluntad

freeze [friːz] (pt **froze**, pp **frozen**) *vi* helarse, congelarse ▷ *vt* helar; (prices, food, salaries) congelar ▷ *n* helada; (on arms, wages) congelación f; **freezer** *n* congelador *m*

freezing ['friːzɪŋ] *adj* helado; **freezing point** *n* punto de congelación

freight [freɪt] *n* (goods) carga; (money charged) flete *m*; **freight train** *n* (US) tren *m* de mercancías

French [frentʃ] *adj* francés/esa ▷ *n* (Ling) francés *m*; **the French** *npl* los franceses; **French bean** *n* judía verde; **French bread** *n* pan *m* francés; **French dressing** *n* (Culin) vinagreta; **French fried potatoes,** (US) **French**

fries *npl* patatas *fpl or* (LAM) papas *fpl* fritas; **Frenchman** *n* francés *m*; **French stick** *n* barra de pan; **French window** *n* puerta ventana; **Frenchwoman** *n* francesa

frenzy ['frenzɪ] *n* frenesí *m*

frequency ['friːkwənsɪ] *n* frecuencia

frequent *adj* ['friːkwənt] frecuente ▷ *vt* [frɪ'kwent] frecuentar; **frequently** *adv* frecuentemente, a menudo

fresh [freʃ] *adj* fresco; (bread) tierno; (new) nuevo; **freshen** *vi* (wind) arreciar; (air) refrescar; **freshen up** *vi* (person) arreglarse; **fresher** *n* (BRIT Scol: inf) estudiante *mf* de primer año; **freshly** *adv*: **freshly painted/ arrived** recién pintado/llegado; **freshman** *n* (US Scol); = **fresher**; **freshwater** *adj* (fish) de agua dulce

fret [fret] *vi* inquietarse

Fri. *abbr* (= Friday) vier

friction ['frɪkʃən] *n* fricción f

Friday ['fraɪdɪ] *n* viernes *m inv*

fridge [frɪdʒ] *n* (BRIT) nevera, frigo, refrigeradora (LAM), heladera (LAM)

fried [fraɪd] *adj*: **~ egg** huevo frito

friend [frend] *n* amigo/a ▷ *vt* (Internet) añadir como amigo/a; **friendly** *adj* simpático; (government) amigo; (place) acogedor(a); (match) amistoso; **friendship** *n* amistad f

fries [fraɪz] *npl* (esp US) = **French fried potatoes**

frigate ['frɪgɪt] *n* fragata

fright [fraɪt] *n* susto; **to take ~** asustarse; **frighten** *vt* asustar; **frightened** *adj* asustado; **frightening** *adj*: **it's frightening** da miedo; **frightful** *adj* espantoso, horrible

frill [frɪl] *n* volante *m*

fringe [frɪndʒ] *n* (BRIT: of hair) flequillo; (of forest etc) borde *m*, margen *m*

Frisbee® ['frɪzbɪ] *n* frisbee®*m*

fritter ['frɪtə'] *n* buñuelo

frivolous ['frɪvələs] *adj* frívolo

fro [frəu] *see* **to**

frock [frɔk] n vestido

frog [frɔg] n rana; **frogman** n hombre-
rana m

KEYWORD

from [frɔm] prep 1 (indicating starting
place) de, desde; **where do you come
from?** ¿de dónde eres?; **from London
to Glasgow** de Londres a Glasgow;
to escape from sth/sb escaparse
de algo/algn

2 (indicating origin etc) de; **a letter/
telephone call from my sister** una
carta/llamada de mi hermana; **tell
him from me that ...** dígale de mi
parte que ...

3 (indicating time): **from one o'clock
to** or **until** or **till nine** de la una a las
nueve, desde la una hasta las nueve;
from January (on) a partir de enero

4 (indicating distance) de; **the hotel is
1 km from the beach** el hotel está a 1
km de la playa

5 (indicating price, number etc) de;
prices range from £10 to £50 los
precios van desde £10 a or hasta £50;
**the interest rate was increased
from 9% to 10%** el tipo de interés fue
incrementado de un 9% a un 10%

6 (indicating difference) de; **he can't
tell red from green** no sabe distinguir
el rojo del verde; **to be different from
sb/sth** ser diferente de algn/algo

7 (because of, on the basis of): **from
what he says** por lo que dice; **weak
from hunger** debilitado por el
hambre

front [frʌnt] n (foremost part) parte
f delantera; (of house) fachada;
(promenade: also: **sea ~**) paseo
marítimo; (Mil, Pol, Meteorology)
frente m; (fig: appearances) apariencia
f ▷ adj (wheel, leg) delantero; (row, line)
primero; **~ in ~ (of)** delante (de); **front
door** n puerta delantera; **frontier**
[ˈfrʌntɪəʳ] n frontera; **front page** n

primera plana; **front-wheel drive** n
tracción f delantera

frost [frɔst] n helada; (also: **hoar~**)
escarcha; **frostbite** n congelación
f; **frosting** n (esp us: icing) glaseado;
frosty adj (weather) de helada;
(welcome etc) glacial

froth [frɔθ] n espuma

frown [fraun] vi fruncir el ceño

froze [frəuz] pt of **freeze**

frozen [ˈfrəuzn] pp of **freeze**

fruit [fruːt] n (pl inv) fruta; **fruit
juice** n jugo or (sp) zumo de fruta;
fruit machine n (BRIT) máquina
tragaperras; **fruit salad** n macedonia
or (LAM) ensalada de frutas

frustrate [frʌsˈtreɪt] vt frustrar;
frustrated adj frustrado

fry [fraɪ] (pt, pp **fried**) vt freír ▷ n:
small ~ gente f menuda; **frying pan**
n sartén f

ft. abbr = **foot**; **feet**

fudge [fʌdʒ] n (Culin) caramelo blando

fuel [fjuəl] n (for heating) combustible
m; (coal) carbón m; (wood) leña; (for
engine) carburante m; **fuel tank** n
depósito de combustible

fulfil [fulˈfɪl] vt (function) desempeñar;
(condition) cumplir; (wish, desire)
realizar

full [ful] adj lleno; (fig) pleno;
(complete) completo; (maximum)
máximo; (information) detallado;
(price) íntegro ▷ adv: **~ well**
perfectamente; **I'm ~ (up)** estoy
lleno; **~ employment** pleno empleo;
a ~ two hours dos horas enteras;
at ~ speed a toda velocidad; **in ~**
(reproduce, quote) íntegramente; **full-
length** adj (portrait) de cuerpo entero;
full moon n luna llena; **full-scale**
adj (attack, war, search, retreat) en
gran escala; (plan, model) de tamaño
natural; **full stop** n punto; **full-time**
adj (work) de tiempo completo ▷ adv:
to work full-time trabajar a tiempo
completo; **fully** adv completamente;
(at least) al menos

fumble ['fʌmbl] vi: **to ~ with** manejar torpemente

fume [fju:m] vi estar furioso, echar humo; **fumes** npl humo sg, gases mpl

fun [fʌn] n (amusement) diversión f; **to have ~** divertirse; **for ~** por gusto; **to make ~ of** reírse de

function ['fʌŋkʃən] n función f ▷ vi funcionar

fund [fʌnd] n fondo; (reserve) reserva; **funds** npl (money) fondos mpl

fundamental [fʌndə'mentl] adj fundamental

funeral ['fju:nərəl] n (burial) entierro; (ceremony) funerales mpl; **funeral director** n director(a) m/f de pompas fúnebres; **funeral parlour** n (BRIT) funeraria

funfair ['fʌnfeə*] n (BRIT) parque m de atracciones

fungus (pl **fungi**) ['fʌŋgəs, -gaɪ] n hongo; (mould) moho mpl

funnel ['fʌnl] n embudo; (of ship) chimenea

funny ['fʌnɪ] adj gracioso, divertido; (strange) curioso, raro

fur [fə:*] n piel f; (BRIT: on tongue etc) sarro; **fur coat** n abrigo de pieles

furious ['fjuərɪəs] adj furioso; (effort, argument) violento

furnish ['fə:nɪʃ] vt amueblar; (supply) proporcionar; (information) facilitar; **furnishings** npl mobiliario sg

furniture ['fə:nɪtʃə*] n muebles mpl; **piece of ~** mueble m

furry ['fə:rɪ] adj peludo

further ['fə:ðə*] adj (new) nuevo ▷ adv más lejos; (more) más; (moreover) además ▷ vt hacer avanzar; **how much ~ is it?** ¿a qué distancia queda?; **~ to your letter of ...** (Comm) con referencia a su carta de ...; **to ~ one's interests** fomentar sus intereses; **further education** n educación f postescolar; **furthermore** adv además

furthest ['fə:ðɪst] superlative of **far**

fury ['fjuərɪ] n furia

fuse, (US) **fuze** [fju:z] n fusible m; (for bomb etc) mecha ▷ vt (metal) fundir; (fig) fusionar ▷ vi fundirse; fusionarse; (BRIT Elec): **to ~ the lights** fundir los plomos; **fuse box** n caja de fusibles

fusion ['fju:ʒən] n fusión f

fuss [fʌs] n (excitement) conmoción f; (complaint) alboroto; **to make a ~** armar jaleo; **fussy** adj (person) quisquilloso

future ['fju:tʃə*] adj futuro; (coming) venidero ▷ n futuro, porvenir; **in ~** de ahora en adelante; **futures** npl (Comm) operaciones fpl a término, futuros mpl

fuze [fju:z] n, vb (US) = **fuse**

fuzzy ['fʌzɪ] adj (Phot) borroso; (hair) muy rizado

g

G [dʒiː] n (Mus) sol m

g. abbr (= gram(s), gravity) g

gadget ['gædʒɪt] n aparato

Gaelic ['geɪlɪk] adj, n (Ling) gaélico

gag [gæg] n (on mouth) mordaza; (joke) chiste m ▷ vt amordazar

gain [geɪn] n ganancia ▷ vt ganar ▷ vi (watch) adelantarse; **to ~ by sth** ganar con algo; **to ~ ground** ganar terreno; **to ~ 3 lbs (in weight)** engordar 3 libras; **gain (up)on** vt fus alcanzar

gal., gall. abbr = **gallon**

gala ['gɑːlə] n gala

galaxy ['gæləksɪ] n galaxia

gale [geɪl] n (wind) vendaval m; **~ force 10** vendaval de fuerza 10

gall bladder n vesícula biliar

gallery ['gælərɪ] n (also: **art ~**: state-owned) pinacoteca o museo de arte; (: private) galería de arte

gallon ['gæln] n galón m (= 8 pintas; Brit = 4,546 litros; US = 3,785 litros)

gallop ['gæləp] n galope m ▷ vi galopar

gallstone ['gɔːlstəʊn] n cálculo biliar

gamble ['gæmbl] n (risk) jugada arriesgada; (bet) apuesta ▷ vt: **to ~ on** apostar a; (fig) contar con ▷ vi jugar; (take a risk) jugárselas; (Comm) especular; **to ~ on the Stock Exchange** jugar a la bolsa; **gambler** n jugador(a) m/f; **gambling** n juego

game [geɪm] n juego; (match) partido; (of cards) partida; (Hunting) caza ▷ adj valiente; (ready): **to be ~ for anything** estar dispuesto a todo; **~s** (Scol) deportes mpl; **games console** n consola de juegos; **game show** n programa m concurso inv, concurso

gaming ['geɪmɪŋ] n (with video games) juegos mpl de ordenador or computadora

gammon ['gæmən] n (bacon) tocino ahumado; (ham) jamón m ahumado

gang [gæŋ] n (of criminals etc) banda; (of kids) pandilla; (of workmen) brigada

gangster ['gæŋstə*] n gángster m

gap [gæp] n hueco; (in trees, traffic) claro; (in time) intervalo

gape [geɪp] vi mirar boquiabierto

gap year n año sabático (antes de empezar a estudiar en la universidad)

garage ['gærɑːʒ] n garaje m; (for repairs) taller m; **garage sale** n venta de objetos usados (en el jardín de una casa particular)

garbage ['gɑːbɪdʒ] n (us) basura; (nonsense) bobadas fpl; **garbage can** n (us) cubo or balde m (LAM) or bote m (LAM) de la basura; **garbage collector** n (us) basurero/a

garden ['gɑːdn] n jardín m; **gardens** npl (public) parque m; **garden centre** n (BRIT) centro de jardinería; **gardener** n jardinero/a; **gardening** n jardinería

garlic ['gɑːlɪk] n ajo

garment ['gɑːmənt] n prenda (de vestir)

garnish ['gɑːnɪʃ] vt (Culin) aderezar

garrison ['gærɪsn] n guarnición f

gas [gæs] n gas m; (US: gasoline) gasolina ▷ vt asfixiar con gas; **gas cooker** n (BRIT) cocina de gas; **gas cylinder** n bombona de gas; **gas fire** n estufa de gas

gasket ['gæskɪt] n (Aut) junta

gasoline ['gæsəliːn] n (US) gasolina

gasp [gɑːsp] n grito sofocado ▷ vi (pant) jadear

gas: gas pedal n (esp US) acelerador m; **gas station** n (US) gasolinera; **gas tank** n (US Aut) depósito (de gasolina)

gate [geɪt] n (also at airport) puerta; (metal) verja

gatecrash ['geɪtkræʃ] vt colarse en

gateway ['geɪtweɪ] n puerta

gather ['gæðə^r] vt (flowers, fruit) coger (SP), recoger (LAM); (assemble) reunir; (pick up) recoger; (Sewing) fruncir; (understand) sacar en consecuencia ▷ vi (assemble) reunirse; **to ~ speed** ganar velocidad; **gathering** n reunión f, asamblea

gauge (US) **gage** [geɪdʒ] n (instrument) indicador m ▷ vt medir; (fig) juzgar

gave [geɪv] pt of **give**

gay [geɪ] adj (homosexual) gay; (colour, person) alegre

gaze [geɪz] n mirada fija ▷ vi: **to ~ at sth** mirar algo fijamente

GB abbr (= Great Britain) GB

GCSE n abbr (BRIT: = General Certificate of Secondary Education) certificado del último ciclo de la enseñanza secundaria obligatoria

gear [gɪə^r] n equipo; (Tech) engranaje m; (Aut) velocidad f, marcha ▷ vt (fig: adapt): **to ~ sth to** adaptar or ajustar algo a; **top** or (US) **high/low** ~ cuarta/primera; **in** ~ con la marcha metida; **gear up** vi prepararse; **gear box** n caja de cambios; **gear lever**, (US) **gear shift** n (BRIT) = **gear lever**

geese [giːs] npl of **goose**

gel [dʒɛl] n gel m

gem [dʒɛm] n piedra preciosa

Gemini ['dʒɛmɪnaɪ] n Géminis m

gender ['dʒɛndə^r] n género

gene [dʒiːn] n gen(e) m

general ['dʒɛnərəl] n general m ▷ adj general; **in ~** en general; **general anaesthetic**, (US) **general anesthetic** n anestesia general; **general election** n elecciones fpl generales; **generalize** vi generalizar; **generally** adv generalmente, en general; **general practitioner** n médico/a de medicina general; **general store** n tienda (que vende de todo) (LAM), almacén m (SC, SP)

generate ['dʒɛnəreɪt] vt generar

generation [dʒɛnə'reɪʃən] n generación f

generator ['dʒɛnəreɪtə^r] n generador m

generosity [dʒɛnə'rɒsɪtɪ] n generosidad f

generous ['dʒɛnərəs] adj generoso

genetic [dʒɪ'nɛtɪk] adj genético; **~ engineering** ingeniería genética; **~ fingerprinting** identificación f genética; **genetically modified organism** n organismo transgénico; **genetics** n genética

genitals ['dʒɛnɪtlz] npl (órganos mpl) genitales mpl

genius ['dʒiːnɪəs] n genio

genome ['giːnəʊm] n genoma m

gent [dʒɛnt] n abbr (BRIT inf): = **gentleman**

gentle ['dʒɛntl] adj (sweet) dulce; (touch etc) ligero, suave

> Be careful not to translate gentle by the Spanish word gentil.

gentleman ['dʒɛntlmən] n señor m; (well-bred man) caballero

gently ['dʒɛntlɪ] adv suavemente

gents [dʒɛnts] n servicios mpl (de caballeros)

genuine ['dʒɛnjuɪn] adj auténtico; (person) sincero; **genuinely** adv sinceramente

geographic(al) [dʒɪə'græfɪk(l)] adj geográfico

geography [dʒɪˈɒɡrəfɪ] n geografía

geology [dʒɪˈɒlədʒɪ] n geología

geometry [dʒɪˈɒmɪtrɪ] n geometría

geranium [dʒɪˈreɪnjəm] n geranio

gerbil [ˈdʒɜːbɪl] n gerbo

geriatric [dʒerɪˈætrɪk] adj, n geriátrico/a

germ [dʒɜːm] n (microbe) microbio, bacteria; (seed) germen m

German [ˈdʒɜːmən] adj alemán/ana
▷ n alemán/ana m/f; (Ling) alemán m;
  German measles n rubeola, rubéola

Germany [ˈdʒɜːmənɪ] n Alemania

gesture [ˈdʒɛstjəʳ] n gesto

KEYWORD

get [gɛt] (pt, pp **got**, pp **gotten** (US))
vi 1 (become, be) ponerse, volverse; **to
get old/tired** envejecer/cansarse; **to
get drunk** emborracharse; **to
get dirty** ensuciarse; **when do I
get paid?** ¿cuándo me pagan or se
me paga?; **it's getting late** se está
haciendo tarde

2 (go): **to get to/from** llegar a/de; **to
get home** llegar a casa

3 (begin) empezar a; **to get to
know sb** (llegar a) conocer a algn;
I'm getting to like him me está
empezando a gustar; **let's get going
or started** ¡vamos (a empezar)!

4 (modal aux vb): **you've got to do it**
tienes que hacerlo

▷ vt 1: **to get sth done** (finish) hacer
algo; (have done) mandar hacer algo;
to get one's hair cut cortarse el
pelo; **to get the car going or to go**
arrancar el coche; **to get sb to do
sth** conseguir or hacer que algn haga
algo; **to get sth/sb ready** preparar
algo/a algn

2 (obtain: money, permission, results)
conseguir; (find: job, flat) encontrar;
(fetch: person, doctor) buscar; (: object)
ir a buscar, traer; **to get sth for sb**
conseguir algo para algn; **get me Mr
Jones, please** (Tel) póngame or (LAM)

comuníqueme con el Sr. Jones, por
favor; **can I get you a drink?** ¿quieres
algo de beber?

3 (receive: present, letter) recibir;
(acquire: reputation) alcanzar; (: prize)
ganar; **what did you get for your
birthday?** ¿qué te regalaron por
tu cumpleaños?; **how much did
you get for the painting?** ¿cuánto
sacaste por el cuadro?

4 (catch) coger (SP), agarrar (LAM);
(hit: target etc) dar en; **to get sb by
the arm/throat** coger or agarrar a
algn por el brazo/cuello; **get him!**
¡cógelo! (SP), ¡atrápalo! (LAM); **the
bullet got him in the leg** la bala le dio
en la pierna

5 (take, move) llevar; **to get sth to**
hacer llegar algo a algn; **do you think
we'll get it through the door?** ¿crees
que lo podremos meter por la puerta?

6 (catch, take: plane, bus etc) coger
(SP), tomar (LAM); **where do I get
the train for Birmingham?** ¿dónde
se coge or se toma el tren para
Birmingham?

7 (understand) entender; (hear) oír;
I've got it! ¡ya lo tengo!, ¡eureka!;
I don't get your meaning no te
entiendo; **I'm sorry, I didn't get your
name** lo siento, no me he enterado
de tu nombre

8 (have, possess): **to have got** tener

get away vi marcharse; (escape)
escaparse

get away with vt fus hacer
impunemente

get back vi (return) volver ▷ vt
recobrar

get in vi entrar; (train) llegar; (arrive
home) volver a casa, regresar

get into vt fus entrar en; (vehicle) subir
a; **to get into a rage** enfadarse

get off vi (from train etc) bajar(se);
(depart: person, car) marcharse ▷ vt
(remove) quitar ▷ vt fus (train, bus)
bajar(se) de

get on vi (at exam etc): **how are you**

getting on? ¿cómo te va?; **to get on (with)** (agree) llevarse bien (con) ▷ vt fus subir(se) a

get out vi salir; (of vehicle) bajar(se) ▷ vt sacar

get out of vt fus salir de; (duty etc) escaparse de

get over vt fus (illness) recobrarse de

get through vi (Tel) lograr comunicar

get up vi (rise) levantarse ▷ vt fus subir

getaway ['gɛtəweɪ] n fuga

Ghana ['gɑːnə] n Ghana

ghastly ['gɑːstlɪ] adj horrible

ghetto ['gɛtəu] n gueto

ghost [gəust] n fantasma m

giant ['dʒaɪənt] n gigante mf ▷ adj gigantesco, gigante

gift [gɪft] n regalo m; (ability) don m; **gifted** adj dotado; **gift shop**, (US) **gift store** n tienda de regalos; **gift token**, **gift voucher** n vale-regalo m

gig [gɪg] n (inf: concert) actuación

gigabyte ['gɪgəbaɪt] n gigabyte m

gigantic [dʒaɪˈgæntɪk] adj gigantesco

giggle ['gɪgl] vi reírse tontamente

gills [gɪlz] npl (of fish) branquias fpl, agallas fpl

gilt [gɪlt] adj, n dorado

gimmick ['gɪmɪk] n reclamo

gin [dʒɪn] n ginebra

ginger ['dʒɪndʒə'] n jengibre m

gipsy ['dʒɪpsɪ] n gitano/a

giraffe [dʒɪˈrɑːf] n jirafa

girl [gəːl] n (small) niña; (young woman) chica, joven f, muchacha; **an English ~** una (chica) inglesa; **girl band** n girl band m (grupo musical de chicas); **girlfriend** n (of girl) amiga; (of boy) novia

gist [dʒɪst] n lo esencial

give (pt **gave**, pp **given**) [gɪv, geɪv, 'gɪvn] vt dar; (deliver) entregar; (as gift) regalar ▷ vi (break) romperse; (stretch: fabric) dar de sí; **to ~ sb sth**, **~ sth to sb** dar algo a algn; **give**

away vt (give free) regalar; (betray) traicionar; (disclose) revelar; **give back** vt devolver; **give in** vi ceder ▷ vt entregar; **give out** vt distribuir; **give up** vi rendirse, darse por vencido ▷ vt renunciar a; **to ~ up smoking** dejar de fumar; **to ~ o.s. up** entregarse

given ['gɪvn] pp of **give** ▷ adj (fixed: time, amount) determinado ▷ conj: **~ (that) ...** dado (que) ...; **~ the circumstances ...** dadas las circunstancias ...

glacier ['glæsɪə'] n glaciar m

glad [glæd] adj contento; **gladly** adv con mucho gusto

glamorous ['glæmərəs] adj con glamour, glam(o)uroso

glamour, (US) **glamor** ['glæmə'] n encanto, atractivo

glance [glɑːns] n ojeada, mirada ▷ vi: **to ~ at** echar una ojeada a

gland [glænd] n glándula

glare [glɛə'] n deslumbramiento, brillo ▷ vi deslumbrar; **to ~ at** mirar con odio; **glaring** adj (mistake) manifiesto

glass [glɑːs] n vidrio, cristal m; (for drinking) vaso; (with stem) copa; **glasses** ['glɑːsəs] npl gafas fpl

glaze [gleɪz] vt (window) acristalar; (pottery) vidriar ▷ n barniz m

gleam [gliːm] vi relucir

glen [glɛn] n cañada

glide [glaɪd] vi deslizarse; (Aviat: bird) planear; **glider** n (Aviat) planeador m

glimmer ['glɪmə'] n luz f tenue; (of hope) rayo

glimpse [glɪmps] n vislumbre m ▷ vt vislumbrar, entrever

glint [glɪnt] vi centellear

glisten ['glɪsn] vi relucir, brillar

glitter ['glɪtə'] vi relucir, brillar

global ['gləubl] adj mundial; **globalization** [ˌgləubəlaɪzeɪʃən] n globalización f; **global warming** n (re) calentamiento global or de la tierra

globe [gləub] n globo; (model) globo terráqueo

gloom [gluːm] n penumbra; (sadness) desaliento, melancolía; **gloomy** adj (dark) oscuro; (sad) triste; (pessimistic) pesimista

glorious ['glɔːrɪəs] adj glorioso; (weather, sunshine) espléndido

glory ['glɔːrɪ] n gloria

gloss [glɒs] n (shine) brillo; (also: ~ **paint**) (pintura) esmalte m

glossary ['glɒsərɪ] n glosario

glossy ['glɒsɪ] adj lustroso; (magazine) de papel satinado o cuché

glove [glʌv] n guante m; **glove compartment** n (Aut) guantera f

glow [gləʊ] vi brillar

glucose ['gluːkəʊs] n glucosa

glue [gluː] n pegamento ▷ vt pegar

GM adj abbr (= genetically-modified) transgénico; **GM crop** n cultivo transgénico

gm abbr (= gram) g

GMT abbr (= Greenwich Mean Time) GMT

gnaw [nɔː] vt roer

go [gəʊ] (pt **went**, pp **gone**) vi ir; (travel) viajar; (depart) irse, marcharse; (work) funcionar, marchar; (be sold) venderse; (time) pasar; (become) ponerse; (break etc) estropearse, romperse ▷ n: **to have a go (at)** probar suerte (con); **to be on the go** no parar; **whose go is it?** ¿a quién le toca?; **he's going to do it** va a hacerlo; **to go for a walk** ir a dar un paseo; **to go dancing** ir a bailar; **how did it go?** ¿qué tal salió or resultó?, ¿cómo ha ido?; **go ahead** vi seguir adelante; **go around** vi = **go round**; **go away** vi irse, marcharse; **go back** vi volver; **go by** vi (years, time) pasar ▷ vt fus guiarse por; **go down** vi bajar; (ship) hundirse; (sun) ponerse ▷ vt fus bajar por; **go for** vt fus (fetch) ir por; (like) gustar; (attack) atacar; **go in** vi entrar; **go into** vt fus entrar en; (investigate) investigar; (embark on) dedicarse a; **go off** vi irse, marcharse; (food) pasarse; (explode) estallar; (event) realizarse ▷ vt fus perder el interés por; **I'm going off him/the idea** ya

no me gusta tanto él/la idea; **go on** vi (continue) seguir, continuar; (happen) pasar, ocurrir; **to go on doing sth** seguir haciendo algo; **go out** vi salir; (fire, light) apagarse; **go over** vi (ship) zozobrar ▷ vt fus (check) revisar; **go past** vi, vt fus pasar; **go round** vi (circulate: news, rumour) correr; (suffice) alcanzar, bastar; (revolve) girar, dar vueltas; (make a detour) **to go round (by)** dar la vuelta (por); (visit): **to go round (to sb's)** pasar a ver (a algn) ▷ vt fus: **to go round the back** pasar por detrás; **go through** vt fus (town etc) atravesar; **go up** vi subir; **go with** vt fus (accompany) ir con; (fit, suit) hacer juego con, acompañar a; **go without** vt fus pasarse sin

go-ahead ['gəʊəhɛd] adj emprendedor(a) ▷ n luz f verde

goal [gəʊl] n meta; (score) gol m; **goalkeeper** n portero; **goal post** n poste m (de la portería)

goat [gəʊt] n cabra f

gobble ['gɒbl] vt (also: ~ **down**, ~ **up**) engullir

god [gɒd] n dios m; **G~** Dios m; **godchild** n ahijado/a; **goddaughter** n ahijada; **goddess** n diosa; **godfather** n padrino; **godmother** n madrina; **godson** n ahijado

goggles ['gɒglz] npl gafas fpl

going ['gəʊɪŋ] n (conditions) cosas fpl ▷ adj: **the ~ rate** la tarifa corriente or en vigor

gold [gəʊld] n oro ▷ adj de oro; **golden** adj (made of gold) de oro; (colour) dorado; **goldfish** n pez m de colores; **goldmine** n mina de oro; **gold-plated** adj chapado en oro

golf [gɒlf] n golf m; **golf ball** n (for game) pelota de golf; (on typewriter) esfera impresora; **golf club** n club m de golf; (stick) palo (de golf); **golf course** n campo de golf; **golfer** n golfista mf

gone [gɒn] pp of **go**

gong [gɒŋ] n gong m

good [gʊd] *adj* bueno; *(before n sg n)* buen; *(well-behaved)* educado ▷ *n* bien *m*; **~!** ¡qué bien!; **he's ~ at it** se le da bien; **to be ~ for** servir para; **it's ~ for you** te hace bien; **would you be ~ enough to ...?** ¿podría hacerme el favor de ...?, ¿sería tan amable de ...?; **a ~ deal (of)** mucho; **a ~ many** muchos; **to make ~** reparar; **it's no ~ complaining** no sirve de nada quejarse; **for ~** *(for ever)* para siempre, definitivamente; **~ morning/afternoon** ¡buenos días/buenas tardes!; **~ evening!** ¡buenas noches!; **~ night!** ¡buenas noches!

goodbye [gʊd'baɪ] *excl* ¡adiós!; **to say ~ (to)** *(person)* despedirse (de)

good: Good Friday *n* Viernes *m* Santo; **good-looking** *adj* guapo; **good-natured** *adj (person)* de buen carácter; **goodness** *n (of person)* bondad *f*; **for goodness sake!** ¡por Dios!; **goodness gracious!** ¡madre mía!; **goods** *npl (Comm etc)* mercancías *fpl*; **goods train** *n (BRIT)* tren *m* de mercancías; **goodwill** *n* buena voluntad *f*

google ['gu:gəl] *vt, vi* buscar en Google®

goose *(pl* **geese)** [gu:s, gi:s] *n* ganso, oca

gooseberry ['gʊzbərɪ] *n* grosella espinosa or silvestre; **to play ~** hacer de carabina

gorge [gɔ:dʒ] *n* garganta ▷ *vr*: **to ~ o.s. (on)** atracarse (de)

gorgeous ['gɔ:dʒəs] *adj* precioso; *(weather)* estupendo; *(person)* guapísimo

gorilla [gə'rɪlə] *n* gorila *m*

gosh [gɒʃ] *(inf) excl* ¡cielos!

gospel ['gɒspl] *n* evangelio

gossip ['gɒsɪp] *n* cotilleo; *(person)* cotilla *mf* ▷ *vi* cotillear; **gossip column** *n* ecos *mpl* de sociedad

got [gɒt] *pt, pp of* **get**

gotten ['gɒtn] *(US) pp of* **get**

gourmet ['gʊəmeɪ] *n* gastrónomo/a

govern ['gʌvən] *vt* gobernar; **government** *n* gobierno; **governor** *n* gobernador(a) *m/f*; *(of school etc)* miembro del consejo; *(of jail)* director(a) *m/f*

gown [gaʊn] *n* vestido; *(of teacher, judge)* toga

GP *n abbr (Med)* = **general practitioner**

GPS *n abbr (= global positioning system)* GPS *m*

grab [græb] *vt* agarrar, coger *(SP)*; **to ~ at** intentar agarrar

grace [greɪs] *n* gracia ▷ *vt* honrar; *(adorn)* adornar; **5 days' ~** un plazo de 5 días; **graceful** *adj* grácil, ágil; *(style, shape)* elegante, gracioso; **gracious** ['greɪʃəs] *adj* amable

grade [greɪd] *n (quality)* clase *f*, calidad *f*; *(in hierarchy)* grado; *(Scol: mark)* nota; *(US: Scol)* curso ▷ *vt* clasificar; **grade crossing** *n (US)* paso a nivel; **grade school** *n (US)* escuela primaria

gradient ['greɪdɪənt] *n* pendiente *f*

gradual ['grædjuəl] *adj* gradual; **gradually** *adv* gradualmente

graduate *n* ['grædjuɪt] licenciado/a, graduado/a ▷ *vi* ['grædjueɪt] licenciarse, graduarse; **graduation** [grædju'eɪʃən] *n* graduación *f*; *(US Scol)* entrega de los títulos de bachillerato

graffiti [grə'fi:tɪ] *npl* pintadas *fpl*

graft [grɑ:ft] *n (Agr, Med)* injerto; *(bribery)* corrupción ▷ *vt* injertar; **hard ~** *(inf)* trabajo duro

grain [greɪn] *n (single particle)* grano; *(no pl: cereals)* cereales *mpl*; *(in wood)* veta

gram [græm] *n* gramo

grammar ['græmə*] *n* gramática; **grammar school** *n (BRIT)* = instituto de segunda enseñanza

gramme [græm] *n (BRIT)* = **gram**

gran [græn] *n (BRIT inf)* abuelita

grand [grænd] *adj* magnífico, imponente; *(wonderful)* estupendo; *(gesture etc)* grandioso; **grandad** *(inf)* = **granddad**; **grandchild** *(pl*

grandchildren n nieto/a; **granddad** n yayo, abuelito; **granddaughter** n nieta; **grandfather** n abuelo; **grandma** n yaya, abuelita; **grandmother** n abuela; **grandpa** n = **granddad**; **grandparents** npl abuelos mpl; **grand piano** n piano de cola; **Grand Prix** ['grɑ̃:'pri:] n (Aut) gran premio, Grand Prix m; **grandson** n nieto

granite ['grænɪt] n granito

granny ['grænɪ] n abuelita, yaya

grant [grɑ:nt] vt (concede) conceder; (admit): **to ~ (that)** reconocer (que) ▷ n (Scol) beca; **to take sth for ~ed** dar algo por sentado

grape [greɪp] n uva

grapefruit ['greɪpfru:t] n pomelo (sc, sp), toronja (LAM)

graph [grɑ:f] n gráfica; **graphic** ['græfɪk] adj gráfico; **graphics** n artes fpl gráficas ▷ npl (drawings, Comput) gráficos mpl

grasp [grɑ:sp] vt agarrar, asir; (understand) comprender ▷ n (grip) asimiento; (understanding) comprensión f

grass [grɑ:s] n hierba; (lawn) césped m; **grasshopper** n saltamontes m inv

grate [greɪt] n parrilla ▷ vi chirriar ▷ vt (Culin) rallar

grateful ['greɪtful] adj agradecido

grater ['greɪtə*] n rallador m

gratitude ['grætɪtju:d] n agradecimiento

grave [greɪv] n tumba ▷ adj serio, grave

gravel ['grævl] n grava

gravestone ['greɪvstəun] n lápida

graveyard ['greɪvjɑ:d] n cementerio

gravity ['grævɪtɪ] n gravedad f

gravy ['greɪvɪ] n salsa de carne

gray [greɪ] adj (US) = **grey**

graze [greɪz] vi pacer ▷ vt (touch lightly, scrape) rozar ▷ n (Med) rozadura

grease [gri:s] n (fat) grasa; (lubricant) lubricante m ▷ vt engrasar; **greasy** adj grasiento

great [greɪt] adj grande; (inf) estupendo; **Great Britain** n Gran Bretaña; **great-grandfather** n bisabuelo; **great-grandmother** n bisabuela; **greatly** adv muy; (with verb) mucho

Greece [gri:s] n Grecia

greed [gri:d] n (also: **~iness**) codicia; (for food) gula; (for power etc) avidez f; **greedy** adj codicioso; (for food) glotón/ona

Greek [gri:k] adj griego ▷ n griego/a; (Ling) griego

green [gri:n] adj verde; (inexperienced) novato ▷ n verde m; (stretch of grass) césped m; (of golf course) green m; **the G~ party** (Pol) el partido verde; **greens** npl verduras fpl; **green card** n (Aut) carta verde; (US: work permit) permiso de trabajo para los extranjeros en EE. UU.; **greengage** n (ciruela) claudia; **greengrocer** n (BRIT) verdulero/a; **greenhouse** n invernadero; **greenhouse effect** n efecto invernadero; **green tax** n ecotasa, impuesto ecológico

Greenland ['gri:nlənd] n Groenlandia

green salad n ensalada f (de lechuga, pepino, pimiento verde, etc)

greet [gri:t] vt saludar; (news) recibir; **greeting** n (welcome) bienvenida; **greeting(s) card** n tarjeta de felicitación

grew [gru:] pt of **grow**

grey [greɪ] adj gris; **grey-haired** adj canoso; **greyhound** n galgo

grid [grɪd] n rejilla; (Elec) red f; **gridlock** n retención f

grief [gri:f] n dolor m, pena

grievance ['gri:vəns] n motivo de queja, agravio

grieve [gri:v] vi afligirse, acongojarse ▷ vt afligir, apenar; **to ~ for** llorar por

grill [grɪl] n (on cooker) parrilla ▷ vt (BRIT) asar a la parrilla; (question) interrogar

grille [grɪl] n rejilla

grim [grɪm] *adj* (place) lúgubre; (person) adusto

grime [graɪm] *n* mugre *f*

grin [grɪn] *n* sonrisa abierta ▷ *vi*: **to ~ (at)** sonreír abiertamente (a)

grind [graɪnd] (*pt*, *pp* **ground**) *vt* (coffee, pepper etc) moler; (us: meat) picar; (make sharp) afilar ▷ *n*: **the daily ~** (inf) la rutina diaria

grip [grɪp] *n* (hold) asimiento; (handle) asidero ▷ *vt* agarrar; **to get to ~s with** enfrentarse con; **to lose one's ~** (fig) perder el control; **gripping** *adj* absorbente

grit [grɪt] *n* gravilla; (courage) valor *m* ▷ *vt* (road) poner gravilla en; **to ~ one's teeth** apretar los dientes

grits [grɪts] *npl* (us) maíz *msg* a medio moler

groan [grəʊn] *n* gemido, quejido ▷ *vi* gemir, quejarse

grocer ['grəʊsə'] *n* tendero (de ultramarinos); **~'s (shop)** *n* tienda de ultramarinos or (LAM) tienda de abarrotes; **groceries** *npl* comestibles *mpl*; **grocery** *n* (shop) tienda de ultramarinos

groin [grɔɪn] *n* ingle *f*

groom [gruːm] *n* mozo/a de cuadra; (also: **bride~**) novio ▷ *vt* (horse) almohazar; (fig): **to ~ sb for** preparar a algn para; **well-~ed** acicalado

groove [gruːv] *n* ranura; surco

grope [grəʊp] *vi*: **to ~ for** buscar a tientas

gross [grəʊs] *adj* (neglect, injustice) grave; (vulgar: behaviour) grosero; (: appearance) de mal gusto; (Comm) bruto; **grossly** *adv* (greatly) enormemente

grotesque [grə'tɛsk] *adj* grotesco

ground [graʊnd] *pt*, *pp* of **grind** ▷ *n* suelo, tierra; (Sport) campo, terreno; (reason: gen pl) motivo, razón *f*; (us: **~ wire**) tierra ▷ *vt* (plane) mantener en tierra; (us Elec) conectar con tierra; **grounds** *npl* (of coffee etc) poso *sg*; (gardens etc) jardines *mpl*,

parque *m*; **on the ~** en el suelo; **to gain/lose ~** ganar/perder terreno; **to the ~** al suelo; **ground floor** *n* (BRIT) planta baja; **groundsheet** [grit] *n* tela impermeable; **groundwork** *n* trabajo preliminar

group [gruːp] *n* grupo; (Mus: pop group) conjunto, grupo ▷ *vt* (also: **~ together**) agrupar ▷ *vi* agruparse

grouse [graʊs] *n* (pl inv: bird) urogallo ▷ *vi* (complain) quejarse

grovel ['grɔvl] *vi* (fig) arrastrarse

grow (*pt* **grew**, *pp* **grown**) [grəʊ, gruː, grəʊn] *vi* crecer; (increase) aumentar; (expand) desarrollarse; (become) volverse ▷ *vt* cultivar; (hair, beard) dejar crecer; **to ~ rich/weak** enriquecerse/debilitarse; **grow on** *vt fus*: **that painting is ~ing on me** ese cuadro me gusta cada vez más; **grow up** *vi* crecer, hacerse hombre/mujer

growl [graʊl] *vi* gruñir

grown [grəʊn] *pp* of **grow**; **grown-up** *n* adulto/a, mayor *mf*

growth [grəʊθ] *n* crecimiento, desarrollo; (what has grown) brote *m*; (Med) tumor *m*

grub [grʌb] *n* gusano; (inf: food) comida

grubby ['grʌbɪ] *adj* sucio, mugriento

grudge [grʌdʒ] *n* rencor ▷ *vt*: **to ~ sb sth** dar algo a algn de mala gana; **to bear sb a ~** guardar rencor a algn

gruelling, (us) **grueling** ['gruəlɪŋ] *adj* agotador

gruesome ['gruːsəm] *adj* horrible

grumble ['grʌmbl] *vi* refunfuñar, quejarse

grumpy ['grʌmpɪ] *adj* gruñón/ona

grunt [grʌnt] *vi* gruñir

guarantee [gærən'tiː] *n* garantía ▷ *vt* garantizar

guard [gɑːd] *n* guardia; (person) guarda *mf*; (BRIT Rail) jefe *m* de tren; (on machine) cubierta de protección; (fireguard) pantalla ▷ *vt* guardar; **to be on one's ~** (fig) estar en guardia;

g

guardian n guardián/ana m/f; (of minor) tutor(a) m/f
guerrilla [gə'rɪlə] n guerrillero/a
guess [ges] vi, vt adivinar; (suppose) suponer ▷ n suposición f, conjetura; **to take** or **have a ~** tratar de adivinar
guest [gest] n invitado/a; (in hotel) huésped/a m/f; **guest room** n cuarto de huéspedes
guidance ['gaɪdəns] n (advice) consejos mpl
guide [gaɪd] n (person) guía mf; (book, fig) guía f; (also: **girl ~**) exploradora ▷ vt guiar; **guidebook** n guía; **guide dog** n perro guía; **guided tour** n visita f con guía; **guidelines** npl (fig) directrices fpl
guild [gɪld] n gremio
guilt [gɪlt] n culpabilidad f; **guilty** adj culpable
guinea pig n cobaya; (fig) conejillo de Indias
guitar [gɪ'tɑːʳ] n guitarra; **guitarist** n guitarrista mf
gulf [gʌlf] n golfo; (abyss) abismo
gull [gʌl] n gaviota
gulp [gʌlp] vi tragar saliva ▷ vt (also: **~ down**) tragarse
gum [gʌm] n (Anat) encía; (glue) goma, cemento (LAM); (sweet) gominola; (also: **chewing-~**) chicle m ▷ vt pegar con goma
gun [gʌn] n (small) pistola; (shotgun) escopeta; (rifle) fusil m; (cannon) cañón m; **gunfire** n disparos mpl; **gunman** n pistolero; **gunpoint** n: **at gunpoint** a mano armada; **gunpowder** n pólvora; **gunshot** n disparo
gush [gʌʃ] vi chorrear, salir a raudales; (fig) deshacerse en efusiones
gust [gʌst] n (of wind) ráfaga
gut [gʌt] n intestino; (Mus etc) cuerda de tripa; **guts** npl (courage) agallas fpl, valor m; (inf: innards: of people, animals) tripas fpl
gutter ['gʌtəʳ] n (of roof) canalón m; (in street) cuneta

guy [gaɪ] n (also: **~rope**) viento, cuerda; (inf: man) tío (SP), tipo
Guy Fawkes' Night [gaɪ'fɔːks-] n ver nota "Guy Fawkes' Night"

○ **GUY FAWKES' NIGHT**
○
○ La noche del cinco de noviembre,
○ Guy Fawkes' Night, se celebra el
○ fracaso de la conspiración de la
○ pólvora (Gunpowder Plot), el intento
○ fallido de volar el parlamento de
○ Jaime I en 1605. Esa noche se lanzan
○ fuegos artificiales y se queman
○ en muchas hogueras muñecos de
○ trapo que representan a Guy Fawkes,
○ uno de los cabecillas. Días antes los
○ niños tienen por costumbre pedir a
○ los viandantes "a penny for the guy",
○ dinero para comprar los cohetes.

gym [dʒɪm] n (also: **gymnasium**) gimnasio; (also: **gymnastics**) gimnasia; **gymnasium** n gimnasio; **gymnast** n gimnasta mf; **gymnastics** n gimnasia; **gym shoes** npl zapatillas fpl de gimnasia
gynaecologist, (US) **gynecologist** [gaɪnɪ'kɔlədʒɪst] n ginecólogo/a
gypsy ['dʒɪpsɪ] n = **gipsy**

h

haberdashery ['hæbə'dæʃərɪ] *n* (BRIT) mercería

habit ['hæbɪt] *n* hábito, costumbre *f*; (*drug habit*) adicción *f*

habitat ['hæbɪtæt] *n* hábitat *m*

hack [hæk] *vt* (*cut*) cortar; (*slice*) tajar ▷ *n* (*pej: writer*) escritor(a) *m/f* a sueldo; **hacker** *n* (Comput) pirata *m* informático

had [hæd] *pt, pp of* **have**

haddock ['hædək] (*pl* **haddock** or **haddocks**) *n* especie de merluza

hadn't ['hædnt] = **had not**

haemorrhage, (US) **hemorrhage** ['hemərɪdʒ] *n* hemorragia

haemorrhoids, (US) **hemorrhoids** ['hemərɔɪdz] *npl* hemorroides *fpl*

haggle ['hægl] *vi* regatear

Hague [heɪg] *n*: **The ~** La Haya

hail [heɪl] *n* (*weather*) granizo ▷ *vt* saludar; (*call*) llamar a ▷ *vi* granizar; **hailstone** *n* (piedra de) granizo

hair [hɛəʳ] *n* pelo, cabellos *mpl*; (*one hair*) pelo, cabello; (*on legs etc*) vello; **to do one's ~** arreglarse el pelo; **grey ~** canas *fpl*; **hairband** *n* cinta; **hairbrush** *n* cepillo (para el pelo); **haircut** *n* corte *m* de pelo; **hairdo** *n* peinado; **hairdresser** *n* peluquero/a; **hairdresser's** *n* peluquería; **hairdryer** *n* secador *m* (de pelo); **hair gel** *n* fijador; **hair spray** *n* laca; **hairstyle** *n* peinado; **hairy** *adj* peludo, velludo; (*inf: frightening*) espeluznante

haka ['hɑːkə] *n* (NZ) haka *m* or *f*

hake [heɪk] *n* merluza

half [hɑːf] (*pl* **halves**) *n* mitad *f*; (*of beer*) ≈ caña (SP), media pinta; (Rail) billete *m* de niño ▷ *adj* medio ▷ *adv* medio, a medias; **two and a ~** dos y media; **~ a dozen** media docena; **~ a pound** media libra, ≈ 250 gr.; **to cut sth in ~** cortar algo por la mitad; **half board** *n* (BRIT: *in hotel*) media pensión; **half-brother** *n* hermanastro; **half day** *n* medio día *m*, media jornada; **half fare** *n* medio pasaje *m*; **half-hearted** *adj* indiferente, poco entusiasta; **half-hour** *n* media hora; **half-price** *adj* a mitad de precio; **half term** *n* (BRIT Scol) vacaciones de medio del trimestre; (*break*) *n* descanso; **half-time** *n* descanso; **halfway** *adv* a medio camino

hall [hɔːl] *n* (*for concerts*) sala; (*entrance way*) vestíbulo

hallmark ['hɔːlmɑːk] *n* sello

hallo [hə'ləu] *excl* = **hello**

hall of residence *n* (BRIT) residencia universitaria

Hallowe'en [hæləu'iːn] *n* víspera de Todos los Santos

- **HALLOWE'EN**
- La tradición anglosajona dice
- que en la noche del 31 de octubre,
- *Hallowe'en*, víspera de Todos los
- Santos, es fácil ver a brujas y
- fantasmas. Es una ocasión festiva

en la que los niños se disfrazan y van de puerta en puerta llevando un farol hecho con una calabaza en forma de cabeza humana. Cuando se les abre la puerta gritan "trick or treat" para indicar que gastarán una broma a quien no les dé un pequeño regalo (como golosinas o dinero).

hallucination [həluːsɪˈneɪʃən] n alucinación f

hallway [ˈhɔːlweɪ] n vestíbulo

halo [ˈheɪləu] n (of saint) aureola, halo

halt [hɔːlt] n (stop) alto, parada f ▷ vt parar ▷ vi pararse

halve [hɑːv] vt partir por la mitad

halves [hɑːvz] pl of **half**

ham [hæm] n jamón m (cocido)

hamburger [ˈhæmbɜːgə'] n hamburguesa

hamlet [ˈhæmlɪt] n aldea

hammer [ˈhæmə'] n martillo ▷ vt (nail) clavar; **to ~ a point home to sb** remacharle un punto a algo

hammock [ˈhæmək] n hamaca

hamper [ˈhæmpə'] vt estorbar ▷ n cesto

hamster [ˈhæmstə'] n hámster m

hamstring [ˈhæmstrɪŋ] n (Anat) tendón m de la corva

hand [hænd] n mano f; (of clock) aguja; (writing) letra; (worker) obrero m ▷ vt dar, pasar; **to give sb a ~** echar una mano a algn, ayudar a algn; **at ~** a mano; (in ~ entre manos; **on ~** (person, services) a mano, al alcance; **to ~** (information etc) a mano; **on the one ~ ..., on the other ~ ...** por una parte ..., por otra (parte) ...; **hand down** vt pasar, bajar; (tradition) transmitir; (heirloom) dejar en herencia; (us: sentence, verdict) imponer; **hand in** vt entregar; **hand out** vt distribuir; **hand over** vt (deliver) entregar; **handbag** n bolso, cartera (LAM); **hand baggage** n = **hand luggage**; **handbook** n manual m; **handbrake** n freno de mano;

handcuffs npl esposas fpl; **handful** n puñado

handicap [ˈhændɪkæp] n desventaja; (Sport) hándicap m ▷ vt estorbar

handkerchief [ˈhæŋkətʃɪf] n pañuelo

handle [ˈhændl] n (of door etc) pomo, tirador m; (of cup etc) asa; (of knife etc) mango; (for winding) manivela ▷ vt (touch) tocar; (deal with) encargarse de; (treat: people) manejar; **"~ with care"** "(manéjese) con cuidado"; **to fly off the ~** perder los estribos; **handlebar(s)** n(pl) manillar msg

hand: **hand luggage** n equipaje m de mano; **handmade** adj hecho a mano; **handout** n (charity) limosna; (leaflet) folleto

hands-free [ˈhændzfriː] adj (Tel: telephone) manos libres; **~ kit** manos libres m inv

handsome [ˈhænsəm] adj guapo

handwriting [ˈhændraɪtɪŋ] n letra

handy [ˈhændɪ] adj (close at hand) a mano; (machine, tool etc) práctico; (skilful) hábil, diestro

hang [hæŋ] (pt, pp hung) vt colgar; (criminal) ahorcar; **to get the ~ of sth** (inf) coger el tranquillo a algo; **hang about, hang around** vi haraganear; **hang down** vi colgar, pender; **hang on** vi (wait) esperar; **hang out** vt (washing) tender, colgar ▷ vi (inf: live) vivir; **to ~ out of sth** colgar fuera de algo; **hang round** vi = **hang about**; **hang up** vt colgar ▷ vi (Tel) colgar

hanger [ˈhæŋə'] n percha

hang-gliding [ˈhæŋɡlaɪdɪŋ] n vuelo con ala delta

hangover [ˈhæŋəuvə'] n (after drinking) resaca

hankie, hanky [ˈhæŋkɪ] n abbr = **handkerchief**

happen [ˈhæpən] vi suceder, ocurrir; (chance): **he ~ed to hear/see** dio la casualidad de que oyó/vio; **as it ~s** da la casualidad de que

happily ['hæpɪlɪ] *adv* (luckily) afortunadamente; (cheerfully) alegremente

happiness ['hæpɪnɪs] *n* felicidad *f*; (joy) alegría

happy ['hæpɪ] *adj* feliz; (cheerful) alegre; **to be ~ (with)** estar contento (con); **yes, I'd be ~ to** sí, con mucho gusto; **~ birthday!** ¡feliz cumpleaños!

harass ['hærəs] *vt* acosar, hostigar; **harassment** *n* persecución *f*

harbour, (us) **harbor** ['hɑːbəʳ] *n* puerto ▷ *vt* (fugitive) dar abrigo a; (hope etc) abrigar

hard [hɑːd] *adj* duro; (difficult) difícil; (work) arduo; (person) severo ▷ *adv* (work) mucho, duro; (think) profundamente; **to look ~ at sb/ sth** clavar los ojos en algn/algo; **to try ~** esforzarse; **no ~ feelings!** ¡sin rencor(es)!; **to be ~ of hearing** ser duro de oído; **to be ~ done by** ser tratado injustamente; **hardback** *n* libro de tapa dura; **hardboard** *n* aglomerado *m* (de madera); **hard disk** *n* (Comput) disco duro; **harden** *vt* endurecer; (fig) curtir ▷ *vi* endurecerse; (fig) curtirse

hardly ['hɑːdlɪ] *adv* apenas; **~ ever** casi nunca

hard: hardship *n* (troubles) penas *fpl*; (financial) apuro; **hard shoulder** *n* (Aut) arcén *m*; **hard-up** *adj* (inf) sin un duro (sp), sin plata (LAM); **hardware** *n* ferretería *f*; (Comput) hardware *m*; **hardware shop**, (us) **hardware store** *n* ferretería *f*; **hard-working** *adj* trabajador(a)

hardy ['hɑːdɪ] *adj* fuerte; (plant) resistente

hare [hɛəʳ] *n* liebre *f*

harm [hɑːm] *n* daño, mal *m* ▷ *vt* (person) hacer daño a; (health, interests) perjudicar; (thing) dañar; **out of ~'s way** a salvo; **harmful** *adj* dañino; **harmless** *adj* (person) inofensivo; (joke etc) inocente

harmony ['hɑːmənɪ] *n* armonía

harness ['hɑːnɪs] *n* arreos *mpl* ▷ *vt* (horse) enjaezar; (resources) aprovechar

harp [hɑːp] *n* arpa ▷ *vi*: **to ~ on (about)** machacar (con)

harsh [hɑːʃ] *adj* (cruel) duro, cruel; (severe) severo

harvest ['hɑːvɪst] *n* (harvest time) siega; (of cereals etc) cosecha; (of grapes) vendimia ▷ *vt* cosechar

has [hæz] *vb see* **have**

hashtag ['hæʃtæg] *n* (on Twitter) hashtag *m*

hasn't ['hæznt] = **has not**

hassle ['hæsl] *n* (inf) lío, rollo ▷ *vt* incordiar

haste [heɪst] *n* prisa; **hasten** ['heɪsn] *vt* acelerar ▷ *vi* darse prisa; **hastily** *adv* de prisa; **hasty** *adj* apresurado

hat [hæt] *n* sombrero

hatch [hætʃ] *n* (Naut: also: **~way**) escotilla ▷ *vi* salir del cascarón ▷ *vt* incubar; (scheme, plot) tramar; **5 eggs have ~ed** han salido 5 pollos

hatchback ['hætʃbæk] *n* (Aut) tres o cinco puertas *m*

hate [heɪt] *vt* odiar, aborrecer ▷ *n* odio; **hatred** ['heɪtrɪd] *n* odio

haul [hɔːl] *vt* tirar ▷ *n* (of fish) redada; (of stolen goods etc) botín *m*

haunt [hɔːnt] *vt* (ghost) aparecer en; (obsess) obsesionar ▷ *n* guarida; **haunted** *adj* (castle etc) embrujado; (look) de angustia

KEYWORD

have [hæv] (*pt, pp* **had**) *aux vb* **1** haber; **to have arrived/eaten** haber llegado/comido; **having finished** or **when I had finished, he left** cuando hubo acabado, se fue

2 (in tag questions): **you've done it, haven't you?** lo has hecho, ¿verdad? or ¿no?

3 (in short answers and questions): **I haven't** no; **so I have** pues, es verdad; **we haven't paid — yes we have!** no hemos pagado — ¡sí que hemos pagado!; **I've been there before, have you?** he estado allí antes, ¿y tú?

▸ *modal aux vb* (*be obliged*): **to have (got) to do sth** tener que hacer algo; **you haven't to tell her** no hay que or no debes decírselo

▸ *vt* **1** (*possess*): **he has (got) blue eyes/dark hair** tiene los ojos azules/ el pelo negro

2 (*referring to meals etc*): **to have breakfast/lunch/dinner** desayunar/ comer/cenar; **to have a drink/a cigarette** tomar algo/fumar un cigarrillo

3 (*receive*) recibir; **may I have your address?** ¿puedes darme tu dirección?; **you can have it for £5** te lo puedes quedar por £5; **I must have it by tomorrow** lo necesito para mañana; **to have a baby** tener un niño or bebé

4 (*maintain, allow*): **I won't have it!** ¡no lo permitiré!; **I won't have this nonsense!** ¡no permitiré estas tonterías!; **we can't have that** no podemos permitir eso

5: **to have sth done** hacer or mandar hacer algo; **to have one's hair cut** cortarse el pelo; **to have sb do sth** hacer que algn haga algo

6 (*experience, suffer*): **to have a cold/ flu** tener un resfriado/la gripe; **she had her bag stolen/her arm broken** le robaron el bolso/se rompió un brazo; **to have an operation** operarse

7 (+ *noun*): **to have a swim/walk/ bath/rest** nadar/dar un paseo/darse un baño/descansar; **let's have a look** vamos a ver; **to have a meeting/ party** celebrar una reunión/una fiesta; **let me have a try** déjame intentarlo

haven ['heɪvn] *n* puerto; (*fig*) refugio

haven't ['hævnt] = **have not**

havoc ['hævək] *n* estragos *mpl*

Hawaii [hə'waɪiː] *n* (Islas *fpl*) Hawai *m*

hawk [hɔːk] *n* halcón *m*

hawthorn ['hɔːθɔːn] *n* espino

hay [heɪ] *n* heno; **hay fever** *n* fiebre *f* del heno; **haystack** *n* almiar *m*

hazard ['hæzəd] *n* peligro ▸ *vt* aventurar; **hazardous** *adj* peligroso; **hazard warning lights** *npl* (*Aut*) señales *fpl* de emergencia

haze [heɪz] *n* neblina

hazel ['heɪzl] *n* (*tree*) avellano ▸ *adj* (*eyes*) color *m* de avellana; **hazelnut** *n* avellana

hazy ['heɪzɪ] *adj* brumoso; (*idea*) vago

he [hiː] *pron* él; **the who ...** aquél que ..., quien ...

head [hed] *n* cabeza; (*leader*) jefe/a *m/f* ▸ *vt* (*list*) encabezar; (*group*) capitanear; **~s (or tails)** cara (o cruz); **~ first** de cabeza; **~ over heels in love** perdidamente enamorado; **to ~ the ball** cabecear (el balón); **head for** *vt fus* dirigirse a; (*disaster*) ir camino de; **head off** *vt* (*threat, danger*) evitar; **headache** *n* dolor *m* de cabeza; **heading** *n* título; **headlamp** *n* (BRIT) = **headlight**; **headlight** *n* faro; **headline** *n* titular *m*; **head office** *n* oficina central, central *f*; **headphones** *npl* auriculares *mpl*; **headquarters** *npl* sede *f* central; (*Mil*) cuartel *m* general; **headroom** *n* (*in car*) altura interior; (*under bridge*) límite *m* de) altura; **headscarf** *n* pañuelo; **headset** *n* cascos *mpl*; **head teacher** *n* director(a); **head waiter** *n* maître *m*

heal [hiːl] *vt* curar ▸ *vi* cicatrizar

health [helθ] *n* salud *f*; **health care** *n* asistencia sanitaria; **health centre** *n* ambulatorio, centro médico; **health food** *n* alimentos *mpl* orgánicos; **Health Service** *n* (BRIT) servicio de salud pública; **= Insalud** *m* (SP); **healthy** *adj* sano; saludable

heap [hiːp] *n* montón *m* ▸ *vt* amontonar; **~s of** (*inf: lots*) montones de; **to ~ favours/praise/gifts** etc **on sb** colmar a algn de favores/elogios/regalos etc

hear [hɪə^r] (pt, pp **heard**) vt oír; (news) saber ▷ vi oír; **to ~ about** oír hablar de; **to ~ from sb** tener noticias de algn

heard [hə:d] pt, pp of **hear**

hearing ['hɪərɪŋ] n (sense) oído; (Law) vista; **hearing aid** n audífono

hearse [hə:s] n coche m fúnebre

heart [hɑ:t] n corazón m; (fig) valor m; (of lettuce) cogollo; **hearts** npl (Cards) corazones mpl; **at ~** en el fondo; **by ~** (learn, know) de memoria; **to take ~** cobrar ánimos; **heart attack** n infarto (de miocardio); **heartbeat** n latido (del corazón); **heartbroken** adj: **she was heartbroken about it** eso le partió el corazón; **heartburn** n acedía; **heart disease** n enfermedad f cardíaca

hearth [hɑ:θ] n (fireplace) chimenea

heartless ['hɑ:tlɪs] adj despiadado

hearty ['hɑ:tɪ] adj (person) campechano; (laugh) sano; (dislike, support) absoluto

heat [hi:t] n calor m; (Sport: also: **qualifying ~**) prueba eliminatoria ▷ vt calentar; **heat up** vi calentarse ▷ vt calentar; **heated** adj caliente; (fig) acalorado; **heater** n calentador m, estufa

heather ['hɛðə^r] n brezo

heating ['hi:tɪŋ] n calefacción f

heatwave ['hi:twerv] n ola de calor

heaven ['hɛvn] n cielo; (Rel) paraíso; **heavenly** adj celestial

heavily ['hɛvɪlɪ] adv pesadamente; (drink, smoke) en exceso; (sleep, sigh) profundamente

heavy ['hɛvɪ] adj pesado; (work) duro; (sea, rain, meal) fuerte; (drinker, smoker) empedernido; (responsibility) grave; (schedule) ocupado; (weather) bochornoso; **~ goods vehicle** n vehículo pesado

Hebrew ['hi:bru:] adj, n (Ling) hebreo

hectare ['hɛktɑ:^r] n (BRIT) hectárea

hectic ['hɛktɪk] adj agitado

he'd [hi:d] = **he would; he had**

hedge [hɛdʒ] n seto ▷ vi contestar con evasivas; **to ~ one's bets** (fig) cubrirse

hedgehog ['hɛdʒhɔg] n erizo

heed [hi:d] vt (also: **take ~ of**) hacer caso de

heel [hi:l] n talón m; (of shoe) tacón m ▷ vt (shoe) poner tacón a

hefty ['hɛftɪ] adj (person) fornido; (price) elevado

height [haɪt] n (of person) talla, estatura; (of building) altura; (high ground) cerro; (altitude) altitud f; **at the ~ of summer** en los días más calurosos del verano; **heighten** vt elevar; (fig) aumentar

heir [ɛə^r] n heredero; **heiress** n heredera

held [hɛld] pt, pp of **hold**

helicopter ['hɛlɪkɔptə^r] n helicóptero

hell [hɛl] n infierno; **oh ~!** (inf) ¡demonios!

he'll [hi:l] = **he will; he shall**

hello [hə'ləu] excl ¡hola!; (to attract attention) ¡oiga!; (surprise) ¡caramba!

helmet ['hɛlmɪt] n casco

help [hɛlp] n ayuda; (cleaner etc) criada, asistenta ▷ vt ayudar; **~!** ¡socorro!; **~ yourself** sírvete; **he can't ~ it** no lo puede evitar; **help out** vi ayudar, echar una mano ▷ vt: **to ~ sb out** ayudar a algn, echar una mano a algn; **helper** n ayudante mf; **helpful** adj útil; (person) servicial; **helping** n ración f; **helpless** adj (incapable) incapaz; (defenceless) indefenso; **helpline** n teléfono de asistencia al público

hem [hɛm] n dobladillo ▷ vt poner or coser el dobladillo a

hemisphere ['hɛmɪsfɪə^r] n hemisferio

hemorrhage ['hɛmərɪdʒ] n (US) = **haemorrhage**

hemorrhoids ['hɛmərɔɪdz] npl (US) = **haemorrhoids**

h

hen [hɛn] n gallina; (*female bird*) hembra

hence [hɛns] adv (*therefore*) por lo tanto; **two years ~** de aquí a dos años

hen night n (*inf*) despedida de soltera

hepatitis [hɛpə'taɪtɪs] n hepatitis f inv

her [hɜːʳ] pron (*direct*) la; (*indirect*) le; (*stressed, after prep*) ella ▷ adj su; *see also* **me; my**

herb [hɜːb] n hierba; **herbal** ['hɜːbl] adj de hierbas; **herbal tea** n infusión f de hierbas

herd [hɜːd] n rebaño

here [hɪəʳ] adv aquí; **~!** (*present*) ¡presente!; **~ is/are** aquí está/están; **~ she is** aquí está

hereditary [hɪ'rɛdɪtrɪ] adj hereditario

heritage ['hɛrɪtɪdʒ] n patrimonio

hernia ['hɜːnɪə] n hernia

hero ['hɪərəʊ] (*pl* **heroes**) n héroe m; (*in book, film*) protagonista m; **heroic** [hɪ'rəʊɪk] adj heroico

heroin ['hɛrəʊɪn] n heroína

heroine ['hɛrəʊɪn] n heroína; (*in book, film*) protagonista

heron ['hɛrən] n garza

herring ['hɛrɪŋ] n (*pl inv*) arenque m

hers [hɜːz] pron (el) suyo/(la) suya etc; *see also* **mine**

herself [hɜː'sɛlf] pron (*reflexive*) se; (*emphatic*) ella misma; (*after prep*) sí (misma); *see also* **oneself**

he's [hiːz] = **he is; he has**

hesitant ['hɛzɪtənt] adj indeciso

hesitate ['hɛzɪteɪt] vi vacilar; (*in speech*) titubear; (*be unwilling*) resistirse a; **hesitation** [hɛzɪ'teɪʃən] n indecisión f

heterosexual [hɛtərəʊ'sɛksjuəl] adj, n heterosexual f

hexagon ['hɛksəgən] n hexágono

hey [heɪ] excl ¡oye!, ¡oiga!

heyday ['heɪdeɪ] n: **the ~ of** el apogeo de

HGV n abbr = **heavy goods vehicle**

hi [haɪ] excl ¡hola!

hibernate ['haɪbəneɪt] vi invernar

hiccough, hiccup ['hɪkʌp] vi hipar

hid [hɪd] pt of **hide**

hidden ['hɪdn] pp of **hide** ▷ adj: **~ agenda** plan m encubierto

hide [haɪd] (pt **hid**, pp **hidden**) n (*skin*) piel f ▷ vt esconder; ocultar ▷ vi: **to ~ (from sb)** esconderse or ocultarse (de algn)

hideous ['hɪdɪəs] adj horrible

hiding ['haɪdɪŋ] n (*beating*) paliza; **to be in ~** (*concealed*) estar escondido

hi-fi ['haɪfaɪ] n estéreo, hifi m ▷ adj de alta fidelidad

high [haɪ] adj alto; (*speed, number*) grande; (*price*) elevado; (*wind*) fuerte; (*voice*) agudo ▷ adv alto, a gran altura; **it is 20 m ~** tiene 20 m de altura; **~ in the air** en las alturas; **highchair** n silla alta (para niños); **high-class** adj (*hotel*) de lujo; (*person*) distinguido, de categoría; (*food*) de alta categoría; **higher education** n educación f or enseñanza superior; **high heels** npl (*heels*) tacones mpl altos; (*shoes*) zapatos mpl de tacón; **high jump** n (*Sport*) salto de altura; **highlands** npl tierras fpl altas; **the Highlands** (*in Scotland*) las Tierras Altas de Escocia; **highlight** n (*fig: of event*) punto culminante ▷ vt subrayar; **highlights** npl (*in hair*) reflejos mpl; **highlighter** n rotulador; **highly** adv sumamente; **to speak highly of** hablar muy bien de; **highness** n altura; **Her** or **His Highness** Su Alteza; **high-rise** n (*also:* **high-rise block, high-rise building**) torre f de pisos; **high school** n ≈ Instituto Nacional de Bachillerato (*SP*); **high season** n (*BRIT*) temporada alta; **high street** n (*BRIT*) calle f mayor; **high-tech** (*inf*) adj al-tec (*inf*), de alta tecnología; **highway** n carretera; (*US*) autopista; **Highway Code** n (*BRIT*) código de la circulación

hijack ['haɪdʒæk] vt secuestrar; **hijacker** n secuestrador(a) m/f

hike [haɪk] *vi (go walking)* ir de excursión (a pie) ir n caminata; **hiker** n excursionista *mf*; **hiking** n senderismo

hilarious [hɪ'leəriəs] *adj* divertidísimo

hill [hɪl] n colina; *(high)* montaña; *(slope)* cuesta; **hillside** n ladera; **hill walking** n senderismo (de montaña); **hilly** *adj* montañoso

him [hɪm] *pron (direct)* le, lo; *(indirect)* le; *(stressed, after prep)* él; *see also* **me**; **himself** *pron (reflexive)* se; *(emphatic)* él mismo; *(after prep)* sí (mismo); *see also* **oneself**

hind [haɪnd] *adj* posterior

hinder ['hɪndə'] *vt* estorbar, impedir

hindsight ['haɪndsaɪt] n: **with ~** en retrospectiva

Hindu ['hɪndu:] n hindú *mf*; **Hinduism** ['hɪndu:ɪzm] n *(Rel)* hinduismo

hinge [hɪndʒ] n bisagra, gozne m ▷ vi *(fig)*: **to ~ on** depender de

hint [hɪnt] n indirecta; *(advice)* consejo ▷ vt: **to ~ that** insinuar que ▷ vi: **to ~ at** aludir a

hip [hɪp] n cadera

hippie ['hɪpɪ] n hippie *mf*, jipi *mf*

hippo ['hɪpəʊ] *(pl* **hippos)** n hipopótamo; **hippopotamus** *(pl* **hippopotamuses** *or* **hippopotami** ['hɪpə'pɒtəməs, -'pɒtəmaɪ] n hipopótamo

hippy ['hɪpɪ] n = **hippie**

hire ['haɪə'] *vt (BRIT: car, equipment)* alquilar; *(worker)* contratar ▷ n alquiler m; **for ~** se alquila; *(taxi)* libre; **hire(d) car** *(BRIT)* coche m de alquiler; **hire purchase** *(BRIT)* compra a plazos; **to buy sth on hire purchase** comprar algo a plazos

his [hɪz] *pron (el) suyo/(la) suya etc* ▷ *adj* su; *see also* **my; mine**

Hispanic [hɪs'pænɪk] *adj* hispánico

hiss [hɪs] *vi* silbar

historian [hɪ'stɔːrɪən] n historiador(a) *m/f*

historic(al) [hɪ'stɔrɪk(l)] *adj* histórico

history ['hɪstərɪ] n historia

hit [hɪt] *vt (strike)* golpear, pegar; *(reach: target)* alcanzar; *(collide with: car)* chocar contra; *(fig: affect)* afectar ▷ n golpe m; *(success)* éxito; *(on website)* visita; *(in web search)* correspondencia; **to ~ it off with sb** llevarse bien con algn; **hit back** vi defenderse; *(fig)* devolver golpe por golpe

hitch [hɪtʃ] *vt (fasten)* atar, amarrar; *(also: ~ up)* arremangarse ▷ n *(difficulty)* problema, pega; **to ~ a lift** hacer autostop

hitch-hike ['hɪtʃhaɪk] *vi* hacer autostop; **hitch-hiker** n autostopista *mf*; **hitch-hiking** n autostop n

hi-tech [haɪ'tɛk] *adj* de alta tecnología

hitman ['hɪtmæn] n asesino a sueldo

HIV n *abbr (= human immunodeficiency virus)* VIH m; **~-negative** VIH negativo; **~-positive** VIH positivo, seropositivo

hive [haɪv] n colmena

hoard [hɔːd] n *(treasure)* tesoro; *(stockpile)* provisión f ▷ vt acumular

hoarse [hɔːs] *adj* ronco

hoax [həʊks] n engaño

hob [hɒb] n quemador m

hobble ['hɒbl] *vi* cojear

hobby ['hɒbɪ] n pasatiempo, afición f

hobo ['həʊbəʊ] n *(US)* vagabundo

hockey ['hɒkɪ] n hockey m; **hockey stick** n palo m de hockey

hog [hɒg] n cerdo, puerco ▷ vt *(fig)* acaparar; **to go the whole ~** echar el todo por el todo

Hogmanay [hɒgmə'neɪ] n Nochevieja

○ **HOGMANAY**

○ La Nochevieja o *New Year's Eve* se
○ conoce como *Hogmanay* en Escocia,
○ donde se festeje de forma especial.
○ La familia y los amigos se suelen
○ juntar para oír las campanadas del
○ reloj y luego se hace el *first-footing*,

h

costumbre que consiste en visitar a los amigos y vecinos llevando algo de beber (generalmente whisky) y un trozo de carbón que se supone que traerá buena suerte para el año entrante.

hoist [hɔɪst] n (crane) grúa ▷ vt levantar, alzar

hold [həʊld] (pt, pp **held**) vt sostener; (contain) contener; (have: power, qualification) tener; (keep back) retener; (believe) sostener; (meeting) celebrar ▷ vi (withstand: pressure) resistir; (be valid) ser válido; (stick) pegarse ▷ n (grasp) asimiento; (fig) dominio; **~ the line!** (Tel) no cuelgue!; **to ~ one's own** (fig) defenderse; **to catch** or **get (a) ~ of** agarrarse or asirse de; **hold back** vt retener; (secret) ocultar; **hold on** vi agarrarse bien; (wait) esperar; **~ on!** (Tel) (espere) un momento!; **hold out** vt ofrecer ▷ vi (resist) resistir; **hold up** vt (raise) levantar; (support) apoyar; (delay) retrasar; (rob) asaltar; **holdall** n (BRIT) bolsa; **holder** n (of ticket, record) poseedor(a) m/f; (of passport, post, office, title etc) titular mf

hole [həʊl] n agujero

holiday [ˈhɔlədɪ] n vacaciones fpl; (day off) día de fiesta, día m festivo or feriado (LAM); **on ~** de vacaciones; **holiday camp** n (BRIT) colonia or centro vacacional; **holiday job** n (BRIT) trabajo para las vacaciones; **holidaymaker** n (BRIT) turista mf; **holiday resort** n centro turístico

Holland [ˈhɔlənd] n Holanda

hollow [ˈhɔləʊ] adj hueco; (fig) vacío; (eyes) hundido; (sound) sordo ▷ n hueco; (in ground) hoyo ▷ vt: **to ~ out** ahuecar

holly [ˈhɔlɪ] n acebo

Hollywood [ˈhɔlɪwʊd] n Hollywood m

holocaust [ˈhɔləkɔːst] n holocausto

holy [ˈhəʊlɪ] adj santo, sagrado; (water) bendito

home [həʊm] n casa; (country) patria; (institution) asilo ▷ adj (domestic) casero, de casa; (Econ, Pol) nacional ▷ adv (direction) a casa; **at ~** en casa; **to go/come ~** ir/volver a casa; **make yourself at ~** ¡estás en tu casa!; **home address** n domicilio; **homeland** n tierra natal; **homeless** adj sin hogar, sin casa; **homely** adj (simple) sencillo; **home-made** adj casero; **home match** n partido en casa; **Home Office** n (BRIT) Ministerio del Interior; **home owner** n propietario/a de una casa; **home page** n (Comput) página de inicio; **Home Secretary** n (BRIT) Ministro del Interior; **homesick** adj: **to be homesick** tener morriña or nostalgia; **home town** n ciudad f natal; **homework** n deberes mpl

homicide [ˈhɔmɪsaɪd] n (US) homicidio

homeopathic [həʊmɪəˈpæθɪk] (US) **homeopathic** adj homeopático

homeopathy [həʊmɪˈɔpəθɪ] n homeopatía

homosexual [həʊməˈsɛksjʊəl] adj, n homosexual mf

honest [ˈɔnɪst] adj honrado; (sincere) franco, sincero; **honestly** adv honradamente; francamente; **honesty** n honradez f

honey [ˈhʌnɪ] n miel f; **honeymoon** n luna de miel; **honeysuckle** n madreselva

Hong Kong [ˈhɔŋˈkɔŋ] n Hong-Kong m

honorary [ˈɔnərərɪ] adj no remunerado; (duty, title) honorífico; **~ degree** doctorado honoris causa

honour, (US) **honor** [ˈɔnəʳ] vt honrar; (commitment, promise) cumplir con ▷ n honor m, honra; **honourable**, (US) **honorable** [ˈɔnərəbl] adj honorable; **honours degree** n (Univ) licenciatura superior

hood [hʊd] n capucha; (BRIT Aut) capota; (US Aut) capó m; (of cooker) campana de humos; **hoodie** ['hudɪ] n (pullover) sudadera f con capucha; (young person) capucero/a

hoof (pl **hoofs** or **hooves**) [hu:f, hu:vz] n pezuña

hook [huk] n gancho; (on dress) corchete m, broche m; (for fishing) anzuelo ▷ vt enganchar

hooligan ['hu:lɪɡən] n gamberro

hoop [hu:p] n aro

hooray [hu:'reɪ] excl = **hurrah**

hoot [hu:t] vi (BRIT Aut) tocar la bocina; (siren) sonar; (owl) ulular

hooves [hu:vz] pl of **hoof**

hop [hɒp] vi saltar, brincar; (on one foot) saltar con un pie

hope [həup] vt, vi esperar ▷ n esperanza; **I ~ so/not** espero que sí/no; **hopeful** adj (person) optimista; (situation) prometedor(a); **hopefully** adv con esperanza; **hopefully he will recover** esperamos que se recupere; **hopeless** adj desesperado

hops [hɒps] npl lúpulo sg

horizon [hə'raɪzn] n horizonte m; **horizontal** [hɒrɪ'zɒntl] adj horizontal

hormone ['hɔ:məun] n hormona

horn [hɔ:n] n cuerno; (Mus: also: **French ~**) trompa; (Aut) bocina, claxon m

horoscope ['hɒrəskəup] n horóscopo

horrendous [hə'rɛndəs] adj horrendo

horrible ['hɒrɪbl] adj horrible

horrid ['hɒrɪd] adj horrible, horroroso

horrific [hə'rɪfɪk] adj (accident) horroroso; (film) horripilante

horrifying ['hɒrɪfaɪɪŋ] adj horroroso

horror ['hɒrə'] n horror m; **horror film** n película de terror o miedo

hors d'œuvre [ɔː'dəːvrə] n entremeses mpl

horse [hɔːs] n caballo; **horseback** n: **on horseback** a caballo; **horse chestnut** n (tree) castaño de Indias; (nut) castaña de Indias; **horsepower** n caballo (de fuerza), potencia en caballos; **horse-racing** n carreras fpl

de caballos; **horseradish** n rábano picante; **horse riding** n (BRIT) equitación f

hose [həuz] n (also: **~pipe**) manguera

hospital ['hɒspɪtl] n hospital m

hospitality [hɒspɪ'tælɪtɪ] n hospitalidad f

host [həust] n anfitrión m; (TV, Radio) presentador(a) m/f; (Rel) hostia; (large number): **a ~ of** multitud de

hostage ['hɒstɪdʒ] n rehén m

hostel ['hɒstl] n hostal m; **(youth) ~** albergue m juvenil

hostess ['həustɪs] n anfitriona f; (BRIT: air hostess) azafata; (TV, Radio) presentadora

hostile ['hɒstaɪl] adj hostil

hostility [hɒ'stɪlɪtɪ] n hostilidad f

hot [hɒt] adj caliente; (weather) caluroso, de calor; (as opposed to only warm) muy caliente; (spicy) picante; **to be ~** (person) tener calor; (object) estar caliente; (weather) hacer calor; **hot dog** n perrito caliente

hotel [həu'tɛl] n hotel m

hotspot ['hɒt'spɒt] n (Comput: also: **wireless ~**) punto de acceso inalámbrico

hot-water bottle [hɒt'wɔ:tə-] n bolsa de agua caliente

hound [haund] vt acosar ▷ n perro de caza

hour ['auə'] n hora; **hourly** adj (de) cada hora

house [haus] n casa; (Pol) cámara; (Theat) sala ▷ vt [hauz] (person) alojar; **it's on the ~** (fig) la casa invita; **household** n familia; **householder** n propietario/a; (head of house) cabeza de familia; **housekeeper** n ama de llaves; **housekeeping** n (work) trabajos mpl domésticos; **housewife** n ama de casa; **house wine** n vino m de la casa; **housework** n faenas fpl (de la casa)

housing ['hauzɪŋ] n (act) alojamiento; (houses) viviendas

fpl; **housing development,** (BRIT)
housing estate *n* urbanización *f*

hover ['hɒvə^r] *vi* flotar (en el aire);
hovercraft *n* aerodeslizador *m*

how [hau] *adv* cómo; **~ are you?**
¿cómo estás?; **~ long have you been
here?** ¿cuánto (tiempo) hace que estás
aquí?; ¿cuánto (tiempo) llevas aquí?; **~
lovely!** ¡qué bonito!; **~ many/much?**
¿cuántos/cuánto?; **~ much does it
cost?** ¿cuánto cuesta?; **~ old are you?**
¿cuántos años tienes?; **~ is school?**
¿qué tal la escuela?; **~ was the film?**
¿qué tal la película?

however [hau'evə^r] *adv* de cualquier
manera; (+ *adjective*) por muy ... que;
(in *questions*) cómo ▷ *conj* sin embargo,
no obstante; **~ I do it** lo haga como
lo haga; **~ cold it is** por mucho frío
que haga; **~ did you do it?** ¿cómo
lo hiciste?

howl [haul] *n* aullido ▷ *vi* aullar;
(person) dar alaridos; (wind) ulular

HP *n abbr* (BRIT) = **hire purchase**

hp *abbr* = **horsepower**

HQ *n abbr* = **headquarters**

hr(s) *abbr* (= *hour(s)*) h

HTML *n abbr* (= *hypertext markup
language*) HTML *m*

hubcap ['hʌbkæp] *n* tapacubos *m inv*

huddle ['hʌdl] *vi*: **to ~ together**
amontonarse

huff [hʌf] *n*: **in a ~** enojado

hug [hʌg] *vt* abrazar ▷ *n* abrazo

huge [hju:dʒ] *adj* enorme

hull [hʌl] *n* (of ship) casco

hum [hʌm] *vt* tararear, canturrear ▷ *vi*
tararear, canturrear; (insect) zumbar

human ['hju:mən] *adj* humano

humane [hju:'meɪn] *adj* humano,
humanitario

humanitarian [hju:mænɪ'tɛərɪən]
adj humanitario

humanity [hju:'mænɪtɪ] *n*
humanidad *f*

human rights *npl* derechos *mpl*
humanos

humble ['hʌmbl] *adj* humilde

humid ['hju:mɪd] *adj* húmedo;
humidity [hju:'mɪdɪtɪ] *n* humedad *f*

humiliate [hju:'mɪlɪeɪt] *vt* humillar

humiliating [hju:'mɪlɪeɪtɪŋ] *adj*
humillante, vergonzoso

humiliation [hju:mɪlɪ'eɪʃən] *n*
humillación *f*

hummus ['huməs] *n* humus *m*

humorous ['hju:mərəs] *adj* gracioso,
divertido

humour, (us) **humor** ['hju:mə^r]
n humorismo, sentido del humor;
(mood) humor *m* ▷ *vt* (person)
complacer

hump [hʌmp] *n* (in ground) montículo;
(camel's) giba

hunch [hʌntʃ] *n* (premonition)
presentimiento

hundred ['hʌndrəd] *num* ciento;
(before *n*) cien; **~s of** centenares de;
hundredth *adj* centésimo

hung [hʌŋ] *pt, pp of* **hang**

Hungarian [hʌŋ'gɛərɪən] *adj*
húngaro ▷ *n* húngaro/a

Hungary ['hʌŋgərɪ] *n* Hungría

hunger ['hʌŋgə^r] *n* hambre *f* ▷ *vi*: **to ~
for** (fig) tener hambre de, anhelar

hungry ['hʌŋgrɪ] *adj* hambriento; **to
be ~** tener hambre

hunt [hʌnt] *vt* (seek) buscar; (Sport)
cazar ▷ *vi* (search): **to ~ (for)** buscar;
(Sport) cazar ▷ *n* caza, cacería; **hunter**
n cazador(a) *m/f*; **hunting** *n* caza

hurdle ['hə:dl] *n* (Sport) valla; (fig)
obstáculo

hurl [hə:l] *vt* lanzar, arrojar

hurrah [hu'rɑ:], **hurray** [hu'reɪ]
n ¡viva!

hurricane ['hʌrɪkən] *n* huracán *m*

hurry ['hʌrɪ] *n* prisa ▷ *vi* (of person) dar
prisa a; (work) apresurar, hacer de
prisa; **to be in a ~** tener prisa; **hurry
up** *vi* darse prisa, apurarse (LAM)

hurt [hə:t] (pt, pp **hurt**) *vt* hacer daño
a ▷ *vi* doler ▷ *adj* lastimado

husband ['hʌzbənd] *n* marido

hush [hʌʃ] *n* silencio ▷ *vt* hacer callar;
~! ¡chitón!, ¡cállate!

husky ['hʌskɪ] *adj* ronco ▷ *n* perro esquimal
hut [hʌt] *n* cabaña; (*shed*) cobertizo
hyacinth ['haɪəsɪnθ] *n* jacinto
hydrangea [haɪ'dreɪnʒə] *n* hortensia
hydrofoil ['haɪdrəfɔɪl] *n* aerodeslizador *m*
hydrogen ['haɪdrədʒən] *n* hidrógeno
hygiene ['haɪdʒiːn] *n* higiene *f*; **hygienic** [haɪ'dʒiːnɪk] *adj* higiénico
hymn [hɪm] *n* himno
hype [haɪp] *n* (*inf*) bombo
hyperlink ['haɪpəlɪŋk] *n* hiperenlace *m*
hyphen ['haɪfn] *n* guión *m*
hypnotize ['hɪpnətaɪz] *vt* hipnotizar
hypocrite ['hɪpəkrɪt] *n* hipócrita *mf*
hypocritical [hɪpə'krɪtɪkl] *adj* hipócrita
hypothesis (*pl* **hypotheses**) [haɪ'pɒθɪsɪs, -siːz] *n* hipótesis *f inv*
hysterical [hɪ'sterɪkl] *adj* histérico
hysterics [hɪ'sterɪks] *npl* histeria *sg*, histerismo *sg*; **to be in ~** (*fig*) morirse de risa

◆

i

I [aɪ] *pron* yo
ice [aɪs] *n* hielo ▷ *vt* (*cake*) alcorzar ▷ *vi* (*also*: **~ over, ~ up**) helarse; **iceberg** *n* iceberg *m*; **ice cream** *n* helado; **ice cube** *n* cubito de hielo; **ice hockey** *n* hockey *m* sobre hielo
Iceland ['aɪslənd] *n* Islandia; **Icelander** *n* islandés/esa *m/f*; **Icelandic** *adj* islandés/esa ▷ *n* (*Ling*) islandés *m*
ice: ice lolly *n* (*BRIT*) polo; **ice rink** *n* pista de hielo; **ice-skating** *n* patinaje *m* sobre hielo
icing ['aɪsɪŋ] *n* (*Culin*) alcorza; **icing sugar** *n* (*BRIT*) azúcar *m* glas(eado)
icon ['aɪkɒn] *n* icono
ICT *n abbr* (= *Information and Communication(s) Technology*) TIC *f*; (*BRIT Scol*) informática
icy ['aɪsɪ] *adj* helado
I'd [aɪd] = **I would**; **I had**
ID card *n* (*identity card*) DNI *m*
idea [aɪ'dɪə] *n* idea

ideal [aɪˈdɪəl] n ideal m ▷ adj ideal;
ideally [aɪˈdɪəlɪ] adv
identical [aɪˈdɛntɪkl] adj idéntico
identification [aɪˌdɛntɪfɪˈkeɪʃən]
n identificación f; **means of ~**
documentos mpl personales
identify [aɪˈdɛntɪfaɪ] vt identificar
identity [aɪˈdɛntɪtɪ] n identidad f;
identity card n carnet de identidad;
identity theft n robo de identidad
ideology [aɪdɪˈɒlədʒɪ] n ideología
idiom [ˈɪdɪəm] n modismo; (style of
speaking) lenguaje m
  ⚠ Be careful not to translate idiom by
  the Spanish word idioma.
idiot [ˈɪdɪət] n idiota mf
idle [ˈaɪdl] adj (inactive) ocioso; (lazy)
holgazán/ana; (unemployed) parado,
desocupado; (talk) frívolo ▷ vi (machine)
funcionar or marchar en vacío
idol [ˈaɪdl] n ídolo
idyllic [ɪˈdɪlɪk] adj idílico
i.e. abbr (= id est) es decir
if [ɪf] conj si; **if necessary** si resultase
necesario; **if I were you** yo en tu
lugar; **if only** si solamente; **as if**
como si
ignite [ɪgˈnaɪt] vt (set fire to) encender
▷ vi encenderse
ignition [ɪgˈnɪʃən] n (Aut: process)
ignición f; (: mechanism) encendido; **to
switch on/off the ~** arrancar/apagar
el motor
ignorance [ˈɪgnərəns] n ignorancia
ignorant [ˈɪgnərənt] adj ignorante;
to be ~ of ignorar
ignore [ɪgˈnɔːʳ] vt (person) no hacer
caso de; (fact) pasar por alto
ill [ɪl] adj enfermo, malo ▷ n mal m
▷ adv mal; **to take** or **be taken ~** caer
or ponerse enfermo
I'll [aɪl] = **I will; I shall**
illegal [ɪˈliːgl] adj ilegal
illegible [ɪˈlɛdʒɪbl] adj ilegible
illegitimate [ɪlɪˈdʒɪtɪmət] adj ilegítimo
ill health n mala salud f; **to be in ~**
estar mal de salud
illiterate [ɪˈlɪtərət] adj analfabeto

illness [ˈɪlnɪs] n enfermedad f
illuminate [ɪˈluːmɪneɪt] vt (room,
street) iluminar, alumbrar
illusion [ɪˈluːʒən] n ilusión f
illustrate [ˈɪləstreɪt] vt ilustrar
illustration [ɪləˈstreɪʃən] n (example)
ejemplo, ilustración f; (in book) lámina
I'm [aɪm] = **I am**
image [ˈɪmɪdʒ] n imagen f
imaginary [ɪˈmædʒɪnərɪ] adj
imaginario
imagination [ɪmædʒɪˈneɪʃən] n
imaginación f; (inventiveness) inventiva
imaginative [ɪˈmædʒɪnətɪv] adj
imaginativo
imagine [ɪˈmædʒɪn] vt imaginarse
imam [ɪˈmɑːm] n imán m
imbalance [ɪmˈbæləns] n
desequilibrio
imitate [ˈɪmɪteɪt] vt imitar; **imitation**
[ɪmɪˈteɪʃən] n imitación f; (copy) copia
immaculate [ɪˈmækjulət] adj
inmaculado
immature [ɪməˈtjuəʳ] adj (person)
inmaduro
immediate [ɪˈmiːdɪət] adj
inmediato; (pressing) urgente,
apremiante; (nearest: family)
próximo; (: neighbourhood) inmediato;
immediately adv (at once) en
seguida; (directly) inmediatamente;
immediately next to justo al lado de
immense [ɪˈmɛns] adj inmenso,
enorme; **immensely** adv
enormemente
immerse [ɪˈmɜːs] vt (submerge)
sumergir; **to be ~d in** (fig) estar
absorto en
immigrant [ˈɪmɪgrənt] n inmigrante
mf; **immigration** [ɪmɪˈgreɪʃən] n
inmigración f
imminent [ˈɪmɪnənt] adj inminente
immoral [ɪˈmɒrl] adj inmoral
immortal [ɪˈmɔːtl] adj inmortal
immune [ɪˈmjuːn] adj: **~ (to)** inmune
(a); **immune system** n sistema m
inmunitario
immunize [ˈɪmjunaɪz] vt inmunizar

impact ['ɪmpækt] n impacto
impair [ɪm'peəʳ] vt perjudicar
impartial [ɪm'pɑːʃl] adj imparcial
impatience [ɪm'peɪʃəns] n
impaciencia
impatient [ɪm'peɪʃənt] adj
impaciente; **to get o grow ~**
impacientarse
impeccable [ɪm'pekəbl] adj
impecable
impending [ɪm'pendɪŋ] adj
inminente
imperative [ɪm'perətɪv] adj (tone)
imperioso; (necessary) imprescindible
imperfect [ɪm'pɜːfɪkt] adj (goods etc)
defectuoso ▷ n (Ling: also: **~ tense**)
imperfecto
imperial [ɪm'pɪərɪəl] adj imperial
impersonal [ɪm'pɜːsənl] adj
impersonal
impersonate [ɪm'pɜːsəneɪt] vt
hacerse pasar por
impetus ['ɪmpətəs] n ímpetu m; (fig)
impulso
implant [ɪm'plɑːnt] vt (Med) injertar,
implantar; (fig: idea, principle) inculcar
implement n ['ɪmplɪmənt]
herramienta ▷ vt ['ɪmplɪment] hacer
efectivo; (carry out) realizar
implicate ['ɪmplɪkeɪt] vt (compromise)
comprometer; **to ~ sb in sth**
comprometer a algn en algo
implication [ɪmplɪ'keɪʃən] n
consecuencia; **by ~** indirectamente
implicit [ɪm'plɪsɪt] adj implícito;
absoluto
imply [ɪm'plaɪ] vt (involve) suponer;
(hint) insinuar
impolite [ɪmpə'laɪt] adj mal educado
import vt [ɪm'pɔːt] importar ▷ n
['ɪmpɔːt] (Comm) importación f;
(: article) producto importado;
(meaning) significado, sentido
importance [ɪm'pɔːtəns] n
importancia
important [ɪm'pɔːtənt] adj
importante; **it's not ~** no importa, no
tiene importancia

importer [ɪm'pɔːtəʳ] n importador(a)
m/f
impose [ɪm'pəʊz] vt imponer ▷ vi: **to
~ on sb** abusar de algn; **imposing** adj
imponente, impresionante
impossible [ɪm'pɒsɪbl] adj imposible;
(person) insoportable
impotent ['ɪmpətənt] adj impotente
impoverished [ɪm'pɒvərɪʃt] adj
necesitado
impractical [ɪm'præktɪkl] adj
(person) poco práctico
impress [ɪm'pres] vt impresionar;
(mark) estampar; **to ~ sth on sb**
convencer a algn de la importancia
de algo
impression [ɪm'preʃən] n impresión
f; **to be under the ~ that** tener la
impresión de que
impressive [ɪm'presɪv] adj
impresionante
imprison [ɪm'prɪzn] vt encarcelar;
imprisonment n encarcelamiento;
(term of imprisonment) cárcel f
improbable [ɪm'prɒbəbl] adj
improbable, inverosímil
improper [ɪm'prɒpəʳ] adj (incorrect)
impropio; (unseemly) indecoroso;
(indecent) indecente; (dishonest:
activities) deshonesto
improve [ɪm'pruːv] vt mejorar;
(foreign language) perfeccionar ▷ vi
mejorar; **improvement** n mejora,
perfeccionamiento
improvise ['ɪmprəvaɪz] vt, vi
improvisar
impulse ['ɪmpʌls] n impulso; **to act
on ~** actuar sin reflexionar; **impulsive**
[ɪm'pʌlsɪv] adj irreflexivo

○ KEYWORD

in [ɪn] prep 1 (indicating place, position,
with place names): **in the house/
garden** en (la) casa/el jardín; **in
here/there** aquí/ahí o allí dentro; **in
London/England** en Londres/
Inglaterra

2 (*indicating time*) en; **in spring** en (la) primavera; **in 1988/May** en 1988/ mayo; **in the afternoon** por la tarde; **at four o'clock in the afternoon** a las cuarto de la tarde; **I did it in three hours/days** lo hice en tres horas/ días; **I'll see you in two weeks** *or* **in two weeks' time** te veré dentro de dos semanas

3 (*indicating manner etc*) en; **in a loud/soft voice** en voz alta/baja; **in pencil/ink** a lápiz/bolígrafo; **the boy in the blue shirt** el chico de la camisa azul

4 (*indicating circumstances*): **in the sun/shade** al sol/a la sombra; **in the rain** bajo la lluvia; **a change in policy** un cambio de política

5 (*indicating mood, state*): **in tears** llorando; **in anger/despair** enfadado/desesperado; **to live in luxury** vivir lujosamente

6 (*with ratios, numbers*): **1 in 10 households, 1 household in 10** una de cada 10 familias; **20 pence in the pound** 20 peniques por libra; **they lined up in twos** se alinearon de dos en dos

7 (*referring to people, works*) en; entre; **the disease is common in children** la enfermedad es común entre los niños; **in (the works of) Dickens** en (las obras de) Dickens

8 (*indicating profession etc*): **to be in teaching** dedicarse a la enseñanza

9 (*after superlative*) de; **the best pupil in the class** el/la mejor alumno/a de la clase

10 (*with present participle*): **in saying this** al decir esto

▶*adv*: **to be in** (*person: at home*) estar en casa; (: *at work*) estar; (*train, ship, plane*) haber llegado; (*in fashion*) estar de moda; **she'll be in later today** llegará más tarde hoy; **to ask sb in** hacer pasar a algn; **to run/limp** *etc* **in** entrar corriendo/ cojeando *etc*

▶*n*: **the ins and outs** (*of proposal, situation etc*) los detalles

inability [ɪnəˈbɪlɪtɪ] *n*: **~ (to do)** incapacidad *f* (de hacer)

inaccurate [ɪnˈækjʊrət] *adj* inexacto, incorrecto

inadequate [ɪnˈædɪkwət] *adj* (*insufficient*) insuficiente; (*person*) incapaz

inadvertently [ɪnədˈvɜːtntlɪ] *adv* por descuido

inappropriate [ɪnəˈprəʊprɪət] *adj* inadecuado

inaugurate [ɪˈnɔːgjʊreɪt] *vt* inaugurar; (*president, official*) investir

Inc. *abbr* = **incorporated**

incapable [ɪnˈkeɪpəbl] *adj*: **~ (of doing sth)** incapaz (de hacer algo)

incense [*n* ˈɪnsɛns] *incienso* **&** [ɪnˈsɛns] (*anger*) indignar, encolerizar

incentive [ɪnˈsɛntɪv] *n* incentivo, estímulo

inch [ɪntʃ] *n* pulgada; **to be within an ~ of** estar a dos dedos de; **he didn't give an ~** no hizo la más mínima concesión

incidence [ˈɪnsɪdns] *n* (*of crime, disease*) incidencia

incident [ˈɪnsɪdnt] *n* incidente *m*

incidentally [ɪnsɪˈdɛntlɪ] *adv* (*by the way*) por cierto

inclination [ɪnklɪˈneɪʃən] *n* (*tendency*) tendencia, inclinación *f*

incline [*n* ˈɪnklaɪn, *vt, vi* ɪnˈklaɪn] *n* pendiente *f*, cuesta ▶ *vt* (*head*) poner de lado ▶ *vi* inclinarse; **to be ~d to** (*tend*) ser propenso a

include [ɪnˈkluːd] *vt* incluir; (*in letter*) adjuntar; **including** *prep* incluso, inclusive; **including tip** propina incluida

inclusion [ɪnˈkluːʒən] *n* inclusión *f*

inclusive [ɪnˈkluːsɪv] *adj* inclusivo; **~ of tax** incluidos los impuestos

income [ˈɪnkʌm] *n* (*personal*) ingresos *mpl*; (*from property etc*) renta; (*profit*) rédito; **income support** *n* (BRIT)

≈ ayuda familiar; **income tax** n impuesto sobre la renta

incoming ['ɪnkʌmɪŋ] adj (passengers, flight) de llegada; (government) entrante; (tenant) nuevo

incompatible [ɪnkəm'pætɪbl] adj incompatible

incompetence [ɪn'kɒmpɪtəns] n incompetencia

incompetent [ɪn'kɒmpɪtənt] adj incompetente

incomplete [ɪnkəm'pli:t] adj incompleto; (unfinished) sin terminar

inconsistent [ɪnkən'sɪstnt] adj inconsecuente; (contradictory) incongruente; ~ **with** que no concuerda con

inconvenience [ɪnkən'vi:njəns] n inconvenientes mpl; (trouble) molestia ▷ vt incomodar

inconvenient [ɪnkən'vi:njənt] adj incómodo, poco práctico; (time, place) inoportuno

incorporate [ɪn'kɔ:pəreɪt] vt incorporar; (contain) comprender; (add) agregar

incorporated [ɪn'kɔ:pəreɪtɪd] adj: ~ **company** (US) ≈ Sociedad f Anónima (S.A.)

incorrect [ɪnkə'rekt] adj incorrecto

increase [n 'ɪnkri:s, vi, vt ɪn'kri:s] n aumento ▷ vi aumentar; (grow) crecer; (price) subir ▷ vt aumentar; (price) subir; **increasingly** adv cada vez más

incredible [ɪn'kredɪbl] adj increíble; **incredibly** adv increíblemente

incur [ɪn'kə:'] vt (expenses) incurrir en; (loss) sufrir; (anger, disapproval) provocar

indecent [ɪn'di:snt] adj indecente

indeed [ɪn'di:d] adv efectivamente, en realidad; (in fact) en efecto; (furthermore) es más; **yes ~!** ¡claro que sí!

indefinitely [ɪn'defɪnɪtlɪ] adv (wait) indefinidamente

independence [ɪndɪ'pendns] n independencia; **Independence Day** Día m de la Independencia

independent [ɪndɪ'pendənt] adj independiente; **independent school** n (BRIT) escuela f privada, colegio m privado

index ['ɪndeks] n (pl **indexes**: in book) índices m; (in library etc) catálogo; (pl **indexes**: ratio, sign) exponente m

India ['ɪndɪə] n la India; **Indian** adj, n indio/a; (inf!): **Red Indian** piel roja mf

indicate ['ɪndɪkeɪt] vt indicar; **indication** [ɪndɪ'keɪʃən] n indicio, señal f; **indicative** [ɪn'dɪkətɪv] adj: **to be indicative of sth** indicar algo; **indicator** n indicador m; (Aut) intermitente m

indices ['ɪndɪsi:z] npl of **index**

indict [ɪn'daɪt] vt acusar; **indictment** n acusación f

indifference [ɪn'dɪfrəns] n indiferencia

indifferent [ɪn'dɪfrənt] adj indiferente; (poor) regular

indigenous [ɪn'dɪdʒɪnəs] adj indígena

indigestion [ɪndɪ'dʒestʃən] n indigestión f

indignant [ɪn'dɪgnənt] adj: **to be ~ about sth** indignarse por algo

indirect [ɪndɪ'rekt] adj indirecto

indispensable [ɪndɪ'spensəbl] adj indispensable, imprescindible

individual [ɪndɪ'vɪdjuəl] n individuo ▷ adj individual; (personal) personal; (particular) particular; **individually** adv individualmente

Indonesia [ɪndəˈniːzɪə] n Indonesia

indoor [ˈɪndɔː] adj (swimming pool) cubierto; (plant) de interior; (sport) bajo cubierta; **indoors** [ɪnˈdɔːz] adv dentro

induce [ɪnˈdjuːs] vt inducir, persuadir; (bring about) producir

indulge [ɪnˈdʌldʒ] vt (whim) satisfacer; (person) complacer; (child) mimar ▷ vi: **to ~ in** darse el gusto de; **indulgent** adj indulgente

industrial [ɪnˈdʌstrɪəl] adj industrial; **industrial estate** n (BRIT) polígono or (LAM) zona industrial; **industrialist** n industrial mf; **industrial park** n (US) = **industrial estate**

industry [ˈɪndəstrɪ] n industria; (diligence) aplicación f

inefficient [ɪnɪˈfɪʃənt] adj ineficaz, ineficiente

inequality [ɪnɪˈkwɔlɪtɪ] n desigualdad f

inevitable [ɪnˈevɪtəbl] adj inevitable; (necessary) forzoso; **inevitably** adv inevitablemente

inexpensive [ɪnɪkˈspɛnsɪv] adj económico

inexperienced [ɪnɪkˈspɪərɪənst] adj inexperto

inexplicable [ɪnɪkˈsplɪkəbl] adj inexplicable

infamous [ˈɪnfəməs] adj infame

infant [ˈɪnfənt] n niño/a; (baby) niño/a pequeño/a, bebé mf

infantry [ˈɪnfəntrɪ] n infantería

infant school n (BRIT) escuela infantil

infect [ɪnˈfɛkt] vt (wound) infectar; (food) contaminar; (person, animal) contagiar; **infection** [ɪnˈfɛkʃən] n infección f; (fig) contagio; **infectious** [ɪnˈfɛkʃəs] adj contagioso

infer [ɪnˈfəː] vt deducir, inferir

inferior [ɪnˈfɪərɪə] adj, n inferior mf

infertile [ɪnˈfəːtaɪl] adj estéril; (person) infecundo

infertility [ɪnfəːˈtɪlɪtɪ] n esterilidad f; infecundad f

infested [ɪnˈfɛstɪd] adj: **~ (with)** plagado (de)

infinite [ˈɪnfɪnɪt] adj infinito; **infinitely** adv infinitamente

infirmary [ɪnˈfəːmərɪ] n hospital m

inflamed [ɪnˈfleɪmd] adj: **to become ~** inflamarse

inflammation [ɪnfləˈmeɪʃən] n inflamación f

inflatable [ɪnˈfleɪtəbl] adj inflable

inflate [ɪnˈfleɪt] vt (tyre) inflar; (fig) hinchar; **inflation** [ɪnˈfleɪʃən] n (Econ) inflación f

inflexible [ɪnˈflɛksɪbl] adj inflexible

inflict [ɪnˈflɪkt] vt: **to ~ on** infligir en

influence [ˈɪnfluəns] n influencia ▷ vt influir en, influenciar; **under the ~ of alcohol** en estado de embriaguez; **influential** [ɪnfluˈɛnʃl] adj influyente

influx [ˈɪnflʌks] n afluencia

info [ˈɪnfəu] n (inf) = **information**

inform [ɪnˈfɔːm] vt: **to ~ sb of sth** informar a algn sobre or de algo ▷ vi: **to ~ on sb** delatar a algn

informal [ɪnˈfɔːml] adj (manner, tone) desenfadado; (dress, occasion) informal; (visit, meeting) extraoficial

information [ɪnfəˈmeɪʃən] n información f; (knowledge) conocimientos mpl; **a piece of ~** un dato; **information office** n información f; **information technology** n informática

informative [ɪnˈfɔːmətɪv] adj informativo

infra-red [ˈɪnfrəˈrɛd] adj infrarrojo

infrastructure [ˈɪnfrəstrʌktʃə] n infraestructura

infrequent [ɪnˈfriːkwənt] adj infrecuente

infuriate [ɪnˈfjuərɪeɪt] vt: **to become ~d** ponerse furioso

infuriating [ɪnˈfjuərɪeɪtɪŋ] adj (habit, noise) enloquecedor(a)

ingenious [ɪnˈdʒiːnɪəs] adj ingenioso

ingredient [ɪnˈgriːdɪənt] n ingrediente m

inhabit [ɪnˈhæbɪt] vt vivir en; **inhabitant** n habitante mf

inhale [ɪnˈheɪl] vt inhalar ▷ vi (breathe in) aspirar; (in smoking) tragar; **inhaler** n inhalador m

inherent [ɪnˈhɪərənt] adj: **~ in** or **to** inherente a

inherit [ɪnˈhɛrɪt] vt heredar; **inheritance** n herencia f; (fig) patrimonio

inhibit [ɪnˈhɪbɪt] vt inhibir, impedir; **inhibition** [ɪnhɪˈbɪʃən] n cohibición f

initial [ɪˈnɪʃl] adj primero ▷ n inicial f ▷ vt firmar con las iniciales; **initials** npl iniciales fpl; (abbreviation) siglas fpl; **initially** adv en un principio

initiate [ɪˈnɪʃɪeɪt] vt iniciar; **to ~ proceedings against sb** (Law) poner una demanda contra algn

initiative [ɪˈnɪʃətɪv] n iniciativa f; **to take the ~** tomar la iniciativa

inject [ɪnˈdʒɛkt] vt inyectar; **injection** [ɪnˈdʒɛkʃən] n inyección f

injure [ˈɪndʒə] vt herir; (hurt) lastimar; (fig: reputation etc) perjudicar; **injured** adj herido; **injury** n herida, lesión f; (wrong) perjuicio, daño

  Be careful not to translate **injury** by the Spanish word **injuria**.

injustice [ɪnˈdʒʌstɪs] n injusticia

ink [ɪŋk] n tinta; **ink-jet printer** [ˈɪŋkdʒɛt-] n impresora de chorro de tinta

inland adj [ˈɪnlənd] interior ▷ adv [ɪnˈlænd] tierra adentro; **Inland Revenue** (BRIT) = Hacienda, ≈ Agencia Tributaria

in-laws [ˈɪnlɔːz] npl suegros mpl

inmate [ˈɪnmeɪt] n (in prison) preso/a, presidiario/a; (in asylum) internado/a

inn [ɪn] n posada, mesón m

inner [ˈɪnə] adj interior; (feelings) íntimo; **inner-city** adj (schools, problems) de las zonas céntricas pobres, de los barrios céntricos pobres

inning [ˈɪnɪŋ] n (US Baseball) inning m, entrada; **~s** (Cricket) entrada, turno

innocence [ˈɪnəsns] n inocencia

innocent [ˈɪnəsnt] adj inocente

innovation [ɪnəʊˈveɪʃən] n novedad f

innovative [ˈɪnəʊvətɪv] adj innovador

in-patient [ˈɪnpeɪʃənt] n (paciente mf) interno/a

input [ˈɪnpʊt] n entrada; (of resources) inversión f; (Comput) entrada de datos

inquest [ˈɪnkwɛst] n (coroner's) investigación f post-mortem

inquire [ɪnˈkwaɪə] vi preguntar ▷ vt: **to ~ when/where/whether** preguntar cuándo/dónde/si; **to ~ about** (person) preguntar por; (fact) informarse de; **inquiry** n pregunta; (Law) investigación f, pesquisa; **"Inquiries"** "Información"

insane [ɪnˈseɪn] adj loco; (Med) demente

insanity [ɪnˈsænɪtɪ] n demencia, locura

insect [ˈɪnsɛkt] n insecto; **insect repellent** n loción f contra los insectos

insecure [ɪnsɪˈkjʊə] adj inseguro; **insecurity** [ɪnsɪˈkjʊərɪtɪ] n inseguridad f

insensitive [ɪnˈsɛnsɪtɪv] adj insensible

insert vt [ɪnˈsəːt] (into sth) introducir; (Comput) insertar ▷ n [ˈɪnsəːt] encarte m

inside [ˈɪnˈsaɪd] n interior m ▷ adj interior, interno ▷ adv (within) (por) dentro; (with movement) hacia dentro ▷ prep dentro de; (of time): **~ 10 minutes** en menos de 10 minutos; **~ out** adv (turn) al revés; (know) a fondo; **inside lane** n (Aut: BRIT) carril m izquierdo; (: in US, Europe etc) carril m derecho

insight [ˈɪnsaɪt] n perspicacia

insignificant [ɪnsɪgˈnɪfɪknt] adj insignificante

insincere [ɪnsɪnˈsɪə] adj poco sincero

insist [ɪnˈsɪst] vi insistir; **to ~ on doing** empeñarse en hacer; **to ~ that** insistir en que; (claim) exigir que;

insistent adj insistente; (noise, action) persistente

insomnia [ɪnˈsɒmnɪə] n insomnio

inspect [ɪnˈspekt] vt inspeccionar, examinar; (troops) pasar revista a; **inspection** [ɪnˈspekʃən] n inspección f, examen m; (of troops) revista; **inspector** n inspector(a) m/f; (BRIT: on buses, trains) revisor(a) m/f

inspiration [ɪnspəˈreɪʃən] n inspiración f; **inspire** [ɪnˈspaɪəʳ] vt inspirar; **inspiring** adj inspirador(a)

instability [ɪnstəˈbɪlɪtɪ] n inestabilidad f

install, (US) **instal** [ɪnˈstɔːl] vt instalar; **installation** [ɪnstəˈleɪʃən] n instalación f

instalment, (US) **installment** [ɪnˈstɔːlmənt] n plazo; (of story) entrega; (of TV serial etc) capítulo; **in ~s** (pay, receive) a plazos

instance [ˈɪnstəns] n ejemplo, caso; **for ~** por ejemplo; **in the first ~** en primer lugar

instant [ˈɪnstənt] n instante m, momento ▷ adj inmediato; (coffee) instantáneo; **instantly** adv en seguida, al instante; **instant messaging** n mensajería instantánea

instead [ɪnˈsted] adv en cambio; **~ of** en lugar de, en vez de

instinct [ˈɪnstɪŋkt] n instinto; **instinctive** adj instintivo

institute [ˈɪnstɪtjuːt] n instituto; (professional body) colegio ▷ vt (begin) iniciar, empezar; (proceedings) entablar

institution [ɪnstɪˈtjuːʃən] n institución f; (Med: home) asilo; (: asylum) manicomio

instruct [ɪnˈstrʌkt] vt: **to ~ sb in sth** instruir a algn en or sobre algo; **to ~ sb to do sth** dar instrucciones a algn de or mandar a algn hacer algo; **instruction** [ɪnˈstrʌkʃən] n (teaching) instrucción f; **instructions** npl órdenes fpl; **instructions (for use)** modo sg de empleo; **instructor** n instructor(a) m/f

instrument [ˈɪnstrəmənt] n instrumento; **instrumental** [ɪnstrəˈmentl] adj (Mus) instrumental; **to be instrumental in** ser el artífice de

insufficient [ɪnsəˈfɪʃənt] adj insuficiente

insulate [ˈɪnsjuleɪt] vt aislar; **insulation** [ɪnsjuˈleɪʃən] n aislamiento

insulin [ˈɪnsjulɪn] n insulina

insult n [ˈɪnsʌlt] insulto ▷ vt [ɪnˈsʌlt] insultar; **insulting** adj insultante

insurance [ɪnˈʃuərəns] n seguro; **fire/life ~** seguro contra incendios/ de vida; **insurance company** n compañía f de seguros; **insurance policy** n póliza (de seguros)

insure [ɪnˈʃuəʳ] vt asegurar

intact [ɪnˈtækt] adj íntegro; (untouched) intacto

intake [ˈɪnteɪk] n (of food) ingestión f; (BRIT Scol): **an ~ of 200 a year** 200 matriculados al año

integral [ˈɪntɪɡrəl] adj (whole) íntegro; (part) integrante

integrate [ˈɪntɪɡreɪt] vt integrar ▷ vi integrarse

integrity [ɪnˈteɡrɪtɪ] n honradez f, rectitud f

intellect [ˈɪntəlekt] n intelecto; **intellectual** [ɪntəˈlektjuəl] adj, n intelectual mf

intelligence [ɪnˈtelɪdʒəns] n inteligencia

intelligent [ɪnˈtelɪdʒənt] adj inteligente

intend [ɪnˈtend] vt (gift etc): **to ~ sth for** destinar algo a; **to ~ to do sth** tener intención de or pensar hacer algo

intense [ɪnˈtens] adj intenso

intensify [ɪnˈtensɪfaɪ] vt intensificar; (increase) aumentar

intensity [ɪnˈtensɪtɪ] n intensidad f

intensive [ɪnˈtensɪv] adj intensivo; **intensive care** n: **to be in intensive care** estar bajo cuidados intensivos

intensive care unit unidad f de vigilancia intensiva

intent [ɪnˈtent] n propósito; (Law) premeditación f ▷ adj (absorbed) absorto; (attentive) atento; **to all ~s and purposes** a efectos prácticos; **to be ~ on doing sth** estar resuelto or decidido a hacer algo

intention [ɪnˈtenʃən] n intención f, propósito; **intentional** adj deliberado

interact [ɪntərˈækt] vi influirse mutuamente; **interaction** [ɪntərˈækʃən] n interacción f, acción f recíproca; **interactive** adj (Comput) interactivo

intercept [ɪntəˈsept] vt interceptar; (stop) detener

interchange n [ˈɪntətʃeɪndʒ] intercambio; (on motorway) intersección f

intercourse [ˈɪntəkɔːs] n (also: **sexual ~**) relaciones fpl sexuales

interest [ˈɪntrɪst] n (Comm) interés m ▷ vt interesar; **interested** adj interesado; **to be interested in** interesarse por; **interesting** adj interesante; **interest rate** n tipo de interés

interface [ˈɪntəfeɪs] n (Comput) junción f

interfere [ɪntəˈfɪə'] vi: **to ~ in** entrometerse en; **to ~ with** (hinder) estorbar; (damage) estropear

interference [ɪntəˈfɪərəns] n intromisión f; (Radio, TV) interferencia f

interim [ˈɪntərɪm] adj provisional ▷ n: **in the ~** en el ínterin

interior [ɪnˈtɪərɪə'] n interior m ▷ adj interior; **interior design** n interiorismo, decoración f de interiores

intermediate [ɪntəˈmiːdɪət] adj intermedio

intermission [ɪntəˈmɪʃən] n (Theat) descanso

intern vt [ɪnˈtəːn] internar ▷ n [ˈɪntəːn] (esp us: doctor) médico/a

interno/a; (: on work placement) becario/a

internal [ɪnˈtəːnl] adj interior; (injury, structure, memo) interno; **~ injuries** heridas fpl or lesiones fpl internas; **Internal Revenue Service** n (us) ≈ Hacienda, ≈ Agencia Tributaria

international [ɪntəˈnæʃənl] adj internacional; **~ (game)** partido internacional

internet, Internet [ˈɪntənet] n: **the ~** (el or la) Internet; **internet café** n cibercafé m; **Internet Service Provider** n proveedor m de (acceso a) Internet; **internet user** n internauta mf

interpret [ɪnˈtəːprɪt] vt interpretar; (translate) traducir; (understand) entender ▷ vi hacer de intérprete; **interpretation** [ɪntəːprɪˈteɪʃən] n interpretación f; traducción f; **interpreter** n intérprete mf

interrogate [ɪnˈterəugeɪt] vt interrogar; **interrogation** [ɪnterəuˈgeɪʃən] n interrogatorio; **interrogative** [ɪntəˈrɒgətɪv] adj interrogativo

interrupt [ɪntəˈrʌpt] vt, vi interrumpir; **interruption** [ɪntəˈrʌpʃən] n interrupción f

intersection [ɪntəˈsekʃən] n (of roads) cruce m

interstate [ˈɪntəsteɪt] n (us) carretera interestatal

interval [ˈɪntəvl] n intervalo; (BRIT Theat, Sport) descanso; (Scol) recreo; **at ~s** a ratos, de vez en cuando

intervene [ɪntəˈviːn] vi intervenir; (take part) participar; (occur) sobrevenir

interview [ˈɪntəvjuː] n entrevista ▷ vt entrevistar a; **interviewer** n entrevistador(a) m/f

intimate adj [ˈɪntɪmət] íntimo; (friendship) estrecho; (knowledge) profundo ▷ vt [ˈɪntɪmeɪt] dar a entender

intimidate [ɪn'tɪmɪdeɪt] vt intimidar, amedrentar; **intimidating** adj amedrentador, intimidante

into ['ɪntu:] prep en; (towards) a; (inside) hacia el interior de; **~ three pieces/French** en tres pedazos/ al francés

intolerant [ɪn'tɒlərənt] adj: **~ (of)** intolerante (con)

intranet ['ɪntrənet] n intranet f

intransitive [ɪn'trænsɪtɪv] adj intransitivo

intricate ['ɪntrɪkət] adj (design, pattern) intrincado

intrigue [ɪn'tri:g] n intriga ▷ vt fascinar; **intriguing** adj fascinante

introduce [ɪntrə'dju:s] vt introducir, meter; (speaker, TV show etc) presentar; **to ~ sb (to sb)** presentar algn (a algn); **to ~ sb to** (pastime, technique) introducir a algn a; **introduction** [ɪntrə'dʌkʃən] n introducción f; (of person) presentación f; **introductory** [ɪntrə'dʌktərɪ] adj introductorio; **an introductory offer** una oferta introductoria

intrude [ɪn'tru:d] vi (person) entrometerse; **to ~ on** estorbar; **intruder** n intruso/a m

intuition [ɪntju:'ɪʃən] n intuición f

inundate ['ɪnʌndeɪt] vt: **to ~ with** inundar de

invade [ɪn'veɪd] vt invadir

invalid n ['ɪnvælɪd] minusválido/a ▷ adj [ɪn'vælɪd] (not valid) inválido, nulo

invaluable [ɪn'væljuəbl] adj inestimable

invariably [ɪn'veərɪəblɪ] adv sin excepción, siempre; **she is ~ late** siempre llega tarde

invasion [ɪn'veɪʒən] n invasión f

invent [ɪn'vent] vt inventar; **invention** [ɪn'venʃən] n invento; (lie) invención f; **inventor** [ɪn'ventəʳ] n inventor(a) m/f

inventory ['ɪnvəntrɪ] n inventario

inverted commas [ɪn'və:tɪd-] npl (BRIT) comillas fpl

invest [ɪn'vest] vt invertir ▷ vi: **to ~ in** (company etc) invertir dinero en; (fig: sth useful) comprar; **to ~ sb with sth** conferir algo a algn

investigate [ɪn'vestɪgeɪt] vt investigar; **investigation** [ɪnvestɪ'geɪʃən] n investigación f, pesquisa

investigator [ɪn'vestɪgeɪtəʳ] n investigador(a) m/f; **private ~** investigador(a) m/f privado/a

investment [ɪn'vestmənt] n inversión f

investor [ɪn'vestəʳ] n inversor(a) m/f

invisible [ɪn'vɪzɪbl] adj invisible

invitation [ɪnvɪ'teɪʃən] n invitación f

invite [ɪn'vaɪt] vt invitar; (opinions etc) solicitar, pedir; **inviting** adj atractivo; (food) apetitoso

invoice ['ɪnvɔɪs] n factura f ▷ vt facturar

involve [ɪn'vɒlv] vt suponer, implicar, tener que ver con; (concern, affect) corresponder a algn; **to ~ sb (in sth)** involucrar a algn (en algo), comprometer a algn (con algo); **involved** adj complicado; **to be involved in sth** (take part) estar involucrado en algo; (engrossed in) estar muy metido; **involvement** [ɪn'vɒlvmənt] n participación f, dedicación f; (obligation) compromiso; (difficulty) apuro

inward ['ɪnwəd] adj (movement) interior, interno; (thought, feeling) íntimo; **inwards** adv hacia dentro

iPod® ['aɪpɒd] n iPod®m

IQ n abbr (= intelligence quotient) C.I. m

IRA n abbr (= Irish Republican Army) IRA m

Iran [ɪ'rɑ:n] n Irán m; **Iranian** [ɪ'reɪnɪən] adj iraní ▷ n iraní mf

Iraq [ɪ'rɑ:k] n Irak m; **Iraqi** [ɪ'rɑ:kɪ] adj, n iraki mf

Ireland ['aɪələnd] n Irlanda f

iris (pl **irises**) ['aɪrɪs, -ɪz] n (Anat) iris m; (Bot) lirio

Irish ['aɪrɪʃ] adj irlandés/esa ⊳ npl: **the ~** los irlandeses; **Irishman** n irlandés m; **Irishwoman** n irlandesa

iron ['aɪən] n hierro; (for clothes) plancha ⊳ adj de hierro ⊳ vt (clothes) planchar

ironic(al) [aɪ'rɒnɪk(l)] adj irónico

ironic: ironically adv irónicamente

ironing ['aɪənɪŋ] n (act) planchado; (ironed clothes) ropa planchada; (clothes to be ironed) ropa por planchar; **ironing board** n tabla de planchar

irony ['aɪrənɪ] n ironía

irrational [ɪ'ræʃənl] adj irracional

irregular [ɪ'regjʊlə*] adj irregular; (surface) desigual; (action, event) anómalo; (behaviour) poco ordinario

irrelevant [ɪ'reləvənt] adj: **to be ~** estar fuera de lugar

irresistible [ɪrɪ'zɪstɪbl] adj irresistible

irresponsible [ɪrɪ'spɒnsɪbl] adj (act) irresponsable; (person) poco serio

irrigation [ɪrɪ'geɪʃən] n riego

irritable ['ɪrɪtəbl] adj (person) de mal humor

irritate ['ɪrɪteɪt] vt fastidiar; (Med) picar; **irritating** adj fastidioso; **irritation** [ɪrɪ'teɪʃən] n fastidio; picazón f

IRS n abbr (US) = **Internal Revenue Service**

is [ɪz] vb see **be**

ISDN n abbr (= Integrated Services Digital Network) RDSI f

Islam ['ɪzlɑːm] n Islam m; **Islamic** [ɪz'læmɪk] adj islámico

island ['aɪlənd] n isla; **islander** n isleño/a

isle [aɪl] n isla

isn't ['ɪznt] = **is not**

isolated ['aɪsəleɪtɪd] adj aislado

isolation [aɪsə'leɪʃən] n aislamiento

ISP n abbr = **Internet Service Provider**

Israel ['ɪzreɪl] n Israel m; **Israeli** [ɪz'reɪlɪ] adj, n israelí mf

issue ['ɪsjuː] n cuestión f; (outcome) resultado; (of banknotes etc) emisión f; (of newspaper etc) número ⊳ vt

(rations, equipment) distribuir, repartir; (orders) dar; (certificate, passport) expedir; (decree) promulgar; (magazine) publicar; (cheque) extender; (banknotes, stamp) emitir; **at ~** en cuestión; **to take ~ with sb (over sth)** disentir con algn (en); **to make an ~ of sth** dar a algo más importancia de lo necesario

IT n abbr = **information technology**

KEYWORD

it [ɪt] pron 1 (specific subject: not generally translated) él/ella; (direct object) lo/la; (indirect object) le; (after prep) él/ella; (abstract concept) ello; **it's on the table** está en la mesa; **I can't find it** no lo (or la) encuentro; **give it to me** dámelo (or dámela); **I spoke to him about it** le hablé del asunto; **what did you learn from it?** ¿qué aprendiste de él (or ella)?; **did you go to it?** (party, concert etc) ¿fuiste?

2 (impersonal): **it's raining** llueve, está lloviendo; **it's 6 o'clock/the 10th of August** son las 6/es el 10 de agosto; **how far is it?** — **it's 10 miles/2 hours on the train** ¿a qué distancia está? — a 10 millas/2 horas en tren; **who is it?** — **it's me** ¿quién es? — soy yo

Italian [ɪ'tæljən] adj italiano ⊳ n italiano/a; (Ling) italiano

italic [ɪ'tælɪk] adj cursivo; **italics** npl cursiva sg

Italy ['ɪtəlɪ] n Italia

itch [ɪtʃ] n picazón f ⊳ vi (part of body) picar; **to be ~ing to do sth** rabiar por or morirse de ganas de hacer algo; **itchy** adj: **to be itchy** picar; **my hand is itchy** me pica la mano

it'd ['ɪtd] = **it would**; **it had**

item ['aɪtəm] n artículo; (on agenda) asunto (a tratar); (also: **news ~**) noticia

itinerary [aɪ'tɪnərərɪ] n itinerario

it'll ['ɪtl] = **it will**; **it shall**

its [ɪts] *adj* su

it's [ɪts] = **it is; it has**

itself [ɪt'sɛlf] *pron* (reflexive) sí mismo/a; (emphatic) él mismo/a

ITV *n abbr* (BRIT: = *Independent Television*) cadena de televisión comercial

I've [aɪv] = **I have**

ivory ['aɪvərɪ] *n* marfil *m*

ivy ['aɪvɪ] *n* hiedra

jab [dʒæb] *n* (Med: inf) pinchazo ▷ *vt*: **to ~ sth into sth** clavar algo en algo

jack [dʒæk] *n* (Aut) gato; (Cards) sota

jacket ['dʒækɪt] *n* chaqueta, americana, saco (LAM); (of book) sobrecubierta; **jacket potato** *n* patata asada (con piel)

jackpot ['dʒækpɔt] *n* premio gordo

Jacuzzi® [dʒə'ku:zɪ] *n* jacuzzi®*m*

jagged ['dʒægɪd] *adj* dentado

jail [dʒeɪl] *n* cárcel *f* ▷ *vt* encarcelar; **jail sentence** *n* pena *f* de cárcel

jam [dʒæm] *n* mermelada; (also: **traffic ~**) embotellamiento; (difficulty) apuro ▷ *vt* (passage etc) obstruir; (mechanism, drawer etc) atascar; (Radio) interferir ▷ *vi* atascarse, trabarse; **to ~ sth into sth** meter algo a la fuerza en algo

Jamaica [dʒə'meɪkə] *n* Jamaica

jammed [dʒæmd] *adj* atascado

Jan. *abbr* (= *January*) ene

janitor ['dʒænɪtə*] *n* (caretaker) portero, conserje *m*

January ['dʒænjuərɪ] n enero
Japan [dʒə'pæn] n (el) Japón;
Japanese [dʒæpə'niːz] adj japonés/
esa ⊳ n (pl inv) japonés/esa m/f; (Ling)
japonés m
jar n (glass: large) jarra; (: small)
tarro ⊳ vi (sound) chirriar; (colours)
desentonar
jargon ['dʒɑːgən] n jerga
javelin ['dʒævlɪn] n jabalina
jaw [dʒɔː] n mandíbula
jazz [dʒæz] n jazz m
jealous ['dʒeləs] adj celoso; (envious)
envidioso; **jealousy** n celos mpl;
envidia
jeans [dʒiːnz] npl (pantalones mpl)
vaqueros mpl or tejanos mpl, bluejean
m inv (LAM)
Jello® ['dʒeləu] n (US) gelatina
jelly ['dʒelɪ] n (jam) jalea; (dessert etc)
gelatina; **jellyfish** n medusa
jeopardize ['dʒepədaɪz] vt arriesgar,
poner en peligro
jerk [dʒɜːk] n (jolt) sacudida; (wrench)
tirón m; (us inf) imbécil mf ⊳ vt tirar
bruscamente de ⊳ vi (vehicle) dar una
sacudida
jersey ['dʒɜːzɪ] n jersey m
jersey ['dʒɜːzɪ] n jersey m; (fabric)
tejido de punto
Jesus ['dʒiːzəs] n Jesús m
jet [dʒet] n (of gas, liquid) chorro;
(Aviat) avión m a reacción; **jet lag** n
desorientación f por desfase horario;
jet-ski vi practicar el motociclismo
acuático
jetty ['dʒetɪ] n muelle m, embarcadero
Jew [dʒuː] n judío/a
jewel ['dʒuːəl] n joya; (in watch) rubí
m; **jeweller**, (US) **jeweler** n joyero/a;
jeweller's (shop) n joyería; **jewellery**,
(US) **jewelry** n joyas fpl, alhajas fpl
Jewish ['dʒuːɪʃ] adj judío
jigsaw ['dʒɪgsɔː] n (also: ~ puzzle)
rompecabezas m inv, puzle m
job [dʒɔb] n (task) tarea; (post) empleo;
it's a good ~ that ... menos mal que
...; **just the ~!** ¡justo lo que necesito!;

that's not my ~ eso no me incumbe or
toca a mí; **job centre** n (BRIT) oficina
de empleo; **jobless** adj sin trabajo
jockey ['dʒɔkɪ] n jockey mf ⊳ vi **to ~
for position** maniobrar para sacar
delantera
jog [dʒɔg] vt empujar (ligeramente)
⊳ vi (run) hacer footing; **to ~ sb's
memory** refrescar la memoria a algn;
jogging n footing m
join [dʒɔɪn] vt (things) unir, juntar;
(club) hacerse socio de; (Pol: party)
afiliarse a; (meet: people) reunirse con;
(fig) unirse a ⊳ vi (roads) empalmar;
(rivers) confluir ⊳ n juntura; **join in** vi
tomar parte, participar ⊳ vt fus tomar
parte or participar en; **join up** vi
unirse; (Mil) alistarse
joiner ['dʒɔɪnə'] n carpintero/a
joint [dʒɔɪnt] n (Tech) juntura, unión f;
(Anat) articulación f; (BRIT Culin) pieza
de carne (para asar); (inf: place) garito;
(of cannabis) porro ⊳ adj (common)
común; (combined) conjunto; **joint
account** n (with bank etc) cuenta
común; **jointly** adv en común;
(together) conjuntamente
joke [dʒəuk] n chiste m; (also:
practical ~) broma ⊳ vi bromear; **to
play a ~ on** gastar una broma a; **joker**
n (Cards) comodín m
jolly ['dʒɔlɪ] adj (merry) alegre;
(enjoyable) divertido ⊳ adv (inf) muy
jolt [dʒəult] n (shake) sacudida;
(shock) susto ⊳ vt (physically) sacudir;
(emotionally) asustar
Jordan ['dʒɔːdən] n (country) Jordania;
(river) Jordán m
journal ['dʒɜːnl] n (magazine)
revista; (diary) diario; **journalism** n
periodismo; **journalist** n periodista mf
journey ['dʒɜːnɪ] n viaje m; (distance
covered) trayecto
joy [dʒɔɪ] n alegría; **joyrider** n persona
que se da una vuelta en un coche robado
joystick ['dʒɔɪstɪk] n (Aviat) palanca
de mando; (Comput) palanca de
control

Jr *abbr* = **junior**

judge [dʒʌdʒ] *n* juez *mf* ▷ *vt* juzgar; (*estimate*) considerar; **judg(e)ment** *n* juicio

judo ['dʒuːdəu] *n* judo

jug [dʒʌg] *n* jarra

juggle ['dʒʌgl] *vi* hacer juegos malabares; **juggler** *n* malabarista *mf*

juice [dʒuːs] *n* jugo, zumo (SP); **juicy** *adj* jugoso

Jul. *abbr* (= *July*) jul

July [dʒuː'laɪ] *n* julio

jumble ['dʒʌmbl] *n* revoltijo ▷ *vt* (*also*: **~ up**) revolver; **jumble sale** *n* (BRIT) mercadillo

■ **JUMBLE SALE**
■
■ En cada *jumble sale* pueden
■ comprarse todo tipo de objetos
■ baratos de segunda mano,
■ especialmente ropa, juguetes,
■ libros, vajillas y muebles. Suelen
■ organizarse en los locales de un
■ colegio, iglesia, ayuntamiento o
■ similar, con fines benéficos, bien
■ en ayuda de una organización
■ benéfica conocida o para solucionar
■ problemas más concretos de la
■ comunidad.

jumbo ['dʒʌmbəu], **jumbo jet** *n* jumbo

jump [dʒʌmp] *vi* saltar, dar saltos; (*increase*) aumentar ▷ *vt* saltar ▷ *n* salto; (*increase*) aumento; **to ~ the queue** (BRIT) colarse

jumper ['dʒʌmpəʳ] *n* (BRIT: *pullover*) jersey *m*, suéter *m*; (US: *dress*) pichi *m*

jump leads, (US) **jumper cables** *npl* cables *mpl* puente de batería

Jun. *abbr* = **junior**

junction ['dʒʌŋkʃən] *n* (BRIT: *of roads*) cruce *m*; (Rail) empalme *m*

June [dʒuːn] *n* junio

jungle ['dʒʌŋgl] *n* selva, jungla

junior ['dʒuːnɪəʳ] *adj* (*in age*) menor, más joven; (*position*) subalterno ▷ *n*

menor *mf*, joven *mf*; **junior high school** *n* (US) centro de educación secundaria; **junior school** *n* (BRIT) escuela primaria

junk [dʒʌŋk] *n* (*cheap goods*) baratijas *fpl*; (*rubbish*) basura; **junk food** *n* comida basura *or* de plástico

junkie ['dʒʌŋkɪ] *n* (inf) yonqui *mf*

junk mail *n* propaganda (buzoneada)

Jupiter ['dʒuːpɪtəʳ] *n* (Mythology, Astro) Júpiter *m*

jurisdiction [dʒuərɪs'dɪkʃən] *n* jurisdicción *f*; **it falls** *or* **comes within/outside our ~** es/no es de nuestra competencia

jury ['dʒuərɪ] *n* jurado

just [dʒʌst] *adj* justo ▷ *adv* (*exactly*) exactamente; (*only*) sólo, solamente; **he's ~ done it/left** acaba de hacerlo/irse; **~ right** perfecto; **~ two o'clock** las dos en punto; **she's ~ as clever as you** es tan lista como tú; **~ as well that ...** menos mal que ...; **~ as he was leaving** en el momento en que se marchaba; **~ before/enough** justo antes/lo suficiente; **~ here** aquí mismo; **he ~ missed** falló por poco; **~ listen to this** escucha esto un momento

justice ['dʒʌstɪs] *n* justicia; (US: *judge*) juez *mf*; **to do ~ to** (fig) hacer justicia a

justification [dʒʌstɪfɪ'keɪʃən] *n* justificación *f*

justify ['dʒʌstɪfaɪ] *vt* justificar; (*text*) alinear

jut [dʒʌt] *vi* (*also*: **~ out**) sobresalir

juvenile ['dʒuːvənaɪl] *adj* (*humour*, *mentality*) infantil ▷ *n* menor *mf* de edad

K

doing sth impedir a algn hacer algo; **to ~ sb happy** tener a algn contento; **to ~ a place tidy** mantener un lugar limpio; **to ~ sth to o.s.** no decirle algo a nadie; **to ~ time** (*clock*) mantener la hora exacta; **keep away** vt: **to ~ sth/sb away from sb** mantener algo/a a algn apartado de algn ▷ vi: **to ~ away (from)** mantenerse apartado (de); **keep back** vt (*crowd, tears*) contener; (*money*) quedarse con; (*conceal: information*): **to ~ sth back from sb** ocultar algo a algn ▷ vi hacerse a un lado; **keep off** vi (*dog, person*) mantener a distancia ▷ vi evitar; **~ your hands off!** ¡no toques!; **"~ off the grass"** "prohibido pisar el césped"; **keep on** vi: **to ~ on doing** seguir or continuar haciendo; **to ~ on (about sth)** no parar de hablar (de algo); **keep out** vi (*stay out*) permanecer fuera; **"~ out"** "prohibida la entrada"; **keep up** vt mantener, conservar ▷ vi no rezagarse; **to ~ up with** (*pace*) ir al paso de; (*level*) mantenerse a la altura de; **keeper** n guarda mf; **keeping** n (*care*) cuidado; **in keeping with** de acuerdo con

kennel ['kɛnl] n perrera; **kennels** npl residencia canina

Kenya ['kɛnjə] n Kenia

kept [kɛpt] pt, pp of **keep**

kerb [kə:b] n (*BRIT*) bordillo

kerosene ['kɛrəsi:n] n keroseno

ketchup ['kɛtʃəp] n salsa de tomate, ketchup m

kettle ['kɛtl] n hervidor m

key [ki:] n llave f; (*Mus*) tono; (*of piano, typewriter*) tecla; (*on map*) clave f ▷ cpd (*vital: position, issue, industry etc*) clave ▷ vt (*also: ~ in*) teclear; **keyboard** n teclado; **keyhole** n ojo (de la cerradura); **keypad** n teclado; **keyring** n llavero

kg abbr (= kilogram) kg

khaki ['ka:kı] n caqui

kick [kık] vt (*person*) dar una patada a; (*inf: habit*) quitarse de ▷ vi (*horse*) dar coces ▷ n patada; puntapié m; (*thrill*):

K abbr (= one thousand) mil; (= kilobyte) K

kangaroo [kæŋgə'ru:] n canguro

karaoke [kɑ:rə'əʊkı] n karaoke

karate [kə'rɑ:tı] n karate m

kebab [kə'bæb] n pincho moruno

keel [ki:l] n quilla; **on an even ~** (fig) en equilibrio

keen [ki:n] adj (*interest, desire*) grande, vivo; (*eye, intelligence*) agudo; (*competition*) reñido; (*edge*) afilado; (*BRIT: eager*) entusiasta; **to be ~ to do** or **on doing sth** tener muchas ganas de hacer algo; **to be ~ on sth/sb** interesarse por algo/algn

keep [ki:p] (pt, pp **kept**) vt (*retain, preserve*) guardar; (*hold back*) quedarse con; (*shop*) ser propietario de; (*feed: family etc*) mantener; (*promise*) cumplir; (*chickens, bees etc*) criar ▷ vi (*food*) conservarse; (*remain*) seguir, continuar ▷ n (of castle) torreón m; (food etc) comida, sustento; **to ~ doing sth** seguir haciendo algo; **to ~ sb from**

kid | 430

he does it for ~s lo hace por pura diversión; **kick off** vi (Sport) hacer el saque inicial; **kick-off** n saque inicial; **the kick-off is at 10 o'clock** el partido empieza a las diez

kid [kɪd] n (inf: child) chiquillo/a; (animal) cabrito; (leather) cabritilla ▷ vi (inf) bromear

kidnap ['kɪdnæp] vt secuestrar; **kidnapping** n secuestro

kidney ['kɪdnɪ] n riñón m; **kidney bean** n judía, alubia

kill [kɪl] vt matar; (murder) asesinar ▷ n matanza; **to ~ time** matar el tiempo; **killer** n asesino/a; **killing** n (one) asesinato; (several) matanza; **to make a killing** hacer su agosto

kiln [kɪln] n horno

kilo ['kiːləu] abbr (= kilogram(me)) kilo; **kilobyte** ['kɪləubaɪt] n (Comput) kilobyte m; **kilogram(me)** ['kɪləugræm] n kilogramo; **kilometre**, (US) **kilometer** ['kɪləmiːtər] n kilómetro; **kilowatt** ['kɪləuwɔt] n kilovatio

kilt [kɪlt] n falda escocesa

kin [kɪn] n parientes mpl

kind [kaɪnd] adj amable, atento ▷ n clase f, especie f; (species) género; **in ~** (Comm) en especie; **a ~ of** una especie de; **to be two of a ~** ser tal para cual

kindergarten ['kɪndəgɑːtn] n jardín m de infancia

kindly ['kaɪndlɪ] adj bondadoso; (gentle) cariñoso ▷ adv bondadosamente, amablemente; **will you ~ ...** sería usted tan amable de ...

kindness ['kaɪndnɪs] n bondad f, amabilidad f; (act) favor m

king [kɪŋ] n rey m; **kingdom** n reino; **kingfisher** n martín m pescador; **king-size(d)** adj de tamaño gigante; **king-size bed** cama de matrimonio extragrande

kiosk ['kiːɔsk] n quiosco; (BRIT Tel) cabina

kipper ['kɪpər] n arenque m ahumado

kiss [kɪs] n beso ▷ vt besar; **~ of life** (artificial respiration) respiración f boca a boca; **to ~ (each other)** besarse

kit [kɪt] n equipo; (set of tools etc) caja de herramientas fpl; (assembly kit) juego de armar

kitchen ['kɪtʃɪn] n cocina

kite [kaɪt] n (toy) cometa

kitten ['kɪtn] n gatito/a

kiwi ['kiːwiː] n (also: ~ fruit) kiwi m

km abbr (= kilometre) km

km/h abbr (= kilometres per hour) km/h

knack [næk] n: **to have the ~ of doing sth** tener facilidad para hacer algo

knee [niː] n rodilla; **kneecap** n rótula

kneel (pt, pp **knelt**) [niːl, nɛlt] vi (also: **~ down**) arrodillarse

knelt [nɛlt] pt, pp of **kneel**

knew [njuː] pt of **know**

knickers ['nɪkəz] npl (BRIT) bragas fpl

knife [naɪf] (pl **knives**) n cuchillo ▷ vt acuchillar

knight [naɪt] n caballero; (Chess) caballo

knit [nɪt] vt tejer, tricotar ▷ vi hacer punto, tricotar; (bones) soldarse; **knitting** n labor f de punto; **knitting needle**, (US) **knit pin** n aguja de hacer punto o tejer; **knitwear** n prendas fpl de punto

knives [naɪvz] pl of **knife**

knob [nɔb] n (of door) pomo; (of stick) puño; (on radio, TV) botón m

knock [nɔk] vt (strike) golpear; (bump into) chocar contra; (inf) criticar ▷ vi (at door etc): **to ~ at/ on** llamar a ▷ n golpe m; (on door) llamada; **knock down** vt atropellar; **knock off** vi (inf: finish) salir del trabajo ▷ vt (inf: steal) birlar; **knock out** vt dejar sin sentido; (Boxing) poner fuera de combate, dejar K.O.; (in competition) eliminar; **knock over** vt (object) tirar; (pedestrian) atropellar; **knockout** n (Boxing) K.O. m, knockout m

knot [nɔt] n nudo ▷ vt anudar

know (pt **knew**, pp **known**) [nəʊ, njuː, nəʊn] vt saber; (person, author, place) conocer; (recognize) reconocer ⊳ vi: **to ~ how to swim** saber nadar; **to ~ about** or **of sb/ sth** saber de algn/algo; **know-all** n sabelotodo m inv/inv; **know-how** n conocimientos mpl; **knowing** adj (look etc) de complicidad; **knowingly** adv (purposely) a sabiendas; (smile, look) con complicidad; **know-it-all** n (US) = **know-all**

knowledge ['nɒlɪdʒ] n conocimiento; (learning) saber m, conocimientos mpl; **knowledgeable** adj entendido

known [nəʊn] pp of **know** ⊳ adj (thief, facts) conocido; (expert) reconocido

knuckle ['nʌkl] n nudillo

koala [kəʊ'ɑːlə] n (also: ~ **bear**) koala m

Koran [kɔ'rɑːn] n Corán m

Korea [kə'rɪə] n Corea; **Korean** adj, n coreano/a

kosher ['kəʊʃəʳ] adj autorizado por la ley judía

Kosovar ['kɒsəvɑːʳ], **Kosovan** ['kɒsəvən] adj kosovar; **Kosovo** ['kɒsəvəʊ] n Kosovo m

Kremlin ['kremlɪn] n: **the ~** el Kremlin

Kuwait [ku'weɪt] n Kuwait m

L abbr (BRIT Aut = learner) L

lab [læb] n abbr = **laboratory**

label ['leɪbl] n etiqueta ⊳ vt poner una etiqueta a

labor ['leɪbəʳ] n, vb (US) = **labour**

laboratory [lə'bɒrətərɪ] n laboratorio

Labor Day n (US) día m de los trabajadores (primer lunes de septiembre)

labor union n (US) sindicato

labour, (US) **labor** ['leɪbəʳ] n (task) trabajo; (also: ~ **force**) mano f de obra; (Med) (dolores mpl de) parto ⊳ vi: **to ~ (at)** trabajar (en) ⊳ vt: **to ~ a point** insistir en un punto; **to be in ~** (Med) estar de parto; **the L~ party** (BRIT) el partido laborista, los laboristas mpl; **labourer** n peón m; (on farm) peón m; (day labourer) jornalero

lace [leɪs] n encaje m; (of shoe etc) cordón m ⊳ vt (shoe: also: ~ **up**) atarse

lack [læk] n (absence) falta ⊳ vt faltarle a algn, carecer de; **through** or **for**

~ **of** por falta de; **to be ~ing** faltar, no haber; **to be ~ing in sth** faltarle a algn algo

lacquer ['lækə'] n laca

lacy ['leɪsɪ] adj (like lace) como de encaje

lad [læd] n muchacho, chico

ladder ['lædə'] n escalera (de mano); (BRIT: in tights) carrera

ladle ['leɪdl] n cucharón m

lady ['leɪdɪ] n señora; (distinguished, noble) dama; **young ~** señorita; **the ladies' (room)** los servicios de señoras; **"ladies and gentlemen ..."** "señoras y caballeros ..."; **ladybird**, (us) **ladybug** n mariquita

lag [læg] vi (also: **~ behind**) retrasarse, quedarse atrás ▷ vt (pipes) revestir

lager ['lɑːɡə'] n cerveza (rubia)

lagoon [lə'ɡuːn] n laguna

laid [leɪd] pt, pp of **lay**

laid-back ['leɪd'bæk] adj (inf) relajado

lain [leɪn] pp of **lie**

lake [leɪk] n lago

lamb [læm] n cordero; (meat) carne f de cordero

lame [leɪm] adj cojo; (excuse) poco convincente

lament [lə'ment] n lamento ▷ vt lamentarse de

lamp [læmp] n lámpara; **lamppost** n (BRIT) farola; **lampshade** n pantalla

land [lænd] n tierra; (country) país m; (piece of land) terreno; (estate) tierras fpl, finca ▷ vi (from ship) desembarcar; (Aviat) aterrizar; (fig: fall) caer ▷ vt (passengers, goods) desembarcar; **to ~ sb with sth** (inf) hacer cargar a algn con algo; **landing** n aterrizaje m; (of staircase) rellano; **landing card** n tarjeta de desembarque; **landlady** n (owner) dueña; (of boarding house) patrona; **landline** n (teléfono) fijo; **landlord** n propietario, dueño; (of pub etc) patrón m; **landmark** n lugar m conocido; **to be a landmark** (fig) hacer época; **landowner** n terrateniente mf; **landscape** n paisaje

m; **landslide** n (Geo) corrimiento de tierras; (fig: Pol) victoria arrolladora

lane [leɪn] n (in country) camino; (Aut) carril m; (in race) calle f

language ['læŋɡwɪdʒ] n lenguaje m; (national tongue) idioma m, lengua; **bad ~** palabrotas fpl; **language laboratory** n laboratorio de idiomas; **language school** n academia de idiomas

lantern ['læntn] n linterna, farol m

lap [læp] n (of track) vuelta; (of body) regazo ▷ vi (waves) chapotear; **to sit on sb's ~** sentarse en las rodillas de algn; **lapdog** vt beber a lengüetadas or con la lengua

lapel [lə'pel] n solapa

lapse [læps] n fallo; (moral) desliz m ▷ vi (expire) caducar; (time) pasar, transcurrir; **to ~ into bad habits** volver a las andadas; **~ of time** lapso, intervalo

lard [lɑːd] n manteca (de cerdo)

larder ['lɑːdə'] n despensa

large [lɑːdʒ] adj grande; **at ~** (free) en libertad; (generally) en general; **largely** adv (mostly) en su mayor parte; (introducing reason) en gran parte; **large-scale** adj (map, drawing) a gran escala; (reforms, business activities) importante

▌ Be careful not to translate large by the Spanish word largo.

lark [lɑːk] n (bird) alondra; (joke) broma

larrikin ['lærɪkɪn] n (AUST, NZ inf) gamberro/a

laryngitis [lærɪn'dʒaɪtɪs] n laringitis f

lasagne [lə'zænjə] n lasaña

laser ['leɪzə'] n láser m; **laser printer** n impresora láser

lash [læʃ] n latigazo; (also: **eye~**) pestaña ▷ vt azotar; (tie) atar; **lash out** vi: **to ~ out (at sb)** (hit) arremeter (contra algn); **to ~ out against sb** lanzar invectivas contra algn

lass [læs] n chica

last [lɑːst] adj último; (final) final ▷ adv (finally) por último ▷ vi durar;

(*continue*) continuar, seguir; **~ night** anoche; **~ week** la semana pasada; **at ~** por fin; **~ but one** penúltimo; **lastly** *adv* por último, finalmente; **last-minute** *adj* de última hora

latch [lætʃ] *n* pestillo; **latch on to** *vt fus* (*person*) pegarse a; (*idea*) aferrarse a

late [leɪt] *adj* (*not on time*) tarde, atrasado; (*deceased*) fallecido ▷ *adv* tarde; (*behind time, schedule*) con retraso; **of ~** últimamente, **~ at night** a última hora de la noche; **in ~ May** hacia fines de mayo; **the ~ Mr X** el difunto Sr. X; **latecomer** *n* recién llegado/a; **lately** *adv* últimamente; **later** *adj* (*date etc*) posterior; (*version etc*) más reciente ▷ *adv* más tarde, después; **latest** [ˈleɪtɪst] *adj* último; **at the latest** a más tardar

lather [ˈlɑːðə^r] *n* espuma (de jabón) ▷ *vt* enjabonar

Latin [ˈlætɪn] *n* latín *m* ▷ *adj* latino; **Latin America** *n* América Latina; **Latin American** *adj, n* latinoamericano/a

latitude [ˈlætɪtjuːd] *n* latitud *f*; (*fig*) libertad *f*

latter [ˈlætə^r] *adj* último; (*of two*) segundo ▷ *n*: **the ~** el último, éste

laugh [lɑːf] *n* risa ▷ *vi* reírse, reír; **(to do sth) for a ~** (hacer algo) en broma; **laugh at** *vt fus* reírse de; **laughter** *n* risa

launch [lɔːntʃ] *n* (*boat*) lancha ▷ *vt* (*ship*) botar; (*rocket, plan*) lanzar; (*fig*) comenzar; **launch into** *vt fus* lanzarse a

launder [ˈlɔːndə^r] *vt* lavar

Launderette® [lɔːnˈdrɛt], (*us*) **Laundromat®** [ˈlɔːndrəmæt] *n* lavandería (automática)

laundry [ˈlɔːndrɪ] *n* lavandería; (*clothes: dirty*) ropa sucia; (: *clean*) colada

lava [ˈlɑːvə] *n* lava

lavatory [ˈlævətərɪ] *n* wáter *m*

lavender [ˈlævəndə^r] *n* lavanda

lavish [ˈlævɪʃ] *adj* abundante; **with** pródigo en ▷ *vt*: **to ~ sth on sb** colmar a algn de algo

law [lɔː] *n* ley *f*; (*study*) derecho; (*of game*) regla; **lawful** *adj* legítimo, lícito; **lawless** *adj* (*act*) ilegal

lawn [lɔːn] *n* césped *m*; **lawnmower** *n* cortacésped *m*

lawsuit [ˈlɔːsuːt] *n* pleito

lawyer [ˈlɔːjə^r] *n* abogado/a; (*for sales, wills etc*) notario/a

lax [læks] *adj* (*discipline*) relajado; (*person*) negligente

laxative [ˈlæksətɪv] *n* laxante *m*

lay [leɪ] *pt of* **lie** *adj* laico; (*not expert*) lego ▷ *vt* (*pt, pp* **laid**) (*place*) colocar; (*eggs, table*) poner; (*trap*) tender; (*carpet*) extender; **lay down** *vt* (*pen etc*) dejar; (*rules etc*) establecer; **to ~ down the law** imponer las normas; **lay off** *vt* (*workers*) despedir; **lay on** *vt* (*meal, facilities*) proveer; **lay out** *vt* (*display*) exponer; **lay-by** *n* (BRIT AUT) área de descanso

layer [ˈleɪə^r] *n* capa

layman [ˈleɪmən] *n* lego

layout [ˈleɪaʊt] *n* (*design*) plan *m*, trazado; (*Press*) composición *f*

lazy [ˈleɪzɪ] *adj* perezoso, vago

lb. *abbr* (*weight*) = **pound**

lead[1] (*pt, pp* **led**) [liːd, lɛd] *n* (*front position*) delantera; (*clue*) pista; (*Elec*) cable *m*; (*for dog*) correa; (*Theat*) papel *m* principal ▷ *vt* conducir; (*be leader of*) dirigir; (*Sport*) ir en cabeza de ▷ *vi* ir primero; **to be in the ~** (*Sport*) llevar la delantera; (*fig*) ir a la cabeza; **lead up to** *vt fus* (*events*) conducir a; (*in conversation*) preparar el terreno para

lead[2] [lɛd] *n* (*metal*) plomo; (*in pencil*) mina

leader [ˈliːdə^r] *n* jefe/a *m/f*, líder *m*; **leadership** *n* dirección *f*; **qualities of leadership** iniciativa *sg*

lead-free [ˈlɛd-] *adj* sin plomo

leading [ˈliːdɪŋ] *adj* (*main*) principal; (*first*) primero; (*front*) delantero

lead singer [liːd-] *n* cantante *mf*

leaf [li:f] (pl **leaves**) n hoja; **to turn over a new ~** hacer borrón y cuenta nueva; **leaf through** vt fus (book) hojear

leaflet ['li:flɪt] n folleto

league [li:g] n sociedad f; (Football) liga; **to be in ~ with** estar confabulado con

leak [li:k] n (of liquid, gas) escape m, fuga; (in pipe) agujero; (fig: of information, in security) filtración f ▷ vi (ship) hacer agua; (pipe) tener un escape; (roof) tener goteras; (also: **~ out**: liquid, gas) escaparse ▷ vt (fig) filtrar

lean [li:n] (pt, pp **leaned** or **leant**) adj (thin) flaco; (meat) magro ▷ vt: **to ~ sth on sth** apoyar algo en algo ▷ vi (slope) inclinarse; **to ~ against** apoyarse contra; **to ~ on** apoyarse en; **lean forward** vi inclinarse hacia adelante; **lean over** vi inclinarse; **leaning** n: **leaning (towards)** inclinación f (hacia)

leant [lɛnt] pt, pp of **lean**

leap [li:p] n salto ▷ vi (pt, pp **leaped** or **leapt**) saltar

leapt [lɛpt] pt, pp of **leap**

leap year n año bisiesto

learn (pt, pp **learned** or **learnt**) [lɜ:n, -t] vt aprender; (come to know of) enterarse de ▷ vi aprender; **to ~ how to do sth** aprender a hacer algo; **learner** n (BRIT: also: **learner driver**) conductor(a) m/f en prácticas; see also **L-plates**; **learning** n saber m, conocimientos mpl

learnt [lɜ:nt] pp of **learn**

lease [li:s] n arriendo ▷ vt arrendar

leash [li:ʃ] n correa

least [li:st] adj (slightest) menor, más pequeño; (smallest amount of) mínimo ▷ adv menos; **the ~ expensive car** el coche menos caro; **at ~** por lo menos, al menos; **not in the ~** en absoluto

leather ['lɛðə'] n cuero

leave [li:v] (pt, pp **left**) vt dejar; (go away from) abandonar ▷ vi irse; (train)

salir ▷ n permiso; **to be left** quedar, sobrar; **there's some milk left over** sobra or queda algo de leche; **on ~** de permiso; **leave behind** vt (on purpose) dejar (atrás); (accidentally) olvidar; **leave out** vt omitir

leaves [li:vz] pl of **leaf**

Lebanon ['lɛbənən] n: **the ~** el Líbano

lecture ['lɛktʃə'] n conferencia; (Scol) clase f ▷ vi dar clase(s) ▷ vt (reprove) echar una reprimenda a; **to give a ~ on** dar una conferencia sobre; **lecture hall** n sala de conferencias; (Univ) aula; **lecturer** n conferenciante mf; (BRIT: at university) profesor(a) m/f; **lecture theatre** n = **lecture hall**

led [lɛd] pt, pp of **lead**[^1]

ledge [lɛdʒ] n (on wall) repisa; (of window) alféizar m; (of mountain) saliente m

leek [li:k] n puerro

left [lɛft] pt, pp of **leave** ▷ adj izquierdo; (remaining): **there are two ~** quedan dos ▷ n izquierda ▷ adv a la izquierda; **on** or **to the ~** a la izquierda; **the L~** (Pol) la izquierda; **left-hand** adj: **the left-hand side** la izquierda; **left-hand drive** n conducción f por la izquierda; **left-handed** adj zurdo; **left-luggage locker** n (BRIT) consigna f automática; **left-luggage (office)** n (BRIT) consigna; **left-overs** npl sobras fpl; **left-wing** adj (Pol) de izquierda(s), izquierdista

leg [lɛg] n pierna; (of animal, chair) pata; (Culin: of meat) pierna; (: of chicken) pata; (of journey) etapa

legacy ['lɛgəsi] n herencia

legal ['li:gl] adj (permitted by law) lícito; (of law) legal; **legal holiday** n (US) fiesta oficial; **legalize** vt legalizar; **legally** adv legalmente

legend ['lɛdʒənd] n leyenda; **legendary** adj legendario

leggings ['lɛgɪŋz] npl mallas fpl, leggins mpl

legible ['lɛdʒəbl] adj legible

[^1]: lead¹

legislation [lɛdʒɪs'leɪʃən] n
legislación f

legislative ['lɛdʒɪslətɪv] adj
legislativo

legitimate [lɪ'dʒɪtɪmət] adj legítimo

leisure ['lɛʒəʳ] n ocio, tiempo libre;
at ~ con tranquilidad; **leisure centre**
n polideportivo; **leisurely** adj sin
prisa; lento

lemon ['lɛmən] n limón m; **lemonade**
n (fizzy) gaseosa; **lemon tea** n té m
con limón

lend [lɛnd] (pt, pp **lent**) vt: **to ~ sth to
sb** prestar algo a algn

length [lɛŋθ] n (in size, degree etc) largo, longitud
f; (of rope etc) largo; (of wood, string)
trozo; (amount of time) duración f; **at ~**
(at last) por fin, finalmente; (lengthily)
largamente; **lengthen** vt alargar ▷ vi
alargarse; **lengthways** adv a lo largo;
lengthy adj largo, extenso

lens [lɛnz] n (of spectacles) lente f; (of
camera) objetivo

Lent [lɛnt] n Cuaresma

lent [lɛnt] pt, pp of **lend**

lentil ['lɛntl] n lenteja

Leo ['liːəu] n Leo

leopard ['lɛpəd] n leopardo

leotard ['liːətɑːd] n malla

leprosy ['lɛprəsɪ] n lepra

lesbian ['lɛzbɪən] n lesbiana

less [lɛs] adj (in size, degree etc) menor;
(in quantity) menos ▷ pron, adv menos;
~ than half menos de la mitad;
than ever menos que nunca; **~ 5%**
menos el cinco por ciento; **~ and ~**
cada vez menos; **the ~ he works ...**
cuanto menos trabaja ...; **lessen** vi
disminuir, reducirse ▷ vt disminuir,
reducir; **lesser** ['lɛsəʳ] adj menor; **to
a lesser extent or degree** en menor
grado

lesson ['lɛsn] n clase f; **it taught him
a ~** (fig) le sirvió de lección

let (pt, pp **let**) [lɛt] vt (allow) dejar,
permitir; (BRIT: lease) alquilar; **to ~
sb do sth** dejar que algn haga algo; **to
~ sb know sth** comunicar algo a

algn; **~'s go** ¡vamos!; **~ him come** que
venga; **"to ~"** "se alquila"; **let down** vt
(tyre) desinflar; (disappoint) defraudar;
let go vi dejar entrar; (visitor etc)
hacer pasar; **let off** vt dejar escapar;
(firework etc) disparar; (bomb) accionar;
let out vt dejar salir

lethal ['liːθl] adj (weapon) mortífero;
(poison, wound) mortal

letter ['lɛtəʳ] n (of alphabet) letra;
(correspondence) carta; **letterbox** n
(BRIT) buzón m

lettuce ['lɛtɪs] n lechuga

leukaemia, (US)**leukemia**
[luː'kiːmɪə] n leucemia

level ['lɛvl] adj (flat) llano ▷ adv a nivel
▷ n nivel m; (height) altura ▷ vt nivelar,
allanar; (destroy: building) derribar;
to be ~ with estar a nivel de; **A ~s**
(BRIT) ≈ exámenes mpl de bachillerato
superior; **on the ~** (fig: honest) en
serio; **level crossing** n (BRIT) paso
a nivel

lever ['liːvəʳ] n palanca ▷ vt: **to ~ up**
levantar con palanca; **leverage** n (fig:
influence) influencia

levy ['lɛvɪ] n impuesto ▷ vt exigir,
recaudar

liability [laɪə'bɪlətɪ] n (pej: person,
thing) estorbo, lastre m; (Law:
responsibility) responsabilidad f;
(handicap) desventaja

liable ['laɪəbl] adj (subject): **~ to** sujeto
a; (responsible): **~ for** responsable de;
(likely): **~ to do** propenso a hacer

liaise [liː'eɪz] vi: **to ~ (with)** colaborar
(con)

liar ['laɪəʳ] n mentiroso/a

liberal ['lɪbərl] adj liberal; (generous):
~ with generoso con; **Liberal
Democrat** n (BRIT) demócrata mf
liberal

liberate ['lɪbəreɪt] vt (people: from
poverty etc) librar; (prisoner) libertar;
(country) liberar

liberation [lɪbə'reɪʃən] n liberación f

liberty ['lɪbətɪ] n libertad f; **to be at ~**
(criminal) estar en libertad; **to be at ~**

to do estar libre para hacer; **to take the ~ of doing sth** tomarse la libertad de hacer algo

Libra ['liːbrə] n Libra

librarian [laɪˈbrɛərɪən] n bibliotecario/a

library ['laɪbrərɪ] n biblioteca

📖 Be careful not to translate *library* by the Spanish word *librería*.

Libya ['lɪbɪə] n Libia

lice [laɪs] pl of **louse**

licence, (us) **license** ['laɪsns] n licencia; (permit) permiso; (also: **driving ~**, (us) **driver's license**) carnet de conducir, permiso de manejar (LAM)

license ['laɪsns] n (us) = **licence** ▷ vt autorizar, dar permiso a; **licensed** adj (for alcohol) autorizado para vender bebidas alcohólicas; **license plate** n (us) placa (de matrícula); **licensing hours** npl (BRIT) horas durante las cuales se permite la venta y consumo de alcohol (en un bar etc)

lick [lɪk] vt lamer; (inf: defeat) dar una paliza a; **to ~ one's lips** relamerse

lid [lɪd] n (of box, case, pan) tapa, tapadera

lie [laɪ] n mentira ▷ vi (pt **lay**, pp **lain**) mentir; (rest) estar echado, estar acostado; (of object: be situated) estar, encontrarse; **to tell ~s** mentir; **to ~ low** (fig) mantenerse a escondidas; **lie about, lie around** vi (things) estar tirado; (BRIT: people) estar acostado or tumbado; **lie down** vi echarse, tumbarse

Liechtenstein ['lɪktənstaɪn] n Liechtenstein m

lie-in ['laɪɪn] n (BRIT): **to have a ~** quedarse en la cama

lieutenant [lefˈtɛnənt] [(us) luːˈtɛnənt] n (Mil) teniente m

life (pl **lives**) [laɪf, laɪvz] n vida; **life assurance** n (BRIT) seguro de vida; **lifebelt** n (BRIT) cinturón m salvavidas; **lifeboat** n lancha de socorro; **lifeguard** n vigilante mf, socorrista

mf; **life insurance** n = **life assurance**; **life jacket** n chaleco salvavidas; **lifelike** adj natural; **life preserver** n (us) = **lifebelt**; **life sentence** n cadena perpetua; **lifestyle** n estilo de vida; **lifetime** n: **in his/her lifetime** durante su vida

lift [lɪft] vt levantar; (copy) plagiar ▷ vi (fog) disparar se ▷ n (BRIT: elevator) ascensor m; **to give sb a ~** (BRIT) llevar a algn en coche; **lift up** vt levantar; **lift-off** n despegue m

light [laɪt] n luz f; (lamp) luz f, lámpara; (headlight) faro; (for cigarette etc): **have you got a ~?** ¿tienes fuego? ▷ vt (pt, pp **lit**) (candle, cigarette, fire) encender; (room) alumbrar ▷ adj (colour) claro; (room) con mucha luz; **lights** npl (traffic lights) semáforos mpl; **in the ~ of** a la luz de; **to come to ~** salir a la luz; **light up** vi (smoke) encender un cigarrillo; (face) iluminarse ▷ vt (illuminate) iluminar, alumbrar; (set fire to) encender; **light bulb** n bombilla, bombillo (LAM), foco (LAM); **lighten** vt (make less heavy) aligerar; **lighter** n (also: **cigarette lighter**) encendedor m, mechero; **light-hearted** adj (person) alegre; (remark etc) divertido; **lighthouse** n faro; **lighting** n (system) alumbrado; **lightly** adv ligeramente; (not seriously) con poca seriedad; **to get off lightly** ser castigado con poca severidad

lightning ['laɪtnɪŋ] n relámpago, rayo

lightweight adj (suit) ligero ▷ n (Boxing) peso ligero

like [laɪk] vt querer a ▷ prep como ▷ adj parecido, semejante ▷ n: **his ~s and dislikes** sus gustos y aversiones; **the ~s of him** personas como él; **I would ~, I'd ~** me gustaría; (for purchase) quisiera; **would you ~ a coffee?** ¿te apetece un café?; **I ~ swimming** me gusta nadar; **to ~ sb/sth** or **look ~ sb/sth** parecerse a algn/algo; **that's just ~ him** es muy de él, es típico de él; **do it ~ this** hazlo así; **it is nothing ~ ...** no tiene parecido alguno con ...; **what's he ~?** ¿cómo es (él)?; **likeable** *adj* simpático, agradable

likelihood ['laɪklɪhud] *n* probabilidad *f*

likely ['laɪklɪ] *adj* probable; **he's ~ to leave** es probable or (LAM) capaz que se vaya; **not ~!** ¡ni hablar!

likewise ['laɪkwaɪz] *adv* igualmente; **to do ~** hacer lo mismo

liking ['laɪkɪŋ] *n*: **~ (for)** (*person*) cariño (a); (*thing*) afición (a); **to be to sb's ~** ser del gusto de algn

lilac ['laɪlək] *n* (*tree*) lilo; (*flower*) lila

Lilo® ['laɪləu] *n* colchoneta inflable

lily ['lɪlɪ] *n* lirio, azucena; **~ of the valley** *n* lirio de los valles

limb [lɪm] *n* miembro

limbo ['lɪmbəu] *n*: **to be in ~** (*fig*) quedar a la expectativa

lime [laɪm] *n* (*tree*) limero; (*fruit*) lima; (*Geo*) cal *f*

limelight ['laɪmlaɪt] *n*: **to be in the ~** (*fig*) ser el centro de atención

limestone ['laɪmstəun] *n* piedra caliza

limit ['lɪmɪt] *n* límite *m* ⊳ *vt* limitar; **limited** *adj* limitado; **to be limited to** limitarse a

limousine ['lɪməzi:n] *n* limusina

limp [lɪmp] *n*: **to have a ~** tener cojera ⊳ *vi* cojear ⊳ *adj* flojo

line [laɪn] *n* línea; (*rope*) cuerda; (*for fishing*) sedal *m*; (*wire*) hilo; (*row, series*) fila, hilera; (*of writing*) renglón *m*; (*on face*) arruga; (*Rail*) vía ⊳ *vt* (*Sewing*) **to ~ (with)** forrar (de); **to ~ the streets** ocupar las aceras; **in ~ with** de acuerdo con; **line up** *vi* hacer cola ⊳ *vt* alinear; **to have sth ~d up** tener algo arreglado

linear ['lɪnɪər] *adj* lineal

linen ['lɪnɪn] *n* ropa blanca; (*cloth*) lino

liner ['laɪnər] *n* vapor *m* de línea transatlántico; **dustbin ~** bolsa de la basura

line-up ['laɪnʌp] *n* (us: *queue*) cola; (*Sport*) alineación *f*

linger ['lɪŋgər] *vi* retrasarse, tardar en marcharse; (*smell, tradition*) persistir

lingerie ['lænʒəri:] *n* ropa interior (de mujer), lencería

linguist ['lɪŋgwɪst] *n* lingüista *mf*; **linguistic** *adj* lingüístico

lining ['laɪnɪŋ] *n* forro

link [lɪŋk] *n* (*of chain*) eslabón *m*; (*relationship*) relación *f*; (*bond*) vínculo, lazo; (*Internet*) enlace *m* ⊳ *vt* vincular, unir; (*associate*): **to ~ with** or **to** relacionar con; **links** *npl* (*Golf*); **link up** *vt* acoplar ⊳ *vi* unirse

lion ['laɪən] *n* león *m*; **lioness** *n* leona

lip [lɪp] *n* labio; **lip-read** *vi* leer los labios; **lip salve** *n* crema protectora para labios; **lipstick** *n* lápiz *m* or barra de labios, carmín *m*

liqueur [lɪ'kjuər] *n* licor *m*

liquid ['lɪkwɪd] *adj*, *n* líquido; **liquidizer** ['lɪkwɪdaɪzər] *n* (*Culin*) licuadora

liquor ['lɪkər] *n* licor *m*, bebidas *fpl* alcohólicas; **liquor store** *n* (us) bodega, tienda de vinos y bebidas alcohólicas

Lisbon ['lɪzbən] *n* Lisboa

lisp [lɪsp] *n* ceceo ⊳ *vi* cecear

list [lɪst] *n* lista ⊳ *vt* (*write down*) hacer una lista de; (*mention*) enumerar

listen ['lɪsn] *vi* escuchar, oír; **listener** *n* oyente *mf*

lit [lɪt] *pt*, *pp* of **light**

liter ['li:tər] *n* (us) = **litre**

literacy ['lɪtərəsɪ] *n* capacidad *f* de leer y escribir

literal ['lɪtərl] *adj* literal; **literally** *adv* literalmente

literary ['lɪtərərɪ] *adj* literario

literate ['lɪtərət] *adj* que sabe leer y escribir; (*educated*) culto

literature ['lɪtərɪtʃər] *n* literatura; (*brochures etc*) folletos *mpl*

litre, (us) **liter** ['li:tər] *n* litro

litter ['lɪtər] *n* (*rubbish*) basura; (*young animals*) camada, cría; **litter bin** *n*

(BRIT) papelera; **littered** adj: **littered with** lleno de

little ['lɪtl] adj (small) pequeño; (not much) poco; (diminutive): **~ house** casita ▷ adv poco; **a ~** un poco (de); **a ~ bit** un poquito; **~ by ~** poco a poco; **little finger** n dedo meñique

live¹ [laɪv] adj (animal) vivo; (wire) conectado; (broadcast) en directo; (unexploded) sin explotar

live² [lɪv] vi vivir; **to ~ together** vivir juntos; **live up to** vt fus (fulfil) cumplir con

livelihood ['laɪvlɪhud] n sustento

lively ['laɪvlɪ] adj vivo; (place, book etc) animado

liven up ['laɪvn-] vt animar ▷ vi animarse

liver ['lɪvəʳ] n hígado

lives [laɪvz] npl of **life**

livestock ['laɪvstɔk] n ganado

living ['lɪvɪŋ] adj (alive) vivo ▷ n: **to earn** or **make a ~** ganarse la vida; **living room** n sala (de estar)

lizard ['lɪzəd] n lagartija

load [ləud] n carga; (weight) peso ▷ vt (also Comput) cargar; **a ~ of, ~s of** (fig) (gran) cantidad de, montones de; **to ~ (up) with** cargar con or de; **loaded** adj cargado

loaf (pl **loaves**) [ləuf] n (barra de) pan m

loan [ləun] n préstamo ▷ vt prestar; **on ~** prestado

loathe [ləuð] vt aborrecer; (person) odiar

loaves [ləuvz] pl of **loaf**

lobby ['lɔbɪ] n vestíbulo, sala de espera; (Pol: pressure group) grupo de presión ▷ vt presionar

lobster ['lɔbstəʳ] n langosta

local ['ləukl] adj local ▷ n (pub) bar m; **the locals** npl los vecinos, los del lugar; **local anaesthetic**, (US) **local anesthetic** n (Med) anestesia local; **local authority** n municipio, ayuntamiento (sp); **local government** n gobierno municipal; **locally** ['ləukəlɪ] adv en la vecindad

locate [ləu'keɪt] vt (find) localizar; (situate): **to be ~d in** estar situado en

location [ləu'keɪʃən] n situación f; **on ~** (Cine) en exteriores

loch [lɔx] n lago

lock [lɔk] n (of door, box) cerradura; (of canal) esclusa; (of hair) mechón m ▷ vt (with key) cerrar con llave ▷ vi (door etc) cerrarse con llave; (wheels) trabarse; **lock in** vt encerrar; **lock out** vt (person) cerrar la puerta a; **lock up** vt (criminal) meter en la cárcel; (mental patient) encerrar; (house) cerrar (con llave) ▷ vi echar la llave

locker ['lɔkəʳ] n casillero; **lockerroom** n (US Sport) vestuario

locksmith ['lɔksmɪθ] n cerrajero/a

locomotive [ləukə'məutɪv] n locomotora

lodge [lɔdʒ] n casa del guarda ▷ vi (person): **to ~ (with)** alojarse (en casa de) ▷ vt presentar; **lodger** ['lɔdʒəʳ] n huésped mf

lodging ['lɔdʒɪŋ] n alojamiento, hospedaje m

loft [lɔft] n desván m

log [lɔg] n (of wood) leño, tronco; (written account) diario ▷ vt anotar; **log in**, **log on** vi (Comput) iniciar la sesión; **log off**, **log out** vi (Comput) finalizar la sesión

logic ['lɔdʒɪk] n lógica; **logical** adj lógico

login ['lɔgɪn] n login m

lollipop ['lɔlɪpɔp] n pirulí m; **lollipop man**, **lollipop lady** n (BRIT) persona encargada de ayudar a los niños a cruzar la calle

lolly ['lɔlɪ] n (inf: ice cream) polo; (: lollipop) piruleta; (: money) guita

London ['lʌndən] n Londres m; **Londoner** n londinense mf

lone [ləun] adj solitario

loneliness ['ləunlɪnɪs] n soledad f, aislamiento

lonely ['ləunlɪ] adj (situation) solitario; (person) solo; (place) aislado

long [lɔŋ] adj largo ▷ adv mucho tiempo, largamente ▷ vi: **to ~ for sth**

anhelar algo; **so** or **as ~ as** mientras, con tal de que; **don't be ~!** ¡no tardes!, ¡vuelve pronto!; **how ~ is the street?** ¿cuánto tiene la calle de largo?; **how ~ is the lesson?** ¿cuánto dura la clase?; **six metres ~** que mide seis metros, de seis metros de largo; **six months ~** que dura seis meses, de seis meses de duración; **all night ~** toda la noche; **he no ~er comes** ya no viene; **~ before** mucho antes; **before ~** (+ future) dentro de poco; (+ past) poco tiempo después; **at ~ last** al fin, por fin; **long-distance** adj (race) de larga distancia; (call) interurbano; **long-haul** adj (flight) de larga distancia; **longing** n anhelo, ansia; (nostalgia) nostalgia ▷ adj anhelante

longitude ['lɒŋgɪtju:d] n longitud f

long: long jump n salto de longitud; **long-life** adj (batteries) de larga duración; (milk) uperizado; **long-sighted** adj (BRIT) présbita; **long-standing** adj de mucho tiempo; **long-term** adj a largo plazo

loo [lu:] n (BRIT inf) wáter m

look [lʊk] vi mirar; (seem) parecer; (building etc) **to ~ south/on to the sea** dar al sur/al mar ▷ n mirada f; (glance) vistazo; (appearance) aire m, aspecto; **looks** npl belleza sg; **~ (here)!** (expressing annoyance etc) ¡oye!; **~!** (expressing surprise) ¡mira!; **look after** vt fus (care for) cuidar a; (deal with) encargarse de; **look around** vi echar una mirada alrededor; **look at** vt fus mirar; **look back** vi mirar hacia atrás; **look down on** vt fus (fig) despreciar, mirar con desprecio; **look for** vt fus buscar; **look forward to** vt fus esperar con ilusión; (in letters): **we ~ forward to hearing from you** quedamos a la espera de su respuesta or contestación; **look into** vt fus investigar; **look out** vi (beware): **to ~ out (for)** tener cuidado (de); **look out for** vt fus (seek) buscar; (await) esperar; **look round** vi volver la cabeza; **look**

through vt fus (papers, book) hojear; **look to** vt fus ocuparse de; (rely on) contar con; **look up** vi mirar hacia arriba; (improve) mejorar ▷ vt (word) buscar; **look up to** vt fus admirar

look-out n (tower etc) puesto de observación; (person) vigía mf; **to be on the ~ for sth** estar al acecho de algo

loom [lu:m] vi: **~ (up)** (threaten) surgir, amenazar; (event: approach) aproximarse

loony ['lu:nɪ] adj, n (inf) loco/a

loop [lu:p] n lazo; **loophole** n laguna

loose [lu:s] adj suelto; (clothes) ancho; (morals, discipline) relajado; **to be at a ~ end** or (US) **at ~ ends** no saber qué hacer; **loosely** adv libremente, aproximadamente; **loosen** vt aflojar

loot [lu:t] n botín m ▷ vt saquear

lop-sided ['lɒp'saɪdɪd] adj torcido; (fig) desequilibrado

lord [lɔ:d] n señor m; **L~ Smith** Lord Smith; **the L~** el Señor; **the (House of) L~s** (BRIT) la Cámara de los Lores

lorry ['lɒrɪ] n (BRIT) camión m; **lorry driver** n camionero/a

lose (pt, pp **lost**) [lu:z, lɒst] vt perder ▷ vi perder, ser vencido; **to ~ (time)** (clock) atrasarse; **lose out** vi salir perdiendo; **loser** n perdedor(a) m/f

loss [lɒs] n pérdida f; **heavy ~s** (Mil) grandes pérdidas fpl; **to be at a ~** no saber qué hacer; **to make a ~** sufrir pérdidas

lost [lɒst] pt, pp of **lose** ▷ adj perdido; **lost property**, (US) **lost and found** n objetos mpl perdidos

lot [lɒt] n (at auction) lote m; **the ~** el todo, todos mpl, todas fpl; **a ~** mucho, bastante; **a ~ of**, **~s of** muchos/as; (with singular noun) mucho/a; **I read a ~** leo bastante; **to draw ~s (for sth)** echar suertes (para decidir algo)

lotion ['ləʊʃən] n loción f

lottery ['lɒtərɪ] n lotería f

loud [laʊd] adj (voice, sound) fuerte; (laugh, shout) estrepitoso; (gaudy) chillón/ona ▷ adv (speak etc) fuerte;

out ~ en voz alta; **loudly** adv
(noisily) fuerte; (aloud) en alta voz;
loudspeaker n altavoz m

lounge [laʊndʒ] n salón m, sala de
estar; (of hotel) salón m; (of airport) sala
de embarque ▷ vi (also: ~ **about, ~
around**) holgazanear

louse (pl **lice**) [laʊs, laɪs] n piojo

lousy ['laʊzɪ] adj (fig) vil, asqueroso;
(ill) fatal

love [lʌv] n (romantic, sexual) amor m;
(kind, caring) cariño m ▷ vt amar, querer;
~ **from Anne** (in letter) con cariño de
Anne; **I** ~ **to read** me encanta leer;
to be in ~ **with** estar enamorado
de; **to make** ~ hacer el amor; **I** ~ **you**
te quiero; **for the** ~ **of** por amor a;
"15 ~ **"** (Tennis) "15 a cero"; **I** ~ **paella**
me encanta la paella; **love affair** n
aventura sentimental o amorosa;
love life n vida sentimental

lovely ['lʌvlɪ] adj (delightful)
encantador(a); (beautiful) precioso

lover ['lʌvəʳ] n amante mf; (amateur):
a ~ **of** un(a) aficionado/a o un(a)
amante de

loving ['lʌvɪŋ] adj amoroso, cariñoso

low [ləʊ] adj, adv bajo ▷ n (Meteorology)
área de baja presión; **to feel** ~ sentirse
deprimido; **to turn (down)** ~ bajar;
low-alcohol adj bajo en alcohol; **low-
calorie** adj bajo en calorías

lower ['ləʊəʳ] adj más bajo; (less
important) menos importante ▷ vt
bajar; (reduce) reducir; **to** ~ **o.s.** (fig)
rebajarse a

low-fat adj (milk, yoghurt) desnatado;
(diet) bajo en calorías

loyal ['lɔɪəl] adj leal; **loyalty** n lealtad
f; **loyalty card** n tarjeta cliente

LP n abbr (= long-playing record) elepé m

L-plates ['elpleɪts] npl (BRIT) (placas
fpl de) la L

◆ **L-PLATES**

En el Reino Unido las personas
que están aprendiendo a conducir

han de llevar indicativos blancos
con una L en rojo llamados
normalmente L-plates (de learner)
en la parte delantera y trasera de
los automóviles que conducen. No
tienen que ir a clases teóricas, sino
que desde el principio se les entrega
un carnet de conducir provisional
(provisional driving licence) para
que realicen sus prácticas, que
han de estar supervisadas por un
conductor con carnet definitivo
(full driving licence). Tampoco
se les permite hacer prácticas
en autopistas aunque vayan
acompañados.

Lt. abbr (= lieutenant) Tte.

Ltd abbr (Comm: = limited company)
S.A.

luck [lʌk] n suerte f; **good/bad** ~
buena/mala suerte; **good** ~! (que
tengas) suerte!; **bad** or **hard** or
tough ~! ¡qué pena!; **luckily** adv
afortunadamente; **lucky** adj
afortunado; (at cards etc) con suerte;
(object) que trae suerte

lucrative ['lu:krətɪv] adj lucrativo

ludicrous ['lu:dɪkrəs] adj absurdo

luggage ['lʌgɪdʒ] n equipaje m;
luggage rack n (on car) baca,
portaequipajes m inv

lukewarm ['lu:kwɔ:m] adj tibio

lull [lʌl] n tregua ▷ vt (child) acunar;
(person, fear) calmar; **to** ~ **sb to sleep**
arrullar a algn; **to** ~ **sb into a false
sense of security** dar a algn una falsa
sensación de seguridad

lullaby ['lʌləbaɪ] n nana

lumber ['lʌmbəʳ] n (junk) trastos mpl
viejos; (wood) maderos mpl

luminous ['lu:mɪnəs] adj luminoso

lump [lʌmp] n terrón m; (fragment)
trozo; (swelling) bulto m ▷ vt (also:
~ **together**) juntar; **lump sum** n
suma global; **lumpy** adj (sauce) lleno
de grumos

lunatic ['lu:nətɪk] adj, n (inf) loco/a

lunch [lʌntʃ] n almuerzo, comida ▷ vi almorzar; **lunch break, lunch hour** n hora del almuerzo

lunchtime ['lʌntʃtaɪm] n hora del almuerzo or de comer

lung [lʌŋ] n pulmón m

lure [luəʳ] n (bait) cebo; (decoy) señuelo; (attraction) atracción f ▷ vt convencer con engaños

lurk [lɜːk] vi (wait) estar al acecho; (fig) acechar

lush [lʌʃ] adj exuberante

lust [lʌst] n lujuria; (greed) codicia

Luxembourg ['lʌksəmbɜːg] n Luxemburgo

luxurious [lʌgˈzjuərɪəs] adj lujoso

luxury ['lʌkʃərɪ] n lujo ▷ cpd de lujo

Lycra® ['laɪkrə] n licra®

lying ['laɪɪŋ] n mentiras fpl ▷ adj mentiroso

lyric ['lɪrɪk] adj lírico; **lyrics** npl (of song) letra sg

m

m abbr (= metre) m.; = **mile; million**

MA n abbr (Scol) = **Master of Arts**

ma [mɑː] n (inf) mamá

mac [mæk] n (BRIT) impermeable m

macaroni [mækəˈrəʊnɪ] n macarrones mpl

Macedonia [mæsɪˈdəʊnɪə] n Macedonia; **Macedonian** [mæsɪˈdəʊnɪən] adj macedonio ▷ n macedonio/a; (Ling) macedonio

machine [məˈʃiːn] n máquina ▷ vt (dress etc) coser a máquina; (Tech) trabajar a máquina; **machine gun** n ametralladora; **machinery** n maquinaria; (fig) mecanismo; **machine washable** adj lavable a máquina

macho ['mætʃəʊ] adj macho

mackerel ['mækrl] n (pl inv) caballa

mackintosh ['mækɪntɒʃ] n (BRIT) impermeable m

mad [mæd] adj loco; (idea) disparatado; (angry) furioso; **to be ~ (keen) about** or **on sth** estar loco por algo

madam ['mædəm] *n* señora

mad cow disease *n* encefalopatía espongiforme bovina

made [meɪd] *pt, pp of* **make; made-to-measure** *adj* (BRIT) hecho a la medida; **made-up** *adj* (story) ficticio

madly ['mædlɪ] *adv* locamente

madman ['mædmən] *n* loco

madness ['mædnɪs] *n* locura

Madrid [mə'drɪd] *n* Madrid *m*

Mafia ['mæfɪə] *n* Mafia

mag [mæg] *n abbr* (BRIT inf); = **magazine**

magazine [mægə'ziːn] *n* revista

maggot ['mægət] *n* gusano

magic ['mædʒɪk] *n* magia ▷ *adj* mágico; **magical** *adj* mágico; **magician** [mə'dʒɪʃən] *n* mago/a

magistrate ['mædʒɪstreɪt] *n* juez *mf* (municipal)

magnet ['mægnɪt] *n* imán *m*; **magnetic** [mæg'nɛtɪk] *adj* magnético

magnificent [mæg'nɪfɪsnt] *adj* magnífico

magnify ['mægnɪfaɪ] *vt* (object) ampliar; (sound) aumentar; **magnifying glass** *n* lupa

magpie ['mægpaɪ] *n* urraca

mahogany [mə'hɔgənɪ] *n* caoba

maid [meɪd] *n* criada; **old ~** (pej) solterona

maiden name *n* apellido de soltera

mail [meɪl] *n* correo; (letters) cartas *fpl* ▷ *vt* echar al correo; **mailbox** *n* (US) buzón *m*; **mailing list** *n* lista de direcciones; **mailman** (US) *n* cartero; **mail-order** *n* pedido postal

main [meɪn] *adj* principal, mayor ▷ *n* (pipe) cañería principal *or* maestra; (US) red *f* eléctrica; **the ~s** (BRIT Elec) la red eléctrica; **in the ~** en general; **main course** *n* (Culin) plato principal; **mainland** *n* continente *m*; **mainly** *adv* principalmente; **main road** *n* carretera principal; **mainstream** *n* corriente *f* principal; **main street** *n* calle *f* mayor

maintain [meɪn'teɪn] *vt* mantener

maintenance ['meɪntənəns] *n* mantenimiento; (alimony) pensión *f* alimenticia

maisonette [meɪzə'nɛt] *n* dúplex *m*

maize [meɪz] *n* (BRIT) maíz *m*, choclo (LAM)

majesty ['mædʒɪstɪ] *n* majestad *f*; **Your M~** Su Majestad

major ['meɪdʒə[r]] *n* (Mil) comandante *m* ▷ *adj* principal; (Mus) mayor

Majorca [mə'jɔːkə] *n* Mallorca

majority [mə'dʒɔrɪtɪ] *n* mayoría

make [meɪk] (pt, pp **made**) *vt* (manufacture) hacer, fabricar; (mistake) cometer; (speech) pronunciar; (cause to be): **to ~ sb sad** poner triste or entristecer a algn; (force): **to ~ sb do sth** obligar a algn a hacer algo; (equal): **2 and 2 ~ 4** 2 y 2 son 4 ▷ *n* marca; **to ~ a fool of sb** poner a algn en ridículo; **to ~ a profit/loss** obtener ganancias/sufrir pérdidas; **to ~ it** (arrive) llegar; (achieve sth) tener éxito; **what time do you ~ it?** ¿qué hora tienes?; **to ~ do with** contentarse con; **make off** *vi* largarse; **make out** *vt* (decipher) descifrar; (understand) entender; (see) distinguir; (cheque) extender; **make up** *vt* (invent) inventar; (parcel) hacer ▷ *vi* reconciliarse; (with cosmetics) maquillarse; **make up for** *vt fus* compensar; **makeover** *n* cambio de imagen; **to give sb a makeover** hacerle a algn un cambio de imagen; **maker** *n* fabricante *mf*; (of film, programme) autor(a) *m/f*; **makeshift** *adj* improvisado; **make-up** *n* maquillaje *m*

making ['meɪkɪŋ] *n* (fig): **in the ~** en vías de formación; **to have the ~s of** (person) tener madera de

malaria [mə'lɛərɪə] *n* malaria

Malaysia [mə'leɪzɪə] *n* Malaisia, Malaysia

male [meɪl] *n* (Biol, Elec) macho ▷ *adj* (sex, attitude) masculino; (child etc) varón

malicious [məˈlɪʃəs] *adj* malicioso; rencoroso

malignant [məˈlɪɡnənt] *adj* (Med) maligno

mall [mɔ:l] *n* (US: also: **shopping ~**) centro comercial

mallet [ˈmælɪt] *n* mazo

malnutrition [mælnjuˈtrɪʃən] *n* desnutrición *f*

malpractice [mælˈpræktɪs] *n* negligencia profesional

malt [mɔ:lt] *n* malta; (whisky) whisky *m* de malta

Malta [ˈmɔ:ltə] *n* Malta; **Maltese** [mɔ:lˈti:z] *adj* maltés/esa ▷ *n* (pl inv) maltés/esa *m/f*

mammal [ˈmæml] *n* mamífero

mammoth [ˈmæməθ] *n* mamut *m* ▷ *adj* gigantesco

man (pl **men**) [mæn, mɛn] *n* hombre *m*; (mankind) el hombre ▷ *vt* (Naut) tripular; (Mil) defender; (operate: machine) manejar; **an old ~** un viejo; **~ and wife** marido y mujer

manage [ˈmænɪdʒ] *vi* arreglárselas ▷ *vt* (be in charge of) dirigir; (person etc) manejar; **manageable** *adj* manejable; **management** *n* dirección *f*; **manager** *n* director(a) *m/f*; (of pop star) mánager *mf*; (Sport) entrenador(a) *m/f*; **manageress** *n* directora; (Sport) entrenadora; **managerial** [mænəˈdʒɪərɪəl] *adj* directivo; **managing director** *n* director(a) *m/f* general

mandarin [ˈmændərɪn] *n* (also: **~ orange**) mandarina; (person) mandarín *m*

mandate [ˈmændeɪt] *n* mandato

mandatory [ˈmændətərɪ] *adj* obligatorio

mane [meɪn] *n* (of horse) crin *f*; (of lion) melena

maneuver [məˈnu:vər] *vb*, *n* (US) = **manoeuvre**

mangetout [mɔnʒˈtu:] *n* tirabeque *m*

mango [ˈmæŋɡəʊ] (pl **mangoes**) *n* mango

man: manhole *n* boca de alcantarilla; **manhood** *n* edad *f* viril; (manliness) virilidad *f*

mania [ˈmeɪnɪə] *n* manía; **maniac** [ˈmeɪnɪæk] *n* maníaco/a; (fig) maniático/a

manic [ˈmænɪk] *adj* frenético

manicure [ˈmænɪkjʊər] *n* manicura

manifest [ˈmænɪfest] *vt* manifestar, mostrar ▷ *adj* manifiesto

manifesto [mænɪˈfestəʊ] *n* manifiesto

manipulate [məˈnɪpjuleɪt] *vt* manipular

man: mankind [mænˈkaɪnd] *n* humanidad *f*, género humano; **manly** *adj* varonil; **man-made** *adj* artificial

manner [ˈmænər] *n* manera, modo; (behaviour) conducta, manera de ser; (type) clase *f*; **manners** *npl* modales *mpl*; **bad ~s** falta *sg* de educación

manoeuvre, (US) **maneuver** [məˈnu:vər] *vt*, *vi* maniobrar ▷ *n* maniobra

manpower [ˈmænpaʊər] *n* mano *f* de obra

mansion [ˈmænʃən] *n* mansión *f*

manslaughter [ˈmænslɔ:tər] *n* homicidio involuntario

mantelpiece [ˈmæntlpi:s] *n* repisa de la chimenea

manual [ˈmænjuəl] *adj* manual ▷ *n* manual *m*

manufacture [mænjuˈfæktʃər] *vt* fabricar ▷ *n* fabricación *f*; **manufacturer** *n* fabricante *mf*

manure [məˈnjʊər] *n* estiércol *m*

manuscript [ˈmænjuskrɪpt] *n* manuscrito

many [ˈmenɪ] *adj* muchos/as ▷ *pron* muchos/as; **a great ~** muchísimos, un buen número de; **~ a time** muchas veces

map [mæp] *n* mapa *m*; **map out** *vt* proyectar

maple [ˈmeɪpl] *n* arce *m*, maple *m* (LAM)

mar [mɑ:ˈ] *vt* estropear

Mar. abbr (= March) mar
marathon ['mærəθən] n maratón m
marble ['mɑːbl] n mármol m; (toy) canica
March [mɑːtʃ] n marzo
march [mɑːtʃ] vi (Mil) marchar; (demonstrators) manifestarse ▷ n marcha; (demonstration) manifestación f
mare [mɛəʳ] n yegua
margarine [mɑːdʒəˈriːn] n margarina
margin ['mɑːdʒɪn] n margen m; (Comm: profit margin) margen m de beneficios; **marginal** adj marginal; **marginally** adv ligeramente
marigold ['mærɪgəʊld] n caléndula
marijuana [mærɪ'wɑːnə] n marihuana
marina [mə'riːnə] n puerto deportivo
marinade [mærɪ'neɪd] n adobo
marinate ['mærɪneɪt] vt adobar
marine [mə'riːn] adj marino ▷ n soldado de infantería de marina
marital ['mærɪtl] adj matrimonial; **~ status** estado civil
maritime ['mærɪtaɪm] adj marítimo
marjoram ['mɑːdʒərəm] n mejorana
mark [mɑːk] n marca, señal f; (in snow, mud etc) huella; (stain) mancha; (BRIT Scol) nota ▷ vt (Sport: player) marcar; (stain) manchar; (BRIT Scol) calificar, corregir; **to ~ time** marcar el paso; (fig) marcar(se) un ritmo; **marked** adj marcado, acusado; **marker** n (sign) marcador m; (bookmark) registro
market ['mɑːkɪt] n mercado ▷ vt (Comm) comercializar; **marketing** n marketing m; **marketplace** n mercado; **market research** n (Comm) estudios mpl de mercado
marmalade ['mɑːməleɪd] n mermelada de naranja
maroon [mə'ruːn] vt: **to be ~ed** (shipwrecked) quedar aislado; (fig) quedar abandonado ▷ n (colour) granate m
marquee [mɑː'kiː] n entoldado

marriage ['mærɪdʒ] n (state) matrimonio; (wedding) boda; (act) casamiento; **marriage certificate** n partida de casamiento
married ['mærɪd] adj casado; (life, love) conyugal
marrow ['mærəʊ] n médula; (vegetable) calabacín m
marry ['mærɪ] vt casarse con; (father, priest etc) casar ▷ vi (also: **get married**) casarse
Mars [mɑːz] n Marte m
marsh [mɑːʃ] n pantano; (salt marsh) marisma
marshal ['mɑːʃl] n (Mil) mariscal m; (at sports meeting, demonstration etc) oficial m; (us: of police, fire department) jefe/a m/f ▷ vt (facts) ordenar; (soldiers) formar
martyr ['mɑːtəʳ] n mártir mf
marvel ['mɑːvl] n maravilla, prodigio ▷ vi: **to ~ (at)** maravillarse (de); **marvellous**, (us) **marvelous** ['mɑːvləs] adj maravilloso
Marxism ['mɑːksɪzəm] n marxismo
Marxist ['mɑːksɪst] adj, n marxista mf
marzipan ['mɑːzɪpæn] n mazapán m
mascara [mæs'kɑːrə] n rímel m
mascot ['mæskət] n mascota
masculine ['mæskjulɪn] adj masculino
mash [mæʃ] vt machacar; **mashed potatoes** npl puré m de patatas or (LAM) papas
mask [mɑːsk] n máscara ▷ vt (hide: feelings) esconder; **to ~ one's face** (cover) ocultarse la cara
mason ['meɪsn] n (also: **stone~**) albañil m; (also: **free~**) masón m; **masonry** n (in building) mampostería
mass [mæs] n (people) muchedumbre f; (Physics) masa; (Rel) misa; (great quantity) montón m ▷ vi reunirse; (Mil) concentrarse; **the ~es** las masas
massacre ['mæsəkəʳ] n masacre f
massage ['mæsɑːʒ] n masaje m ▷ vt dar masajes or un masaje a
massive ['mæsɪv] adj enorme; (support, intervention) masivo

mass media npl medios mpl de comunicación de masas

mass-produce ['mæsprə'djuːs] vt fabricar en serie

mast [mɑːst] n (Naut) mástil m; (Radio etc) torre f

master ['mɑːstəʳ] n (of servant, animal) amo; (of situation) dueño; (Art, Mus) maestro; (in secondary school) profesor m; (title for boys): **M~ X** Señorito X ▷ vt dominar; **mastermind** n inteligencia superior ▷ vt dirigir, planear; **Master of Arts** n licenciatura superior en Letras; see also **master's degree**; **Master of Science** n licenciatura superior en Ciencias; see also **master's degree; masterpiece** n obra maestra; **master's degree** n máster m

○ **MASTER'S DEGREE**

○ Los estudios de postgrado
○ británicos que llevan a la obtención
○ de un master's degree consisten
○ generalmente en una combinación
○ de curso(s) académico(s) y tesina
○ (dissertation) sobre un tema original,
○ o bien únicamente en la redacción
○ de una tesina. El primer caso es el
○ más frecuente para los títulos de
○ MA (Master of Arts) y MSc (Master
○ of Science), mientras que los de
○ MLitt (Master of Letters) o MPhil
○ (Master of Philosophy) se obtienen
○ normalmente mediante tesina.
○ En algunas universidades, como
○ las escocesas, el título de master's
○ degree no es de postgrado, sino que
○ corresponde a la licenciatura.

masturbate ['mæstəbeɪt] vi masturbarse

mat [mæt] n alfombrilla; (also: **door~**) felpudo ▷ adj = **matt**

match [mætʃ] n cerilla, fósforo; (game) partido; (fig) igual mf ▷ vt emparejar; (go well with) hacer juego con; (equal)

igualar; (correspond to) corresponderse con; (pair: also: **~ up**) casar con ▷ vi hacer juego; **to be a good ~** hacer buena pareja; **matchbox** n caja de cerillas; **matching** adj que hace juego

mate [meɪt] n (workmate) colega mf; (inf: friend) amigo/a; (animal) macho/hembra; (in merchant navy) primer oficial m, segundo de a bordo ▷ vi acoplarse, aparearse ▷ vt acoplar, aparear

material [mə'tɪərɪəl] n (substance) materia; (equipment) material m; (cloth) tela, tejido ▷ adj material; (important) esencial; **materials** npl materiales mpl

materialize [mə'tɪərɪəlaɪz] vi materializarse

maternal [mə'təːnl] adj maternal

maternity [mə'təːnɪtɪ] n maternidad f; **maternity hospital** n hospital m de maternidad; **maternity leave** n baja por maternidad

math [mæθ] n abbr (US: = mathematics) matemáticas fpl

mathematical [mæθə'mætɪkl] adj matemático

mathematician [mæθəmə'tɪʃən] n matemático/a

mathematics [mæθə'mætɪks] n matemáticas fpl

maths [mæθs] n abbr (BRIT: = mathematics) matemáticas fpl

matinée ['mætɪneɪ] n (in cinema) sesión f de tarde

matron ['meɪtrən] n (in hospital) enfermera jefe; (in school) ama de llaves

matt [mæt] adj mate

matter ['mætəʳ] n cuestión f, asunto; (Physics) sustancia, materia; (Med: pus) pus m ▷ vi importar; **it doesn't ~** no importa; **what's the ~?** ¿qué pasa?; **no ~ what** pase lo que pase; **as a ~ of course** por rutina; **as a ~ of fact** en realidad; **printed ~** impresos mpl; **reading ~** material m de lectura

mattress ['mætrɪs] n colchón m

mature [məˈtjuəʳ] *adj* maduro
▷ *vi* madurar; **mature student** *n*
estudiante de más de 21 años; **maturity**
n madurez *f*

maul [mɔːl] *vt* magullar

mauve [məuv] *adj* de color malva

max *abbr* = **maximum**

maximize [ˈmæksɪmaɪz] *vt* (*profits etc*)
llevar al máximo; (*chances*) maximizar

maximum [ˈmæksɪməm] *adj*
máximo ▷ *n* máximo

May [meɪ] *n* mayo

may [meɪ] *vi* (*indicating possibility*):
he ~ come puede que venga; (*be
allowed to*): **~ I smoke?** ¿puedo fumar?;
(*wishes*): **~ God bless you!** ¡que Dios
le bendiga!

maybe [ˈmeɪbiː] *adv* quizá(s)

May Day *n* el primero de Mayo

mayhem [ˈmeɪhem] *n* caos *m* total

mayonnaise [meɪəˈneɪz] *n*
mayonesa

mayor [mɛəʳ] *n* alcalde *m*; **mayoress**
n alcaldesa

maze [meɪz] *n* laberinto

MD *n abbr* (*Comm*) = **managing
director**

me [miː] *pron* (*direct*) me; (*stressed,
after pronoun*) mí; **can you hear me?**
¿me oyes?; **he heard ME!** me oyó
a mí; **it's me** soy yo; **give them to
me** dámelos; **with/without me**
conmigo/sin mí

meadow [ˈmɛdəu] *n* prado, pradera

meagre, (*us*) **meager** [ˈmiːgəʳ] *adj*
escaso, pobre

meal [miːl] *n* comida; (*flour*) harina;
mealtime *n* hora de comer

mean [miːn] *adj* (*with money*) tacaño;
(*unkind*) mezquino, malo; (*average*)
medio ▷ *vt* (*signify*) querer decir,
significar; (*intend*): **to ~ to do sth**
tener la intención de o pensar hacer
algo ▷ *n* medio, término medio; **do
you ~ it?** ¿lo dices en serio?; **what
do you ~?** ¿qué quiere decir?; **to be
meant for sb/sth** ser para algn/algo;
see also **means**

meaning [ˈmiːnɪŋ] *n* significado,
sentido; **meaningful** *adj* significativo;
meaningless *adj* sin sentido

means *npl* medio *sg*, manera *sg*;
(*resource*) recursos *mpl*, medios *mpl*; **by
~ of** mediante, por medio de; **by all ~!**
¡naturalmente!, ¡claro que sí!

meant [ment] *pt*, *pp of* **mean**

meantime [ˈmiːntaɪm],
meanwhile [ˈmiːnwaɪl] *adv* (*also*:
in the ~) mientras tanto

measles [ˈmiːzlz] *n* sarampión *m*

measure [ˈmɛʒəʳ] *vt* medir ▷ *vi* medir
▷ *n* medida; (*ruler*) cinta métrica,
metro; **measurement** *n* (*measure*)
medida; (*act*) medición *f*; **to take sb's
measurements** tomar las medidas
a algn

meat [miːt] *n* carne *f*; **cold ~s**
fiambres *mpl*; **meatball** *n* albóndiga

Mecca [ˈmɛkə] *n* la Meca

mechanic [mɪˈkænɪk] *n* mecánico/a;
mechanical *adj* mecánico

mechanism [ˈmɛkənɪzəm] *n*
mecanismo

medal [ˈmɛdl] *n* medalla; **medallist**,
(*us*) **medalist** [ˈmɛdlɪst] *n* (*Sport*)
medallista *mf*

meddle [ˈmɛdl] *vi*: **to ~ in**
entrometerse en; **to ~ with sth**
manosear algo

media [ˈmiːdɪə] *npl* medios *mpl* de
comunicación

mediaeval [mɛdɪˈiːvl] *adj*
= **medieval**

mediate [ˈmiːdɪeɪt] *vi* mediar

medical [ˈmɛdɪkl] *adj* médico ▷ *n*
reconocimiento médico; **medical
certificate** *n* certificado médico

medicated [ˈmɛdɪkeɪtɪd] *adj*
medicinal

medication [mɛdɪˈkeɪʃən] *n*
medicación *f*

medicine [ˈmɛdsɪn] *n* medicina;
(*drug*) medicamento

medieval [mɛdɪˈiːvl] *adj* medieval

mediocre [miːdɪˈəukəʳ] *adj* mediocre

meditate [ˈmɛdɪteɪt] *vi* meditar

meditation [mɛdɪˈteɪʃən] n
meditación f

Mediterranean [mɛdɪtəˈreɪnɪən]
adj mediterráneo; **the ~ (Sea)** el (mar
m) Mediterráneo

medium [ˈmiːdɪəm] adj mediano
▷ n (means) medio; (person) médium
mf; **medium-sized** adj de tamaño
mediano; (clothes) de (la) talla
mediana; **medium wave** n onda
media

meek [miːk] adj manso, sumiso

meet [miːt] (pt, pp **met**) vt encontrar;
(accidentally) encontrarse con; (by
arrangement) reunirse con; (for the
first time) conocer; (go and fetch) ir a
buscar; (opponent) enfrentarse con;
(obligations) cumplir ▷ vi encontrarse;
(in session) reunirse; (join: objects)
unirse; (get to know) conocerse; **meet
up** vi: **to ~ up with sb** reunirse con
algn; **meet with** vt fus (difficulty)
tropezar con; **meeting** n encuentro;
(arranged) cita, compromiso (LAM);
(formal session, business meeting)
reunión f; (Pol) mitin m; **meeting
place** n lugar m de reunión or
encuentro

megabyte [ˈmɛgəbaɪt] n (Comput)
megabyte m, megaocteto

megaphone [ˈmɛgəfəun] n
megáfono

megapixel [ˈmɛgəpɪksl] n megapíxel
m

melancholy [ˈmɛlənkəlɪ] n
melancolía f ▷ adj melancólico

melody [ˈmɛlədɪ] n melodía f

melon [ˈmɛlən] n melón m

melt [mɛlt] vi (metal) fundirse; (snow)
derretirse ▷ vt fundir

member [ˈmɛmbəʳ] n miembro; (of
club) socio/a; **M~ of Parliament**
(BRIT) diputado/a; **M~ of the
European Parliament** (BRIT)
eurodiputado/a; **M~ of the Scottish
Parliament** (BRIT) diputado/a del
Parlamento escocés; **membership** n
(members) miembros mpl; (numbers)

número de miembros or socios;
membership card n carnet m de socio

memento [məˈmɛntəu] n recuerdo

memo [ˈmɛməu] n apunte m, nota

memorable [ˈmɛmərəbl] adj
memorable

memorandum (pl **memoranda**)
[mɛməˈrændəm, -də] n nota (de
servicio); (Pol) memorándum m

memorial [mɪˈmɔːrɪəl] n
monumento conmemorativo ▷ adj
conmemorativo

memorize [ˈmɛməraɪz] vt aprender
de memoria

memory [ˈmɛmərɪ] n recuerdo;
(Comput) memoria; **memory card** n
tarjeta de memoria; **memory stick** n
(Comput) llave f de memoria

men [mɛn] pl of **man**

menace [ˈmɛnəs] n amenaza ▷ vt
amenazar

mend [mɛnd] vt reparar, arreglar;
(darn) zurcir ▷ vi reponerse ▷ n
remiendo; (darn) zurcido; **to be on
the ~** ir mejorando; **to ~ one's ways**
enmendarse

meningitis [mɛnɪnˈdʒaɪtɪs] n
meningitis f

menopause [ˈmɛnəupɔːz] n
menopausia f

men's room n (us): **the ~** el servicio
de caballeros

menstruation [mɛnstru'eɪʃən] n
menstruación f

menswear [ˈmɛnzwɛəʳ] n confección
f de caballero

mental [ˈmɛntl] adj mental;
mental hospital n (pej) (hospital m)
psiquiátrico; **mentality** [mɛnˈtælɪtɪ]
n mentalidad f; **mentally** adv: **to be
mentally ill** tener una enfermedad
mental

menthol [ˈmɛnθɒl] n mentol m

mention [ˈmɛnʃən] n mención f ▷ vt
mencionar; (speak of) hablar de; **don't
~ it!** ¡de nada!

menu [ˈmɛnjuː] n (set menu) menú m;
(printed) carta; (Comput) menú m

m

MEP n abbr = **Member of the European Parliament**

mercenary ['mɜːsɪnərɪ] adj, n mercenario/a

merchandise ['mɜːtʃəndaɪz] n mercancías fpl

merchant ['mɜːtʃənt] n comerciante mf; **merchant navy**, (us) **merchant marine** n marina mercante

merciless ['mɜːsɪlɪs] adj despiadado

mercury ['mɜːkjurɪ] n mercurio

mercy ['mɜːsɪ] n compasión f; (Rel) misericordia; **at the ~ of** a la merced de

mere [mɪəʳ] adj simple, mero; **merely** adv simplemente, sólo

merge [mɜːdʒ] vt (join) unir ▷ vi unirse; (Comm) fusionarse; **merger** n (Comm) fusión f

meringue [məˈræŋ] n merengue m

merit ['merɪt] n mérito ▷ vt merecer

mermaid ['mɜːmeɪd] n sirena

merry ['merɪ] adj alegre; **M~ Christmas!** ¡Felices Pascuas!; **merry-go-round** n tiovivo

mesh [meʃ] n malla

mess [mes] n confusión f; (of objects) revoltijo; (dirt) porquería; (Mil) comedor m; **mess about**, **mess around** vi (inf) perder el tiempo; (pass the time) pasar el rato; **mess up** vt (inf: spoil) estropear; (dirty) ensuciar; **mess with** vt fus (inf: challenge, confront) meterse con (inf); (interfere with) interferir con

message ['mesɪdʒ] n mensaje m, recado ▷ vt (inf: person) mandar un mensaje a; (: comment) mandar

messenger ['mesɪndʒəʳ] n mensajero/a

Messrs abbr (on letters: = Messieurs) Sres.

messy ['mesɪ] adj (dirty) sucio; (untidy) desordenado

met [met] pt, pp of **meet**

metabolism [meˈtæbəlɪzəm] n metabolismo

metal ['metl] n metal m; **metallic** [meˈtælɪk] adj metálico

metaphor ['metəfəʳ] n metáfora

meteor ['miːtɪəʳ] n meteoro; **meteorite** ['miːtɪəraɪt] n meteorito

meteorology [miːtɪəˈrɒlədʒɪ] n meteorología

meter ['miːtəʳ] n (instrument) contador m; (us: unit): = **metre** ▷ vt (us Post) franquear

method ['meθəd] n método; **methodical** adj metódico

meths [meθs] n (BRIT) = **methylated spirit**

methylated spirit ['meθɪleɪtɪd-] n (BRIT) alcohol m metilado or desnaturalizado

meticulous [meˈtɪkjuləs] adj meticuloso

metre, (us) **meter** ['miːtəʳ] n metro

metric ['metrɪk] adj métrico

metropolitan [metrəˈpɒlɪtən] adj metropolitano

Metropolitan Police n (BRIT): **the ~** la policía londinense

Mexican ['meksɪkən] adj, n mexicano/a, mejicano/a

Mexico ['meksɪkəu] n México, Méjico

mg abbr (= milligram) mg

mice [maɪs] pl of **mouse**

micro... ['maɪkrəu] pref micro...; **microchip** n microplaqueta; **microphone** n micrófono; **microscope** n microscopio; **microwave** n (also: **microwave oven**) horno microondas

mid [mɪd] adj: **in ~ May** a mediados de mayo; **in ~ afternoon** a media tarde; **in ~ air** en el aire; **midday** n mediodía m

middle ['mɪdl] n centro; (half-way point) medio; (waist) cintura ▷ adj de en medio; **in the ~ of the night** en plena noche; **middle-aged** adj de mediana edad; **Middle Ages** npl: **the Middle Ages** la Edad Media; **middle class** n: **the middle class(es)** la clase media ▷ adj: **middle-class** adj de clase media; **Middle East** n Oriente m Medio; **middle name** n segundo

nombre m; **middle school** n (US)
colegio para niños de doce a catorce años;
(BRIT) colegio para niños de ocho o nueve a
doce o trece años

midge [mɪdʒ] n mosquito

midget ['mɪdʒɪt] n (infl) enano/a

midnight ['mɪdnaɪt] n medianoche f

midst [mɪdst] n: **in the ~ of** en medio
de; (situation, action) en mitad de

midsummer [mɪd'sʌmə*] n: **a ~ day**
un día de pleno verano

midway [mɪd'weɪ] adj, adv: **~
(between)** a medio camino (entre);
~ through a la mitad (de)

midweek [mɪd'wiːk] adv entre
semana

midwife (pl **midwives**) ['mɪdwaɪf,
-waɪvz] n matrona, comadrona

midwinter [mɪd'wɪntə*] n: **in ~** en
pleno invierno

might [maɪt] vb see **may** ▷ n fuerza,
poder m; **mighty** adj fuerte, poderoso

migraine ['miːɡreɪn] n jaqueca

migrant ['maɪɡrənt] adj migratorio;
(worker) emigrante

migrate [maɪ'ɡreɪt] vi emigrar

migration [maɪ'ɡreɪʃən] n
emigración f

mike [maɪk] n abbr (= microphone)
micro

mild [maɪld] adj (person) apacible;
(climate) templado; (slight) ligero;
(taste) suave; (illness) leve; **mildly** adv
ligeramente; suavemente; **to put it
mildly** por no decir algo peor

mile [maɪl] n milla; **mileage** n
número de millas; (Aut) kilometraje
m; **mileometer** [maɪ'lɒmɪtə*] n
(BRIT) = **milometer**; **milestone** n
mojón m

military ['mɪlɪtərɪ] adj militar

militia [mɪ'lɪʃə] n milicia

milk [mɪlk] n leche f ▷ vt (cow)
ordeñar; (fig) chupar; **milk chocolate**
n chocolate m con leche; **milkman** n
lechero; **milky** adj lechoso

mill [mɪl] n (windmill etc) molino;
(coffee mill) molinillo; (factory)

fábrica ▷ vt moler ▷ vi (also: **~ about**)
arremolinarse

millennium (pl **millenniums** or
millennia) [mɪ'lenɪəm, -'lenɪə] n
milenio, milenario

milli... ['mɪlɪ] pref mili...;
milligram(me) ['mɪlɪɡræm] n
miligramo; **millilitre**, (US) **milliliter**
['mɪlɪliːtə*] n mililitro; **millimetre**,
(US) **millimeter** ['mɪlɪmiːtə*] n
milímetro

million ['mɪljən] n millón m; **a ~
times** un millón de veces; **millionaire**
[mɪljə'neə*] n millonario/a; **millionth**
adj millonésimo

milometer [maɪ'lɒmɪtə*] n (BRIT)
cuentakilómetros m inv

mime [maɪm] n mimo/a; (actor)
mimo/a ▷ vt remedar ▷ vi actuar
de mimo

mimic ['mɪmɪk] n imitador(a) m/f
▷ adj mímico ▷ vt remedar, imitar

min. abbr (= minute(s)) m.; = **minimum**

mince [mɪns] vt picar ▷ n (BRIT Culin)
carne f picada; **mincemeat** n conserva
de fruta picada; (US: meat) carne f
picada; **mince pie** n pastelillo relleno
de fruta picada

mind [maɪnd] n mente f; (contrasted
with matter) espíritu m ▷ vt (attend
to, look after) ocuparse de, cuidar; (be
careful of) tener cuidado con; (object
to): **I don't ~ the noise** no me molesta
el ruido; **it is on my ~** me preocupa;
to bear sth in ~ tomar o tener algo
en cuenta; **to make up one's ~**
decidirse; **I don't ~** me es igual; **~
you, ...** te advierto que ...; **never ~!**
¡es igual!, ¡no importa!; (don't worry)
¡no te preocupes!; **"~ the step"**
"cuidado con el escalón"; **mindless**
adj (violence, crime) sin sentido; (work)
de autómata

mine [maɪn] pron (el) mío/(la) mía
etc ▷ adj: **this book is ~** este libro es
mío ▷ n mina ▷ vt (coal) extraer; (ship,
beach) minar; **minefield** n campo de
minas; **miner** n minero/a

mineral ['mɪnərəl] adj mineral ▷ n
mineral m; **mineral water** n agua
mineral

mingle ['mɪŋgl] vi: to ~ **with**
mezclarse con

miniature ['mɪnətʃəʳ] adj (en)
miniatura ▷ n miniatura

minibar ['mɪnɪbɑːʳ] n minibar m

minibus ['mɪnɪbʌs] n microbús m

minicab ['mɪnɪkæb] n taxi m (que sólo
puede pedirse por teléfono)

minimal ['mɪnɪml] adj mínimo

minimize ['mɪnɪmaɪz] vt minimizar;
(play down) empequeñecer

minimum ['mɪnɪməm] n mínimo
▷ adj mínimo

mining ['maɪnɪŋ] n minería

miniskirt ['mɪnɪskɜːt] n minifalda

minister ['mɪnɪstəʳ] n (BRIT Pol)
ministro/a; (: junior) secretario/a de
Estado; (Rel) pastor m ▷ vi: to ~ to
atender a

ministry ['mɪnɪstrɪ] n (BRIT Pol)
ministerio; (Rel) sacerdocio

minor ['maɪnəʳ] adj (repairs, injuries)
leve; (poet, planet) menor; (Mus) menor
▷ n (Law) menor mf de edad

Minorca [mɪ'nɔːkə] n Menorca

minority [maɪ'nɔrɪtɪ] n minoría

mint [mɪnt] n (plant) menta,
hierbabuena; (sweet) caramelo
de menta ▷ (coins) acuñar; **the
(Royal) M~**, (US): **the (US) M~** la
Casa de la Moneda; **in ~ condition** en
perfecto estado

minus ['maɪnəs] n (also: ~ **sign**) signo
menos ▷ prep menos; **12 – 6 equals
6** 12 menos 6 son 6; **~ 24°C** menos
24 grados

minute[1] ['mɪnɪt] n minuto; (fig)
momento; **minutes** npl (of meeting)
actas fpl; **at the last ~** a última hora

minute[2] [maɪ'njuːt] adj diminuto;
(search) minucioso

miracle ['mɪrəkl] n milagro

miraculous [mɪ'rækjuləs] adj
milagroso

mirage ['mɪrɑːʒ] n espejismo

mirror ['mɪrəʳ] n espejo; (in car)
retrovisor m

misbehave [mɪsbɪ'heɪv] vi portarse
mal

misc. abbr = **miscellaneous**

miscarriage ['mɪskærɪdʒ] n (Med)
aborto (no provocado); ~ **of justice**
error m judicial

miscellaneous [mɪsɪ'leɪnɪəs] adj
varios/as, diversos/as

mischief ['mɪstʃɪf] n travesura;
(maliciousness) malicia; **mischievous**
['mɪstʃɪvəs] adj travieso

misconception ['mɪskən'sepʃən] n
idea equivocada; equivocación f

misconduct [mɪs'kɔndʌkt] n mala
conducta; **professional ~** falta
profesional

miser ['maɪzəʳ] n avaro/a

miserable ['mɪzərəbl] adj (unhappy)
triste, desgraciado; (wretched)
miserable

misery ['mɪzərɪ] n tristeza;
(wretchedness) miseria, desdicha

misfortune [mɪs'fɔːtʃən] n desgracia

misgiving [mɪs'gɪvɪŋ] n
(apprehension) presentimiento; **to
have ~s about sth** tener dudas
sobre algo

misguided [mɪs'gaɪdɪd] adj
equivocado

mishap ['mɪshæp] n desgracia,
contratiempo

misinterpret [mɪsɪn'tɜːprɪt] vt
interpretar mal

misjudge [mɪs'dʒʌdʒ] vt juzgar mal

mislay [mɪs'leɪ] vt extraviar, perder

mislead [mɪs'liːd] vt llevar a
conclusiones erróneas; **misleading**
adj engañoso

misplace [mɪs'pleɪs] vt extraviar

misprint ['mɪsprɪnt] n errata, error m
de imprenta

misrepresent [mɪsreprɪ'zent] vt
falsificar

Miss [mɪs] n Señorita

miss [mɪs] vt (train etc) perder; (target)
errar; (regret the absence of): **I ~ him** le

echo de menos ▷ vi fallar ▷ n (shot) tiro fallido; **miss out** vt (BRIT) omitir; **miss out on** vt fus (fun, party, opportunity) perderse

missile ['mɪsaɪl] n (Aviat) misil m; (object thrown) proyectil m

missing ['mɪsɪŋ] adj (pupil) ausente; (thing) perdido; **~ in action** desaparecido en combate

mission ['mɪʃən] n misión f; **missionary** n misionero/a

misspell [mɪs'spel] vt (irreg: like **spell**) escribir mal

mist [mɪst] n (light) neblina; (heavy) niebla; (at sea) bruma ▷ vi (also: **~ over, ~ up**: BRIT: windows) empañarse

mistake [mɪs'teɪk] n error m ▷ vt (irreg: like **take**) entender mal; **by ~** por equivocación; **to make a ~** equivocarse; **to ~ A for B** confundir A con B; **mistaken** pp of **mistake** ▷ adj equivocado; **to be mistaken** equivocarse, engañarse

mister ['mɪstə'] n (inf) señor m; see also **Mr**

mistletoe ['mɪsltəu] n muérdago

mistook [mɪs'tuk] pt of **mistake**

mistress ['mɪstrɪs] n (lover) amante f; (of house) señora de la casa; (BRIT: in primary school) maestra; (: in secondary school) profesora

mistrust [mɪs'trʌst] vt desconfiar de

misty ['mɪstɪ] adj (day) de niebla; (glasses) empañado

misunderstand [mɪsʌndə'stænd] vt, vi (irreg: like **understand**) entender mal; **misunderstanding** n malentendido

misunderstood [mɪsʌndə'stud] pt, pp of **misunderstand** ▷ adj (person) incomprendido

misuse n [mɪs'ju:s] mal uso; (of power) abuso; (of funds) malversación f ▷ vt [mɪs'ju:z] abusar de; (funds) malversar

mix [mɪks] vt mezclar; (combine) unir ▷ vi mezclar(se); (people) llevarse bien ▷ n mezcla; **mix up** vt mezclar; (confuse) confundir; **mixed** adj mixto;

(feelings etc) encontrado; **mixed grill** n (BRIT) parrillada mixta; **mixed salad** n ensalada mixta; **mixed-up** adj (confused) confuso, revuelto; **mixer** n (for food) batidora; (person): **he's a good mixer** tiene don de gentes; **mixture** n mezcla; **mix-up** n confusión f

ml abbr (= millilitre(s)) ml

mm abbr (= millimetre) mm

moan [məun] n gemido ▷ vi gemir; (inf: complain): **to ~ (about)** quejarse (de)

moat [məut] n foso

mob [mɔb] n multitud f ▷ vt acosar

mobile ['məubaɪl] adj móvil ▷ n móvil m; **mobile home** n caravana; **mobile phone** n teléfono móvil

mobility [məu'bɪlɪtɪ] n movilidad f

mobilize ['məubɪlaɪz] vt movilizar

mock [mɔk] vt (make ridiculous) ridiculizar; (laugh at) burlarse de ▷ adj fingido; **~ exams** (BRIT: Scol) exámenes mpl de prueba; **mockery** n burla

mod cons ['mɔd'kɔnz] npl abbr = **modern conveniences**; see **convenience**

mode [məud] n modo

model ['mɔdl] n modelo; (for fashion, art) modelo mf ▷ adj modelo inv ▷ vt modelar; **to ~ o.s. on** tomar como modelo a ▷ vi ser modelo; **to ~ clothes** pasar modelos, ser modelo

modem ['məudəm] n módem m

moderate adj, n ['mɔdərət] moderado/a ▷ vi ['mɔdəreɪt] moderarse, calmarse ▷ vt ['mɔdəreɪt] moderar

moderation [mɔdə'reɪʃən] n moderación f; **in ~** con moderación

modern ['mɔdən] adj moderno; **modernize** vt modernizar

modest ['mɔdɪst] adj modesto; (small) módico; **modesty** ['mɔdɪstɪ] n modestia

modification [mɔdɪfɪ'keɪʃən] n modificación f

m

modify ['mɒdɪfaɪ] vt modificar
module ['mɒdjuːl] n módulo
mohair ['məʊheəʳ] n mohair m
Mohammed [məˈhæmed] n
Mahoma m
moist [mɔɪst] adj húmedo; **moisture**
['mɔɪstʃəʳ] n humedad f; **moisturizer**
['mɔɪstʃəraɪzəʳ] n crema hidratante
mold [məʊld] n, vt (us) = **mould**
mole [məʊl] n (animal) topo; (spot)
lunar m
molecule ['mɒlɪkjuːl] n molécula
molest [məʊˈlest] vt importunar;
(sexually) abusar sexualmente de
▮ Be careful not to translate *molest*
by the Spanish word *molestar*.
molten ['məʊltən] adj fundido;
(lava) líquido
mom [mɒm] n (us) = **mum**
moment ['məʊmənt] n momento;
at or **for the ~** de momento, por
ahora; **momentarily** ['məʊməntrɪlɪ]
adv momentáneamente; (us:
very soon) de un momento a otro;
momentary adj momentáneo;
momentous [məʊˈmentəs] adj
trascendental, importante
momentum [məʊˈmentəm] n
momento; (fig) ímpetu m; **to gather ~**
cobrar velocidad; (fig) cobrar fuerza
mommy ['mɒmɪ] n (us) = **mummy**
Mon. abbr (= Monday) lun.
Monaco ['mɒnəkəʊ] n Mónaco
monarch ['mɒnək] n monarca m/f;
monarchy n monarquía
monastery ['mɒnəstərɪ] n
monasterio
Monday ['mʌndɪ] n lunes m inv
monetary ['mʌnɪtərɪ] adj monetario
money ['mʌnɪ] n dinero; **to make ~**
ganar dinero; **money belt** n riñonera;
money order n giro
mongrel ['mʌŋgrəl] n (dog) perro
cruzado
monitor ['mɒnɪtəʳ] n (Scol) monitor
m; (also: **television ~**) receptor m de
control; (of computer) monitor m ▷ vt
controlar

monk [mʌŋk] n monje m
monkey ['mʌŋkɪ] n mono
monologue ['mɒnəlɒg] n monólogo
monopoly [məˈnɒpəlɪ] n monopolio
monotonous [məˈnɒtənəs] adj
monótono
monsoon [mɒnˈsuːn] n monzón m
monster ['mɒnstəʳ] n monstruo
month [mʌnθ] n mes m; **300 dollars**
a ~ 300 dólares al mes; **every ~** cada
mes; **monthly** adj mensual ▷ adv
mensualmente
monument ['mɒnjumənt] n
monumento
mood [muːd] n humor m; **to be in**
a good/bad ~ estar de buen/mal
humor; **moody** adj (changeable) de
humor variable; (sullen) malhumorado
moon [muːn] n luna; **moonlight** n
luz f de la luna
moor [muəʳ] n páramo ▷ vt (ship)
amarrar ▷ vi echar las amarras
moose [muːs] n (pl inv) alce m
mop [mɒp] n fregona; (of hair) melena
▷ vt fregar; **mop up** vt limpiar
mope [məʊp] vi estar deprimido
moped ['məʊped] n ciclomotor m
moral ['mɒrl] adj moral ▷ n moraleja;
morals npl moralidad f, moral f
morale [mɒˈrɑːl] n moral f
morality [məˈrælɪtɪ] n moralidad f
morbid ['mɔːbɪd] adj (interest)
morboso; (Med) mórbido

KEYWORD

more [mɔːʳ] adj 1 (greater in number
etc) más; **more people/work than**
before más gente/trabajo que antes
2 (additional) más; **do you want**
(some) more tea? ¿quieres más té?;
is there any more wine? ¿queda
vino?; **I'll take a few more weeks**
tardará unas semanas más; **it's 2 kms**
more to the house faltan 2 kms para
la casa; **more time/letters than we**
expected más tiempo del que/más
cartas de las que esperábamos

▶ pron *(greater amount, additional amount)* más; **more than 10** más de 10; **it cost more than we expected** costó más que el otro/más de lo que esperábamos; **is there any more?** ¿hay más?; **many/much more** muchos/as más, mucho/a más ▶ adv más; **more dangerous/easily (than)** más peligroso/fácilmente (que); **more and more expensive** cada vez más caro; **more or less** más o menos; **more than ever** más que nunca

moreover [mɔːˈrəʊvə*] adv además, por otra parte

morgue [mɔːg] n depósito de cadáveres

morning [ˈmɔːnɪŋ] n mañana; *(early morning)* madrugada; **in the ~** por la mañana; **7 o'clock in the ~** las 7 de la mañana; **morning sickness** n náuseas fpl del embarazo

Moroccan [məˈrɒkən] adj, n marroquí mf

Morocco [məˈrɒkəʊ] n Marruecos m

moron [ˈmɔːrɒn] n *(inf!)* imbécil mf

morphine [ˈmɔːfiːn] n morfina

Morse [mɔːs] n *(also: ~ code)* (código) morse m

mortal [ˈmɔːtl] adj, n mortal m

mortar [ˈmɔːtə*] n argamasa

mortgage [ˈmɔːgɪdʒ] n hipoteca ▶ vt hipotecar

mortician [mɔːˈtɪʃən] n *(us)* director(a) m/f de pompas fúnebres

mortified [ˈmɔːtɪfaɪd] adj: **I was ~** me dio muchísima vergüenza

mortuary [ˈmɔːtjʊərɪ] n depósito de cadáveres

mosaic [məʊˈzeɪɪk] n mosaico

Moslem [ˈmɒzləm] adj, n = **Muslim**

mosque [mɒsk] n mezquita

mosquito [mɒsˈkiːtəʊ] (pl **mosquitoes**) n mosquito, zancudo (LAM)

moss [mɒs] n musgo

most [məʊst] adj la mayor parte de, la mayoría de ▶ pron la mayor parte, la mayoría de ▶ adv el más; *(very)* muy; **the ~** *(also: + adjective)* el más; **~ of them** la mayor parte de ellos; **I saw the ~** yo fui el que más vi; **at the (very) ~** a lo sumo, todo lo más; **to make the ~ of** aprovechar (al máximo); **a ~ interesting book** un libro interesantísimo; **mostly** adv en su mayor parte, principalmente

MOT n abbr *(BRIT)* = **Ministry of Transport**; **the ~ (test)** = la ITV

motel [məʊˈtel] n motel m

moth [mɒθ] n mariposa nocturna; *(clothes moth)* polilla

mother [ˈmʌðə*] n madre f ▶ adj materno ▶ vt *(care for)* cuidar (como una madre); **motherhood** n maternidad f; **mother-in-law** n suegra; **mother-of-pearl** n nácar m; **Mother's Day** n Día m de la Madre; **mother-to-be** n futura madre; **mother tongue** n lengua materna

motif [məʊˈtiːf] n motivo

motion [ˈməʊʃən] n movimiento; *(gesture)* además m, señal f; *(at meeting)* moción f ▶ vt, vi: **to ~ (to) sb to do sth** hacer señas a algn para que haga algo; **motionless** adj inmóvil; **motion picture** n película

motivate [ˈməʊtɪveɪt] vt motivar

motivation [məʊtɪˈveɪʃən] n motivación f

motive [ˈməʊtɪv] n motivo

motor [ˈməʊtə*] n motor m; *(BRIT inf: vehicle)* coche m, carro (LAM), automóvil m, auto m (LAM) ▶ adj motor *(f: motora or motriz)*; **motorbike** n moto f; **motorboat** n lancha motora; **motorcar** n *(BRIT)* coche m, carro (LAM), automóvil m, auto m (LAM); **motorcycle** n motocicleta; **motorcyclist** n motociclista mf; **motoring** n *(BRIT)* automovilismo; **motorist** n conductor(a) m/f, automovilista mf; **motor racing** n *(BRIT)* carreras fpl de coches,

m

motto | 454

automovilismo; **motorway** n (BRIT) autopista

motto ['mɔtəu] (pl **mottoes**) n lema m; (watchword) consigna

mould, (US) **mold** [məuld] n molde m; (mildew) moho m ▷ vt moldear; (fig) formar; **mouldy** adj enmohecido

mound [maund] n montón m, montículo

mount [maunt] n monte m ▷ vt montar en, subir a; (picture) enmarcar ▷ vi (also: ~ **up**: increase) aumentar; (on horse) montar

mountain ['mauntin] n montaña ▷ cpd de montaña; **mountain bike** n bicicleta de montaña; **mountaineer** n alpinista mf, andinista mf (LAM); **mountaineering** n montañismo, alpinismo, andinismo (LAM); **mountainous** adj montañoso; **mountain range** n sierra

mourn [mɔːn] vt llorar, lamentar ▷ vi: **to ~** llorar la muerte de; **mourner** n doliente mf; **mourning** n luto; **in mourning** de luto

mouse (pl **mice**) [maus, mais] n (also Comput) ratón m; **mouse mat** n (Comput) alfombrilla, almohadilla

mousse [muːs] n (Culin) mousse f; (for hair) espuma (moldeadora)

moustache [məsˈtɑːʃ], (US) **mustache** ['mʌstæʃ] n bigote m

mouth (pl **mouths**) [mauθ, -ðz] n boca; (of river) desembocadura; **mouthful** n bocado; **mouth organ** n armónica; **mouthpiece** n (of musical instrument) boquilla; (spokesman) portavoz mf; **mouthwash** n enjuague m bucal

move [muːv] n (movement) movimiento; (in game) jugada; (: turn to play) turno; (change of house) mudanza ▷ vt mover; (emotionally) conmover; (Pol: resolution etc) proponer ▷ vi moverse; (traffic) circular; (also: ~ **house**) trasladarse, mudarse; **to get a ~ on** darse prisa; **to ~ sb to do sth** mover a algn a hacer

algo; **move back** vi volver, vi (to a house) instalarse; **move off** vi ponerse en camino; **move on** vi seguir viaje; **move out** vi (of house) mudarse; **move over** vi hacerse a un lado, correrse; **move up** vi (employee) ascender; **movement** n movimiento

movie ['muːvi] n película; **to go to the ~s** ir al cine; **movie theater** n (US) cine m

moving ['muːvɪŋ] adj (emotional) conmovedor(a); (that moves) móvil

mow (pt **mowed**, pp **mowed** or **mown**) [məu, -n] vt (grass) cortar; (corn) segar; **mower** n (also: **lawnmower**) n cortacésped m

Mozambique [məuzæmˈbiːk] n Mozambique m

MP n abbr (BRIT) = **Member of Parliament**

mpg n abbr (= miles per gallon) 30 mpg = 9.4 l. per 100 km

mph abbr (= miles per hour) 60 mph = 96 km/h

MP3 ['empiˈθriː] n MP3 m; **MP3 player** n reproductor m MP3

Mr, Mr. ['mɪstəʳ] n: **Mr Smith** (el) Sr. Smith

Mrs, Mrs. ['mɪsɪz] n: **~ Smith** (la) Sra. de Smith

Ms, Ms. [mɪz] n (Miss or Mrs) abreviatura con la que se evita hacer expreso el estado civil de una mujer; **Ms Smith** (la) Sra. Smith

MSP n abbr (BRIT) = **Member of the Scottish Parliament**

Mt abbr (Geo: = mount) m.

much [mʌtʃ] adj mucho ▷ adv, n, pron mucho; (before pp) muy; **how ~ is it?** ¿cuánto es?, ¿cuánto cuesta?; **too ~** demasiado; **it's not ~** no es mucho; **as ~ as** tanto como; **however ~ he tries** por mucho que se esfuerce

muck [mʌk] n suciedad f; **muck up** vt (inf) estropear; **mucky** adj (dirty) sucio

mucus ['mjuːkəs] n mucosidad f, moco

mud [mʌd] n barro, lodo

muddle ['mʌdl] n desorden m, confusión f; (mix-up) embrollo, lío ⊳ vt (also: ~ **up**) embrollar, confundir

muddy ['mʌdɪ] adj fangoso, cubierto de lodo

mudguard ['mʌdgɑːd] n guardabarros m inv

muesli ['mjuːzlɪ] n muesli m

muffin ['mʌfɪn] n bollo, = magdalena

muffled ['mʌfld] adj apagado; (noise etc) amortiguado

muffler ['mʌflə*] n (scarf) bufanda; (US: Aut) silenciador m

mug [mʌg] n (cup) taza alta; (for beer) jarra; (inf: face) jeta ⊳ vt (assault) atracar; **mugger** n atracador(a) m/f; **mugging** n atraco callejero

muggy ['mʌgɪ] adj bochornoso

mule [mjuːl] n mula

multicoloured, (US) **multicolored** ['mʌltɪkʌləd] adj multicolor

multimedia ['mʌltɪ'miːdɪə] n multimedia inv

multinational [mʌltɪ'næʃənl] n multinacional f ⊳ adj multinacional

multiple ['mʌltɪpl] adj múltiple ⊳ n múltiplo; **multiple choice** n (also: **multiple choice test**) examen m de tipo test; **multiple sclerosis** n esclerosis f múltiple

multiplex ['mʌltɪpleks] n (also: ~ **cinema**) multicines m inv

multiplication [mʌltɪplɪ'keɪʃən] n multiplicación f

multiply ['mʌltɪplaɪ] vt multiplicar ⊳ vi multiplicarse

multistorey [mʌltɪ'stɔːrɪ] adj (BRIT) de muchos pisos

mum [mʌm] n (BRIT) mamá f ⊳ adj: **to keep ~ (about sth)** no decir ni mu (de algo)

mumble ['mʌmbl] vt decir entre dientes ⊳ vi hablar entre dientes, musitar

mummy ['mʌmɪ] n (BRIT: mother) mamá f; (embalmed) momia

mumps [mʌmps] n paperas fpl

munch [mʌntʃ] vt, vi mascar

municipal [mjuː'nɪsɪpl] adj municipal

mural ['mjuərl] n (pintura) mural m

murder ['mɜːdə*] n asesinato; (in law) homicidio ⊳ vt asesinar, matar; **murderer** n asesino

murky ['mɜːkɪ] adj (water, past) turbio; (room) sombrío

murmur ['mɜːmə*] n murmullo ⊳ vt, vi murmurar

muscle ['mʌsl] n músculo; (fig: strength) garra, fuerza; **muscular** ['mʌskjulə*] adj muscular; (person) musculoso

museum [mjuː'zɪəm] n museo

mushroom ['mʌʃrum] n seta, hongo; (small) champiñón m ⊳ vi crecer de la noche a la mañana

music ['mjuːzɪk] n música; **musical** adj musical; (sound) melodioso; (person) con talento musical ⊳ n (show) (comedia) musical m; **musical instrument** n instrumento musical; **musician** [mjuː'zɪʃən] n músico/a

Muslim ['mʌzlɪm] adj, n musulmán/ ana m/f

muslin ['mʌzlɪn] n muselina

mussel ['mʌsl] n mejillón m

must [mʌst] aux vb (obligation): **I ~ do it** debo hacerlo, tengo que hacerlo; (probability): **he ~ be there by now** ya debe (de) estar allí ⊳ n: **it's a ~** es imprescindible

mustache ['mʌstæʃ] n (US) = **moustache**

mustard ['mʌstəd] n mostaza

mustn't ['mʌsnt] = **must not**

mute [mjuːt] adj, n mudo/a

mutilate ['mjuːtɪleɪt] vt mutilar

mutiny ['mjuːtɪnɪ] n motín m ⊳ vi amotinarse

mutter ['mʌtə*] vt, vi murmurar

mutton ['mʌtn] n (carne f de) cordero

mutual ['mjuːtʃuəl] adj mutuo; (friend) común

m

muzzle ['mʌzl] n hocico; (*protective device*) bozal m; (*of gun*) boca ▷ vt (*dog*) poner un bozal a

my [maɪ] adj mi(s); **my house/ brother/sisters** mi casa/hermano/ mis hermanas; **I've washed my hair/ cut my finger** me he lavado el pelo/ cortado un dedo; **is this my pen or yours?** ¿este bolígrafo es mío o tuyo?

myself [maɪˈsɛlf] pron (*reflexive*) me; (*emphatic*) yo mismo; (*after prep*) mí (mismo); *see also* **oneself**

mysterious [mɪsˈtɪərɪəs] adj misterioso

mystery ['mɪstəri] n misterio

mystical ['mɪstɪkl] adj místico

mystify ['mɪstɪfaɪ] vt (*perplex*) dejar perplejo

myth [mɪθ] n mito; **mythology** [mɪˈθɒlədʒɪ] n mitología

n/a abbr (= *not applicable*) no interesa

nag [næg] vt (*scold*) regañar

nail [neɪl] n (*human*) uña; (*metal*) clavo ▷ vt clavar; **to ~ sb down to a date/price** hacer que algn se comprometa a una fecha/un precio; **nailbrush** n cepillo para las uñas; **nailfile** n lima para las uñas; **nail polish** n esmalte m or laca para las uñas; **nail polish remover** n quitaesmalte m; **nail scissors** npl tijeras fpl para las uñas; **nail varnish** n (BRIT) = **nail polish**

naïve [naɪˈiːv] adj ingenuo

naked ['neɪkɪd] adj (*nude*) desnudo; (*flame*) expuesto al aire

name [neɪm] n nombre m; (*surname*) apellido; (*reputation*) fama, renombre m ▷ vt (*child*) poner nombre a; (*criminal*) identificar; (*price, date etc*) fijar; **by ~** de nombre; **in the ~ of** en nombre de; **what's your ~?** ¿cómo se llama usted?; **to give one's ~ and**

address dar sus señas; **namely** adv a saber

nanny ['nænɪ] n niñera

nap [næp] n (sleep) sueñecito, siesta

napkin ['næpkɪn] n (also: **table ~**) servilleta

nappy ['næpɪ] n (BRIT) pañal m

narcotic [na:'kɒtɪk] adj, n narcótico; **narcotics** npl estupefacientes mpl, narcóticos mpl

narrative ['nærətɪv] n narrativa ▷ adj narrativo

narrator [nə'reɪtə*] n narrador(a) m/f

narrow ['nærəu] adj estrecho ▷ vi estrecharse; (diminish) reducirse; **to have a ~ escape** escaparse por los pelos; **narrow down** vt (search, investigation, possibilities) restringir, limitar; (list) reducir; **narrowly** adv (miss) por poco; **narrow-minded** adj de miras estrechas

nasal ['neɪzl] adj nasal

nasty ['nɑːstɪ] adj (remark) feo; (person) antipático; (revolting: taste, smell) asqueroso; (wound, disease etc) peligroso, grave

nation ['neɪʃən] n nación f

national ['næʃənl] adj nacional ▷ n súbdito/a; **national anthem** n himno nacional; **national dress** n traje m típico del país; **National Health Service** n (BRIT) servicio nacional de salud, ≈ INSALUD m (SP); **National Insurance** n (BRIT) seguro social nacional; **nationalist** adj, n nacionalista mf; **nationality** n nacionalidad f; **nationalize** vt nacionalizar; **National Trust** n (BRIT) organización encargada de preservar el patrimonio histórico británico

nationwide ['neɪʃənwaɪd] adj a escala nacional

native ['neɪtɪv] n (local inhabitant) natural mf ▷ adj (indigenous) indígena; (country) natal; (innate) natural, innato; **a ~ of Russia** un(a) natural de Rusia; **Native American** adj, n americano/a indígena, amerindio/a;

native speaker n hablante mf nativo/a

NATO ['neɪtəu] n abbr (= North Atlantic Treaty Organization) OTAN f

natural ['nætʃrəl] adj natural; **natural gas** n gas m natural; **natural history** n historia natural; **naturally** adv (speak etc) naturalmente; (of course) desde luego, por supuesto; **natural resources** npl recursos mpl naturales

nature ['neɪtʃə*] n naturaleza; (group, sort) género, clase f; (character) modo de ser, carácter m; **by ~** por naturaleza; **nature reserve** n reserva natural

naughty ['nɔːtɪ] adj (child) travieso

nausea ['nɔːsɪə] n náusea

naval ['neɪvl] adj naval, de marina

navel ['neɪvl] n ombligo

navigate ['nævɪgeɪt] vt gobernar ▷ vi navegar; (Aut) ir de copiloto; **navigation** [nævɪ'geɪʃən] n (action) navegación f; (science) náutica

navy ['neɪvɪ] n marina de guerra; (ships) armada, flota

Nazi ['nɑːtsɪ] n nazi mf

NB abbr (= nota bene) nótese

near [nɪə*] adj (place, relation) cercano; (time) próximo ▷ adv cerca ▷ prep (also: **~ to**: space) cerca de, junto a; (time) cerca de ▷ vt acercarse a, aproximarse a; **nearby** [nɪə'baɪ] adj cercano, próximo ▷ adv cerca; **nearly** adv casi, por poco; **I nearly fell** por poco me caigo; **near-sighted** adj miope, corto de vista

neat [niːt] adj (place) ordenado, bien cuidado; (person) pulcro; (plan) ingenioso; (spirits) solo; **neatly** adv (tidily) con esmero; (skilfully) ingeniosamente

necessarily ['nɛsɪsrɪlɪ] adv necesariamente

necessary ['nɛsɪsrɪ] adj necesario, preciso

necessity [nɪ'sɛsɪtɪ] n necesidad f

neck [nɛk] n (Anat) cuello; (of animal) pescuezo ▷ vi besuquearse; **~ and ~**

parejos; **necklace** ['nɛklɪs] n collar m;
necktie n (us) corbata

nectarine ['nɛktərɪn] n nectarina

need [niːd] n (lack) escasez f, falta;
(necessity) necesidad f ▷ vt (require)
necesitar; **I ~ to do it** tengo que
hacerlo; **you don't ~ to go** no hace
falta que vayas

needle ['niːdl] n aguja ▷ vt (fig: inf)
picar, fastidiar

needless ['niːdlɪs] adj innecesario;
~ to say huelga decir que

needlework ['niːdlwəːk] n (activity)
costura, labor f de aguja

needn't ['niːdnt] = **need not**

needy ['niːdɪ] adj necesitado

negative ['nɛgətɪv] n (Phot)
negativo; (Ling) negación f ▷ adj
negativo

neglect [nɪ'glɛkt] vt (one's duty)
faltar a, no cumplir con; (child)
descuidar, desatender ▷ n (state)
abandono; (personal) dejadez f;
(of child) desatención f; (of duty)
incumplimiento

negotiate [nɪ'gəuʃɪeɪt] vt (treaty,
loan) negociar; (obstacle) franquear;
(bend in road) tomar ▷ vi: **to ~ (with)**
negociar (con)

negotiation [nɪgəuʃɪ'eɪʃən] n
negociación f; **negotiations** npl
negociaciones

negotiator [nɪ'gəuʃɪeɪtə²] n
negociador(a) m/f

neighbour, (us) **neighbor** ['neɪbə²]
n vecino/a; **neighbourhood**, (us)
neighborhood n (place) vecindad
f, barrio; (people) vecindario;
neighbouring, (us) **neighboring**
['neɪbərɪn] adj vecino

neither ['naɪðə²] adj ▷ conj: **I
didn't move and ~ did John** no me
he movido, ni Juan tampoco ▷ pron
ninguno ▷ adv: **~ good nor bad** ni
bueno ni malo

neon ['niːɔn] n neón m

Nepal [nɪ'pɔːl] n Nepal m

nephew ['nɛvjuː] n sobrino

nerve [nəːv] n (Anat) nervio; (courage)
valor m; (impudence) descaro, frescura;
nerves (nervousness) nerviosismo
msg, nervios mpl; **a fit of ~s** un ataque
de nervios

nervous ['nəːvəs] adj (anxious)
nervioso; (Anat) nervioso; (timid)
tímido, miedoso; **nervous
breakdown** n crisis f nerviosa

nest [nɛst] n (of bird) nido ▷ vi anidar

net [nɛt] n red f; (fabric) tul m ▷ adj
(Comm) neto, líquido ▷ vt coger (sp) or
agarrar (LAM) con red; (Sport) marcar;
netball n balonred m

Netherlands ['nɛðələndz] npl: **the ~**
los Países Bajos

nett [nɛt] adj = **net**

nettle ['nɛtl] n ortiga

network ['nɛtwəːk] n red f

neurotic [njuə'rɔtɪk] adj, n
neurótico/a

neuter ['njuːtə²] adj (Ling) neutro ▷ vt
castrar, capar

neutral ['njuːtrəl] adj (person) neutral;
(colour etc) neutro; (Elec) neutro ▷ n
(Aut) punto muerto

never ['nɛvə²] adv nunca, jamás; **I
~ went** no fui nunca; **~ in my life**
jamás en la vida; see also **mind**;
never-ending adj interminable, sin
fin; **nevertheless** [nɛvəðə'lɛs] adv sin
embargo, no obstante

new [njuː] adj nuevo; (recent) reciente;
New Age n Nueva era f; **newborn**
adj recién nacido; **newcomer**
['njuːkʌmə²] n recién venido or
llegado; **newly** adv recién

news [njuːz] n noticias fpl; **a piece
of ~** una noticia; **the ~** (Radio, TV)
las noticias fpl; **news agency** n
agencia de noticias; **newsagent** n
(BRIT) vendedor(a) m/f de periódicos;
newscaster n presentador(a) m/f,
locutor(a) m/f; **news dealer** n (us)
= **newsagent**; **newsletter** n hoja
informativa, boletín m; **newspaper**
n periódico, diario; **newsreader** n
= **newscaster**

newt [njuːt] n tritón m
New Year n Año Nuevo; **New Year's Day** n Día m de Año Nuevo; **New Year's Eve** n Nochevieja
New Zealand [-'ziːlənd] n Nueva Zelanda (sP), Nueva Zelandia (LAm); **New Zealander** n neozelandés/esa m/f
next [nɛkst] adj (house, room) vecino, de al lado; (meeting) próximo; (page) siguiente ▷ adv después; **the ~ day** el día siguiente; **~ time** la próxima vez; **~ year** el año próximo o que viene; **~ to** junto a, al lado de; **~ to nothing** casi nada; **next door** adv en la casa de al lado ▷ adj vecino, de al lado; **next-of-kin** n pariente(s) m(pl) más cercano(s)
NHS n abbr (BRIT) = **National Health Service**
nibble ['nɪbl] vt mordisquear
nice [naɪs] adj (likeable) simpático; (kind) amable; (pleasant) agradable; (attractive) bonito; **nicely** adv amablemente; (of health etc) bien
niche [niːʃ] n (Arch) nicho, hornacina
nick [nɪk] n (wound) rasguño; (cut, indentation) mella, muesca ▷ vt (inf) birlar; **in the ~ of time** justo a tiempo
nickel ['nɪkl] n níquel m; (us) moneda de 5 centavos
nickname ['nɪkneɪm] n apodo, mote m ▷ vt apodar
nicotine ['nɪkətiːn] n nicotina
niece [niːs] n sobrina
Nigeria [naɪ'dʒɪərɪə] n Nigeria
night [naɪt] n noche f; (evening) tarde f; **the ~ before last** anteanoche; **at ~, by ~** de noche, por la noche; **night club** n club nocturno, discoteca; **nightdress** (BRIT) n camisón m
nightgown ['naɪtgaun], **nightie** ['naɪti] (BRIT) n = **nightdress**
night: night life n vida nocturna; **nightly** adj de todas las noches ▷ adv todas las noches, cada noche; **nightmare** n pesadilla; **night school** n clase(s) f(pl) nocturna(s); **night shift**

n turno nocturno or de noche; **night-time** n noche f
nil [nɪl] n (BRIT Sport) cero, nada
nine [naɪn] num nueve; **nineteen** ['naɪn'tiːn] num diecinueve; **nineteenth** [naɪn'tiːnθ] adj decimonoveno, decimonono; **ninetieth** ['naɪntɪɪθ] adj nonagésimo; **ninety** num noventa
ninth [naɪnθ] adj noveno
nip [nɪp] vt (pinch) pellizcar; (bite) morder
nipple ['nɪpl] n (Anat) pezón m
nitrogen ['naɪtrədʒən] n nitrógeno

KEYWORD

no [nəu] adv (opposite of "yes") no;
are you coming? — no (I'm not)
¿vienes? — no; **would you like some more? — no thank you** ¿quieres más? — no gracias
▷ adj 1 (not any): **I have no money/time/books** no tengo dinero/tiempo/libros; **no other man would have done it** ningún otro lo hubiera hecho
2: **"no entry"** "prohibido el paso"; **"no smoking"** "prohibido fumar"
▷ n (pl **noes**) no m

nobility [nəu'bɪlɪtɪ] n nobleza
noble ['nəubl] adj noble
nobody ['nəubədɪ] pron nadie
nod [nɔd] vi saludar con la cabeza; (in agreement) asentir con la cabeza ▷ vt: **to ~ one's head** inclinar la cabeza ▷ n inclinación f de cabeza; **nod off** vi cabecear
noise [nɔɪz] n (din) escándalo, estrépito; **noisy** adj ruidoso; (child) escandaloso
nominal ['nɔmɪnl] adj nominal
nominate ['nɔmɪneɪt] vt (propose) proponer; (appoint) nombrar; **nomination** [nɔmɪ'neɪʃən] n propuesta; nombramiento; **nominee** [nɔmɪ'niː] n candidato/a

none [nʌn] *pron* ninguno/a ▷ *adv* de ninguna manera; **~ of you** ninguno de vosotros; **I've ~ left** no me queda ninguno/a; **he's ~ the worse for it** no le ha perjudicado; **I have ~** no tengo ninguno; **~ at all** (*not one*) ni uno

nonetheless [nʌnðə'les] *adv* sin embargo, no obstante

non-fiction *n* no ficción *f*

nonsense ['nɔnsəns] *n* tonterías *fpl*, disparates *mpl*; **~!** ¡qué tonterías!

non-: **non-smoker** ['nɔn'sməukər] *n* no fumador/a *m/f*; **non-smoking** *adj* (de) no fumador; **non-stick** ['nɔn'stɪk] *adj* (*pan, surface*) antiadherente

noodles ['nu:dlz] *npl* tallarines *mpl*

noon [nu:n] *n* mediodía *m*

no-one ['nəuwʌn] *pron* = **nobody**

nor [nɔ:ʳ] *conj* = **neither** ▷ *adv see* **neither**

norm [nɔ:m] *n* norma

normal ['nɔ:ml] *adj* normal; **normally** *adv* normalmente

north [nɔ:θ] *n* norte *m* ▷ *adj* (del) norte ▷ *adv* al or hacia el norte; **North America** *n* América del Norte; **North American** *n, a* norteamericano/a; **northbound** ['nɔ:θbaund] *adj* (*traffic*) que se dirige al norte; (*carriageway*) de dirección norte; **north-east** *n* nor(d)este *m*; **northeastern** *adj* nor(d)este, del nor(d)este; **northern** ['nɔ:ðən] *adj* norteño, del norte; **Northern Ireland** *n* Irlanda del Norte; **North Korea** *n* Corea del Norte; **North Pole** *n*: **the North Pole** el Polo Norte; **North Sea** *n*: **the North Sea** el mar del Norte; **north-west** *n* noroeste *m*; **northwestern** ['nɔ:θ'westən] *adj* noroeste, del noroeste

Norway ['nɔ:weɪ] *n* Noruega

Norwegian [nɔ:'wi:dʒən] *adj* noruego/a *n* noruego/a; (*Ling*) noruego

nose [nəuz] *n* (*Anat*) nariz *f*; (*Zool*) hocico; (*sense of smell*) olfato; **nose about, nose around** *vi* curiosear;

nosebleed *n* hemorragia nasal; **nosey** *adj* curioso, fisgón/ona

nostalgia [nɔs'tældʒɪə] *n* nostalgia

nostalgic [nɔs'tældʒɪk] *adj* nostálgico

nostril ['nɔstrɪl] *n* ventana *or* orificio de la nariz

nosy ['nəuzɪ] *adj* = **nosey**

not [nɔt] *adv* no; **~ that ...** no es que ...; **it's too late, isn't it?** es demasiado tarde, ¿verdad?; **why ~?** ¿por qué no?

notable ['nəutəbl] *adj* notable; **notably** *adv* especialmente

notch [nɔtʃ] *n* muesca, corte *m*

note [nəut] *n* (*Mus, record, letter*) nota; (*banknote*) billete *m*; (*tone*) tono ▷ *vt* (*observe*) notar, observar; (*write down*) apuntar, anotar; **notebook** *n* libreta, cuaderno; **noted** *adj* célebre, conocido; **notepad** *n* bloc *m*; **notepaper** *n* papel *m* para cartas

nothing ['nʌθɪŋ] *n* nada; (*zero*) cero; **he does ~** no hace nada; **~ new** nada nuevo; **~ much** no mucho; **for ~** (*free*) gratis; (*in vain*) en vano

notice ['nəutɪs] *n* (*announcement*) anuncio; (*warning*) aviso; (*dismissal*) despido; (*resignation*) dimisión *f* ▷ *vt* (*observe*) notar, observar; **to bring sth to sb's ~** (*attention*) llamar la atención de algn sobre algo; **to take ~ of** hacer caso de, prestar atención a; **at short ~** con poca antelación; **until further ~** hasta nuevo aviso; **to hand in one's ~** dimitir, renunciar; **noticeable** *adj* evidente, obvio

> ■ Be careful not to translate *notice* by the Spanish word *noticia*.

notify ['nəutɪfaɪ] *vt*: **to ~ sb (of sth)** comunicar (algo) a algn

notion ['nəuʃən] *n* noción *f*, idea; (*opinion*) opinión *f*

notions ['nəuʃənz] *npl* (*us*) mercería *f*

notorious [nəu'tɔ:rɪəs] *adj* notorio

notwithstanding [nɔtwɪθ'stændɪŋ] *adv* no obstante, sin embargo; **~ this** a pesar de esto

nought [nɔːt] n cero

noun [naun] n nombre m, sustantivo

nourish ['nʌrɪʃ] vt nutrir; (fig) alimentar; **nourishment** n alimento, sustento

Nov. abbr (= November) nov.

novel ['nɒvl] n novela ▷ adj (new) nuevo, original; (unexpected) insólito; **novelist** n novelista mf; **novelty** n novedad f

November [nəʊ'vembə'] n noviembre m

novice ['nɒvɪs] n (Rel) novicio/a

now [nau] adv (at the present time) ahora; (these days) actualmente, hoy día ▷ conj: ~ (that) ya que, ahora que; **right** ~ ahora mismo; **by** ~ ya; **I'll do it just** ~ ahora mismo lo hago; ~ **and then,** ~ **and again** de vez en cuando; **from** ~ **on** de ahora en adelante; **nowadays** ['nauədeɪz] adv hoy (en) día, actualmente

nowhere ['nauweə'] adv (direction) a ninguna parte; (location) en ninguna parte

nozzle ['nɒzl] n boquilla

nr abbr (BRIT) = **near**

nuclear ['njuːklɪə'] adj nuclear

nucleus (pl **nuclei**) ['njuːklɪəs, 'njuːklɪaɪ] n núcleo

nude [njuːd] adj, n desnudo m; **in the** ~ desnudo

nudge [nʌdʒ] vt dar un codazo a

nudist ['njuːdɪst] n nudista mf

nudity ['njuːdɪtɪ] n desnudez f

nuisance ['njuːsns] n molestia, fastidio; (person) pesado, latoso; **what a** ~! ¡qué lata!

numb [nʌm] adj: **to be** ~ **with cold** estar entumecido de frío; ~ **with fear/grief** paralizado de miedo/dolor

number ['nʌmbə'] n número; (quantity) cantidad f ▷ vt (pages etc) numerar, poner número a; (amount to) sumar, ascender a; **to be** ~**ed among** figurar entre; **a** ~ **of** varios, algunos; **they were ten in** ~ eran diez; **number plate** n (BRIT) matrícula, placa;

Number Ten n (BRIT: 10 Downing Street) residencia del primer ministro

numerical [njuː'merɪkl] adj numérico

numerous ['njuːmərəs] adj numeroso

nun [nʌn] n monja, religiosa

nurse [nɜːs] n enfermero/a; (nanny) niñera ▷ vt (patient) cuidar, atender

nursery ['nɜːsərɪ] n (institution) guardería infantil; (room) cuarto de los niños; (for plants) criadero, semillero; **nursery rhyme** n canción f infantil; **nursery school** n escuela infantil; **nursery slope** n (BRIT Ski) cuesta para principiantes

nursing ['nɜːsɪŋ] n (profession) profesión f de enfermera; (care) asistencia, cuidado; **nursing home** n clínica de reposo

nurture ['nɜːtʃə'] vt (child, plant) alimentar, nutrir

nut [nʌt] n (Tech) tuerca; (Bot) nuez f

nutmeg ['nʌtmeg] n nuez f moscada

nutrient ['njuːtrɪənt] adj nutritivo ▷ n elemento nutritivo

nutrition [njuː'trɪʃən] n nutrición f, alimentación f

nutritious [njuː'trɪʃəs] adj nutritivo

nuts [nʌts] adj (inf) chiflado

NVQ n abbr (BRIT: = national vocational qualification) título de formación profesional

nylon ['naɪlɒn] n nilón m ▷ adj de nilón

n

O

oak [əuk] n roble m ▷ adj de roble
OAP n abbr (BRIT) = **old-age pensioner**
oar [ɔː] n remo
oasis (pl **oases**) [əu'eɪsɪs, əu'eɪsiːz] n oasis m inv
oath [əuθ] n juramento; (swear word) palabrota; **on** (BRIT) or **under ~** bajo juramento
oatmeal ['əutmiːl] n harina de avena
oats [əuts] npl avena
obedience [ə'biːdɪəns] n obediencia
obedient [ə'biːdɪənt] adj obediente
obese [əu'biːs] adj obeso
obesity [əu'biːsɪtɪ] n obesidad f
obey [ə'beɪ] vt obedecer; (instructions) cumplir
obituary [ə'bɪtjuərɪ] n necrología
object n ['ɔbdʒɪkt] objeto; (purpose) objeto, propósito; (Ling) complemento ▷ vi [əb'dʒekt] **to ~ to** (attitude) estar en contra de; (proposal) oponerse a; **to ~ that** objetar que; **expense is no ~** no

importa lo que cueste; **I ~!** ¡protesto!;
objection [əb'dʒekʃən] n objeción f;
I have no objection to ... no tengo inconveniente en que ...; **objective** adj, n objetivo
obligation [ɔblɪ'geɪʃən] n obligación f. (debt) deber m; **"without ~"** "sin compromiso"
obligatory [ə'blɪgətərɪ] adj obligatorio
oblige [ə'blaɪdʒ] vt (do a favour for) complacer, hacer un favor a; **to ~ sb to do sth** obligar a algn a hacer algo; **to be ~d to sb for sth** estarle agradecido a algn por algo
oblique [ə'bliːk] adj oblicuo; (allusion) indirecto
obliterate [ə'blɪtəreɪt] vt borrar
oblivious [ə'blɪvɪəs] adj: **~ of** inconsciente de
oblong ['ɔblɒŋ] adj rectangular ▷ n rectángulo
obnoxious [əb'nɔkʃəs] adj odioso, detestable; (smell) nauseabundo
oboe ['əubəu] n oboe m
obscene [əb'siːn] adj obsceno
obscure [əb'skjuə] adj oscuro ▷ vt oscurecer; (hide: sun) ocultar
observant [əb'zəːvnt] adj observador(a)
observation [ɔbzə'veɪʃən] n (Med) observación f
observatory [əb'zəːvətrɪ] n observatorio
observe [əb'zəːv] vt observar; (rule) cumplir; **observer** n observador(a) m/f
obsess [əb'ses] vt obsesionar; **obsession** [əb'seʃən] n obsesión f; **obsessive** adj obsesivo
obsolete ['ɔbsəliːt] adj obsoleto
obstacle ['ɔbstəkl] n obstáculo; (nuisance) estorbo
obstinate ['ɔbstɪnɪt] adj terco, obstinado
obstruct [əb'strʌkt] vt obstruir; (hinder) estorbar, obstaculizar; **obstruction** [əb'strʌkʃən] n

obstrucción f; (object) estorbo, obstáculo

obtain [əb'teɪn] vt obtener; (achieve) conseguir

obvious ['ɒbvɪəs] adj obvio, evidente; **obviously** adv evidentemente; **obviously not!** ¡por supuesto que no!

occasion [ə'keɪʒən] n oportunidad f, ocasión f; (event) acontecimiento; **occasional** adj poco frecuente, ocasional; **occasionally** adv de vez en cuando

occult [ɒ'kʌlt] adj oculto

occupant ['ɒkjupənt] n (of house) inquilino/a; (of boat, car) ocupante mf

occupation [ɒkju'peɪʃən] n (job) trabajo; (pastime) ocupaciones fpl

occupy ['ɒkjupaɪ] vt (seat, post, time) ocupar; (house) habitar; **to ~ o.s. with** or **by doing** (as job) dedicarse a hacer; (to pass time) entretenerse haciendo

occur [ə'kə:ʳ] vi ocurrir, suceder; **to ~ to sb** ocurrírsele a algn; **occurrence** [ə'kʌrəns] n suceso

ocean ['əʊʃən] n océano

o'clock [ə'klɒk] adv: **it is five ~** son las cinco

Oct. abbr (= October) oct.

October [ɒk'təubəʳ] n octubre m

octopus ['ɒktəpəs] n pulpo

odd [ɒd] adj (strange) extraño, raro; (number) impar; (sock, shoe etc) suelto; **60-~** 60 y pico; **at ~ times** de vez en cuando; **to be the ~ one out** estar de más; **oddly** adv extrañamente; **odds** npl (in betting) puntos mpl de ventaja; **it makes no odds** da lo mismo; **at odds** reñidos/as; **odds and ends** cachivaches mpl

odometer [ɒ'dɒmɪtəʳ] n (US) cuentakilómetros m inv

odour, (us) **odor** ['əʊdəʳ] n olor m; (unpleasant) hedor m

KEYWORD

of [ɒv, əv] prep 1 de; **a friend of ours** un amigo nuestro; **a boy of 10** un

chico de 10 años; **that was kind of you** eso fue muy amable de tu parte
2 (expressing quantity, amount, dates etc) de; **a kilo of flour** un kilo de harina; **there were three of them** había tres; **three of us went** tres de nosotros fuimos; **the 5th of July** el 5 de julio
3 (from, out of) de; **made of wood** (hecho) de madera

off [ɒf] adj, adv apagado; (tap) cerrado; (BRIT: food: bad) pasado, malo; (: milk) cortado; (cancelled) suspendido ▷ prep de; **to be ~** (leave) irse, marcharse; **to be ~ sick** estar enfermo or de baja; **a day ~** un día libre; **to have an ~ day** tener un mal día; **he had his coat ~** se había quitado el abrigo; **10% ~** (Comm) (con el) 10% de descuento; **5 km ~ (the road)** a 5 km (de la carretera); **~ the coast** frente a la costa; **I'm ~ meat** (no longer eat/like it) paso de la carne; **on the ~ chance** si acaso; **on and ~** de vez en cuando

offence, (us) **offense** [ə'fɛns] n (crime) delito; **to take ~ at** ofenderse por

offend [ə'fɛnd] vt (person) ofender; **offender** n delincuente mf

offense [ə'fɛns] n (us) = **offence**

offensive [ə'fɛnsɪv] adj ofensivo; (smell etc) repugnante ▷ n (Mil) ofensiva

offer ['ɒfəʳ] n oferta, ofrecimiento; (proposal) propuesta ▷ vt ofrecer; **"on ~"** (Comm) "en oferta"

offhand [ɒf'hænd] adj informal ▷ adv de improviso

office ['ɒfɪs] n (place) oficina; (room) despacho; (position) cargo, oficio; **doctor's ~** (us) consultorio; **to take ~** entrar en funciones; **office block, office building** n bloque m de oficinas; **office hours** npl horas fpl de oficina; (us Med) horas fpl de consulta

officer ['ɒfɪsəʳ] n (Mil etc) oficial mf; (of organization) director(a) m/f; (also: **police ~**) agente mf de policía

office worker n oficinista mf
official [ə'fɪʃl] adj oficial, autorizado
  ▷ n funcionario/a
off-licence n (BRIT: shop) tienda de
bebidas alcohólicas

  OFF-LICENCE

  En el Reino Unido una off-licence
  es una tienda especializada en la
  venta de bebidas alcohólicas para el
  consumo fuera del establecimiento.
  De ahí su nombre, pues se necesita
  un permiso especial para tal venta,
  que está estrictamente regulada.
  Suelen vender además bebidas sin
  alcohol, tabaco, chocolate, patatas
  fritas etc y a menudo son parte de
  grandes cadenas nacionales.

off: off-peak adj (electricity) de
banda económica; (ticket) billete
de precio reducido por viajar fuera de
las horas punta; **off-putting** adj
(BRIT: person) poco amable, difícil;
(remark) desalentador(a); **off-season**
['ɔf:si:zn] adj, adv fuera de temporada;
offset ['ɔfset] vt (irreg: like **set**)
contrarrestar, compensar; **offshore**
[ɔf'ʃɔ:'] adj (breeze, island) costero;
(fishing) de bajura; **offside** ['ɔf'saɪd]
adj (Sport) fuera de juego; (Aut: in UK)
del lado derecho; (: in US, Europe etc)
del lado izquierdo
offspring ['ɔfsprɪŋ] n descendencia
often ['ɔfn] adv a menudo, con
frecuencia; **how ~ do you go?** ¿cada
cuánto vas?
oh [əʊ] excl ¡ah!
oil [ɔɪl] n aceite m; (petroleum) petróleo
  ▷ vt engrasar; **oil filter** n (Aut) filtro de
aceite; **oil painting** n pintura al óleo;
oil refinery n refinería de petróleo; **oil
rig** n torre f de perforación; **oil slick** n
marea negra; **oil tanker** n petrolero;
(truck) camión m cisterna; **oil well** n
pozo (de petróleo); **oily** adj aceitoso;
(food) grasiento

ointment ['ɔɪntmənt] n ungüento
O.K., okay ['əʊ'keɪ] excl O.K., ¡está
bien!, ¡vale! ▷ adj bien ▷ vt dar el visto
bueno a
old [əʊld] adj viejo; (former) antiguo;
how ~ are you? ¿cuántos años
tienes?, ¿qué edad tienes?; **he's 10
years ~** tiene 10 años; **~er brother**
hermano mayor; **old age** n vejez f;
old-age pension n (BRIT) jubilación
f, pensión f; **old-age pensioner** n
(BRIT) jubilado/a; **old-fashioned**
adj anticuado, pasado de moda; **old
people's home** n (esp BRIT) residencia
f de ancianos
olive ['ɔlɪv] n (fruit) aceituna; (tree)
olivo ▷ adj (also: **~-green**) verde oliva
inv; **olive oil** n aceite m de oliva
Olympic [əʊ'lɪmpɪk] adj olímpico;
the ~ Games, the ~s n pl las
Olimpiadas
omelet(te) ['ɔmlɪt] n tortilla, tortilla
de huevo (LAM)
omen ['əʊmən] n presagio
ominous ['ɔmɪnəs] adj de mal
agüero, amenazador(a)
omit [əʊ'mɪt] vt omitir

  KEYWORD

on [ɔn] prep 1 (indicating position) en;
sobre; **on the wall** en la pared; **it's on
the table** está sobre or en la mesa; **on
the left** a la izquierda
2 (indicating means, method, condition
etc): **on foot** a pie; **on the train/
plane** (go) en tren/avión; (be) en
el tren/el avión; **on the radio/
television** por or en la radio/
televisión; **on the telephone** al
teléfono; **to be on drugs** drogarse;
(Med) estar a tratamiento; **to be
on holiday/business** estar de
vacaciones/en viaje de negocios
3 (referring to time): **on Friday** el
viernes; **on Fridays** los viernes; **on
June 20th** el 20 de junio; **a week on
Friday** del viernes en una semana;

on arrival al llegar; **on seeing this** al ver esto

4 (about, concerning) sobre, acerca de; **a book on physics** un libro de o sobre física

▷ **adv 1** (referring to dress): **to have one's coat on** tener or llevar el abrigo puesto; **she put her gloves on** se puso los guantes

2 (referring to covering): **"screw the lid on tightly"** "cerrar bien la tapa"

3 (further, continuously): **to walk/run etc on** seguir caminando/corriendo etc

▷ **adj 1** (functioning, in operation: machine, radio, TV, light) encendido (SP), prendido (LAM); (: tap) abierto; (: brakes) echado, puesto; **is the meeting still on?** (in progress) ¿todavía continúa la reunión?; (not cancelled) ¿va a haber reunión al fin?; **there's a good film on at the cinema** ponen una buena película en el cine

2: **that's not on!** (inf: not possible) ¡eso ni hablar!; (: not acceptable) ¡eso no se hace!

once [wʌns] adv una vez; (formerly) antiguamente ▷ conj una vez que; **~ he had left/it was done** una vez que se había marchado/se hizo; **at ~** en seguida, inmediatamente; (simultaneously) a la vez; **~ a week** una vez a la semana; **~ more** otra vez; **~ and for all** de una vez por todas; **~ upon a time** érase una vez

oncoming ['ɒnkʌmɪŋ] adj (traffic) que viene de frente

KEYWORD

one [wʌn] num un/una; **one hundred and fifty** ciento cincuenta; **one by one** uno a uno

▷ **adj 1** (sole) único; **the one book which** el único libro que; **the one man who** el único que

2 (same) mismo/a; **they came in the one car** vinieron en un solo coche

▷ **pron 1**: **this one** este, éste; **that one** ese, ése; (more remote) aquel, aquél; **I've already got (a red) one** ya tengo uno/a (rojo/a); **one by one** uno/a por uno/a

2: **one another** (us) nos; (you) os (SP); (you: formal, them) se; **do you two ever see one another?** ¿os veis alguna vez? (SP), ¿se ven alguna vez?; **the two boys didn't dare look at one another** los dos chicos no se atrevieron a mirarse (el uno al otro); **they all kissed one another** se besaron unos a otros

3 (impers): **one never knows** nunca se sabe; **to cut one's finger** cortarse el dedo; **one needs to eat** hay que comer

one: **one-off** n (BRIT inf: event) caso especial; **oneself** pron (reflexive) se; (after prep) sí; (emphatic) uno/a mismo/a; **to hurt oneself** hacerse daño; **to keep sth for oneself** guardarse algo; **to talk to oneself** hablar solo; **one-shot** [wʌnʃɒt] n (US) = **one-off**; **one-sided** adj (argument) parcial; (decision, view) unilateral; (game, contest) desigual; **one-to-one** adj (relationship) individualizado; **one-way** adj (street, traffic) de dirección única

ongoing ['ɒngəʊɪŋ] adj continuo

onion ['ʌnjən] n cebolla

online [ɒn'laɪn] adj, adv (Comput) en línea

onlooker ['ɒnlʊkə'] n espectador(a) m/f

only ['əʊnlɪ] adv solamente, solo, sólo (to avoid confusion with adj) ▷ adj único, solo ▷ conj solamente que, pero; **an ~ child** un hijo único; **not ~ ... but also ...** no sólo ... sino también ...

on-screen [ɒn'skri:n] adj (Comput etc) en pantalla; (romance, kiss) cinematográfico

onset ['ɒnset] n comienzo

onto ['ɒntu] prep = **on to**

o

onward(s) ['ɔnwəd(z)] *adv* (*move*) (hacia) adelante; **from that time onward** desde entonces en adelante

oops [ups] *excl* (*also:* **~-a-daisy!**) ¡huy!

ooze [u:z] *vi* rezumar

opaque [əu'peɪk] *adj* opaco

open ['əupn] *adj* abierto; (*car*) descubierto; (*road, view*) despejado; (*meeting*) público; (*admiration*) manifiesto ▷ *vt* abrir ▷ *vi* abrirse; (*book etc: commence*) comenzar; **in the ~ (air)** al aire libre; **open up** *vt* abrir; (*blocked road*) despejar ▷ *vi* abrirse; **opening** *n* abertura *f*; (*beginning*) comienzo, (*opportunity*) oportunidad *f*; **opening hours** *npl* horario de apertura; **open learning** *n* enseñanza flexible a tiempo parcial; **openly** *adv* abiertamente; **open-minded** *adj* de amplias miras, sin prejuicios; **open-necked** *adj* sin corbata; **open-plan** *adj* diáfano, sin tabiques; **Open University** *n* (BRIT) ≈ Universidad *f* Nacional de Enseñanza a Distancia, UNED *f*

● **OPEN UNIVERSITY**

● La *Open University*, fundada en 1969,
● está especializada en impartir
● cursos a distancia y a tiempo
● parcial con sus propios materiales
● de apoyo diseñados para tal fin,
● entre ellos programas de radio y
● televisión emitidos por la BBC. Los
● trabajos se envían por correo y se
● complementan con la asistencia
● obligatoria a cursos de verano. Para
● obtener la licenciatura es necesario
● estudiar un mínimo de módulos y
● alcanzar un determinado número
● de créditos.

opera ['ɔpərə] *n* ópera; **opera house** *n* teatro de la ópera; **opera singer** *n* cantante *mf* de ópera

operate ['ɔpəreɪt] *vt* (*machine*) hacer funcionar; (*company*) dirigir ▷ *vi*

funcionar; **to ~ on sb** (*Med*) operar a algn; **operating theatre**, (US) **operating room** *n* quirófano, sala de operaciones

operation [ɔpə'reɪʃən] *n* operación *f*; (*of machine*) funcionamiento; **to be in ~** estar funcionando or en funcionamiento; **to have an ~** (*Med*) ser operado; **operational** *adj* operacional, en buen estado

operative ['ɔpərətɪv] *adj* en vigor

operator ['ɔpəreɪtə'] *n* (*of machine*) operario/a, maquinista *mf*; (*Tel*) operador/a *m/f*, telefonista *mf*

opinion [ə'pɪnjən] *n* opinión *f*; **in my ~** en mi opinión, a mi juicio; **opinion poll** *n* encuesta, sondeo

opponent [ə'pəunənt] *n* adversario/a, contrincante *mf*

opportunity [ɔpə'tju:nɪtɪ] *n* oportunidad *f*; **to take the ~ to do** or **of doing** aprovechar la ocasión para hacer

oppose [ə'pəuz] *vt* oponerse a; **to be ~d to sth** oponerse a algo; **as ~d to** a diferencia de

opposite ['ɔpəzɪt] *adj* opuesto, contrario; (*house etc*) de enfrente ▷ *adv* en frente ▷ *prep* en frente de, frente a ▷ *n* lo contrario

opposition [ɔpə'zɪʃən] *n* oposición *f*

oppress [ə'prɛs] *vt* oprimir

opt [ɔpt] *vi*: **to ~ for** optar por; **to ~ to do** optar por hacer; **opt out** *vi*: **to ~ out of** optar por no hacer

optician [ɔp'tɪʃən] *n* óptico/a

optimism ['ɔptɪmɪzəm] *n* optimismo

optimist ['ɔptɪmɪst] *n* optimista *mf*; **optimistic** [ɔptɪ'mɪstɪk] *adj* optimista

optimum ['ɔptɪməm] *adj* óptimo

option ['ɔpʃən] *n* opción *f*; **optional** *adj* opcional

or [ɔ:'] *conj* o; (*before o, ho*) u; (*with negative*): **he hasn't seen or heard anything** no ha visto ni oído nada; **or else** si no

oral ['ɔːrəl] adj oral ▷ n examen m oral

orange ['ɔrɪndʒ] n (fruit) naranja ▷ adj (de color) naranja inv; **orange juice** n jugo m de naranja, zumo m de naranja (SP); **orange squash** n bebida de naranja

orbit ['ɔːbɪt] n órbita ▷ vt, vi orbitar

orchard ['ɔːtʃəd] n huerto

orchestra ['ɔːkɪstrə] n orquesta; (US: seating) platea

orchid ['ɔːkɪd] n orquídea

ordeal [ɔː'diːl] n experiencia terrible

order ['ɔːdər] n orden m; (command) orden f; (state) estado; (Comm) pedido m; (also: **put in ~**) ordenar, poner en orden; (Comm) pedir; (command) mandar, ordenar; **in ~** en orden; (of document) en regla; **in (working) ~** en funcionamiento; **to be out of ~** estar desordenado; (not working) no funcionar; **in ~ to do** para hacer; **on ~** (Comm) pedido; **to ~ sb to do sth** mandar a algn hacer algo; **orderly** n hora de pedido; **order form** n hoja de pedido; **orderly** n (Mil) ordenanza m; (Med) auxiliar mf (de hospital) ▷ adj ordenado

ordinary ['ɔːdnrɪ] adj corriente, normal; (pej) común y corriente; **out of the ~** fuera de lo común

ore [ɔː] n mineral m

oregano [ɒrɪˈɡɑːnəʊ] n orégano

organ ['ɔːɡən] n órgano

organic [ɔːˈɡænɪk] adj orgánico

organism n organismo

organization [ɔːɡənaɪˈzeɪʃən] n organización f

organize ['ɔːɡənaɪz] vt organizar; **organized** ['ɔːɡənaɪzd] adj organizado; **to get organized** organizarse; **organizer** n organizador(a) m/f

orgasm ['ɔːɡæzəm] n orgasmo

orgy ['ɔːdʒɪ] n orgía

oriental [ɔːrɪˈɛntl] adj oriental

orientation [ɔːrɪɛnˈteɪʃən] n orientación f

origin ['ɔrɪdʒɪn] n origen m

original [əˈrɪdʒɪnl] adj original; (first) primero; (earlier) primitivo ▷ n original m; **originally** adv al principio

originate [əˈrɪdʒɪneɪt] vi: **to ~ from, to ~ in** surgir de, tener su origen en

Orkneys ['ɔːknɪz] npl: **the ~** (also: **the Orkney Islands**) las Orcadas

ornament ['ɔːnəmənt] n adorno; (trinket) chuchería; **ornamental** [ɔːnəˈmɛntl] adj decorativo, de adorno

ornate [ɔːˈneɪt] adj recargado

orphan ['ɔːfn] n huérfano/a

orthodox ['ɔːθədɒks] adj ortodoxo

orthopaedic (US) **orthopedic** [ɔːθəˈpiːdɪk] adj ortopédico

osteopath ['ɒstɪəpæθ] n osteópata mf

ostrich ['ɒstrɪtʃ] n avestruz m

other ['ʌðər] adj otro ▷ pron: **the ~ one** el/la otro/a; **~ than** aparte de; **otherwise** adv, conj de otra manera; (if not) si no

otter ['ɒtər] n nutria

ouch [autʃ] excl ¡ay!

ought [ɔːt] aux vb: **I ~ to do it** debería hacerlo; **this ~ to have been corrected** esto debiera de haberse corregido; **he ~ to win** (probability) debiera ganar

ounce [auns] n onza (=28.35g: 16oz = 1lb)

our [ˈauər] adj nuestro; see also **my**; **ours** pron (el) nuestro/(la) nuestra etc; see also **mine**; **ourselves** pron pl (reflexive, after prep) nosotros/as; (emphatic) nosotros/as mismos/as; see also **oneself**

oust [aust] vt desalojar

out [aut] adv fuera, afuera; (not at home) fuera (de casa); (light, fire) apagado; **~ there** allí (fuera); **he's ~** (absent) no está, ha salido; **to be ~ in one's calculations** equivocarse (en sus cálculos); **to run ~** salir corriendo; **~ loud** en alta voz; **~ of** (outside) fuera de; (because of: anger etc) por; **~ of petrol** sin gasolina;

O

"~ of order" "no funciona"; **outback**
n interior m; **outbound** adj (flight)
de salida; (flight: not return) de ida;
outbound from/for con salida de/
hacia; **outbreak** n (of war) comienzo,
(of disease) epidemia; (of violence etc)
ola; **outburst** n explosión f, arranque
m; **outcast** n paria mf; **outcome** n
resultado; **outcry** n protestas fpl;
outdated adj anticuado; **outdoor**
adj al aire libre; (clothes) de calle;
outdoors adv al aire libre

outer ['autə'] adj exterior, externo;
outer space n espacio exterior

outfit n (clothes) traje m

outgoing adj (president, tenant)
saliente; (character) extrovertido;
outgoings npl (BRIT) gastos mpl;
outhouse n dependencia; **outing**
n excursión f, paseo; **outlaw** n
proscrito/a ▷ vt (practice) declarar
ilegal; **outlay** n inversión f; **outlet**
n salida; (of pipe) desagüe m; (US
Elec) toma de corriente; (also: **retail
outlet**) punto de venta; **outline** n
(shape) contorno, perfil m; (sketch,
plan) esbozo ▷ vt (plan etc) esbozar;
in outline (fig) a grandes rasgos;
outlook n (fig: prospects) perspectivas
fpl; (: for weather) pronóstico; (: opinion)
punto de vista; **outnumber** vt
exceder o superar en número;
out-of-date adj (passport) caducado;
(clothes, customs) pasado de moda;
out-of-doors adv al aire libre; **out-of-
the-way** adj apartado; **out-of-town**
adj (shopping centre etc) en las afueras;
outpatient n paciente mf externo/a;
outpost n puesto avanzado; **output**
n (volumen m de) producción f,
rendimiento; (Comput) salida

outrage ['autreɪdʒ] n escándalo;
(atrocity) atrocidad f ▷ vt ultrajar;
outrageous [aut'reɪdʒəs] adj
(clothes) extravagante; (behaviour)
escandaloso

outright adv [aut'raɪt] (ask, deny)
francamente; (refuse) rotundamente;

(win) de manera absoluta; (be killed)
en el acto ▷ adj ['autraɪt] completo;
(refusal) rotundo

outset ['autset] n principio

outside [aut'saɪd] n exterior m ▷ adj
exterior, externo ▷ adv fuera ▷ prep
fuera de; (beyond) más allá de; **at the
~** (fig) a lo sumo; **outside lane** n (Aut:
in Britain) carril m de la derecha; (: in
US, Europe etc) carril m de la izquierda;
outside line n (Tel) línea (exterior);
outsider n (stranger) forastero/a

out-: **outsize** adj (clothes) de talla
grande; **outskirts** npl alrededores
mpl, afueras fpl; **outspoken** adj muy
franco; **outstanding** adj excepcional,
destacado; (unfinished) pendiente

outward ['autwəd] adj externo;
(journey) de ida

outweigh [aut'weɪ] vt pesar más que

oval ['əuvl] adj ovalado ▷ n óvalo

ovary ['əuvərɪ] n ovario

oven ['ʌvn] n horno; **oven glove** n
guante m para el horno, manopla para
el horno; **ovenproof** adj resistente
al horno; **oven-ready** adj listo para
el horno

over ['əuvə'] adv encima, por encima
▷ adj (finished) terminado; (surplus) de
sobra ▷ prep (por) encima de; (above)
sobre; (on the other side of) al otro
lado de; (more than) más de; (during)
durante; **~ here** (por) aquí; **~ there**
(por) allí o allá; **all ~** (everywhere) por
todas partes; **~ and ~ (again)** una y
otra vez; **~ and above** además de; **to
ask sb ~** invitar a algn a casa; **to bend
~** inclinarse

overall [əuvər'ɔːl] adj (length) total;
(study) de conjunto ▷ adv [əuvər'ɔːl]
en conjunto ▷ n (BRIT) guardapolvo;
overalls npl mono sg, overol m (LAM)

over-: **overboard** adv (Naut) por la
borda; **overcame** pt of **overcome**;
overcast adj encapotado;
overcharge vt: **to overcharge sb**
cobrar un precio excesivo a algn;
overcoat n abrigo; **overcome** vt

(*irreg: like* **come**) vencer; (*difficulty*) superar; **overcrowded** *adj* atestado de gente; (*city, country*) superpoblado; **overdo** *vt* (*irreg: like* **do**) exagerar; (*overcook*) cocer demasiado; **to overdo it** (*work etc*) pasarse; **overdone** *adj* (*vegetables*) recocido; (*steak*) demasiado hecho; **overdose** *n* sobredosis *f inv*; **overdraft** *n* saldo deudor; **overdrawn** *adj* (*account*) en descubierto; **overdue** *adj* retrasado; **overestimate** *vt* sobreestimar

overflow [əuvə'grəun] *vi* desbordarse ▷ *n* ['əuvəfləu] (*also:* **~ pipe**) (cañería de) desagüe *m*

over: **overgrown** [əuvə'grəun] *adj* (*garden*) cubierto de hierba; **overhaul** *vt* [əuvə'hɔːl] revisar, repasar ▷ *n* ['əuvəhɔːl] revisión *f*

overhead *adv* [əuvə'hɛd] por arriba or encima ▷ *adj* [əuvə'hɛd] (*cable*) aéreo ▷ *n* ['əuvəhɛd] (*us*) = **overheads**; **overhead projector** *n* retroproyector; **overheads** *npl* gastos *mpl* generales

over: **overhear** *vt* (*irreg: like* **hear**) oír por casualidad; **overheat** *vi* (*engine*) recalentarse; **overland** *adj, adv* por tierra; **overlap** *vi* [əuvə'læp] superponerse; **overleaf** *adv* al dorso; **overload** *vt* sobrecargar; **overlook** *vt* (*have view of*) dar a, tener vistas a; (*miss*) pasar por alto; (*excuse*) perdonar

overnight [əuvə'naɪt] *adv* durante la noche; (*fig*) de la noche a la mañana ▷ *adj* de noche; **to stay ~** pasar la noche; **overnight bag** *n* fin *m* de semana, neceser *m* de viaje

overpass *n* (*us*) paso elevado or desnivel

overpower [əuvə'pauə'] *vt* dominar; (*fig*) embargar; **overpowering** *adj* (*heat*) agobiante; (*smell*) penetrante

over: **overreact** [əuvəriː'ækt] *vi* reaccionar de manera exagerada; **overrule** *vt* (*decision*) anular; (*claim*) denegar; **overrun** *vt* (*irreg: like* **run**: *country*) invadir; (*: time limit*) rebasar

exceder; **overseas** [əuvə'siːz] *adv* (*abroad*) en el extranjero ▷ *adj* (*trade*) exterior; (*visitor*) extranjero; **oversee** (*irreg: like* **see**) *vt* supervisar; **overshadow** *vt* (*fig*) eclipsar; **to be overshadowed by** estar a la sombra de; **oversight** *n* descuido; **oversleep** *vi* (*irreg: like* **sleep**) dormir más de la cuenta, no despertarse a tiempo; **overspend** *vi* (*irreg: like* **spend**) gastar más de la cuenta; **we have overspent by five dollars** hemos excedido del presupuesto en cinco dólares

overt [əu'vəːt] *adj* abierto

over: **overtake** *vt* (*irreg: like* **take**) sobrepasar; (*BRIT Aut*) adelantar; **overthrow** *vt* (*irreg: like* **throw**: *government*) derrocar; **overtime** *n* horas *fpl* extraordinarias; **overtook** [əuvə'tuk] *pt de* **overtake**; **overturn** *vt* volcar; (*fig: plan*) desbaratar; (*: government*) derrocar ▷ *vi* volcar; **overweight** *adj* demasiado gordo or pesado; **overwhelm** *vt* aplastar; **overwhelming** *adj* (*victory, defeat*) arrollador(a); (*desire*) irresistible

owe [əu] *vt* deber; **to ~ sb sth, to ~ sth to sb** deber algo a algn; **owing to** *prep* debido a, por causa de

owl [aul] *n* búho; (*also:* **barn ~**) lechuza

own [əun] *vt* tener, poseer ▷ *adj* propio; **a room of my ~** mi propia habitación; **to get one's ~ back** tomarse la revancha; **on one's ~** solo, a solas; **own up** *vi* confesar; **owner** *n* dueño/a; **ownership** *n* posesión *f*

ox (*pl* **oxen**) [ɔks, 'ɔksn] *n* buey *m*

Oxbridge ['ɔksbrɪdʒ] *n* universidades de Oxford y Cambridge

oxen ['ɔksən] *npl de* **ox**

oxygen ['ɔksɪdʒən] *n* oxígeno

oyster ['ɔɪstə'] *n* ostra

oz. *abbr* = **ounce**

ozone ['əuzəun] *n* ozono; **ozone-friendly** *adj* que no daña la capa de ozono; **ozone layer** *n* capa de ozono

O

p

PA *n abbr* = **personal assistant; public address system**

p.a. *abbr* = **per annum**

pace [peɪs] *n* paso ▷ *vt*: **to ~ up and down** pasearse de un lado a otro; **to keep ~ with** llevar el mismo paso que; **pacemaker** *n* (Med) marcapasos *m inv*; (Sport: also: **pacesetter**) liebre *f*

pacific [pə'sɪfɪk] *adj* pacífico ▷ *n*: **the P~ (Ocean)** el (océano) Pacífico

pacifier ['pæsɪfaɪə^r] *n* (US: dummy) chupete *m*

pack [pæk] *n* (packet) paquete *m*; (of hounds) jauría; (of people) manada; (of thieves etc) banda; (of cards) baraja; (bundle) fardo; (US: of cigarettes) paquete *m* ▷ *vt* (fill) llenar; (in suitcase etc) meter, poner; (cram) llenar, atestar; **to ~ (one's bags)** hacer las maletas; **to ~ sb off** (inf) despachar a algn; **pack in** *vi* (inf: break down) estropearse ▷ *vt* (inf) dejar; **~ it in!**

¡para!, ¡basta ya!; **pack up** *vi* (inf: machine) estropearse; (person) irse ▷ *vt* (belongings, clothes) recoger; (goods, presents) empaquetar, envolver

package ['pækɪdʒ] *n* paquete *m*; (bulky) bulto; (also: **~ deal**) acuerdo global ▷ *vt* (Comm: goods) envasar, embalar; **package holiday** *n* viaje *m* organizado (con todo incluido); **package tour** *n* viaje *m* organizado

packaging ['pækɪdʒɪŋ] *n* envase *m*

packed [pækt] *adj* abarrotado; **packed lunch** *n* almuerzo frío

packet ['pækɪt] *n* paquete *m*

packing ['pækɪŋ] *n* embalaje *m*

pact [pækt] *n* pacto

pad [pæd] *n* (of paper) bloc *m*; (cushion) cojinete *m*; (inf: flat) casa ▷ *vt* rellenar; **padded** *adj* (jacket) acolchado; (bra) reforzado

paddle ['pædl] *n* (oar) canalete *m*, pala; (US: for table tennis) pala ▷ *vt* remar ▷ *vi* (with feet) chapotear; **paddling pool** *n* (BRIT) piscina para niños

paddock ['pædək] *n* (field) potrero

padlock ['pædlɔk] *n* candado

paedophile, (US) **pedophile** ['piːdəufaɪl] *adj* de pedófilos ▷ *n* pedófilo/a

page [peɪdʒ] *n* página; (of newspaper) plana; (also: **~ boy**) paje *m* ▷ *vt* (in hotel etc) llamar por altavoz a

pager ['peɪdʒə^r] *n* busca *m*

paid [peɪd] *pt, pp of* **pay** ▷ *adj* (work) remunerado; (holiday) pagado; (official) a sueldo; **to put ~ to** (BRIT) acabar con

pain [peɪn] *n* dolor *m*; **to be in ~** sufrir; *see also* **pains**; **painful** *adj* doloroso; (difficult) penoso; (disagreeable) desagradable; **painkiller** *n* analgésico; **pains** *npl*: **to take pains to do sth** tomarse el trabajo de hacer algo; **painstaking** ['peɪnzteɪkɪŋ] *adj* (person) concienzudo, esmerado

paint [peɪnt] *n* pintura ▷ *vt* pintar; **to ~ the door blue** pintar la puerta de azul; **paintbrush** n (*artist's*) pincel m; (*decorator's*) brocha; **painter** n pintor(a) m/f; **painting** n pintura

pair [peər] n (*of shoes, gloves etc*) par m; (*of people*) pareja; **a ~ of scissors** unas tijeras; **a ~ of trousers** unos pantalones, un pantalón

pajamas [pɪˈdʒɑːməz] npl (*us*) pijama msg

Pakistan [pɑːkɪˈstɑːn] n Paquistán m; **Pakistani** adj, n paquistaní mf

pal [pæl] n (*inf*) amiguete/a m/f, colega mf

palace [ˈpæləs] n palacio

pale [peɪl] adj pálido; (*colour*) claro ▷ n: **to be beyond the ~** pasarse de la raya

Palestine [ˈpælɪstaɪn] n Palestina; **Palestinian** [pælɪsˈtɪnɪən] adj, n palestino/a

palm [pɑːm] n (*Anat*) palma; (*also:* **~ tree**) palmera, palma ▷ vt: **to ~ sth off on sb** (*brit inf*) endosarle algo a algn

pamper [ˈpæmpər] vt mimar

pamphlet [ˈpæmflɪt] n folleto

pan [pæn] n (*also:* **sauce~**) cacerola, cazuela, olla; (*also:* **frying ~**) sartén f

pancake [ˈpænkeɪk] n crepe f

panda [ˈpændə] n panda m

pandemic [pænˈdemɪk] n pandemia; **flu ~** pandemia de gripe

pane [peɪn] n cristal m

panel [ˈpænl] n (*of wood*) panel m; (*Radio, TV*) panel m de invitados

panhandler [ˈpænhændlər] n (*us inf*) mendigo/a

panic [ˈpænɪk] n pánico ▷ vi dejarse llevar por el pánico

panorama [pænəˈrɑːmə] n panorama m

pansy [ˈpænzɪ] n (*Bot*) pensamiento; (*inf!*) marición m

pant [pænt] vi jadear

panther [ˈpænθər] n pantera

panties [ˈpæntɪz] npl bragas fpl

pantomime [ˈpæntəmaɪm] n (*brit*) representación f musical navideña

○ **PANTOMIME**
○
○ En época navideña los teatros
○ británicos ponen en escena
○ representaciones llamadas
○ *pantomimes*, versiones libres
○ de cuentos tradicionales como
○ Aladino o El gato con botas. En ella
○ nunca faltan personajes como la
○ *dama* (*dame*), papel que siempre
○ interpreta un actor; el protagonista
○ joven (*principal boy*), normalmente
○ interpretado por una actriz, y el
○ malvado (*villain*). Es un espectáculo
○ familiar dirigido a los niños pero
○ con grandes dosis de humor para
○ adultos en el que se alienta la
○ participación del público.

pants [pænts] npl (*brit: underwear: woman's*) bragas fpl; (: *man's*) calzoncillos mpl; (*us: trousers*) pantalones mpl

paper [ˈpeɪpər] n papel m; (*also:* **news~**) periódico, diario; (*study, article*) artículo; (*exam*) examen m ▷ adj de papel ▷ vt empapelar; (**identity**) **~s** npl papeles mpl, documentos mpl; **paperback** n libro de bolsillo; **paper bag** n bolsa de papel; **paper clip** n clip m; **paper shop** n (*brit*) tienda de periódicos; **paperwork** n trabajo administrativo

paprika [ˈpæprɪkə] n pimentón m

par [pɑːr] n par f; (*Golf*) par m; **to be on a ~ with** estar a la par con

paracetamol [pærəˈsiːtəmɒl] n (*brit*) paracetamol m

parachute [ˈpærəʃuːt] n paracaídas m inv

parade [pəˈreɪd] n desfile m ▷ vt (*show off*) hacer alarde de ▷ vi desfilar; (*Mil*) pasar revista

paradise [ˈpærədaɪs] n paraíso

paradox [ˈpærədɒks] n paradoja

paraffin [ˈpærəfɪn] n (*brit*): **~ (oil)** parafina

paragraph [ˈpærəgrɑːf] n párrafo

P

parallel ['pærəlel] *adj*: ~ **(with/to)** en paralelo (con/a); *(fig)* semejante (a) ▷ *n (in line)* paralela *(f)*; *(fig)* paralelo; *(Geo)* paralelo

paralysis [pə'rælɪsɪs] *n* parálisis *f inv*; **paralyze** *vt* paralizar; **paralyzed** paralizado

paramedic [pærə'medɪk] *n* auxiliar *mf* sanitario/a

paranoid ['pærənɔɪd] *adj (person, feeling)* paranoico

parasite ['pærəsaɪt] *n* parásito/a

parcel ['pɑːsl] *n* paquete *m* ▷ *vt (also: ~ up)* empaquetar, embalar

pardon ['pɑːdn] *n (Law)* indulto ▷ *vt* perdonar; **~ me!, I beg your ~!** ¡perdone usted!; **(I beg your) ~?**, *(us):* **~ me?** ¿cómo dice?

parent ['pɛərənt] *n (mother)* madre *f*; *(father)* padre *m*; **parents** *npl* padres *mpl*; **parental** [pə'rentl] *adj* paternal/ maternal

> Be careful not to translate *parent* by the Spanish word *pariente*.

Paris ['pærɪs] *n* París *m*

parish ['pærɪʃ] *n* parroquia

Parisian [pə'rɪzɪən] *adj, n* parisiense *mf*

park [pɑːk] *n* parque *m* ▷ *vt, vi* aparcar, estacionar

parking ['pɑːkɪŋ] *n* aparcamiento, estacionamiento; **"no ~"** "prohibido aparcar o estacionarse"; **parking lot** *n (us)* parking *m*; **parking meter** *n* parquímetro; **parking ticket** *n* multa de aparcamiento

parkway ['pɑːkweɪ] *n (us)* alameda

parliament ['pɑːləmənt] *n* parlamento; *(Spanish)* las Cortes *fpl*; *ver nota* **"parliament"**; **parliamentary** *adj* parlamentario

El Parlamento británico *(Parliament)* tiene como sede el palacio de Westminster, también llamado *Houses of Parliament*. Consta de dos cámaras; la Cámara de los Comunes *(House of Commons)* está formada por 650 diputados *(Members of Parliament)* que acceden a ella tras ser elegidos por sufragio universal en su respectiva área o circunscripción electoral *(constituency)*. Se reúne 175 días al año y sus sesiones son presididas y moderadas por el Presidente de la Cámara *(Speaker)*. La cámara alta es la Cámara de los Lores *(House of Lords)* y sus miembros son nombrados por el monarca o bien han heredado su escaño. Su poder es limitado, aunque actúa como tribunal supremo de apelación, excepto en Escocia.

Parmesan [pɑːmɪ'zæn] *n (also: ~ cheese)* queso parmesano

parole [pə'rəʊl] *n*: **on ~** en libertad condicional

parrot ['pærət] *n* loro, papagayo

parsley ['pɑːslɪ] *n* perejil *m*

parsnip ['pɑːsnɪp] *n* chirivía

parson ['pɑːsn] *n* cura *m*

part [pɑːt] *n* parte *f*; *(Mus)* parte *f*; *(bit)* trozo; *(of machine)* pieza; *(Theat etc)* papel *m*; *(of serial)* entrega; *(us: in hair)* raya ▷ *adv* = **partly** ▷ *vt* separar ▷ *vi (people)* separarse; *(crowd)* apartarse; **to take ~ in** participar or tomar parte en; **to take sb's ~** tomar partido por algn; **for my ~** por mi parte; **for the most ~** en su mayor parte; **~ of speech** *(Ling)* categoría gramatical; **part with** *vt fus* ceder, entregar; *(money)* pagar; *(get rid of)* deshacerse de

partial ['pɑːʃl] *adj* parcial; **to be ~ to** *(like)* ser aficionado a

participant [pɑː'tɪsɪpənt] *n (in competition)* concursante *mf*

participate [pɑː'tɪsɪpeɪt] *vi*: **to ~ in** participar en

particle ['pɑːtɪkl] *n* partícula; *(of dust)* mota

particular [pə'tɪkjulə*] adj (special) particular; (concrete) concreto; (given) determinado; (fussy) quisquilloso; (demanding) exigente; **particulars** npl (information) datos mpl; (details) pormenores mpl; **in ~** en particular; **particularly** adv (in general) sobre todo; (difficult, good etc) especialmente

parting ['pɑːtɪŋ] n (act of) separación f; (farewell) despedida; (BRIT: in hair) raya ▷ adj de despedida

partition [pɑː'tɪʃən] n (Pol) división f; (wall) tabique m

partly ['pɑːtlɪ] adv en parte

partner ['pɑːtnə*] n (Comm) socio/a; (Sport) pareja; (at dance) pareja; (spouse) cónyuge mf; (friend etc) compañero/a; **partnership** n asociación f; (Comm) sociedad f

partridge ['pɑːtrɪdʒ] n perdiz f

part-time ['pɑːt'taɪm] adj, adv a tiempo parcial

party ['pɑːtɪ] n (Pol) partido; (celebration) fiesta; (group) grupo; (Law) parte f ▷ adj (Pol) de partido

pass [pɑːs] vt (time, object) pasar; (place) pasar por; (exam, law) aprobar; (overtake, surpass) rebasar; (approve) aprobar ▷ vi pasar; (Scol) aprobar ▷ n (permit) permiso; (membership card) carnet m; (in mountains) puerto; (Sport) pase m; (Scol: also: **~ mark**) aprobado; **to ~ sth through sth** pasar algo por algo; **to make a ~ at sb** (inf) insinuársele a algn; **pass away** vi fallecer; **pass by** vi pasar ▷ vt (ignore) pasar por alto; **pass on** vt: **to ~ on (to)** transmitir (a); **pass out** vi desmayarse; **pass over** vt omitir, pasar por alto; **pass up** vt (opportunity) dejar pasar, no aprovechar; **passable** adj (road) transitable; (tolerable) pasable

passage ['pæsɪdʒ] n pasillo; (act of passing) tránsito; (fare, in book) pasaje m; (by boat) travesía

passenger ['pæsɪndʒə*] n pasajero/a, viajero/a

passer-by [pɑːsə'baɪ] n transeúnte mf

passing place n (Aut) apartadero

passion ['pæʃən] n pasión f; **passionate** adj apasionado/a; **passion fruit** n fruta de la pasión, granadilla

passive ['pæsɪv] adj (also Ling) pasivo

passport ['pɑːspɔːt] n pasaporte m; **passport control** n control m de pasaporte; **passport office** n oficina de pasaportes

password ['pɑːswɜːd] n contraseña

past [pɑːst] prep (further than) más allá de; (later than) después de ▷ adj pasado; (president etc) antiguo ▷ n (time) pasado; (of person) antecedentes mpl; **quarter/half ~ four** las cuatro y cuarto/media; **he's ~ forty** tiene más de cuarenta años; **for the ~ few/three days** durante los últimos días/últimos tres días; **to run ~** pasar corriendo

pasta ['pæstə] n pasta

paste [peɪst] n pasta; (glue) engrudo ▷ vt pegar

pastel ['pæstl] adj pastel; (painting) al pastel

pasteurized ['pæstəraɪzd] adj pasteurizado

pastime ['pɑːstaɪm] n pasatiempo

pastor ['pɑːstə*] n pastor m

past participle n (Ling) participio m (de pasado or de pretérito) or pasivo

pastry ['peɪstrɪ] n (dough) pasta; (cake) pastel m

pasture ['pɑːstʃə*] n pasto

pasty n ['pæstɪ] empanada ▷ adj ['peɪstɪ] (complexion) pálido

pat [pæt] vt dar una palmadita a; (dog etc) acariciar

patch [pætʃ] n (of material) parche m; (mended part) remiendo; (of land) terreno ▷ vt remendar; **(to go through) a bad ~** (pasar por) una mala racha; **patchy** adj desigual

pâté ['pæteɪ] n paté m

patent ['peɪtnt] n patente f ▷ vt patentar ▷ adj patente, evidente

paternal [pə'tɜːnl] *adj* paternal; (*relation*) paterno

paternity [pə'tɜːnɪtɪ] *n* paternidad *f*; **paternity leave** *n* permiso *m* por paternidad, licencia por paternidad

path [pɑːθ] *n* camino, sendero, (*trail, track*) pista; (*of missile*) trayectoria

pathetic [pə'θetɪk] *adj* patético; (*very bad*) malísimo

pathway ['pɑːθweɪ] *n* sendero, vereda

patience ['peɪʃns] *n* paciencia; (BRIT Cards) solitario

patient ['peɪʃnt] *n* paciente *mf* ▷ *adj* paciente, sufrido

patio ['pætɪəʊ] *n* patio

patriotic [pætrɪ'ɒtɪk] *adj* patriótico

patrol [pə'trəʊl] *n* patrulla ▷ *vt* patrullar por; **patrol car** *n* coche *m* patrulla

patron ['peɪtrən] *n* (*in shop*) cliente *mf*; (*of charity*) patrocinador(a) *m/f*; **~ of the arts** mecenas *m*

patronizing ['pætrənaɪzɪŋ] *adj* condescendiente

pattern ['pætən] *n* (Sewing) patrón *m*; (*design*) dibujo; **patterned** *adj* (*material*) estampado

pause [pɔːz] *n* pausa ▷ *vi* hacer una pausa

pave [peɪv] *vt* pavimentar; **to ~ the way for** preparar el terreno para

pavement ['peɪvmənt] *n* (BRIT) acera, vereda (LAM), andén *m* (LAM), banqueta (LAM)

pavilion [pə'vɪlɪən] *n* (Sport) vestuarios *mpl*

paving ['peɪvɪŋ] *n* pavimento, enlosado

paw [pɔː] *n* pata

pawn [pɔːn] *n* (Chess) peón *m*; (*fig*) instrumento ▷ *vt* empeñar; **pawnbroker** ['pɔːnbrəʊkəʳ] *n* prestamista *mf*

pay [peɪ] (*pt, pp* **paid**) *n* (*wage etc*) sueldo, salario ▷ *vt* pagar ▷ *vi* (*be profitable*) rendir; **to ~ attention (to)** prestar atención (a); **pay back**

vt (*money*) reembolsar; (*person*) pagar; **pay for** *vt fus* pagar; **pay in** *vt* ingresar; **pay off** *vt* saldar ▷ *vi* (*scheme, decision*) dar resultado; **pay out** *vt* (*money*) gastar, desembolsar; **pay up** *vt* pagar; **payable** *adj* pagadero; **to make a cheque payable to sb** extender un cheque a favor de algn; **pay day** *n* día *m* de paga; **pay envelope** *n* (US) = **pay packet**; **payment** *n* pago; **monthly payment** mensualidad *f*; **payout** *n* pago; (*in competition*) premio en metálico; **pay packet** *n* (BRIT) sobre *m* (de la paga); **pay-phone** *n* teléfono público; **payroll** *n* plantilla, nómina; **pay slip** *n* nómina, hoja del sueldo; **pay television** *n* televisión *f* de pago

PC *n abbr* (= *personal computer*) PC *m*, OP *m*; (BRIT) = **police constable** ▷ *adj abbr* = **politically correct**

pc *abbr* = **per cent**

PDA *n abbr* (= *personal digital assistant*) agenda electrónica

PE *n abbr* (= *physical education*) ed. física

pea [piː] *n* guisante *m*, chícharo (LAM), arveja (LAM)

peace [piːs] *n* paz *f*; (*calm*) paz *f*, tranquilidad *f*; **peaceful** *adj* (*gentle*) pacífico; (*calm*) tranquilo, sosegado

peach [piːtʃ] *n* melocotón *m*, durazno (LAM)

peacock ['piːkɔk] *n* pavo real

peak [piːk] *n* (*of mountain*) cumbre *f*, cima; (*of cap*) visera; (*fig*) cumbre *f*; **peak hours** *npl* horas *fpl* punta

peanut ['piːnʌt] *n* cacahuete *m*, maní *m* (LAM); **peanut butter** *n* mantequilla de cacahuete

pear [pɛəʳ] *n* pera

pearl [pɜːl] *n* perla

peasant ['pɛznt] *n* campesino/a

peat [piːt] *n* turba

pebble ['pɛbl] *n* guijarro

peck [pɛk] *vt* (*also*: **~ at**) picotear ▷ *n* picotazo; (*kiss*) besito; **peckish** *adj* (BRIT *inf*) **I feel peckish** tengo ganas de picar algo

peculiar [pɪˈkjuːlɪə*] *adj* (odd) extraño, raro; (typical) propio, característico; **~ to** propio de

pedal [ˈpɛdl] *n* pedal *m* ▷ *vi* pedalear

pedalo [ˈpɛdələu] *n* patín *m* a pedal

pedestal [ˈpɛdəstl] *n* pedestal *m*

pedestrian [pɪˈdɛstrɪən] *n* peatón *m* ▷ *adj* pedestre; **pedestrian crossing** *n* (BRIT) paso de peatones; **pedestrianized** *adj*: **a pedestrianized street** una calle peatonal; **pedestrian precinct**, (US) **pedestrian zone** *n* zona reservada para peatones

pedigree [ˈpɛdɪɡriː] *n* genealogía; (of animal) pedigrí *m* ▷ *cpd* (animal) de raza, de casta

pedophile [ˈpiːdəufaɪl] *n* (US) = **paedophile**

pee [piː] *vi* (inf) mear

peek [piːk] *vi* mirar a hurtadillas

peel [piːl] *n* piel *f*; (of orange, lemon) cáscara; (: removed) peladuras *fpl* ▷ *vt* pelar ▷ *vi* (paint etc) desconcharse; (wallpaper) despegarse, desprenderse; (skin) pelar

peep [piːp] *n* (look) mirada furtiva; (sound) pío *m* ▷ *vi* (look) mirar furtivamente

peer [pɪə*] *vi*: **to ~ at** escudriñar ▷ *n* (noble) par *m*; (equal) igual *m*; (contemporary) coetáneo/a

peg [pɛɡ] *n* (for coat etc) gancho, colgador *m*; (BRIT: also: **clothes ~**) pinza

pelican [ˈpɛlɪkən] *n* pelícano; **pelican crossing** *n* (BRIT Aut) paso de peatones señalizado

pelt [pɛlt] *vt*: **to ~ sb with sth** arrojarle algo a algn ▷ *vi* (rain: also: **~ down**) llover a cántaros; (inf: run) correr ▷ *n* pellejo

pelvis [ˈpɛlvɪs] *n* pelvis *f*

pen [pɛn] *n* (also: **ballpoint ~**) bolígrafo; (also: **fountain ~**) pluma; (for sheep) redil *m*

penalty [ˈpɛnltɪ] *n* pena; (fine) multa

pence [pɛns] *pl of* **penny**

pencil [ˈpɛnsl] *n* lápiz *m* ▷ *vt* (also: **~ in**) escribir con lápiz; (fig) apuntar con carácter provisional; **pencil case** *n* estuche *m*; **pencil sharpener** *n* sacapuntas *m inv*

pendant [ˈpɛndnt] *n* pendiente *m*

pending [ˈpɛndɪŋ] *prep* antes de ▷ *adj* pendiente

penetrate [ˈpɛnɪtreɪt] *vt* penetrar

penfriend [ˈpɛnfrɛnd] *n* (BRIT) amigo/a por correspondencia

penguin [ˈpɛŋɡwɪn] *n* pingüino

penicillin [pɛnɪˈsɪlɪn] *n* penicilina

peninsula [pəˈnɪnsjulə] *n* península

penis [ˈpiːnɪs] *n* pene *m*

penitentiary [pɛnɪˈtɛnʃərɪ] *n* (US) cárcel *f*, presidio

penknife [ˈpɛnnaɪf] *n* navaja

penniless [ˈpɛnɪlɪs] *adj* sin dinero

penny (pl **pennies** or (Brit) **pence**) [ˈpɛnɪ, ˈpɛnɪz, pɛns] *n* penique *m*; (US) centavo

penpal [ˈpɛnpæl] *n* amigo/a por correspondencia

pension [ˈpɛnʃən] *n* (allowance, state payment) pensión *f*; (old-age) jubilación *f*; **pensioner** *n* (BRIT) jubilado/a

pentagon [ˈpɛntəɡən] *n* pentágono; **the P~** (US Pol) el Pentágono

> **PENTAGON**
>
> Se conoce como el Pentágono (the Pentagon) al edificio de planta pentagonal que acoge las dependencias del Ministerio de Defensa estadounidense (Department of Defense) en Arlington, Virginia. En lenguaje periodístico se aplica también a la dirección militar del país.

penthouse [ˈpɛnthaus] *n* ático (de lujo)

penultimate [pɛˈnʌltɪmət] *adj* penúltimo

people [ˈpiːpl] *npl* gente *f*; (citizens) pueblo *sg*, ciudadanos *mpl*; (Pol): **the**

P

~ el pueblo ▷ n (nation, race) pueblo, nación f; **several ~ came** vinieron varias personas; **~ say that ...** dice la gente que ...

pepper ['pepə'] n (spice) pimienta; (vegetable) pimiento ▷ vt: **to ~ with** (fig) salpicar de; **peppermint** n (sweet) pastilla de menta

per [pə:'] prep por; **~ day/person** por día/persona; **~ annum** al año

perceive [pə'si:v] vt percibir; (realize) darse cuenta de

per cent, (us) **percent** n por ciento

percentage [pə'sɛntɪdʒ] n porcentaje m

perception [pə'sɛpʃən] n percepción f; (insight) perspicacia

perch [pə:tʃ] n (fish) perca; (for bird) percha ▷ vi: **to ~ (on)** (bird) posarse (en); (person) encaramarse (en)

percussion [pə'kʌʃən] n percusión f

perfect adj ['pə:fɪkt] perfecto ▷ n (also: **~ tense**) perfecto ▷ vt [pə'fɛkt] perfeccionar; **perfection** n perfección f; **perfectly** adv perfectamente

perform [pə'fɔ:m] vt (carry out) realizar, llevar a cabo; (Theat) representar; (piece of music) interpretar ▷ vi (Tech) funcionar; **performance** n (of a play) representación f; (of player etc) actuación f; (of engine) rendimiento; **performer** n (actor) actor m, actriz f

perfume ['pə:fju:m] n perfume m

perhaps [pə'hæps] adv quizá(s), tal vez

perimeter [pə'rɪmɪtə'] n perímetro

period ['pɪərɪəd] n período; (Scol) clase f; (full stop) punto; (Med) regla ▷ adj (costume, furniture) de época; **periodical** [pɪərɪ'ɔdɪkl] adj periódico; **periodically** adv de vez en cuando, cada cierto tiempo

perish ['pɛrɪʃ] vi perecer; (decay) echarse a perder

perjury ['pə:dʒərɪ] n (Law) perjurio

perk [pə:k] n extra m

perm [pə:m] n permanente f

permanent ['pə:mənənt] adj permanente; **permanently** adv (lastingly) para siempre, de modo definitivo; (all the time) permanentemente

permission [pə'mɪʃən] n permiso

permit n ['pə:mɪt] permiso, licencia ▷ vt [pə'mɪt] permitir

perplex [pə'plɛks] vt dejar perplejo

persecute ['pə:sɪkju:t] vt perseguir

persecution [pə:sɪ'kju:ʃən] n persecución f

persevere [pə:sɪ'vɪə'] vi perseverar

Persian ['pə:ʃən] adj, n persa mf; **the ~ Gulf** el Golfo Pérsico

persist [pə'sɪst] vi persistir; **to ~ in doing sth** empeñarse en hacer algo; **persistent** adj persistente; (determined) porfiado

person ['pə:sn] n persona; **in ~** en persona; **personal** adj personal, individual; (visit) en persona; **personal assistant** n ayudante mf personal; **personal computer** n ordenador m personal; **personality** [pə:sə'nælɪtɪ] n personalidad f; **personally** adv personalmente; (in person) en persona; **to take sth personally** tomarse algo a mal; **personal organizer** n agenda; **personal stereo** n walkman®m

personnel [pə:sə'nɛl] n personal m

perspective [pə'spɛktɪv] n perspectiva

perspiration [pə:spɪ'reɪʃən] n transpiración f

persuade [pə'sweɪd] vt: **to ~ sb to do sth** persuadir a algn para que haga algo

persuasion [pə'sweɪʒən] n persuasión f; (persuasiveness) persuasiva

persuasive [pə'sweɪsɪv] adj persuasivo

perverse [pə'və:s] adj perverso; (wayward) travieso

pervert n ['pə:və:t] pervertido/a ▷ vt [pə'və:t] pervertir

pessimism ['pesɪmɪzəm] n pesimismo

pessimist ['pesɪmɪst] n pesimista mf; **pessimistic** [pesɪˈmɪstɪk] adj pesimista

pest [pest] n (insect) insecto nocivo; (fig) lata, molestia

pester ['pestə*] vt molestar, acosar

pesticide ['pestɪsaɪd] n pesticida m

pet [pet] n animal m doméstico; (favourite) favorito/a ▷ vt acariciar ▷ cpd: **teacher's ~** favorito/a (del profesor); **~ hate** manía

petal ['petl] n pétalo

petite [pəˈtiːt] adj chiquita

petition [pəˈtɪʃən] n petición f

petrified ['petrɪfaɪd] adj horrorizado

petrol ['petrəl] (BRIT) n gasolina

petroleum [pəˈtrəʊlɪəm] n petróleo

petrol: petrol pump n (BRIT: in garage) surtidor m de gasolina; **petrol station** n (BRIT) gasolinera f; **petrol tank** n (BRIT) depósito (de gasolina)

petticoat ['petɪkəʊt] n combinación f, enagua(s) f(pl) (LAM)

petty ['petɪ] adj (mean) mezquino; (unimportant) insignificante

pew [pjuː] n banco

pewter ['pjuːtə*] n peltre m

phantom ['fæntəm] n fantasma m

pharmacist ['fɑːməsɪst] n farmacéutico/a

pharmacy ['fɑːməsɪ] n (US) farmacia

phase [feɪz] n fase f; **phase in** vt introducir progresivamente; **phase out** vt (machinery, product) retirar progresivamente; (job, subsidy) eliminar por etapas

pheasant ['feznt] n faisán m

phenomena [fəˈnɒmɪnə] npl of **phenomenon**

phenomenal [fɪˈnɒmɪnl] adj fenomenal, extraordinario

phenomenon (pl **phenomena**) [fəˈnɒmɪnən, -nə] n fenómeno

Philippines ['fɪlɪpiːnz] npl: **the ~** (las Islas) Filipinas

philosopher [fɪˈlɒsəfə*] n filósofo/a

philosophical [fɪləˈsɒfɪkl] adj filosófico

philosophy [fɪˈlɒsəfɪ] n filosofía

phlegm [flem] n flema

phobia ['fəʊbɪə] n fobia

phone [fəʊn] n teléfono ▷ vt telefonear, llamar por teléfono; **to be on the ~** tener teléfono; (be calling) estar hablando por teléfono; **phone back** vt, vi volver a llamar; **phone up** vt, vi llamar por teléfono; **phone book** n guía telefónica; **phone box, phone booth** n cabina telefónica; **phone call** n llamada (telefónica); **phonecard** n tarjeta telefónica; **phone number** n número de teléfono

phonetics [fəˈnetɪks] n fonética

phoney ['fəʊnɪ] adj = **phony**

phony ['fəʊnɪ] adj falso

photo ['fəʊtəʊ] n foto f; **photo album** n álbum m de fotos; **photocopier** n fotocopiadora; **photocopy** n fotocopia ▷ vt fotocopiar

photograph ['fəʊtəgræf] n fotografía ▷ vt fotografiar; **photographer** [fəˈtɒgrəfə*] n fotógrafo/a; **photography** [fəˈtɒgrəfɪ] n fotografía

phrase [freɪz] n frase f ▷ vt expresar; **phrase book** n libro de frases

physical ['fɪzɪkl] adj físico; **physical education** n educación f física; **physically** adv físicamente

physician [fɪˈzɪʃən] n médico/a

physicist ['fɪzɪsɪst] n físico/a

physics ['fɪzɪks] n física

physiotherapist [fɪzɪəʊˈθerəpɪst] n fisioterapeuta mf; **physiotherapy** n fisioterapia

physique [fɪˈziːk] n físico

pianist ['pɪənɪst] n pianista mf

piano [pɪˈænəʊ] n piano

pick [pɪk] n (tool: also: **~axe**) pico, piqueta ▷ vt (select) elegir, escoger; (gather) coger (SP), recoger (LAM); (lock) abrir con ganzúa; **take your ~** escoja lo que quiera; **the ~ of** lo mejor de; **to ~ one's nose/teeth** hurgarse

P

la nariz/escarbarse los dientes;
pick on vt fus (person) meterse con;
pick out vt escoger; (distinguish)
identificar; **pick up** vi (improve: sales) ir
mejor; (: patient) reponerse; (: Finance)
recobrarse ▷ vt recoger; (learn)
aprender; (Police: arrest) detener;
(Radio, TV, Tel) captar; **to ~ up speed**
acelerarse; **to ~ o.s. up** levantarse

pickle ['pɪkl] n (also: **~s**: as condiment)
escabeche m; (fig: mess) apuro ▷ vt
conservar en escabeche; (in vinegar)
conservar en vinagre

pickpocket ['pɪkpɔkɪt] n carterista
mf

pickup ['pɪkʌp] n (also: **~ truck, ~ van**)
furgoneta, camioneta

picnic ['pɪknɪk] n merienda ▷ vi hacer
un picnic; **picnic area** n zona de
picnic; (Aut) área de descanso

picture ['pɪktʃə'] n cuadro; (painting)
pintura; (photograph) fotografía; (film)
película; (TV) imagen f; (fig: description)
descripción f; (: situation) situación f
▷ vt (imagine) imaginar; **the ~s** (BRIT)
el cine; **picture frame** n marco;
picture messaging n (envío de)
mensajes mpl con imágenes

picturesque [pɪktʃə'resk] adj
pintoresco

pie [paɪ] n (of meat etc: large) pastel m;
(: small) empanada; (sweet) tarta

piece [pi:s] n pedazo, trozo; (of cake)
trozo; (item): **a ~ of furniture/advice**
un mueble/un consejo ▷ vt: **to ~
together** juntar; (Tech) armar; **to
take to ~s** desmontar

pie chart n gráfico de sectores or
de tarta

pier [pɪə'] n muelle m, embarcadero

pierce [pɪəs] vt perforar; **to have
one's ears ~d** hacerse los agujeros
de las orejas

pig [pɪg] n cerdo, chancho (LAM);
(person: greedy) tragón/ona m/f,
comilón/ona m/f; (: nasty) cerdo/a

pigeon ['pɪdʒən] n paloma; (as food)
pichón m

piggy bank ['pɪgɪbæŋk] n hucha (en
forma de cerdito)

pigsty ['pɪgstaɪ] n pocilga

pigtail ['pɪgteɪl] n (girl's) trenza

pike [paɪk] n (fish) lucio

pilchard ['pɪltʃəd] n sardina

pile [paɪl] n montón m; (of carpet)
pelo; **pile up** vi (accumulate: work)
amontonarse, acumularse ▷ vt
(put in a heap: books, clothes) apilar,
amontonar; (accumulate) acumular;
piles npl (Med) almorranas fpl,
hemorroides mpl; **pile-up** n (Aut)
accidente m múltiple

pilgrimage ['pɪlgrɪmɪdʒ] n
peregrinación f, romería

pill [pɪl] n píldora; **the ~** la píldora

pillar ['pɪlə'] n pilar m

pillow ['pɪləʊ] n almohada;
pillowcase ['pɪləʊkeɪs] n funda (de
almohada)

pilot ['paɪlət] n piloto mf ▷ adj (scheme
etc) piloto inv ▷ vt pilotar; **pilot light**
n piloto

pimple ['pɪmpl] n grano

PIN n abbr (= personal identification
number) PIN m

pin [pɪn] n alfiler m ▷ vt prender con
(alfiler); **~s and needles** hormigueo
sg; **to ~ sth on sb** (fig) cargar a algn
con la culpa de algo; **pin down** vt (fig):
to ~ sb down hacer que algn concrete

pinafore ['pɪnəfɔː'] n delantal m

pinch [pɪntʃ] n (of salt etc) pizca ▷ vt
pellizcar; (inf: steal) birlar; **at a ~** en
caso de apuro

pine [paɪn] n (also: **~ tree**) pino ▷ vi: **to
~ for** suspirar por

pineapple ['paɪnæpl] n piña,
ananá(s) m (LAM)

ping [pɪŋ] n (noise) sonido agudo;
Ping-Pong® n pingpong m

pink [pɪŋk] adj (de color) rosa inv ▷ n
(colour) rosa m; (Bot) clavel m

pinpoint ['pɪnpɔɪnt] vt precisar

pint [paɪnt] n pinta (Brit = 0,57 l, US
= 0,47 l); (BRIT inf: of beer) pinta de
cerveza, ≈ jarra (SP)

pioneer [paɪəˈnɪəʳ] n pionero/a

pious [ˈpaɪəs] adj piadoso, devoto

pip [pɪp] n (seed) pepita; **the ~s** (BRIT) la señal

pipe [paɪp] n tubería, cañería; (for smoking) pipa ▷ vt conducir en cañerías; **pipeline** n (for oil) oleoducto; (for natural gas) gaseoducto; **piper** n gaitero/a

pirate [ˈpaɪərət] n pirata mf ▷ vt (record, video, book) hacer una copia pirata de, piratear

Pisces [ˈpaɪsiːz] n Piscis m

piss [pɪs] vi (inf) mear; **pissed** adj (inf: drunk) mamado, pedo

pistol [ˈpɪstl] n pistola

piston [ˈpɪstən] n pistón m, émbolo

pit [pɪt] n hoyo; (also: **coal ~**) mina; (in garage) foso de inspección; (also: **orchestra ~**) foso de la orquesta ▷ vt: **to ~ one's wits against sb** medir fuerzas con algn

pitch [pɪtʃ] n (Mus) tono; (BRIT Sport) campo, terreno; (tar) brea ▷ vt (throw) arrojar, lanzar ▷ vi (fall) caer(se); **to ~ a tent** montar una tienda (de campaña); **pitch-black** adj negro como boca de lobo

pitfall [ˈpɪtfɔːl] n riesgo

pith [pɪθ] n (of orange) piel f blanca

pitiful [ˈpɪtɪful] adj (touching) lastimoso, conmovedor(a)

pity [ˈpɪtɪ] n compasión f, piedad f ▷ vt compadecer(se de); **what a ~!** ¡qué pena!

pizza [ˈpiːtsə] n pizza

placard [ˈplækɑːd] n (in march etc) pancarta

place [pleɪs] n lugar m, sitio; (seat) plaza, asiento; (post) puesto; (home): **at/to his ~** en/a su casa ▷ vt (object) poner, colocar; (identify) reconocer; **to take ~** tener lugar; **to be ~d** (in race, exam) colocarse; **out of ~** (not suitable) fuera de lugar; **in the first ~** en primer lugar; **to change ~s with sb** cambiarse de sitio con algn; **~ of birth** lugar m de nacimiento; **place**

mat n (wooden etc) salvamanteles m inv; (in linen etc) mantel m individual; **placement** n colocación f; (at work) emplazamiento

placid [ˈplæsɪd] adj apacible

plague [pleɪg] n plaga; (Med) peste f ▷ vt (fig) acosar, atormentar

plaice [pleɪs] n (pl inv) platija

plain [pleɪn] adj (clear) claro, evidente; (simple) sencillo; (not handsome) poco atractivo ▷ adv claramente n ▷ n llano, llanura; **plain chocolate** n chocolate m oscuro or amargo; **plainly** adv claramente

plaintiff [ˈpleɪntɪf] n demandante mf

plait [plæt] n trenza

plan [plæn] n (drawing) plano; (scheme) plan m, proyecto ▷ vt proyectar ▷ vi hacer proyectos; **to ~ to do** pensar hacer

plane [pleɪn] n (Aviat) avión m; (tree) plátano; (tool) cepillo; (Math) plano

planet [ˈplænɪt] n planeta m

plank [plæŋk] n tabla

planning [ˈplænɪŋ] n planificación f; **family ~** planificación familiar

plant [plɑːnt] n planta; (machinery) maquinaria; (factory) fábrica ▷ vt plantar; (field) sembrar; (bomb) colocar

plantation [plænˈteɪʃən] n plantación f; (estate) hacienda

plaque [plæk] n placa

plaster [ˈplɑːstəʳ] n (for walls) yeso; (also: **~ of Paris**) yeso mate; (BRIT: also: **sticking ~**) tirita or esparadrapo; (cover): **to ~ with** llenar or cubrir de; **plaster cast** n (Med) escayola; (model, statue) vaciado de yeso

plastic [ˈplæstɪk] n plástico ▷ adj de plástico; **plastic bag** n bolsa de plástico; **plastic surgery** n cirugía plástica

plate [pleɪt] n (dish) plato; (metal, in book) lámina; (dental plate) placa de dentadura postiza

plateau (pl **plateaus** or **plateaux**) [ˈplætəu, -z] n meseta, altiplanicie f

platform ['plætfɔːm] n (Rail) andén m; (stage) plataforma; (at meeting) tribuna; (Pol) programa m (electoral)

platinum ['plætɪnəm] n platino

platoon [plə'tuːn] n pelotón m

platter ['plætə*] n fuente f

plausible ['plɔːzɪbl] adj verosímil; (person) convincente

play [pleɪ] n juego; (Theat) obra ▷ vt (game) jugar; (football, tennis, cards) jugar a; (compete against) jugar contra; (instrument) tocar; (Theat: part) hacer el papel de ▷ vi jugar; (band) tocar; (tape, record) sonar; **to ~ safe** ir a lo seguro; **play back** vt (tape) poner; **play up** vi (cause trouble) dar guerra; **player** n jugador(a) m/f; (Theat) actor m, actriz f; (Mus) músico/a; **playful** adj juguetón/ona; **playground** n (in school) patio de recreo; (in park) parque m infantil; **playgroup** n jardín m de infancia; **playing card** n naipe m, carta; **playing field** n campo de deportes; **playschool** n = **playgroup**; **playtime** n (Scol) (hora de) recreo; **playwright** n dramaturgo/a

plc abbr (BRIT: = public limited company) S.A.

plea [pliː] n súplica, petición f; (Law) alegato, defensa

plead [pliːd] vt (give as excuse) poner como pretexto; (Law): **to ~ sb's case** defender a algn ▷ vi (Law) declararse; (beg): **to ~ with sb** suplicar o rogar a algn

pleasant ['plɛznt] adj agradable

please [pliːz] excl ¡por favor! ▷ vt (give pleasure to) dar gusto a, agradar ▷ vi (think fit): **do as you ~** haz lo que quieras o lo que te dé la gana; **~ yourself!** ¡haz lo que quieras!, ¡como quieras!; **pleased** adj (happy) alegre, contento; **pleased (with)** satisfecho (de); **pleased to meet you** ¡encantado!, ¡tanto o mucho gusto!

pleasure ['plɛʒə*] n placer m, gusto; **"it's a ~"** el gusto es mío

pleat [pliːt] n pliegue m

pledge [plɛdʒ] n (promise) promesa, voto ▷ vt prometer

plentiful ['plɛntɪful] adj copioso, abundante

plenty ['plɛntɪ] n: **~ of** mucho(s)/a(s)

pliers ['plaɪəz] npl alicates mpl, tenazas fpl

plight [plaɪt] n condición f o situación f difícil

plod [plɔd] vi caminar con paso pesado; (fig) trabajar laboriosamente

plonk [plɔŋk] (inf) n (BRIT: wine) peleón o f ▷ vt: **to ~ sth down** dejar caer algo

plot [plɔt] n (scheme) complot m, conjura; (of story, play) argumento; (of land) terreno ▷ vt (mark out) trazar; (conspire) tramar, urdir ▷ vi conspirar

plough, (US) **plow** [plau] n arado ▷ vt (earth) arar

plow [plau] n, vb (US) = **plough**

ploy [plɔɪ] n truco, estratagema

pluck [plʌk] vt (fruit) coger (SP), recoger (LAM); (musical instrument) puntear; (bird) desplumar; **to ~ up courage** hacer de tripas corazón; **to ~ one's eyebrows** depilarse las cejas

plug [plʌg] n tapón m; (Elec) enchufe m, clavija; (Aut: also: **spark(ing)~**) bujía ▷ vt (hole) tapar; (inf: advertise) dar publicidad a; **plug in** vt (Elec) enchufar; **plughole** n desagüe m

plum [plʌm] n (fruit) ciruela

plumber ['plʌmə*] n fontanero/a, plomero/a (LAM)

plumbing ['plʌmɪŋ] n (trade) fontanería, plomería (LAM); (piping) cañerías

plummet ['plʌmɪt] vi: **to ~ (down)** caer a plomo

plump [plʌmp] adj rechoncho, rollizo; **plump for** vt fus (inf: choose) optar por

plunge [plʌndʒ] n zambullida ▷ vt sumergir, hundir ▷ vi (fall) caer; (dive) saltar; (person) arrojarse; **to take the ~** lanzarse

plural ['pluərl] adj plural ▷ n plural m

plus [plʌs] n (also: **~ sign**) signo más ▷ prep más, y, además de; **ten/ twenty ~** más de diez/veinte

ply [plaɪ] vt (a trade) ejercer ▷ vi (ship) ir y venir; **to ~ sb with drink** no dejar de ofrecer copas a algn; **plywood** n madera contrachapada

PM n abbr (BRIT) = **Prime Minister**

p.m. adv abbr (= post meridiem) de la tarde o noche

PMS n abbr (= premenstrual syndrome) SPM m

PMT n abbr (= premenstrual tension) SPM m

pneumatic drill n taladradora neumática

pneumonia [njuː'məunɪə] n pulmonía

poach [pəutʃ] vt (cook) escalfar; (steal) cazar/pescar en vedado ▷ vi cazar/ pescar en vedado; **poached** adj (egg) escalfado

PO Box n abbr (= Post Office Box) apdo., aptdo.

pocket ['pɒkɪt] n bolsillo; (fig) bolsa ▷ vt meter en el bolsillo; (steal) embolsarse; **to be out of ~** salir perdiendo; **pocketbook** n (US) cartera; **pocket money** n asignación f

pod [pɒd] n vaina

podcast ['pɒdkɑːst] n podcast m ▷ vi podcastear

podiatrist [pɒ'diːətrɪst] n (US) podólogo/a

podium ['pəudɪəm] n podio

poem ['pəuɪm] n poema m

poet ['pəuɪt] n poeta mf; **poetic** [pəu'etɪk] adj poético; **poetry** n poesía

poignant ['pɔɪnjənt] adj conmovedor(a)

point [pɔɪnt] n punto; (tip) punta; (purpose) fin m, propósito; (use) utilidad f; (significant part) lo esencial; (also: **decimal ~**): **~ 2 ~ 3 (2.3)** dos coma tres (2,3) ▷ vt (gun etc): **to ~ sth at sb** apuntar con algo a algn ▷ vi: **to ~ at** señalar; **points** npl (Aut) contactos

mpl; (Rail) agujas fpl; **to be on the ~ of doing sth** estar a punto de hacer algo; **to make a ~ of doing sth** poner empeño en hacer algo; **to get the ~** comprender; **to come to the ~** ir al meollo; **there's no ~ (in doing)** no tiene sentido (hacer); **point out** vt señalar; **point-blank** adv (say, refuse) sin más hablar; (also: **at point-blank range**) a quemarropa; **pointed** adj (shape) puntiagudo, afilado; (remark) intencionado; **pointer** n (needle) aguja, indicador m; **pointless** adj sin sentido; **point of view** n punto de vista

poison ['pɔɪzn] n veneno ▷ vt envenenar; **poisonous** adj venenoso; (fumes etc) tóxico

poke [pəuk] vt (jab with finger, stick etc) empujar; (put): **to ~ sth in(to)** introducir algo en; **poke about** vi fisgonear; **poke out** vi (stick out) salir

poker ['pəukə*] n atizador m; (Cards) póker m

Poland ['pəulənd] n Polonia

polar ['pəulə*] adj polar; **polar bear** n oso polar

pole [pəul] n palo; (Geo) polo; (Tel) poste m; **pole bean** n (US) judía trepadora; **pole vault** n salto con pértiga

police [pə'liːs] n policía ▷ vt vigilar; **police car** n coche-patrulla m; **police constable** n (BRIT) guardia m, policía m; **police force** n cuerpo de policía; **policeman** n guardia m, policía m; **police officer** n guardia mf, policía mf; **police station** n comisaría; **policewoman** n (mujer f) policía

policy ['pɒlɪsɪ] n política; (also: **insurance ~**) póliza

polio ['pəulɪəu] n polio f

Polish ['pəulɪʃ] adj polaco ▷ n (Ling) polaco

polish ['pɒlɪʃ] n (for shoes) betún m; (for floor) cera (de lustrar); (shine) brillo, lustre *m*; (*fig: refinement*) refinamiento ▷ *vt* (*shoes*) limpiar; (*make shiny*) pulir, sacar brillo a; **polish off** *vt* (*food*) despachar; **polished** *adj* (*fig: person*) refinado

polite [pə'laɪt] *adj* cortés, atento; **politeness** *n* cortesía

political [pə'lɪtɪkl] *adj* político; **politically** *adv* políticamente; **politically correct** *adj* políticamente correcto

politician [pɔlɪ'tɪʃən] *n* político/a

politics ['pɔlɪtɪks] *n* política

poll [pəul] *n* (*votes*) votación *f*; (*also:* **opinion ~**) sondeo, encuesta ▷ *vt* (*votes*) obtener

pollen ['pɔlən] *n* polen *m*

polling station *n* centro electoral

pollute [pə'lu:t] *vt* contaminar

pollution [pə'lu:ʃən] *n* contaminación *f*

polo ['pəuləu] *n* (*sport*) polo; **polo-neck** *adj* de cuello vuelto ▷ *n* (*sweater*) suéter *m* de cuello vuelto; **polo shirt** *n* polo, niqui *m*

polyester [pɔlɪ'estə*r*] *n* poliéster *m*

polystyrene [pɔlɪ'staɪri:n] *n* poliestireno

polythene ['pɔlɪθi:n] *n* (*BRIT*) polietileno; **polythene bag** *n* bolsa de plástico

pomegranate ['pɔmɪɡrænɪt] *n* granada

pompous ['pɔmpəs] *adj* pomposo

pond [pɔnd] *n* (*natural*) charca; (*artificial*) estanque *m*

ponder ['pɔndə*r*] *vt* meditar

pony ['pəunɪ] *n* poney *m*; **ponytail** *n* coleta; **pony trekking** *n* (*BRIT*) excursión *f* a caballo

poodle ['pu:dl] *n* caniche *m*

pool [pu:l] *n* (*natural*) charca; (*also:* **swimming ~**) piscina, alberca (*LAM*) ▷ *vt* juntar; (**football**) **~s** *npl* quinielas *fpl*

poor [puə*r*] *adj* pobre; (*bad*) malo ▷ *npl*: **the ~** los pobres; **poorly** *adj* mal, enfermo ▷ *adv* mal

pop [pɔp] *n* (*sound*) ruido seco; (*Mus*) (música) pop *m*; (*inf: father*) papá *m*; (*drink*) gaseosa ▷ *vt* (*burst*) hacer reventar ▷ *vi* reventar; (*cork*) saltar; **pop in** *vi* entrar un momento; **pop out** *vi* salir un momento; **popcorn** *n* palomitas *fpl* (de maíz)

poplar ['pɔplə*r*] *n* álamo

popper ['pɔpə*r*] *n* corchete *m*, botón *m* automático

poppy ['pɔpɪ] *n* amapola; *see also* **Remembrance Day**

Popsicle® ['pɔpsɪkl] *n* (*us*) polo

pop star *n* estrella del pop

popular ['pɔpjulə*r*] *adj* popular; **popularity** [pɔpju'lærɪtɪ] *n* popularidad *f*

population [pɔpju'leɪʃən] *n* población *f*

porcelain ['pɔ:slɪn] *n* porcelana

porch [pɔ:tʃ] *n* pórtico, entrada; (*us*) veranda

pore [pɔ:*r*] *n* poro ▷ *vi*: **to ~ over** enfrascarse en

pork [pɔ:k] *n* (carne *f* de) cerdo or chancho (*LAM*); **pork chop** *n* chuleta de cerdo; **pork pie** *n* (*BRIT Culin*) empanada de carne de cerdo

porn [pɔ:n] *n* (*inf*) porno *inv* ▷ *n* porno; **pornographic** [pɔ:nə'ɡræfɪk] *adj* pornográfico; **pornography** [pɔ:'nɔɡrəfɪ] *n* pornografía

porridge ['pɔrɪdʒ] *n* gachas *fpl* de avena

port [pɔ:t] *n* puerto; (*Naut: left side*) babor *m*; (*wine*) oporto; **~ of call** puerto de escala

portable ['pɔ:təbl] *adj* portátil

porter ['pɔ:tə*r*] *n* (*for luggage*) maletero; (*doorkeeper*) portero/a, conserje *mf*

portfolio [pɔ:t'fəuljəu] *n* (*case, of artist*) cartera, carpeta; (*Pol, Finance*) cartera

portion ['pɔ:ʃən] *n* porción *f*; (*helping*) ración *f*

portrait ['pɔ:treɪt] *n* retrato

portray [pɔːˈtreɪ] vt retratar; (*in writing*) representar

Portugal [ˈpɔːtjʊgl] n Portugal m

Portuguese [pɔːtjʊˈgiːz] adj portugués/esa ▷ n (*pl inv*) portugués/esa m/f; (*Ling*) portugués m

pose [pəʊz] n postura, actitud f ▷ vi (*pretend*): **to ~ as** hacerse pasar por ▷ vt (*question*) plantear; **to ~ for** posar para

posh [pɔʃ] adj (*inf*) elegante, de lujo

position [pəˈzɪʃən] n posición f; (*job*) puesto ▷ vt colocar

positive [ˈpɔzɪtɪv] adj positivo; (*certain*) seguro; (*definite*) definitivo; **positively** adv (*affirmatively, enthusiastically*) de forma positiva; (*inf: really*) absolutamente

possess [pəˈzɛs] vt poseer; **possession** [pəˈzɛʃən] n posesión f; **possessions** npl (*belongings*) pertenencias fpl; **possessive** adj posesivo

possibility [pɔsɪˈbɪlɪtɪ] n posibilidad f

possible [ˈpɔsɪbl] adj posible; **as big as ~** lo más grande posible; **possibly** adv posiblemente; **I cannot possibly come** me es imposible venir

post [pəʊst] n (*Brit: system*) correos mpl; (: *letters, delivery*) correo; (*job, situation*) puesto; (*pole*) poste m; (*on blog, social network*) post m ▷ vt (*on blog, social network*) colgar; (*Brit: appoint*): **to ~ to** destinar a; **postage** n porte m, franqueo; **postal** adj postal, de correos; **postal order** n giro postal; **postbox** n (*Brit*) buzón m; **postcard** n (*tarjeta*) postal f; **postcode** n código postal

poster [ˈpəʊstəʳ] n cartel m

postgraduate [ˈpəʊstˈgrædjuət] n posgraduado/a

postman [ˈpəʊstmən] (*irreg: like* **man**) n (*Brit*) cartero

postmark [ˈpəʊstmɑːk] n matasellos m inv

post-mortem [pəʊstˈmɔːtəm] n autopsia

post office n (*building*) (oficina de) correos m; (*organization*): **the Post Office** Dirección f General de Correos

postpone [pəsˈpəʊn] vt aplazar

posture [ˈpɔstʃəʳ] n postura, actitud f

postwoman [ˈpəʊstwʊmən] (*irreg: like* **woman**) n (*Brit*) cartera

pot [pɔt] n (*for cooking*) olla; (*teapot*) tetera; (*coffeepot*) cafetera; (*for flowers*) maceta; (*for jam*) tarro, pote m (*Lam*); (*inf: marijuana*) costo, chocolate m ▷ vt (*plant*) poner en tiesto; **to go to ~** (*inf*) irse al traste

potato [pəˈteɪtəʊ] (*pl* **potatoes**) n patata, papa (*Lam*); **potato peeler** n pelapatatas m inv

potent [ˈpəʊtnt] adj potente, poderoso; (*drink*) fuerte

potential [pəˈtɛnʃl] adj potencial, posible ▷ n potencial m

pothole [ˈpɔthəʊl] n (*in road*) bache m; (*Brit: underground*) gruta

pot plant n planta de interior

potter [ˈpɔtəʳ] n alfarero/a ▷ vi: **to ~ around, ~ about** entretenerse haciendo cosillas; **pottery** [ˈpɔtərɪ] n cerámica; (*factory*) alfarería

potty [ˈpɔtɪ] n orinal m de niño

pouch [paʊtʃ] n (*Zool*) bolsa; (*for tobacco*) petaca

poultry [ˈpəʊltrɪ] n aves fpl de corral; (*meat*) pollo

pounce [paʊns] vi: **to ~ on** precipitarse sobre

pound [paʊnd] n libra ▷ vt (*beat*) golpear; (*crush*) machacar ▷ vi (*beat*) dar golpes; **pound sterling** n libra esterlina

pour [pɔːʳ] vt echar; (*tea*) servir ▷ vi correr, fluir; **to ~ sb a drink** servirle a algn una copa; **pour in** vi (*people*) entrar en tropel; **pour out** vi salir en tropel ▷ vt (*drink*) echar, servir; (*fig*): **to ~ out one's feelings** desahogarse; **pouring** adj: **pouring rain** lluvia torrencial

pout [paut] vi hacer pucheros

poverty ['pɒvətɪ] n pobreza, miseria

powder ['paudə'] n polvo; (also: **face ~**) polvos mpl ▷ vt empolvar; **to ~ one's face** empolvarse la cara; **powdered milk** n leche f en polvo

power ['pauə'] n poder m; (strength) fuerza; (nation) potencia; (drive) empuje m; (Tech) potencia; (Elec) energía ▷ vt impulsar; **to be in ~** (Pol) estar en el poder; **power cut** n (BRIT) apagón m; **power failure** n = **power cut**; **powerful** adj poderoso; (engine) potente; (play, speech) convincente; **powerless** adj impotente; **power point** n (BRIT) enchufe m; **power station** n central f eléctrica

pp abbr (= per procurationem; by proxy) p.p.; **= pages**

PR n abbr (= public relations) relaciones fpl públicas

practical ['præktɪkl] adj práctico; **practical joke** n broma pesada; **practically** adv (almost) casi, prácticamente

practice ['præktɪs] n (habit) costumbre f; (exercise) práctica; (training) adiestramiento; (Med: of profession) práctica, ejercicio; (Med, Law: business) consulta ▷ vt, vi (US **= practise**); **in ~** (in reality) en la práctica; **out of ~** desentrenado

practise, (US) **practice** ['præktɪs] vt (carry out) practicar; (profession) ejercer; (train) practicar ▷ vi ejercer; (train) practicar; **practising**, (US) **practicing** adj (Christian etc) practicante; (lawyer) en ejercicio

practitioner [præk'tɪʃənə'] n (Med) médico/a

pragmatic [præg'mætɪk] adj pragmático

prairie ['prɛərɪ] n pampa

praise [preɪz] n alabanza(s) f(pl), elogio(s) m(pl) ▷ vt alabar, elogiar

pram [præm] n (BRIT) cochecito de niño

prank [præŋk] n travesura

prawn [prɔːn] n gamba; **prawn cocktail** n cóctel m de gambas

pray [preɪ] vi rezar; **prayer** [prɛə'] n oración f, rezo; (entreaty) ruego, súplica

preach [priːtʃ] vi predicar; **preacher** n predicador(a) m/f

precarious [prɪ'kɛərɪəs] adj precario

precaution [prɪ'kɔːʃən] n precaución f

precede [prɪ'siːd] vt, vi preceder; **precedent** ['presɪdənt] n precedente m; **preceding** [prɪ'siːdɪŋ] adj precedente

precinct ['priːsɪŋkt] n recinto

precious ['preʃəs] adj precioso

precise [prɪ'saɪs] adj preciso, exacto; **precisely** adv exactamente, precisamente

precision [prɪ'sɪʒən] n precisión f

predator ['predətə'] n depredador m

predecessor ['priːdɪsesə'] n antecesor(a) m/f

predicament [prɪ'dɪkəmənt] n apuro

predict [prɪ'dɪkt] vt pronosticar; **predictable** adj previsible; **prediction** [prɪ'dɪkʃən] n predicción f

predominantly [prɪ'dɒmɪnəntlɪ] adv en su mayoría

preface ['prefəs] n prefacio

prefect ['priːfekt] n (BRIT: in school) monitor(a) m/f

prefer [prɪ'fəː'] vt preferir; **to ~ coffee to tea** preferir el café al té; **preferable** ['prefrəbl] adj preferible; **preferably** ['prefrəblɪ] adv preferentemente, más bien; **preference** ['prefrəns] n preferencia; (priority) prioridad f

prefix ['priːfɪks] n prefijo

pregnancy ['pregnənsɪ] n (of woman) embarazo; (of animal) preñez f

pregnant ['pregnənt] adj (woman) embarazada; (animal) preñada

prehistoric ['priːhɪs'tɔrɪk] adj prehistórico

prejudice ['predʒudɪs] n prejuicio; **prejudiced** adj (person) predispuesto

preliminary [prɪˈlɪmɪnərɪ] *adj* preliminar

prelude [ˈprɛljuːd] *n* preludio

premature [ˈprɛmətʃʊəʳ] *adj* prematuro

premier [ˈprɛmɪəʳ] *adj* primero, principal ▷ *n* (Pol) primer(a) ministro/a

première [ˈprɛmɪɛəʳ] *n* estreno

Premier League [prɛmɪəˈliːg] *n* primera división

premises [ˈprɛmɪsɪz] *npl* local *msg*; **on the ~** en el lugar mismo

premium [ˈpriːmɪəm] *n* premio; (insurance) prima; **to be at a ~** estar muy solicitado

premonition [prɛməˈnɪʃən] *n* presentimiento

preoccupied [priːˈɔkjupaɪd] *adj* ensimismado

prepaid [priːˈpeɪd] *adj* porte pagado

preparation [prɛpəˈreɪʃən] *n* preparación *f*; **preparations** *npl* preparativos *mpl*

preparatory school *n* (BRIT) colegio privado de enseñanza primaria; (US) colegio privado de enseñanza secundaria

prepare [prɪˈpɛəʳ] *vt* preparar, disponer; (Culin) preparar ▷ *vi*: **to ~ for** (action) prepararse o disponerse para; (event) hacer preparativos para; **prepared** *adj* (willing): **to be prepared to help sb** estar dispuesto a ayudar a algn; **prepared for** listo para

preposition [prɛpəˈzɪʃən] *n* preposición *f*

prep school [prɛp-] *n* = **preparatory school**

prerequisite [priːˈrɛkwɪzɪt] *n* requisito previo

preschool [ˈpriːskuːl] *adj* preescolar

prescribe [prɪˈskraɪb] *vt* (Med) recetar

prescription [prɪˈskrɪpʃən] *n* (Med) receta

presence [ˈprɛzns] *n* presencia; **in sb's ~** en presencia de algn; **~ of mind** aplomo

present *adj* [ˈprɛznt] (in attendance) presente; (current) actual ▷ *n* [ˈprɛznt] (gift) regalo; (actuality): **the ~** la actualidad, el presente ▷ *vt* [prɪˈzɛnt] (introduce) presentar; (expound) exponer; (give) presentar, dar, ofrecer; (Theat) representar; **to give sb a ~** regalar algo a algn; **at ~** actualmente

presentable [prɪˈzɛntəbl] *adj*: **to make o.s. presentable** arreglarse

presentation [prɛznˈteɪʃən] *n* presentación *f*; (of case) exposición *f*

present-day *adj* actual; **presenter** [prɪˈzɛntəʳ] *n* (Radio, TV) locutor(a) *m/f*; **presently** *adv* (soon) dentro de poco; (now) ahora; **present participle** *n* participio (de) presente

preservation [prɛzəˈveɪʃən] *n* conservación *f*

preservative [prɪˈzəːvətɪv] *n* conservante *m*

preserve [prɪˈzəːv] *vt* (keep safe) preservar, proteger; (maintain) mantener; (food) conservar ▷ *n* (for game) coto, vedado; (often pl: jam) confitura

preside [prɪˈzaɪd] *vi* presidir

president [ˈprɛzɪdənt] *n* presidente *mf*; (US: of company) director(a) *m/f*; **presidential** [prɛzɪˈdɛnʃl] *adj* presidencial

press [prɛs] *n* (tool, machine, newspapers) prensa; (printer's) imprenta; (of hand) apretón *m* ▷ *vt* (push) empujar; (squeeze: button) apretar; (iron: clothes) planchar; (pressure) presionar; (insist): **to ~ sth on sb** insistir en que algn acepte algo ▷ *vi* (squeeze) apretar; **we are ~ed for time** tenemos poco tiempo; **to ~ sb to do** or **into doing sth** (urge, entreat) presionar a algn para que haga algo; **press conference** *n* rueda de prensa; **pressing** *adj* apremiante; **press stud** *n* (BRIT) botón *m* de presión; **press-up** *n* (BRIT) flexión *f*

pressure [ˈprɛʃəʳ] *n* presión *f*; **to put ~ on sb** presionar a algn; **pressure cooker** *n* olla a presión; **pressure group** *n* grupo de presión

prestige [pres'ti:ʒ] n prestigio

prestigious [pres'tɪdʒəs] adj prestigioso

presumably [prɪ'zju:məblɪ] adv es de suponer que, cabe presumir que

presume [prɪ'zju:m] vt: **to ~ (that)** presumir (que), suponer (que)

pretence, (us) **pretense** [prɪ'tens] n fingimiento; **under false ~s** con engaños

pretend [prɪ'tend] vt, vi fingir

◼ Be careful not to translate *pretend* by the Spanish word *pretender*.

pretense [prɪ'tens] n (us) = **pretence**

pretentious [prɪ'tenʃəs] adj pretencioso; (ostentatious) ostentoso, aparatoso

pretext ['pri:tekst] n pretexto

pretty ['prɪtɪ] adj bonito, lindo (LAM)
▷ adv bastante

prevail [prɪ'veɪl] vi (gain mastery) prevalecer; (be current) predominar; **prevailing** adj (dominant) predominante

prevalent ['prevələnt] adj (widespread) extendido

prevent [prɪ'vent] vt: **to ~ (sb) from doing sth** impedir (a algn) hacer algo; **to ~ sth from happening** evitar que ocurra algo; **prevention** [prɪ'venʃən] n prevención f; **preventive** adj preventivo

preview ['pri:vju:] n (of film) preestreno

previous ['pri:vɪəs] adj previo, anterior; **previously** adv antes

prey [preɪ] n presa ▷ vi: **to ~ on** (feed on) alimentarse de; **it was ~ing on his mind** le obsesionaba

price [praɪs] n precio ▷ vt (goods) fijar el precio de; **priceless** adj que no tiene precio; **price list** n tarifa

prick [prɪk] n (sting) picadura ▷ vt pinchar; (hurt) picar; **to ~ up one's ears** aguzar el oído

prickly ['prɪklɪ] adj espinoso; (fig: person) enojadizo

pride [praɪd] n orgullo; (pej) soberbia
▷ vt: **to ~ o.s. on** enorgullecerse de

priest [pri:st] n sacerdote m

primarily ['praɪmərɪlɪ] adv ante todo

primary ['praɪmərɪ] adj (first in importance) principal ▷ n (us: also: **~ election**) (elección f) primaria; **primary school** n (BRIT) escuela primaria

prime [praɪm] adj primero, principal; (excellent) selecto, de primera clase ▷ n: **in the ~ of life** en la flor de la vida ▷ vt (wood, also fig) preparar; **~ example** ejemplo típico; **Prime Minister** n primer(a) ministro/a; ver nota **"Downing Street"**

primitive ['prɪmɪtɪv] adj primitivo; (crude) rudimentario

primrose ['prɪmrəʊz] n primavera, prímula

prince [prɪns] n príncipe m

princess [prɪn'ses] n princesa

principal ['prɪnsɪpl] adj principal ▷ n director(a) m/f; **principally** adv principalmente

principle ['prɪnsɪpl] n principio; **in ~** en principio; **on ~** por principio

print [prɪnt] n (impression) marca, impresión f; (footprint) huella; (fingerprint) huella dactilar; (letters) letra de molde; (fabric) estampado, (Art) grabado, (Phot) impresión f ▷ vt imprimir; (write in capitals) escribir en letras de molde; **out of ~** agotado; **print out** vt (Comput) imprimir; **printer** n (person) impresor(a) m/f; (machine) impresora; **printout** n (Comput) copia impresa

prior ['praɪəʳ] adj anterior, previo; (more important) más importante; **~ to doing** antes de or hasta hacer

priority [praɪ'ɒrɪtɪ] n prioridad f; **to have** or **take ~ over sth** tener prioridad sobre algo

prison ['prɪzn] n cárcel f, prisión f ▷ cpd carcelario; **prisoner** n (in prison) preso/a; (captured person) prisionero/a

pristine ['prɪsti:n] adj pristino

privacy ['prɪvəsɪ] n intimidad f

private ['praɪvɪt] adj (personal) particular; (property, industry, discussion etc) privado; (person) reservado; (place) tranquilo ▷ n soldado raso; **"~"** (on envelope) "confidencial"; (on door) "privado"; **in ~** en privado; **privately** adv en privado; (in o.s.) en secreto; **private property** n propiedad f privada; **private school** n colegio privado

privatize ['praɪvɪtaɪz] vt privatizar

privilege ['prɪvɪlɪdʒ] n privilegio; (prerogative) prerrogativa

prize [praɪz] n premio ▷ adj de primera clase ▷ vt apreciar, estimar; **prize-giving** n distribución f de premios; **prizewinner** n premiado/a

pro [prəʊ] n (Sport) profesional mf; **the ~s and cons** los pros y los contras

probability [prɒbə'bɪlɪtɪ] n probabilidad f; **in all ~** lo más probable

probable ['prɒbəbl] adj probable

probably ['prɒbəblɪ] adv probablemente

probation [prə'beɪʃən] n: **on ~** (employee) a prueba; (Law) en libertad condicional

probe [prəʊb] n (Med, Space) sonda; (enquiry) investigación f ▷ vt sondar; (investigate) investigar

problem ['prɒbləm] n problema m

procedure [prə'siːdʒə] n procedimiento; (bureaucratic) trámites mpl

proceed [prə'siːd] vi proceder; (continue): **to ~ (with)** continuar (con); **proceedings** npl acto(s) m(pl); (Law) proceso sg; **proceeds** ['prəʊsiːdz] npl ganancias fpl, ingresos mpl

process ['prəʊses] n proceso ▷ vt tratar, elaborar

procession [prə'seʃən] n desfile m; **funeral ~** cortejo fúnebre

proclaim [prə'kleɪm] vt (announce) anunciar

prod [prɒd] vt empujar ▷ n empujoncito; codazo

produce n ['prɒdjuːs] (Agr) productos mpl agrícolas ▷ vt [prə'djuːs] producir; (Theat) presentar; **producer** n (Theat) director(a) m/f; (Agr, Cine) productor(a) m/f

product ['prɒdʌkt] n producto; **production** [prə'dʌkʃən] n (act) producción f; (Theat) representación f; **productive** [prə'dʌktɪv] adj productivo; **productivity** [prɒdʌk'tɪvɪtɪ] n productividad f

Prof. [prɒf] abbr (= professor) Prof

profession [prə'feʃən] n profesión f; **professional** n profesional mf; (skilled person) perito

professor [prə'fesə'] n (BRIT) catedrático/a; (US: teacher) profesor(a) m/f

profile ['prəʊfaɪl] n perfil m

profit ['prɒfɪt] n (Comm) ganancia ▷ vi: **to ~ by** or **from** aprovechar or sacar provecho de; **profitable** adj (Econ) rentable

profound [prə'faʊnd] adj profundo

programme (US or Comput) **program** ['prəʊgræm] n programa m ▷ vt programar; **programmer**, (US) **programer** ['prəʊgræmə'] n programador(a) m/f; **programming**, (US) **programing** ['prəʊgræmɪŋ] n programación f

progress n ['prəʊgres] progreso; (development) desarrollo ▷ vi [prə'gres] progresar, avanzar; **in ~** en curso; **progressive** [prə'gresɪv] adj progresivo; (person) progresista

prohibit [prə'hɪbɪt] vt prohibir; **to ~ sb from doing sth** prohibir a algn hacer algo

project n ['prɒdʒekt] proyecto ▷ vt [prə'dʒekt] proyectar ▷ vi (stick out) salir, sobresalir; **projection** [prə'dʒekʃən] n proyección f; (overhang) saliente m; **projector** [prə'dʒektə'] n proyector m

prolific [prə'lɪfɪk] adj prolífico

prolong [prə'lɒŋ] vt prolongar, extender

P

prom [prɔm] n abbr (BRIT)
= **promenade**; = **promenade
concert**; (US: ball) baile m de gala; ver
nota **"prom"**

○ **PROM**
○
○ Los conciertos de música clásica
○ más conocidos en Inglaterra son
○ los llamados Proms (o promenade
○ concerts), que tienen lugar en el
○ Royal Albert Hall de Londres, aunque
○ también se llama así a cualquier
○ concierto de esas características.
○ Su nombre se debe al hecho de que
○ en un principio el público paseaba
○ durante las actuaciones; en la
○ actualidad parte de la gente que
○ acude a ellos permanece de pie.
○ En Estados Unidos se llama prom
○ a un baile de gala en un colegio o
○ universidad.

promenade [prɔmə'nɑːd] n (by sea)
paseo marítimo
prominent ['prɔmɪnənt] adj
(standing out) saliente; (important)
eminente, importante
promiscuous [prə'mɪskjuəs] adj
(sexually) promiscuo
promise ['prɔmɪs] n promesa
▷ vt, vi prometer; **promising** adj
prometedor(a)
promote [prə'məut] vt (employee)
ascender; (employee) ascender; (ideas)
fomentar; **promotion** [prə'məuʃən]
n promoción f; (Mil) ascenso
prompt [prɔmpt] adj pronto ▷ adv:
at six o'clock = a las seis en punto ▷ n
(Comput) aviso, guía ▷ vt (urge) mover,
incitar; (when talking) instar; (Theat)
apuntar; **to ~ sb to do sth** instar
a algn a hacer algo; **promptly** adv
(punctually) puntualmente; (rapidly)
rápidamente
prone [prəun] adj (lying) postrado;
~ to propenso a
prong [prɔŋ] n diente m, punta

pronoun ['prəunaun] n
pronombre m
pronounce [prə'nauns] vt
pronunciar
pronunciation [prənʌnsɪ'eɪʃən] n
pronunciación f
proof [pruːf] n prueba ▷ adj:
~ against a prueba de
prop [prɔp] n apoyo; (fig) sostén m;
props npl accesorios mpl, at(t)rezzo
msg; **prop up** vt (roof, structure)
apuntalar; (economy) respaldar
propaganda [prɔpə'gændə] n
propaganda
propeller [prə'pelə'] n hélice f
proper ['prɔpə'] adj (suited, right)
propio; (exact) justo; (seemly)
correcto, decente; (authentic)
verdadero; **properly** adv (adequately)
correctamente; (decently)
decentemente; **proper noun** n
nombre m propio
property ['prɔpətɪ] n propiedad f;
personal ~ bienes mpl muebles
prophecy ['prɔfɪsɪ] n profecía
prophet ['prɔfɪt] n profeta mf
proportion [prə'pɔːʃən] n
proporción f; (share) parte f;
proportions npl (size) dimensiones
fpl; **proportional** adj: **proportional
(to)** en proporción (con)
proposal [prə'pəuzl] n (offer of
marriage) oferta de matrimonio; (plan)
proyecto
propose [prə'pəuz] vt proponer ▷ vi
declararse; **to ~ to do** tener intención
de hacer
proposition [prɔpə'zɪʃən] n
propuesta
proprietor [prə'praɪətə'] n
propietario/a, dueño/a
prose [prəuz] n prosa
prosecute ['prɔsɪkjuːt] vt
(Law) procesar; **prosecution**
[prɔsɪ'kjuːʃən] n proceso, causa;
(accusing side) acusación f; **prosecutor**
n acusador(a) m/f; (also: **public
prosecutor**) fiscal mf

prospect n ['prɔspekt] (chance) posibilidad f; (outlook) perspectiva ▷ vi [prə'spekt] buscar; **prospects** npl (for work etc) perspectivas fpl; **prospective** [prə'spektɪv] adj futuro

prospectus [prə'spektəs] n prospecto

prosper ['prɔspə] vi prosperar; **prosperity** [prɔ'sperɪtɪ] n prosperidad f; **prosperous** adj próspero

prostitute [prɔstɪtjuːt] n prostituta; **male ~** prostituto

protect [prə'tekt] vt proteger; **protection** [prə'tekʃən] n protección f; **protective** adj protector(a)

protein ['prəutiːn] n proteína

protest n ['prəutest] protesta ▷ vi [prə'test]: **to ~ about** or **at/against** protestar de/contra ▷ vt (insist): **to ~ (that)** insistir en (que)

Protestant ['prɔtɪstənt] adj, n protestante mf

protester, protestor n manifestante mf

protractor [prə'træktə] n (Geom) transportador m

proud [praud] adj orgulloso; (pej) soberbio, altanero

prove [pruːv] vt probar, (show) demostrar ▷ vi: **to ~ correct** resultar correcto; **to ~ o.s.** ponerse a prueba

proverb ['prɔvəːb] n refrán m

provide [prə'vaɪd] vt proporcionar, dar; **to ~ sb with sth** proveer a algn de algo; **provide for** vt fus (person) mantener a; (problem etc) tener en cuenta; **provided** conj: **provided (that)** con tal de que, a condición de que; **providing** [prə'vaɪdɪŋ] conj: **providing (that)** a condición de que, con tal de que

province ['prɔvɪns] n provincia; (fig) esfera; **provincial** [prə'vɪnʃəl] adj provincial; (pej) provinciano

provision [prə'vɪʒən] n (supply) suministro, abastecimiento;

provisions npl provisiones fpl, víveres mpl; **provisional** adj provisional

provocative [prə'vɔkətɪv] adj provocativo

provoke [prə'vəuk] vt (arouse) provocar, incitar; (anger) enojar

prowl [praul] vi (also: **~ about, ~ around**) merodear ▷ n: **on the ~** de merodeo

proximity [prɔk'sɪmɪtɪ] n proximidad f

proxy ['prɔksɪ] n: **by ~** por poderes

prudent ['pruːdnt] adj prudente

prune [pruːn] n ciruela pasa ▷ vt podar

pry [praɪ] vi: **to ~ into** entrometerse en

PS abbr (= postscript) P.D.

pseudonym ['sjuːdənɪm] n seudónimo

PSHE n abbr (BRIT Scol: = personal, social, and health education) formación social y sanitaria para la vida adulta

psychiatric [saɪkɪ'ætrɪk] adj psiquiátrico

psychiatrist [saɪ'kaɪətrɪst] n psiquiatra mf

psychic ['saɪkɪk] adj (also: **~al**) psíquico

psychoanalysis (pl **psychoanalyses**) [saɪkəuə'næləsɪs, -siːz] n psicoanálisis m inv

psychological [saɪkə'lɔdʒɪkl] adj psicológico

psychologist [saɪ'kɔlədʒɪst] n psicólogo/a

psychology [saɪ'kɔlədʒɪ] n psicología

psychotherapy [saɪkəu'θerəpɪ] n psicoterapia

pt abbr = **pint; point**

PTO abbr (= please turn over) sigue

pub [pʌb] n abbr (= public house) pub m, bar m

puberty ['pjuːbətɪ] n pubertad f

public ['pʌblɪk] adj público ▷ n: **the ~** el público; **in ~** en público; **to make sth ~** revelar or hacer público algo

publication [pʌblɪˈkeɪʃən] n
publicación f

public: public company n sociedad
f anónima; **public convenience** n
(BRIT) aseos mpl públicos, sanitarios
mpl (LAM); **public holiday** n día m
de fiesta, (día) feriado (LAM); **public
house** n (BRIT) pub m, bar m

publicity [pʌbˈlɪsɪtɪ] n publicidad f

publicize [ˈpʌblɪsaɪz] vt publicitar

public: public limited company n
sociedad f anónima (S.A.); **publicly**
adv públicamente, en público;
public opinion n opinión f pública;
public relations n relaciones fpl
públicas; **public school** n (BRIT)
colegio privado; (US) instituto; **public
transport** n transporte m público

publish [ˈpʌblɪʃ] vt publicar;
publisher n (person) editor(a) m/f;
(firm) editorial f; **publishing** n
(industry) industria del libro

pub lunch n almuerzo que se sirve en un
pub; **to go for a ~** almorzar o comer
en un pub

pudding [ˈpʊdɪŋ] n pudín m; (BRIT:
sweet) postre m; **black ~** morcilla

puddle [ˈpʌdl] n charco m

Puerto Rico [-ˈriːkəʊ] n Puerto Rico m

puff [pʌf] n soplo; (of smoke) bocanada;
(of breathing, engine) resoplido ▷ vt:
to ~ one's pipe dar chupadas a la
pipa ▷ vi (pant) jadear; **puff pastry** n
hojaldre m

pull [pʊl] n ▷ vt tirar de; (haul) tirar,
arrastrar ▷ vi tirar, jalar (LAM); **to
give sth a ~** (tug) dar un tirón a algo;
to ~ to pieces hacer pedazos; **to ~
one's punches** andarse con bromas;
to ~ one's weight hacer su parte;
to ~ o.s. together tranquilizarse,
sobreponerse; **to ~ sb's leg** tomar
el pelo a algn; **pull apart** vt (break)
romper; **pull away** vi (vehicle: move off)
salir, arrancar; (draw back) apartarse
bruscamente; **pull back** vt (lever etc)
tirar hacia sí; (curtains) descorrer ▷ vi
(refrain) contenerse; (Mil: withdraw)

retirarse; **pull down** vt (house)
derribar; **pull in** vi (Aut: at the kerb)
parar (junto a la acera), (Rail) llegar;
pull off vt (deal etc) cerrar; **pull out** vi
(car, train etc) salir ▷ vt sacar, arrancar;
pull over vi (Aut) hacerse a un lado;
pull up vi (stop) parar ▷ vt (uproot)
arrancar, desarraigar

pulley [ˈpʊlɪ] n polea

pullover [ˈpʊləʊvəʳ] n jersey m,
suéter m

pulp [pʌlp] n (of fruit) pulpa

pulpit [ˈpʊlpɪt] n púlpito

pulse [pʌls] n (Anat) pulso; (of music,
engine) pulsación f; (Bot) legumbre f;
pulses npl legumbres

puma [ˈpjuːmə] n puma m

pump [pʌmp] n bomba; (shoe)
zapatilla de tenis ▷ vt sacar con una
bomba; **pump up** vt inflar

pumpkin [ˈpʌmpkɪn] n calabaza

pun [pʌn] n juego de palabras

punch [pʌntʃ] n (blow) golpe m,
puñetazo; (tool) punzón m; (drink)
ponche m ▷ vt: **to ~ sb/sth** (hit) dar
un puñetazo o golpear a algn/algo;
punch-up n (BRIT inf) riña

punctual [ˈpʌŋktjʊəl] adj puntual

punctuation [pʌŋktjʊˈeɪʃən] n
puntuación f

puncture [ˈpʌŋktʃəʳ] n (BRIT) n
pinchazo ▷ vt pinchar

punish [ˈpʌnɪʃ] vt castigar;
punishment n castigo

punk [pʌŋk] n (also: ~ rocker) punki
mf; (also: ~ rock) música punk; (US inf:
hoodlum) matón m

pup [pʌp] n cachorro

pupil [ˈpjuːpl] n alumno/a; (of eye)
pupila

puppet [ˈpʌpɪt] n títere m

puppy [ˈpʌpɪ] n cachorro, perrito

purchase [ˈpəːtʃɪs] n compra ▷ vt
comprar

pure [pjʊəʳ] adj puro; **purely** adv
puramente

purify [ˈpjʊərɪfaɪ] vt purificar, depurar

purity [ˈpjʊərɪtɪ] n pureza

purple ['pə:pl] *adj* morado

purpose ['pə:pəs] *n* propósito; **on ~** a propósito, adrede

purr [pə:'] *vi* ronronear

purse [pə:s] *n* monedero; (*us:* *handbag*) bolso, cartera (*LAM*) ▷ *vt* fruncir

pursue [pə'sju:] *vt* seguir

pursuit [pə'sju:t] *n* (*chase*) caza; (*occupation*) actividad *f*

pus [pʌs] *n* pus *m*

push [puʃ] *n* empujón *m*; (*drive*) empuje *m* ▷ *vt* empujar; (*button*) apretar; (*promote*) promover ▷ *vi* empujar; **to ~ for** (*better pay, conditions*) reivindicar; **push in** *vi* colarse; **push off** *vi* (*inf*) largarse; **push on** *vi* seguir adelante; **push over** *vt* (*cause to fall*) hacer caer, derribar; (*knock over*) volcar; **push through** *vi* (*crowd*) abrirse paso a empujones ▷ *vt* (*measure*) despachar; **pushchair** *n* (*BRIT*) silla de niño; **pusher** *n* (*also:* **drug pusher**) traficante *mf* de drogas; **push-up** *n* (*US*) flexión *f*

puss [pus], **pussy(-cat)** ['pusɪ-] *n* minino

put (*pt, pp* **put**) [put] *vt* (*place*) poner, colocar; (*put into*) meter; (*express, say*) expresar; (*a question*) hacer; (*estimate*) calcular; **put aside** *vt* (*lay down: book etc*) dejar or poner a un lado; (*save*) ahorrar; (*in shop*) guardar; **put away** *vt* (*store*) guardar; **put back** *vt* (*replace*) devolver a su lugar; (*postpone*) aplazar; **put by** *vt* (*money*) guardar; **put down** *vt* (*on ground*) poner en el suelo; (*animal*) sacrificar; (*in writing*) apuntar; (*revolt etc*) sofocar; (*attribute*) atribuir; **put forward** *vt* (*ideas*) presentar, proponer; **put in** *vt* (*application, complaint*) presentar; (*time*) dedicar; **put off** *vt* (*postpone*) aplazar; (*discourage*) desanimar; **put on** *vt* ponerse; (*light etc*) encender; (*play etc*) presentar; (*brake*) echar; (*record, kettle etc*) poner; (*assume*) adoptar; **put out** *vt* (*fire, light*) apagar; (*rubbish*

etc) sacar; (*cat etc*) echar; (*one's hand*) alargar; **put through** *vt* (*call*) poner; (*plan etc*) hacer aprobar; **put together** *vt* unir, reunir; (*assemble: furniture*) armar, montar; (*meal*) preparar; **put up** *vt* (*raise*) levantar, alzar; (*hang*) colgar; (*build*) construir; (*increase*) aumentar; (*accommodate*) alojar; **put up with** *vt fus* aguantar

putt [pʌt] *n* putt *m*; **putting green** *n* green *m*, minigolf *m*

puzzle ['pʌzl] *n* rompecabezas *m inv*; (*also:* **crossword ~**) crucigrama *m*; (*mystery*) misterio ▷ *vt* dejar perplejo, confundir ▷ *vi* devanarse los sesos sobre; **to ~ over** devanarse los sesos sobre; **puzzling** *adj* misterioso, extraño

pyjamas, (*US*) **pajamas** [pɪ'dʒɑːməz] *npl* pijama *msg*

pylon ['paɪlən] *n* torre *f* de conducción eléctrica

pyramid ['pɪrəmɪd] *n* pirámide *f*

q

quack [kwæk] n graznido; (pej: doctor) curandero/a
quadruple [kwɒˈdruːpl] vt, vi cuadruplicar
quail [kweɪl] n codorniz f ▷ vi amedrentarse
quaint [kweɪnt] adj extraño; (picturesque) pintoresco
quake [kweɪk] vi temblar ▷ n abbr = **earthquake**
qualification [kwɒlɪfɪˈkeɪʃən] n (ability) capacidad f; (often pl: diploma etc) título; (reservation) salvedad f
qualified [ˈkwɒlɪfaɪd] adj capacitado; (limited) limitado; (professionally) titulado
qualify [ˈkwɒlɪfaɪ] vt (capacitate) capacitar; (modify) matizar ▷ vi: **to ~ (for)** (in competition) calificarse (para); (be eligible) reunir los requisitos (para); **to ~ (as)** (pass examination) calificarse (de), graduarse (en)

quality [ˈkwɒlɪtɪ] n calidad f; (moral) cualidad f
qualm [kwɑːm] n escrúpulo
quantify [ˈkwɒntɪfaɪ] vt cuantificar
quantity [ˈkwɒntɪtɪ] n cantidad f; **in ~** en grandes cantidades
quarantine [ˈkwɒrəntiːn] n cuarentena
quarrel [ˈkwɒrl] n riña, pelea ▷ vi reñir, pelearse
quarry [ˈkwɒrɪ] n cantera
quart [kwɔːt] n cuarto de galón = 1.136 l
quarter [ˈkwɔːtə*] n cuarto, cuarta parte f; (us: coin) moneda de 25 centavos; (of year) trimestre m; (district) barrio ▷ vt dividir en cuartos; (Mil: lodge) alojar; **quarters** npl (barracks) cuartel msg; (living quarters) alojamiento sg; **a ~ of an hour** un cuarto de hora; **quarter final** n cuarto de final; **quarterly** adj trimestral ▷ adv cada 3 meses, trimestralmente
quartet(te) [kwɔːˈtet] n cuarteto
quartz [kwɔːts] n cuarzo
quay [kiː] n (also: ~side) muelle m
queasy [ˈkwiːzɪ] adj: **to feel ~** tener náuseas
queen [kwiːn] n reina; (Cards etc) dama
queer [kwɪə*] adj raro, extraño ▷ n (pej, inf!) marica (!) m
quench [kwentʃ] vt: **to ~ one's thirst** apagar la sed
query [ˈkwɪərɪ] n (question) pregunta ▷ vt dudar de
quest [kwest] n busca, búsqueda
question [ˈkwestʃən] n pregunta; (matter) asunto, cuestión f ▷ vt (doubt) dudar de; (interrogate) interrogar, hacer preguntas a; **beyond ~** fuera de toda duda; **out of the ~** imposible, ni hablar; **questionable** adj dudoso; **question mark** n punto de interrogación; **questionnaire** [kwestʃəˈnɛə*] n cuestionario
queue [kjuː] (BRIT) n cola ▷ vi hacer cola
quiche [kiːʃ] n quiche m

r

quick [kwɪk] *adj* rápido *m*; *(agile)* ágil; *(mind)* listo ⊳ *n*: **cut to the ~** *(fig)* herido en lo más vivo; **be ~!** ¡date prisa!; **quickly** *adv* rápidamente, de prisa

quid [kwɪd] *n (pl inv: BRIT inf)* libra

quiet [ˈkwaɪət] *adj (voice, music etc)* bajo; *(person, place)* tranquilo ⊳ *n* silencio; *(calm)* tranquilidad *f*; **quietly** *adv* tranquilo, *(silently)* silenciosamente

▌ Be careful not to translate *quiet* by the Spanish word *quieto*.

quilt [kwɪlt] *n* edredón *m*

quirky [ˈkwɜːkɪ] *adj* raro, estrafalario

quit [kwɪt] *(pt, pp* **quit** *or* **quitted)** *vt* dejar, abandonar; *(premises)* desocupar ⊳ *vi (give up)* renunciar; *(resign)* dimitir

quite [kwaɪt] *adv (rather)* bastante; *(entirely)* completamente; **~ a few of them** un buen número de ellos; **~ (so)!** ¡así es!, ¡exactamente!; **that's not ~ right** eso no está del todo bien

quits [kwɪts] *adj*: **~ (with)** en paz (con); **let's call it ~** quedamos en paz

quiver [ˈkwɪvəʳ] *vi* estremecerse

quiz [kwɪz] *n* concurso

quota [ˈkwəʊtə] *n* cuota

quotation [kwəʊˈteɪʃən] *n* cita; *(estimate)* presupuesto; **quotation marks** *npl* comillas *fpl*

quote [kwəʊt] *n* cita ⊳ *vt (sentence)* citar; *(Comm: sum, figure)* cotizar ⊳ *vi*: **to ~ from** citar de tr; **quotes** *npl (inverted commas)* comillas *fpl*

---

rabbi [ˈræbaɪ] *n* rabino

rabbit [ˈræbɪt] *n* conejo

rabies [ˈreɪbiːz] *n* rabia

RAC *n abbr (BRIT: = Royal Automobile Club)* = RACE *m (SP)*

raccoon [rəˈkuːn] *n* mapache *m*

race [reɪs] *n* carrera; *(species)* raza ⊳ *vt (horse)* hacer correr; *(engine)* acelerar ⊳ *vi (compete)* competir; *(run)* correr; *(pulse)* latir a ritmo acelerado; **race car** *n (US)* = **racing car**; **racecourse** *n* hipódromo; **racehorse** *n* caballo de carreras; **racetrack** *n* hipódromo; *(for cars)* circuito de carreras

racial [ˈreɪʃl] *adj* racial

racing [ˈreɪsɪŋ] *n* carreras *fpl*; **racing car** *n (BRIT)* coche *m* de carreras; **racing driver** *n (BRIT)* piloto *mf* de carreras

racism [ˈreɪsɪzəm] *n* racismo

racist [ˈreɪsɪst] *adj*, *n* racista *mf*

rack [ræk] *n (also:* **luggage ~)** rejilla *(portaequipajes)*; *(shelf)* estante *m*;

(also: **roof ~**) baca; (also: **clothes ~**) perchero ▷ vt atormentar; **to ~ one's brains** devanarse los sesos

racket ['rækɪt] n (for tennis) raqueta; (inf: noise) ruido, estrépito; (: swindle) estafa, timo

racquet ['rækɪt] n raqueta

radar ['reɪdɑːʳ] n radar m

radiation [reɪdɪ'eɪʃən] n radiación f

radiator ['reɪdɪeɪtəʳ] n radiador m

radical ['rædɪkl] adj radical

radio ['reɪdɪəʊ] n radio f; **on the ~** en or por la radio; **radioactive** adj radi(o)activo; **radio station** n emisora

radish ['rædɪʃ] n rábano

RAF n abbr (BRIT) = **Royal Air Force**

raffle ['ræfl] n rifa, sorteo

raft [rɑːft] n balsa; (also: **life ~**) balsa salvavidas

rag [ræg] n (piece of cloth) trapo; (torn cloth) harapo; (pej: newspaper) periodicucho; (for charity) actividades estudiantiles benéficas; **rags** npl harapos mpl

rage [reɪdʒ] n rabia, furor m ▷ vi (person) rabiar, estar furioso; (storm) bramar; **it's all the ~** es lo último; (very fashionable) está muy de moda

ragged ['rægɪd] adj (edge) desigual, mellado; (cuff) roto; (appearance) andrajoso, harapiento

raid [reɪd] n (Mil) incursión f; (criminal) asalto; (by police) redada ▷ vt invadir, atacar; asaltar

rail [reɪl] n (on stair) barandilla, pasamanos m inv; (on bridge) pretil m; (of balcony, ship) barandilla; **railcard** n (BRIT) tarjeta para obtener descuentos en el tren; **railing(s)** n(pl) verja sg; **railway**, (US) **railroad** n ferrocarril m, vía férrea; **railway line** n (BRIT) línea de ferrocarril; **railway station** n (BRIT) estación f de ferrocarril

rain [reɪn] n lluvia ▷ vi llover; **in the ~** bajo la lluvia; **it's ~ing** llueve, está lloviendo; **rainbow** n arco iris; **raincoat** n impermeable m; **raindrop** n gota de lluvia; **rainfall** n lluvia;

rainforest n selva tropical; **rainy** adj lluvioso

raise [reɪz] n aumento ▷ vt levantar; (increase) aumentar; (improve: morale) subir; (: standards) mejorar; (doubts) suscitar; (a question) plantear; (cattle, family) criar; (crop) cultivar; (army) reclutar; (loan) obtener; **to ~ one's voice** alzar la voz

raisin ['reɪzn] n pasa de Corinto

rake [reɪk] n (tool) rastrillo; (person) libertino ▷ vt (garden) rastrillar

rally ['rælɪ] n reunión f; (Pol) mitin m; (Aut) rallye m; (Tennis) peloteo ▷ vt reunir ▷ vi recuperarse

RAM [ræm] n abbr (= random access memory) RAM f

ram [ræm] n carnero; (Tech) pisón m; (also: **battering ~**) ariete m ▷ vt (crash into) dar contra, chocar con; (push: fist etc) empujar con fuerza

Ramadan ['ræmədæn] n Ramadán m

ramble ['ræmbl] n caminata, excursión f en el campo ▷ vi (pej: also: **~ on**) divagar; **rambler** n excursionista mf; (Bot) trepadora; **rambling** adj (speech) inconexo; (Bot) trepador(a); (house) laberíntico

ramp [ræmp] n rampa; **on/off ~** n (US Aut) vía de acceso/salida

rampage [ræm'peɪdʒ] n: **to be on the ~** desmandarse ▷ vi: **they went rampaging through the town** recorrieron la ciudad armando alboroto

ran [ræn] pt of **run**

ranch [rɑːntʃ] n hacienda, estancia

random ['rændəm] adj fortuito, sin orden; (Comput, Math) aleatorio ▷ n: **at ~** al azar

rang [ræŋ] pt of **ring**

range [reɪndʒ] n (of mountains) cadena de montañas, cordillera; (of missile) alcance m; (of voice) registro; (series) serie f; (of products) surtido; (Mil: also: **shooting ~**) campo de tiro; (also: **kitchen ~**) fogón m ▷ vt (place) colocar; (arrange) arreglar ▷ vi: **to ~**

over (*extend*) extenderse por; **to ~ from ... to ...** oscilar entre ... y ...

ranger ['reɪndʒə'] *n* guardabosques *m inv*

rank [ræŋk] *n* (*row*) fila; (*Mil*) rango; (*status*) categoría; (*BRIT: also:* **taxi ~**) parada ▷ *vi:* **to ~ among** figurar entre ▷ *adj* fétido, rancio; **the ~ and file** (*fig*) las bases

ransom ['rænsəm] *n* rescate *m;* **to hold sb to ~** (*fig*) poner a algn entre la espada y la pared

rant [rænt] *vi* despotricar

rap [ræp] *vt* golpear, dar un golpecito en ▷ *n* (*music*) rap *m*

rape [reɪp] *n* violación *f;* (*Bot*) colza ▷ *vt* violar

rapid ['ræpɪd] *adj* rápido; **rapidly** *adv* rápidamente; **rapids** *npl* (*Geo*) rápidos *mpl*

rapist ['reɪpɪst] *n* violador *m*

rapport [ræ'pɔː'] *n* entendimiento

rare [rɛə'] *adj* raro, poco común; (*Culin: steak*) poco hecho; **rarely** *adv* pocas veces

rash [ræʃ] *adj* imprudente, precipitado ▷ *n* (*Med*) sarpullido, erupción *f* (cutánea)

rasher ['ræʃə'] *n* loncha

raspberry ['rɑːzbərɪ] *n* frambuesa

rat [ræt] *n* rata

rate [reɪt] *n* (*ratio*) razón *f;* (*price*) precio; (*: of hotel*) tarifa; (*of interest*) tipo; (*speed*) velocidad *f* ▷ *vt* (*value*) tasar; (*estimate*) estimar; **rates** *npl* (*BRIT*) impuesto sg municipal; (*fees*) tarifa sg; **to ~ sb/sth highly** tener a algn/algo en alta estima

rather ['rɑːðə'] *adv:* **it's ~ expensive** es algo caro; (*too much*) es demasiado caro; **there's ~ a lot** hay bastante; **I would** *or* **I'd ~ go** preferiría ir; **or ~** o mejor dicho

rating ['reɪtɪŋ] *n* tasación *f;* **ratings** *npl* (*Radio, TV*) niveles *mpl* de audiencia

ratio ['reɪʃɪəu] *n* razón *f;* **in the ~ of 100 to 1** a razón de o en la proporción de 100 a 1

ration ['ræʃən] *n* ración *f* ▷ *vt* racionar; **rations** *npl* víveres *mpl*

rational ['ræʃənl] *adj* (*solution, reasoning*) lógico, razonable; (*person*) cuerdo, sensato

rattle ['rætl] *n* golpeteo; (*of train etc*) traqueteo; (*object: of baby*) sonaja, sonajero ▷ *vi* (*small objects*) castañetear; (*car, bus*): **to ~ along** traquetear ▷ *vt* hacer sonar agitando

rave [reɪv] *vi* (*in anger*) encolerizarse; (*with enthusiasm*) entusiasmarse; (*Med*) delirar, desvariar ▷ *n* (*inf: party*) rave *m*

raven ['reɪvən] *n* cuervo

ravine [rə'viːn] *n* barranco

raw [rɔː] *adj* crudo; (*not processed*) bruto; (*sore*) vivo; (*inexperienced*) novato, inexperto; **~ materials** materias primas

ray [reɪ] *n* rayo; **~ of hope** (rayo de) esperanza

razor ['reɪzə'] *n* (*open*) navaja; (*safety razor*) máquina de afeitar; (*electric razor*) máquina (eléctrica) de afeitar; **razor blade** *n* hoja de afeitar

Rd *abbr* = **road**

RE *n abbr* (*BRIT: Scol*) = **religious education**; (*: Mil*) = **Royal Engineers**

re [riː] *prep* con referencia a

reach [riːtʃ] *n* alcance *m;* (*of river etc*) extensión *f* entre dos recodos ▷ *vt* alcanzar, llegar a; (*achieve*) lograr ▷ *vi* extenderse; **within ~** al alcance (de la mano); **out of ~** fuera del alcance; **reach out** *vt* (*hand*) tender ▷ *vi:* **to ~ out for sth** alargar *or* tender la mano para tomar algo

react [riː'ækt] *vi* reaccionar; **reaction** [riː'ækʃən] *n* reacción *f;* **reactor** [riː'æktə'] *n* (*also:* **nuclear reactor**) reactor *m* (nuclear)

read (*pt, pp* **read**) [riːd, rɛd] *vi* leer ▷ *vt* leer; (*understand*) entender; (*study*) estudiar; **read out** *vt* leer en alta voz; **reader** *n* lector(a) *m/f;* (*BRIT: at university*) profesor(a) *m/f*

readily ['redɪlɪ] adv (willingly) de buena gana; (easily) fácilmente; (quickly) en seguida

reading ['riːdɪŋ] n lectura; (on instrument) indicación f

ready ['redɪ] adj listo, preparado; (willing) dispuesto; (available) disponible ▷ adv: **~-cooked** listo para comer ▷ n: **at the ~** (Mil) listo para tirar ▷ vt preparar; **to get ~** vi prepararse; **ready-made** adj confeccionado

real [rɪəl] adj verdadero, auténtico; **in ~ terms** en términos reales; **real ale** n cerveza elaborada tradicionalmente; **real estate** n bienes mpl raíces; **realistic** [rɪə'lɪstɪk] adj realista

reality [riː'ælɪtɪ] n realidad f; **reality TV** n telerrealidad f

realization [rɪəlaɪ'zeɪʃən] n comprensión f; (of a project) realización f; (Comm) realización f

realize ['rɪəlaɪz] vt (understand) darse cuenta de

really ['rɪəlɪ] adv realmente; (for emphasis) verdaderamente; **what happened** (actually) lo que pasó en realidad; **~?** ¿de veras?; **~!** (annoyance) ¡vamos!, ¡por favor!

realm [rɛlm] n reino; (fig) esfera

reappear [riːə'pɪə] vi reaparecer

rear [rɪə] adj trasero ▷ n parte f trasera ▷ vt (cattle, family) criar ▷ vi (also: **~ up**: animal) encabritarse

rearrange [riːə'reɪndʒ] vt ordenar o arreglar de nuevo

rear: **rear-view mirror** n (Aut) espejo retrovisor; **rear-wheel drive** n tracción f trasera

reason ['riːzn] n razón f ▷ vi: **to ~ with sb** tratar de que algn entre en razón; **it stands to ~ that ...** es lógico que ...; **reasonable** adj razonable; (sensible) sensato; **reasonably** adv razonablemente; **reasoning** n razonamiento, argumentos mpl

reassurance [riːə'ʃuərəns] n consuelo

reassure [riːə'ʃuə] vt tranquilizar; **to ~ sb that** tranquilizar a algn asegurándole que

rebate ['riːbeɪt] n (on tax etc) desgravación f

rebel ['rɛbl] rebelde mf ▷ vi [rɪ'bɛl] rebelarse, sublevarse; **rebellion** n rebelión f, sublevación f; **rebellious** adj rebelde; (child) revoltoso

rebuild [riː'bɪld] vt reconstruir

recall [rɪ'kɔːl] vt (remember) recordar; (ambassador etc) retirar ▷ n recuerdo

recd., rec'd abbr (= received) recibido

receipt [rɪ'siːt] n (document) recibo; (act of receiving) recepción f; **receipts** npl (Comm) ingresos mpl

> Be careful not to translate *receipt* by the Spanish word *receta*.

receive [rɪ'siːv] vt recibir; (guest) acoger; (wound) sufrir; **receiver** n (Tel) auricular m; (Radio) receptor m; (of stolen goods) perista mf; (Law) administrador m jurídico

recent ['riːsnt] adj reciente; **recently** adv recientemente; **recently arrived** recién llegado

reception [rɪ'sɛpʃən] n recepción f; (welcome) acogida; **reception desk** n recepción f; **receptionist** n recepcionista m

recession [rɪ'sɛʃən] n recesión f

recharge [riː'tʃɑːdʒ] vt (battery) recargar

recipe ['rɛsɪpɪ] n receta; (for disaster, success) fórmula

recipient [rɪ'sɪpɪənt] n recibidor(a) m/f; (of letter) destinatario/a

recital [rɪ'saɪtl] n recital m

recite [rɪ'saɪt] vt (poem) recitar

reckless ['rɛkləs] adj temerario, imprudente; (speed) peligroso

reckon ['rɛkən] vt calcular; (consider) considerar ▷ vi: **I ~ that ...** me parece que ...

reclaim [rɪ'kleɪm] vt (land) recuperar; (: from sea) rescatar; (demand back) reclamar

recline [rɪ'klaɪn] vi reclinarse

recognition [rekəg'nɪʃən] n reconocimiento; **transformed beyond** ~ irreconocible

recognize ['rekəgnaɪz] vt **to** ~ **(by/as)** reconocer (por/como)

recollection [rekə'lekʃən] n recuerdo

recommend [rekə'mend] vt recomendar; **recommendation** [rekəmen'deɪʃən] n recomendación f

reconcile ['rekənsaɪl] vt (two people) reconciliar; (two facts) conciliar; **to** ~ **o.s. to sth** resignarse o conformarse a algo

reconsider [ri:kən'sɪdə'] vt repensar

reconstruct [ri:kən'strʌkt] vt reconstruir

record n ['rekɔːd] (Mus) disco; (of meeting etc) acta; (register) registro, partida; (file) archivo; (also: **police** or **criminal** ~) antecedentes mpl penales; (written) expediente m; (Sport) récord m; (Comput) registro ▷ vt [rɪ'kɔːd] registrar; (Mus: song etc) grabar; **in** ~ **time** en un tiempo récord; **off the** ~ adj no oficial; adv confidencialmente; **recorded delivery** n (BRIT Post) entrega con acuse de recibo; **recorder** n (Mus) flauta de pico; **recording** n (Mus) grabación f; **record player** n tocadiscos m inv

recount vt [rɪ'kaunt] contar

recover [rɪ'kʌvə'] vt recuperar ▷ vi recuperarse; **recovery** n recuperación f

recreate [ri:krɪ'eɪt] vt recrear

recreation [rekrɪ'eɪʃən] n recreo; **recreational** adj de, recreo; **recreational drug** n droga recreativa; **recreational vehicle** n (US) caravana or roulotte f pequeña

recruit [rɪ'kru:t] n recluta mf ▷ vt reclutar; (staff) contratar; **recruitment** n reclutamiento

rectangle ['rektæŋgl] n rectángulo; **rectangular** [rek'tæŋgjulə'] adj rectangular

rectify ['rektɪfaɪ] vt rectificar

rector ['rektə'] n (Rel) párroco

recur [rɪ'kɜː'] vi repetirse; (pain, illness) producirse de nuevo; **recurring** adj (problem) repetido, constante

recyclable [ri:'saɪkləbl] adj reciclable

recycle [ri:'saɪkl] vt reciclar

recycling [ri:'saɪklɪŋ] n reciclaje m

red [red] n rojo ▷ adj rojo; (hair) pelirrojo; (wine) tinto; **to be in the** ~ (account) estar en números rojos; (business) tener un saldo negativo; **to give sb the** ~ **carpet treatment** recibir a algn con todos los honores; **Red Cross** n Cruz f Roja; **redcurrant** n grosella roja

redeem [rɪ'di:m] vt redimir; (promises) cumplir; (sth in pawn) desempeñar; (Rel: fig) rescatar

red: **redhead** n pelirrojo/a; **red-hot** adj candente; **red light** n: **to go through** or **jump a red light** (Aut) saltarse un semáforo; **red-light district** n barrio chino; **red meat** n carne f roja

reduce [rɪ'dju:s] vt reducir; **to** ~ **sb to silence/despair/tears** hacer callar/desesperarse/llorar a algn; **reduced** adj (decreased) reducido, rebajado; **at a reduced price** con rebaja or descuento; **"greatly reduced prices"** "grandes rebajas"; **reduction** [rɪ'dʌkʃən] n reducción f; (of price) rebaja; (discount) descuento

redundancy [rɪ'dʌndənsɪ] n despido; (unemployment) desempleo

redundant [rɪ'dʌndənt] adj (BRIT: worker) parado, sin trabajo; (detail, object) superfluo; **to be made** ~ (BRIT) quedar(se) sin trabajo

reed [ri:d] n (Bot) junco, caña; (Mus) lengüeta

reef [ri:f] n (at sea) arrecife m

reel [ri:l] n carrete m, bobina; (of film) rollo ▷ vt (Tech) devanar; (also: ~ **in**) sacar ▷ vi (sway) tambalear(se)

ref [ref] n abbr (inf): = **referee**

refectory [rɪ'fektərɪ] n comedor m

refer [rɪ'fɜː'] vt (send: patient) referir; (: matter) remitir ▷ vi: **to** ~ **to** (allude _to_) referirse a, aludir a; (_apply to_) relacionarse con; (_consult_) remitirse a

referee [rɛfə'riː] _n_ árbitro; (BRIT: _for job application_) **to be a ~ for sb** proporcionar referencias a algn ▷ _vt_ (_match_) arbitrar en

reference ['rɛfrəns] _n_ referencia; (_for job application: letter_) carta de recomendación; **with ~ to** (Comm: _in letter_) me remito a; **reference number** _n_ número de referencia

refill _vt_ [riː'fɪl] volver a llenar ▷ _n_ ['riːfɪl] repuesto, recambio

refine [rɪ'faɪn] _vt_ refinar; **refined** _adj_ (_person, taste_) refinado, fino; **refinery** _n_ refinería

reflect [rɪ'flɛkt] _vt_ reflejar ▷ _vi_ (_think_) reflexionar, pensar; **it ~s badly/well on him** le perjudica/le hace honor; **reflection** [rɪ'flɛkʃən] _n_ (_act_) reflexión _f_; (_image_) reflejo; (_discredit_) crítica; **on reflection** pensándolo bien

reflex ['riːflɛks] _adj_, _n_ reflejo

reform [rɪ'fɔːm] _n_ reforma ▷ _vt_ reformar

refrain [rɪ'freɪn] _vi_: **to ~ from doing** abstenerse de hacer ▷ _n_ estribillo

refresh [rɪ'frɛʃ] _vt_ refrescar; **refreshing** _adj_ refrescante; **refreshments** _npl_ refrescos _mpl_

refrigerator [rɪ'frɪdʒəreɪtə*] _n_ frigorífico, refrigeradora (LAM), heladera (LAM)

refuel [riː'fjʊəl] _vi_ repostar (combustible)

refuge ['rɛfjuːdʒ] _n_ refugio, asilo; **to take ~ in** refugiarse en; **refugee** [rɛfju'dʒiː] _n_ refugiado/a

refund _n_ ['riːfʌnd] reembolso ▷ _vt_ [rɪ'fʌnd] devolver, reembolsar

refurbish [riː'fəːbɪʃ] _vt_ restaurar, renovar

refusal [rɪ'fjuːzəl] _n_ negativa; **to have first ~ on sth** tener la primera opción a algo

refuse¹ ['rɛfjuːs] _n_ basura

refuse² [rɪ'fjuːz] _vt_ (_reject_) rechazar; (_invitation_) declinar; (_permission_)

denegar; (_say no to_) negarse a ▷ _vi_ negarse; (_horse_) rehusar; **to ~ to do sth** negarse a or rehusar hacer algo

regain [rɪ'geɪn] _vt_ recobrar, recuperar

regard [rɪ'gɑːd] _n_ mirada; (_esteem_) respeto; (_attention_) consideración _f_ ▷ _vt_ (_consider_) considerar; **to give one's ~s to** saludar de su parte a; **"with kindest ~s"** "con muchos recuerdos"; **as ~s, with ~ to** con respecto a, en cuanto a; **regarding** _prep_ con respecto a, en cuanto a; **regardless** _adv_ a pesar de todo; **regardless of** sin reparar en

regenerate [rɪ'dʒɛnəreɪt] _vt_ regenerar

reggae ['rɛgeɪ] _n_ reggae _m_

regiment ['rɛdʒɪmənt] _n_ regimiento

region ['riːdʒən] _n_ región _f_; **in the ~ of** (_fig_) alrededor de; **regional** _adj_ regional

register ['rɛdʒɪstə*] _n_ registro ▷ _vt_ registrar; (_birth_) declarar; (_car_) matricular; (_letter_) certificar; (_instrument_) marcar, indicar ▷ _vi_ (_at hotel_) registrarse; (_as student_) matricularse; (_make impression_) producir impresión; **registered** _adj_ (_letter_) certificado

registrar ['rɛdʒɪstrɑː*] _n_ secretario/a (del registro civil)

registration [rɛdʒɪs'treɪʃən] _n_ (_act_) declaración _f_; (_Aut: also: ~ number_) matrícula

registry office _n_ (BRIT) registro civil; **to get married in a ~** casarse por lo civil

regret [rɪ'grɛt] _n_ sentimiento, pesar _m_ ▷ _vt_ sentir, lamentar; **regrettable** _adj_ lamentable

regular ['rɛgjulə*] _adj_ regular; (_soldier_) profesional; (_usual_) habitual ▷ _n_ (_client etc_) cliente/a _m/f_ habitual; **regularly** _adv_ con regularidad

regulate ['rɛgjuleɪt] _vt_ controlar; **regulation** [rɛgju'leɪʃən] _n_ (_rule_) regla, reglamento

rehabilitation [ˌriːəbɪlɪˈteɪʃən] n rehabilitación f

rehearsal [rɪˈhəːsəl] n ensayo

rehearse [rɪˈhəːs] vt ensayar

reign [reɪn] n reinado; (fig) predominio ▷ vi reinar; (fig) imperar

reimburse [ˌriːɪmˈbəːs] vt reembolsar

rein [reɪn] n (for horse) rienda

reincarnation [ˌriːɪnkɑːˈneɪʃən] n reencarnación f

reindeer [ˈreɪndɪə*] n (pl inv) reno

reinforce [ˌriːɪnˈfɔːs] vt reforzar

reinforcement [ˌriːɪnˈfɔːsmənt] n refuerzo; **reinforcements** npl (Mil) refuerzos mpl

reinstate [ˌriːɪnˈsteɪt] vt (worker) reintegrar (a su puesto); (tax, law) reinstaurar

reject n [ˈriːdʒekt] (thing) desecho ▷ vt [rɪˈdʒekt] rechazar; (proposition, offer etc) descartar; **rejection** [rɪˈdʒekʃən] n rechazo

rejoice [rɪˈdʒɔɪs] vi: **to ~ at** or **over** regocijarse or alegrarse de

relate [rɪˈleɪt] vt (tell) contar, relatar; (connect) relacionar ▷ vi relacionarse; **related** adj afín; (person) emparentado; **to be related to** (connected) guardar relación con; (by family) ser pariente de; **relating** to **relating to** prep referente a

relation [rɪˈleɪʃən] n (person) pariente mf; (link) relación f; **relations** npl (relatives) familiares mpl; **relationship** fpl; (personal) relación f; (personal) relación f; (also: **family relationship**) parentesco

relative [ˈrelətɪv] n pariente mf, familiar mf ▷ adj relativo; **relatively** adv (fairly, rather) relativamente

relax [rɪˈlæks] vi descansar; (quieten down) relajarse ▷ vt relajar; (grip) aflojar; **relaxation** [ˌriːlækˈseɪʃən] n descanso; (easing) relajamiento m; (entertainment) diversión f; **relaxed** adj relajado; (tranquil) tranquilo; **relaxing** adj relajante

relay n [ˈriːleɪ] (race) carrera de relevos ▷ vt [rɪˈleɪ] (Radio, TV) retransmitir

release [rɪˈliːs] n (liberation) liberación f; (discharge) puesta en libertad; (of gas etc) escape m; (of film etc) estreno; (of record) lanzamiento ▷ vt (prisoner) poner en libertad; (film) estrenar; (book) publicar; (piece of news) difundir; (gas etc) despedir, arrojar; (free: from wreckage etc) liberar; (Tech: catch, spring etc) desenganchar

relegate [ˈrelɪɡeɪt] vt relegar; (Sport): **to be ~d to** bajar a

relent [rɪˈlent] vi ablandarse; **relentless** adj implacable

relevant [ˈreləvənt] adj (fact) pertinente, **~ to** relacionado con

reliable [rɪˈlaɪəbl] adj (person, firm) de confianza, de fiar; (method, machine) seguro; (source) fidedigno

relic [ˈrelɪk] n (Rel) reliquia f; (of the past) vestigio

relief [rɪˈliːf] n (from pain, anxiety) alivio; (help, supplies) socorro, ayuda; (Art, Geo) relieve m

relieve [rɪˈliːv] vt (pain, patient) aliviar; (bring help to) ayudar, socorrer; (take over from) sustituir a, (: guard) relevar; **to ~ sb of sth** quitar algo a algn; **to ~ o.s.** hacer sus necesidades; **relieved** adj: **to be relieved** sentir un gran alivio

religion [rɪˈlɪdʒən] n religión f

religious [rɪˈlɪdʒəs] adj religioso; **religious education** n educación f religiosa

relish [ˈrelɪʃ] n (Culin) salsa; (enjoyment) entusiasmo ▷ vt (food, challenge etc) saborear; **to ~ doing** gozar haciendo

relocate [ˌriːləʊˈkeɪt] vt trasladar ▷ vi trasladarse

reluctance [rɪˈlʌktəns] n renuencia

reluctant [rɪˈlʌktənt] adj reacio; **to be ~ to do sth** resistirse a hacer algo; **reluctantly** adv de mala gana

rely [rɪˈlaɪ]: **to ~ on** vt fus depender de; **you can ~ on my discretion** puedes contar con mi discreción

remain [rɪˈmeɪn] vi (survive) quedar; (be left) sobrar; (continue) quedar(se), permanecer; **remainder** n resto; **remaining** adj restante, que queda(n); **remains** npl restos mpl

remand [rɪˈmɑːnd] n: **on ~** detenido (bajo custodia) ▷ vt: **to ~ in custody** mantener bajo custodia

remark [rɪˈmɑːk] n comentario ▷ vt comentar; **remarkable** adj (outstanding) extraordinario

remarry [riːˈmærɪ] vi volver a casarse

remedy [ˈrɛmədɪ] n remedio ▷ vt remediar, curar

remember [rɪˈmɛmbə*] vt recordar, acordarse de; (bear in mind) tener presente; **~ me to your wife and children!** ¡déle recuerdos a su familia!

Remembrance Day, Remembrance Sunday n (BRIT) ver nota **"Remembrance Day"**

◦ REMEMBRANCE DAY

◦ En el Reino Unido el domingo
◦ más cercano al 11 de noviembre es
◦ *Remembrance Day* o *Remembrance*
◦ *Sunday*, aniversario de la firma
◦ del armisticio de 1918 que puso
◦ fin a la Primera Guerra Mundial.
◦ Tal día se recuerda a todos
◦ aquellos que murieron en las
◦ dos guerras mundiales con dos
◦ minutos de silencio a las once de
◦ la mañana (hora en que se firmó el
◦ armisticio), durante los actos de
◦ conmemoración celebrados en los
◦ monumentos a los caídos. Allí se
◦ colocan coronas de amapolas, flor
◦ que también se suele llevar prendida
◦ en el pecho tras pagar un donativo
◦ para los inválidos de guerra.

remind [rɪˈmaɪnd] vt: **to ~ sb to do sth** recordar a algn que haga algo; **to ~ sb of sth** recordar algo a algn; **she ~s me of her mother** me recuerda a

su madre; **reminder** n notificación f; (memento) recuerdo

reminiscent [rɛmɪˈnɪsnt] adj: **to be ~ of sth** recordar algo

remnant [ˈrɛmnənt] n resto; (of cloth) retal m

remorse [rɪˈmɔːs] n remordimientos mpl

remote [rɪˈməʊt] adj (distant) lejano; (person) distante; **remote control** n mando a distancia; **remotely** adv remotamente; (slightly) levemente

removal [rɪˈmuːvəl] n (taking away) (el) quitar; (BRIT: from house) mudanza; (from office: dismissal) destitución f; (Med) extirpación f; **removal man** n (BRIT) mozo de mudanzas; **removal van** n (BRIT) camión m de mudanzas

remove [rɪˈmuːv] vt quitar; (employee) destituir; (name: from list) tachar, borrar; (doubt) disipar; (Med) extirpar

Renaissance [rɪˈneɪsɒ̃s] n: **the ~** el Renacimiento

rename [riːˈneɪm] vt poner nuevo nombre a

render [ˈrɛndə*] vt (thanks) dar; (aid) proporcionar; prestar; **to ~ sth useless** hacer algo inútil

renew [rɪˈnjuː] vt renovar; (resume) reanudar; (extend date) prorrogar; **renewable** adj renovable; **renewable energy, renewables** energías renovables

renovate [ˈrɛnəveɪt] vt renovar

renowned [rɪˈnaʊnd] adj renombrado

rent [rɛnt] n (for house) arriendo, renta ▷ vt alquilar; **rental** n (for television, car) alquiler m

reorganize [riːˈɔːɡənaɪz] vt reorganizar

rep [rɛp] n abbr (Comm); **= representative**

repair [rɪˈpɛə*] n reparación f ▷ vt reparar; **in good/bad ~** en buen/mal estado; **repair kit** n caja de herramientas

repay [rɪ'peɪ] vt (money) devolver, reembolsar; (person) pagar; (debt) liquidar; (sb's efforts) devolver, corresponder a; **repayment** n reembolso, devolución f; (sum of money) recompensa

repeat [rɪ'piːt] n (Radio, TV) reposición f ▷ vt repetir ▷ vi repetirse; **repeatedly** adv repetidas veces; **repeat prescription** n (BRIT) receta renovada

repellent [rɪ'pɛlənt] adj repugnante ▷ n: **insect ~** crema/loción f antiinsectos

repercussion [riːpə'kʌʃən] n (consequence) repercusión f; **to have ~s** repercutir

repetition [rɛpɪ'tɪʃən] n repetición f

repetitive [rɪ'pɛtɪtɪv] adj repetitivo

replace [rɪ'pleɪs] vt (put back) devolver a su sitio; (take the place of) reemplazar, sustituir; **replacement** n (act) reposición f; (thing) recambio; (person) suplente mf

replay ['riːpleɪ] n (Sport) partido de desempate; (TV) repetición f

replica ['rɛplɪkə] n réplica, reproducción f

reply [rɪ'plaɪ] n respuesta, contestación f ▷ vi contestar, responder

report [rɪ'pɔːt] n informe m; (Press etc) reportaje m; (BRIT: also: **school ~**) informe m escolar; (of gun) detonación f ▷ vt informar sobre; (Press etc) hacer un reportaje sobre; (notify: accident, culprit) denunciar ▷ vi (make a report) presentar un informe; (present o.s.): **to ~ (to sb)** presentarse (ante algn); **report card** n (US, SCOTTISH) cartilla escolar; **reportedly** adv según se dice; **reporter** n periodista mf

represent [rɛprɪ'zɛnt] vt representar; (Comm) ser agente de; **representation** [rɛprɪzɛn'teɪʃən] n representación f; **representative** n (US Pol) representante mf, diputado/a; (Comm) representante mf ▷ adj:

representative (of) representativo (de)

repress [rɪ'prɛs] vt reprimir; **repression** [rɪ'prɛʃən] n represión f

reprimand ['rɛprɪmɑːnd] n reprimenda ▷ vt reprender

reproduce [riːprə'djuːs] vt reproducir ▷ vi reproducirse; **reproduction** [riːprə'dʌkʃən] n reproducción f

reptile ['rɛptaɪl] n reptil m

republic [rɪ'pʌblɪk] n república; **republican** adj, n republicano/a

reputable ['rɛpjutəbl] adj (make etc) de renombre

reputation [rɛpju'teɪʃən] n reputación f

request [rɪ'kwɛst] n solicitud f, petición f ▷ vt: **to ~ sth of** or **from sb** solicitar algo a algn; **request stop** n (BRIT) parada discrecional

require [rɪ'kwaɪə] vt (need: person) necesitar, tener necesidad de; (: thing, situation) exigir; (want) pedir; **to ~ sb to do sth/sth of sb** exigir que algn haga algo; **requirement** n requisito; (need) necesidad f

resat [riː'sæt] pt, pp of **resit**

rescue ['rɛskjuː] n rescate m ▷ vt rescatar

research [rɪ'sɜːtʃ] n investigaciones fpl ▷ vt investigar

resemblance [rɪ'zɛmbləns] n parecido

resemble [rɪ'zɛmbl] vt parecerse a

resent [rɪ'zɛnt] vt resentirse por, ofenderse por; **resentful** adj resentido; **resentment** n resentimiento

reservation [rɛzə'veɪʃən] n reserva; **reservation desk** n (US: in hotel) recepción f

reserve [rɪ'zɜːv] n reserva; (Sport) suplente mf ▷ vt (seats etc) reservar; **reserved** adj reservado

reservoir ['rɛzəvwɑːʳ] n (artificial lake) embalse m, represa; (tank) depósito

residence ['rɛzɪdəns] n (formal: home) domicilio; (length of stay)

permanencia; **residence permit** n
(BRIT) permiso de residencia

resident ['rɛzɪdənt] n vecino/a; (in
hotel) huésped(a) m/f ▷ adj residente;
(population) permanente; **residential**
[rɛzɪ'dɛnʃəl] adj residencial

residue ['rɛzɪdjuː] n resto

resign [rɪ'zaɪn] vt renunciar a
▷ vi: **to ~ (from)** dimitir (de); **to ~
o.s. to** resignarse a; **resignation**
[rɛzɪg'neɪʃən] n dimisión f; (state of
mind) resignación f

resin ['rɛzɪn] n resina

resist [rɪ'zɪst] vt (temptation, damage)
resistir; **resistance** n resistencia

resit [riː'sɪt] (pt, pp **resat**) vt (BRIT:
exam) volver a presentarse a; (: subject)
recuperar, volver a examinarse de (SP)

resolution [rɛzə'luːʃən] n resolución f

resolve [rɪ'zɒlv] n resolución f ▷ vt
resolver ▷ vi: **to ~ to do** resolver hacer

resort [rɪ'zɔːt] n (town) centro
turístico; (recourse) recurso ▷ vi: **to
~ to** recurrir a; **in the last ~** como
último recurso

resource [rɪ'sɔːs] n recurso;
resourceful adj ingenioso

respect [rɪs'pɛkt] n respeto ▷ vt
respetar; **respectable** adj respetable;
(amount etc) apreciable; (passable)
tolerable; **respectful** adj respetuoso;
respective adj respectivo;
respectively adv respectivamente

respite ['rɛspaɪt] n respiro

respond [rɪs'pɒnd] vi responder;
(react) reaccionar; **response**
[rɪs'pɒns] n respuesta; (reaction)
reacción f

responsibility [rɪspɒnsɪ'bɪlɪtɪ] n
responsabilidad f

responsible [rɪs'pɒnsɪbl] adj (liable):
~ (for) responsable (de); (character)
serio, formal; (job) de responsabilidad;
responsibly adv con seriedad

responsive [rɪs'pɒnsɪv] adj sensible

rest [rɛst] n descanso, reposo; (Mus)
pausa, silencio; (support) apoyo;
(remainder) resto ▷ vi descansar; (be

supported): **to ~ on** apoyarse en ▷ vt:
to ~ sth on/against apoyar algo en or
sobre/contra; **the ~ of them** (people,
objects) los demás; **it ~s with him**
depende de él

restaurant ['rɛstərɔŋ] n restaurante
m; **restaurant car** n (BRIT) coche-
comedor m

restless ['rɛstlɪs] adj inquieto

restoration [rɛstə'reɪʃən] n
restauración f; (giving back) devolución f

restore [rɪ'stɔː] vt (building)
restaurar; (sth stolen) devolver; (health)
restablecer

restrain [rɪs'treɪn] vt (feeling)
contener, refrenar; (person): **to ~
(from doing)** disuadir (de hacer);
restraint n (moderation) moderación f;
(of style) reserva

restrict [rɪs'trɪkt] vt restringir, limitar;
restriction [rɪs'trɪkʃən] n restricción
f, limitación f

rest room n (US) aseos mpl

restructure [riː'strʌktʃə] vt
reestructurar

result [rɪ'zʌlt] n resultado ▷ vi: **to ~ in**
terminar en, tener por resultado; **as a
~ of** a or como consecuencia de

resume [rɪ'zjuːm] vt reanudar ▷ vi
(meeting) continuar

  Be careful not to translate resume
  by the Spanish word resumir.

résumé ['reɪzjuːmeɪ] n resumen m

resuscitate [rɪ'sʌsɪteɪt] vt (Med)
resucitar

retail ['riːteɪl] cpd al por menor;
retailer n detallista mf

retain [rɪ'teɪn] vt (keep) retener,
conservar

retaliation [rɪtælɪ'eɪʃən] n
represalias fpl

retarded [rɪ'tɑːdɪd] adj (inf!)
retrasado (mental) (!)

retire [rɪ'taɪə] vi (give up work)
jubilarse; (withdraw) retirarse; (go to
bed) acostarse; **retired** adj (person)
jubilado; **retirement** n jubilación f

retort [rɪ'tɔːt] vi replicar

retreat [rɪ'triːt] n (place) retiro; (Mil) retirada ▷ vi retirarse

retrieve [rɪ'triːv] vt recobrar; (situation, honour) salvar; (Comput) recuperar; (error) reparar

retrospect ['rɛtrəspɛkt] n: in ~ retrospectivamente; **retrospective** [rɛtrə'spɛktɪv] adj retrospectivo; (law) retroactivo

return [rɪ'tɜːn] n (going or coming back) vuelta, regreso; (of sth stolen etc) devolución f; (Finance: from land, shares) ganancia, (ingresos mpl ▷ cpd (journey) de regreso; (BRIT: ticket) de ida y vuelta; (match) de vuelta ▷ vi (person etc: come or go back) volver, regresar; (symptoms etc) reaparecer ▷ vt devolver; (favour, love etc) corresponder a; (verdict) pronunciar; (Pol: candidate) elegir; **returns** npl (Comm) ingresos mpl; **in ~ (for)** a cambio (de); **by ~ of post** a vuelta de correo; **many happy ~s (of the day)!** ¡feliz cumpleaños!; **return ticket** n (esp BRIT) billete m (SP) o boleto m (LAM) de ida y vuelta, billete m redondo (MEX)

retweet [riː'twiːt] vt retuitear

reunion [riː'juːniən] n (of family) reunión f; (of two people, school) reencuentro

reunite [riːjuː'naɪt] vt reunir; (reconcile) reconciliar

revamp [riː'væmp] vt renovar

reveal [rɪ'viːl] vt revelar; **revealing** adj revelador(a)

revel ['rɛvl] vi: to ~ in sth/in doing sth gozar de algo/haciendo algo

revelation [rɛvə'leɪʃən] n revelación f

revenge [rɪ'vɛndʒ] n venganza; to take ~ on vengarse de

revenue ['rɛvənjuː] n ingresos mpl, rentas fpl

Reverend ['rɛvərənd] adj (in titles): **the ~ John Smith** (Anglican) el Reverendo John Smith; (Catholic) el Padre John Smith; (Protestant) el Pastor John Smith

reversal [rɪ'vɜːsl] n (of order) inversión f; (of policy) cambio de rumbo; (of decision) revocación f

reverse [rɪ'vɜːs] n (opposite) contrario; (back: of cloth) revés m; (: of coin) reverso; (: of paper) dorso; (Aut: also: ~ gear) marcha atrás ▷ adj (order) inverso; (direction) contrario ▷ vt (decision) dar marcha atrás a; (Aut) dar marcha atrás a; (position, function) invertir ▷ vi (BRIT Aut) poner en marcha atrás; **reverse-charge call** n (BRIT) llamada a cobro revertido; **reversing lights** npl (BRIT Aut) luces fpl de marcha atrás

revert [rɪ'vɜːt] vi: to ~ to volver or revertira

review [rɪ'vjuː] n (magazine, also Mil) revista; (of book, film) reseña f; (: examination) repaso, examen m ▷ vt repasar, examinar; (Mil) pasar revista a; (book, film) reseñar

revise [rɪ'vaɪz] vt (manuscript) corregir; (opinion) modificar; (price, procedure) revisar; (BRIT: study: subject) repasar; **revision** [rɪ'vɪʒən] n corrección f; modificación f; (of subject) repaso

revival [rɪ'vaɪvl] n (recovery) reanimación f; (of interest) renacimiento; (Theat) reestreno; (of faith) despertar m

revive [rɪ'vaɪv] vt resucitar; (custom) restablecer; (hope, courage) reanimar; (play) reestrenar ▷ vi (person) volver en sí; (business) reactivarse

revolt [rɪ'vəʊlt] n rebelión f ▷ vi rebelarse, sublevarse ▷ vt dar asco a, repugnar; **revolting** adj asqueroso, repugnante

revolution [rɛvə'luːʃən] n revolución f; **revolutionary** adj, n revolucionario/a

revolve [rɪ'vɒlv] vi dar vueltas, girar; to ~ (a)round girar en torno a

revolver [rɪ'vɒlvə^r] n revólver m

reward [rɪ'wɔːd] n premio, recompensa ▷ vt: to ~ (for)

recompensar or premiar (por);
rewarding adj (fig) gratificante
rewind [riːˈwaɪnd] vt rebobinar
rewritable [riːˈraɪtəbl] adj
reescritible
rewrite [riːˈraɪt] vt (irreg: like **write**)
reescribir
rheumatism [ˈruːmətɪzəm] n
reumatismo, reúma
rhinoceros [raɪˈnɒsərəs] n
rinoceronte m
rhubarb [ˈruːbɑːb] n ruibarbo
rhyme [raɪm] n rima; (verse) poesía
rhythm [ˈrɪðm] n ritmo
rib [rɪb] n (Anat) costilla ⊳ vt (mock)
tomar el pelo a
ribbon [ˈrɪbən] n cinta; **in ~s** (torn)
hecho trizas
rice [raɪs] n arroz m; **rice pudding** n
arroz m con leche
rich [rɪtʃ] adj rico; (soil) fértil; (food)
pesado; (: sweet) empalagoso; **to be ~
in sth** abundar en algo
rid (pt, pp **rid**) [rɪd] vt: **to ~ sb of sth**
librar a algn de algo; **to get ~ of**
deshacerse or desembarazarse de
riddle [ˈrɪdl] n (conundrum) acertijo;
(mystery) enigma m, misterio ⊳ vt: **to
be ~d with** ser lleno o plagado de
ride [raɪd] (pt **rode**, pp **ridden**) n paseo;
(distance covered) viaje m, recorrido
⊳ vi (on horse, as sport) montar; (go
somewhere: on horse, bicycle) dar un
paseo, pasearse; (journey: on bicycle,
motor cycle, bus) viajar ⊳ vt (a horse)
montar a; (distance) recorrer; **to ~ a
bicycle** andar en bicicleta; **to take sb
for a ~** (fig) tomar el pelo a algn; **rider**
n (on horse) jinete m; (on bicycle) ciclista
mf; (on motorcycle) motociclista mf
ridge [rɪdʒ] n (of hill) cresta; (of roof)
caballete m; (wrinkle) arruga
ridicule [ˈrɪdɪkjuːl] n irrisión f, burla
⊳ vt poner en ridículo a, burlarse de;
ridiculous [rɪˈdɪkjuləs] adj ridículo
riding [ˈraɪdɪŋ] n equitación f; **I like
~** me gusta montar a caballo; **riding
school** n escuela de equitación

rife [raɪf] adj: **to be ~** ser muy común;
to be ~ with abundar en
rifle [ˈraɪfl] n rifle m, fusil m ⊳ vt
saquear
rift [rɪft] n (fig: between friends)
desavenencia
rig [rɪg] n (also: **oil ~**: at sea) plataforma
petrolera ⊳ vt (election etc) amañar los
resultados de
right [raɪt] adj (true, correct) correcto,
exacto; (suitable) indicado, debido; (:
proper) apropiado; (just) justo; (morally
good) bueno; (not left) derecho ⊳ n
(title, claim) derecho; (not left) derecha
⊳ adv bien, correctamente; (not on
the left) a la derecha ⊳ vt (put straight)
enderezar; (correct) corregir ⊳ excl
¡bueno!, ¡está bien!; **to be ~** (person)
tener razón; (answer) ser correcto; **by
~s** en justicia; **on the ~** a la derecha;
to be in the ~ tener razón; **~ now**
ahora mismo; **~ in the middle**
exactamente en el centro; **~ away** en
seguida; **right angle** n ángulo recto;
rightful adj legítimo; **right-hand**
adj: **right-hand drive** conducción
f por la derecha; **the right-hand
side** derecha; **right-handed** adj
(person) que usa la mano derecha,
diestro; **rightly** adv correctamente,
debidamente; (with reason) con razón;
right of way n (on path etc) derecho de
paso; (Aut) prioridad f de paso; **right-
wing** adj (Pol) derechista
rigid [ˈrɪdʒɪd] adj rígido; (person, ideas)
inflexible
rigorous [ˈrɪgərəs] adj riguroso
rim [rɪm] n borde m; (of spectacles) aro;
(of wheel) llanta
rind [raɪnd] n (of bacon, cheese)
corteza; (of lemon etc) cáscara
ring [rɪŋ] (pt **rang**, pp **rung**) n (of metal)
aro; (on finger) anillo; (of people) corro;
(of objects) círculo; (gang) banda; (for
boxing) cuadrilátero; (of circus) pista;
(bull ring) ruedo, plaza; (sound of bell)
toque m ⊳ vi (on telephone) llamar por
teléfono; (large bell) repicar; (doorbell,

phone) sonar; (also: **~ out**) sonar; (ears) zumbar ▷ vt (BRIT Tel) llamar; (bell etc) hacer sonar; (doorbell) tocar; **to give sb a ~** (BRIT Tel) dar un telefonazo a algn; **ring back** vt, vi (BRIT Tel) devolver la llamada; **ring off** vi (BRIT Tel) colgar, cortar la comunicación; **ring up** vt (BRIT Tel) llamar, telefonear; **ringing tone** n (Tel) tono de llamada; **ringleader** n cabecilla mf; **ring road** n (BRIT) carretera periférica or de circunvalación; **ringtone** n tono de llamada

rink [rɪŋk] n (also: **ice ~**) pista de hielo

rinse [rɪns] n (of dishes) enjuague m; (of clothes) aclarado; (hair colouring) reflejo ▷ vt enjuagar, aclarar; (hair) dar reflejos a

riot [ˈraɪət] n motín m, disturbio ▷ vi amotinarse; **to run ~** desmandarse

rip [rɪp] n rasgón m ▷ vt rasgar, desgarrar ▷ vi rasgarse; **rip off** vt (inf: cheat) estafar; **rip up** vt hacer pedazos

ripe [raɪp] adj maduro

rip-off [ˈrɪpɔf] n (inf): **it's a ~!** ¡es una estafa!, ¡es un timo!

ripple [ˈrɪpl] n onda, rizo; (sound) murmullo ▷ vi rizarse

rise (pt **rose**, pp **risen**) [raɪz, rəuz, ˈrɪzn] n (slope) cuesta, pendiente f; (hill) altura; (in wages) aumento; (in prices, temperature) subida; (fig: in power etc) ascenso ▷ vi subir; (waters) crecer; (sun) salir; (person: from bed etc) levantarse; (also: **~ up**: rebel) sublevarse; (in rank) ascender; **to give ~ to** dar lugar or origen a; **to ~ to the occasion** ponerse a la altura de las circunstancias; **risen** [ˈrɪzn] pp of **rise**; **rising** adj (increasing: number) creciente; (: prices) en aumento or alza; (tide) creciente; (sun, moon) naciente

risk [rɪsk] n riesgo, peligro ▷ vt arriesgar; **to take or run the ~ of doing** correr el riesgo de hacer; **at ~** en peligro; **at one's own ~** bajo su propia responsabilidad; **risky** adj arriesgado, peligroso

rite [raɪt] n rito; **last ~s** últimos sacramentos mpl

ritual [ˈrɪtjuəl] adj ritual ▷ n ritual m, rito

rival [ˈraɪvl] n rival mf; (in business) competidor(a) m/f ▷ adj rival, opuesto ▷ vt competir con; **rivalry** n competencia

river [ˈrɪvəʳ] n río ▷ cpd (port, traffic) de río; **up/down ~** río arriba/abajo; **riverbank** n orilla (del río)

rivet [ˈrɪvɪt] n roblón m, remache m ▷ vt (fig) fascinar

road [rəud] n camino; (motorway etc) carretera; (in town) calle f; **major/minor ~** carretera general/ secundaria; **roadblock** n barricada; **road map** n mapa m de carreteras; **road rage** n conducta agresiva de los conductores; **road safety** n seguridad f vial; **roadside** n borde m (del camino); **roadsign** n señal f de tráfico; **road tax** n (BRIT) impuesto de rodaje; **roadworks** npl obras fpl

roam [rəum] vi vagar

roar [rɔːʳ] n rugido; (of vehicle, storm) estruendo; (of laughter) carcajada ▷ vi rugir; hacer estruendo; **to ~ with laughter** reírse a carcajadas; **roaring** adj: **to do a roaring trade** hacer buen negocio

roast [rəust] n carne f asada, asado ▷ vt asar; (coffee) tostar; **roast beef** n rosbif m

rob [rɔb] vt robar; **to ~ sb of sth** robar algo a algn; (fig: deprive) quitar algo a algn; **robber** n ladrón/ona m/f; **robbery** n robo

robe [rəub] n (for ceremony etc) toga; (also: **bath~**) bata, albornoz m

robin [ˈrɔbɪn] n petirrojo

robot [ˈrəubɔt] n robot m

robust [rəuˈbʌst] adj robusto, fuerte

rock [rɔk] n roca; (boulder) peña, peñasco; (BRIT: sweet) ≈ pirulí m ▷ vt (swing gently) mecer; (shake) sacudir ▷ vi mecerse, balancearse; sacudirse; **on the ~s** (drink) con hielo; **their**

marriage is on the ~s su matrimonio se está yendo a pique; **rock and roll** n rocanrol m; **rock climbing** n (Sport) escalada

rocket ['rɒkɪt] n cohete m

rocking chair ['rɒkɪŋ-] n mecedora

rocky ['rɒkɪ] adj rocoso

rod [rɒd] n vara, varilla; (also: **fishing ~**) caña

rode [rəʊd] pt of **ride**

rodent ['rəʊdnt] n roedor m

rogue [rəʊg] n pícaro, pillo

role [rəʊl] n papel m; **role-model** n modelo a imitar

roll [rəʊl] n rollo; (of bank notes) fajo; (also: **bread ~**) panecillo; (register) lista, nómina; (sound: of drums etc) redoble m ▷ vt hacer rodar; (also: **~ up**: string) enrollar; (: cigarettes) liar; (also: **~ out**: pastry) aplanar ▷ vi rodar; (drum) redoblar; (ship) balancearse; **roll over** vi dar una vuelta; **roll up** vi (inf: arrive) aparecer ▷ vt (carpet, cloth, map) arrollar; (sleeves) arremangar

roller n rodillo; (wheel) rueda; (for road) apisonadora; (for hair) rulo; **Rollerblades®** npl patines mpl en línea; **roller coaster** n montaña rusa; **roller skates** npl patines mpl de rueda; **roller-skating** n patinaje sobre ruedas; **to go roller-skating** ir a patinar (sobre ruedas)

rolling pin n rodillo (de cocina)

ROM [rɒm] n abbr (Comput: = read-only memory) (memoria) ROM f

Roman ['rəʊmən] adj, n romano/a; **Roman Catholic** adj, n católico/a (romano/a)

romance [rə'mæns] n (love affair) amor m; (charm) lo romántico; (novel) novela de amor

Romania [ru:'meɪnɪə] n = **Rumania**

Roman numeral n número romano

romantic [rə'mæntɪk] adj romántico

Rome [rəʊm] n Roma

roof [ru:f] n techo; (of house) tejado ▷ vt techar, poner techo a; **~ of the**

mouth paladar m; **roof rack** n (Aut) baca, portaequipajes msg

rook [rʊk] n (bird) graja; (Chess) torre f

room [ru:m] n cuarto, habitación f, pieza (esp LAM); (also: **bed~**) dormitorio; (in school etc) sala; (space) sitio; **roommate** n compañero/a de cuarto; **room service** n servicio de habitaciones; **roomy** adj espacioso

rooster ['ru:stə'] n gallo

root [ru:t] n raíz f ▷ vi arraigar(se)

rope [rəʊp] n cuerda; (Naut) cable m ▷ vt (box) atar or amarrar con (una) cuerda; (climbers: also: **~ together**) encordarse; (an area: also: **~ off**) acordonar; **to know the ~s** (fig) conocer los trucos (del oficio)

rort [rɔ:t] n (AUST, NZ inf) estafa ▷ vt estafar

rose [rəʊz] pt of **rise** ▷ n rosa; (also: **~bush**) rosal m; (on watering can) roseta

rosé ['rəʊzeɪ] n vino rosado

rosemary ['rəʊzmərɪ] n romero

rosy ['rəʊzɪ] adj rosado, sonrosado; **the future looks ~** el futuro parece prometedor

rot [rɒt] n podredumbre f; (fig: pej) tonterías fpl ▷ vt pudrir ▷ vi pudrirse

rota ['rəʊtə] n lista (de tareas)

rotate [rəʊ'teɪt] vt (revolve) hacer girar, dar vueltas a; (jobs) alternar ▷ vi girar, dar vueltas

rotten ['rɒtn] adj podrido, (fig) corrompido; (inf: bad) pésimo; **to feel ~** (ill) sentirse fatal

rough [rʌf] adj (skin, surface) áspero; (terrain) accidentado; (road) desigual; (voice) bronco; (person, manner) tosco, grosero; (weather) borrascoso; (treatment) brutal; (sea) embravecido; (town, area) peligroso; (cloth) basto; (plan) preliminar; (guess) aproximado ▷ n (Golf): **in the ~** en las hierbas altas; **to ~ it** vivir sin comodidades; **to sleep ~** (BRIT) pasar la noche al raso; **roughly** adv (handle) torpemente; (make) toscamente; (approximately) aproximadamente; **roughly speaking** más o menos

roulette [ruːˈlet] n ruleta

round [raund] adj redondo ▷ n círculo; (of policeman) ronda; (of milkman) recorrido; (of doctor) visitas fpl; (game: in competition, cards) partida; (of ammunition) cartucho; (Boxing) asalto; (of talks) ronda ▷ vt (corner) doblar ▷ prep alrededor de; (surrounding): **~ his neck/the table** en su cuello/alrededor de la mesa; (in a circular movement): **to move ~ the room/sail ~ the world** dar una vuelta a la habitación/circunnavegar el mundo; (in various directions): **to move ~ a room/house** moverse por toda la habitación/casa ▷ adv: **all ~** por todos lados; **(all) the year ~** durante todo el año; **the long way ~** por el camino menos directo; **it's just ~ the corner** (fig) está a la vuelta de la esquina; **~ the clock** adv las 24 horas; **to go ~ to sb's (house)** ir a casa de algn; **to go ~ the back** pasar por atrás; **enough to go ~** bastante (para todos); **a ~ of applause** una salva de aplausos; **a ~ of drinks/sandwiches** una ronda de bebidas/bocadillos; **a ~ of toast** (BRIT) una tostada; **round off** vt (speech etc) acabar, poner término a; **round up** vt (cattle) acorralar; (people) reunir; (prices) redondear; **roundabout** n (BRIT: Aut) glorieta, rotonda; (: at fair) tiovivo ▷ adj (route, means) indirecto; **round trip** n viaje m de ida y vuelta; **roundup** n rodeo; (of criminals) redada; **a roundup of the latest news** un resumen de las últimas noticias

rouse [rauz] vt (wake up) despertar; (stir up) suscitar

route [ruːt] n ruta, camino; (of bus) recorrido; (of shipping) derrota

router [ˈruːtəʳ] n (Comput) router m

routine [ruːˈtiːn] adj rutinario ▷ n rutina; (Theat) número

row¹ [rau] n (line) fila, hilera; (Knitting) vuelta ▷ vi (in boat) remar ▷ vt (boat)

conducir remando; **four days in a ~** cuatro días seguidos

row² [rau] n (noise) escándalo; (dispute) bronca, pelea; (scolding) reprimenda ▷ vi reñir(se)

rowboat [ˈrəubəut] n (US) bote m de remos

rowing [ˈrəuɪŋ] n remo; **rowing boat** n (BRIT) bote m or barco de remos

royal [ˈrɔɪəl] adj real; **Royal Air Force** n Fuerzas Aéreas Británicas fpl; **royalty** n (royal persons) (miembros mpl de la) familia real; (payment to author) derechos mpl de autor

rpm abbr (= revolutions per minute) r.p.m.

RSVP abbr (= répondez s'il vous plaît) SRC

Rt. Hon. abbr (BRIT: = Right Honourable) tratamiento honorífico de diputado

rub [rab] vt frotar; (hard) restregar ▷ n: **to give sth a ~** frotar algo; **to ~ sb up** or (US) **~ sb the wrong way** sacar de quicio a algn; **rub in** vt (ointment) frotar; **rub off** vt borrarse; **rub out** vt borrar

rubber [ˈrabəʳ] n caucho, goma; (BRIT: eraser) goma de borrar; **rubber band** n goma, gomita; **rubber gloves** npl guantes mpl de goma

rubbish [ˈrabɪʃ] (BRIT) n (from household) basura; (waste) desperdicios mpl; (fig: pej) tonterías fpl; (trash) basura, porquería; **rubbish bin** n cubo or bote m (LAM) de la basura; **rubbish dump** n vertedero, basurero

rubble [ˈrabl] n escombros mpl

ruby [ˈruːbɪ] n rubí m

rucksack [ˈraksæk] n mochila

rudder [ˈradəʳ] n timón m

rude [ruːd] adj (impolite: person) maleducado; (: word, manners) grosero; (indecent) indecente

ruffle [ˈrafl] vt (hair) despeinar; (clothes) arrugar; (fig: person) agitar

rug [rag] n alfombra; (BRIT: for knees) manta

rugby [ˈragbɪ] n rugby m

rugged ['rʌɡɪd] *adj* (*landscape*) accidentado; (*features*) robusto

ruin ['ruːɪn] *n* ruina ▷ *vt* arruinar; (*spoil*) estropear; **ruins** *npl* ruinas *fpl*, restos *mpl*

rule [ruːl] *n* (*norm*) norma, costumbre *f*; (*regulation, ruler*) regla; (*government*) dominio ▷ *vt* (*country, person*) gobernar ▷ *vi* gobernar; (*fall*) fallar; **as a ~** por regla general; **rule out** *vt* excluir; **ruler** *n* (*sovereign*) soberano; (*for measuring*) regla; **ruling** *adj* (*party*) gobernante; (*class*) dirigente ▷ *n* (*Law*) fallo, decisión *f*

rum [rʌm] *n* ron *m*

Rumania [ruːˈmeɪnɪə] *n* Rumanía; **Rumanian** *adj, n* rumano/a

rumble ['rʌmbl] *n* ruido sordo ▷ *vi* retumbar, hacer un ruido sordo; (*stomach, pipe*) sonar

rumour, (*us*) **rumor** ['ruːmə^r] *n* rumor *m* ▷ *vt*: **it is ~ed that ...** se rumorea que ...

rump steak *n* filete *m* de lomo

run [rʌn] (*pt* **ran**, *pp* **run**) *n* (*Sport*) carrera; (*outing*) paseo, excursión *f*; (*distance travelled*) trayecto; (*series*) serie *f*; (*Theat*) temporada; (*Ski*) pista; (*in tights, stockings*) carrera ▷ *vt* (*operate: business*) dirigir; (*: competition, course*) organizar; (*: hotel, house*) administrar, llevar; (*Comput*) ejecutar; (*to pass: hand*) pasar; (*Press: feature*) publicar ▷ *vi* correr; (*work: machine*) funcionar, marchar; (*bus, train: operate*) circular, ir; (*: travel*) ir; (*continue: play*) seguir en cartel; (*: contract*) ser válido; (*flow: river, bath*) fluir; (*colours, washing*) desteñirse; (*in election*) ser candidato; **there was a ~ on** (*meat, tickets*) hubo mucha demanda de; **in the long ~** a la larga; **on the ~** en fuga; **I'll ~ you to the station** te llevaré a la estación en coche; **to ~ a risk** correr un riesgo; **to ~ a bath** llenar la bañera; **run after** *vt fus* (*to catch up*) correr tras; (*chase*) perseguir; **run away** *vi* huir;

run down *vt* (*reduce: production*) ir reduciendo; (*factory*) restringir la producción de; (*Aut*) atropellar; (*criticize*) criticar; **to be ~ down** (*person: tired*) encontrarse agotado; **run into** *vt fus* (*meet: person, trouble*) tropezar con; (*collide with*) chocar con; **run off** *vt* (*water*) dejar correr ▷ *vi* huir corriendo; **run out** *vi* (*person*) salir corriendo; (*liquid*) irse; (*lease*) caducar, vencer; (*money*) acabarse; **run out of** *vt fus* quedar sin; **run over** *vt* (*Aut*) atropellar ▷ *vt fus* (*revise*) repasar; **run through** *vt fus* (*instructions*) repasar; **run up** *vt* (*debt*) incurrir en; **to ~ up against** (*difficulties*) tropezar con; **runaway** *adj* (*horse*) desbocado; (*truck*) sin frenos; (*person*) fugitivo

rung [rʌŋ] *pp* of **ring** ▷ *n* (*of ladder*) escalón *m*, peldaño

runner ['rʌnə^r] *n* (*in race: person*) corredor/a *m/f*; (*: horse*) caballo; (*on sledge*) patín *m*; **runner bean** *n*(*BRIT*) judía verde; **runner-up** *n* subcampeón/ona *m/f*

running ['rʌnɪŋ] *n* (*sport*) atletismo; (*race*) carrera ▷ *adj* (*costs, water*) corriente; (*commentary*) en directo; **to be in/out of the ~ for sth** tener/no tener posibilidades de ganar algo; **6 days ~** 6 días seguidos

runny ['rʌnɪ] *adj* líquido; (*eyes*) lloroso; **to have a ~ nose** tener mocos

run-up ['rʌnʌp] *n*: **~ to** (*election etc*) período previo a

runway ['rʌnweɪ] *n* (*Aviat*) pista (de aterrizaje)

rupture ['rʌptʃə^r] *n* (*Med*) hernia ▷ *vt*: **to ~ o.s.** causarse una hernia

rural ['rʊərl] *adj* rural

rush [rʌʃ] *n* ímpetu *m*; (*hurry*) prisa; (*Comm*) demanda repentina; (*Bot*) junco; (*current*) corriente *f* fuerte; (*of feeling*) torrente *m* ▷ *vt* apresurar; (*work*) hacer de prisa ▷ *vi* correr, precipitarse; **rush hour** *n* horas *fpl* punta

Russia ['rʌʃə] *n* Rusia; **Russian** *adj* ruso ▷ *n* ruso/a; (*Ling*) ruso

rust [rʌst] n herrumbre f, moho ▷ vi
 oxidarse
rusty ['rʌstɪ] adj oxidado
ruthless ['ruːθlɪs] adj despiadado
RV n abbr (us) = **recreational vehicle**
rye [raɪ] n centeno

S

Sabbath ['sæbəθ] n domingo; (Jewish)
 sábado
sabotage ['sæbətɑːʒ] n sabotaje m
 ▷ vt sabotear
saccharin(e) ['sækərɪn] n sacarina
sachet ['sæʃeɪ] n sobrecito
sack [sæk] n (bag) saco, costal m ▷ vt
 (dismiss) despedir; (plunder) saquear;
 to get the ~ ser despedido
sacred ['seɪkrɪd] adj sagrado, santo
sacrifice ['sækrɪfaɪs] n sacrificio ▷ vt
 sacrificar
sad [sæd] adj (unhappy) triste;
 (deplorable) lamentable
saddle ['sædl] n silla (de montar); (of
 cycle) sillín m ▷ vt (horse) ensillar; **to
 be ~d with sth** (inf) quedar cargado
 con algo
sadistic [səˈdɪstɪk] adj sádico
sadly ['sædlɪ] adv tristemente; **~
 lacking (in)** muy deficiente (en)
sadness ['sædnɪs] n tristeza
safari [səˈfɑːrɪ] n safari m

s

safe [seɪf] adj (out of danger) fuera de peligro; (not dangerous, sure) seguro; (unharmed) ileso ▷ n caja de caudales, caja fuerte; **~ and sound** sano y salvo; **(just) to be on the ~ side** para mayor seguridad; **safely** adv seguramente, con seguridad; **to arrive safely** llegar bien; **safe sex** n sexo seguro or sin riesgo

safety ['seɪftɪ] n seguridad f; **safety belt** n cinturón m (de seguridad); **safety pin** n imperdible m, seguro (LAM)

saffron ['sæfrən] n azafrán m

sag [sæg] vi aflojarse

sage [seɪdʒ] n (herb) salvia; (man) sabio

Sagittarius [sædʒɪ'tɛərɪəs] n Sagitario

Sahara [sə'hɑːrə] n: **the ~ (Desert)** el Sáhara

said [sɛd] pt, pp of **say**

sail [seɪl] n (on boat) vela ▷ vt (boat) gobernar ▷ vi (travel: ship) navegar; (Sport) hacer vela; **~ed into Copenhagen** arribaron a Copenhague; **sailboat** n (US) velero, barco de vela; **sailing** n (Sport) vela; **to go sailing** hacer vela; **sailing boat** n velero, barco de vela; **sailor** n marinero, marino

saint [seɪnt] n santo

sake [seɪk] n: **for the ~ of** por

salad ['sæləd] n ensalada; **salad cream** n (BRIT) mayonesa; **salad dressing** n aliño

salami [sə'lɑːmɪ] n salami m, salchichón m

salary ['sælərɪ] n sueldo

sale [seɪl] n venta; (at reduced prices) liquidación f, saldo; (auction) subasta; **sales** npl (total amount sold) ventas fpl, facturación f; **"for ~"** "se vende"; **on ~** en venta; **on ~ or return** (goods) venta por reposición; **sales assistant** n (BRIT) dependiente/a m/f; **sales clerk** n (US) dependiente/a m/f; **salesman** (irreg) n vendedor m; (in shop) dependiente m; **salesperson** (irreg) n vendedor(a)

m/f, dependiente/a m/f; **sales rep** n representante mf; **agente** mf comercial

saline ['seɪlaɪn] adj salino

saliva [sə'laɪvə] n saliva

salmon ['sæmən] n (pl inv) salmón m

salon ['sælɔn] n (hairdressing salon, beauty salon) salón m

saloon [sə'luːn] n (US) bar m, taberna; (BRIT Aut) (coche m de) turismo; (ship's lounge) cámara, salón m

salt [sɔːlt] n sal f ▷ vt salar; (put salt on) poner sal en; **saltwater** adj de agua salada; **salty** adj salado

salute [sə'luːt] n saludo; (of guns) salva ▷ vt saludar

salvage ['sælvɪdʒ] n (saving) salvamento, recuperación f; (things saved) objetos mpl salvados ▷ vt salvar

Salvation Army n Ejército de Salvación

same [seɪm] adj mismo ▷ pron: **the ~ el mismo/la misma; the ~ book as** el mismo libro que; **at the ~ time** (at the same moment) al mismo tiempo; (yet) sin embargo; **all** or **just the ~** sin embargo, aun así; **to do the ~ (as sb)** hacer lo mismo (que otro); **and the ~ to you!** ¡igualmente!

sample ['sɑːmpl] n muestra ▷ vt (food, wine) probar

sanction ['sæŋkʃən] n sanción f ▷ vt sancionar; **sanctions** npl (Pol) sanciones fpl

sanctuary ['sæŋktjuərɪ] n santuario; (refuge) asilo, refugio; (for wildlife) reserva

sand [sænd] n arena; (beach) playa; **sands** npl playa sg de arena ▷ vt (also: **~ down**: wood etc) lijar

sandal ['sændl] n sandalia

sand: sandbox n (US) = **sandpit**; **sandcastle** n castillo de arena; **sand dune** n duna; **sandpaper** n papel m de lija; **sandpit** n (for children) cajón m de arena; **sandstone** n piedra arenisca

sandwich ['sændwɪtʃ] n bocadillo (SP), sándwich m (LAM) ▷ vt (also: **~ in**) intercalar; **to be ~ed between** estar apretujado entre; **cheese/ham ~** sandwich de queso/jamón

sandy ['sændɪ] *adj* arenoso; *(colour)* rojizo

sane [seɪn] *adj* cuerdo, sensato
Be careful not to translate *sane* by the Spanish word *sano*.

sang [sæŋ] *pt of* **sing**

sanitary towel, *(us)* **sanitary napkin** *n* paño higiénico, compresa

sanity ['sænɪtɪ] *n* cordura; *(of judgment)* sensatez *f*

sank [sæŋk] *pt of* **sink**

Santa Claus [sæntə'klɔːz] *n* San Nicolás *m*, Papá Noel *m*

sap [sæp] *n (of plants)* savia ▷ *vt (strength)* minar, agotar

sapphire ['sæfaɪə'] *n* zafiro

sarcasm ['sɑːkæzm] *n* sarcasmo

sarcastic [sɑː'kæstɪk] *adj* sarcástico

sardine [sɑː'diːn] *n* sardina

SASE *n abbr (us: = self-addressed stamped envelope)* sobre con las propias señas de uno y con sello

sat [sæt] *pt, pp of* **sit**

Sat. *abbr (= Saturday)* sáb.

satchel ['sætʃl] *n (child's)* cartera, mochila (LAM)

satellite ['sætəlaɪt] *n* satélite *m*; **satellite dish** *n (antena)* parabólica; **satellite television** *n* televisión *f* por satélite

satin ['sætɪn] *n* raso ▷ *adj* de raso

satire ['sætaɪə'] *n* sátira

satisfaction [sætɪs'fækʃən] *n* satisfacción *f*

satisfactory [sætɪs'fæktərɪ] *adj* satisfactorio

satisfied ['sætɪsfaɪd] *adj* satisfecho; **to be ~ (with sth)** estar satisfecho (de algo)

satisfy ['sætɪsfaɪ] *vt* satisfacer; *(convince)* convencer

satnav ['sætnæv] *n abbr (= satellite navigation)* navegador *m* (GPS)

Saturday ['sætədɪ] *n* sábado

sauce [sɔːs] *n* salsa; *(sweet)* crema; **saucepan** *n* cacerola, olla

saucer ['sɔːsə'] *n* platillo

Saudi Arabia *n* Arabia Saudí or Saudita

sauna ['sɔːnə] *n* sauna

sausage ['sɒsɪdʒ] *n* salchicha; **sausage roll** *n* empanadilla de salchicha

sautéed ['səʊteɪd] *adj* salteado

savage ['sævɪdʒ] *adj (cruel, fierce)* feroz, furioso; *(primitive)* salvaje ▷ *n* salvaje *mf* ▷ *vt (attack)* embestir

save [seɪv] *vt (rescue)* salvar, rescatar; *(money, time)* ahorrar; *(put by)* guardar; *(Comput)* salvar (y guardar); *(avoid: trouble)* evitar; *(Sport)* parar ▷ *vi (also: ~ up)* ahorrar ▷ *n (Sport)* parada ▷ *prep* salvo, excepto

saving ['seɪvɪŋ] *n (on price etc)* economía; **savings** *npl* ahorros *mpl*; **savings account** *n* cuenta de ahorros; **savings and loan association** *n (us)* sociedad *f* de ahorro y préstamo

savoury, *(us)* **savory** ['seɪvərɪ] *adj* sabroso; *(dish: not sweet)* salado

saw [sɔː] *pt of* **see** ▷ *n (tool)* sierra ▷ *vt* serrar; **sawdust** *n (=)* serrín *m*

sawn [sɔːn] *pp of* **saw**

saxophone ['sæksəfəʊn] *n* saxófono

say *(pt, pp said)* [seɪ, sɛd] *n*: **to have one's ~** expresar su opinión ▷ *vt, vi* decir; **to have a** or **some ~ in sth** tener voz y voto en algo; **to ~ yes/no** decir que sí/no; **that is to ~** es decir; **that goes without ~ing** ni que decir tiene; **saying** *n* dicho, refrán *m*

scab [skæb] *n* costra; *(pej)* esquirol(a) *m/f*

scaffolding ['skæfəldɪŋ] *n* andamio, andamiaje *m*

scald [skɔːld] *n* escaldadura ▷ *vt* escalar

scale [skeɪl] *n* escala; *(Mus)* escala; *(of fish)* escama; *(of salaries, fees etc)* escalafón *m* ▷ *vt (mountain)* escalar; *(tree)* trepar; **scales** *npl (small)* balanza

S

sg; (large) báscula sg; **on a large ~ a** gran escala; **~ of charges** tarifa, lista de precios

scallion ['skæljən] n (us) cebolleta

scallop ['skɒləp] n (Zool) venera; (Sewing) festón m

scalp [skælp] n cabellera ▷ vt escalpar

scalpel ['skælpl] n bisturí m

scam [skæm] n (inf) estafa, timo

scampi ['skæmpɪ] npl gambas fpl

scan [skæn] vt (examine) escudriñar; (glance at quickly) dar un vistazo a; (TV, Radar) explorar, registrar ▷ n (Med) examen m ultrasónico; **to have a ~** pasar por el escáner

scandal ['skændl] n escándalo; (gossip) chismes mpl

Scandinavia [skændɪ'neɪvɪə] n Escandinavia; **Scandinavian** adj, n escandinavo/a

scanner ['skænəʳ] n (Radar, Med, Comput) escáner m

scapegoat ['skeɪpgəʊt] n cabeza de turco, chivo expiatorio

scar [skɑː] n cicatriz f ▷ vt marcar con una cicatriz

scarce [skɛəs] adj escaso; **to make o.s. ~** (inf) esfumarse; **scarcely** adv apenas

scare [skɛəʳ] n susto, sobresalto; (panic) pánico ▷ vt asustar, espantar; **to ~ sb stiff** dar a algn un susto de muerte; **bomb ~** amenaza de bomba; **scarecrow** n espantapájaros m inv; **scared** adj: **to be scared** estar asustado

scarf (pl **scarves**) [skɑːf, skɑːvz] n (long) bufanda; (square) pañuelo

scarlet ['skɑːlɪt] adj escarlata

scarves [skɑːvz] npl of **scarf**

scary ['skɛərɪ] adj (inf) de miedo

scatter ['skætəʳ] vt (spread) esparcir, desparramar; (put to flight) dispersar ▷ vi desparramarse; dispersarse

scenario [sɪ'nɑːrɪəʊ] n (Theat) argumento; (Cine) guión m; (fig) escenario

scene [siːn] n (Theat) escena; (of crime, accident) escenario; (sight, view) panorama; (fuss) escándalo; **scenery** n (Theat) decorado; (landscape) paisaje m; **scenic** adj pintoresco

> Be careful not to translate scenery by the Spanish word escenario.

scent [sent] n perfume m, olor m; (fig: track) rastro, pista

sceptical, (us) **skeptical** ['skeptɪkl] adj escéptico

schedule ['ʃedjuːl, us 'skedjuːl] n (of trains) horario; (of events) programa m; (list) lista ▷ vt (visit) fijar la hora de; **on ~** a la hora, sin retraso; **to be ahead of/behind ~** ir adelantado/retrasado

scheduled ['ʃedjuːld, us 'skedjuːld] adj (date, time) fijado; **~ flight** vuelo regular

scheme [skiːm] n (plan) plan m, proyecto; (plot) intriga; (arrangement) disposición f; (pension scheme etc) sistema m ▷ vi (intrigue) intrigar

schizophrenic [skɪtsə'frenɪk] adj esquizofrénico

scholar ['skɒləʳ] n (pupil) alumno/a; (learned person) sabio/a, erudito/a; **scholarship** n erudición f; (grant) beca

school [skuːl] n escuela, colegio; (in university) facultad f; **schoolbook** n libro de texto; **schoolboy** n alumno; **schoolchild** schoolchildren n alumno/a; **schoolgirl** n alumna; **schooling** n enseñanza; **schoolteacher** n (primary) maestro/a; (secondary) profesor(a) m/f

science ['saɪəns] n ciencia; **science fiction** n ciencia-ficción f; **scientific** [saɪən'tɪfɪk] adj científico; **scientist** n científico/a

sci-fi ['saɪfaɪ] n abbr (inf) = **science fiction**

scissors ['sɪzəz] npl tijeras fpl; **a pair of ~** unas tijeras

scold [skəʊld] vt regañar

scone [skɒn] n pastel de pan

scoop [skuːp] n (for flour etc) pala; (Press) exclusiva

scooter ['sku:tə^r] n (motor cycle) Vespa®; (toy) patinete m

scope [skəʊp] n (of plan, undertaking) ámbito; (of person) competencia; (opportunity) libertad f (de acción)

scorching ['skɔ:tʃɪŋ] adj abrasador(a)

score [skɔ:^r] n (points etc) puntuación f; (Mus) partitura f; (twenty) veintena ▷ vt (goal, point) ganar; (mark, cut) rayar ▷ vi marcar un tanto; (Football) marcar un gol; (keep score) llevar el tanteo; **on that** ~ en lo que se refiere a eso; **to ~ 6 out of 10** obtener una puntuación de 6 sobre 10; **score out** vt tachar; **scoreboard** n marcador m; **scorer** n marcador(a) m/f; (keeping score) encargado/a del marcador

scorn [skɔ:n] n desprecio

Scorpio ['skɔ:pɪəʊ] n Escorpión m

scorpion ['skɔ:pɪən] n alacrán m

Scot [skɒt] n escocés/esa m/f

Scotch tape® n (us) cinta adhesiva, celo, scotch® m

Scotland ['skɒtlənd] n Escocia

Scots [skɒts] adj escocés/esa; **Scotsman** n escocés m; **Scotswoman** n escocesa

Scottish ['skɒtɪʃ] adj escocés/esa; **the ~ Parliament** el Parlamento escocés

scout [skaʊt] n explorador m; **girl ~** (us) niña exploradora

scowl [skaʊl] vi fruncir el ceño; **to ~ at sb** mirar con ceño a algn

scramble ['skræmbl] n (climb) subida (difícil); (struggle) pelea ▷ vi: **to ~ out/through** salir/abrirse paso con dificultad; **to ~** pelear por; **scrambled eggs** npl huevos mpl revueltos

scrap [skræp] n (bit) pedacito; (fig) pizca; (fight) riña, bronca; (also: **~ iron**) chatarra, hierro viejo ▷ vt (discard) desechar, descartar ▷ vi reñir, armar (una) bronca; **scraps** npl (waste) sobras fpl, desperdicios mpl; **scrapbook** n álbum m de recortes

scrape [skreɪp] n (fig) lío, apuro ▷ vt raspar; (skin etc) rasguñar; (also: **~ against**) rozar; **to get into a ~** meterse en un lío; **scrape through** vi (in exam) aprobar por los pelos

scrap paper n pedazos mpl de papel

scratch [skrætʃ] n rasguño; (from claw) arañazo ▷ vt (paint, car) rayar; (with claw, nail) rasguñar, arañar ▷ vi rascarse; **to start from ~** partir de cero; **to be up to ~** cumplir con los requisitos; **scratch card** n (BRIT) tarjeta f de "rasque y gane"

scream [skri:m] n chillido ▷ vi chillar

screen [skri:n] n (Cine, TV) pantalla; (movable) biombo ▷ vt (conceal) tapar; (from the wind etc) proteger; (film) proyectar; (fig: person: for security) investigar; **screening** n (Med) exploración f; **screenplay** n guión m; **screen saver** n (Comput) salvapantallas m inv; **screenshot** n (Comput) pantallazo, captura de pantalla

screw [skru:] n tornillo; (propeller) hélice f ▷ vt atornillar; **screw up** vt (paper, material etc) arrugar; **to ~ up one's eyes** arrugar el entrecejo; **screwdriver** n destornillador m

scribble ['skrɪbl] n garabatos mpl ▷ vi garabatear ▷ vt: **to ~ sth down** garabatear algo

script [skrɪpt] n (Cine etc) guión m; (writing) escritura, letra

scroll [skrəʊl] n rollo

scrub [skrʌb] n (land) maleza ▷ vt fregar, restregar; (reject) cancelar, anular

scruffy ['skrʌfɪ] adj desaliñado

scrum(mage) ['skrʌm(ɪdʒ)] n (Rugby) melée f

scrutiny ['skru:tɪnɪ] n escrutinio, examen m

scuba diving ['sku:bə'daɪvɪŋ] n submarinismo

sculptor ['skʌlptə^r] n escultor(a) m/f

sculpture ['skʌlptʃə^r] n escultura

scum [skʌm] n (on liquid) espuma; (pej: people) escoria

scurry ['skʌrɪ] vi: **to ~ off** escabullirse

sea [si:] n mar m (or also f); **by ~** (travel) en barco; **on the ~** (boat) en el mar; (town) junto al mar; **to be all at ~** (fig) estar despistado; **out** to or **at ~** en alta mar; **seafood** n mariscos mpl; **sea front** n paseo marítimo; **seagull** n gaviota

seal [si:l] n (animal) foca; (stamp) sello ▷ vt (close) cerrar; **seal off** vt obturar

sea level n nivel m del mar

seam [si:m] n costura; (of metal) juntura; (of coal) veta, filón m

search [sə:tʃ] n (for person, thing) busca, búsqueda; (of drawer, pockets) registro ▷ vt (look in) buscar en; (examine) examinar; (person, place) registrar ▷ vt buscar; **to ~ for** buscar; **in ~ of** en busca de; **search engine** n (Internet) buscador m; **search party** n equipo de salvamento

sea: **seashore** n playa, orilla del mar; **seasick** adj mareado; **seaside** n playa, orilla del mar; **seaside resort** n centro turístico costero

season ['si:zn] n (of year) estación f; (sporting etc) temporada ▷ vt (food) sazonar; **to be in/out of ~** estar en sazón/fuera de temporada; **seasonal** adj estacional; **seasoning** n condimento, sazón; **season ticket** n abono

seat [si:t] n (in bus, train) asiento; (chair) silla; (Parliament) escaño; (buttocks) trasero ▷ vt sentar; (have room for) tener cabida para; **to be ~ed** sentarse; **seat belt** n cinturón m de seguridad; **seating** n asientos mpl

sea: **sea water** n agua m del mar; **seaweed** n alga marina

sec. abbr = **second**

secluded [sɪ'klu:dɪd] adj retirado

second ['sɛkənd] adj segundo ▷ adv en segundo lugar ▷ n segundo; (Aut: also: **~ gear**) segunda; (Comm) artículo con algún desperfecto; (BRIT Scol: degree) título universitario de segunda clase ▷ vt (motion) apoyar; **to have ~ thoughts** cambiar de opinión;

on ~ thoughts or (US) **thought** pensándolo bien; **secondary** adj secundario; **secondary school** n escuela secundaria; **second-class** adj de segunda clase ▷ adv: **to travel second-class** viajar en segunda; **secondhand** adj de segunda mano, usado; **secondly** adv en segundo lugar; **second-rate** adj de segunda categoría

secrecy ['si:krəsɪ] n secreto

secret ['si:krɪt] adj, n secreto; **in ~** en secreto

secretary ['sɛkrətərɪ] n secretario/a; **S~ of State** (BRIT Pol) Ministro (con cartera)

secretive ['si:krətɪv] adj reservado, sigiloso

secret service n servicio secreto

sect [sɛkt] n secta

section ['sɛkʃən] n sección f; (part) parte f; (of document) artículo; (of opinion) sector m

sector ['sɛktə*] n sector m

secular ['sɛkjulə*] adj secular, seglar

secure [sɪ'kjuə*] adj seguro; (firmly fixed) firme, fijo ▷ vt (fix) asegurar, afianzar; (get) conseguir

security [sɪ'kjuərɪtɪ] n seguridad f; (for loan) fianza; (: object) prenda; **securities** npl (Comm) valores mpl, títulos mpl; **security guard** n guardia mf de seguridad

sedan [sɪ'dæn] n (US Aut) sedán m

sedate [sɪ'deɪt] adj tranquilo ▷ vt administrar sedantes a, sedar

sedative ['sɛdɪtɪv] n sedante m

seduce [sɪ'dju:s] vt seducir; **seductive** [sɪ'dʌktɪv] adj seductor/a

see [si:] (pt **saw**, pp **seen**) vt ver; (understand) ver, comprender ▷ vi ver ▷ n sede f; **to ~ sb to the door** acompañar a algn a la puerta; **to ~ that** (ensure) asegurarse de que; **~ you soon/later/tomorrow!** ¡hasta pronto/luego/mañana!; **see off** vt despedir; **see out** vt (take to the door) acompañar hasta la puerta; **see**

through vt fus calar ▷ vt llevar a cabo; **see to** vt fus atender a, encargarse de

seed [si:d] n semilla; (in fruit) pepita; (fig) germen m; (Tennis) preseleccionado/a; **to go to ~** (plant) granar; (fig) descuidarse

seeing ['si:ɪŋ] conj: **~ (that)** visto que, en vista de que

seek (pt, pp **sought**) [si:k, sɔ:t] vt buscar; (post) solicitar

seem [si:m] vi parecer; **there ~s to be ...** parece que hay ...; **seemingly** adv aparentemente, según parece

seen [si:n] pp of **see**

seesaw ['si:sɔ:] n subibaja m

segment ['segmənt] n segmento m; (of citrus fruit) gajo

segregate ['segrɪgeɪt] vt segregar

seize [si:z] vt (grasp) agarrar, asir; (take possession of) secuestrar; (: territory) apoderarse de; (opportunity) aprovecharse de

seizure ['si:ʒə'] n (Med) ataque m; (Law) incautación f

seldom ['seldəm] adv rara vez

select [sɪ'lekt] adj selecto, escogido ▷ vt escoger, elegir; (Sport) seleccionar; **selection** n selección f, elección f; (Comm) surtido m; **selective** adj selectivo

self [self] n uno mismo ▷ pref auto-...; **the ~** el yo; **self-assured** adj seguro de sí mismo; **self-catering** adj (BRIT): **self-catering apartment** apartamento con cocina propia; **self-centred**, (US) **self-centered** adj egocéntrico; **self-confidence** n confianza en sí mismo; **self-confident** adj seguro de sí (mismo), lleno de confianza en sí mismo; **self-conscious** adj cohibido; **self-contained** adj (BRIT: flat) con entrada particular; **self-control** n autodominio; **self-defence**, (US) **self-defense** n defensa propia; **self-employed** adj que trabaja por cuenta propia; **self-esteem** n amor m propio; **self-harm** vi autolesionarse; **self-indulgent** adj indulgente consigo

mismo; **self-interest** n egoísmo; **selfish** adj egoísta; **self-pity** n lástima de sí mismo; **self-raising**, (US) **self-rising** adj: **self-raising flour** harina con levadura; **self-respect** n amor m propio; **self-service** adj de autoservicio

selfie ['selfi] n selfie m, autofoto f

sell (pt, pp **sold**) [sel, səʊld] vt vender ▷ vi venderse; **to ~ at or for £10** venderse a 10 libras; **sell off** vt liquidar; **sell out** vi: **the tickets are all sold out** las entradas están agotadas; **sell-by date** n fecha de caducidad; **seller** n vendedor(a) m/f

Sellotape® ['seləʊteɪp] n (BRIT) celo, scotch® m

selves [selvz] npl of **self**

semester [sɪ'mestə'] n (US) semestre m

semi... [semɪ] pref semi-...; medio-...; **semicircle** n semicírculo; **semidetached (house)** n casa adosada; **semi-final** n semifinal f

seminar ['semɪnɑ:'] n seminario

semi-skimmed ['semɪ'skɪmd] adj semidesnatado; **semi-skimmed (milk)** n leche semidesnatada

senate ['senɪt] n senado; see also **Congress; senator** n senador(a) m/f

send (pt, pp **sent**) [send, sent] vt mandar, enviar; **send back** vt devolver; **send for** vt fus mandar traer; **send in** vt (report, application, resignation) mandar; **send off** vt (goods) despachar; (BRIT Sport: player) expulsar; **send on** vt (letter, luggage) remitir; **send out** vt (invitation) mandar; (signal) emitir; **send up** vt (person, price) hacer subir; (BRIT: parody) parodiar; **sender** n remitente mf; **send-off** n: **a good send-off** una buena despedida

senile ['si:naɪl] adj senil

senior ['si:nɪə'] adj (older) mayor, más viejo; (: on staff) de más antigüedad; (of higher rank) superior; **senior citizen** n persona de la tercera edad; **senior high school** n (US) ≈ instituto de enseñanza media

S

sensation [sɛnˈseɪʃən] n sensación f;
sensational adj sensacional

sense [sɛns] n (faculty, meaning)
sentido; (feeling) sensación f; (good
sense) sentido común, juicio ▷ vt
sentir, percibir; **it makes ~** tiene
sentido; **senseless** adj estúpido,
insensato; (unconscious) sin
conocimiento; **sense of humour** n
(BRIT) sentido del humor

sensible [ˈsɛnsɪbl] adj sensato;
(reasonable) razonable, lógico

    ■ Be careful not to translate sensible
by the Spanish word sensible.

sensitive [ˈsɛnsɪtɪv] adj sensible;
(touchy) susceptible

sensual [ˈsɛnsjuəl] adj sensual

sensuous [ˈsɛnsjuəs] adj sensual

sent [sɛnt] pt, pp of **send**

sentence [ˈsɛntəns] n (Ling) oración
f; (Law) sentencia, fallo ▷ vt: **to ~ sb
to death/to five years** condenar a algn
a muerte/a cinco años de cárcel

sentiment [ˈsɛntɪmənt] n
sentimiento; (opinion) opinión f;
sentimental [sɛntɪˈmɛntl] adj
sentimental

Sep. abbr (= September) sep., set.

separate adj [ˈsɛprɪt] separado;
(distinct) distinto; **~s** npl (clothes)
coordinados mpl ▷ vt [ˈsɛpəreɪt]
separar; (part) dividir ▷ vi [ˈsɛpəreɪt]
separarse; **separately** adv por
separado; **separation** [sɛpəˈreɪʃən] n
separación f

September [sɛpˈtɛmbəʳ] n se(p)
tiembre m

septic [ˈsɛptɪk] adj séptico; **septic
tank** n fosa séptica

sequel [ˈsiːkwl] n consecuencia,
resultado; (of story) continuación f

sequence [ˈsiːkwəns] n sucesión f,
serie f; (Cine) secuencia

sequin [ˈsiːkwɪn] n lentejuela

Serb [sɜːb] adj, n = **Serbian**

Serbian [ˈsɜːbɪən] adj serbio ▷ n
serbio/a; (Ling) serbio

sergeant [ˈsɑːdʒənt] n sargento

serial [ˈsɪərɪəl] n (TV) serie f; **serial
killer** n asesino/a múltiple; **serial
number** n número de serie

series [ˈsɪəriːz] n (pl inv) serie f

serious [ˈsɪərɪəs] adj serio; (grave)
grave; **seriously** adv en serio; (ill,
wounded etc) gravemente

sermon [ˈsɜːmən] n sermón m

servant [ˈsɜːvənt] n servidor(a) m/f; (also:
house~) criado/a

serve [sɜːv] vt servir; (customer)
atender; (train) tener parada en; (apprenticeship) hacer; (prison term)
cumplir ▷ vi (servant, soldier etc) servir;
(Tennis) sacar ▷ n (Tennis) saque m; **it
~s him right** se lo tiene merecido;
server n (Comput) servidor m

service [ˈsɜːvɪs] n servicio; (Rel) misa;
(Aut) mantenimiento; (of dishes) juego
▷ vt (car, washing machine) revisar;
(: repair) reparar; **services** npl (Econ:
tertiary sector) sector m terciario o
(de) servicios; (BRIT: on motorway)
área de servicio; **the S~s** las fuerzas
armadas; **to be of ~ to sb** ser útil
a algn; **~ included/not included**
servicio incluido/no incluido; **service
area** n (on motorway) área de servicios;
service charge n (BRIT) servicio;
serviceman n militar m; **service
station** n estación f de servicio

serviette [sɜːviˈɛt] n (BRIT) servilleta

session [ˈsɛʃən] n sesión f; **to be in ~**
estar en sesión

set [sɛt] (pt, pp **set**) n juego; (Radio)
aparato; (TV) televisor m; (of utensils)
batería; (of cutlery) cubierto; (of books)
colección f; (Tennis) set m; (group of
people) grupo; (Cine) plató m; (Theat)
decorado; (Hairdressing) marcado
▷ adj (fixed) fijo; (ready) listo ▷ vt (place)
poner, colocar; (fix) fijar; (adjust)
ajustar, arreglar; (decide: rules etc)
establecer, decidir ▷ vi (sun) ponerse;
(jam, jelly) cuajarse; (concrete) fraguar;
to be ~ on doing sth estar empeñado
en hacer algo; **to ~ to music** poner
música a; **to ~ on fire** incendiar,

prender fuego a; **to ~ free** poner en libertad; **to ~ sth going** poner algo en marcha; **to ~ sail** zarpar, hacerse a la mar; **set aside** vt poner aparte, dejar de lado; **set down** vt (bus, train) dejar; **set in** vi (infection) declararse; (complications) comenzar; **the rain has ~ in for the day** parece que va a llover todo el día; **set off** vi partir ▷ vt (bomb) hacer estallar; (cause to start) poner en marcha; (show up well) hacer resaltar; **set out** vi partir ▷ vt (arrange) disponer; (state) exponer; **to ~ out to do sth** proponerse hacer algo; **set up** vt establecer; **setback** n revés m, contratiempo; **set menu** n menú m

settee [se'tiː] n sofá m

setting ['setɪŋ] n (scenery) marco; (of jewel) engaste m, montadura

settle ['setl] vt (argument, matter) resolver; (pay: bill, account) pagar, liquidar; (Med: calm) calmar, sosegar ▷ vi (dust etc) depositarse; (weather) estabilizarse; **to ~ for sth** convenir en aceptar algo; **to ~ on sth** decidirse por algo; **settle down** vi (get comfortable) ponerse cómodo, acomodarse; (calm down) calmarse, tranquilizarse; (live quietly) echar raíces; **settle in** vi instalarse; **settle up** vi: **to ~ up with sb** ajustar cuentas con algn; **settlement** n (payment) liquidación f; (agreement) acuerdo, convenio; (village etc) poblado

setup ['setʌp] n sistema m

seven ['sevn] num siete; **seventeen** num diecisiete; **seventeenth** adj decimoséptimo; **seventh** adj séptimo; **seventieth** adj septuagésimo; **seventy** num setenta

sever ['sevə'] vt cortar; (relations) romper

several ['sevrəl] adj, pron varios/ as m/f pl, algunos/as m/f pl; **~ of us** varios de nosotros

severe [si'viə'] adj severo; (serious) grave; (hard) duro; (pain) intenso

sew (pt **sewed**, pp **sewn**) [səu, səud, səun] vt, vi coser

sewage ['suːɪdʒ] n aguas fpl residuales

sewer ['suːə'] n alcantarilla, cloaca

sewing ['səuɪŋ] n costura; **sewing machine** n máquina de coser

sewn [səun] pp of **sew**

sex [seks] n sexo; **to have ~** hacer el amor; **sexism** n sexismo; **sexist** adj, n sexista mf; **sexual** ['seksjuəl] adj sexual; **sexual intercourse** n relaciones fpl sexuales; **sexuality** [seksju'ælɪtɪ] n sexualidad f; **sexy** adj sexy

shabby ['ʃæbɪ] adj (person) desharrapado; (clothes) raído, gastado

shack [ʃæk] n choza, chabola

shade [ʃeɪd] n sombra; (for lamp) pantalla; (for eyes) visera; (of colour) tono m, tonalidad f ▷ vt dar sombra a; **shades** npl (us: sunglasses) gafas fpl de sol; **in the ~** a la sombra; **a ~ more** (small quantity) un poquito más

shadow ['ʃædəu] n sombra ▷ vt (follow) seguir y vigilar; **shadow cabinet** n (BRIT Pol) gobierno en la oposición

shady ['ʃeɪdɪ] adj sombreado; (fig: dishonest) sospechoso; (deal) turbio

shaft [ʃɑːft] n (of arrow, spear) astil m; (Aut, Tech) eje m, árbol m; (of mine) pozo; (of lift) hueco, caja; (of light) rayo

shake [ʃeɪk] (pt **shook**, pp **shaken**) ▷ vt sacudir; (building) hacer temblar ▷ vi (tremble) temblar; **to ~ one's head** (in refusal) negar con la cabeza; (in dismay) mover o menear la cabeza, incrédulo; **to ~ hands with sb** estrechar la mano a algn; **shake off** vt sacudirse; (fig) deshacerse de; **shake up** vt agitar; **shaky** adj (unstable) inestable, poco firme; (trembling) tembloroso

shall [ʃæl] aux vb: **I ~ go** iré; **~ I help you?** ¿quieres que te ayude?; **I'll buy three, ~ I?** compro tres, ¿no te parece?

shallow ['ʃæləu] adj poco profundo; (fig) superficial

sham [ʃæm] n fraude m, engaño

shambles [ˈʃæmblz] n confusión f

shame [ʃeɪm] n vergüenza ⊳ vt avergonzar; **it is a ~ that/to do** es una lástima o pena que/hacer; **what a ~!** ¡qué lástima or penal; **shameful** adj vergonzoso; **shameless** adj descarado

shampoo [ʃæmˈpuː] n champú m ⊳ vt lavar con champú

shandy [ˈʃændɪ] n clara, cerveza con gaseosa

shan't [ʃɑːnt] = **shall not**

shape [ʃeɪp] n forma ⊳ vt formar, dar forma a; (sb's ideas) formar; (sb's life) determinar; **to take ~** tomar forma

share [ʃɛəʳ] n (part) parte f, porción f; (contribution) cuota; (Comm) acción f ⊳ vt dividir; (have in common) compartir; **to ~ out (among** or **between)** repartir (entre); **shareholder** n (BRIT) accionista mf

shark [ʃɑːk] n tiburón m

sharp [ʃɑːp] adj (razor, knife) afilado; (point) puntiagudo; (outline) definido; (pain) intenso; (Mus) desafinado; (contrast) marcado; (voice) agudo; (person: quick-witted) avispado; (: dishonest) poco escrupuloso ⊳ adv: **at two o'clock ~** a las dos en punto; **sharpen** vt afilar; (pencil) sacar punta a; (fig) agudizar; **sharpener** n (also: **pencil sharpener**) sacapuntas m inv; **sharply** adv (abruptly) bruscamente; (clearly) claramente; (harshly) severamente

shatter [ˈʃætəʳ] vt hacer añicos or pedazos; (fig: ruin) destruir, acabar con ⊳ vi hacerse añicos; **shattered** adj (grief-stricken) destrozado, deshecho; (exhausted) agotado, hecho polvo

shave [ʃeɪv] vt afeitar, rasurar ⊳ vi afeitarse ⊳ n: **to have a ~** afeitarse; **shaver** n (also: **electric shaver**) máquina de afeitar (eléctrica)

shaving [ˈʃeɪvɪŋ] n (action) afeitado; **shavings** npl (of wood etc) virutas fpl;

shaving cream n crema (de afeitar); **shaving foam** n espuma de afeitar

shawl [ʃɔːl] n chal m

she [ʃiː] pron ella

sheath [ʃiːθ] n vaina; (contraceptive) preservativo

shed (pt, pp **shed**) [ʃed] n cobertizo ⊳ vt (skin) mudar; (tears) derramar; (workers) despedir

she'd [ʃiːd] = **she had**; **she would**

sheep [ʃiːp] n (pl inv) oveja; **sheepdog** n perro pastor; **sheepskin** n piel f de carnero

sheer [ʃɪəʳ] adj (utter) puro, completo; (steep) escarpado; (material) diáfano ⊳ adv verticalmente

sheet [ʃiːt] n (on bed) sábana; (of paper) hoja; (of glass, metal) lámina

sheik(h) [ʃeɪk] n jeque m

shelf (pl **shelves**) [ʃelf, ʃelvz] n estante m

shell [ʃel] n (on beach) concha; (of egg, nut etc) cáscara; (explosive) proyectil m, obús m; (of building) armazón m ⊳ vt (peas) desenvainar; (Mil) bombardear

she'll [ʃiːl] = **she will**; **she shall**

shellfish [ˈʃelfɪʃ] n (pl inv) crustáceo; (pl: as food) mariscos mpl

shelter [ˈʃeltəʳ] n abrigo, refugio ⊳ vt (aid) amparar, proteger; (give lodging to) abrigar ⊳ vi abrigarse, refugiarse; **sheltered** adj (life) protegido; (spot) abrigado

shelves [ʃelvz] npl of **shelf**

shelving [ˈʃelvɪŋ] n estantería

shepherd [ˈʃepəd] n pastor m ⊳ vt (guide) guiar, conducir; **shepherd's pie** n pastel de carne y puré de patatas

sheriff [ˈʃerɪf] n (us) sheriff m

sherry [ˈʃerɪ] n jerez m

she's [ʃiːz] = **she is**; **she has**

Shetland [ˈʃetlənd] n (also: **the ~s, the ~ Isles**) las Islas fpl Shetland

shield [ʃiːld] n escudo; (Tech) blindaje m ⊳ vt: **to ~ (from)** proteger (de)

shift [ʃɪft] n (change) cambio; (at work) turno ⊳ vt trasladar; (remove) quitar ⊳ vi moverse

shin [ʃɪn] n espinilla

shine [ʃaɪn] (pt, pp **shone**) n brillo, lustre m ▷ vi brillar, relucir ▷ vt (shoes) lustrar, sacar brillo a; **to ~ a torch on sth** dirigir una linterna hacia algo

shingles [ˈʃɪŋglz] n (Med) herpes msg

shiny [ˈʃaɪnɪ] adj brillante, lustroso

ship [ʃɪp] n buque m, barco ▷ vt (goods) embarcar; (send) transportar or enviar por vía marítima; **shipment** n (goods) envío; **shipping** n (act) embarque m; (traffic) buques mpl; **shipwreck** n naufragio ▷ vt: **to be shipwrecked** naufragar; **shipyard** n astillero

shirt [ʃəːt] n camisa; **in ~ sleeves** en mangas de camisa

shit [ʃɪt] (inf!) excl ¡mierda! (!)

shiver [ˈʃɪvə'] n escalofrío ▷ vi temblar, estremecerse (with cold) tiritar

shock [ʃɒk] n (impact) choque m; (Elec) descarga (eléctrica); (emotional) conmoción f; (start) sobresalto, susto; (Med) postración f nerviosa ▷ vt dar un susto a; (offend) escandalizar; **shocking** adj (awful) espantoso; (improper) escandaloso

shoe (pt, pp **shod**) [ʃuː, ʃɒd] n zapato; (for horse) herradura ▷ vt (horse) herrar; **shoelace** n cordón m; **shoe polish** n betún m; **shoeshop** n zapatería

shone [ʃɒn] pt, pp of **shine**

shonky [ˈʃɒŋkɪ] adj (AUST, NZ inf) chapucero

shook [ʃuk] pt of **shake**

shoot [ʃuːt] (pt, pp **shot**) n (on branch, seedling) retoño, vástago ▷ vt disparar; (kill) matar a tiros; (execute) fusilar; (Cine: film, scene) rodar, filmar ▷ vi (Football) chutar; **shoot down** vt (plane) derribar; **shoot up** vi (prices) dispararse; **shooting** n (shots) tiros mpl; (Hunting) caza con escopeta

shop [ʃɒp] n tienda; (workshop) taller m ▷ vi (also: **go ~ping**) ir de compras; **shop assistant** n (BRIT) dependiente/a m/f; **shopkeeper** n tendero/a; **shoplifting** n ratería, robo (en las tiendas); **shopping** n (goods)

compras fpl; **shopping bag** n bolsa (de compras); **shopping centre**, (US) **shopping center** n centro comercial; **shopping mall** n centro comercial; **shopping trolley** n (BRIT) carrito de la compra; **shop window** n escaparate m, vidriera (LAM)

shore [ʃɔː'] n orilla ▷ vt: **to ~ (up)** reforzar; **on ~** en tierra

short [ʃɔːt] adj corto; (in time) breve, de corta duración; (person) bajo; (curt) brusco, seco; **(a pair of) ~s** (unos) pantalones mpl cortos; **to be ~ of sth** estar falto de algo; **in ~** en pocas palabras; **~ of doing ...** a menos que hagamos etc ...; **everything ~ of ...** todo menos ...; **it is ~ for** es la forma abreviada de; **to cut ~** (speech, visit) interrumpir, terminar inesperadamente; **to fall ~ of** no alcanzar; **to run ~ of sth** acabársele algo; **to stop ~** parar en seco; **to stop ~ of** detenerse antes de; **shortage** [ˈʃɔːtɪdʒ] n falta; **shortbread** n galleta de mantequilla especie de mantecada); **shortcoming** n defecto, deficiencia; **short(crust) pastry** n (BRIT) pasta quebradiza; **shortcut** n atajo; **shorten** vt acortar; (visit) interrumpir; **shortfall** n déficit m; **shorthand** n (BRIT) taquigrafía; **short-lived** adj efímero; **shortly** adv en breve, dentro de poco; **short-sighted** adj (BRIT) miope; (fig) imprudente; **short-sleeved** adj de manga corta; **short story** n cuento; **short-tempered** adj enojadizo; **short-term** adj (effect) a corto plazo

shot [ʃɒt] pt, pp of **shoot** ▷ n (sound) tiro, disparo; (try) tentativa; (injection) inyección f; (Phot) toma, fotografía; **like a ~** (without any delay) como un rayo; **shotgun** n escopeta

should [ʃud] aux vb **I ~ go now** debo irme ahora; **he ~ be there now** debe de haber llegado (ya); **I ~ go if I were you** yo en tu lugar me iría; **I ~ like to** me gustaría

shoulder ['ʃəʊldə'] n hombro ▷ vt
(fig) cargar con; **shoulder blade** n
omóplato

shouldn't ['ʃʊdnt] = **should not**

shout [ʃaʊt] n grito ▷ vt gritar ▷ vi
gritar, dar voces

shove [ʃʌv] n empujón m ▷ vt empujar;
(inf: put): **to ~ sth in** meter algo a
empellones

shovel ['ʃʌvl] n pala; (mechanical)
excavadora ▷ vt mover con pala

show [ʃəʊ] (pt **showed**, pp **shown**)
n (of emotion) demostración f;
(semblance) apariencia; (exhibition)
exposición f; (Theat) función f,
espectáculo m ▷ vt mostrar, enseñar;
(courage etc) mostrar, manifestar;
(exhibit) exponer; (film) proyectar ▷ vi
mostrarse; (appear) aparecer; **on ~**
(exhibits etc) expuesto; **it's just for ~**
es sólo para impresionar; **show in** vt
(person) hacer pasar; **show off** vi (pej)
presumir ▷ vt (display) lucir; **show
out** vt: **to ~ sb out** acompañar a algn
a la puerta; **show up** vi (stand out)
destacar; (inf: turn up) presentarse
▷ vt (unmask) desenmascarar; **show
business** n el mundo del espectáculo

shower ['ʃaʊə'] n (rain) chaparrón m,
chubasco; (of stones etc) lluvia; (also:
~ bath) ducha ▷ vi llover ▷ vt: **to ~ sb
with sth** colmar a algn de algo; **to
have** or **take a ~** ducharse; **shower
cap** n gorro de baño; **shower gel** n
gel de ducha

showing ['ʃəʊɪŋ] n (of film)
proyección f

show jumping n hípica

shown [ʃəʊn] pp of **show**

show: show-off ['ʃəʊɔf] n (inf: person)
fanfarrón/ona m/f; **showroom** n sala
de muestras

shrank [ʃræŋk] pt of **shrink**

shred [ʃrɛd] n (gen pl) triza, jirón m ▷ vt
hacer trizas; (Culin) desmenuzar

shrewd [ʃruːd] adj astuto

shriek [ʃriːk] n chillido ▷ vi chillar

shrimp [ʃrɪmp] n camarón m

shrine [ʃraɪn] n santuario, sepulcro

shrink [ʃrɪŋk] (pt **shrank**, pp **shrunk**,
ʃræŋk, ʃrʌŋk) vi encogerse; (be
reduced) reducirse ▷ vt encoger ▷ n (inf,
pej) loquero/a; **to ~ from (doing) sth**
no atreverse a hacer algo

shrivel ['ʃrɪvl], **shrivel up** vt (dry)
secar ▷ vi secarse

shroud [ʃraʊd] n sudario ▷ vt: **~ed in
mystery** envuelto en el misterio

Shrove Tuesday ['ʃrəʊv-] n martes
m de carnaval

shrub [ʃrʌb] n arbusto

shrug [ʃrʌg] n encogimiento de
hombros ▷ vt, vi: **to ~ (one's
shoulders)** encogerse de hombros;
shrug off vt negar importancia a

shrunk [ʃrʌŋk] pp of **shrink**

shudder ['ʃʌdə'] n estremecimiento,
escalofrío ▷ vi estremecerse

shuffle ['ʃʌfl] vt (cards) barajar; **to ~
(one's feet)** arrastrar los pies

shun [ʃʌn] vt rehuir, esquivar

shut [ʃʌt] (pt, pp **shut**) [ʃʌt] vt cerrar ▷ vi
cerrarse; **shut down** vt, vi cerrar;
shut up vi (inf: keep quiet) callarse ▷ vt
(close) cerrar; (silence) callar; **shutter** n
contraventana; (Phot) obturador m

shuttle ['ʃʌtl] n lanzadera; (also:
~ service: Aviat) puente m aéreo;
shuttlecock n volante m

shy [ʃaɪ] adj tímido

sibling ['sɪblɪŋ] n (formal) hermano/a

sick [sɪk] adj (ill) enfermo; (nauseated)
mareado; (humour) morboso; **to
be ~** (Brit) vomitar; **to feel ~** tener
náuseas; **to be ~ of** (fig) estar harto
de; **sickening** adj (fig) asqueroso; **sick
leave** n baja por enfermedad; **sickly**
adj enfermizo; (taste) empalagoso;
sickness n enfermedad f, mal m;
(vomiting) náuseas fpl

side [saɪd] n lado; (of body) costado;
(of lake) orilla; (team) equipo; (of hill)
ladera ▷ adj (door, entrance) lateral ▷ vi:
to ~ with sb tomar partido por algn;
by the ~ of al lado de; **~ by ~** juntos;
as; **from all ~s** de todos lados; **to**

take ~s (with) tomar partido (por);
sideboard n aparador m; **sideboards,**
(BRIT) **sideburns** npl patillas fpl;
sidelight n (Aut) luz flateral;
sideline n (Sport) línea de banda; (fig) empleo
suplementario; **side road** (BRIT)
calle flateral; **side street** n calle f
lateral; **sidetrack** vt (fig) desviar (de
su propósito); **sidewalk** ['saɪdwɔːk] n
(US) acera; **sideways** adv de lado

siege [siːdʒ] n cerco, sitio
sieve [sɪv] n colador m ▷ vt cribar
sift [sɪft] vt cribar ▷ vi: **to ~**
through (information) examinar
cuidadosamente
sigh [saɪ] n suspiro ▷ vi suspirar
sight [saɪt] n (faculty) vista; (spectacle)
espectáculo; (on gun) mira, alza ▷ vt
divisar; **in ~** a la vista; **out of ~** fuera
de (la) vista; **sightseeing** n turismo;
to go sightseeing hacer turismo
sign [saɪn] n (with hand) señal f, seña;
(trace) huella, rastro; (notice) letrero;
(written) signo ▷ vt firmar; (Sport)
fichar; **sign in** vi firmar el registro (al
entrar); **sign on** vi (Mil) alistarse; (as
unemployed) apuntarse al paro ▷ vt
(Mil) alistar; (employee) contratar; **to
~ on for a course** matricularse en un
curso; **sign over** vt: **~ sth over to
sb** traspasar algo a algn; **sign up** vi
(Mil) alistarse; (for course) inscribirse
▷ vt (player) fichar
signal ['sɪgnl] n señal f ▷ vi señalizar
▷ vt (person) hacer señas a; (message)
transmitir
signature ['sɪgnətʃə'] n firma
significance [sɪg'nɪfɪkəns] n
(importance) trascendencia
significant [sɪg'nɪfɪkənt] adj
significativo; (important) trascendente
signify ['sɪgnɪfaɪ] vt significar
sign language n mímica, lenguaje m
por or de señas
signpost ['saɪnpəust] n indicador m
Sikh [siːk] adj, n sij mf
silence ['saɪləns] n silencio ▷ vt hacer
callar, acallar; (guns) reducir al silencio

silent ['saɪlnt] adj silencioso; (not
speaking) callado; (film) mudo; **to
keep or remain ~** guardar silencio
silhouette [sɪluːˈet] n silueta
silicon chip n chip m, plaqueta de
silicio
silk [sɪlk] n seda ▷ cpd de seda
silly ['sɪlɪ] adj (person) tonto; (idea)
absurdo
silver ['sɪlvə'] n plata; (money) moneda
suelta ▷ cpd de plata; **silver-plated**
adj plateado
SIM card ['sɪm-] n (Tel) SIM card m or
f, tarjeta SIM
similar ['sɪmɪlə'] adj: **~ to** parecido or
semejante a; **similarity** [sɪmɪˈlærɪtɪ]
n semejanza; **similarly** adv del mismo
modo
simmer ['sɪmə'] vi hervir a fuego lento
simple ['sɪmpl] adj (easy) sencillo;
(foolish) simple; (Comm) simple;
simplicity [sɪmˈplɪsɪtɪ] n sencillez f;
simplify ['sɪmplɪfaɪ] vt simplificar;
simply adv (live, talk) sencillamente;
(just, merely) sólo
simulate ['sɪmjuleɪt] vt simular
simultaneous [sɪmɔlˈteɪnɪəs] adj
simultáneo; **simultaneously** adv
simultáneamente
sin [sɪn] n pecado ▷ vi pecar
since [sɪns] adv desde entonces
▷ prep desde ▷ conj (time) desde que;
(because) ya que, puesto que; **~ then,
ever ~** desde entonces
sincere [sɪnˈsɪə'] adj sincero;
sincerely adv: **yours sincerely** (in
letters) le saluda atentamente
sing (pt **sang**, pp **sung**) [sɪŋ, sæŋ, sʌŋ]
vt cantar ▷ vi cantar
Singapore [sɪŋəˈpɔː'] n Singapur m
singer ['sɪŋə'] n cantante mf
singing ['sɪŋɪŋ] n canto
single ['sɪŋgl] adj único, solo;
(unmarried) soltero; (not double)
individual, sencillo ▷ n (BRIT: also:
~ ticket) billete m sencillo; (record)
sencillo, single m; **singles** npl
(Tennis) individual msg; **single out** vt

(choose) escoger; **single bed** *n* cama individual; **single file** *n*: **in single file** en fila de uno; **single-handed** *adv* sin ayuda; **single-minded** *adj* resuelto, firme; **single parent** *n (mother)* madre *f* soltera; *(father)* padre *m* soltero; **single-parent family** *n* familia monoparental; **single room** *n* habitación *f* individual

singular ['sɪŋɡjulə^r] *adj* raro, extraño; *(outstanding)* excepcional ▷ *n (Ling)* singular *m*

sinister ['sɪnɪstə^r] *adj* siniestro

sink [sɪŋk] *(pt* **sank**, *pp* **sunk**) *n* fregadero ▷ *vt (ship)* hundir a pique; *(foundations)* excavar; *(piles etc)*: **to ~ sth into** hundir algo en ▷ *vi* hundirse; **sink in** *vi (fig)* penetrar, calar

sinus ['saɪnəs] *n (Anat)* seno

sip [sɪp] *n* sorbo ▷ *vt* sorber, beber a sorbitos

sir [sə:^r] *n* señor *m*; **S~ John Smith** Sir John Smith; **yes ~** sí, señor

siren ['saɪərn] *n* sirena

sirloin ['sə:lɔɪn] *n* solomillo

sirloin steak *n* filete *m* de solomillo

sister ['sɪstə^r] *n* hermana; *(BRIT: nurse)* enfermera jefe; **sister-in-law** *n* cuñada

sit *(pt, pp* **sat**) [sɪt, sæt] *vi* sentarse; *(be sitting)* estar sentado; *(assembly)* reunirse; *(for painter)* posar ▷ *vt (exam)* presentarse a; **sit back** *vi (in seat)* recostarse; **sit down** *vi* sentarse; **sit on** *vt fus (jury, committee)* ser miembro de, formar parte de; **sit up** *vi* incorporarse; *(not go to bed)* no acostarse

sitcom ['sɪtkɒm] *n abbr (TV: = situation comedy)* telecomedia

site [saɪt] *n* sitio, *(also:* **building ~)** solar *m* ▷ *vt* situar

sitting ['sɪtɪŋ] *n (of assembly etc)* sesión *f*; *(in canteen)* turno; **sitting room** *n* sala de estar

situated ['sɪtjueɪtɪd] *adj* situado

situation [sɪtju'eɪʃən] *n* situación *f*; **"~s vacant"** *(BRIT)* "ofertas de trabajo"

six [sɪks] *num* seis; **sixteen** *num* dieciséis; **sixteenth** *adj* decimosexto; **sixth** [sɪksθ] *adj* sexto; **sixth form** *n (BRIT)* clase *f* de alumnos del sexto año *(de 16 a 18 años de edad)*; **sixth-form college** *n* instituto *m* para alumnos de 16 a 18 años; **sixtieth** *adj* sexagésimo; **sixty** *num* sesenta

size [saɪz] *n* tamaño; *(extent)* extensión *f*; *(of clothing)* talla; *(of shoes)* número; **sizeable** *adj* importante, considerable

sizzle ['sɪzl] *vi* crepitar

skate [skeɪt] *n* patín *m*; *(fish: pl inv)* raya *f* ▷ *vi* patinar; **skateboard** *n* monopatín *m*; **skateboarding** *n* monopatín *m*; **skater** *n* patinador(a) *m/f*; **skating** *n* patinaje *m*; **skating rink** *n* pista de patinaje

skeleton ['skɛlɪtn] *n* esqueleto; *(Tech)* armazón *m*; *(outline)* esquema *m*

sketch [skɛtʃ] *n (drawing)* dibujo; *(outline)* esbozo, bosquejo; *(Theat)* pieza corta, sketch *m* ▷ *vt* dibujar; *(plan etc: also:* **~ out**) esbozar

skewer ['skju:ə^r] *n* broqueta

ski [ski:] *n* esquí *m* ▷ *vi* esquiar; **ski boot** *n* bota de esquí

skid [skɪd] *n* patinazo ▷ *vi* patinar

ski: **skier** *n* esquiador(a) *m/f*; **skiing** *n* esquí *m*

skilful, *(us)***skillful** ['skɪlful] *adj* diestro, experto

ski lift *n* telesilla *m*, telesquí *m*

skill [skɪl] *n* destreza, pericia; *(technique)* técnica *f*; **skilled** *adj* hábil, diestro; *(worker)* cualificado

skim [skɪm] *vt (milk)* desnatar; *(glide over)* rozar, rasar ▷ *vi*: **to ~ through** *(book)* hojear; **skimmed milk** *n* leche *f* desnatada *o* descremada

skin [skɪn] *n* piel *f*; *(complexion)* cutis *m* ▷ *vt (fruit etc)* pelar; *(animal)* despellejar; **skinhead** *n* cabeza *mf* rapada, skin(head) *mf*; **skinny** *adj* flaco

skip [skɪp] *n* brinco, salto; *(container)* contenedor *m* ▷ *vi* brincar; *(with*

rope) saltar a la comba ▷ vt (pass over) omitir, saltarse

ski: ski pass n forfait m (de esquí); **ski pole** n bastón m de esquiar

skipper ['skɪpə'] n (Naut, Sport) capitán m

skipping rope ['skɪpɪŋ-] n (BRIT) comba

skirt [skə:t] n falda, pollera (LAM) ▷ vt (go round) ladear

skirting board ['skə:tɪŋ-] n (BRIT) rodapié m

ski slope n pista de esquí

ski suit n traje m de esquiar

skull [skʌl] n calavera; (Anat) cráneo

skunk [skʌŋk] n mofeta

sky [skaɪ] n cielo; **skyscraper** n rascacielos m inv

slab [slæb] n (stone) bloque m; (flat) losa; (of cake) trozo

slack [slæk] adj (loose) flojo; (slow) de poca actividad; (careless) descuidado; **slacks** npl pantalones mpl

slain [sleɪn] pp of **slay**

slam [slæm] vt (throw) arrojar (violentamente); (criticize) vapulear, vituperar ▷ vi cerrarse de golpe; **to the door** dar un portazo

slander ['slɑ:ndə'] n calumnia, difamación f

slang [slæŋ] n argot m; (jargon) jerga

slant [slɑ:nt] n sesgo, inclinación f; (fig) punto de vista, interpretación f

slap [slæp] n palmada; (in face) bofetada ▷ vt dar una palmada/bofetada a; (paint etc): **to ~ sth on sth** embadurnar algo con algo ▷ adv (directly) de lleno

slash [slæʃ] vt acuchillar; (fig: prices) fulminar

slate [sleɪt] n pizarra ▷ vt (BRIT fig: criticize) vapulear

slaughter ['slɔ:tə'] n (of animals) matanza; (of people) carnicería ▷ vt matar; **slaughterhouse** n matadero

Slav [slɑ:v] adj eslavo

slave [sleɪv] n esclavo/a ▷ vi (also: **~ away**) trabajar como un negro; **slavery** n esclavitud f

slay (pt **slew**, pp **slain**) [sleɪ, slu:, sleɪn] vt matar

sleazy ['sli:zɪ] adj (fig: place) sórdido

sledge [sledʒ], (US) **sled** [sled] n trineo

sleek [sli:k] adj (shiny) lustroso

sleep [sli:p] (pt, pp **slept**) n sueño ▷ vi dormir; **to go to ~** dormirse; **sleep in** vi (oversleep) quedarse dormido; **sleeper** n (person) durmiente mf; (BRIT: Rail: on track) traviesa; (: train) coche-cama m; **sleeping bag** n saco de dormir; **sleeping car** n coche-cama m; **sleeping pill** n somnífero; **sleepover** n: **we're having a sleepover at Fiona's** nos quedamos a dormir en casa de Fiona; **sleepwalk** vi (habitually) ser sonámbulo; (caminar dormido); **sleepy** adj soñoliento; (place) soporífero

sleet [sli:t] n aguanieve f

sleeve [sli:v] n manga; (Tech) manguito; (of record) funda; **sleeveless** adj sin mangas

sleigh [sleɪ] n trineo

slender ['slendə'] adj delgado; (means) escaso

slept [slept] pt, pp of **sleep**

slew [slu:] vi (veer) torcerse ▷ pt of **slay**

slice [slaɪs] n (of meat) tajada; (of bread) rebanada; (of lemon) rodaja; (utensil) paleta ▷ vt cortar; rebanar

slick [slɪk] adj (skilful) hábil, diestro; (clever) astuto ▷ n (also: **oil ~**) marea negra

slide [slaɪd] n (in playground) tobogán m; (Phot) diapositiva; (BRIT: also: **hair ~**) pasador m ▷ vt correr, deslizar ▷ vi (slip) resbalarse; (glide) deslizarse; **sliding** adj (door) corredizo

slight [slaɪt] adj (slim) delgado; (frail) delicado; (pain etc) leve; (trifling) insignificante; (small) pequeño ▷ n desaire m ▷ vt (offend) ofender, desairar; **not in the ~est** en absoluto; **slightly** adv ligeramente, un poco

S

slim [slɪm] adj delgado, esbelto
▷ vi adelgazar; **slimming** n
adelgazamiento

slimy ['slaɪmɪ] adj cenagoso

sling (pt, pp **slung**) [slɪŋ, slʌn] n (Med)
cabestrillo; (weapon) honda ▷ vt tirar,
arrojar

slip [slɪp] n (slide) resbalón m; (mistake)
descuido; (underskirt) combinación f;
(of paper) papelito ▷ vt (slide) deslizar
▷ vi deslizarse; (stumble) resbalar(se);
(decline) decaer; (move smoothly):
to ~ into/out of (room etc) colarse
en/salirse de ▷ vt **to give sb the ~** dar
esquinazo a algn; **a ~ of the tongue**
un lapsus; **slip up** vi (make mistake)
equivocarse; meter la pata

slipper ['slɪpə'] n zapatilla, pantufla

slippery ['slɪpərɪ] adj resbaladizo

slip road n (BRIT) carretera de acceso

slit [slɪt] (pt, pp **slit**) n raja; (cut) corte m
▷ vt rajar, cortar

slog [slɔɡ] (BRIT) vi sudar tinta ▷ n: **it
was a ~** costó trabajo (hacerlo)

slogan ['sləʊɡən] n eslogan m, lema m

slope [sləʊp] n (up) cuesta, pendiente
f; (down) declive m; (side of mountain)
falda, vertiente f ▷ vi: **to ~ down**
estar en declive; **to ~ up** subir (en
pendiente); **sloping** adj en pendiente;
en declive

sloppy ['slɔpɪ] adj (work) descuidado;
(appearance) desaliñado

slot [slɔt] n ranura ▷ vt: **to ~
into** encajar en; **slot machine** n
(BRIT: vending machine) máquina
expendedora; (for gambling) máquina
tragaperras

Slovakia [sləʊ'vækɪə] n Eslovaquia

Slovene [sləʊ'viːn] adj esloveno ▷ n
esloveno/a; (Ling) esloveno

Slovenia [sləʊ'viːnɪə] n Eslovenia;
Slovenian adj, n = **Slovene**

slow [sləʊ] adj lento; (watch): **to be ~**
ir atrasado ▷ adv lentamente, despacio
▷ vt (also: **~ down, ~ up**) reducir la
marcha de ▷ vi
(also: **~ down, ~ up**) ir más despacio;

"**~**" (road sign) "disminuir la velocidad";
slowly adv lentamente, despacio;
slow motion n: **in slow motion** a
cámara lenta

slug [slʌɡ] n babosa; (bullet) posta;
sluggish adj lento; (lazy) perezoso

slum [slʌm] n casucha

slump [slʌmp] n (economic) depresión
f ▷ vi hundirse; (prices) caer en picado

slung [slʌŋ] pt, pp of **sling**

slur [slɜː'] n calumnia ▷ vt (word)
pronunciar mal; **to cast a ~ on sb**
manchar la reputación de algn,
difamar a algn

sly [slaɪ] adj astuto; (nasty) malicioso

smack [smæk] n (slap) bofetada ▷ vt
dar una manotada a ▷ vi: **to ~ of**
saber a, oler a

small [smɔːl] adj pequeño; **small ads**
npl (BRIT) anuncios mpl por palabras;
small change n suelto, cambio

smart [smɑːt] adj elegante; (clever)
listo, inteligente; (quick) rápido, vivo
▷ vi escocer, picar; **smartcard** n
tarjeta inteligente; **smartphone** n
smartphone m

smash [smæʃ] n (also: **~-up**) choque
m; (sound) estrépito ▷ vt (break) hacer
pedazos; (car etc) estrellar; (Sport:
record) batir ▷ vi hacerse pedazos;
(against wall etc) estrellarse; **smashing**
adj (inf) estupendo

smear [smɪə'] n mancha; (Med) frotis
m inv (cervical) ▷ vt untar; **smear test**
n (Med) citología, frotis m inv (cervical)

smell [smɛl] (pt, pp **smelt** or **smelled**)
n olor m; (sense) olfato ▷ vt, vi oler;
smelly adj maloliente

smelt [smɛlt] pt, pp of **smell**

smile [smaɪl] n sonrisa ▷ vi sonreír

smirk [smɜːk] n sonrisa falsa or
afectada

smog [smɔɡ] n smog m

smoke [sməʊk] n humo ▷ vi fumar;
(chimney) echar humo ▷ vt (cigarettes)
fumar; **smoke alarm** n detector m
de humo, alarma contra incendios;
smoked adj (bacon, glass) ahumado;

smoker n fumador(a) m/f; **smoking** n: **"no smoking"** "prohibido fumar";
smoky adj (room) lleno de humo

Be careful not to translate smoking by the Spanish word smoking.

smooth [smu:ð] adj liso; (sea) tranquilo; (flavour, movement) suave; (person: pej) meloso ▷ vt alisar; (also: ~ **out** creases) alisar; (difficulties) allanar

smother ['smʌðər] vt sofocar; (repress) contener

SMS n abbr (= short message service) SMS m; **SMS message** n (mensaje m) SMS m

smudge [smʌdʒ] n mancha ▷ vt manchar

smug [smʌg] adj engreído

smuggle ['smʌgl] vt pasar de contrabando; **smuggling** n contrabando

snack [snæk] n bocado; **snack bar** n cafetería

snag [snæg] n problema m

snail [sneɪl] n caracol m

snake [sneɪk] n serpiente f

snap [snæp] n (sound) chasquido; (photograph) foto f ▷ adj (decision) instantáneo ▷ vt (break) quebrar ▷ vi quebrarse; (fig: person) contestar bruscamente; **to ~ shut** cerrarse de golpe; **snap at** vt fus: **to ~ (at sb)** (dog) intentar morder (a algn); **snap up** vt agarrar; **snapshot** n foto f (instantánea)

snarl [snɑ:l] vi gruñir

snatch [snætʃ] n (small piece) fragmento ▷ vt (snatch away) arrebatar; (grasp) agarrar; **to ~ some sleep** buscar tiempo para dormir

sneak [sni:k] vi: **to ~ in/out** entrar/ salir a hurtadillas ▷ n (inf) soplón/ona m/f; **to ~ up on sb** aparecérsele de improviso a algn; **sneakers** npl (us) zapatos mpl de lona

sneer [snɪər] vi sonreír con desprecio; **to ~ at sth/sb** burlarse or mofarse de algo/algn

sneeze [sni:z] vi estornudar

sniff [snɪf] vi sorber (por la nariz) ▷ vt husmear, oler; (glue, drug) esnifar

snigger ['snɪgər] vi reírse con disimulo

snip [snɪp] n (piece) recorte m; (bargain) ganga ▷ vt tijeretear

sniper ['snaɪpər] n francotirador(a) m/f

snob [snɒb] n (e)snob mf

snooker ['snu:kər] n snooker m, billar inglés

snoop [snu:p] vi: **to ~ about** fisgonear

snooze [snu:z] n siesta ▷ vi echar una siesta

snore [snɔ:r] vi roncar ▷ n ronquido

snorkel ['snɔ:kl] n tubo de respiración

snort [snɔ:t] n bufido ▷ vi bufar

snow [snəʊ] n nieve f ▷ vi nevar; **snowball** n bola de nieve ▷ vi ir aumentando; **snowstorm** n tormenta de nieve, nevasca

snub [snʌb] vt: **to ~ sb** desairar a algn ▷ n desaire m, repulsa

snug [snʌg] adj (cosy) cómodo; (fitted) ajustado

○ **KEYWORD**

so [səʊ] adv 1 (thus, likewise) así, de este modo; **if so** de ser así; **I like swimming — so do I** a mí me gusta nadar — a mí también; **I've got work to do — so has Paul** tengo trabajo que hacer — Paul también; **it's five o'clock — so it is!** son las cinco — ¡pues es verdad!; **I hope/think so** espero/creo que sí; **so far** hasta ahora; (in past) hasta este momento
2 (in comparisons etc: to such a degree) tan; **so quickly (that)** tan rápido (que); **she's not so clever as her brother** no es tan lista como su hermano; **we were so worried** estábamos preocupadísimos
3: **so much** adj tanto/a; adv tanto; **so many** tantos/as
4 (phrases): **10 or so** unos 10, 10 o así; **so long!** (inf: goodbye) ¡hasta luego!

► conj 1 (*expressing purpose*): **so as to
do** para hacer; **so (that)** para que
+ subjun
2 (*expressing result*) así que; **so you
see, I could have gone** así que ya ves,
(yo) podría haber ido

soak [səʊk] vt (*drench*) empapar;
(*put in water*) remojar ► vi remojarse,
estar a remojo; **soak up** vt absorber;
soaking adj (*also*: **soaking wet**)
calado or empapado (hasta los huesos
or el tuétano)

so-and-so [ˈsəʊənsəʊ] n (*somebody*)
fulano/a de tal

soap [səʊp] n jabón m; **soap opera**
n telenovela; **soap powder** n jabón
m en polvo

soar [sɔːʳ] vi (*on wings*) remontarse;
(*building etc*) elevarse; (*price*)
dispararse

sob [sɒb] n sollozo ► vi sollozar

sober [ˈsəʊbəʳ] adj (*serious*) serio; (*not
drunk*) sobrio; (*colour, style*) discreto;
sober up vi pasársele a algn la
borrachera

so-called [ˈsəʊˈkɔːld] adj llamado

soccer [ˈsɒkəʳ] n fútbol m

sociable [ˈsəʊʃəbl] adj sociable

social [ˈsəʊʃl] adj social ► n velada,
fiesta; **socialism** n socialismo;
socialist adj, n socialista mf; **socialize**
vi hacer vida social; **social life** n vida
social; **socially** adv socialmente;
social media npl medios sociales;
social networking n interacción
f social a través de la red; **social
networking site** n red f social; **social
security** n seguridad f social; **social
services** npl servicios mpl sociales;
social work n asistencia social; **social
worker** n asistente/a m/f social

society [səˈsaɪətɪ] n sociedad f;
(*club*) asociación f; (*also*: **high~**) alta
sociedad

sociology [səʊsɪˈɒlədʒɪ] n sociología

sock [sɒk] n calcetín m

socket [ˈsɒkɪt] n (*Elec*) enchufe m

soda [ˈsəʊdə] n (*Chem*) sosa; (*also*:
~ water) soda; (*us: also*: **~ pop**)
gaseosa

sodium [ˈsəʊdɪəm] n sodio

sofa [ˈsəʊfə] n sofá m; **sofa bed** n
sofá-cama m

soft [sɒft] adj (*teacher, parent*) blando;
(*gentle, not loud*) suave; **soft drink** n
bebida no alcohólica; **soft drugs**
npl drogas fpl blandas; **soften**
[ˈsɒfn] vt ablandar; suavizar ► vi
ablandarse; suavizarse; **softly** adv
suavemente; (*gently*) delicadamente,
con delicadeza; **software** n (*Comput*)
software m

soggy [ˈsɒgɪ] adj empapado

soil [sɔɪl] n (*earth*) tierra, suelo ► vt
ensuciar

solar [ˈsəʊləʳ] adj solar; **solar power** n
energía solar; **solar system** n sistema
m solar

sold [səʊld] pt, pp of **sell**

soldier [ˈsəʊldʒəʳ] n soldado; (*army
man*) militar m

sold out adj (*Comm*) agotado

sole [səʊl] n (*of foot*) planta; (*of shoe*)
suela; (*fish: pl inv*) lenguado ► adj
único; **solely** adv únicamente, sólo,
solamente; **I will hold you solely
responsible** le consideraré el único
responsable

solemn [ˈsɒləm] adj solemne

solicitor [səˈlɪsɪtəʳ] n (*BRIT: for
wills etc*) ≈ notario/a; (*in court*) ≈
abogado/a

solid [ˈsɒlɪd] adj sólido; (*gold etc*)
macizo ► n sólido

solitary [ˈsɒlɪtərɪ] adj solitario, solo

solitude [ˈsɒlɪtjuːd] n soledad f

solo [ˈsəʊləʊ] n solo ► adv (*fly*) en
solitario; **soloist** n solista m f

soluble [ˈsɒljubl] adj soluble

solution [səˈluːʃən] n solución f

solve [sɒlv] vt resolver, solucionar

solvent [ˈsɒlvənt] adj (*Comm*) solvente
► n (*Chem*) solvente m

sombre, (*us*) **somber** [ˈsɒmbəʳ] adj
sombrío

KEYWORD

some [sʌm] *adj* **1** (*a certain amount or number of*): **some tea/water/biscuits** té/agua/(unas) galletas; **there's some milk in the fridge** hay leche en el frigo; **there were some people outside** había algunas personas fuera; **I've got some money, but not much** tengo algo de dinero, pero no mucho **2** (*certain: in contrasts*) algunos/as; **some people say that ...** hay quien dice que ...; **some films were excellent, but most were mediocre** hubo películas excelentes, pero la mayoría fueron mediocres **3** (*unspecified*): **some woman was asking for you** una mujer estuvo preguntando por ti; **some day** algún día; **some day next week** un día de la semana que viene; **he was asking for some book (or other)** pedía no sé qué libro
▶ *pron* **1** (*a certain number*): **I've got some** (*books etc*) tengo algunos/as **2** (*a certain amount*) algo; **I've got some** (*money, milk*) tengo algo; **could I have some of that cheese?** ¿me puede dar un poco de ese queso?; **I've read some of the book** he leído parte del libro
▶ *adv*: **some 10 people** unas 10 personas, una decena de personas; **somebody** *pron* alguien; **somehow** *adv* de alguna manera; (*for some reason*) por una u otra razón; **someone** *pron* = **somebody**; **someplace** *adv* (*us*) = **somewhere**; **something** *pron* algo; **would you like something to eat/drink?** ¿te gustaría cenar/tomar algo?; **sometime** *adv* (*in future*) algún día, en algún momento; **sometime last month** durante el mes pasado; **sometimes** *adv* a veces; **somewhat** *adv* algo; **somewhere** *adv* (*be*) en alguna parte; (*go*) a alguna parte; **somewhere else** (*be*) en otra parte; (*go*) a otra parte

son [sʌn] *n* hijo

song [sɔŋ] *n* canción f

son-in-law ['sʌnɪnlɔː] *n* yerno

soon [suːn] *adv* pronto, dentro de poco; ~ **afterwards** poco después; *see also* **as**; **sooner** *adv* (*time*) antes, más temprano; **I would sooner do that** preferiría hacer eso; **sooner or later** tarde o temprano

soothe [suːð] *vt* tranquilizar; (*pain*) aliviar

sophisticated [səˈfɪstɪkeɪtɪd] *adj* sofisticado

sophomore ['sɔfəmɔːʳ] *n* (*us*) estudiante *mf* de segundo año

soprano [səˈprɑːnəu] *n* soprano f

sorbet ['sɔːbeɪ] *n* sorbete m

sordid ['sɔːdɪd] *adj* (*place etc*) sórdido; (*motive etc*) mezquino

sore [sɔːʳ] *adj* (*painful*) doloroso, que duele ▷ *n* llaga

sorrow ['sɔrəu] *n* pena, dolor m

sorry ['sɔrɪ] *adj* (*regretful*) arrepentido; (*condition, excuse*) lastimoso; ~**!** ¡perdón!, ¡perdone!; ~**?** ¿cómo?; **I feel ~ for him** me da lástima or pena

sort [sɔːt] *n* clase f, género, tipo ▷ *vt* (*also:* ~ **out**: *papers*) clasificar; (*organize*) ordenar, organizar; (*resolve: problem, situation etc*) arreglar, solucionar

SOS *n* SOS m

so-so ['səusəu] *adv* regular, así así

sought [sɔːt] *pt, pp of* **seek**

soul [səul] *n* alma f

sound [saund] *adj* (*healthy*) sano; (*safe, not damaged*) en buen estado; (*dependable: person*) de fiar; (*sensible*) sensato, razonable ▷ *adv*: ~ **asleep** profundamente dormido ▷ *n* (*noise*) sonido, ruido; (*volume: on TV etc*) volumen m; (*Geo*) estrecho ▷ *vt* (*alarm*) sonar ▷ *vi* sonar, resonar; (*fig: seem*) parecer; **to ~ like** sonar a; **soundtrack** *n* (*of film*) banda sonora

soup [suːp] *n* (*thick*) sopa; (*thin*) caldo

sour ['sauəʳ] *adj* agrio; (*milk*) cortado; **it's just ~ grapes!** (*fig*) ¡están verdes!

S

source [sɔːs] n fuente f

south [saʊθ] n sur m ▷ adj del sur ▷ adv al sur, hacia el sur; **South Africa** n Sudáfrica; **South African** adj, n sudafricano/a; **South America** n América del Sur, Sudamérica; **South American** adj, n sudamericano/a; **southbound** adj (con) rumbo al sur; **south-east** n sudeste m, sureste m ▷ adj (counties etc) (del) sudeste, (del) sureste; **southeastern** adj (del) sudeste, (del) sureste; **southern** adj del sur, meridional; **South Korea** n Corea del Sur; **South Pole** n Polo Sur; **southward(s)** adv hacia el sur; **south-west** n suroeste m; **southwestern** adj suroeste

souvenir [suːvəˈnɪəʳ] n recuerdo

sovereign [ˈsɒvrɪn] adj n/a, n soberano/a

sow¹ [saʊ] n cerda, puerca

sow² (pt **sowed**, pp **sown**) [səʊ, saʊn] vt sembrar

soya [ˈsɔɪə], (us) **soy** [sɔɪ] n soja

spa [spɑː] n balneario

space [speɪs] n espacio; (room) sitio ▷ vt (also: ~ **out**) espaciar; **spacecraft** n nave f espacial; **spaceship** n = **spacecraft**

spacious [ˈspeɪʃəs] adj amplio

spade [speɪd] n (tool) pala; **spades** npl (Cards: British) picas fpl; (: Spanish) espadas fpl

spaghetti [spəˈɡetɪ] n espaguetis mpl

Spain [speɪn] n España

spam n (junk email) correo basura

span [spæn] n (of bird, plane) envergadura f; (of arch) luz f; (in time) lapso ▷ vt extenderse sobre, cruzar; (fig) abarcar

Spaniard [ˈspænjəd] n español/a m/f

Spanish [ˈspænɪʃ] adj español/a ▷ n (Ling) español m, castellano; **the Spanish** npl los españoles

spank [spæŋk] vt zurrar

spanner [ˈspænəʳ] n (BRIT) llave f inglesa

spare [speəʳ] adj de reserva; (surplus) sobrante, de más ▷ n (part) pieza de repuesto ▷ vt (do without) pasarse sin; (refrain from hurting) perdonar; **to ~** (surplus) sobrante, de sobra; **spare part** n pieza de repuesto; **spare room** n cuarto de los invitados; **spare time** n tiempo libre; **spare tyre**, (us) **spare tire** n (Aut) neumático or llanta (LAM) de recambio; **spare wheel** n (Aut) rueda de recambio

spark [spɑːk] n chispa; (fig) chispazo

sparking plug [ˈspɑːkɪŋ-] n = **spark plug**

sparkle [ˈspɑːkl] n centelleo, destello ▷ vi (shine) relucir, brillar

spark plug n bujía

sparrow [ˈspærəʊ] n gorrión m

sparse [spɑːs] adj esparcido, escaso

spasm [ˈspæzəm] n (Med) espasmo

spat [spæt] pt, pp of **spit**

spate [speɪt] n (fig): **~ of** torrente m de

spatula [ˈspætjʊlə] n espátula

speak (pt **spoke**, pp **spoken**) [spiːk, spəʊk, ˈspəʊkən] vt (language) hablar; (truth) decir ▷ vi hablar; (make a speech) intervenir; **to ~ to sb/of** or **about sth** hablar con algn/de or sobre algo; **~ up!** ¡habla más alto!; **speaker** n (in public) orador/a m/f; (also: **loudspeaker**) altavoz m; (for stereo etc) bafle m; **the Speaker** (Pol: BRIT) el Presidente de la Cámara de los Comunes; (: us) el Presidente del Congreso

spear [spɪəʳ] n lanza ▷ vt alancear

special [ˈspeʃl] adj especial; (edition etc) extraordinario; (delivery) urgente; **special delivery** n (Post): **by special delivery** por entrega urgente; **special effects** npl (Cine) efectos mpl especiales; **specialist** n especialista mf; **speciality** n especialidad f; **specialize** vi: **to specialize (in)** especializarse (en); **specially** adv especialmente; **special offer** n (Comm) oferta especial; **special school** n (BRIT) colegio m de educación especial; **specialty** n (us) = **speciality**

species [ˈspiːʃiːz] n especie f

specific [spəˈsɪfɪk] adj específico;
specifically adv específicamente

specify [ˈspɛsɪfaɪ] vt, vi especificar,
precisar

specimen [ˈspɛsɪmən] n ejemplar
m; (Med: of urine) espécimen m; (: of
blood) muestra

speck [spɛk] n grano, mota

spectacle [ˈspɛktəkl] n espectáculo;
spectacles npl (BRIT: glasses) gafas
fpl (SP), anteojos mpl; **spectacular**
[spɛkˈtækjulə³] adj espectacular;
(success) impresionante

spectator [spɛkˈteɪtə³] n
espectador(a) m/f

spectrum (pl **spectra**) [ˈspɛktrəm,
-trə] n espectro

speculate [ˈspɛkjuleɪt] vi especular;
to ~ about especular sobre

sped [spɛd] pt, pp of **speed**

speech [spiːtʃ] n (faculty) habla;
(formal talk) discurso; (language)
lenguaje m; **speechless** adj mudo,
estupefacto

speed [spiːd] n velocidad f; (haste)
prisa; (promptness) rapidez f; **at full** or
top ~ a máxima velocidad; **speed up**
vi acelerarse ▷ vt acelerar; **speedboat**
n lancha motora; **speeding** n (Aut)
exceso de velocidad; **speed limit** n
límite m de velocidad, velocidad f
máxima; **speedometer** [spɪˈdɒmɪtə³]
n velocímetro; **speedy** adj (fast) veloz,
rápido; (prompt) pronto

spell [spɛl] n (also: **magic** ~) encanto,
hechizo; (period of time) rato, período
▷ vt deletrear; (fig) anunciar, presagiar;
to cast a ~ on sb hechizar a algn; **he
can't ~** comete faltas de ortografía;
spell out vt (explain): **to ~ sth out
for sb** explicar algo a algn en detalle;
spellchecker n (Comput) corrector m
(ortográfico); **spelling** n ortografía

spelt [spɛlt] pt, pp of **spell**

spend (pt, pp **spent**) [spɛnd, spɛnt]
vt (money) gastar; (time) pasar; (life)
dedicar; **spending** n: **government
spending** gastos mpl del gobierno

spent [spɛnt] pt, pp of **spend** ▷ adj
(cartridge, bullets, match) usado

sperm [spəːm] n esperma

sphere [sfɪə³] n esfera

spice [spaɪs] n especia ▷ vt especiar

spicy [ˈspaɪsɪ] adj picante

spider [ˈspaɪdə³] n araña

spike [spaɪk] n (point) punta; (Bot)
espiga

spill (pt, pp **spilt** or **spilled**) [spɪl,
spɪlt, spɪld] vt derramar, verter
▷ vi derramarse; **spill over** vi
desbordarse

spin [spɪn] (pt, pp **spun**) n (Aviat)
barrena; (trip in car) paseo (en coche)
▷ vt (wool etc) hilar; (wheel) girar ▷ vi
girar, dar vueltas

spinach [ˈspɪnɪtʃ] n espinacas fpl

spinal [ˈspaɪnl] adj espinal

spin doctor n (inf) informador(a)
parcial al servicio de un partido político

spin-dryer n (BRIT) secadora
centrífuga

spine [spaɪn] n espinazo, columna
vertebral; (thorn) espina

spiral [ˈspaɪərl] n espiral f ▷ vi (prices)
dispararse

spire [spaɪə³] n aguja, chapitel m

spirit [ˈspɪrɪt] n (soul) alma f; (ghost)
fantasma m; (attitude) espíritu m;
(courage) valor m, ánimo; **spirits**
npl (drink) alcohol msg, bebidas fpl
alcohólicas; **in good ~s** alegre, de
buen ánimo

spiritual [ˈspɪrɪtjuəl] adj espiritual
▷ n espiritual m

spit (pt, pp **spat**) [spɪt, spæt] n (for
roasting) asador m, espetón m;
(saliva) saliva ▷ vi escupir; (sound)
chisporrotear

spite [spaɪt] n rencor m, ojeriza ▷ vt
fastidiar; **in ~ of** a pesar de, pese a;
spiteful adj rencoroso, malévolo

splash [splæʃ] n (sound) chapoteo; (of
colour) mancha ▷ vt salpicar ▷ vi (also:
~ **about**) chapotear; **splash out** vi
(BRIT inf) derrochar dinero

splendid [ˈsplɛndɪd] adj espléndido

splinter ['splɪntəʳ] n astilla; (in finger) espigón m ▷ vi astillarse, hacer astillas

split [splɪt] (pt, pp split) n hendedura, raja; (fig) división f; (Pol) escisión f ▷ vt partir, rajar; (divide) dividir; (work, profits) repartir ▷ vi dividirse, escindirse; (party) party) dividir; split up vi (couple) separarse; (meeting) acabarse

spoil (pt, pp spoilt or spoiled) [spɔɪl, spɔɪlt, spɔɪld] vt (damage) dañar; (ruin) estropear, echar a perder; (child) mimar, consentir

spoilt [spɔɪlt] pt, pp of **spoil** ▷ adj (child) mimado, consentido; (ballot paper) invalidado

spoke [spəuk] pt of **speak** ▷ n rayo, radio

spoken ['spəukn] pp of **speak**

spokesman ['spəuksmən] n portavoz m

spokesperson ['spəukspəːsn] n portavoz mf, vocero/a (LAM)

spokeswoman ['spəukswumən] n portavoz f

sponge [spʌndʒ] n esponja; (also: ~ cake) bizcocho ▷ vt (wash) lavar con esponja ▷ vi: **to ~ on** or (us) **off sb** vivir a costa de algn; **sponge bag** n (BRIT) neceser m

sponsor ['spɔnsəʳ] n patrocinador(a) m/f ▷ vt patrocinar; apadrinar; **sponsorship** n patrocinio

spontaneous [spɔn'teɪnɪəs] adj espontáneo

spooky ['spuːkɪ] adj (inf) espeluznante, horripilante

spoon [spuːn] n cuchara; **spoonful** n cucharada

sport [spɔːt] n deporte m; **to be a good ~** (person) ser muy majo; **sport jacket** n (us) = **sport jacket**; **sports car** n coche m sport; **sports centre** n (BRIT) polideportivo; **sports jacket**, (us) **sport jacket** n chaqueta deportiva; **sportsman** n deportista m; **sports utility vehicle** n todoterreno m inv; **sportswear** n

ropa de deporte; **sportswoman** n deportista; **sporty** adj deportivo

spot [spɔt] n sitio, lugar m; (dot: on pattern) punto, mancha; (pimple) grano ▷ vt (notice) notar, observar; **on the ~** en el acto; **spotless** adj (clean) inmaculado; (reputation) intachable; **spotlight** n foco, reflector m; (Aut) faro auxiliar

spouse [spauz] n cónyuge mf

sprain [spreɪn] n torcedura ▷ vt: **to ~ one's ankle** torcerse el tobillo

sprang [spræŋ] pt of **spring**

sprawl [sprɔːl] vi tumbarse

spray [spreɪ] n rociada; (of sea) espuma; (container) atomizador m; (of paint) pistola rociadora; (of flowers) ramita ▷ vt (crops) regar

spread [spred] (pt, pp spread) n extensión f; (inf: food) comilona ▷ vt extender; (butter) untar; (wings, sails) desplegar; (scatter) esparcir ▷ vi (also: ~ out: stain) extenderse; (news) diseminarse; **middle-age ~** gordura de la mediana edad; **repayments will be ~ over 18 months** los pagos se harán a lo largo de 18 meses; **spread out** vi (move apart) separarse; **spreadsheet** n (Comput) hoja de cálculo

spree [spriː] n: **to go on a ~** ir de juerga or farra (LAM)

spring [sprɪŋ] (pt sprang, pp sprung) n (season) primavera; (leap) salto, brinco; (coiled metal) resorte m; (of water) fuente f, manantial m ▷ vi saltar, brincar; **spring up** vi (thing: appear) aparecer; (problem) surgir; **spring onion** n cebolleta

sprinkle ['sprɪŋkl] vt (pour: liquid) rociar; (: salt, sugar) espolvorear; **to ~ water etc on, ~ with water** etc rociar or salpicar de agua etc

sprint [sprɪnt] n (e)sprint m ▷ vi esprintar

sprung [sprʌŋ] pp of **spring**

spun [spʌn] pt, pp of **spin**

spur [spəːʳ] n espuela; (fig) estímulo, aguijón m ▷ vt (also: ~ on) estimular, incitar; **on the ~ of the moment** de improviso

spurt [spə:t] n chorro; (of energy) arrebato ▷ vi chorrear

spy [spaɪ] n espía mf & vi: **to ~ on** espiar a ▷ vt (see) divisar, lograr ver

sq. abbr (Math etc); = **square**

squabble ['skwɒbl] vi reñir, pelear

squad [skwɒd] n (Mil) pelotón m; (Police) brigada; (Sport) equipo

squadron ['skwɒdrən] n (Mil) escuadrón m; (Aviat, Naut) escuadra

squander ['skwɒndə'] vt (money) derrochar, despilfarrar; (chances) desperdiciar

square [skwɛə'] n cuadro; (in town) plaza; (inf: person) carca mf & adj cuadrado; (inf: ideas, tastes) trasnochado ▷ vt (arrange) compaginar; (Math) cuadrar; (reconcile) compaginar; **all ~** igual(es); **a ~ meal** una comida decente; **two metres ~** dos metros por dos; **one ~ metre** un metro cuadrado; **square root** n raíz f cuadrada

squash [skwɒʃ] n (vegetable) calabaza; (Sport) squash m; (BRIT: drink): **lemon/ orange ~** zumo (SP) or jugo (LAM) de limón/naranja ▷ vt aplastar

squat [skwɒt] adj achaparrado ▷ vi agacharse, sentarse en cuclillas; **squatter** n okupa mf

squeak [skwi:k] vi (hinge, wheel) chirriar, rechinar; (mouse) chillar

squeal [skwi:l] vi chillar, dar gritos agudos

squeeze [skwi:z] n presión f; (of hand) apretón m; (Comm) restricción f ▷ vt (hand, arm) apretar

squid [skwɪd] n (inv) calamar m

squint [skwɪnt] vi bizquear, ser bizco ▷ n (Med) estrabismo

squirm [skwə:m] vi retorcerse, revolverse

squirrel ['skwɪrəl] n ardilla

squirt [skwə:t] vi salir a chorros ▷ vt chiscar

Sr abbr = **senior**

Sri Lanka [srɪ'læŋkə] n Sri Lanka m

St abbr (= saint) Sto./a.; (= street) c/

stab [stæb] n (with knife etc) puñalada; (of pain) pinchazo; **to have a ~ at (doing) sth** (inf) probar (a hacer) algo ▷ vt apuñalar

stability [stə'bɪlɪtɪ] n estabilidad f

stable ['steɪbl] adj estable ▷ n cuadra, caballeriza

stack [stæk] n montón m, pila ▷ vt amontonar, apilar

stadium ['steɪdɪəm] n estadio

staff [stɑ:f] n (work force) personal m, plantilla; (BRIT Scol) cuerpo docente ▷ vt proveer de personal

stag [stæg] n ciervo, venado

stage [steɪdʒ] n escena; (point) etapa; (platform) plataforma; **the ~** el teatro ▷ vt (play) poner en escena, representar; (organize) montar, organizar; **in ~s** por etapas

stagger ['stægə'] vi tambalear ▷ vt (amaze) asombrar; (hours, holidays) escalonar; **staggering** adj asombroso

stagnant ['stægnənt] adj estancado

stag night, stag party n despedida de soltero

stain [steɪn] n mancha; (colouring) tintura ▷ vt manchar; (wood) teñir; **stained glass** n vidrio m de color; **stainless steel** n acero inoxidable

stair [stɛə'] n (step) peldaño; **stairs** npl escaleras fpl

staircase ['stɛəkeɪs], **stairway** ['stɛəweɪ] n escalera

stake [steɪk] n estaca, poste m; (Comm) interés m; (Betting) apuesta ▷ vt (bet) apostar; **to be at ~** estar en juego; **to ~ a claim to (sth)** presentar reclamación por or reclamar (algo)

stale [steɪl] adj (bread) duro; (food) pasado; (smell) rancio; (beer) agrio

stalk [stɔ:k] n tallo, caña ▷ vt acechar, cazar al acecho

stall [stɔ:l] n (in market) puesto; (in stable) casilla (de establo) ▷ vt (Aut) calar; (fig) dar largas a ▷ vi (Aut) pararse, calarse; (fig) buscar evasivas

stamina ['stæmɪnə] n resistencia

stammer ['stæmə'] n tartamudeo
▷ vi tartamudear

stamp [stæmp] n sello, estampilla
(LAM); (mark) marca, huella; (on
document) timbre m ▷ vi (also: ~ **one's
foot**) patear ▷ vt (letter) poner sellos
en, franquear; (with rubber stamp)
marcar con sello; **~ed addressed
envelope (sae)** sobre m franqueado
con la dirección propia; **stamp out**
vt (fire) apagar con el pie; (crime,
opposition) acabar con

stampede [stæm'piːd] n estampida

stance [stæns] n postura

stand [stænd] (pt, pp **stood**) n
(attitude) posición f, postura; (for
taxis) parada; (also: **music ~**) atril m;
(Sport) tribuna; (at exhibition) stand
m ▷ vi (be) estar, encontrarse; (be on
foot) estar de pie; (rise) levantarse;
(remain) quedar en pie ▷ vt (place)
poner, colocar; (tolerate, withstand)
aguantar, soportar; **to make a ~** (fig)
mantener una postura firme; **to ~ for
parliament** (BRIT) presentarse (como
candidato) a las elecciones; **stand
back** vi retirarse; **stand by** vi (be ready)
estar listo ▷ vt fus (opinion) mantener;
stand down vi (withdraw) ceder el
puesto; (Mil, Law) retirarse; **stand
for** vt fus (signify) significar; (tolerate)
aguantar, permitir; **stand in for** vt
fus suplir a; **stand out** vi destacarse;
stand up vi levantarse, ponerse de
pie; **stand up for** vt fus defender;
stand up to vt fus hacer frente a

standard ['stændəd] n patrón m,
norma; (flag) estandarte m ▷ adj (size
etc) normal, corriente, estándar;
standards npl (morals) valores mpl
morales; **standard of living** n nivel
m de vida

standing ['stændɪŋ] adj (on foot) de
pie, en pie; (permanent) permanente
▷ n reputación f; **of many years' ~**
que lleva muchos años; **standing
order** n (BRIT: at bank) giro bancario

stand: **standpoint** n punto de vista;
standstill n: **at a standstill** (industry,
traffic) paralizado; **to come to a
standstill** pararse, quedar paralizado

stank [stæŋk] pt of **stink**

staple ['steɪpl] n (for papers) grapa
▷ adj (crop, industry, food etc) básico
▷ vt grapar

star [stɑː'] n estrella; (celebrity)
estrella, astro ▷ vi: **to ~ in** ser la
estrella de; **the stars** npl (Astrology)
el horóscopo

starboard ['stɑːbəd] n estribor m

starch [stɑːtʃ] n almidón m

stardom ['stɑːdəm] n estrellato

stare [steə'] n mirada fija ▷ vi: **to ~
at** mirar fijo

stark [stɑːk] adj (bleak) severo,
escueto ▷ adv: **~ naked** en cueros

start [stɑːt] n principio, comienzo;
(departure) salida; (sudden movement)
sobresalto; (advantage) ventaja ▷ vt
empezar, comenzar; (cause) causar;
(found) fundar; (engine) poner en
marcha ▷ vi comenzar, empezar;
(with fright) asustarse, sobresaltarse;
(train etc) salir; **to ~ doing** or **to do
sth** empezar a hacer algo; **start off**
vi empezar, comenzar; (leave) salir,
ponerse en camino; **start out** vi
(begin) empezar; (set out) partir, salir;
start up vi comenzar; (car) ponerse
en marcha ▷ vt comenzar; (car) poner
en marcha; **starter** n (Aut) botón m
de arranque; (Sport: official) juez mf de
salida; (: runner) corredor(a) m/f; (BRIT
Culin) entrada, entrante m; **starting
point** n punto de partida

startle ['stɑːtl] vt sobresaltar;
startling adj alarmante

starvation [stɑː'veɪʃən] n hambre f

starve [stɑːv] vi pasar hambre; (to
death) morir de hambre ▷ vt hacer
pasar hambre

state [steɪt] n estado ▷ vt (say,
declare) afirmar; **to be in a ~** estar
agitado; **the S~s** los Estados Unidos;
statement n afirmación f; **state**

school n escuela or colegio m estatal; **statesman** n estadista m

static ['stætɪk] n (Radio) parásitos mpl ▷ adj estático

station ['steɪʃən] n estación f; (Radio) emisora; (rank) posición f social ▷ vt colocar, situar; (Mil) apostar

stationary ['steɪʃnərɪ] adj estacionario, fijo

stationer's (shop) n (BRIT) papelería

stationery ['steɪʃənərɪ] n papel m de escribir; (writing materials) artículos mpl de escritorio

station wagon n (us) coche m familiar con ranchera

statistic [stə'tɪstɪk] n estadística.

statistics n (science) estadística

statue ['stætjuː] n estatua

stature ['stætʃə'] n estatura; (fig) talla

status ['steɪtəs] n estado; (reputation) estatus m; **status quo** n (e)statu quo m

statutory ['stætjutrɪ] adj estatutario

staunch [stɔːntʃ] adj leal, incondicional

stay [steɪ] n estancia ▷ vi quedar(se); (as guest) hospedarse; **to ~ put** seguir en el mismo sitio; **to ~ the night/5 days** pasar la noche/estar o quedarse 5 días; **stay away** vi (from person, building) no acercarse; (from event) no acudir; **stay behind** vi quedar atrás; **stay in** vi quedarse en casa; **stay on** vi quedarse; **stay out** vi (of house) no volver a casa; (strikers) no volver al trabajo; **stay up** vi (at night) velar, no acostarse

steadily ['stɛdɪlɪ] adv (firmly) firmemente; (unceasingly) sin parar; (fixedly) fijamente

steady ['stɛdɪ] adj (fixed) firme; (regular) regular; (boyfriend etc) formal, fijo; (person, character) sensato, juicioso ▷ vt (stabilize) estabilizar; (nerves) calmar

steak [steɪk] n filete m; (beef) bistec m

steal (pt **stole**, pp **stolen**) [stiːl, stəul, 'stəuln] vt, vi robar

steam [stiːm] n vapor m; (mist) vaho, humo ▷ vt (Culin) cocer al vapor ▷ vi echar vapor; **steam up** vi (window) empañarse; **to get ~ed up about sth** (fig) ponerse negro por algo; **steamy** adj (room) lleno de vapor; (window) empañado; (heat, atmosphere) bochornoso

steel [stiːl] n acero ▷ adj de acero

steep [stiːp] adj escarpado, abrupto; (stair) empinado; (price) exorbitante, excesivo ▷ vt empapar, remojar

steeple ['stiːpl] n aguja

steer [stɪə'] vt (car) conducir (sp), manejar (LAM); (person) dirigir ▷ vi conducir (sp), manejar (LAM); **steering** n (Aut) dirección f; **steering wheel** n volante m

stem [stɛm] n (of plant) tallo; (of glass) pie m ▷ vt detener; (blood) restañar

step [stɛp] n paso; (stair) peldaño, escalón m ▷ vi: **to ~ forward** dar un paso adelante; **steps** npl (BRIT) = **stepladder**; **to be in/out of ~ with** estar acorde con/estar en disonancia con; **step down** vi (fig) retirarse; **step in** vi entrar; (fig) intervenir; **step up** vt (increase) aumentar; **stepbrother** n hermanastro; **stepchild** (pl **stepchildren**) n hijastro/a; **stepdaughter** n hijastra; **stepfather** n padrastro; **stepladder** n escalera doble or de tijera; **stepmother** n madrastra; **stepsister** n hermanastra; **stepson** n hijastro

stereo ['stɛrɪəu] n estéreo ▷ adj (also: ~phonic) estéreo, estereofónico

stereotype ['stɪərɪətaɪp] n estereotipo ▷ vt estereotipar

sterile ['stɛraɪl] adj estéril; **sterilize** ['stɛrɪlaɪz] vt esterilizar

sterling ['stɜːlɪŋ] adj (silver) de ley ▷ n (Econ) libras fpl esterlinas; **a pound ~** una libra esterlina

stern [stɜːn] adj severo, austero ▷ n (Naut) popa

steroid ['stɪərɔɪd] n esteroide m

stew [stju:] n estofado ▷ vt estofar, guisar; (fruit) cocer

steward ['stju:əd] n camarero; **stewardess** n azafata

stick [stɪk] (pt, pp **stuck**) n palo; (as weapon) porra; (also: **walking ~**) bastón m ▷ vt (glue) pegar; (inf: put) meter; (: tolerate) aguantar, soportar ▷ vi pegarse; (come to a stop) quedarse parado; **it stuck in my mind** se me quedó grabado; **stick out** vi sobresalir; **stick up** vi sobresalir; **stick up for** vt fus defender; **sticker** n (label) etiqueta adhesiva; (with slogan) pegatina; **sticking plaster** n (BRIT) esparadrapo; **stick insect** n insecto palo; **stick shift** n (us Aut) palanca de cambios

sticky ['stɪkɪ] adj pegajoso; (label) adhesivo; (fig) difícil

stiff [stɪf] adj rígido, tieso; (hard) duro; (difficult) difícil; (person) inflexible; (price) exorbitante ▷ adv: **scared/bored ~** muerto de miedo/ aburrimiento

stifling ['staɪflɪŋ] adj (heat) sofocante, bochornoso

stigma ['stɪgmə] n estigma m

stiletto [stɪ'lɛtəu] n (BRIT: also: **~ heel**) tacón m de aguja

still [stɪl] adj inmóvil, quieto ▷ adv todavía; (even) aún; (nonetheless) sin embargo, aun así

stimulate ['stɪmjuleɪt] vt estimular

stimulus (pl **stimuli**) ['stɪmjuləs, -laɪ] n estímulo, incentivo

sting [stɪŋ] (pt, pp **stung**) n (wound) picadura; (pain) escozor m, picazón m; (organ) aguijón m ▷ vt picar ▷ vi picar

stink (pt **stank**, pp **stunk**) [stɪŋk, stæŋk, stʌŋk] n hedor m, tufo ▷ vi heder, apestar

stir [stɜ:ʰ] n (fig: agitation) conmoción f ▷ vt (tea etc) remover; (fig: emotions) provocar ▷ vi moverse; **stir up** vt (trouble) fomentar; **stir-fry** vt sofreír removiendo ▷ n plato preparado sofriendo y removiendo los ingredientes

stitch [stɪtʃ] n (Sewing) puntada; (Knitting) punto; (Med) punto (de sutura); (pain) punzada ▷ vt coser; (Med) suturar

stock [stɔk] n (Comm: reserves) existencias fpl, stock m; (: selection) surtido; (Agr) ganado, ganadería; (Culin) caldo; (fig: lineage) estirpe f; (Finance) capital m ▷ adj (reply etc) clásico ▷ vt (have in stock) tener existencias de; **stocks** npl: **~s and shares** acciones y valores; **in ~** en existencia o almacén; **out of ~** agotado; **to take ~ of** (fig) considerar, examinar; **stockbroker** ['stɔkbrəukəʰ] n agente m/f or corredor(a) m/f de bolsa; **stock cube** n pastilla o cubito de caldo; **stock exchange** n bolsa; **stockholder** ['stɔkhəuldəʰ] n (us) accionista mf

stocking ['stɔkɪŋ] n media

stock market n bolsa (de valores)

stole [stəul] pt of **steal** ▷ n estola

stolen ['stəuln] pp of **steal**

stomach ['stʌmək] n (Anat) estómago; (belly) vientre m ▷ vt tragar, aguantar; **stomachache** n dolor m de estómago

stone [stəun] n piedra; (in fruit) hueso; (BRIT: weight) = 6.348 kg; 14lb ▷ adj de piedra ▷ vt apedrear; (fruit) deshuesar

stood [stud] pt, pp of **stand**

stool [stu:l] n taburete m

stoop [stu:p] vi (also: **~ down**) doblarse, agacharse; (also: **have a ~**) ser cargado de espaldas; (bend) inclinarse

stop [stɔp] n parada; (in punctuation) punto ▷ vt parar, detener; (break off) suspender; (block: pay) suspender; (: cheque) invalidar; (also: **put a ~ to**) poner término a ▷ vi pararse, detenerse; (end) acabarse; **to stop doing sth** dejar de hacer algo; **stop by** vi pasar por; **stop off** vi interrumpir el viaje; **stopover** n (Aviat) escala; **stoppage** n (strike) paro; (blockage) obstrucción f

storage ['stɔ:rɪdʒ] n almacenaje m

store [stɔ:ʳ] n (stock) provisión f; (depot) almacén m; (BRIT: large shop) almacén m; (US) tienda; (reserve) reserva, repuesto ▷ vt almacenar; **stores** npl víveres mpl; **who knows what is in - for us** quién sabe lo que nos espera; **storekeeper** n (US) tendero/a

storey, (US) **story** ['stɔ:rɪ] n piso

storm [stɔ:m] n tormenta; (fig: of applause) salva; (: of criticism) nube f ▷ vi (fig) rabiar ▷ vt tomar por asalto; **stormy** adj tempestuoso

story ['stɔ:rɪ] n historia; (lie) cuento; (US) = **storey**

stout [staut] adj (strong) sólido; (fat) gordo, corpulento ▷ n cerveza negra

stove [stəuv] n (for cooking) cocina; (for heating) estufa

straight [streɪt] adj recto, derecho; (frank) franco, directo ▷ adv derecho, directamente; (drink) solo; **to put or get sth ~** dejar algo en claro; **~ away, ~ off** en seguida; **straighten** vt (also: **straighten out**) enderezar, poner derecho ▷ vi (also: **straighten up**) enderezarse, ponerse derecho; **straightforward** adj (simple) sencillo; (honest) sincero

strain [streɪn] n tensión f; (Tech) presión f; (Med) torcedura; (of virus) variedad f ▷ vt (back etc) torcerse; (resources) agotar; (stretch) estirar; (filter) filtrar; **strained** adj (muscle) torcido; (laugh) forzado; (relations) tenso; **strainer** n colador m

strait [streɪt] n (Geo) estrecho; **to be in dire ~s** (fig) estar en un gran aprieto

strand [strænd] n (of thread) hebra; (of rope) ramal m; **a ~ of hair** un pelo; **stranded** adj (person: without money) desamparado; (: without transport) colgado

strange [streɪndʒ] adj (not known) desconocido; (odd) extraño, raro; **strangely** adv de un modo raro; see also **enough**; **stranger**

desconocido/a; (from another area) forastero/a

> Be careful not to translate stranger by the Spanish word extranjero.

strangle ['stræŋgl] vt estrangular

strap [stræp] n correa; (of slip, dress) tirante m

strategic [strə'ti:dʒɪk] adj estratégico

strategy ['strætɪdʒɪ] n estrategia

straw [strɔ:] n paja; (also: **drinking ~**) caña, pajita; **that's the last ~!** ¡eso es el colmo!

strawberry ['strɔ:bərɪ] n fresa, frutilla (LAM)

stray [streɪ] adj (animal) extraviado; (bullet) perdido; (scattered) disperso ▷ vi extraviarse, perderse

streak [stri:k] n raya ▷ vt rayar ▷ vi: **to ~ past** pasar como un rayo

stream [stri:m] n riachuelo, arroyo; (jet) chorro; (flow) corriente f; (of people) oleada ▷ vt (Scol) dividir en grupos por habilidad ▷ vi correr, fluir; **to ~ in/out** (people) entrar/salir en tropel

street [stri:t] n calle f; **streetcar** n (US) tranvía m; **street light** n farol m (LAM), farola (SP); **street map** n plano (de la ciudad); **street plan** n plano callejero

strength [strɛŋθ] n fuerza; (of girder, knot etc) resistencia; (fig: power) poder m; **strengthen** vt fortalecer, reforzar

strenuous ['strɛnjuəs] adj (energetic) enérgico

stress [strɛs] n presión f; (mental strain) estrés m; (Ling, Poetry) acento ▷ vt subrayar, recalcar; **stressed** adj (tense) estresado, agobiado; (syllable) acentuado; **stressful** adj (job) estresante

stretch [stretʃ] n (of sand etc) trecho ▷ vi estirarse; (extend) **to ~ to or as far as** extenderse hasta ▷ vt extender, estirar; (make demands of) exigir el máximo esfuerzo a; **stretch out** vi tenderse ▷ vt (arm etc) extender; (spread) estirar

stretcher ['strɛtʃəʳ] n camilla

strict [strɪkt] adj estricto; (discipline, ban) severo; **strictly** adv estrictamente; (totally) terminantemente

stride (pt **strode**, pp **stridden**) [straɪd, strəʊd, 'strɪdn] n zancada, tranco ▷ vi dar zancadas, andar a trancos

strike [straɪk] (pt, pp **struck**) n huelga; (of oil etc) descubrimiento; (attack) ataque m ▷ vt golpear, pegar; (oil etc) descubrir; (agreement, deal) alcanzar ▷ vi declararse la huelga; (attack) atacar; (clock) dar la hora; **on** ~ (workers) en huelga; **to** ~ **a match** encender una cerilla; **striker** n huelguista mf; (Sport) delantero m; **striking** ['straɪkɪŋ] adj (colour) llamativo; (obvious) notorio

string (pt, pp **strung**) [strɪŋ, strʌŋ] n cuerda; (row) hilera ▷ vt: **to** ~ **together** ensartar; **to** ~ **out** extenderse; **the strings** npl (Mus) los instrumentos de cuerda; **to pull ~s** (fig) mover palancas

strip [strɪp] n tira; (of land) franja; (of metal) cinta, lámina ▷ vt desnudar; (also: ~ **down**: machine) desmontar ▷ vi desnudarse; **strip off** vt (paint etc) quitar ▷ vi (person) desnudarse

stripe [straɪp] n raya; (Mil) galón m; **striped** adj a rayas, rayado

stripper ['strɪpəʳ] n artista mf de striptease

strip-search ['strɪpsɑːtʃ] vt: **to** ~ **sb** desnudar y registrar a algn

strive (pt **strove**, pp **striven**) [straɪv, strəʊv, 'strɪvn] vi: **to** ~ **to do sth** esforzarse or luchar por hacer algo

strode [strəʊd] pt of **stride**

stroke [strəʊk] n (blow) golpe m; (Swimming) brazada; (Med) apoplejía ▷ vt acariciar; **at a** ~ de golpe

stroll [strəʊl] n paseo, vuelta ▷ vi dar un paseo or una vuelta; **stroller** n (us: pushchair) cochecito

strong [strɒŋ] adj fuerte; **they are 50** ~ son 50; **stronghold** n fortaleza; (fig) baluarte m; **strongly** adv

fuertemente, con fuerza; (believe) firmemente

strove [strəʊv] pt of **strive**

struck [strʌk] pt, pp of **strike**

structure ['strʌktʃəʳ] n estructura; (building) construcción f

struggle ['strʌgl] n lucha ▷ vi luchar

strung [strʌŋ] pt, pp of **string**

stub [stʌb] n (of ticket etc) matriz f; (of cigarette) colilla ▷ vt: **to** ~ **one's toe on sth** dar con el dedo del pie contra algo; **stub out** vt apagar

stubble ['stʌbl] n rastrojo; (on chin) barba (incipiente)

stubborn ['stʌbən] adj terco, testarudo

stuck [stʌk] pt, pp of **stick** ▷ adj (jammed) atascado

stud [stʌd] n (shirt stud) corchete m; (of boot) taco; (earring) pendiente m (de bolita); (also: ~ **farm**) caballeriza; (also: ~ **horse**) caballo semental ▷ vt (fig): ~**ded with** salpicado de

student ['stjuːdənt] n estudiante mf ▷ adj estudiantil; **student driver** n (us Aut) aprendiz(a) m/f de conductor; **students' union** n (BRIT: association) sindicato de estudiantes; (: building) centro de estudiantes

studio ['stjuːdɪəʊ] n estudio; (artist's) taller m; **studio flat** n estudio

study ['stʌdɪ] n estudio ▷ vt estudiar; (examine) examinar, investigar ▷ vi estudiar

stuff [stʌf] n materia; (substance) material m, sustancia; (things, belongings) cosas fpl ▷ vt llenar; (Culin) rellenar; (animal) disecar; **stuffing** n relleno; **stuffy** adj (room) mal ventilado; (person) de miras estrechas

stumble ['stʌmbl] vi tropezar, dar un traspié; **stumble across** vt fus (fig) tropezar con

stump [stʌmp] n (of tree) tocón m; (of limb) muñón m ▷ vt: **to be** ~**ed for an answer** quedarse sin saber qué contestar

stun [stʌn] vt aturdir

stung [stʌŋ] pt, pp of **sting**

stunk [stʌŋk] pp of **stink**

stunned [stʌnd] adj (dazed) aturdido, atontado; (amazed) pasmado; (shocked) anonadado

stunning ['stʌnɪŋ] adj (fig: news) pasmoso; (: outfit etc) sensacional

stunt [stʌnt] n (in film) escena peligrosa; (also: **publicity ~**) truco publicitario

stupid ['stjuːpɪd] adj estúpido, tonto; **stupidity** [stjuːˈpɪdɪtɪ] n estupidez f

sturdy ['stɜːdɪ] adj robusto, fuerte

stutter ['stʌtə*] n tartamudeo ▷ vi tartamudear

style [staɪl] n estilo; **stylish** adj elegante, a la moda; **stylist** n (hair stylist) peluquero/a

sub... [sʌb] pref sub...; **subconscious** adj subconsciente

subdued [səbˈdjuːd] adj (light) tenue; (person) sumiso, manso

subject n ['sʌbdʒɪkt] súbdito; (Scol) tema m, materia; (Grammar) sujeto ▷ vt [səbˈdʒɛkt]: **to ~ sb to sth** someter a algn a algo ▷ adj ['sʌbdʒɪkt]: **to be ~ to** (law) estar sujeto a; (person) ser propenso a; **subjective** [səbˈdʒɛktɪv] adj subjetivo; **subject matter** n (content) contenido

subjunctive [səbˈdʒʌŋktɪv] adj, n subjuntivo

submarine [sʌbməˈriːn] n submarino

submission [səbˈmɪʃən] n sumisión f

submit [səbˈmɪt] vt someter ▷ vi someterse

subordinate [səˈbɔːdɪnət] adj, n subordinado/a

subscribe [səbˈskraɪb] vi suscribir; **to ~ to** (fund, opinion) suscribir, aprobar; (newspaper) suscribirse a

subscription [səbˈskrɪpʃən] n abono; (to magazine) suscripción f

subsequent ['sʌbsɪkwənt] adj subsiguiente, posterior;

subsequently adv posteriormente, más tarde

subside [səbˈsaɪd] vi hundirse; (flood) bajar; (wind) amainar

subsidiary [səbˈsɪdɪərɪ] n sucursal f, filial f

subsidize ['sʌbsɪdaɪz] vt subvencionar

subsidy ['sʌbsɪdɪ] n subvención f

substance ['sʌbstəns] n sustancia

substantial [səbˈstænʃl] adj sustancial, sustancioso; (fig) importante

substitute ['sʌbstɪtjuːt] n (person) suplente mf; (thing) sustituto ▷ vt: **to ~ A for B** sustituir B por A, reemplazar A por B; **substitution** n sustitución f

subtle ['sʌtl] adj sutil

subtract [səbˈtrækt] vt restar, sustraer

suburb ['sʌbəːb] n barrio residencial; **the ~s** las afueras (de la ciudad); **suburban** [səˈbəːbən] adj suburbano; (train etc) de cercanías

subway ['sʌbweɪ] n (BRIT) paso subterráneo or inferior; (US) metro

succeed [səkˈsiːd] vi (person) tener éxito; (plan) salir bien ▷ vt suceder a; **to ~ in doing** lograr hacer

success [səkˈsɛs] n éxito; **successful** adj (venture) de éxito, exitoso (esp LAM); **successfully** adv con éxito

> Be careful not to translate success by the Spanish word suceso.

succession [səkˈsɛʃən] n sucesión f, serie f

successive [səkˈsɛsɪv] adj sucesivo

successor [səkˈsɛsə*] n sucesor(a) m/f

succumb [səˈkʌm] vi sucumbir

such [sʌtʃ] adj tal, semejante; (of that kind): **~ a book** tal libro; (so much): **~ courage** tanto valor ▷ adv tan; **~ a long trip** un viaje tan largo; **~ a lot of** tanto; **~ as** (like) tal como; **as ~** como tal; **such-and-such** adj tal o cual

suck [sʌk] vt chupar; (bottle) sorber; (breast) mamar

Sudan [suˈdæn] n Sudán m

sudden ['sʌdn] *adj* (*rapid*) repentino, súbito; (*unexpected*) imprevisto; **all of a ~** de repente; **suddenly** *adv* de repente

sudoku [su'dəʊku:] *n* sudoku *m*

sue [su:] *vt* demandar

suede [sweɪd] *n* ante *m*, gamuza (*LAM*)

suffer ['sʌfə*] *vt* sufrir, padecer; (*tolerate*) aguantar, soportar ▷ *vi* sufrir, padecer; **to ~ from** padecer, sufrir; **suffering** *n* sufrimiento

suffice [sə'faɪs] *vi* bastar, ser suficiente

sufficient [sə'fɪʃənt] *adj* suficiente, bastante

suffocate ['sʌfəkeɪt] *vi* ahogarse, asfixiarse

sugar ['ʃʊgə*] *n* azúcar *m* ▷ *vt* echar azúcar a, azucarar

suggest [sə'dʒest] *vt* sugerir; **suggestion** [sə'dʒestʃən] *n* sugerencia

suicide ['suɪsaɪd] *n* suicidio; (*person*) suicida *mf*; **to commit ~** suicidarse; **suicide attack** *n* atentado suicida; **suicide bomber** *n* terrorista *mf* suicida; **suicide bombing** *n* atentado *m* suicida

suit [su:t] *n* traje *m*; (*Law*) pleito; (*Cards*) palo *m* ▷ *vt* convenir; (*clothes*) sentar bien a, ir bien a; (*adapt*): **to ~ sth to** adaptar o ajustar algo a; **well ~ed** (*couple*) hechos el uno para el otro; **suitable** *adj* conveniente; (*apt*) indicado; **suitcase** *n* maleta, valija (*LAM*)

suite [swi:t] *n* (*of rooms*) suite *f*; (*Mus*) suite *f*; (*furniture*): **bedroom/dining room ~** (juego de) dormitorio/comedor *m*; **a three-piece ~** un tresillo

sulfur ['sʌlfə*] *n* (*US*) = **sulphur**

sulk [sʌlk] *vi* estar de mal humor

sulphur, (*US*) **sulfur** ['sʌlfə*] *n* azufre *m*

sultana [sʌl'tɑ:nə] *n* (*fruit*) pasa de Esmirna

sum [sʌm] *n* suma; (*total*) total *m*; **sum up** *vt* resumir ▷ *vi* hacer un resumen

summarize ['sʌməraɪz] *vt* resumir

summary ['sʌmərɪ] *n* resumen *m* ▷ *adj* (*justice*) sumario

summer ['sʌmə*] *n* verano ▷ *adj* de verano; **in (the) ~** en (el) verano; **summer holidays** *npl* vacaciones *fpl* de verano; **summertime** *n* (*season*) verano

summit ['sʌmɪt] *n* cima, cumbre *f*; (*also*: **~ conference**) (conferencia) cumbre *f*

summon ['sʌmən] *vt* (*person*) llamar; (*meeting*) convocar

sun [sʌn] *n* sol *m*

Sun. *abbr* (= *Sunday*) dom.

sun: **sunbathe** *vi* tomar el sol; **sunbed** *n* cama solar; **sunblock** *n* filtro solar; **sunburn** *n* (*painful*) quemadura del sol; (*tan*) bronceado; **sunburnt**, **sunburned** *adj* (*tanned*) bronceado; (*painfully*) quemado por el sol

Sunday ['sʌndɪ] *n* domingo

sunflower ['sʌnflaʊə*] *n* girasol *m*

sung [sʌŋ] *pp of* **sing**

sunglasses ['sʌŋglɑ:sɪz] *npl* gafas *fpl* de sol

sunk [sʌŋk] *pp of* **sink**

sun: **sunlight** *n* luz *f* del sol; **sun lounger** *n* tumbona, perezosa (*LAM*); **sunny** ['sʌnɪ] *adj* soleado; (*day*) de sol; (*fig*) alegre; **sunrise** *n* salida del sol; **sun roof** *n* (*Aut*) techo corredizo o solar; **sunscreen** *n* filtro solar; **sunset** *n* puesta del sol; **sunshade** *n* (*over table*) sombrilla; **sunshine** *n* ['sʌnʃaɪn] *n* sol *m*; **sunstroke** *n* insolación *f*; **suntan** *n* bronceado; **suntan lotion** *n* bronceador *m*; **suntan oil** *n* aceite *m* bronceador

super ['su:pə*] *adj* (*inf*) genial

superb [su:'pə:b] *adj* magnífico, espléndido

superficial [su:pə'fɪʃəl] *adj* superficial

superintendent [su:pərɪn'tendənt] n director(a) m/f; (also: **police ~**) subjefe/a m/f

superior [su'pɪərɪə²] adj superior; (smug) desdeñoso ⊳ n superior m

superlative [su'pə:lətɪv] n superlativo

supermarket ['su:pəma:kɪt] n supermercado

supernatural [su:pə'nætʃərəl] adj sobrenatural ⊳ n: **the ~** lo sobrenatural

superpower ['su:pəpauə²] n (Pol) superpotencia

superstition [su:pə'stɪʃən] n superstición f

superstitious [su:pə'stɪʃəs] adj supersticioso

superstore ['su:pəstɔ:²] n (BRIT) hipermercado

supervise ['su:pəvaɪz] vt supervisar; **supervision** [su:pə'vɪʒən] n supervisión f; **supervisor** n supervisor(a) m/f

supper ['sʌpə²] n cena

supple ['sʌpl] adj flexible

supplement n ['sʌplɪmənt] suplemento ⊳ vt [sʌplɪ'ment] suplir

supplier [sə'plaɪə²] n (Comm) distribuidor(a) m/f

supply [sə'plaɪ] vt (provide) suministrar; (equip): **to ~ (with)** proveer (de) ⊳ n provisión f; (of gas, water etc) suministro; **supplies** npl (food) víveres mpl; (Mil) pertrechos mpl

support [sə'pɔ:t] n apoyo; (Tech) soporte m ⊳ vt apoyar; (financially) mantener; (uphold) sostener; **supporter** n (Pol etc) partidario/a; (Sport) aficionado/a

▎ Be careful not to translate support by the Spanish word soportar.

suppose [sə'pəuz] vt suponer; (imagine) imaginar; **to be ~d to do sth** deber hacer algo; **supposedly** [sə'pəuzɪdlɪ] adv según cabe suponer; **supposing** conj en caso de que

suppress [sə'pres] vt suprimir; (yawn) ahogar

supreme [su'pri:m] adj supremo

surcharge ['sə:tʃa:dʒ] n sobretasa, recargo

sure [ʃuə²] adj seguro; (definite, convinced) cierto; **to make ~ of sth/ that** asegurarse de algo/asegurar que; **~!** (of course) ¡claro!, ¡por supuesto!; **~ enough** efectivamente; **surely** adv (certainly) seguramente

surf [sə:f] n olas fpl ⊳ vt: **to ~ the Net** navegar por Internet

surface ['sə:fɪs] n superficie f ⊳ vt (road) revestir ⊳ vi salir a la superficie; **surface mail** n vía terrestre

surfboard ['sə:fbɔ:d] n tabla (de surf)

surfer ['sə:fə²] n surfista mf; **web or net ~** internauta mf

surfing ['sə:fɪŋ] n surf m

surge [sə:dʒ] n oleada, oleaje m ⊳ vi (wave) romper; (people) avanzar a tropel

surgeon ['sə:dʒən] n cirujano/a

surgery ['sə:dʒərɪ] n cirugía; (BRIT: room) consultorio

surname ['sə:neɪm] n apellido

surpass [sə:'pa:s] vt superar, exceder

surplus ['sə:pləs] n excedente m; (Comm) superávit m ⊳ adj excedente, sobrante

surprise [sə'praɪz] n sorpresa ⊳ vt sorprender; **surprised** adj (look, smile) de sorpresa; **to be surprised** sorprenderse; **surprising** adj sorprendente; **surprisingly** adv (easy, helpful) de modo sorprendente

surrender [sə'rendə²] n rendición f, entrega ⊳ vi rendirse, entregarse

surround [sə'raund] vt rodear, circundar; (Mil etc) cercar; **surrounding** adj circundante; **surroundings** npl alrededores mpl, cercanías fpl

surveillance [sə:'veɪləns] n vigilancia

survey n ['sə:veɪ] inspección f reconocimiento; (inquiry) encuesta

▷ vt [sə'veɪ] examinar, inspeccionar; (look at) mirar, contemplar; **surveyor** n agrimensor(a) m/f

survival [sə'vaɪvl] n supervivencia

survive [sə'vaɪv] vi sobrevivir; (custom etc) perdurar ▷ vt sobrevivir a; **survivor** n superviviente mf

suspect adj, n ['sʌspekt] sospechoso/a ▷ vt [səs'pekt] sospechar

suspend [səs'pend] vt suspender; **suspended sentence** n (Law) libertad f condicional; **suspenders** npl (BRIT) ligas fpl; (US) tirantes mpl

suspense [səs'pens] n incertidumbre f, duda; (in film etc) suspense m; **to keep sb in ~** mantener a algn en suspense

suspension [səs'penʃən] n suspensión f; (of driving licence) privación f; **suspension bridge** n puente m colgante

suspicion [səs'pɪʃən] n sospecha; (distrust) recelo; **suspicious** adj receloso; (causing suspicion) sospechoso

sustain [səs'teɪn] vt sostener, apoyar; (suffer) sufrir, padecer

SUV ['es'juː'viː] n abbr (= sports utility vehicle) todoterreno m inv, cuatro por cuatro m inv

swallow ['swɒləʊ] n (bird) golondrina ▷ vt tragar

swam [swæm] pt of **swim**

swamp [swɒmp] n pantano, ciénaga ▷ vt abrumar, agobiar

swan [swɒn] n cisne m

swap [swɒp] n canje m ▷ vt: **to ~ (for)** canjear (por), cambiar (por)

swarm [swɔːm] n (of bees) enjambre m; (fig) multitud f ▷ vi (bees) formar un enjambre; (fig) pulular

sway [sweɪ] vi mecerse, balancearse ▷ vt (influence) mover, influir en

swear [sweə] (pt **swore**, pp **sworn**) [sweə*, swɔː*, swɔːn] vi, vt jurar ▷ vt: jurar; **swear in** vt: **to be sworn in** prestar juramento; **swearword** n taco, palabrota

sweat [swet] n sudor m ▷ vi sudar

sweater ['swetə*] n suéter m

sweatshirt ['swetʃəːt] n sudadera

sweaty ['swetɪ] adj sudoroso

Swede [swiːd] n sueco/a

swede [swiːd] n (BRIT) nabo

Sweden ['swiːdn] n Suecia

Swedish ['swiːdɪʃ] adj, n (Ling) sueco

sweep [swiːp] (pt, pp **swept**) n (act) barrida; (also: **chimney ~**) deshollinador(a) m/f ▷ vt barrer; (with arm) empujar; (current) arrastrar ▷ vi barrer

sweet [swiːt] n (BRIT: candy) dulce m, caramelo; (: pudding) postre m ▷ adj dulce; (charming: smile, character) dulce, amable; **sweetcorn** n maíz m (dulce); **sweetener** ['swiːtnə*] n (Culin) edulcorante m; **sweetheart** n novio/a; **sweetshop** n (BRIT) confitería, bombonería

swell [swel] (pt **swelled**, pp **swollen** or **swelled**) n (of sea) marejada, oleaje m ▷ adj (US inf: excellent) estupendo, fenomenal ▷ vt hinchar, inflar ▷ vi (also: **~ up**) hincharse; (numbers) aumentar; (sound, feeling) ir aumentando; **swelling** n (Med) hinchazón f

swept [swept] pt, pp of **sweep**

swerve [swəːv] vi desviarse bruscamente

swift [swɪft] n (bird) vencejo ▷ adj rápido, veloz

swim [swɪm] (pt **swam**, pp **swum**) n: **to go for a ~** ir a nadar o a bañarse ▷ vi nadar; (head, room) dar vueltas ▷ vt pasar a nado; **to go ~ming** ir a nadar; **swimmer** n nadador(a) m/f; **swimming** n natación f; **swimming costume** n bañador m, traje m de baño; **swimming pool** n piscina, alberca (LAM); **swimming trunks** npl bañador msg; **swimsuit** n = **swimming costume**

swing [swɪŋ] (pt, pp **swung**) n (in playground) columpio; (movement) balanceo, vaivén m; (change of direction) viraje m; (rhythm) ritmo ▷ vi balancear; (also: ~ round) voltear, girar ▷ vi balancearse, columpiarse; (also: ~ round) dar media vuelta; **to be in full ~** estar en plena marcha

swipe card [swaip-] n tarjeta magnética deslizante, tarjeta swipe

swirl [swə:l] vi arremolinarse

Swiss [swis] adj, n (pl inv) suizo/a

switch [switʃ] n (for light, radio etc) interruptor m; (change) cambio ▷ vt (change) cambiar de; **switch off** vt apagar; (engine) parar; **switch on** vt encender, prender (Lam); (engine, machine) arrancar; **switchboard** n (Tel) centralita (de teléfonos), conmutador m (Lam)

Switzerland ['switsələnd] n Suiza

swivel ['swivl] vi (also: ~ round) girar

swollen ['swəulən] pp of **swell**

swoop [swu:p] n (by police etc) redada ▷ vi (also: ~ down) caer en picado

swop [swɔp], n, vb = **swap**

sword [sɔ:d] n espada; **swordfish** n pez m espada

swore [swɔ:ʳ] pt of **swear**

sworn [swɔ:n] pp of **swear** ▷ adj (statement) bajo juramento; (enemy) implacable

swum [swʌm] pp of **swim**

swung [swʌŋ] pt, pp of **swing**

syllable ['siləbl] n sílaba

syllabus ['siləbəs] n programa m de estudios

symbol ['simbl] n símbolo

symbolic(al) [sim'bɔlık(l)] adj simbólico; **to be symbolic of sth** simbolizar algo

symmetrical [si'metrikl] adj simétrico

symmetry ['simitri] n simetría

sympathetic [simpə'θetik] adj (understanding) comprensivo; **to be ~ towards** (person) ser comprensivo con

  Be careful not to translate sympathetic by the Spanish word simpático.

sympathize ['simpəθaiz] vi: **to ~ with** (person) compadecerse de; (feelings) comprender; (cause) apoyar

sympathy ['simpəθi] n (pity) compasión f

symphony ['simfəni] n sinfonía

symptom ['simptəm] n síntoma m, indicio

synagogue ['sinəgɔg] n sinagoga

syndicate ['sindikit] n sindicato; (Press) agencia (de noticias)

syndrome ['sindrəum] n síndrome m

synonym ['sinənim] n sinónimo

synthetic [sin'θetik] adj sintético

Syria ['siriə] n Siria

syringe [si'rindʒ] n jeringa

syrup ['sirəp] n jarabe m, almíbar m

system ['sistəm] n sistema m; (Anat) organismo; **systematic** [sistə'mætik] adj sistemático; metódico; **systems analyst** n analista mf de sistemas

s

t

ta [tɑː] *excl* (BRIT *inf*) ¡gracias!
tab [tæb] *n* lengüeta; (*label*) etiqueta;
to keep ~s on (*fig*) vigilar
table ['teɪbl] *n* mesa; (*of statistics etc*)
cuadro, tabla ▷ *vt* (BRIT: *motion etc*)
presentar; **to lay** or **set the ~** poner la
mesa; **tablecloth** *n* mantel *m*; **table**
d'hôte [taːbl'dəʊt] *n* menú *m*; **table**
lamp *n* lámpara de mesa; **tablemat** *n*
(*for plate*) posaplatos *m inv*; (*for hot dish*)
salvamanteles *m inv*; **tablespoon** *n*
cuchara grande; (*also*: **tablespoonful**:
as measurement) cucharada grande
tablet ['tæblɪt] *n* (MED) pastilla,
comprimido; (*of stone*) lápida; (*Comput*) tableta, tablet *f*
table tennis *n* ping-pong *m*, tenis
m de mesa
tabloid ['tæblɔɪd] *n* periódico popular
sensacionalista
taboo [tə'buː] *adj*, *n* tabú *m*
tack [tæk] *n* (*nail*) tachuela *f* ▷ *vt* (*nail*) clavar
con tachuelas; (*stitch*) hilvanar ▷ *vi* virar

tackle ['tækl] *n* (*gear*) equipo; (*fishing*
tackle, for lifting) aparejo ▷ *vt* (*difficulty*)
enfrentarse a; (*challenge: person*)
hacer frente a; (*grapple with*) agarrar;
(*Football*) entrar a; (*Rugby*) placar
tacky ['tæki] *adj* pegajoso; (*inf*)
hortera *inv*, de mal gusto
tact [tækt] *n* tacto, discreción *f*;
tactful *adj* discreto, diplomático
tactics ['tæktɪks] *npl* táctica *sg*
tactless ['tæktlɪs] *adj* indiscreto
tadpole ['tædpəʊl] *n* renacuajo
taffy ['tæfɪ] *n* (US) melcocha
tag [tæg] *n* (*label*) etiqueta
tail [teɪl] *n* cola; (*of shirt, coat*) faldón
m ▷ *vt* (*follow*) vigilar a; **tails** *npl* (*formal*
suit) levita
tailor ['teɪlə] *n* sastre *m*
Taiwan [taɪ'wɑːn] *n* Taiwán *m*;
Taiwanese *adj*, *n* taiwanés/esa
take [teɪk] (*pt* **took**, *pp* **taken**) *vt*
tomar; (*grab*) coger (SP), agarrar
(LAM); (*gain: prize*) ganar; (*require:*
effort, courage) exigir; (*support weight*
of) aguantar; (*hold: passengers etc*)
tener cabida para; (*accompany, bring,*
carry) llevar; (*exam*) presentarse a;
to ~ sth from (*drawer etc*) sacar algo
de; (*person*) quitar algo a, coger algo
a (SP); **I ~ it that ...** supongo que ...;
take after *vt fus* parecerse a; **take**
apart *vt* desmontar; **take away** *vt*
(*remove*) quitar; (*carry off*) llevar; **take**
back *vt* (*return*) devolver; (*one's words*)
retractar; **take down** *vt* (*building*)
derribar; (*message etc*) apuntar; **take**
in *vt* (*deceive*) engañar; (*understand*)
entender; (*include*) abarcar; (*lodger*)
acoger, recibir; **take off** *vi* (*Aviat*)
despegar ▷ *vt* (*remove*) quitar; **take**
on *vt* (*work*) emprender; (*employee*)
contratar; (*opponent*) desafiar; **take**
out *vt* sacar; **take over** *vt* (*business*)
tomar posesión de ▷ *vi*: **to ~ over**
from sb reemplazar a algn; **take up** *vt*
(*a dress*) acortar; (*occupy: time, space*)
ocupar; (*engage in: hobby etc*) dedicarse
a; (*accept*) aceptar; **to ~ sb up on**

aceptar algo de algn; **takeaway** adj (BRIT: food) para llevar ▷ n tienda or restaurante m de comida para llevar; **taken** pp of **take**; **takeoff** n (Aviat) despegue m; **takeover** n (Comm) absorción f; **takings** npl (Comm) ingresos mpl

talc [tælk] n (also: **~um powder**) talco

tale [teɪl] n (story) cuento; (account) relación f; **to tell ~s** (fig) contar chismes

talent ['tælnt] n talento; **talented** adj de talento

talk [tɔːk] n charla; (gossip) habladurías fpl, chismes mpl; (conversation) conversación f ▷ vi hablar; **talks** npl (Pol etc) conversaciones fpl; **to ~ about** hablar de; **to ~ sb into doing sth** convencer a algn para haga algo; **to ~ sb out of doing sth** disuadir a algn de que haga algo; **to ~ shop** hablar del trabajo; **talk over** vt discutir; **talk show** n programa m magazine

tall [tɔːl] adj alto; (tree) grande; **to be 6 feet ~** medir 1 metro 80, tener 1 metro 80 de alto

tambourine [tæmbə'riːn] n pandereta

tame [teɪm] adj domesticado; (fig: story, style, person) soso, anodino

tamper ['tæmpəʳ] vi: **to ~ with** (lock etc) intentar forzar

tampon ['tæmpɒn] n tampón m

tan [tæn] n (also: **sun~**) bronceado ▷ vi ponerse moreno ▷ adj (colour) marrón

tandem ['tændəm] n tándem m

tangerine [tændʒə'riːn] n mandarina

tangle ['tæŋgl] n enredo; **to get in(to) a ~** enredarse

tank [tæŋk] n (also: **water ~**) depósito, tanque m; (for fish) acuario; (Mil) tanque m

tanker ['tæŋkəʳ] n (ship) petrolero; (truck) camión m cisterna

tanned [tænd] adj (skin) moreno

tantrum ['tæntrəm] n rabieta

Tanzania [tænzə'nɪə] n Tanzania

tap [tæp] n (BRIT: on sink etc) grifo, canilla (LAM); (gentle blow) golpecito; (gas tap) llave f ▷ vt (shoulder etc) dar palmaditas en; (resources) utilizar, explotar; (telephone conversation) intervenir; **on ~** (fig: resources) a mano; **beer on ~** cerveza de barril; **tap dancing** n claqué m

tape [teɪp] n cinta; (also: **magnetic ~**) cinta magnética; (sticky tape) cinta adhesiva ▷ vt (record) grabar (en cinta); **on ~** (song etc) grabado (en cinta); **tape measure** n cinta métrica, metro; **tape recorder** n grabadora

tapestry ['tæpɪstrɪ] n (object) tapiz m; (art) tapicería

tar [taːʳ] n alquitrán m, brea

target ['taːgɪt] n blanco

tariff ['tærɪf] n (on goods) arancel m; (BRIT: in hotels etc) tarifa

tarmac ['taːmæk] n (BRIT: on road) asfalto; (Aviat) pista (de aterrizaje)

tarpaulin [taː'pɔːlɪn] n lona (impermeabilizada)

tarragon ['tærəgən] n estragón m

tart [taːt] n (Culin) tarta; (BRIT inf, pej: woman) fulana ▷ adj agrio, ácido

tartan ['taːtn] n tartán m, tela escocesa

task [taːsk] n tarea; **to take to ~** reprender

taste [teɪst] n sabor m, gusto; (fig: muestra, idea ▷ vt probar ▷ vi: **to ~ of o like** (fish etc) saber a; **you can ~ the garlic (in it)** se nota el ajo; **in good/bad ~** de buen/mal gusto; **tasteful** adj de buen gusto; **tasteless** adj (food) soso; (remark) de mal gusto; **tasty** adj sabroso, rico

tatters ['tætəz] npl: **in ~** hecho jirones

tattoo [tə'tuː] n tatuaje m; (spectacle) espectáculo militar ▷ vt tatuar

taught [tɔːt] pt, pp of **teach**

taunt [tɔːnt] n pulla ▷ vt lanzar pullas a

Taurus ['tɔːrəs] n Tauro

taut [tɔːt] adj tirante, tenso

tax [tæks] n impuesto ▷ vt gravar (con un impuesto); (fig: test) poner a prueba; (: patience) agotar; **tax-free** adj libre de impuestos

taxi ['tæksɪ] n taxi m ▷ vi (Aviat) rodar por la pista; **taxi driver** n taxista mf; **taxi rank**, (BRIT) **taxi stand** n parada de taxis

tax payer n contribuyente mf

TB n abbr = **tuberculosis**

tea [tiː] n té m; (BRIT: snack) ≈ merienda; **high ~** (BRIT) ≈ merienda-cena; **tea bag** n bolsita de té; **tea break** n (BRIT) descanso para el té

teach (pt, pp **taught**) [tiːtʃ, tɔːt] vt: **to ~ sb sth, ~ sth to sb** enseñar algo a algn ▷ vi enseñar; (be a teacher) ser profesor/a; **teacher** n (in secondary school) profesor/a m/f; (in primary school) maestro/a; **teaching** n enseñanza

tea: tea cloth n (BRIT) paño de cocina, trapo de cocina (LAM); **teacup** n taza de té; **tea leaves** npl hojas fpl de té

team [tiːm] n equipo; (of animals) pareja; **team up** vi asociarse

teapot ['tiːpɒt] n tetera

tear[1] [tɪəʳ] n lágrima; **in ~s** llorando

tear[2] [tɛəʳ] (pt **tore**, pp **torn**) n rasgón m, desgarrón m ▷ vt romper, rasgar ▷ vi rasgarse; **tear apart** vt (also fig) hacer pedazos; **tear down** vt (building, statue) derribar; (poster, flag) arrancar; **tear off** vt (sheet of paper etc) arrancar; (one's clothes) quitarse a tirones; **tear up** vt (sheet of paper etc) romper

tearful ['tɪəful] adj lloroso

tear gas n gas m lacrimógeno

tearoom ['tiːruːm] n salón m de té

tease [tiːz] vt tomar el pelo a

tea: teaspoon n cucharita; (also: **teaspoonful**: as measurement) cucharadita; **teatime** n hora del té; **tea towel** n (BRIT) paño de cocina

technical ['tɛknɪkl] adj técnico

technician [tɛk'nɪʃn] n técnico/a

technique [tɛk'niːk] n técnica

technology [tɛk'nɔlədʒɪ] n tecnología

teddy (bear) ['tɛdɪ-] n osito de peluche

tedious ['tiːdɪəs] adj pesado, aburrido

tee [tiː] n (Golf) tee m

teen [tiːn] adj = **teenage** ▷ n (US) = **teenager**

teenage ['tiːneɪdʒ] adj (fashions etc) juvenil; **teenager** ['tiːneɪdʒəʳ] n adolescente mf

teens [tiːnz] npl: **to be in one's ~** ser adolescente

teeth [tiːθ] npl of **tooth**

teetotal ['tiː'təutl] adj abstemio

telecommunications ['tɛlɪkəmjuːnɪ'keɪʃənz] n telecomunicaciones fpl

telegram ['tɛlɪgræm] n telegrama m

telegraph pole n poste m telegráfico

telephone ['tɛlɪfəun] n teléfono ▷ vt llamar por teléfono, telefonear; **to be on the ~** (subscriber) tener teléfono; (be speaking) estar hablando por teléfono; **telephone book** n guía f telefónica; **telephone booth**, (BRIT) **telephone box** n cabina telefónica; **telephone call** n llamada telefónica; **telephone directory** n guía telefónica; **telephone number** n número de teléfono

telesales ['tɛlɪseɪlz] npl televentas fpl

telescope ['tɛlɪskəup] n telescopio

televise ['tɛlɪvaɪz] vt televisar

television ['tɛlɪvɪʒən] n televisión f; **to watch ~** mirar o ver la televisión; **television programme** n programa m de televisión

tell (pt, pp **told**) [tɛl, təuld] vt decir; (relate: story) contar; (distinguish): **to ~ sth from** distinguir algo de ▷ vi (talk): **to ~ (of)** contar; (have effect) tener efecto; **to ~ sb to do sth** decir a algn que haga algo; **tell off** vt: **to ~ sb off** regañar a algn; **teller** n (in bank) cajero/a

telly ['tɛlɪ] n (BRIT inf) tele f

temp [temp] n abbr (BRIT: = temporary office worker) empleado/a eventual

temper ['tempə^r] n (mood) humor m; (bad temper) (mal) genio; (fit of anger) ira ▷ vt (moderate) moderar; **to be in a ~** estar furioso; **to lose one's ~** enfadarse, enojarse (LAM)

temperament ['temprəmənt] n (nature) temperamento; **temperamental** [temprə'mentl] adj temperamental

temperature ['temprətʃə^r] n temperatura; **to have** or **run a ~** tener fiebre

temple ['templ] n (building) templo; (Anat) sien f

temporary ['tempərəri] adj provisional; (passing) transitorio; (worker) eventual; (job) temporal

tempt [tempt] vt tentar; **to ~ sb into doing sth** tentar or inducir a algn a hacer algo; **temptation** n tentación f; **tempting** adj tentador(a); (food) apetitoso

ten [ten] num diez

tenant ['tenənt] n inquilino/a

tend [tend] vt cuidar ▷ vi: **to ~ to do sth** tener tendencia a hacer algo; **tendency** ['tendənsi] n tendencia

tender ['tendə^r] adj tierno, blando; (delicate) delicado; (meat) tierno; (sore) sensible ▷ n (Comm: offer) oferta; (money): **legal ~** moneda de curso legal ▷ vt ofrecer

tendon ['tendən] n tendón m

tenner ['tenə^r] n (billete m de) diez libras fpl

tennis ['tenis] n tenis m; **tennis ball** n pelota de tenis; **tennis court** n cancha de tenis; **tennis match** n partido de tenis; **tennis player** n tenista mf; **tennis racket** n raqueta de tenis

tenor ['tenə^r] n (Mus) tenor m

tenpin bowling ['tenpin-] n bolos mpl

tension ['tenʃən] n tensión f

tent [tent] n tienda (de campaña), carpa (LAM)

tentative ['tentətiv] adj (person) indeciso; (provisional) provisional

tenth [tenθ] adj décimo

tent: tent peg n clavija, estaca; **tent pole** n mástil m

tepid ['tepid] adj tibio

term [tə:m] n (word) término; (period) período; (Scol) trimestre m ▷ vt llamar; **terms** npl (conditions) condiciones fpl; **in the short/long ~** a corto/largo plazo; **to be on good ~s with sb** llevarse bien con algn; **to come to ~s with** (problem) aceptar

terminal ['tə:minl] adj (disease) mortal; (patient) terminal ▷ n (Elec) borne m; (Comput) terminal m; (also: **air ~**) terminal f; (BRIT: also: **coach ~**) (estación f) terminal f

terminate ['tə:mineit] vt poner término a

termini ['tə:minai] npl of **terminus**

terminology [tə:mi'nɔlədʒi] n terminología

terminus (pl **termini**) ['tə:minəs, 'tə:minai] n término, (estación f) terminal f

terrace ['terəs] n terraza; (BRIT: row of houses) hilera de casas adosadas; **the ~s** (BRIT Sport) las gradas fpl; **terraced** adj (garden) escalonado; (house) adosado

terrain [te'rein] n terreno

terrestrial [ti'restriəl] adj (life) terrestre; (BRIT: channel) de transmisión (por) vía terrestre

terrible ['teribl] adj terrible, horrible; (inf) malísimo; **terribly** adv terriblemente; (very badly) malísimamente

terrier ['teriə^r] n terrier m

terrific [tə'rifik] adj fantástico, fenomenal

terrify ['terifai] vt aterrorizar; **to be terrified** estar aterrado

t

or aterrorizado; **terrifying** *adj* aterrador(a)

territorial [tɛrɪˈtɔːrɪəl] *adj* territorial

territory [ˈtɛrɪtərɪ] *n* territorio

terror [ˈtɛrəʳ] *n* terror *m*; **terrorism** *n* terrorismo; **terrorist** *n* terrorista *mf*; **terrorist attack** *n* atentado (terrorista)

test [tɛst] *n* (*trial, check*) prueba; (*Chem, Med*) prueba; (*exam*) examen *m*, test *m*; (*also:* **driving ~**) examen *m* de conducir ▷ *vt* probar, poner a prueba; (*Med*) examinar

testicle [ˈtɛstɪkl] *n* testículo

testify [ˈtɛstɪfaɪ] *vi* (*Law*) prestar declaración; **to ~ to sth** atestiguar algo

testimony [ˈtɛstɪmənɪ] *n* (*Law*) testimonio

test: test match *n* partido internacional; **test tube** *n* probeta

tetanus [ˈtɛtənəs] *n* tétano

text [tɛkst] *n* texto; (*on mobile*) mensaje *m* de texto ▷ *vt:* **to ~ sb** enviar un mensaje (de texto) a algn; **textbook** *n* libro de texto

textiles [ˈtɛkstaɪlz] *npl* tejidos *mpl*

text message *n* mensaje *m* de texto

text messaging [-ˈmɛsɪdʒɪŋ] *n* (envío de) mensajes *mpl* de texto

texture [ˈtɛkstʃəʳ] *n* textura

Thai [taɪ] *adj, n* tailandés/esa *m/f*

Thailand [ˈtaɪlænd] *n* Tailandia

than [ðæn, ðən] *conj* que; (*with numerals*): **more ~ 10/once** más de 10/una vez; **I have more/less ~ you** tengo más/menos que tú; **it is better to phone ~ to write** es mejor llamar por teléfono que escribir

thank [θæŋk] *vt* dar las gracias a, agradecer; **~ you (very much)** (muchas) gracias; **~ God!** ¡gracias a Dios!; *see also* **thanks**; **thankfully** *adv* afortunadamente; **thankfully there were few victims** afortunadamente hubo pocas víctimas

thanks [θæŋks] *npl* gracias *fpl* ▷ *excl* ¡gracias!; **many ~, ~ a lot** ¡muchas gracias!; **~ to** *prep* gracias a

---

Thanksgiving (Day) [ˈθæŋksgɪvɪŋ-] *n* día *m* de Acción de Gracias

● **THANKSGIVING DAY**

●
● En Estados Unidos el cuarto jueves
● de noviembre es *Thanksgiving*
● *Day*, fiesta oficial en la que se
● conmemora la celebración que
● tuvieron los primeros colonos
● norteamericanos (*Pilgrims* o *Pilgrim*
● *Fathers*) tras la estupenda cosecha
● de 1621, por la que se dan gracias
● a Dios. En Canadá se celebra
● una fiesta semejante el segundo
● lunes de octubre, aunque no
● está relacionada con dicha fecha
● histórica.

KEYWORD

that [ðæt] (*pl* **those**) *adj* (*demonstrative*) ese/a; (: *more remote*) aquel/aquella; **leave that book on the table** deja ese libro sobre la mesa; **that one** ese/esa, ése/ésa (*to avoid confusion with adj*); (*more remote*) aquel/aquella, aquél/aquélla (*to avoid confusion with adj*); **that one over there** ese/esa de ahí, ése/ésa de ahí; aquel/aquella de allí, aquél/aquélla de allí; *see also* **those**

▷ *pron* **1** (*demonstrative*) ese/a, ése/a (*to avoid confusion with adj*), eso (*neuter*); (: *more remote*) aquel/aquella, aquél/aquélla (*to avoid confusion with adj*), aquello (*neuter*); **what's that?** ¿qué es eso (*or* aquello)?; **who's that?** ¿quién es?; (*pointing etc*) ¿quién es ese/a?; **is that you?** ¿eres tú?; **will you eat all that?** ¿vas a comer todo eso?; **that's my house** esa es mi casa; **that's what he said** eso es lo que dijo; **that is (to say)** es decir; *see also* **those**

2 (*relative, subject, object*) que; (: *with*

preposition) (ella) que, ella cual; **the book (that) I read** el libro que leí; **the books that are in the library** los libros que están en la biblioteca; **all (that) I have** todo lo que tengo; **the box (that) I put it in** la caja en la que or donde lo puse; **the people (that) I spoke to** la gente con la que hablé
3 *(relative, of time)* que; **the day (that) he came** el día (en) que vino
▶ *conj* que; **he thought you will I was ill** creyó que yo estaba enfermo
▶ *adv (demonstrative)*: **I can't work that much** no puedo trabajar tanto; **I didn't realize it was that bad** no creí que fuera tan malo; **that high** así de alto

thatched [θætʃt] *adj (roof)* de paja; **~ cottage** casita con tejado de paja

thaw [θɔː] *n* deshielo ▷ *vi (ice)* derretirse; *(food)* descongelarse ▷ *vt* descongelar

KEYWORD

the [ðiː, ðə] *def art* **1** el m, la f, los mpl, las fpl (NB = el used immediately before feminine noun beginning with stressed (h) a; a + el = al; de + el = del): **the boy/girl** el chico/la chica; **the books/flowers** los libros/las flores; **to the postman/from the drawer** al cartero/del cajón; **I haven't the time/money** no tengo tiempo/dinero
2 (+ *adj to form noun*) los; lo; **the rich and the poor** los ricos y los pobres; **to attempt the impossible** intentar lo imposible
3 *(in titles, surnames)*: **Elizabeth the First** Isabel Primera; **Peter the Great** Pedro el Grande
4 *(in comparisons)*: **the more he works the more he earns** cuanto más trabaja más gana

theatre, (US) **theater** ['θɪətər] *n* teatro; *(also:* **lecture ~**) aula; *(Med: also:* **operating ~**) quirófano

theft [θeft] *n* robo

their [ðɛər] *adj* su; **theirs** *pron* (el) suyo/(la) suya *etc*; *see also* **my; mine**

them [ðɛm, ðəm] *pron (direct)* los/las; *(indirect)* les; *(stressed, after prep)* ellos/ellas; *see also* **me**

theme [θiːm] *n* tema *m*; **theme park** *n* parque *m* temático

themselves [ðəm'sɛlvz] *pron pl (subject)* ellos mismos/ellas mismas; *(complement)* se; *(after prep)* sí (mismos/as); *see also* **oneself**

then [ðɛn] *adv (at that time)* entonces; *(next)* pues; *(later)* luego, después; *(and also)* además ▷ *conj (therefore)* en ese caso, entonces ▷ *adj*: **the ~ president** el entonces presidente; **from ~ on** desde entonces

theology [θɪ'ɒlədʒɪ] *n* teología
theory ['θɪərɪ] *n* teoría
therapist ['θerəpɪst] *n* terapeuta *mf*
therapy ['θerəpɪ] *n* terapia

KEYWORD

there [ðɛər] *adv* **1**: **there is, there are** hay; **there is no-one here** no hay nadie aquí; **there is no bread left** no queda pan; **there has been an accident** ha habido un accidente
2 *(referring to place)* ahí; *(: distant)* allí; **it's there** está ahí; **put it in/on/up/down there** ponlo ahí dentro/encima/arriba/abajo; **I want that book there** quiero ese libro de ahí; **there he is!** ¡ahí está!
3: **there, there** *(esp to child)* venga, venga, bueno; **thereabouts** *adv* por ahí; **thereafter** *adv* después; **thereby** *adv* así, de ese modo

therefore ['ðɛəfɔːr] *adv* por lo tanto
there's = **there is; there has**
thermal ['θəːml] *adj* termal; *(paper)* térmico
thermometer [θə'mɒmɪtər] *n* termómetro

thermostat ['θɜːməʊstæt] n termostato

these [ðiːz] adj pl estos/as ▷ pron pl estos/as, éstos/as (to avoid confusion with adj); ~ **children/flowers** estos chicos/estas flores; see also **this**

thesis (pl **theses**) ['θiːsɪs, -siːz] n tesis f inv

they [ðeɪ] pron pl ellos/ellas; ~ **say that ...** (it is said that) se dice que ...; **they'd** [ðeɪd] = **they had; they would; they'll** [ðeɪl] = **they shall; they will; they're** [ðeə] = **they are; they've** [ðeɪv] = **they have**

thick [θɪk] adj (dense) espeso; (: vegetation, beard) tupido; (stupid) torpe ▷ n: **in the ~ of the battle** en lo más reñido de la batalla; **it's 20 cm ~** tiene 20 cm de espesor; **thicken** vi espesarse ▷ vt (sauce etc) espesar; **thickness** n espesor m, grueso

thief (pl **thieves**) [θiːf, θiːvz] n ladrón/ona m/f

thigh [θaɪ] n muslo

thin [θɪn] adj delgado; (hair) escaso; (crowd) disperso ▷ vt: **to ~ (down)** (sauce, paint) diluir

thing [θɪŋ] n cosa; (object) objeto, artículo; (contraption) chisme m; (mania) manía; **things** npl (belongings) cosas fpl; **the best ~ would be to ...** lo mejor sería ...; **how are ~s?** ¿qué tal van las cosas?

think (pl **thought**) [θɪŋk, θɔːt] vi pensar ▷ vt pensar, creer; **what did you ~ of them?** ¿qué te parecieron?; **to ~ about sth/sb** pensar en algo/algn; **I'll ~ about it** lo pensaré; **to ~ of doing sth** pensar en hacer algo; **I ~ so/not** creo que sí/no; **to ~ well of sb** tener buen concepto de algn; **think over** vt reflexionar sobre, meditar; **think up** vt imaginar

third [θɜːd] adj (before n) tercer(a); (following n) tercero/a ▷ n tercero/a; (fraction) tercio; (BRIT: degree) título universitario de tercera clase; **thirdly** adv en tercer lugar; **third party**

insurance n (BRIT) seguro a terceros; **Third World** n: **the Third World** el Tercer Mundo

thirst [θɜːst] n sed f; **thirsty** adj (person) sediento; **to be thirsty** tener sed

thirteen [θəˈtiːn] num trece; **thirteenth** [θəˈtiːnθ] adj decimotercero

thirtieth ['θɜːtɪəθ] adj trigésimo

thirty ['θɜːtɪ] num treinta

KEYWORD

this [ðɪs] (pl **these**) adj (demonstrative) este/a; **this man/woman** este hombre/esta mujer; **this one (here)** este/a, éste/a (to avoid confusion with adj), esto de aquí; see also **these**
▷ pron (demonstrative) este/a, éste/a (to avoid confusion with adj), esto neuter; **who is this?** ¿quién es esteesta?; **what is this?** ¿qué es esto?; **this is where I live** aquí vivo; **this is what he said** esto es lo que dijo; **this is Mr Brown** (in introductions) le presento al Sr. Brown; (photo) este es el Sr. Brown; (on telephone) habla con el Sr. Brown; see also **these**
▷ adv (demonstrative): **this high/long** así de alto/largo; **this far** hasta aquí

thistle ['θɪsl] n cardo

thorn [θɔːn] n espina

thorough ['θʌrə] adj (search) minucioso; (knowledge) profundo; (research) a fondo; **thoroughly** adv (search) minuciosamente; (study) profundamente; (wash) a fondo; (utterly: bad, wet etc) completamente, totalmente

those [ðəʊz] adj pl esos/esas; aquellos/as ▷ pron pl esos/esas, ésos/ésas (to avoid confusion with adj); (more remote) aquellos/as, aquéllos/as (to avoid confusion with adj); **leave ~ books on the table** deja esos libros sobre la mesa

though [ðəu] *conj* aunque ⊳ *adv* sin embargo, aún así; **even** ~ aunque; **it's not so easy,** ~ sin embargo no es tan fácil

thought [θɔːt] *pt, pp of* **think** ⊳ *n* pensamiento; *(opinion)* opinión f; **thoughtful** *adj* pensativo; *(considerate)* atento; **thoughtless** *adj* desconsiderado

thousand ['θauzənd] *num* mil; **two** ~ dos mil; **~s of** miles de; **thousandth** *num* milésimo

thrash [θræʃ] *vt* dar una paliza a

thread [θred] *n* hilo; *(of screw)* rosca ⊳ *vt (needle)* enhebrar

threat [θret] *n* amenaza; **threaten** *vi* amenazar ⊳ *vt*: **to threaten sb with sth/to do** amenazar a algn con algo/ con hacer; **threatening** ['θretnɪŋ] *adj* amenazador(a), amenazante

three [θriː] *num* tres; **three-dimensional** *adj* tridimensional; **three-piece** ['θriːpiːs] *cpd*: **three-piece suite** tresillo; **three-quarters** *npl* tres cuartas partes; **three-quarters full** tres cuartas partes lleno

threshold ['θreʃhəuld] *n* umbral m

threw [θruː] *pt of* **throw**

thrill [θrɪl] *n (excitement)* emoción f ⊳ *vt* emocionar; **to be ~ed (with** *gift etc)* estar encantado; **thriller** *n* película/novela de suspense; **thrilling** *adj* emocionante

thriving ['θraɪvɪŋ] *adj* próspero

throat [θrəut] *n* garganta; **I have a sore** ~ me duele la garganta

throb [θrɔb] *vi* latir; *(with pain)* dar punzadas

throne [θrəun] *n* trono

through [θruː] *prep* por, a través de; *(time)* durante; *(by means of)* por medio de, mediante; *(owing to)* gracias a ⊳ *adj (ticket, train)* directo ⊳ *adv* completamente, de parte a parte; de principio a fin; **to put sb** ~ **to sb** *(Tel)* poner o pasar a algn con algn; **to be** ~ *(Tel)* tener comunicación;

(have finished) haber terminado; **"no** ~ **road"** (BRIT) "calle sin salida"; **throughout** *prep (place)* por todas partes de, por todo; *(time)* durante todo ⊳ *adv* por o en todas partes

throw *(pt* **threw,** *pp* **thrown)** [θrəu, θruː, θrəun] *n* tiro; *(Sport)* lanzamiento ⊳ *vt* tirar, echar; *(Sport)* lanzar; *(rider)* derribar; *(fig)* desconcertar; **to** ~ **a party** dar una fiesta; **throw away** *vt* tirar; **throw in** *vt (Sport: ball)* sacar; *(include)* incluir; **throw off** *vt* deshacerse de; **throw out** *vt* tirar; **throw up** *vi* vomitar

thru [θruː] *prep, adj, adv* (US) **= through**

thrush [θrʌʃ] *n* zorzal m, tordo

thrust [θrʌst] *(pt, pp* **thrust)** *vt* empujar

thud [θʌd] *n* golpe m sordo

thug [θʌg] *n* gamberro/a

thumb [θʌm] *n (Anat)* pulgar m ⊳ *vt*: **to** ~ **a lift** hacer dedo; **thumbtack** *n* (US) chincheta

thump [θʌmp] *n* golpe m; *(sound)* ruido seco o sordo ⊳ *vt, vi* golpear

thunder ['θʌndər] *n* trueno ⊳ *vi* tronar; *(train etc)*: **to** ~ **past** pasar como un trueno; **thunderstorm** ['θʌndəstɔːm] *n* tormenta

Thur(s). *abbr* (= **Thursday**) juev.

Thursday ['θəːzdɪ] *n* jueves m *inv*

thus [ðʌs] *adv* así, de este modo

thwart [θwɔːt] *vt* frustrar

thyme [taɪm] *n* tomillo

Tibet [tɪ'bet] *n* el Tíbet

tick [tɪk] *n (sound: of clock)* tictac m; *(mark)* señal f (de visto bueno), palomita (LAM); *(Zool)* garrapata; (BRIT *inf)*: **in a** ~ en un instante ⊳ *vi* hacer tictac ⊳ *vt* marcar; **tick off** *vt* marcar; *(person)* reñir

ticket ['tɪkɪt] *n* billete m, boleto (LAM); *(for cinema etc)* entrada, boleto (LAM); *(in shop, on goods)* etiqueta; *(for library)* tarjeta; **to get a parking** ~ *(Aut)* ser multado por estacionamiento ilegal; **ticket barrier** *n* (BRIT *Rail)* barrera

más allá de la cual se necesita billete/ boleto; ticket collector n revisor(a) m/f; **ticket inspector** n revisor(a) m/f, inspector(a) m/f de billetes (LAM); **ticket machine** n máquina de billetes (SP) or boletos (LAM); **ticket office** n (Theat) taquilla, boletería (LAM); (Rail) despacho de billetes or boletos (LAM)

tickle ['tɪkl] vt hacer cosquillas ▷ vi hacer cosquillas; (blanket) que pica; (: cough) irritante; (fig: problem) delicado; **to be ticklish** tener cosquillas

tide [taɪd] n marea; (fig: of events) curso, marcha

tidy ['taɪdɪ] adj (room) ordenado; (drawing, work) limpio; (person) (bien) arreglado ▷ vt (also: ~ up) poner en orden

tie [taɪ] n (string etc) atadura; (BRIT: necktie) corbata; (fig: link) vínculo, lazo; (Sport: draw) empate m ▷ vt atar ▷ vi (Sport) empatar; **to ~ in a bow** hacer un lazo; **to ~ a knot in sth** hacer un nudo en algo; **tie down** vt atar; (fig); **to ~ sb down to** obligar a algn a; **tie up** vt (dog) atar; (arrangements) concluir; **to be ~d up** (busy) estar ocupado

tier [tɪə^r] n grada; (of cake) piso

tiger ['taɪgə^r] n tigre m

tight [taɪt] adj (rope) tirante; (money) escaso; (clothes, budget) ajustado; (programme) apretado; (budget) ajustado; (security) estricto; (inf: drunk) borracho ▷ adv (squeeze) muy fuerte; (shut) herméticamente;
tighten vt (rope) estirar; (screw) apretar ▷ vi estirarse; apretarse;
tightly adv (grasp) muy fuerte; **tights** npl (BRIT) medias fpl, panties mpl

tile [taɪl] n (on roof) teja; (on floor) baldosa; (on wall) azulejo

till [tɪl] n caja (registradora) ▷ vt (land) cultivar ▷ prep, conj = **until**

tilt [tɪlt] vt inclinar ▷ vi inclinarse

timber ['tɪmbə^r] n (material) madera

time [taɪm] n tiempo; (epoch: often pl) época; (by clock) hora; (moment) momento; (occasion) vez f; (Mus) compás m ▷ vt calcular or medir el tiempo de; (race) cronometrar; (remark etc) elegir el momento para; **a long ~** mucho tiempo; **four at a ~** cuatro a la vez; **for the ~ being** de momento, por ahora; **at ~s** a veces; **from ~ to ~** de vez en cuando; **in ~** (soon enough) a tiempo; (after some time) con el tiempo; (Mus) al compás; **in a week's ~** dentro de una semana; **in no ~** en un abrir y cerrar de ojos; **any ~** cuando sea; **on ~** a la hora; **5 ~s 5** 5 por 5; **what is it?** ¿qué hora es?; **to have a good ~** pasarlo bien, divertirse; **time limit** n plazo; **timely** adj oportuno; **timer** n (in kitchen) temporizador m; **timetable** n horario; **time zone** n huso horario

timid ['tɪmɪd] adj tímido

timing ['taɪmɪŋ] n (Sport) cronometraje m; **the ~ of his resignation** el momento que eligió para dimitir

tin [tɪn] n estaño; (also: ~ plate) hojalata; (BRIT: can) lata; **tinfoil** n papel m de estaño

tingle ['tɪŋgl] vi (cheeks, skin: from cold) sentir comezón; (: from bad circulation) sentir hormigueo; **to ~ with** estremecerse de

tinker ['tɪŋkə^r] **~ with** vt fus jugar con, tocar

tinned [tɪnd] adj (BRIT: food) en lata, en conserva

tin opener [-əʊpnə^r] n (BRIT) abrelatas m inv

tint [tɪnt] n matiz m; (for hair) tinte m; **tinted** adj (hair) teñido; (glass, spectacles) ahumado

tiny ['taɪnɪ] adj minúsculo, pequeñito

tip [tɪp] n (end) punta; (gratuity) propina; (BRIT: for rubbish) vertedero; (advice) consejo ▷ vt (waiter) dar una propina a; (tilt) inclinar; (empty: also:

~ out) vaciar, echar; **tip off** vt avisar, poner sobre aviso a

tiptoe ['tɪptəʊ] n: **on ~** de puntillas

tire ['taɪə*] n (US) = **tyre** ▷ vt cansar ▷ vi cansarse; (become bored) aburrirse; **tired** adj cansado; **to be tired of sth** estar harto de algo; **tire pressure** n (US) = **tyre pressure**; **tiring** adj cansado

tissue ['tɪʃu:] n tejido; (paper handkerchief) pañuelo de papel, kleenex®m; **tissue paper** n papel m de seda

tit [tɪt] n (bird) herrerillo común; **to give ~ for tat** dar ojo por ojo

title ['taɪtl] n título

T-junction ['ti:dʒʌŋkʃən] n cruce m en T

TM abbr (= trademark) marca de fábrica; = **transcendental meditation**

KEYWORD

to [tu:, tə] prep 1 (direction) a; **to go to France/London/school/ the station** ir a Francia/Londres/ al colegio/a la estación; **to go to Claude's/the doctor's** ir a casa de Claude/al médico; **the road to Edinburgh** la carretera de Edimburgo 2 (as far as) hasta, a; **from here to London** de aquí a or hasta Londres; **to count to 10** contar hasta 10; **from 40 to 50 people** entre 40 y 50 personas 3 (with expressions of time): **a quarter/ twenty to five** las cinco menos cuarto/veinte

4 (for, of): **the key to the front door** la llave de la puerta principal; **she is secretary to the director** es la secretaria del director; **a letter to his wife** una carta a or para su mujer 5 (expressing indirect object) a; **to give sth to sb** darle algo a algn; **to talk to sb** hablar con algn; **to be a danger to sb** ser un peligro para algn; **to carry out repairs to sth** hacer reparaciones en algo

6 (in relation to): **3 goals to 2** 3 goles a 2; **30 miles to the gallon** ≈ 9,4 litros a los cien (kilómetros)

7 (purpose, result): **to come to sb's aid** venir en auxilio or ayuda de algn; **to sentence sb to death** condenar a algn a muerte; **to my great surprise** con gran sorpresa mía

▶ infin particle 1 (simple infin): **to go/ eat** ir/comer

2 (following another vb; see also relevant vb): **to want/try/start to do** querer/ intentar/empezar a hacer

3 (with vb omitted): **I don't want to** no quiero

4 (purpose, result) para; **I did it to help you** lo hice para ayudarte; **he came to see you** vino a verte

5 (equivalent to relative clause): **I have things to do** tengo cosas que hacer; **the main thing is to try** lo principal es intentarlo

6 (after adj etc): **ready to go** listo para irse; **too old to ...** demasiado viejo (como) para ...

▶ adv: **pull/push the door to** tirar de/ empujar la puerta

toad [təʊd] n sapo; **toadstool** n seta venenosa

toast [təʊst] n (Culin) tostada; (drink, speech) brindis m inv ▷ vt (Culin) tostar; (drink to) brindar por; **toaster** n tostador m

tobacco [tə'bækəʊ] n tabaco

toboggan [tə'bɔgən] n tobogán m

today [tə'deɪ] adv, n (also fig) hoy m

toddler ['tɔdlə*] n niño/a (que empieza a andar)

toe [təʊ] n dedo (del pie); (of shoe) punta ▷ vt: **to ~ the line** (fig) acatar las normas; **toenail** n uña del pie

toffee ['tɔfi] n caramelo

together [tə'gɛðə*] adv juntos; (at same time) al mismo tiempo, a la vez; **~ with** junto con

toilet ['tɔɪlət] n (BRIT: lavatory) servicios mpl, baño ▷ cpd (bag, soap *etc*) de aseo; **toilet bag** *n* neceser *m*, bolsa de aseo; **toilet paper** *n* papel *m* higiénico; **toiletries** *npl* artículos *mpl* de tocador; **toilet roll** *n* rollo de papel higiénico

token ['təʊkən] *n* (*sign*) señal *f*, muestra; (*souvenir*) recuerdo; (*disc*) ficha ▷ *cpd* (*fee, strike*) simbólico; **book/record ~** (BRIT) vale *m* para comprar libros/discos

Tokyo ['təʊkjəʊ] *n* Tokio, Tokío

told [təʊld] *pt, pp of* **tell**

tolerant ['tɒlərnt] *adj*: **~ of** tolerante con

tolerate ['tɒləreɪt] *vt* tolerar

toll [təʊl] *n* (*of casualties*) número de víctimas; (*tax, charge*) peaje *m* ▷ *vi* (*bell*) doblar; **toll call** *n* (us Tel) conferencia, llamada interurbana; **toll-free** *adj, adv* (us) gratis

tomato [təˈmɑːtəʊ] (*pl* **tomatoes**) *n* tomate *m*; **tomato sauce** *n* salsa de tomate

tomb [tuːm] *n* tumba; **tombstone** *n* lápida

tomorrow [təˈmɒrəʊ] *adv, n* (*also fig*) mañana; **the day after ~** pasado mañana; **~ morning** mañana por la mañana

ton [tʌn] *n* tonelada; **~s of** (*inf*) montones de

tone [təʊn] *n* tono ▷ *vi* armonizar; **tone down** *vt* (*criticism*) suavizar; (*colour*) atenuar

tongs [tɒŋz] *npl* (*for coal*) tenazas *fpl*; (*for hair*) tenacillas *fpl*

tongue [tʌŋ] *n* lengua; **~ in cheek** en broma

tonic ['tɒnɪk] *n* (*Med*) tónico; (*also*: **~ water**) (*agua*) tónica

tonight [təˈnaɪt] *adv, n* esta noche

tonsil ['tɒnsl] *n* amígdala; **tonsillitis** [tɒnsɪˈlaɪtɪs] *n* amigdalitis *f*

too [tuː] *adv* (*excessively*) demasiado; (*also*) también; **~ much** demasiado; **~ many** demasiados/as

took [tʊk] *pt of* **take**

tool [tuːl] *n* herramienta; **tool box** *n* caja de herramientas; **tool kit** *n* juego de herramientas

tooth (*pl* **teeth**) [tuːθ, tiːθ] *n* (*Anat, Tech*) diente *m*; (*molar*) muela; **toothache** *n* dolor *m* de muelas; **toothbrush** *n* cepillo de dientes; **toothpaste** *n* pasta de dientes; **toothpick** *n* palillo

top [tɒp] *n* (*of mountain*) cumbre *f*, cima; (*of head*) coronilla; (*of ladder*) (lo) alto; (*of cupboard, table*) superficie *f*; (*lid: of box, jar*) tapa; (*: of bottle*) tapón *m*; (*of list, table, queue, page*) cabeza; (*toy*) peonza; (*Dress: blouse*) blusa; (*: T-shirt*) camiseta ▷ *adj* de arriba; (*in rank*) principal, primero; (*best*) mejor ▷ *vt* (*exceed*) exceder; (*be first in*) encabezar; **on ~ of** sobre, encima de; **from ~ to bottom** de pies a cabeza; **top up** *vt* volver a llenar; (*mobile phone*) recargar el saldo de; **top floor** *n* último piso; **top hat** *n* sombrero de copa

topic ['tɒpɪk] *n* tema *m*; **topical** *adj* actual

topless ['tɒplɪs] *adj* (*bather etc*) topless *inv*

topping ['tɒpɪŋ] *n* (*Culin*): **with a ~ of cream** con nata por encima

topple ['tɒpl] *vt* derribar ▷ *vi* caerse

top-up card *n* (*for mobile phone*) tarjeta prepago

torch [tɔːtʃ] *n* antorcha; (BRIT: *electric*) linterna

tore [tɔː^r] *pt of* **tear**¹

torment [n 'tɔːment] tormento ▷ *vt* [tɔːˈment] atormentar; (*fig: annoy*) fastidiar

torn [tɔːn] *pp of* **tear**¹

tornado [tɔːˈneɪdəʊ] (*pl* **tornadoes**) *n* tornado

torpedo [tɔːˈpiːdəʊ] (*pl* **torpedoes**) *n* torpedo

torrent ['tɒrnt] *n* torrente *m*; **torrential** [tɒˈrenʃl] *adj* torrencial

tortoise ['tɔːtəs] *n* tortuga

torture ['tɔːtʃə^r] *n* tortura ▷ *vt* torturar; (*fig*) atormentar

Tory ['tɔːrɪ] *adj, n* (BRIT Pol) conservador(a) *m/f*

toss [tɒs] *vt* tirar, echar; (*head*) sacudir; **to ~ a coin** echar a cara o cruz; **to ~ up for sth** jugar algo a cara o cruz; **to ~ and turn** (*in bed*) dar vueltas (en la cama)

total ['təʊtl] *adj* total, entero; (*emphatic: failure etc*) completo, total ▷ *n* total *m*, suma *f* ▷ *vt* (*add up*) sumar; (*amount to*) ascender a

totalitarian [təʊtælɪ'tɛərɪən] *adj* totalitario

totally ['təʊtəlɪ] *adv* totalmente

touch [tʌtʃ] *n* tacto; (*contact*) contacto ▷ *vt* tocar; (*emotionally*) conmover; **a ~ of** (*fig*) una pizca or un poquito de; **to get in ~ with sb** ponerse en contacto con algn; **to lose ~** (*friends*) perder contacto; **touch down** *vi* (*on land*) aterrizar; **touchdown** *n* aterrizaje *m*; (*US Football*) ensayo *m*; **touched** *adj* conmovido; **touching** *adj* conmovedor(a); **touchline** *n* (*Sport*) línea de banda; **touch-sensitive** *adj* sensible al tacto

tough [tʌf] *adj* (*meat*) duro; (*task, problem, situation*) difícil; (*person*) fuerte

tour ['tʊər] *n* viaje *m*; (*also: package ~*) viaje *m* con todo incluido; (*of town, museum*) visita ▷ *vt* viajar por; **to go on a ~ of** (*region, country*) ir de viaje por; (*museum, castle*) visitar; **to go on ~** partir or ir de gira; **tour guide** *n* guía *mf* turístico/a

tourism ['tʊərɪzm] *n* turismo

tourist ['tʊərɪst] *n* turista *mf* ▷ *cpd* turístico/a; **tourist office** *n* oficina de turismo

tournament ['tʊənəmənt] *n* torneo

tour operator *n* touroperador(a) *m/f*, operador(a) *m/f* turístico/a

tow [təʊ] *n*, *vt* remolcar; **"on or** (US) **in ~"** (Aut) "a remolque"; **tow away** *vt* llevarse a remolque

toward(s) [tə'wɔːd(z)] *prep* hacia; (*of attitude*) respecto a, con; (*of purpose*) para

towel ['tauəl] *n* toalla; **towelling** *n* (*fabric*) felpa

tower ['tauər] *n* torre *f*; **tower block** *n* (BRIT) bloque *m* de pisos

town [taun] *n* ciudad *f*; **to go to ~** ir a la ciudad; (*fig*) tirar la casa por la ventana; **town centre** *n* centro de la ciudad; **town hall** *n* ayuntamiento

tow truck *n* (US) camión *m* grúa

toxic ['tɒksɪk] *adj* tóxico

toy [tɔɪ] *n* juguete *m*; **toy with** *vt fus* jugar con; (*idea*) acariciar; **toyshop** *n* juguetería

trace [treɪs] *n* rastro ▷ *vt* (*draw*) trazar, delinear; (*locate*) encontrar

track [træk] *n* (*mark*) huella, pista; (*path*) camino, senda; (*: of bullet etc*) trayectoria; (*: of suspect, animal*) pista, rastro; (*Rail*) vía; (*Comput, Sport*) pista; (*on album*) canción *f* ▷ *vt* seguir la pista de; **to keep ~ of** mantenerse al tanto de, seguir; **track down** *vt* (*person*) localizar; (*sth lost*) encontrar; **tracksuit** *n* chandal *m*

tractor ['træktər] *n* tractor *m*

trade [treɪd] *n* comercio; (*skill, job*) oficio ▷ *vi* negociar, comerciar ▷ *vt* (*exchange*): **to ~ sth (for sth)** cambiar algo (por algo); **trade in** *vt* (*old car etc*) ofrecer como parte del pago; **trademark** *n* marca de fábrica; **trader** *n* comerciante *mf*; **tradesman** *n* (*shopkeeper*) comerciante *mf*; **trade union** *n* sindicato

trading ['treɪdɪŋ] *n* comercio

tradition [trə'dɪʃən] *n* tradición *f*; **traditional** *adj* tradicional

traffic ['træfɪk] *n* tráfico, circulación *f* ▷ *vi*: **to ~ in** (*pej: liquor, drugs*) traficar en; **air ~** tráfico aéreo; **traffic circle** *n* (US) rotonda, glorieta; **traffic island** *n* refugio, isleta; **traffic jam** *n* embotellamiento; **traffic lights** *npl* semáforo *sg*; **traffic warden** *n* guardia *mf* de tráfico

tragedy ['trædʒədɪ] *n* tragedia

tragic ['trædʒɪk] *adj* trágico

trail [treɪl] n (tracks) rastro, pista; (path) camino, sendero; (dust, smoke) estela ▷ vt (drag) arrastrar; (follow) seguir la pista de ▷ vi arrastrarse; (in contest etc) ir perdiendo; **trailer** n (Aut) remolque m; (caravan) caravana f; (Cine) trailer m, avance m

train [treɪn] n tren m; (of dress) cola ▷ vt (educate) formar; (sportsman) entrenar; (dog) amaestrar; (point: gun etc) **to ~ on** apuntar a ▷ vi (Sport) entrenarse; (be educated, learn a skill) formarse; **to ~ as a teacher** etc estudiar para profesor etc; **one's ~ of thought** el razonamiento de algn; **trainee** [treɪˈniː] n trabajador(a) m/f en prácticas; **trainer** n (Sport) entrenador(a) m/f; (of animals) domador(a) m/f; **trainers** npl (shoes) zapatillas fpl (de deporte); **training** n formación f, entrenamiento m; **to be in training** (Sport) estar entrenando; **training course** n curso de formación; **training shoes** npl zapatillas fpl (de deporte)

trait [treɪt] n rasgo

traitor [ˈtreɪtəʳ] n traidor(a) m/f

tram [træm] n (Brit: also: **~car**) tranvía m

tramp [træmp] n (person) vagabundo/a; (inf, pej: woman) puta

trample [ˈtræmpl] vt: **to ~ (underfoot)** pisotear

trampoline [ˈtræmpəliːn] n trampolín m

tranquil [ˈtræŋkwɪl] adj tranquilo; **tranquillizer**, (US) **tranquilizer** n (Med) tranquilizante m

transaction [trænˈzækʃən] n transacción f, operación f

transatlantic [ˈtrænzətˈlæntɪk] adj transatlántico

transcript [ˈtrænskrɪpt] n copia

transfer n [ˈtrænsfəʳ] transferencia; (Sport) traspaso; (picture, design) calcomanía f ▷ vt [trænsˈfəʳ] trasladar; **to ~ the charges** (Brit Tel) llamar a cobro revertido

transform [trænsˈfɔːm] vt transformar; **transformation** n transformación f

transfusion [trænsˈfjuːʒən] n transfusión f

transit [ˈtrænzɪt] n: **in ~** en tránsito

transition [trænˈzɪʃən] n transición f

transitive [ˈtrænzɪtɪv] adj (Ling) transitivo

translate [trænzˈleɪt] vt: **to ~ (from/ into)** traducir (de/a); **translation** [trænzˈleɪʃən] n traducción f; **translator** n traductor(a) m/f

transmission [trænzˈmɪʃən] n transmisión f

transmit [trænzˈmɪt] vt transmitir; **transmitter** n transmisor m

transparent [trænsˈpærnt] adj transparente

transplant n [ˈtrænsplɑːnt] (Med) transplante m

transport n [ˈtrænspɔːt] transporte m ▷ vt [trænsˈpɔːt] transportar; **transportation** [trænspɔːˈteɪʃən] n transporte m

transvestite [trænzˈvestaɪt] n travesti mf

trap [træp] n (snare, trick) trampa ▷ vt coger (SP) o agarrar (LAM) en una trampa; (trick) engañar; (confine) atrapar

trash [træʃ] n basura; (inf: nonsense) tonterías fpl; **the book/film is ~** el libro/la película no vale nada; **trash can** n (US) cubo, balde m (LAM) o bote m (LAM) de la basura

trauma [ˈtrɔːmə] n trauma m; **traumatic** [trɔːˈmætɪk] adj traumático

travel [ˈtrævl] n viaje m ▷ vi viajar ▷ vt (distance) recorrer; **travel agency** n agencia de viajes; **travel agent** n agente mf de viajes; **travel insurance** n seguro de viaje; **traveller**, (US) **traveler** [ˈtrævləʳ] n viajero/a; **traveller's cheque**, (US) **traveler's check** n cheque m de viaje; **travelling**, (US) **traveling** [ˈtrævlɪŋ] *n* los viajes, el viajar; **travel-sick** *adj*: **to get travel-sick** marearse al viajar; **travel sickness** *n* mareo

tray [treɪ] *n* bandeja; (*on desk*) cajón *m*

treacherous ['tretʃərəs] *adj* traidor(a); **road conditions are ~** el estado de las carreteras es peligroso

treacle ['tri:kl] *n* (BRIT) melaza

tread (*pt* **trod**, *pp* **trodden**) [trɛd, trɒd, 'trɒdn] *n* paso, pisada; (*of tyre*) banda de rodadura ▷ *vi* pisar; **tread on** *vt fus* pisar

treasure ['treʒə*] *n* tesoro ▷ *vt* (*value*) apreciar, valorar; **treasurer** *n* tesorero/a

treasury ['treʒərɪ] *n*: **the T~** = el Ministerio de Economía y de Hacienda

treat [tri:t] *n* (*present*) regalo ▷ *vt* tratar; **to ~ sb to sth** invitar a algn a algo; **treatment** *n* tratamiento

treaty ['tri:tɪ] *n* tratado

treble ['trɛbl] *adj* triple ▷ *vt* triplicar ▷ *vi* triplicarse

tree [tri:] *n* árbol *m*; **tree trunk** *n* tronco de árbol

trek [trɛk] *n* (*long journey*) expedición *f*; (*tiring walk*) caminata

tremble ['trɛmbl] *vi* temblar

tremendous [trɪ'mɛndəs] *adj* tremendo; enorme; (*excellent*) estupendo

trench [trɛntʃ] *n* zanja

trend [trɛnd] *n* (*tendency*) tendencia; (*of events*) curso; (*fashion*) moda; **trendy** *adj* de moda

trespass ['trɛspəs] *vi*: **to ~ on** entrar sin permiso en; **"no ~ing"** "prohibido el paso"

trial ['traɪəl] *n* (*Law*) juicio, proceso; (*test: of machine etc*) prueba; **trial period** *n* periodo de prueba

triangle ['traɪæŋgl] *n* (*Math, Mus*) triángulo

triangular [traɪ'æŋgjulə*] *adj* triangular

tribe [traɪb] *n* tribu *f*

tribunal [traɪ'bju:nl] *n* tribunal *m*

tribute ['trɪbju:t] *n* homenaje *m*, tributo; **to pay ~ to** rendir homenaje a

trick [trɪk] *n* trampa; (*conjuring trick, deceit*) truco; (*joke*) broma; (*Cards*) baza ▷ *vt* engañar; **to play a ~ on sb** gastar una broma a algn; **that should do the ~** eso servirá

trickle ['trɪkl] *n* (*of water etc*) hilo ▷ *vi* gotear

tricky ['trɪkɪ] *adj* difícil; (*problem*) delicado

tricycle ['traɪsɪkl] *n* triciclo

trifle ['traɪfl] *n* bagatela; (*Culin*) dulce de bizcocho, gelatina, fruta y natillas ▷ *adv*: **a ~ long** un pelín largo

trigger ['trɪgə*] *n* (*of gun*) gatillo

trim [trɪm] *adj* (*house, garden*) en buen estado; (*figure*) **to be ~** tener buen talle ▷ *n* (*haircut etc*) recorte *m* ▷ *vt* (*neaten*) arreglar; (*cut*) recortar; (*decorate*) adornar; (*Naut: a sail*) orientar

trio ['tri:əu] *n* trío

trip [trɪp] *n* viaje *m*; (*excursion*) excursión *f*; (*stumble*) tropezar ▷ *vi* (*stumble*) tropezar; (*go lightly*) andar a paso ligero; **on a ~** de viaje; **trip up** *vi* tropezar, caerse ▷ *vt* hacer tropezar or caer

triple ['trɪpl] *adj* triple

triplets ['trɪplɪts] *npl* trillizos/ as *m/f pl*

tripod ['traɪpɔd] *n* trípode *m*

triumph ['traɪʌmf] *n* triunfo ▷ *vi*: **to ~ (over)** vencer; **triumphant** [traɪ'ʌmfənt] *adj* triunfante

trivial ['trɪvɪəl] *adj* insignificante

trod [trɒd] *pt of* **tread**

trodden ['trɒdn] *pp of* **tread**

trolley ['trɒlɪ] *n* carrito

trolley bus *n* trolebús *m*

trombone [trɒm'bəun] *n* trombón *m*

troop [tru:p] *n* grupo, banda; **troops** *npl* (*Mil*) tropas *fpl*

trophy ['trəufɪ] *n* trofeo

tropical ['trɔpɪkl] *adj* tropical

trot [trɔt] *n* trote *m* ▷ *vi* trotar; **on the ~** (BRIT *fig*) seguidos/as

trouble ['trʌbl] n problema m, dificultad f; (worry) preocupación f; (bother, effort) molestia, esfuerzo; (unrest) inquietud f; (Med): **stomach ~** problemas mpl gástricos ▷ vt molestar; (worry) preocupar, inquietar ▷ vi: **to ~ to do sth** molestarse en hacer algo; **troubles** npl (Pol etc) conflictos mpl; **to be in ~** estar en un apuro; **it's no ~!** no es molestia (ninguna)!; **what's the ~?** ¿qué pasa?; **troubled** adj (person) preocupado; (epoch, life) agitado; **troublemaker** n agitador(a) m/f; **troublesome** adj molesto

trough [trɔf] n (also: **drinking ~**) abrevadero; (also: **feeding ~**) comedero

trousers ['trauzəz] npl pantalones mpl; **short ~** pantalones mpl cortos

trout [traut] n (pl inv) trucha

trowel ['trauəl] n paleta

truant ['truənt] n: **to play ~** (BRIT) hacer novillos

truce [truːs] n tregua

truck [trʌk] n (us) camión m; (Rail) vagón m; **truck driver** n camionero/a

true [truː] adj verdadero; (accurate) exacto; (genuine) auténtico; (faithful) fiel; **to come ~** realizarse

truly ['truːlɪ] adv realmente; **yours ~** (in letter-writing) atentamente

trumpet ['trʌmpɪt] n trompeta

trunk [trʌŋk] n (of tree, person) tronco; (of elephant) trompa; (case) baúl m; (us Aut) maletero

trunks [trʌŋks] npl (also: **swimming ~**) bañador m

trust [trʌst] n confianza f; (Law) fideicomiso ▷ vt (rely on) tener confianza en; **to ~ sth to sb** (entrust) confiar algo a algn; **to ~ (that)** (hope) esperar (que); **you'll have to take it on ~** tienes que aceptarlo a ojos cerrados; **trusted** adj de confianza; **trustworthy** adj digno de confianza

truth (pl **truths**) [truːθ, truːðz] n verdad f; **truthful** adj (person) sincero; (account) fidedigno

try [traɪ] n tentativa, intento; (Rugby) ensayo ▷ vt (Law) juzgar, procesar; (test: sth new) probar, someter a prueba; (attempt) intentar; (strain: patience) hacer perder ▷ vi probar; **to give sth a ~** intentar hacer algo; **to ~ to do sth** intentar hacer algo; **~ again!** ¡vuelve a probar!; **~ harder!** ¡esfuérzate más!; **well, I tried** al menos lo intenté; **try on** vt (clothes) probarse; **trying** adj cansado; (person) pesado

T-shirt ['tiːʃəːt] n camiseta

tub [tʌb] n cubo (SP), balde m (LAM); (bath) bañera, tina (LAM)

tube [tjuːb] n tubo; (BRIT: underground) metro

tuberculosis [tjubəːkjuˈləusɪs] n tuberculosis f inv

tube station n (BRIT) estación f de metro

tuck [tʌk] vt (put) poner; **tuck away** vt esconder; **tuck in** vt meter; (child) arropar ▷ vi (eat) comer con apetito

tucker ['tʌkəʳ] n (AUST, NZ inf) papeo

tuck shop n (Scol) tienda de golosinas

Tue(s). abbr (= Tuesday) mart.

Tuesday ['tjuːzdɪ] n martes m inv

tug [tʌg] n (ship) remolcador m ▷ vt remolcar

tuition [tjuːˈɪʃən] n (BRIT) enseñanza; (: private tuition) clases fpl particulares; (us: school fees) matrícula

tulip ['tjuːlɪp] n tulipán m

tumble ['tʌmbl] n (fall) caída ▷ vi caerse; **to ~ to sth** (inf) caer en la cuenta de algo; **tumble dryer** n (BRIT) secadora

tumbler ['tʌmbləʳ] n vaso

tummy ['tʌmɪ] n (inf) barriga

tumour, (us) **tumor** ['tjuːməʳ] n tumor m

tuna ['tjuːnə] n (pl inv: also: **~ fish**) atún m

tune [tjuːn] n melodía ▷ vt (Mus) afinar; (Radio, TV, Aut) sintonizar; **to be in/out of ~** (instrument) estar

afinado/desafinado; (singer) afinar/
desafinar; **to be in/out of ~ with** (fig)
armonizar/desentonar con; **tune in**
vi (Radio, TV): **to ~ in (to)** sintonizar
(con); **tune up** vi (musician) afinar (su
instrumento)
tunic ['tjuːnɪk] n túnica
Tunisia [tjuːˈnɪzɪə] n Túnez m
tunnel ['tʌnl] n túnel m; (in mine)
galería ▷ vi construir un túnel/una
galería
turbulence ['tɜːbjʊləns] n (Aviat)
turbulencia
turf [tɜːf] n césped m; (clod) tepe m ▷ vt
cubrir con césped
Turk [tɜːk] n turco/a
Turkey ['tɜːkɪ] n Turquía
turkey ['tɜːkɪ] n pavo
Turkish ['tɜːkɪʃ] adj turco ▷ n (Ling)
turco
turmoil ['tɜːmɔɪl] n: **in ~** revuelto
turn [tɜːn] n turno; (in road) curva;
(Theat) número; (Med) ataque m ▷ vt
girar, volver; (collar, steak) dar la vuelta
a; (change): **to ~ sth into** convertir
algo en ▷ vi volver; (person: look back)
volverse; (reverse direction) dar la
vuelta; (milk) cortarse; **a good ~**
favor; **it gave me quite a ~** me dio
un susto; **"no left ~"** (Aut) "prohibido
girar a la izquierda"; **it's your ~** te
toca a ti; **in ~** por turnos; **to take ~s**
turnarse; **turn around** vi (person)
volverse, darse la vuelta ▷ vt (object)
dar la vuelta a, voltear (LAM); **turn
away** vi apartar la vista ▷ vt rechazar;
turn back vi volverse atrás ▷ vt hacer
retroceder; (clock) retrasar; **turn
down** vt (refuse) rechazar; (reduce)
bajar; (fold) doblar; **turn in** vi (inf: go
to bed) acostarse ▷ vt (fold) doblar
hacia dentro; **turn off** vi (from road)
desviarse ▷ vt (light, radio etc) apagar;
(engine) parar; **turn on** vt (light, radio
etc) encender, prender (LAM); (engine)
poner en marcha; **turn out** vt (light,
gas) apagar; (produce) producir ▷ vi:
to ~ out to be ... resultar ser ...; **turn**

over vi (person) volverse ▷ vt (mattress,
card) dar la vuelta a; (page) volver;
turn round vi volverse; (rotate) girar;
turn to vt fus: **to ~ to sb** acudir a algn;
turn up vi (person) llegar, presentarse;
(lost object) aparecer ▷ vt (radio) subir;
turning n (bend) curva; **turning point**
n (fig) momento decisivo
turnip ['tɜːnɪp] n nabo
turn: **turnout** ['tɜːnaʊt] n (attendance)
asistencia; (number of people attending)
número de asistentes; (spectators)
público; **turnover** n (Comm: amount
of money) facturación f; (of goods)
movimiento; **turnstile** n torniquete
m; **turn-up** n (BRIT: on trousers) vuelta
turquoise ['tɜːkwɔɪz] n (stone)
turquesa ▷ adj color turquesa inv
turtle ['tɜːtl] n tortuga (marina)
turtleneck (sweater) ['tɜːtlnɛk-] n
(jersey m de) cuello cisne
tusk [tʌsk] n colmillo
tutor ['tjuːtə'] n profesor(a) m/f;
tutorial [tjuːˈtɔːrɪəl] n (Scol) seminario
tuxedo [tʌkˈsiːdəʊ] n (US) smóking m,
esmoquin m
TV [tiːˈviː] n abbr (= television)
televisión f
tweed [twiːd] n tweed m
tweet [twiːt] n (on Twitter) tweet m
▷ vt, vi (on Twitter) tuitear
tweezers ['twiːzəz] npl pinzas fpl
(de depilar)
twelfth [twelfθ] num duodécimo
twelve [twelv] num doce; **at
~ o'clock** (midday) a mediodía;
(midnight) a medianoche
twentieth ['twentɪɪθ] num vigésimo
twenty ['twentɪ] num veinte; **in ~
fourteen** dos mil catorce
twice [twais] adv dos veces; **~ as
much** dos veces más
twig [twig] n ramita
twilight ['twaɪlaɪt] n crepúsculo
twin [twin] n gemelo/a ▷ vt
hermanar; **twin-bedded room** n
= **twin room**; **twin beds** npl camas
fpl gemelas

twinkle ['twɪŋkl] vi centellear; (eyes) parpadear

twin room n habitación f con dos camas

twist [twɪst] n (action) torsión f; (in road, coil) vuelta; (in wire, flex) doblez f; (in story) giro ▷ vt torcer; (roll around) enrollar; (fig) deformar ▷ vi serpentear

twit [twɪt] n (inf) tonto

twitch [twɪtʃ] n sacudida; (nervous) tic m nervioso ▷ vi moverse nerviosamente

two [tu:] num dos; **to put ~ and ~ together** (fig) atar cabos

type [taɪp] n (category) tipo, género; (model) modelo; (Typ) tipo, letra ▷ vt (letter etc) escribir a máquina; **typewriter** n máquina de escribir

typhoid ['taɪfɔɪd] n (fiebre f) tifoidea

typhoon [taɪ'fu:n] n tifón m

typical ['tɪpɪkl] adj típico; **typically** adv típicamente

typing ['taɪpɪŋ] n mecanografía

typist ['taɪpɪst] n mecanógrafo/a

tyre, (US) **tire** ['taɪə'] n neumático, llanta (LAM); **tyre pressure** n presión f de los neumáticos

U

UFO ['ju:fəʊ] n abbr (= unidentified flying object) OVNI m

Uganda [ju:'gændə] n Uganda

ugly ['ʌglɪ] adj feo; (dangerous) peligroso

UHT adj abbr = **ultra heat treated**; **~ milk** leche f uperizada

UK n abbr (= United Kingdom) R.U.

ulcer ['ʌlsə'] n úlcera; **mouth ~** llaga bucal

ultimate ['ʌltɪmət] adj último, final; (greatest) mayor; **ultimately** adv (in the end) por último, al final; (fundamentally) a fin de cuentas

ultimatum (pl **ultimatums** or **ultimata**) [ʌltɪ'meɪtəm, -tə] n ultimátum m

ultrasound ['ʌltrəsaʊnd] n (Med) ultrasonido

ultraviolet ['ʌltrə'vaɪəlɪt] adj ultravioleta

umbrella [ʌm'brelə] n paraguas m inv

umpire ['ʌmpaɪə'] n árbitro

UN n abbr (= United Nations) ONU f

unable [ʌn'eɪbl] adj: **to be ~ to do sth** no poder hacer algo

unacceptable [ʌnək'sɛptəbl] adj (proposal, behaviour, price) inaceptable; **it's ~ that** no se puede aceptar que

unanimous [ju:'nænɪməs] adj unánime

unarmed [ʌn'ɑːmd] adj (person) desarmado

unattended [ʌnə'tɛndɪd] adj desatendido

unattractive [ʌnə'træktɪv] adj poco atractivo

unavailable [ʌnə'veɪləbl] adj (article, room, book) no disponible; (person) ocupado

unavoidable [ʌnə'vɔɪdəbl] adj inevitable

unaware [ʌnə'wɛəʳ] adj: **to be ~ of** ignorar; **unawares** adv: **to catch sb unawares** pillar a algn desprevenido

unbearable [ʌn'bɛərəbl] adj insoportable

unbeatable [ʌn'biːtəbl] adj invencible; (price) inmejorable

unbelievable [ʌnbɪ'liːvəbl] adj increíble

unborn [ʌn'bɔːn] adj que va a nacer

unbutton [ʌn'bʌtn] vt desabrochar

uncalled-for [ʌn'kɔːldfɔːʳ] adj gratuito, inmerecido

uncanny [ʌn'kænɪ] adj extraño

uncertain [ʌn'sɜːtn] adj incierto; (indecisive) indeciso; **uncertainty** n incertidumbre f

unchanged [ʌn'tʃeɪndʒd] adj sin cambiar or alterar

uncle ['ʌŋkl] n tío

unclear [ʌn'klɪəʳ] adj poco claro; **I'm still ~ about what I'm supposed to do** todavía no tengo muy claro lo que tengo que hacer

uncomfortable [ʌn'kʌmfətəbl] adj incómodo; (uneasy) inquieto

uncommon [ʌn'kɔmən] adj poco común, raro

unconditional [ʌnkən'dɪʃənl] adj incondicional

unconscious [ʌn'kɔnʃəs] adj sin sentido; (unaware) inconsciente ⊳ n: **the ~** el inconsciente

uncontrollable [ʌnkən'trəuləbl] adj (temper) indomable; (laughter) incontenible

unconventional [ʌnkən'vɛnʃənl] adj poco convencional

uncover [ʌn'kʌvəʳ] vt descubrir; (take lid off) destapar

undecided [ʌndɪ'saɪdɪd] adj (person) indeciso; (question) no resuelto

undeniable [ʌndɪ'naɪəbl] adj innegable

under ['ʌndəʳ] prep debajo de; (less than) menos de; (according to) según, de acuerdo con ⊳ adv debajo, abajo; **~ there** ahí debajo; **~ construction** en construcción; **undercover** adj clandestino; **underdone** adj (Culin) poco hecho; **underestimate** vt subestimar; **undergo** vt (irreg: like **go**) sufrir; (treatment) recibir; **undergraduate** n estudiante mf; **underground** n (BRIT: railway) metro; (Pol) movimiento clandestino ⊳ adj subterráneo ⊳ adv (work) en la clandestinidad; **undergrowth** n maleza; **underline** vt subrayar; **undermine** vt socavar, minar; **underneath** [ʌndə'niːθ] adv debajo ⊳ prep debajo de, bajo; **underpants** npl calzoncillos mpl; **underpass** n (BRIT) paso subterráneo; **underprivileged** adj desposeído; **underscore** vt subrayar, sostener; **undershirt** n (US) camiseta; **underskirt** n (BRIT) enaguas fpl

understand [ʌndə'stænd] vt, vi entender, comprender; (assume) tener entendido; **understandable** adj comprensible; **understanding** adj comprensivo ⊳ n comprensión f, entendimiento m; (agreement) acuerdo

understatement [ʌndə'steɪtmənt] n modestia (excesiva); **to say it was**

good is quite an ~ decir que estuvo bien es quedarse corto

understood [ʌndə'stud] *pt, pp* of **understand** ⊳ *adj* entendido; *(implied)*: **it is ~ that** se sobreentiende que

undertake [ʌndə'teɪk] *vt (irreg: like take)* emprender; **to ~ to do sth** comprometerse a hacer algo

undertaker ['ʌndəteɪkə*] *n* director(a) *m/f* de pompas fúnebres

undertaking ['ʌndəteɪkɪŋ] *n* empresa; *(promise)* promesa

under: underwater *adv* bajo el agua ⊳ *adj* submarino; **underway** *adj*: **to be underway** *(meeting)* estar en marcha; *(investigation)* estar llevándose a cabo; **underwear** *n* ropa interior o íntima (LAM); **underwent** *vb see* **undergo**; **underworld** *n (of crime)* hampa, inframundo

undesirable [ʌndɪ'zaɪərəbl] *adj* indeseable

undisputed [ʌndɪ'spju:tɪd] *adj* incontestable

undo [ʌn'du:] *vt (irreg: like do: laces)* desatar; *(button etc)* desabrochar; *(spoil)* deshacer

undone [ʌn'dʌn] *pp of* **undo** ⊳ *adj*: **to come ~** *(clothes)* desabrocharse; *(parcel)* desatarse

undoubtedly [ʌn'dautɪdlɪ] *adv* indudablemente, sin duda

undress [ʌn'dres] *vi* desnudarse

unearth [ʌn'ə:θ] *vt* desenterrar

uneasy [ʌn'i:zɪ] *adj* intranquilo; *(worried)* preocupado; **to feel ~ about doing sth** sentirse incómodo con la idea de hacer algo

unemployed [ʌnɪm'plɔɪd] *adj* parado, sin trabajo ⊳ *n*: **the ~** los parados

unemployment [ʌnɪm'plɔɪmənt] *n* paro, desempleo; **unemployment benefit** *n (BRIT)* subsidio de desempleo or paro

unequal [ʌn'i:kwəl] *adj (length, objects etc)* desigual; *(amounts)* distinto

uneven [ʌn'i:vn] *adj* desigual; *(road etc)* con baches

unexpected [ʌnɪk'spektɪd] *adj* inesperado; **unexpectedly** *adv* inesperadamente

unfair [ʌn'feə*] *adj*: **~ (to sb)** injusto (con algn)

unfaithful [ʌn'feɪθful] *adj* infiel

unfamiliar [ʌnfə'mɪlɪə*] *adj* extraño, desconocido; **to be ~ with sth** desconocer o ignorar algo

unfashionable [ʌn'fæʃnəbl] *adj* pasado or fuera de moda

unfasten [ʌn'fɑ:sn] *vt* desatar

unfavourable, *(us)* **unfavorable** [ʌn'feɪvərəbl] *adj* desfavorable

unfinished [ʌn'fɪnɪʃt] *adj* inacabado, sin terminar

unfit [ʌn'fɪt] *adj* en baja forma; *(incompetent)* incapaz; **~ for work** no apto para trabajar

unfold [ʌn'fəuld] *vt* desdoblar ⊳ *vi* abrirse

unforgettable [ʌnfə'getəbl] *adj* inolvidable

unfortunate [ʌn'fɔ:tʃnət] *adj* desgraciado; *(event, remark)* inoportuno; **unfortunately** *adv* desgraciadamente

unfriend [ʌn'frend] *vt (Internet)* quitar de amigo a; **he has ~ed her on Facebook** la ha quitado de amiga en Facebook

unfriendly [ʌn'frendlɪ] *adj* antipático; *(behaviour, remark)* hostil, poco amigable

unfurnished [ʌn'fə:nɪʃt] *adj* sin amueblar

unhappiness [ʌn'hæpɪnɪs] *n* tristeza

unhappy [ʌn'hæpɪ] *adj (sad)* triste; *(unfortunate)* desgraciado; *(childhood)* infeliz; **~ with** *(arrangements etc)* poco contento con, descontento de

unhealthy [ʌn'helθɪ] *adj* malsano; *(person)* enfermizo; *(interest)* morboso

unheard-of [ʌn'hə:dɔv] *adj* inaudito, sin precedente

unhelpful [ʌnˈhelpful] adj (person) poco servicial; (advice) inútil

unhurt [ʌnˈhəːt] adj ileso

unidentified [ʌnaɪˈdentɪfaɪd] adj no identificado; **~ flying object (UFO)** objeto volante no identificado

uniform [ˈjuːnɪfɔːm] n uniforme m ▷ adj uniforme

unify [ˈjuːnɪfaɪ] vt unificar, unir

unimportant [ʌnɪmˈpɔːtənt] adj sin importancia

uninhabited [ʌnɪnˈhæbɪtɪd] adj desierto

unintentional [ʌnɪnˈtenʃənəl] adj involuntario

union [ˈjuːnjən] n unión f; (also: **trade ~**) sindicato ▷ cpd sindical; **Union Jack** n bandera del Reino Unido

unique [juːˈniːk] adj único

unisex [ˈjuːnɪseks] adj unisex

unit [ˈjuːnɪt] n unidad f; (team, squad) grupo; **kitchen ~** módulo de cocina

unite [juːˈnaɪt] vt unir ▷ vi unirse; **united** adj unido; **United Kingdom** n Reino Unido

United Nations (Organization) n Naciones Unidas fpl

United States (of America) n Estados Unidos mpl (de América)

unity [ˈjuːnɪtɪ] n unidad f

universal [juːnɪˈvəːsl] adj universal

universe [ˈjuːnɪvəːs] n universo

university [juːnɪˈvəːsɪtɪ] n universidad f

unjust [ʌnˈdʒʌst] adj injusto

unkind [ʌnˈkaɪnd] adj poco amable; (comment etc) cruel

unknown [ʌnˈnəun] adj desconocido

unlawful [ʌnˈlɔːful] adj ilegal, ilícito

unleaded [ʌnˈledɪd] n (also: **~ petrol**) gasolina sin plomo

unleash [ʌnˈliːʃ] vt desatar

unless [ʌnˈles] conj a menos que; **he comes** a menos que venga; **~ otherwise stated** salvo indicación contraria

unlike [ʌnˈlaɪk] adj distinto ▷ prep a diferencia de

unlikely [ʌnˈlaɪklɪ] adj improbable

unlimited [ʌnˈlɪmɪtɪd] adj ilimitado

unlisted [ʌnˈlɪstɪd] adj (us Tel) que no figura en la guía

unload [ʌnˈləud] vt descargar

unlock [ʌnˈlɔk] vt abrir (con llave)

unlucky [ʌnˈlʌkɪ] adj desgraciado; (object, number) que da mala suerte; **to be ~** tener mala suerte

unmarried [ʌnˈmærɪd] adj soltero

unmistakable [ʌnmɪsˈteɪkəbl] adj inconfundible

unnatural [ʌnˈnætʃrəl] adj antinatural; (manner) afectado; (habit) perverso

unnecessary [ʌnˈnesəsərɪ] adj innecesario, inútil

UNO [ˈjuːnəu] n abbr (= United Nations Organization) ONU f

unofficial [ʌnəˈfɪʃl] adj no oficial

unpack [ʌnˈpæk] vi deshacer las maletas ▷ vt deshacer

unpaid [ʌnˈpeɪd] adj (bill, debt) sin pagar, impagado; (Comm) pendiente; (holiday) sin sueldo; (work) sin pago, voluntario

unpleasant [ʌnˈpleznt] adj (disagreeable) desagradable; (person, manner) antipático

unplug [ʌnˈplʌg] vt desenchufar, desconectar

unpopular [ʌnˈpɔpjulə²] adj poco popular

unprecedented [ʌnˈpresɪdəntɪd] adj sin precedentes

unpredictable [ʌnprɪˈdɪktəbl] adj imprevisible

unprotected [ʌnprəˈtektɪd] adj (sex) sin protección

unqualified [ʌnˈkwɔlɪfaɪd] adj sin título, no cualificado; (success) total

unravel [ʌnˈrævl] vt desenmarañar

unreal [ʌnˈrɪəl] adj irreal

unrealistic [ʌnrɪəˈlɪstɪk] adj poco realista

unreasonable [ʌnˈriːznəbl] adj irrazonable; **to make ~ demands on sb** hacer demandas excesivas a algn

u

unrelated [ʌnrɪˈleɪtɪd] adj sin relación; (family) no emparentado

unreliable [ʌnrɪˈlaɪəbl] adj (person) informal; (machine) poco fiable

unrest [ʌnˈrɛst] n inquietud f, malestar m; (Pol) disturbios mpl

unroll [ʌnˈrəʊl] vt desenrollar

unruly [ʌnˈruːlɪ] adj indisciplinado

unsafe [ʌnˈseɪf] adj peligroso

unsatisfactory [ˈʌnsætɪsˈfæktərɪ] adj poco satisfactorio

unscrew [ʌnˈskruː] vt destornillar

unsettled [ʌnˈsɛtld] adj inquieto; (weather) variable

unsettling [ʌnˈsɛtlɪŋ] adj perturbador(a), inquietante

unsightly [ʌnˈsaɪtlɪ] adj desagradable

unskilled [ʌnˈskɪld] adj: ~ workers mano f de obra no cualificada

unspoiled [ʌnˈspɔɪld], **unspoilt** [ˈʌnˈspɔɪlt] adj (place) que no ha perdido su belleza natural

unstable [ʌnˈsteɪbl] adj inestable

unsteady [ʌnˈstɛdɪ] adj inestable

unsuccessful [ˈʌnsəkˈsɛsfʊl] adj (attempt) infructuoso; (writer, proposal) sin éxito; **to be ~** (in attempting sth) no tener éxito, fracasar

unsuitable [ʌnˈsuːtəbl] adj inapropiado; (time) inoportuno

unsure [ʌnˈʃʊər] adj inseguro, poco seguro

untidy [ʌnˈtaɪdɪ] adj (room) desordenado; (appearance) desaliñado

untie [ʌnˈtaɪ] vt desatar

until [ənˈtɪl] prep hasta ▷ conj hasta que; **~ he comes** hasta que venga; **~ now** hasta ahora; **~ then** hasta entonces

untrue [ʌnˈtruː] adj (statement) falso

unused [ʌnˈjuːzd] adj sin usar

unusual [ʌnˈjuːʒʊəl] adj insólito, poco común; **unusually** adv: **he arrived unusually early** llegó más temprano que de costumbre

unveil [ʌnˈveɪl] vt (statue) descubrir

unwanted [ʌnˈwɒntɪd] adj (person, effect) no deseado

unwell [ʌnˈwɛl] adj: **to feel ~** estar indispuesto, sentirse mal

unwilling [ʌnˈwɪlɪŋ] adj: **to be ~ to do sth** estar poco dispuesto a hacer algo

unwind [ʌnˈwaɪnd] (irreg: like **wind²**) vt desenvolver ▷ vi (relax) relajarse

unwise [ʌnˈwaɪz] adj imprudente

unwittingly [ʌnˈwɪtɪŋlɪ] adv inconscientemente, sin darse cuenta

unwrap [ʌnˈræp] vt desenvolver

unzip [ʌnˈzɪp] vt abrir la cremallera de; (Comput) descomprimir

🔘 **KEYWORD**

up [ʌp] prep: **to go/be up sth** subir/ estar subido en algo; **he went up the stairs/the hill** subió las escaleras/ la colina; **we walked/climbed up the hill** subimos la colina; **they live further up the street** viven más arriba en la calle; **go up that road and turn left** sigue por esa calle y gira a la izquierda

▶ adv 1 (upwards, higher) más arriba; **up in the mountains** en lo alto de la montaña); **put it a bit higher up** ponlo un poco más arriba o alto; **up there** ahí o allí arriba; **up above** en lo alto, por encima, arriba

2: **to be up** (out of bed) estar levantado; (prices, level) haber subido

3: **up to** (as far as) hasta; **up to now** hasta ahora o la fecha

4: **to be up to** (depending on): **it's up to you** depende de ti; **he's not up to it** (job, task etc) no es capaz de hacerlo; **his work is not up to the required standard** su trabajo no da la talla; **what is he up to?** (inf: doing) ¿qué estará tramando?

▶ n: **ups and downs** altibajos mpl

up-and-coming [ʌpəndˈkʌmɪŋ] adj prometedor(a)

upbringing ['ʌpbrɪŋɪŋ] n educación f

update [ʌp'deɪt] vt poner al día

upfront [ʌp'frʌnt] adj claro, directo ▷ adv a las claras; (pay) por adelantado; **to be ~ about sth** admitir algo claramente

upgrade [ʌp'greɪd] vt ascender; (Comput) modernizar

upheaval [ʌp'hi:vl] n trastornos mpl; (Pol) agitación f

uphill [ʌp'hɪl] adj cuesta arriba; (fig: task) penoso, difícil ▷ adv: **to go ~** ir cuesta arriba

upholstery [ʌp'həʊlstərɪ] n tapicería f

upload ['ʌpləʊd] n (Comput) subir

upmarket [ʌp'mɑːkɪt] adj (product) de categoría

upon [ə'pɒn] prep sobre

upper ['ʌpə'] adj superior, de arriba ▷ n (of shoe: also: **~s**) pala; **upper-class** adj de clase alta

upright ['ʌpraɪt] adj vertical; (fig) honrado

uprising ['ʌpraɪzɪŋ] n sublevación f

uproar ['ʌprɔːʳ] n escándalo

upset n ['ʌpset] (to plan etc) revés m, contratiempo; (Med) trastorno ▷ vt [ʌp'set] (irreg: like **set**) volcar; (plan) alterar; (person) molestar ▷ adj [ʌp'set] preocupado, perturbado; (stomach) revuelto

upside-down ['ʌpsaɪd'daʊn] adv al revés; **to turn a place ~** (fig) revolverlo todo

upstairs [ʌp'steəz] adv arriba ▷ adj (room) de arriba ▷ n el piso superior

up-to-date ['ʌptə'deɪt] adj actual, moderno

uptown ['ʌptaʊn] adv (US) hacia las afueras ▷ adj exterior, de las afueras

upward(s) ['ʌpwəd(z)] adv hacia arriba; (more than): **~ of** más de

uranium [juə'reɪnɪəm] n uranio

Uranus [juə'reɪnəs] n Urano

urban ['ɜːbən] adj urbano

urge [ɜːdʒ] n (desire) deseo ▷ vt: **to ~ sb to do sth** animar a algn a hacer algo

urgency ['ɜːdʒənsɪ] n urgencia

urgent ['ɜːdʒənt] adj urgente

urinal ['juərɪnl] n (building) urinario; (vessel) orinal m

urinate ['juərɪneɪt] vi orinar

urine ['juərɪn] n orina

US n abbr (= United States) EE.UU.

us [ʌs] pron nos; (after prep) nosotros; as; see also **me**

USA n abbr = **United States of America**; (Mil) = **United States Army**

USB abbr (= universal serial bus) USB m; **USB stick** n memoria USB, llave f de memoria

use n [ju:s] uso, empleo; (usefulness) utilidad f ▷ vt [ju:z] usar, emplear; **in ~** en uso; **out of ~** en desuso; **to be of ~** servir; **it's no ~** (pointless) es inútil; (not useful) no sirve; **to be ~d to** estar acostumbrado a (sp), acostumbrar; **she ~d to do it** (ella) solía or acostumbraba hacerlo; **use up** vt (food) consumir; (money) gastar; **used** [ju:zd] adj (car) usado; **useful** adj útil; **useless** adj (unusable) inservible; **user** n usuario/a; **user-friendly** adj (Comput) fácil de utilizar

username ['ju:zəneɪm] n (Comput) nombre m de usuario

usual ['ju:ʒuəl] adj normal, corriente; **as ~** como de costumbre; **usually** adv normalmente

ute [ju:t] n abbr (AUST, NZ inf: = utility truck) camioneta

utensil [ju:'tensl] n utensilio; **kitchen ~s** batería de cocina

utility [ju:'tɪlɪtɪ] n utilidad f; (public utility) empresa de servicio público

utilize ['ju:tɪlaɪz] vt utilizar

utmost ['ʌtməʊst] adj mayor ▷ n: **to do one's ~** hacer todo lo posible

utter ['ʌtəʳ] adj total, completo ▷ vt pronunciar, proferir; **utterly** adv completamente, totalmente

U-turn ['ju:'tɜːn] n cambio de sentido

V

v. *abbr* (= *verse*) vers.°; (= *see*) V, vid., vide; (= *versus*) vs.; = **volt**

vacancy ['veɪkənsɪ] *n* (*job*) vacante *f*; (*room*) cuarto libro; **"no vacancies"** "completo"

vacant ['veɪkənt] *adj* desocupado, libre; (*expression*) distraído

vacate [və'keɪt] *vt* (*house*) desocupar; (*job*) dejar (vacante)

vacation [və'keɪʃən] *n* vacaciones *fpl*; **vacationer** [və'keɪʃənə'], **vacationist** [və'keɪʃənɪst] *n* (*us*) turista *mf*

vaccination [væksɪ'neɪʃən] *n* vacunación *f*

vaccine ['væksiːn] *n* vacuna *f*

vacuum ['vækjuːm] *n* vacío; **vacuum cleaner** *n* aspiradora

vagina [və'dʒaɪnə] *n* vagina

vague [veɪg] *adj* vago; (*memory*) borroso; (*ambiguous*) impreciso; (*person: absent-minded*) distraído; (*: evasive*): **to be ~** no decir las cosas claramente

vain [veɪn] *adj* (*conceited*) presumido; (*useless*) vano, inútil; **in ~** en vano

Valentine's Day *n* día de los enamorados (*el* 14 *de febrero, día de San Valentín*)

valid ['vælɪd] *adj* válido; (*ticket*) valedero; (*law*) vigente

valley ['vælɪ] *n* valle *m*

valuable ['væljuəbl] *adj* (*jewel*) de valor; (*time*) valioso; **valuables** *npl* objetos *mpl* de valor

value ['væljuː] *n* valor *m*; (*importance*) importancia ▷ *vt* (*fix price of*) tasar, valorar; (*esteem*) apreciar; **values** *npl* (*moral*) valores *mpl* morales

valve [vælv] *n* válvula

vampire ['væmpaɪə'] *n* vampiro

van [væn] *n* (*Aut*) furgoneta, camioneta (*LAM*)

vandal ['vændl] *n* vándalo/a; **vandalism** *n* vandalismo; **vandalize** *vt* dañar, destruir

vanilla [və'nɪlə] *n* vainilla

vanish ['vænɪʃ] *vi* desaparecer

vanity ['vænɪtɪ] *n* vanidad *f*

vapour, (*us*) **vapor** ['veɪpə'] *n* vapor *m*; (*on breath, window*) vaho

variable ['vɛərɪəbl] *adj* variable

variant ['vɛərɪənt] *n* variante *f*

variation [vɛərɪ'eɪʃən] *n* variación *f*

varied ['vɛərɪd] *adj* variado

variety [və'raɪətɪ] *n* variedad *f*, diversidad *f*

various ['vɛərɪəs] *adj* varios/as, diversos/as

varnish ['vɑːnɪʃ] *n* barniz *m*; (*also: nail ~*) esmalte *m* ▷ *vt* barnizar; (*nails*) pintar (con esmalte)

vary ['vɛərɪ] *vt* variar; (*change*) cambiar ▷ *vi* variar

vase [vɑːz] *n* florero, jarrón *m*
▮ Be careful not to translate *vase* by the Spanish word *vaso*.

Vaseline® ['væsɪliːn] *n* vaselina®

vast [vɑːst] *adj* enorme

VAT [væt] *n abbr* (*BRIT*: = *value added tax*) IVA *m*

vault [vɔːlt] n (of roof) bóveda; (tomb) panteón m; (in bank) cámara acorazada ▷ vt (also: ~ **over**) saltar (por encima de)

VCR n abbr = **video cassette recorder**

VDU n abbr (= visual display unit) UPV f

veal [viːl] n ternera

veer [vɪə^r] vi (vehicle) virar; (wind) girar

vegan ['viːgən] n vegetariano/a estricto/a

vegetable ['vɛdʒtəbl] n (Bot) vegetal m; (edible plant) legumbre f, hortaliza ▷ adj vegetal

vegetarian [vɛdʒɪ'tɛərɪən] adj, n vegetariano/a

vegetation [vɛdʒɪ'teɪʃən] n vegetación f

vehicle ['viːɪkl] n vehículo; (fig) medio

veil [veɪl] n velo ▷ vt velar

vein [veɪn] n vena; (of ore etc) veta

Velcro® ['vɛlkrəu] n velcro® m

velvet ['vɛlvɪt] n terciopelo

vending machine ['vɛndɪŋ-] n máquina expendedora, expendedor m

vendor ['vɛndə^r] n vendedor(a) m/f; **street ~** vendedor(a) m/f callejero/a

vengeance ['vɛndʒəns] n venganza; **with a ~** (fig) con creces

venison ['vɛnɪsn] n carne f de venado

venom ['vɛnəm] n veneno

vent [vɛnt] n (opening) abertura; (air-hole) respiradero; (in wall) rejilla (de ventilación) ▷ vt (fig: feelings) desahogar

ventilation [vɛntɪ'leɪʃən] n ventilación f

venture ['vɛntʃə^r] n empresa ▷ vt (opinion) ofrecer ▷ vi arriesgarse, lanzarse; **a business ~** una empresa comercial

venue ['vɛnjuː] n (meeting place) lugar m de reunión

Venus ['viːnəs] n Venus m

verb [vəːb] n verbo; **verbal** adj verbal

verdict ['vəːdɪkt] n veredicto, fallo; (fig) opinión f, juicio

verge [vəːdʒ] n (BRIT) borde m; **to be on the ~ of doing sth** estar a punto de hacer algo

verify ['vɛrɪfaɪ] vt comprobar, verificar

versatile ['vəːsətaɪl] adj (person) polifacético; (machine, tool etc) versátil

verse [vəːs] n poesía; (stanza) estrofa; (in bible) versículo

version ['vəːʃən] n versión f

versus ['vəːsəs] prep contra

vertical ['vəːtɪkl] adj vertical

very ['vɛrɪ] adv muy ▷ adj: **the ~ book which** el mismo libro que; **the ~ last** el último (de todos); **at the ~ least** al menos; **~ much** muchísimo

vessel ['vɛsl] n (ship) barco; (container) vasija

vest [vɛst] n (BRIT) camiseta; (US: waistcoat) chaleco

vet [vɛt] n abbr = **veterinary surgeon** ▷ vt revisar; **to ~ sb for a job** someter a investigación a algn para un trabajo

veteran ['vɛtərn] n veterano/a

veterinary surgeon n (BRIT) veterinario/a

veto ['viːtəu] n veto ▷ vt prohibir

via ['vaɪə] prep por, por vía de

viable ['vaɪəbl] adj viable

vibrate [vaɪ'breɪt] vi vibrar

vibration [vaɪ'breɪʃən] n vibración f

vicar ['vɪkə^r] n párroco

vice [vaɪs] n (evil) vicio; (Tech) torno de banco; **vice-chairman** n vicepresidente m

vice versa ['vaɪsɪ'vəːsə] adv viceversa

vicinity [vɪ'sɪnɪtɪ] n: **in the ~ (of)** cercano (a)

vicious ['vɪʃəs] adj (remark) malicioso; (blow) brutal; (dog, horse) resabido; **a ~ circle** un círculo vicioso

victim ['vɪktɪm] n víctima

victor ['vɪktə^r] n vencedor(a) m/f

Victorian [vɪk'tɔːrɪən] adj victoriano

victorious [vɪk'tɔːrɪəs] adj vencedor(a)

victory ['vɪktərɪ] n victoria

video ['vɪdɪəu] n vídeo ▷ vt grabar (en vídeo); **video call** n videollamada; **video camera** n videocámara, cámara de vídeo; **video cassette recorder** n = **video recorder**;

V

game n videojuego; **videophone** n videoteléfono, videófono; **video recorder** n vídeo; **video tape** n cinta de vídeo

vie [vaɪ] vi: **to ~ with** competir con

Vienna [vɪˈenə] n Viena

Vietnam [vjetˈnæm] n Vietnam m; **Vietnamese** [vjetnəˈmiːz] adj vietnamita ▷ n (pl inv) vietnamita mf

view [vjuː] n vista; (opinion) opinión f, criterio ▷ vt (look at) mirar; **on ~** (in museum etc) expuesto; **in full ~ of sb** a la vista de algn; **in ~ of the fact that** en vista de que; **viewer** n (TV) telespectador(a) m/f; **viewpoint** n punto de vista

vigilant [ˈvɪdʒɪlənt] adj vigilante

vigorous [ˈvɪɡərəs] adj enérgico, vigoroso

vile [vaɪl] adj (action) vil, infame; (smell) repugnante; (temper) endemoniado

villa [ˈvɪlə] n (country house) casa de campo; (suburban house) chalet m

village [ˈvɪlɪdʒ] n aldea; **villager** n aldeano/a

villain [ˈvɪlən] n (scoundrel) malvado/a; (criminal) maleante mf

vinaigrette [vɪneɪˈɡret] n vinagreta

vine [vaɪn] n vid f

vinegar [ˈvɪnɪɡəʳ] n vinagre m

vineyard [ˈvɪnjɑːd] n viña, viñedo

vintage [ˈvɪntɪdʒ] n (year) vendimia, cosecha

vinyl [ˈvaɪnl] n vinilo

viola [vɪˈəʊlə] n (Mus) viola

violate [ˈvaɪəleɪt] vt violar

violation [vaɪəˈleɪʃən] n violación f; **in ~ of sth** en violación de algo

violence [ˈvaɪələns] n violencia

violent [ˈvaɪələnt] adj violento; (pain) intenso

violet [ˈvaɪələt] adj violado, violeta inv ▷ n (plant) violeta

violin [vaɪəˈlɪn] n violín m

VIP n abbr (= very important person) VIP m

viral adj (Med) vírico; (Comput) viral

virgin [ˈvɜːdʒɪn] n virgen mf

Virgo [ˈvɜːɡəʊ] n Virgo

virtual [ˈvɜːtjʊəl] adj virtual; **virtually** adv prácticamente, virtualmente; **virtual reality** n (Comput) realidad f virtual

virtue [ˈvɜːtjuː] n virtud f; **by ~ of** en virtud de

virus [ˈvaɪərəs] n virus m inv

visa [ˈviːzə] n visado, visa (LAM)

vise [vaɪs] n (US Tech); = **vice**

visibility [vɪzɪˈbɪlɪtɪ] n visibilidad f

visible [ˈvɪzəbl] adj visible

vision [ˈvɪʒən] n (sight) vista; (foresight, in dream) visión f

visit [ˈvɪzɪt] n visita ▷ vt (person) visitar, hacer una visita a; (place) ir a, (ira) conocer; **visiting hours** npl (in hospital etc) horas fpl de visita; **visitor** n visitante mf; (to one's house) visita; (tourist) turista mf; **visitor centre**, (US) **visitor center** n centro m de información

visual [ˈvɪzjʊəl] adj visual; **visualize** vt imaginarse

vital [ˈvaɪtl] adj (essential) esencial, imprescindible; (organ) vital

vitality [vaɪˈtælɪtɪ] n energía, vitalidad f

vitamin [ˈvɪtəmɪn] n vitamina

vivid [ˈvɪvɪd] adj (account) gráfico; (light) intenso; (imagination) vivo

V-neck [ˈviːnek] n cuello de pico

vocabulary [vəʊˈkæbjʊlərɪ] n vocabulario

vocal [ˈvəʊkl] adj vocal; (articulate) elocuente

vocational [vəʊˈkeɪʃənl] adj profesional

vodka [ˈvɒdkə] n vodka m

vogue [vəʊɡ] n: **to be in ~** estar de moda or en boga

voice [vɔɪs] n voz f; **voice mail** n fonobuzón m

void [vɔɪd] n vacío; (hole) hueco ▷ adj (invalid) nulo, inválido; (empty): **~ of** carente or desprovisto de

volatile [ˈvɒlətaɪl] adj (situation) inestable; (person) voluble; (liquid) volátil

volcano [vɔlˈkeɪnəʊ] (pl **volcanoes**)
n volcán m
volleyball [ˈvɔlɪbɔːl] n voleibol m
volt [vəʊlt] n voltio m; **voltage** n
voltaje m
volume [ˈvɔljuːm] n (of tank) volumen
m; (book) tomo
voluntarily [ˈvɔləntrɪlɪ] adv
libremente, voluntariamente
voluntary [ˈvɔləntərɪ] adj voluntario
volunteer [vɔlənˈtɪəʳ] n voluntario/a
▷ vt (information) ofrecer ▷ vi ofrecerse
(de voluntario); **to ~ to do** ofrecerse
a hacer
vomit [ˈvɔmɪt] n vómito ▷ vt, vi
vomitar
vote [vəʊt] n voto; (votes cast)
votación f; (right to vote) derecho
a votar; (franchise) sufragio ▷ vt
(chairman) elegir ▷ vi votar, ir a votar;
~ of thanks voto de gracias; **voter** n
votante mf; **voting** n votación f
voucher [ˈvaʊtʃəʳ] n (for meal, petrol)
vale m
vow [vaʊ] n voto ▷ vi hacer voto ▷ vt:
to ~ to do/that jurar hacer/que
vowel [ˈvaʊəl] n vocal f
voyage [ˈvɔɪɪdʒ] n viaje m
vulgar [ˈvʌlgəʳ] adj (rude) ordinario,
grosero; (in bad taste) de mal gusto
vulnerable [ˈvʌlnərəbl] adj
vulnerable
vulture [ˈvʌltʃəʳ] n buitre m

W

waddle [ˈwɔdl] vi andar como un
pato
wade [weɪd] vi (fig: a book) leer con
dificultad; **to ~ through the water**
caminar por el agua
wafer [ˈweɪfəʳ] n (biscuit) barquillo
waffle [ˈwɔfl] n (Culin) gofre m ▷ vi
meter el rollo
wag [wæg] vt menear, agitar ▷ vi
moverse, menearse
wage [weɪdʒ] n (also: **~s**) sueldo,
salario m ▷ vt: **to ~ war** hacer la guerra
wag(g)on [ˈwægən] n (horse-drawn)
carro; (BRIT Rail) vagón m
wail [weɪl] n gemido ▷ vi gemir
waist [weɪst] n cintura, talle m;
waistcoat n (BRIT) chaleco
wait [weɪt] n (interval) pausa ▷ vi
esperar; **to lie in ~ for** acechar a; **I
can't ~ to** (fig) estoy deseando; **to ~
for** esperar (a); **wait on** vt fus servir
a; **waiter** n camarero; **waiting list**
n lista de espera; **waiting room** n

sala de espera; **waitress** ['weɪtrɪs]
n camarera

waive [weɪv] vt suspender

wake [weɪk] (pt **woke** or **waked**,
pp **woken** or **waked**), vt (also: **~ up**)
despertar ▷ vi (also: **~ up**) despertarse
▷ n (for dead person) velatorio; (Naut)
estela

Wales [weɪlz] n País m de Gales

walk [wɔːk] n (stroll) paseo; (hike)
excursión f a pie, caminata; (gait)
paso, andar m; (in park etc) paseo ▷ vi
andar, caminar; (for pleasure, exercise)
pasearse ▷ vt (distance) recorrer a
pie, andar; (dog) (sacar a) pasear; **10
minutes' ~ from here** a 10 minutos
de aquí andando; **people from all ~s
of life** gente de todas las esferas; **walk
out** vi (go out) salir; (as protest) salirse;
(strike) declararse en huelga; **walker**
n (person) paseante m/f, caminante
m/f; **walkie-talkie** ['wɔːkɪ'tɔːkɪ] n
walkie-talkie m; **walking** n (el) andar;
walking shoes npl zapatos mpl
para andar; **walking stick** n bastón
m; **Walkman®** n walkman®m;
walkway n morsa

wall [wɔːl] n pared f; (exterior) muro;
(city wall etc) muralla

wallet ['wɔlɪt] n cartera

wallpaper ['wɔːlpeɪpə'] n papel m
pintado ▷ vt empapelar

walnut ['wɔːlnʌt] n nuez f; (tree)
nogal m

walrus ['wɔːlrəs] (pl **walrus** or
walruses) n morsa

waltz [wɔːlts] n vals m ▷ vi bailar
el vals

wand [wɔnd] n (also: **magic ~**) varita
(mágica)

wander ['wɔndə'] vi (person) vagar;
deambular; (thoughts) divagar ▷ vt
recorrer, vagar por

want [wɔnt] vt querer, desear; (need)
necesitar ▷ n: **for ~ of** por falta de;
wanted adj (criminal) buscado;
"wanted" (in advertisements) "se
busca"

war [wɔː'] n guerra; **to make ~** hacer
la guerra

ward [wɔːd] n (in hospital) sala; (Pol)
distrito electoral; (Law: child: also: **~ of
court**) pupilo/a

warden ['wɔːdn] n (BRIT: of institution)
director(a) m/f; (of park, game reserve)
guardián/ana m/f; (BRIT: also:
traffic ~) guardia mf

wardrobe ['wɔːdrəub] n armario,
ropero

warehouse ['wɛəhaus] n almacén
m, depósito

warfare ['wɔːfɛə'] n guerra

warhead ['wɔːhed] n cabeza armada

warm [wɔːm] adj caliente; (thanks,
congratulations, apologies) efusivo;
(clothes etc) que abriga; (welcome,
day) caluroso; **it's ~** hace calor;
I'm ~ tengo calor; **warm up** vi
(room) calentarse; (person) entrar en
calor; (athlete) hacer ejercicios de
calentamiento ▷ vt calentar; **warmly**
adv afectuosamente; **warmth** n
calor m

warn [wɔːn] vt avisar, advertir;
warning n aviso, advertencia;
warning light n luz f de advertencia

warrant ['wɔrnt] n (Law: to arrest)
orden f de detención; (: to search)
mandamiento de registro

warranty ['wɔrənti] n garantía

warrior ['wɔrɪə'] n guerrero/a

Warsaw ['wɔːsɔː] n Varsovia

warship ['wɔːʃɪp] n buque m or barco m
de guerra

wart [wɔːt] n verruga

wartime ['wɔːtaɪm] n: **in ~** en
tiempos de guerra, en la guerra

wary ['wɛərɪ] adj cauteloso

was [wɔz] pt of **be**

wash [wɔʃ] vt lavar; (sweep, carry: sea
etc) llevar ▷ vi lavarse ▷ n (clothes etc)
lavado; (of ship) estela; **to have a ~**
lavarse; **wash up** vi (BRIT) fregar los
platos; (US) lavarse; **washbasin** n
lavabo; **washcloth** n (US) manopla;
washer n (Tech) arandela; **washing**

n (dirty) ropa sucia; (clean) colada;
washing line n cuerda (de colgar) la
ropa; **washing machine** n lavadora;
washing powder n (BRIT) detergente
m (en polvo)

Washington ['wɔʃɪŋtən] n
Washington m

wash: washing-up n fregado m; (dishes)
platos mpl (para fregar); **washing-up
liquid** n lavavajillas m inv; **washroom**
n servicios mpl

wasn't ['wɔznt] = **was not**

wasp [wɔsp] n avispa

waste [weɪst] n derroche m,
despilfarro; (of time) pérdida;
(food) sobras fpl; (rubbish) basura,
desperdicios mpl ▷ adj (material)
de desecho; (left over) sobrante,
(land, ground) baldío ▷ vt malgastar,
derrochar; (time) perder; (opportunity)
desperdiciar; **waste ground** n (BRIT)
terreno baldío; **wastepaper basket**
n papelera

watch [wɔtʃ] n reloj m; (vigilance)
vigilancia; (Mil: guard) centinela
m; (Naut: spell of duty) guardia ▷ vt
(look at) mirar, observar; (: match,
programme) ver; (spy on, guard) vigilar;
(be careful of) cuidar, tener cuidado
de ▷ vi ver, mirar; (keep guard) montar
guardia; **watch out** vi cuidarse, tener
cuidado; **watchdog** n perro guardián;
(fig) organismo de control; **watch
strap** n pulsera (de reloj)

water ['wɔːtəʳ] n agua ▷ vt (plant)
regar ▷ vi (eyes) llorar; **his mouth
~ed** se le hizo la boca agua; **water
down** vt (milk etc) aguar; (fig: story)
dulcificar, diluir; **watercolour** n
acuarela; **watercress** n berro; **waterfall**
n cascada, salto de agua; **watering can**
n regadera; **watermelon** n sandía; **waterproof**
adj impermeable; **water-skiing** n
esquí m acuático

watt [wɔt] n vatio

wave [weɪv] n ola; (of hand) señal f con
la mano; (Radio) onda; (in hair) onda;

(fig) oleada ▷ vi agitar la mano; (flag)
ondear ▷ vt (handkerchief, gun) agitar;
wavelength n longitud f de onda

waver ['weɪvəʳ] vi (faith) flaquear

wavy ['weɪvɪ] adj ondulado

wax [wæks] n cera ▷ vt encerar ▷ vi
(moon) crecer

way [weɪ] n camino; (distance)
trayecto, recorrido; (direction)
dirección f, sentido; (manner) modo,
manera; (habit) costumbre f; **which
~? – this ~** ¿por dónde? – por aquí; en qué
dirección? – por aquí; **on the ~**
(en route) en (el) camino; **to be on
one's ~** estar en camino; **to be
in the ~** bloquear el camino; (fig)
estorbar; **to go out of one's ~ to
do sth** desvivirse por hacer algo; **to
lose one's ~** extraviarse; **in a ~** en
cierto modo o sentido; **by the ~** a
propósito; **"~ in"** (BRIT) "entrada";
"~ out" (BRIT) "salida"; **the ~ back**
el camino de vuelta; **"give ~"** (BRIT
Aut) "ceda el paso"; **no ~!** (inf) ¡ni
pensarlo!

WC ['dʌbljuː'siː] n abbr (BRIT: = water
closet) wáter m

we [wiː] pron pl nosotros/as

weak [wiːk] adj débil, flojo; (tea, coffee)
flojo, aguado; **weaken** vi debilitarse,
(give way) ceder ▷ vt debilitar;
weakness n debilidad f; (fault) punto
débil; **to have a weakness for** tener
debilidad por

wealth [welθ] n riqueza; (of details)
abundancia; **wealthy** adj rico

weapon ['wepən] n arma; **~s of mass
destruction** armas de destrucción
masiva

wear [weəʳ] (pt **wore**, pp **worn**) n
(use) uso; (deterioration through use)
desgaste m ▷ vt (clothes, beard) llevar;
(shoes) calzar; (damage: through use)
gastar, usar ▷ vi (last) durar; (rub
through etc) desgastarse; **evening ~**
(man's) traje m de etiqueta; (woman's)
traje m de noche; **wear off** vi (pain,
excitement etc) pasar, desaparecer;

W

wear out vt desgastar; (person, strength) agotar

weary ['wɪərɪ] adj cansado; (dispirited) abatido ▷ vi: **to ~ of** cansarse de

weasel ['wi:zl] n (Zool) comadreja

weather ['weðər] n tiempo ▷ vt (storm, crisis) hacer frente a; **under the ~** (fig: ill) mal, pachucho; **weather forecast** n boletín m meteorológico

weave (pt **wove**, pp **woven**) [wi:v, wəuv, 'wəuvn] vt (cloth) tejer; (fig) entretejer

web [web] n (of spider) telaraña; (on foot) membrana; (network) red f; **the W~** la Red; **web address** n dirección f de página web; **webcam** n webcam f; **web page** n página web; **website** n sitio web

wed [wed] (pt, pp **wedded**) vt casar ▷ vi casarse

Wed. abbr (= Wednesday) miérc.

we'd [wi:d] = **we had; we would**

wedding ['wedɪŋ] n boda, casamiento; **wedding anniversary** n aniversario de boda; **silver/golden wedding anniversary** bodas fpl de plata/de oro; **wedding day** n día m de la boda; **wedding dress** n traje m de novia; **wedding ring** n alianza

wedge [wedʒ] n (of wood etc) cuña; (of cake) trozo ▷ vt acuñar; (push) apretar

Wednesday ['wednzdɪ] n miércoles m inv

wee [wi:] adj (SCOTTISH) pequeñito

weed [wi:d] n mala hierba, maleza ▷ vt escardar, deshierbar; **weedkiller** n herbicida m

week [wi:k] n semana; **a ~ today** de hoy en ocho días; **a ~ on Tuesday** de hoy en ocho días; **a ~ on Tuesday** del martes en una semana; **weekday** n día m laborable; **weekend** n fin m de semana; **weekly** adv semanalmente, cada semana ▷ adj semanal ▷ n semanario

weep (pt, pp **wept**) [wi:p, wept] vi, vt llorar

weigh [weɪ] vt, vi pesar; **to ~ anchor** levar anclas; **weigh up** vt sopesar

weight [weɪt] n peso; (on scale) pesa; **to lose/put on ~** adelgazar/engordar; **weightlifting** n levantamiento de pesas

weir [wɪər] n presa

weird [wɪəd] adj raro, extraño

welcome ['welkəm] adj bienvenido ▷ n bienvenida ▷ vt dar la bienvenida a; (be glad of) alegrarse de; **thank you — you're ~** gracias → de nada

weld [weld] n soldadura ▷ vt soldar

welfare ['welfɛər] n bienestar m; (social aid) asistencia social; **welfare state** n estado del bienestar

well [wel] n pozo ▷ adv bien ▷ adj: **to be ~** estar bien (de salud) ▷ excl ¡vaya!, ¡bueno!; **as ~** también; **as ~ as** además de; **~ done!** ¡bien hecho!; **get ~ soon!** ¡que te mejores pronto!; **to do ~** (business) ir bien; **I did ~ in my exams** me han salido bien los exámenes

we'll [wi:l] = **we will; we shall**

well: well-behaved adj: **to be well-behaved** portarse bien; **well-built** adj (person) fornido; **well-dressed** adj bien vestido

wellies ['welɪz] npl (BRIT inf) botas de goma

well: well-known adj (person) conocido; **well-off** adj acomodado; **well-paid** ['wel'peɪd] adj bien pagado, bien retribuido

Welsh [welʃ] adj galés/esa ▷ n (Ling) galés m; **Welshman** n galés m; **Welshwoman** n galesa

went [went] pt of **go**

wept [wept] pt, pp of **weep**

were [wɜːr] pt of **be**

we're [wɪər] = **we are**

weren't [wɜːnt] = **were not**

west [west] n oeste m ▷ adj occidental, del oeste ▷ adv al o hacia el oeste; **the W~** Occidente m; **westbound** ['westbaund] adj (traffic, carriageway) con rumbo al oeste; **western** adj occidental ▷ n (Cine) película del oeste; **West Indian** adj, n antillano/a

wet [wɛt] *adj* (*damp*) húmedo; (*wet through*) mojado; (*rainy*) lluvioso; **to get ~** mojarse; **"~ paint"** "recién pintado"; **wetsuit** *n* traje *m* de buzo

we've [wiːv] = **we have**

whack [wæk] *vt* dar un buen golpe a

whale [weɪl] *n* (*Zool*) ballena

wharf (*pl* **wharves**) [wɔːf, wɔːvz] *n* muelle *m*

KEYWORD

what [wɔt] *adj* 1 (*in direct/indirect questions*) qué; **what size is he?** ¿qué talla usa?; **what colour/shape is it?** ¿de qué color/forma es?
2 (*in exclamations*) qué; **what a mess!** ¡qué desastre!; **what a fool I am!** ¡qué tonto soy!
▸ *pron* 1 (*interrogative*) qué; **what are you doing?** ¿qué haces or estás haciendo?; **what's happening?** ¿qué pasa or está pasando?; **what is it called?** ¿cómo se llama?; **what about me?** ¿y yo qué?; **what about doing ...?** ¿qué tal si hacemos ...?
2 (*relative*) lo que; **I saw what you did/was on the table** vi lo que hiciste/había en la mesa
▸ *excl* (*disbelieving*) ¡cómo!; **what, no coffee!** ¡que no hay café!

whatever [wɔt'ɛvə'] *adj*: **~ book you choose** cualquier libro que elijas
▸ *pron*: **do ~** haga lo que sea necesario; **no reason ~** ninguna razón en absoluto; **nothing ~** nada en absoluto; **~ it costs** cueste lo que cueste

whatsoever [wɔtsəu'ɛvə'] *adj see* **whatever**

wheat [wiːt] *n* trigo

wheel [wiːl] *n* rueda; (*Aut: also*: **steering ~**) volante *m*; (*Naut*) timón *m* ▸ *vt* (*pram etc*) empujar ▸ *vi* (*also*: **~ round**) dar la vuelta, girar; **wheelbarrow** *n* carretilla; **wheelchair** *n* silla de ruedas; **wheel clamp** *n* (*Aut*) cepo

wheeze [wiːz] *vi* resollar

KEYWORD

when [wɛn] *adv* cuando; **when did it happen?** ¿cuándo ocurrió?; **I know when it happened** sé cuándo ocurrió
▸ *conj* 1 (*at, during, after the time that*) cuando; **be careful when you cross the road** ten cuidado al cruzar la calle; **that was when I needed you** entonces era cuando te necesitaba
2 (*on, at which*): **on the day when I met him** el día en qué le conocí
3 (*whereas*) cuando

whenever [wɛn'ɛvə'] *conj* cuando; (*every time*) cada vez que

where [wɛə'] *adv* dónde ▸ *conj* donde; **this is ~** aquí es donde; **whereabouts** *adv* dónde ▸ *n*: **nobody knows his whereabouts** nadie conoce su paradero; **whereas** *conj* mientras; **whereby** *adv* mediante el/la cual etc, por lo/la cual etc; **wherever** [wɛər'ɛvə'] *adv* dondequiera que; (*interrogative*) dónde

whether [wɛðə'] *conj* si; **I don't know ~ to accept or not** no sé si aceptar o no; **~ you go or not** vayas o no vayas

KEYWORD

which [wɪtʃ] *adj* 1 (*interrogative, direct, indirect*) qué; **which picture(s) do you want?** ¿qué cuadro(s) quieres?; **which one?** ¿cuál?
2: **in which case** en cuyo caso; **we got there at eight pm, by which time the cinema was full** llegamos allí a las ocho, cuando el cine estaba lleno
▸ *pron* 1 (*interrogative*) cuál; **I don't mind which** el/la que sea
2 (*relative, replacing noun*) que; (: *replacing clause*) lo que; (: *after preposition*) (el/la) que, el/la cual; **the**

apple which you ate/which is on the table la manzana que comiste/que está en la mesa; **the chair on which you are sitting** la silla en la que estás sentado; **he didn't believe it, which upset me** no se lo creyó, lo cual or lo que me disgustó

whichever [wɪtʃ'evə'] adj: **take ~ book you prefer** coja el libro que prefiera; **~ book you take** cualquier libro que coja

while [waɪl] n rato, momento ▷ conj mientras; (*although*) aunque; **for a ~** durante algún tiempo

whilst [waɪlst] conj = **while**

whim [wɪm] n capricho

whine [waɪn] n (*of pain*) gemido; (*of engine*) zumbido ▷ vi gemir; zumbar; (*fig: complain*) gimotear

whip [wɪp] n látigo; (BRIT Pol) diputado encargado de la disciplina del partido en el parlamento ▷ vt azotar; (Culin) batir; **whipped cream** n nata montada

whirl [wə:l] vt hacer girar, dar vueltas a ▷ vi girar, dar vueltas; (*leaves, dust, water etc*) arremolinarse

whisk [wɪsk] n (BRIT Culin) batidor m ▷ vt (BRIT Culin) batir; **to ~ sb away** or **off** llevarse volando a algn

whiskers [wɪskəz] npl (*of animal*) bigotes mpl; (*of man*) patillas fpl

whisky (US, IRELAND) **whiskey** [wɪski] n whisky m

whisper [wɪspə'] n susurro ▷ vi susurrar ▷ vt susurrar

whistle [wɪsl] n (*sound*) silbido; (*object*) silbato ▷ vi silbar

white [waɪt] adj blanco; (*pale*) pálido ▷ n blanco; (*of egg*) clara; **whiteboard** n pizarra blanca; **interactive whiteboard** pizarra interactiva; **White House** n (US) Casa Blanca; **whitewash** n (*paint*) cal f, jalbegue m ▷ vt blanquear

whiting [waɪtɪŋ] n (*pl inv: fish*) pescadilla

Whitsun [wɪtsn] n (BRIT) Pentecostés m

whittle [wɪtl] vt: **to ~ away, ~ down** ir reduciendo

whizz [wɪz] vi: **to ~ past** or **by** pasar a toda velocidad

who [hu:] pron 1 (*interrogative*) quién; **who is it?, who's there?** ¿quién es?; **who are you looking for?** ¿a quién buscas?; **I told her who I was** le dije quién era yo
2 (*relative*) que; **the man/woman who spoke to me** el hombre/la mujer que habló conmigo; **those who can swim** los que saben or sepan nadar

whoever [hu:'evə'] pron: **~ finds it** cualquiera or quienquiera que lo encuentre; **ask ~ you like** pregunta a quien quieras; **~ he marries** se case con quien se case

whole [həul] adj (*complete*) todo, entero; (*not broken*) intacto ▷ n (*total*) total m; (*sum*) conjunto; **the ~ of the town** toda la ciudad, la ciudad entera; **on the ~, as a ~** en general; **wholefood(s)** n (pl) alimento(s) m(pl) integral(es); **wholeheartedly** [həul'hɑ:tɪdlɪ] adv con entusiasmo; **wholemeal** adj (BRIT: flour, bread) integral; **wholesale** n venta al por mayor ▷ adj al por mayor; (*destruction*) sistemático; **wholewheat** adj **=wholemeal**; **wholly** adv totalmente, enteramente

whom [hu:m] pron 1 (*interrogative*): **whom did you see?** ¿a quién viste?; **to whom did you give it?** ¿a quién se lo diste?; **tell me from whom you received it** dígame de quién lo recibiste
2 (*relative*) que; **to whom** a quien(es);

of whom de quien(es), del/de la que; **the man whom I saw** el hombre que vi; **the lady about whom I was talking** la señora de (la) que hablaba; **the lady with whom I was talking** la señora con quien o (la) que hablaba

whore [hɔːʳ] n (inf, pej) puta

KEYWORD

whose [huːz] adj **1** (possessive, interrogative); **whose book is this?, whose is this book?** ¿de quién es este libro?; **whose pencil have you taken?** ¿de quién es el lápiz que has cogido?; **whose daughter are you?** ¿de quién eres hija?
2 (possessive, relative) cuyo/a, cuyos/as m/f pl; **the man whose son they rescued** el hombre cuyo hijo rescataron; **those whose passports I have** aquellas personas cuyos pasaportes tengo; **the woman whose car was stolen** la mujer a quien le robaron el coche
▶ pron de quién; **whose is this?** ¿de quién es esto?; **I know whose it is** sé de quién es

KEYWORD

why [waɪ] adv por qué; **why not?** ¿por qué no?; **why not do it now?** ¿por qué no lo haces o hacemos ahora?
▶ conj: **I wonder why he said that** me pregunto por qué dijo eso; **that's not why I'm here** no es por eso (por lo) que estoy aquí; **the reason why** la razón por la que
▶ excl (expressing surprise, shock, annoyance) ¡hombre!, ¡vaya!; (explaining): **why, it's you!** ¡hombre, eres tú!; **why, that's impossible** ¡pero si eso es imposible!

wicked ['wɪkɪd] adj malvado, cruel

wicket ['wɪkɪt] n (Cricket) palos mpl

wide [waɪd] adj ancho; (area, knowledge) vasto, grande; (choice) amplio ▶ adv: **to open ~** abrir de par en par; **to shoot ~** errar el tiro; **widely** adv (differing) muy; **it is widely believed that ...** existe la creencia generalizada de que ...; **widen** vt ensanchar; (experience) ampliar ▶ vi ensancharse; **wide open** adj abierto de par en par; **widespread** adj extendido, general

widow ['wɪdəu] n viuda; **widower** n viudo

width [wɪdθ] n anchura; (of cloth) ancho

wield [wiːld] vt (sword) blandir; (power) ejercer

wife (pl **wives**) [waɪf, waɪvz] n mujer f, esposa

Wi-Fi ['waɪfaɪ] n abbr (= wireless fidelity) wi-fi m

wig [wɪg] n peluca

wild [waɪld] adj (animal) salvaje; (plant) silvestre; (idea) descabellado; (rough: sea) bravo; (: land) agreste; (: weather) muy revuelto; (inf: angry) furioso; **wilderness** ['wɪldənɪs] n desierto; **wildlife** n fauna; **wildly** adv (roughly) violentamente; (foolishly) locamente; (rashly) descabelladamente; (lash out) a diestro y siniestro; (guess) a lo loco; (happy) a más no poder

KEYWORD

will [wɪl] aux vb **1** (forming future tense): **I will finish it tomorrow** lo terminaré o voy a terminar mañana; **I will have finished it by tomorrow** lo habré terminado para mañana; **will you do it?** — **yes I will/no I won't** ¿lo harás? — sí/no
2 (in conjectures, predictions): **he will** or **he'll be there by now** ya debe (de) haber llegado; **that will be the postman** será el cartero, debe ser el cartero

3 (in commands, requests, offers): **will you be quiet!** ¡quieres callarte?; **will you help me?** ¿quieres ayudarme?; **will you have a cup of tea?** ¿te apetece un té?; **I won't put up with it!** ¡no lo soporto!
▸ vt: **to will sb to do sth** desear que algn haga algo; **he willed himself to go on** con gran fuerza de voluntad, continuó
▸ n **1** voluntad f
2 (Law) testamento

willing ['wɪlɪŋ] adj (with goodwill) de buena voluntad; (enthusiastic) entusiasta; **he's ~ to do it** está dispuesto a hacerlo; **willingly** adv con mucho gusto

willow ['wɪləʊ] n sauce m

willpower ['wɪlpaʊə'] n fuerza de voluntad

wilt [wɪlt] vi marchitarse

win [wɪn] (pt, pp **won**) n victoria, triunfo ▸ vt ganar; (obtain) conseguir, lograr ▸ vi ganar; **win over** vt convencer a

wince [wɪns] vi encogerse

wind¹ [wɪnd] n viento; (Med) gases mpl ▸ vt (take breath away from) dejar sin aliento a; **into** or **against the ~** contra el viento; **to get ~ of sth** enterarse de algo; **to break ~** ventosear

wind² [waɪnd] (pt, pp **wound**) vt enrollar; (wrap) envolver; (clock, toy) dar cuerda a ▸ vi (road, river) serpentear; **wind down** vt (car window) bajar; (fig: production, business) disminuir; **wind up** vt (clock) dar cuerda a; (debate) concluir, terminar

windfall ['wɪndfɔːl] n golpe m de suerte

wind farm n parque m eólico

winding ['waɪndɪŋ] adj (road) tortuoso

windmill ['wɪndmɪl] n molino de viento

window ['wɪndəʊ] n ventana; (in car, train) ventana; (in shop etc) escaparate m, vidriera (LAM); **window box** n jardinera (de ventana); **window cleaner** n (person) limpiacristales m inv; **window pane** n cristal m; **window seat** n asiento junto a la ventana; **windowsill** n alféizar m, repisa

wind: **windscreen**, (US) **windshield** n parabrisas m inv; **windscreen wiper**, (US) **windshield wiper** n limpiaparabrisas m inv; **windsurfing** n windsurf m; **wind turbine** n aerogenerador m; **windy** adj de mucho viento; **it's windy** hace viento

wine [waɪn] n vino; **wine bar** n bar especializado en vinos; **wine glass** n copa (de o para vino); **wine list** n lista de vinos; **wine tasting** n degustación f de vinos

wing [wɪŋ] n ala; (Aut) aleta m; **wing mirror** n (espejo) retrovisor m

wink [wɪŋk] n guiño; (blink) pestañeo ▸ vi guiñar; (blink) pestañear

winner ['wɪnə'] n ganador(a) m/f

winning ['wɪnɪŋ] adj (team) ganador(a); (goal) decisivo; (charming) encantador(a)

winter ['wɪntə'] n invierno ▸ vi invernar; **winter sports** npl deportes mpl de invierno; **wintertime** n invierno

wipe [waɪp] n: **to give sth a ~** pasar un trapo sobre algo ▸ vt limpiar; (tape) borrar; **wipe out** vt (debt) liquidar; (memory) borrar; (destroy) destruir; **wipe up** vt limpiar

wire ['waɪə'] n alambre m; (Elec) cable m (eléctrico); (Tel) telegrama m ▸ vt (house) poner la instalación eléctrica en; (also: **~ up**) conectar

wireless ['waɪəlɪs] adj inalámbrico; **wireless technology** n tecnología inalámbrica

wiring ['waɪərɪŋ] n instalación f eléctrica

wisdom ['wɪzdəm] n sabiduría, saber m; (*good sense*) cordura; **wisdom tooth** n muela del juicio

wise [waɪz] adj sabio; (*sensible*) juicioso

wish [wɪʃ] n deseo ▷ vt querer; **best ~es** (*on birthday etc*) felicidades fpl; **with best ~es** (*in letter*) saludos mpl, recuerdos mpl; **he ~ed me well** me deseó mucha suerte; **to ~ to do/sb to do sth** querer hacer/que algn haga algo; **to ~ for** desear

wistful ['wɪstful] adj pensativo

wit [wɪt] n ingenio, gracia; (*also:* **~s**) inteligencia; (*person*) chistoso/a

witch [wɪtʃ] n bruja

KEYWORD

with [wɪð, wɪθ] prep 1 (*accompanying, in the company of*) con (*con +mí, ti, sí =* conmigo, contigo, consigo); **I was with him** estaba con él; **we stayed with friends** nos quedamos en casa de unos amigos

2 (*descriptive, indicating manner etc*) con; de; **a room with a view** una habitación con vistas; **the man with the grey hat/blue eyes** el hombre del sombrero gris/de los ojos azules; **red with anger** rojo de ira; **to shake with fear** temblar de miedo; **to fill sth with water** llenar algo de agua

3: **I'm with you/I'm not with you** (*understand*) ya te entiendo/no te entiendo; **to be with it** (*inf: person: up-to-date*) estar al tanto; (*alert*) ser despabilado

withdraw [wɪð'drɔː] vt (*irreg: like* **draw**) retirar ▷ vi retirarse; **to ~ money (from the bank)** retirar fondos (del banco); **withdrawal** n retirada; (*of money*) reintegro; **withdrawn** adj (*person*) reservado, introvertido ▷ pp of **withdraw**

withdrew [wɪð'druː] pt of **withdraw**

wither ['wɪðə'] vi marchitarse

withhold [wɪð'həuld] vt (*irreg: like* **hold**; *money*) retener; (*decision*) aplazar; (*permission*) negar; (*information*) ocultar

within [wɪð'ɪn] prep dentro de ▷ adv dentro; **~ reach** al alcance de la mano; **~ sight of** a la vista de; **~ the week** antes de que acabe la semana; **~ a mile (of)** a menos de una milla (de)

without [wɪð'aut] prep sin; **to go or do ~ sth** prescindir de algo

withstand [wɪð'stænd] vt (*irreg: like* **stand**) resistir a

witness ['wɪtnɪs] n testigo mf ▷ vt (*event*) presenciar; (*document*) atestiguar la veracidad de; **to bear ~ to** (*fig*) ser testimonio de

witty ['wɪtɪ] adj ingenioso

wives [waɪvz] npl of **wife**

wizard ['wɪzəd] n hechicero

wk abbr = **week**

wobble ['wɒbl] vi tambalearse

woe [wəu] n desgracia

woke [wəuk] pt of **wake**

woken ['wəukn] pp of **wake**

wolf (pl **wolves**) [wulf, wulvz] n lobo

woman (pl **women**) ['wumən, 'wɪmɪn] n mujer f

womb [wuːm] n matriz f, útero

women ['wɪmɪn] npl of **woman**

won [wʌn] pt, pp of **win**

wonder ['wʌndə'] n maravilla, prodigio; (*feeling*) asombro ▷ vi: **to ~ whether** preguntarse si; **to ~ at** asombrarse de; **to ~ about** pensar sobre or en; **it's no ~ that** no es de extrañar que; **wonderful** adj maravilloso

won't [wəunt] = **will not**

wood [wud] n (*timber*) madera; (*forest*) bosque m; **wooden** adj de madera; (*fig*) inexpresivo; **woodwind** n (*Mus*) instrumentos mpl de viento de madera; **woodwork** n carpintería

wool [wul] n lana; **to pull the ~ over sb's eyes** (*fig*) dar a algn gato por liebre; **woollen,** (*us*)**woolen** adj de

W

lana; **woolly**, (us) **wooly** adj de lana; (fig: ideas) confuso

word [wə:d] n palabra; (news) noticia; (promise) palabra (de honor) ▷ vt redactar; **in other ~s** en otras palabras; **to break/keep one's ~** faltar a la palabra/cumplir la promesa; **to have ~s with sb** disputar or reñir con algn; **wording** n redacción f; **word processing** n procesamiento or tratamiento de textos; **word processor** [-'prəʊsesər] n procesador m de textos

wore [wɔ:ʳ] pt of **wear**

work [wə:k] n trabajo m; (job) empleo, trabajo; (Art, Lit) obra f ▷ vi trabajar; (mechanism) funcionar, marchar; (medicine) ser eficaz, surtir efecto ▷ vt (shape) trabajar; (stone etc) tallar; (mine etc) explotar; (machine) manejar, hacer funcionar; **to be out of ~** estar parado, no tener trabajo; **to ~ loose** (part) desprenderse; (knot) aflojarse; see also **works**; **work out** vi (plans etc) salir bien, funcionar ▷ vt (problem) resolver; (plan) elaborar; **it ~s out at £100** asciende a 100 libras; **worker** n trabajador(a) m/f, obrero/a; **work experience** n: **I'm going to do my work experience in a factory** voy a hacer las prácticas en una fábrica; **work force** n mano f de obra; **working class** n clase f obrera ▷ adj: **working-class** obrero; **working week** n semana laboral; **workman** n obrero; **work of art** n obra de arte; **workout** n (Sport) sesión f de ejercicios; **work permit** n permiso de trabajo; **workplace** n lugar m de trabajo; **works** nsg (BRIT: factory) fábrica ▷ npl (of clock, machine) mecanismo; **worksheet** n hoja de ejercicios; **workshop** n taller m; **work station** n estación f de trabajo; **work surface** n encimera; **worktop** n encimera

world [wə:ld] n mundo ▷ cpd (champion) del mundo; (power, war) mundial; **to think the ~ of sb** (fig) tener un concepto muy alto de algn; **World Cup** n (Football): **the World Cup** el Mundial, los Mundiales; **world-wide** adj mundial, universal; **World-Wide Web** n: **the World-Wide Web** el World Wide Web

worm [wə:m] n (earthworm) lombriz f

worn [wɔ:n] pp of **wear** ▷ adj usado; **worn-out** adj (object) gastado; (person) rendido, agotado

worried ['wʌrɪd] adj preocupado

worry ['wʌrɪ] n preocupación f ▷ vt preocupar, inquietar ▷ vi preocuparse; **to ~ about** or **over sth/sb** preocuparse por algo/algn; **worrying** adj inquietante

worse [wə:s] adj, adv peor ▷ n lo peor; **a change for the ~** un empeoramiento; **worsen** vt, vi empeorar; **worse off** adj (financially): **to be worse off** tener menos dinero; (fig): **you'll be worse off this way** de esta forma estarás peor que antes

worship ['wə:ʃɪp] n adoración f ▷ vt adorar; **Your W~** (BRIT: to mayor) su Ilustrísima; (: to judge) su señoría

worst [wə:st] adj (el) (el/la) peor ▷ adv peor ▷ n lo peor; **at ~** en el peor de los casos

worth [wə:θ] n valor m ▷ adj: **to be ~** valer; **it's ~ it** vale or merece la pena; **to be ~ one's while (to do)** merecer la pena (hacer); **worthless** adj sin valor; (useless) inútil; **worthwhile** adj (activity) que merece la pena; (cause) loable

worthy adj (person) respetable; (motive) honesto; **~ of** digno de

KEYWORD

would [wʊd] aux vb **1** (conditional tense): **if you asked him he would do it** si se lo pidieras, lo haría; **if you had asked him he would have done it** si se lo hubieras pedido, lo habría or hubiera hecho

2 (*in offers, invitations, requests*): **would you like a biscuit?** ¿quieres una galleta?; (*formal*) ¿querría una galleta?; **would you ask him to come in?** ¿quiere hacerle pasar?; **would you open the window please?** ¿quiere o podría abrir la ventana, por favor?
3 (*in indirect speech*): **I said I would do it** dije que lo haría
4 (*emphatic*): **it WOULD have to snow today!** ¡tenía que nevar precisamente hoy!
5 (*insistence*): **she wouldn't behave** no quiso comportarse bien
6 (*conjecture*): **it would have been midnight** sería medianoche; **it would seem so** parece ser que sí
7 (*indicating habit*): **he would go there on Mondays** iba allí los lunes

wouldn't ['wʊdnt] = **would not**
wound¹ [wuːnd] *n* herida ▷ *vt* herir
wound² [waʊnd] *pt, pp of* **wind²**
wove [wəʊv] *pt of* **weave**
woven ['wəʊvən] *pp of* **weave**
wrap [ræp] (*also:* **~ up**) *vt* envolver; (*gift*) envolver, abrigar ▷ *vi* (*dress warmly*) abrigarse; **wrapper** *n* (BRIT: *of book*) sobrecubierta; (*on chocolate etc*) envoltura; **wrapping paper** *n* papel *m* de envolver
wreath (*pl* **wreaths**) [riːθ, riːðz] *n* (*also:* **funeral ~**) corona
wreck [rɛk] *n* (*ship: destruction*) naufragio; (*: remains*) restos *mpl* del barco; (*pej: person*) ruina ▷ *vt* destrozar; (*chances*) arruinar; **wreckage** *n* restos *mpl*; (*of building*) escombros *mpl*
wren [rɛn] *n* (*Zool*) reyezuelo
wrench [rɛntʃ] *n* (*Tech*) llave *f* inglesa; (*tug*) tirón *m* ▷ *vt* arrancar; **to ~ sth from sb** arrebatar algo violentamente a algn
wrestle ['rɛsl] *vi*: **to ~ (with sb)** luchar (con o contra algn); **wrestler** ['rɛslə] *n* luchador(a) *m/f* (*de lucha libre*); **wrestling** *n* lucha libre

wretched ['rɛtʃɪd] *adj* miserable
wriggle ['rɪgl] *vi* serpentear; (*also:* **~ about**) menearse, retorcerse
wring (*pt, pp* **wrung**) [rɪŋ, rʌŋ] *vt* torcer, retorcer; (*wet clothes*) escurrir; (*fig*): **to ~ sth out of sb** sacar algo por la fuerza a algn
wrinkle ['rɪŋkl] *n* arruga ▷ *vt* arrugar ▷ *vi* arrugarse
wrist [rɪst] *n* muñeca
writable ['raɪtəbl] *adj* (CD, DVD) escribible
write (*pt* **wrote**, *pp* **written**) [raɪt, rəʊt, 'rɪtn] *vt, vi* escribir; (*cheque*) extender ▷ *vi* escribir; **write down** *vt* escribir; (*note*) apuntar; **write off** *vt* (*debt*) borrar (como incobrable); (*fig*) desechar por inútil; **write out** *vt* escribir; **write up** *vt* redactar; **write-off** *n* siniestro total; **writer** *n* escritor(a) *m/f*
writing ['raɪtɪŋ] *n* escritura; (*handwriting*) letra; (*of author*) obras *fpl*; **in ~** por escrito; **writing paper** *n* papel *m* de escribir
written ['rɪtn] *pp of* **write**
wrong [rɒŋ] *adj* (*wicked*) malo; (*unfair*) injusto; (*incorrect*) equivocado, incorrecto; (*not suitable*) inoportuno, inconveniente ▷ *adv* mal ▷ *n* injusticia ▷ *vt* ser injusto con; **you are ~ to do it** haces mal en hacerlo; **you are ~ about that, you've got it ~** en eso estás equivocado; **to be in the ~** no tener razón; tener la culpa; **what's ~?** ¿qué pasa?; **to go ~** (*person*) equivocarse; (*plan*) salir mal; (*machine*) estropearse; **wrongly** *adv* incorrectamente; **wrong number** *n* (*Tel*): **you've got the wrong number** se ha equivocado de número
wrote [rəʊt] *pt of* **write**
wrung [rʌŋ] *pt, pp of* **wring**
WWW *n abbr* (= *World Wide Web*) WWW *m o f*

XL *abbr* = **extra large**

Xmas ['ɛksməs] *n abbr* = **Christmas**

X-ray [ɛks'reɪ] *n* radiografía ▷ *vt* radiografiar

xylophone ['zaɪləfəʊn] *n* xilófono

yacht [jɒt] *n* yate *m*; **yachting** *n* (*sport*) balandrismo

yakka ['jækə] *n* (*AUST, NZ: inf*) curro

yard [jɑːd] *n* patio; (*measure*) yarda; **yard sale** *n* (*US*) venta de objetos usados (*en el jardín de una casa particular*)

yarn [jɑːn] *n* hilo; (*tale*) cuento (chino), historia

yawn [jɔːn] *n* bostezo ▷ *vi* bostezar

yd. *abbr* (= *yard*) yda

yeah [jɛə] *adv* (*inf*) sí

year [jɪə'] *n* año; **to be eight ~s old** tener ocho años; **an eight-~-old child** un niño de ocho años (de edad); **yearly** *adj* anual ▷ *adv* anualmente, cada año

yearn [jəːn] *vi*: **to ~ for sth** añorar algo, suspirar por algo

yeast [jiːst] *n* levadura

yell [jɛl] *n* grito, alarido ▷ *vi* gritar

yellow ['jɛləʊ] *adj* amarillo; **Yellow Pages**® *npl* páginas *fpl* amarillas

yes [jɛs] *adv, n* sí *m*; **to say/answer ~** decir/contestar que sí

yesterday ['jɛstədɪ] *adv, n* ayer *m*; **~ morning/evening** ayer por la mañana/tarde; **all day ~** todo el día de ayer

yet [jɛt] *adv* todavía ▷ *conj* sin embargo, a pesar de todo; **it is not finished ~** todavía no está acabado; **the best ~** el/la mejor hasta ahora; **as ~** hasta ahora, todavía

yew [juː] *n* tejo

Yiddish ['jɪdɪʃ] *n* yiddish *m*

yield [jiːld] *n* (*Agr*) cosecha; (*Comm*) rendimiento ▷ *vt* producir, dar; (*profit*) rendir ▷ *vi* rendirse, ceder; (*US Aut*) ceder el paso

yob(bo) ['jɔb(bəʊ)] *n* (*BRIT inf*) gamberro

yoga ['jəʊgə] *n* yoga *m*

yog(h)urt ['jəʊgət] *n* yogur *m*

yolk [jəʊk] *n* yema (de huevo)

○ **KEYWORD**

you [juː] *pron* **1** (*subject, familiar, singular*) tú; (: *plural*) vosotros/as (*SP*), ustedes (*LAM*); (: *polite*) usted, ustedes *pl*; **you are very kind** eres *etc* muy amable; **you French enjoy your food** a vosotros (*or* ustedes) los franceses os (*or* les) gusta la comida; **you and I will go** iremos tú y yo
2 (*object, direct, familiar, singular*) te; (: *plural*) os (*SP*), les (*LAM*); (: *polite, singular masc*) lo *or* le; (: *plural masc*) los *or* les; (: *singular fem*) la; (: *plural fem*) las; **I know you** te/le *etc* conozco
3 (*object, indirect, familiar, singular*) te; (: *plural*) os (*SP*), les (*LAM*); (: *polite*) le, les *pl*; **I gave the letter to you yesterday** te/os *etc* di la carta ayer
4 (*stressed*): **I told YOU to do it** te dije a ti que lo hicieras, es a ti a quien dije que lo hicieras; *see also* **you**
5 (*after prep, NB:* **con + ti = contigo**, *familiar, singular*) ti; (: *plural*) vosotros/as (*SP*), ustedes (*LAM*); (: *polite*) usted,

ustedes *pl*; **it's for you** es para ti/vosotros *etc*
6 (*comparisons, familiar, singular*) tú; (: *plural*) vosotros/as (*SP*), ustedes (*LAM*); (: *polite*) usted, ustedes *pl*; **she's younger than you** es más joven que tú/vosotros *etc*
7 (*impersonal: one*): **fresh air does you good** el aire puro (te) hace bien; **you never know** nunca se sabe; **you can't do that!** ¡eso no se hace!

you'd [juːd] = **you had; you would**

you'll [juːl] = **you will; you shall**

young [jʌŋ] *adj* joven ▷ *npl* (*of animal*) cría; (*people*): **the ~** los jóvenes, la juventud; **youngster** *n* joven *mf*

your [jɔːʳ] *adj* tu, vuestro *pl*; (*formal*) su; *see also* **my**

you're [juəʳ] = **you are**

yours [jɔːz] *pron* tuyo, vuestro *pl*; (*formal*) suyo; *see also* **faithfully; mine; sincerely**

yourself [jɔːˈsɛlf] *pron* tú mismo; (*complement*) te; (*after prep*) ti (mismo); (*formal*) usted mismo; (: *complement*) se; (: *after prep*) sí (mismo); **yourselves** *pron pl* vosotros mismos; (*after prep*) vosotros (mismos); (*formal*) ustedes (mismos); (: *complement*) se; (: *after prep*) sí mismos

youth [juːθ] *n* juventud *f*; (*young man*) joven *m*; **youth club** *n* club *m* juvenil; **youthful** *adj* juvenil; **youth hostel** *n* albergue *m* juvenil

you've [juːv] = **you have**

y

Z

zoom [zu:m] *vi*: **to ~ past** pasar
zumbando; **zoom lens** *n* zoom *m*
zucchini [zu:ˈki:ni] *n(pl)* (*us*)
calabacín(ines) *m(pl)*

zeal [zi:l] *n* celo, entusiasmo
zebra [ˈzi:brə] *n* cebra; **zebra crossing**
n (*BRIT*) paso de peatones
zero [ˈzɪərəu] *n* cero
zest [zest] *n* ánimo, vivacidad *f*; (*of
orange*) piel *f*
zigzag [ˈzɪgzæg] *n* zigzag *m* ▷ *vi*
zigzaguear
Zimbabwe [zɪmˈbɑ:bwɪ] *n*
Zimbabwe *m*
zinc [zɪŋk] *n* cinc *m*, zinc *m*
zip [zɪp] *n* (*also:* **~ fastener**, (*us*)
zipper) cremallera, cierre *m*
relámpago (*LAM*) ▷ *vt* (*Comput*)
comprimir; (*also:* **~ up**) cerrar la
cremallera de; **zip code** *n* (*us*) código
postal; **zip file** *n* (*Comput*) archivo *m*
comprimido; **zipper** *n* (*us*) cremallera
zit [zɪt] *n* grano
zodiac [ˈzəudɪæk] *n* zodíaco
zone [zəun] *n* zona
zoo [zu:] *n* zoo, (parque *m*) zoológico
zoology [zu:ˈɔlədʒɪ] *n* zoología

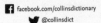

Collins

easy learning German

Easy Learning German Dictionary
978-0-00-753095-3 £9.99

Easy Learning German Grammar
978-0-00-814200-1 £7.99

Easy Learning German Verbs
978-0-00-815842-2 £7.99

**Easy Learning Complete German Grammar,
Verbs and Vocabulary**
(3 books in 1) 978-0-00-814178-3 £12.99

Easy Learning German Grammar & Practice
978-0-00-814165-3 £10.99

Available to buy from all good booksellers and online.
Many titles are also available as ebooks.
www.collins.co.uk/languagesupport

 facebook.com/collinsdictionary

 @collinsdict

Collins

easy learning Italian